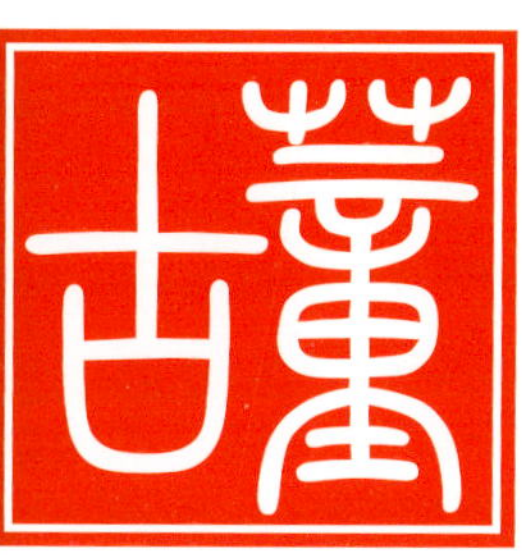

2022ANTIQUES AUCTION RECORDS

拍卖年鉴 书画

2021-01-01～2021-12-31

欣弘 编

cns PUBLISHING & MEDIA | 湖南美术出版社
全国百佳图书出版单位
·长沙·

图书在版编目(CIP)数据

2022古董拍卖年鉴·书画 / 欣弘编. — 长沙：湖南美术出版社, 2022.1
ISBN 978-7-5356-9726-4

Ⅰ.①2… Ⅱ.①欣… Ⅲ.①历史文物－拍卖－价格－中国－2022－年鉴②中国画－拍卖－价格－中国－2022－年鉴③汉字－法书－拍卖－价格－中国－2022－年鉴 Ⅳ.①F724.787-54

中国版本图书馆CIP数据核字(2022)第010860号

2022古董拍卖年鉴·书画

2022 GUDONG PAIMAI NIANJIAN · SHUHUA

出 版 人：黄　啸
编　　者：欣　弘
策　　划：易兴宏　李志文
责任编辑：李　坚　杜作波

湖南美术出版社出版发行(长沙市东二环一段622号)
湖南省新华书店经销
雅昌文化(集团)有限公司制版、印刷
开本：787mm×1092mm　1/16　印张：35
版次：2022年1月第1版　印次：2022年1月第1次印刷
书号：ISBN 978-7-5356-9726-4
定价：258.00元

邮购联系：0731-84787105　邮编：410016　网址：http://www.arts-press.com/
电子邮箱：market@arts-press.com
如有倒装、破损、少页等印装质量问题，请与印刷厂联系斢换。
联系电话：0755-83366138

目 录

清代作者……43

近现代及当代作者……101

凡 例

1.《2022古董拍卖年鉴》分瓷器卷、玉器卷、杂项卷、翡翠珠宝卷、书画卷，共五册，收录了纽约、伦敦、巴黎、日内瓦、香港、澳门、台北、北京、上海、广州、昆明、天津、重庆、成都、合肥、南京、西安、沈阳、济南等城市或地区的几十家拍卖公司几百个专场的2021年度拍卖成交记录与拍品图片。

2.本书内文条目原则上保留了原拍卖记录（由于拍品来自不同的拍卖公司，为便于搜索，对于用词不一致的名称，如“Cartier ”“CARTIER”“三羊开泰”“三阳开泰”“水呈”“水丞”“安迪·沃荷”“安迪·沃霍尔”“三联葫芦瓶”“三连葫芦瓶”等，均不作统一），按拍品号、品名、估价、成交价、尺寸、拍卖公司名称、拍卖日期等排序，部分原内容缺失或不详的不注明。书画卷内文条目还有作者姓名、作品形式、创作年代等内容。

3.因境外拍卖公司宿地不同，本书拍品估价涉及多个币种：RMB（人民币），USD（美元），EUR（欧元），GBP（英镑），HKD（港币），NTD（新台币）。但本书所有拍品成交价均按汇率转换成RMB（人民币）。

4.多人合作的作品，条目中仅列出一或两位主要作者的名字。

油 画 239

作者年代不详……227

素　描……229

版　画……230

水粉水彩……232

中国书画

唐代作者

245 贯休（传）《参禅罗汉图》立轴
估　价：RMB 800,000～1,200,000
成交价：RMB 1,610,000
111.5cm × 52cm 中贸圣佳 2021-05-21

14 李思训 武后夜游图 立轴
估　价：RMB 3,000,000～5,000,000
成交价：RMB 5,750,000
102cm × 55.5cm 华艺国际 2021-12-11

1488 李昭道（传）秋山巡猎图 立轴
成交价：RMB 552,000
117cm × 32cm 中鸿信 2021-07-15

五代作者

1452 黄荃 柳岸聚禽图 手卷
估　价：RMB 1,000,000～1,500,000
成交价：RMB 3,680,000
画心31.2cm × 310.5cm 中鸿信 2021-07-15

1211 佚名 五代—北宋
天竺持莲观音正身法相 立轴
估　价：RMB 1,500,000～3,500,000
成交价：RMB 2,645,000
110.5cm × 61cm 中鸿信 2021-07-15

1748 巨然 董其昌 高山知遇图 立轴
估　价：RMB 1,200,000～1,500,000
成交价：RMB 1,380,000
绘画180cm × 88.5cm 北京保利 2021-12-04

宋代作者

989 崔白（传）蜀葵双雁 立轴
估　价：RMB 150,000～250,000
成交价：RMB 460,000
177cm×89cm 中国嘉德 2021-12-12

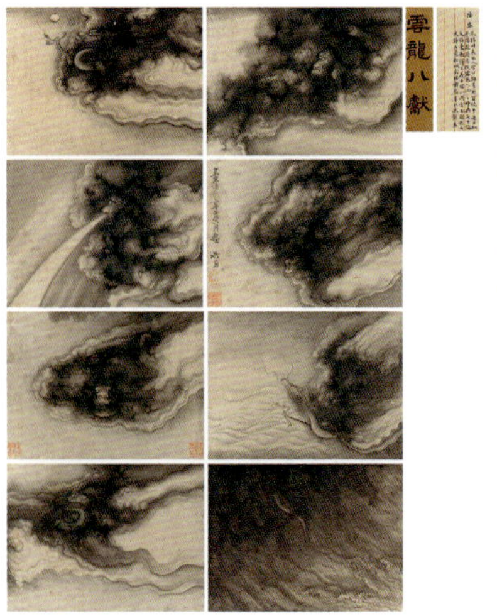

918 陈容（传）云龙八献 册页
估　价：RMB 800,000～900,000
成交价：RMB 920,000
29cm×39cm×8 北京荣宝 2021-06-19

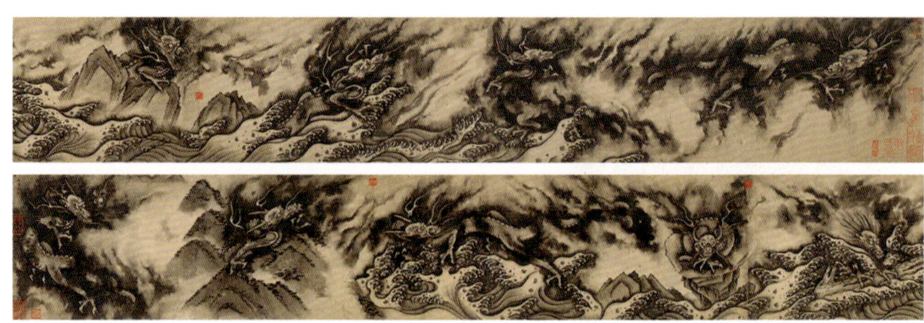

833 陈容（款）三阳启泰 手卷
估　价：HKD 200,000～300,000
成交价：RMB 974,938
23cm×282cm 佳士得 2021-11-29

1736 李廉士 草书五言诗 立轴
估　价：RMB 400,000～600,000
成交价：RMB 713,000
209cm×46cm 北京保利 2021-06-06

815 郭熙 双松图 立轴
估　价：RMB 25,000,000～35,000,000
成交价：RMB 43,700,000
155cm×101cm 永乐拍卖 2021-05-20

1212 韩佑 子孙绵瓞图 镜心
估　价：RMB 2,000,000～3,500,000
成交价：RMB 5,405,000
20.5cm×21.5cm 中鸿信 2021-07-15

809 刘绍祖 松鼠得瓜 镜片
估　价：RMB 2,000,000～3,000,000
成交价：RMB 3,277,500
20.5cm×22cm 华艺国际 2021-06-05

808 季友直 荷塘纳凉 镜片
估　价：RMB 3,800,000～5,800,000
成交价：RMB 4,657,500
26cm×27cm 华艺国际 2021-06-05

439 鲁宗贵（款）鹅图 立轴
估　价：HKD 120,000～180,000
成交价：RMB 716,213
60cm×80cm 中国嘉德 2021-04-22

1811 马远 秋山放筏 镜心
估　价：RMB 20,000～30,000
成交价：RMB 1,782,500
31cm×36.5cm
十竹斋拍卖（北京） 2021-05-29

1928 梁楷（传）雪景山水 立轴
估　价：RMB 6,000,000～8,000,000
成交价：RMB 13,570,000
23cm×24cm 北京保利 2021-06-06

1650 马公显（款）风雨孤月 立轴
成交价：RMB 345,000
113cm×53cm 北京保利 2021-06-06

1531 苏汉臣 秋塘婴戏图卷 手卷
估　价：RMB 35,000～55,000
成交价：RMB 333,500
中鸿信 2021-07-15

1195 马远（传）松下弹琴图 立轴
估　价：RMB 30,000,000～40,000,000
成交价：RMB 34,500,000
166.5cm × 99cm 中国嘉德 2021-12-12

1964 宋徽宗 晴竹图 立轴
估　价：RMB 8,000,000～10,000,000
成交价：RMB 16,100,000
123.5cm × 54.5cm 北京保利 2021-06-06

1817 僧梵隆 深山古佛图 立轴
估　价：RMB 280,000～350,000
成交价：RMB 563,500
180cm × 93.5cm 西泠印社 2021-07-24

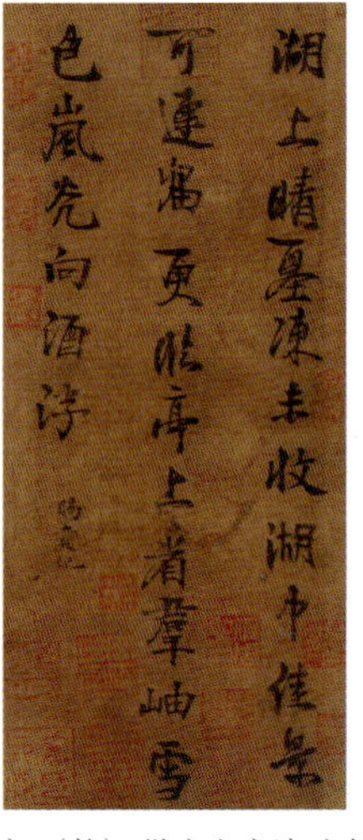

1629 宋理宗（款）楷书七言诗 立轴
成交价：RMB 805,000
31cm × 13cm 北京保利 2021-06-06

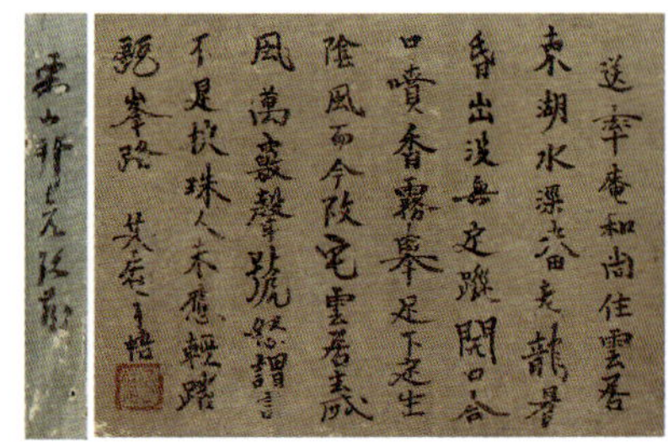

942 释了悟 行书 《送率庵和尚住云居》诗 立轴
估　价：RMB 280,000～400,000
成交价：RMB 483,000
30cm × 39cm 西泠印社 2021-01-15

823 王安石（款）书法 手卷
估　价：HKD 80,000～100,000
成交价：RMB 821,000
31.5cm×272cm 佳士得 2021-11-29

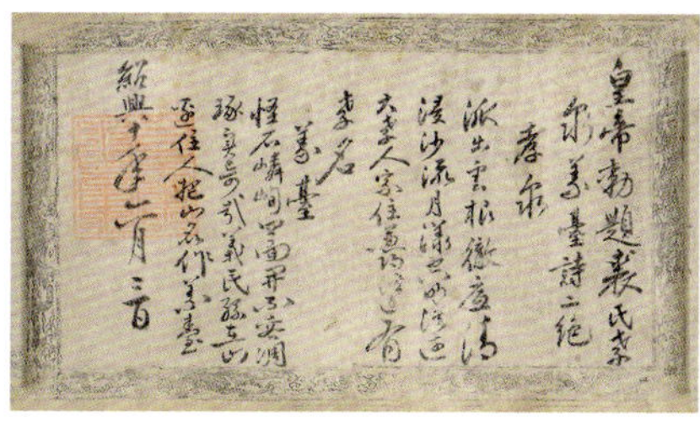

179 佚名 绍兴十年作 皇帝敕题裘氏孝泉义台诗二绝 镜心
估　价：RMB 8,000,000～12,000,000
成交价：RMB 17,825,000
35.5cm×59.7cm；36.5cm×59.5cm 永乐拍卖 2021-12-02

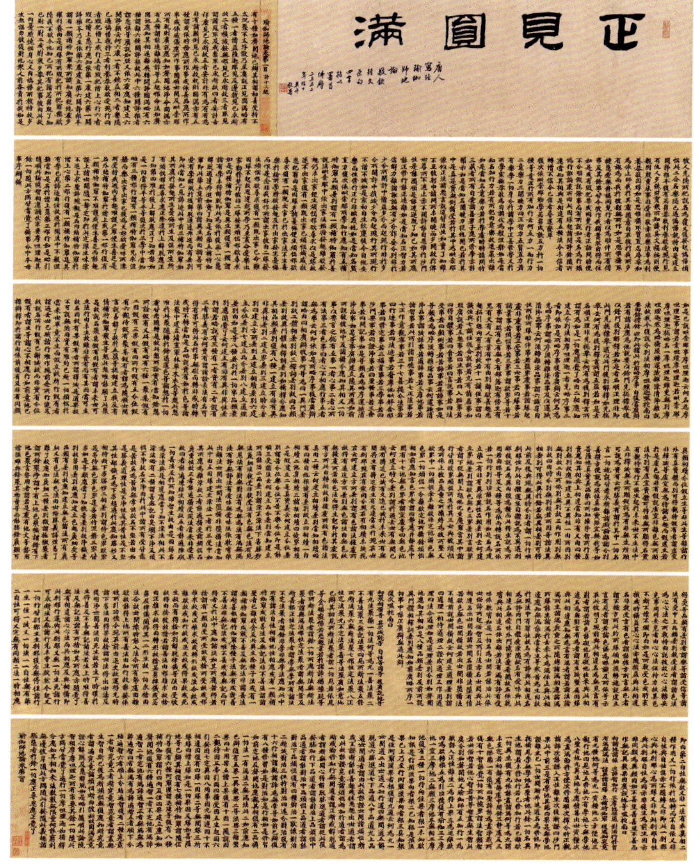

688 佚名 瑜伽师地论卷第一百 手卷
估　价：RMB 5,000,000～8,000,000
成交价：RMB 8,050,000
29cm×754cm 朵云轩 2021-12-30

1927 佚名 金井玉栏 扇面
估　价：RMB 3,000,000～5,000,000
成交价：RMB 5,290,000
宽25cm 北京保利 2021-06-06

2503 赵佶（款）荔枝栖禽图 扇面
估　价：HKD 200,000～300,000
成交价：RMB 333,850
28.4cm×27.4cm 香港苏富比 2021-10-12

1557 赵伯驹 汉宫春晓图 立轴
估　价：RMB 3,000,000～4,000,000
成交价：RMB 3,852,500
画心67.5cm×38cm 西泠印社 2021-07-24

820 赵孟坚（款） 兰花 手卷
估　价：HKD 100,000～200,000
成交价：RMB 1,436,750
32cm×91.5cm；32cm×93.5cm 佳士得 2021-11-29

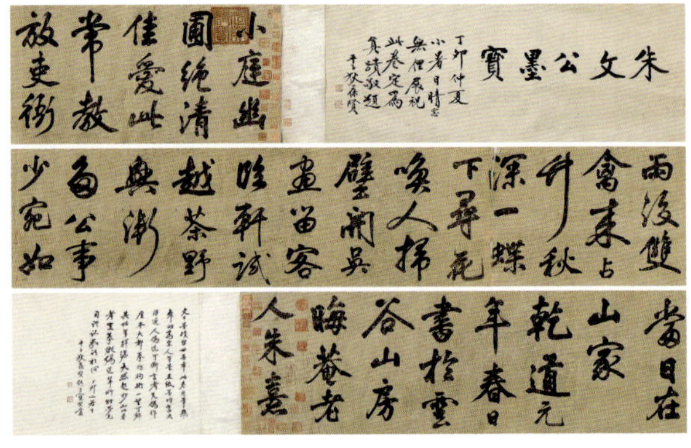

1542 朱熹（款） 行书 手卷
估　价：RMB 35,000～55,000
成交价：RMB 322,000
画心36cm×347cm 中鸿信 2021-07-15

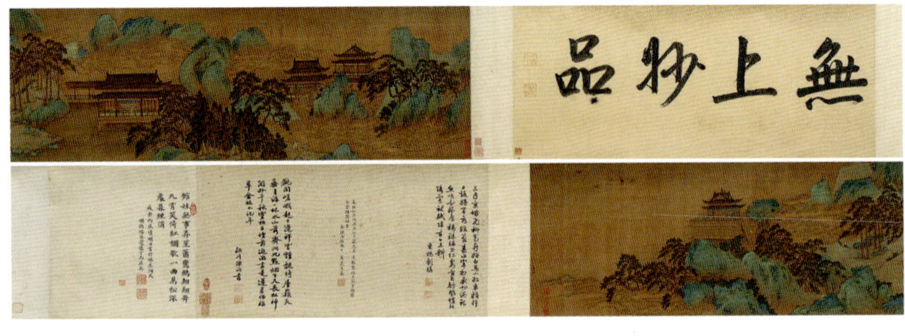

1440 赵千里（传） 神阙千秋图 手卷
估　价：RMB 1,500,000～2,500,000
成交价：RMB 12,420,000
画心36.5cm×195.5cm 中鸿信 2021-07-15

辽金作者

15 完颜允恭 玉花骢图 立轴
估　价：RMB 8,000,000～12,000,000
成交价：RMB 11,500,000
153cm×133cm 华艺国际 2021-12-11

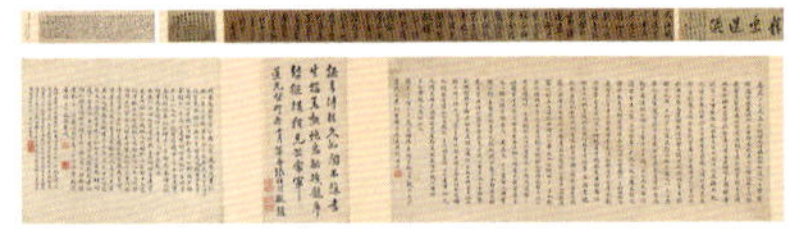

1539 钱仪吉 张祥河 许乃钊 1138年作 岳飞诗卷 手卷
估　价：RMB 150,000～250,000
成交价：RMB 402,500
画心34.5cm×468cm 西泠印社 2021-07-24

571 杨微（款） 牧马图 镜心
估　价：RMB 50,000～80,000
成交价：RMB 2,300,000
176cm×241cm 中国嘉德 2021-03-27

元代作者

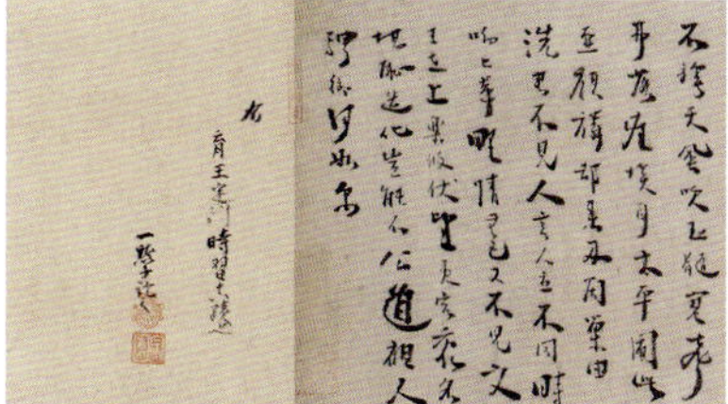

8010 定门时习 草书 立轴
估　价：RMB 500,000～600,000
成交价：RMB 575,000
29cm×48cm 上海嘉禾 2021-07-22

2045 黄公望（款）溪山行旅图 立轴
估　价：RMB 200,000～300,000
成交价：RMB 1,150,000
153cm×68cm 中国嘉德 2021-09-28

1443 马琬 松荫纳凉图 立轴
估　价：RMB 60,000～80,000
成交价：RMB 483,000
146.5cm×56.5cm 中鸿信 2021-07-15

2129 管道升（款）兰香图 立轴
估　价：RMB 30,000～50,000
成交价：RMB 632,500
36cm×24cm 中国嘉德 2021-09-29

854 柯九思（传）元 墨竹图 立轴
估　价：HKD 500,000～700,000
成交价：RMB 7,594,250
147.5cm×100.8cm 佳士得 2021-11-29

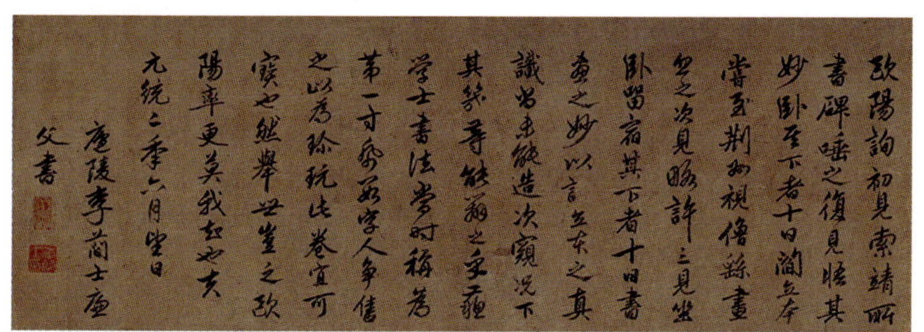

829 李廉 1334年作 行书 镜片
估　价：RMB 1,500,000～2,000,000
成交价：RMB 1,725,000
25cm×69cm 广东崇正 2021-07-19

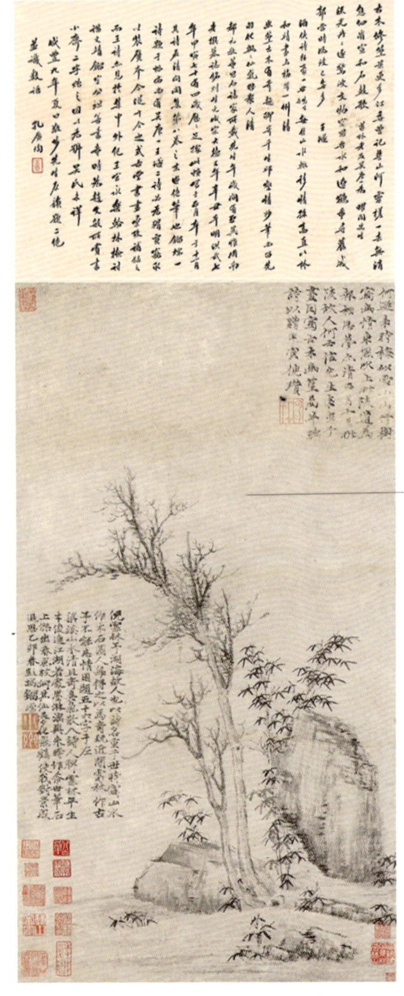

1558 倪瓒 1374年作 古木幽篁图 立轴
估 价：RMB 3,500,000～5,000,000
成交价：RMB 4,427,500
画心65.5cm×35.5cm 西泠印社 2021-07-24

426 钱选（传）云溪渔隐图 立轴
估 价：RMB 1,200,000～1,800,000
成交价：RMB 1,380,000
93.5cm×42.5cm 华艺国际 2021-12-11

1683 孙君泽 寒谷移梅 立轴
估 价：RMB 200,000～500,000
成交价：RMB 368,000
115cm×37cm 北京保利 2021-06-06

842 盛懋 元 倚松高士图 镜框
估 价：HKD 300,000～400,000
成交价：RMB 821,000
181.5cm×119cm 佳士得 2021-11-29

427 王渊（传）牡丹白鹇图 立轴
估 价：RMB 800,000～1,200,000
成交价：RMB 1,380,000
110cm×70.5cm 华艺国际 2021-12-11

1175 王蒙 煮茶图 立轴
估　价：RMB 35,000,000～45,000,000
成交价：RMB 36,800,000
99.5cm × 46.3cm 中国嘉德 2021-12-12

1197 王冕（传）梅竹松石图 立轴
估　价：RMB 10,000,000～15,000,000
成交价：RMB 11,500,000
171.7cm × 86cm 中国嘉德 2021-12-12

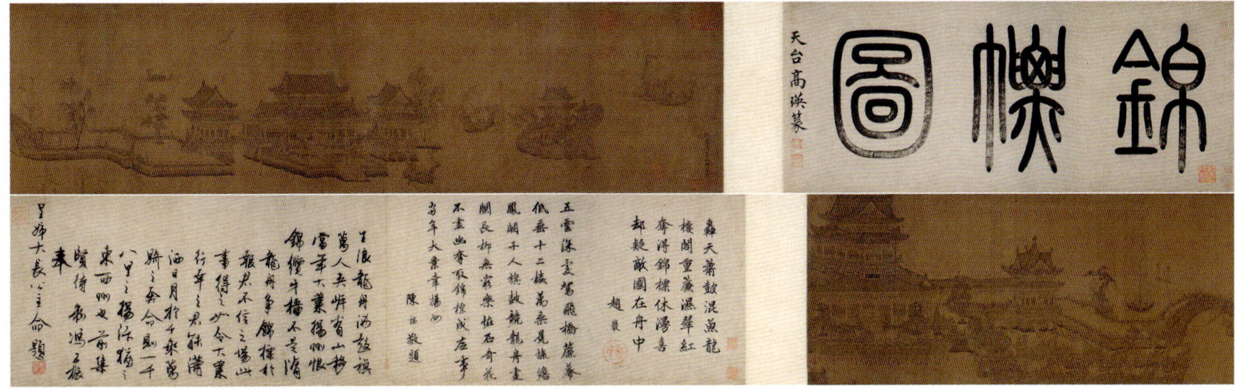

2071 王振鹏 锦标图 手卷
成交价：RMB 75,900,000
引首31.5cm × 74cm；画心31.5cm × 185cm；题跋31.5cm × 118.5cm 北京保利 2021-12-04

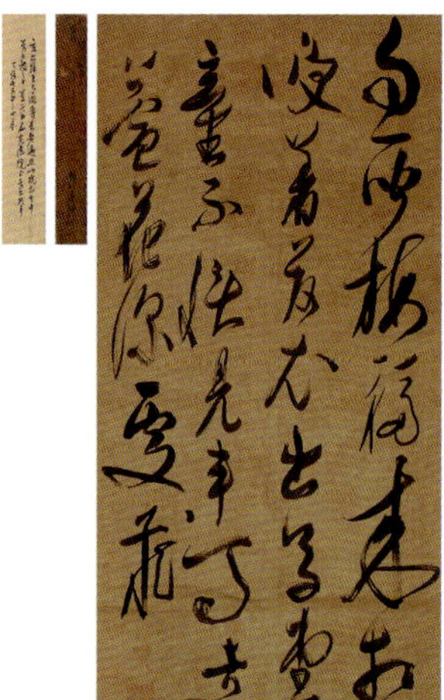

1814 雪庵禅师 草书七言诗 立轴
估　价：RMB 600,000～800,000
成交价：RMB 3,473,000
107cm×45cm 十竹斋拍卖（北京）2021-05-29

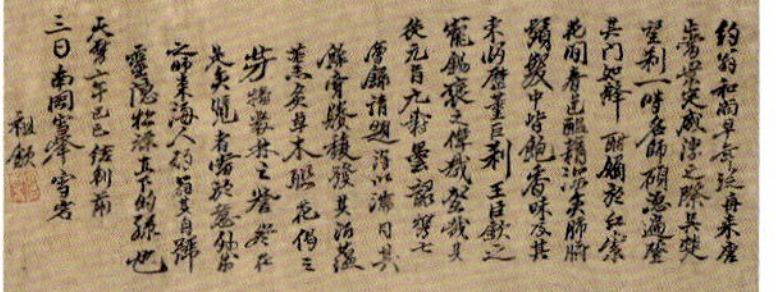

1650 雪岩祖钦 禅林语录 立轴
估　价：RMB 380,000～580,000
成交价：RMB 575,000
28.5cm×68cm 上海嘉禾 2021-07-23

1965 颜辉 寒山拾得图 立轴
估　价：RMB 800,000～1,500,000
成交价：RMB 1,495,000
108cm×47cm 北京保利 2021-06-06

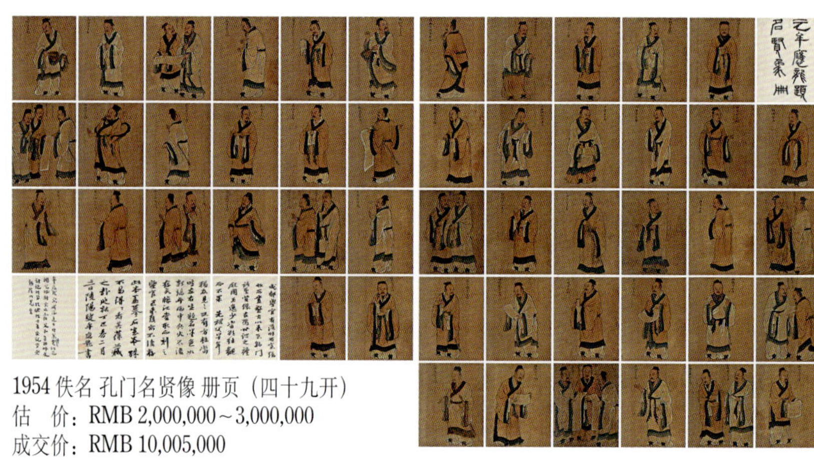

1954 佚名 孔门名贤像 册页（四十九开）
估　价：RMB 2,000,000～3,000,000
成交价：RMB 10,005,000
尺寸不一 北京保利 2021-06-06

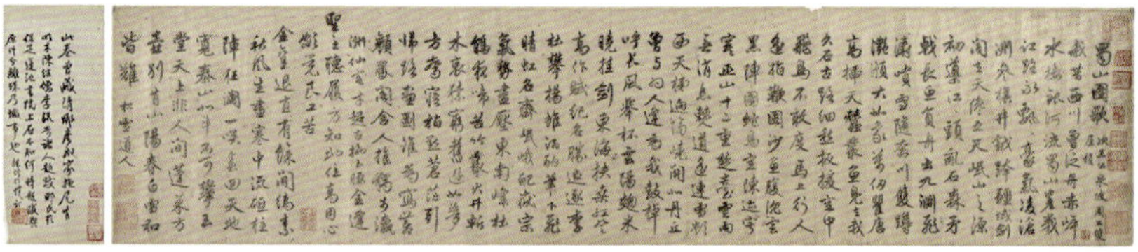

957 赵孟頫 行书 蜀山图歌卷 手卷
估　价：RMB 800,000～1,200,000
成交价：RMB 2,012,500
26.5cm×110cm 西泠印社 2021-01-15

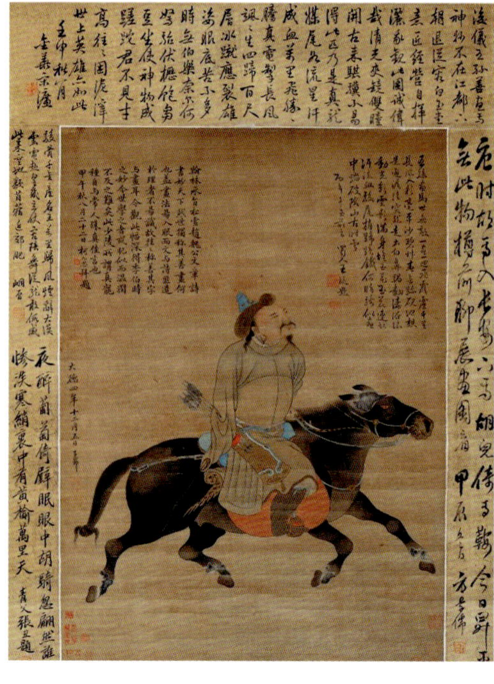

220 赵孟頫（传）人马图 立轴
估　价：RMB 3,800,000～5,800,000
成交价：RMB 4,370,000
83cm×57.5cm 上海嘉禾 2021-11-14

1710 赵孟吁（款）桃柳鸳鸯图 镜片
估　价：RMB 50,000～70,000
成交价：RMB 322,000
132cm×45cm 西泠印社 2021-07-24

明代作者

432 安正文 界画山水 立轴
估　价：RMB 800,000～1,200,000
成交价：RMB 1,380,000
96cm×164cm 华艺国际 2021-12-11

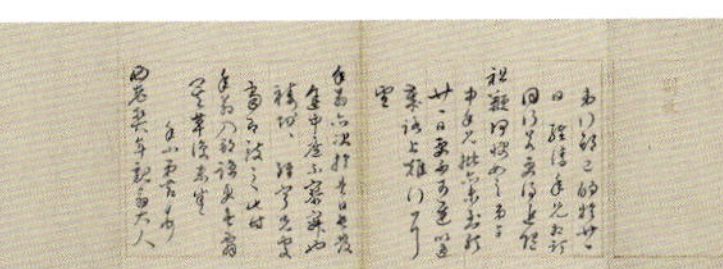

757 包节 同行帖 镜片
估　价：RMB 30,000～60,000
成交价：RMB 437,000
14cm×40cm 西泠印社 2021-01-15

8014 边景昭 雪梅鸳鸯 立轴
估　价：RMB 1,800,000～2,800,000
成交价：RMB 3,565,000
130cm×63cm 上海嘉禾 2021-07-22

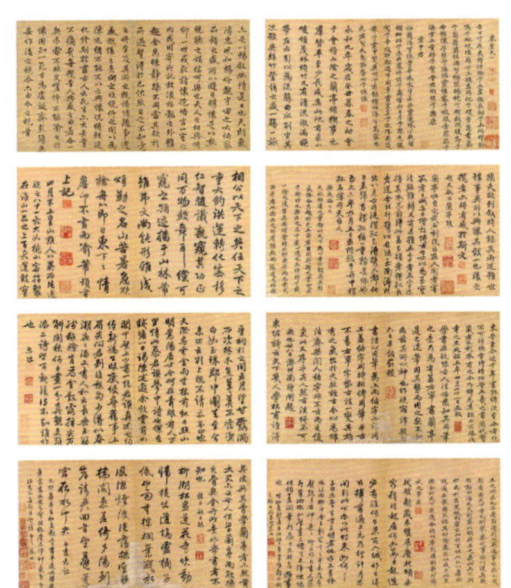

1490 蔡羽 1519年作 临各家书册页（十六页）
估　价：RMB 400,000～600,000
成交价：RMB 1,058,000
27cm×23cm×16 西泠印社 2021-07-24

1656 曹履吉 行书七言诗 扇面
估　价：RMB 100,000～150,000
成交价：RMB 299,000
18.5cm×55.5cm 北京保利 2021-12-04

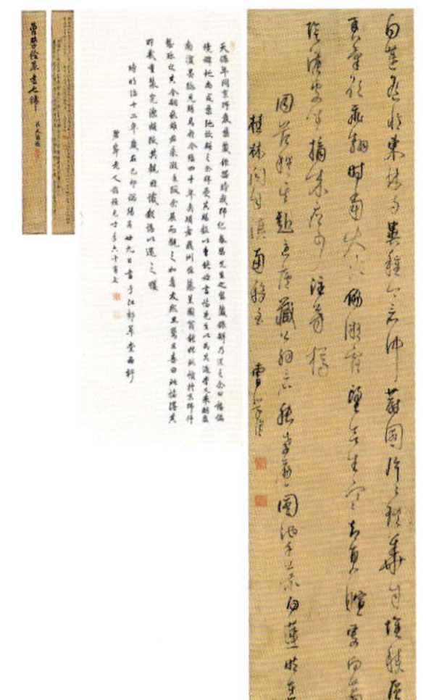

833 曹学佺 草书 立轴
估　价：RMB 300,000～400,000
成交价：RMB 471,500
170cm×40cm 广东崇正 2021-07-19

61 常莹 1644年作 卿云补天图 立轴
估　价：RMB 1,200,000～1,500,000
成交价：RMB 1,495,000
178cm×78cm 中国嘉德 2021-05-18

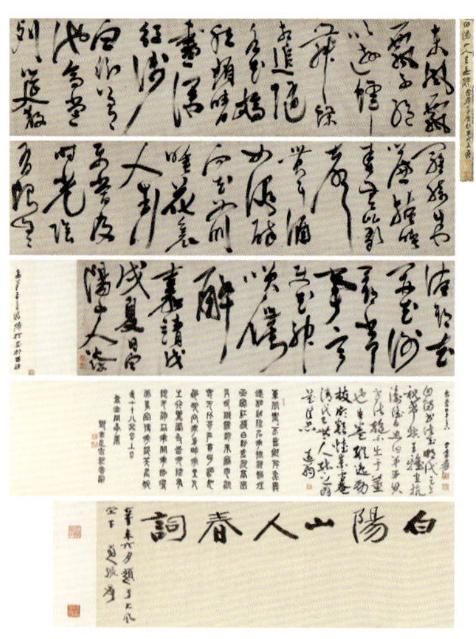

1184 陈淳 1538年作 草书《春词》卷 手卷
估　价：RMB 8,000,000～12,000,000
成交价：RMB 9,200,000
书法34cm×370.5cm 中国嘉德 2021-12-12

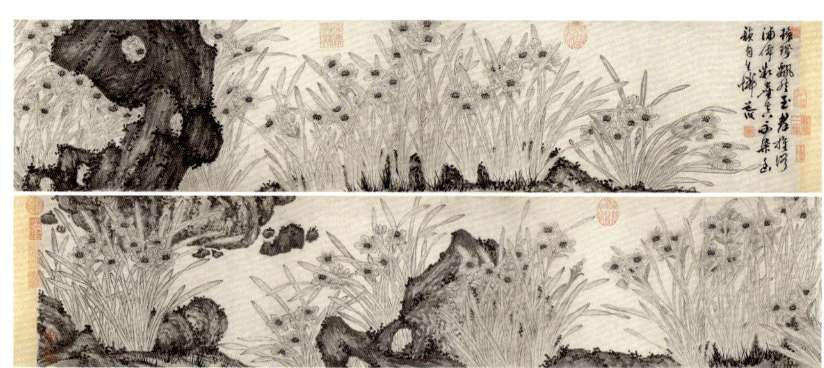

34 陈淳 水仙图 手卷
成交价：RMB 63,250,000
26cm×240.5cm 华艺国际 2021-12-11

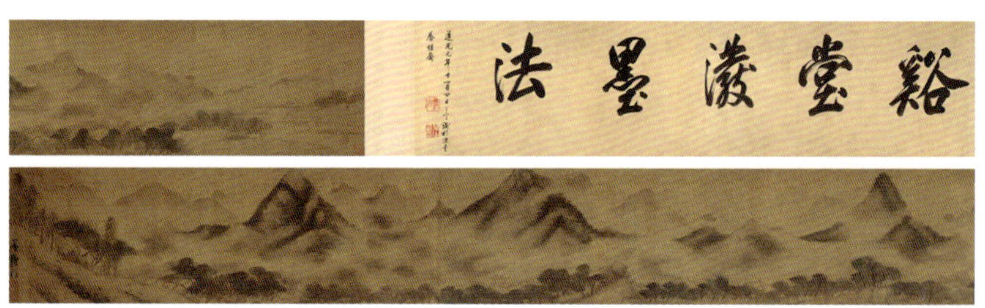

1563 陈淳 谿堂图卷 手卷
估　价：RMB 1,200,000～1,800,000
成交价：RMB 2,185,000
画心28.5cm×264cm 西泠印社 2021-07-24

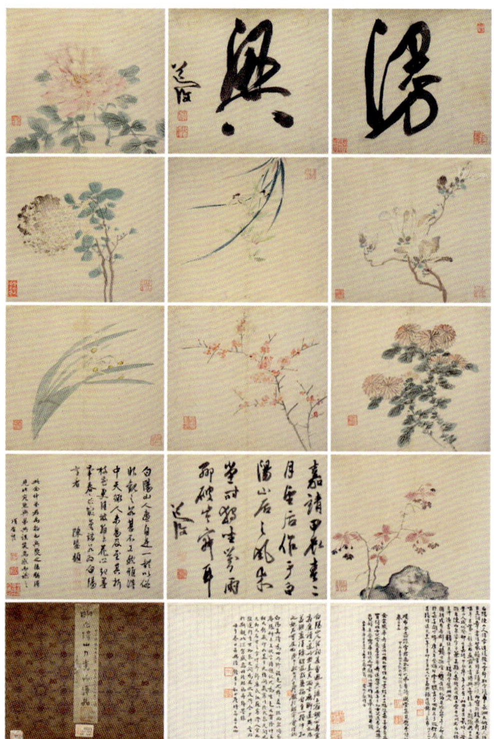

2041 陈淳 1544年作 漫兴折枝花卉册页（十四开）
估　价：RMB 3,000,000～5,000,000
成交价：RMB 3,450,000
25.5cm×27.5cm×14
北京保利 2021-12-04

1964 陈裸 1626年作 春水柴门图卷 手卷
估　价：RMB 300,000～400,000
成交价：RMB 402,500
31cm×184cm 中国嘉德 2021-09-28

18 陈洪绶 1620年作 松下高士 立轴
估　价：RMB 1,800,000～2,800,000
成交价：RMB 6,440,000
88cm×53.5cm 华艺国际 2021-12-11

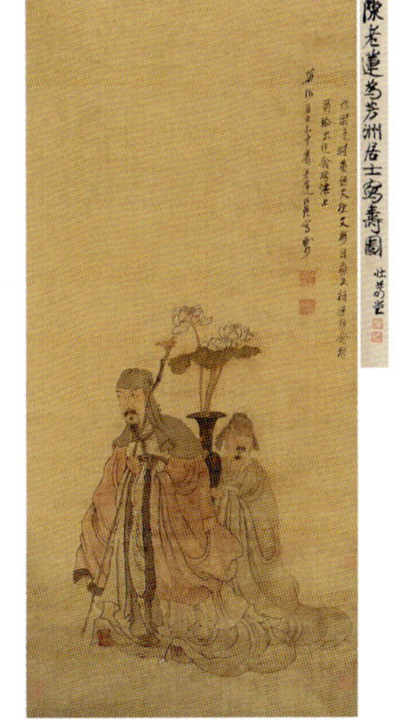

551 陈洪绶 写寿图 立轴
估　价：RMB 6,000,000～8,000,000
成交价：RMB 8,280,000
135cm×59cm 朵云轩 2021-07-07

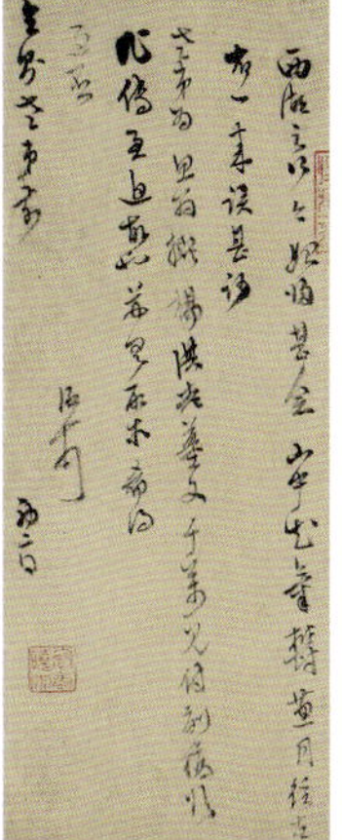

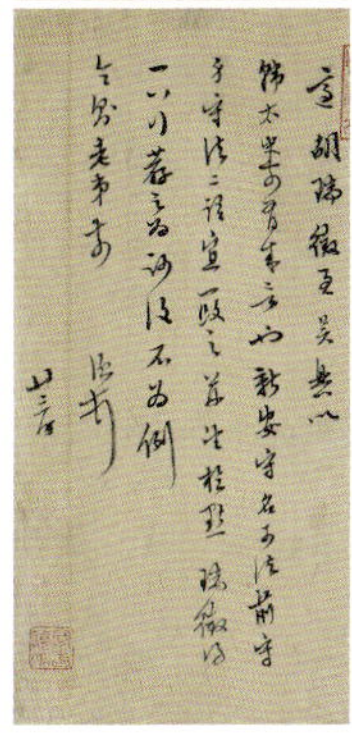

767 陈继儒 致弟子许经 《西湖帖》《守法帖》 镜片（两页）
估　价：RMB 100,000～200,000
成交价：RMB 575,000
28cm×10.5cm；25cm×12cm
西泠印社 2021-01-15

920 陈洪绶 1645年作 劝蒲觞图 立轴
估　价：RMB 2,800,000～4,000,000
成交价：RMB 3,220,000
127.5cm×62.5cm 西泠印社 2021-01-15

1565 陈栝 富贵平安百龄图卷 手卷
估　价：RMB 380,000～600,000
成交价：RMB 552,000
26cm×119.5cm 西泠印社 2021-07-24

889 陈献章 明 自书诗二首 手卷
估　价：HKD 240,000～400,000
成交价：RMB 1,026,250
28cm×273cm 佳士得 2021-11-29

2051 陈有寓 松下三友图 立轴
估　价：RMB 80,000～120,000
成交价：RMB 506,000
210cm×130cm 中国嘉德 2021-09-28

964 陈子和 树荫仙人图 立轴
估　价：RMB 500,000～800,000
成交价：RMB 747,500
120cm×74cm 西泠印社 2021-01-15

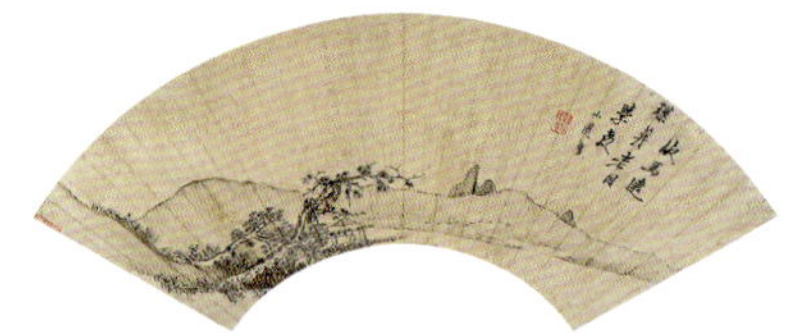

273 陈字 仿马远山水 扇面
估　价：RMB 180,000～280,000
成交价：RMB 322,000
15.5cm×50cm 中国嘉德 2021-05-18

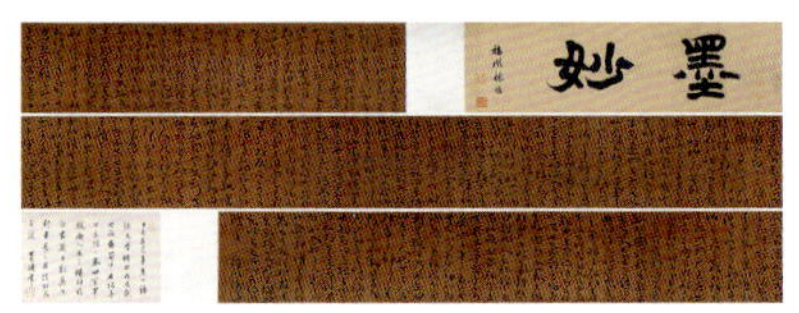

209 陈遵 草书《战国策》 手卷
估　价：RMB 800,000～1,200,000
成交价：RMB 1,138,500
19.5cm×353cm 中贸圣佳 2021-05-21

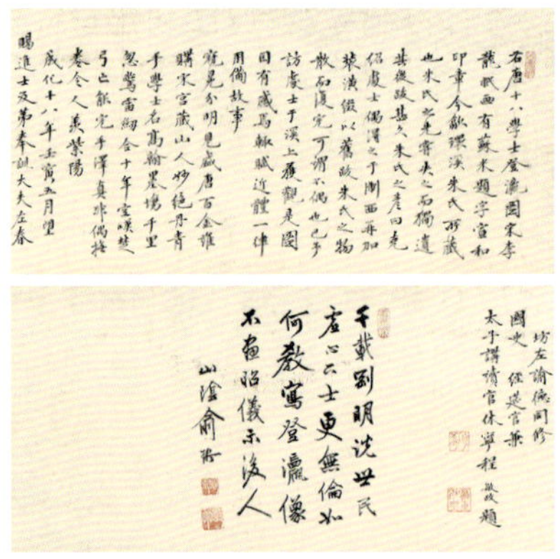

1487 程敏政 俞珩跋唐十八学士《登瀛图》 镜片
估　价：RMB 300,000～500,000
成交价：RMB 4,830,000
27.5cm×114cm 西泠印社 2021-07-24

3084 担当 山水卷 手卷
估　价：HKD 100,000～200,000
成交价：RMB 339,898
23.3cm×147.6cm 香港苏富比 2021-04-19

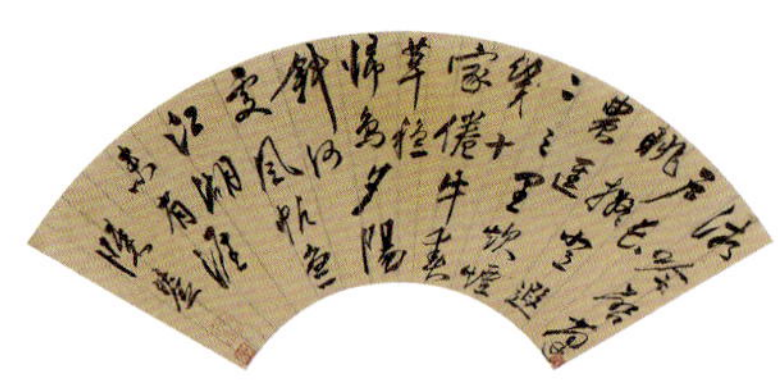

312 陈鎏 行书五言诗 扇面
估　价：HKD 180,000～250,000
成交价：RMB 364,176
17cm×50cm 保利香港 2021-04-23

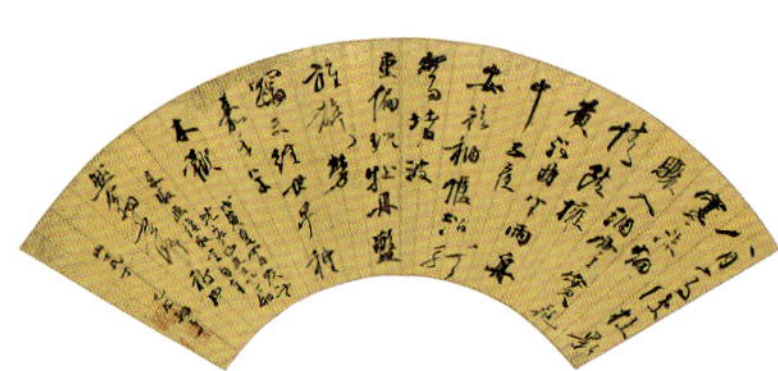

945 丁元公 行书七言诗 扇面
估　价：RMB 150,000～250,000
成交价：RMB 437,000
17cm×54.5cm 西泠印社 2021-01-15

895 丁云鹏 明 十八罗汉图卷 手卷
估　价：HKD 150,000～300,000
成交价：RMB 1,744,625
26.9cm×457.3cm 佳士得 2021-11-29

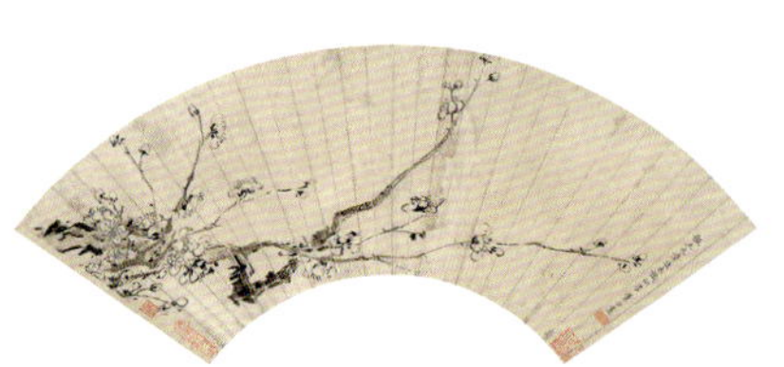

285 董白 墨梅 扇面
估　价：RMB 60,000～100,000
成交价：RMB 414,000
15cm×46.5cm 中国嘉德 2021-05-18

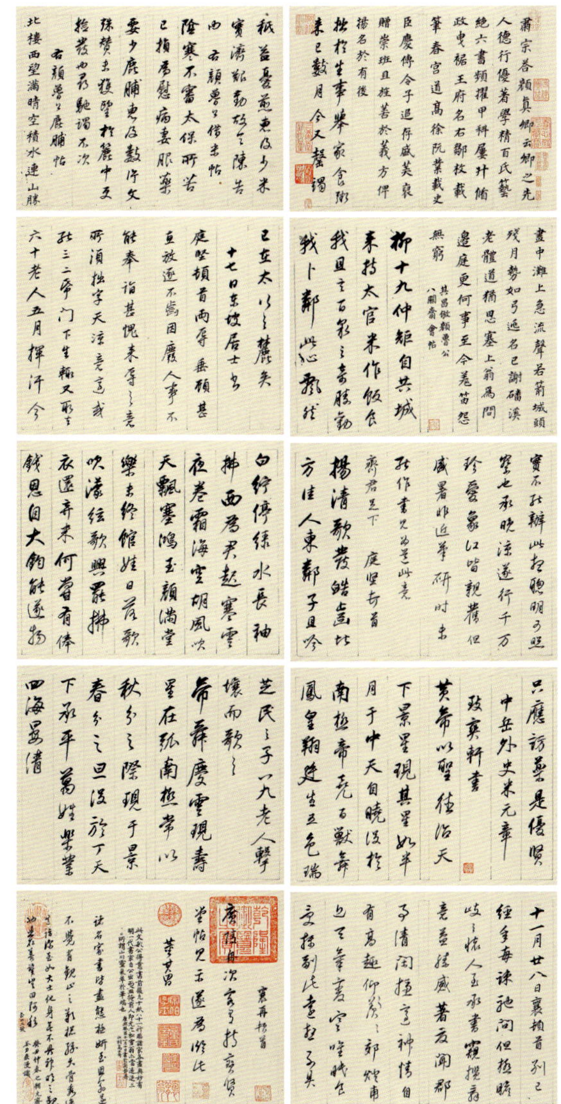

616 董其昌 临诸家帖 册页（十开）
估　价：HKD 30,000,000～40,000,000
成交价：RMB 47,817,000
26cm×31.5cm×10 中国嘉德 2021-10-13

857 董其昌 1626年作 仿倪黄山水图 立轴
估　价：HKD 1,000,000～2,000,000
成交价：RMB 10,057,250
133cm×50cm 佳士得 2021-11-29

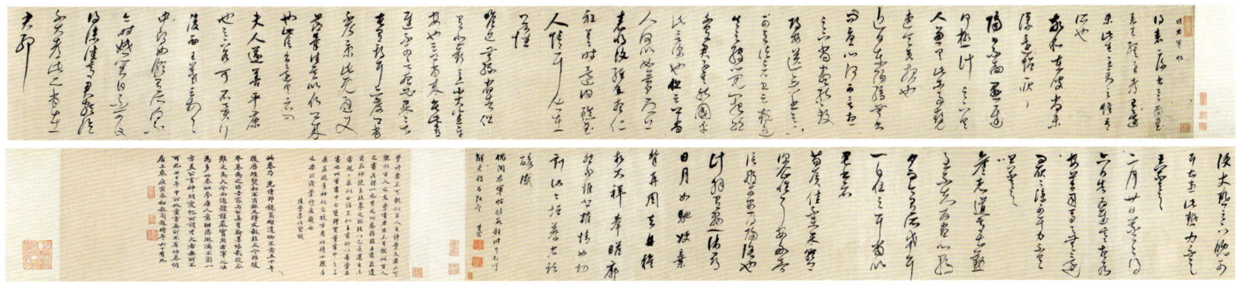

28 董其昌 临王右军书卷 手卷
估　价：RMB 5,000,000～7,000,000
成交价：RMB 9,315,000
书法25cm×357cm 华艺国际 2021-12-11

341 董其昌 青林长松图 立轴
估　价：RMB 8,000,000～12,000,000
成交价：RMB 21,850,000
130cm×47cm 北京荣宝 2021-06-19

1580 杜堇 瑶台献寿 立轴
估　价：RMB 500,000～800,000
成交价：RMB 1,840,000
126.5cm×61cm 北京保利 2021-12-04

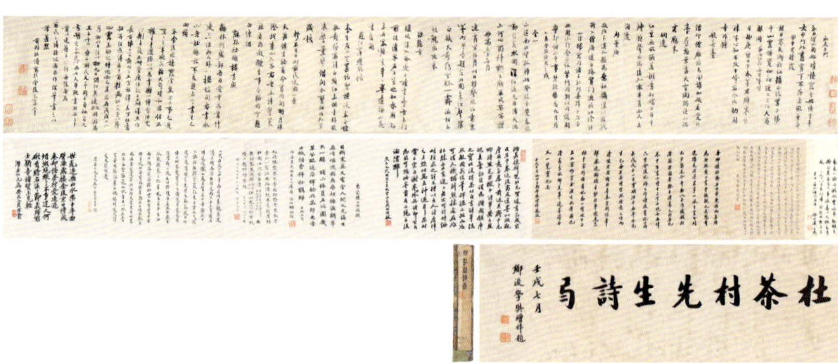

625 杜濬 游栖霞诗卷 手卷
估　价：HKD 80,000～180,000
成交价：RMB 1,609,632
27cm×196cm 中国嘉德 2021-10-13

320 方以智 1643年作 幽居图 扇面
估　价：HKD 180,000～250,000
成交价：RMB 303,480
17cm×51cm 保利香港 2021-04-23

542 顾见龙 1690年作 游春图 立轴
估　价：RMB 150,000～250,000
成交价：RMB 402,500
162cm×96cm 朵云轩 2021-07-07

1709 关九思（款）1621年作绿阴清画图 立轴
估　价：RMB 30,000～50,000
成交价：RMB 1,311,000
140cm×52cm 上海嘉禾 2021-07-23

1196 郭忠恕（传）避暑宫图 立轴
估　价：RMB 50,000,000～60,000,000
成交价：RMB 77,625,000
174cm×102cm 中国嘉德 2021-12-12

1495 何如宠 谢逸 1623年作 行书《爽游唱和诗并序卷》 手卷
估　价：RMB 300,000～500,000
成交价：RMB 2,300,000
31.5cm×660cm；31.5cm×214cm 西泠印社 2021-07-24

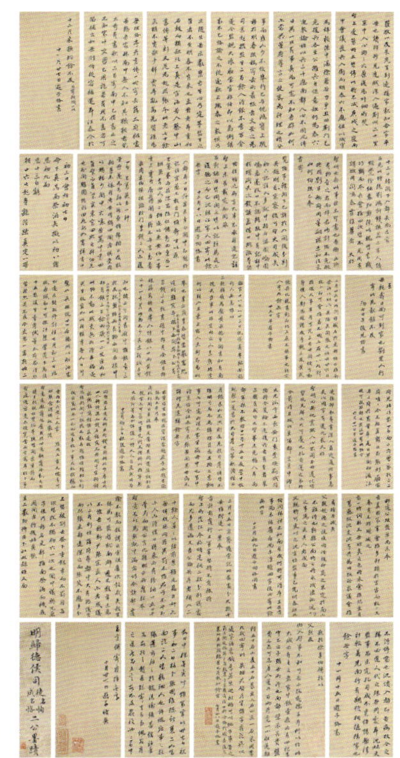

60 侯恂 侯恪 明二公墨迹 册页（四十开）
估　价：RMB 20,000～30,000
成交价：RMB 368,000
尺寸不一 上海驰翰 2021-07-06

570 胡聪 垂柳双骏图 镜心
估　价：RMB 60,000～100,000
成交价：RMB 345,000
133cm×87cm 中国嘉德 2021-03-27

855 华克勤 明洪武五年作 册页（共一百零八页）
估　价：RMB 8,000,000～12,000,000
成交价：RMB 28,750,000
30.2cm × 27.7cm × 108 永乐拍卖 2021-05-20

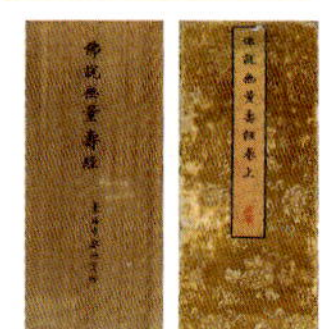

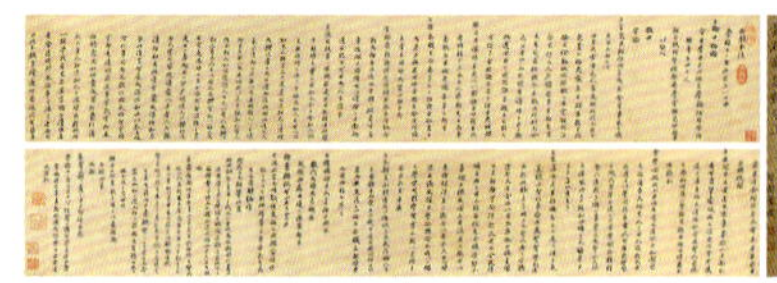

826 黄道周 1638年作 召对分注 手卷
估　价：HKD 3,000,000～4,000,000
成交价：RMB 7,594,250
26.4cm × 287cm 佳士得 2021-11-29

1183 黄道周 1641年作 楷书《孝经》 册页（十八开）
估　价：RMB 2,800,000～3,800,000
成交价：RMB 3,220,000
23cm × 26.5cm × 18 中国嘉德 2021-12-12

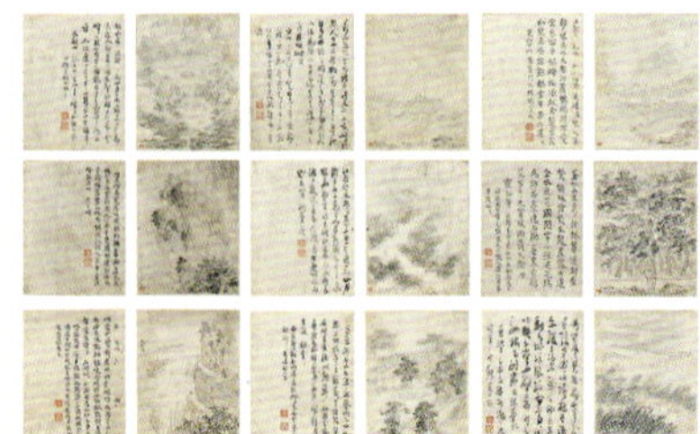

2566 胡玉昆 金陵怀古图册 册页（二十四开）
估　价：HKD 250,000～350,000
成交价：RMB 396,446
23cm × 17cm × 24 香港苏富比 2021-10-12

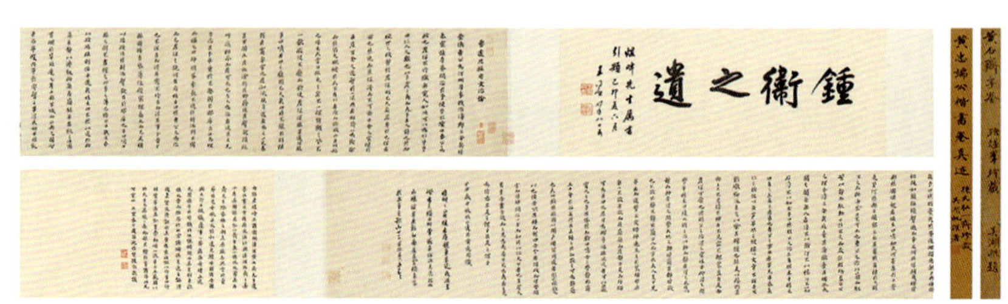

940 黄道周 1644年作 楷书《曹远思推府文治论 》手卷
估　价：RMB 10,000,000～18,000,000
成交价：RMB 16,675,000
31.5cm × 263cm 西泠印社 2021-01-15

319 居节 1561年作 江岸谈古 扇面
估 价：HKD 180,000～220,000
成交价：RMB 384,408
18.5cm×53cm 保利香港 2021-04-23

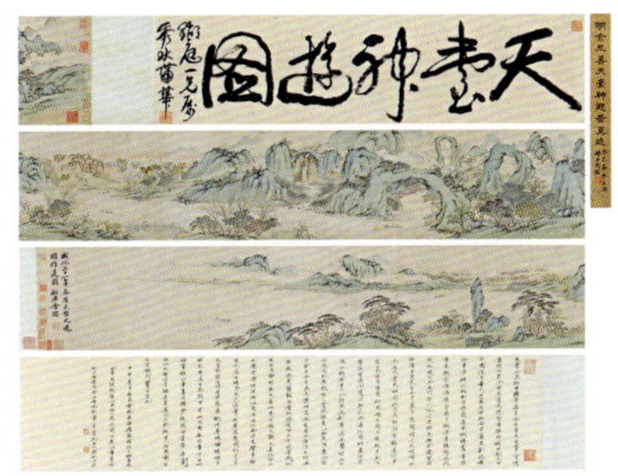

1905 金璇 1485年作 天台神游 手卷
估 价：RMB 800,000～1,200,000
成交价：RMB 943,000
画心26.5cm×294cm 北京保利 2021-06-06

847 蓝瑛 1631年作 寒山霁雪 立轴
估 价：HKD 1,200,000～1,800,000
成交价：RMB 4,618,125
144.8cm×60.3cm 佳士得 2021-11-29

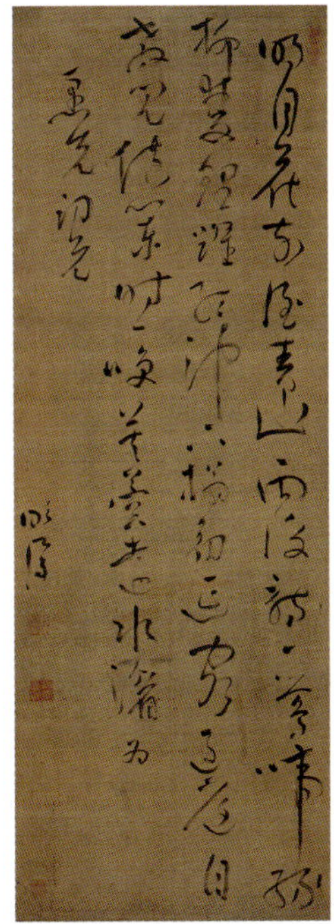

1709 蒋明凤 草书五言诗 立轴
估 价：RMB 500,000～800,000
成交价：RMB 575,000
159cm×54cm 北京保利 2021-12-04

147 柯士璜 紫薇芭蕉石图 立轴
估 价：RMB 280,000～350,000
成交价：RMB 414,000
126.5cm×50cm 中贸圣佳 2021-05-21

340 蓝瑛 松阴图 立轴
估 价：RMB 6,000,000～8,000,000
成交价：RMB 13,225,000
278cm×99cm 北京荣宝 2021-06-19

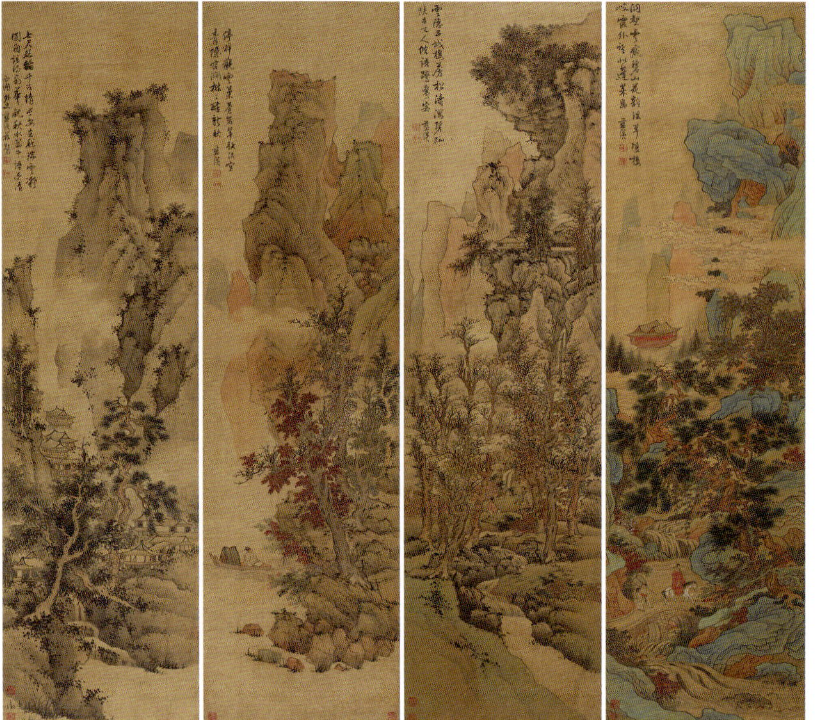

1551 蓝瑛 四景山水屏 立轴
估　价：RMB 8,000,000～12,000,000
成交价：RMB 22,080,000
178.5cm×48cm×4 十竹斋拍卖（北京） 2021-05-29

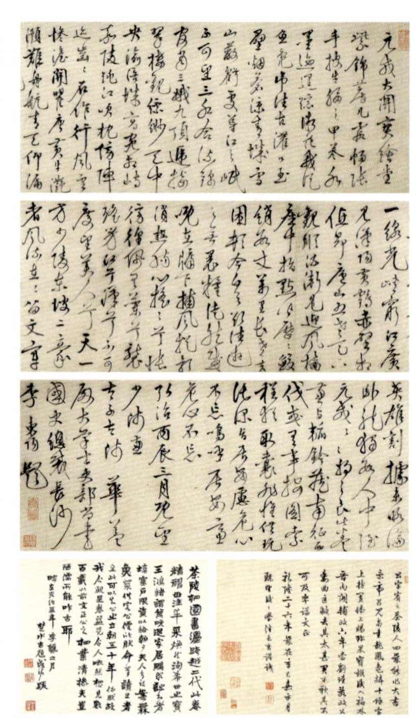

891 李东阳 1496年作 行草书《为郭总兵题长江万里图》 手卷
估　价：HKD 1,200,000～2,000,000
成交价：RMB 4,310,250
35cm×235cm 佳士得 2021-11-29

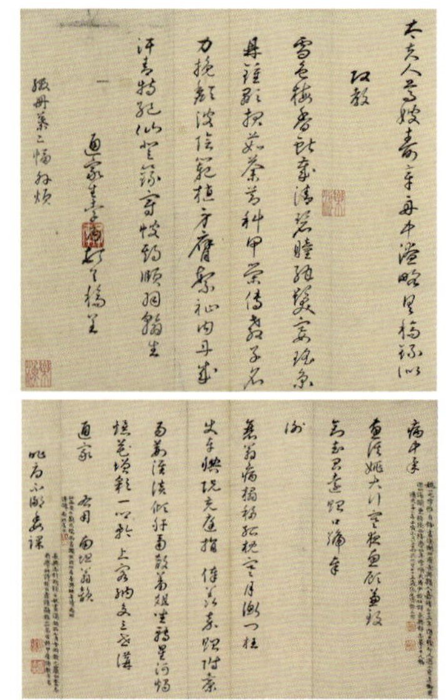

756 李丙 为姚一元作 病中帖 镜片（二帧）
估　价：RMB 30,000～60,000
成交价：RMB 402,500
28.5cm×26cm；26cm×36cm
西泠印社 2021-01-15

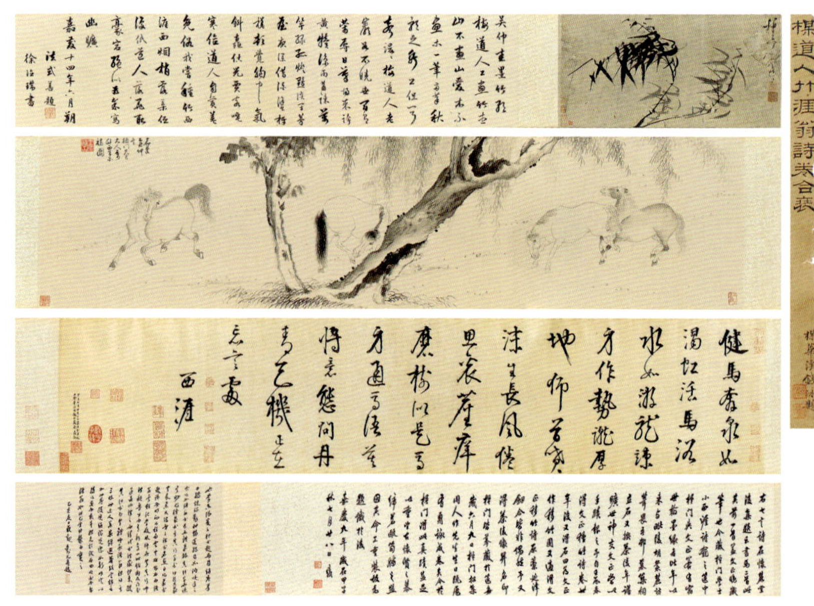

850 李东阳 画马诗 手卷
估　价：RMB 8,000,000～10,000,000
成交价：RMB 9,200,000
李东阳诗29cm×130cm 永乐拍卖 2021-05-20

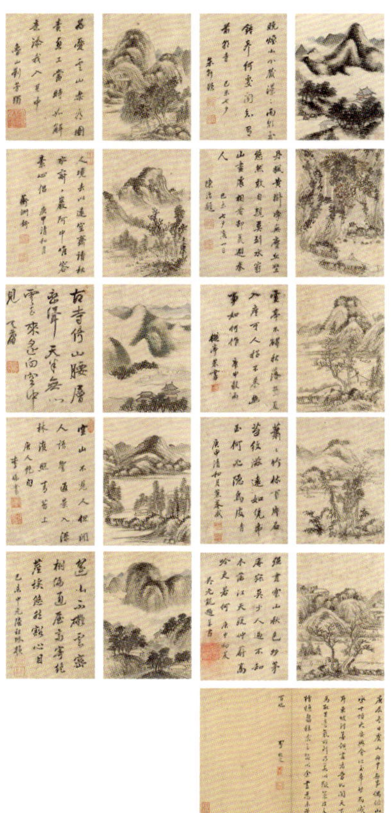

1523 李杭之 1640年作 山水 册页

估　价：RMB 800,000～1,000,000
成交价：RMB 1,380,000
画心22.5cm×15cm×10；35cm×25.5cm
西泠印社 2021-07-24

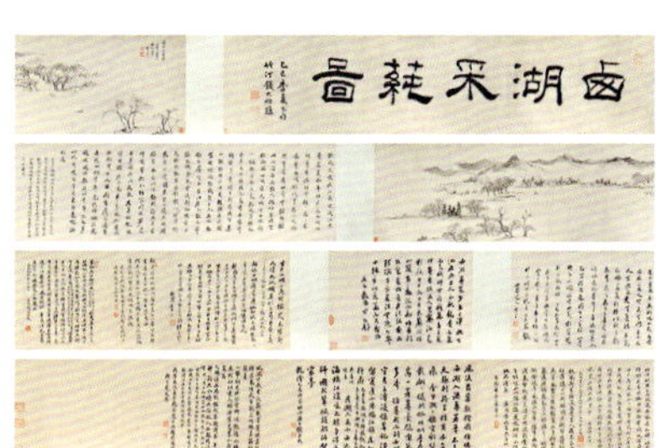

1949 李流芳 1626年作 西湖采莼图 手卷
估　价：RMB 2,200,000～3,000,000
成交价：RMB 5,865,000
绘画27.2cm×122cm 北京保利 2021-06-06

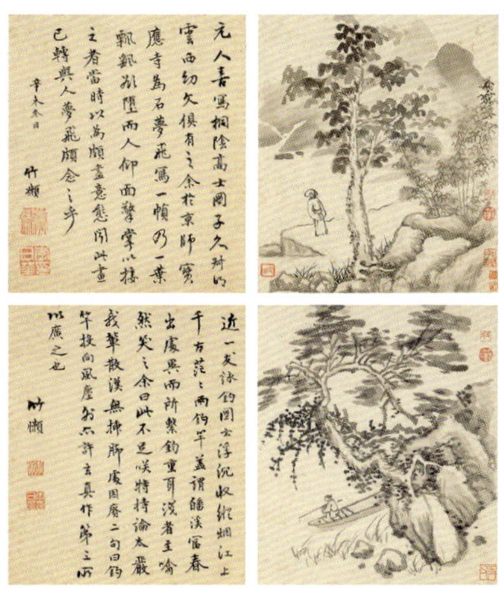

827 李日华 1631年作 山水书法 册页（十对开，选录）
估　价：HKD 200,000～300,000
成交价：RMB 2,873,500
23.5cm×19.6cm×10 佳士得 2021-11-29

1566 李士达 1619年作 秋林观瀑图 立轴
估　价：RMB 300,000～500,000
成交价：RMB 437,000
131cm×45.5cm 北京保利 2021-06-06

71 李永昌 1639年作 群峰雪霁图 立轴
估　价：RMB 200,000～300,000
成交价：RMB 345,000
158cm×87cm 江苏汇中 2021-05-13

1857 林良 芦雁图 立轴
估　价：RMB 500,000～800,000
成交价：RMB 920,000
39cm×70cm 十竹斋拍卖（北京） 2021-05-29

310 刘珏 寒岩积雪图 立轴
估　价：RMB 500,000～700,000
成交价：RMB 575,000
183cm×93cm 广东崇正 2021-01-07

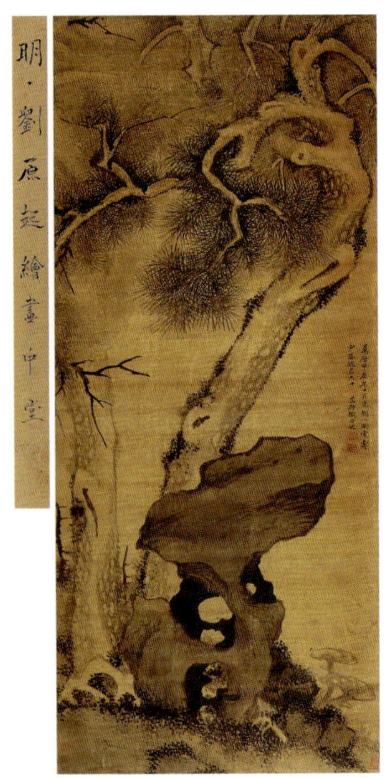

914 刘原起 1604年作 延年益寿 立轴
估　价：RMB 300,000～400,000
成交价：RMB 575,000
144.5cm×61cm 北京荣宝 2021-06-19

318 刘重庆 草书临右军《儿女帖》 扇面
估　价：RMB 180,000～280,000
成交价：RMB 322,000
18cm×56cm 中国嘉德 2021-05-18

1076 娄坚 草书王维诗 扇面
估　价：RMB 80,000～120,000
成交价：RMB 299,000
17cm×51cm 中国嘉德 2021-12-12

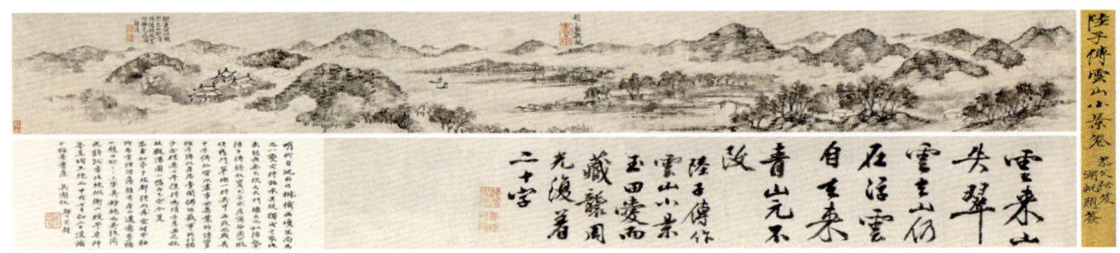

181 陆师道 云山小景 手卷
估　价：RMB 1,500,000～1,600,000
成交价：RMB 1,725,000
画心7.8cm×68cm 上海明轩 2021-12-30

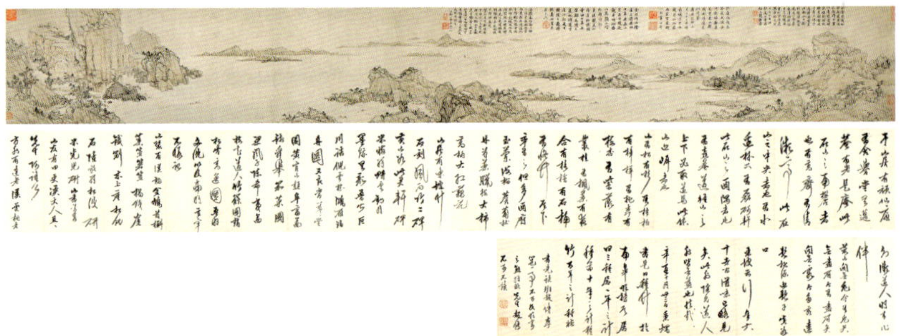

859 陆治 明 南皋图 手卷
估　价：HKD 5,000,000～7,000,000
成交价：RMB 4,618,125
27.4cm×205.3cm 佳士得 2021-11-29

143 陆治 明 写生荷花 立轴
估　价：RMB 800,000～1,200,000
成交价：RMB 3,450,000
120.5cm×40.5cm 永乐拍卖 2021-12-02

830 吕纪 明 松鹤双寿 立轴
估　价：HKD 500,000～800,000
成交价：RMB 4,761,000
166cm×101cm 佳士得 2021-05-26

1778 吕棠 富贵锦鸡 立轴
成交价：RMB 333,500
141cm×75.5cm 北京保利 2021-12-04

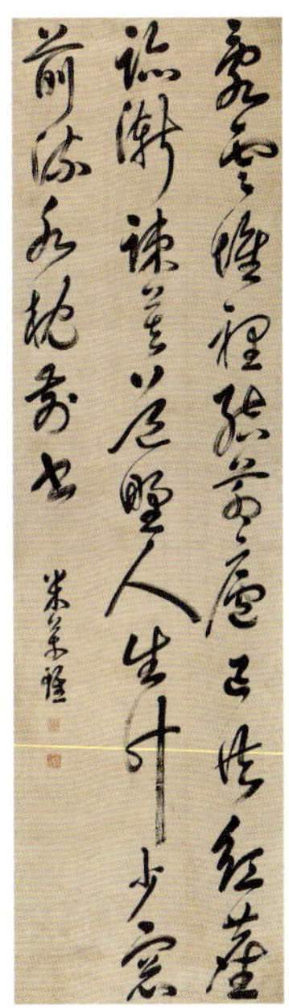

695 米万钟 草书 立轴
估　价：RMB 300,000～500,000
成交价：RMB 4,945,000
343cm×94.5cm 北京翰海 2021-06-04

1926 吕纪 春塘溪凫图 立轴
估　价：RMB 1,800,000～2,200,000
成交价：RMB 2,415,000
176cm×105cm 北京保利 2021-06-06

692 茅坤 1599年作 草书自作诗赋卷 手卷
估　价：RMB 800,000～1,200,000
成交价：RMB 1,955,000
29cm×339.5cm 朵云轩 2021-12-30

684 明武宗 杞石延年 立轴
估　价：RMB 700,000～1,000,000
成交价：RMB 805,000
65.5cm×36cm 朵云轩 2021-12-30

1799 马湘兰 1583年作 水村图 手卷
估　价：RMB 100,000～150,000
成交价：RMB 437,000
画心27cm×110.5cm 北京保利 2021-06-06

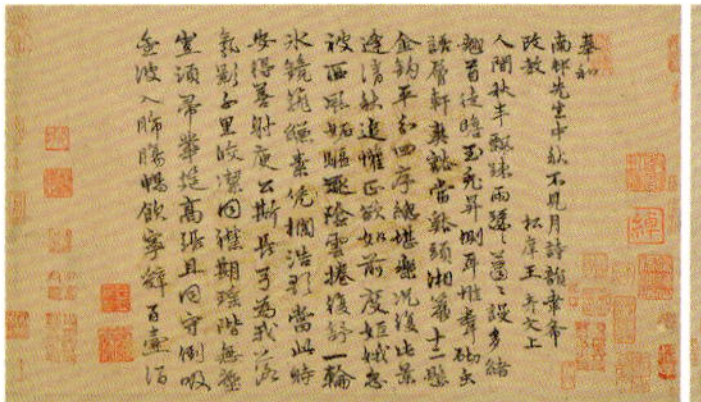
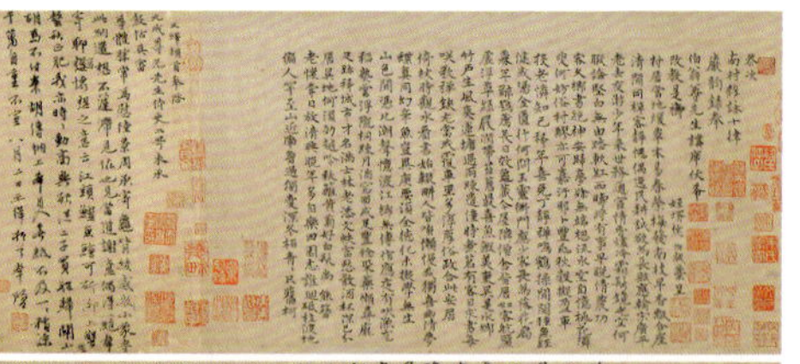
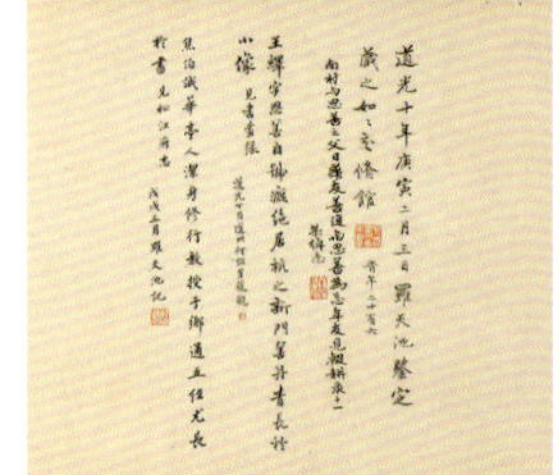
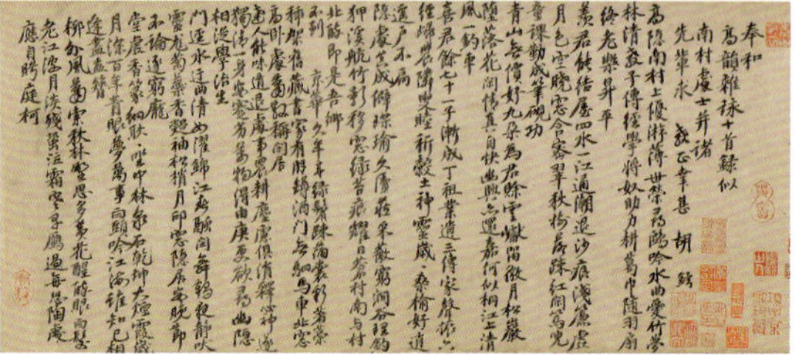

824 明初诸家 和陶南村诗稿卷 手卷
估 价：HKD 200,000~300,000
成交价：RMB 33,702,050
28.5cm×64.5cm；28.2cm×55cm；28cm×41.5cm
佳士得 2021-11-29

893 钱贡 明 幽兰图 立轴
估 价：HKD 60,000~80,000
成交价：RMB 389,975
30.5cm×68.5cm 佳士得 2021-11-29

387 明仁宗 1424年作 行书敕谕 横轴
估 价：RMB 1,800,000~2,800,000
成交价：RMB 2,070,000
书36.5cm×56cm 中国嘉德 2021-05-18

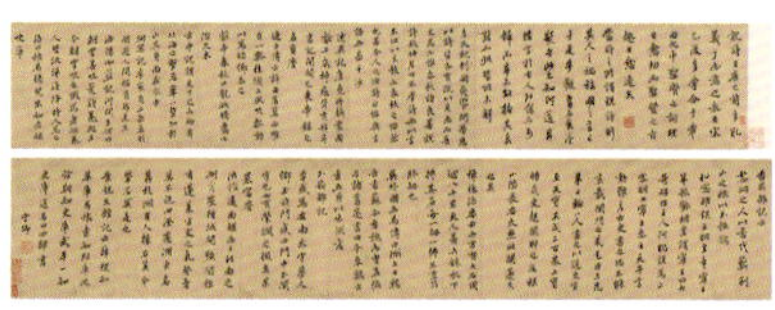

1587 莫是龙 行书 古书散论卷 手卷
估 价：RMB 50,000~70,000
成交价：RMB 1,840,000
195.5cm×17.5cm 西泠印社 2021-07-24

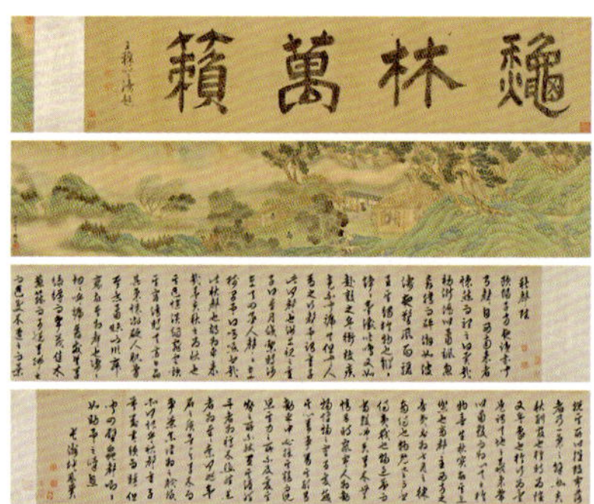

1955 钱穀 张凤翼 1574年作 《秋林万壑图》书画合璧卷 手卷
估 价：RMB 1,200,000~1,800,000
成交价：RMB 1,380,000
画30cm×156cm 北京保利 2021-06-06

1572 缪辅 荷花鱼藻 立轴
估 价：RMB 300,000~500,000
成交价：RMB 690,000
172cm×106cm 北京保利 2021-06-06

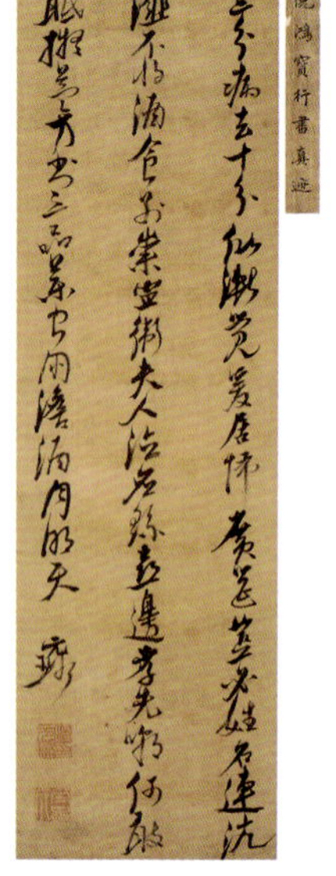

31 倪元璐 草书七言诗 立轴
估 价：RMB 3,800,000~5,800,000
成交价：RMB 6,325,000
130cm×38cm 华艺国际 2021-12-11

1 钱穀 1571年作 冬景山水 立轴
估 价：RMB 2,000,000~3,000,000
成交价：RMB 2,415,000
82cm×33.5cm 北京华辰 2021-06-19

482 仇英（款）洛神赋 手卷
估　价：RMB 1,500,000～2,000,000
成交价：RMB 2,070,000
52.5cm × 481cm 华艺国际 2021-12-11

924 仇英 文伯仁 文嘉 柳阴倦绣图 立轴
估　价：RMB 1,800,000～2,500,000
成交价：RMB 4,312,500
67.5cm × 35.5cm 西泠印社 2021-01-15

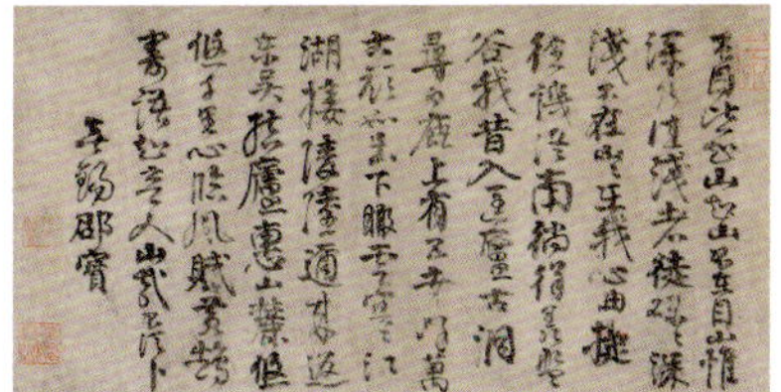

1086 邵宝 行书五言诗 册片
估　价：RMB 180,000～280,000
成交价：RMB 345,000
27cm × 51cm 中国嘉德 2021-12-12

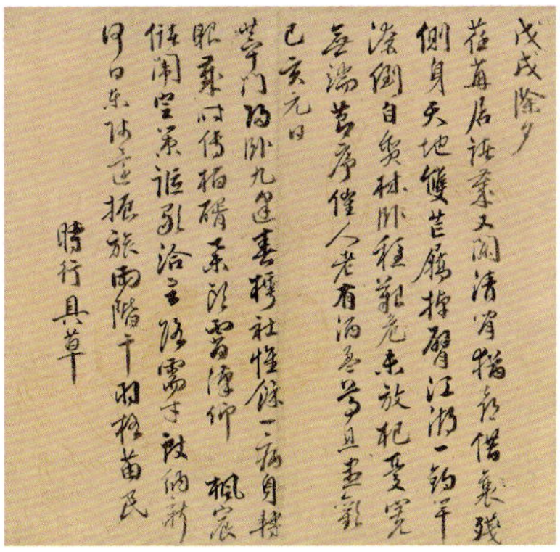

1482 申时行 跨年帖 镜片
估　价：RMB 100,000～200,000
成交价：RMB 460,000
27.5cm × 27cm 西泠印社 2021-07-24

2048 沈时 1635年作 明皇出巡图 四条屏
估　价：RMB 50,000～80,000
成交价：RMB 1,667,500
190cm × 59cm × 4 中国嘉德 2021-09-28

894 沈士充 1632年作 招隐图卷 手卷
估　价：HKD 5,000,000～7,000,000
成交价：RMB 43,554,050
33cm × 1527cm 佳士得 2021-11-29

2056 沈昭 1575年作 汉宫春晓图卷 手卷
估　价：RMB 50,000～80,000
成交价：RMB 402,500
31cm×523cm 中国嘉德 2021-09-28

1188 沈周 秋山策杖图 手卷
估　价：RMB 3,600,000～4,600,000
成交价：RMB 4,370,000
画心26cm×134cm 中国嘉德 2021-12-12

1962 沈周 谷林堂诗意 立轴
估　价：RMB 8,000,000～10,000,000
成交价：RMB 20,125,000
画心151cm×65cm 北京保利 2021-06-06

116 沈周 1491年作 八景图 手卷
估　价：RMB 3,500,000～3,800,000
成交价：RMB 4,025,000
画心32cm×51.5cm×8 中国嘉德 2021-05-18

16 沈周 松阴高士图 立轴
估　价：RMB 6,800,000～8,800,000
成交价：RMB 7,820,000
画心129.5cm×48.5cm 华艺国际 2021-12-11

1668 盛茂烨 携琴访友 立轴
估　价：RMB 500,000～600,000
成交价：RMB 1,150,000
168cm×54cm 北京保利 2021-06-06

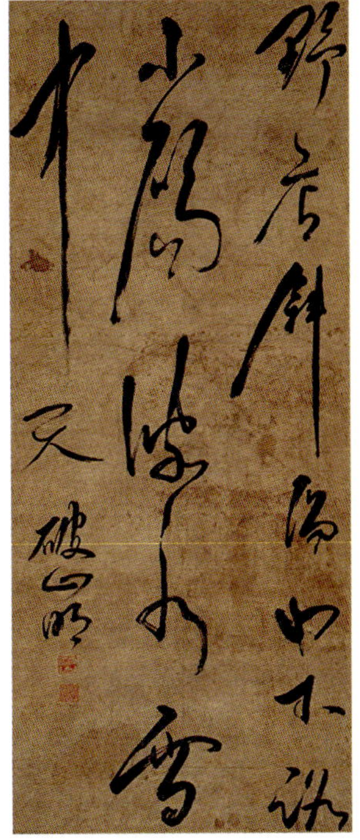

343 释破山 行书七言句 镜框
估　价：RMB 450,000～550,000
成交价：RMB 517,500
103cm×41cm 华艺国际 2021-06-05

421 释深度 书法 扇面
估　价：RMB 200,000～280,000
成交价：RMB 322,000
16cm×50cm 华艺国际 2021-04-01

1744 孙承宗 草书 李白诗 扇面
估　价：RMB 280,000～350,000
成交价：RMB 356,500
16.5cm×46.5cm 西泠印社 2021-07-24

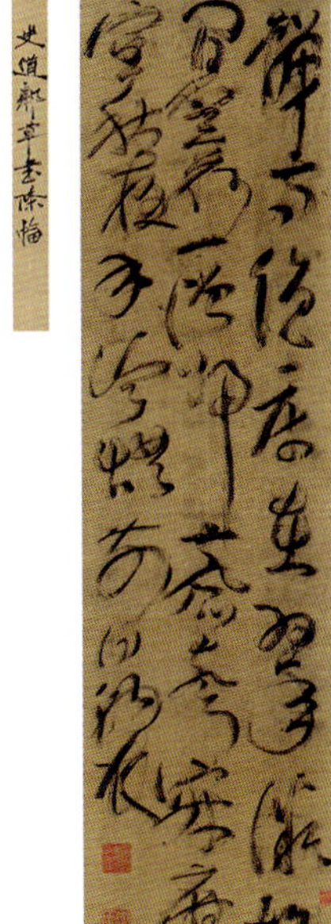

1828 史可法 草书七言诗 立轴
估　价：RMB 600,000～700,000
成交价：RMB 690,000
241cm×61cm 西泠印社 2021-07-24

764 宋旭 1588年作 松壑飞雪 立轴
估　价：RMB 800,000～1,200,000
成交价：RMB 1,725,000
203cm×97cm 北京翰海 2021-06-04

2032 孙克弘 1602年作 水图 册页（十一开）
估　价：RMB 7,000,000～8,000,000
成交价：RMB 8,050,000
25.5cm×33cm×11 北京保利 2021-12-04

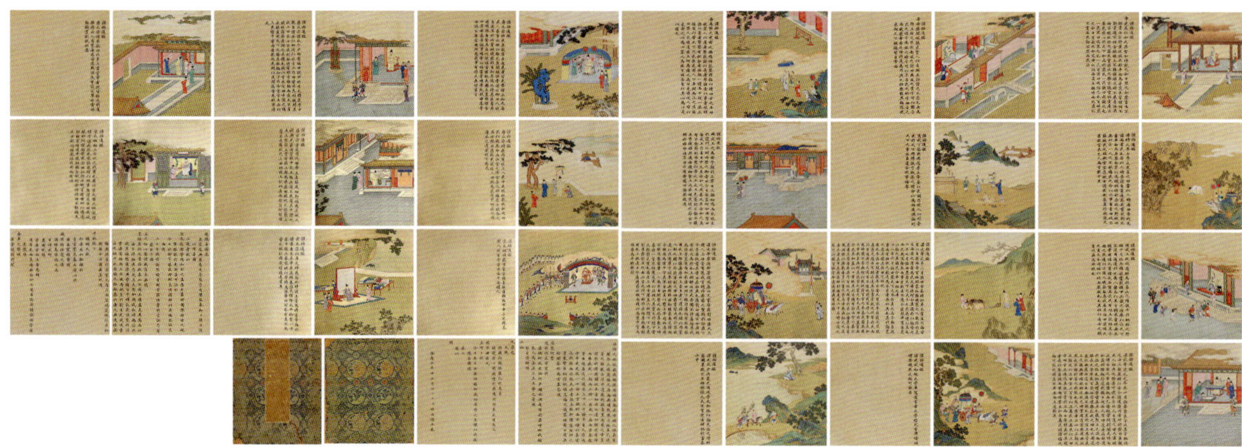

2028 孙隆 陈善图 册页（二十二开四十四页）
估　价：RMB 2,800,000～3,500,000
成交价：RMB 3,220,000
31cm × 27cm × 44 北京保利 2021-12-04

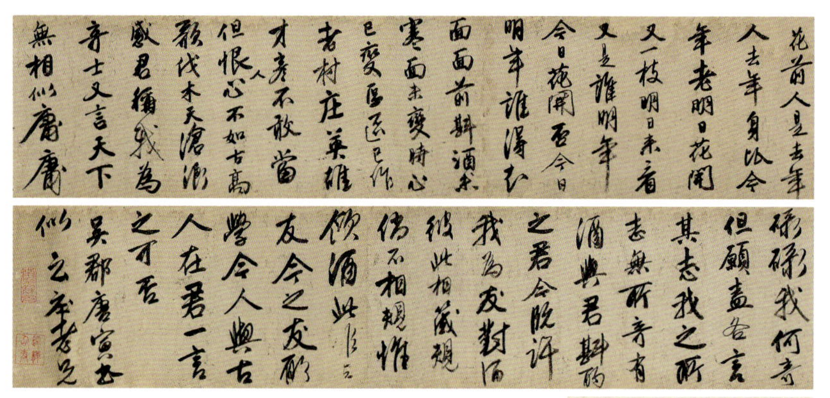

394 唐寅 行书七古诗卷 手卷
估　价：RMB 52,000,000～62,000,000
成交价：RMB 57,500,000
书法30cm × 262cm 中国嘉德 2021-05-18

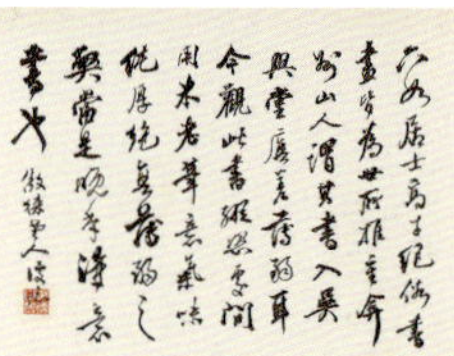

823 唐寅 水亭午翠图 立轴
估　价：RMB 6,000,000～10,000,000
成交价：RMB 9,200,000
156cm × 64.8cm 广东崇正 2021-07-19

1958 唐寅 1518年作 石湖秋胜图 手卷
估　价：RMB 2,000,000～4,000,000
成交价：RMB 6,670,000
绘画23cm × 234.5cm 北京保利 2021-06-06

1525 屠隆 门祚帖 镜心
成交价：RMB 759,000
25.5cm × 64cm 北京保利 2021-12-04

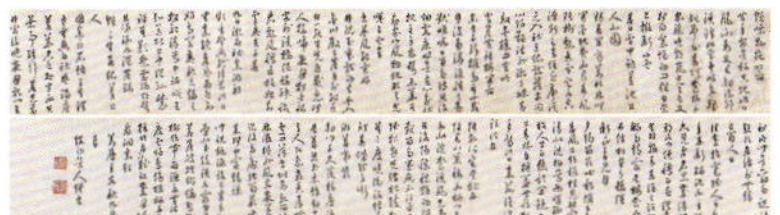

207 汤焕 行草诗卷 手卷
估　价：RMB 500,000～600,000
成交价：RMB 632,500
26cm×365cm 中贸圣佳 2021-05-21

322 万寿祺 采芝仕女图 立轴
估　价：RMB 550,000～650,000
成交价：RMB 862,500
181cm×85cm 广东小雅斋 2021-07-20

272 汪浩 渔父图 扇面
估　价：RMB 120,000～220,000
成交价：RMB 322,000
18cm×48cm 中国嘉德 2021-05-18

327 王宠 行书《春日山行》二绝 扇面
估　价：RMB 30,000～50,000
成交价：RMB 2,645,000
19.5cm×54cm 中国嘉德 2021-05-18

374 王铎 1641年作 草书五律 手卷
估　价：RMB 12,000,000～22,000,000
成交价：RMB 25,875,000
26cm×355.5cm 中国嘉德 2021-05-18

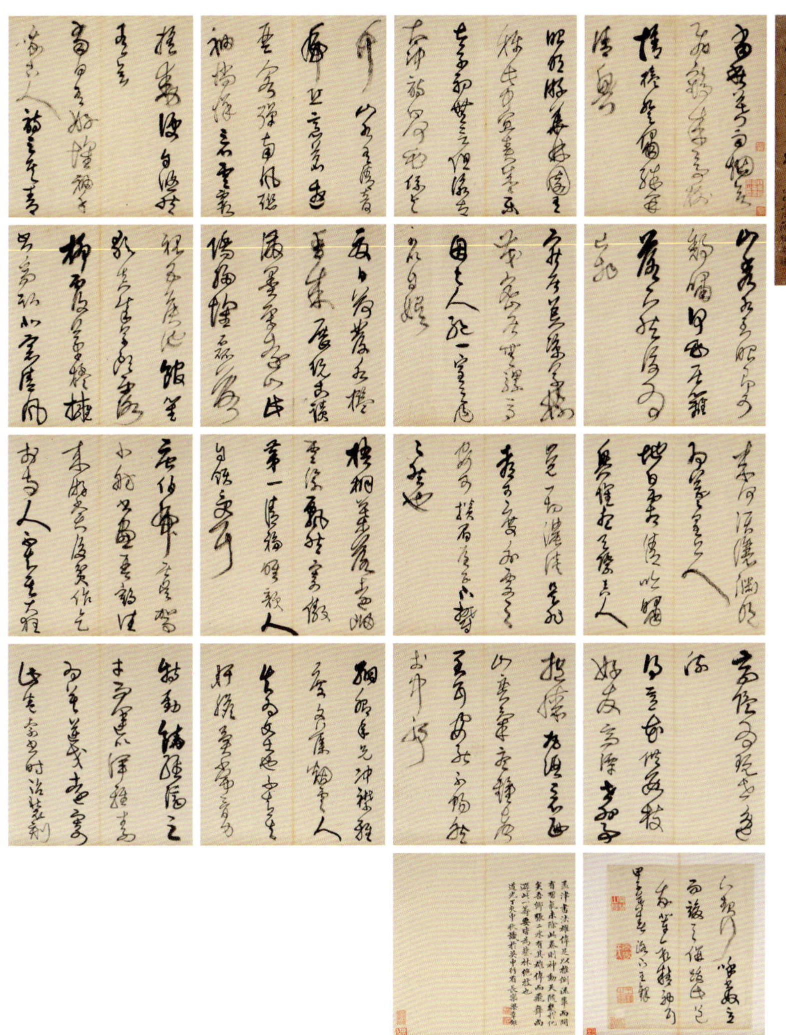

2047 王铎 1624年作 草书 册页（十八开）
估　价：RMB 8,000,000～10,000,000
成交价：RMB 9,200,000
31.5cm×29cm×18 北京保利 2021-12-04

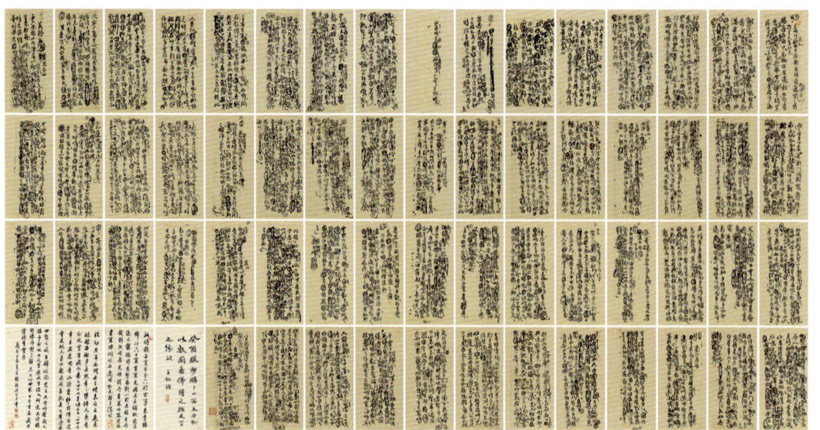

227 王铎 行书诗稿墨迹 册页（六十开）
估　价：RMB 10,000,000～15,000,000
成交价：RMB 18,400,000
29.5cm×14cm×60 北京荣宝 2021-12-02

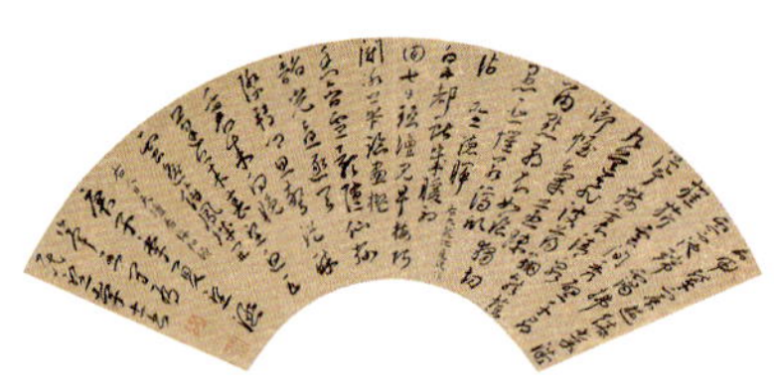

804 王守 1540年作 草书诗二首 扇面
估　价：HKD 100,000～120,000
成交价：RMB 310,500
20cm×60cm 佳士得 2021-05-26

1630 王阳明 行书《登泰山诗》 镜心
成交价：RMB 1,725,000
29cm×39cm 北京保利 2021-06-06

984 王绂 1410年作 为高得旸作缘崖双树图 立轴
估　价：RMB 2,000,000～2,800,000
成交价：RMB 2,300,000
104.5cm×33cm 西泠印社 2021-01-15

969 王穉登 1599年作 行书七言诗卷 手卷
估　价：RMB 2,200,000～3,000,000
成交价：RMB 3,680,000
32.5cm×336.5cm 中国嘉德 2021-12-12

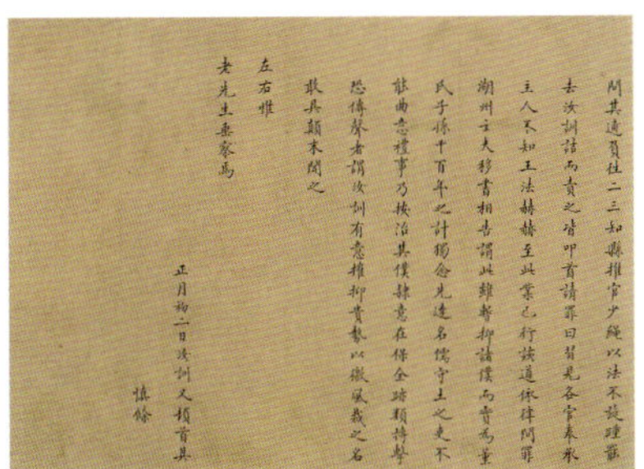

1526 王汝训 逋负帖 镜心
成交价：RMB 517,500
25.5cm × 37.5cm 北京保利 2021-12-04

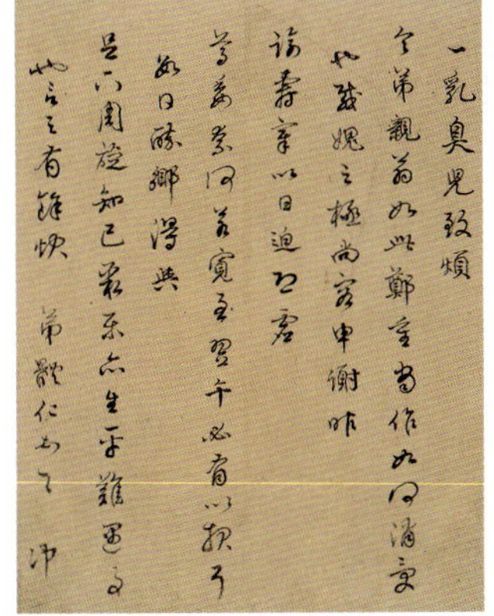

1520 温体仁 申谢帖 镜心
成交价：RMB 356,500
28cm × 21cm 北京保利 2021-12-04

864 文伯仁 明嘉靖甲寅年作 深山古寺 立轴
估　价：RMB 3,000,000～4,000,000
成交价：RMB 5,405,000
81cm × 33cm 永乐拍卖 2021-05-20

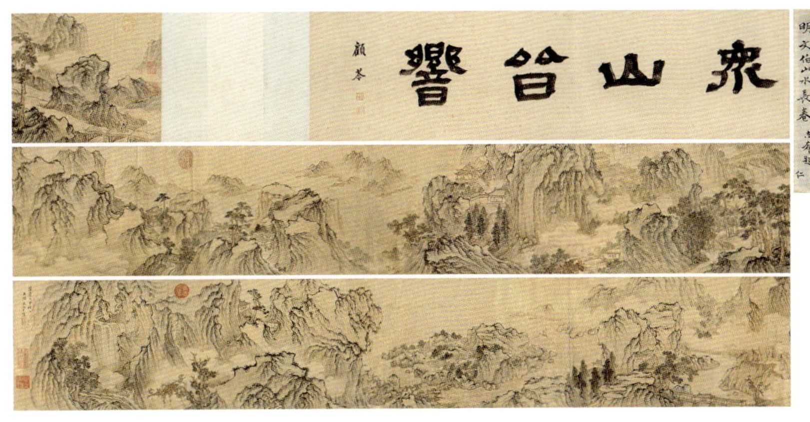

814 文伯仁 1548年作 众山皆响 手卷
估　价：RMB 22,000,000～27,000,000
成交价：RMB 33,120,000
29cm × 373cm 华艺国际 2021-06-05

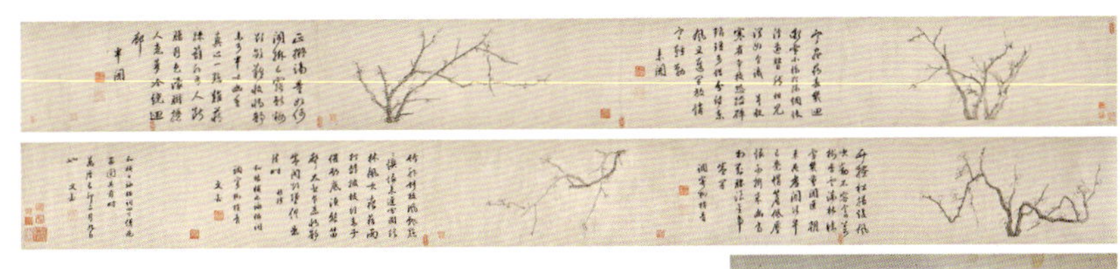

3095 文嘉 梅花四咏 手卷
估　价：HKD 1,000,000～1,500,000
成交价：RMB 2,655,450
26cm × 540.4cm 香港苏富比 2021-04-19

1484 文彭 1555年作 为居节作《新春帖》 镜片
估　价：RMB 100,000～200,000
成交价：RMB 805,000
26cm × 68cm 西泠印社 2021-07-24

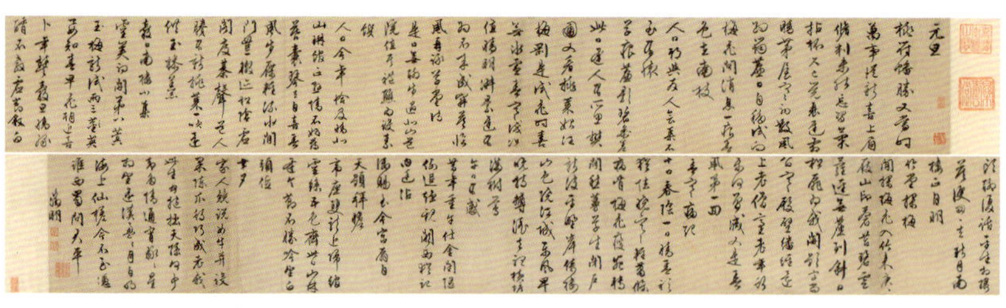

338 文徵明 行书杂诗卷 手卷
估　价：RMB 9,000,000～11,000,000
成交价：RMB 28,175,000
26cm×378cm 北京荣宝 2021-06-19

393 文徵明 行书自书诗 手卷
估　价：RMB 4,800,000～6,800,000
成交价：RMB 9,200,000
29.5cm×514cm 中国嘉德 2021-05-18

839 文徵明 1540年作 行书自书诗七首 手卷
估　价：HKD 2,000,000～4,000,000
成交价：RMB 15,111,000
35cm×706cm 佳士得 2021-05-26

493 吴净敻 清幽 扇面
估　价：RMB 200,000～300,000
成交价：RMB 345,000
16.5cm×48cm 南京经典 2021-01-10

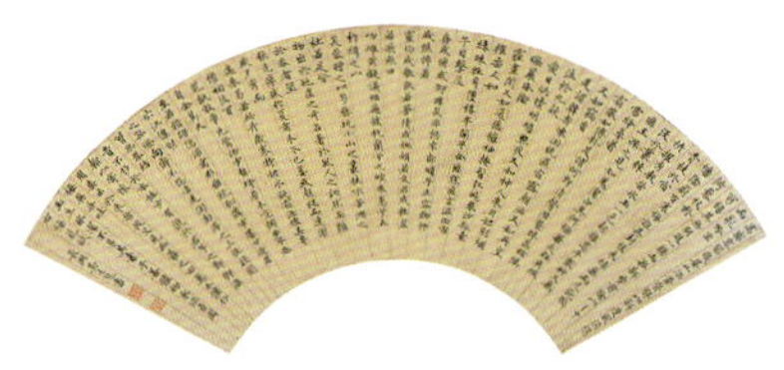

321 吴士冠 小楷《梅花赋》 扇面
估　价：RMB 150,000～250,000
成交价：RMB 322,000
14.5cm×46cm 中国嘉德 2021-05-18

2024 吴伟 寒山樵夫 立轴
估　价：RMB 1,800,000～2,800,000
成交价：RMB 3,105,000
176cm×97cm 北京保利 2021-12-04

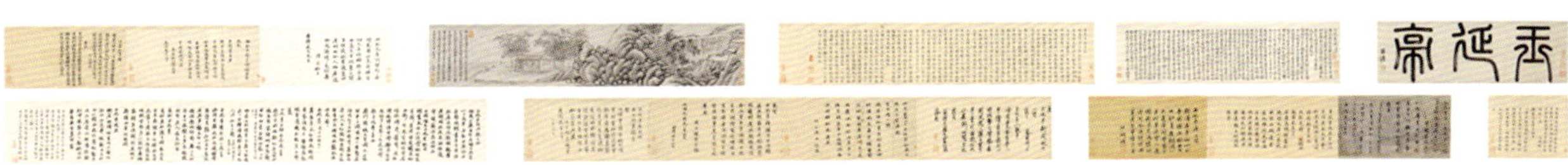

923 吴宽 李东阳 王鏊 赵宽 毛澄 陈璚 张纯修 翁方纲 等 吴宽宅园玉延亭图卷 手卷
估　价：RMB 6,000,000～9,000,000
成交价：RMB 12,075,000
画心24.5cm×120cm 西泠印社 2021-01-15

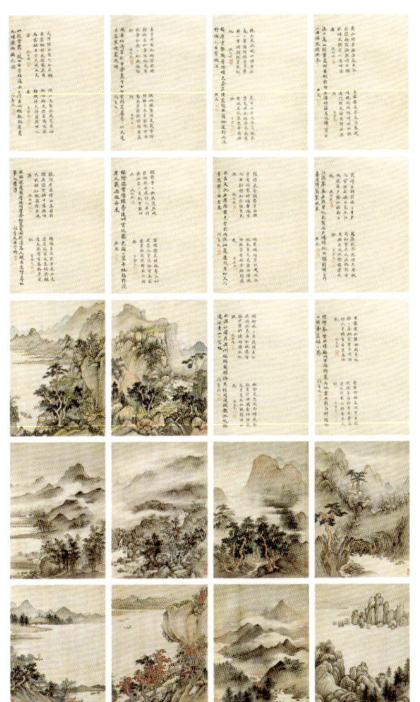

886 吴振 仿古山水 册页（十开）
估　价：RMB 500,000～600,000
成交价：RMB 575,000
36.5cm×24.5cm 永乐拍卖 2021-05-20

2050 夏葵 兰亭修褉图卷 手卷
估　价：RMB 1,200,000～1,500,000
成交价：RMB 1,380,000
画心29cm×692cm 北京保利 2021-12-04

818 吴镇 1343年作 墨竹图 立轴
估　价：RMB 400,000～600,000
成交价：RMB 460,000
36cm×53cm 北京保利 2021-09-25

1963 夏昶 丹崖晴翠 立轴
估　价：RMB 2,800,000～3,800,000
成交价：RMB 3,450,000
135cm×71cm 北京保利 2021-06-06

1035 项圣谟 古渡暮鸦图 立轴
估　价：RMB 80,000～100,000
成交价：RMB 3,680,000
74.5cm×31cm 西泠印社 2021-04-11

147 项圣谟 明 听泉图 立轴
估　价：RMB 2,800,000～3,200,000
成交价：RMB 3,450,000
82cm × 38cm 永乐拍卖 2021-12-02

8020 项元汴 1589年作 山回松深图 立轴
估　价：RMB 3,000,000～5,000,000
成交价：RMB 5,405,000
88.5cm × 27.5cm 上海嘉禾 2021-07-22

3075 萧云从 溪山高隐 立轴
估　价：HKD 1,500,000～2,500,000
成交价：RMB 5,247,675
86cm × 44.7cm 香港苏富比 2021-04-19

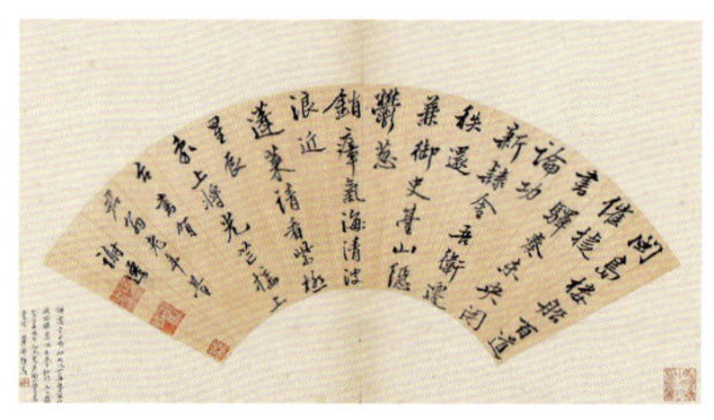

25 谢迁 行书七言诗 镜心
估　价：RMB 200,000～300,000
成交价：RMB 333,500
17cm × 52cm 中贸圣佳 2021-05-21

2039 谢时臣 1559年作 西山白雪、巫峡清秋 立轴
估　价：RMB 2,200,000～3,500,000
成交价：RMB 4,255,000
144cm × 65cm × 2 北京保利 2021-12-04

326 徐霖 行书韩愈诗 扇面
估　价：RMB 30,000～50,000
成交价：RMB 322,000
17.5cm × 51cm 中国嘉德 2021-05-18

1925 徐渭 1592年作 牡丹墨竹 立轴
估　价：RMB 1,800,000～2,600,000
成交价：RMB 2,530,000
138cm × 36cm 北京保利 2021-06-06

391 徐渭 墨花图卷 手卷
估　价：RMB 40,000,000～50,000,000
成交价：RMB 46,000,000
32cm×139.5cm；32cm×139.5cm；32cm×140cm；32cm×139cm
中国嘉德 2021-05-18

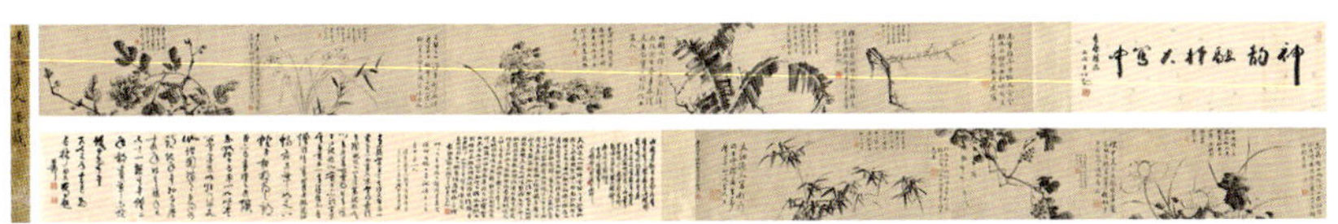

1561 徐渭 1591年作 墨花八段卷 手卷
估　价：RMB 18,000,000～25,000,000
成交价：RMB 29,325,000
画心31cm×545.5cm 西泠印社 2021-07-24

2588 徐渭 杂画卷 手卷
估　价：HKD 2,600,000～3,000,000
成交价：RMB 2,712,528
29.5cm×611cm 香港苏富比 2021-10-12

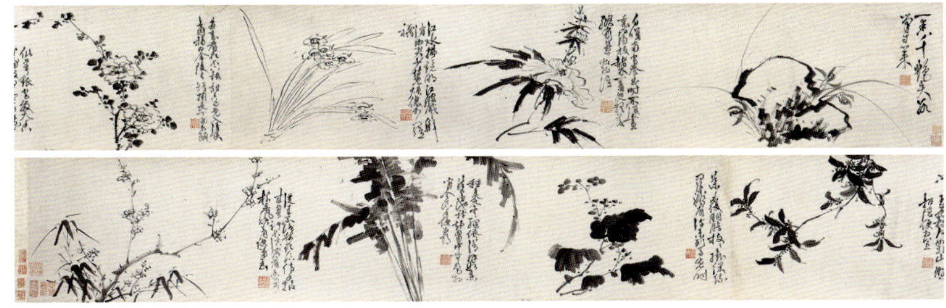

1236 徐渭 花卉 手卷
估　价：RMB 2,200,000～2,800,000
成交价：RMB 2,875,000
30cm×372cm 北京翰海 2021-12-18

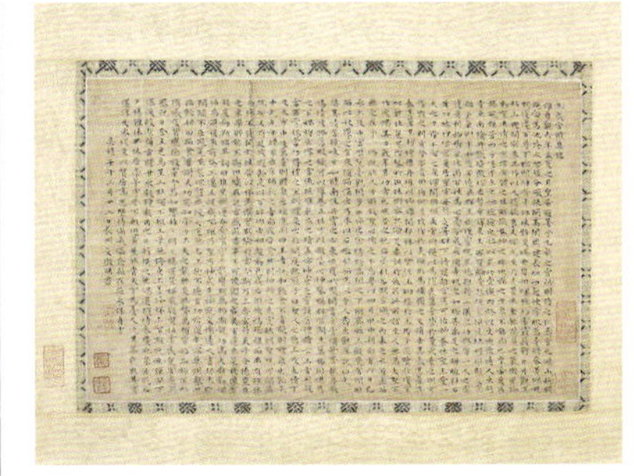

2221 许修直 严群 文徵明 旧藏 书小楷《九成宫醴泉铭》
估　价：RMB 500,000～800,000
成交价：RMB 575,000
25.5cm×39cm 中国嘉德 2021-05-20

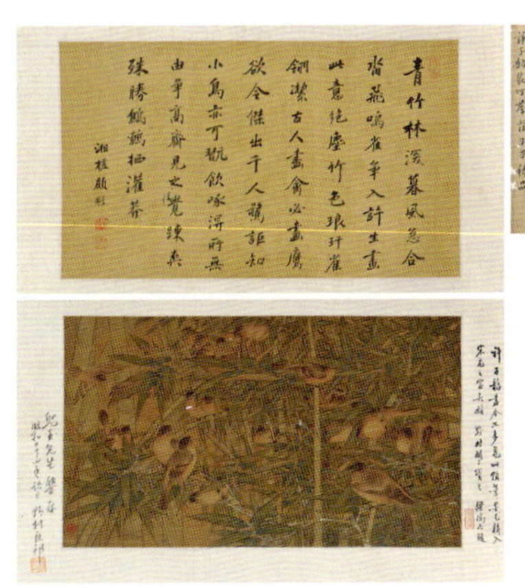

1655 许仪 丛竹群雀 立轴
成交价：RMB 437,000
画30cm×51cm 北京保利 2021-06-06

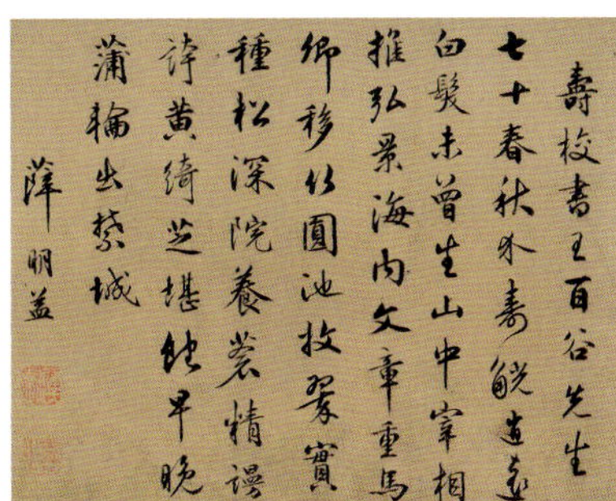

1519 薛明益 寿王穉登七十诗帖 镜心
成交价：RMB 333,500
27.5cm×33.5cm 北京保利 2021-12-04

306 严讷 1541年作 凌波仙子 立轴
估　价：RMB 400,000～600,000
成交价：RMB 667,000
58cm×30.5cm 华艺国际 2021-06-05

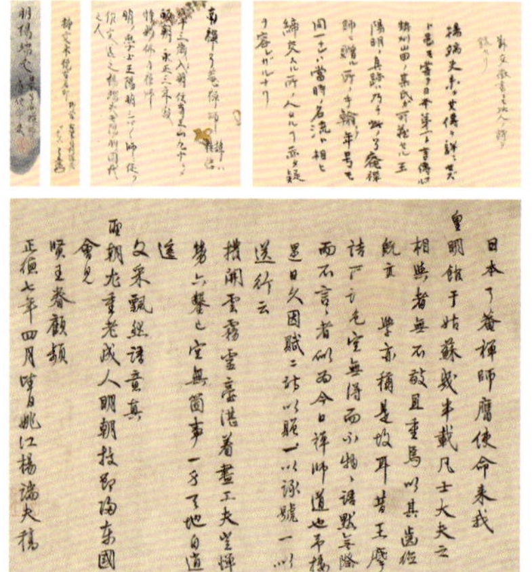

1488 杨端夫 1512年作 行书《赠了庵禅师诗二首并序》 立轴
估　价：RMB 100,000～200,000
成交价：RMB 552,000
46.5cm×35cm 西泠印社 2021-07-24

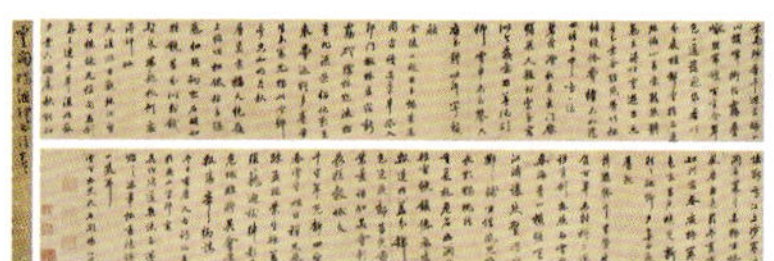

885 杨继礼 行书骆宾王诗八首 手卷
估　价：RMB 180,000～280,000
成交价：RMB 517,500
24.5cm×291cm 西泠印社 2021-01-15

1560 杨珂 1551年作 孤品 狂草七言诗卷 镜片
估　价：RMB 50,000～1,000,000
成交价：RMB 2,990,000
25.5cm×440cm 西泠印社 2021-07-24

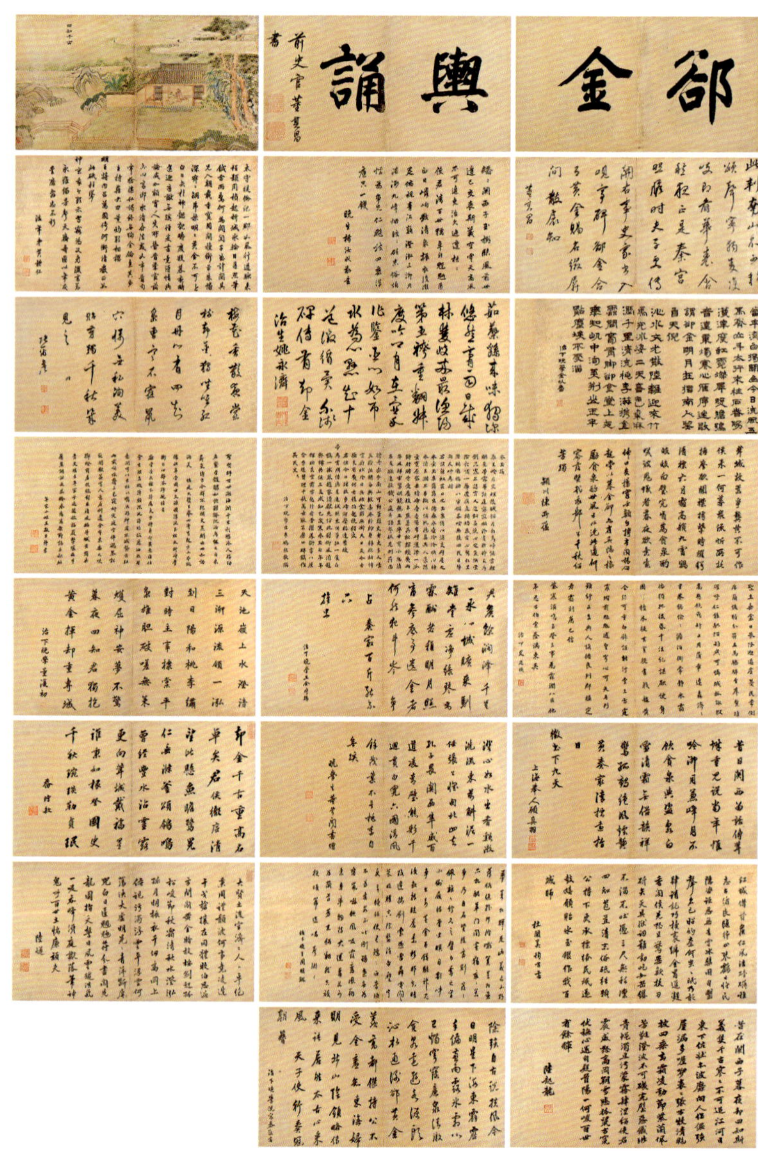

694 杨汝成 郤金舆诵 册页（二十三开）
估　价：RMB 1,200,000～1,800,000
成交价：RMB 1,725,000
36cm×64cm×23 朵云轩 2021-12-30

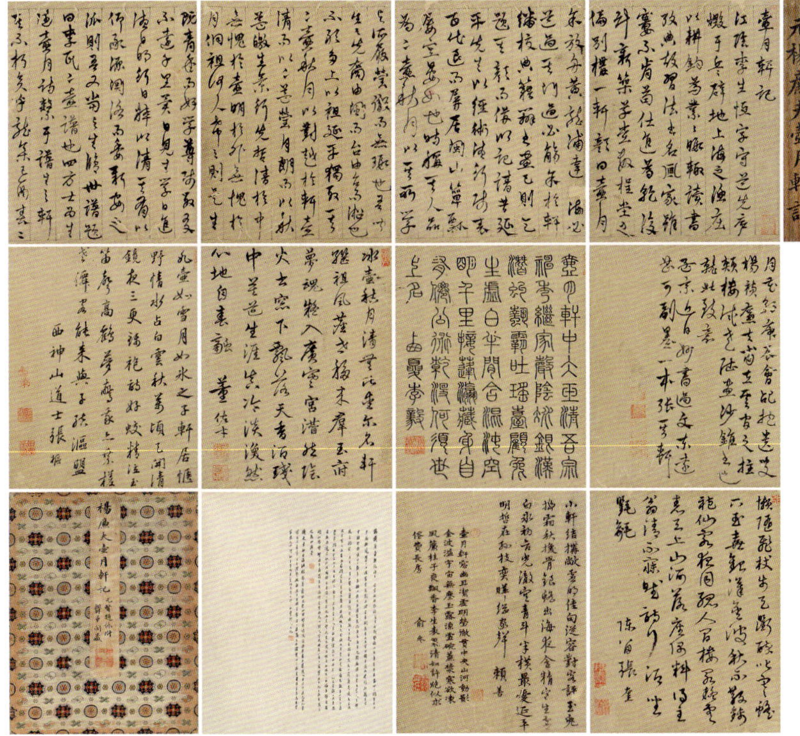

1917 杨维祯 1369年作 壶月轩记 册页（五开十页）
成交价：RMB 90,275,000
33cm × 25.5cm × 10 北京保利 2021-06-06

825 杨忠 山水亭台楼阁十屏（选录）
估　价：RMB 1,600,000 ~ 2,600,000
成交价：RMB 2,875,000
46cm × 181cm × 10 华艺国际 2021-06-05

922 姚绶 春酒放舟图 立轴
估　价：RMB 4,000,000 ~ 6,000,000
成交价：RMB 7,475,000
35.5cm × 62cm 西泠印社 2021-01-15

1559 姚绶 丹丘草泽垂竿图 立轴
估　价：RMB 2,800,000 ~ 4,000,000
成交价：RMB 5,750,000
115.5cm × 31.5cm 西泠印社 2021-07-24

330 姚允在 闲居图 扇面
估　价：HKD 150,000 ~ 200,000
成交价：RMB 303,480
18cm × 53cm 保利香港 2021-04-23

1028 叶正均 鸳鸯戏水图 立轴
估　价：RMB 100,000 ~ 200,000
成交价：RMB 345,000
119.5cm × 49.5cm 西泠印社 2021-04-11

1421 佚名 14—15世纪 绢本水月观音 立轴
估　价：RMB 5,000,000 ~ 6,000,000
成交价：RMB 7,130,000
109cm × 66cm 朵云轩 2021-07-07

2284 殷自成（款）百年好合 立轴
估　价：RMB 3,000～6,000
成交价：RMB 402,500
152cm×86cm 中国嘉德 2021-03-30

988 余正元 远岫平沙 立轴
估　价：RMB 280,000～380,000
成交价：RMB 322,000
106.5cm×40.5cm 朵云轩 2021-12-31

558 袁尚统 匡庐瀑布 立轴
估　价：RMB 280,000～350,000
成交价：RMB 1,058,000
181cm×73cm 朵云轩 2021-07-07

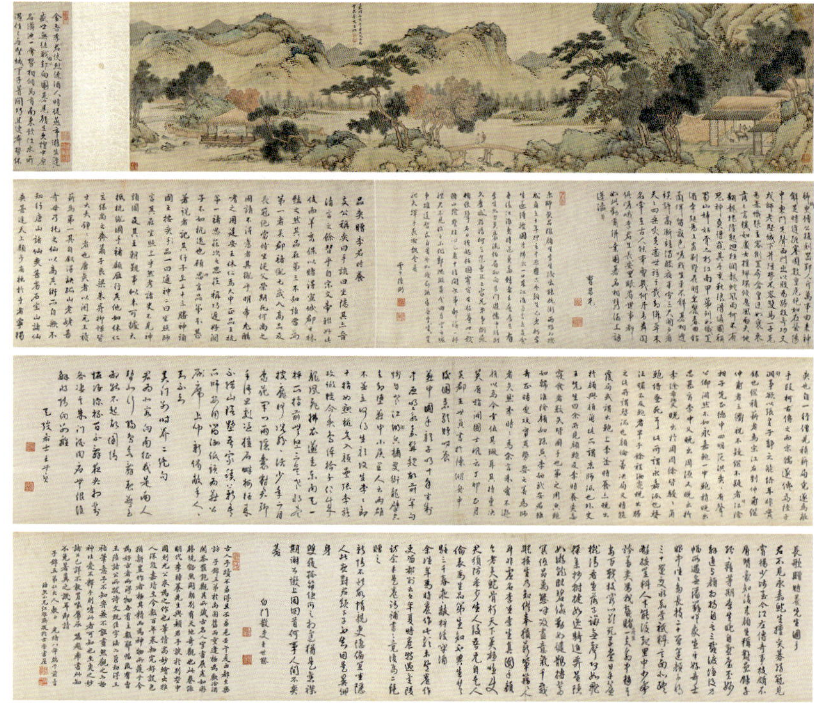

1190 尤求 1566年作 秋窗博弈图 手卷
估　价：RMB 25,000,000～35,000,000
成交价：RMB 53,130,000
画31.5cm×127.5cm 中国嘉德 2021-12-12

917 恽向 1639年作 为廷俞作浅色山水 立轴
估　价：RMB 1,000,000～2,000,000
成交价：RMB 2,185,000
133.5cm×50cm 西泠印社 2021-01-15

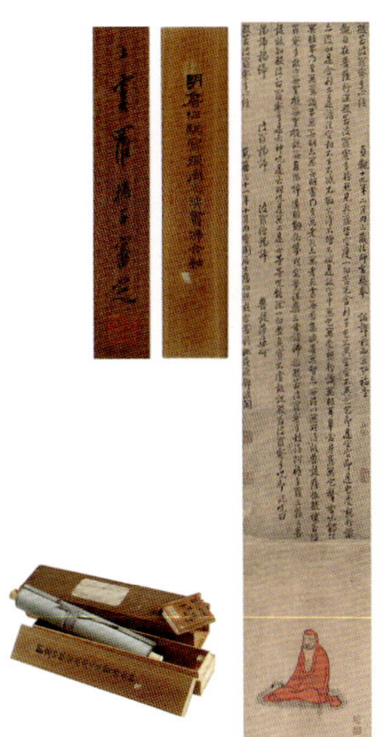

1579 詹伯麒 周之屿 行书《心经》《红衣佛像图》
立轴（一轴双挖）
估　价：RMB 500,000～800,000
成交价：RMB 862,500
120.5cm×29cm；45.5cm×28.5cm
西泠印社 2021-07-24

2043 张灵 看耕图 立轴
估　价：RMB 4,000,000～6,000,000
成交价：RMB 9,200,000
146cm×70.5cm 北京保利 2021-12-04

1205 张复 1620年 山水 手卷
估　价：RMB 800,000～1,200,000
成交价：RMB 1,782,500
28.8cm×315.5cm 中国嘉德 2021-12-12

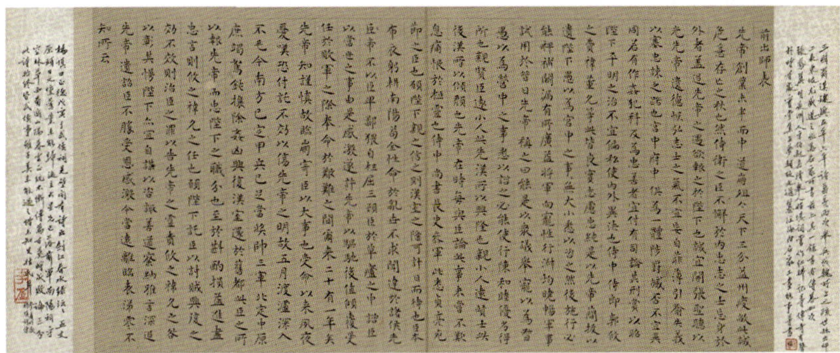

755 张凤翼 1556年作 小楷前后《出师表》合璧 镜片（三帧）
估　价：RMB 100,000～200,000
成交价：RMB 1,610,000
23cm×45cm；23cm×48cm；27cm×37cm
西泠印社 2021-01-15

12 张大年 寻花图 扇面
估　价：RMB 10,000～30,000
成交价：RMB 368,000
19cm×54cm 中国嘉德 2021-05-18

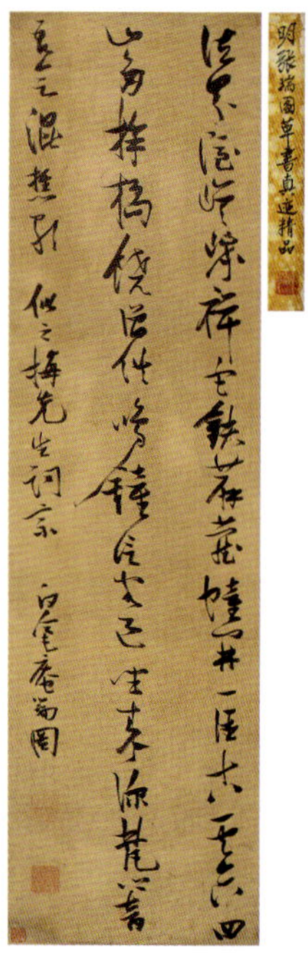

30 张瑞图 草书五言诗 立轴
估　价：RMB 3,800,000～5,800,000
成交价：RMB 6,670,000
159cm×42.5cm 华艺国际 2021-12-11

2243 张宁 1455年作 牧马图 立轴
估　价：RMB 3,000～6,000
成交价：RMB 747,500
148cm×71cm 中国嘉德 2021-09-29

145 赵文俶 榴花双莺 立轴
估　价：RMB 400,000～500,000
成交价：RMB 690,000
123cm×32cm 中贸圣佳 2021-05-21

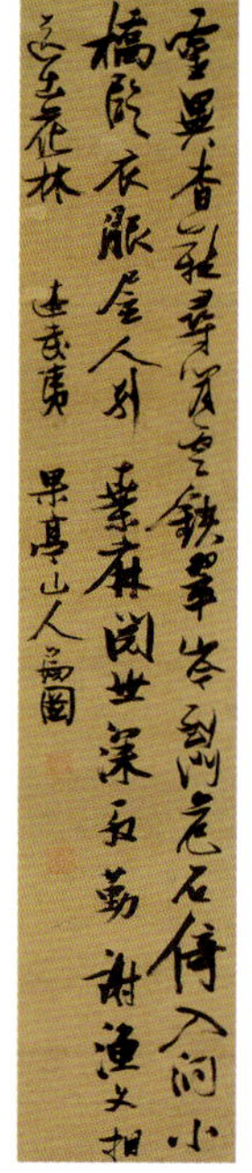

1185 张瑞图 行书《武夷诗》立轴
估　价：RMB 1,200,000～2,200,000
成交价：RMB 4,830,000
262cm×48.5cm 中国嘉德 2021-12-12

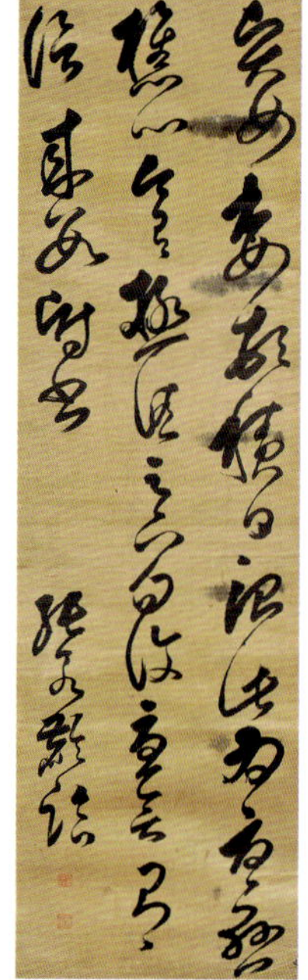

1737 张若麒 草书临阁帖 立轴
估　价：RMB 200,000～400,000
成交价：RMB 414,000
175cm×47.5cm 北京保利 2021-06-06

1208 张元举 明万历年间
重彩金碧山水卷 手卷
估　价：RMB 2,200,000～3,500,000
成交价：RMB 7,705,000
画心44cm×379cm 中鸿信 2021-07-15

1930 赵芝 渔乐图 立轴
估　价：RMB 600,000～1,000,000
成交价：RMB 1,150,000
212cm×92cm 北京保利 2021-06-06

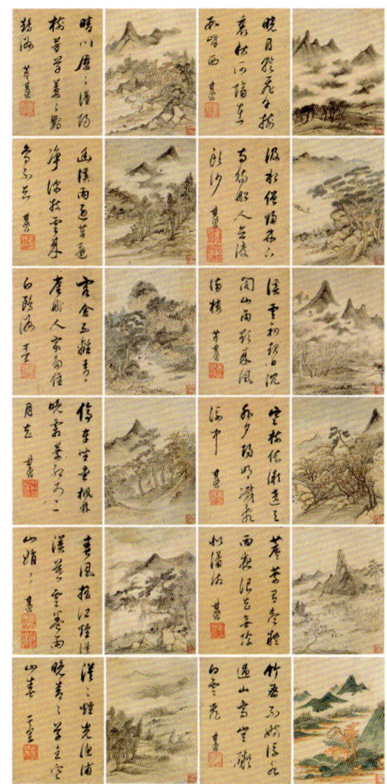

1694 赵左 董其昌 书画对题 册页
(十二开二十四页)
估　价：RMB 400,000～600,000
成交价：RMB 1,150,000
19cm×13cm×2 北京保利 2021-12-04

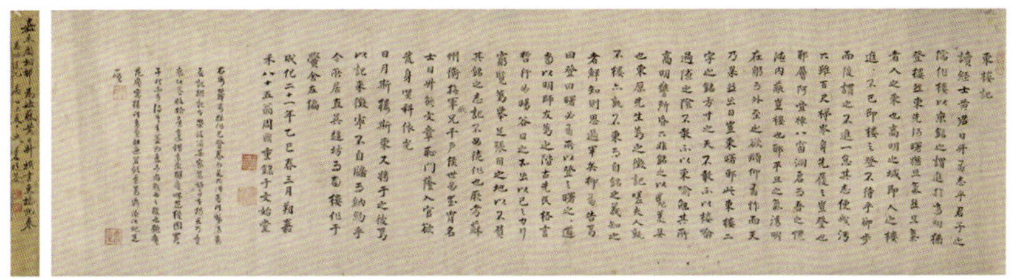

764 周鼎 1485年作 为黄日升作《东楼记卷》手卷
估　价：RMB 400,000～600,000
成交价：RMB 2,185,000
画心66cm×23.5cm 西泠印社 2021-01-15

145 周之冕 万历二十八年作 花卉 手卷
估　价：RMB 1,500,000～2,000,000
成交价：RMB 3,277,500
画28.5cm×496cm 永乐拍卖 2021-12-02

1194 周之冕 百花图卷 手卷
成交价：RMB 148,350,000
32cm×1717cm 中国嘉德 2021-12-12

1527 朱国祯 小价帖 镜心
成交价：RMB 1,242,000
22.5cm×78cm 北京保利 2021-12-04

1037 周天球 1546年作
草书自作诗 手卷
估　价：RMB 280,000～350,000
成交价：RMB 402,500
26cm×1705cm 北京荣宝 2021-12-02

334 朱瑛 1636年作 陂塘晚坐图 扇面
估　价：RMB 30,000～50,000
成交价：RMB 1,207,500
17cm×49cm 中国嘉德 2021-05-18

268 朱士瑛 听琴图 扇面
估　价：RMB 30,000～60,000
成交价：RMB 460,000
16.5cm×50cm 中国嘉德 2021-05-18

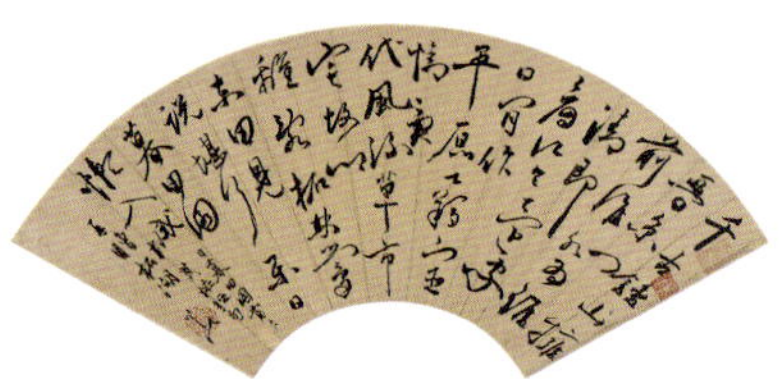

830 朱曰藩 草书 《次韵何元朗罢官诗》 扇面
估　价：RMB 100,000～200,000
成交价：RMB 322,000
19.5cm×52.5cm 西泠印社 2021-01-15

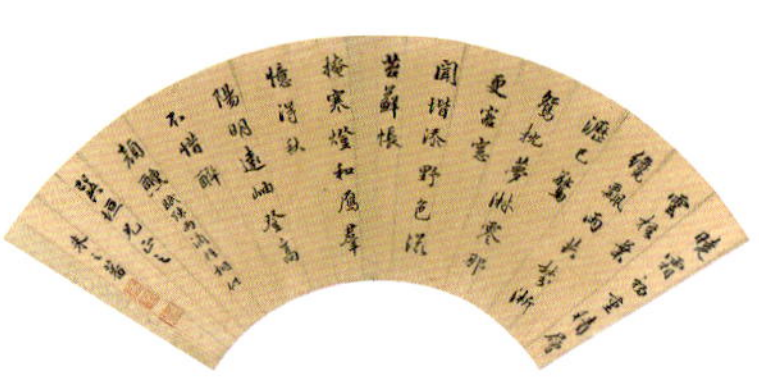

1552 朱之蕃 行书 七言诗 扇面
估　价：RMB 120,000～180,000
成交价：RMB 322,000
16cm×48cm 西泠印社 2021-07-24

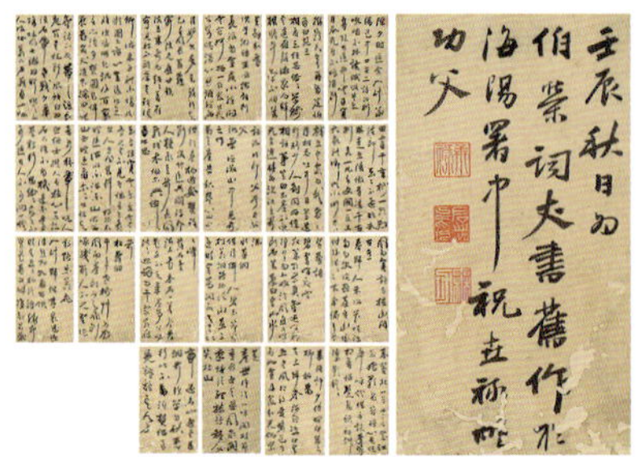

939 祝世禄 1592年作 行书 古诗 册页
（二十三页）
估　价：RMB 300,000～500,000
成交价：RMB 460,000
29.5cm×15.5cm×23 西泠印社 2021-01-15

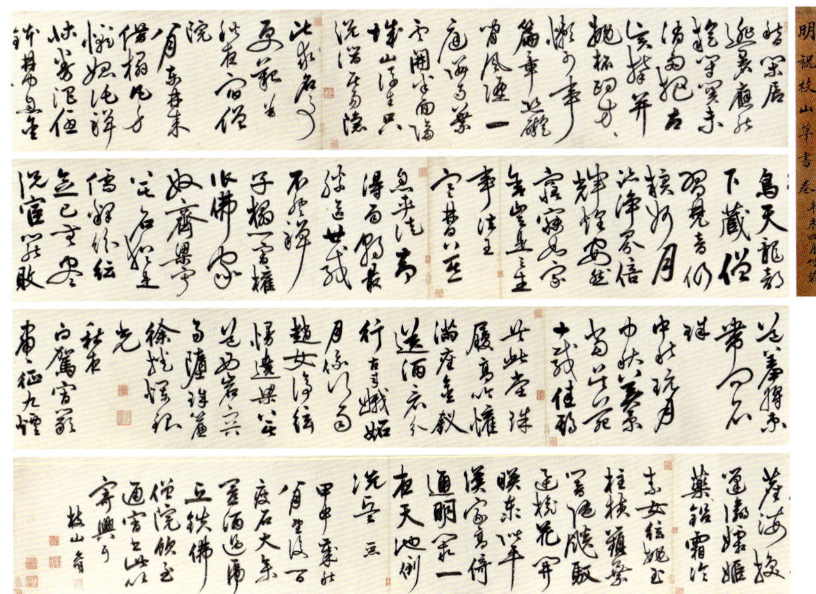

1959 祝允明 1524年作 草书自作诗卷 手卷
估　价：RMB 6,000,000～8,000,000
成交价：RMB 6,900,000
31cm × 662cm 北京保利 2021-06-06

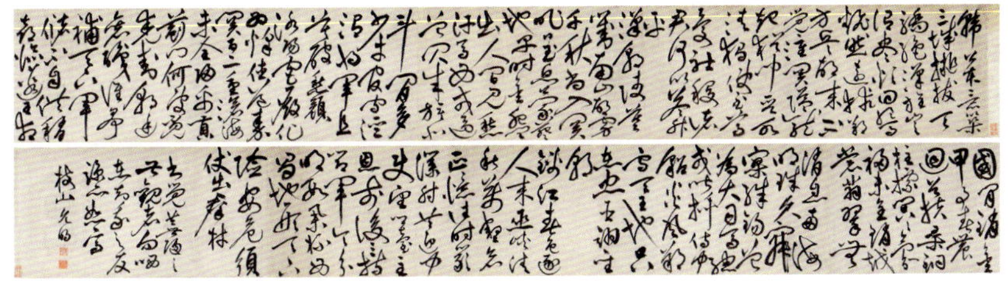

2042 祝允明 草书杜甫诗卷 手卷
估　价：RMB 2,600,000～3,200,000
成交价：RMB 2,990,000
32.5cm × 496cm 北京保利 2021-12-04

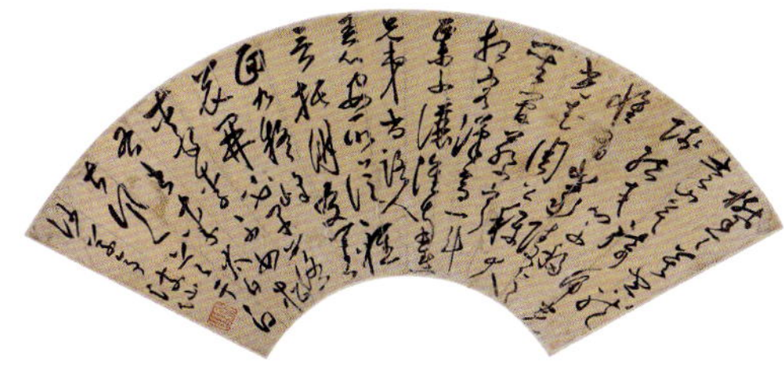

8 祝允明 草书 扇面
估　价：RMB 300,000～500,000
成交价：RMB 517,500
20cm × 55cm 中贸圣佳 2021-05-21

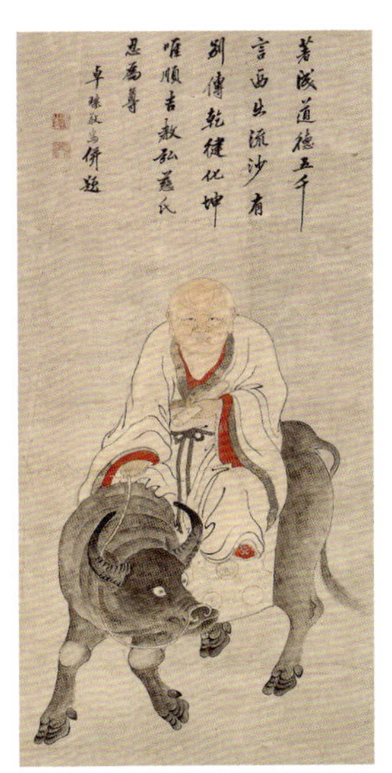

8688 卓琮 老子出关 立轴
估　价：RMB 600,000～800,000
成交价：RMB 3,277,500
94cm × 44.5cm 保利厦门 2021-11-05

清代作者

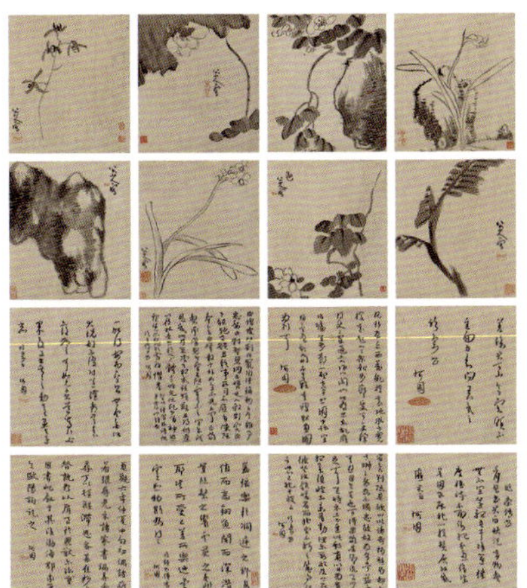

950 八大山人 书画合璧 册页（十六页）
估　价：RMB 15,000,000～20,000,000
成交价：RMB 21,620,000
25.5cm × 22cm × 16 西泠印社 2021-01-15

1701 八大山人 1694年作 游鱼图 立轴
估　价：RMB 6,000,000～8,000,000
成交价：RMB 9,200,000
104cm × 47.5cm 西泠印社 2021-07-24

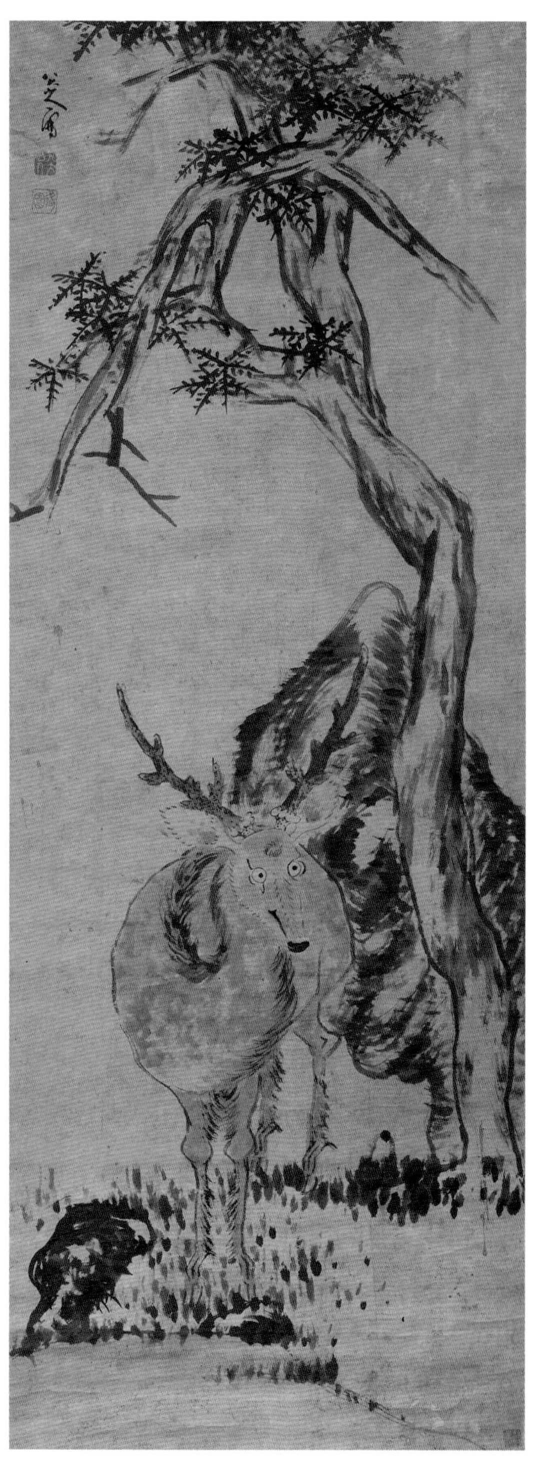

22 八大山人 柏鹿图 立轴
成交价：RMB 46,000,000
209cm×75cm 华艺国际 2021-12-11

1943 八大山人 仿倪瓒山水 立轴
估　价：RMB 28,000,000～35,000,000
成交价：RMB 41,400,000
125cm×58cm 北京保利 2021-06-06

827 八大山人 文禽兰竹图轴 立轴
估　价：RMB 18,000,000～25,000,000
成交价：RMB 24,725,000
177cm×43cm 中贸圣佳 2021-05-21

2068 八大山人 香橼佛手 镜心
估　价：RMB 8,000,000～10,000,000
成交价：RMB 13,110,000
25cm×38.5cm 北京保利 2021-12-04

2067 八大山人 竹鸟 镜心
估　价：RMB 8,000,000～10,000,000
成交价：RMB 11,960,000
25cm×38.5cm 北京保利 2021-12-04

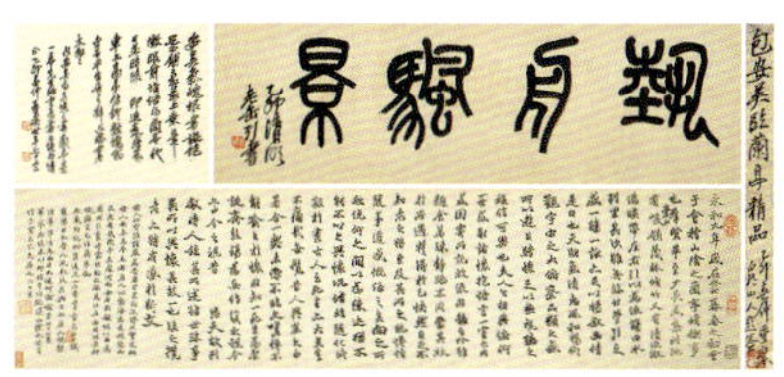

914 包世臣 1830年作 临《兰亭序》 手卷
估　价：HKD 80,000～100,000
成交价：RMB 564,438
26.5cm×102cm 佳士得 2021-11-29

1059 边寿民 夜宿芦花 立轴
估　价：RMB 100,000～150,000
成交价：RMB 552,000
145cm×64cm 十竹斋拍卖（北京） 2021-05-29

832 蔡嘉 拟古山水 册页（十二开）
估　价：RMB 1,200,000～1,500,000
成交价：RMB 1,437,500
25cm×32cm×12 中贸圣佳 2021-05-21

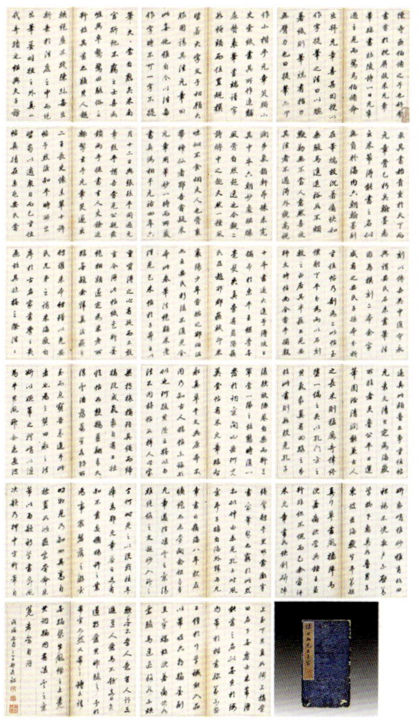

430 陈邦彦 行书诗 册页（十七开）
估　价：RMB 600,000～800,000
成交价：RMB 3,335,000
25.5cm×22.5cm×17 中贸圣佳 2021-07-06

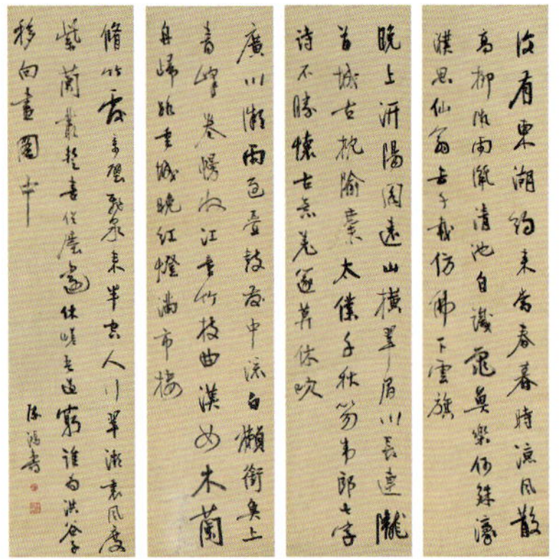

1661 陈鸿寿 行书五言诗四屏
估　价：RMB 400,000～600,000
成交价：RMB 690,000
110cm×25cm×4 西泠印社 2021-07-24

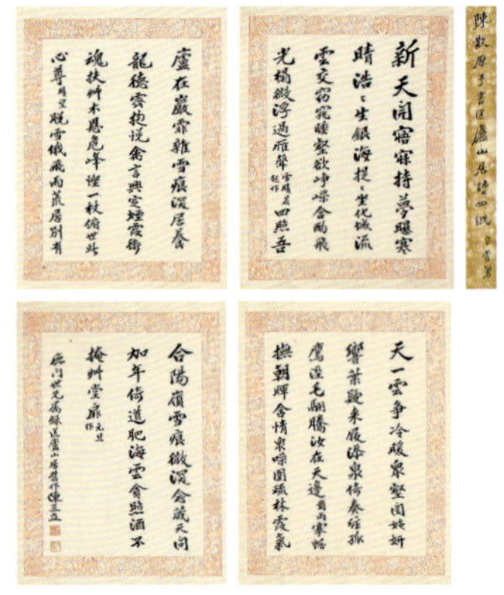

2246 陈三立 行书《匡庐山居诗》四首
估　价：RMB 30,000～50,000
成交价：RMB 368,000
130cm×45cm×4 中国嘉德 2021-05-20

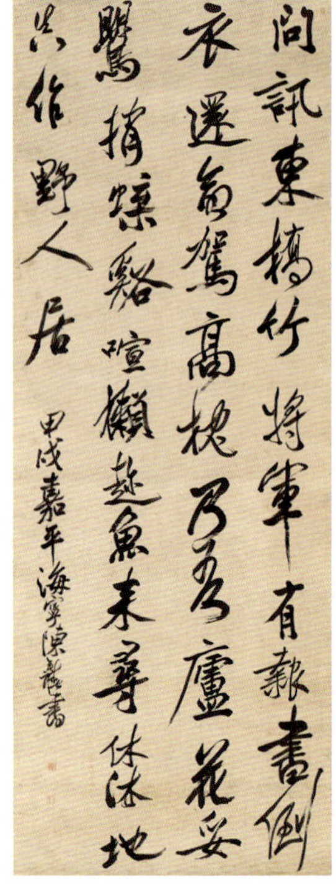

1800 陈嘉言 1656年作 花鸟图卷 手卷
估　价：RMB 80,000～100,000
成交价：RMB 552,000
27cm×292cm 北京保利 2021-12-04

2105 陈士俊 1736年作 西园雅集图卷 手卷
估　价：RMB 10,000～20,000
成交价：RMB 575,000
40cm×320cm 中国嘉德 2021-03-30

1641 陈奕禧 1694年作 行书五言诗 立轴
估　价：RMB 500,000～700,000
成交价：RMB 977,500
275cm×98cm 西泠印社 2021-07-24

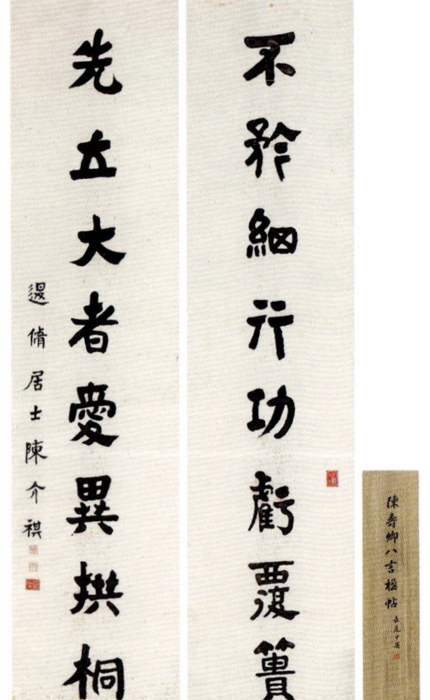

83 陈介祺 隶书八言联 立轴
估　价：RMB 200,000～300,000
成交价：RMB 310,500
177cm×42.3cm×2　中贸圣佳 2021-05-21

360 陈星 1652年作 群仙祝寿 立轴
估　价：HKD 300,000～600,000
成交价：RMB 551,712
203cm×95.5cm 保利香港 2021-11-28

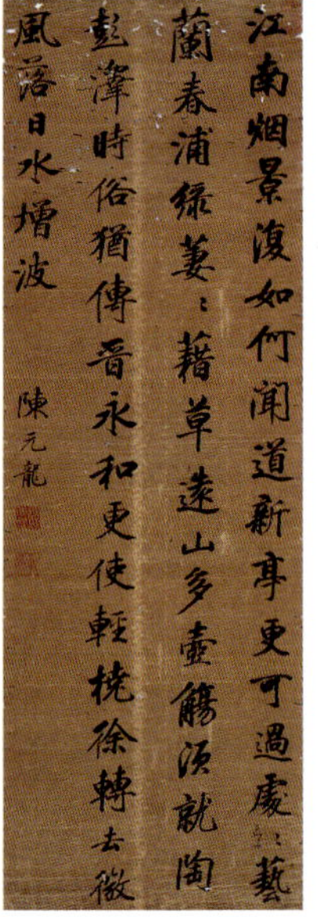

1715 陈元龙 行书七言诗 镜心
估　价：RMB 500,000～800,000
成交价：RMB 575,000
156cm×49cm 北京保利 2021-12-04

2601 陈兆凤 灵芝与蝶 立轴
估 价：HKD 200,000～300,000
成交价：RMB 991,116
171cm×93cm 香港苏富比 2021-10-12

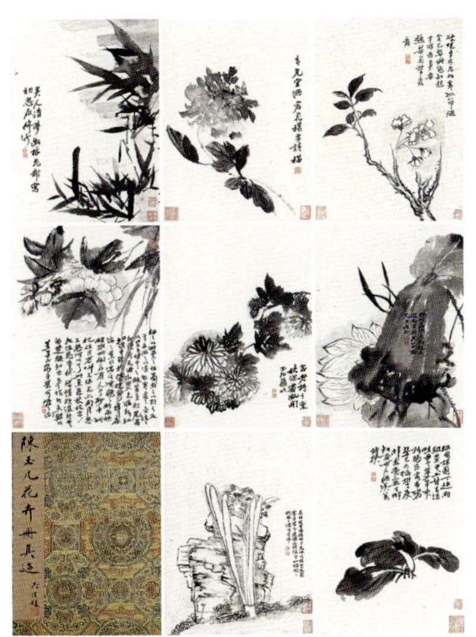

682 陈撰 花卉 册页（八开）
估 价：RMB 300,000～500,000
成交价：RMB 1,104,000
32cm×23cm×8 朵云轩 2021-12-30

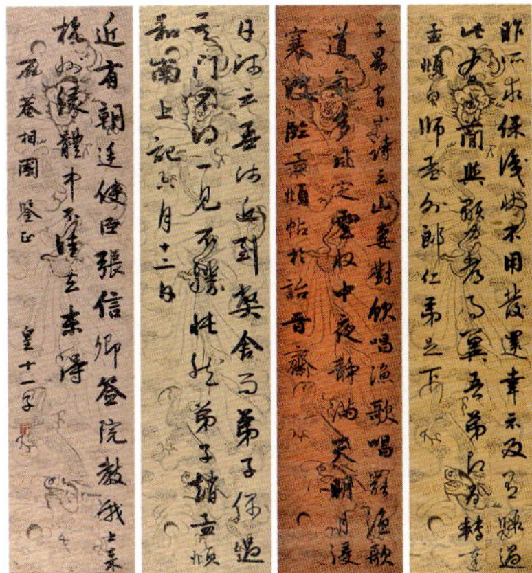

299 成亲王 行书 四屏镜片
估 价：RMB 180,000～280,000
成交价：RMB 506,000
164cm×35cm×4 上海驰翰 2021-07-06

799 程鸣 松阴清话图 立轴
估 价：RMB 800,000～1,200,000
成交价：RMB 1,495,000
332cm×132cm 北京翰海 2021-06-04

199 程庭鹭 阳山大石纪游 手卷
估 价：RMB 180,000～250,000
成交价：RMB 575,000
27cm×309cm 中贸圣佳 2021-05-21

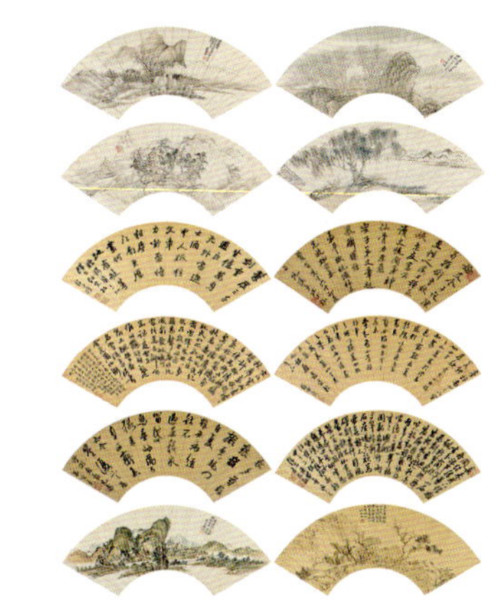

1514 程正揆 笪重光 陈均 蔡嘉等 清初名家书画集锦 扇面（十二幅）
估 价：RMB 200,000～500,000
成交价：RMB 632,500
17cm×52cm×12 北京保利 2021-06-06

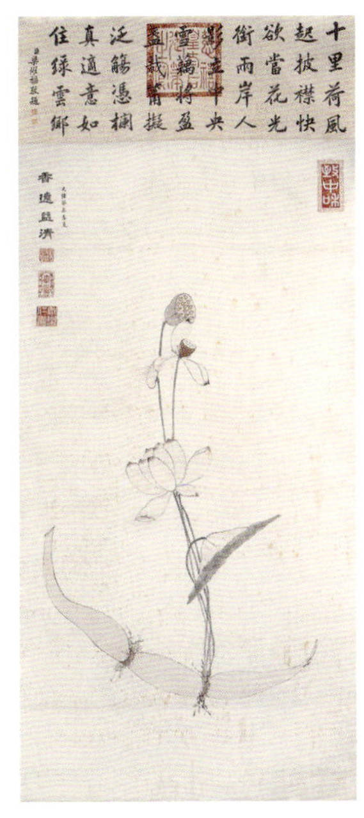

47 慈禧太后 1883年作 菡萏荷藕图 立轴
估 价：RMB 1,200,000～1,800,000
成交价：RMB 3,450,000
163.8cm×83.5cm 华艺国际 2021-12-11

3080 戴本孝 山水 立轴
估　价：HKD 500,000～700,000
成交价：RMB 1,699,488
124.5cm×39cm 香港苏富比 2021-04-19

902 戴衢亨 蒋立镛 陈沆 成亲王 奕欣 陈云诰 华冠 1806年作 嘉庆帝御制武《夷山图》 手卷
估　价：RMB 300,000～500,000
成交价：RMB 667,000
画心41cm×311cm 西泠印社 2021-01-15

1035 道光帝 楷书八言联 立轴
估　价：RMB 300,000～500,000
成交价：RMB 552,000
166.5cm×42.5cm×2 北京翰海 2021-06-04

221 邓石如 十二耕烟草堂 镜心
估　价：RMB 1,000,000～1,500,000
成交价：RMB 1,150,000
38cm×113.5cm 中国嘉德 2021-05-18

141 邓石如 清代 隶书五言诗 立轴
估　价：RMB 1,500,000～1,800,000
成交价：RMB 3,047,500
135cm×33cm 永乐拍卖 2021-12-02

1225 丁观鹏 1728年作 茂林修竹图 立轴
估　价：RMB 750,000～850,000
成交价：RMB 1,552,500
154.5cm×57cm 中鸿信 2021-07-15

895 董邦达 1764年作 临李成《寒山古木图》 立轴
估　价：RMB 600,000～800,000
成交价：RMB 1,265,000
画心44cm×34.5cm 西泠印社 2021-01-15

5139 董诰 清嘉庆 良月纪典 册页（十二开）
估　价：RMB 1,800,000～2,800,000
成交价：RMB 2,185,000
19.3cm×32cm×12 北京保利 2021-06-07

1599 法若真 1674年作 为陈开之作《溪山优游图卷》手卷
估　价：RMB 2,500,000～3,500,000
成交价：RMB 5,060,000
29cm×400cm 西泠印社 2021-07-24

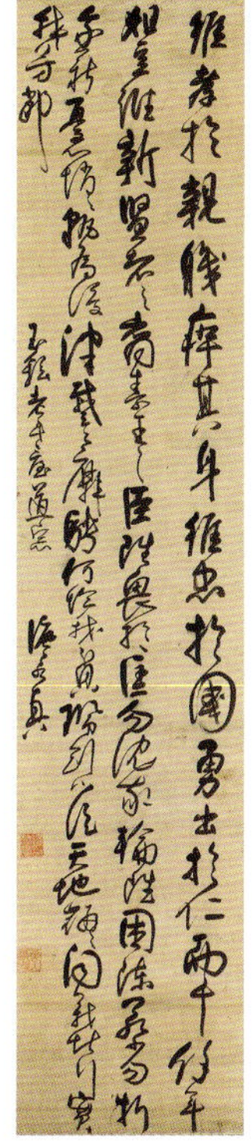

845 法若真 清 草书 立轴
估　价：HKD 2,000,000～3,000,000
成交价：RMB 9,072,050
239.5cm×48.5cm 佳士得 2021-11-29

335 樊圻 1657年作 赤壁泛舟图 扇面
估　价：RMB 30,000～50,000
成交价：RMB 690,000
16.5cm×49.5cm 中国嘉德 2021-05-18

626 范廷镇 兰芷菊香 立轴
估　价：RMB 200,000～250,000
成交价：RMB 483,000
112.5cm×133cm 朵云轩 2021-07-08

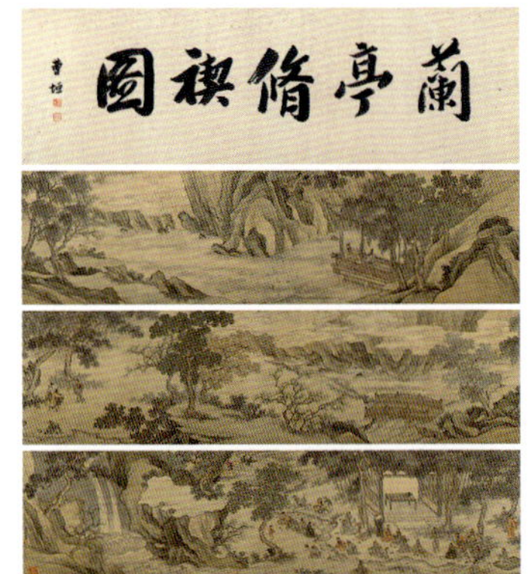

468 方琮 兰亭修禊图 手卷
估　价：RMB 450,000～650,000
成交价：RMB 517,500
30.5cm×340cm 华艺国际 2021-12-11

938 方士庶 1749年作 枯枝茅庐图 镜心
估　价：RMB 320,000～520,000
成交价：RMB 368,000
127cm×33.5cm 中国嘉德 2021-12-12

1595 冯景夏 山水 册页（八页）
估　价：RMB 180,000～280,000
成交价：RMB 402,500
23cm×17cm×8 西泠印社 2021-07-24

828 傅山 傅眉 醉翁先意 册页（六开及散页一开）
估　价：HKD 3,500,000～5,500,000
成交价：RMB 11,042,450
25.5cm×23.5cm×7 佳士得 2021-11-29

1182 傅山 1651年作 小楷《金刚经》 册页（十七开三十三页）
估　价：RMB 4,200,000～5,200,000
成交价：RMB 5,290,000
28.5cm×11.5cm×33 中国嘉德 2021-12-12

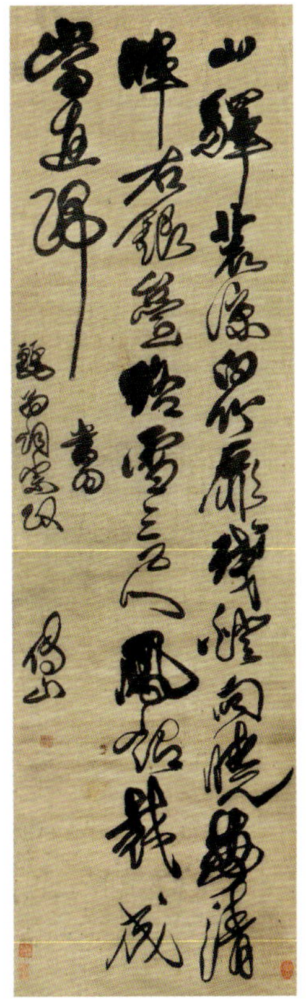

1952 傅山 行书李商隐诗 立轴
估　价：RMB 2,000,000～4,000,000
成交价：RMB 5,520,000
176cm × 51cm 北京保利 2021-06-06

829 高岑 溪山横艇图轴 立轴
估　价：RMB 2,000,000～2,500,000
成交价：RMB 2,990,000
画心214cm × 95.5cm 中贸圣佳 2021-05-21

1610 高其佩 墨猫图 立轴
估　价：RMB 400,000～500,000
成交价：RMB 483,000
86cm × 45cm 北京保利 2021-06-06

834 傅雯 十六应真图 手卷
估　价：RMB 280,000～480,000
成交价：RMB 1,840,000
画38cm × 220cm 永乐拍卖 2021-05-20

2604 改琦 小舫乙丑同年雅集第一图 手卷
估　价：HKD 300,000～500,000
成交价：RMB 991,116
46.1cm × 366cm 香港苏富比 2021-10-12

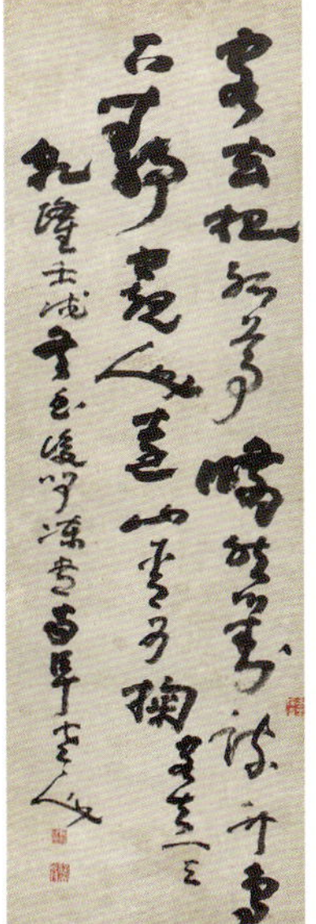
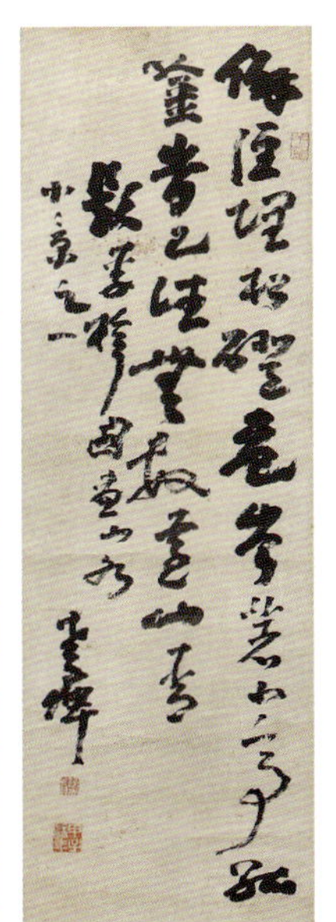
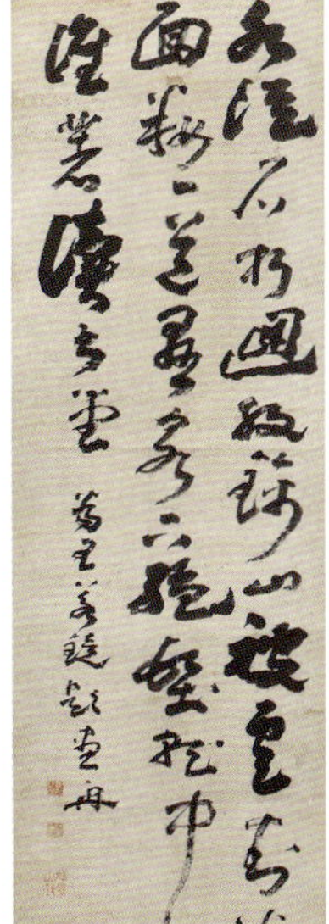
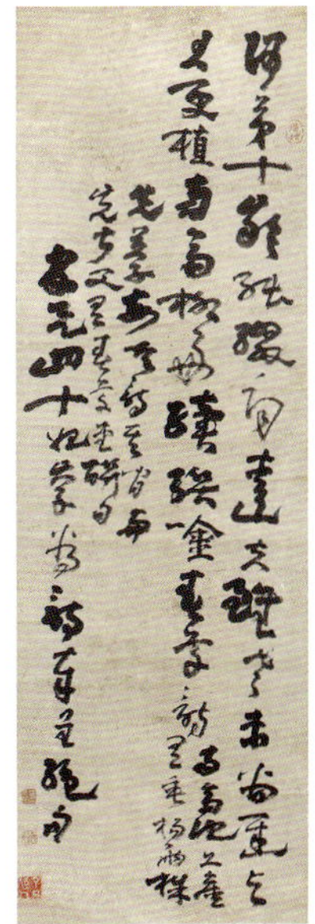

2521 高凤翰 草书自书诗四首 立轴（四屏）
估　价：HKD 600,000～800,000
成交价：RMB 625,968
128.5cm × 40.5cm × 4 香港苏富比 2021-10-12

1600 高简 1699年作 为张景蔚作《探梅图卷》手卷
估　价：RMB 600,000～800,000
成交价：RMB 690,000
31cm×268cm 西泠印社 2021-07-24

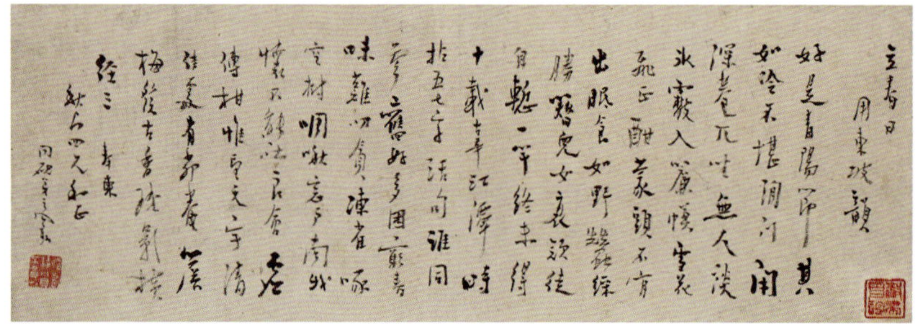

753 高翔 用苏轼韵作立春诗 镜片
估　价：RMB 60,000～80,000
成交价：RMB 437,000
15cm×42cm 西泠印社 2021-01-15

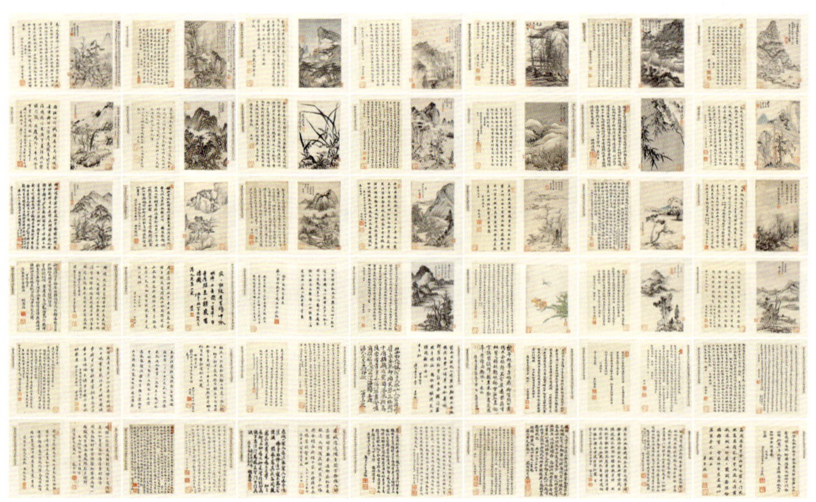

1171 龚贤 傅山 梁清标 纳兰容若 洪昇 等七十八家 致高江邨同人书画 册页（四十二开八十四页）
估　价：RMB 5,000,000～8,000,000
成交价：RMB 69,230,000
24.5cm×15cm×84 中国嘉德 2021-12-12

1948 龚贤 高岑 吴宏 等 金陵五家集锦 册页（八开）
估　价：RMB 2,000,000～3,000,000
成交价：RMB 4,600,000
27cm×27cm×8 北京保利 2021-06-06

828 龚贤 寒山溪亭图轴 立轴
估　价：RMB 2,800,000～3,500,000
成交价：RMB 3,680,000
99cm×44cm 中贸圣佳 2021-05-21

1671 顾符稹 溪山观瀑图 立轴
估　价：RMB 500,000～800,000
成交价：RMB 1,288,000
156cm×52cm 北京保利 2021-06-06

1101 龚自珍 1830年作 行书 镜片
估　价：RMB 400,000～500,000
成交价：RMB 460,000
47cm×198cm 朵云轩 2021-07-08

1231 顾鹤庆 1796年作 怀麓堂图 手卷
估　价：RMB 60,000～90,000
成交价：RMB 414,000
38cm×184cm 北京翰海 2021-12-18

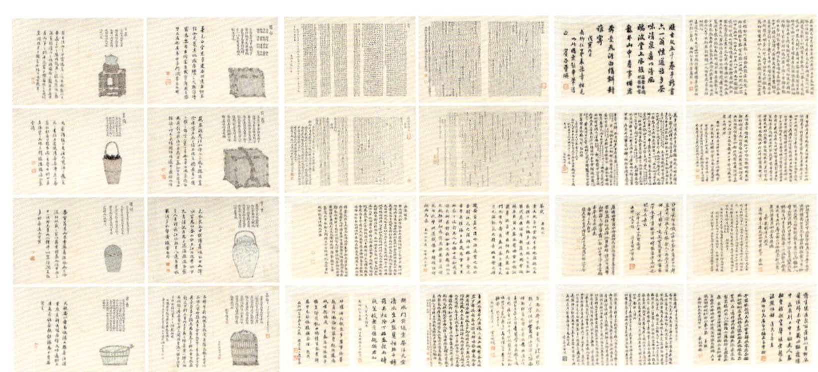

48 顾驺 茶具 册页 （八开）
估　价：RMB 1,000,000～1,500,000
成交价：RMB 2,300,000
画27cm×40.2cm×8 华艺国际 2021-12-11

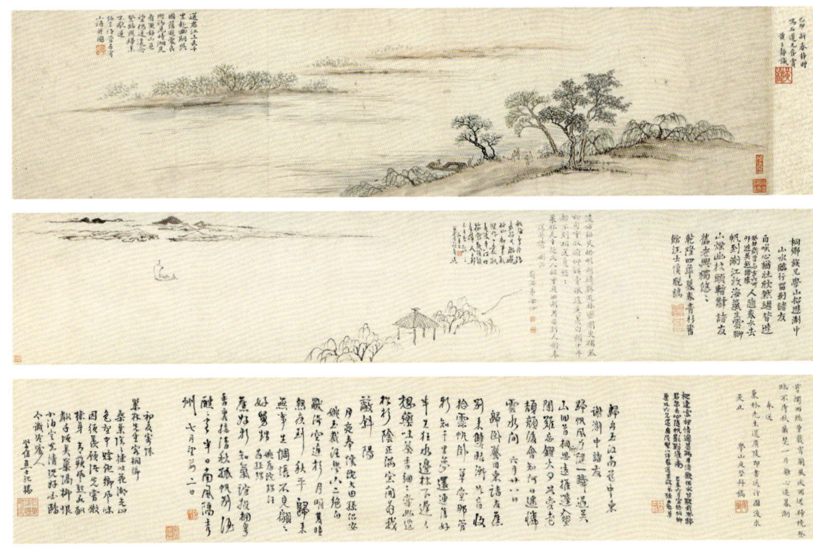

905 管希宁 清 西湖纪游 手卷
估　价：HKD 100,000～150,000
成交价：RMB 1,539,375
21cm×81cm 佳士得 2021-11-29

1155 管念慈 陈宝琛 仿古花卉·行书论画 立轴
估　价：RMB 20,000～50,000
成交价：RMB 368,000
尺寸不一 中国嘉德 2021-05-20

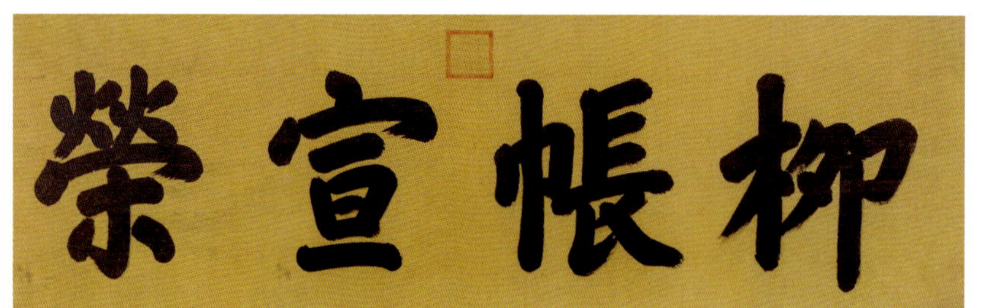

429 光绪帝 柳帐宣荣 横额
估　价：RMB 300,000～400,000
成交价：RMB 425,500
66.5cm×207.5cm 中贸圣佳 2021-07-06

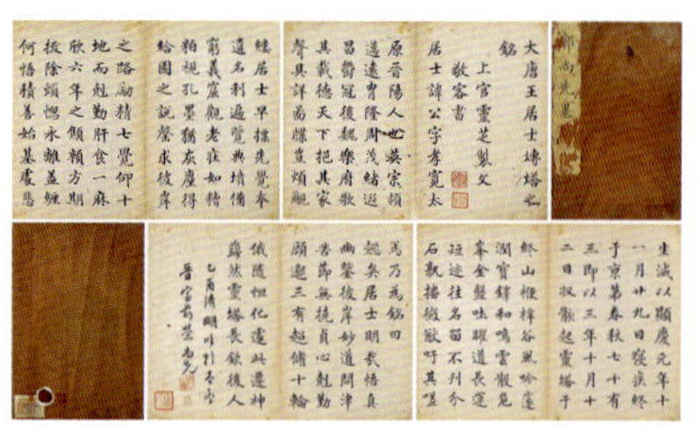

190 郭尚先 楷书《大唐王居士砖塔之铭》册页（四开）
估　价：RMB 80,000～120,000
成交价：RMB 345,000
35cm×26cm×8　中贸圣佳 2021-05-21

315 归庄 和杜少陵诗 扇面
估　价：RMB 80,000～120,000
成交价：RMB 368,000
16cm×51cm 中国嘉德 2021-05-18

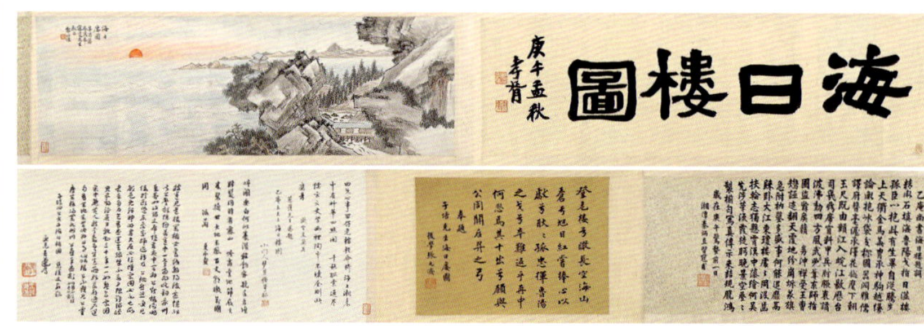

41 郭似埙 1921年作 海日楼图 手卷
估　价：RMB 30,000～50,000
成交价：RMB 1,380,000
28.5cm×86cm 朵云轩 2021-07-07

91 桂馥 隶书八言联 立轴
估　价：RMB 180,000～280,000
成交价：RMB 345,000
163cm×28cm×2 中国嘉德 2021-05-18

1210 何绍基 隶书节临《淮源庙碑》立轴（四屏）
估　价：RMB 3,800,000～4,800,000
成交价：RMB 8,280,000
298cm×55cm×4
中国嘉德 2021-12-12

1501 何绍基 1871年作 楷书匾额“题襟馆” 横披
估　价：RMB 1,800,000～2,800,000
成交价：RMB 2,875,000
58cm×228cm 十竹斋拍卖（北京）2021-05-29

803 和硕果恭郡王 行书朱德润《题子明雪泉》轴 立轴
估　价：RMB 300,000～500,000
成交价：RMB 598,000
155cm×65cm 中贸圣佳 2021-05-21

858 和硕庄亲王 清 监门清源妙道真君 立轴
估　价：HKD 200,000～400,000
成交价：RMB 2,070,000
174cm×91.2cm 佳士得 2021-05-26

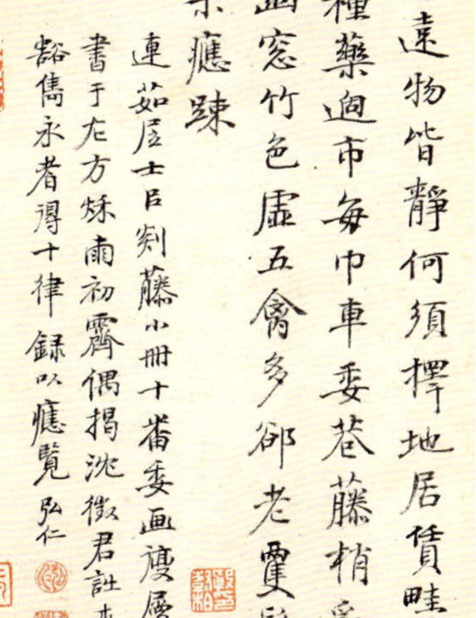

3076 弘仁 书画合璧册 册页（十九开）
估　价：HKD 45,000,000～55,000,000
成交价：RMB 108,288,408
18.7cm×13cm×19 香港苏富比 2021-04-19

1942 弘仁 溪山清阁图 立轴
估 价：RMB 18,000,000～25,000,000
成交价：RMB 28,750,000
122cm×41cm 北京保利 2021-06-06

227 胡桂 山水 册页（八开）
估 价：RMB 800,000～1,000,000
成交价：RMB 920,000
23cm×43cm×8 中贸圣佳 2021-05-21

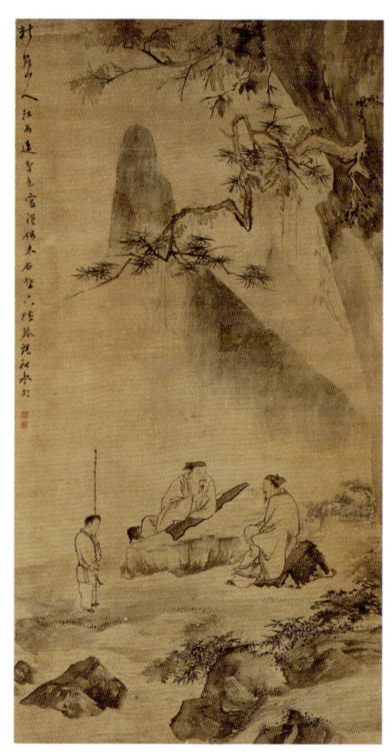

1921 华喦 仿马远山水 立轴
估 价：RMB 2,000,000～3,000,000
成交价：RMB 5,750,000
150cm×77cm 北京保利 2021-06-06

1203 弘旿 松桂长春 立轴
估 价：RMB 26,000,000～36,000,000
成交价：RMB 29,900,000
126.5cm×55.5cm 中国嘉德 2021-12-12

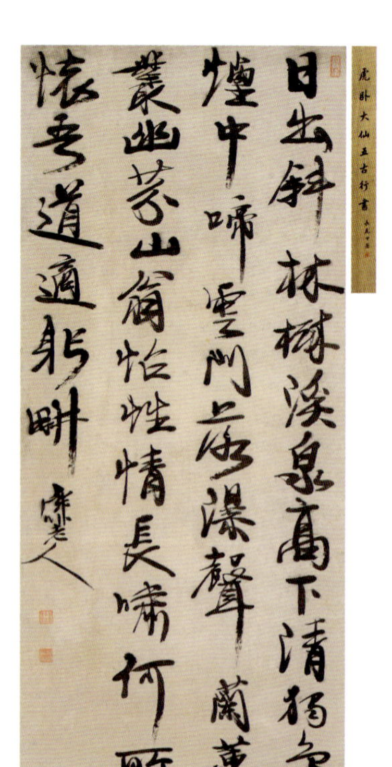

1716 虎卧老人 行书五言诗 立轴
估 价：RMB 200,000～300,000
成交价：RMB 437,000
206.5cm×89.5cm 北京保利 2021-12-04

845 华喦 清乾隆壬申年作 秋园庭香 立轴
估 价：RMB 2,800,000～3,800,000
成交价：RMB 3,220,000
132cm×53cm 永乐拍卖 2021-05-20

971 华喦 柳荫鸳鸯图 立轴
估 价：RMB 1,800,000～2,800,000
成交价：RMB 3,335,000
95cm×110cm 西泠印社 2021-01-15

2028 黄桂 花鸟 八条屏
估 价：RMB 80,000～120,000
成交价：RMB 345,000
163cm×43cm×8 中国嘉德 2021-09-28

2076 黄鼎 1715年作 仿李唐山水 立轴
估 价：RMB 1,200,000～1,800,000
成交价：RMB 1,955,000
160cm×80cm 北京保利 2021-12-04

693 黄鼎 1719年作 夏木垂阴 立轴
估 价：RMB 1,500,000～2,000,000
成交价：RMB 2,070,000
196.5cm×98cm 朵云轩 2021-12-30

2244 黄卷（款）蹴鞠图 镜心
估 价：RMB 3,000～6,000
成交价：RMB 322,000
133cm×45cm 中国嘉德 2021-03-30

831 黄慎 群仙拱寿图轴 立轴
估　价：RMB 3,800,000～4,800,000
成交价：RMB 6,095,000
211cm×100cm 中贸圣佳 2021-05-21

895 黄向坚 1657年作 风雨归渔图 立轴
估　价：RMB 35,000～55,000
成交价：RMB 287,500
162cm×53.5cm 中国嘉德 2021-12-12

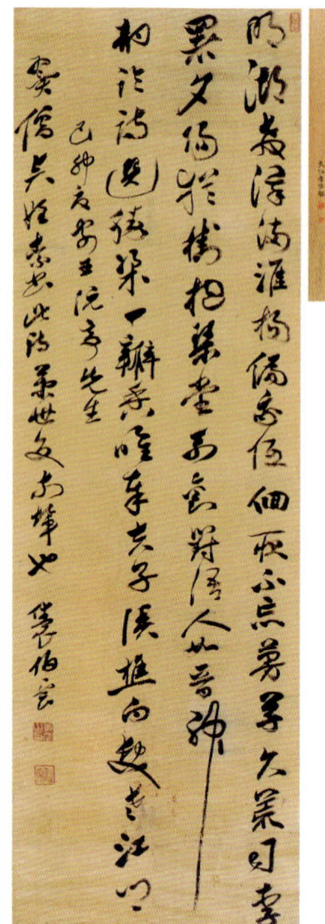

1741 黄云 1699年作 行书七言诗 立轴
估　价：RMB 300,000～400,000
成交价：RMB 483,000
171cm×52cm 北京保利 2021-06-06

141 黄慎 1733年作 张果老 立轴
估　价：RMB 700,000～1,000,000
成交价：RMB 1,725,000
94cm×53.5cm 中国嘉德 2021-05-18

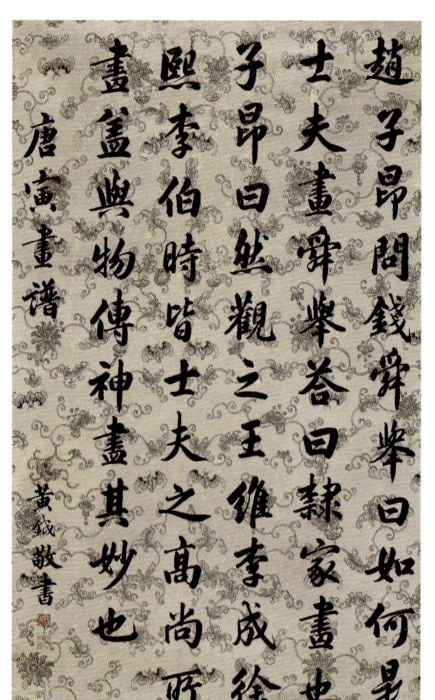

134 黄钺 楷书《唐寅画谱》一则 立轴
估　价：RMB 100,000～180,000
成交价：RMB 690,000
115cm×66.5cm 中国嘉德 2021-05-18

2300 计采 花鸟图卷 手卷
估　价：RMB 3,000～6,000
成交价：RMB 483,000
39cm×328cm 中国嘉德 2021-03-30

815 纪昀 翁方纲 曹文埴 程晋芳 蒋士铨 嵇璜 王昶 王杰 朱筠 朱珪等 曹学闵六十生辰寿册页（三十六开）
估　价：RMB 1,200,000～1,500,000
成交价：RMB 1,495,000
18cm×20cm×36 中贸圣佳 2021-05-21

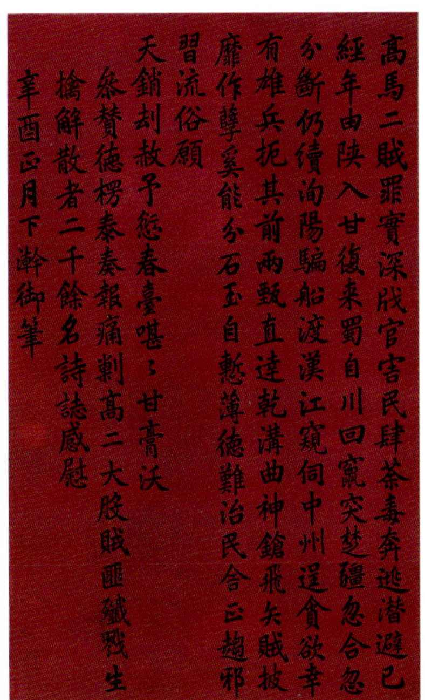

2059 嘉庆帝 1801年作 御制楷书七言诗《参赞德楞泰奏报痛剿高二大股贼匪》 立轴
估　价：RMB 2,600,000～2,800,000
成交价：RMB 3,220,000
160cm×111cm 北京保利 2021-12-04

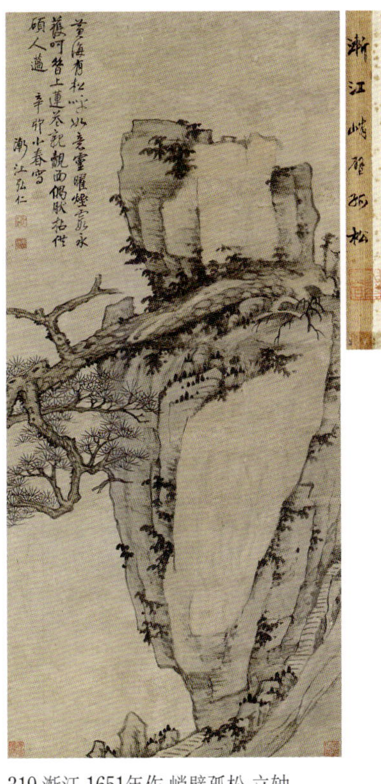

319 渐江 1651年作 峭壁孤松 立轴
估　价：RMB 7,000,000～10,000,000
成交价：RMB 8,740,000
120cm×53.5cm 广东崇正 2021-01-07

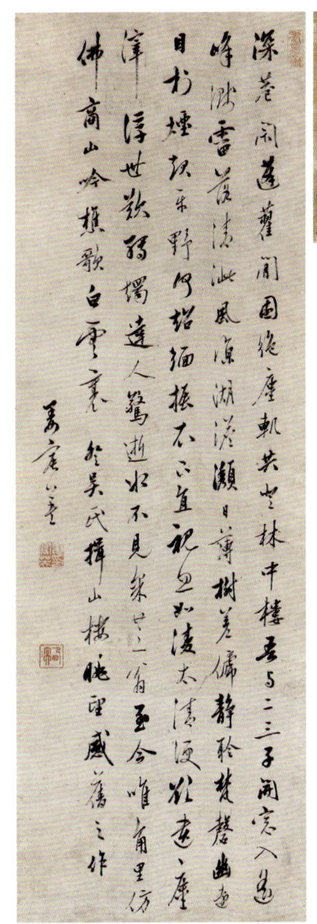

1742 姜宸英 行书五言诗 立轴
估　价：RMB 300,000～500,000
成交价：RMB 517,500
106cm×33cm 北京保利 2021-06-06

1567 姜立纲 1482年作 绿荫书堂 立轴
估　价：RMB 80,000～120,000
成交价：RMB 621,000
62.5cm×34cm 北京保利 2021-12-04

930 姜实节 秋雨空山图 立轴
估　价：RMB 1,000,000～1,500,000
成交价：RMB 1,150,000
88cm×37cm 中国嘉德 2021-12-12

1819 蒋敬 双鬟索句图 立轴
估　价：RMB 100,000～200,000
成交价：RMB 368,000
105cm×38.5cm 十竹斋拍卖（北京） 2021-05-29

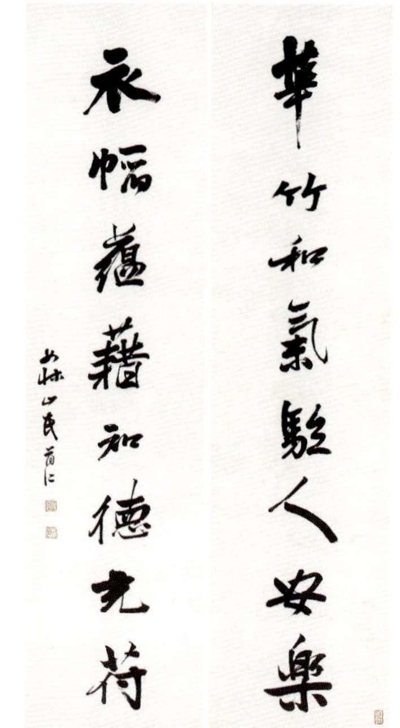

1049 蒋仁 行书八言联 立轴
估　价：RMB 200,000～300,000
成交价：RMB 437,000
127cm×30cm×2
十竹斋拍卖（北京） 2021-05-29

1768 金俊明 岁寒三友图 立轴
估　价：RMB 300,000～500,000
成交价：RMB 345,000
105.5cm×39cm 北京保利 2021-12-04

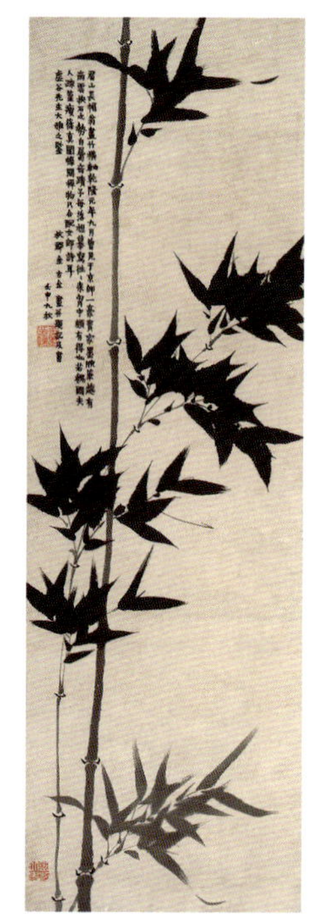

381 金农 1752年作 为虚谷写墨竹 立轴
估　价：RMB 6,000,000～8,000,000
成交价：RMB 6,900,000
101cm×31cm 中国嘉德 2021-05-18

1923 金农 1759年作 幽兰图 立轴
估　价：RMB 2,000,000～3,000,000
成交价：RMB 5,520,000
117.5cm×29cm 北京保利 2021-06-06

1947 金廷标 听泉图 立轴
成交价：RMB 57,500,000
112.7cm × 148.3cm 北京保利 2021-06-06

355 孔素瑛 荷花鹭鸶图 镜心
估　价：RMB 180,000 ~ 280,000
成交价：RMB 575,000
82cm × 160cm 中贸圣佳 2021-07-06

1674 蓝深 松岩避暑 立轴
估　价：RMB 300,000 ~ 450,000
成交价：RMB 483,000
169cm × 46cm 北京保利 2021-06-06

3095 居廉 清逸出尘册 册页（十六开）
估　价：HKD 800,000 ~ 1,200,000
成交价：RMB 3,338,496
21.7cm × 28cm × 16
香港苏富比 2021-10-11

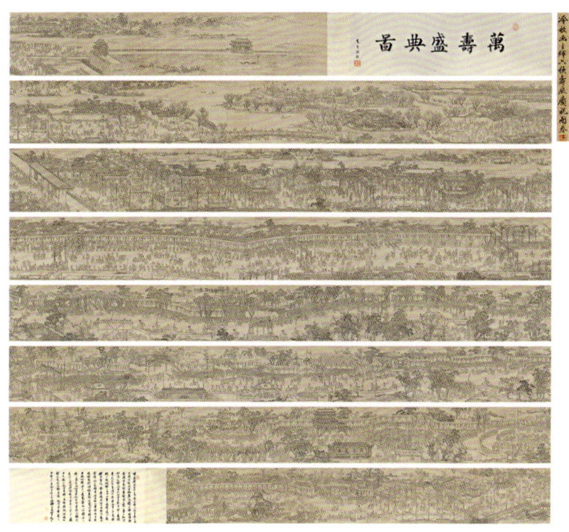

1936 冷枚 万寿盛典图 手卷
估　价：RMB 8,000,000 ~ 10,000,000
成交价：RMB 12,650,000
26.5cm × 809cm；27cm × 954cm
北京保利 2021-06-06

382 冷枚 1725年作 杨万里诗意图 镜心
估 价：RMB 3,200,000～4,200,000
成交价：RMB 5,175,000
118.5cm×66cm 中国嘉德 2021-05-18

1685 李秉德 花卉 册页（十二开）
估 价：RMB 200,000～300,000
成交价：RMB 747,500
32cm×30cm×12 北京保利 2021-12-04

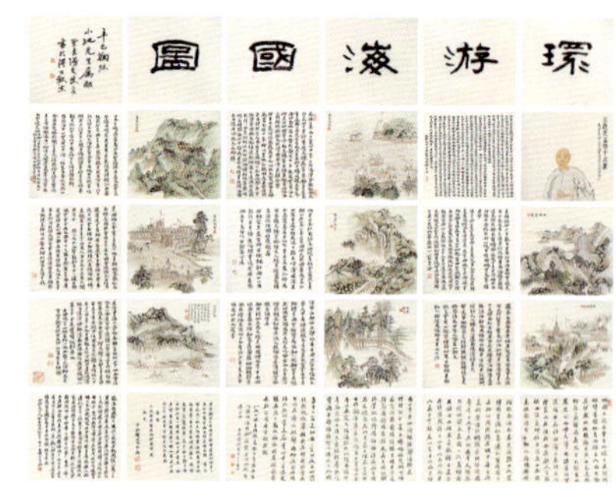

899 李圭 黄山寿 吴伯滔 俞樾 等 环游海国图 册页
估 价：RMB 35,000～55,000
成交价：RMB 632,500
32cm×32cm×118 中国嘉德 2021-12-12

2129 冷铨 昭君出塞图 立轴
估 价：RMB 3,000～6,000
成交价：RMB 920,000
138cm×64cm 中国嘉德 2021-03-30

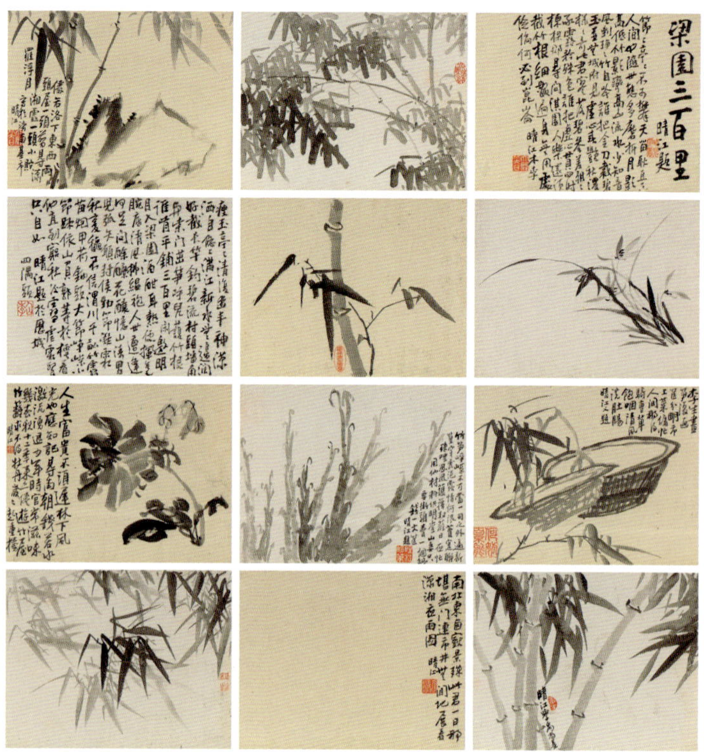

1206 李方膺 书画合璧 册页（十二开）
估 价：RMB 1,500,000～2,500,000
成交价：RMB 1,725,000
26cm×32cm×12 中国嘉德 2021-12-12

835 李鸿章 1901年作 行书《圣教序》《心经》手卷
估　价：RMB 2,200,000～3,200,000
成交价：RMB 3,335,000
35cm×428cm 华艺国际 2021-06-05

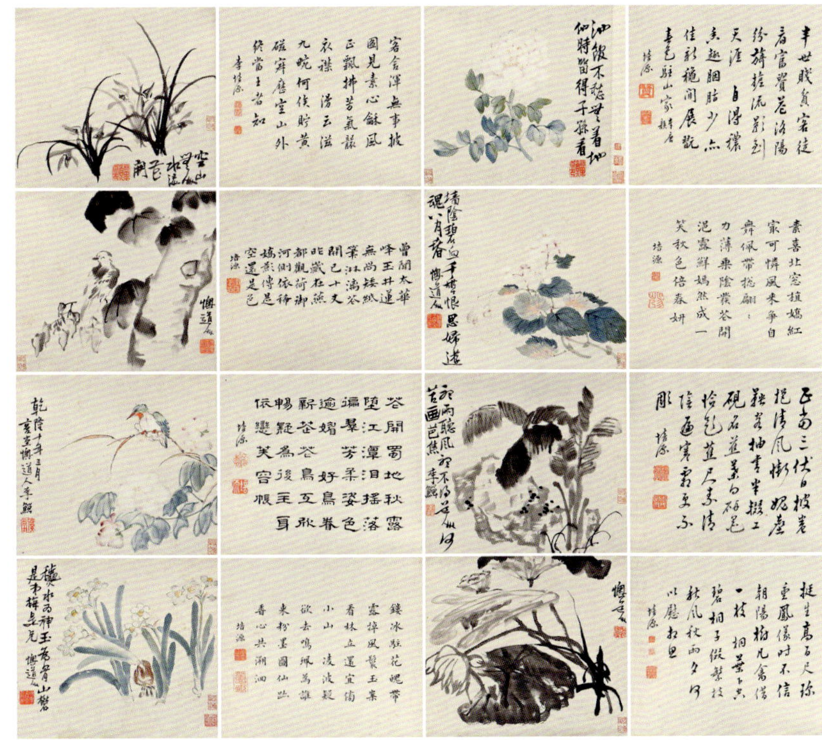

1918 李鱓 花卉 册页（八开十六页）
估　价：RMB 800,000～1,000,000
成交价：RMB 1,058,000
27cm×30cm×16 北京保利 2021-06-06

1677 李鱓 1730年作 平分秋色图 立轴
估　价：RMB 800,000～1,200,000
成交价：RMB 1,058,000
121.5cm×52cm 西泠印社 2021-07-24

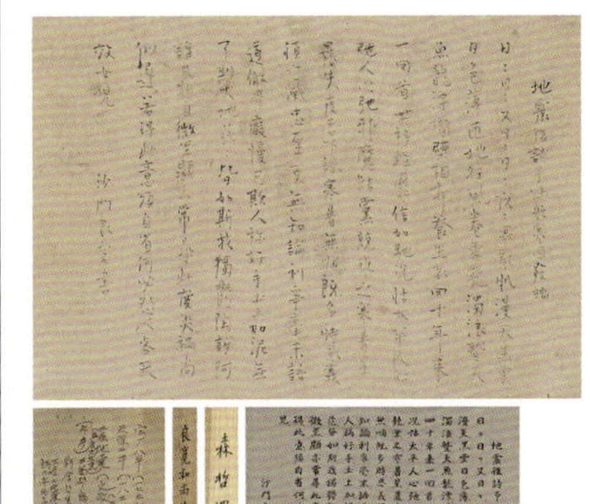

22 良宽 书法 立轴
估　价：RMB 250,000～350,000
成交价：RMB 816,500
29cm×41.5cm 上海明轩 2021-12-30

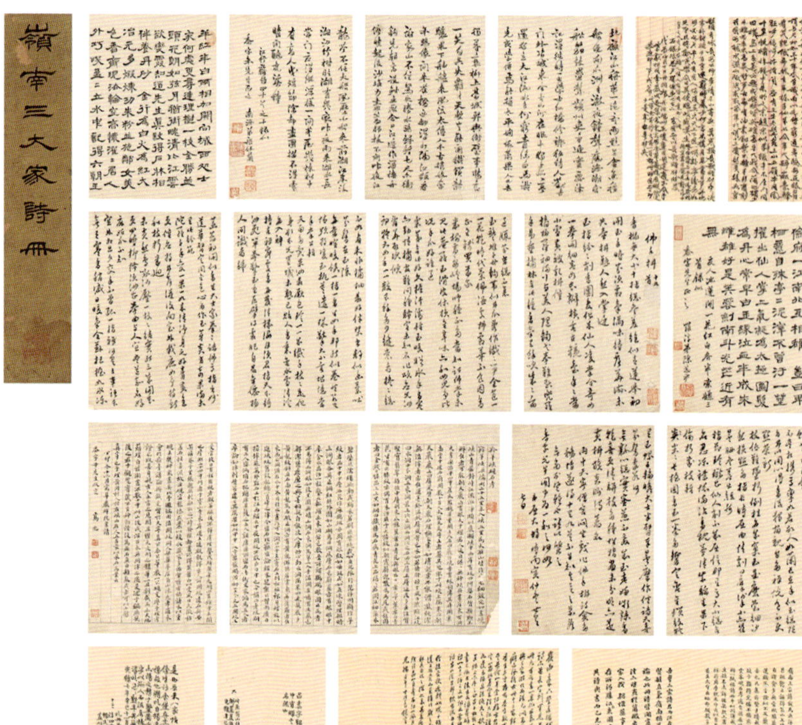

1499 梁佩兰 陈恭尹 屈大均 高兆 为吕师濂作《岭南三大家诗册》及重要金石著作《羚羊峡砚石考》 册页（共二十一页）
估 价：RMB 500,000～700,000
成交价：RMB 2,300,000
尺寸不一 西泠印社 2021-07-24

1162 林则徐 行书八言联 立轴
估 价：RMB 500,000～800,000
成交价：RMB 1,955,000
170cm × 30.5cm × 2 中国嘉德 2021-12-12

132 梁同书 1798年作 行书节录《文赋》 立轴
估 价：RMB 120,000～220,000
成交价：RMB 575,000
126.5cm × 57cm 中国嘉德 2021-05-18

129 梁巘 行书节录《旧唐书 · 柳公权传》 立轴
估 价：RMB 120,000～220,000
成交价：RMB 517,500
141cm × 70.5cm 中国嘉德 2021-05-18

408 刘珏 仙山阁楼图 立轴
估 价：RMB 80,000～100,000
成交价：RMB 345,000
264cm × 128.5cm 中贸圣佳 2021-07-06

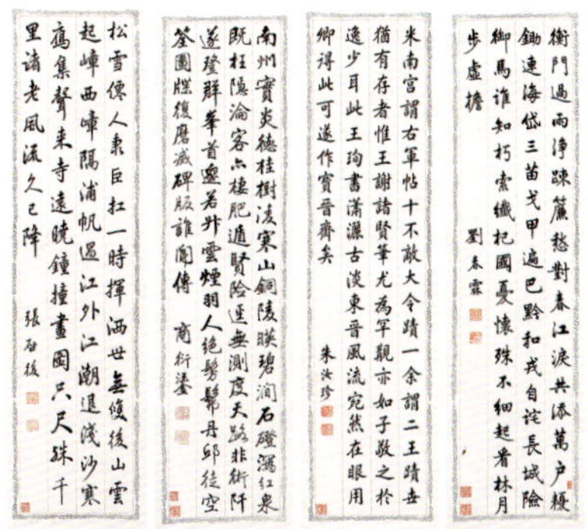

81 刘春霖 朱汝珍 张启后 商衍鎏 书法四屏 立轴
估　价：RMB 60,000～100,000
成交价：RMB 368,000
129cm×31.5cm×4 中国嘉德 2021-05-18

1568 刘度 1638年作 关山暮雪图 立轴
估　价：RMB 600,000～800,000
成交价：RMB 977,500
135.5cm×52cm 西泠印社 2021-07-24

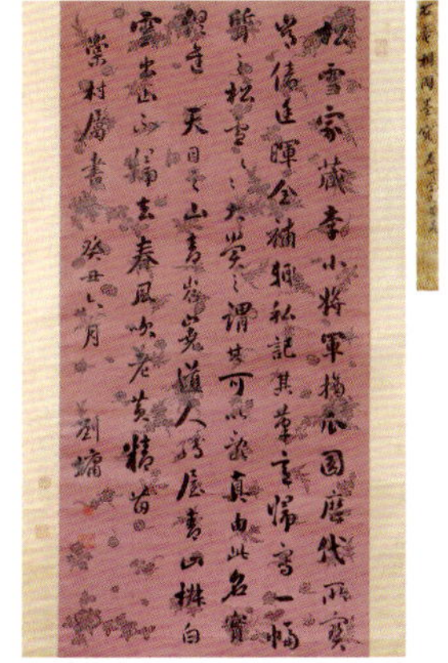

813 刘墉 行书《摘瓜图》诗轴 立轴
估　价：RMB 800,000～1,200,000
成交价：RMB 1,725,000
132cm×61cm 中贸圣佳 2021-05-21

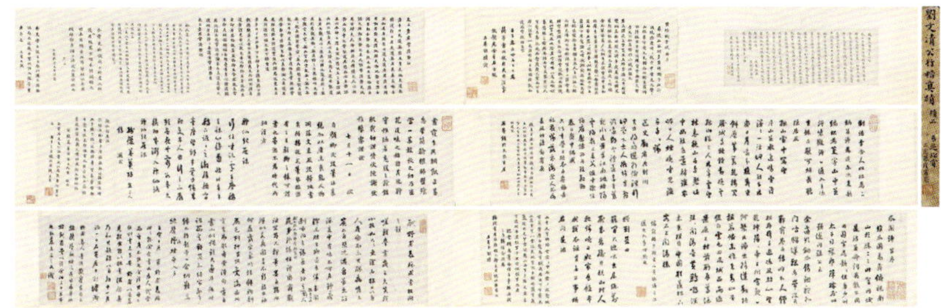

365 刘墉 行书诗文集锦卷 手卷
估　价：RMB 2,000,000～3,000,000
成交价：RMB 2,127,500
22cm×633cm 上海匡时 2021-07-08

107 刘权之 清 四海崇祝 册页（四开）
成交价：RMB 460,000
14.2cm×28.5cm×4 永乐拍卖 2021-12-02

2040 陆汉 寒江雪霁图 立轴
估　价：RMB 30,000～50,000
成交价：RMB 322,000
161cm×84cm 中国嘉德 2021-09-28

161 陆定 仿王晋卿山水 立轴
估　价：RMB 1,000,000～1,500,000
成交价：RMB 1,265,000
161cm×49.5cm 中贸圣佳 2021-05-21

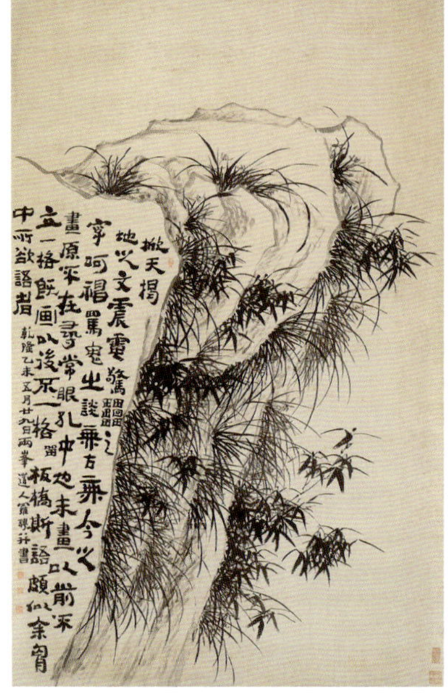

2064 罗聘 1775年作 潇湘图 立轴
估　价：RMB 4,500,000～6,000,000
成交价：RMB 7,245,000
219cm×135cm 北京保利 2021-12-04

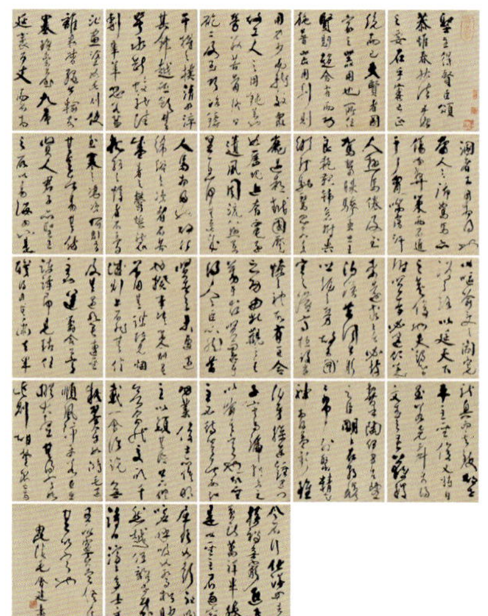

1915 毛会建 行书《圣主得贤臣颂》册页（二十三开）
估　价：RMB 80,000～150,000
成交价：RMB 460,000
38.5cm×27.5cm×23 北京保利 2021-06-06

1941 梅清 泛舟响潭图 立轴
估　价：RMB 1,000,000～1,500,000
成交价：RMB 1,840,000
143cm×55cm 北京保利 2021-06-06

1739 马光学 行书五言诗 立轴
估　价：RMB 200,000～300,000
成交价：RMB 460,000
166cm×45cm 北京保利 2021-06-06

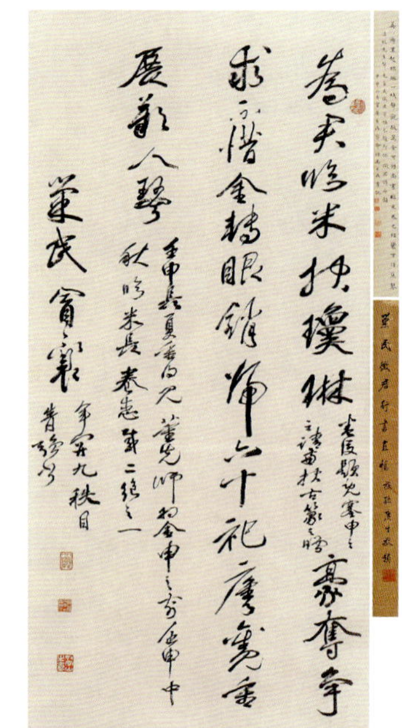

552 冒襄 草书 立轴
估　价：RMB 1,500,000～2,000,000
成交价：RMB 2,070,000
130.5cm×62cm 朵云轩 2021-07-07

823 梅清 云门峰图 立轴
估　价：RMB 1,600,000～2,600,000
成交价：RMB 2,760,000
146cm×49cm 华艺国际 2021-06-05

185 绵亿 行书五言联 立轴
估　价：RMB 80,000～120,000
成交价：RMB 322,000
181.5cm × 37cm × 2 中国嘉德 2021-05-18

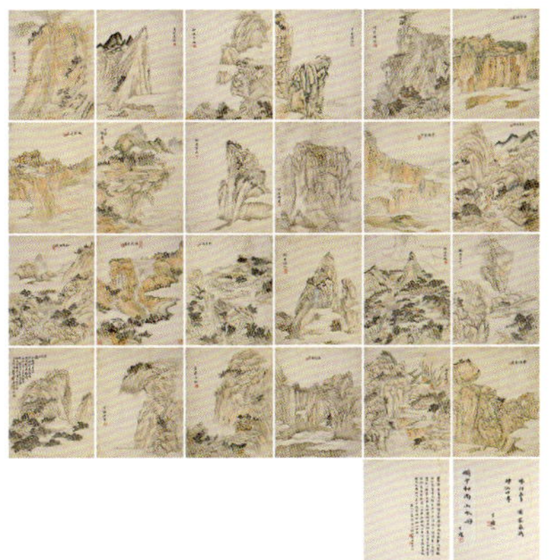

2062 明中 1773年作 华山二十四景图 册页（十四开二十六页）
估　价：RMB 800,000～1,200,000
成交价：RMB 920,000
41cm × 31.5cm × 24 北京保利 2021-12-04

2332 缪嘉蕙 百花图卷 手卷
估　价：RMB 3,000～6,000
成交价：RMB 402,500
29cm × 241cm 中国嘉德 2021-03-30

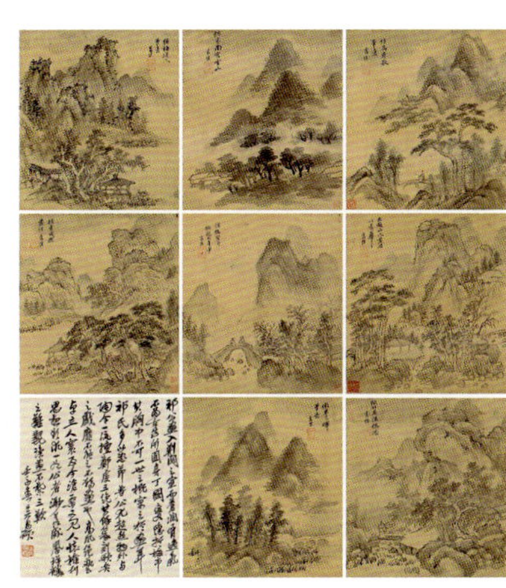

1080 祁豸佳 溪桥望月 屏轴
估　价：RMB 150,000～200,000
成交价：RMB 460,000
27cm × 24cm；29cm × 24cm × 8 朵云轩 2021-07-08

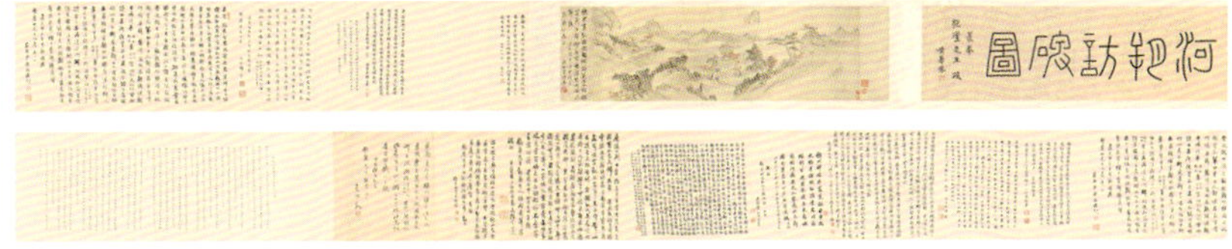

1532 潘曾莹 达受 达宣 为沈涛作《河朔访碑图》手卷
估　价：RMB 180,000～280,000
成交价：RMB 920,000
画心96cm × 33.5cm 西泠印社 2021-07-24

2029 钱维城（款） 仿宋册页
估　价：RMB 1,200,000～1,800,000
成交价：RMB 1,380,000
画13cm × 23cm × 26 中国嘉德 2021-09-28

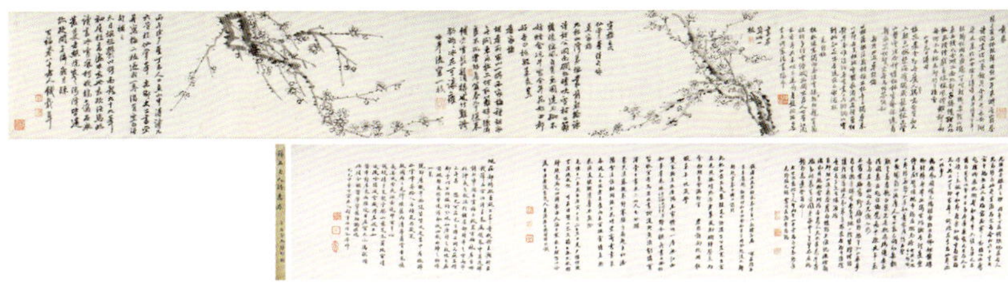

1140 钱载 1787年作 梅花诗卷 手卷
估　价：RMB 20,000～50,000
成交价：RMB 1,265,000
画31.5cm × 243cm 中国嘉德 2021-05-20

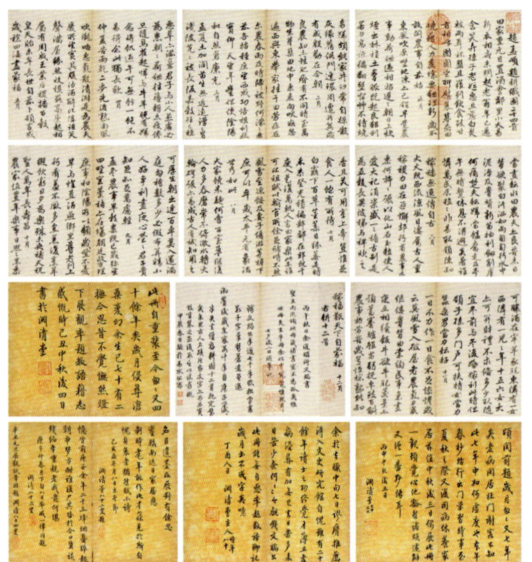

940 钱陈群 行书赵孟頫题诗 册页（八开）
估　价：RMB 1,500,000～2,000,000
成交价：RMB 1,725,000
书法18cm×22.5cm×8 中国嘉德 2021-12-12

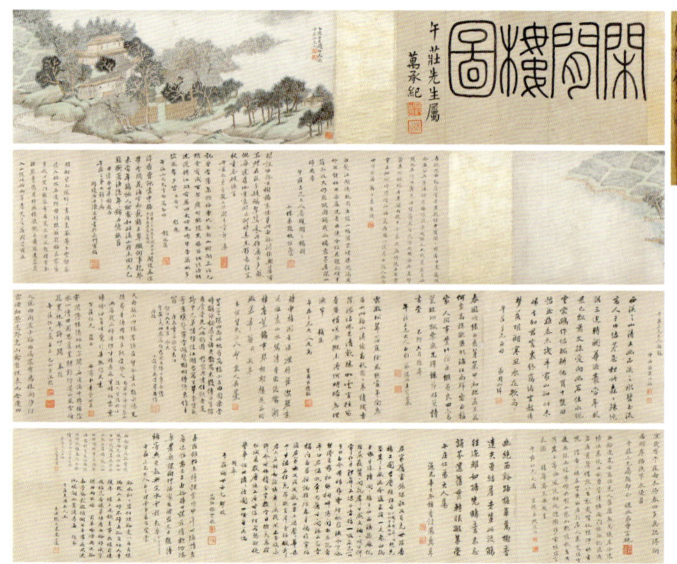

833 钱杜 1815年作 闲闲楼图 手卷
估　价：RMB 800,000～1,000,000
成交价：RMB 977,500
画心30cm×101cm 北京保利 2021-09-25

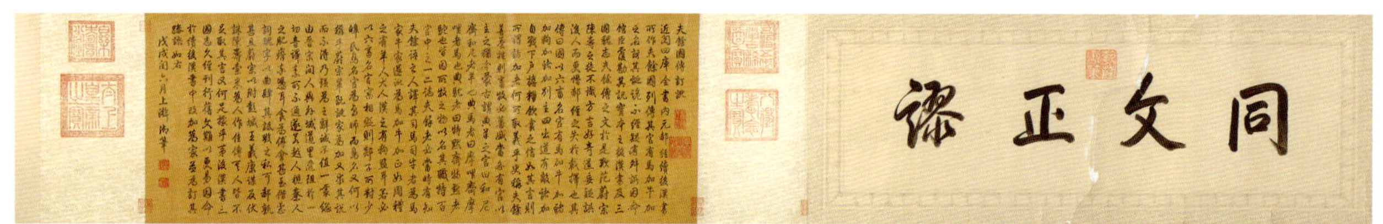

806 乾隆帝 御笔行书《夫余国传订讹》卷 手卷
估　价：RMB 10,000,000～12,000,000
成交价：RMB 34,960,000
本幅33cm×84.5cm 中贸圣佳 2021-05-21

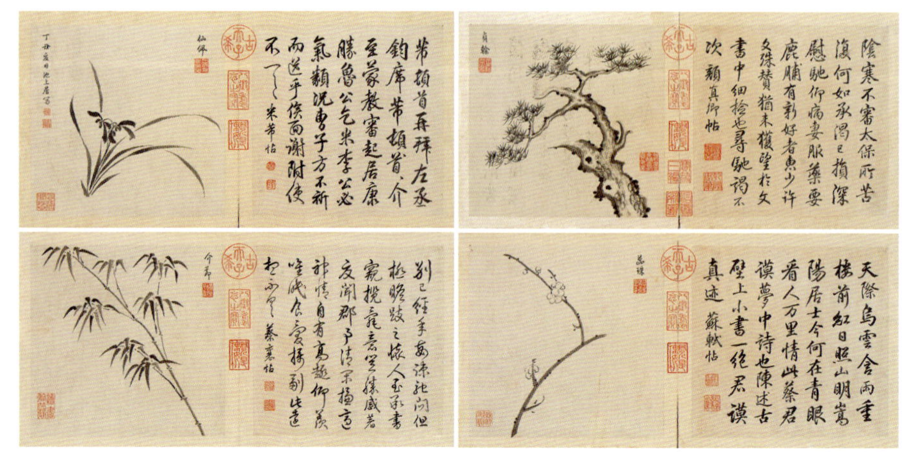

2058 乾隆帝 书画合璧 册页（四开八页）
估　价：RMB 10,000,000～15,000,000
成交价：RMB 11,500,000
24.5cm×24.5cm×8 北京保利 2021-12-04

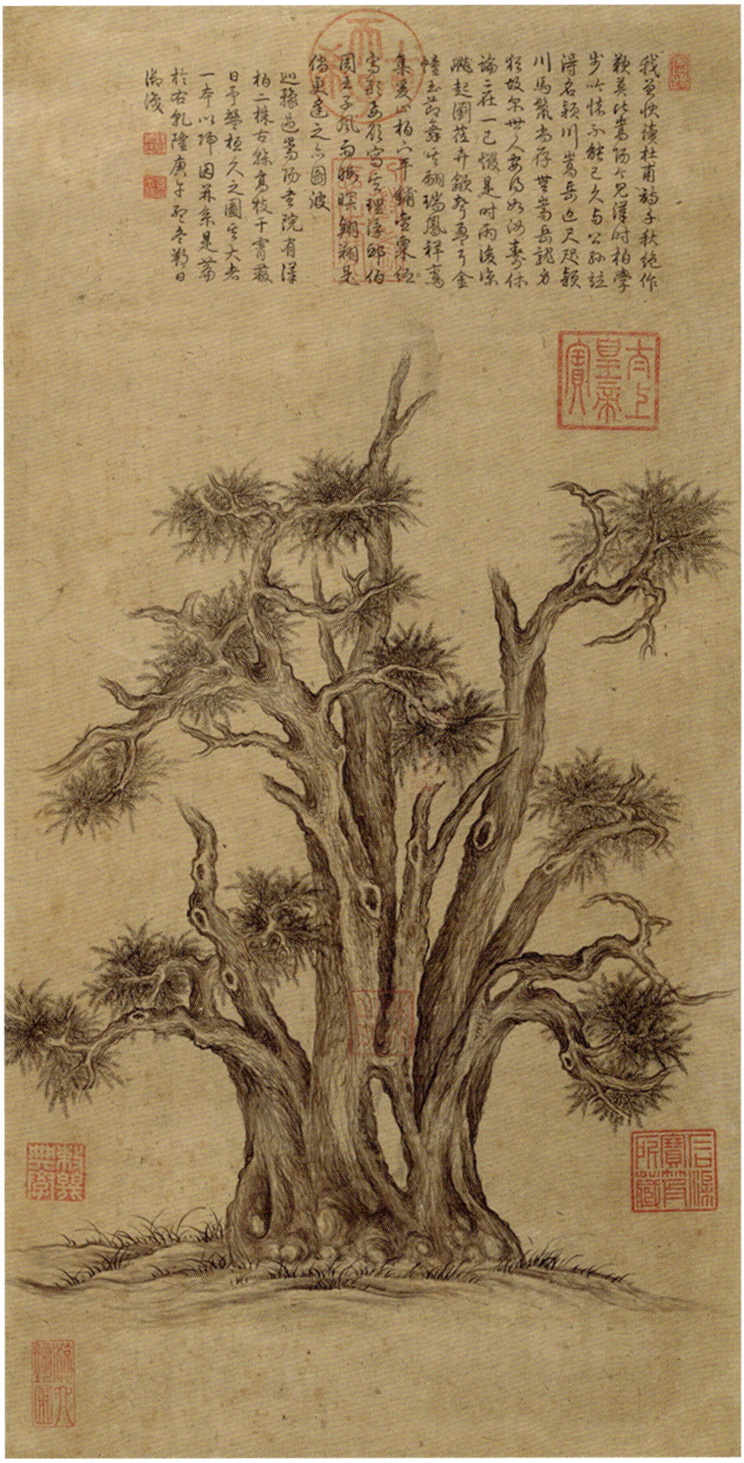

1604 乾隆帝 1750年作 御笔嵩阳汉柏图 立轴
估　价：RMB 28,000,000～38,000,000
成交价：RMB 41,400,000
58cm×29cm 西泠印社 2021-07-24

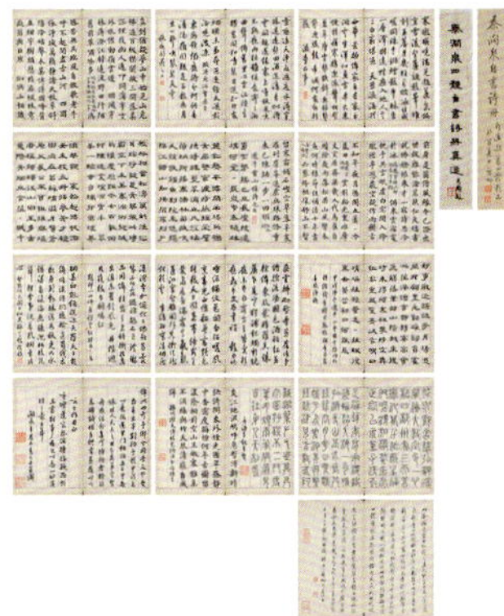

196 秦大士 1759年作 四体诗 册页（十二开）
估　价：HKD 50,000～80,000
成交价：RMB 795,792
24cm×28cm×12 中国嘉德 2021-04-22

1649 全祖望 行书七言联 对联
估　价：RMB 150,000～250,000
成交价：RMB 322,000
126cm×25.5cm×2 西泠印社 2021-07-24

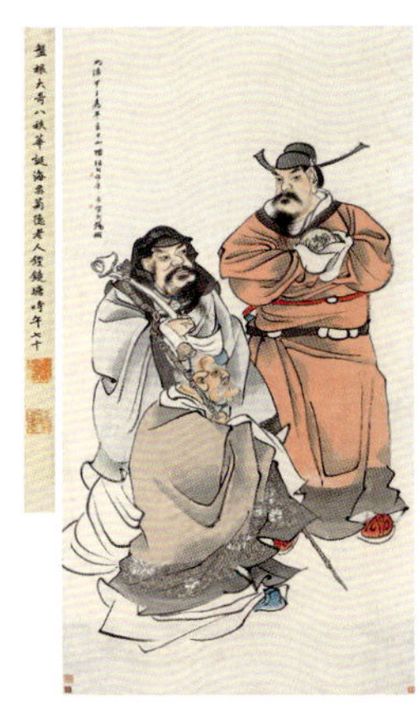

3650 任伯年 1894年作 三星拱寿图 立轴
估　价：RMB 3,800,000～4,200,000
成交价：RMB 4,370,000
184cm×97cm 西泠印社 2021-07-25

152 任伯年 光绪八年作 花鸟四屏 立轴
估 价：RMB 9,500,000～12,000,000
成交价：RMB 10,925,000
148cm×38.5cm×4 永乐拍卖 2021-12-02

1069 任伯年 长春图 立轴
估 价：RMB 2,000,000～3,000,000
成交价：RMB 3,335,000
159.5cm×93cm 北京荣宝 2021-12-02

1034 任伯年 1879年作 孔雀迎春(粉本)、孔雀迎春(成稿) 立轴
估 价：RMB 3,000,000～4,500,000
成交价：RMB 7,475,000
粉本215cm×55cm；成稿245.5cm×60.5cm
北京荣宝 2021-12-02

1502 任熊 1856年作 春水瘦影图 立轴
估 价：RMB 60,000～80,000
成交价：RMB 1,207,500
84cm×34cm 北京保利 2021-12-04

883 任熊 清咸丰丁巳年端午 钟馗醉酒图 横幅
估 价：RMB 1,200,000～1,500,000
成交价：RMB 3,450,000
151cm×357.5cm 永乐拍卖 2021-05-20

1071 任熏 人物故事四屏 立轴
估 价：RMB 600,000～800,000
成交价：RMB 1,092,500
177cm×47cm×4 北京荣宝 2021-12-02

1300 任预 1892年作 山水六屏 立轴
估　价：RMB 350,000～450,000
成交价：RMB 552,000
135cm×46cm×6 华艺国际 2021-03-31

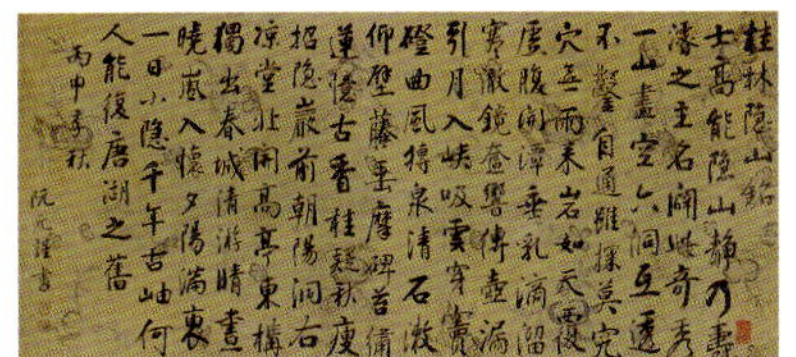

2007 阮元 隐山铭 镜心
估　价：RMB 600,000～800,000
成交价：RMB 897,000
73cm×154cm 北京保利 2021-12-04

1602 上官惠 仿各家山水花鸟 册页（十二页）
估　价：RMB 60,000～80,000
成交价：RMB 552,000
30cm×24.5cm×6；49.5cm×30cm×6
西泠印社 2021-07-24

1845 上睿 1703年作 听涛观鹤话旧图 立轴
估　价：RMB 180,000～250,000
成交价：RMB 345,000
181cm×55.5cm
十竹斋拍卖（北京） 2021-05-29

1574 商征说 灵芝松石图 立轴
估　价：RMB 180,000～280,000
成交价：RMB 345,000
147.5cm×46.5cm 西泠印社 2021-07-24

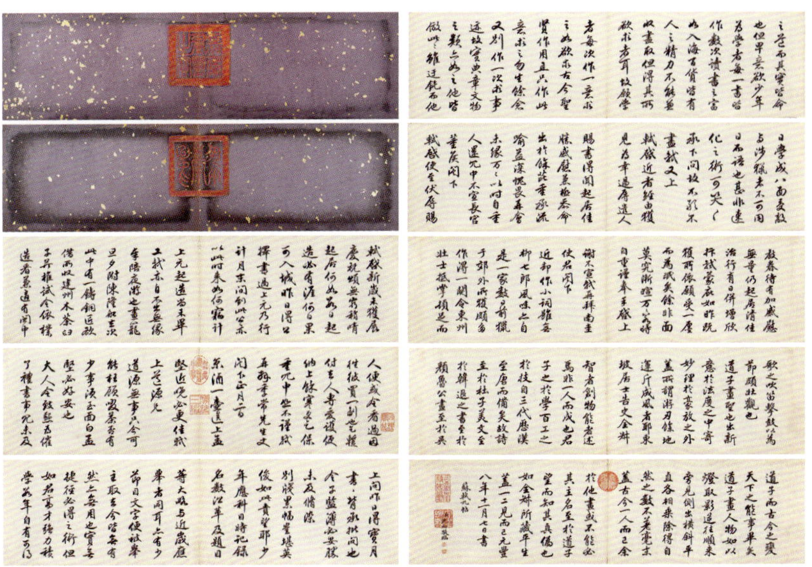

37 沈初 临苏轼九帖 册页
估　价：RMB 8,000,000～12,000,000
成交价：RMB 20,700,000
16cm×58cm×8 华艺国际 2021-12-11

816 沈朗 董邦达 合绘 纪晓岚幽篁独坐图轴 立轴
估 价：RMB 1,200,000～1,500,000
成交价：RMB 2,760,000
68cm×42cm 中贸圣佳 2021-05-21

569 沈铨 1736年作 封侯食禄图 立轴
估 价：RMB 800,000～1,200,000
成交价：RMB 1,495,000
197cm×97cm 中国嘉德 2021-03-27

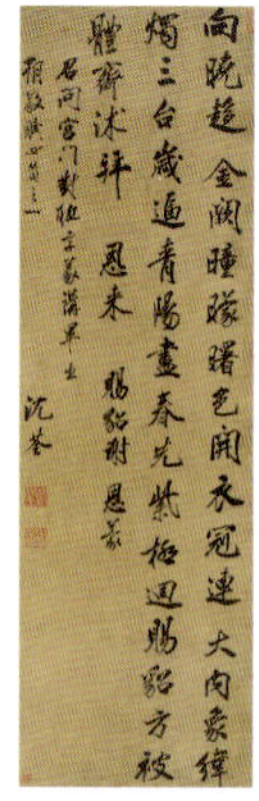

1640 沈荃 行书 赐貂谢恩诗 镜片
估 价：RMB 180,000～280,000
成交价：RMB 471,500
161cm×46.5cm 西泠印社 2021-07-24

2052 沈韶 1662年作 松溪采药图 立轴
估 价：RMB 20,000～40,000
成交价：RMB 437,000
147cm×71cm 中国嘉德 2021-09-28

1684 沈士鯁 1654年作 雪江卖鱼图 立轴
估 价：RMB 200,000～300,000
成交价：RMB 632,500
193cm×58cm 北京保利 2021-06-06

1978 沈振麟 张恺 1893年作 柳荫试马图卷 手卷
估 价：RMB 3,000～6,000
成交价：RMB 517,500
47cm×465cm 中国嘉德 2021-09-28

906 沈宗骞 1788年作 山居图 立轴
估 价：RMB 200,000～300,000
成交价：RMB 437,000
179cm×94.5cm 西泠印社 2021-01-15

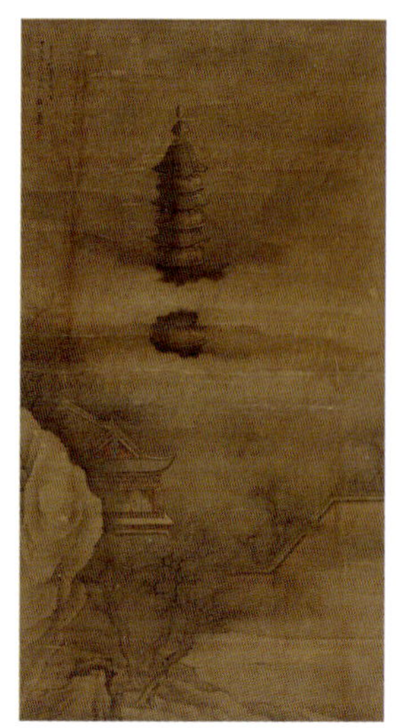

921 盛璧 高阁云塔图 立轴
估 价：RMB 200,000～300,000
成交价：RMB 322,000
136cm×69.5cm 西泠印社 2021-01-15

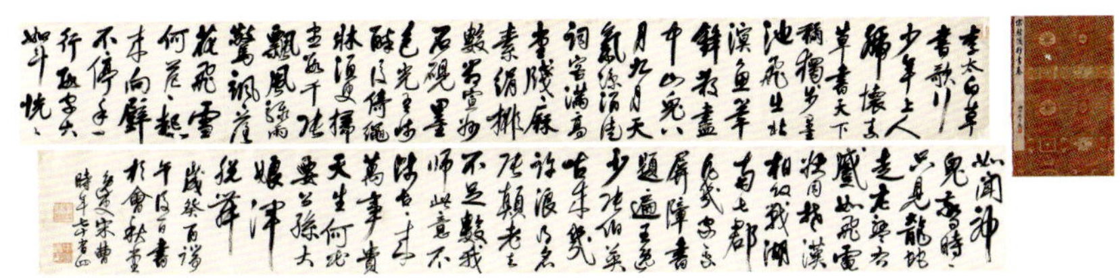

867 宋曹 康熙癸酉年作 草书歌行 手卷
估　价：RMB 500,000～600,000
成交价：RMB 575,000
31cm × 470cm 永乐拍卖 2021-05-20

2098 石锐 蓬莱仙境 手卷
估　价：RMB 3,000～6,000
成交价：RMB 517,500
49cm × 573cm 中国嘉德 2021-03-30

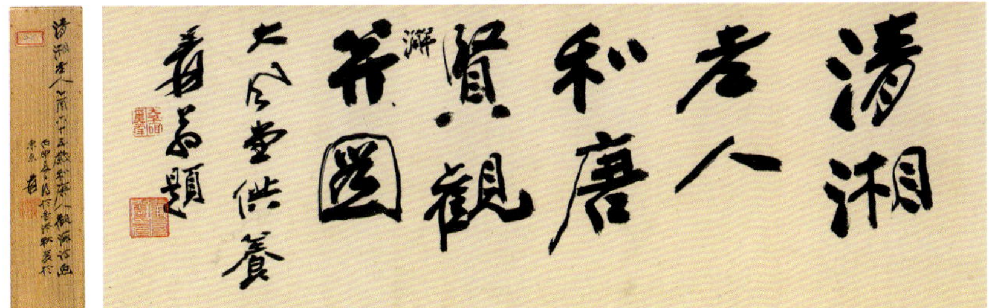

144 石涛 康熙四十四年作 和唐人观海诗画卷 手卷
估　价：RMB 10,000,000～15,000,000
成交价：RMB 14,950,000
画心26cm × 148cm 永乐拍卖 2021-12-02

1939 石涛 1704年作 兰石图 镜心
估　价：RMB 2,000,000～3,000,000
成交价：RMB 5,520,000
65cm × 36cm 北京保利 2021-06-06

2066 石涛 梅石水仙 立轴
估　价：RMB 10,000,000～12,000,000
成交价：RMB 11,500,000
150cm × 48cm 北京保利 2021-12-04

342 石涛 1693年作 山麓听泉图 立轴
成交价：RMB 120,750,000
222.5cm × 72.8cm 北京荣宝 2021-06-19

1940 石涛 番人秋狩图 立轴
估　价：RMB 20,000,000～30,000,000
成交价：RMB 29,900,000
161cm × 61cm 北京保利 2021-06-06

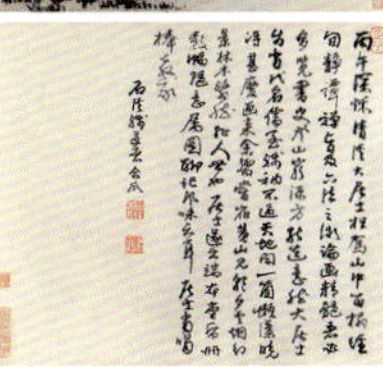

691 石溪 1666年作 黄山山水 册页（八开）
估　价：RMB 6,000,000～8,000,000
成交价：RMB 6,900,000
画29.5cm × 33.5cm × 8 朵云轩 2021-12-30

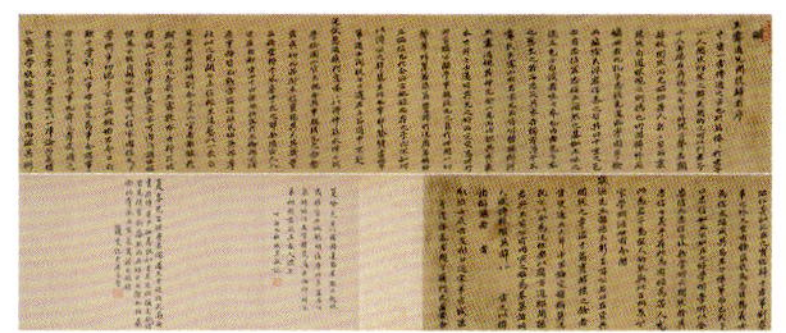

2046 孙奇逢 行书《赠玉霁道兄闻捷归省序》手卷
估　价：RMB 2,000,000～3,000,000
成交价：RMB 2,530,000
书法29cm × 204cm 北京保利 2021-12-04

1846 孙亿 1700年作 水村消夏图 立轴
估　价：RMB 600,000～700,000
成交价：RMB 690,000
138.5cm × 80cm
十竹斋拍卖（北京） 2021-05-29

3074 石溪 云山玄对图 立轴
估　价：HKD 2,000,000～3,000,000
成交价：RMB 2,124,360
香港苏富比 2021-04-19

1676 石溪 1662年作 岚气翠微图 立轴
估　价：RMB 800,000～1,200,000
成交价：RMB 1,437,500
154cm × 42cm 北京保利 2021-06-06

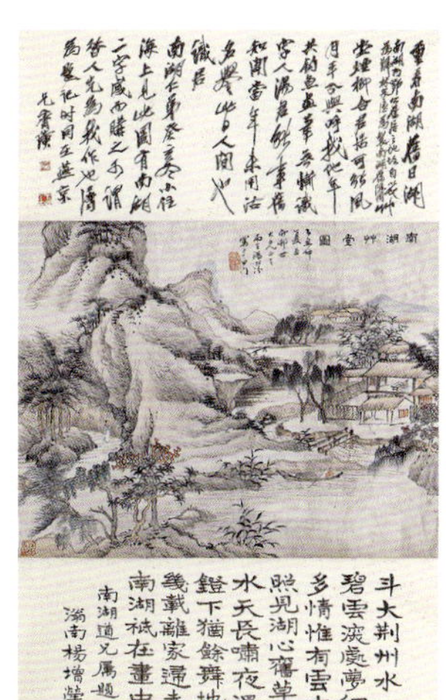

3069 汤贻汾 1829年作 南湖草堂图 立轴
估　价：HKD 90,000～180,000
成交价：RMB 333,850
画心34cm × 42.5cm 香港苏富比 2021-10-11

915 唐岱 1717年作 仿黄子久山水图 立轴
估　价：RMB 400,000～600,000
成交价：RMB 644,000
95.5cm×51.5cm 北京荣宝 2021-06-19

944 天然和尚 行书五言诗 立轴
估　价：RMB 3,600,000～6,000,000
成交价：RMB 5,750,000
170cm×42cm 西泠印社 2021-01-15

845 铁保 行书八言联 对联
估　价：RMB 200,000～300,000
成交价：RMB 402,500
170cm×33.5cm×2 朵云轩 2021-07-08

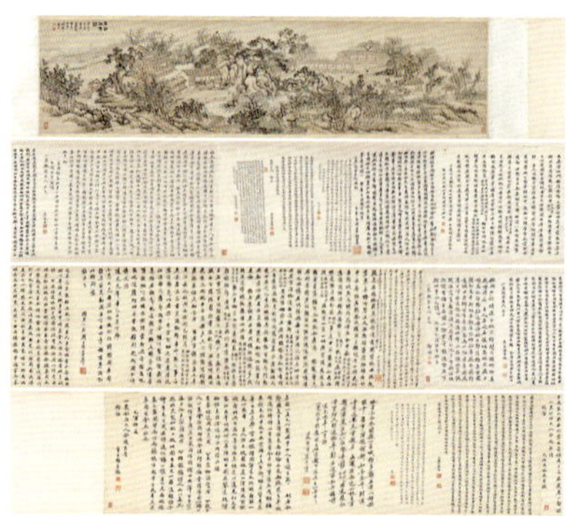

196 屠倬 清代 乾隆二十五年作 皋园雅集图 手卷
估　价：RMB 700,000～800,000
成交价：RMB 816,500
画心34cm×136cm 永乐拍卖 2021-12-02

1096 万上遴 山水人物册 册页（八开）
估　价：RMB 400,000～500,000
成交价：RMB 460,000
20cm×23cm×8 北京荣宝 2021-12-02

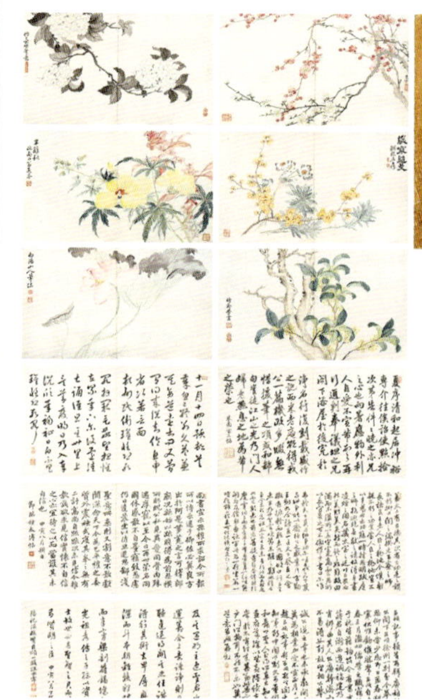

45 汪承霈 书画合璧 册页（十二开）
估　价：RMB 800,000～1,200,000
成交价：RMB 1,265,000
25cm×43cm×12 华艺国际 2021-12-11

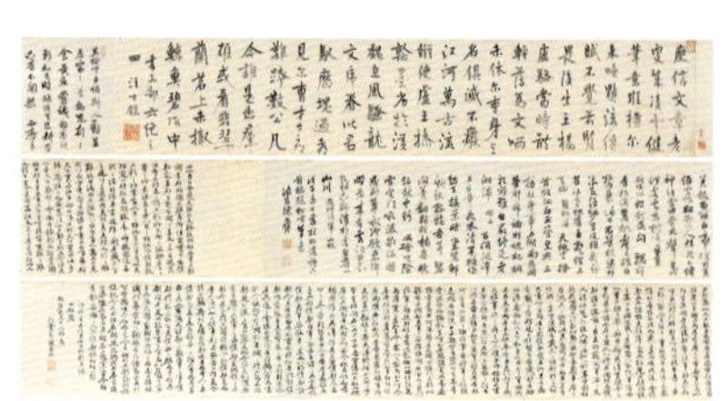

1787 汪士鋐 陈奕禧 行书杜诗十首 手卷
估　价：RMB 200,000～300,000
成交价：RMB 322,000
尺寸不一 北京保利 2021-06-06

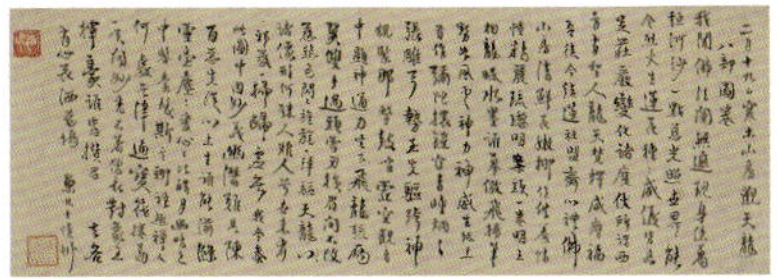

752 汪士慎 观天龙八部图诗 镜片
估　价：RMB 80,000～120,000
成交价：RMB 598,000
19.5cm×54cm 西泠印社 2021-01-15

1612 王宸 1793年作 秋山怀友图 立轴
估　价：RMB 600,000～800,000
成交价：RMB 920,000
122.5cm×50cm 西泠印社 2021-07-24

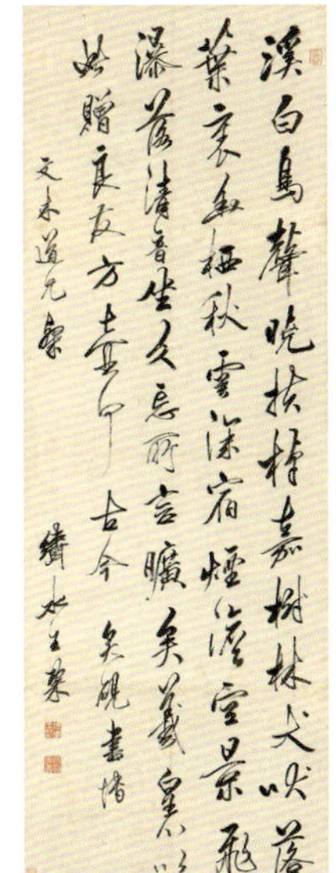

528 王概 行书五言诗 立轴
估　价：RMB 500,000～600,000
成交价：RMB 621,000
139cm×47cm 南京经典 2021-07-18

1945 王翚 1684年作 虞山十二景 册页（十二开）
估　价：RMB 12,000,000～18,000,000
成交价：RMB 14,950,000
30cm×25cm×12 北京保利 2021-06-06

377 王翚 1714年作 仿惠崇水村图 立轴
估　价：RMB 2,000,000～3,000,000
成交价：RMB 9,890,000
142cm×50.5cm 中国嘉德 2021-05-18

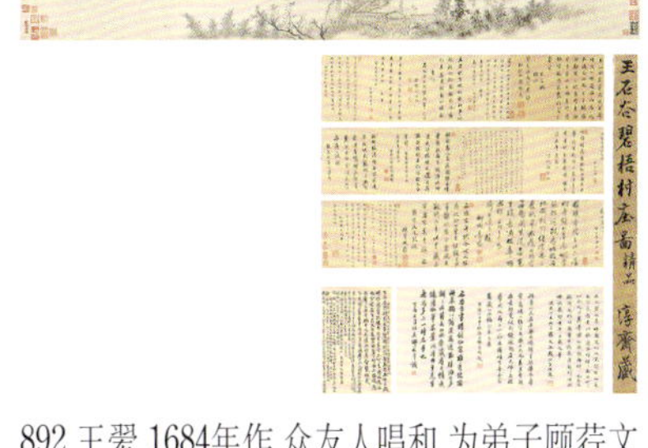

892 王翚 1684年作 众友人唱和 为弟子顾荇文作碧梧村庄图 手卷
估　价：RMB 5,000,000～8,000,000
成交价：RMB 11,500,000
画心26.5cm×132cm 西泠印社 2021-01-15

865 王鉴 1660年作 仿黄公望山水 立轴
估　价：HKD 1,500,000～2,500,000
成交价：RMB 8,086,850
105.5cm×48cm 佳士得 2021-11-29

1585 王鉴 1671年作 仿王蒙山水 立轴
估　价：RMB 1,000,000～1,500,000
成交价：RMB 1,552,500
98cm×49.5cm 西泠印社 2021-07-24

770 王鸣盛 1764年作 行书《题王翚绣谷图长歌》横披
估　价：RMB 180,000～280,000
成交价：RMB 322,000
65cm×32.5cm 西泠印社 2021-01-15

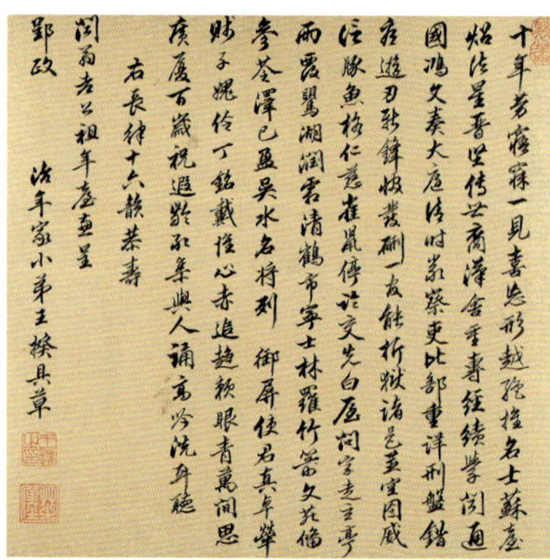

1046 王揆 行书五言诗 镜心
估　价：RMB 10,000～30,000
成交价：RMB 402,500
30.5cm×30.5cm 中国嘉德 2021-12-12

553 王时敏 1672年作 夏山晓霁 立轴
估　价：RMB 5,000,000～6,000,000
成交价：RMB 5,750,000
94.5cm×52.5cm 朵云轩 2021-07-07

1172 王时敏 1664年作 仿大痴山水 立轴
估　价：RMB 3,500,000～4,500,000
成交价：RMB 4,025,000
69cm×37.8cm 中国嘉德 2021-12-12

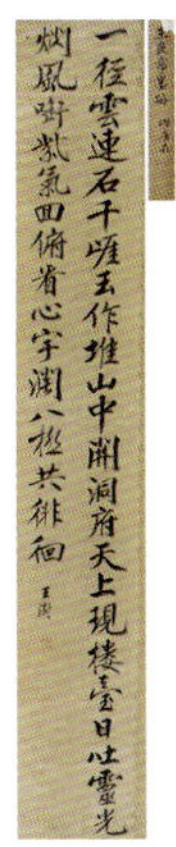

428 王澍 行书书法 立轴
估 价：RMB 200,000～300,000
成交价：RMB 345,000
250cm×35.5cm 中贸圣佳 2021-07-06

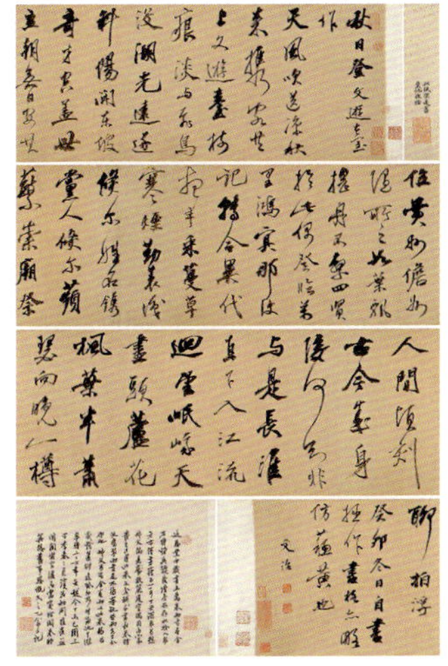

561 王文治 1783年作 行书 手卷
估 价：RMB 550,000～650,000
成交价：RMB 1,897,500
30.5cm×269.5cm 朵云轩 2021-07-07

933 王无回 郑为光 书法 扇面（二幅）
估 价：RMB 150,000～250,000
成交价：RMB 322,000
16.5cm×51.5cm；16cm×51cm
西泠印社 2021-01-15

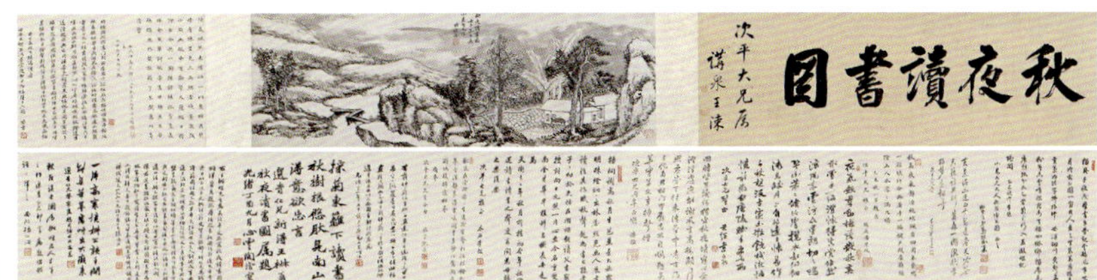

1079 王学浩 1822年作 秋夜读书图 手卷
估 价：RMB 300,000～400,000
成交价：RMB 759,000
画32.5cm×96.5cm 朵云轩 2021-07-08

2082 王武 红杏飞燕 立轴
估 价：RMB 1,200,000～1,500,000
成交价：RMB 1,495,000
195cm×98cm 北京保利 2021-12-04

836 王昱 1739年作 溪山把钓图 立轴
估 价：RMB 180,000～250,000
成交价：RMB 402,500
108cm×56cm 北京保利 2021-09-25

149 王原祁 清 秋林远黛 立轴
成交价：RMB 55,200,000
112cm×48cm 永乐拍卖 2021-12-02

2080 王原祁 仿董北苑春山图 立轴
估　价：RMB 3,800,000～5,000,000
成交价：RMB 5,750,000
164cm×52cm 北京保利 2021-12-04

1503 王原祁 1690年作 灵岩毓秀图轴 立轴
估　价：RMB 3,800,000～4,800,000
成交价：RMB 4,485,000
107cm×50cm
十竹斋拍卖（北京） 2021-05-29

202 王云 康熙五十五年作 山水楼阁 镜心
估　价：RMB 300,000～500,000
成交价：RMB 1,150,000
201cm×105.3cm 永乐拍卖 2021-12-02

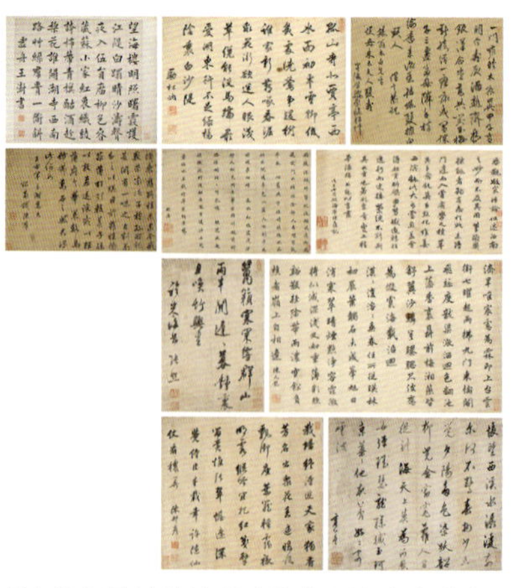

194 魏象枢 励杜讷 陈奕禧等 国朝名人法书 册页（十开）
估　价：RMB 600,000～800,000
成交价：RMB 977,500
尺寸不一 中贸圣佳 2021-05-21

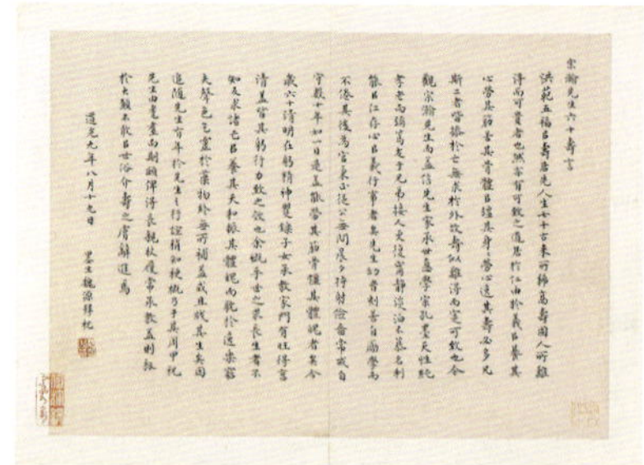

882 魏源 清道光己丑年作 行书祝寿言 镜心
估　价：RMB 60,000～80,000
成交价：RMB 471,500
24.5cm×33.5cm 永乐拍卖 2021-05-20

973 文点 1701年作 茆亭叙回图 立轴
估　价：RMB 400,000～600,000
成交价：RMB 678,500
68cm×38.5cm 朵云轩 2021-12-31

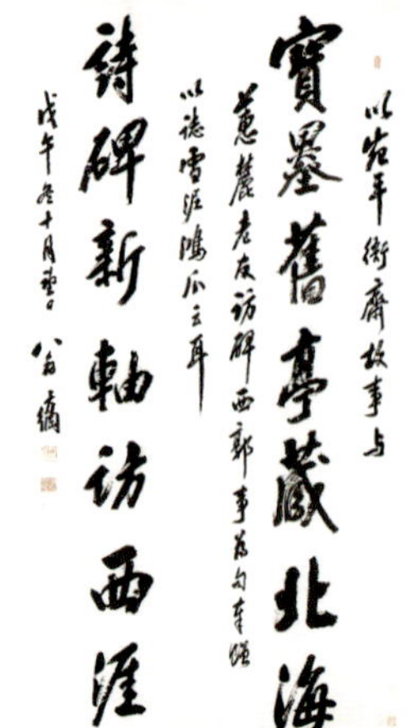

495 翁方纲 1798年作 行书七言联 立轴
估　价：RMB 600,000～800,000
成交价：RMB 805,000
241.5cm×56cm×2 华艺国际 2021-12-11

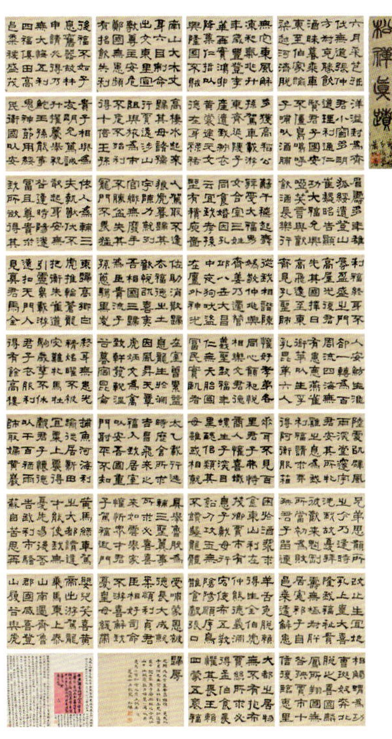

218 翁同龢 1900年作 临易林刻本 册页
（共七十一页，选刊三十五页）
估　价：RMB 600,000～800,000
成交价：RMB 862,500
42cm×47cm×71 中国嘉德 2021-05-18

1119 倭仁 楷书节录朱熹《近思录》 立轴
估　价：RMB 20,000～50,000
成交价：RMB 368,000
131.5cm×31cm×4 中国嘉德 2021-05-20

898 无款 清 《万寿盛典》节录 手卷
估　价：HKD 800,000～1,000,000
成交价：RMB 3,933,000
30cm×569.5cm 佳士得 2021-05-26

2013 吴大澂 篆书《大义桥黄氏义庄记》 册页 (五十三开一百零六页)
估　价：RMB 2,200,000～2,800,000
成交价：RMB 2,530,000
47cm×23cm×106 北京保利 2021-12-04

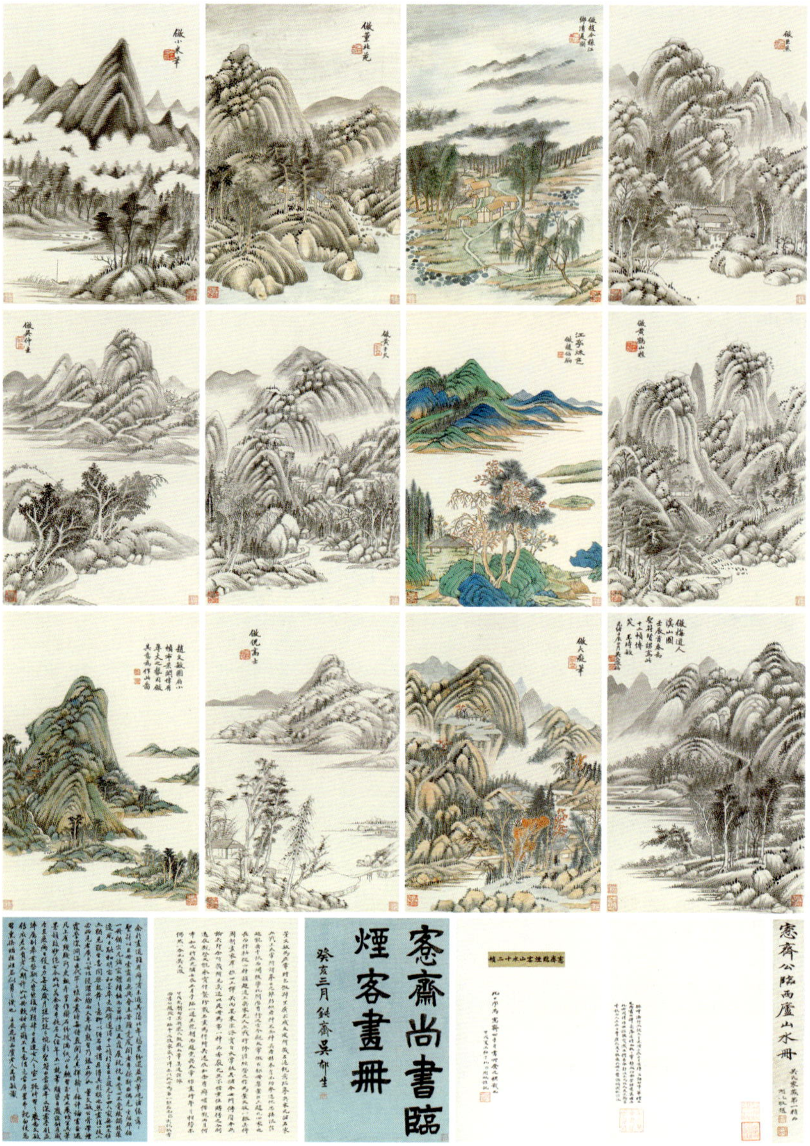

254 吴大澂 1892年作 临西庐山水 册页（画十二开，题跋二开）
估　价：RMB 3,500,000～4,500,000
成交价：RMB 5,635,000
画46cm×29.5cm×12 上海匡时 2021-07-08

899 吴定 1686年作 山水 册页（十帧）
估　价：RMB 300,000～500,000
成交价：RMB 632,500
21.5cm×30cm×10 西泠印社 2021-01-15

1299 吴大澂 1892年作 钟馗 立轴
估　价：RMB 1,200,000～1,800,000
成交价：RMB 1,380,000
110cm×36cm 华艺国际 2021-03-31

909 吴东发 林壑溪桥图 立轴
估　价：RMB 280,000～400,000
成交价：RMB 460,000
79cm×34.5cm 西泠印社 2021-01-15

8017 吴历 1674年作 清溪草堂图 立轴
估　价：RMB 2,800,000～3,800,000
成交价：RMB 4,830,000
100.5cm×48cm 上海嘉禾 2021-07-22

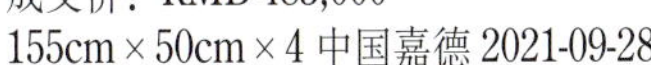

2049 吴求 宫廷仕女 四条屏
估　价：RMB 20,000～40,000
成交价：RMB 483,000
155cm×50cm×4 中国嘉德 2021-09-28

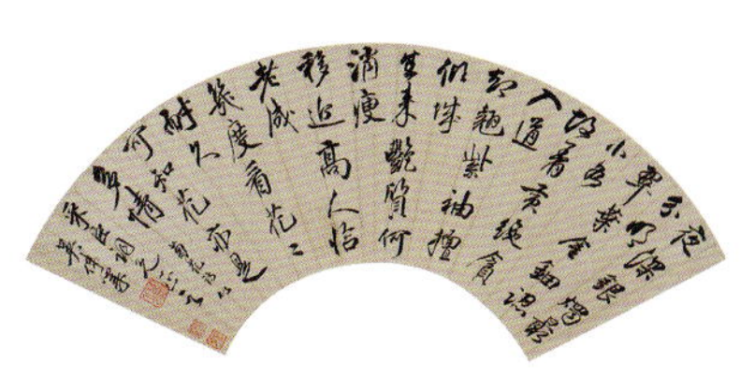

1658 吴伟业 行书梅花诗 镜心
估　价：RMB 60,000～80,000
成交价：RMB 368,000
16cm×50.5cm 北京保利 2021-12-04

2008 吴让之 节临《郑文公碑》 立轴（六屏）
估　价：RMB 200,000～300,000
成交价：RMB 1,092,500
131cm×31cm×6 北京保利 2021-12-04

21 吴历 1674年作 仿元人山居图 立轴
估　价：RMB 1,600,000～2,600,000
成交价：RMB 2,530,000
50cm×28cm 华艺国际 2021-12-11

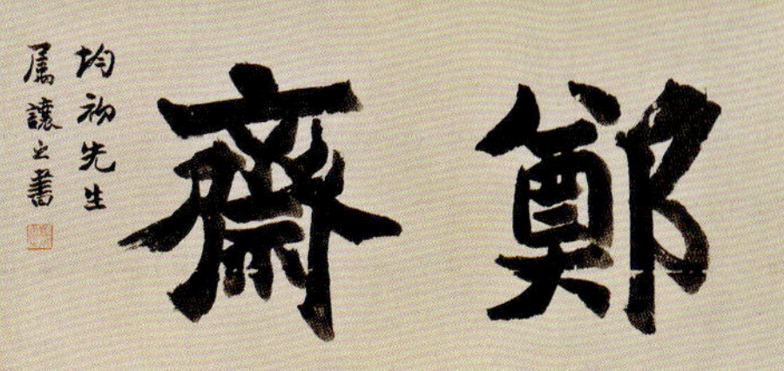

1913 吴熙载 杨沂孙 行书“郑斋” 镜心
估　价：RMB 500,000～1,000,000
成交价：RMB 862,500
尺寸不一 北京保利 2021-06-06

813 吴之振 吕留良 黄宗羲等 《种菜诗唱和诗册》系列作品
估　价：RMB 18,000,000～28,000,000
成交价：RMB 34,500,000
尺寸不一 华艺国际 2021-06-05

305 夏宗辂 寿字花卉画 册页（八开）
估　价：RMB 1,000,000～1,500,000
成交价：RMB 1,311,000
30.5cm×28cm×8 华艺国际 2021-06-05

1628 奚冈 1784年作 高士幽居图 立轴
估　价：RMB 280,000～400,000
成交价：RMB 782,000
170cm×93.5cm 西泠印社 2021-07-24

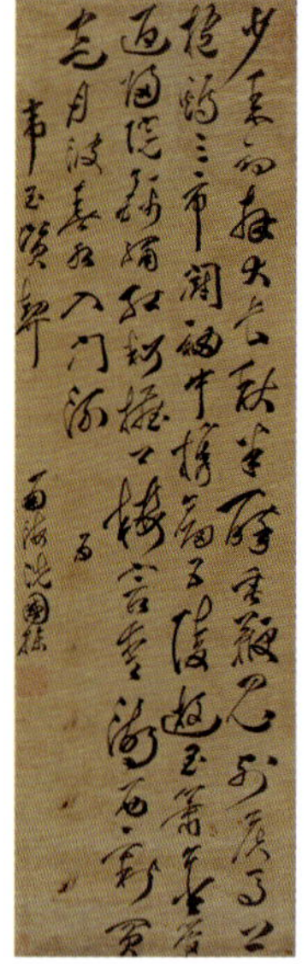

803 冼国干 草书 立轴
估　价：RMB 280,000～380,000
成交价：RMB 414,000
169cm×47cm 广东崇正 2021-07-19

617 谢彬 1680年作 渔家乐 手卷
估　价：HKD 250,000～350,000
成交价：RMB 377,568
画34cm×407.5cm 中国嘉德 2021-10-13

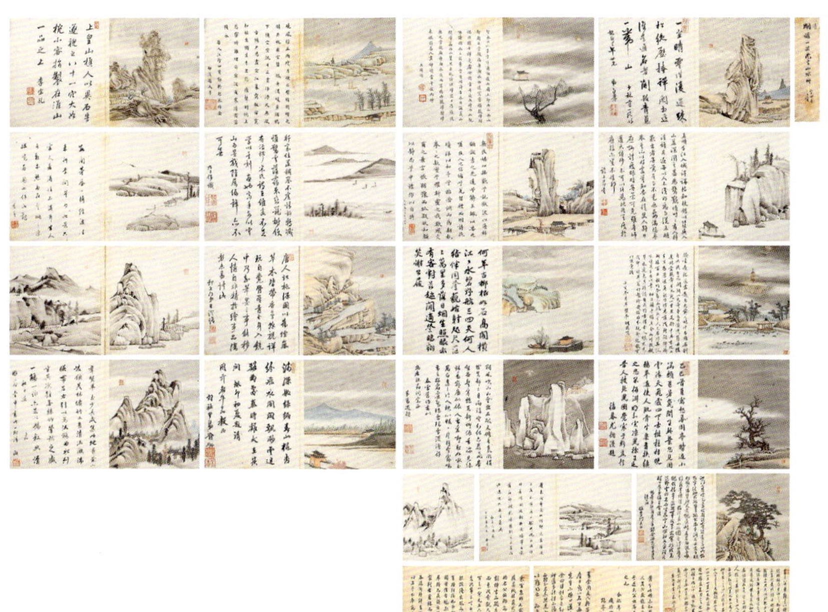

308 萧一芸 山水 册页（二十开）
估　价：RMB 480,000～680,000
成交价：RMB 2,012,500
画24cm×19.5cm×20 华艺国际 2021-06-05

2113 徐良 牧牛图 手卷
估　价：RMB 3,000～6,000
成交价：RMB 1,150,000
26cm×254cm 中国嘉德 2021-03-30

808 虚谷 1894年作 柳树松鼠 立轴
成交价：RMB 1,035,000
181cm×50cm 北京保利 2021-06-06

1351 徐枋 1685年作 春溪访隐图 立轴
估　价：RMB 120,000～180,000
成交价：RMB 414,000
109cm×39cm 中鸿信 2021-07-15

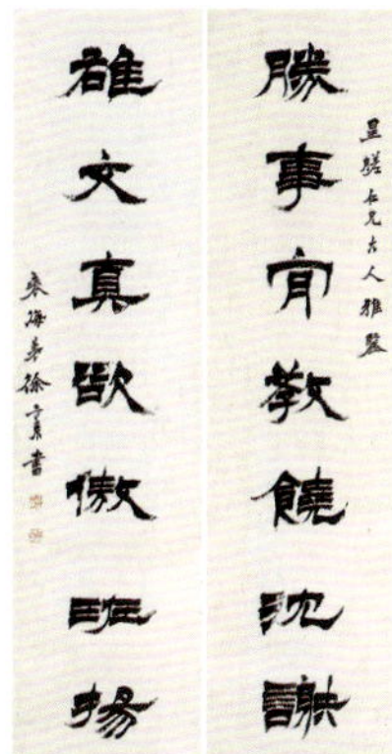

75 徐三庚 隶书七言联 立轴
估　价：RMB 200,000～300,000
成交价：RMB 345,000
133cm×33cm×2 中贸圣佳 2021-05-21

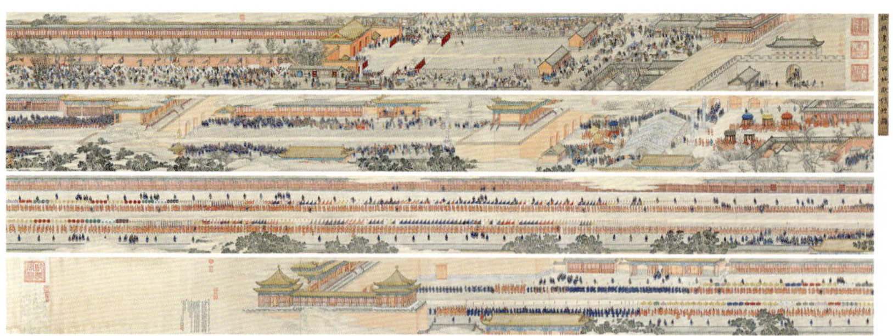

1935 徐扬 平定西域献俘礼图 手卷
成交价：RMB 414,000,000
43cm × 1865cm 北京保利 2021-06-06

636 宣统帝 1922年作 牡丹 立轴
估　价：RMB 100,000 ~ 150,000
成交价：RMB 345,000
132cm × 64cm 北京翰海 2021-06-04

2122 许良标 香涛大人玉照 镜心
估　价：RMB 5,000 ~ 10,000
成交价：RMB 368,000
95cm × 179cm 中国嘉德 2021-03-30

2079 颜峄 1728年作 仙山楼阁通景十二屏 立轴
估　价：RMB 2,400,000 ~ 3,200,000
成交价：RMB 5,520,000
180cm × 52.5cm × 12 北京保利 2021-12-04

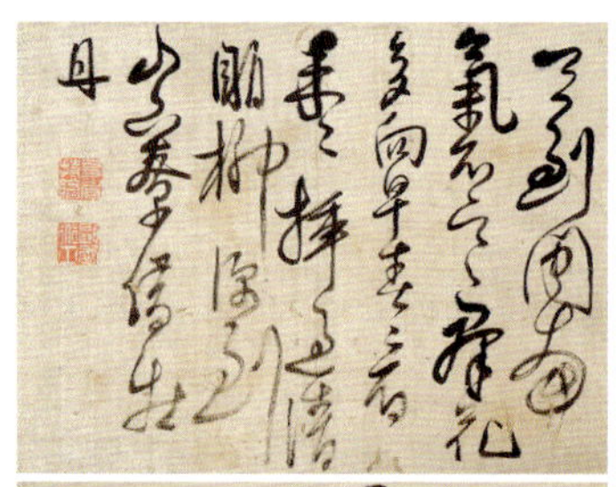

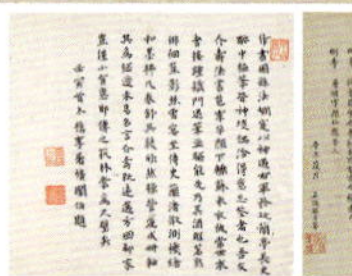

101 许友 草书七言诗 立轴
估　价：RMB 280,000 ~ 380,000
成交价：RMB 1,035,000
书法18cm × 23.5cm × 2 中国嘉德 2021-05-18

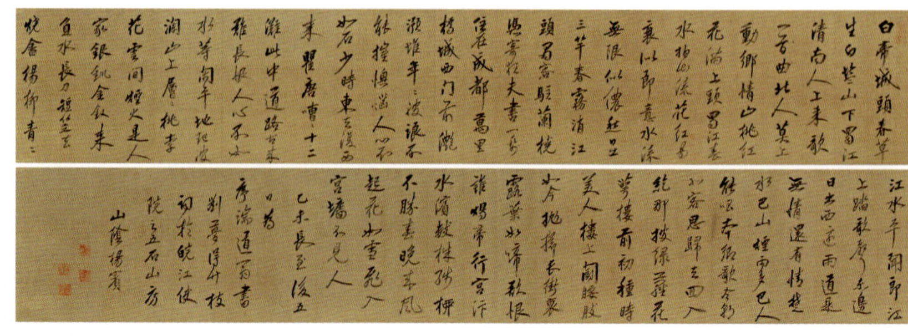

1788 杨宾 1715年作 行书刘禹锡词 手卷
估　价：RMB 200,000 ~ 400,000
成交价：RMB 690,000
30cm × 340cm 北京保利 2021-06-06

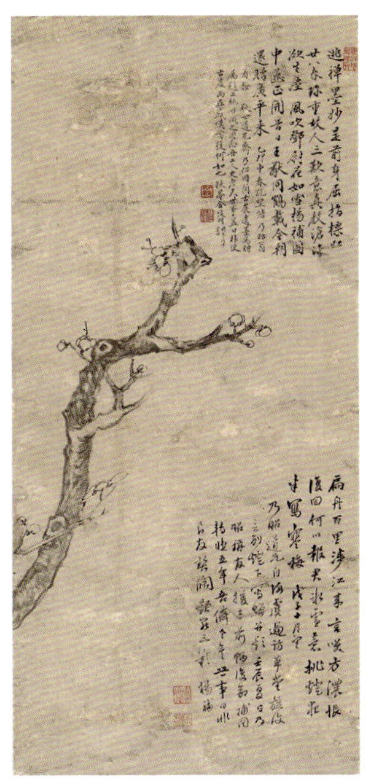

1580 杨补 1652年作 为王乃昭作墨梅图 立轴
估　价：RMB 350,000～500,000
成交价：RMB 483,000
66.5cm×30cm 西泠印社 2021-07-24

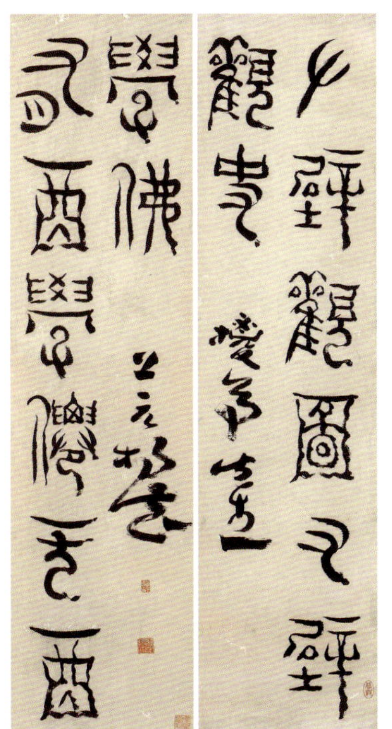

839 杨法 篆书八言龙门联 立轴
估　价：RMB 600,000～800,000
成交价：RMB 747,500
104cm×26cm×2 中贸圣佳 2021-05-21

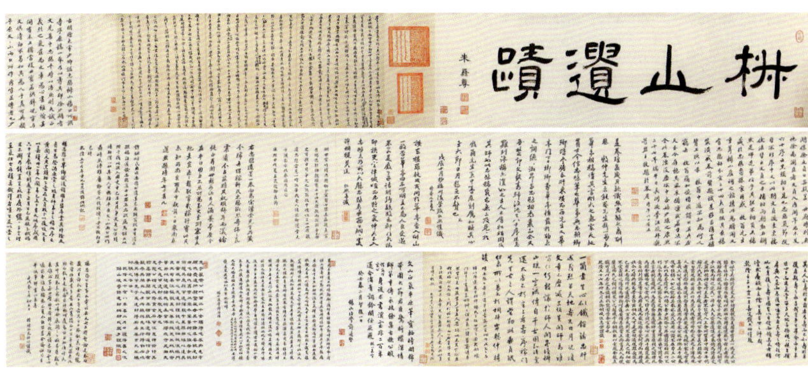

812 杨继盛 寿徐文贞遗稿 手卷
估　价：RMB 2,200,000～3,200,000
成交价：RMB 6,095,000
书法29cm×423cm 华艺国际 2021-06-05

1030 杨晋 1717年作 山水 册页（十二开）
估　价：RMB 600,000～800,000
成交价：RMB 690,000
21.5cm×28.5cm×12
中国嘉德 2021-12-12

8015 杨文骢 1634年作 秋山策杖 立轴
估　价：RMB 580,000～780,000
成交价：RMB 1,265,000
107cm×45cm 上海嘉禾 2021-07-22

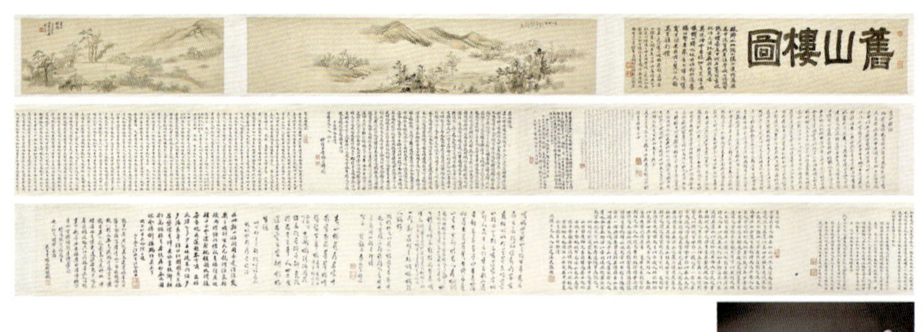

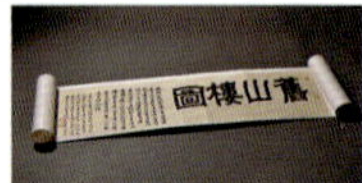

2239 杨沂孙 翁同龢 范玑 程庭鹭等题、绘 旧山楼图 手卷
估　价：RMB 200,000～300,000
成交价：RMB 2,760,000
19.5cm×91cm；19.5cm×52.5cm 中国嘉德 2021-05-20

817 姚文瀚 婴戏图轴 立轴
估　价：RMB 4,000,000～6,000,000
成交价：RMB 7,992,500
162cm×78cm 中贸圣佳 2021-05-21

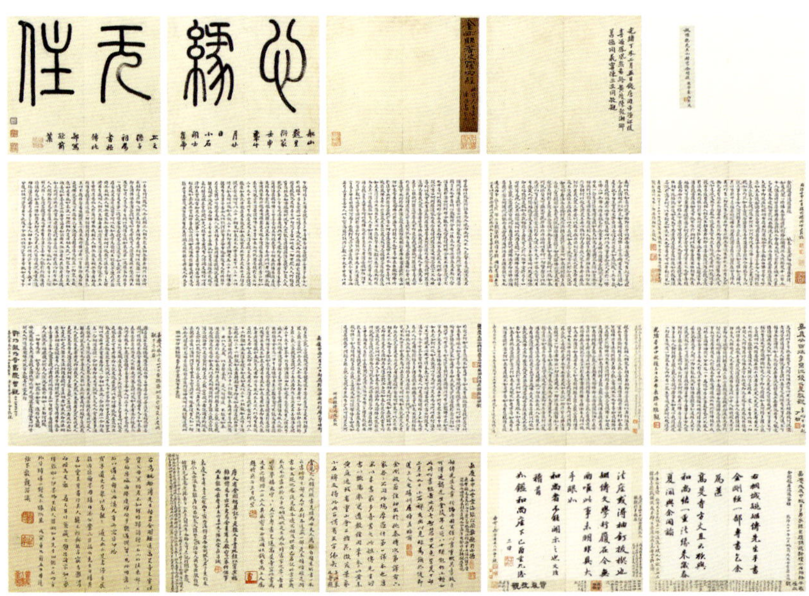

476 姚鼐 楷书《金刚经》册页
估　价：RMB 1,200,000～1,500,000
成交价：RMB 2,875,000
19cm×22.5cm×20 北京华辰 2021-12-08

1571 叶雨 1673年作 深山积雪图 立轴
估　价：RMB 50,000～80,000
成交价：RMB 299,000
162.5cm×87cm 北京保利 2021-12-04

852 伊秉绶 清嘉庆乙丑年作 昨叶书堂 镜心
估　价：RMB 10,000,000～15,000,000
成交价：RMB 20,125,000
38cm×135cm 永乐拍卖 2021-05-20

191 胤禩 行书节录《与顾章书》 立轴
估　价：RMB 58,000～88,000
成交价：RMB 368,000
127cm×60cm 中国嘉德 2021-05-18

851 伊秉绶 1813年作 隶书“劝耕课读室” 镜心
估　价：RMB 4,000,000～6,000,000
成交价：RMB 4,600,000
41cm×150cm 北京保利 2021-09-25

2053 雍正帝 1730年作 御笔“福” 镜心
估　价：RMB 5,800,000～8,800,000
成交价：RMB 12,650,000
194cm×113cm 北京保利 2021-12-04

212 伊秉绶 1805年作 水暮云峦图 立轴
估　价：RMB 250,000～450,000
成交价：RMB 3,795,000
116cm×36cm 中国嘉德 2021-05-18

2054 雍正帝 楷书“建牙伟略” 镜心
估　价：RMB 12,000,000～15,000,000
成交价：RMB 16,675,000
71cm×247cm 北京保利 2021-12-04

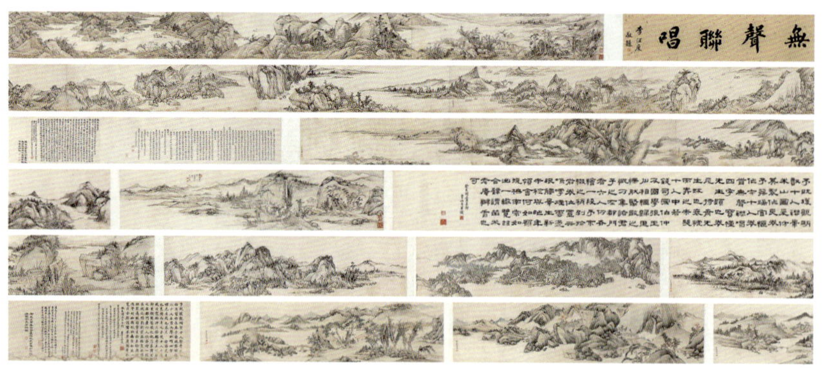

1934 永瑢 钱维城 钱维乔 董诰 方琮 张治等 1772—1773年作 仿米云山上下卷 手卷
估　价：RMB 8,000,000～10,000,000
成交价：RMB 15,525,000
上卷画33cm×956cm；下卷画32cm×1291cm 北京保利 2021-06-06

1 于敏中 吕纪 行书御制诗 海棠鸣禽 成扇
估　价：RMB 15,000～25,000
成交价：RMB 644,000
17.5cm×54.5cm×2 中贸圣佳 2021-05-21

184 永瑆 楷书七言联 立轴
估　价：RMB 80,000～120,000
成交价：RMB 345,000
182.5cm×38.5cm×2 中国嘉德 2021-05-18

815 余省 1741年作 鱼藻图 手卷
估　价：RMB 22,000,000～28,000,000
成交价：RMB 29,325,000
28.5cm×157.8cm 华艺国际 2021-06-05

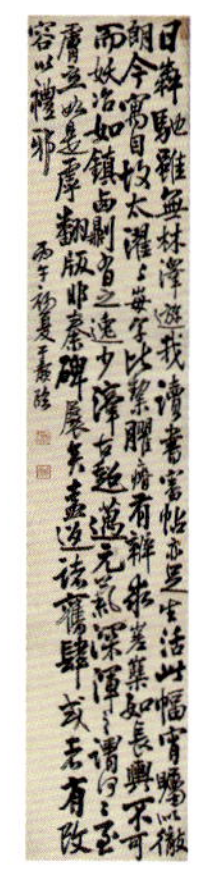

690 于灏 1666年作 行草书 立轴
估　价：RMB 60,000～90,000
成交价：RMB 690,000
359cm×69cm 北京翰海 2021-06-04

1663 俞樾 1878年作 篆书节录《文心雕龙》四屏
估　价：RMB 100,000～200,000
成交价：RMB 483,000
242cm×60.5cm×4 西泠印社 2021-07-24

1937 俞宗礼 1765年作 人物故事图 册页（二册三十二开）
估　价：RMB 1,800,000～2,200,000
成交价：RMB 2,645,000
41cm×30cm×32 北京保利 2021-06-06

1946 袁江 汉宫春晓 立轴
估　价：RMB 2,000,000～3,000,000
成交价：RMB 2,300,000
222cm×113cm 北京保利 2021-06-06

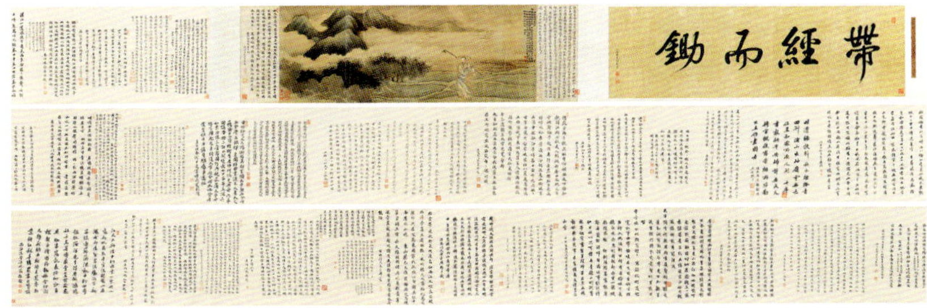

848 禹之鼎 清康熙庚辰年作 带经荷锄图 手卷
估　价：RMB 7,000,000～9,000,000
成交价：RMB 8,050,000
画心39cm×102cm 永乐拍卖 2021-05-20

67 袁耀（传）湖山胜境 镜心
估　价：RMB 800,000～1,200,000
成交价：RMB 1,725,000
61.5cm×103cm 中国嘉德 2021-05-18

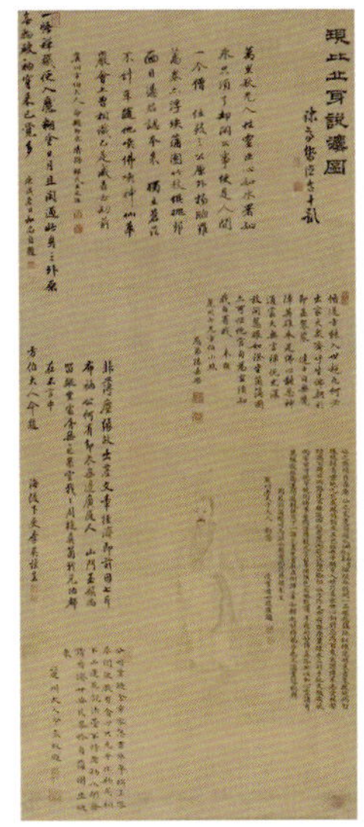
797 袁枚 王文治 曾雄 等 为奇丰额作 现比丘身说法图 立轴
估　价：RMB 150,000～250,000
成交价：RMB 1,495,000
95.5cm×39cm 西泠印社 2021-01-15

868 恽冰 1754年作 国香春霁 立轴
估　价：HKD 150,000～200,000
成交价：RMB 328,400
71.5cm×76.5cm 佳士得 2021-11-29

1191 恽寿平 1684年作 山水花卉 册页（十开）
成交价：RMB 57,500,000
画23.5cm×36.5cm×10 中国嘉德 2021-12-12

150 恽寿平 康熙十三年 古松叠嶂 立轴
估　价：RMB 5,000,000～8,000,000
成交价：RMB 5,750,000
128cm×48.5cm 永乐拍卖 2021-12-02

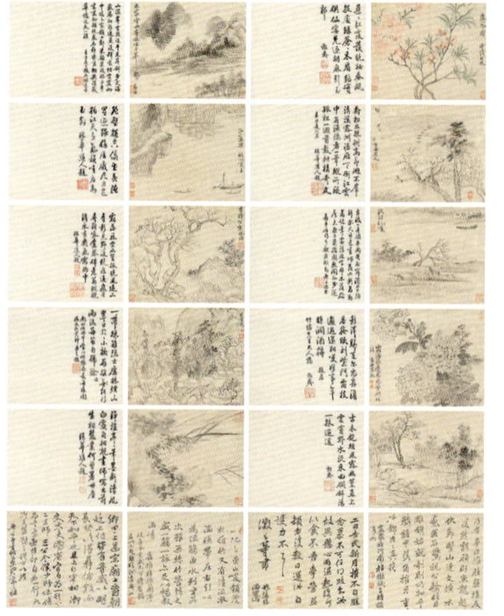

2037 恽寿平 山水花卉 册页（十二开二十四页）
估　价：RMB 3,800,000～4,500,000
成交价：RMB 5,290,000
画心19cm×22cm×10 北京保利 2021-12-04

867 恽寿平 1688年作 国香春霁 立轴
估　价：HKD 3,000,000～5,000,000
成交价：RMB 48,972,650
134.5cm×68.5cm 佳士得 2021-11-29

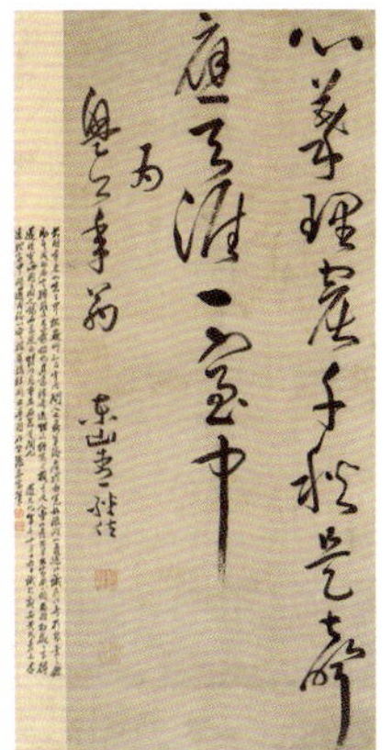

1644 查继佐 草书七言诗句 立轴
估　价：RMB 250,000～300,000
成交价：RMB 862,500
128.5cm×54cm 西泠印社 2021-07-24

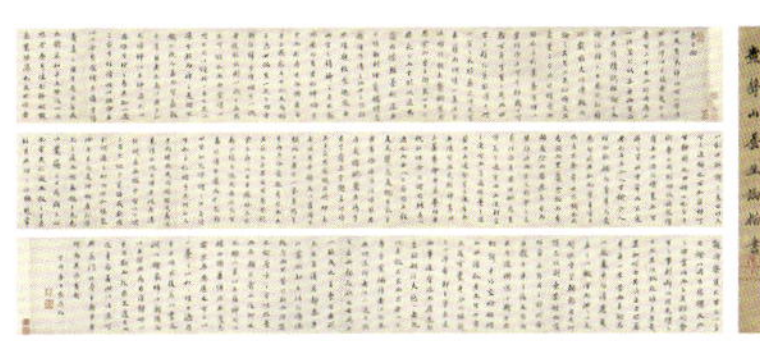

886 查昇 1687年作 行书《养生论卷》 手卷
估　价：RMB 400,000～600,000
成交价：RMB 598,000
20cm×452cm 西泠印社 2021-01-15

58 查士标 云山图 立轴
估　价：RMB 680,000～880,000
成交价：RMB 3,565,000
137cm×47cm 中国嘉德 2021-05-18

1583 查士标 溪山泛舟图 立轴
估　价：RMB 1,200,000～1,800,000
成交价：RMB 2,070,000
175cm×51.5cm 西泠印社 2021-07-24

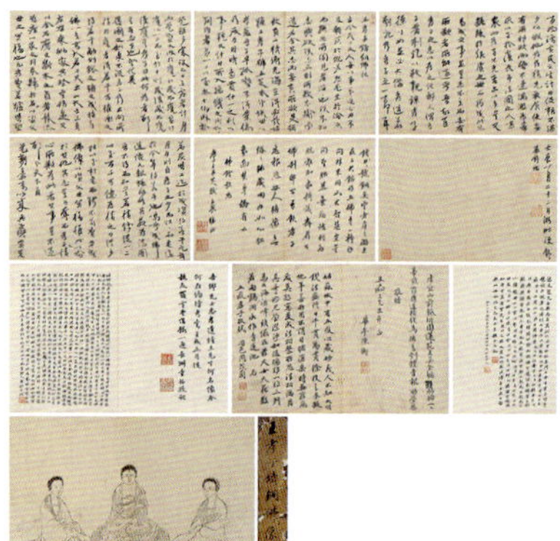

1097 张大风 等 王孝子铸铜像记 册页
估　价：RMB 300,000～400,000
成交价：RMB 345,000
25.5cm×36.5cm×4 朵云轩 2021-07-08

1131 张謇 行书"美意延年之室" 横披
估　价：RMB 20,000～50,000
成交价：RMB 529,000
38cm×133cm 中国嘉德 2021-05-20

304 张穆 八骏图卷 手卷
估　价：RMB 1,000,000～1,500,000
成交价：RMB 1,380,000
画心24.3cm×216cm 广东崇正 2021-01-07

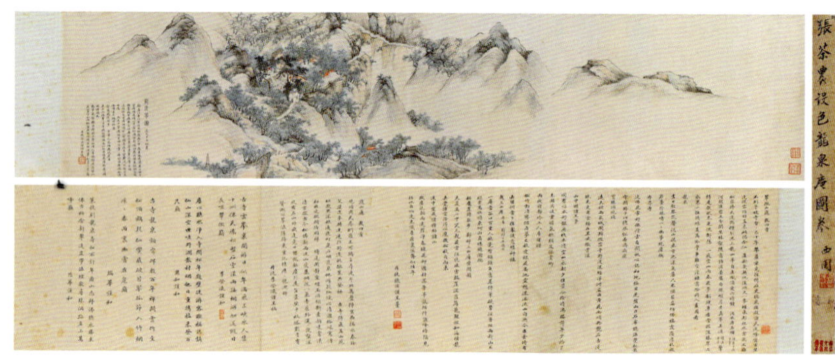

1904 张深 龙泉庵图 手卷
估　价：RMB 200,000～300,000
成交价：RMB 2,760,000
画心30cm×129cm 北京保利 2021-06-06

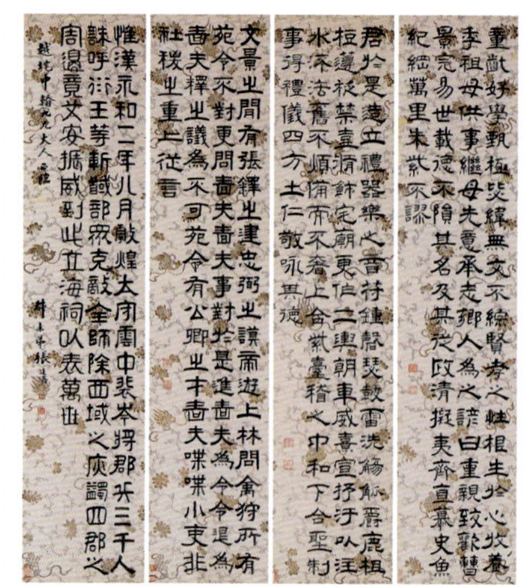

2011 张廷济 临汉碑四屏 镜心
估　价：RMB 400,000～600,000
成交价：RMB 713,000
181.5cm×37.5cm×4 北京保利 2021-12-04

1029 张炜 人物 册页（十开）
估　价：RMB 180,000～280,000
成交价：RMB 322,000
21cm×24cm×10 中国嘉德 2021-12-12

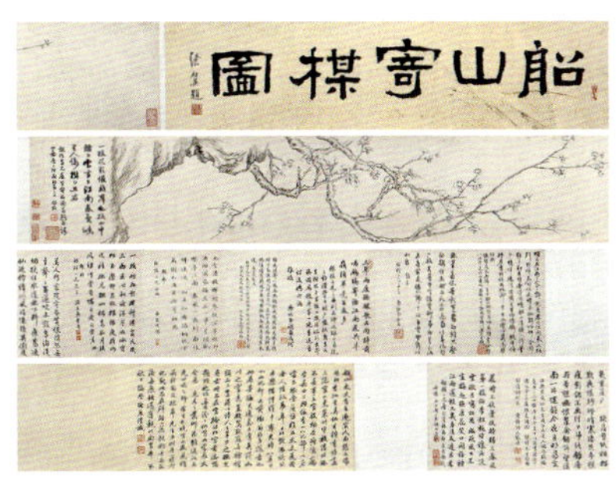

742 张问陶 1802年作 寄梅图 手卷
估　价：RMB 50,000～80,000
成交价：RMB 402,500
20.5cm×135.5cm 北京翰海 2021-06-04

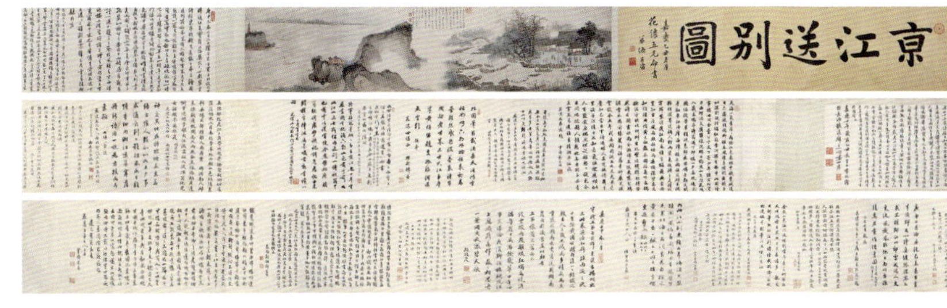

1230 张崟 1799年作 京江送别图 手卷
估　价：RMB 60,000～90,000
成交价：RMB 724,500
27cm×123cm 北京翰海 2021-12-18

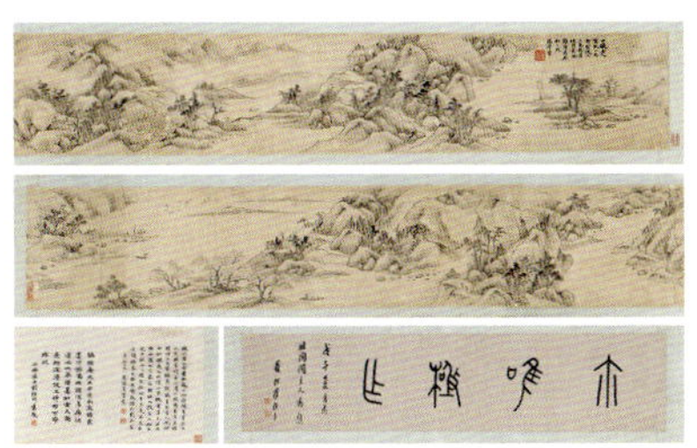

896 张学曾 富春山图 手卷
估　价：RMB 35,000～55,000
成交价：RMB 460,000
画23.3cm×253cm 中国嘉德 2021-12-12

62 张兆祥 1902年作 花卉八屏 立轴
估　价：RMB 800,000～1,000,000
成交价：RMB 1,150,000
192cm×48.5cm×8 华艺国际 2021-06-04

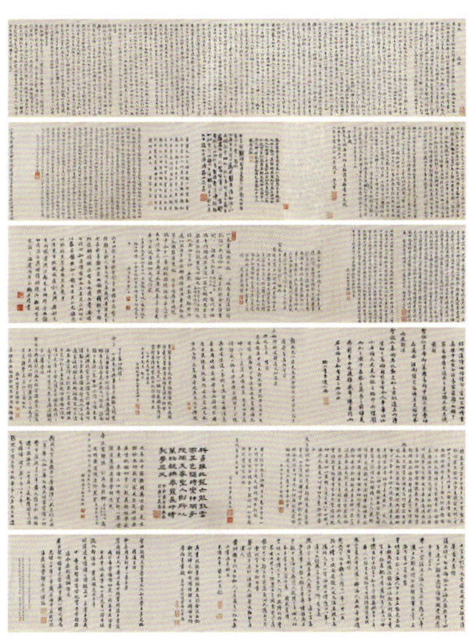

881 张照 楷书《易说》 手卷
估　价：RMB 40,000～60,000
成交价：RMB 2,357,500
23.5cm×144cm 北京翰海 2021-06-04

150 张燕昌 1808年作 飞白龙门联 镜心
估　价：RMB 30,000～60,000
成交价：RMB 322,000
133cm×29.5cm×2 中国嘉德 2021-05-18

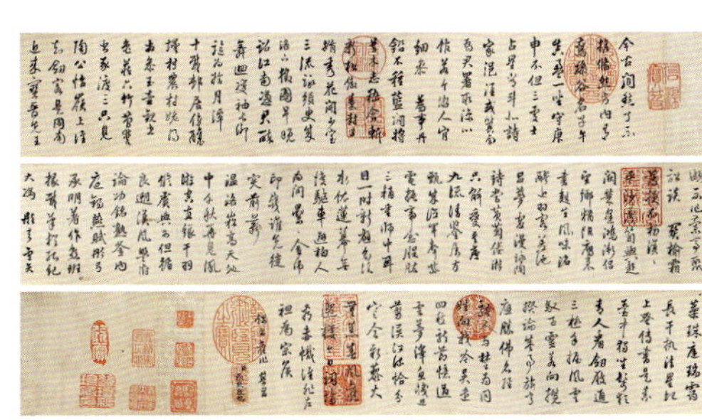

38 张照 临董其昌书杂诗 手卷
估　价：RMB 6,000,000～8,000,000
成交价：RMB 9,142,500
7.5cm×113cm 华艺国际 2021-12-11

1778 张之洞 祁寯藻 俞樾等 名人诗稿集锦
册页（三册，一一六页）
估　价：RMB 400,000～600,000
成交价：RMB 747,500
尺寸不一 北京保利 2021-06-06

375 张宗苍 1746年作 倚松结庐图 立轴
估　价：RMB 1,800,000～2,800,000
成交价：RMB 3,220,000
132.5cm×67.5cm 中国嘉德 2021-05-18

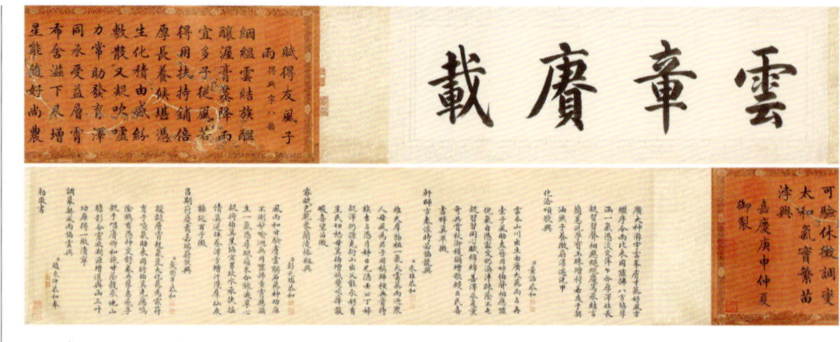

807 赵秉冲 楷书御制《赋得友风子雨诗》
卷 手卷
估　价：RMB 2,800,000～3,500,000
成交价：RMB 3,910,000
25cm×65cm 中贸圣佳 2021-05-21

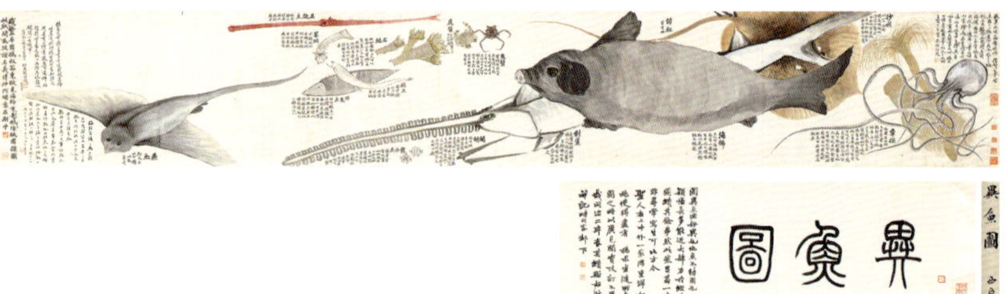

384 赵之谦 1861年作 异鱼图 手卷
估　价：RMB 25,000,000～35,000,000
成交价：RMB 25,300,000
画35.5cm×224cm 中国嘉德 2021-05-18

2075 赵之谦 1865年作 陶炼野逸 扇面 (十二开)
估　价：RMB 10,000,000～12,000,000
成交价：RMB 19,780,000
18cm×52.5cm×12 北京保利 2021-12-04

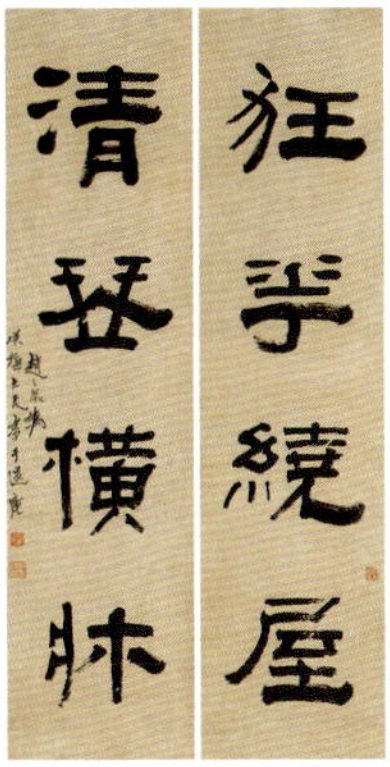

1155 赵之琛 隶书四言联 立轴
估　价：RMB 10,000～30,000
成交价：RMB 402,500
66cm×16cm×2 中国嘉德 2021-12-12

75 赵执信 1731年作 行书 册页（十二开）
估　价：RMB 280,000～380,000
成交价：RMB 322,000
24cm×17.5cm×12 江苏汇中 2021-05-13

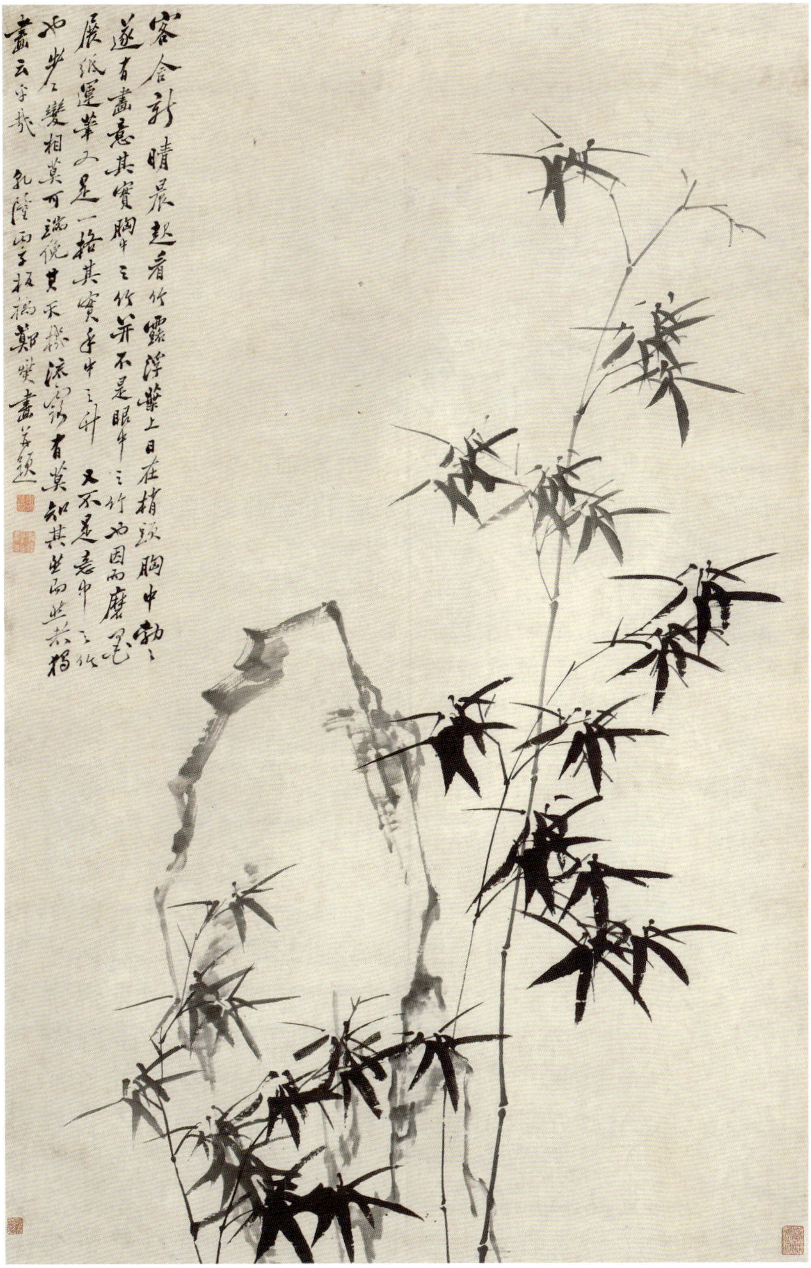

826 郑板桥 1756年作 竹石图 立轴
估　价：RMB 10,000,000～15,000,000
成交价：RMB 14,030,000
167cm×105.5cm 华艺国际 2021-06-05

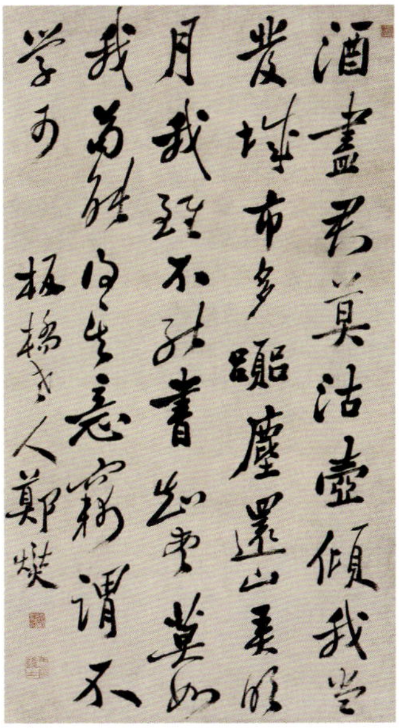

829 郑板桥 行书五言诗 立轴
估　价：RMB 2,000,000～3,000,000
成交价：RMB 2,875,000
134.5cm×71cm 华艺国际 2021-06-05

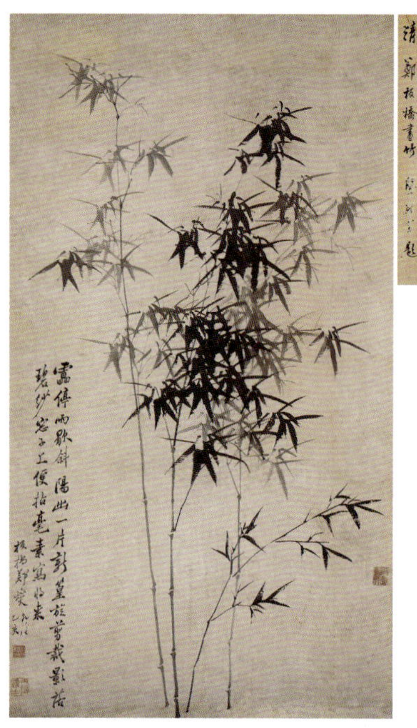

850 郑板桥 1755年作 新篁图 立轴
估　价：RMB 2,500,000～3,500,000
成交价：RMB 3,737,500
173cm×93cm 北京保利 2021-09-25

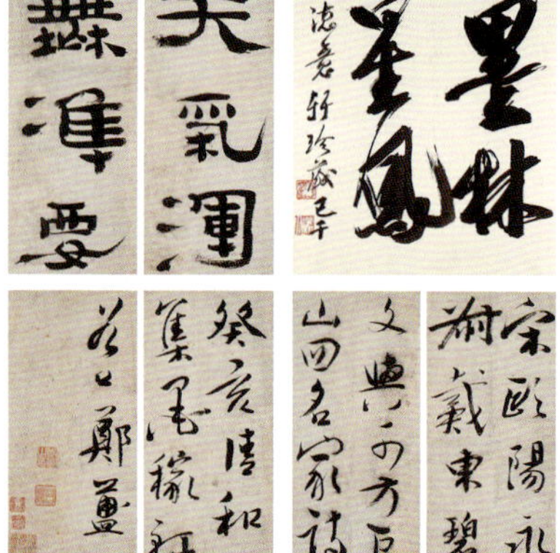

864 郑亶 1683年作 书法 册页（四十二开）
估　价：HKD 200,000～300,000
成交价：RMB 517,500
26.5cm×12.2cm 佳士得 2021-05-26

163 郑重 康熙三十年作 携琴访友 扇面
估　价：RMB 30,000～50,000
成交价：RMB 575,000
17.2cm×55cm 永乐拍卖 2021-12-02

102 周笠 嘉庆二十五年作 仿古花卉 册页（十六开）
成交价：RMB 437,000
27.5cm×39cm×16 永乐拍卖 2021-12-02

1036 周亮工 杖履宾来图 立轴
估　价：RMB 80,000～120,000
成交价：RMB 322,000
128cm×31cm 中国嘉德 2021-12-12

1093 周玙 飞锡图 立轴
估　价：RMB 200,000～300,000
成交价：RMB 322,000
126.5cm×60.5cm 朵云轩 2021-07-08

148 周瓒 达摩多罗尊者与天王 立轴
估　价：RMB 780,000～880,000
成交价：RMB 1,207,500
133cm×66cm 永乐拍卖 2021-12-02

882 朱栋 山水人物十二屏 立轴
估　价：RMB 700,000～900,000
成交价：RMB 1,092,500
192cm × 31.5cm × 2；200cm × 50.5cm × 10
广东崇正 2021-07-19

1738 朱裴 1683年作 行书七言诗 立轴
估　价：RMB 300,000～500,000
成交价：RMB 724,500
194cm × 50cm 北京保利 2021-06-06

2022 朱伦瀚 潇湘烟霭图 立轴
估　价：RMB 15,000,000～18,000,000
成交价：RMB 17,250,000
146.8cm × 62.5cm 北京保利 2021-12-04

2533 朱汝珍 楷书跋颜真卿《自书告身卷》 镜框四屏
估　价：HKD 50,000～70,000
成交价：RMB 371,763
130.2cm × 29.8cm × 4
香港苏富比 2021-04-21

905 朱轩 寻山问道图 立轴
估　价：RMB 150,000～250,000
成交价：RMB 402,500
180.5cm×93cm 西泠印社 2021-01-15

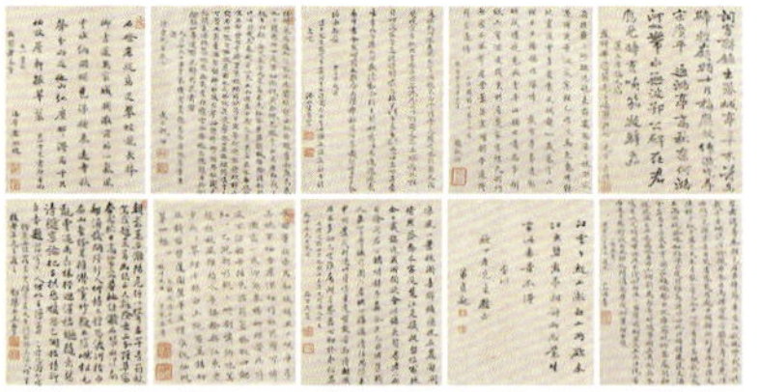

882 朱彝尊 赵执信 等 为宋荦作诗 册页（十开）
估　价：RMB 10,000～30,000
成交价：RMB 575,000
20.5cm×15.5cm×10 中国嘉德 2021-12-12

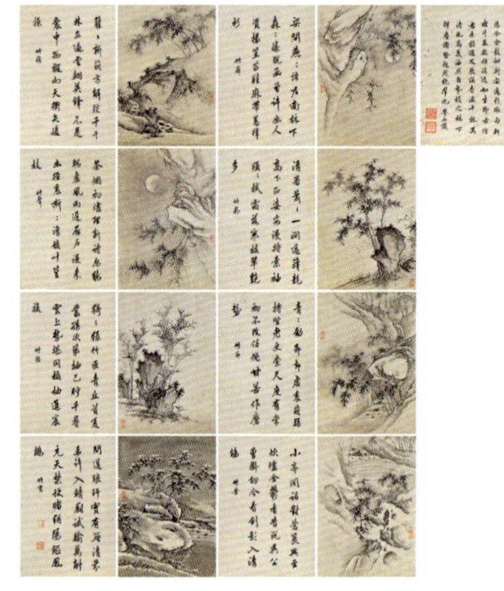

1903 诸昇 青溪十咏图 册页（八开）
估　价：RMB 200,000～300,000
成交价：RMB 2,875,000
32cm×22cm×8 北京保利 2021-06-06

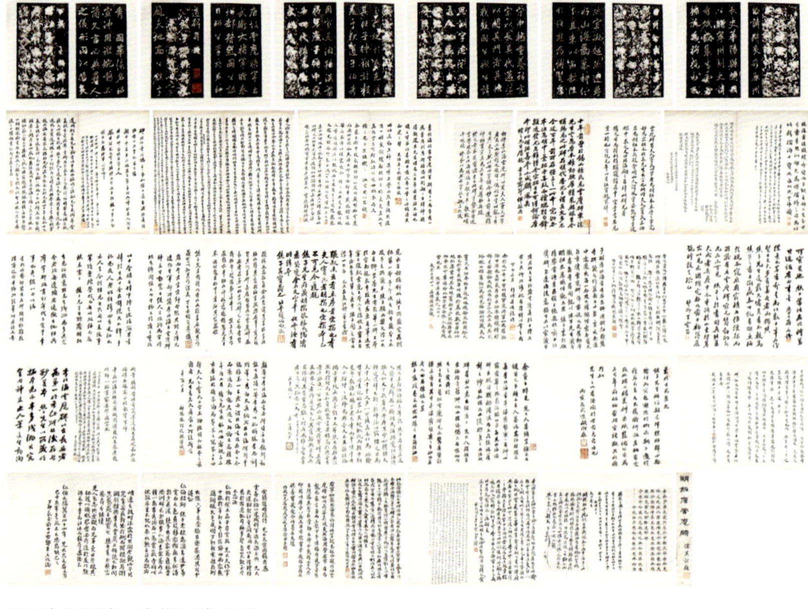

836 诸家题跋云麾将军碑 册页
估　价：RMB 500,000～800,000
成交价：RMB 2,127,500
尺寸不一 华艺国际 2021-06-05

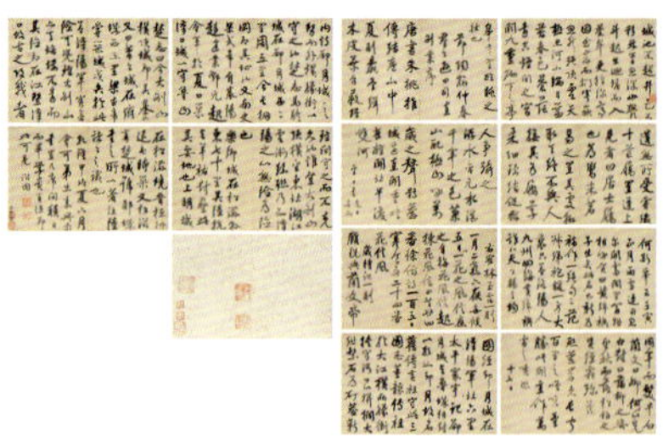

130 庄有恭 1754年作 行书 册页（十二开）
估　价：RMB 180,000～280,000
成交价：RMB 529,000
16.8cm×25.3cm×12 中国嘉德 2021-05-18

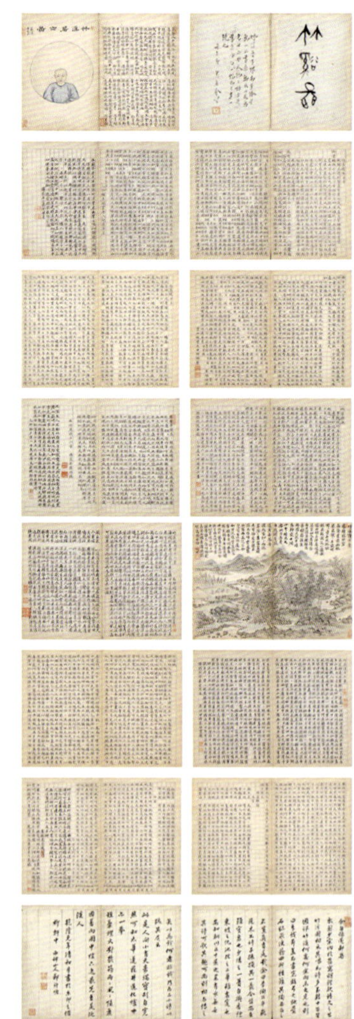

901 邹一桂 张鹏翀 钱陈群 张若霭 刘统勋 彭启丰 叶承点 黄之隽 嵇寿 王世枢 纪逵宜 邹升恒 金梁 为励宗万作《竹溪图》题咏
册页（共十六页）
估　价：RMB 600,000～800,000
成交价：RMB 1,725,000
画心32cm×24cm×2 西泠印社 2021-01-15

近现代及当代作者

720 艾轩 2017年作 天边的云
估　价：HKD 350,000～700,000
成交价：RMB 637,308
90.6cm×97cm 香港苏富比 2021-04-19

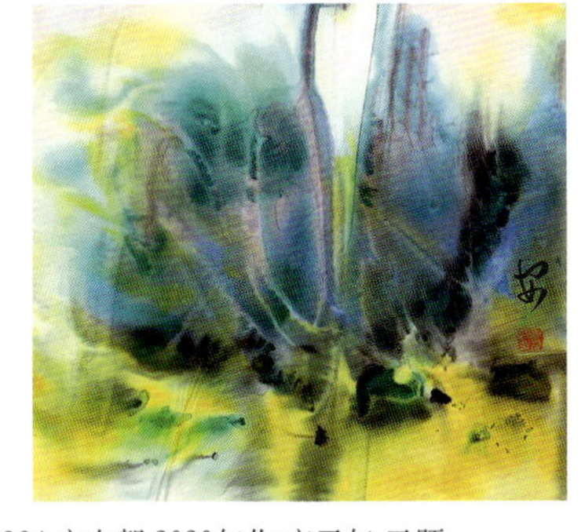

384 安奇帮 2020年作 庚子年 无题
估　价：RMB 500,000～800,000
成交价：RMB 977,500
70cm×80cm 保利厦门 2021-05-06

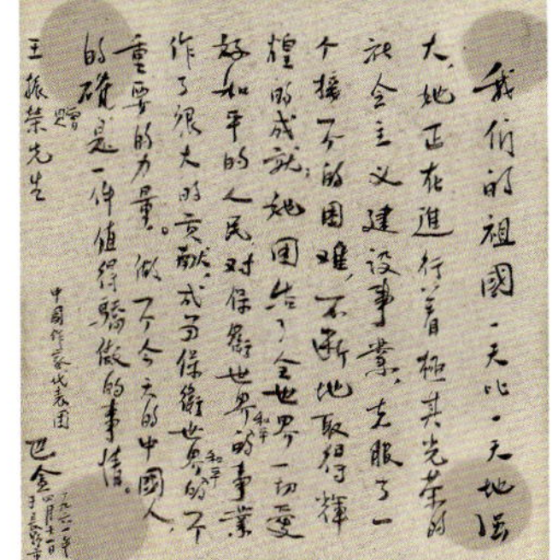

3294 巴金 1961年作 致日本长野县华侨总会书法 镜片（原框）
估　价：RMB 180,000～300,000
成交价：RMB 460,000
27cm×24cm 西泠印社 2021-07-25

3306 白伯骅 四美人物四屏
估　价：RMB 200,000～300,000
成交价：RMB 575,000
137cm×67cm×4 北京荣宝 2021-12-02

325 白雪石 1995年作 千峰竞秀，万树争春 镜心
估　价：RMB 3,000,000～4,000,000
成交价：RMB 5,520,000
116cm×305cm 中国嘉德 2021-12-10

8110 白雪石 1994年作 漓江胜境 镜片
估　价：RMB 380,000～580,000
成交价：RMB 2,875,000
143cm×362cm 上海嘉禾 2021-07-22

615 白雪石 2003年作 千峰竞秀 镜框
估　价：RMB 1,000,000～1,200,000
成交价：RMB 1,610,000
96.5cm × 179.5cm 北京荣宝 2021-06-19

1879 蔡茂友 天地入胸臆 镜心
估　价：RMB 400,000～600,000
成交价：RMB 460,000
48cm × 90cm 北京翰海 2021-12-17

871 白蕉 行书五言联 立轴
估　价：RMB 50,000～80,000
成交价：RMB 1,035,000
66cm × 16.5cm × 2 中国嘉德 2021-05-20

653 薄春雨 幽篁霜禽图 镜心
估　价：RMB 80,000～120,000
成交价：RMB 575,000
171cm × 83cm 中贸圣佳 2021-05-21

1392 蔡玉水 小苹果 镜心
估　价：RMB 80,000～120,000
成交价：RMB 345,000
70cm × 67cm 中国嘉德 2021-12-13

640 卜兹 无穷游（三联幅）
估　价：NTD 280,000～400,000
成交价：RMB 361,920
181cm × 183cm 罗芙奥 2021-07-17

8065 蔡元培 行书五言诗 镜片
估　价：RMB 800,000～1,200,000
成交价：RMB 1,725,000
41cm × 152cm 上海嘉禾 2021-07-22

8919 灿文 2021年作 情侣双马图 镜心
估　价：RMB 430,000～498,000
成交价：RMB 572,700
40cm×40cm 保利厦门 2021-11-05

3019 常玉 裸女
估　价：RMB 250,000～350,000
成交价：RMB 414,000
36cm×27cm 北京保利 2021-06-04

133 陈白一 1994年作 水磨歌声 镜片
估　价：RMB 600,000～1,000,000
成交价：RMB 840,000
69cm×109cm 湖南逸典 2021-01-21

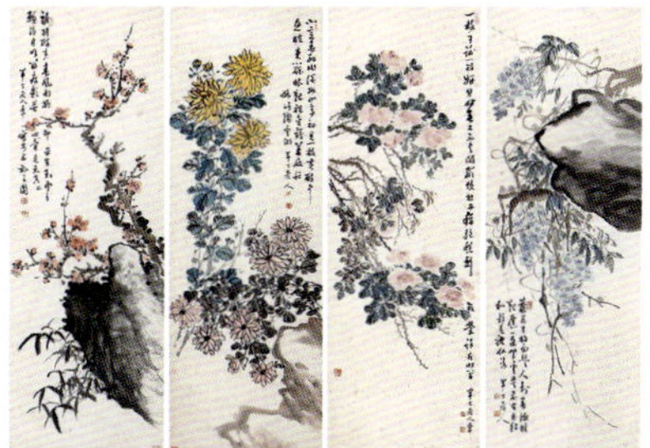

1449 陈半丁 四季花卉 四屏镜心
估　价：RMB 400,000
成交价：RMB 667,000
101cm×34cm×4 中贸圣佳 2021-03-26

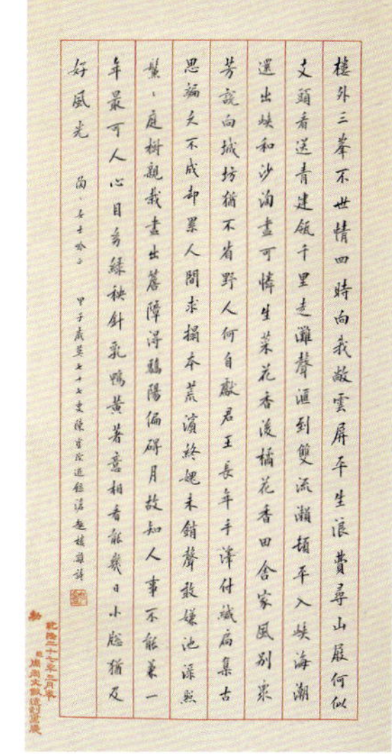

1154 陈宝琛 1924年作 楷书《沧趣楼杂诗》 立轴
估　价：RMB 20,000～50,000
成交价：RMB 667,000
64cm×30.5cm 中国嘉德 2021-05-20

558 陈达 1952年作 四时风景 四条屏
估　价：RMB 150,000～250,000
成交价：RMB 552,000
137cm×34cm×4 中国嘉德 2021-03-27

936 陈大羽 1979年作 雄鸡 立轴
估　价：RMB 680,000～880,000
成交价：RMB 943,000
138cm×69cm 华艺国际 2021-06-04

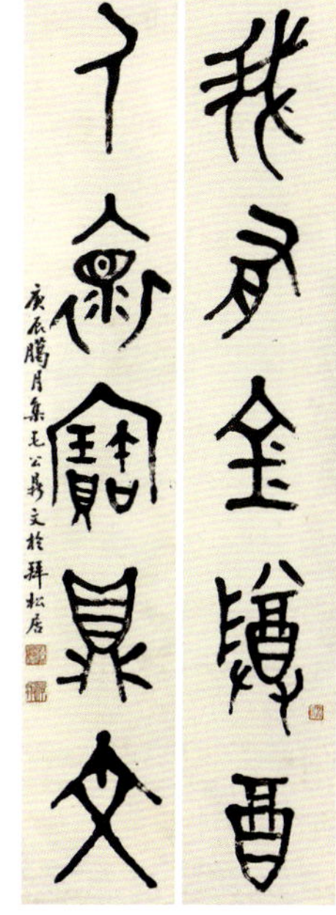

857 陈独秀 金文五言联 立轴
估　价：RMB 60,000～80,000
成交价：RMB 322,000
127cm×22cm×2 中鸿信 2021-07-15

3075 陈衡恪 1922年作 篆书“欢喜无量” 镜框
估　价：HKD 80,000～120,000
成交价：RMB 333,850
33.6cm×135.5cm 香港苏富比 2021-10-11

120 陈福善 1974年作 桃源深处有人家
估　价：HKD 180,000～280,000
成交价：RMB 417,791
83cm×152.5cm 中国嘉德 2021-04-23

286 陈家泠 双清别墅 镜片
估　价：RMB 6,800,000～7,800,000
成交价：RMB 9,775,000
200cm×500cm 上海嘉禾 2021-11-14

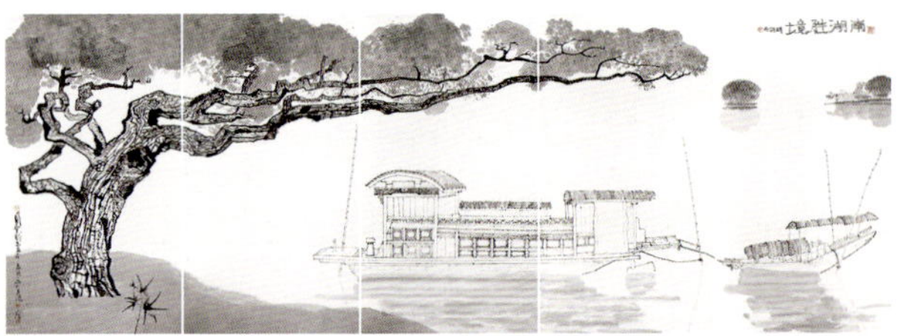

287 陈家泠 2021年作 南湖胜境 镜片
估　价：RMB 5,800,000～6,800,000
成交价：RMB 9,200,000
200cm×500cm 上海嘉禾 2021-11-14

288 陈家泠 2021年作 西柏坡 镜片
估　价：RMB 6,800,000～7,800,000
成交价：RMB 13,800,000
200cm×500cm 上海嘉禾 2021-11-14

831 陈建平 2020年作 雄鹰展翅
估　价：RMB 30,000～50,000
成交价：RMB 598,000
95cm×240cm 荣宝斋（南京） 2021-05-26

262 陈金章 2008年作 月出惊山鸟 镜片
估　价：RMB 300,000～500,000
成交价：RMB 460,000
67cm×135.5cm 广东崇正 2021-07-19

4947 陈巨来 吴湖帆 谢稚柳 岁寒三友图 镜心
估　价：RMB 100,000～150,000
成交价：RMB 805,000
24.1cm×32.7cm 中国嘉德 2021-11-30

812 陈明纲 2021年作 版纳遗韵
估　价：RMB 30,000～40,000
成交价：RMB 402,500
136cm×65cm 荣宝斋（南京） 2021-05-26

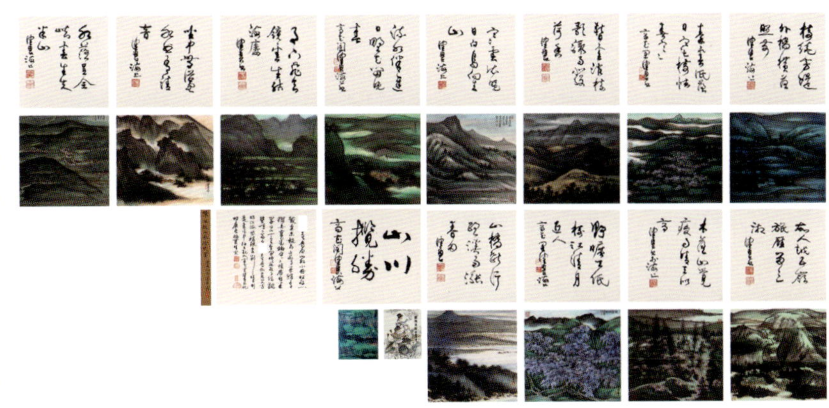

2726 陈佩秋 山川揽胜书画 册页（共二十六页）
估　价：RMB 2,600,000～3,600,000
成交价：RMB 4,715,000
画32.5cm×32.5cm×12 西泠印社 2021-01-16

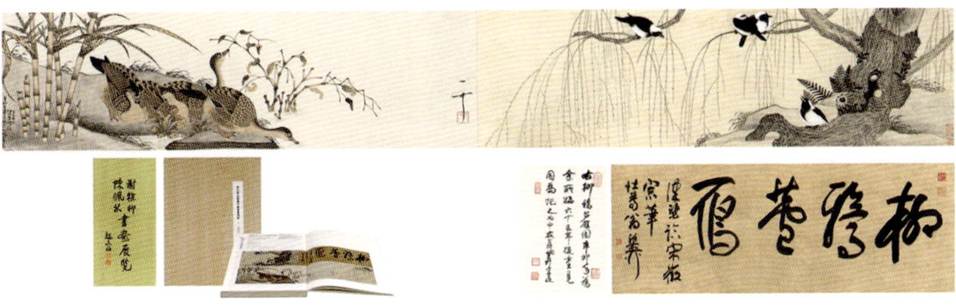

3602 陈佩秋 1951年作 临宋徽宗《柳鸦芦雁图卷》 手卷
估　价：RMB 2,800,000～4,000,000
成交价：RMB 4,600,000
画心34.5cm×117.5cm；34.5cm×115.5cm 西泠印社 2021-07-25

214 陈佩秋 2016年作 生意盎然 镜框
估　价：RMB 3,000,000～5,000,000
成交价：RMB 4,082,500
75cm×144cm 华艺国际 2021-12-11

206 陈佩秋 1958年作 鸳鸯杏花 镜框
估　价：RMB 5,000,000～7,000,000
成交价：RMB 10,350,000
115cm×75cm 华艺国际 2021-12-11

3312 陈 平 2013年作 春夏秋冬四屏 镜心
估　价：RMB 400,000～600,000
成交价：RMB 862,500
68.5cm×45.5cm×4 北京荣宝 2021-12-02

83 陈清泉 江上春意满人间 镜片
估　价：RMB 1,670,000
成交价：RMB 1,920,500
68cm×136cm 北京中贝 2021-12-08

283 陈少梅 浴牛图 立轴
估　价：RMB 1,500,000～2,500,000
成交价：RMB 2,300,000
111cm×65cm 中国嘉德 2021-12-10

349 陈少梅 踏歌图 镜心
估　价：RMB 1,300,000～1,600,000
成交价：RMB 1,610,000
146cm×78cm 北京荣宝 2021-06-19

409 陈师曾 1923年作 1914年作 山水对联中堂 立轴、镜心
估　价：RMB 300,000～400,000
成交价：RMB 609,500
中堂136cm×39cm；对联134cm×31cm×2
北京保利 2021-06-05

1282 陈滔 2020年作 明长城系列大营盘长城之一
估　价：RMB 280,000
成交价：RMB 402,500
50cm×70cm 北京翰海 2021-04-17

1026 陈文希 约1970年代作 河边水鸭
估　价：HKD 680,000～880,000
成交价：RMB 834,624
138cm×69cm 香港苏富比 2021-10-9

1676 陈湘波 待春耕
估　价：RMB 120,000～180,000
成交价：RMB 368,000
49cm×77cm 中国嘉德 2021-05-21

1597 陈幼华 2011年作 山水 镜心
估　价：RMB 300,000～400,000
成交价：RMB 345,000
69cm×136cm 北京翰海 2021-06-05

899 陈玉圃 山水 镜心
估　价：RMB 300,000～400,000
成交价：RMB 437,000
33cm×246cm 北京保利 2021-06-06

587 陈钰铭 人物四条屏
估　价：RMB 120,000～150,000
成交价：RMB 322,000
100cm×48cm×4 荣宝斋（南京） 2021-05-26

766 陈缘督 1959年作 敬老院新年欢宴 镜心
估　价：RMB 500,000～800,000
成交价：RMB 690,000
110cm×64cm 中国嘉德 2021-05-19

3603 陈之佛 梅鹤迎春 镜心
估 价：RMB 1,200,000～1,500,000
成交价：RMB 2,070,000
130cm×68.1cm 北京保利 2021-12-03

19 陈忠志 1972年作 战地黄花分外香 镜片
成交价：RMB 575,000
146.5cm×220.5cm 上海嘉禾 2021-07-22

598 陈忠洲 富贵吉祥图 镜片
估 价：RMB 1,200,000
成交价：RMB 5,980,000
68cm×134cm 荣宝斋（南京） 2021-04-27

587 陈忠洲 崂山夏日行 镜片
估 价：RMB 1,500,000
成交价：RMB 5,750,000
136cm×68cm 荣宝斋（南京） 2021-04-27

396 陈忠洲 2020年作 柳燕传情 镜心
估 价：RMB 800,000～1,200,000
成交价：RMB 4,600,000
68cm×138cm 保利厦门 2021-05-06

91 陈子奋 白描降龙罗汉 镜片
估 价：RMB 200,000～400,000
成交价：RMB 598,000
68cm×34cm 上海驰翰 2021-07-06

754 陈子庄 1966年作 花卉禽鸟 册页（八开）
估 价：RMB 400,000～500,000
成交价：RMB 460,000
30cm×31cm×8 北京荣宝 2021-06-19

23 程海鹰 诗画黄山
估 价：RMB 360,000～570,000
成交价：RMB 570,000
68cm×138cm 保利厦门 2021-09-29

509 程十发 1995年作 秋山萧寺 立轴
估　价：RMB 3,800,000～4,800,000
成交价：RMB 4,370,000
95cm × 177.5cm 上海嘉禾 2021-07-22

76 程十发 1992年作 “山河无恙”山水十二屏 立轴
估　价：RMB 1,800,000～2,800,000
成交价：RMB 2,817,500
41cm × 34.5cm × 12 华艺国际 2021-12-11

954 丛滋妮 2021年作 陋室铭
估　价：RMB 100,000～200,000
成交价：RMB 437,000
50cm × 160cm 荣宝斋（南京） 2021-05-26

2043 崔景哲 中国红系列·情系梨园 镜心
估　价：RMB 800,000～1,200,000
成交价：RMB 1,150,000
75cm × 133cm 北京荣宝 2021-06-19

1318 崔如琢 2020年作 细雨幽兰别是春 无限楼台烟雨蒙 秋林远黛 群山晓雪
成交价：RMB 345,000,000
229cm × 120cm；235cm × 119cm；235cm × 121cm；229cm × 121cm
永乐拍卖 2021-05-20

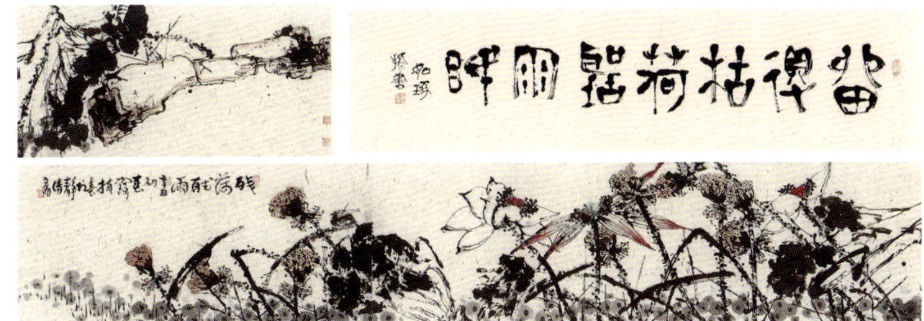

1316 崔如琢 2021年作 留得枯荷听雨眠
成交价：RMB 97,750,000
49.5cm × 572cm 永乐拍卖 2021-05-20

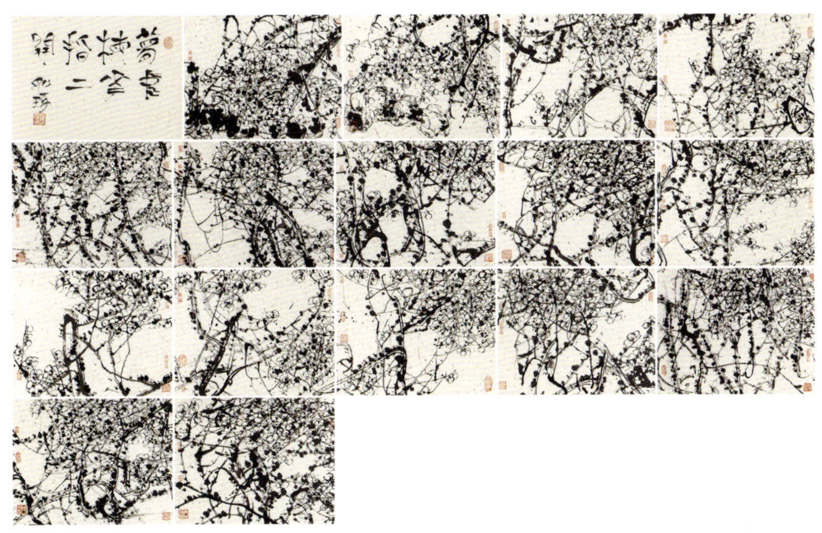

803 崔如琢 梦里梅花指上开——指墨梅花 册页（十六开）
成交价：RMB 64,400,000
尺寸不一 永乐拍卖 2021-12-02

1304 崔如琢 2011年作 万里寒光生积雪
估　价：RMB 3,000,000～4,000,000
成交价：RMB 4,945,000
48cm×38.5cm 永乐拍卖 2021-05-20

1317 崔如琢 2021年作 晴雪
估　价：RMB 8,000,000～12,000,000
成交价：RMB 16,100,000
121cm×60cm 永乐拍卖 2021-05-20

799 崔真硕 福寿骈臻代代红
估　价：RMB 120,000～180,000
成交价：RMB 552,000
138cm×68cm 荣宝斋（南京） 2021-05-26

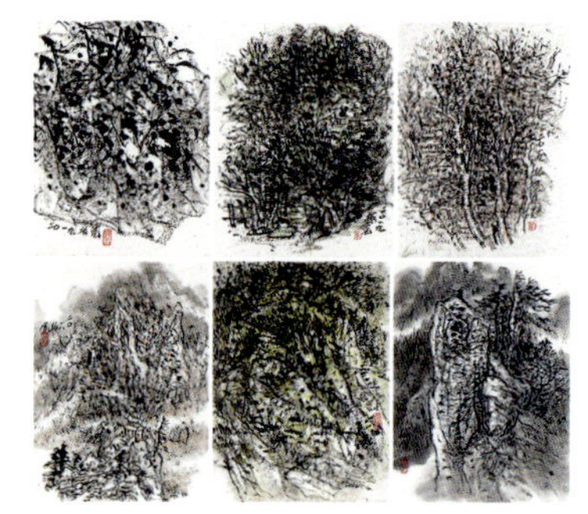

1296 崔振宽 2018年、2019年作 华山小品（六帧） 镜心
估　价：RMB 300,000～500,000
成交价：RMB 460,000
40.5cm×31.5cm×6 中国嘉德 2021-12-13

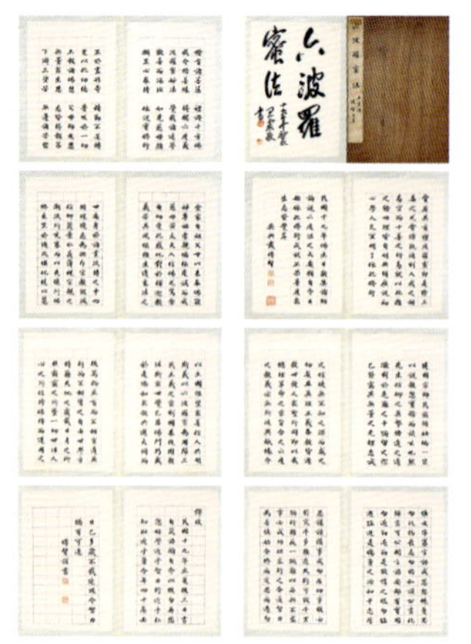

1191 戴季陶 1930年作 六波罗蜜法 册页（三十六开）
估　价：HKD 400,000～500,000
成交价：RMB 724,500
31.5cm×20.3cm×36 佳士得 2021-05-27

811 戴培仁 2019年作 溪山行旅图
估　价：RMB 80,000～120,000
成交价：RMB 598,000
180cm×97cm 荣宝斋（南京） 2021-05-26

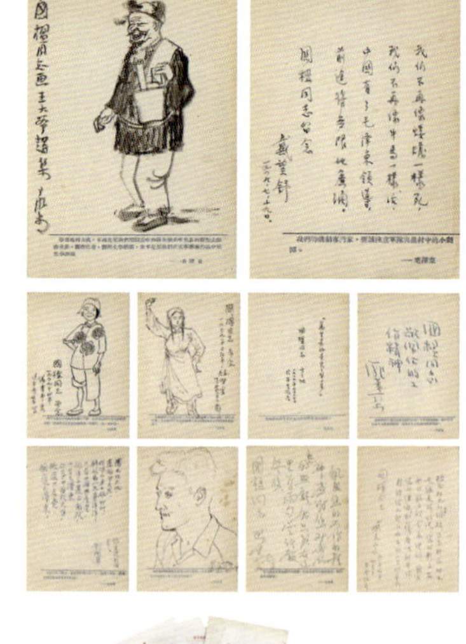

3283 戴望舒 李可染 赵望云 巴金 卞之琳 等 1949年7月17日至8月1日作 在第一次文代会上为刘国樞作书画册
估　价：RMB 100,000～200,000
成交价：RMB 736,000
册页15.5cm×10.5cm 西泠印社 2021-07-25

809 戴治国 2012年作 泼彩山水
估　价：RMB 200,000～300,000
成交价：RMB 575,000
100cm×50cm 荣宝斋（南京） 2021-05-26

3044 邓芬 1949年作 四时闺趣 镜框四屏
估　价：HKD 400,000～600,000
成交价：RMB 834,624
104cm×28.5cm×4 香港苏富比 2021-10-11

2682 丁辅之 1946年作 夏热珍果图 立轴
估　价：RMB 400,000～600,000
成交价：RMB 690,000
91cm×38.5cm 西泠印社 2021-01-16

1613 丁观加 2004年作 古刹迎春 镜心
估　价：RMB 250,000～350,000
成交价：RMB 368,000
66cm×101cm 中国嘉德 2021-05-21

742 丁谦 2021年作 沁园春・长沙
估　价：RMB 200,000～300,000
成交价：RMB 805,000
125cm×248cm 荣宝斋（南京） 2021-05-26

3219 丁香阳 2020年作 国魂 镜心
估　价：RMB 380,000～480,000
成交价：RMB 494,500
251cm×193cm 北京荣宝 2021-12-02

755 丁雄泉 少女
估　价：HKD 450,000～750,000
成交价：RMB 477,981
95cm×180cm 香港苏富比 2021-04-19

1086 丁衍庸 1978年作 八仙 镜框
估　价：HKD 500,000～700,000
成交价：RMB 672,750
137.5cm×69cm 佳士得 2021-05-27

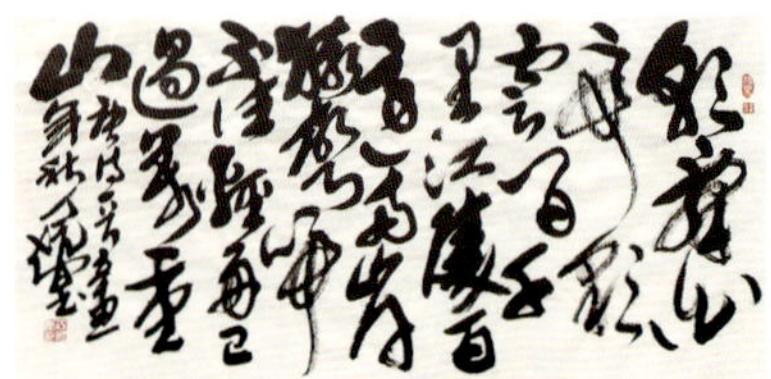

8935 丁元智 2021年作 书法《早发白帝城》镜心
估　价：RMB 300,000～500,000
成交价：RMB 575,000
70cm×137cm 保利厦门 2021-11-05

940 丁元智 秋曲 立轴
估　价：RMB 400,000～600,000
成交价：RMB 460,000
138cm×70cm 北京保利 2021-06-06

768 董寿平 深山飞瀑 立轴
估　价：RMB 1,500,000～2,500,000
成交价：RMB 2,530,000
181.5cm×89cm 中国嘉德 2021-05-19

12 董英华 高峰和江秀
估　价：RMB 320,000～495,000
成交价：RMB 495,000
68cm×68cm 保利厦门 2021-08-24

905 杜中良 泉水潺潺流
估　价：RMB 80,000～120,000
成交价：RMB 402,500
68cm×138cm 荣宝斋（南京） 2021-05-26

351 杜滋龄 2002年作 走进喜马拉雅 镜心
估　价：RMB 80,000～120,000
成交价：RMB 345,000
142cm×101cm 中鸿信 2021-07-14

813 段志华 2014年作 春到林芝
估　价：RMB 80,000～120,000
成交价：RMB 1,092,500
136cm×68cm 荣宝斋（南京） 2021-05-26

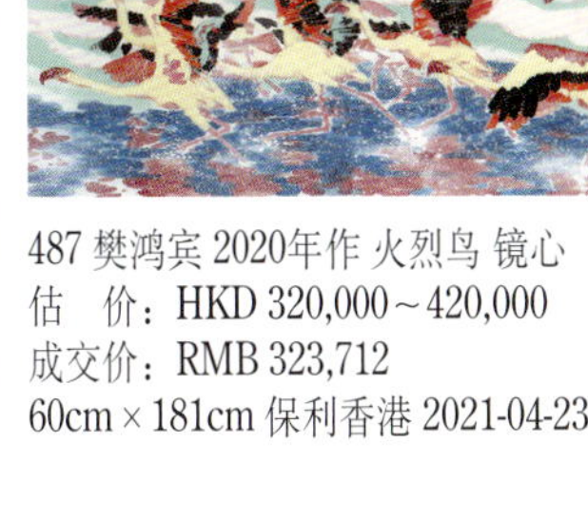

487 樊鸿宾 2020年作 火烈鸟 镜心
估　价：HKD 320,000～420,000
成交价：RMB 323,712
60cm×181cm 保利香港 2021-04-23

923 范曾 2000年作 精奇古怪雅集图 镜心
估　价：RMB 3,800,000～4,500,000
成交价：RMB 4,485,000
122cm×249cm 永乐拍卖 2021-05-21

68 范曾 2002年作 苏子侣鹤图 镜片
估　价：RMB 8,000,000～12,000,000
成交价：RMB 11,960,000
147cm×370cm 华艺国际 2021-06-04

937 樊枫 2020年作 路危深远 镜心
估　价：RMB 500,000～600,000
成交价：RMB 402,500
180cm×96cm 北京保利 2021-06-06

3610 范曾 1996年作 大成至圣先师孔子像并行书十言联 镜心
估　价：RMB 5,000,000～6,000,000
成交价：RMB 5,750,000
画333cm×145cm；
对联306cm×35cm×2
北京保利 2021-12-03

808 范存刚 紫藤 镜框
估　价：RMB 1,500,000～2,000,000
成交价：RMB 2,300,000
145cm×367cm 华艺国际 2021-12-11

658 范扬 2017年作 林泉高致 镜心
估　价：RMB 600,000～800,000
成交价：RMB 1,092,500
144cm×364.5cm 北京银座 2021-09-24

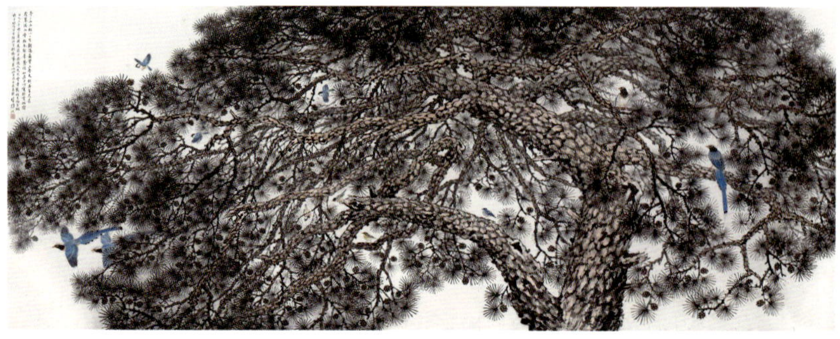

270 方楚雄 古松 镜片
估　价：RMB 1,500,000～2,000,000
成交价：RMB 2,070,000
143.5cm×364.5cm 广东崇正 2021-07-19

513 方楚雄 1993年作 十二生肖 镜框
估　价：RMB 800,000～1,200,000
成交价：RMB 1,184,500
33cm×42cm×12 华艺国际 2021-04-01

900 方济众 杏园春满 镜片
估　价：RMB 180,000～280,000
成交价：RMB 931,500
77cm×58cm 华艺国际 2021-06-04

359 方人定 1963年作 四牛图 镜心
估　价：RMB 3,800,000～4,800,000
成交价：RMB 4,370,000
151.5cm×225cm 中国嘉德 2021-12-10

446 方增先 1975年作 鲁迅 镜心
估　价：RMB 5,000～8,000
成交价：RMB 805,000
画108.5cm×85.5cm 中国嘉德 2021-05-19

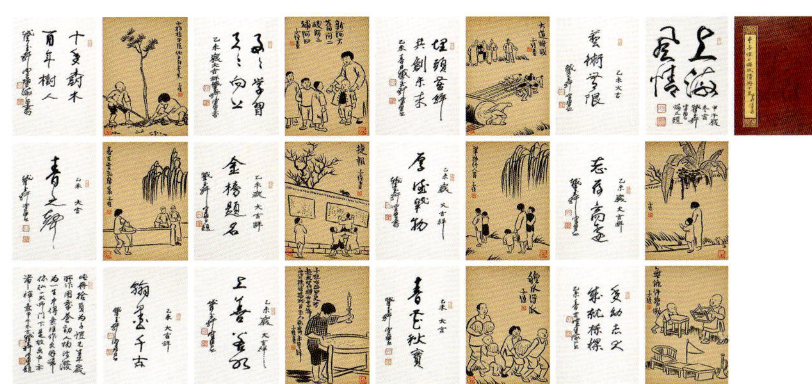

1875 丰子恺 上海风情 册页（十开）
估　价：RMB 580,000～880,000
成交价：RMB 1,265,000
画26.5cm×18.5cm×10 上海嘉禾 2021-07-23

1028 方召麐 1979年作 船民流亡图 镜框
估　价：HKD 200,000～300,000
成交价：RMB 414,000
127.5cm×67.5cm 佳士得 2021-05-27

537 冯超然 1927年作 山水通景屏 通景十条屏
估　价：RMB 500,000～600,000
成交价：RMB 862,500
169cm×46cm×10 中国嘉德 2021-09-26

2501 丰子恺 万世乐太平 立轴
估　价：HKD 160,000～200,000
成交价：RMB 1,487,052
65.5cm×43.5cm 香港苏富比 2021-04-21

3068 冯大中 1993年作 秋水长天 镜心
估　价：RMB 3,000,000～4,000,000
成交价：RMB 6,325,000
152.5cm×313cm 北京荣宝 2021-12-02

913 冯大中 1993年作 秋水长天 镜心
估　价：RMB 4,800,000 ~ 6,000,000
成交价：RMB 5,520,000
152cm × 310cm 北京保利 2021-06-06

1225 冯大中 1990年作 远瞩 镜片
估　价：HKD 500,000 ~ 700,000
成交价：RMB 3,899,750
139.2cm × 161.5cm 佳士得 2021-11-30

774 冯永基 2020年作 呼吸（一）
估　价：HKD 600,000 ~ 1,000,000
成交价：RMB 849,744
88.5cm × 88.5cm × 4 香港苏富比 2021-04-19

101 冯建吴 峨眉金顶 镜片
估　价：RMB 300,000
成交价：RMB 517,500
179cm × 193cm 荣宝斋（南京） 2021-04-27

2368 冯钟云 2015年作 静观细雨打新荷 镜心
估　价：RMB 400,000 ~ 600,000
成交价：RMB 690,000
95.5cm × 179cm 北京荣宝 2021-06-19

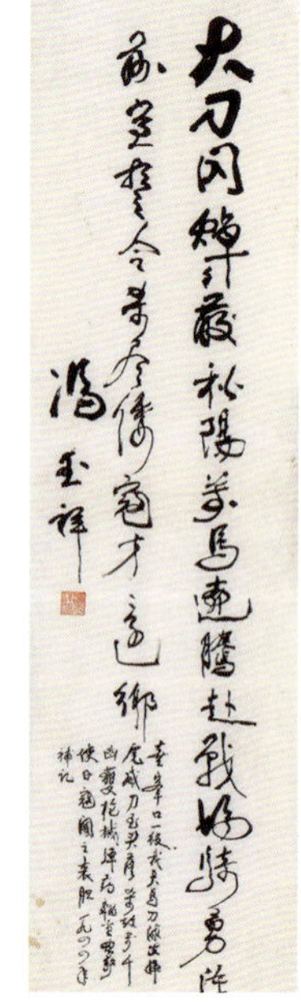

863 冯玉祥 1944年作 行书七言诗 镜心
估　价：RMB 50,000 ~ 80,000
成交价：RMB 517,500
135cm × 35cm 中国嘉德 2021-03-28

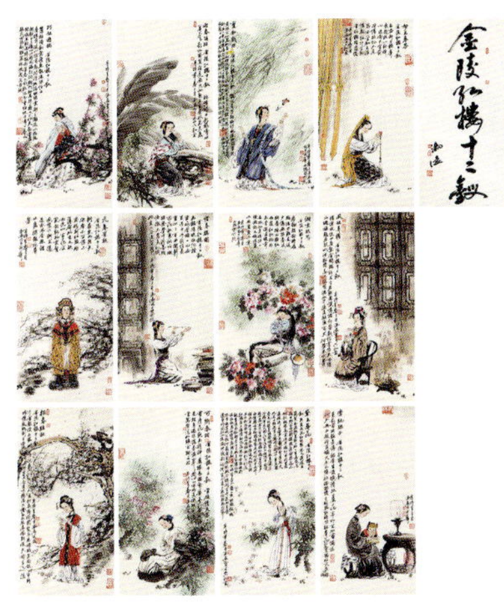

883 冯远 2011年作 金陵红楼十二钗 镜心
估　价：RMB 1,000,000～1,500,000
成交价：RMB 1,840,000
66cm×33cm×13 北京保利 2021-06-06

11 伏春树 大寿
估　价：RMB 280,000～488,000
成交价：RMB 488,000
30cm×70cm 保利厦门 2021-08-24

1048 傅抱石 1962年作 玄武湖之春 镜心
估　价：RMB 16,000,000～20,000,000
成交价：RMB 23,575,000
110cm×52cm 北京保利 2021-06-05

64 傅抱石 1964年作 韶山关公桥 镜框
估　价：RMB 28,000,000～38,000,000
成交价：RMB 47,725,000
68cm×93cm 华艺国际 2021-03-31

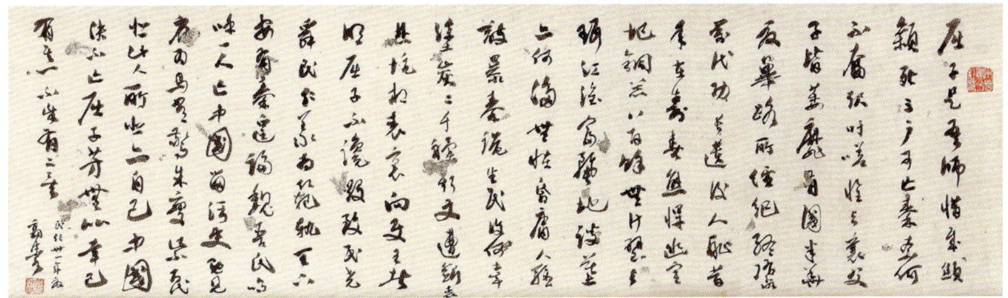

1049 傅抱石 1953年作 屈原 立轴
估　价：RMB 36,000,000～40,000,000
成交价：RMB 44,620,000
画62cm×88cm 北京保利 2021-06-05

3555 傅抱石 1945年作 为罗时慧作柳荫仕女图
立轴
成交价：RMB 97,750,000
73.7cm×42cm 北京保利 2021-12-03

3552 傅抱石 虎溪三笑图 立轴
估　价：RMB 16,000,000～18,000,000
成交价：RMB 24,150,000
167cm×41cm 北京保利 2021-12-03

65 傅抱石 1948年作 水阁围棋 立轴
估　价：RMB 10,000,000～15,000,000
成交价：RMB 17,250,000
113cm×39cm 华艺国际 2021-03-31

786 傅抱石 1943年作 品茗图 镜心
估　价：RMB 8,000,000～12,000,000
成交价：RMB 17,250,000
143cm×34cm 中国嘉德 2021-05-19

316 傅抱石 1965年作 待细把江山图画 立轴
估　价：RMB 8,000,000～10,000,000
成交价：RMB 23,000,000
81cm×89.5cm 北京荣宝 2021-06-19

3589 傅抱石 1963年作 镜泊飞泉 镜片
估　价：RMB 8,000,000～15,000,000
成交价：RMB 28,520,000
97.5cm×180.5cm 西泠印社 2021-07-25

291 傅小石 1992年作 丽人行 镜片
估　价：RMB 580,000～680,000
成交价：RMB 690,000
153cm×485cm 上海嘉禾 2021-11-14

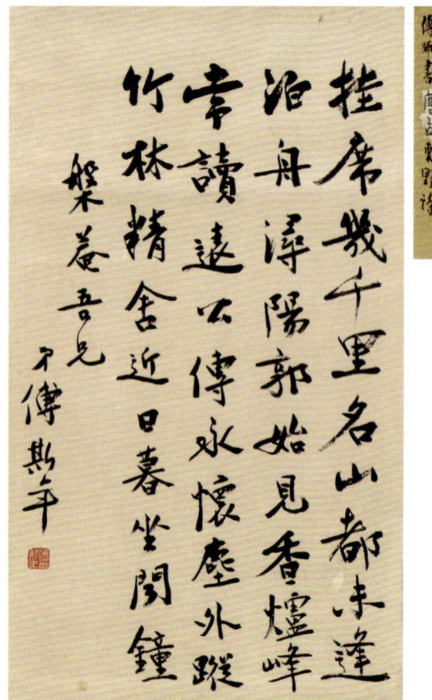

2523 傅斯年 为陈盘书孟浩然诗 立轴
估　价：RMB 180,000～280,000
成交价：RMB 345,000
55cm×31cm 西泠印社 2021-01-16

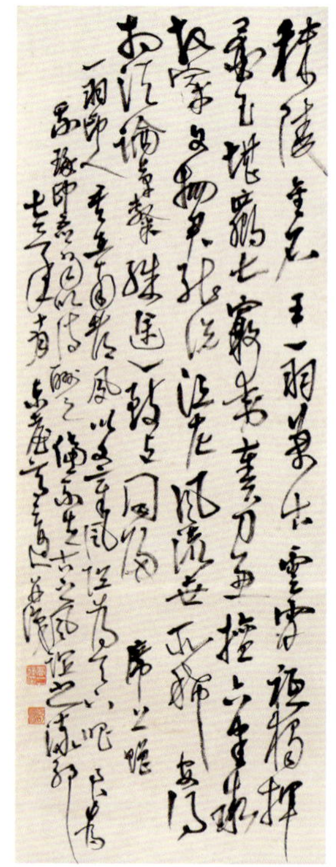

1220 高二适 1973年作 草书七言诗 立轴
估　价：RMB 8,000～20,000
成交价：RMB 575,000
116cm×42cm 中国嘉德 2021-05-21

2394 高卉民 绿梅春意寿 镜心
估　价：RMB 220,000～280,000
成交价：RMB 322,000
137cm×68cm 北京荣宝 2021-06-19

348 高剑父 1949年作 柳梢落月看悬蛛 立轴
估　价：HKD 1,000,000～2,000,000
成交价：RMB 3,775,680
118.5cm×37.5cm 中国嘉德 2021-10-13

328 高剑父 1936年作 雪鹭 立轴
估　价：RMB 1,800,000～2,800,000
成交价：RMB 2,702,500
136cm×68cm 华艺国际 2021-04-01

126 高金书 2020年作 白云无心青山寿 镜心
估　价：RMB 300,000
成交价：RMB 402,500
68cm×179cm 北京翰海 2021-10-16

667 高云 望尽江楼月 镜心
估　价：RMB 200,000～300,000
成交价：RMB 356,500
38cm×145cm 南京经典 2021-01-10

3864 高奇峰 1915年作 松猴图 立轴
估　价：RMB 800,000～1,000,000
成交价：RMB 1,092,500
134cm×65cm 北京保利 2021-12-04

10 郜凌民 寻香
估　价：RMB 300,000～460,000
成交价：RMB 460,000
34cm×34cm 保利厦门 2021-08-24

946 葛俊辉 2020年作 行书“寿”
估　价：RMB 20,000～30,000
成交价：RMB 437,000
180cm×97cm 荣宝斋（南京） 2021-05-26

839 缑建明 呼儿将出换美酒
估　价：RMB 200,000～300,000
成交价：RMB 897,000
70cm×136cm 荣宝斋（南京） 2021-05-26

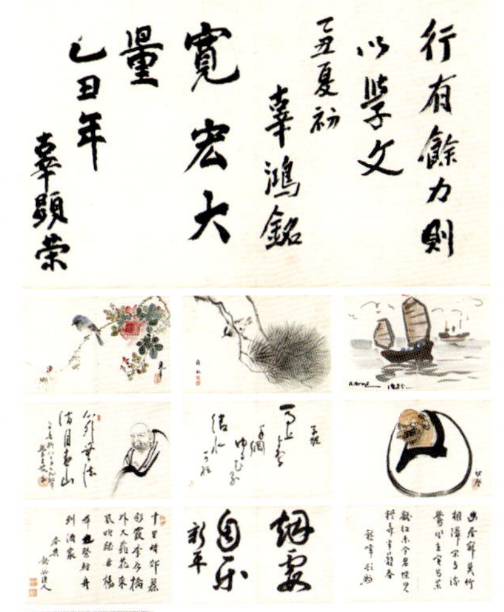

2463 辜鸿铭 辜显荣等 花香月影书画册页（十开）
估　价：RMB 50,000～80,000
成交价：RMB 483,000
24cm×36cm×10 西泠印社 2021-01-16

2051 古元 1971年 黄河颂
估　价：RMB 350,000～450,000
成交价：RMB 402,500
56cm×100cm 中国嘉德 2021-11-28

908 谷洪 2020年作 江南十月
估　价：RMB 20,000～30,000
成交价：RMB 368,000
68cm×136cm 荣宝斋（南京） 2021-05-26

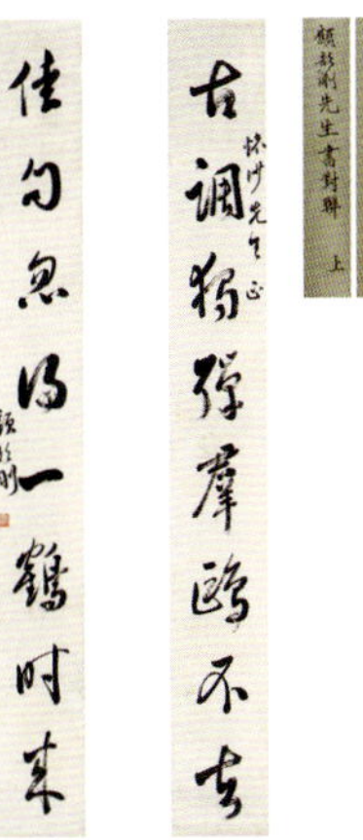

2511 顾颉刚 为文怀沙书八言联 对联
估　价：RMB 180,000～280,000
成交价：RMB 460,000
130.5cm×15.5cm×2 西泠印社 2021-01-16

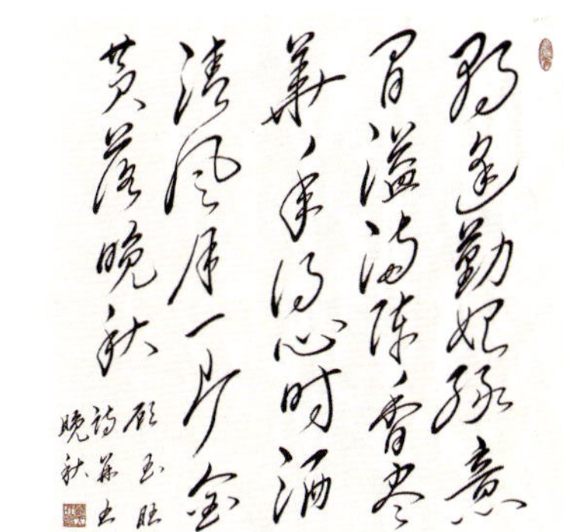

958 顾玉旺 晚秋
估　价：RMB 120,000～180,000
成交价：RMB 575,000
68cm×68cm 荣宝斋（南京） 2021-05-26

436 关良 1977年作 花果图 立轴
估　价：RMB 1,500,000～2,500,000
成交价：RMB 1,725,000
127cm×66cm 华艺国际 2021-04-01

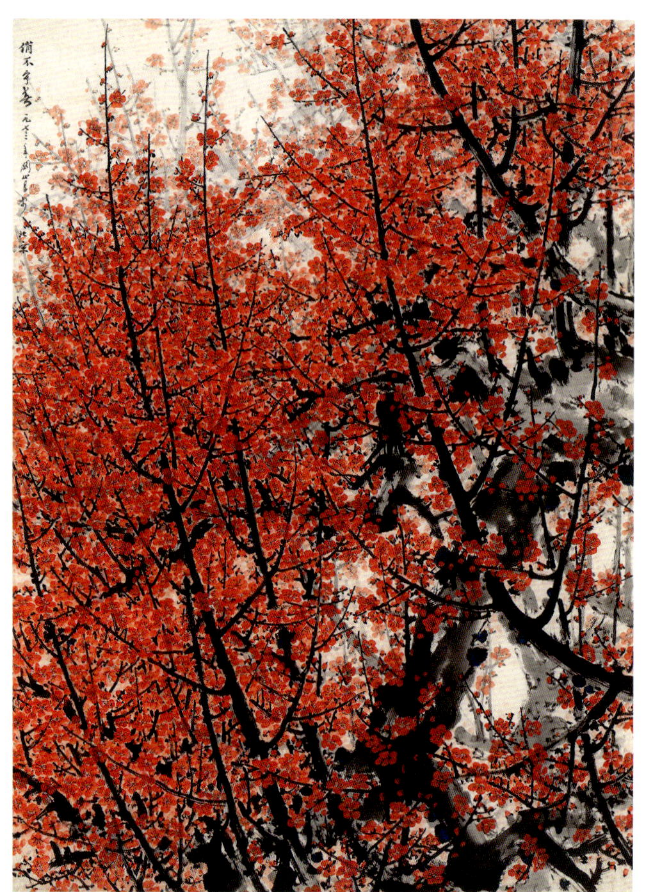

301 关山月 1973年作 俏不争春 立轴
估　价：RMB 3,000,000～4,000,000
成交价：RMB 18,975,000
140.5cm×99cm 北京荣宝 2021-06-19

927 关山月 红梅 镜片
估　价：RMB 8,000,000～12,000,000
成交价：RMB 12,075,000
96.5cm×152cm 华艺国际 2021-06-04

54 关山月 1978年作 黄山松云 立轴
估　价：RMB 280,000～350,000
成交价：RMB 690,000
132.5cm×48cm 朵云轩 2021-12-30

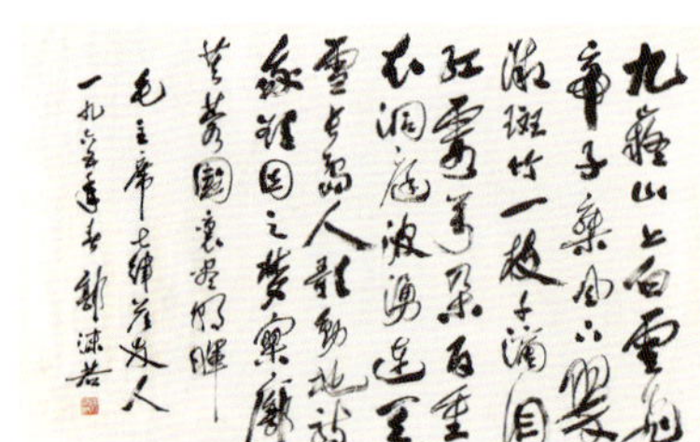

226 郭沫若 1965年作 行书毛主席《七律·答友人》镜心
估　价：RMB 2,000,000～3,000,000
成交价：RMB 3,450,000
145cm×238cm 北京荣宝 2021-12-02

2238 郭石夫 2020年作 玉兰牡丹 镜心
估　价：RMB 600,000～800,000
成交价：RMB 920,000
180cm×60cm 北京荣宝 2021-06-19

3304 郭怡孮 南国花色四屏 镜心
估　价：RMB 280,000～380,000
成交价：RMB 575,000
122cm×41cm×4 北京荣宝 2021-12-02

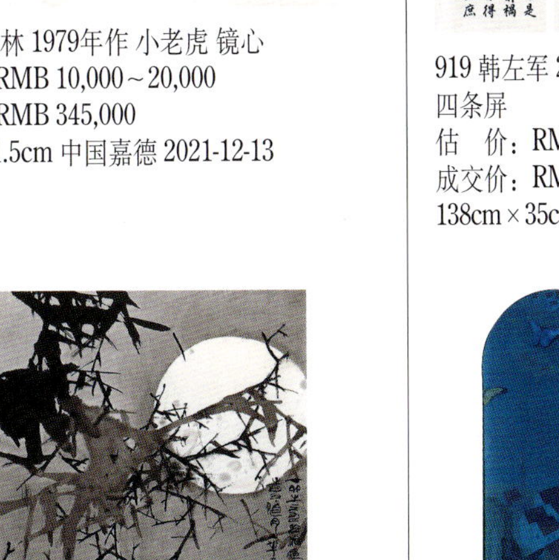

8911 郭银峰 2021年作 黄河颂歌 镜心
估　价：RMB 380,000～485,000
成交价：RMB 557,750
129cm×248cm 保利厦门 2021-11-05

3071 海上名家 箕裘愿学图 册页（廿三开）
估　价：HKD 100,000～200,000
成交价：RMB 625,968
32cm×41.1cm×23 香港苏富比 2021-10-11

1376 韩美林 1979年作 小老虎 镜心
估　价：RMB 10,000～20,000
成交价：RMB 345,000
38cm×41.5cm 中国嘉德 2021-12-13

1400 韩天衡 1987年作 月色图 立轴
估　价：RMB 10,000～20,000
成交价：RMB 517,500
136.5cm×69cm 中国嘉德 2021-12-13

4327 韩祥真 2021年作 锦绣河山 镜心
估　价：RMB 1,000,000～1,200,000
成交价：RMB 1,380,000
158cm×503cm 北京保利 2021-12-04

919 韩左军 2020年作 朱柏庐《治家格言》四条屏
估　价：RMB 150,000～250,000
成交价：RMB 575,000
138cm×35cm×4 荣宝斋（南京） 2021-05-26

58 郝量 2010年作 羽城化蝶
估　价：HKD 5,500,000～8,500,000
成交价：RMB 7,659,000
167.5cm×98.5cm 佳士得 2021-05-24

1037 何百里 河谷梦 镜框
估　价：HKD 700,000～900,000
成交价：RMB 2,257,750
90cm×131cm 佳士得 2021-11-30

75 何海霞 1987年作 天山南北 镜心
估　价：RMB 7,000,000～10,000,000
成交价：RMB 10,350,000
144cm×368.5cm 华艺国际 2021-12-11

66 何海霞 王维诗意图 镜片
估　价：RMB 6,000,000～8,000,000
成交价：RMB 12,420,000
145cm×368cm 华艺国际 2021-06-04

28 何海霞 1988年作 燕山八月初飞雪 镜片
估　价：RMB 8,000,000～10,000,000
成交价：RMB 8,050,000
68cm×275.5cm 华艺国际 2021-06-04

74 何海霞 1980年作 玉垒山 镜心
估　价：RMB 2,000,000～3,000,000
成交价：RMB 2,070,000
139cm×68.5cm 华艺国际 2021-12-11

4268 何家英 裸女 镜心
估　价：RMB 1,500,000～2,000,000
成交价：RMB 2,300,000
96cm×88cm 北京保利 2021-12-04

2008 何家英 2006年作 蕉苑品茗图 镜心
估　价：RMB 1,500,000～1,800,000
成交价：RMB 2,070,000
110cm × 62.5cm 北京荣宝 2021-06-19

3024 何家英 闲日 镜框
估　价：RMB 1,500,000～2,000,000
成交价：RMB 2,760,000
79.5cm × 107cm 北京荣宝 2021-12-02

675 何香凝 1945年作 铁骨冰心 立轴
估　价：RMB 450,000～650,000
成交价：RMB 724,500
126.5cm × 26cm 华艺国际 2021-12-11

17 何镇强 春迎水乡踏歌游
估　价：RMB 1,200,000～1,600,000
成交价：RMB 1,600,000
66cm × 66cm 保利厦门 2021-09-29

3066 贺天健 1944年作 峡江云帆 镜框
估　价：HKD 2,000,000～3,000,000
成交价：RMB 2,921,184
133cm × 67cm 香港苏富比 2021-10-11

319 黑伯龙 1984年作 十里泉声，烟云松风 镜心
估　价：RMB 60,000～80,000
成交价：RMB 368,000
96cm × 180cm 中鸿信 2021-07-14

1510 弘一 1941年作 行书偈语联句 四屏立轴
估　价：RMB 5,000,000～6,000,000
成交价：RMB 12,880,000
整体62.5cm × 98.5cm
十竹斋拍卖（北京） 2021-05-29

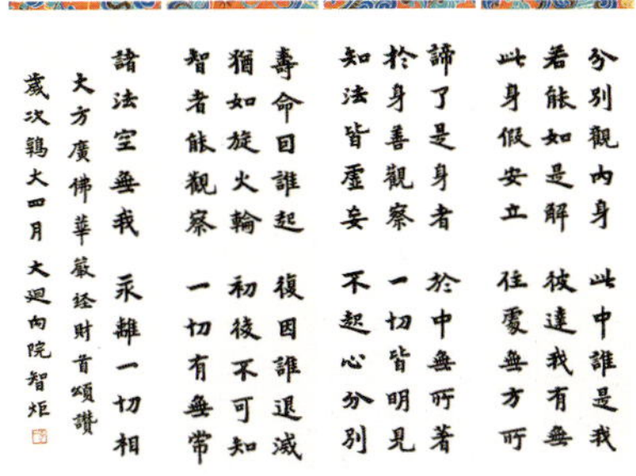

932 弘一 1941年作 行书警训数则 手卷
估　价：RMB 4,800,000～6,800,000
成交价：RMB 9,200,000
25.5cm × 151cm 华艺国际 2021-06-04

967 弘一 1930年作 华严经财首颂赞 镜心
估　价：RMB 6,000,000～8,000,000
成交价：RMB 8,625,000
50cm × 16cm × 4 永乐拍卖 2021-05-20

1404 洪波 2018年作 月色、绮霞 镜心
估　价：RMB 300,000～500,000
成交价：RMB 437,000
246cm×123cm×2 中国嘉德 2021-12-13

910 侯驭华 2021年作 和为贵
估　价：RMB 10,000～20,000
成交价：RMB 437,000
50cm×180cm 荣宝斋（南京） 2021-05-26

2540 胡适 1953年作 楷书“烟霞洞”七绝 成扇
估　价：HKD 240,000～300,000
成交价：RMB 955,962
19cm×49.5cm 香港苏富比 2021-04-21

171 胡也佛 1949年作 四时美人四屏 镜片
估　价：RMB 600,000～800,000
成交价：RMB 690,000
48cm×18cm×4 华艺国际 2021-06-04

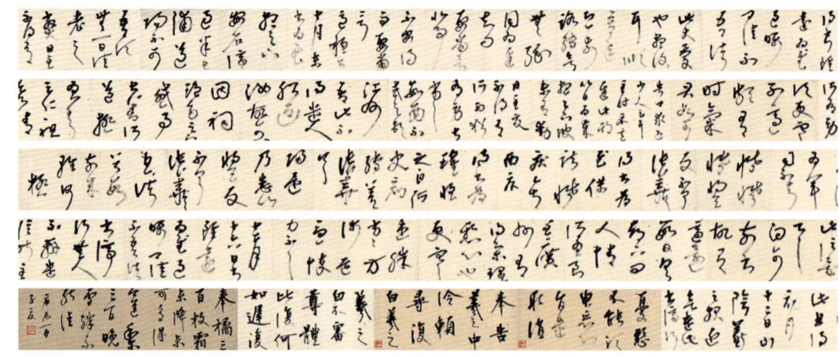

2875 胡小石 1940年作 草书临古法书卷 手卷
估　价：RMB 450,000～600,000
成交价：RMB 575,000
20cm×1348cm 西泠印社 2021-01-16

25 胡也佛 1943年作 柳岸归牧 屏轴
估　价：RMB 10,000～20,000
成交价：RMB 529,000
105.5cm×30cm 朵云轩 2021-12-30

8912 皇甫建良 丁酉年作 天门此开福运通四海 镜心
估　价：RMB 360,000～500,000
成交价：RMB 575,000
146cm×69cm 保利厦门 2021-11-05

157 华国锋 1996年作 行书 镜片
估　价：RMB 500,000～800,000
成交价：RMB 667,000
134cm×66.5cm 广东崇正 2021-07-18

312 黄宾虹 1948年作 蜀游山水 立轴
估　价：RMB 18,000,000～28,000,000
成交价：RMB 24,725,000
151cm×82cm 中国嘉德 2021-12-10

331 黄宾虹 约1947年作 幽林深处 立轴
估　价：RMB 6,000,000～10,000,000
成交价：RMB 11,500,000
73.5cm×33cm 永乐拍卖 2021-12-02

8059 黄宾虹 1947年作 拟董北苑山水 手卷
估　价：RMB 10,000,000～15,000,000
成交价：RMB 19,205,000
34.5cm×137.5cm 上海嘉禾 2021-07-22

311 黄宾虹 1952年作 为冯宗陈作墨笔山水并马一浮行书七言诗 镜心
估 价：RMB 9,800,000～12,800,000
成交价：RMB 11,270,000
画103cm × 48.5cm 中国嘉德 2021-12-10

796 黄宾虹 松风琴韵 立轴
估 价：RMB 7,800,000～8,800,000
成交价：RMB 8,970,000
83cm × 32.5cm 中国嘉德 2021-05-19

301 黄宾虹 1953年作 黄山松谷纪游 立轴
估 价：RMB 8,000,000～10,000,000
成交价：RMB 11,040,000
90cm × 48cm 上海匡时 2021-07-08

3214 黄丹 2014年作 览物
估 价：RMB 300,000～400,000
成交价：RMB 437,000
189cm × 94cm 北京保利 2021-06-04

215 黄建南 2018年作 天道
估 价：RMB 3,600,000
成交价：RMB 8,625,000
73cm × 90cm 北京翰海 2021-10-16

378 黄建南 2020年作 和谐 镜心
估 价：RMB 1,400,000～1,700,000
成交价：RMB 4,025,000
69cm × 70cm 保利厦门 2021-05-06

548 黄均 1962年作 红楼故事 通景六条屏
估 价：RMB 30,000～60,000
成交价：RMB 368,000
179cm × 48cm × 2；179cm × 50cm × 4
中国嘉德 2021-09-26

640 黄君璧 1973年作 黄山瀑布 镜心
估　价：RMB 1,000,000～1,200,000
成交价：RMB 7,475,000
86.8cm×180cm 北京荣宝 2021-12-02

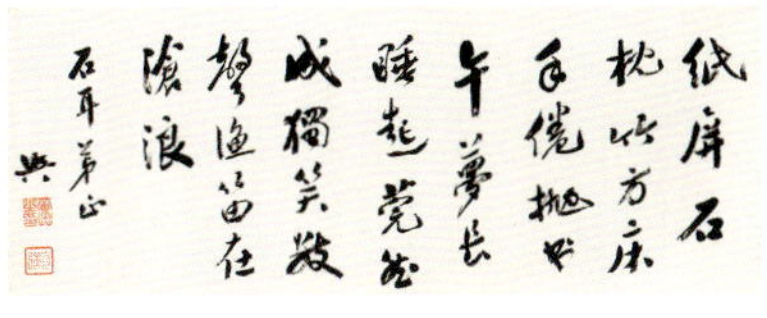

1176 黄兴 行书《夏日登车盖亭》 镜心
估　价：RMB 20,000～50,000
成交价：RMB 460,000
40.5cm×114.5cm 中国嘉德 2021-05-20

136 黄馨胜 2017年作 画家笔下的秋天 镜心
估　价：RMB 600,000
成交价：RMB 1,035,000
69cm×137cm 北京翰海 2021-10-16

442 黄君璧 松山策杖 立轴
估　价：RMB 1,800,000～2,500,000
成交价：RMB 2,070,000
110cm×37.5cm 广东崇正 2021-01-07

917 黄库 2021年作 十二生肖意篆
估　价：RMB 30,000～50,000
成交价：RMB 989,000
画心35cm×42cm×12
荣宝斋（南京） 2021-05-26

1022 黄孝逵 维港红帆 镜框（三幅）
估　价：HKD 500,000～800,000
成交价：RMB 1,026,250
180cm×60cm×3 佳士得 2021-11-30

195 黄秋园 仿李唐万壑松风图 镜心
估　价：RMB 200,000～300,000
成交价：RMB 1,552,500
145.9cm×92cm 北京保利 2021-06-05

172 黄馨胜 2019年作 桃源月色图 镜心
估　价：RMB 900,000
成交价：RMB 2,185,000
176cm×96cm 北京翰海 2021-10-16

67 黄永玉 1987年作 春意闹图 镜片
估　价：RMB 4,000,000～6,000,000
成交价：RMB 4,887,500
144cm×365cm 华艺国际 2021-06-04

1130 黄永玉 1978年作 池塘荷色 镜片
估　价：HKD 2,700,000～3,500,000
成交价：RMB 2,668,250
144.5cm×262.5cm 佳士得 2021-11-30

2017 黄永玉 红荷图 镜心
估　价：RMB 800,000～1,200,000
成交价：RMB 1,495,000
98.5cm×98.5cm 北京荣宝 2021-06-19

306 黄胄 1977年作 草原颂歌图 镜心
估　价：RMB 15,000,000 ~ 25,000,000
成交价：RMB 18,630,000
123cm × 68cm 永乐拍卖 2021-12-02

3567 黄胄 1981年作 育羔图 立轴
估　价：RMB 4,600,000 ~ 5,000,000
成交价：RMB 14,950,000
179.7cm × 96.3cm 北京保利 2021-12-03

3568 黄胄 1973年作 塔吉克猎手 镜心
估　价：RMB 8,000,000 ~ 12,000,000
成交价：RMB 9,775,000
144cm × 180cm 北京保利 2021-12-03

762 黄胄 1975年作 驯马图 镜心
估　价：RMB 3,800,000 ~ 5,800,000
成交价：RMB 8,050,000
98cm × 180cm 中国嘉德 2021-05-19

1069 黄胄 1976年作 驯马图 镜心
估 价：RMB 27,000,000～30,000,000
成交价：RMB 40,825,000
204.5cm×141cm 北京保利 2021-06-05

231 黄胄 1963年作 草原逐戏图 镜片
估 价：RMB 5,000,000～7,000,000
成交价：RMB 13,800,000
93cm×300cm 上海嘉禾 2021-11-14

1116 黄胄 1957年作 幸福一代 立轴
估 价：RMB 3,000,000～4,000,000
成交价：RMB 5,750,000
94cm×129cm 北京保利 2021-06-05

3069 霍春阳 2021年作 盛世荷风 镜心
估 价：RMB 300,000～400,000
成交价：RMB 920,000
152cm×387cm 北京荣宝 2021-12-02

949 贾大年 2016年作 如穆清风 镜心
估 价：RMB 800,000～1,000,000
成交价：RMB 920,000
78cm×179cm 北京保利 2021-06-06

43 贾广健 2018年 荷荷美美 软片
估 价：RMB 120,000～180,000
成交价：RMB 483,000
68cm×136cm 荣宝斋（南京） 2021-05-26

595 贾国英 溪山行旅 镜片
估　价：RMB 550,000
成交价：RMB 690,000
136cm × 68cm 荣宝斋（南京） 2021-04-27

1 贾笠 鸡
估　价：RMB 660,000 ~ 682,000
成交价：RMB 685,000
69cm × 138cm 保利厦门 2021-12-03

411 贾又福 归牧图 镜心
估　价：RMB 600,000 ~ 750,000
成交价：RMB 1,437,500
69cm × 139cm 北京诚轩 2021-12-03

638 贾又福 太行风情 镜框
估　价：RMB 800,000 ~ 1,000,000
成交价：RMB 2,185,000
68.5cm × 138.5cm 华艺国际 2021-06-04

261 江寒汀 1944年作 瓜瓞绵绵图 立轴
估　价：RMB 100,000 ~ 150,000
成交价：RMB 598,000
107cm × 51cm 上海匡时 2021-07-08

83 江宏伟 荷花 镜片
估　价：RMB 8,000 ~ 12,000
成交价：RMB 506,000
94cm × 131.5cm 上海驰翰 2021-07-06

2733 江兆申 1990年作 碧山雨过 镜框
估　价：HKD 160,000 ~ 200,000
成交价：RMB 446,116
96.3cm × 178.6cm 香港苏富比 2021-04-21

8930 姜保亮 2017年作 源远流长 镜心
估　价：RMB 300,000～460,000
成交价：RMB 529,000
69cm×138cm 保利厦门 2021-11-05

780 姜国华 庚子年作 集宝珠十二开册页
估　价：RMB 3,000,000～5,000,000
成交价：RMB 11,960,000
60cm×84cm×13 荣宝斋（南京） 2021-05-26

594 姜国华 花鸟 册页
估　价：RMB 1,100,000
成交价：RMB 11,270,000
60cm×83cm×13
荣宝斋（南京） 2021-04-27

783 姜国华 丁酉年作 集宝珠山水册页
估　价：RMB 3,000,000～5,000,000
成交价：RMB 12,650,000
60cm×84cm×13 荣宝斋（南京） 2021-05-26

781 姜国华 丁酉年作 集宝珠手卷
估　价：RMB 2,800,000～4,800,000
成交价：RMB 11,500,000
50cm×1000cm 荣宝斋（南京） 2021-05-26

782 姜国华 庚子年作 花鸟长卷
估　价：RMB 2,800,000～4,800,000
成交价：RMB 11,270,000
69cm×790cm 荣宝斋（南京） 2021-05-26

58 姜耀南 婚誓 镜片
估　价：RMB 400,000
成交价：RMB 644,000
137cm×68cm 北京中贝 2021-12-08

765 蒋采苹 1963年作 山花烂漫 镜心
估　价：RMB 300,000～500,000
成交价：RMB 402,500
124.5cm×73cm 中国嘉德 2021-05-19

494 蒋风白 潘天寿 鹰石图 立轴
估　价：RMB 900,000～1,000,000
成交价：RMB 1,035,000
132cm×64cm 永乐拍卖 2021-12-01

308 蒋兆和 1962年作 海防线上 镜心
估　价：RMB 3,000,000～4,200,000
成交价：RMB 4,830,000
124cm×92cm 北京荣宝 2021-06-19

3594 蒋兆和 1937年作 车夫 镜心
估　价：RMB 1,500,000～1,800,000
成交价：RMB 1,840,000
99cm×60cm 北京保利 2021-12-03

933 金北楼 方子易 书、画 民国 金西厓刻葫芦扇骨
估　价：RMB 300,000～500,000
成交价：RMB 345,000
长33cm 中贸圣佳 2021-07-07

1160 金城 天台石梁图 立轴
估　价：RMB 40,000～80,000
成交价：RMB 2,300,000
112.5cm×51cm 中国嘉德 2021-05-20

1161 金城 1912年作 东坡诗意花卉四屏 立轴
估　价：RMB 300,000～400,000
成交价：RMB 2,070,000
132cm×31.5cm×4 中国嘉德 2021-05-20

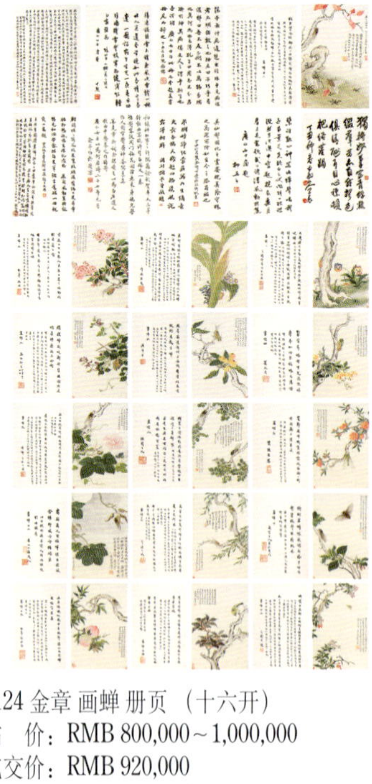

5124 金章 画蝉 册页（十六开）
估　价：RMB 800,000～1,000,000
成交价：RMB 920,000
31.5cm×20.5cm 中国嘉德 2021-11-30

263 经亨颐 楷书“穆如清风” 立轴
估　价：RMB 60,000～80,000
成交价：RMB 460,000
28cm×116cm 上海嘉禾 2021-07-22

8363 康春慧 2015年作 憨
估　价：RMB 300,000～500,000
成交价：RMB 713,000
163cm×90cm 华艺国际 2021-12-10

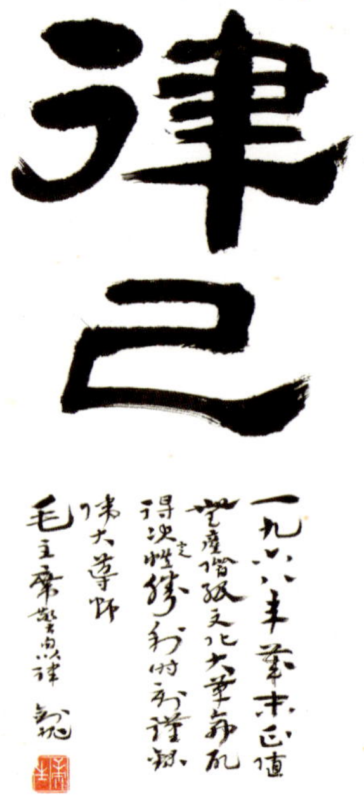

749 康生 1968年作 隶书“律己” 镜心
估　价：RMB 800,000～1,200,000
成交价：RMB 1,495,000
76.5cm×34.5cm 中国嘉德 2021-05-19

679 康有为 行书自作五言诗 立轴
估　价：RMB 200,000～300,000
成交价：RMB 4,370,000
146cm×75.5cm 中国嘉德 2021-05-19

602 寇月朋 灵山佛音
估　价：RMB 200,000～300,000
成交价：RMB 1,127,000
200cm×200cm 荣宝斋（南京） 2021-05-26

1029 康有为 1920年作 行书“石老云荒馆”联 立轴
估　价：RMB 1,200,000～1,500,000
成交价：RMB 3,105,000
231cm×32cm×2 北京保利 2021-06-05

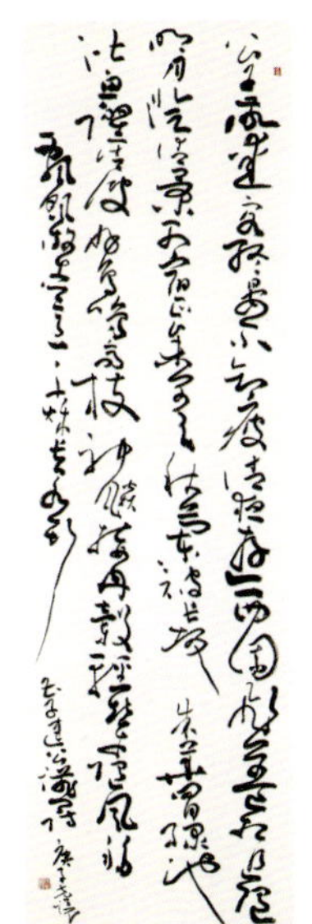

952 寇克让 2020年作 草书曹子建诗 镜心
估　价：RMB 490,000～600,000
成交价：RMB 552,000
179cm×48cm 北京保利 2021-06-06

256 赖少其 1980年作 听松图 镜片
估　价：RMB 1,200,000～1,600,000
成交价：RMB 1,380,000
105cm×67cm 广东崇正 2021-07-19

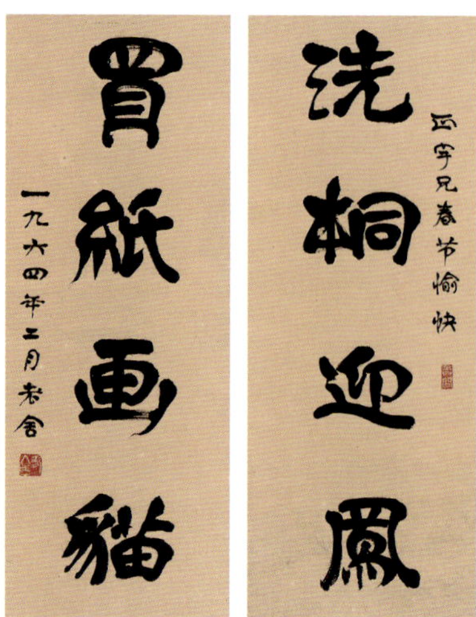

645 老舍 1964年作 为张正宇作 楷书四言联对联
估　价：RMB 40,000～60,000
成交价：RMB 644,000
64.5cm × 24.5cm × 2 西泠印社 2021-01-15

265 黎雄才 1982年作 谷静泉逾响 镜片
估　价：RMB 2,000,000～3,000,000
成交价：RMB 3,105,000
95cm × 175cm 广东崇正 2021-07-19

367 黎雄才 青山白马图 立轴
估　价：RMB 2,200,000～3,200,000
成交价：RMB 3,450,000
135cm × 67cm 华艺国际 2021-04-01

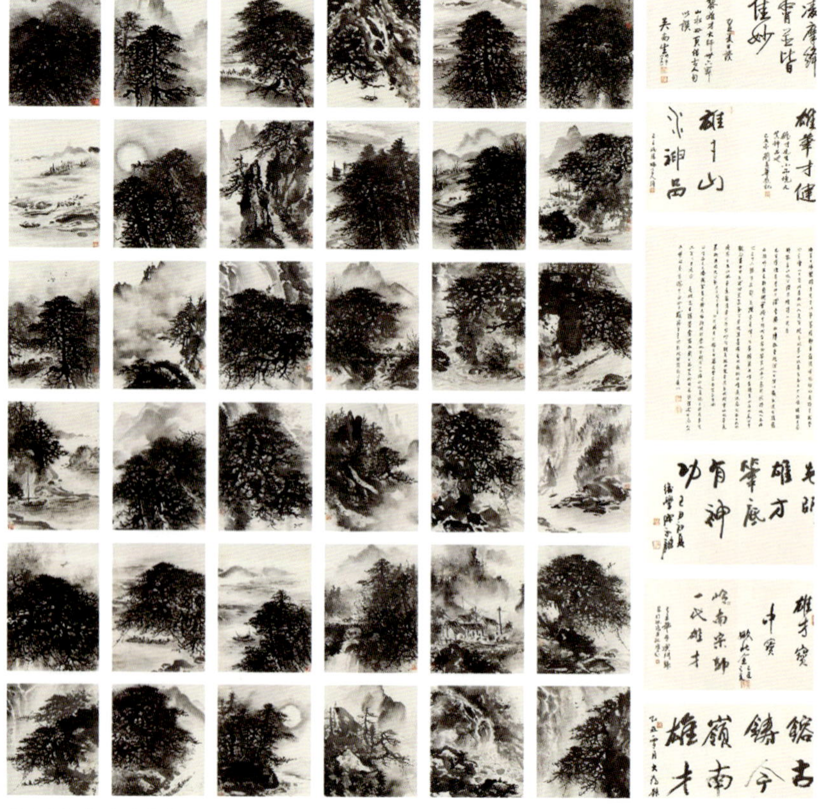

634 黎雄才 山水集萃 册页
估　价：RMB 2,000,000～3,000,000
成交价：RMB 2,760,000
38cm × 27cm × 36 北京荣宝 2021-12-02

389 黎元洪 1924年作 行书“钓月耕云” 镜心
估　价：RMB 100,000～150,000
成交价：RMB 402,500
34cm × 136.5cm 北京保利 2021-06-05

1660 李伯安 藏民 镜心
估　价：RMB 200,000～300,000
成交价：RMB 1,058,000
178cm × 95cm 中国嘉德 2021-05-21

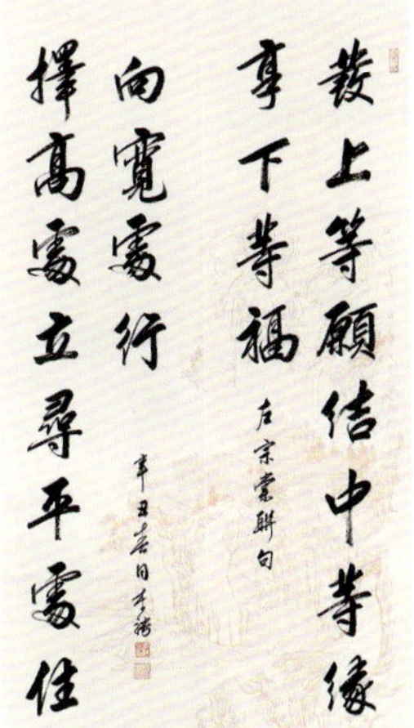

8924 李骋 2021年作 行书左宗棠联句 镜心
估　价：RMB 200,000～410,000
成交价：RMB 471,500
138cm × 68cm 保利厦门 2021-11-05

273 李大钊 草书七言联 对联
估　价：RMB 180,000～280,000
成交价：RMB 402,500
172cm × 34cm × 2 上海嘉禾 2021-11-14

8 李丰田 水乡春色
估　价：RMB 350,000～500,000
成交价：RMB 500,000
46cm × 50cm 保利厦门 2021-08-24

944 李国柱 2020年作 正书（小隶书）老子道德经
估　价：RMB 80,000～120,000
成交价：RMB 345,000
70cm × 240cm 荣宝斋（南京） 2021-05-26

3186 李铎 2010年作 行书《延安颂》 镜心
估　价：RMB 500,000～600,000
成交价：RMB 920,000
124cm × 450cm 北京荣宝 2021-12-02

22 李根宝 江山水秀 镜片
估　价：RMB 1,400,000
成交价：RMB 1,633,000
68cm × 138cm 北京中贝 2021-12-08

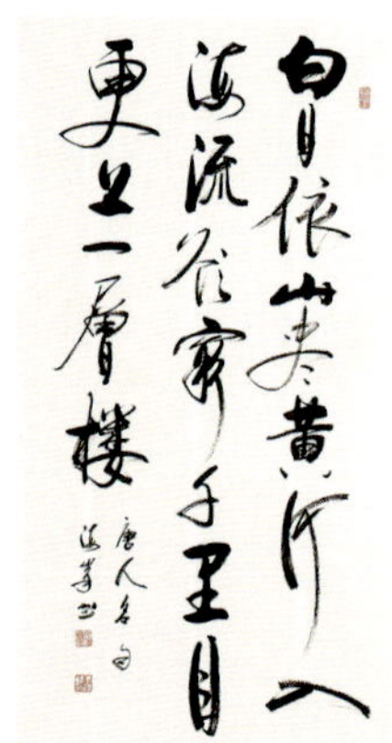

923 李海峰 2021年作 唐诗（登黄鹤楼）
估　价：RMB 30,000～40,000
成交价：RMB 782,000
136cm×68cm 荣宝斋（南京） 2021-05-26

1331 李斛 1962年作 傣族姑娘 镜心
估　价：RMB 500,000～800,000
成交价：RMB 575,000
103cm×53cm 中国嘉德 2021-05-21

1030 李华弌 四季山水 镜框（四幅）
估　价：HKD 1,200,000～1,800,000
成交价：RMB 2,277,000
直径24.7cm×4 佳士得 2021-05-27

2732 李华弌 2003年作 山水 镜框
估　价：HKD 1,800,000～2,800,000
成交价：RMB 1,911,924
96.6cm×180.8cm 香港苏富比 2021-04-21

1042 李华弌 2007年作 云松聚 镜框
估　价：HKD 1,500,000～2,500,000
成交价：RMB 2,257,750
65.5cm×102.5cm 佳士得 2021-11-30

3325 李津 2006年作 五色谱图
估　价：RMB 1,800,000～2,800,000
成交价：RMB 2,070,000
53cm×235cm 北京保利 2021-06-04

545 李劲堃 2018年作 初雪行旅图 手卷
估　价：RMB 300,000～400,000
成交价：RMB 425,500
33cm×404cm 华艺国际 2021-04-01

240 李净弘 清凉圣境 镜心
估　价：RMB 4,500,000
成交价：RMB 8,050,000
144cm×367cm 北京翰海 2021-10-16

239 李净弘 山乡喜事 镜心
估　价：RMB 2,800,000
成交价：RMB 3,450,000
245cm×140cm 北京翰海 2021-10-16

3544 李可染 1957年作 日出东方 立轴
估　价：RMB 20,000,000～25,000,000
成交价：RMB 40,250,000
138.5cm×62.5cm 北京保利 2021-12-03

3546 李可染 1985年作 兰亭图 镜心
估　价：RMB 8,000,000～10,000,000
成交价：RMB 17,020,000
85cm×52cm 北京保利 2021-12-03

312 李可染 1965年作 雨后复斜阳 镜心
估　价：RMB 10,000,000～12,000,000
成交价：RMB 11,500,000
69cm×46cm 北京荣宝 2021-06-19

1059 李可染 1989年作 巍巍万重山 镜心
估　价：RMB 40,000,000～50,000,000
成交价：RMB 48,300,000
76.5cm×105cm 北京保利 2021-06-05

311 李可染 1965年作 江南鱼米之乡 立轴
估　价：RMB 2,800,000～3,500,000
成交价：RMB 15,065,000
69.7cm × 46.2cm 北京荣宝 2021-06-19

1115 李可染 1978年作 黄海烟霞 镜心
估　价：RMB 6,000,000～8,000,000
成交价：RMB 13,800,000
69cm × 46cm 北京保利 2021-06-05

3598 李苦禅 1973年作 英姿飒爽 立轴
估　价：RMB 4,500,000～5,000,000
成交价：RMB 9,660,000
161cm × 144cm 北京保利 2021-12-03

608 李苦禅 松鹰图 镜心
估　价：RMB 3,800,000～4,500,000
成交价：RMB 4,370,000
94cm × 180cm 北京荣宝 2021-12-02

442 李可染 柳溪归牧 镜心
估　价：RMB 800,000～1,000,000
成交价：RMB 14,375,000
68cm × 45cm 中贸圣佳 2021-05-21

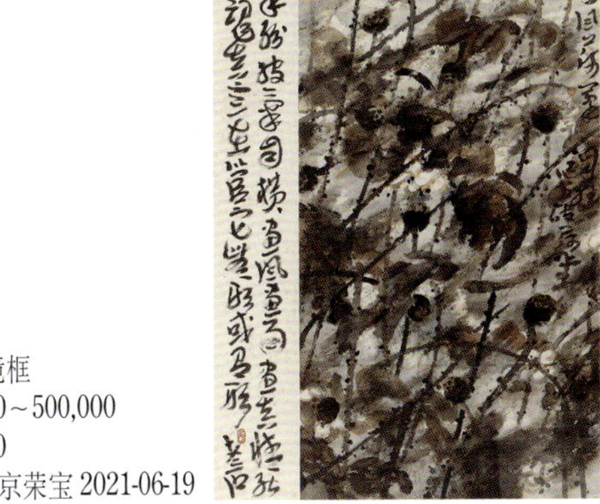

2026 李老十 残荷图 镜框
估　价：RMB 300,000～500,000
成交价：RMB 437,000
画心131cm × 86cm 北京荣宝 2021-06-19

1408 李山 张果老像 立轴
估　价：RMB 35,000～75,000
成交价：RMB 517,500
195cm×99.6cm 中鸿信 2021-07-15

19 李沈斌 烟雨江南图
估　价：RMB 10,000～20,000
成交价：RMB 428,000
70cm×40cm 保利厦门 2021-09-29

89 李瑞清 1915年作 临碑四屏 立轴
估　价：RMB 80,000～120,000
成交价：RMB 2,300,000
161cm×38.5cm×4 中国嘉德 2021-05-18

16 李琦 1977年作 太行浩气传千古 镜片
成交价：RMB 575,000
128.5cm×144.5cm 上海嘉禾 2021-07-22

1660 李铁夫 巫峡
估　价：RMB 300,000～500,000
成交价：RMB 345,000
31cm×65cm 朵云轩 2021-07-07

941 李先俊 2015年作 秋声雨蒙蒙 镜心
估　价：RMB 300,000～400,000
成交价：RMB 345,000
95cm×178cm 北京保利 2021-06-06

564 李翔 人物
估　价：RMB 60,000～80,000
成交价：RMB 402,500
69cm×138cm 荣宝斋（南京） 2021-05-26

183 李学功 2021年作 山城 镜心
估　价：RMB 2,600,000
成交价：RMB 4,416,000
144cm × 370cm 北京翰海 2021-10-16

6 李也青 人物四条屏
估　价：RMB 320,000～480,000
成交价：RMB 480,000
138cm × 34cm × 4 保利厦门 2021-08-24

365 李学功 独过江头待故人 镜心
估　价：RMB 700,000～900,000
成交价：RMB 1,840,000
138cm × 94cm 保利厦门 2021-05-06

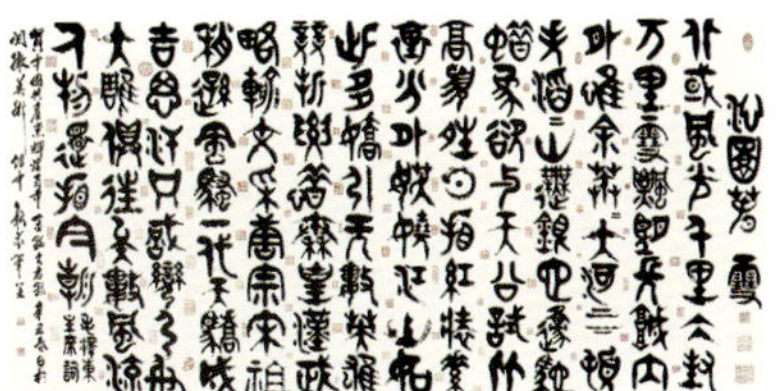

234 李新永 2021年作
篆书毛主席词《沁园春·雪》 镜心
估　价：RMB 180,000
成交价：RMB 368,000
125cm × 248cm 北京翰海 2021-10-16

928 李忠跃 2020年作 竹枝词
估　价：RMB 40,000～60,000
成交价：RMB 460,000
70cm × 160cm 荣宝斋（南京） 2021-05-26

181 李耀林 2021年作 黄山云海 镜心
估　价：RMB 550,000
成交价：RMB 632,500
70cm × 138cm 北京翰海 2021-10-16

672 李兆顺 2019年作 荷生向上
估　价：RMB 300,000～400,000
成交价：RMB 1,150,000
93cm × 142cm 荣宝斋（南京） 2021-05-26

649 梁登山 2021年作 毛泽东《沁园春·雪》
估　价：RMB 200,000～300,000
成交价：RMB 1,127,000
240cm×120cm×12 荣宝斋（南京） 2021-05-26

3119 梁长林 陈文骥 1980年作 《荷花淀》连环画原稿（全）（五十四帧选三十）
估　价：RMB 380,000～500,000
成交价：RMB 437,000
24cm×35cm×54 西泠印社 2021-01-16

809 梁启超 1926年作 楷书七言联 立轴
估　价：RMB 80,000～120,000
成交价：RMB 1,667,500
131cm×31cm×2 中国嘉德 2021-05-20

3133 梁岩 1981年作 那达慕大会上的人们 手卷
估　价：RMB 2,000,000～2,200,000
成交价：RMB 2,300,000
54cm×932cm 北京荣宝 2021-12-02

947 梁文尧 2020年作 卧听紫雪引春潮 镜心
估　价：RMB 1,000,000～1,200,000
成交价：RMB 1,150,000
138cm×68cm 北京保利 2021-06-06

2859 梁缨 2018年作 荷动知鱼散
估　价：RMB 250,000～350,000
成交价：RMB 460,000
97cm×179cm 北京保利 2021-12-02

1593 廖文潭 2011年作 山中青松野鸟栖 镜心
估　价：RMB 300,000～350,000
成交价：RMB 345,000
50cm×100cm；70cm×17cm
北京翰海 2021-06-05

32 林风眠 约1980年代初期作 荷花图
估　价：HKD 2,500,000～4,500,000
成交价：RMB 9,811,800
69cm×137.5cm 中国嘉德 2021-10-12

4289 林凡 梅石图 镜心
估　价：RMB 800,000～1,000,000
成交价：RMB 1,207,500
69.5cm×68.5cm 北京保利 2021-12-04

241 林风眠 人物风景花鸟 册页（十开）
估　价：RMB 12,000,000～18,000,000
成交价：RMB 20,700,000
画34cm×34cm×10 上海嘉禾 2021-11-14

333 林丰俗 1998年作 春山晴云 镜片
估　价：RMB 200,000～300,000
成交价：RMB 402,500
68cm×137cm 广东崇正 2021-07-19

1810 林风眠 1957年作 宝莲灯
估　价：RMB 6,000,000～8,000,000
成交价：RMB 6,900,000
67.6cm×67.5cm 永乐拍卖 2021-05-21

284 林风眠 冶炼图 镜心
估　价：RMB 5,000,000～8,000,000
成交价：RMB 10,810,000
79cm×77.5cm 中国嘉德 2021-12-10

36 林风眠 1940至1960年代作 八美图（一组八件）
估　价：HKD 1,500,000～2,500,000
成交价：RMB 6,524,820
34.5cm×34.5cm×8 中国嘉德 2021-04-23

1011 林风眠 1953年作 火烧赤壁
估　价：HKD 3,500,000～5,500,000
成交价：RMB 8,307,765
68.9cm×68.7cm 香港苏富比 2021-04-18

1957 林兰子 雪中行 镜心
估　价：RMB 1,200,000～1,500,000
成交价：RMB 1,380,000
50cm×150cm 北京翰海 2021-12-17

50 林立中 斜阳图 镜片
估　价：RMB 550,000
成交价：RMB 1,667,500
137cm×69cm 北京中贝 2021-12-08

174 林立中 2018年作 蕉荫山鸟飞 镜心
估　价：RMB 180,000
成交价：RMB 437,000
97cm × 50cm 北京翰海 2021-10-16

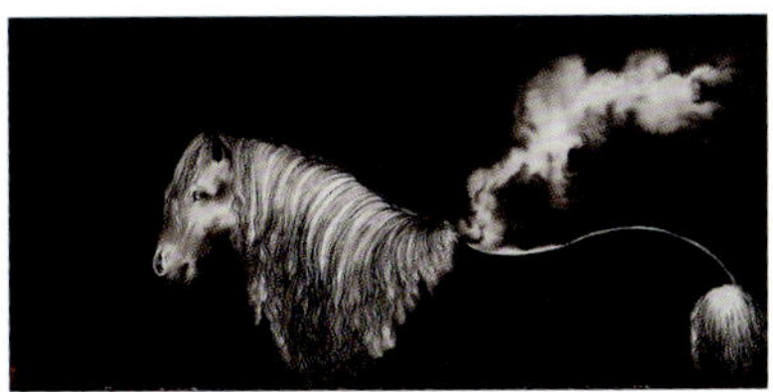
3410 林散之 1976年作 草书毛主席《浪淘沙·北戴河》 立轴
估　价：RMB 2,200,000～2,800,000
成交价：RMB 2,530,000
100cm × 460cm 北京保利 2021-12-03

377 林子平 新加坡河景
估　价：HKD 280,000～380,000
成交价：RMB 1,026,250
192.5cm × 489cm 佳士得 2021-12-02

1970 林跃平 2014年作 天马
估　价：RMB 700,000～900,000
成交价：RMB 805,000
68cm × 132cm 中国嘉德 2021-11-29

3071 林容生 山居图 镜心
估　价：RMB 800,000～1,200,000
成交价：RMB 1,495,000
183cm × 145cm 北京荣宝 2021-12-02

1666 刘大为 2005年作 人物四屏 镜心
估　价：RMB 20,000～30,000
成交价：RMB 782,000
137cm × 34.5cm × 4 中国嘉德 2021-05-21

781 刘旦宅 1981年作 击鞠图 立轴
估　价：RMB 1,500,000～2,500,000
成交价：RMB 8,280,000
68cm×134.5cm 中国嘉德 2021-05-19

3608 刘旦宅 1990年作 大观楼群芳图 立轴
估　价：RMB 2,200,000～2,500,000
成交价：RMB 2,530,000
52cm×179cm 北京保利 2021-12-03

1373 刘旦宅 1984年作 聊斋百图册（一百选二十四） 册页 （一百开）
估　价：RMB 3,000,000～5,000,000
成交价：RMB 3,680,000
17.5cm×17cm×100 中国嘉德 2021-05-21

934 刘广 2020年作 云海观松 镜心
估　价：RMB 6,000,000～7,000,000
成交价：RMB 6,900,000
96cm×352cm 北京保利 2021-06-06

933 刘广 2013年作 林亭豪逸 镜心
估　价：RMB 4,000,000～5,000,000
成交价：RMB 5,520,000
123cm×239cm 北京保利 2021-06-06

1041 刘国松 1970年作 距离组织之六 镜框
估　价：HKD 900,000～1,200,000
成交价：RMB 2,463,000
131.2cm×63cm 佳士得 2021-11-30

269 刘国松 2004年作 冰峰雪壁
估　价：HKD 1,200,000～1,800,000
成交价：RMB 1,035,000
184cm×92cm 佳士得 2021-05-25

139 刘海粟 1989年作 黄山西海朝晖 镜片
估　价：RMB 800,000～1,200,000
成交价：RMB 2,990,000
95.5cm×179cm 上海嘉禾 2021-11-14

3184 刘海粟 艳门汉宫春 镜心
估　价：RMB 1,200,000～1,500,000
成交价：RMB 1,955,000
94cm×176cm 北京保利 2021-12-03

652 刘继卣 1973年作 水浒之三打祝家庄 镜心
估　价：RMB 80,000
成交价：RMB 943,000
48cm×116cm 北京翰海 2021-04-17

6039 刘巨德 2014年作 鹤舞・篆书八言联 镜心
成交价：RMB 414,000
画180cm×49cm 北京保利 2021-05-17

738 刘奎龄 1942年作 猫戏图 立轴
估　价：RMB 900,000～1,000,000
成交价：RMB 1,092,500
52cm×38cm 北京荣宝 2021-06-19

71 刘凌沧画 启功题 1981年作 麻姑献寿 镜心
估　价：RMB 250,000～350,000
成交价：RMB 816,500
136cm×68cm 北京诚轩 2021-05-18

2 刘圻 虎卧福地听禅图
估　价：RMB 380,000～500,000
成交价：RMB 500,000
68cm×180cm 保利厦门 2021-12-03

3 刘铁飞 冬奥福年图
估　价：RMB 560,000～780,000
成交价：RMB 780,000
60cm×90cm 保利厦门 2021-12-03

1131 刘文西 2002年作 黄土坡上唢呐声 镜心
估 价：RMB 380,000～480,000
成交价：RMB 460,000
132cm×66cm 中国嘉德 2021-09-27

851 刘兴忠 仕女图 大中堂
估 价：RMB 200,000～300,000
成交价：RMB 747,500
213cm×113cm 荣宝斋（南京） 2021-05-26

1620 刘一原 千年风骨 镜心
估 价：RMB 250,000～350,000
成交价：RMB 287,500
96cm×123cm 中国嘉德 2021-05-21

960 刘振生 2021年作 金文大篆《兰亭序》
估 价：RMB 10,000～20,000
成交价：RMB 598,000
180cm×48cm×4 荣宝斋（南京） 2021-05-26

3206 刘振夏 印度街头 镜框
估 价：HKD 600,000～800,000
成交价：RMB 625,968
106.7cm×97cm 香港苏富比 2021-10-11

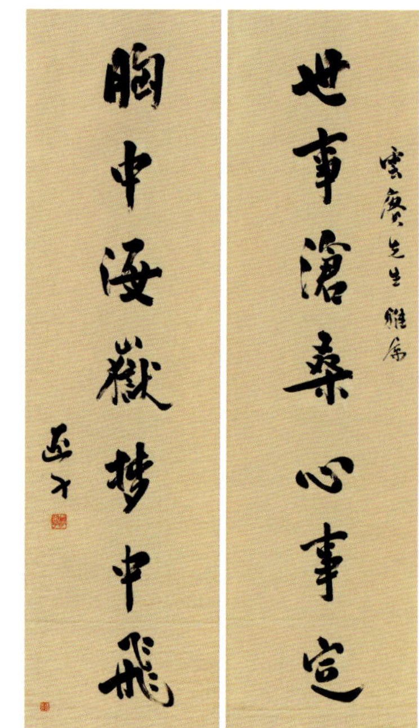

266 柳亚子 行书七言联 对联
估 价：RMB 100,000～150,000
成交价：RMB 345,000
140cm×38cm×2 上海嘉禾 2021-07-22

2050 龙瑞 2010年作 细雨崂山 镜心
估 价：RMB 200,000～300,000
成交价：RMB 747,500
180cm×96cm 北京荣宝 2021-06-19

666 卢沉 1978年作 版纳小景 立轴
估　价：RMB 220,000～250,000
成交价：RMB 322,000
137cm×68cm 北京荣宝 2021-06-19

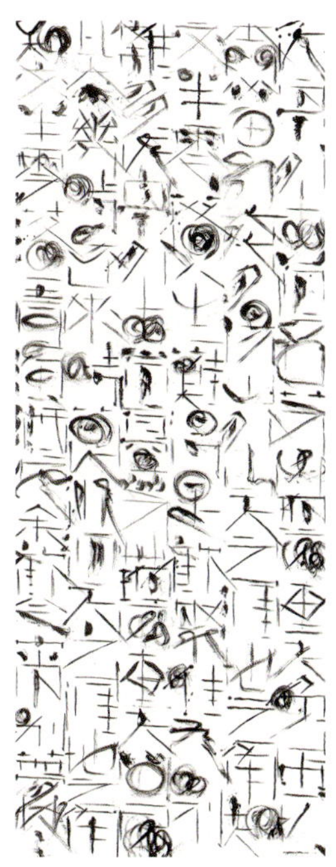

607 卢俊舟 书法“尽余欢” 镜心
估　价：HKD 2,500,000～3,500,000
成交价：RMB 2,068,920
632cm×234cm 保利香港 2021-11-28

75 卢禹舜 2012年作 天地大美 镜片
估　价：RMB 12,000,000～18,000,000
成交价：RMB 21,275,000
143.5cm×543.5cm 华艺国际 2021-06-04

2028 卢禹舜 1998年作 梦游诗意图 镜心
估　价：RMB 600,000～800,000
成交价：RMB 1,380,000
123.5cm×248.5cm 北京荣宝 2021-06-19

18 卢鹏 祥和安宁
估　价：RMB 240,000～488,000
成交价：RMB 488,000
椭圆形90cm×70cm
保利厦门 2021-09-29

788 鲁双喜 2021年作 瑞雪温情
估　价：RMB 60,000～120,000
成交价：RMB 460,000
69cm×95cm 荣宝斋（南京） 2021-05-26

532 鲁迅 1931年作 行书八言联 立轴
估　价：RMB 100,000～200,000
成交价：RMB 494,500
97cm×19.5cm×2 中鸿信 2021-07-14

726 陆恢 蓉园瑞兽四屏 立轴
估　价：RMB 500,000～600,000
成交价：RMB 667,000
166cm×45cm×4 北京荣宝 2021-12-02

3222 陆小曼 1940年11月7日作 山居赏梅图 镜片
估　价：RMB 280,000～400,000
成交价：RMB 1,725,000
74cm×35cm 西泠印社 2021-07-25

249 陆小曼 1924年作 春山仙阁图 镜框
估　价：RMB 350,000～550,000
成交价：RMB 1,265,000
85cm×46cm 上海嘉禾 2021-11-14

218 陆俨少 1980年作 巫峡云涛 镜片
估　价：RMB 6,500,000～8,000,000
成交价：RMB 12,075,000
97cm×180cm 上海匡时 2021-07-08

928 陆俨少 1952年作 代耕小组 立轴
估　价：RMB 8,000,000 ~ 12,000,000
成交价：RMB 27,025,000
131.5cm × 65.5cm 华艺国际 2021-06-04

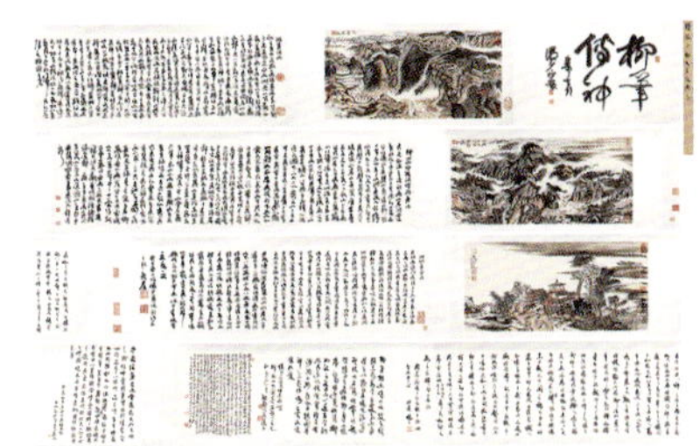

1096 陆俨少 1973年作 柳文三记 手卷
估　价：RMB 4,000,000 ~ 5,000,000
成交价：RMB 5,520,000
画26cm × 54cm × 3 北京保利 2021-06-05

343 陆俨少 1982年作 普陀山 立轴
估　价：RMB 1,200,000 ~ 1,800,000
成交价：RMB 4,600,000
94cm × 58cm 北京荣宝 2021-06-19

321 陆俨少 1990年作 江云石壁 立轴
估　价：RMB 3,200,000 ~ 4,200,000
成交价：RMB 4,830,000
138cm × 69cm 中国嘉德 2021-12-10

3592 陆抑非 1986年作 百花寿石卷 手卷
估　价：RMB 600,000～900,000
成交价：RMB 1,897,500
32cm×748cm 西泠印社 2021-07-25

3210 吕寿琨 禅画 镜框
估　价：HKD 120,000～180,000
成交价：RMB 312,984
151.1cm×82.7cm 香港苏富比 2021-10-11

944 罗振玉 1936年作 篆书《论语》 册页
估　价：RMB 350,000～550,000
成交价：RMB 897,000
37.5cm×53cm×73 中鸿信 2021-07-15

2410 马国强 2021年作 美丽新疆 手卷
估　价：RMB 250,000～350,000
成交价：RMB 345,000
画心40.5cm×248.5cm 北京荣宝 2021-06-19

2714 陆抑非 1960年作　玉兰喜鹊图 镜片
估　价：RMB 600,000～800,000
成交价：RMB 1,150,000
137.5cm×68cm
西泠印社 2021-01-16

8148 吕凤子 不老松 立轴
估　价：RMB 200,000～300,000
成交价：RMB 632,500
146cm×80cm 保利厦门 2021-11-05

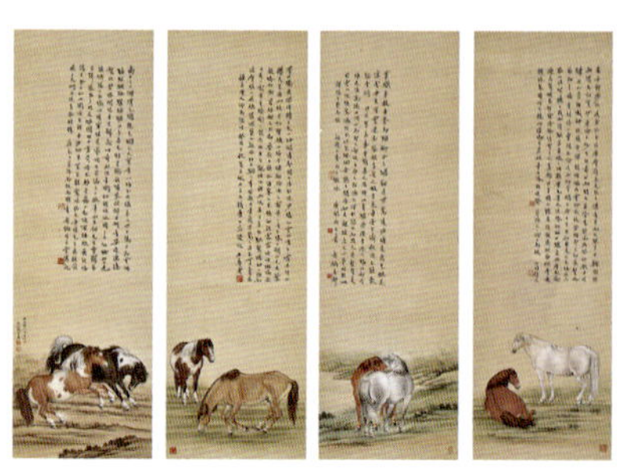

2700 马晋 1933年作 八骏图
估　价：HKD 300,000～400,000
成交价：RMB 531,090
99.2cm×31.8cm×4 香港苏富比 2021-04-21

807 马麟 双株竞秀 扇面
估　价：RMB 1,200,000～1,800,000
成交价：RMB 1,725,000
25.5cm×26cm 华艺国际 2021-06-05

901 马培童 2021年作 家居佛山宝地
估　价：RMB 80,000～120,000
成交价：RMB 598,000
68cm×68cm 荣宝斋（南京） 2021-05-26

1679 马欣乐 2020年作 风雪千里图 镜心
估　价：RMB 250,000～350,000
成交价：RMB 690,000
83.5cm×150cm 中国嘉德 2021-05-21

3571 马一浮 为陆侃如作行书唐诗四屏
估　价：RMB 400,000～600,000
成交价：RMB 1,035,000
132.5cm×33cm×4 西泠印社 2021-07-25

3411 茅盾 1976年作 《在已有的基础上继续努力》手稿 镜心
估　价：RMB 1,000,000～1,500,000
成交价：RMB 3,220,000
21cm×29.5cm×9 北京保利 2021-12-03

506 梅兰芳 1949年作 花鸟四屏 立轴
估　价：RMB 200,000～250,000
成交价：RMB 517,500
135cm×33cm×4 北京银座 2021-09-24

770 梅忠恕 母与子
估　价：HKD 800,000～1,500,000
成交价：RMB 2,921,184
56 cm×45cm 香港苏富比 2021-10-10

771 梅忠恕 派对服装
估　价：HKD 300,000～500,000
成交价：RMB 1,564,920
46cm×27.5cm 香港苏富比 2021-10-10

607 孟刚 2021年作 芳华
估　价：RMB 400,000～600,000
成交价：RMB 1,104,000
97cm×180cm 荣宝斋（南京） 2021-05-26

598 米南阳 墨梅
估　价：RMB 300,000～400,000
成交价：RMB 1,138,500
100cm×300cm 荣宝斋（南京） 2021-05-26

37 苗再新 2015年 花团锦簇
估　价：RMB 1,000,000～1,500,000
成交价：RMB 5,934,000
145cm×330cm 荣宝斋（南京） 2021-05-26

35 苗再新 2007年 朝圣之路
估　价：RMB 800,000～1,200,000
成交价：RMB 4,427,500
220cm × 145cm 荣宝斋（南京） 2021-05-26

892 南海岩 金秋神韵 镜心
估　价：RMB 200,000～300,000
成交价：RMB 322,000
68cm × 68cm 北京保利 2021-06-06

797 宁保平 2016年作 周庄水乡人家
估　价：RMB 300,000～400,000
成交价：RMB 920,000
60cm × 90cm 荣宝斋（南京） 2021-05-26

40 苗再新 2020年 民国才女四条屏
估　价：RMB 1,000,000～1,500,000
成交价：RMB 3,680,000
136cm × 52cm × 4
荣宝斋（南京） 2021-05-26

201 莫立唐 1997年作 泉瀑图 镜片
估　价：RMB 300,000～500,000
成交价：RMB 336,000
95cm × 178cm 湖南逸典 2021-01-21

13 倪文东 黄庭坚题杨凝式书
估　价：RMB 280,000～480,000
成交价：RMB 480,000
136cm × 68cm 保利厦门 2021-08-24

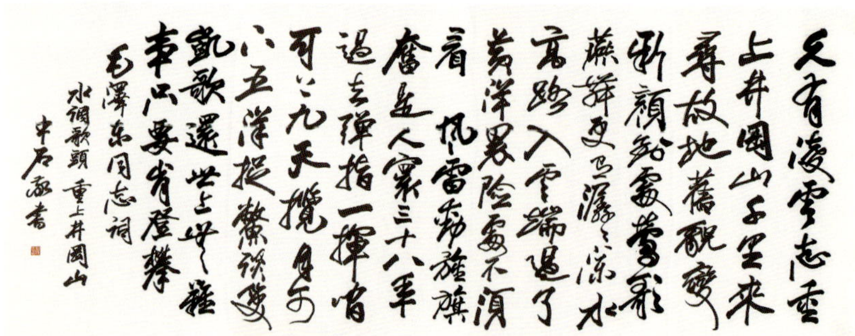

224 欧阳中石 水调歌头·井冈山 镜心
估　价：RMB 600,000～800,000
成交价：RMB 5,290,000
194cm×504cm 中鸿信 2021-07-14

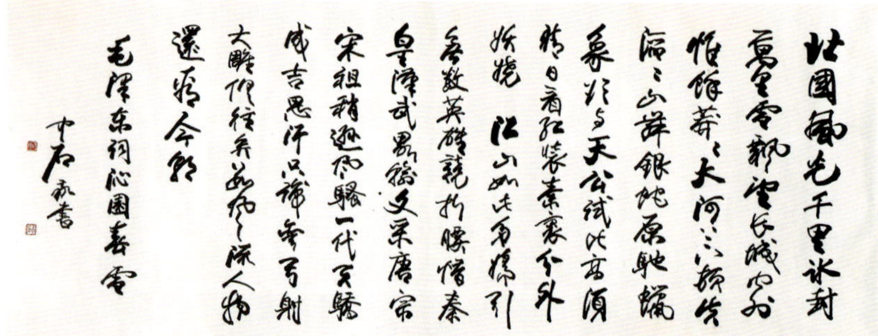

322 欧阳中石 行书毛主席词《沁园春·雪》 镜心
估　价：RMB 600,000～800,000
成交价：RMB 2,990,000
194cm×504cm 中鸿信 2021-07-14

665 潘公凯 翠影 镜框
估　价：RMB 600,000～800,000
成交价：RMB 920,000
233cm×136.5cm 华艺国际 2021-06-04

2495 潘素 梦边双栖图
估　价：RMB 10,000～30,000
成交价：RMB 345,000
15.8cm×20.5cm 中国嘉德 2021-12-10

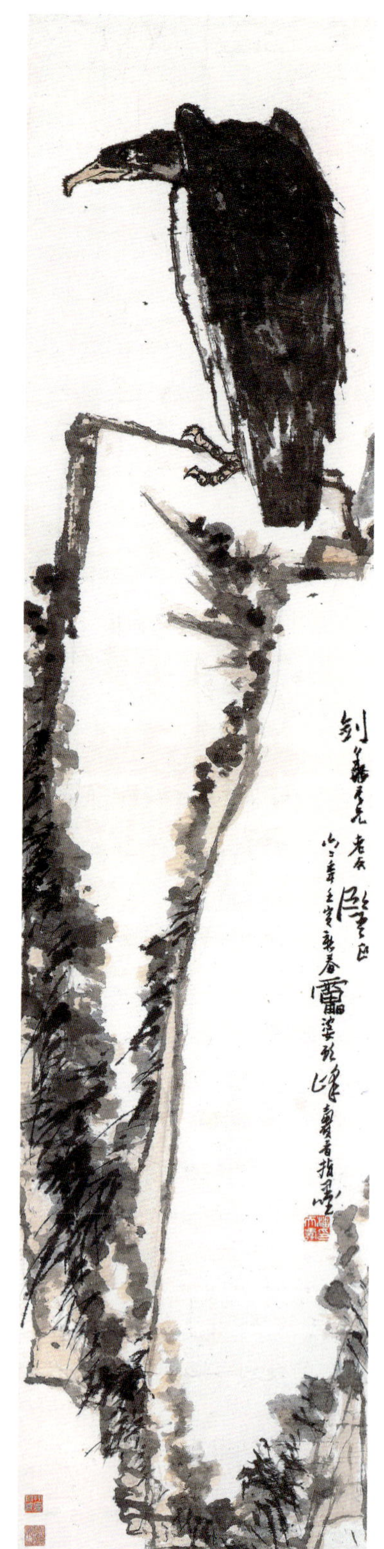

3532 潘天寿 1962年作 鹰石图 立轴
估　价：RMB 22,000,000～25,000,000
成交价：RMB 29,325,000
214cm×47cm 北京保利 2021-12-03

309 潘天寿 映日 立轴
估　价：RMB 3,800,000～4,800,000
成交价：RMB 19,550,000
87.1cm × 64.3cm 北京荣宝 2021-06-19

792 潘天寿 指墨红荷图 镜心
估　价：RMB 12,000,000～18,000,000
成交价：RMB 16,675,000
47.5cm × 175cm 中国嘉德 2021-05-19

1098 潘天寿 1961年作 仿八大笔意 镜心
估　价：RMB 10,000,000～15,000,000
成交价：RMB 17,825,000
71cm × 45cm 北京保利 2021-06-05

744 潘天寿 1964年作 雨后江山铁铸成 立轴
估　价：RMB 12,000,000～18,000,000
成交价：RMB 13,800,000
74.5cm × 51cm 中国嘉德 2021-05-19

66 潘天寿 1956年作 欲雪 立轴
估　价：RMB 15,000,000～25,000,000
成交价：RMB 28,750,000
82cm × 81cm 华艺国际 2021-03-31

8504 潘玉良 1963年作 双美娉婷
估　价：RMB 6,000,000～8,000,000
成交价：RMB 14,720,000
66.5cm × 50cm 华艺国际 2021-06-05

8907 潘文良 2021年作 知秋图 镜心
估　价：RMB 480,000～995,000
成交价：RMB 1,144,250
140cm × 50cm 保利厦门 2021-11-05

328 潘玉良 1966年作 黄菊瓶花
估　价：HKD 1,500,000～2,500,000
成交价：RMB 4,105,000
73cm × 64cm 佳士得 2021-12-02

217 潘振镛 汉宫春晓通景 立轴
估　价：RMB 250,000～300,000
成交价：RMB 471,500
145cm × 38.5cm × 6 中贸圣佳 2021-05-21

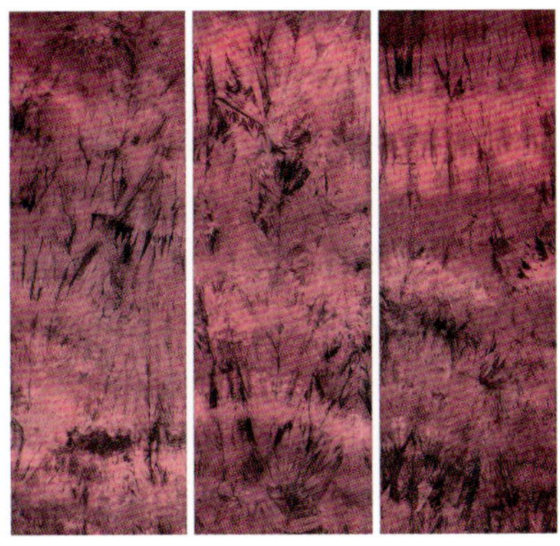

1311 庞飞 万山红遍 镜心
估　价：RMB 180,000～280,000
成交价：RMB 529,000
240cm×90cm×3 中国嘉德 2021-12-13

1149 庞熏琹 庐山风景 镜框
估　价：HKD 300,000～500,000
成交价：RMB 1,026,250
34.5cm×35.2cm 佳士得 2021-11-30

1352 彭连熙 1999年作 江南五月 镜片
估　价：RMB 150,000～250,000
成交价：RMB 322,000
140cm×178cm 西泠印社 2021-07-24

1031 彭薇 2003年作 我的旧地图之一 镜框
估　价：HKD 280,000～380,000
成交价：RMB 1,449,000
109cm×196cm 佳士得 2021-05-27

3035 彭先诚 1994年作 游春图 镜心
估　价：RMB 300,000～400,000
成交价：RMB 1,380,000
90cm×350cm 北京荣宝 2021-12-02

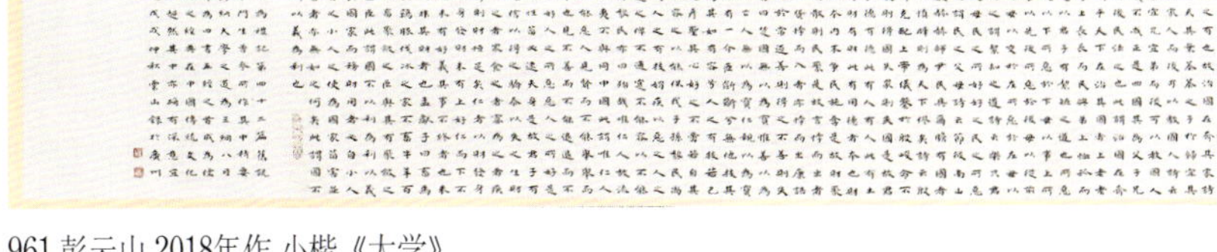

961 彭云山 2018年作 小楷《大学》
估　价：RMB 300,000～400,000
成交价：RMB 460,000
34cm×272cm 荣宝斋（南京） 2021-05-26

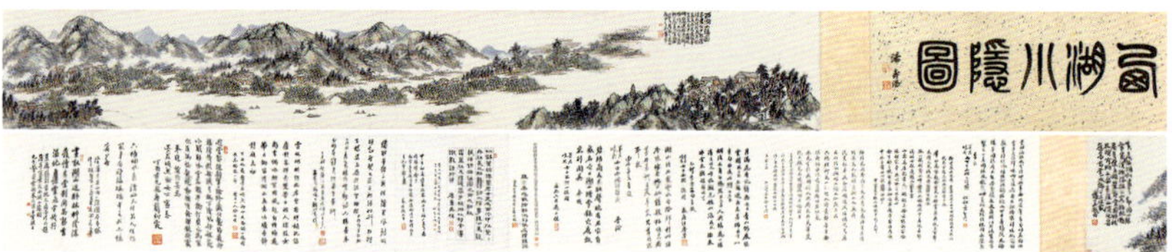

1027 蒲华 1908年作 西湖小隐图 手卷
估　价：RMB 3,000,000～4,000,000
成交价：RMB 8,625,000
画34cm×250.5cm 北京保利 2021-06-05

219 溥佺 1976年作 茨坪新貌 镜心
估　价：RMB 500,000～600,000
成交价：RMB 632,500
97cm×138cm 北京保利 2021-06-05

1185 溥儒 1950年作 苍苔滑婴图 册页
估　价：HKD 500,000～700,000
成交价：RMB 4,310,250
17.2cm×11.7cm 佳士得 2021-11-30

287 溥儒 1937年作 松岩访友 立轴
估　价：RMB 12,000,000～18,000,000
成交价：RMB 30,475,000
309cm×94cm 中国嘉德 2021-12-10

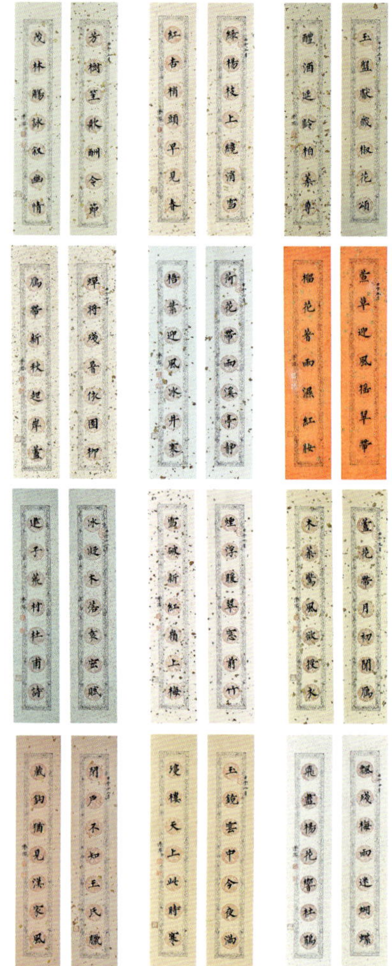

3164 溥儒 1942年作 楷书十二月令联 镜框十二对
估　价：HKD 3,500,000～5,000,000
成交价：RMB 8,059,752
61.5cm×11.8cm×24 香港苏富比 2021-10-11

88 溥佐 八仙 镜心
估　价：RMB 100,000～120,000
成交价：RMB 437,000
32cm×101cm 北京保利 2021-06-05

53 齐白石 1921年作 广幽风图 册页
成交价：RMB 92,000,000
25.5cm×32.5cm×16 华艺国际 2021-12-11

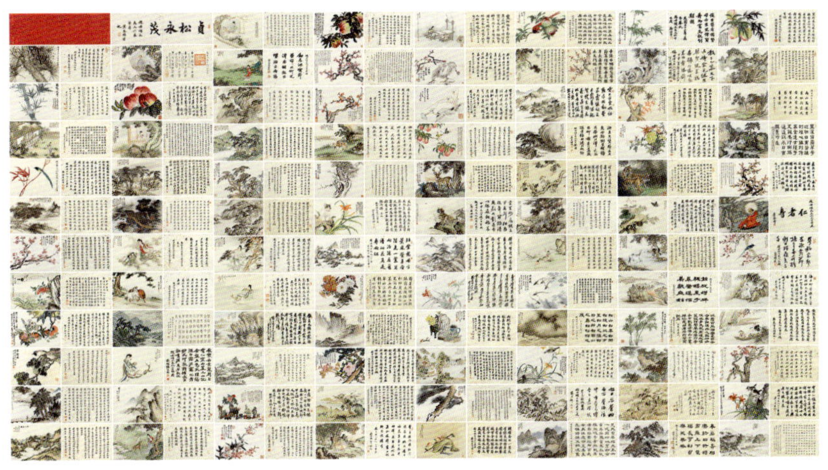

622 齐白石 黄宾虹等 贞松永茂 册页
成交价：RMB 50,025,000
29.5cm×39cm×192 北京荣宝 2021-12-02

3538 齐白石 松柏独立图 镜心
估　价：RMB 22,000,000～28,000,000
成交价：RMB 29,900,000
242.5cm×61cm 北京保利 2021-12-03

350 齐白石 蔬果花鸟 册页 （十开）
估　价：RMB 30,000,000～32,000,000
成交价：RMB 39,100,000
27cm × 34cm × 10 北京荣宝 2021-06-19

304 齐白石 1930年作 紫藤松树 镜心
估　价：RMB 3,000,000～4,000,000
成交价：RMB 12,650,000
177cm × 46cm 北京荣宝 2021-06-19

623 齐白石 花果翎毛虫鱼 册页
估　价：RMB 8,000,000～12,000,000
成交价：RMB 20,700,000
32.5cm × 33cm × 8 北京荣宝 2021-12-02

908 齐白石 1936年作 工笔花虫 册页（八开）
估　价：RMB 18,000,000～28,000,000
成交价：RMB 21,275,000
34cm×34cm×8 华艺国际 2021-06-04

302 齐白石 1950年作 寿桃图 立轴
估　价：RMB 4,000,000～6,000,000
成交价：RMB 15,525,000
129.7cm×33cm 北京荣宝 2021-06-19

328 齐白石 1952年作 荷花鸳鸯 立轴
估　价：RMB 8,000,000～12,000,000
成交价：RMB 23,575,000
181cm×56.7cm 北京荣宝 2021-06-19

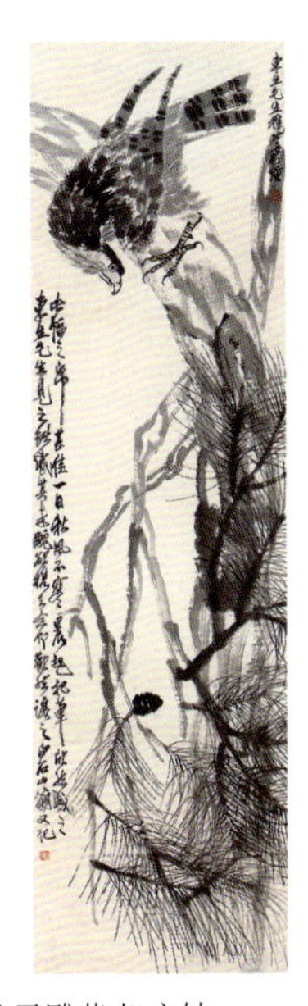

717 齐白石 灵雕苍肃 立轴
估　价：RMB 12,000,000～18,000,000
成交价：RMB 18,400,000
171cm×47cm 中国嘉德 2021-05-19

1124 齐白石 高立 镜心
估　价：RMB 2,000,000～3,000,000
成交价：RMB 10,925,000
180cm×45cm 北京保利 2021-06-05

609 启功 田世光 徐操等 1947年作 京都 立轴八条屏
估　价：RMB 2,000,000～3,000,000
成交价：RMB 6,785,000
201cm×42cm×8 北京荣宝 2021-12-02

15 启功 山水八砚屏 屏风
估　价：RMB 2,000,000～3,000,000
成交价：RMB 5,635,000
22cm×7cm×8 北京荣宝 2021-06-19

359 钱穆 行书七言联 镜片
估　价：RMB 40,000～60,000
成交价：RMB 488,750
124cm×34cm×2 广东崇正 2021-07-19

927 钱松嵒 人民解放军占领南京 立轴
估　价：RMB 1,600,000～2,000,000
成交价：RMB 2,357,500
60cm×43cm 南京经典 2021-01-10

507 钱松喦 三湾 镜心
估　价：RMB 2,000,000～3,000,000
成交价：RMB 3,795,000
79.3cm×110cm 北京荣宝 2021-12-02

540 钱松喦 1964年作 延安颂 立轴
估　价：RMB 500,000～600,000
成交价：RMB 2,415,000
46cm×54cm 中国嘉德 2021-05-19

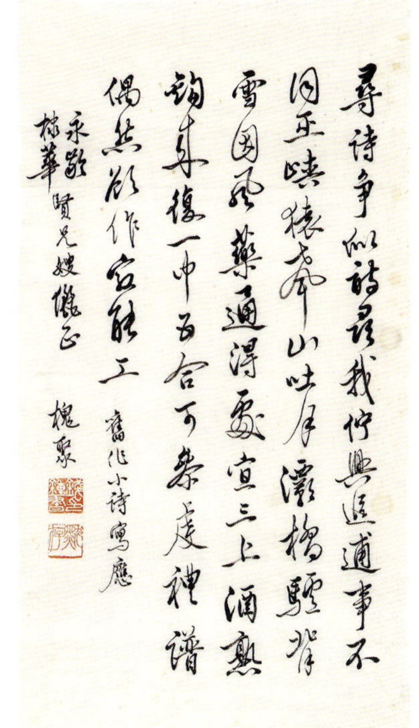

2526 钱钟书 为陈永龄夫妇书《寻诗》 画心
估　价：RMB 150,000～250,000
成交价：RMB 506,000
66cm×35cm 西泠印社 2021-01-16

8122 乔晓光 2015年 崧泽意象 纸本水墨
估　价：RMB 450,000～550,000
成交价：RMB 632,500
97cm×179cm 华艺国际 2021-06-05

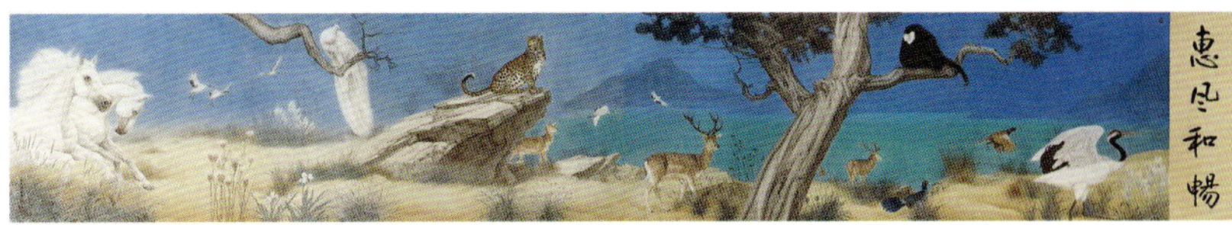

153 秦艾 2021年作 惠风和畅 手卷
估　价：RMB 800,000～1,200,000
成交价：RMB 1,265,000
80cm×460cm 上海明轩 2021-12-30

806 庆宽 载涛航空 手卷
估　价：RMB 220,000～280,000
成交价：RMB 460,000
画心33cm×64cm 广东崇正 2021-01-06

8137 曲磊磊 2016年 人体
估　价：RMB 300,000～400,000
成交价：RMB 345,000
100cm×148cm 华艺国际 2021-06-05

3124 饶宗颐 2005年作 汉人吉语 立轴四屏
估　价：HKD 3,200,000～5,000,000
成交价：RMB 6,657,120
131cm×66.5cm×4 香港苏富比 2021-10-11

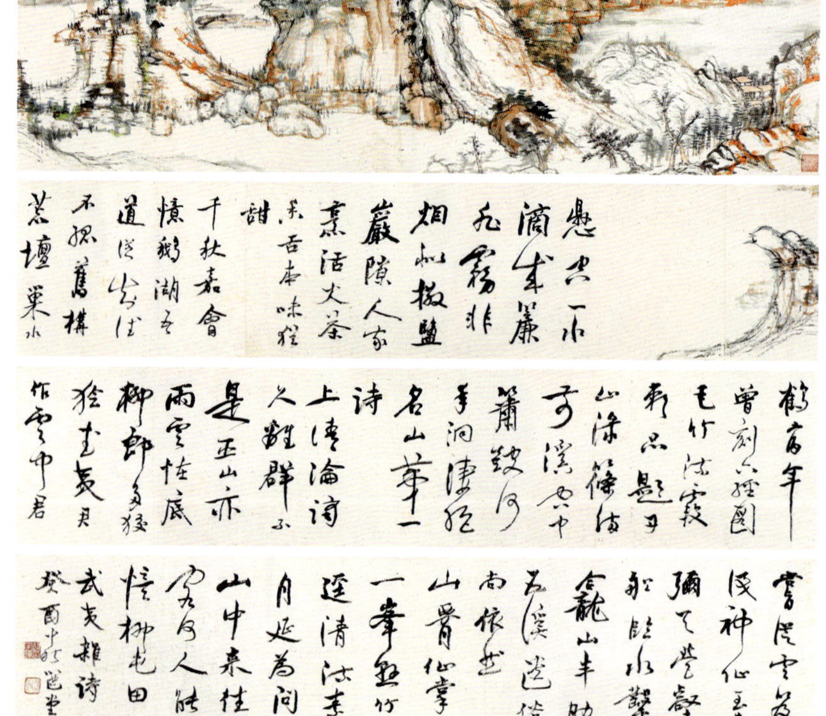

79 饶宗颐 武夷山居图 手卷
估　价：RMB 1,800,000～2,800,000
成交价：RMB 2,875,000
30cm×452cm 华艺国际 2021-09-17

498 任佩韵 樱花蓝鹊 镜片
估　价：RMB 180,000～200,000
成交价：RMB 345,000
98cm×46.5cm 朵云轩 2021-07-07

1539 任景钦 2008年作 家园 镜心
估　价：RMB 350,000～450,000
成交价：RMB 460,000
80cm × 116.5cm 北京翰海 2021-06-05

4 任重 雪竹 镜心
估　价：RMB 800,000～1,600,000
成交价：RMB 1,380,000
64cm × 77cm 保利厦门 2021-05-06

1277 阮圣杰 2019年作 峡江帆影 镜心
估　价：RMB 800,000
成交价：RMB 1,150,000
34cm × 138cm 北京翰海 2021-04-17

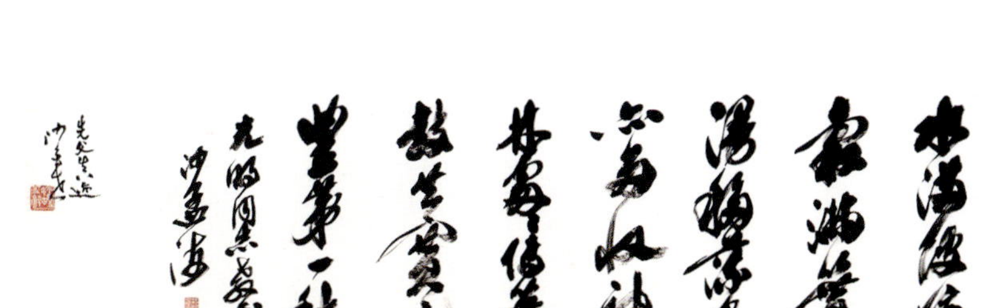

2697 沙孟海 草书王安石诗 镜片
估　价：RMB 150,000～200,000
成交价：RMB 517,500
画心41.5cm × 129cm 西泠印社 2021-01-16

315 尚小云 1935年作 牡丹图 立轴
估　价：RMB 80,000～120,000
成交价：RMB 322,000
130.5cm × 43.5cm 西泠印社 2021-04-10

2402 申世辉 山水小品八帧 镜心
估　价：RMB 480,000～550,000
成交价：RMB 609,500
48cm × 60cm × 8 北京荣宝 2021-06-19

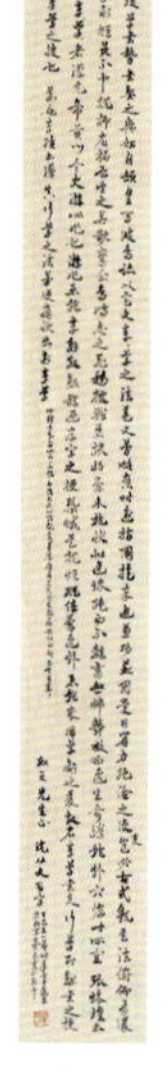

1225 沈从文 章草《续书谱》章句 立轴
估　价：RMB 8,000～20,000
成交价：RMB 345,000
135.5cm × 16.5cm 中国嘉德 2021-05-21

641 沈鹏 草书《橘颂》四屏 立轴
估　价：RMB 220,000～320,000
成交价：RMB 460,000
137cm × 32cm × 4 华艺国际 2021-06-04

956 沈安良 2021年作 书法
估　价：RMB 200,000～300,000
成交价：RMB 575,000
66cm × 132cm 荣宝斋（南京） 2021-05-26

662 沈曾植 行书七言联 立轴
估　价：RMB 350,000～450,000
成交价：RMB 632,500
142cm × 31cm × 2 北京银座 2021-09-24

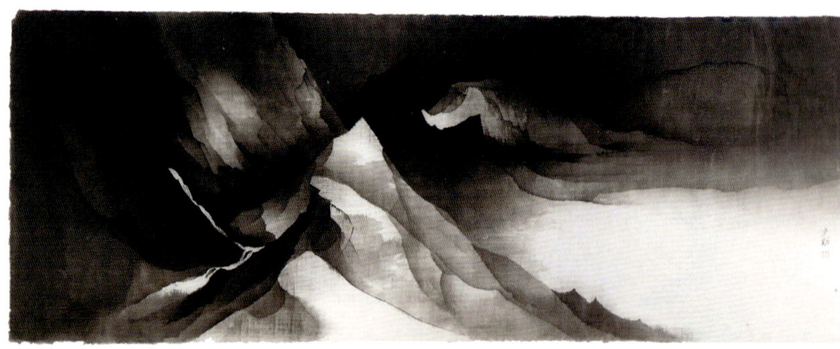

8527 沈勤 2019年作 山
估　价：RMB 800,000～1,200,000
成交价：RMB 1,380,000
93cm × 236cm 华艺国际 2021-06-05

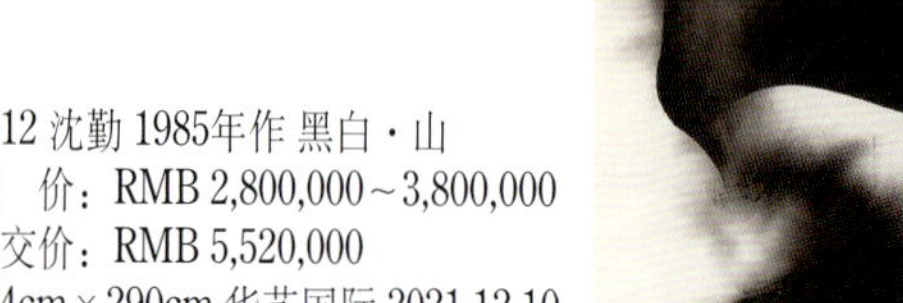

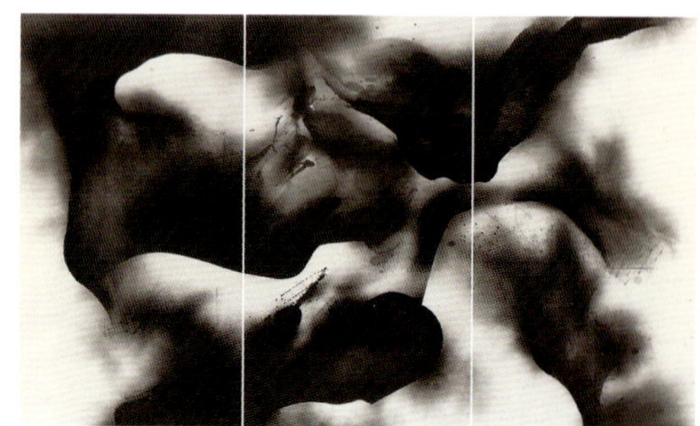

8512 沈勤 1985年作 黑白 · 山
估　价：RMB 2,800,000～3,800,000
成交价：RMB 5,520,000
184cm × 290cm 华艺国际 2021-12-10

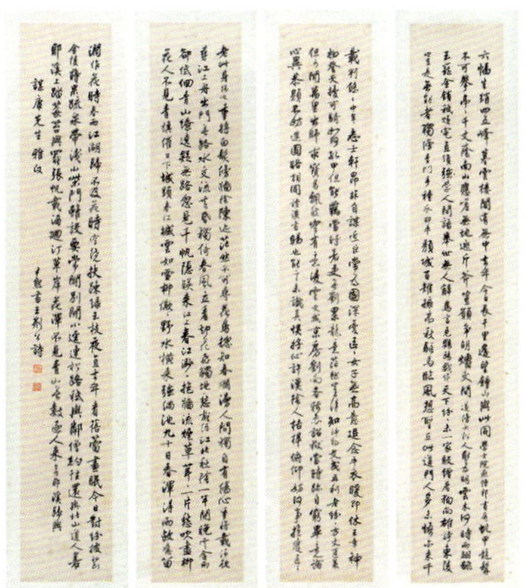

678 沈尹默 行书王荆公诗四屏 立轴
估　价：RMB 250,000～350,000
成交价：RMB 1,610,000
132cm×22cm×4 中国嘉德 2021-05-19

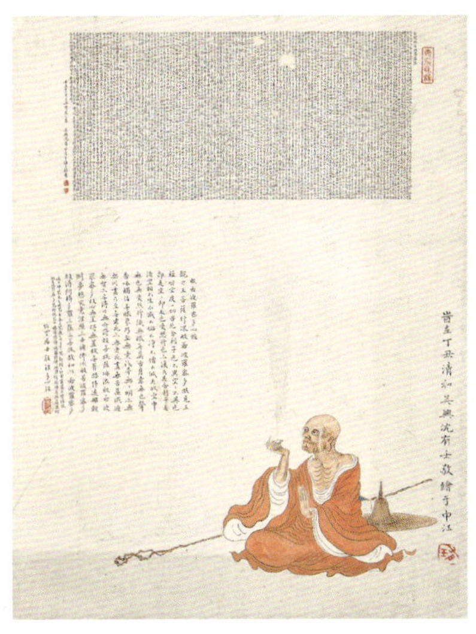

2708 沈有壬 1937年作 罗汉、《金刚经》及《心经》 镜框
估　价：HKD 40,000～60,000
成交价：RMB 339,898
28.5cm×21.2cm 香港苏富比 2021-04-21

1299 石虎 1999—2005年作 魂天图 镜心
估　价：RMB 300,000～500,000
成交价：RMB 920,000
94.5cm×170.5cm 中国嘉德 2021-12-13

3564 石鲁 1962年作 牧牛图 立轴
估　价：RMB 5,000,000～6,000,000
成交价：RMB 9,200,000
198cm×52cm 北京保利 2021-12-03

1015 石鲁 枇杷图 镜框
估　价：RMB 800,000～1,200,000
成交价：RMB 4,945,000
147.3cm×39.7cm 北京保利 2021-06-05

885 石鲁 秋林放牧 镜心
估　价：RMB 2,800,000～3,200,000
成交价：RMB 4,715,000
100cm×69.5cm 中贸圣佳 2021-05-21

233 石鲁 印度舞女 镜片
估　价：RMB 1,800,000～2,800,000
成交价：RMB 2,898,000
74.5cm×49cm 上海嘉禾 2021-11-14

3563 石鲁 华岳松风 镜心
估　价：RMB 3,000,000～4,000,000
成交价：RMB 4,887,500
145.5cm×68cm 北京保利 2021-12-03

1527 石齐 丰牧图 镜心
估　价：RMB 800,000～1,200,000
成交价：RMB 1,150,000
67.5cm×68cm 北京翰海 2021-06-05

8914 时泰山 2011年作 大山深处有人家 镜心
估　价：RMB 350,000～500,000
成交价：RMB 575,000
96cm×178cm 保利厦门 2021-11-05

657 史国良 石齐 郭石夫 赶集图 镜心
估　价：RMB 1,600,000～2,600,000
成交价：RMB 2,530,000
123.5cm×247cm 北京银座 2021-09-24

887 史国良 人物 册页
估　价：RMB 1,500,000～1,800,000
成交价：RMB 1,897,500
35cm×69cm×9 北京保利 2021-06-06

2010 史国良 1990年作 母与子 镜心
估　价：RMB 2,200,000～2,600,000
成交价：RMB 2,990,000
143cm×108cm 北京荣宝 2021-06-19

21 舒春光 春晓
估　价：RMB 320,000～480,000
成交价：RMB 480,000
67cm×45cm 保利厦门 2021-09-29

633 舒勇 2021年作 奔腾之三
估　价：RMB 300,000～400,000
成交价：RMB 1,138,500
50cm×50cm×3 荣宝斋（南京） 2021-05-26

1901 宋陵 1986年 无意义的选择8号
估　价：RMB 200,000～300,000
成交价：RMB 345,000
77cm×78cm 中国嘉德 2021-05-20

1238 舒同 书法 对联
估　价：RMB 200,000～300,000
成交价：RMB 690,000
361cm×46.5cm×2 永乐拍卖 2021-12-02

707 宋伯军 2020年作 兰亭序
估　价：RMB 300,000～400,000
成交价：RMB 977,500
180cm×97cm 荣宝斋（南京） 2021-05-26

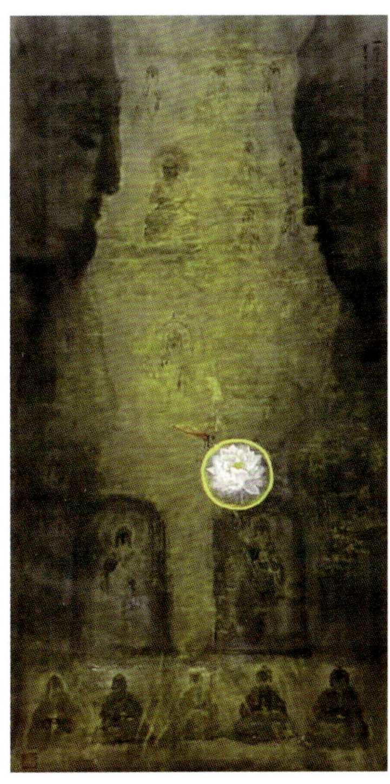

8913 宋天成 2021年作 一花一世界 镜心
估　价：RMB 160,000～500,000
成交价：RMB 575,000
138cm×69cm 保利厦门 2021-11-05

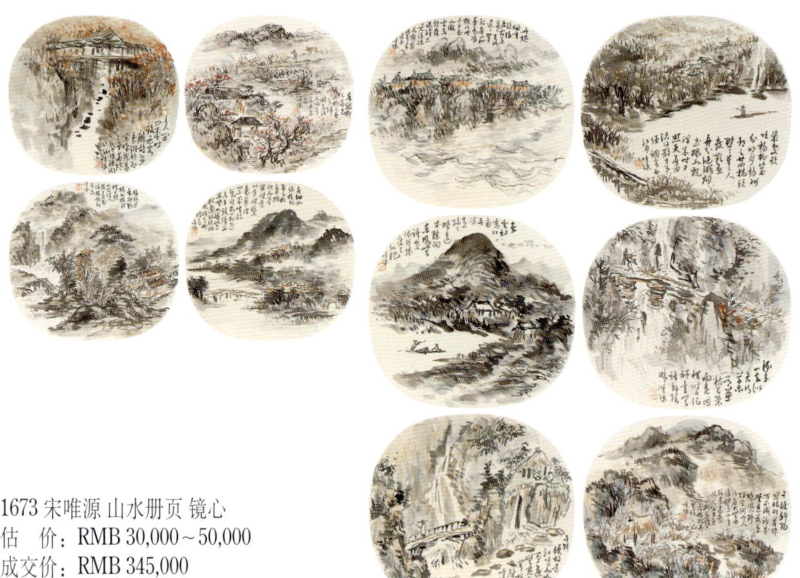

1673 宋唯源 山水册页 镜心
估　价：RMB 30,000～50,000
成交价：RMB 345,000
30cm×34cm×10 中国嘉德 2021-05-21

1031 宋文治 长江之晨 镜片
估　价：RMB 3,000,000～4,000,000
成交价：RMB 4,255,000
56cm×176cm 十竹斋 2021-06-27

211 宋文治 1990年作 四季山水 四屏镜片
估　价：RMB 600,000～800,000
成交价：RMB 1,437,500
69cm×34cm×4 上海匡时 2021-07-08

1529 宋彦军 秋夜 镜心
估　价：RMB 1,900,000～2,200,000
成交价：RMB 2,415,000
143cm×74cm 北京翰海 2021-06-05

1638 宋雨桂 2012年作 春霞 镜心
估　价：RMB 50,000～80,000
成交价：RMB 1,380,000
68cm×114cm 中国嘉德 2021-05-21

8082 孙浩 霞光
估　价：RMB 250,000～350,000
成交价：RMB 690,000
170cm×100cm 中贸圣佳 2021-05-20

1023 孙加 风禾之下
估　价：RMB 400,000
成交价：RMB 598,000
83cm × 88cm 辽宁省拍 2021-07-04

5 孙菊生 猫
估　价：RMB 420,000～500,000
成交价：RMB 500,000
68cm × 136cm 保利厦门 2021-12-03

4 孙翎境（金蝉儿）格物心语
估　价：RMB 380,000～500,000
成交价：RMB 500,000
30cm × 30cm 保利厦门 2021-12-03

259 孙其峰 四喜图 镜心
估　价：RMB 220,000～350,000
成交价：RMB 494,500
138.5cm × 69cm 中鸿信 2021-07-14

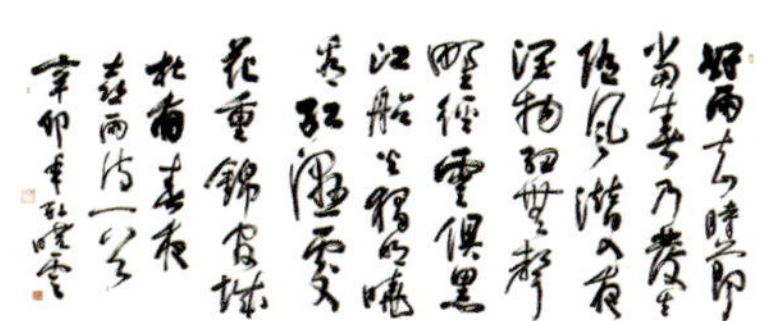

3205 孙晓云 2011年作 行书杜甫《春夜喜雨》镜心
估　价：RMB 800,000～1,200,000
成交价：RMB 920,000
143.2cm × 366cm 北京荣宝 2021-12-02

388 孙中山 行书“博爱”镜心
估　价：RMB 600,000～700,000
成交价：RMB 690,000
36cm × 80cm 北京保利 2021-06-05

1732 孙宗慰 1940年代作 蒙藏人物图 册页
估　价：RMB 150,000～350,000
成交价：RMB 552,000
15cm × 25cm × 9 永乐拍卖 2021-05-21

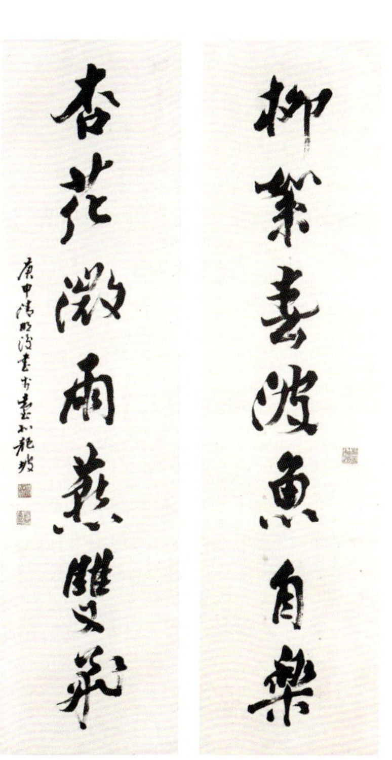

3091 台静农 1980年作 行书七言联 立轴
估　价：HKD 100,000～200,000
成交价：RMB 396,446
132cm × 33.6cm × 2 香港苏富比 2021-10-11

1547 太虚 花开见佛
估　价：RMB 4,000,000～7,000,000
成交价：RMB 3,450,000
63cm×160cm 上海嘉禾 2021-07-22

212 唐天涯 2019年作 江南人家 镜心
估　价：RMB 500,000～700,000
成交价：RMB 805,000
69cm×149cm 北京保利 2021-09-25

364 泰祥洲 2020年作 天象——中流击水
估　价：RMB 600,000～800,000
成交价：RMB 805,000
51cm×236.5cm 北京华辰 2021-06-19

3031 唐勇力 大唐之韵图 镜心
估　价：RMB 300,000～400,000
成交价：RMB 598,000
44.2cm×47.4cm 北京荣宝 2021-12-02

81 汤哲明 2020年作 大渡桥横 镜框
成交价：RMB 322,000
65.5cm×32cm 上海嘉禾 2021-07-22

21 陶冷月 松月扁舟 立轴
估　价：RMB 320,000～420,000
成交价：RMB 908,500
100.5cm×47.5cm 中贸圣佳 2021-07-06

761 唐大禧 1973年作 人民的苹果 立轴
估　价：RMB 1,500,000～2,500,000
成交价：RMB 1,725,000
159cm×128cm 中国嘉德 2021-05-19

52 陶一清 1964年作 六亿神州尽舜尧 立轴
成交价：RMB 517,500
113.5cm × 154cm 上海嘉禾 2021-07-22

449 田世光 黄鹂闹喜 镜片
估　价：RMB 700,000～900,000
成交价：RMB 1,092,500
132cm × 104cm 华艺国际 2021-06-04

626 田伯平 2021年作 金刚般若波罗蜜经
估　价：RMB 200,000～300,000
成交价：RMB 1,150,000
34cm × 3600cm 荣宝斋（南京）2021-05-26

4 田志刚 溪局
估　价：RMB 300,000～490,000
成交价：RMB 490,000
68cm × 45cm 保利厦门 2021-08-24

3311 田黎明 阳光少女四屏 镜框
估　价：RMB 400,000～600,000
成交价：RMB 1,322,500
69cm × 47cm × 4 北京荣宝 2021-12-02

1647 童和平 1998年作 山水 镜心
估　价：RMB 80,000～120,000
成交价：RMB 368,000
174cm×96cm 中国嘉德 2021-05-21

419 童中焘 星湖春霁 镜片
估　价：RMB 500,000～800,000
成交价：RMB 1,725,000
69cm×138cm 上海匡时 2021-07-08

2541 汪精卫 1938年作 行书《钓台》七绝两首 成扇
估　价：HKD 60,000～80,000
成交价：RMB 424,872
18.5cm×45cm 香港苏富比 2021-04-21

9 汪国新 龙马精神
估　价：RMB 180,000～480,000
成交价：RMB 480,000
33cm×33cm 保利厦门 2021-08-24

659 王成喜 2006年作 红梅傲骨 镜心
估　价：RMB 300,000～500,000
成交价：RMB 517,500
123cm×247cm 北京银座 2021-09-24

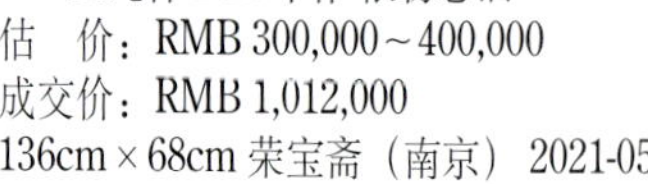

828 王纯祥 2017年作 依物恋旧
估　价：RMB 300,000～400,000
成交价：RMB 1,012,000
136cm×68cm 荣宝斋（南京） 2021-05-26

7 王大为 观瀑图
估　价：RMB 400,000～480,000
成交价：RMB 480,000
30cm×60cm 保利厦门 2021-08-24

1353 王福厂 1942年作 篆书百寿 镜心
估　价：RMB 120,000～150,000
成交价：RMB 402,500
167cm×71.5cm 中国嘉德 2021-05-21

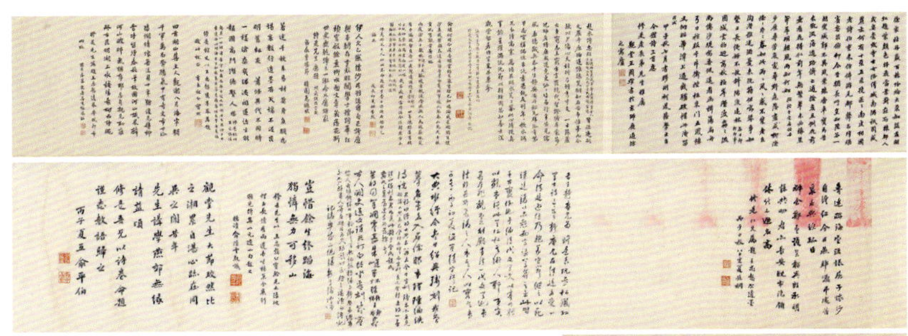

368 王国维 1924年作 行书柯凤荪诗 手卷
估　价：RMB 800,000～1,800,000
成交价：RMB 9,200,000
书法31cm×64.5cm；31.5cm×129.5cm；
31.5cm×150cm 中国嘉德 2021-12-10

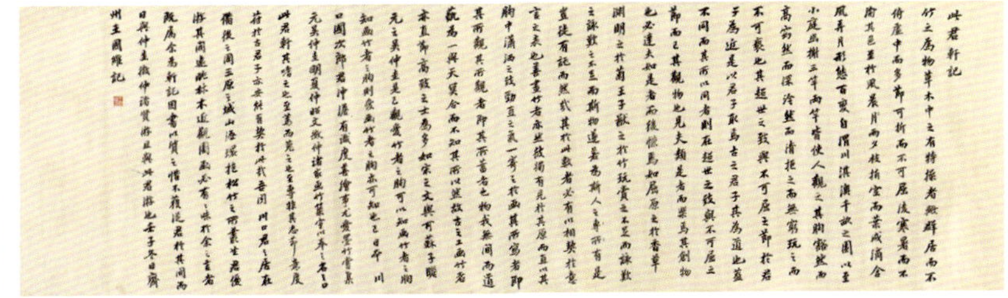

2460 王国维 1912年作 书名篇《此君轩记》 手卷
估　价：RMB 900,000～1,500,000
成交价：RMB 5,865,000
35.5cm×119cm 西泠印社 2021-01-16

8017 王济远 1961—1962年作 墨荷图 （一组八件）
估　价：RMB 2,800,000～3,800,000
成交价：RMB 3,392,500
56cm×120cm×8
华艺国际 2021-03-31

596 王开选 幽然 镜片
估　价：RMB 800,000
成交价：RMB 1,150,000
68cm×137cm 荣宝斋（南京） 2021-04-27

1639 王明明 2019年作 幽园四季四屏 镜心
估　价：RMB 1,500,000～1,800,000
成交价：RMB 2,760,000
105.5cm×42cm×4 中国嘉德 2021-05-21

78 王茂飞 仙侣图 镜片
估　价：RMB 350,000～450,000
成交价：RMB 437,000
145cm×354.5cm 华艺国际 2021-06-04

850 王连笙 佳境幽居
估　价：RMB 200,000～300,000
成交价：RMB 609,500
140cm×70cm 荣宝斋（南京） 2021-05-26

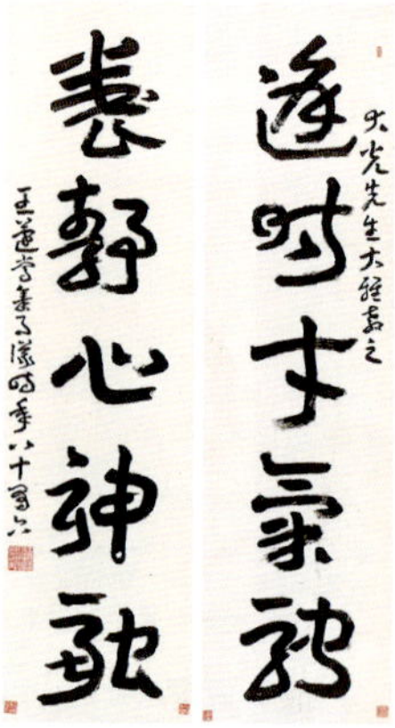

26 王蘧常 草书五言联 立轴
估　价：RMB 1,000～3,000
成交价：RMB 575,000
177.5cm×46.5cm×2 中国嘉德 2021-12-10

8916 王瑞星 2021年作 富贵长春 镜心
估　价：RMB 400,000～456,000
成交价：RMB 524,400
248cm×129cm 保利厦门 2021-11-05

56 王申勇（生勐）2018年 天之骄子
估　价：RMB 1,800,000～2,800,000
成交价：RMB 11,270,000
210cm×135cm 荣宝斋（南京）2021-05-26

51 王申勇（生勐）2018年 乾坤瑞气
估　价：RMB 1,000,000～2,000,000
成交价：RMB 8,970,000
210cm×140cm 荣宝斋（南京）2021-05-26

55 王申勇（生勐）2016年 清溪晨牧
估　价：RMB 1,000,000～1,800,000
成交价：RMB 7,475,000
108cm×164.3cm 荣宝斋（南京）2021-05-26

1068 王盛烈 天都云影 镜框 纸本
估　价：RMB 80,000
成交价：RMB 345,000
68cm×138cm 辽宁省拍 2021-07-04

180 王世利 2020年作 黄河 镜心
估　价：RMB 900,000
成交价：RMB 1,035,000
92cm × 174cm 北京翰海 2021-10-16

357 王西京 小站 镜片
估　价：RMB 1,500,000～1,800,000
成交价：RMB 2,817,500
144cm × 225cm 上海匡时 2021-07-08

825 王献民 2020年作 鼎盛中华，富贵吉祥
估　价：RMB 60,000～120,000
成交价：RMB 322,000
178cm × 96cm 荣宝斋（南京） 2021-05-26

1118 王雪涛 1979年作 争艳 镜心
估　价：RMB 2,800,000～3,500,000
成交价：RMB 6,785,000
82cm × 150cm 北京保利 2021-06-05

4901 王世襄 行书 “一榻间” 镜心
估　价：RMB 20,000～30,000
成交价：RMB 667,000
33cm × 114.5cm 中国嘉德 2021-05-19

547 王叔晖 1937年作 仕女 四条屏立轴
估　价：RMB 300,000～400,000
成交价：RMB 460,000
69cm × 34cm × 4 中国嘉德 2021-09-26

608 王雪涛 1941年作 家园 镜心
估　价：RMB 2,800,000～3,500,000
成交价：RMB 5,750,000
117cm × 203.5cm 北京银座 2021-09-24

357 王雪涛 1948年作 花卉草虫卷 手卷
估　价：RMB 3,500,000～4,500,000
成交价：RMB 4,025,000
42cm×730cm 中国嘉德 2021-12-10

2403 王振羽 有凤来仪 镜心
估　价：RMB 450,000～600,000
成交价：RMB 575,000
103cm×204cm 北京荣宝 2021-06-19

3098 王雪涛 富贵牡丹 立轴
估　价：RMB 800,000～1,200,000
成交价：RMB 2,415,000
134cm×68.5cm 北京保利 2021-12-03

2377 王一明 苍塬无声之一 镜心
估　价：RMB 800,000～1,000,000
成交价：RMB 1,035,000
90cm×248cm 北京荣宝 2021-06-19

8926 王茵 2021年作 甲骨文书法作品“龙” 镜心
估　价：RMB 350,000～383,000
成交价：RMB 440,450
24cm×22.5cm 保利厦门 2021-11-05

2057 王镛 2010年作 行书五言联 镜心
估　价：RMB 250,000～300,000
成交价：RMB 414,000
180.5cm×47.5cm×2 北京荣宝 2021-06-19

1190 王震 弘一 1926年作 南无阿弥陀佛 立轴
估　价：HKD 800,000～1,200,000
成交价：RMB 1,190,250
142cm×51.7cm 佳士得 2021-05-27

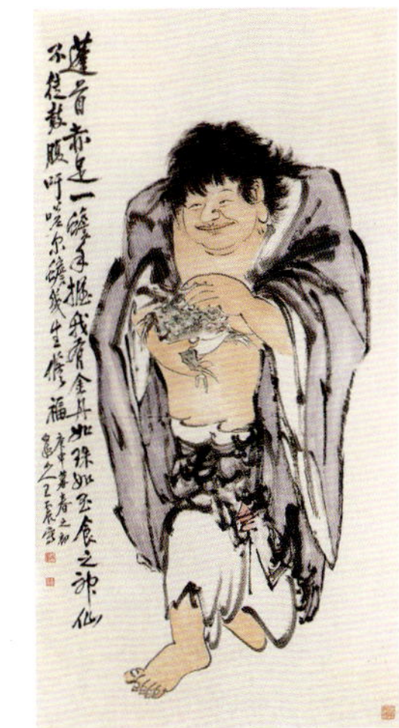

245 王震 1920年作 刘海戏金蟾 立轴
估　价：RMB 180,000～280,000
成交价：RMB 333,500
244cm×122cm 上海嘉禾 2021-11-14

681 王震 1916年作 瞎趣图 手卷
估　价：RMB 800,000～1,000,000
成交价：RMB 1,955,000
22cm×136cm 中国嘉德 2021-05-19

783 王子武 1987年作 月下对饮 立轴
估　价：RMB 380,000～580,000
成交价：RMB 4,485,000
178cm×95cm 中国嘉德 2021-05-19

654 王子武 峡江行 镜心
估　价：RMB 800,000～1,500,000
成交价：RMB 1,380,000
130cm×68cm 北京银座 2021-09-24

968 韦贵敏 早春图
估　价：RMB 130,000～320,000
成交价：RMB 368,000
120cm×240cm 荣宝斋（南京） 2021-05-26

8921 魏振武 1982年作 瑞鹤祥云 镜心
估　价：RMB 500,000～800,000
成交价：RMB 920,000
100cm×100cm 保利厦门 2021-11-05

1637 魏葵 踏雪寻梅 镜心
估　价：RMB 10,000～20,000
成交价：RMB 322,000
246.5cm×123cm 中国嘉德 2021-05-21

580 魏云飞 2021年作 四季山水 镜心
估　价：RMB 400,000～800,000
成交价：RMB 598,000
140cm×35cm×4 永乐拍卖 2021-12-01

3562 魏紫熙 1999年作 黄洋界 镜心
估　价：RMB 10,000,000～12,000,000
成交价：RMB 12,650,000
142cm×363cm 北京保利 2021-12-03

616 巫登益 2020年作 峡江帆影 镜心
估　价：HKD 400,000～500,000
成交价：RMB 571,416
132.5cm×66.5cm 保利香港 2021-11-28

747 魏紫熙 1972年作 收获归来 镜心
估　价：RMB 1,000,000～2,000,000
成交价：RMB 2,990,000
83cm×163cm 中国嘉德 2021-05-19

939 温骧 2020年作 飞瀑图 立轴
估　价：RMB 300,000～400,000
成交价：RMB 345,000
138cm×70cm 北京保利 2021-06-06

936 文蔚 2020年作 山远天高风雪寒 镜心
估　价：RMB 450,000～550,000
成交价：RMB 517,500
50cm×100cm 北京保利 2021-06-06

306 吴昌硕 1910年作 春风满庭图 立轴
估　价：RMB 2,000,000～3,000,000
成交价：RMB 9,775,000
137cm×63cm 北京荣宝 2021-06-19

353 吴昌硕 1918年作 花卉四屏 立轴
估　价：RMB 16,000,000～22,000,000
成交价：RMB 18,400,000
187cm×48.5cm×4 中国嘉德 2021-12-10

1082 吴茀之 1964年作 孙悟空 立轴
估　价：RMB 50,000～80,000
成交价：RMB 402,500
148cm×49cm 中国嘉德 2021-05-20

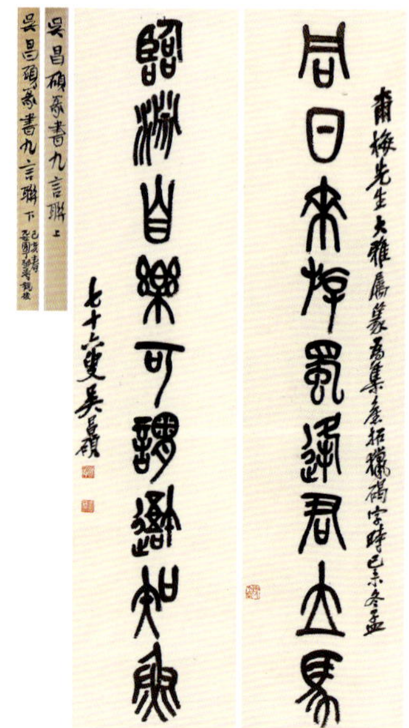

374 吴昌硕 1919年作 石鼓文九言联 立轴
估　价：RMB 3,800,000～5,800,000
成交价：RMB 8,050,000
244cm×55.5cm×2 中国嘉德 2021-12-10

131 吴观岱 流水音图卷 手卷
估　价：RMB 250,000～350,000
成交价：RMB 632,500
28.2cm×124.2cm 北京诚轩 2021-12-03

1809 吴冠中 1980年代作 松魂
估　价：RMB 28,000,000～38,000,000
成交价：RMB 36,800,000
148cm × 201cm 永乐拍卖 2021-05-21

1013 吴冠中 1990年作 卧
估　价：RMB 10,000,000～12,000,000
成交价：RMB 11,385,000
68cm × 137cm 十竹斋拍卖（北京） 2021-04-25

1807 吴冠中 1988年作 新林
估　价：RMB 6,800,000～9,800,000
成交价：RMB 9,430,000
68cm × 137cm 永乐拍卖 2021-05-21

1067 吴冠中 1991年作 春信 镜框
估　价：HKD 5,000,000～8,000,000
成交价：RMB 9,072,050
94cm × 177cm 佳士得 2021-11-30

3144 吴冠中 1988年作 清奇古怪 镜框
估　价：HKD 9,800,000～15,000,000
成交价：RMB 10,163,700
68.1cm × 137.8cm 香港苏富比 2021-10-11

1150 吴冠中 1987年作 长江三峡 镜框
估　价：HKD 6,000,000～8,000,000
成交价：RMB 8,155,800
135.5cm × 67.5cm 佳士得 2021-05-27

589 吴国亭 山野秘境图 镜片
估　价：RMB 15,000
成交价：RMB 575,000
68cm×90cm 荣宝斋（南京） 2021-04-27

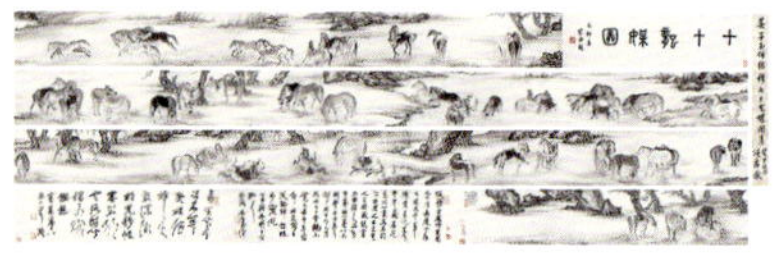

525 吴灏 七十龙媒图 手卷
估　价：RMB 380,000～480,000
成交价：RMB 621,000
画24cm×1061cm 华艺国际 2021-04-01

2708 吴湖帆 1959年作 钱塘江大桥 镜片
估　价：RMB 2,800,000～4,000,000
成交价：RMB 3,910,000
50cm×84.5cm 西泠印社 2021-01-16

63 吴湖帆 1939年作 蜀葵倚姿 镜框
估　价：RMB 3,800,000～4,800,000
成交价：RMB 7,935,000
69cm×31cm 华艺国际 2021-03-31

779 吴湖帆 临金农《醉葵图》 立轴
估　价：RMB 3,800,000～5,800,000
成交价：RMB 4,945,000
95cm×40cm 中国嘉德 2021-05-19

914 吴慧圆 2019年作 云壑观泉图
估　价：RMB 300,000～400,000
成交价：RMB 1,104,000
220cm×70cm 荣宝斋（南京） 2021-05-26

880 吴华源 云山无尽图卷 手卷
估　价：RMB 1,500,000～2,000,000
成交价：RMB 1,840,000
46cm×1028cm 中贸圣佳 2021-05-21

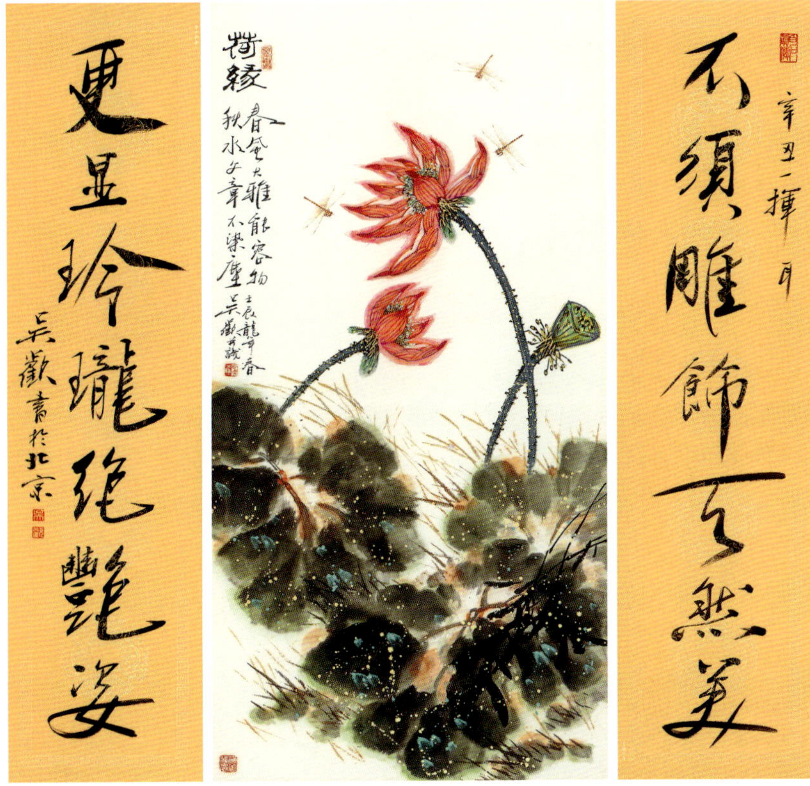

926 吴欢 2012年作、2021年作 荷缘・行书七言联 镜心
估　价：RMB 800,000～1,000,000
成交价：RMB 2,185,000
画138cm×68cm 北京保利 2021-06-06

1815 吴静山 2013年作 山水 镜心
估　价：RMB 300,000～400,000
成交价：RMB 517,500
97cm×156cm 北京翰海 2021-12-17

912 吴建堂 2020年作 钟馗斩魔图
估　价：RMB 150,000～250,000
成交价：RMB 575,000
162cm×68cm 荣宝斋（南京） 2021-05-26

325 吴镜汀 黄山百丈泉 立轴
估　价：RMB 180,000
成交价：RMB 414,000
78.5cm×140.5cm 中贸圣佳 2021-09-25

61 吴笠仙 花鸟六屏 立轴
估　价：RMB 600,000～800,000
成交价：RMB 920,000
213cm×52cm×6　华艺国际 2021-06-04

614 吴其昌 商承祚 1943年作 秦公敦铭 横披
估　价：RMB 150,000～250,000
成交价：RMB 414,000
38cm×139cm 广东崇正 2021-01-07

355 吴琴木 云壑松阴 立轴
估　价：RMB 250,000～350,000
成交价：RMB 575,000
142cm×78cm 朵云轩 2021-12-30

1900 吴青霞 1981年作 九鲤图 镜片
估　价：RMB 380,000～580,000
成交价：RMB 621,000
144cm×363cm 上海嘉禾 2021-07-23

197 吴征 1928年作 拟张果亭十八罗汉 册页（十八开）
估　价：HKD 30,000～50,000
成交价：RMB 875,371
24.8cm×32.8cm×18 中国嘉德 2021-04-22

506 吴石仙 1887、1888年作 山水 册页（四十八开）
估　价：RMB 680,000～880,000
成交价：RMB 782,000
27cm×21cm×48 华艺国际 2021-06-04

3079 吴作人 1982年作 藏舞图 立轴
估　价：RMB 400,000～600,000
成交价：RMB 1,978,000
133cm×66cm 北京保利 2021-12-03

8164 武艺 二十四孝图
估　价：RMB 1,800,000～2,500,000
成交价：RMB 2,771,500
45.5cm×69.5cm×25 中贸圣佳 2021-05-20

1422 夏北山 山林之黄海大观 镜心
估　价：RMB 80,000～120,000
成交价：RMB 1,035,000
231cm×52cm×4 中国嘉德 2021-12-13

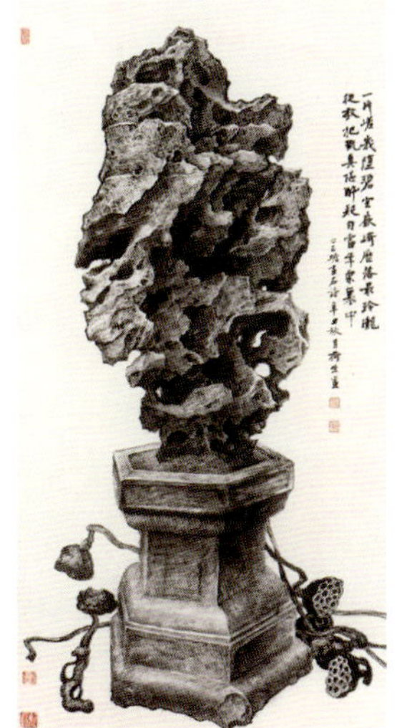

576 夏荷生 2021年作 白玉蟾诗意 镜心
估　价：RMB 650,000～850,000
成交价：RMB 977,500
137cm×69cm 永乐拍卖 2021-12-01

842 肖耀彩 2013年作 出水芙蓉
估　价：RMB 350,000～500,000
成交价：RMB 575,000
114cm×64cm 荣宝斋（南京） 2021-05-26

2657 肖禹蓁 2015年作 万物无象
估　价：RMB 380,000～550,000
成交价：RMB 552,000
120cm×80cm 北京保利 2021-12-02

820 肖宗林 旭日春风图
估　价：RMB 100,000～200,000
成交价：RMB 517,500
68cm×138cm 荣宝斋（南京） 2021-05-26

1038 萧瀚 四季山水 镜心
估　价：RMB 300,000～500,000
成交价：RMB 345,000
100.5cm×34.5cm×4 永乐拍卖 2021-05-21

161 萧朗 2003年作 吉祥画系列 镜心（十二件）
估　价：RMB 800,000～1,200,000
成交价：RMB 1,437,500
53cm × 53cm × 12 北京荣宝 2021-12-02

75 萧平 2010年作 四时花鸟卷 手卷
估　价：RMB 450,000～600,000
成交价：RMB 517,500
46cm × 635cm 北京九歌 2021-06-13

699 萧淑芳 1979年作 岭南二月花 立轴
估　价：RMB 350,000～400,000
成交价：RMB 402,500
84cm × 67.5cm 北京荣宝 2021-06-19

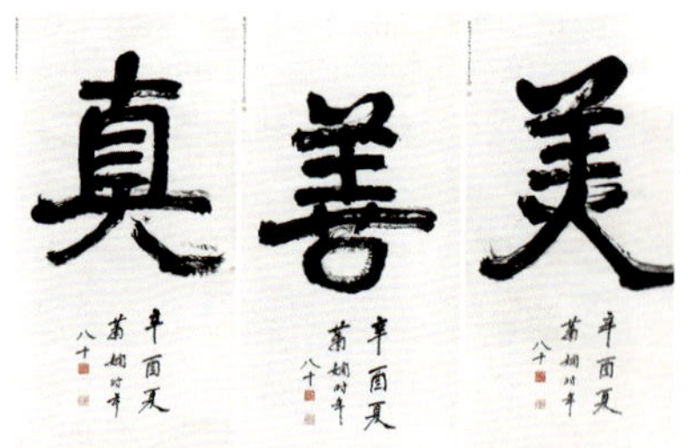

535 萧娴 1981年作 榜书“真善美” 立轴
估　价：RMB 220,000～280,000
成交价：RMB 310,500
136.5cm × 67cm × 3 北京荣宝 2021-12-02

8109 萧逊 云山松泉 立轴
估　价：RMB 380,000～580,000
成交价：RMB 920,000
102cm × 53.5cm 上海嘉禾 2021-07-22

24 谢金兰 雨后家山润
估　价：RMB 100,000～150,000
成交价：RMB 435,000
保利厦门 2021-09-29

20 谢天成 仙谷清泉
估　价：RMB 1,200,000～1,585,000
成交价：RMB 1,585,000
67.5cm×136cm 保利厦门 2021-09-29

663 谢无量 魏碑五言联 立轴
估　价：RMB 450,000～550,000
成交价：RMB 747,500
143.5cm×38.5cm×2 北京银座 2021-09-24

764 谢之光 在党和领导下向社会主义前进 镜心
估　价：RMB 400,000～600,000
成交价：RMB 1,265,000
52cm×75.5cm 中国嘉德 2021-05-19

771 谢稚柳 叠嶂重泉 镜心
估　价：RMB 800,000～1,800,000
成交价：RMB 4,715,000
145.5cm×82.5cm 中国嘉德 2021-05-19

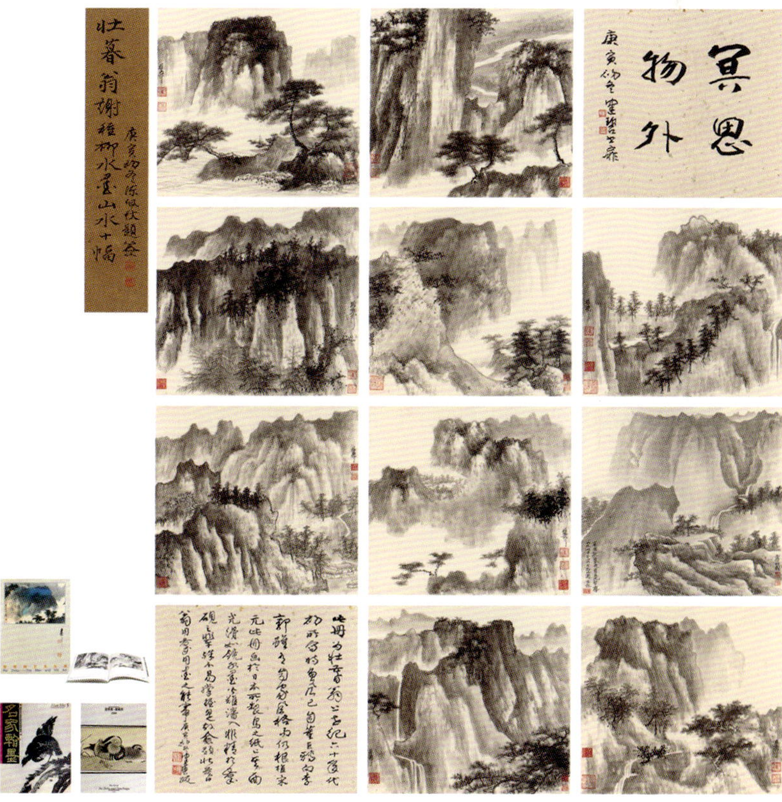

2720 谢稚柳 山水十幅 册页（共十二页）
估　价：RMB 3,600,000～6,000,000
成交价：RMB 4,830,000
26.5cm×28cm×12 西泠印社 2021-01-16

162 谢稚柳 荷塘鹡鸰 镜片
估　价：RMB 7,000,000～9,000,000
成交价：RMB 29,670,000
103cm×290cm 上海嘉禾 2021-11-14

330 徐悲鸿 1943年作 竹下雄鸡图 立轴
估　价：RMB 3,500,000～4,500,000
成交价：RMB 13,800,000
148cm×54cm 北京荣宝 2021-06-19

409 谢稚柳 1983年作 1978年作 白鹰苍松图·行书七言诗 立轴
估　价：RMB 580,000～780,000
成交价：RMB 4,117,000
画128.5cm×67cm 上海嘉禾 2021-07-22

705 徐悲鸿 苍松双鹤·行书五言联 一堂立轴、镜心
估　价：RMB 20,000,000～28,000,000
成交价：RMB 23,000,000
画129cm×77cm 中国嘉德 2021-05-19

601 熊红钢 2020年作 湖畔人家
估　价：RMB 120,000～180,000
成交价：RMB 437,000
68cm×136cm 荣宝斋（南京） 2021-05-26

55 徐悲鸿 1939—1940年作 画马集 册页（五开）
估　价：RMB 12,000,000～18,000,000
成交价：RMB 23,000,000
29.5cm×36.5cm×5 华艺国际 2021-12-11

1054 徐悲鸿 1944年作 双鹫 立轴
估　价：RMB 16,000,000～18,000,000
成交价：RMB 22,425,000
120cm×90.5cm 北京保利 2021-06-05

910 徐悲鸿 1932年作 庐山泉石 镜框
估　价：RMB 8,000,000～12,000,000
成交价：RMB 11,500,000
111cm×108cm 华艺国际 2021-06-04

1051 徐悲鸿 1943年作 钟馗 镜框
估　价：RMB 8,000,000～10,000,000
成交价：RMB 9,200,000
111cm×51.5cm 北京保利 2021-06-05

3196 徐悲鸿 1934年作 古柏森然 立轴
估　价：HKD 10,000,000～15,000,000
成交价：RMB 15,173,100
110.3cm×109.3cm 香港苏富比 2021-10-11

1845 徐冰 1999年作 艺术为人民
估　价：RMB 250,000～350,000
成交价：RMB 552,000
57cm×136cm 中国嘉德 2021-11-29

144 徐冰 新英文书法（二张一组）
估　价：RMB 1,500,000～2,000,000
成交价：RMB 2,783,000
150cm×150cm×2 上海明轩 2021-12-30

8365 徐华翎 2005年作 香3-6
估　价：RMB 300,000～400,000
成交价：RMB 517,500
158cm×98cm 华艺国际 2021-12-10

610 徐操 1926年作 袁盎却坐图 绢本
估　价：RMB 1,000,000～1,500,000
成交价：RMB 3,220,000
145.5cm×76cm 北京荣宝 2021-12-02

418 徐菊庵 1949年作 群仙毕至 立轴
估　价：RMB 280,000～300,000
成交价：RMB 322,000
133cm×69.5cm 朵云轩 2021-07-07

663 徐乐乐 琴思图 手卷
估　价：RMB 700,000～1,000,000
成交价：RMB 1,380,000
34cm×142cm 南京经典 2021-01-10

1942 徐累 2007年作 天花
估　价：RMB 1,800,000～2,800,000
成交价：RMB 2,875,000
129cm×273.5cm 永乐拍卖 2021-05-21

2020 徐里 江山如画 镜心
估　价：RMB 800,000～1,200,000
成交价：RMB 1,265,000
138cm×68cm 北京荣宝 2021-06-19

304 徐希 2004年作 古运河上 镜心
估　价：RMB 200,000～400,000
成交价：RMB 598,000
144cm×182cm 永乐拍卖 2021-12-02

867 徐雪峰 2020年作 秋山溪居图
估　价：RMB 80,000～120,000
成交价：RMB 322,000
98cm×108cm 荣宝斋（南京） 2021-05-26

4320 徐展 2021年作 甘南风情 镜心
估　价：RMB 1,050,000～1,300,000
成交价：RMB 2,012,500
201cm×198cm 北京保利 2021-12-04

8037 许麟庐 荷花 镜心
成交价：RMB 356,500
95.5cm×174.5cm 保利厦门 2021-11-05

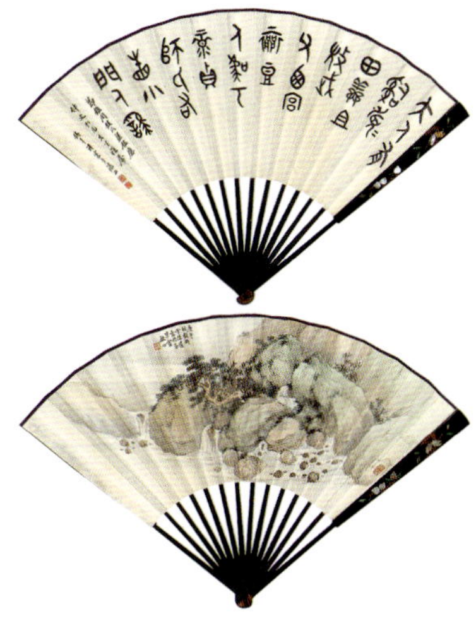

378 许铁峰 节临周《散氏盘铭》·启功《金陵遗意》成扇
估　价：RMB 300,000～500,000
成交价：RMB 345,000
18cm×50cm 中贸圣佳 2021-05-21

900 薛亮 2019年作 春和景明 镜心
估　价：RMB 2,000,000～3,000,000
成交价：RMB 3,220,000
143cm×367cm 北京保利 2021-06-06

19 薛亮 2006年作 秋气染金
估　价：RMB 2,350,000～2,450,000
成交价：RMB 3,220,000
143cm×367cm 十竹斋拍卖（北京） 2021-05-29

3383 亚明 1995年作 山水四季四屏 镜心
估　价：RMB 120,000～180,000
成交价：RMB 1,610,000
138cm×34cm×4 北京保利 2021-12-03

539 亚明 春讯 立轴
估　价：RMB 1,000,000～1,200,000
成交价：RMB 1,150,000
177cm×95cm 中贸圣佳 2021-05-21

413 严复 行书 屏轴
估　价：RMB 150,000～200,000
成交价：RMB 460,000
83.5cm×40cm 朵云轩 2021-12-30

1938 严培明 2006年作 人造景观
估　价：RMB 1,500,000～2,500,000
成交价：RMB 2,530,000
250cm×153cm×5 永乐拍卖 2021-05-21

8915 杨继林 2015年作 一枝春 镜心
估　价：RMB 360,000～400,000
成交价：RMB 460,000
126cm×62cm 保利厦门 2021-11-05

973 颜梅华 1982年作 上寿图 立轴
估　价：RMB 400,000～500,000
成交价：RMB 460,000
177cm×94cm 北京荣宝 2021-12-02

917 杨刚 2009年作 传说 镜心
估　价：RMB 300,000～400,000
成交价：RMB 345,000
46cm×151cm 北京保利 2021-06-06

2903 杨诘苍 2007—2008年作 OH MY GOD——黑云（九联作）
估　价：RMB 300,000～500,000
成交价：RMB 460,000
233cm×120cm×9 北京保利 2021-12-02

1860 杨佴旻 《七牛图》
估　价：RMB 600,000～800,000
成交价：RMB 2,530,000
69cm×131cm 北京翰海 2021-12-17

182 杨金瑞 2021年作 丰年 镜心
估　价：RMB 550,000
成交价：RMB 632,500
180cm×97cm 北京翰海 2021-10-16

4244 杨明义 2019年作 万古长青 镜心
估　价：RMB 200,000～300,000
成交价：RMB 621,000
144cm×96cm 北京保利 2021-12-04

909 杨钦竣 2020年作 终南烟云
估　价：RMB 100,000～200,000
成交价：RMB 977,500
70cm×158cm 荣宝斋（南京） 2021-05-26

368 杨善深 1988年作 夜深沉 立轴
估　价：HKD 1,500,000～2,500,000
成交价：RMB 1,490,400
179cm×96.5cm 中国嘉德 2021-10-13

309 杨石朗 吴湖帆 搜尽奇峰打草稿 手卷
估　价：RMB 280,000～380,000
成交价：RMB 402,500
38.5cm×145cm 中贸圣佳 2021-07-06

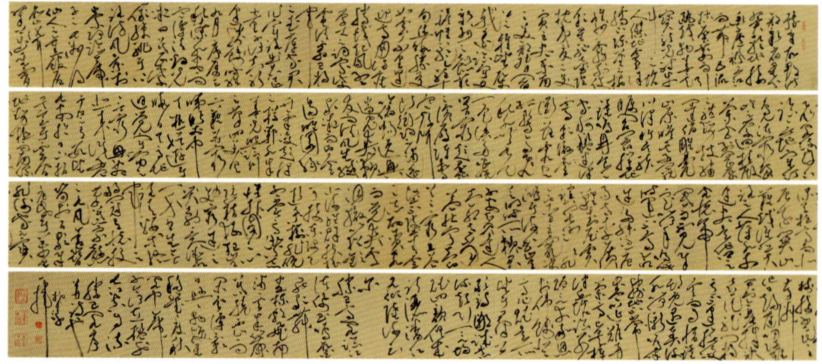

4345 杨涛 草书 手卷
估　价：RMB 500,000～700,000
成交价：RMB 575,000
34cm×1279cm 北京保利 2021-12-04

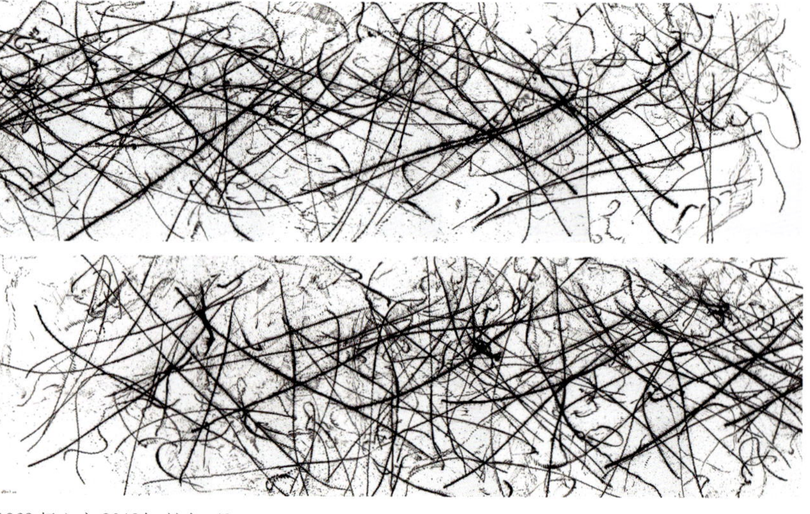

1862 杨心广 2013年 抽象画3
估　价：RMB 350,000～550,000
成交价：RMB 402,500
152cm×1000cm 中国嘉德 2021-05-20

903 杨新亮（言奇）2021年作 早春
估　价：RMB 400,000～600,000
成交价：RMB 1,906,700
138cm×69cm 荣宝斋（南京） 2021-05-26

3105 杨延文 1994年作 晓月下漓江 镜心
估　价：RMB 300,000～400,000
成交价：RMB 460,000
120cm×243cm. 北京荣宝 2021-12-02

60 杨彦 白志良 2021年作 达摩·《般若波罗蜜多心经》 镜心
估　价：RMB 100,000～200,000
成交价：RMB 690,000
136cm×70cm 北京九歌 2021-06-13

69 杨之光 鸥洋 1977年作 不灭的明灯 立轴
估　价：RMB 7,000,000～9,000,000
成交价：RMB 8,050,000
97cm×131cm 华艺国际 2021-12-11

456 杨之光 1980年作 三羊开泰 镜框
估　价：RMB 900,000～1,200,000
成交价：RMB 1,380,000
150.5cm×82.5cm
华艺国际 2021-04-01

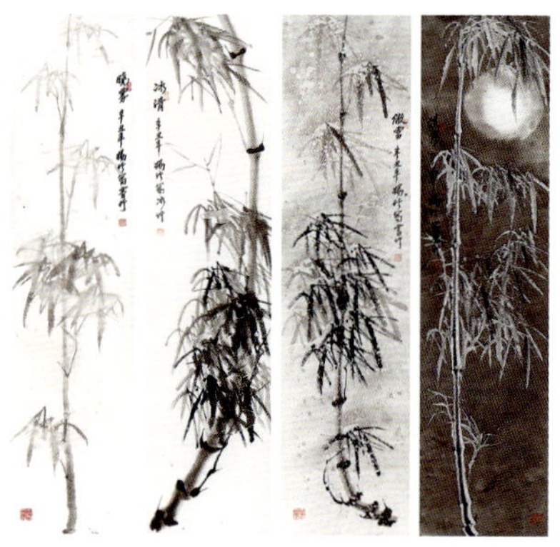

950 杨竹 2021年作 雾雪霜冰 立轴
估　价：RMB 320,000～400,000
成交价：RMB 368,000
138cm×34cm×4 北京保利 2021-06-06

812 姚有多 1981年作 傣家乐 镜片
估　价：RMB 700,000～800,000
成交价：RMB 920,000
151cm×82cm 北京荣宝 2021-06-19

3128 叶浅予 1990年作 凉山舞步 立轴
估　价：RMB 400,000～500,000
成交价：RMB 862,500
94cm×90.5cm 北京保利 2021-12-03

556 佚名 群仙赴会 手卷
估　价：RMB 3,000,000～4,000,000
成交价：RMB 5,175,000
28.5cm×331cm 朵云轩 2021-07-07

606 易峰 玉瘦香寒领岁华
估　价：RMB 200,000～300,000
成交价：RMB 1,138,500
248cm×129cm 荣宝斋（南京） 2021-05-26

1341 殷梓湘 1981年作 柳溪八骏图
估　价：RMB 100,000～200,000
成交价：RMB 322,000
138cm×69cm 西泠印社 2021-07-24

4311 尹沧海 2021年作 调猿罗汉 镜心
估　价：RMB 300,000～400,000
成交价：RMB 517,500
96cm×180cm 北京保利 2021-12-04

834 尹石 2018年作 飞水文章不染尘
估　价：RMB 60,000～120,000
成交价：RMB 552,000
180cm×97cm 荣宝斋（南京） 2021-05-26

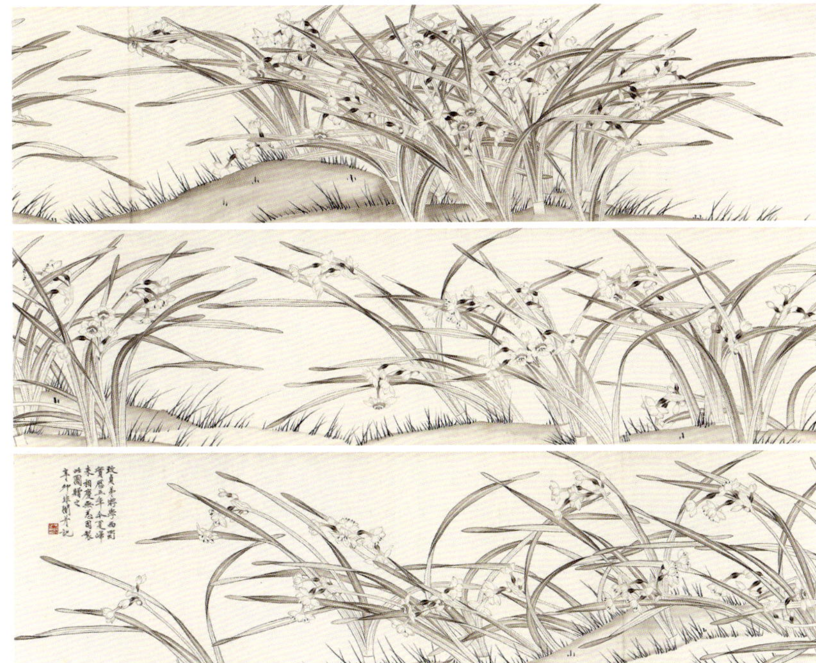

493 于非闇 1951年作 水仙 手卷
估　价：RMB 180,000～280,000
成交价：RMB 5,002,500
25.5cm×285cm 上海嘉禾 2021-11-14

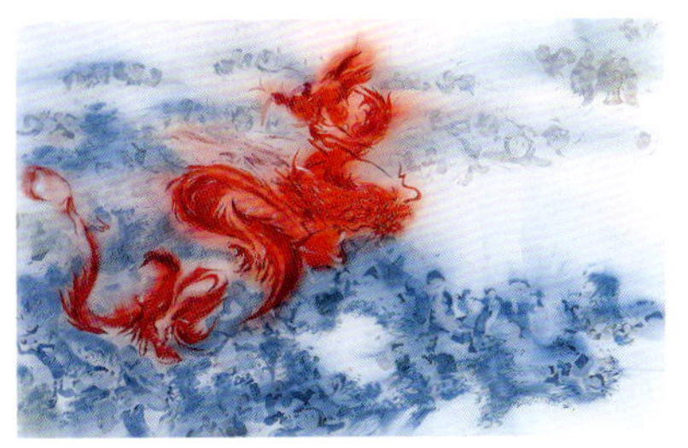

2355 游雯迪 2020年作 红龙No.2 浪
估　价：RMB 250,000～600,000
成交价：RMB 356,500
100cm×150cm 上海嘉禾 2021-07-23

3596 于非闇 1955年作 红杏枝头春意闹 立轴
估　价：RMB 5,000,000～6,000,000
成交价：RMB 9,671,500
83cm×111cm 北京保利 2021-12-03

3595 于非闇 1948年作 滇茶鹁鸽图 镜心
估　价：RMB 1,000,000～1,500,000
成交价：RMB 4,945,000
90cm×51cm 北京保利 2021-12-03

2720 于非闇 荷花蜻蜓 镜框
估　价：HKD 1,800,000～2,500,000
成交价：RMB 3,717,630
109.2cm×56.2cm 香港苏富比 2021-04-21

1157 于非闇 1957年作 四季花图 镜框
估　价：HKD 4,000,000～6,000,000
成交价：RMB 4,310,250
43.8cm × 205cm 佳士得 2021-11-30

6 于立学 松声鹿鸣图
估　价：RMB 80,000～128,000
成交价：RMB 500,000
138cm × 70cm 保利厦门 2021-12-03

837 于希宁 1974年作 春光春意春无尽 立轴
估　价：RMB 500,000～600,000
成交价：RMB 667,000
179cm × 91cm 北京荣宝 2021-12-02

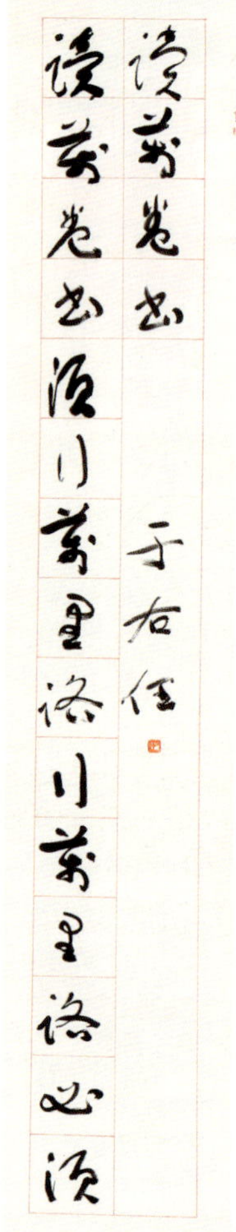

677 于右任 草书对联 镜心
估　价：RMB 600,000～800,000
成交价：RMB 2,760,000
180cm × 32cm × 2 中国嘉德 2021-05-19

3308 于 水 《桃花扇》人物故事四屏 镜心
估　价：RMB 280,000～380,000
成交价：RMB 552,000
136cm × 34cm × 4 北京荣宝 2021-12-02

655 于右任 行书四屏 立轴
估　价：RMB 280,000～380,000
成交价：RMB 2,127,500
170.5cm × 45.5cm × 4
中国嘉德 2021-05-19

2033 于志学 2009年作 走向胜利 镜心
估　价：RMB 600,000～800,000
成交价：RMB 690,000
145cm × 363cm 北京荣宝 2021-06-19

857 余承尧 群嶂图
估　价：HKD 200,000～400,000
成交价：RMB 318,654
89cm × 169cm 香港苏富比 2021-04-19

1867 余涵宇 神光之徙 镜心
估　价：RMB 480,000～580,000
成交价：RMB 575,000
57cm × 91cm 北京翰海 2021-12-17

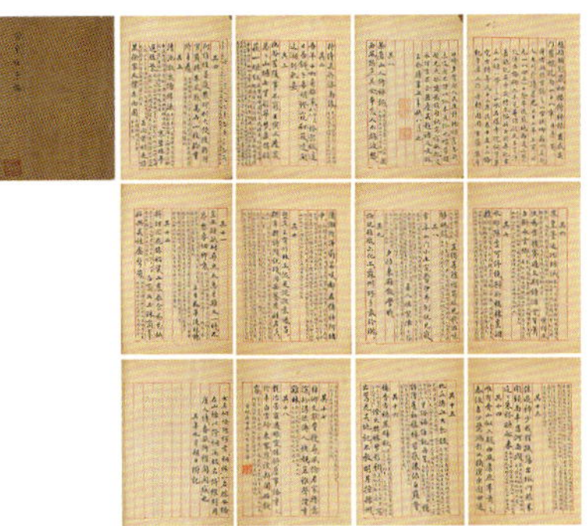

215 俞平伯 1961年作 吴门旧悰自书诗册
估　价：RMB 800,000～1,200,000
成交价：RMB 1,725,000
27.5cm × 18cm × 6 上海明轩 2021-12-30

497 俞致贞 孔雀屏开富贵春 立轴（四屏）
估　价：RMB 800,000～1,200,000
成交价：RMB 5,290,000
214cm × 80.5cm × 4 上海嘉禾 2021-11-14

478 俞致贞 1983年作 荷塘清趣 镜片
估　价：RMB 65,000～85,000
成交价：RMB 1,610,000
170cm × 88cm 上海嘉禾 2021-11-14

1263 郁达夫 1941年作 楷书七言联 立轴（两幅）
估　价：HKD 200,000～300,000
成交价：RMB 461,813
152cm × 19.8cm × 2 佳士得 2021-11-30

4951 袁克文 1927年作 篆书八言联 立轴
估　价：RMB 500,000～800,000
成交价：RMB 2,760,000
175.5cm × 23.7cm × 2 中国嘉德 2021-11-30

74 袁武 牧牛图 镜片
估　价：RMB 4,000,000～6,000,000
成交价：RMB 5,520,000
144.5cm × 364cm 华艺国际 2021-06-04

2035 袁武 2020年作 大师小景 册页
估　价：RMB 800,000～1,200,000
成交价：RMB 1,725,000
34cm × 34cm × 12 北京荣宝 2021-06-19

965 袁松年 1949年作 桃源问津 立轴
估 价：RMB 300,000～400,000
成交价：RMB 345,000
107cm×51cm 北京荣宝 2021-12-02

743 袁学君 2021年作 不二门
估 价：RMB 200,000～300,000
成交价：RMB 1,127,000
180cm×97cm 荣宝斋（南京） 2021-05-26

90 袁旃 2011年作 背背驮驮
估 价：HKD 1,000,000～1,500,000
成交价：RMB 993,600
118cm×160cm 中国嘉德 2021-10-12

8923 袁竹 2020年作 长生 镜心
估 价：RMB 330,000～498,000
成交价：RMB 572,700
70cm×60cm 保利厦门 2021-11-05

480 圆霖法师 伽蓝菩萨 立轴
估 价：RMB 500,000～600,000
成交价：RMB 667,000
135cm×73cm 南京经典 2021-01-10

戒灯续焰

2081 圆瑛法师 行书“戒灯续焰” 镜片
估 价：RMB 280,000～380,000
成交价：RMB 322,000
45cm×146cm 上海嘉禾 2021-07-23

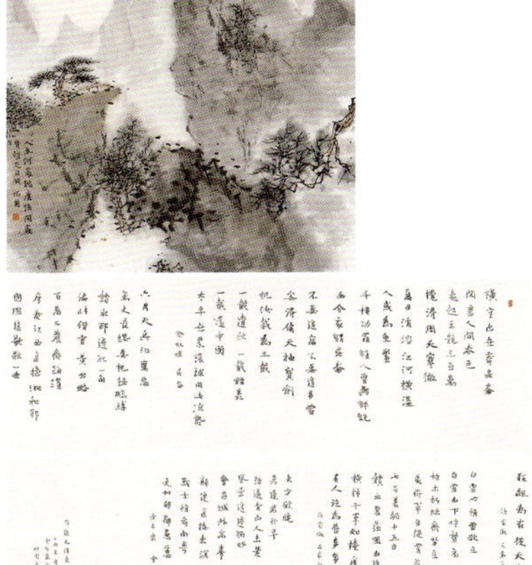

4293 乐泉 2015年作 书画合璧卷 镜心
估 价：RMB 300,000～400,000
成交价：RMB 414,000
34.5cm×34cm；31cm×180cm 北京保利
2021-12-04

803 云大群 2020年作 翠谷幽居图
估 价：RMB 50,000～80,000
成交价：RMB 690,000
136cm×68cm 荣宝斋（南京） 2021-05-26

74 曾晓浒 1993年作 峡江晴岚 软片
估　价：RMB 1,500,000～2,000,000
成交价：RMB 3,584,000
144cm×365cm 湖南逸典 2021-01-21

8955 曾以宁 2017年作 和睦相伴
估　价：RMB 3,000,000～6,800,000
成交价：RMB 7,820,000
136cm×68cm 保利厦门 2021-11-05

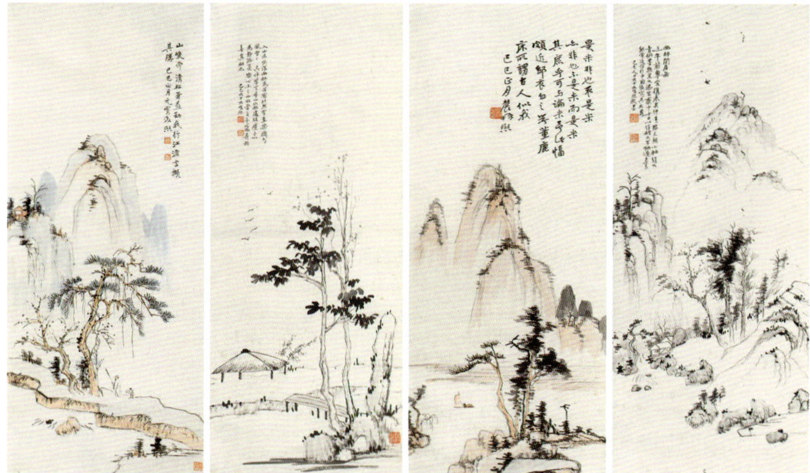

348 曾熙 山水四屏 立轴
估　价：RMB 400,000～500,000
成交价：RMB 563,500
111cm×46cm×4 中贸圣佳 2021-05-21

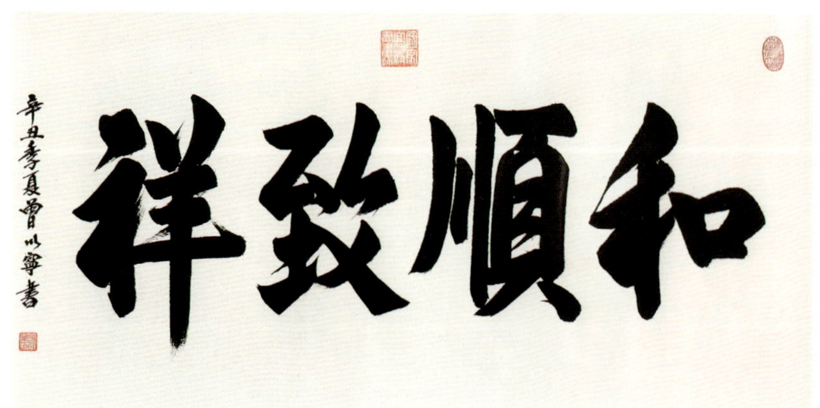

8925 曾以宁 2021年作 和顺致祥 镜心
估　价：RMB 300,000～1,200,000
成交价：RMB 1,380,000
68cm×138cm 保利厦门 2021-11-05

1289 曾宓 2007年作 葛岭秋色图 立轴
估　价：RMB 200,000～300,000
成交价：RMB 2,185,000
画141.5cm×95cm 中国嘉德 2021-12-13

868 查世煜 曙光山色
估　价：RMB 80,000～120,000
成交价：RMB 1,127,000
68cm × 136cm 荣宝斋（南京） 2021-05-26

849 查世煜 山村秋意浓
估　价：RMB 60,000～80,000
成交价：RMB 1,092,500
68cm × 136cm 荣宝斋（南京） 2021-05-26

672 张安治 1946年作 拉猪图 镜心
估　价：RMB 300,000～400,000
成交价：RMB 345,000
79cm × 94cm 中国嘉德 2021-12-11

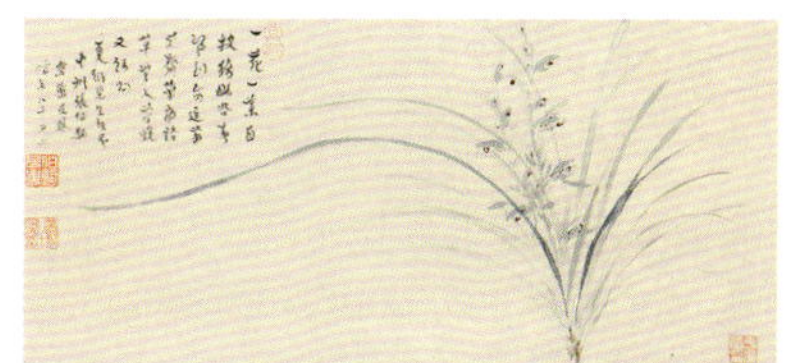

212 张伯驹 兰花 立轴
估　价：RMB 250,000～300,000
成交价：RMB 460,000
27cm × 55.5cm 上海明轩 2021-12-30

934 张伯绍 寿
估　价：RMB 40,000～60,000
成交价：RMB 575,000
136cm × 68cm 荣宝斋（南京） 2021-05-26

138 张伯英 1940年作 楷书八言联 镜心
估　价：RMB 200,000～300,000
成交价：RMB 1,610,000
241cm × 59cm × 2 北京荣宝 2021-06-19

60 张大千 1969年作 松峰晓霭图 镜心
成交价：RMB 92,000,000
186.5cm × 95.5cm 华艺国际 2021-12-11

288 张大千 1947年作 夏山高隐图 立轴
估　价：RMB 50,000,000 ~ 80,000,000
成交价：RMB 72,450,000
161cm × 63cm 中国嘉德 2021-12-10

59 张大千 李检法定林萧散图 镜心
估　价：RMB 20,000,000 ~ 30,000,000
成交价：RMB 45,425,000
123cm × 57cm 华艺国际 2021-12-11

297 张大千 1978年作 秋曦图 镜心
成交价：RMB 195,500,000
88cm × 183cm 中国嘉德 2021-12-10

3607 张大千 1932年作 仿诸家山水八屏 立轴
估　价：RMB 8,000,000～12,000,000
成交价：RMB 48,875,000
151cm × 40.8cm × 8 北京保利 2021-12-03

921 张大千 1962年作 黄山奇松通景 立轴
成交价：RMB 55,775,000
207.5cm × 148.5cm × 2 华艺国际 2021-06-04

3542 张大千 1967年作 丁未泼彩 镜心
估　价：RMB 30,000,000～35,000,000
成交价：RMB 40,250,000
127cm × 63cm 北京保利 2021-12-03

8003 张大千 自画像与黑虎 镜框
估　价：HKD 48,000,000～60,000,000
成交价：RMB 48,234,774
香港苏富比 2021-04-18

3065 张大千 1968年作 春云晓霭 镜框
成交价：RMB 177,714,468
100.5cm × 140cm 香港苏富比 2021-10-11

22 张大千 1967年作 碧峰古寺 立轴
成交价：RMB 173,134,800
127.7cm × 63cm 佳士得 2021-05-24

8100 张大千 1947年作 水殿风来暗香满 镜片
估　价：RMB 50,000,000～70,000,000
成交价：RMB 76,475,000
140cm × 367cm 上海嘉禾 2021-07-22

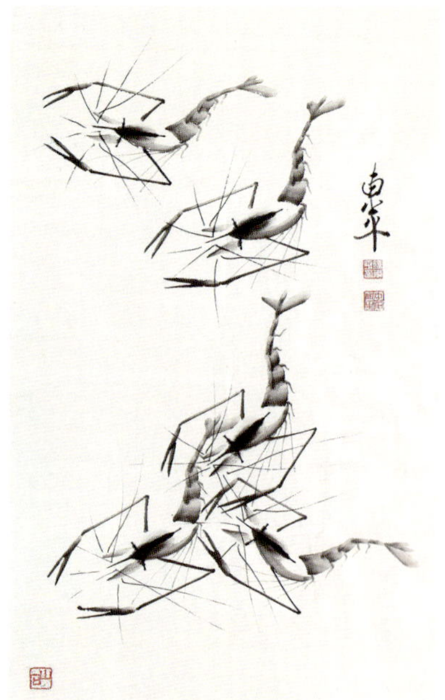

822 张东平 2021年作 墨虾图
估　价：RMB 200,000～300,000
成交价：RMB 1,035,000
70cm × 40cm 荣宝斋（南京） 2021-05-26

1540 张尔宾 2016年作 山水 镜心
估　价：RMB 300,000～400,000
成交价：RMB 345,000
68cm × 136cm 北京翰海 2021-06-05

3050 张光宇 张正宇 1960年代作 《大闹天宫》动画设计稿 镜片（十六帧）
估　价：RMB 800,000～1,200,000
成交价：RMB 1,437,500
尺寸不一 西泠印社 2021-01-16

216 张俊 山水通景十二屏 屏风
估　价：RMB 300,000～500,000
成交价：RMB 1,173,000
158cm × 360cm × 2
中贸圣佳 2021-05-21

223 张晋 洞庭丰收 立轴
估　价：RMB 180,000～250,000
成交价：RMB 552,000
179cm × 96cm 中鸿信 2021-07-14

2297 张立辰 1984年作 墨葡萄 镜心
估　价：RMB 250,000～350,000
成交价：RMB 368,000
179cm × 96cm 北京荣宝 2021-06-19

824 张丽 2020年作 云梦舞鹤
估　价：RMB 100,000～200,000
成交价：RMB 1,104,000
136cm×68cm 荣宝斋（南京） 2021-05-26

1528 张森 2014年作 花鸟 镜心
估　价：RMB 800,000～900,000
成交价：RMB 943,000
180cm×97cm 北京翰海 2021-06-05

3190 张善孖 1932年作 五牛图 镜框
估　价：HKD 600,000～800,000
成交价：RMB 1,669,248
30cm×222.5cm 香港苏富比 2021-10-11

617 张善孖 1931年作 善孖伏虎图 立轴
估　价：RMB 1,600,000～2,600,000
成交价：RMB 3,335,000
246cm×110.5cm 西泠印社 2021-01-15

694 张善孖 猛虎吞日 立轴
估　价：RMB 300,000～500,000
成交价：RMB 1,897,500
238cm×118.5cm 中国嘉德 2021-05-19

31 张守成 1942年作 桃花鸳鸯 立轴
估　价：RMB 10,000
成交价：RMB 759,000
104.5cm×52cm 上海明轩 2021-12-30

37 张书旂 和平鸽 立轴
估　价：RMB 300,000～350,000
成交价：RMB 517,500
129cm×67cm 广东小雅斋 2021-07-20

8932 张顺培 2021年作 节录欧阳修《醉翁亭记》 镜心
估　价：RMB 100,000～550,000
成交价：RMB 632,500
136cm × 68cm 保利厦门 2021-11-05

2612 张学良 自作七言诗
成交价：RMB 862,500
70cm × 53.2cm 中国嘉德 2021-12-10

529 张友宪 释迦牟尼人物册页 镜心 （四十七开）
估　价：RMB 300,000～400,000
成交价：RMB 414,000
18cm × 30.5cm × 47 中贸圣佳 2021-07-06

810 张志斌 2019年作 松树
估　价：RMB 100,000～200,000
成交价：RMB 897,000
96cm × 68cm 荣宝斋（南京） 2021-05-26

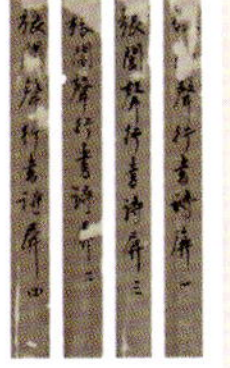

2696 张宗祥 1950年作 为钱君匋作自作诗四屏
估　价：RMB 180,000～280,000
成交价：RMB 747,500
131cm × 33cm × 4 西泠印社 2021-01-16

2583 章士钊 临《唐集右军圣教序并记》 手卷
估　价：HKD 300,000～500,000
成交价：RMB 339,898
25.8cm×535.8cm 香港苏富比 2021-04-21

2 赵刚 黄山秋色
估　价：RMB 280,000～430,000
成交价：RMB 430,000
62cm×68.5cm 保利厦门 2021-08-24

852 赵立国 2017年作 山水
估　价：RMB 120,000～180,000
成交价：RMB 402,500
68cm×138cm 荣宝斋（南京） 2021-05-26

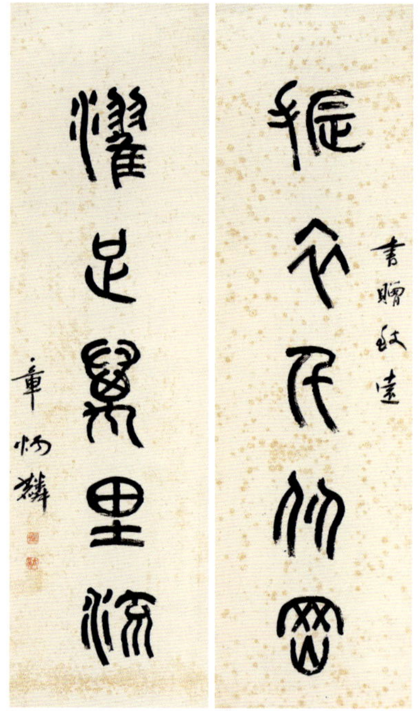

893 章炳麟 篆书五言联 立轴
估　价：RMB 50,000～80,000
成交价：RMB 322,000
127.5cm×36cm×2 中国嘉德 2021-05-20

200 赵昌林 精气神 镜心
估　价：RMB 200,000
成交价：RMB 575,000
68cm×68cm 北京翰海 2021-10-16

563 赵建成 问苍茫大地，谁主沉浮
估　价：RMB 60,000～80,000
成交价：RMB 575,000
87cm×65cm 荣宝斋（南京） 2021-05-26

266 赵朴初 1989年作 行书圆明讲堂释迦如来殿建成集《法华经》句二十言联 镜心
估　价：RMB 120,000～180,000
成交价：RMB 1,552,500
180cm×34cm×2 北京保利 2021-06-05

353 赵少昂 梅雀图 镜心
估　价：RMB 1,200,000～1,800,000
成交价：RMB 2,070,000
65cm×184cm 中贸圣佳 2021-05-21

925 赵延明 2018年作 题湖边庄
估　价：RMB 10,000～20,000
成交价：RMB 483,000
226cm×53cm 荣宝斋（南京） 2021-05-26

466 赵少昂 1952年作 叠荔夏蝉 立轴
估　价：RMB 400,000～600,000
成交价：RMB 2,012,500
105cm×29cm 广东崇正 2021-01-07

3565 赵望云 1945年作 平凉一隅 立轴
估　价：RMB 800,000～1,000,000
成交价：RMB 1,092,500
106cm×53cm 北京保利 2021-12-03

3692 赵叔孺 吴湖帆 溥儒 1944年作 双骏图 立轴
估　价：RMB 150,000～250,000
成交价：RMB 966,000
101cm×50.5cm 西泠印社 2021-07-25

789 赵无极 1981年作 山水
估　价：HKD 400,000～700,000
成交价：RMB 424,872
65cm×66.5cm 香港苏富比 2021-04-19

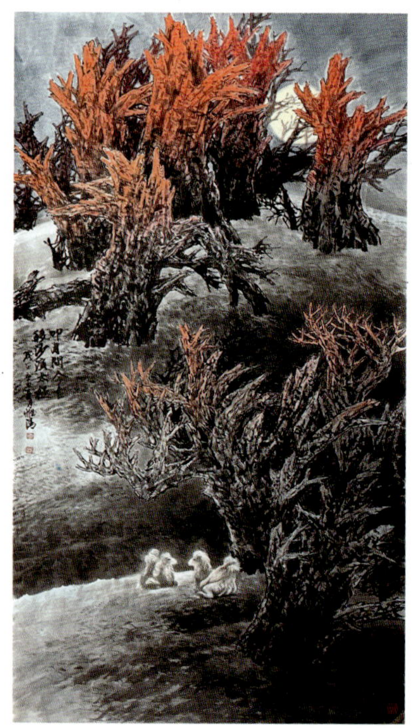

1 赵雅清 叩月问古今，移沙演太极
估　价：RMB 210,000～390,000
成交价：RMB 390,000
182cm×97cm 保利厦门 2021-08-24

1861 赵阳 2021年作 盛世山河 镜心
估　价：RMB 2,000,000～3,000,000
成交价：RMB 2,760,000
178cm×96cm 北京翰海 2021-12-17

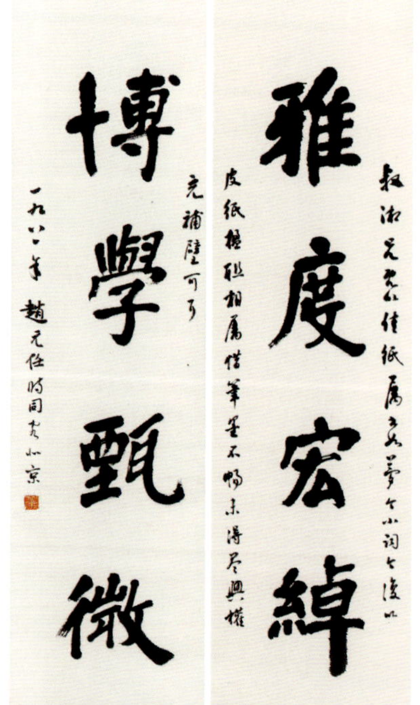

546 赵元任 1981年作 行书四言联 立轴
估　价：RMB 100,000～150,000
成交价：RMB 586,500
132.5cm×33cm×2 广东崇正 2021-01-07

549 赵云壑 1941年作 菊石图 立轴
估　价：RMB 80,000～150,000
成交价：RMB 437,000
136cm×68cm 中国嘉德 2021-03-27

72 赵准旺 江南春 镜片
估　价：RMB 350,000～450,000
成交价：RMB 402,500
143.5cm×451cm 华艺国际 2021-06-04

4341 照诚 书法福寿 镜心
估　价：RMB 300,000～400,000
成交价：RMB 437,000
33cm×33cm 北京保利 2021-12-04

204 郑百重 2012年作 佛光普照 镜心
估　价：RMB 200,000～300,000
成交价：RMB 414,000
56cm×135cm 北京保利 2021-09-25

186 郑孝胥 古松图 立轴
估　价：RMB 380,000
成交价：RMB 437,000
136cm×33cm 中贸圣佳 2021-09-25

8933 郑奎飞 2021年作 元宇宙 镜心
估　价：RMB 400,000～500,000
成交价：RMB 575,000
68cm×137cm 保利厦门 2021-11-05

39 郑慕康 1958年作 海军叔叔——我们的守护神 立轴
成交价：RMB 471,500
85cm×41cm 上海嘉禾 2021-07-22

180 郑乃珖 奇葩幽芬 镜心
估　价：RMB 400,000～500,000
成交价：RMB 517,500
143cm×80cm 中国嘉德 2021-09-26

603 周逢俊 2020年作 张家界清秋
估　价：RMB 200,000～300,000
成交价：RMB 747,500
180cm×97cm 荣宝斋（南京） 2021-05-26

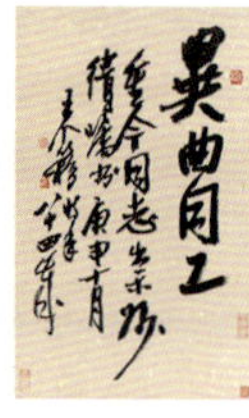

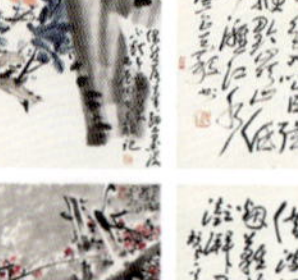

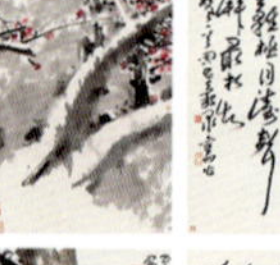

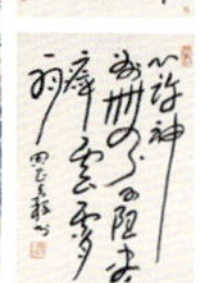
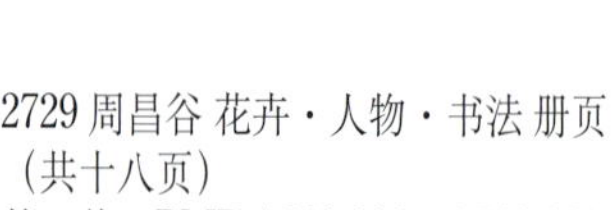

2729 周昌谷 花卉·人物·书法 册页
（共十八页）
估　价：RMB 1,000,000～1,500,000
成交价：RMB 1,840,000
画心54.5cm×34.5cm×14；直径27cm；30.5cm×41cm 西泠印社 2021-01-16

902 周韶华 2004年作 初春的小白杨 镜心
估　价：RMB 400,000～500,000
成交价：RMB 460,000
68cm×68cm 北京保利 2021-06-06

1398 周根宝 1998年作 楼台会印象 镜片
估　价：RMB 100,000～120,000
成交价：RMB 322,000
69cm×66.5cm 西泠印社 2021-07-24

4321 周午生 2021年作 荷花 镜心
估　价：RMB 700,000～900,000
成交价：RMB 1,380,000
139cm×191cm 北京保利 2021-12-04

805 周光汉 2021年作 万壑树声远，千崖秋气高
估　价：RMB 120,000～180,000
成交价：RMB 483,000
136cm×68cm 荣宝斋（南京） 2021-05-26

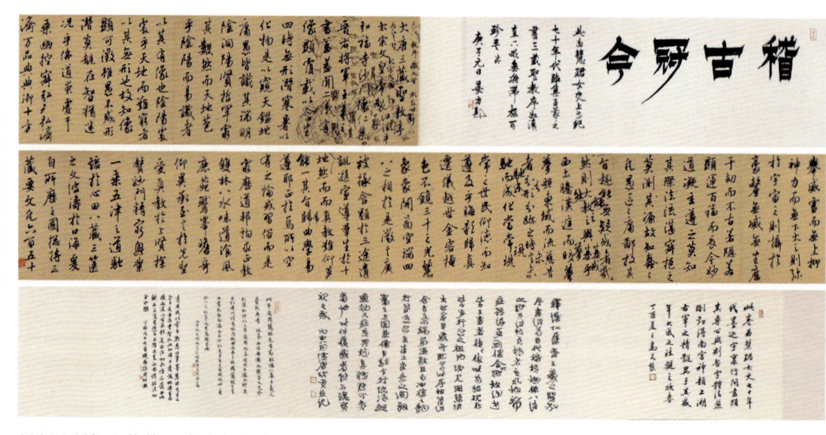

2292 周慧珺 节临《大唐怀仁集王羲之圣教序》 手卷
估　价：RMB 200,000～300,000
成交价：RMB 690,000
书法32cm×301cm 上海嘉禾 2021-07-23

3609 周思聪 高原风情 册页(十八开)
估　价：RMB 4,000,000～5,000,000
成交价：RMB 4,600,000
37.6cm × 54.3cm × 18 北京保利 2021-12-03

546 周彦生 2019年作 紫气东来 镜框
估　价：RMB 3,000,000～4,000,000
成交价：RMB 5,750,000
97cm × 176cm 华艺国际 2021-04-01

1568 周思聪 1983年作 秋天的素描 镜心
估　价：RMB 600,000～800,000
成交价：RMB 1,840,000
98.5cm × 103cm 中国嘉德 2021-05-21

1235 周锡玨 2015年作 松泉漱石 立轴
估　价：HKD 200,000～300,000
成交价：RMB 615,750
216cm × 94.5cm 佳士得 2021-11-30

76 周彦生 紫气东来 镜片
估　价：RMB 8,000,000～12,000,000
成交价：RMB 11,500,000
195cm × 505cm 华艺国际 2021-06-04

8261 周艺文 陌上春风 镜心
估　价：RMB 700,000～900,000
成交价：RMB 1,035,000
123cm × 123cm 保利厦门 2021-11-05

62 周元亮 太湖渔场 镜心
估　价：RMB 5,000～10,000
成交价：RMB 345,000
154cm×133cm 中国嘉德 2021-09-26

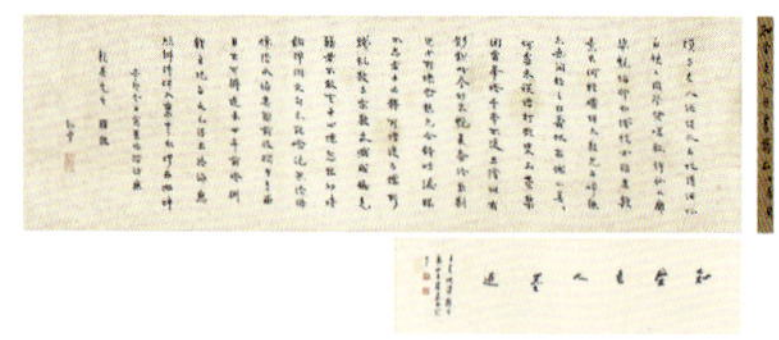

3228 周作人 1951年作 为苏干英书自作诗《白蛇传》手卷
估　价：RMB 180,000～280,000
成交价：RMB 368,000
27cm×91cm 西泠印社 2021-07-25

210 朱法鹏 2021年作 春风又绿江南岸 软片
估　价：RMB 150,000～250,000
成交价：RMB 1,104,000
136cm×68cm 荣宝斋（南京） 2021-05-26

751 朱德群 2005年作 梅斯05-4号
估　价：HKD 800,000～1,200,000
成交价：RMB 1,251,936
68cm×69.5cm 香港苏富比 2021-10-10

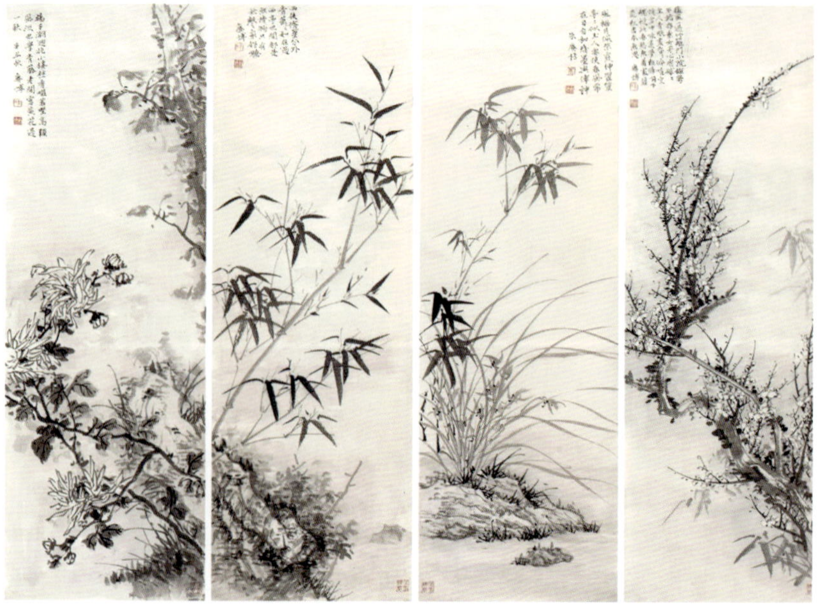

3328 朱赓博 梅兰竹菊四条屏 镜心
估　价：RMB 200,000～300,000
成交价：RMB 437,000
107cm×35cm×4 北京荣宝 2021-12-02

1052 朱梅邨 一曲团结战斗的凯歌 镜心
估　价：RMB 3,000~5,000
成交价：RMB 747,500
172.5cm×92cm 中国嘉德 2021-05-20

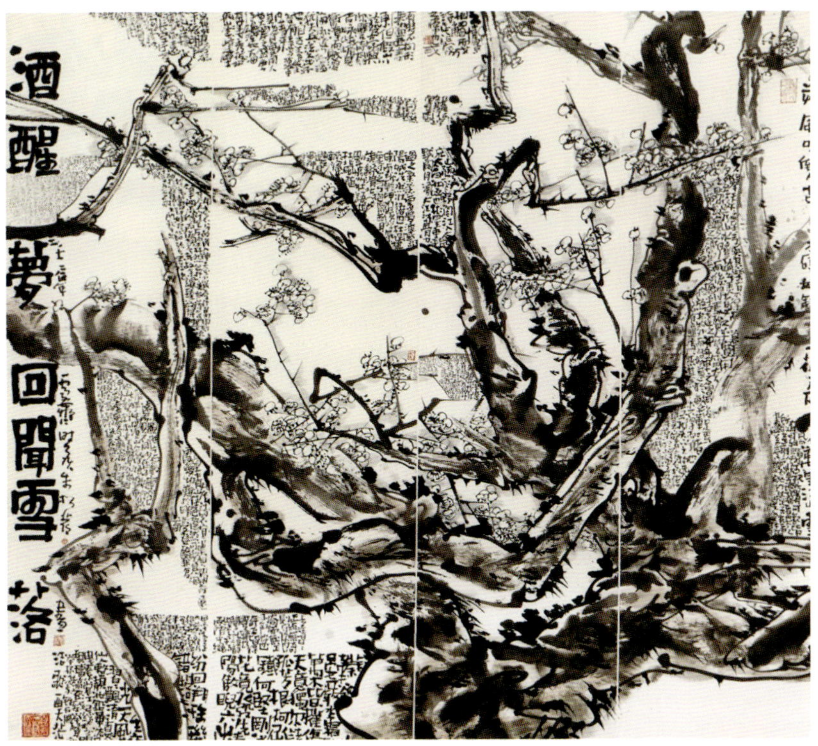

1864 朱松发 酒醒梦回闻雪落 镜心
估　价：RMB 300,000~500,000
成交价：RMB 345,000
168cm×191cm 北京翰海 2021-12-17

354 朱屺瞻 1964年作 红树青山好耕田 镜心
估　价：RMB 800,000~1,200,000
成交价：RMB 1,725,000
136cm×68cm 北京荣宝 2021-06-19

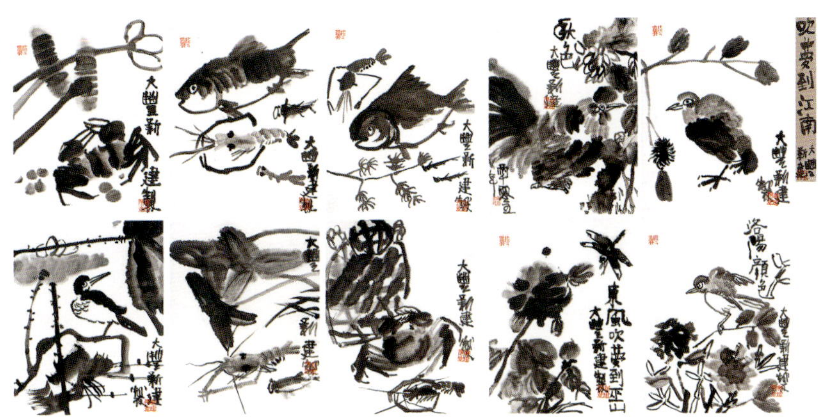

1668 朱新建 吹梦到江南 镜心
估　价：RMB 280,000~380,000
成交价：RMB 632,500
43cm×34cm×10 中国嘉德 2021-05-21

891 朱曜奎 2014年作 春意浓
估　价：RMB 800,000～1,200,000
成交价：RMB 7,475,000
80cm×80cm 荣宝斋（南京） 2021-05-26

890 朱曜奎 2013年作 夕阳意境
估　价：RMB 800,000～1,200,000
成交价：RMB 6,900,000
80cm×80cm 荣宝斋（南京） 2021-05-26

864 朱佑华 玉湛清秋
估　价：RMB 80,000～120,000
成交价：RMB 345,000
180cm×97cm 荣宝斋（南京） 2021-05-26

299 朱祖国 2021年作 雄鹰图 镜框
估　价：RMB 180,000～280,000
成交价：RMB 575,000
180cm×97cm 上海嘉禾 2021-11-14

2027 祝大年 1989年作 青岛之夏
估　价：RMB 700,000～900,000
成交价：RMB 805,000
84cm×120cm 永乐拍卖 2021-12-03

8362 祝铮鸣 2015年作 阿修罗之二
估　价：RMB 300,000～400,000
成交价：RMB 483,000
110cm×130cm 华艺国际 2021-12-10

1333 宗其香 1970年作 山村之夜 镜心
估　价：RMB 550,000～800,000
成交价：RMB 632,500
68.5cm × 107cm 中国嘉德 2021-05-21

112 庄毓聪 2021年作 融 镜心
估　价：RMB 200,000
成交价：RMB 345,000
70cm × 49cm 北京翰海 2021-10-16

作者年代不详

1198 佚名 秋林牧童图 立轴
估　价：RMB 15,000,000～20,000,000
成交价：RMB 17,250,000
88cm × 49cm 中国嘉德 2021-12-12

1173 佚名 高士观梅图 团扇
估　价：RMB 8,000,000～10,000,000
成交价：RMB 12,535,000
29cm × 28.5cm 中国嘉德 2021-12-12

803 佚名 牧牛图 团扇
估　价：RMB 3,500,000～5,500,000
成交价：RMB 6,440,000
直径26.5cm 华艺国际 2021-06-05

128 佚名 松下高士 团扇
估　价：RMB 5,000,000～8,000,000
成交价：RMB 6,900,000
直径22.6cm 保利厦门 2021-05-06

804 佚名 高士临眺 团扇
估　价：RMB 6,000,000～9,000,000
成交价：RMB 17,480,000
直径26.5cm 华艺国际 2021-06-05

805 佚名 寻梅访友图 镜片
估　价：RMB 7,000,000～9,000,000
成交价：RMB 13,570,000
24cm × 24.5cm 华艺国际 2021-06-05

2021 佚名 芦鸭图 立轴
估　价：RMB 8,000,000～10,000,000
成交价：RMB 10,982,500
152.5cm × 85cm 北京保利 2021-12-04

素 描

3047 巴布罗・毕加索 1970年作 舞台上的裸体
估　价：RMB 100,000～200,000
成交价：RMB 2,242,500
39cm×49cm 北京保利 2021-06-04

3078 刘炜 2004年作 人像素描（一组五件）
估　价：RMB 450,000～550,000
成交价：RMB 517,500
37.5cm×26.5cm；8.5cm×8.5cm×4
北京保利 2021-06-04

1022 常玉 背姿裸女
估　价：HKD 200,000～300,000
成交价：RMB 782,460
43.8cm×27.8cm 香港苏富比 2021-10-09

921 毛焰 2005年作 托马斯像
估　价：RMB 200,000～300,000
成交价：RMB 345,000
77cm×52cm 南京经典 2021-07-18

363 王沂东 2010年作 山里媳妇
估　价：RMB 300,000～500,000
成交价：RMB 575,000
73.5cm×61.5cm 北京华辰 2021-12-07

版　画

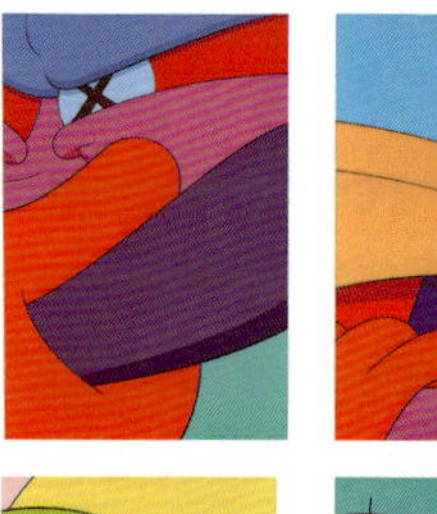
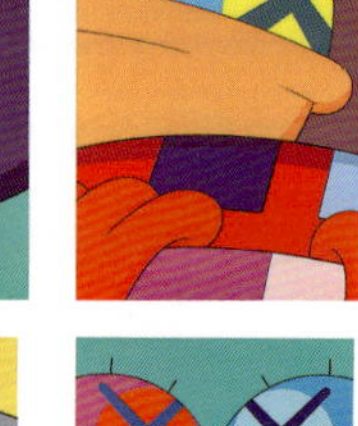

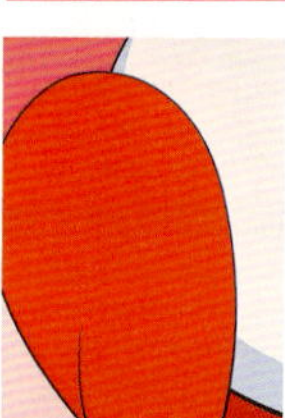

289 KAWS（布莱恩·唐纳利）没回复
估　价：HKD 480,000～720,000
成交价：RMB 672,399
88.9cm×58.4cm 保利香港 2021-11-29

1709 徐悲鸿 1936年作 孙多慈肖像（双面画）
估　价：RMB 500,000～1,000,000
成交价：RMB 1,150,000
23cm×30cm 永乐拍卖 2021-05-21

260 MR. 2019年作
我们听着广播时遇到一位老人
估　价：HKD 350,000～700,000
成交价：RMB 817,223
76cm×56.5cm 保利香港 2021-11-29

2026 MADSAKI 2019年作 最后的晚餐（四联画）
估　价：RMB 1,800,000～2,800,000
成交价：RMB 2,070,000
177.2cm×150cm×4 中国嘉德 2021-11-28

2065 安迪·沃霍尔 1982年作 三兄弟
估　价：RMB 2,600,000～3,600,000
成交价：RMB 2,990,000
101.6cm×203.2cm 永乐拍卖 2021-12-03

732 陈庭诗 1969年作 生之向往
估　价：HKD 250,000～500,000
成交价：RMB 730,296
全屏144.5cm×287.6cm 香港苏富比 2021-10-10

624 班克斯 2007年作 金色旗帜
估　价：HKD 200,000～400,000
成交价：RMB 637,308
纸张49.9cm×69.9cm 香港苏富比 2021-04-20

1343 KAWS（布莱恩·唐纳利）2014年作 责备游戏（十一件一组）
估　价：RMB 760,000～980,000
成交价：RMB 874,000
88.8cm×58.4cm×10 保利厦门 2021-05-05

306 草间弥生 1999年作 南瓜 MT
估　价：NTD 1,100,000～2,000,000
成交价：RMB 361,920
59cm×50cm 罗芙奥 2021-07-18

2094 方力钧 1999年 1999-03-01
估　价：RMB 1,500,000～2,500,000
成交价：RMB 1,725,000
488cm×122cm×6 中国嘉德 2021-05-20

1902 刘炜 2005年作 肖像2005二号
估　价：RMB 300,000～400,000
成交价：RMB 368,000
66cm×66cm 永乐拍卖 2021-05-21

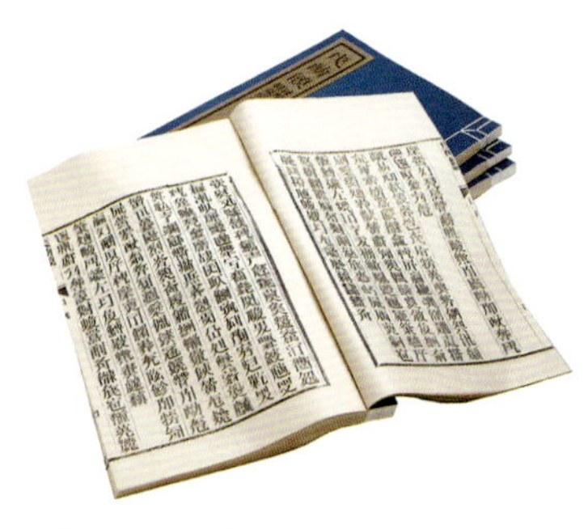

296 徐冰 1991年作 天书
估　价：HKD 400,000～600,000
成交价：RMB 662,400
45.5cm×40cm×4 佳士得 2021-05-25

水粉水彩

355 巴布罗·毕加索 1941年11月28日作 斜倚的女子与人
估　价：HKD 5,000,000～7,000,000
成交价：RMB 6,116,450
30.5cm×40.6cm 佳士得 2021-12-02

2499 卢浮宫版画工作室 2014年作 中法建交50周年卢浮宫限量纪念版手工铜版版画（含卢浮宫馆藏铜版大师世界名画10幅、巴黎建筑10幅、皇家花卉10幅）（一套三十幅）
估　价：RMB 300,000～1,000,000
成交价：RMB 575,000
尺寸不一 上海嘉禾 2021-07-23

3046 巴布罗·毕加索 1933年作 两个沐浴的女孩
估　价：RMB 100,000～200,000
成交价：RMB 3,162,500
39cm×50cm 北京保利 2021-06-04

138 常玉 1930年作 无题
估　价：HKD 120,000～220,000
成交价：RMB 1,138,500
13.4cm × 10.3cm 佳士得 2021-05-25

707 丁雄泉 花果静物
估　价：HKD 300,000～400,000
成交价：RMB 1,043,280
90.5cm × 180cm 香港苏富比 2021-10-10

2471 陈坚 湖
估　价：RMB 200,000～400,000
成交价：RMB 345,000
72cm × 109cm 上海嘉禾 2021-07-23

8270 方增先 解放前夕
估　价：RMB 400,000～600,000
成交价：RMB 483,000
37cm × 54cm 中贸圣佳 2021-05-20

3105 费声福 1953年作 和平万岁
估　价：RMB 300,000～400,000
成交价：RMB 460,000
51.5cm × 72.5cm 西泠印社 2021-01-16

1612 冯法祀 1952年 送农民子弟上中学
估　价：RMB 350,000～450,000
成交价：RMB 575,000
42.3cm×72.3cm 中国嘉德 2021-11-29

1043 符罗飞 燕子来了
估　价：RMB 300,000～500,000
成交价：RMB 345,000
35cm×48cm 广东崇正 2021-07-18

3027 关良 1943—1944年作 上天梯
估　价：RMB 400,000～600,000
成交价：RMB 460,000
37.4cm×26.3cm 北京保利 2021-06-04

227 哈维尔．卡勒加 2017年作 Nuclear Broccoli；Few #22；Be Mine #15；I’m Yours；Taunt #50；AC-DC #43；Becomes #27 & Nice Hat #46（共八幅）
估　价：HKD 1,800,000～2,800,000
成交价：RMB 4,347,000
尺寸不一 佳士得 2021-05-25

37 黎谱 约1938年作 绑围巾的女士
估　价：HKD 6,800,000～8,800,000
成交价：RMB 7,162,200
59.5cm×48.5cm 佳士得 2021-05-24

1752 赵无极 2006年作 巴黎春天
估 价：RMB 1,200,000～2,200,000
成交价：RMB 1,380,000
56cm×76cm 中国嘉德 2021-05-20

123 周春芽 2018年作 桃花
估 价：HKD 250,000～350,000
成交价：RMB 485,568
32.5cm×43.5cm 保利香港 2021-04-21

752 朱德群 1976年作 8.7.1976
估 价：HKD 700,000～1,000,000
成交价：RMB 1,251,936
65cm×50.5cm 香港苏富比 2021-10-10

751 尊室陶 1936年作 音乐家
估 价：HKD 140,000～250,000
成交价：RMB 1,487,052
50cm×61cm 香港苏富比 2021-04-19

油 画

3324 KAWS（布莱恩·唐纳利） 2013年作 无题
估 价：RMB 6,000,000～10,000,000
成交价：RMB 9,775,000
182.9cm×205.7cm 北京保利 2021-06-04

23 阿莫奥克·博福 2018年作 举起双手
估　价：HKD 2,000,000～3,000,000
成交价：RMB 21,879,650
187cm×148.6cm 佳士得 2021-12-01

5 阿尔弗雷德·西斯利 1872年作 阿让特伊的塞纳河
估　价：USD 2,000,000～3,000,000
成交价：RMB 23,195,700
49.5cm×72.3cm 纽约佳士得 2021-11-11

1060 阿凡迪 1977年作 叼烟斗的自画像
估　价：HKD 2,000,000～3,000,000
成交价：RMB 2,124,360
99.5cm×124cm 香港苏富比 2021-04-18

122 MR. 2013年作 如此刺激……太疯狂了
估　价：HKD 1,000,000～2,000,000
成交价：RMB 5,525,330
162cm×130cm 佳士得 2021-12-02

1121 艾德里安·格尼 2016年作 旅程
估　价：HKD 39,000,000～49,000,000
成交价：RMB 40,485,918
240cm×199.8cm 香港苏富比 2021-04-19

48 艾德里安·格尼 2008年作 收藏家I
估　价：HKD 45,000,000～65,000,000
成交价：RMB 54,627,300
200cm×290cm 佳士得 2021-05-24

1110艾德里安·格尼 2013年作 查尔斯·达尔文之死
成交价：RMB 45,473,760
280cm×260cm 香港苏富比 2021-10-09

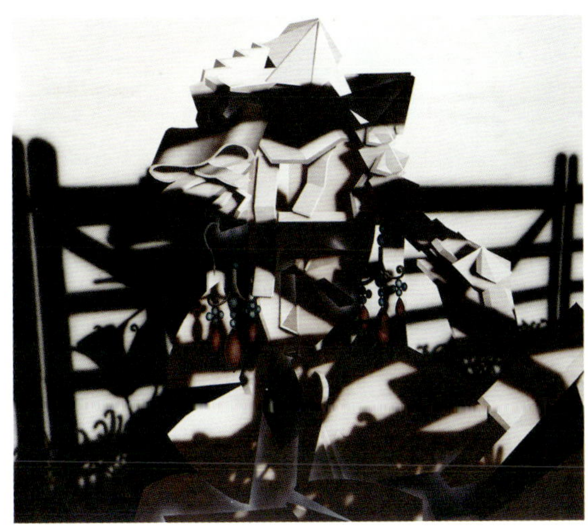

27 艾芙瑞·辛格 2017年作 无题（星期二）
估　价：HKD 16,000,000～26,000,000
成交价：RMB 28,776,050
215.9cm×241.9cm 佳士得 2021-12-01

9 艾德里安·格尼 2014年作 75岁的查尔斯·达尔文
估　价：HKD 32,000,000～48,000,000
成交价：RMB 47,494,850
200cm×270cm 佳士得 2021-12-01

43 艾芙瑞·辛格 2013年作 现代主义雕像周围的舞者
估　价：HKD 7,800,000～12,000,000
成交价：RMB 20,079,000
183cm×244.3cm 佳士得 2021-05-24

2107 艾轩 2020年作 若尔盖的二月
估　价：RMB 1,800,000～2,800,000
成交价：RMB 2,530,000
90cm×90cm 中国嘉德 2021-05-20

3056 艾轩 1999年作 冰板
估　价：RMB 1,600,000～2,200,000
成交价：RMB 2,875,000
80cm×80cm 北京保利 2021-06-04

359 艾轩 1992年作 静静的冻土带
估　价：RMB 2,800,000～3,800,000
成交价：RMB 2,415,000
90cm×90cm 北京华辰 2021-12-07

1843 艾轩 1995年作 凝神的瞬间
估　价：RMB 2,000,000～3,000,000
成交价：RMB 2,300,000
91cm×91cm 永乐拍卖 2021-05-21

2025 艾中信 1990年作 雪原放牧
估　价：RMB 600,000～800,000
成交价：RMB 690,000
60cm×85cm 永乐拍卖 2021-12-03

18 爱德华 · 维亚尔 1926—1927年作 简 · 伦瓦尔
估　价：USD 1,000,000～1,500,000
成交价：RMB 17,061,300
130.1cm×98.5cm 纽约佳士得 2021-11-11

8005 巴布罗 · 毕加索 1970年作 斗牛士
估　价：HKD 100,000,000～150,000,000
成交价：RMB 117,974,478
130cm×97cm 香港苏富比 2021-04-18

54 巴布罗・毕加索 1968年10月9日作 侧躺的裸女与蜻蜓
估　价：HKD 52,000,000～68,000,000
成交价：RMB 51,783,120
97cm×162cm 佳士得 2021-05-24

96 白仁海 1987年作 生死线上
成交价：RMB 483,000
150cm×150cm 上海嘉禾 2021-07-22

2035 巴尔蒂斯 1989—1994年作 镜子里的猫III
成交价：RMB 166,750,000
195cm×200cm 永乐拍卖 2021-12-03

1123 白发一雄 1992年作 黄沙
估　价：HKD 15,000,000～25,000,000
成交价：RMB 15,447,975
218cm×291cm 香港苏富比 2021-04-19

68 班克斯 2006年作 Sale Ends Today
估　价：HKD 21,000,000～28,000,000
成交价：RMB 38,957,400
213.4cm×426.7cm 佳士得 2021-05-24

10 保罗·塞尚 1883—1885年作 埃斯塔克的红屋顶
估 价：USD 35,000,000～55,000,000
成交价：RMB 353,494,800
65.5cm×81.4cm 纽约佳士得 2021-11-11

12 包林 2009年作 浮沉
估 价：RMB 300,000～400,000
成交价：RMB 460,000
80cm×70cm 北京华辰 2021-12-07

68 贝尔纳·布菲 1991年作 小丑乐手（萨克斯、手风手）
估 价：HKD 7,000,000～9,000,000
成交价：RMB 13,505,450
225.4cm×270.5cm 佳士得 2021-12-01

11 贝尔特·莫里索 1888年作 提着篮子的女孩
估 价：USD 2,000,000～3,000,000
成交价：RMB 33,930,900
69.9cm×51.2cm 纽约佳士得 2021-11-11

12 蔡尔德·哈萨姆 约1888—1889年作 天竺葵
估　价：USD 2,000,000～3,000,000
成交价：RMB 36,998,100
60.3cm×45.7cm 纽约佳士得 2021-11-11

16 蔡尔德·哈萨姆 约1888—1893年作 黄昏
估　价：USD 1,500,000～2,500,000
成交价：RMB 13,227,300
125.7cm×193cm 纽约佳士得 2021-11-11

166 蔡万霖 2021年作 飘浮
估　价：RMB 500,000～600,000
成交价：RMB 1,150,000
100cm×120cm 北京华辰 2021-12-07

1781 蔡万霖 2020年作 标准姿势之四
估　价：RMB 500,000～800,000
成交价：RMB 1,035,000
100cm×80cm 中国嘉德 2021-11-29

98 蔡亮 1992年作 盲人音乐家韩起祥
成交价：RMB 805,000
85cm×66cm 上海嘉禾 2021-07-22

331 曹力 2014年作 生命的热力
估　价：RMB 1,300,000～1,800,000
成交价：RMB 1,782,500
180cm×140cm 北京华辰 2021-06-19

188 曹星熙 2019年作 浅红色的繁花
估　价：HKD 400,000～600,000
成交价：RMB 718,375
145cm×112cm 佳士得 2021-12-02

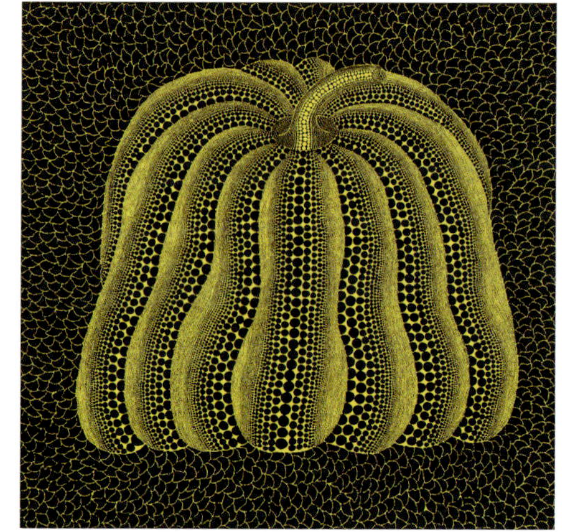

52 草间弥生 2013年作 南瓜（LPASG）
估　价：HKD 45,000,000～65,000,000
成交价：RMB 51,345,340
130.3cm×130.3cm 佳士得 2021-12-01

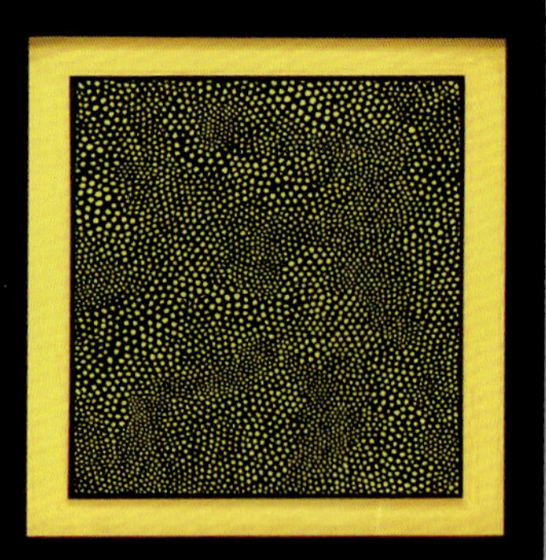

2529 草间弥生 2014年作 无限的网（MGPP）
1959—1979年作 无限的网
成交价：RMB 105,225,000
145.5cm×145.5cm；53.0cm×45.5cm
上海嘉禾 2021-07-23

8510 常玉 1930年代初作 群马
成交价：RMB 207,000,000
110cm×103cm 华艺国际 2021-06-05

26 常玉 约1950年代作 静月莹菊
估 价：HKD 78,000,000～120,000,000
成交价：RMB 98,238,060
91.5cm×48cm 佳士得 2021-05-24

10 常玉 1940年代作 红色背景的百合花
估 价：HKD 100,000,000～150,000,000
成交价：RMB 82,366,825
91cm×50cm 佳士得 2021-12-01

1019 常玉 1950年代作 睡美人
估 价：HKD 100,000,000～150,000,000
成交价：RMB 66,403,944
71cm×127cm 香港苏富比 2021-10-09

3307 陈丹青 1980年作 西藏组画·牧羊人
成交价：RMB 161,000,000
78.6cm × 52.3cm 北京保利 2021-06-04

1676 朝戈 干燥的草原
估　价：RMB 600,000 ~ 900,000
成交价：RMB 1,035,000
70cm × 140cm 北京翰海 2021-12-17

63 陈丹青 1983年作 康巴汉子
估　价：HKD 4,000,000 ~ 6,000,000
成交价：RMB 5,525,330
102cm × 76.5cm 佳士得 2021-12-01

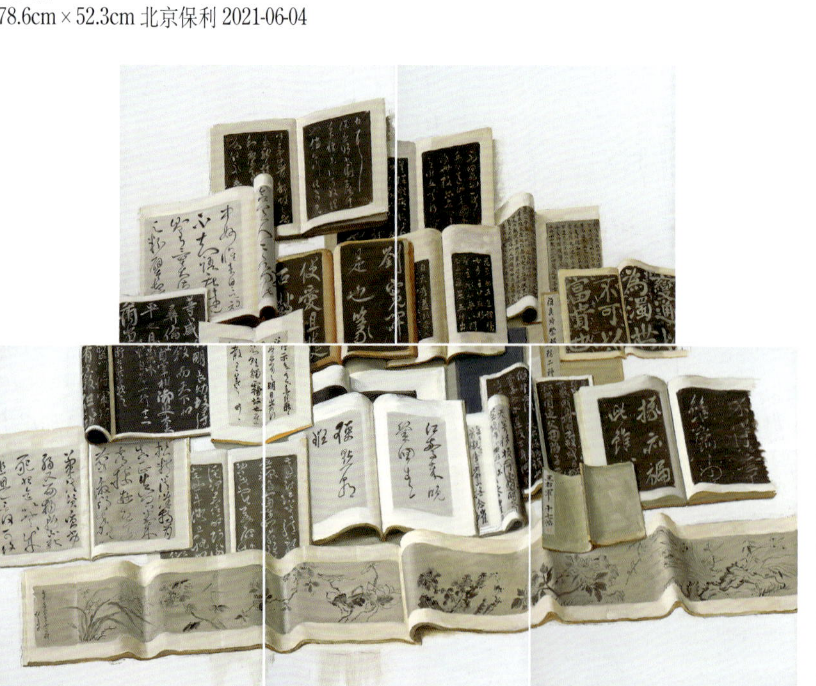

2106 陈丹青 2015 年作 书帖丛林之一（五联画）
估　价：RMB 8,000,000 ~ 12,000,000
成交价：RMB 9,200,000
101.5cm × 76cm × 5 中国嘉德 2021-11-28

909 陈丹青 1978年作 爱情在一九七八
估　价：RMB 800,000 ~ 1,500,000
成交价：RMB 3,450,000
92cm × 84cm 南京经典 2021-07-18

95 陈丹青 1987年作 晨曦中的女孩
估　价：HKD 300,000～500,000
成交价：RMB 1,589,760
39.5cm×30cm 中国嘉德 2021-10-12

3207 陈飞 2007、2011、2012年作 青春期（一组四件）
估　价：RMB 500,000～800,000
成交价：RMB 1,725,000
尺寸不一 北京保利 2021-06-04

2082 陈钧德 2016年作 陶俑百果图
估　价：RMB 1,320,000～2,320,000
成交价：RMB 1,610,000
120cm×120cm 中国嘉德 2021-11-28

16 陈飞 2007年作 左拳无力
估　价：HKD 1,200,000～1,800,000
成交价：RMB 5,969,880
总130cm×320cm 佳士得 2021-05-24

1978 陈俊穆 2020年作 维吾尔舞蹈
估　价：RMB 500,000～800,000
成交价：RMB 575,000
180cm×160cm 中国嘉德 2021-11-29

115 陈飞 2006年作 沉浸在幸福的海洋里
估　价：HKD 1,200,000～2,000,000
成交价：RMB 1,517,400
130cm×114.5cm 保利香港 2021-04-21

1714 陈钧德 1978年作 上海的早晨
估　价：RMB 5,000,000～8,000,000
成交价：RMB 6,325,000
120cm×160cm 朵云轩 2021-07-07

2823 陈可 2007年作 六层塔
估　价：RMB 1,500,000～2,000,000
成交价：RMB 1,725,000
215cm×215cm 北京保利 2021-12-02

1038 陈衍宁 2005年作 春宵
估　价：RMB 1,200,000～1,500,000
成交价：RMB 1,380,000
127cm×122cm 广东崇正 2021-07-18

3208 陈可 2009年作 Happy New Year
估　价：RMB 500,000～1,000,000
成交价：RMB 1,610,000
200cm×200cm 北京保利 2021-06-04

895 陈蜀 2018年作 古镇系列之三十八
估　价：RMB 120,000～180,000
成交价：RMB 414,000
150cm×120cm 荣宝斋（南京） 2021-05-26

1027 陈文希 约1950年代作 静物
估　价：HKD 900,000～1,800,000
成交价：RMB 1,147,608
76.5cm×46cm 香港苏富比 2021-10-09

8017 陈可之 2019年作 我思故我在
估　价：RMB 500,000～800,000
成交价：RMB 1,150,000
69cm×69cm 中贸圣佳 2021-05-20

62 陈庭诗 1991年作 破晓兴晨
估　价：HKD 600,000～800,000
成交价：RMB 915,161
130cm×162.5cm 中国嘉德 2021-04-23

8030 陈衍宁 回响
估 价：RMB 1,800,000～2,200,000
成交价：RMB 2,300,000
99cm×74cm 华艺国际 2021-03-31

1971 陈逸飞 1992年作 雪景
估 价：RMB 1,200,000～2,200,000
成交价：RMB 17,825,000
120cm×150cm 中国嘉德 2021-05-20

2423 陈逸飞 1998年作 上海梦
估 价：RMB 15,000,000～35,000,000
成交价：RMB 32,775,000
179cm×121cm 上海嘉禾 2021-07-23

21189 陈逸飞 琴韵 镜片
估 价：RMB 5,000,000～8,000,000
成交价：RMB 7,150,000
200cm×150cm 上海鑫马 2021-11-28

3329 陈逸飞 2000年作 神采
估　价：RMB 4,500,000～6,500,000
成交价：RMB 5,175,000
250cm × 100cm 北京保利 2021-06-04

1039 陈逸飞 1988年作 模特儿
估　价：RMB 3,800,000～5,500,000
成交价：RMB 4,370,000
90cm × 110cm 广东崇正 2021-07-18

1824 陈荫罴 无题
估　价：RMB 250,000～450,000
成交价：RMB 345,000
91cm × 60.5cm 永乐拍卖 2021-05-21

114 陈昭宏 1974年作 海滩
估　价：HKD 100,000～150,000
成交价：RMB 348,159
77cm × 107.5cm 中国嘉德 2021-04-23

2040 陈逸飞 1998年作 水乡——桥头
估　价：RMB 4,800,000～6,800,000
成交价：RMB 5,520,000
99cm × 139cm 永乐拍卖 2021-12-03

2126 陈彧君 2015年作 临时家庭 No.14150522
估　价：RMB 480,000～680,000
成交价：RMB 552,000
220cm × 150cm × 3；40.5cm × 30.5cm 中国嘉德 2021-05-20

356 程丛林 1990年作 阿米子与羊
估　价：RMB 1,000,000～1,500,000
成交价：RMB 1,150,000
90cm×145cm 北京华辰 2021-12-07

543 崔洁 2015年作 阿塔里姆广场
估　价：HKD 200,000～400,000
成交价：RMB 678,132
100cm×150cm 香港苏富比 2021-10-10

2333 池磊 2021年作 《天真无邪先锋队》系列之伟大复兴
估　价：RMB 100,000～250,000
成交价：RMB 368,000
180cm×400cm 上海嘉禾 2021-07-23

1979 崔开玺 1977年作 遵守纪律的模范——邱少云
估　价：RMB 300,000～500,000
成交价：RMB 345,000
81.5cm×75.5cm 中国嘉德 2021-05-20

659 崔小冬 2010年作 春分
估　价：RMB 600,000～800,000
成交价：RMB 805,000
150cm×120cm 华艺国际 2021-09-17

239 村上隆 弗吉尔·阿布洛 2018年作 Dob
估　价：HKD 1,200,000～2,200,000
成交价：RMB 1,552,500
150cm×170cm 佳士得 2021-05-25

51 达纳·舒茨 2016年作 日光浴
估　价：HKD 7,000,000～10,000,000
成交价：RMB 12,627,000
188cm×213.5cm 佳士得 2021-05-24

24 达纳·舒茨 2003—2004年作 心如止水
估　价：HKD 4,000,000～6,000,000
成交价：RMB 14,983,250
153cm×167.5cm 佳士得 2021-12-01

1111 达纳·舒茨 2015年作 狮子吃驯狮人
估　价：HKD 9,000,000～14,000,000
成交价：RMB 9,531,801
213.2cm×223.8cm 香港苏富比 2021-04-19

126 邓春和 2005年作 人生
估　价：HKD 260,000～360,000
成交价：RMB 310,500
149.5cm × 299.5cm 佳士得 2021-05-25

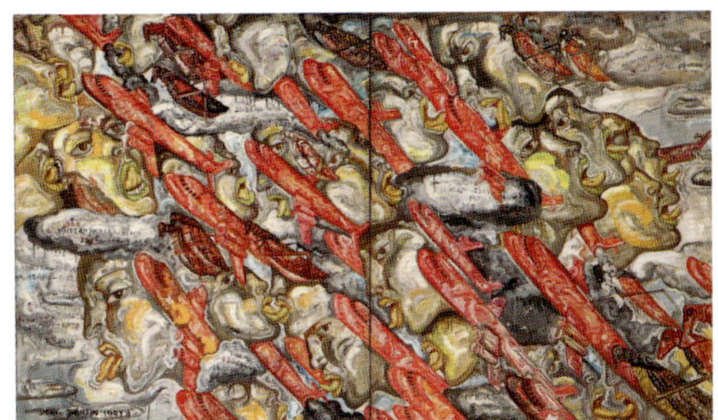

1658 邓箭今 1997年作 闪逝的风景
估　价：RMB 400,000～500,000
成交价：RMB 575,000
200cm × 360cm 北京翰海 2021-12-17

56 丁雄泉 1994年作 十姊妹
估　价：HKD 5,000,000～7,000,000
成交价：RMB 5,175,000
202cm × 485.5cm 佳士得 2021-05-24

2083 丁方 1984—1990年 麦田守望
估　价：RMB 1,000,000～2,000,000
成交价：RMB 1,322,500
150cm × 180cm 中国嘉德 2021-05-20

65 丁雄泉 1979年作 你喜欢我的猫吗?
估　价：HKD 380,000～450,000
成交价：RMB 417,791
61.5cm × 86.5cm 中国嘉德 2021-04-23

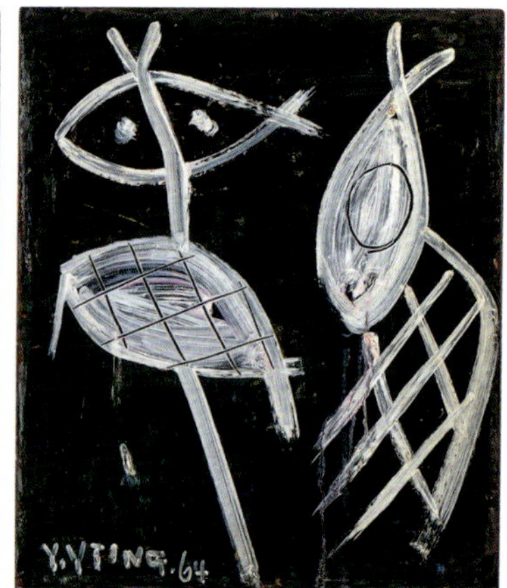

147 丁衍庸 1968年及1964年作 仕女及构图 I
估　价：HKD 4,500,000～6,500,000
成交价：RMB 4,552,200
59cm×48.2cm×2 保利香港 2021-04-21

48 丁衍庸 1967—1968年作 裸女与动物图像及坐姿举臂裸女
估　价：HKD 4,500,000～6,500,000
成交价：RMB 4,310,250
61cm×46cm 佳士得 2021-12-01

293 丁乙 2002年作 十示－9
估　价：HKD 600,000～800,000
成交价：RMB 2,380,500
140cm×160cm 佳士得 2021-05-25

31 丁衍庸 1971年作 兰芷
估　价：HKD 1,300,000～1,800,000
成交价：RMB 2,484,000
45cm×30.5cm 中国嘉德 2021-10-12

92 董小蕙 2021年作 清逸·粉茶
估　价：HKD 200,000～280,000
成交价：RMB 347,760
80cm×100cm 中国嘉德 2021-10-12

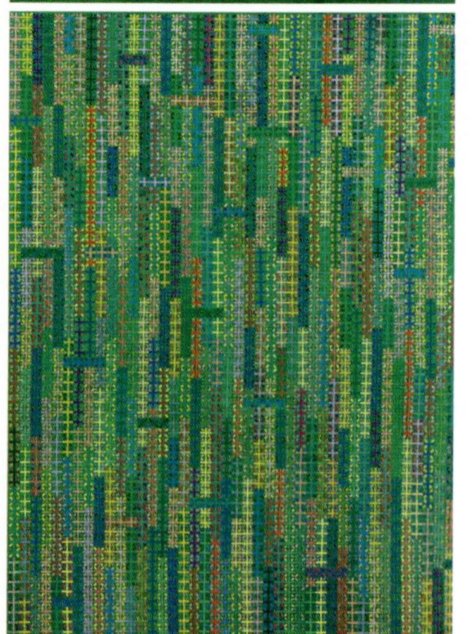

2116 丁乙 2002年作 十示 2002-2（双联画）
估　价：RMB 2,500,000～3,500,000
成交价：RMB 4,370,000
200cm×140cm×2 中国嘉德 2021-11-28

160 渡部满 2013年作 在鲁索丛林中沐浴的奈绪子
估　价：HKD 150,000～250,000
成交价：RMB 410,500
130cm×130cm 佳士得 2021-12-02

2027 段正渠 1991年作 东方红
估　价：RMB 2,800,000～3,800,000
成交价：RMB 4,140,000
125cm×150cm 西泠印社 2021-07-24

8130 段建伟 1993年作 乡村兽医
估　价：RMB 350,000～450,000
成交价：RMB 460,000
160cm×115.5cm 华艺国际 2021-06-05

1036 范勃 2011年作 花开花落之十六
估　价：RMB 600,000～780,000
成交价：RMB 897,000
230cm×120cm 广东崇正 2021-07-18

1079 段正渠 2005年作 黄河系列
估　价：RMB 800,000～1,200,000
成交价：RMB 1,092,500
130cm×160cm 中贸圣佳 2021-07-06

2040 方力钧 2007年作 无题
估　价：RMB 1,800,000～2,200,000
成交价：RMB 2,070,000
175cm×400cm 西泠印社 2021-07-24

1520 方君璧 1929年作 侧坐的裸女
估　价：RMB 400,000～600,000
成交价：RMB 2,875,000
61cm×81cm 中国嘉德 2021-11-29

245 方力钧 2007年作 无题
估　价：HKD 1,000,000～2,000,000
成交价：RMB 1,759,500
总270cm×720cm 佳士得 2021-05-25

8019 冯法祀 1952年作 控诉
估　价：RMB 1,200,000～1,800,000
成交价：RMB 1,495,000
140cm×175cm 华艺国际 2021-03-31

2040 俸正杰 2007年作 中国肖像 NO.1
估　价：RMB 80,000～120,000
成交价：RMB 460,000
210cm×300cm 中国嘉德 2021-05-20

69 费尔南多·波特罗 2016年作 歌手
估　价：HKD 7,800,000～13,800,000
成交价：RMB 10,057,250
189cm×155cm 佳士得 2021-12-01

1554 俸正杰 2008年作 中国肖像系列
估　价：RMB 80,000～120,000
成交价：RMB 345,000
210cm×300cm 保利厦门 2021-11-4

1231 傅植桂 1986—1987年作 毛主席视察第一汽车制造厂
估　价：RMB 600,000～800,000
成交价：RMB 805,000
235cm×197cm 北京翰海 2021-06-05

2836 高露迪 2013年作 风光-S
估　价：RMB 200,000～400,000
成交价：RMB 425,500
150cm×200cm 北京保利 2021-12-02

531 高松次郎 1968年作 我的影子
估　价：HKD 800,000～1,500,000
成交价：RMB 2,124,360
100cm×81cm 香港苏富比 2021-04-20

3205 高瑀 2008年作 从弄潮儿到溺水者
估　价：RMB 250,000～500,000
成交价：RMB 897,000
210cm×210cm 北京保利 2021-06-04

1127 格哈德·里希特 1985年作 硫
估　价：HKD 80,000,000～100,000,000
成交价：RMB 99,570,945
200.3cm×300.5cm 香港苏富比 2021-04-19

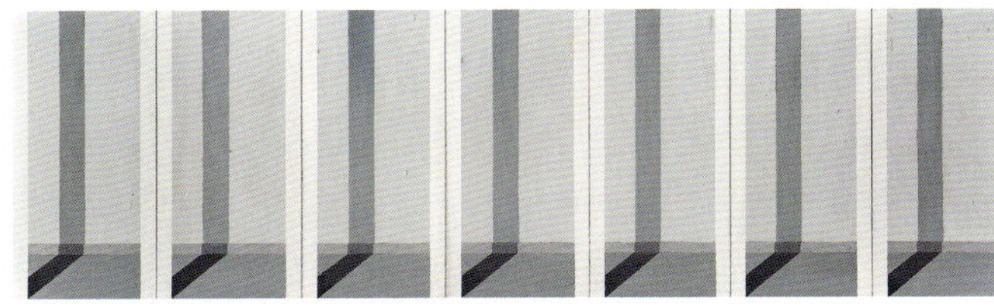

2085 格哈德·里希特 1968年作 柱列（七联）
成交价：RMB 80,500,000
205cm×100cm×7 中国嘉德 2021-05-20

6 格哈德·里希特 1991年作 抽象画747-1
估　价：HKD 128,000,000～166,000,000
成交价：RMB 115,268,400
200cm×200cm 佳士得 2021-12-01

2082 耿建翌 1985年作 灯光下的两个人
估　价：RMB 35,000,000～55,000,000
成交价：RMB 74,750,000
118cm×155cm 中国嘉德 2021-05-20

2044 耿建翌 1993年作 永恒的光线之二
估　价：RMB 600,000～1,000,000
成交价：RMB 920,000
72.5cm×91cm 西泠印社 2021-07-24

189 古那弯 鱼贩
估　价：HKD 1,400,000～2,000,000
成交价：RMB 1,759,500
141cm×90cm 佳士得 2021-05-25

23 古斯塔夫・卡耶博特 1876年作 窗边的年轻男子
成交价：RMB 338,861,700
116cm×81cm 纽约佳士得 2021-11-11

1829 关良 1929年作 少女
估　价：RMB 3,500,000～5,500,000
成交价：RMB 7,245,000
45cm×32cm 永乐拍卖 2021-05-21

2444 关良 武剧人物
估　价：RMB 500,000～2,500,000
成交价：RMB 3,507,500
57cm×49cm 上海嘉禾 2021-07-23

43 关良 1945年作 峦山樵歌
成交价：RMB 1,492,110
39cm×50cm 中国嘉德 2021-04-23

1962 关良 1957年作 易北河畔
估　价：RMB 2,200,000～2,800,000
成交价：RMB 3,450,000
40cm×49.5cm 西泠印社 2021-07-24

2064 关良 1940年作 大足石刻
成交价：RMB 1,955,000
36cm×28cm 中国嘉德 2021-11-28

2069 关紫兰 1930年代作 蓝色背景的男孩
估 价：RMB 5,800,000～6,800,000
成交价：RMB 6,900,000
57.7cm×50.8cm 中国嘉德 2021-11-28

8029 郭润文 2006年作 端坐
估 价：RMB 1,200,000～1,350,000
成交价：RMB 1,552,500
130cm×50cm 华艺国际 2021-03-31

8071 郭利伟 2011年作 入境湖（三联画）
成交价：RMB 1,150,000
总200cm×480cm 中贸圣佳 2021-05-20

346 郭利伟 2015年作 山石系列·山起
估 价：RMB 450,000～550,000
成交价：RMB 1,035,000
150cm×300cm 北京华辰 2021-06-19

3331 郭润文 1998年作 欲望的解释
估 价：RMB 1,600,000～2,000,000
成交价：RMB 2,070,000
100cm×90cm 北京保利 2021-06-04

2102 何多苓 1992 年作 穿黑衣的张小薇
估 价：RMB 1,200,000～2,200,000
成交价：RMB 1,725,000
109cm×93cm 中国嘉德 2021-11-28

2105 何多苓 2001年作 冬日
估　价：RMB 2,800,000 ~ 3,800,000
成交价：RMB 4,255,000
150cm × 130cm 中国嘉德 2021-05-20

2104 何多苓 1990年作 夜风
估　价：RMB 3,500,000 ~ 5,500,000
成交价：RMB 4,140,000
99.5cm × 99cm 中国嘉德 2021-05-20

1727 何红舟 2010年作 孟媛
估　价：RMB 400,000 ~ 500,000
成交价：RMB 483,000
180cm × 100cm 朵云轩 2021-07-07

1037 何坚宁 2013年作 阳光No.107
估　价：RMB 1,000,000 ~ 1,400,000
成交价：RMB 1,380,000
200cm × 200cm 广东崇正 2021-07-18

649 贺慕群 1970年作 解心结
估　价：RMB 300,000 ~ 400,000
成交价：RMB 954,500
65cm × 81cm 北京诚轩 2021-11-28

267 河钟贤 1998年作 接合 98 ~ 120
估　价：HKD 60,000 ~ 120,000
成交价：RMB 434,700
46cm × 53cm 佳士得 2021-05-25

8230 洪浩 2021年作 反光之二十三1
估　价：RMB 200,000 ~ 250,000
成交价：RMB 460,000
120cm × 195cm 华艺国际 2021-12-10

721 洪救国 圣母怜子图 “荆棘冠”
估　价：HKD 500,000～700,000
成交价：RMB 521,640
61cm×61cm 香港苏富比 2021-10-10

161 洪凌 2003 年作 清夏
估　价：HKD 300,000～500,000
成交价：RMB 1,449,000
200cm×200cm 佳士得 2021-05-25

329 洪凌 1995年作 翠谷幽潭
估　价：RMB 800,000～1,500,000
成交价：RMB 1,380,000
112cm×194cm 北京华辰 2021-06-19

21 亨利·德·图卢兹·劳特累克 1895年作 拉·古留
估　价：USD 80,000～120,000
成交价：RMB 10,160,100
68.6cm×48.4cm 纽约佳士得 2021-11-11

168 胡善余 1982年作 雁荡山秋景
估　价：HKD 800,000～1,500,000
成交价：RMB 708,120
176.1cm×253.5cm 保利香港 2021-04-21

109 黄本蕊 2016年作 我是个帽子设计师
估　价：HKD 180,000～280,000
成交价：RMB 323,712
91.5cm×91.3cm 保利香港 2021-04-21

8046 黄建南 2014年作 映丹霞
估　价：RMB 3,000,000～5,000,000
成交价：RMB 8,050,000
68cm×100cm 中贸圣佳 2021-05-20

8047 黄建南 2015年作 时光密码
估　价：RMB 3,000,000～5,000,000
成交价：RMB 8,050,000
76cm×99cm 中贸圣佳 2021-05-20

70 黄马鼎 1998年作 Vertigo
估　价：HKD 800,000～1,500,000
成交价：RMB 2,691,000
122.3cm×86.9cm×5.2cm 佳士得 2021-05-24

757 黄建南 2016年作 高原曙光
估　价：RMB 6,000,000～8,000,000
成交价：RMB 24,150,000
136cm×136cm 荣宝斋（南京） 2021-05-26

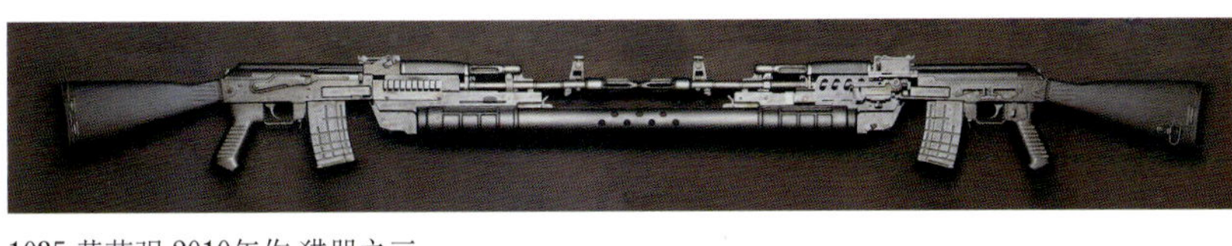

1035 黄茂强 2010年作 猎器之三
估　价：RMB 320,000～480,000
成交价：RMB 368,000
31cm×210cm 广东崇正 2021-07-18

2 黄宇兴 2016—2019年作 七宝松图
估　价：HKD 2,800,000～4,800,000
成交价：RMB 53,225,430
总200cm×696.5cm；每张200cm×99.5cm 佳士得 2021-12-01

8327 黄宇兴 2015—2016年作 新世界
估　价：RMB 6,000,000～10,000,000
成交价：RMB 10,120,000
215cm×518cm 华艺国际 2021-12-10

132 加贺温 2008年作 不完整的想法和智能百科全书
估　价：HKD 70,000～90,000
成交价：RMB 1,231,500
90cm×70cm 佳士得 2021-12-02

8056 黄渊青 2018—2019年作 2019-4
估　价：RMB 500,000～800,000
成交价：RMB 690,000
175cm×140cm 华艺国际 2021-03-31

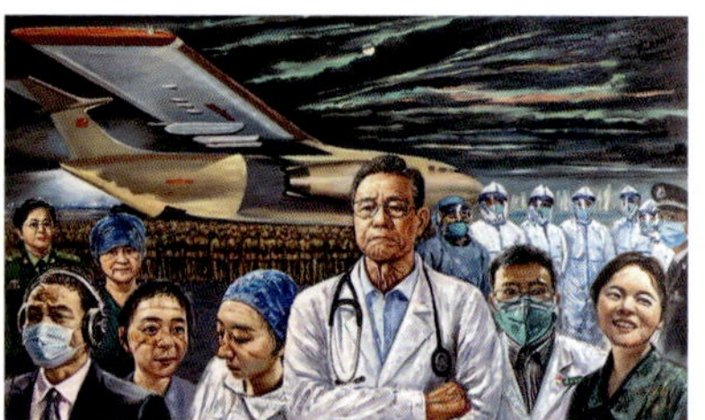

8903 黄文佑 2020年作 武汉战疫
估　价：RMB 220,000～298,000
成交价：RMB 342,700
128cm×214cm 保利厦门 2021-11-5

735 霍刚 1967—1969年作 抽象构图
估　价：HKD 200,000～400,000
成交价：RMB 1,043,280
118.8cm×160cm 香港苏富比 2021-10-10

18 黄宇兴 2019年作 黄河入海口旁的新兴城市
估　价：HKD 1,200,000～2,200,000
成交价：RMB 7,659,000
200cm×300cm 佳士得 2021-05-24

57 加藤泉 2012年作 无题
估　价：HKD 800,000～1,200,000
成交价：RMB 3,519,000
194cm×130.3cm 佳士得 2021-05-24

1988 贾蔼力 2007年作 无名日2
估　价：RMB 8,000,000～16,000,000
成交价：RMB 26,450,000
267.5cm×400cm 永乐拍卖 2021-05-21

2133 贾蔼力 2009年作 紫色的疯景
估　价：RMB 5,500,000～8,500,000
成交价：RMB 16,100,000
263cm×203cm 永乐拍卖 2021-12-03

13 贾蔼力 2011—2012年作 无题
估　价：HKD 4,800,000～6,800,000
成交价：RMB 9,944,280
232cm×200cm 佳士得 2021-05-24

1986 蒋昌一 2006年作 戴花的女子
估　价：RMB 200,000～300,000
成交价：RMB 368,000
140cm×110cm 中国嘉德 2021-05-20

8314 蒋志 2016年作 世界是你们的也是我们的系列
估　价：RMB 150,000～200,000
成交价：RMB 437,000
140cm×190cm 华艺国际 2021-12-10

71 金昌烈 1978年作 CSH I
估　价：HKD 4,800,000～6,000,000
成交价：RMB 8,155,800
182cm×227.5cm 佳士得 2021-05-24

2086 金昌烈 1984年 P.A.84010
估　价：RMB 1,800,000～2,500,000
成交价：RMB 2,070,000
195cm×163cm 中国嘉德 2021-05-20

33 金焕基 1964年作 山月
估　价：HKD 3,000,000～5,000,000
成交价：RMB 5,328,290
62cm×86.5cm 佳士得 2021-12-01

1124 金焕基 约1950—1960年代作 飞行
估　价：HKD 2,500,000～4,500,000
成交价：RMB 3,751,668
91cm×61cm 香港苏富比 2021-10-09

1958 金田 1999年作 遐
估　价：RMB 150,000～250,000
成交价：RMB 1,092,500
132cm×132cm 中国嘉德 2021-11-29

97 金一德 1964年作 农村党支部
成交价：RMB 667,000
125cm×165cm 上海嘉禾 2021-07-22

718 金勇日 2017年作 战争启示录
估　价：RMB 80,000～120,000
成交价：RMB 575,000
213cm×590cm 荣宝斋（南京） 2021-05-26

2102 靳尚谊 1979年作 小提琴手
估　价：RMB 20,000,000～30,000,000
成交价：RMB 23,000,000
73.5cm×54cm 中国嘉德 2021-05-20

2049 卡米耶·毕沙罗 1884年作 巴津库尔洗衣池
估　价：RMB 18,000,000～28,000,000
成交价：RMB 20,700,000
65.2cm×54.3cm 中国嘉德 2021-11-28

2153 康海涛 2017年作 南方的镜子
估　价：RMB 1,000,000～1,500,000
成交价：RMB 2,300,000
145cm×250cm 中国嘉德 2021-11-28

2123 康海涛 2008年作 老厂房
估　价：RMB 550,000～750,000
成交价：RMB 1,610,000
102cm×201cm 中国嘉德 2021-05-20

15 克劳德·莫奈 1874年作 阿让特伊的风光
估　价：USD 15,000,000～25,000,000
成交价：RMB 177,897,600
54cm×73.2cm 纽约佳士得 2021-11-11

2048 克劳德·莫奈 1913年作 睡莲池与玫瑰
成交价：RMB 154,100,000
73cm × 100cm 中国嘉德 2021-11-28

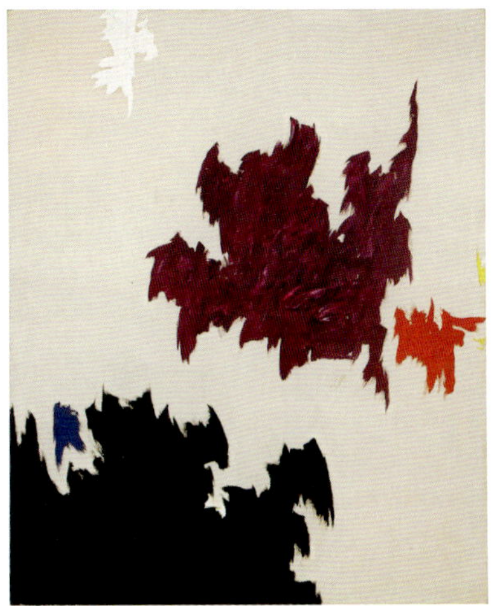

1124 克里夫·斯蒂 1965年作 PH-568
估　价：HKD 105,000,000 ~ 145,000,000
成交价：RMB 106,351,194
285.1cm × 226.7cm 香港苏富比 2021-04-19

63 克丽丝汀·媛珠 2011年作 圈圈层叠
估　价：HKD 5,500,000 ~ 8,500,000
成交价：RMB 11,136,600
170cm × 200cm 佳士得 2021-05-24

2788 兰一 2008年作 人性8号
估　价：RMB 250,000 ~ 350,000
成交价：RMB 368,000
210cm × 157cm 北京保利 2021-12-02

5572 郎世宁 清乾隆初年作 绘纯惠皇贵妃油画像
成交价：RMB 69,000,000
54.6cm × 41.9cm 北京保利 2021-12-05

2103 冷军 2004年作
蒙娜丽莎——关于微笑的设计
成交价：RMB 80,500,000
125cm × 45cm 中国嘉德 2021-05-20

757 勒迈耶 1930年作 沉睡之城，贝纳勒斯
估　价：HKD 700,000～1,500,000
成交价：RMB 991,116
90cm × 120cm 香港苏富比 2021-10-10

1841A 冷军 2000年作 匙叉变奏曲
估　价：RMB 480,000～580,000
成交价：RMB 1,610,000
60cm×18cm 永乐拍卖 2021-05-21

707 黎谱 园中母子
估　价：HKD 800,000～1,500,000
成交价：RMB 2,867,886
97cm×130cm 香港苏富比 2021-04-19

2804 黎增辉 2018年作 风花雪月
估　价：RMB 1,500,000～2,300,000
成交价：RMB 1,725,000
60cm×80cm 北京保利 2021-12-02

307 黎谱 约1975年作 花园里
估　价：HKD 800,000～1,500,000
成交价：RMB 5,131,250
130cm×195.5cm 佳士得 2021-12-02

1045 李超士 仙人掌
估　价：RMB 280,000～400,000
成交价：RMB 322,000
53.5cm×36.5cm 广东崇正 2021-07-18

1984 李贵君 2012年作 迷墙
估　价：RMB 800,000～1,200,000
成交价：RMB 920,000
120cm × 100cm 中国嘉德 2021-05-20

761 李曼峰 悬崖
估　价：HKD 600,000～800,000
成交价：RMB 1,168,398
61cm × 81.5cm 香港苏富比 2021-04-19

142 李强 2018年作 玉兰2018 No.2
估　价：HKD 200,000～300,000
成交价：RMB 348,159
120cm × 140cm 中国嘉德 2021-04-23

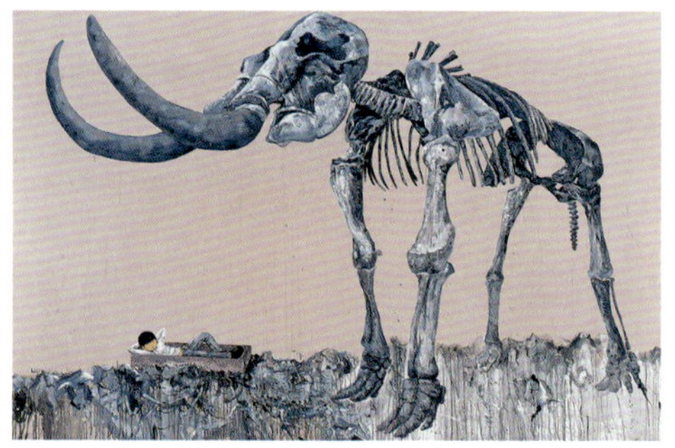

915 李继开 2007年作 大猛犸
估　价：RMB 400,000～600,000
成交价：RMB 828,000
200cm × 300cm 南京经典 2021-07-18

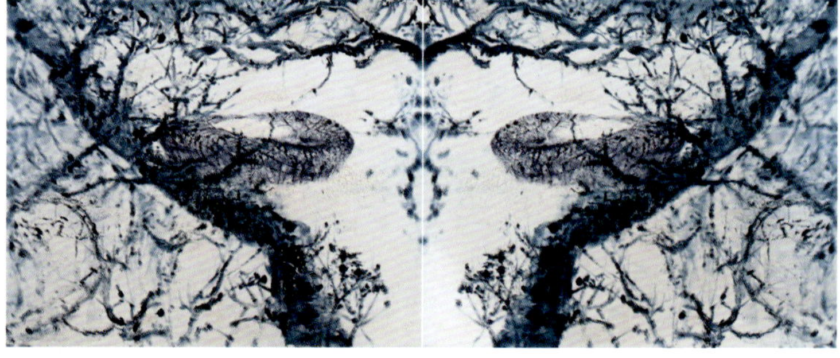

2159 李青 2007年作 互毁而统一的像——鸟巢（一组两件）
估　价：RMB 250,000～350,000
成交价：RMB 368,000
170cm × 200cm × 2 中国嘉德 2021-11-28

1954 李磊 2021年作 繁花似锦 1
估　价：RMB 1,500,000～2,500,000
成交价：RMB 2,875,000
300cm × 300cm 永乐拍卖 2021-05-21

1213 李骆公 1945—1947年作 北方的风
估　价：RMB 500,000～600,000
成交价：RMB 1,725,000
38cm × 45.9cm 北京翰海 2021-06-05

1832 李青萍 1990年代初期作 富士山
估　价：RMB 600,000～800,000
成交价：RMB 690,000
96cm×151cm 永乐拍卖 2021-05-21

34 李圣子 1965年作 风的证言
估　价：HKD 3,000,000～5,000,000
成交价：RMB 4,618,125
145.5cm×97cm 佳士得 2021-12-01

3030 李瑞年 1944年作 风景
估　价：RMB 800,000～1,200,000
成交价：RMB 828,000
52cm×44cm 北京保利 2021-06-04

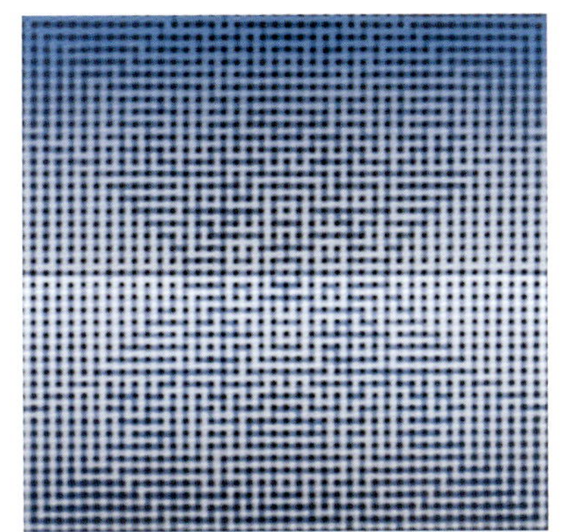

2006 李姝睿 2014—2015年作 选择困难No.5
估　价：RMB 180,000～250,000
成交价：RMB 437,000
210cm×210cm 永乐拍卖 2021-05-21

1983 李松松 2012年作 木马上的妹妹
估　价：RMB 1,200,000～1,800,000
成交价：RMB 2,242,500
210cm×210cm 永乐拍卖 2021-05-21

1074 李山 1997年作 无题
估　价：RMB 2,200,000～2,500,000
成交价：RMB 2,530,000
149cm×178cm 中贸圣佳 2021-07-06

2168 李松松 2012年作 绘画
估　价：RMB 1,200,000～1,800,000
成交价：RMB 1,955,000
210cm×300cm 中国嘉德 2021-11-28

2408 李向阳 2016年3—6月作 非相1603、1604、1605、1606（一组四幅）
估　价：RMB 150,000～350,000
成交价：RMB 322,000
38cm×157cm×4 上海嘉禾 2021-07-23

2420 李晓刚 2012年作 躺着的人体
估　价：RMB 300,000～600,000
成交价：RMB 517,500
68cm×98cm 上海嘉禾 2021-07-23

655 李醒韬 梁照堂 1978年作 妹仔成材奶奶喜
估　价：RMB 400,000～600,000
成交价：RMB 460,000
145cm×90cm 华艺国际 2021-09-17

6283 李雄伊 海边花园
估　价：RMB 30,000～50,000
成交价：RMB 402,500
98cm×118cm 北京保利 2021-05-17

545 李禹焕 2007年作 对话
估　价：HKD 2,500,000～3,500,000
成交价：RMB 2,974,104
227.3cm×182.9cm 香港苏富比 2021-04-20

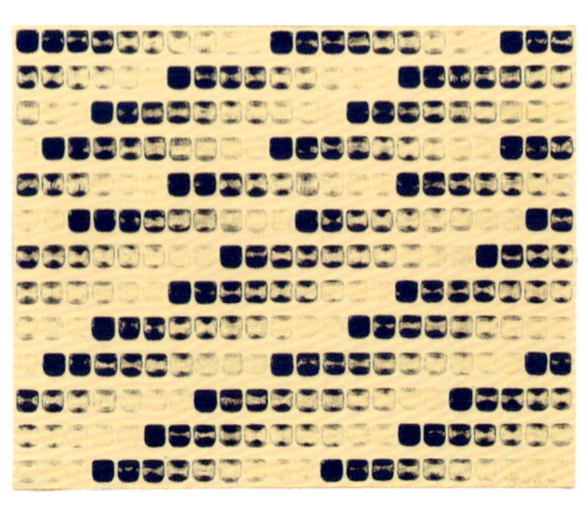

512 李禹焕 1978年作 从点780125号
估　价：HKD 1,200,000～2,200,000
成交价：RMB 2,921,184
60.6cm×72.7cm 香港苏富比 2021-10-10

681 李兆顺 2019年作 水天一色
估　价：RMB 300,000～400,000
成交价：RMB 1,150,000
63cm×52cm 荣宝斋（南京） 2021-05-26

310 梁春尔 1939年作 女士肖像
估　价：HKD 800,000～1,200,000
成交价：RMB 1,744,625
73.5cm×50cm 佳士得 2021-12-02

2125 梁远苇 2011年作 穿过玻璃
估　价：RMB 500,000～800,000
成交价：RMB 1,380,000
65cm × 95cm 中国嘉德 2021-05-20

8307 林岗 1953年作 井冈山会师
估　价：RMB 800,000～1,200,000
成交价：RMB 1,955,000
175cm × 300cm 中贸圣佳 2021-05-20

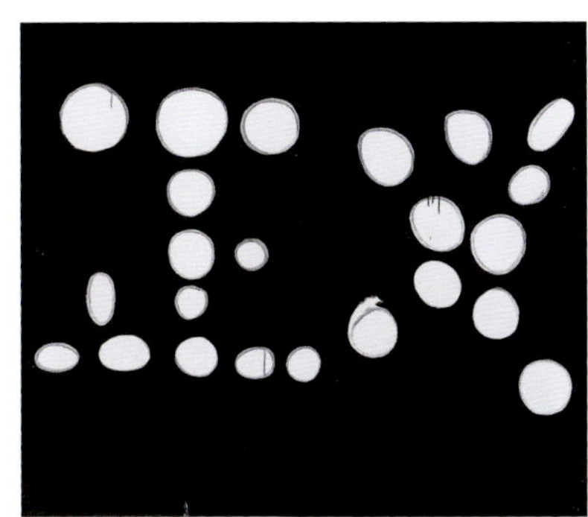

3226 廖国核 2017年作 正义（黑地白圆）
估　价：RMB 180,000～280,000
成交价：RMB 345,000
194cm × 218cm 北京保利 2021-06-04

265 林寿宇 1961年作 绘画浮雕 1961年4月
估　价：HKD 1,200,000～2,200,000
成交价：RMB 2,691,000
91.5cm × 76.2cm 佳士得 2021-05-25

1931 林寿宇 1971年作 威尔士的夏天
估　价：RMB 2,000,000～3,000,000
成交价：RMB 2,300,000
63.5cm × 63.5cm 永乐拍卖 2021-05-21

247 林风眠 山林秋色（镜框）
估　价：RMB 5,000,000～7,000,000
成交价：RMB 7,475,000
70cm × 70cm 上海匡时 2021-07-08

47 林一凡 2013年作 心有灵犀
估　价：RMB 300,000～500,000
成交价：RMB 552,000
100cm × 80cm 上海嘉禾 2021-11-14

2053 凌健 2009年作 珍珍
估　价：RMB 350,000～450,000
成交价：RMB 402,500
直径190cm 西泠印社 2021-07-24

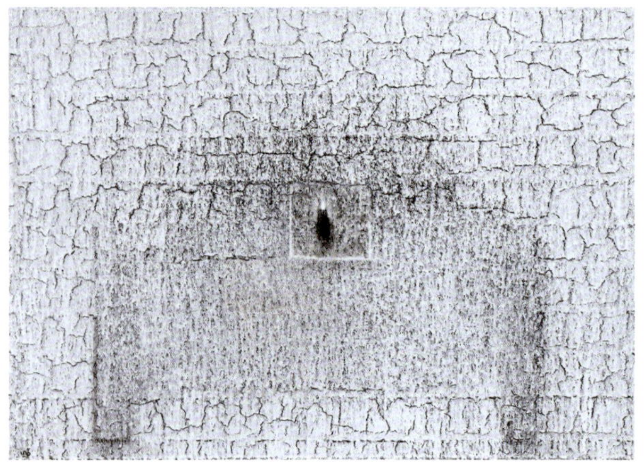

387 刘安民 2016年作 光感
估　价：HKD 150,000～250,000
成交价：RMB 307,875
67.5cm×91cm 佳士得 2021-12-02

1859 刘冰 2014年作 南美洲的一天
估　价：RMB 100,000～200,000
成交价：RMB 322,000
150cm×200cm 中国嘉德 2021-05-20

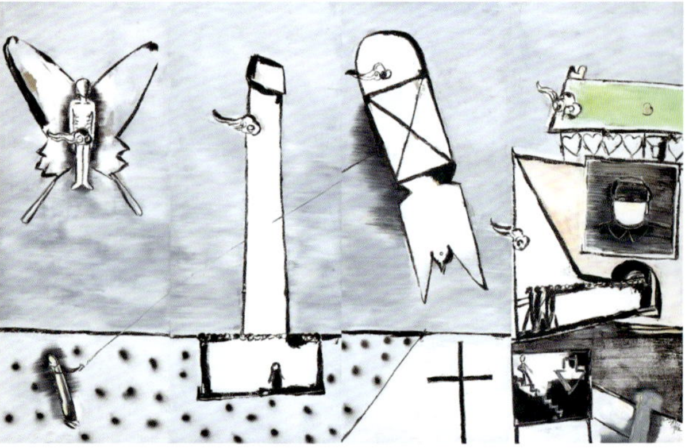

2902 刘锋植 2003年作 云（四联画）
估　价：RMB 1,600,000～2,500,000
成交价：RMB 2,415,000
260cm×100cm×4 北京保利 2021-12-02

1656 刘锋植 2002年作 电梯
估　价：RMB 800,000～1,200,000
成交价：RMB 1,035,000
145cm×250cm 北京翰海 2021-12-17

775 刘国夫 2015—2016年作 冷山（五）
估　价：HKD 400,000～800,000
成交价：RMB 1,062,180
190cm×150cm 香港苏富比 2021-04-19

2063 刘海粟 1978年作 复兴公园雪景
成交价：RMB 23,000,000
71.5cm × 92cm 中国嘉德 2021-11-28

1692 刘海粟 1924年作 庄园
成交价：RMB 1,150,000
54cm × 65cm 朵云轩 2021-07-07

8016 刘海粟 1934年作 圣扬乔而夫飞瀑
成交价：RMB 4,600,000
79.5cm × 59.5cm 华艺国际 2021-03-31

3315 刘海粟 1956年作 庐山含鄱口行云
估　价：RMB 3,500,000～6,500,000
成交价：RMB 5,175,000
60cm × 90cm 北京保利 2021-06-04

65 刘抗 1975年作 前往寺庙
成交价：RMB 1,642,000
132cm × 99.5cm 佳士得 2021-12-01

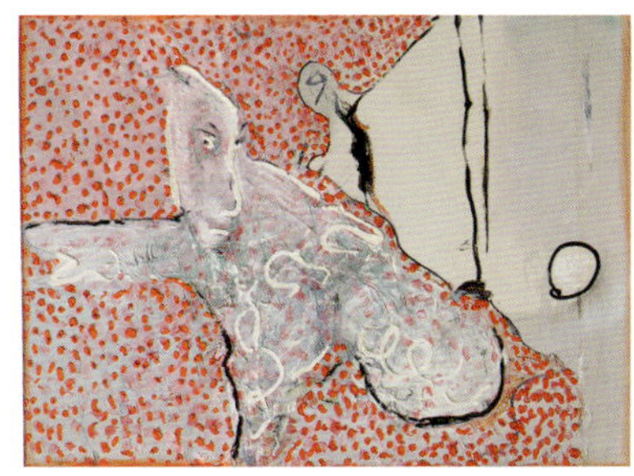

27 刘水石 2014年作 聪明者
估　价：USD 30,000～50,000
成交价：RMB 809,500
130cm × 170cm 纽约佳士得 2021-02-25

1671 刘仁杰 2006年作 喘息
估　价：RMB 350,000～450,000
成交价：RMB 402,500
195cm×135cm 北京翰海 2021-12-17

2090 刘炜 1990年作 我的父亲母亲
估　价：RMB 10,000,000～15,000,000
成交价：RMB 12,880,000
80cm×97cm 中国嘉德 2021-05-20

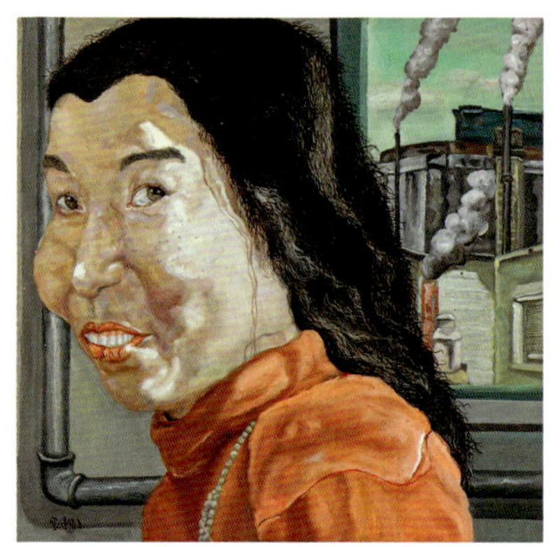

132 刘炜 1991年作 革命家庭系列
估　价：HKD 3,200,000～4,200,000
成交价：RMB 3,237,120
50cm×50cm 保利香港 2021-04-21

2074 刘炜 2004年作 花和装饰性元素
估　价：RMB 3,800,000～5,800,000
成交价：RMB 7,590,000
80cm×245cm 永乐拍卖 2021-12-03

1125 刘炜 2008年作 风景
估　价：HKD 4,500,000～6,500,000
成交价：RMB 10,347,825
250cm×200 cm 香港苏富比 2021-04-19

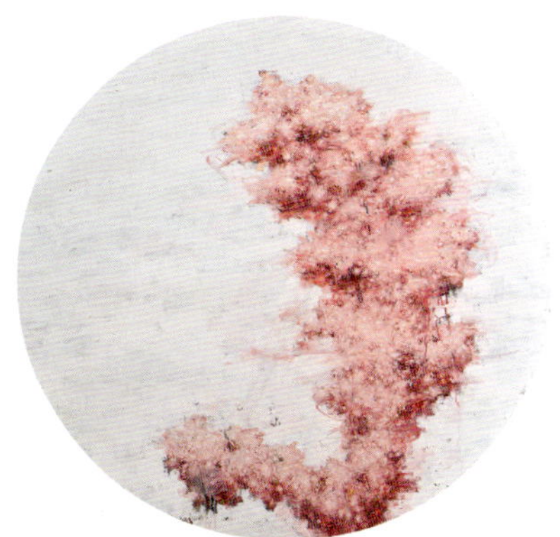

1905 刘炜 2006年作 山石图
估　价：RMB 4,800,000～6,800,000
成交价：RMB 5,520,000
直径149.5cm 中国嘉德 2021-05-20

8617 刘小东 2008年作 上火(三联画)
估　价：RMB 8,000,000～15,000,000
成交价：RMB 12,880,000
250cm×200cm×3 华艺国际 2021-12-10

19 刘炜2010年作 紫气S
估　价：HKD 1,800,000～2,800,000
成交价：RMB 4,347,000
220cm×400cm 佳士得 2021-05-24

355 刘向东 2011年作 晚秋之二
估　价：RMB 650,000～800,000
成交价：RMB 747,500
35cm×125cm 北京华辰 2021-06-19

3211 刘炜 2008年作 巨浪（三联画）
估　价：RMB 2,800,000～4,800,000
成交价：RMB 3,565,000
300cm×300cm×3 北京保利 2021-06-04

1118 刘小东 1995年作 儿子
估　价：HKD 8,000,000～12,000,000
成交价：RMB 8,817,780
136.6cm×151.6cm 香港苏富比 2021-04-19

2112 刘小东 1990年作 午后
估　价：RMB 2,200,000～3,200,000
成交价：RMB 5,520,000
93.5cm × 123cm 中国嘉德 2021-11-28

323 刘小东 2011年作 蓝寿桃
估　价：RMB 3,500,000～4,500,000
成交价：RMB 3,680,000
200cm × 200cm 北京保利 2021-09-25

2849 刘晓辉 2013—2014年作 木马
估　价：RMB 150,000～300,000
成交价：RMB 483,000
200cm × 250cm 北京保利 2021-12-02

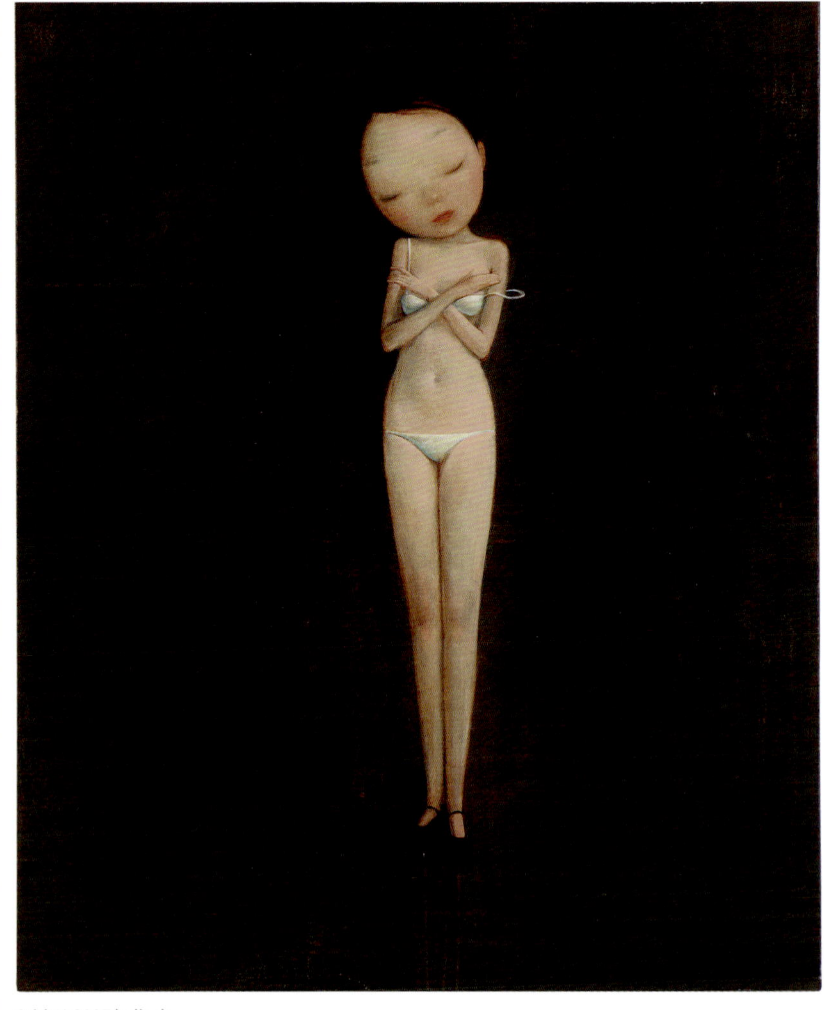

6 刘野 2007年作 鸟
估　价：HKD 10,000,000～15,000,000
成交价：RMB 13,620,600
120cm × 90cm 佳士得 2021-05-24

2110 刘野 2001年作 教皇拯救了一只小猪
估　价：RMB 13,000,000～18,000,000
成交价：RMB 17,250,000
102cm×102cm 中国嘉德 2021-11-28

3319 刘野 2011—2012年作 竹子 竹子 百老汇
成交价：RMB 80,500,000
600cm×900cm；200cm×300cm×9 北京保利 2021-06-04

7 刘野 2000年作 希望1号
估　价：HKD 4,500,000～6,500,000
成交价：RMB 8,652,600
45cm×38cm 佳士得 2021-05-24

130 六角彩子 2011年作 无题
估　价：HKD 200,000～400,000
成交价：RMB 3,489,250
64cm×90.5cm 佳士得 2021-12-02

213 六角彩子 2014年作 作品
估　价：HKD 300,000～500,000
成交价：RMB 2,484,000
116cm×91cm 佳士得 2021-05-25

302 龙力游 2010年作 格格的小白马
估　价：RMB 1,200,000～1,800,000
成交价：RMB 1,610,000
162cm×112cm 北京华辰 2021-12-07

2081 罗尔纯 1998年作 江南村落
估　价：RMB 1,800,000～2,800,000
成交价：RMB 2,070,000
100cm×202cm 中国嘉德 2021-11-28

10 罗讷德 · 文图拉 2017年作 派对动物
估　价：HKD 800,000～1,200,000
成交价：RMB 16,104,600
244cm×366cm 佳士得 2021-05-24

1956 罗尔纯 2005年作 向日葵
估　价：RMB 600,000～800,000
成交价：RMB 966,000
65cm×50cm 西泠印社 2021-07-24

910 罗荃木 2017年作 生产者
估　价：RMB 180,000～250,000
成交价：RMB 322,000
80cm×120cm 南京经典 2021-07-18

320 罗中立 1983年作 春蚕
估　价：RMB 40,000,000～50,000,000
成交价：RMB 41,745,000
200cm×134cm 北京保利 2021-09-25

25 洛伊·霍洛韦尔 2018年作 舔舐
估　价：HKD 10,000,000～15,000,000
成交价：RMB 12,027,650
121.9cm×91.4cm×8.3cm 佳士得 2021-12-01

1839 罗中立 1989年作 九月
估　价：RMB 800,000～1,200,000
成交价：RMB 2,242,500
80cm×63cm 永乐拍卖 2021-05-21

2052 罗中立 1998年作 乡情系列——过河
估　价：RMB 3,800,000～4,800,000
成交价：RMB 4,370,000
200cm×180cm 永乐拍卖 2021-12-03

1840 罗中立 1990年作 上梯的女人
估　价：RMB 1,400,000～2,400,000
成交价：RMB 1,897,500
95cm×130cm 永乐拍卖 2021-05-21

100 吕洪仁 雪中小息
成交价：RMB 517,500
81cm×116cm 上海嘉禾 2021-07-22

16 吕中元 当代 苍茫
估　价：RMB 900,000～1,580,000
成交价：RMB 1,580,000
160cm×160cm 保利厦门 2021-09-29

6 吕中元 当代 天界
估　价：RMB 900,000～1,690,000
成交价：RMB 1,690,000
160cm×160cm 保利厦门 2021-09-29

2055 吕斯百 1960年代作 菊香书屋
估　价：RMB 1,000,000～2,000,000
成交价：RMB 2,530,000
61cm×47cm 中国嘉德 2021-11-28

2839 马轲 2002年作 等待之二
估　价：RMB 600,000～800,000
成交价：RMB 1,322,500
200cm×143cm 北京保利 2021-12-02

2149 马轲 2014年作 刻舟求剑
估　价：RMB 380,000～580,000
成交价：RMB 805,000
207cm×378cm 中国嘉德 2021-11-28

360 马东民 2020年作 蓝马系列
估　价：RMB 1,500,000～1,800,000
成交价：RMB 3,450,000
110cm×180cm 北京华辰 2021-06-19

2048 毛旭辉 1994年作、1994年作、1990年作 日常史诗·剪刀、日常史诗 ·靠背椅和钥匙、红窟中的大家长图
估　价：RMB 3,800,000～5,800,000
成交价：RMB 4,370,000
140cm×140cm；150cm×120cm；120cm×150cm 永乐拍卖 2021-12-03

2340 猫爹雨海 2020年作 招财的魔鬼猫
估　价：RMB 200,000～500,000
成交价：RMB 690,000
150cm×120cm 上海嘉禾 2021-07-23

2889 毛旭辉 1990年作 黄色调家长图；深夜的走廊和楼梯；有拱门的红土调家长图(一组三件)
估　价：RMB 3,000,000～5,000,000
成交价：RMB 4,830,000
120cm×90cm；123cm×90cm；120cm×90cm 北京保利 2021-12-02

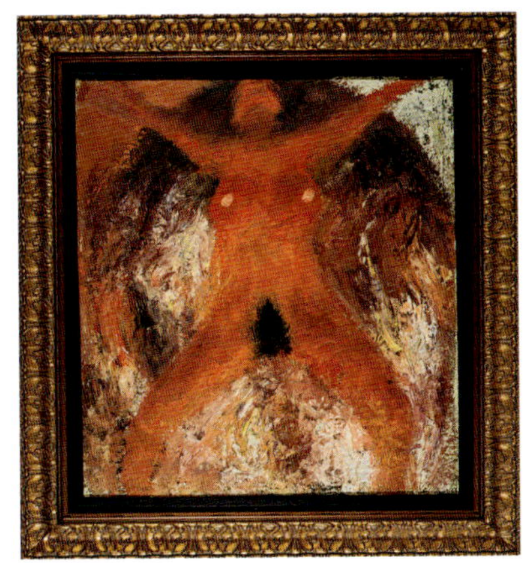

1915 毛旭辉 1984年作 红色人体
估　价：RMB 2,000,000～3,000,000
成交价：RMB 8,280,000
97cm×84.5cm 永乐拍卖 2021-05-21

2083 毛焰 2000年作 托马斯
估　价：RMB 800,000～1,600,000
成交价：RMB 1,265,000
61cm×50cm 永乐拍卖 2021-12-03

2895 毛焰 2013年作 埃尔·格列柯
估　价：RMB 1,000,000～1,500,000
成交价：RMB 1,150,000
75cm×55cm 北京保利 2021-12-02

3091 毛栗子 2016年作 山水重构
估　价：RMB 800,000～1,200,000
成交价：RMB 1,150,000
195cm×130cm 北京保利 2021-06-04

2122 米巧铭 2018年作 坐享梵天
估　价：RMB 800,000～1,000,000
成交价：RMB 2,300,000
100cm×100cm 北京荣宝 2021-12-02

1026 梅忠恕 1930年作 芳小姐的肖像
估　价：HKD 7,500,000～9,300,000
成交价：RMB 20,548,125
135.5cm×80cm 香港苏富比 2021-04-18

2123 米巧铭 2018年作 梵门绮语
估　价：RMB 1,000,000～1,200,000
成交价：RMB 3,450,000
111cm×198cm 北京荣宝 2021-12-02

1066 莫兰迪 1946年作 静物
估　价：RMB 7,000,000～9,000,000
成交价：RMB 9,200,000
30cm×40cm 十竹斋拍卖（北京） 2021-04-25

136 奈良美智 杉户洋 2004年作 White Light & White Night
估　价：HKD 28,000,000～48,000,000
成交价：RMB 27,790,850
79cm×65cm×2 佳士得 2021-12-02

53 奈良美智 2007年作 无题
估　价：HKD 45,000,000～65,000,000
成交价：RMB 44,919,000
162cm×145.5cm 佳士得 2021-05-24

308 倪军 2019年作 昆明冬笋
估　价：RMB 200,000～300,000
成交价：RMB 322,000
50cm×100cm 北京华辰 2021-12-07

2740 欧阳春 2009年作 长生殿（双联画）
估　价：RMB 1,000,000～2,000,000
成交价：RMB 2,300,000
110cm×200cm×2 北京保利 2021-12-02

2144 欧阳春 2007年作 金冠与银冠（双联画）
估　价：RMB 600,000～800,000
成交价：RMB 2,185,000
170cm×170cm×2 中国嘉德 2021-11-28

1717 倪贻德 桃花灼灼
估　价：RMB 400,000～600,000
成交价：RMB 1,092,500
54cm×65cm 中国嘉德 2021-05-20

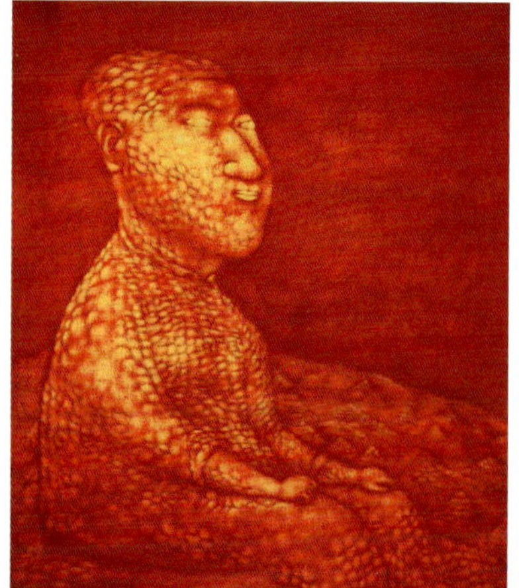

2090 潘德海 1995年作 无题
估　价：RMB 150,000～200,000
成交价：RMB 322,000
120cm×100cm 永乐拍卖 2021-12-03

1729 潘玉良 1940年代作 瓶中菊
估　价：RMB 1,500,000～2,500,000
成交价：RMB 7,245,000
32cm×41cm 中国嘉德 2021-05-20

8502 潘玉良 1944年作 静物·青瓶百合
估　价：RMB 4,000,000～6,000,000
成交价：RMB 5,750,000
46cm×55cm 华艺国际 2021-06-05

1051 庞均 2016年作 冬雪
估　价：HKD 1,200,000～2,200,000
成交价：RMB 2,336,796
200cm×200cm 香港苏富比 2021-04-18

8033 潘玉良 聊天双裸
估　价：RMB 3,000,000～5,000,000
成交价：RMB 4,887,500
46cm×64cm 中贸圣佳 2021-05-20

33 庞均 1993年作 飞流万里
估　价：HKD 900,000～1,500,000
成交价：RMB 1,656,000
192.5cm×244.5cm 佳士得 2021-05-24

718 庞均 2021年作 江山多娇
估　价：HKD 1,000,000～2,000,000
成交价：RMB 1,564,920
200cm×200cm 香港苏富比 2021-10-10

3330 庞茂琨 1992年作 深秋时节
估　价：RMB 2,000,000～3,000,000
成交价：RMB 3,220,000
116cm×91cm 北京保利 2021-06-04

1022 庞茂琨 2013年作 镜花缘之三
估 价：RMB 1,200,000～1,500,000
成交价：RMB 1,495,000
170cm×110cm 十竹斋拍卖（北京） 2021-04-25

1084 庞茂琨 2001年作 宁静的晌午
估 价：RMB 600,000～1,000,000
成交价：RMB 1,265,000
116cm×91cm 中贸圣佳 2021-07-06

125 裴春派 1968年作 房屋
估 价：HKD 300,000～400,000
成交价：RMB 1,345,500
66cm×78.5cm 佳士得 2021-05-25

2645 彭常安 2019年作 青瓦盛芳
估 价：RMB 2,700,000～3,100,000
成交价：RMB 3,162,500
100cm×80cm 北京保利 2021-12-02

3040 彭常安 2020年作 梦回家山
估 价：RMB 1,800,000～2,800,000
成交价：RMB 2,645,000
80cm×100cm 北京保利 2021-06-04

5234 彭斯 2006年作 无边的凝视
估 价：RMB 400,000～500,000
成交价：RMB 437,000
188cm×118cm 北京荣宝 2021-06-19

1034 皮耶·苏拉吉 1958年10月30日作 画作
估 价：HKD 38,000,000～58,000,000
成交价：RMB 40,485,918
125cm×202cm 香港苏富比 2021-04-18

1015 皮耶·奥古斯特·雷诺阿 1875年作 缝纫的女子
估　价：HKD 30,000,000～50,000,000
成交价：RMB 26,193,780
65cm×54cm 香港苏富比 2021-10-09

50 皮耶·奥古斯特·雷诺阿 1914年作于巴黎 斜倚的裸女
估　价：HKD 12,000,000～18,000,000
成交价：RMB 16,104,600
37.8cm×50.5cm 佳士得 2021-05-24

36 朴栖甫 1975年作 描法 No. 91-75
估　价：HKD 3,500,000～5,500,000
成交价：RMB 4,926,000
130cm×162cm 佳士得 2021-12-01

105 齐藤诚 2013年作 60年代记忆中的芭铎（碧姬·芭铎银色版）
估　价：HKD 1,300,000～1,800,000
成交价：RMB 1,291,680
185cm×151.5cm 中国嘉德 2021-10-12

87 祁志龙 2006—2007年作 橘红（知识青年）
估　价：USD 3,000～5,000
成交价：RMB 445,225
162cm×130.2cm 纽约佳士得 2021-02-25

4 乔纳斯·伍德 2016年作 黄色静物与格栅
估　价：HKD 12,000,000～18,000,000
成交价：RMB 29,761,250
152.4cm×172.7cm 佳士得 2021-12-01

8124 乔晓光 1995年作 高原
估　价：RMB 200,000～300,000
成交价：RMB 402,500
98cm×130cm 华艺国际 2021-06-05

55 乔治·康多 2018年作 蓝白即兴
估　价：HKD 11,000,000～16,000,000
成交价：RMB 17,098,200
216.5cm×270cm 佳士得 2021-05-24

1043 乔治·马修 1978年作 图兹盐湖
估　价：HKD 14,000,000～18,000,000
成交价：RMB 15,173,100
250cm×600cm 香港苏富比 2021-10-09

94 秦大虎 2011年作 戎马倥偬（含2幅色彩稿）
成交价：RMB 690,000
160cm × 360cm 上海嘉禾 2021-07-22

179 秦风 1989年作 欲望风景系列 · 轮回之一
估　价：HKD 1,000,000 ~ 1,200,000
成交价：RMB 1,416,240
300cm × 199.5cm 保利香港 2021-04-21

2141 秦琦 2004年作 椅子也可以救人
估　价：RMB 300,000 ~ 500,000
成交价：RMB 977,500
180cm × 220cm 中国嘉德 2021-05-20

2140 秦琦 2017年作 乐园
估　价：RMB 1,800,000 ~ 2,800,000
成交价：RMB 3,450,000
300cm × 750cm 永乐拍卖 2021-12-03

1114 琼 · 米切尔 约1967年作 无题
估　价：HKD 50,000,000 ~ 60,000,000
成交价：RMB 53,998,848
200cm × 150cm 香港苏富比 2021-10-09

266 邱亚才 沉思
估　价：NTD 1,500,000 ~ 2,600,000
成交价：RMB 361,920
130cm × 97cm 罗芙奥 2021-07-18

56 仇晓飞 2014年作 载酒亭
估　价：HKD 800,000 ~ 1,200,000
成交价：RMB 1,642,000
300cm × 250cm 佳士得 2021-12-01

2125 邱炯炯 2021年作 一只耳朵，半斤苦艾
估　价：RMB 120,000 ~ 180,000
成交价：RMB 322,000
90cm × 160cm 永乐拍卖 2021-12-03

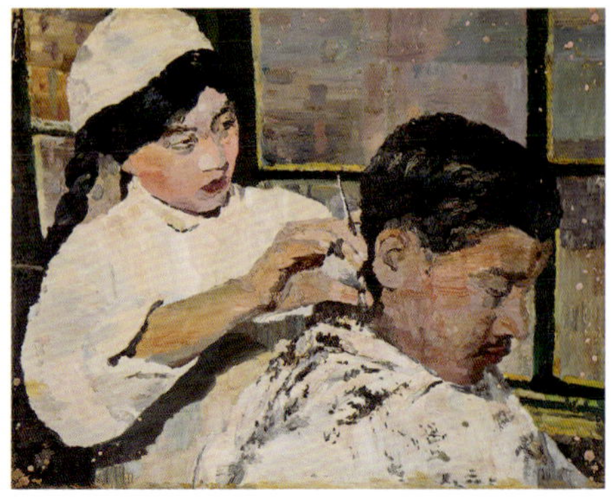

2131 仇晓飞 2009年作 我们知道我们的忧郁
估　价：RMB 2,200,000 ~ 3,200,000
成交价：RMB 4,945,000
200cm × 243cm 中国嘉德 2021-05-20

1745 沙耆 1945年作 布鲁塞尔王宫
估　价：RMB 900,000～1,200,000
成交价：RMB 1,380,000
90cm×100cm 中国嘉德 2021-05-20

8150 单凡 2014年作 缓慢之作：彩竹
估　价：RMB 850,000～1,000,000
成交价：RMB 977,500
200cm×184cm×2
华艺国际 2021-06-05

42 尚・杜布菲 1949年作 灰色风景与樱色斑点
估　价：HKD 10,000,000～18,000,000
成交价：RMB 10,057,250
89.3cm×116.5cm 佳士得 2021-12-01

1126 塞西丽・布朗 2000年作 夏日风暴
估　价：HKD 12,500,000～14,500,000
成交价：RMB 13,407,915
152.5cm×152.5cm 香港苏富比 2021-04-19

1115 塞西丽・布朗 2013年作 展开旗帜
估　价：HKD 12,000,000～16,000,000
成交价：RMB 21,184,380
104.1cm×114.3cm 香港苏富比 2021-10-09

67 尚·米榭·巴斯奇亚 1982年作 无题
估　价：HKD 140,000,000～170,000,000
成交价：RMB 193,992,120
182.9cm×121.9cm 佳士得 2021-05-24

53 尚·米榭·巴斯奇亚 1982年作 Donut复仇
估　价：HKD 140,000,000～190,000,000
成交价：RMB 134,069,300
243.2cm×182.2cm 佳士得 2021-12-01

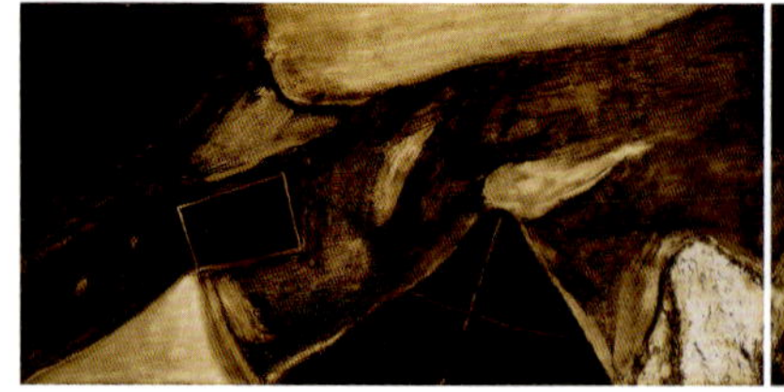

1947 尚扬 2008年作 董其昌计划-17
估　价：RMB 6,500,000～8,500,000
成交价：RMB 12,650,000
128cm×496cm 永乐拍卖 2021-05-21

367 尚扬 1987年作 大风景系列·一家子
估　价：RMB 4,500,000～5,500,000
成交价：RMB 5,520,000
81cm×89cm 北京华辰 2021-12-07

3318 尚扬 1991—1995年作 有早茶的大风景
估　价：RMB 4,500,000～6,500,000
成交价：RMB 6,325,000
168cm×118cm 北京保利 2021-06-04

623 邵增虎 2018年作 红树林
估　价：RMB 750,000～850,000
成交价：RMB 920,000
80cm×100cm 华艺国际 2021-09-17

8613 施本铭 2009年作 十八罗汉 （一组十八幅）
估　价：RMB 1,800,000～2,800,000
成交价：RMB 2,300,000
80cm×50cm×18 华艺国际 2021-12-10

369 沈汉武 执蜡烛的女孩
估　价：HKD 80,000～120,000
成交价：RMB 615,750
76.2cm×61.2cm 佳士得 2021-12-02

8136 石冲 2006年作 物语・水、空气和身体之二
估　价：RMB 250,000～400,000
成交价：RMB 345,000
50cm×36cm 华艺国际 2021-06-05

61 石田彻也 2001年作 无题
估　价：HKD 4,500,000～6,500,000
成交价：RMB 5,131,250
112cm×162.3cm 佳士得 2021-12-01

3085 沈敬东 2020年作 青春
估　价：RMB 250,000～350,000
成交价：RMB 345,000
100cm×120cm 北京保利 2021-06-04

1549 石立峰 2020年作 桃花源142
估　价：RMB 100,000～150,000
成交价：RMB 575,000
100cm×150cm 保利厦门 2021-11-4

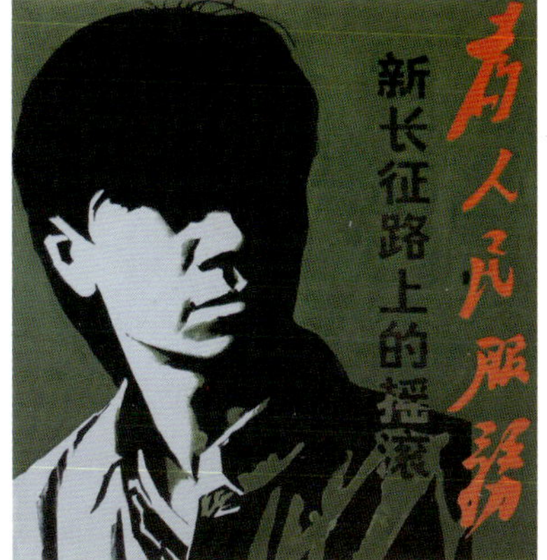

8614 舒群 1991年作 文化pop系列・崔健A
（新长征路上的摇滚）
估　价：RMB 1,800,000～2,400,000
成交价：RMB 2,300,000
130cm×120cm 华艺国际 2021-12-10

8902 帅克 2019年作 化屋的天空
估 价：RMB 200,000～300,000
成交价：RMB 345,000
100cm×80cm 保利厦门 2021-11-5

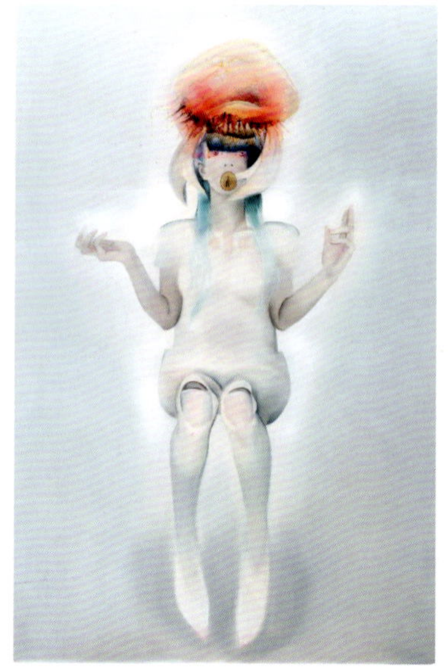

8322 宋琨 2015年作 地藏六使者·大力使者
估 价：RMB 600,000～800,000
成交价：RMB 2,127,500
220cm×140cm 华艺国际 2021-12-10

2843 宋琨 2016年作 踏浪
估 价：RMB 1,200,000～1,800,000
成交价：RMB 3,335,000
235cm×180cm 北京保利 2021-12-02

2632 宋步云 1950年代作 天坛春
估 价：RMB 500,000～650,000
成交价：RMB 552,000
31.5cm×42cm 北京保利 2021-12-02

875 苏冠人 2018年作 大山深处
估 价：RMB 500,000～600,000
成交价：RMB 1,046,500
90cm×120cm 荣宝斋（南京） 2021-05-26

1834 宋永红 1991年作 今天没人上菜
估 价：RMB 150,000～250,000
成交价：RMB 322,000
65.3cm×85.5cm 中国嘉德 2021-11-29

873 苏冠人 2015年作 荷塘秋趣
估 价：RMB 500,000～600,000
成交价：RMB 989,000
90cm×120cm 荣宝斋（南京） 2021-05-26

2061 苏天赐 六亿神州尽舜尧
估　价：RMB 1,800,000～2,800,000
成交价：RMB 6,325,000
95cm×95cm 中国嘉德 2021-05-20

1246 苏笑柏 域外1
估　价：RMB 600,000～800,000
成交价：RMB 1,092,500
120cm×200cm 北京翰海 2021-06-05

1072 苏天赐 1994年作 太湖鱼塘
估　价：RMB 1,500,000～3,000,000
成交价：RMB 4,140,000
108cm×108cm 中贸圣佳 2021-07-06

8034 苏新平 2010年作 奔波的人
估　价：RMB 700,000～1,500,000
成交价：RMB 1,265,000
150cm×150cm 华艺国际 2021-03-31

2063 苏天赐 1992年作 漓江
估　价：RMB 1,200,000～2,200,000
成交价：RMB 2,300,000
65.5cm×111.5cm 中国嘉德 2021-05-20

394 苏佐佐诺 1970年作 玫瑰
估　价：HKD 240,000～320,000
成交价：RMB 328,400
59cm×55cm 佳士得 2021-12-02

1075 孙良 1987年作 黑灯光
估 价：RMB 150,000～250,000
成交价：RMB 322,000
75cm×108cm 中贸圣佳 2021-07-06

1811 孙逊 2008年作 黑色咒语
估 价：RMB 30,000～50,000
成交价：RMB 632,500
140cm×200cm 中国嘉德 2021-05-20

1531 孙宗慰 1948年作 庭院里的阳光
估 价：RMB 800,000～1,000,000
成交价：RMB 5,520,000
83cm×67cm 中国嘉德 2021-11-29

2883 孙宗慰 1947年作 紫金太和
估 价：RMB 1,200,000～1,800,000
成交价：RMB 1,380,000
56.5cm×76cm 北京保利 2021-12-02

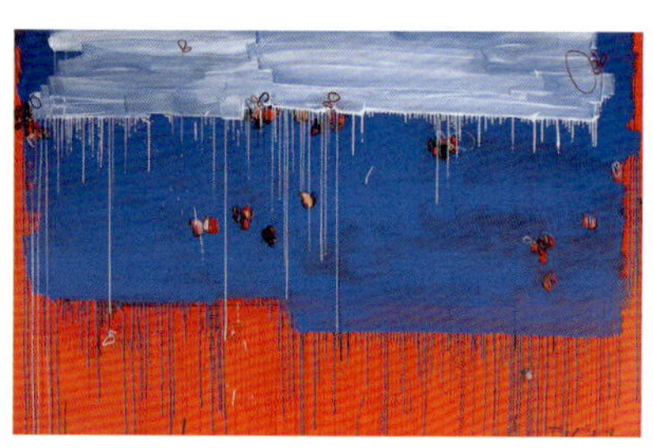

2913 谭平 2008年作 无题
估 价：RMB 1,800,000～2,200,000
成交价：RMB 2,070,000
200cm×300cm 北京保利 2021-12-02

1953 谭平 2015年作 无题
估 价：RMB 650,000～850,000
成交价：RMB 1,092,500
160cm×200cm 永乐拍卖 2021-05-21

1739 陶冷月 1921年作 月光瀑布
估 价：RMB 600,000～800,000
成交价：RMB 4,025,000
60cm×90cm 中国嘉德 2021-05-20

2121 童雁汝南 2019—2020年作 戚阿毛
估 价：RMB 340,000～460,000
成交价：RMB 517,500
41cm×33cm×2 西泠印社 2021-07-24

1987 屠宏涛 2006—2007年作 雪林（双联画）
估　价：RMB 2,000,000～3,000,000
成交价：RMB 2,875,000
150cm×210cm×2 永乐拍卖 2021-05-21

2068 屠宏涛 2009年作 今年春色最美
估　价：RMB 1,200,000～1,500,000
成交价：RMB 1,495,000
150cm×210cm 西泠印社 2021-07-24

960 万福堂 下渚湖
估　价：RMB 380,000～600,000
成交价：RMB 616,000
70cm×90cm 上海联合 2021-06-27

2708 王川 2010年作 一九八四（双联画）
估　价：RMB 200,000～400,000
成交价：RMB 644,000
360cm×200cm×2 北京保利 2021-12-02

1927 汪建伟 2014年作 表面的肖像
估　价：RMB 900,000～1,200,000
成交价：RMB 1,035,000
200cm×145cm×3 中国嘉德 2021-05-20

8346 王岱山 2020年作 花与影
估　价：RMB 350,000～500,000
成交价：RMB 552,000
180cm×170cm 华艺国际 2021-12-10

1119 王广义 1987—1988年作 后古典系列：蒙娜丽莎之后
估　价：HKD 4,000,000～6,000,000
成交价：RMB 6,777,720
112.8cm×78.4cm 香港苏富比 2021-04-19

2129 王光乐 2002年作 水磨石021115
估　价：RMB 3,200,000～5,200,000
成交价：RMB 3,680,000
180cm×140cm 中国嘉德 2021-05-20

1131 王光乐 2004年作
水磨石 2004.1.1～2004.2.5
估　价：HKD 4,000,000～6,000,000
成交价：RMB 3,717,630
180cm×180cm 香港苏富比 2021-04-19

8516 王广义 1989年作 被工业快干漆覆盖的名画 · 米开朗基罗
估　价：RMB 1,500,000～2,500,000
成交价：RMB 2,300,000
87.5cm×63.5cm 华艺国际 2021-06-05

2081 王广义 1987年作 杜尚的九个小便池和四个小便池
估　价：RMB 4,500,000～6,500,000
成交价：RMB 10,350,000
60cm×50cm×2 中国嘉德 2021-05-20

8044 王海力 2011年作 浴女
成交价：RMB 1,725,000
90cm × 120cm 中贸圣佳 2021-05-20

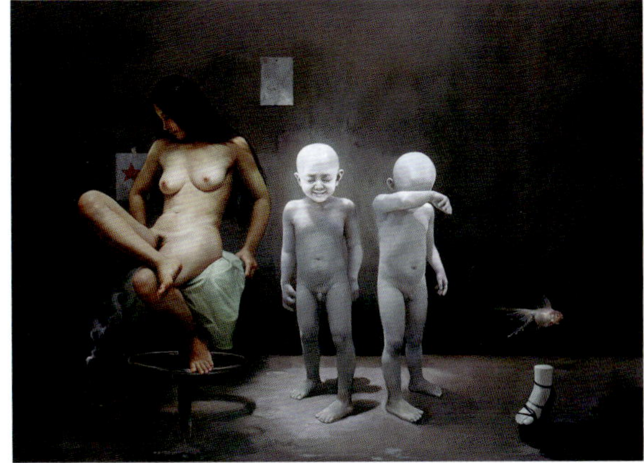

893 王宏峥 认知·初
成交价：RMB 4,830,000
149cm × 200cm 荣宝斋（南京） 2021-05-26

892 王宏峥 净土·自在观音
成交价：RMB 6,900,000
240cm × 150cm 荣宝斋（南京） 2021-05-26

8101 王济远 约1920年代作 静物·瓶花
估　价：RMB 350,000 ~ 450,000
成交价：RMB 402,500
59cm × 49cm 华艺国际 2021-06-05

2024 王劼音 2003年作 村庄
估　价：RMB 380,000 ~ 480,000
成交价：RMB 437,000
100cm × 100cm 西泠印社 2021-07-24

62 王俊杰 2018年作 夜 2
估　价：HKD 6,800,000～8,800,000
成交价：RMB 25,047,000
152.5cm×152.5cm 佳士得 2021-05-24

8 王俊杰 2018年作 黄砖路
估　价：HKD 12,000,000～18,000,000
成交价：RMB 23,850,050
102.2cm×76.6cm 佳士得 2021-12-01

1108 王俊杰 2017年作 万物之始
估　价：HKD 4,000,000～6,000,000
成交价：RMB 22,588,185
122cm×183cm 香港苏富比 2021-04-19

8071 王俊杰 2017年作 白光
估　价：RMB 10,000,000～18,000,000
成交价：RMB 17,250,000
182.9cm×121.9cm 华艺国际 2021-11-12

8523 王文彬 傅克俭 1975年作 长城（三联画）
估　价：RMB 5,000,000～8,000,000
成交价：RMB 6,900,000
270cm × 540cm 华艺国际 2021-06-05

12 王兴伟 2008年作 无题（企鹅拉杆箱）
估　价：HKD 2,500,000～3,500,000
成交价：RMB 3,933,000
200cm × 200cm 佳士得 2021-05-24

2097 王兴伟 1996年作 我的奋斗——王兴伟在1936
估　价：RMB 8,000,000～12,000,000
成交价：RMB 10,120,000
219.5cm × 138cm 中国嘉德 2021-05-20

32 王笑今 2019年作 20191011齐白石
估　价：RMB 100,000～180,000
成交价：RMB 563,500
200cm × 150cm 北京华辰 2021-12-07

3227 王兴伟 2008年作 小何同志No.1
估　价：RMB 800,000～1,600,000
成交价：RMB 4,255,000
130cm × 90cm 北京保利 2021-06-04

58 王兴伟 2016年作 碰瓷儿
估　价：HKD 3,200,000～4,200,000
成交价：RMB 4,618,125
240cm × 200cm 佳士得 2021-12-01

1569 王沂东 1994年作 花烛夜
估　价：RMB 4,000,000～6,000,000
成交价：RMB 6,900,000
105cm×138cm 保利厦门 2021-11-4

118 王音 2009年作 无题
估　价：HKD 1,600,000～2,400,000
成交价：RMB 3,237,120
220cm×155cm 保利香港 2021-04-21

8511 王易罡 1984年作 建设者
估　价：RMB 800,000～1,200,000
成交价：RMB 805,000
192cm×192cm 华艺国际 2021-12-10

1922 王音 1993年作 未名——我走在路上
估　价：RMB 1,800,000～2,800,000
成交价：RMB 4,600,000
180cm×140cm 永乐拍卖 2021-05-21

1923 王音 2001年作 花
估　价：RMB 1,000,000～2,000,000
成交价：RMB 1,150,000
180cm×247cm 永乐拍卖 2021-05-21

2165 王音 2012年作 藏族舞
估　价：RMB 3,000,000～5,000,000
成交价：RMB 4,600,000
181.5cm×301cm 中国嘉德 2021-11-28

112 王玉平 2008年作 红头发3
估　价：HKD 400,000～600,000
成交价：RMB 397,896
170cm×180cm 中国嘉德 2021-04-23

8333 王郁洋 2016年作 2 in 1——2016606
估　价：RMB 300,000～400,000
成交价：RMB 483,000
230cm×175cm 华艺国际 2021-12-10

1932 王中军 2019年作 红酒2号
估　价：RMB 800,000～1,200,000
成交价：RMB 1,207,500
170cm×170cm 中国嘉德 2021-05-20

2018 王子 2020年作 圜丘清音
估　价：RMB 80,000～160,000
成交价：RMB 368,000
100cm×133cm 永乐拍卖 2021-05-21

1109 威廉·德·库宁 1983年作 无题XLVIII
估　价：HKD 39,000,000～62,000,000
成交价：RMB 39,517,311
223.5cm×195.6cm 香港苏富比 2021-04-19

2845 韦嘉 2015年作 海景
估　价：RMB 800,000～1,500,000
成交价：RMB 2,702,500
190cm×280cm 北京保利 2021-12-02

1268 韦嘉 2010年作 你喜欢小说
估　价：RMB 600,000～800,000
成交价：RMB 920,000
190cm×220cm 北京翰海 2021-06-05

2061 卫天霖 1974年作 红白相间的花
估　价：RMB 2,600,000～3,600,000
成交价：RMB 4,945,000
43cm×43.5cm 中国嘉德 2021-11-28

2054 卫天霖 1934年作 芍药石榴图（双面画）
估　价：RMB 700,000～1,000,000
成交价：RMB 1,725,000
48cm×57cm 中国嘉德 2021-05-20

8359 文亨泰（韩国）2017年作 苹果
估　价：RMB 200,000～300,000
成交价：RMB 322,000
53cm×45.5cm 华艺国际 2021-12-10

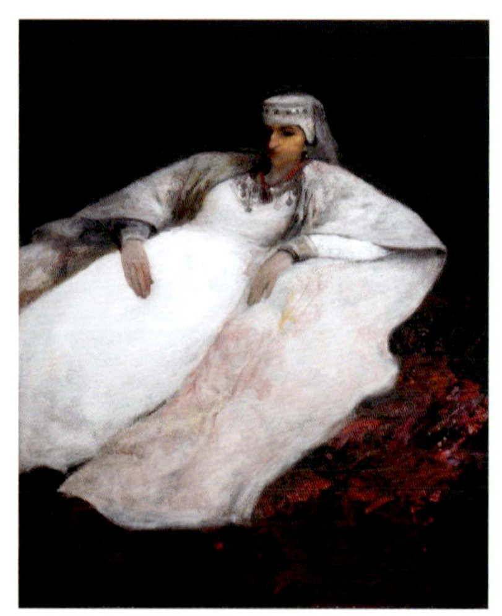

355 文国璋 2020年作 塔吉克公主莎依甫·加玛丽之一
估　价：RMB 500,000～800,000
成交价：RMB 575,000
170cm×130cm 北京华辰 2021-12-07

8231 文金扬 欢庆胜利
估　价：RMB 350,000～550,000
成交价：RMB 483,000
72cm×50cm 中贸圣佳 2021-05-20

4 文森特・梵高 1889年10月作于圣雷米 橄榄树和柏树间的木屋
成交价：RMB 455,926,500
45.5cm × 60.3cm 纽约佳士得 2021-11-11

8108 乌叔养 1950年代作 园林风景
估　价：RMB 320,000 ~ 400,000
成交价：RMB 402,500
80cm × 58cm 华艺国际 2021-06-05

20 文森特・梵高 1890年6月作于瓦兹河畔
叼着矢车菊的年轻男子
估　价：USD 5,000,000 ~ 7,000,000
成交价：RMB 298,620,675
40.5cm × 32cm 纽约佳士得 2021-11-11

1020 文森特・梵高 1886年夏季作 静物：花瓶与菖兰
估　价：HKD 70,000,000 ~ 100,000,000
成交价：RMB 58,792,968
51.2cm × 38.8cm 香港苏富比 2021-10-09

37 吴大羽 1960年代作 花韵
估　价：HKD 9,000,000～15,000,000
成交价：RMB 8,843,040
60cm×48cm 中国嘉德 2021-10-12

1815 吴大羽 1980年作 花韵-9
估　价：RMB 5,800,000～8,800,000
成交价：RMB 7,015,000
34.5cm×29.5cm 永乐拍卖 2021-05-21

2058 吴大羽 约1980年作 鸾跂鸿惊
估　价：RMB 8,000,000～12,000,000
成交价：RMB 9,200,000
52.5cm×37.5cm 中国嘉德 2021-05-20

1808 吴冠中 1994年作 苏醒
估　价：RMB 95,000,000～165,000,000
成交价：RMB 115,000,000
150cm×360cm 永乐拍卖 2021-05-21

14 吴冠中 1977年作 金色田野
估　价：HKD 21,000,000～28,000,000
成交价：RMB 27,790,850
61.3cm×46cm 佳士得 2021-12-01

44 吴冠中 1977年作 漓江之滨（一）
估　价：HKD 12,000,000～18,000,000
成交价：RMB 18,924,050
59.5cm×41.5cm 佳士得 2021-12-01

3311 吴冠中 1963年作 富春江边
估　价：RMB 22,000,000～35,000,000
成交价：RMB 26,450,000
61cm×46cm 北京保利 2021-06-04

36 吴冠中 1991年作 丁香
估　价：HKD 8,000,000～16,000,000
成交价：RMB 16,593,120
45.5cm×38.3cm 中国嘉德 2021-10-12

2069 吴冠中 1973年作 黄山竹林
估　价：RMB 28,000,000～38,000,000
成交价：RMB 32,200,000
61cm×46cm 中国嘉德 2021-05-20

59 吴冠中 1996年作 池塘人家（故乡）
估　价：HKD 12,000,000～20,000,000
成交价：RMB 11,759,850
61.4cm×46cm 中国嘉德 2021-04-23

11 五木田智央 2016年作 周日到来
估　价：HKD 2,000,000～4,000,000
成交价：RMB 2,277,000
193cm×129.5cm 佳士得 2021-05-24

123 武高谈 1972年作 红衣女神
估　价：HKD 200,000～300,000
成交价：RMB 828,000
119cm×91.5cm 佳士得 2021-05-25

1089 夏俊娜 1996年作 青春年华
估　价：RMB 200,000～400,000
成交价：RMB 506,000
180cm×180cm 中贸圣佳 2021-07-06

8093 肖芳凯 2010年作 景·域0918
估　价：RMB 250,000～300,000
成交价：RMB 322,000
123cm×181cm 华艺国际 2021-11-12

1532 萧淑芳 1955年作 冬（北京）
估　价：RMB 100,000～200,000
成交价：RMB 690,000
20cm×29.3cm 中国嘉德 2021-11-29

1965 夏星 2000年作 正月合欢
估　价：RMB 400,000～600,000
成交价：RMB 575,000
127cm×127cm 中国嘉德 2021-05-20

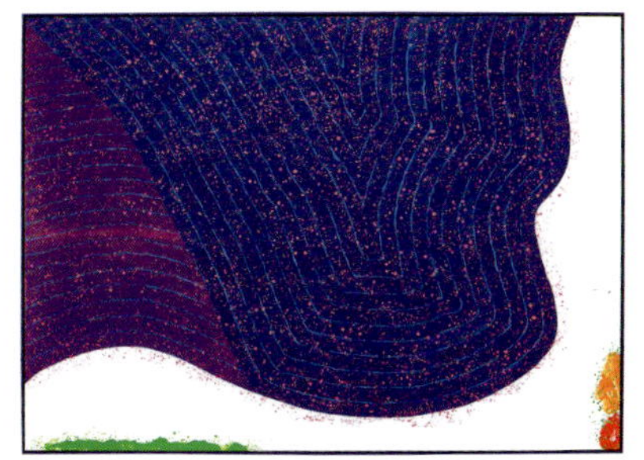

1049 萧勤 1996年作 宁静的永久花园
估　价：HKD 1,500,000～2,500,000
成交价：RMB 1,805,706
200cm×270cm 香港苏富比 2021-04-18

1023 谢景兰 1967年作 这场斗争对等吗？
估　价：HKD 2,000,000～4,000,000
成交价：RMB 3,080,322
112.9cm×145.2cm 香港苏富比 2021-04-18

53 席德进 1962年作 抽象
估　价：HKD 1,200,000～1,800,000
成交价：RMB 1,193,688
51.5cm×87.5cm 中国嘉德 2021-04-23

1041 谢景兰 1979年作 清澈与朦胧
估　价：HKD 2,800,000～4,500,000
成交价：RMB 4,352,796
130cm×195.5cm 香港苏富比 2021-10-09

2848 谢南星 2014年作 无题 1号
估　价：RMB 2,400,000～3,400,000
成交价：RMB 4,140,000
220cm×325cm 北京保利 2021-12-02

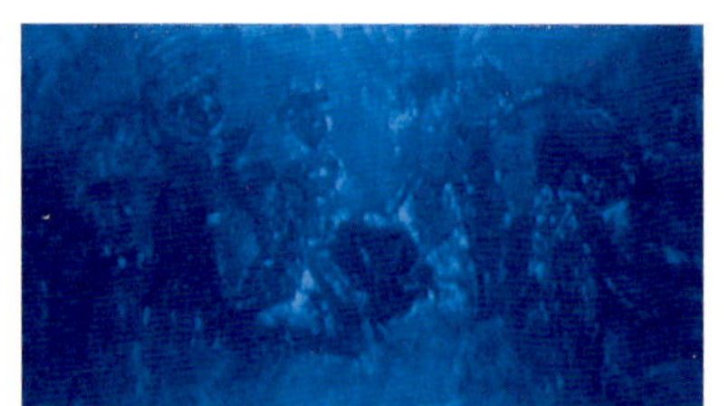

17 谢南星 2008年作 第一顿鞭子No. 3（又名浪 The Wave No. 3）
估　价：HKD 1,500,000～2,500,000
成交价：RMB 3,105,000
219cm×384cm 佳士得 2021-05-24

322 忻东旺 2012年作 古玩
估　价：RMB 3,800,000～4,500,000
成交价：RMB 6,037,500
240cm×160cm 北京华辰 2021-06-19

1989 忻东旺 1998年作 有志青年
估　价：RMB 600,000～800,000
成交价：RMB 943,000
146cm×114cm 中国嘉德 2021-05-20

1827 徐悲鸿 1941年作 林丹桂肖像
估　价：RMB 3,500,000～5,500,000
成交价：RMB 7,130,000
73cm×56cm 永乐拍卖 2021-05-21

8062 熊宇 2009年作 逆光的水流
估　价：RMB 300,000～450,000
成交价：RMB 690,000
200cm×450cm 华艺国际 2021-11-12

155 熊秉明 鲁迅书桌
估　价：HKD 400,000～500,000
成交价：RMB 708,120
122cm×154.9cm 保利香港 2021-04-21

166 徐悲鸿 徐悲鸿与蒋碧微（镜心）
估　价：RMB 2,000,000～3,000,000
成交价：RMB 3,542,000
58.5cm×38cm 中鸿信 2021-07-14

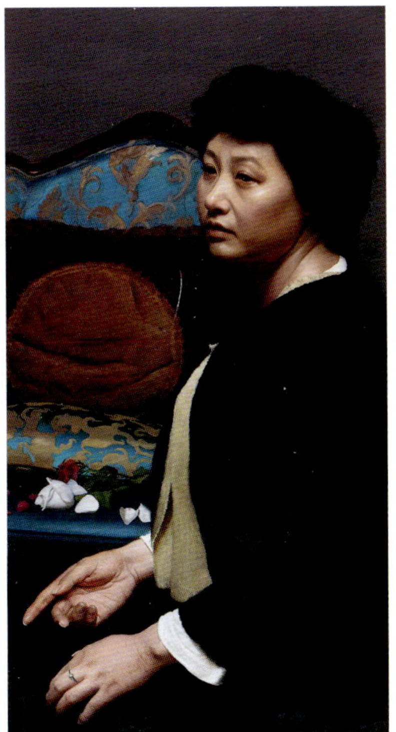

5232 徐芒耀 2015年作 等待
估 价：RMB 380,000～500,000
成交价：RMB 437,000
80cm×40cm 北京荣宝 2021-06-19

966 徐忠迪 2021年作 紫气升腾
估 价：RMB 300,000～400,000
成交价：RMB 1,012,000
86cm×52cm 荣宝斋（南京） 2021-05-26

2112 徐里 2020年作 永恒的辉煌
成交价：RMB 2,990,000
80cm×120cm 北京荣宝 2021-12-02

1758 徐震 2013年作 天下
成交价：RMB 598,000
140cm×200cm 中国嘉德 2021-11-29

8021 徐唯辛 1990—1992年作 回家乡·藏北牧人
估 价：RMB 300,000～400,000
成交价：RMB 402,500
96cm×116cm 华艺国际 2021-03-31

1032 许广专 2002—2003年作 高粱红了
估 价：RMB 220,000～300,000
成交价：RMB 333,500
160cm×166cm 广东崇正 2021-07-18

1955 许江 1995年作 迷失云
估 价：RMB 100,000～200,000
成交价：RMB 713,000
98cm×160cm
永乐拍卖 2021-05-21

1130 禤善勤 2019年作 Muimui与Doodood
成交价：RMB 1,380,834
200.3cm×240.3cm 香港苏富比 2021-04-19

2910 闫平 2019年作 星空和远方
估　价：RMB 1,500,000~2,000,000
成交价：RMB 3,105,000
180cm×220cm 北京保利 2021-12-02

2852 闫冰 2018年作 蘑菇2号
估　价：RMB 600,000~900,000
成交价：RMB 1,840,000
130cm×180cm 北京保利 2021-12-02

325 闫平 2016—2017年作 唱戏的人
估　价：RMB 1,600,000~2,600,000
成交价：RMB 2,035,500
180cm×200cm 北京华辰 2021-06-19

8055 闫占城 2019年作 在山丘后面（三联屏）
估　价：RMB 200,000～280,000
成交价：RMB 310,500
200cm×250cm×3 华艺国际 2021-11-12

1239 闫振铎 2008年作 牛
估　价：RMB 1,800,000～2,800,000
成交价：RMB 5,520,000
180cm×250cm 北京翰海 2021-06-05

2095 严培明 2011年作 自画像
估　价：RMB 1,600,000～2,200,000
成交价：RMB 1,840,000
200cm×200cm 中国嘉德 2021-05-20

1971 严智龙 2021年作 春秋鸟68
估　价：RMB 280,000～380,000
成交价：RMB 322,000
120cm×100cm 中国嘉德 2021-11-29

884 严有宏 2010年作 牧歌
估　价：RMB 80,000～120,000
成交价：RMB 368,000
60cm×90cm 荣宝斋（南京） 2021-05-26

889 阎威 2020年作 无题#8
估　价：RMB 60,000～80,000
成交价：RMB 327,750
61cm×143cm 荣宝斋（南京） 2021-05-26

2053 颜文樑 1958年作 西郊公园傍晚
估　价：RMB 1,500,000～2,500,000
成交价：RMB 4,600,000
28cm×40cm 中国嘉德 2021-11-28

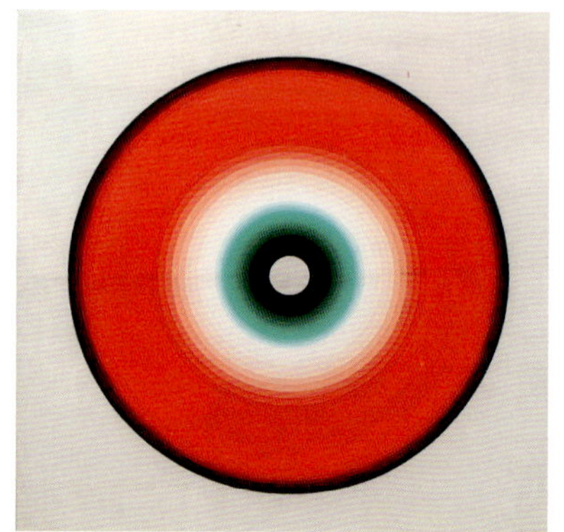

8284 颜磊 2004年作 彩轮
估　价：RMB 600,000～800,000
成交价：RMB 920,000
180cm×180cm 华艺国际 2021-12-10

8500 颜文樑 1940年作 傍晚的风景
估　价：RMB 1,400,000～2,500,000
成交价：RMB 1,725,000
40cm×55cm 华艺国际 2021-06-05

1817 颜文樑 山林清溪
估　价：RMB 5,000,000～8,000,000
成交价：RMB 5,980,000
58.6cm×79.5cm 永乐拍卖 2021-05-21

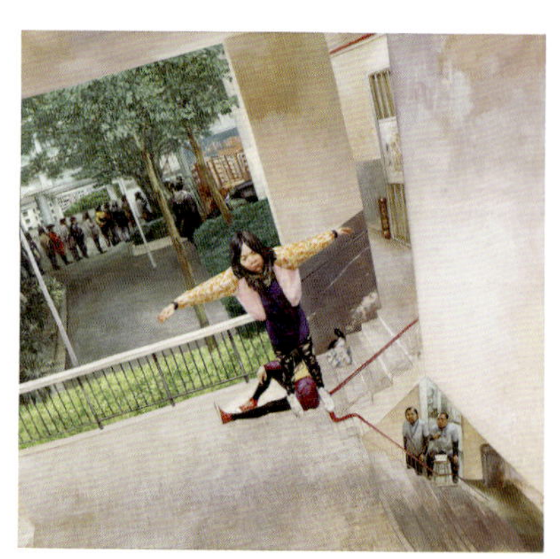

9 杨东龙 2011年作 楼梯间
估　价：HKD 120,000～180,000
成交价：RMB 517,500
183.5cm×183.8cm 佳士得 2021-05-24

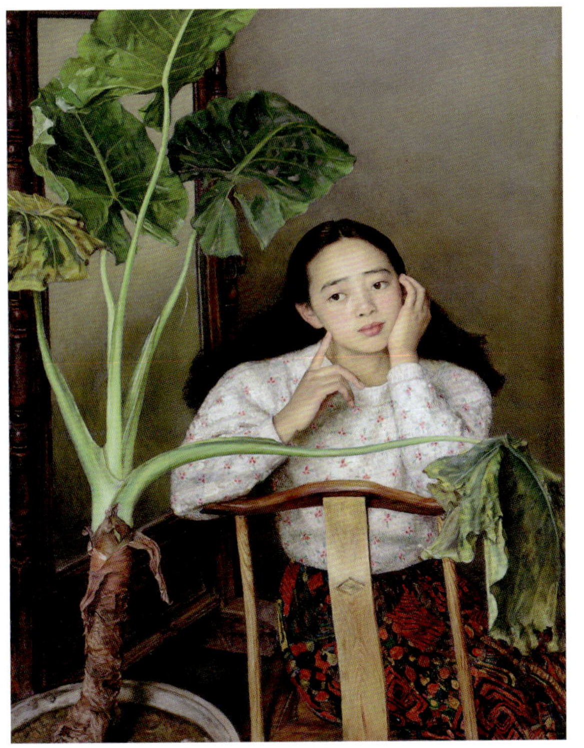

5231 杨飞云 2005年作 青涩的回忆
估　价：RMB 1,200,000～1,800,000
成交价：RMB 1,380,000
63cm×98cm 北京荣宝 2021-06-19

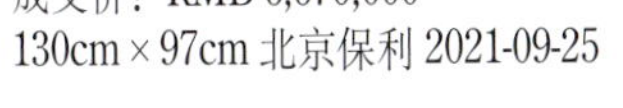

318 杨飞云 1995年作 大植物
估　价：RMB 6,000,000～8,000,000
成交价：RMB 6,670,000
130cm×97cm 北京保利 2021-09-25

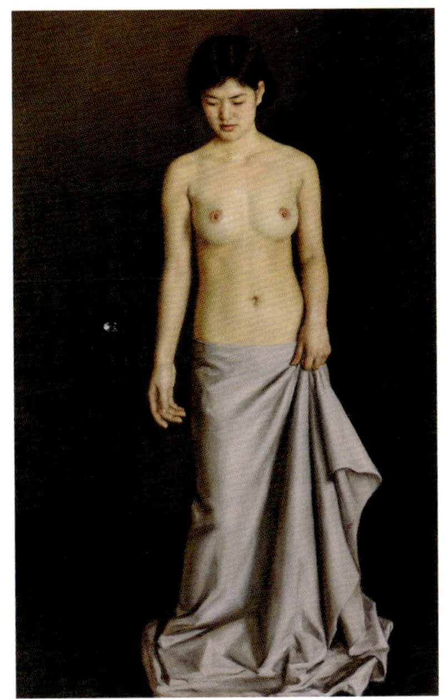

319 杨飞云 2005年作 恒
估　价：RMB 3,800,000～4,800,000
成交价：RMB 4,140,000
146cm×89cm 北京保利 2021-09-25

1727 杨光涛 2004年作 绿叶花卉
估　价：RMB 80,000～100,000
成交价：RMB 460,000
50cm×60cm 北京翰海 2021-12-17

2256 杨加勇 2017年作 尘系列1
估　价：RMB 600,000～1,200,000
成交价：RMB 1,265,000
160cm×140cm 永乐拍卖 2021-05-21

2021 杨加勇 2019年作 尘系列1
估　价：RMB 2,000,000～4,000,000
成交价：RMB 2,760,000
160cm×300cm 永乐拍卖 2021-05-21

8105 杨立光 1961年作 女人像
估　价：RMB 400,000～550,000
成交价：RMB 517,500
70cm × 50cm 华艺国际 2021-06-05

8345 杨勋 2013—2015年作 石头记
估　价：RMB 450,000～550,000
成交价：RMB 517,500
200cm × 300cm 华艺国际 2021-12-10

2005 杨冕 2018年作 RGB · 视觉暂留那一刻作品0号
估　价：RMB 600,000～800,000
成交价：RMB 1,138,500
160cm × 110cm × 2 永乐拍卖 2021-05-21

26 叶凌瀚 2018—2019年作 露西-E-01
估　价：HKD 400,000～600,000
成交价：RMB 2,360,375
200cm × 450cm 佳士得 2021-12-01

122 杨识宏 2011年作 十面埋伏
估　价：HKD 450,000～650,000
成交价：RMB 675,648
152cm × 198cm 中国嘉德 2021-10-12

125 叶子奇 2009—2010年作 雾迷 · 布洛湾 · 花莲
估　价：HKD 1,000,000～2,000,000
成交价：RMB 994,740
76cm × 203.5cm 中国嘉德 2021-04-23

8295 佚名 辽沈战役
估　价：RMB 600,000～1,000,000
成交价：RMB 1,092,500
247cm×500cm 中贸圣佳 2021-05-20

2837 由金 2018年作 棒棒糖
估　价：RMB 300,000～600,000
成交价：RMB 1,173,000
200cm×150cm 北京保利 2021-12-02

1919 尹朝阳 2005年作 乌托邦之一
估　价：RMB 600,000～800,000
成交价：RMB 2,702,500
180cm×350cm 永乐拍卖 2021-05-21

870 于桂元 2021年作 哈尼盛装
估　价：RMB 600,000～800,000
成交价：RMB 1,380,000
80cm×62cm 荣宝斋（南京） 2021-05-26

309 尹朝阳 2006年作 天安门广场
估　价：RMB 900,000～1,800,000
成交价：RMB 2,300,000
160.5cm×250cm 北京华辰 2021-06-19

8014 余本 1976年作 市郊菜园
估　价：RMB 8,000,000～10,000,000
成交价：RMB 11,270,000
70cm×91cm 华艺国际 2021-03-31

8501 余本 1950年作 香港日景
估　价：RMB 700,000～1,000,000
成交价：RMB 920,000
64cm×76.7cm 华艺国际 2021-06-05

135 余友涵 2013—2018年作 抽象 05.4
估　价：HKD 1,800,000～3,200,000
成交价：RMB 1,820,880
157.5cm×104.3cm 保利香港 2021-04-21

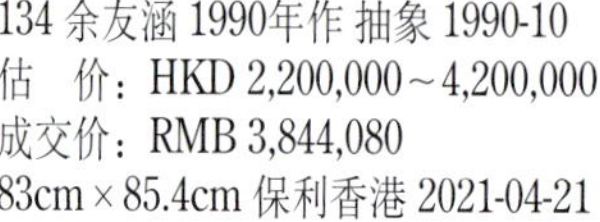

134 余友涵 1990年作 抽象 1990-10
估　价：HKD 2,200,000～4,200,000
成交价：RMB 3,844,080
83cm×85.4cm 保利香港 2021-04-21

8518 喻红 2015年作 荡漾
估　价：RMB 500,000～800,000
成交价：RMB 1,207,500
97cm×76cm 华艺国际 2021-06-05

8517 喻红 2009年作 天井（四联画）
估　价：RMB 3,500,000～5,000,000
成交价：RMB 7,015,000
500cm×600cm 华艺国际 2021-06-05

560 袁远 2010年作 一零零一
估　价：HKD 600,000～1,000,000
成交价：RMB 902,853
183.5cm×179cm 香港苏富比 2021-04-20

3309 岳敏君 2007年作 后花园
估　价：RMB 5,000,000～8,000,000
成交价：RMB 6,900,000
280cm×400cm 北京保利 2021-06-04

21 曾传兴 2016—2021年作 祷告·2021
估　价：RMB 400,000～600,000
成交价：RMB 1,138,500
151cm×101cm 北京华辰 2021-12-07

1121 岳敏君 1993年作 大狂喜
估　价：HKD 2,500,000～3,500,000
成交价：RMB 3,751,668
180cm×248cm 香港苏富比 2021-10-09

1120 岳敏君 1997年作 自画像
估　价：HKD 2,800,000～4,500,000
成交价：RMB 6,777,720
248cm×362cm 香港苏富比 2021-04-19

885 翟欣建 2011年作 周庄双桥
估　价：RMB 400,000～600,000
成交价：RMB 1,127,000
40cm×50cm 荣宝斋（南京） 2021-05-26

2918 曾梵志 2012年作 祈祷（双联画）
估　价：RMB 8,000,000～16,000,000
成交价：RMB 37,950,000
400cm×200cm×2 北京保利 2021-12-02

1912 曾梵志 2014年作 一苇渡江
估　价：RMB 15,000,000～25,000,000
成交价：RMB 20,700,000
260cm×180cm 永乐拍卖 2021-05-21

2921 曾梵志 2012年作 智者（双联画）
估　价：RMB 8,000,000～16,000,000
成交价：RMB 35,650,000
400cm×200cm×2 北京保利 2021-12-02

15 曾梵志 2010年作 江山如此多娇之二（双联画）
估　价：HKD 10,000,000～20,000,000
成交价：RMB 32,716,850
250cm×350cm×3 佳士得 2021-12-01

2901 张恩利 1997年作 吸烟者
估　价：RMB 4,200,000～5,200,000
成交价：RMB 5,865,000
170cm×150cm 北京保利 2021-12-02

1754 张功悫 2018年作 森林
估　价：RMB 600,000～800,000
成交价：RMB 690,000
100cm×120cm 中国嘉德 2021-05-20

1816 张功悫 2018年作 风景系列20180115
估　价：RMB 600,000～800,000
成交价：RMB 690,000
120cm×100cm 永乐拍卖 2021-05-21

287 张恩利 2006年作 美术馆
估　价：HKD 800,000～1,200,000
成交价：RMB 1,966,500
198.5cm×209.5cm 佳士得 2021-05-25

525 张恩利 2011年作 剥落的马赛克1号
估　价：HKD 800,000～1,500,000
成交价：RMB 2,655,450
250cm×200cm 香港苏富比 2021-04-20

3231 张慧 2010—2011年作 树
估　价：RMB 380,000～580,000
成交价：RMB 517,500
190cm×160cm 北京保利 2021-06-04

1869 张郎郎 2017年作 问花花不语
估　价：RMB 360,000～560,000
成交价：RMB 1,092,500
75cm×100cm 中国嘉德 2021-11-29

51 张荔英 约1960年代中期作 静物（中秋节）
估　价：HKD 3,200,000～4,500,000
成交价：RMB 8,283,890
81cm×54cm 佳士得 2021-12-01

31 张荔英 约1963年作 万代兰
估　价：HKD 1,500,000～2,500,000
成交价：RMB 5,671,800
65cm×54cm 佳士得 2021-05-24

2422 张利 2012年作 高原明珠
估　价：RMB 500,000～1,200,000
成交价：RMB 1,035,000
100cm×80cm 上海嘉禾 2021-07-23

1918 张文新 1998年作 孔雀之乡的织女
估　价：RMB 380,000～580,000
成交价：RMB 437,000
75cm×115cm 中国嘉德 2021-11-29

2044 张培力 1984年作 水上运动
估　价：RMB 5,500,000～8,500,000
成交价：RMB 7,475,000
83cm×130cm 永乐拍卖 2021-12-03

2757 张小涛 2015—2017年作 通道NO.9
估　价：RMB 400,000～600,000
成交价：RMB 460,000
150cm×200cm 北京保利 2021-12-02

1914 张晓刚 1995年作 血缘：大家庭12号
成交价：RMB 81,190,000
150cm × 190cm 永乐拍卖 2021-05-21

62 张晓刚 1997年作 血缘：大家庭 9号
估　价：HKD 22,000,000～32,000,000
成交价：RMB 20,894,450
149cm × 189cm 佳士得 2021-12-01

3310 张晓刚 2006年作 兄弟
估　价：RMB 5,000,000～8,000,000
成交价：RMB 5,750,000
120cm × 150cm 北京保利 2021-06-04

369 张晓刚 2008年作 绿墙·两张单人床
估　价：RMB 8,000,000～15,000,000
成交价：RMB 10,925,000
300cm×500cm 北京华辰 2021-12-07

1730 张紫玙 1956年作 画家的街道
估　价：RMB 120,000～220,000
成交价：RMB 437,000
72.5cm×99cm 中国嘉德 2021-05-20

2153 张英楠 2021年作 家宅
估　价：RMB 150,000～250,000
成交价：RMB 943,000
97cm×130cm 永乐拍卖 2021-12-03

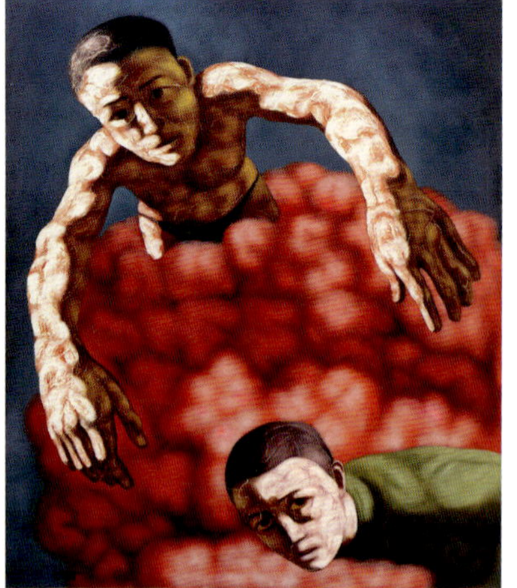

2064 赵能智 1995年作 梦游系列NO.1
估　价：RMB 400,000～500,000
成交价：RMB 460,000
169cm×139.5cm 西泠印社 2021-07-24

3129 张长江 2013年作 圣殿
估　价：RMB 180,000～280,000
成交价：RMB 414,000
150cm×100cm 北京保利 2021-06-04

544 张子飘 2018年作 橱窗购物
估　价：HKD 100,000～200,000
成交价：RMB 573,804
200cm×240cm 香港苏富比 2021-10-10

8132 章剑 2016年作 三月
成交价：RMB 414,000
200cm × 150cm 华艺国际 2021-06-05

1046 赵兽 年年有余
成交价：RMB 460,000
39cm × 45cm 广东崇正 2021-07-18

1021 赵无极 1962年作 13.02.62
估　价：HKD 100,000,000 ~ 150,000,000
成交价：RMB 137,346,618
129.5cm × 161.5cm 香港苏富比 2021-04-18

25 赵无极 1951—1952年作 港口29.04.52
估　价：HKD 17,000,000 ~ 27,000,000
成交价：RMB 24,848,280
73.5cm × 92.5cm 佳士得 2021-05-24

24 赵无极 1963年作 24.01.63
估　价：HKD 50,000,000 ~ 80,000,000
成交价：RMB 63,159,840
115cm × 88cm 佳士得 2021-05-24

244 赵无极 1952年作 风景
估　价：NTD 55,000,000～70,000,000
成交价：RMB 18,782,720
65cm×92cm 罗芙奥 2021-07-18

8088 赵晓佳 2016年作 刘小东的女朋友
估　价：RMB 250,000～350,000
成交价：RMB 460,000
100cm×80cm 中贸圣佳 2021-05-20

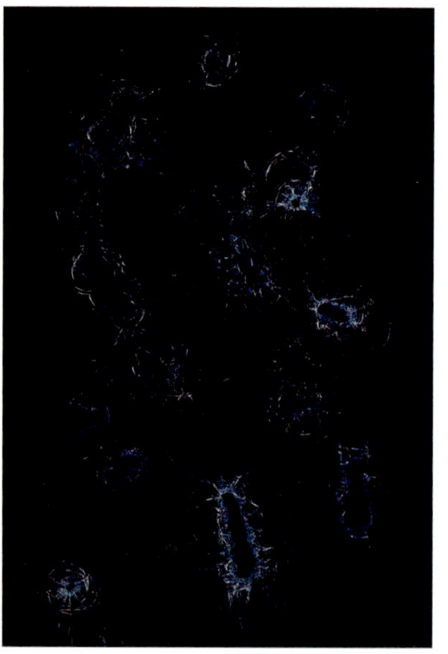

1990 赵赵 2016年作 星空
估　价：RMB 600,000～800,000
成交价：RMB 1,092,500
300cm×200cm 永乐拍卖 2021-05-21

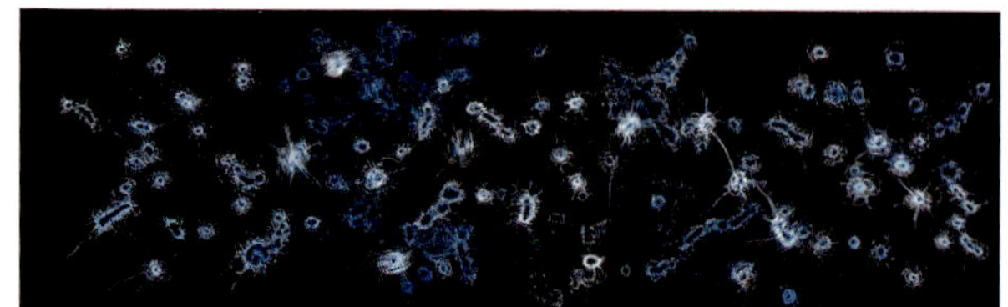

8043 赵赵 2017年作 星空（四联画）
估　价：RMB 1,800,000～2,800,000
成交价：RMB 3,553,500
300cm×250cm×4 华艺国际 2021-11-12

2144 郑国谷 2014年作 紫外幻化No.1
估　价：RMB 300,000～400,000
成交价：RMB 368,000
208.5cm×145.5cm 永乐拍卖 2021-12-03

651 郑洪流 1960年作 红军上政治课
估　价：RMB 1,300,000～2,600,000
成交价：RMB 1,725,000
88cm×134cm 华艺国际 2021-09-17

8144 郑凯 2021年作 抽象敦煌21306
估　价：RMB 650,000～750,000
成交价：RMB 828,000
100cm×150cm 华艺国际 2021-06-05

969 郑奎飞 上帝之眼
估 价：RMB 4,000,000～8,000,000
成交价：RMB 10,120,000
100cm×80cm 荣宝斋（南京） 2021-06-26

1926 郑在东 2010年作 清奇古怪
估 价：RMB 150,000～250,000
成交价：RMB 322,000
200cm×200cm 中国嘉德 2021-05-20

35 郑相和 1977年作 无题 77-8-12
估 价：HKD 3,000,000～5,000,000
成交价：RMB 4,823,375
162.2cm×130.3cm 佳士得 2021-12-01

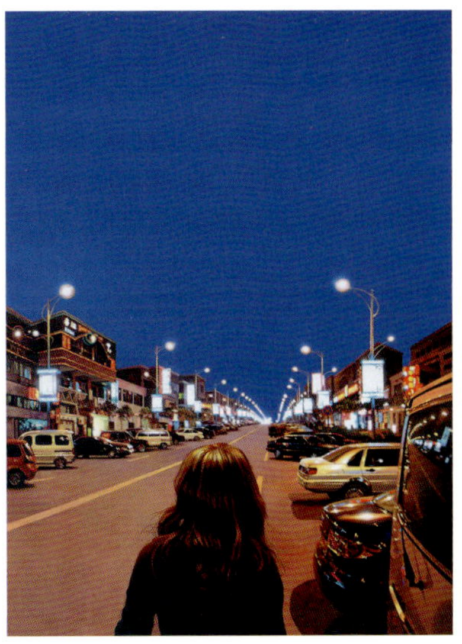

2063 钟飙 2004年作 一个人的城市
估 价：RMB 600,000～800,000
成交价：RMB 920,000
350cm×247cm 西泠印社 2021-07-24

16 钟泗宾 1963年作 自然的神韵
估 价：HKD 1,500,000～2,500,000
成交价：RMB 3,899,750
101.5cm×153cm 佳士得 2021-12-01

1780 周碧初 1964年作 盛日新生活
估 价：RMB 400,000～600,000
成交价：RMB 460,000
50cm×73cm 中国嘉德 2021-05-20

886 周川 2021年作 天道
估　价：RMB 400,000～600,000
成交价：RMB 989,000
70cm×50cm 荣宝斋（南京） 2021-05-26

2089 周春芽 1994年作 红石图（三联画）
估　价：RMB 27,000,000～37,000,000
成交价：RMB 39,330,000
150cm×120cm×3 中国嘉德 2021-05-20

2113 周春芽 1992 年作 青石图
估　价：RMB 7,800,000～9,800,000
成交价：RMB 18,975,000
150cm×120cm 中国嘉德 2021-11-28

1927 周春芽 1999年作 太湖石
估　价：RMB 20,000,000～30,000,000
成交价：RMB 20,815,000
200cm×150cm 永乐拍卖 2021-05-21

1936 周松 2016年作 心
估　价：RMB 200,000～300,000
成交价：RMB 322,000
50cm×60cm 中国嘉德 2021-11-29

1516 周廷旭 1920年代作 鼓浪屿风景（双面画）
估　价：RMB 80,000～120,000
成交价：RMB 437,000
36.5cm×49cm 中国嘉德 2021-11-29

306 周小愚 王孝柏 1971年作 向井冈山进军（无图）
估　价：RMB 1,500,000～1,800,000
成交价：RMB 1,552,500
126cm×236cm 北京华辰 2021-06-19

8089 周长江 2000年作 互补2001.4（双联画）
估　价：RMB 600,000～800,000
成交价：RMB 828,000
180cm×150cm×2 中贸圣佳 2021-05-20

8043 朱春林 2000年作 泉源之地
估　价：RMB 280,000～350,000
成交价：RMB 322,000
146cm×89cm 华艺国际 2021-03-31

1020 朱德群 1986年作 盛世雪
估　价：HKD 80,000,000～120,000,000
成交价：RMB 193,525,824
193cm×384.7cm 香港苏富比 2021-04-18

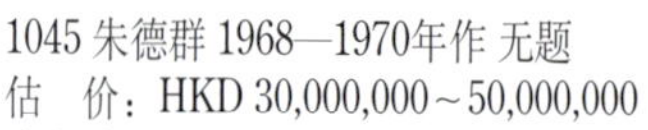

1045 朱德群 1968—1970年作 无题
估　价：HKD 30,000,000～50,000,000
成交价：RMB 30,201,300
162cm×127.2cm 香港苏富比 2021-10-09

1095 朱金石 2006年作 北京的两个落叶和尚
估　价：RMB 400,000～600,000
成交价：RMB 632,500
180cm×160cm 中贸圣佳 2021-07-06

1977 朱乃正 1973年作 高原藏女
估　价：RMB 200,000～300,000
成交价：RMB 483,000
52cm×62cm 中国嘉德 2021-05-20

23 朱德群 2003—2004年作 永恒的刹那
估　价：HKD 16,000,000～28,000,000
成交价：RMB 18,588,600
总130cm×324cm 佳士得 2021-05-24

790 朱曜奎 2009年作 黄河之源
估　价：RMB 4,000,000～6,000,000
成交价：RMB 63,250,000
200cm×300cm 荣宝斋（南京） 2021-05-26

143 朱沅芷 1926年作 朵儿・巴斯维尔的肖像
估　价：HKD 900,000～1,800,000
成交价：RMB 1,966,500
30.2cm×23cm 佳士得 2021-05-25

1350 朱曜奎 2001年作 黄河魂
估　价：RMB 3,000,000～4,000,000
成交价：RMB 40,250,000
100cm×200cm 保利厦门 2021-05-05

8279 朱忠福 1972年作 钢铁运输线
估　价：RMB 500,000～800,000
成交价：RMB 828,000
165cm×195cm 中贸圣佳 2021-05-20

786 朱曜奎 2007年作 黄山妙境
估　价：RMB 2,000,000～3,000,000
成交价：RMB 20,700,000
100cm×200cm 荣宝斋（南京） 2021-05-26

132 庄喆 2005年作 雪舟破墨山水变奏之11
估　价：HKD 250,000～450,000
成交价：RMB 447,633
167cm×127cm 中国嘉德 2021-04-23

47 KAWS 2014年作 末日
估　价：HKD 6,200,000～8,200,000
成交价：RMB 6,662,415
210cm×195cm×137cm 保利香港 2021-11-30

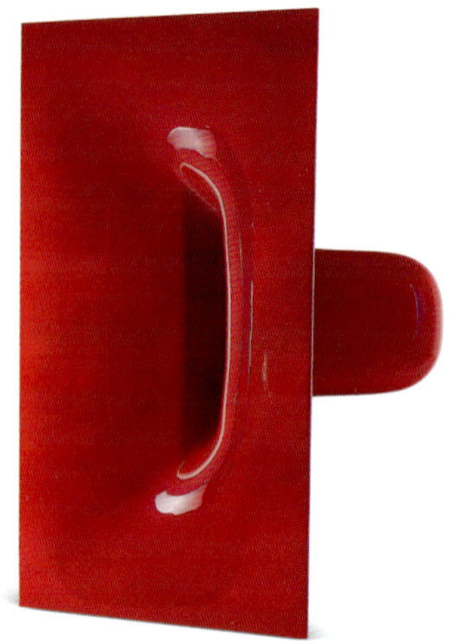

8512 安尼施·卡普尔 2006年作 袋子
估　价：RMB 4,500,000～5,500,000
成交价：RMB 5,635,000
244.5cm×174cm×60cm 华艺国际 2021-06-05

雕　塑

31 KAWS 2017年作 等待
估　价：HKD 5,200,000～7,200,000
成交价：RMB 7,495,730
85.1cm×72.1cm×178.4cm
佳士得 2021-12-01

2133 KAWS 2010年作 同伴（路过）
估　价：RMB 2,800,000～3,800,000
成交价：RMB 3,220,000
120cm×71cm×65cm 中国嘉德 2021-11-28

8001 阿尔伯托·贾柯梅蒂 约1951—1952年设计，1973年铸造 立柱上的半身小像
估　价：HKD 14,000,000～18,000,000
成交价：RMB 21,568,155
151.7cm×21cm×22.4cm 香港苏富比 2021-04-18

72 草间弥生 2017年作 南瓜
估　价：HKD 28,000,000～38,000,000
成交价：RMB 45,524,450
180cm×180cm×215cm 佳士得 2021-12-01

27 奥古斯特·罗丹 吻（缩小版第一版）
估　价：HKD 10,000,000～15,000,000
成交价：RMB 9,642,645
71.4cm×43.6cm×45.8cm 保利香港 2021-11-30

60 草间弥生 2017年作 星夜南瓜
估　价：HKD 18,000,000～28,000,000
成交价：RMB 18,091,800
195cm×195cm×183cm 佳士得 2021-05-24

2124 陈可 2007年作 和你在一起，永远不孤单
估　价：RMB 480,000～680,000
成交价：RMB 575,000
尺寸不一 永乐拍卖 2021-12-03

8511 达明安·赫斯特 2008年作 圣徒巴多罗买——剧痛
估　价：RMB 22,000,000～30,000,000
成交价：RMB 44,275,000
250cm×110cm×95cm 华艺国际 2021-06-05

8302 郝量 2013年作 直到长出蘑菇（一组四件）
估　价：RMB 300,000～500,000
成交价：RMB 517,500
雕塑9.5cm×10cm×12cm×3 华艺国际 2021-06-05

150 亨利·摩尔 马
估　价：HKD 3,200,000～5,200,000
成交价：RMB 3,933,000
长68.2cm 佳士得 2021-05-25

50 黄柏仁 2004年作 GO！
估　价：NTD 950,000～1,500,000
成交价：RMB 303,600
66cm×83cm×171cm 罗芙奥 2021-12-04

10 黄本蕊 2018年作 守门巨兔
估　价：HKD 600,000～800,000
成交价：RMB 1,193,688
270cm×125.3cm×276.2cm
中国嘉德 2021-04-23

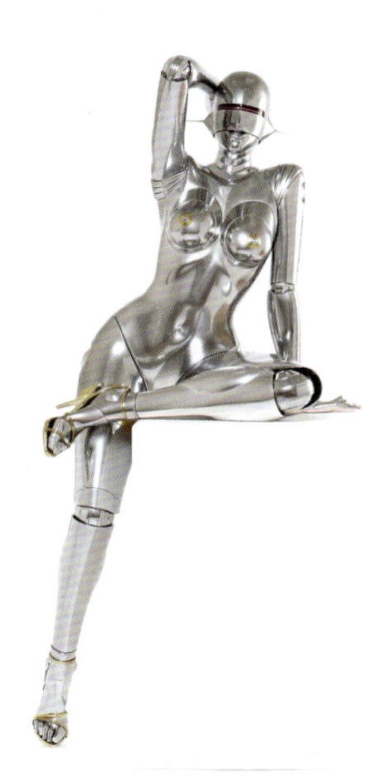

118 空山基 2017年作 机械姬——坐立型号B
估　价：HKD 1,000,000 ~ 2,000,000
成交价：RMB 4,720,750
63cm × 81cm × 67.3cm 佳士得 2021-12-02

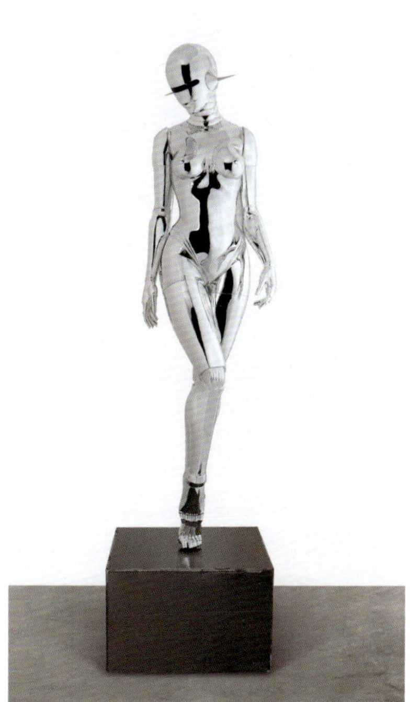

1143 空山基 2018年作 性感机器人 · 漫游太空
估　价：HKD 700,000 ~ 900,000
成交价：RMB 3,398,976
雕塑183cm × 50cm × 40cm 香港苏富比 2021-04-19

90 李真 2001年作 大士骑龙
估　价：HKD 5,600,000 ~ 12,000,000
成交价：RMB 15,152,925
330cm × 293cm × 200cm 中国嘉德 2021-04-23

143 李真 1999年作 大士
估　价：HKD 6,000,000 ~ 9,000,000
成交价：RMB 6,069,600
110cm × 207cm × 250cm 保利香港 2021-04-21

94 梁任宏 2020年作 转进论15AK1029.1017
估　价：HKD 300,000～500,000
成交价：RMB 547,107
雕塑154cm×116.5cm×70cm；
底座58cm×70cm（直径）
中国嘉德 2021-04-23

1659 刘焕章 1982年作 专注
估　价：RMB 1,200,000～2,200,000
成交价：RMB 1,380,000
55cm×21cm×30cm 中国嘉德 2021-11-29

157 刘建文 2018年作 金创玩米高
（OhMyToy!系列）
估　价：HKD 150,000～250,000
成交价：RMB 431,025
183cm×62cm×60cm 佳士得 2021-12-02

75 名和晃平 2010年作 Pix-cell 鹿第23号
估　价：HKD 1,600,000～2,600,000
成交价：RMB 5,473,080
210cm×187cm×150cm 佳士得 2021-05-24

343 松谷武判 1997年作 波动 97-2-1
估　价：HKD 500,000～700,000
成交价：RMB 974,938
162cm×130cm 佳士得 2021-12-02

802 任哲 2019年作 定风波
估　价：HKD 250,000～500,000
成交价：RMB 446,116
115cm×63cm×105cm 香港苏富比 2021-04-19

17 土屋仁応 2020年作 独角兽
估　价：NTD 550,000～850,000
成交价：RMB 501,120
25.5cm × 12cm × 41cm 罗芙奥 2021-07-17

375 魏小明 2004年作 风
估　价：RMB 400,000～500,000
成交价：RMB 448,500
高130cm 北京华辰 2021-06-19

1062 吴达新 2020年作 麒麟
估　价：RMB 380,000～480,000
成交价：RMB 402,500
195cm × 90cm × 44cm 十竹斋拍卖（北京）2021-04-25

2120 向京 2005年作 处女系列——初潮的处女
估　价：RMB 480,000～680,000
成交价：RMB 667,000
164cm × 46cm × 42cm 中国嘉德 2021-11-28

310 小泉悟 2015年作 动物人·羚羊
估　价：NTD 2,600,000～3,600,000
成交价：RMB 835,200
23cm × 26cm × 102.5cm 罗芙奥 2021-07-18

151 熊秉明 2001年铸铜 小归途
估　价：HKD 600,000～800,000
成交价：RMB 708,120
50cm × 9.5cm × 42cm 保利香港 2021-04-21

47 盐田千春 2020年作 存在的状态（回忆）
估　价：HKD 350,000～550,000
成交价：RMB 1,490,400
80cm×45cm×45cm 中国嘉德 2021-10-12

2926 曾梵志 2010年作 无题
估　价：RMB 3,000,000～4,000,000
成交价：RMB 3,450,000
240cm×172cm×120cm 北京保利 2021-12-02

1084 张充仁 1990年作 吴湖帆胸像
估　价：RMB 850,000～1,200,000
成交价：RMB 1,012,000
50cm×32cm×50cm 广东崇正 2021-01-06

8094 尹积昌 1958年作 孙中山纪念像
估　价：RMB 600,000～1,200,000
成交价：RMB 1,150,000
50cm×30cm×100cm 华艺国际 2021-03-31

2119 展望 1990年作 坐着的女孩
估　价：RMB 1,600,000～2,600,000
成交价：RMB 2,070,000
125cm×50cm×119cm 中国嘉德 2021-11-28

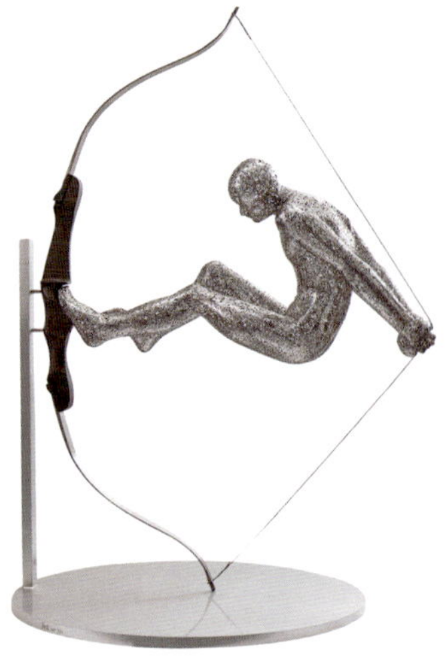

92 郑路 2011年作 张弓无箭 No.1
估　价：HKD 300,000～500,000
成交价：RMB 378,001
雕塑147cm×100cm×33cm；
底座2.5cm×85cm×85cm
中国嘉德 2021-04-23

2101 周春芽 2007年作 绿狗
估　价：RMB 600,000～1,200,000
成交价：RMB 1,035,000
410cm×113cm×181cm 永乐拍卖 2021-12-03

275 朱铭 1990年作 太极系列・单鞭下势
估　价：HKD 2,000,000～3,000,000
成交价：RMB 4,140,000
51.3cm×62.6cm×36.8cm 佳士得 2021-05-25

摄　影

4998 郎静山 溥儒（镜心）
估　价：RMB 20,000～30,000
成交价：RMB 368,000
35.6cm×23.5cm 中国嘉德 2021-11-30

1038 王家卫 2021年作 花样年华・一刹那
估　价：HKD 2,000,000～3,000,000
成交价：RMB 3,547,152
香港苏富比 2021-10-09

当代艺术及其他艺术形式

257 KAWS 2002年作 无题（US）
估　价：HKD 2,000,000～3,000,000
成交价：RMB 9,642,645
172.7cm×121.9cm 保利香港 2021-11-29

589 Mr Doodle 2019年作 东京涂鸦
估　价：HKD 150,000～250,000
成交价：RMB 4,152,420
200.3cm×182cm 香港苏富比 2021-10-10

5 MR. 2019年作 梦——地球的呼吸
估　价：HKD 1,000,000～2,000,000
成交价：RMB 3,310,272
120cm×121.3cm 保利香港 2021-11-30

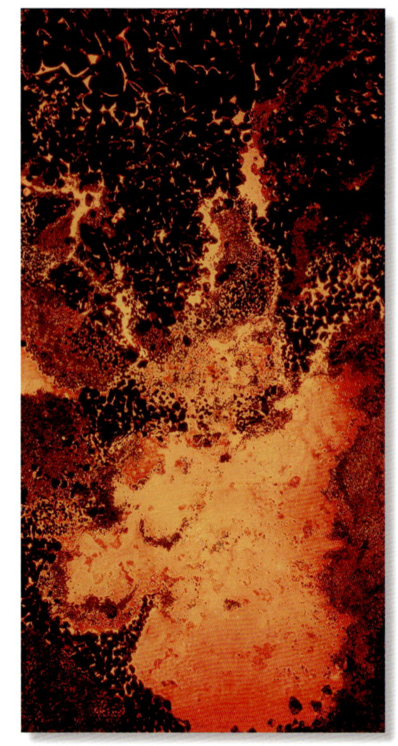

2125 阿雅 永恒的活火
估　价：RMB 200,000～250,000
成交价：RMB 345,000
240cm×120cm 北京荣宝 2021-12-02

227 MR. 2016年作 梦想成真的一天
估　价：NTD 28,000,000～40,000,000
成交价：RMB 7,728,000
280cm×265cm 罗芙奥 2021-12-05

1930 安尼施·卡普尔 2014年作 无题
估　价：RMB 3,500,000～4,500,000
成交价：RMB 4,140,000
138.5cm×138.5cm×28cm
永乐拍卖 2021-05-21

5266 安奇帮 2020年作 西部之光
估　价：RMB 500,000～650,000
成交价：RMB 632,500
60cm×80cm 北京荣宝 2021-06-19

1017 巴布罗·毕加索 1954年作 抱膝女子
估　价：HKD 150,000,000～230,000,000
成交价：RMB 158,695,308
92.2cm×73cm 香港苏富比 2021-10-09

66 班克斯 2015年作 蜂鸟
估　价：HKD 11,000,000～16,000,000
成交价：RMB 13,123,800
65cm×55cm×40cm 佳士得 2021-05-24

74 蔡国强 1985—1986年作 太古神话：夸父追日
估　价：HKD 5,800,000～8,800,000
成交价：RMB 7,882,050
180cm×125cm 中国嘉德 2021-04-23

226 草间弥生 2010年作 南瓜
估　价：NTD 40,000,000～60,000,000
成交价：RMB 32,531,200
120cm×120cm×125cm 罗芙奥 2021-12-05

8004 常玉 1950年代作 裸女与狗
估　价：HKD 100,000,000～150,000,000
成交价：RMB 88,916,268
84cm×122cm 香港苏富比 2021-04-18

8321 陈可 2008年作 HAPPY吗?
估　价：RMB 600,000～800,000
成交价：RMB 1,012,000
90.5cm×90.5cm 华艺国际 2021-12-10

322 常玉 1920—1930年代作 阅读中的黄裙女士
估　价：HKD 500,000～800,000
成交价：RMB 1,436,750
50cm×31.6cm 佳士得 2021-12-02

3209 陈可 2007年作 和你在一起，永远不孤单
估　价：RMB 450,000～650,000
成交价：RMB 517,500
153cm×89.5cm×50cm 北京保利 2021-06-04

5257 陈可之 2021年作 美好的一天
估　价：RMB 540,000～600,000
成交价：RMB 598,000
30cm×75cm 北京荣宝 2021-06-19

318 陈平禄 1934年作 姐弟情
估　价：HKD 150,000～250,000
成交价：RMB 2,052,500
61cm×45.5cm 佳士得 2021-12-02

1057 陈文希 1961年作 晒网
估　价：HKD 1,000,000～2,000,000
成交价：RMB 2,018,142
91.5cm×107cm 香港苏富比 2021-04-18

1992 陈彧君 2014—2017年作 亚洲地图NO.140711
估　价：RMB 900,000～1,200,000
成交价：RMB 1,035,000
240cm×120cm×2 永乐拍卖 2021-05-21

1049 陈彧君 亚洲地图NO.160812
估　价：RMB 400,000～800,000
成交价：RMB 460,000
85cm×209cm×13cm
十竹斋拍卖（北京） 2021-04-25

251 崔素荣 2012—2014年作 当我更上一层
估　价：NTD 1,200,000～2,200,000
成交价：RMB 552,000
45.5cm×53cm 罗芙奥 2021-12-05

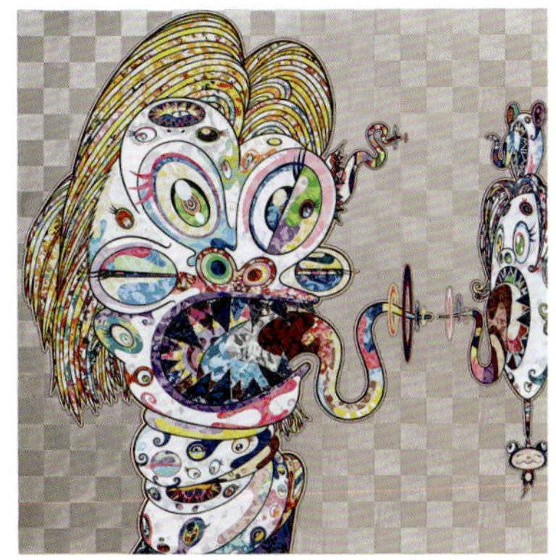

1129 村上隆 2016年作 培根致敬：伊莎贝尔·罗斯与乔治·戴尔头像习作
估　价：HKD 5,000,000～7,000,000
成交价：RMB 7,057,872
整体100cm×200cm×5.08cm
香港苏富比 2021-10-09

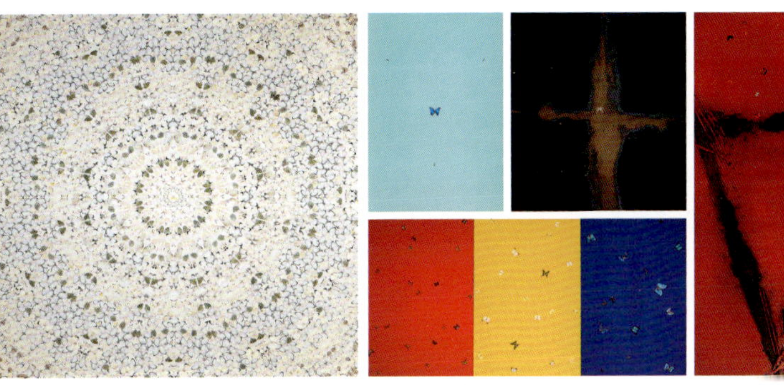

2060 达明安·赫斯特 2007年作 上帝的五个方面·蝴蝶万花筒 上帝的五个方面·蝴蝶三联画 上帝的五个方面·复活 上帝的五个方面·三位一体 上帝的五个方面·十字架
估　价：RMB 10,000,000～18,000,000
成交价：RMB 21,850,000
尺寸不一 永乐拍卖 2021-12-03

1933 达明安·赫斯特 2017年作 Intervention
估　价：RMB 4,500,000～5,500,000
成交价：RMB 6,325,000
直径121.9cm 永乐拍卖 2021-05-21

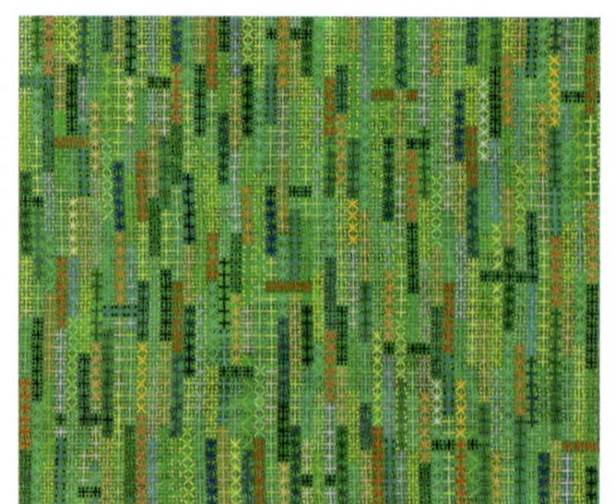

513 丁乙 2002年作 十示2002-12
估　价：HKD 800,000～1,500,000
成交价：RMB 2,503,872
140.5cm×160cm 香港苏富比 2021-10-10

2454 丁乙 1995年作 十示95-B45
估　价：RMB 150,000～350,000
成交价：RMB 345,000
48.5cm×68.5cm 上海嘉禾 2021-07-23

2118 丁方 2002—2003年作 伟大的风景——悲风（三联画）
估　价：RMB 2,500,000～3,500,000
成交价：RMB 2,875,000
200cm×180cm×3 中国嘉德 2021-11-28

1981 段建宇 2002年作 施耐贝尔：庸俗的中国风景1
估　价：RMB 800,000～1,000,000
成交价：RMB 1,840,000
160cm×180cm 永乐拍卖 2021-05-21

1015 丁雄泉 1983年作 在家陪我
估　价：RMB 3,500,000～4,500,000
成交价：RMB 3,335,000
151cm×181cm
十竹斋拍卖（北京） 2021-04-25

1029 范光厚 约1930年代作 越南北部古佛塔
估　价：HKD 3,200,000～4,000,000
成交价：RMB 6,777,720
全屏104cm×183cm 香港苏富比 2021-04-18

1117 方力钧 1993年作 1993-4号
估　价：HKD 19,000,000～29,000,000
成交价：RMB 20,548,125
180cm × 230cm 香港苏富比 2021-04-19

196 高野绫 2000年作 马铃薯
估　价：HKD 200,000～400,000
成交价：RMB 667,063
194cm × 140cm 佳士得 2021-12-02

2124 冯令刚 夏花
估　价：RMB 100,000～150,000
成交价：RMB 320,000
60cm × 40cm 北京荣宝 2021-12-02

42 高野绫 2013年作 哈索尔女神
估　价：NTD 1,300,000～1,900,000
成交价：RMB 386,400
60.6cm × 50cm 罗芙奥 2021-12-04

2076 高瑀 2010年作 布袋和尚
估　价：RMB 600,000～800,000
成交价：RMB 1,150,000
180cm × 200cm 西泠印社 2021-07-24

16 格哈德 · 里希特 1984年作 烛光
估　价：HKD 55,000,000～75,000,000
成交价：RMB 83,717,370
200.3cm × 179.7cm 保利香港 2021-11-30

887 关乃平 2011年作 奥地利碧澈多瑙河谷
估　价：RMB 400,000～600,000
成交价：RMB 1,127,000
36cm × 56cm 荣宝斋（南京） 2021-05-26

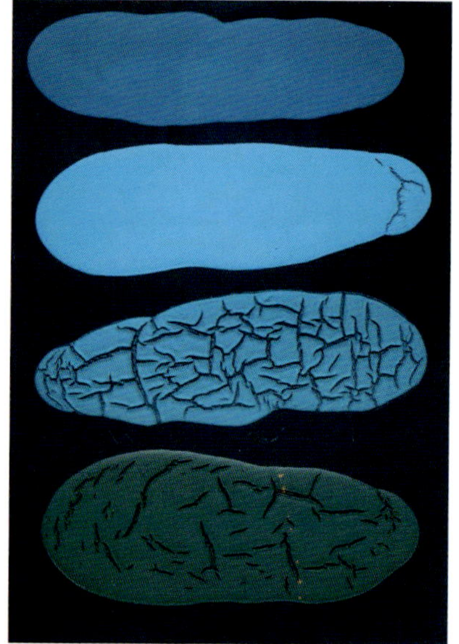

1642 关音夫 2014年作 无题
估　价：RMB 400,000～500,000
成交价：RMB 529,000
366cm × 244cm × 10cm 北京翰海 2021-12-17

7 哈维尔 · 卡列哈 2017年作 无题（30件作品）
估　价：HKD 10,000,000～15,000,000
成交价：RMB 9,940,668
185cm × 730cm 保利香港 2021-11-30

575 郝量 2006年作 掠过（四联画）
估　价：HKD 2,000,000～4,000,000
成交价：RMB 2,503,872
188cm × 101cm × 4 香港苏富比 2021-10-10

532 何翔宇 2016年作 17个柠檬
估　价：HKD 150,000～260,000
成交价：RMB 403,628
100cm×70cm 香港苏富比 2021-04-20

2661 胡本七 2012年作 寂冬
估　价：RMB 280,000～400,000
成交价：RMB 437,000
60cm×120cm 北京保利 2021-12-02

5262 黄建南 2018年作 浩瀚01
估　价：RMB 4,000,000～6,000,000
成交价：RMB 8,280,000
70cm×70cm 北京荣宝 2021-06-19

5260 黄建南 2015年作 西域神韵
估　价：RMB 5,000,000～7,000,000
成交价：RMB 10,580,000
100cm×75cm 北京荣宝 2021-06-19

252 黄本蕊 2018年作 人群中自有引领风潮的你
成交价：RMB 1,241,352
尺寸不一 保利香港 2021-11-29

115 黄锡周 阮进忠 1943年作 金鱼池塘
估　价：HKD 800,000～1,500,000
成交价：RMB 1,449,000
100.2cm×33cm×6
佳士得 2021-05-25

1971 黄一山 2016年作 盘切
估　价：RMB 350,000～450,000
成交价：RMB 598,000
220cm×170cm 永乐拍卖 2021-05-21

1138 黄宇兴 2015年作 宝岛
估　价：HKD 1,000,000～2,000,000
成交价：RMB 2,336,796
163cm×248.5cm 香港苏富比 2021-04-19

315 季大纯 2006年作 欧米茄
估　价：RMB 280,000～380,000
成交价：RMB 437,000
150cm×150cm 北京华辰 2021-12-07

8051 季大纯 2005年作 手包
估　价：RMB 300,000～400,000
成交价：RMB 368,000
200cm×149cm 中贸圣佳 2021-05-20

136 加贺温 2020年5月作 即使月亮被云朵遮盖，我们依然在这里（在封锁期间）（继萨金特）
估　价：HKD 200,000～300,000
成交价：RMB 1,913,751
151cm×121cm 保利香港 2021-11-29

131 贾蔼力 2018年作 模糊的音调
估　价：HKD 800,000～1,200,000
成交价：RMB 1,241,352
40.6cm×30.5cm 保利香港 2021-11-29

155 江上越 2019年作 擦身而过的困惑
估　价：HKD 180,000～260,000
成交价：RMB 331,027
150.2cm×150.2cm 保利香港 2021-11-29

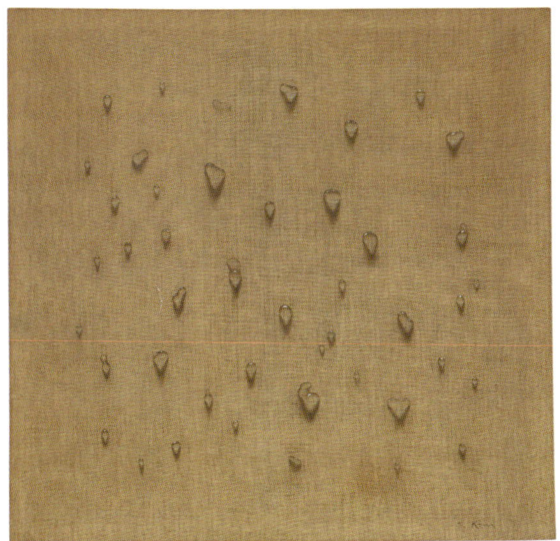

212 金昌烈 1973年作 水滴
估　价：HKD 450,000～650,000
成交价：RMB 672,399
99.5cm × 99.5cm 保利香港 2021-11-29

31 克劳德·莫奈 1883年作 瓷瓶中的罂粟花
估　价：HKD 9,500,000～15,000,000
成交价：RMB 11,132,760
100cm × 61cm 保利香港 2021-11-30

322 康海涛 2009年作 树丛
估　价：RMB 400,000～700,000
成交价：RMB 1,012,000
158cm × 99cm 北京华辰 2021-12-07

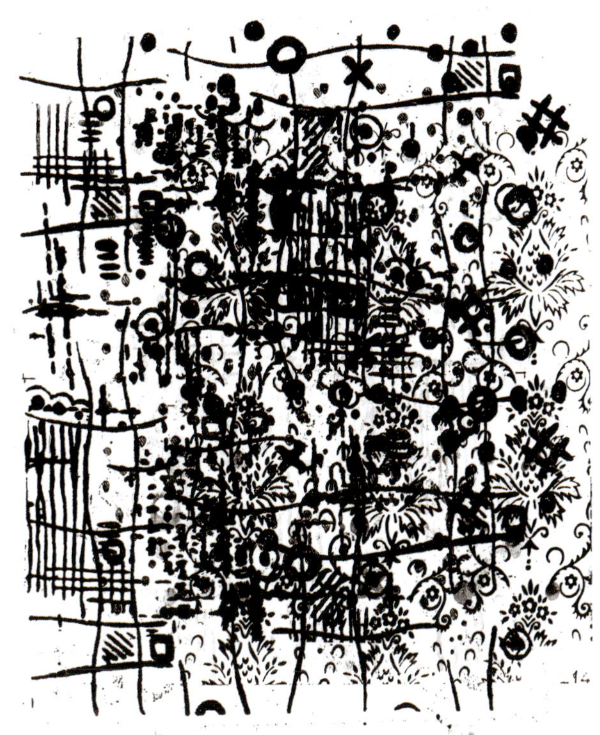

61 克里斯托弗·伍尔 1997年作 无题
估　价：HKD 12,000,000～16,000,000
成交价：RMB 11,633,400
198.7cm × 152.7cm 佳士得 2021-05-24

110 黎谱 约1955年作 春天
估 价：HKD 600,000～800,000
成交价：RMB 1,656,000
72.5cm×49.5cm 佳士得 2021-05-25

1030 李华弌 2018年作 逸意宁远（一）
估 价：HKD 5,000,000～10,000,000
成交价：RMB 9,327,795
175.5cm×369.7cm 香港苏富比 2021-04-18

1633 李继开 2007年作 小世界·沉睡于飘浮
估 价：RMB 150,000～200,000
成交价：RMB 379,500
145cm×200cm 北京翰海 2021-12-17

2052 李超士 1960年作 仙人山
估 价：RMB 800,000～1,200,000
成交价：RMB 920,000
65cm×44cm 中国嘉德 2021-05-20

1042 李华弌 2017年作 漾清辉
估 价：HKD 3,500,000～5,500,000
成交价：RMB 4,549,860
后屏238cm×136.5cm；
前屏90.5cm×176.5cm
香港苏富比 2021-10-09

1695 李骆公 1945年作 有花园的街道（哈尔滨街景之一）
估 价：RMB 400,000～500,000
成交价：RMB 920,000
33.7cm×46cm 北京翰海 2021-12-17

756 李曼峰 1936年作 东西相遇，面具与女孩的雕像
成交价：RMB 365,148
70cm × 55cm 香港苏富比 2021-10-10

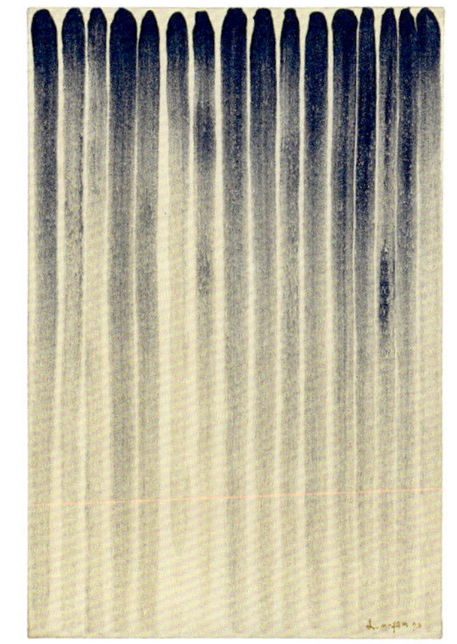

546 李禹焕 1973年作 从线
估　价：HKD 1,200,000～1,800,000
成交价：RMB 2,336,796
84cm × 54cm 香港苏富比 2021-04-20

2327 林俊廷 2021年作 响
估　价：RMB 600,000～1,200,000
成交价：RMB 1,150,000
上海嘉禾 2021-07-23

8117 李向阳 2018年作 无题
成交价：RMB 345,000
120cm × 120cm 华艺国际 2021-06-05

1623 李玉双 2017年作 桃花三月
估　价：RMB 500,000～800,000
成交价：RMB 575,000
97.2cm × 197cm 中国嘉德 2021-11-29

4604 李洋 画梦30年　　梦网游 · R版
估　价：RMB 500,000～1,000,000
成交价：RMB 1,840,000
永乐拍卖 2021-05-23

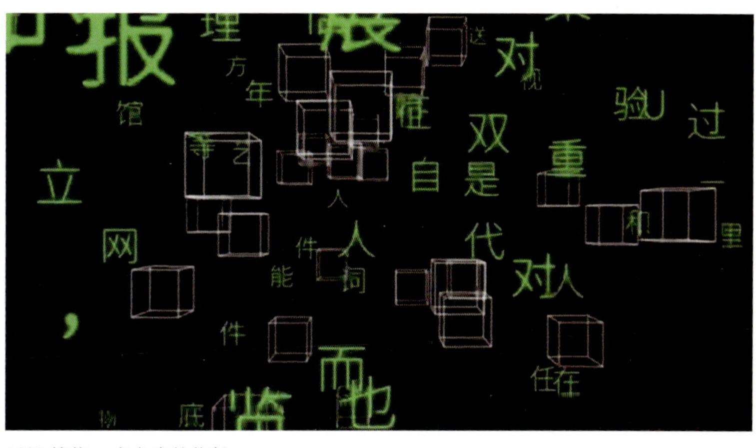

4601 林苒 一立方米的信任
成交价：RMB 356,500
永乐拍卖 2021-05-23

73 林寿宇 1964年作 绘画浮雕 1964年
估　价：HKD 2,000,000～3,000,000
成交价：RMB 5,473,080
117cm×117cm 佳士得 2021-05-24

1055 林寿宇 1960年11月作 绘画浮雕方形、圆、铝条
估　价：HKD 1,500,000～2,500,000
成交价：RMB 1,564,920
91.5cm×101.5cm 香港苏富比 2021-10-09

1843 刘刚 2019年作 440109102 （一组两件）
估　价：RMB 130,000～230,000
成交价：RMB 368,000
143cm×74cm×2 中国嘉德 2021-11-29

203 林寿宇 1968年作 致 Ann
估　价：HKD 1,800,000～2,500,000
成交价：RMB 1,862,028
101cm×102cm 保利香港 2021-11-29

589 刘建华 2001—2006年作 游戏
估　价：HKD 180,000～250,000
成交价：RMB 509,846
尺寸不一 香港苏富比 2021-04-20

40 刘炜 1998年作 你吸烟吗?
估　价：HKD 3,000,000～5,000,000
成交价：RMB 3,103,380
100cm×100cm 保利香港 2021-11-30

1053 刘国松 1972—1979年作 如来
估　价：HKD 7,000,000～10,000,000
成交价：RMB 7,287,735
94cm×392cm 香港苏富比 2021-04-18

37 刘野 1997年作 旗舰 2 号
估　价：HKD 2,000,000～3,000,000
成交价：RMB 4,861,962
29cm×22cm 保利香港 2021-11-30

1141 刘野 1998年作 窗
估　价：HKD 2,000,000～3,000,000
成交价：RMB 4,227,645
35cm×25cm 香港苏富比 2021-04-19

139 六角彩子 2007年作 无题 ARP 07-13
估　价：HKD 2,000,000～3,000,000
成交价：RMB 5,172,300
200cm×300cm 保利香港 2021-11-29

217 六角彩子 2008年作 女孩与小象
估　价：NTD 2,600,000～4,800,000
成交价：RMB 3,312,000
101cm×153cm 罗芙奥 2021-12-05

4057 娄申义 2020年作 只有云知道
估　价：RMB 150,000～250,000
成交价：RMB 322,000
200cm×150cm 中贸圣佳 2021-09-26

1119 罗伯特·马瑟韦尔 1966—1967年作 被黑色分割的红
估　价：HKD 12,000,000～16,000,000
成交价：RMB 12,167,460
208.3cm×289.5cm 香港苏富比 2021-10-09

1112 罗伊·利希腾斯坦 1990年作 Reflections on Thud!
估　价：HKD 78,000,000～108,000,000
成交价：RMB 92,790,696
139.7cm×244cm 香港苏富比 2021-04-19

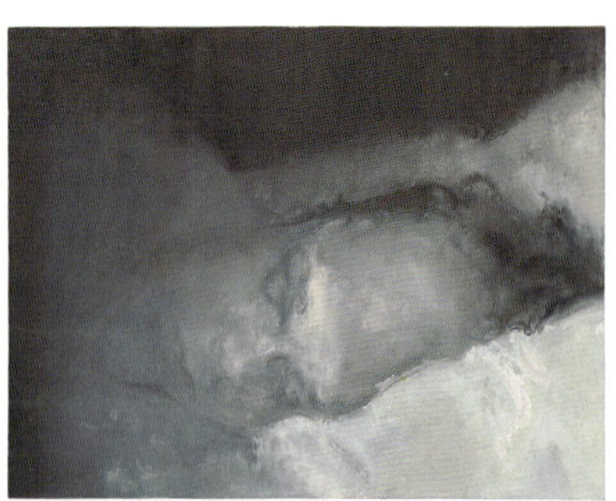

148 毛焰 2006年作 托马斯
估　价：HKD 1,000,000～1,500,000
成交价：RMB 879,291
79cm×99cm 保利香港 2021-11-29

1117 罗伊·利希腾斯坦 1989年作 反射系列：神秘的绘画
估　价：HKD 30,000,000～45,000,000
成交价：RMB 39,765,528
142.5cm×190.5cm 香港苏富比 2021-10-09

773 梅忠恕 1976年作 日本百合花
估　价：HKD 1,000,000～2,000,000
成交价：RMB 2,921,184
46cm×55cm 香港苏富比 2021-10-10

65 马克·布拉德福德 2003年作 晴天雨
估　价：HKD 20,000,000～30,000,000
成交价：RMB 22,066,200
335.9cm×610.9cm 佳士得 2021-05-24

317 梅忠恕 1944年作 池塘边
估　价：HKD 800,000～1,200,000
成交价：RMB 2,873,500
58cm×44.5cm 佳士得 2021-12-02

1126 奈良美智 2012年作 朦胧天空之下
估　价：HKD 55,000,000～75,000,000
成交价：RMB 56,890,224
194.8cm×162cm 香港苏富比 2021-10-09

748 孟昌明 2018年作 莲语之五十八
估　价：RMB 280,000
成交价：RMB 586,500
68cm×138cm 荣宝斋（南京） 2021-05-26

188 南方 2021年作 滑板
估　价：RMB 450,000～550,000
成交价：RMB 310,500
北京华辰 2021-12-07

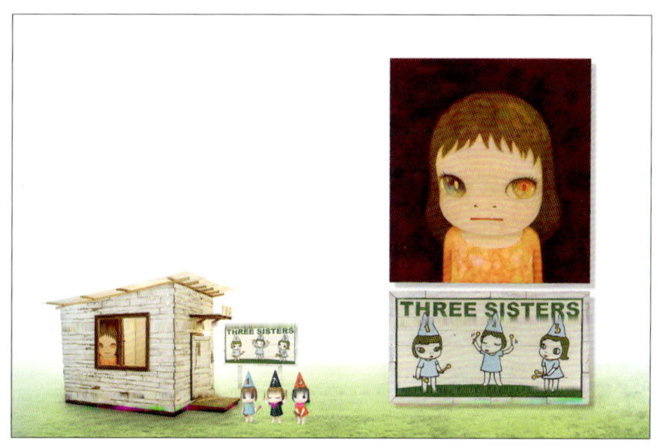

142 奈良美智 2007年作 柏林 巴拉克，1号室
成交价：RMB 101,160,000
263cm×317cm×279cm 保利香港 2021-04-21

1107 尼古拉斯 · 帕蒂 2014年作 树
估　价：HKD 7,000,000～10,000,000
成交价：RMB 9,863,136
200cm × 109.9cm 香港苏富比 2021-10-09

225 乔治 · 康多 2014年作 多彩肖像
估　价：HKD 12,000,000～16,000,000
成交价：RMB 18,588,600
128.3cm × 108cm 佳士得 2021-05-25

1129 乔治 · 康多 2017年作 秘密渠道
估　价：HKD 14,000,000～24,000,000
成交价：RMB 16,468,005
190.5cm × 228.6cm 香港苏富比 2021-04-19

2854 倪有鱼 2017年作 静穆的歌者
估　价：RMB 400,000～600,000
成交价：RMB 517,500
158cm × 129cm 北京保利 2021-12-02

263 朴栖甫 2005年作 描法No.050508
估　价：HKD 1,500,000～2,500,000
成交价：RMB 2,484,000
130cm × 195cm 佳士得 2021-05-25

264 庞均 2008年作 春桃
估　价：NTD 2,200,000～3,200,000
成交价：RMB 607,200
91cm × 116.5cm 罗芙奥 2021-12-05

2911 邱志杰 2021年作 填彩上元灯彩图（二十一联画）
估　价：RMB 600,000 ~ 1,200,000
成交价：RMB 3,220,000
200cm × 100cm × 21 北京保利 2021-12-02

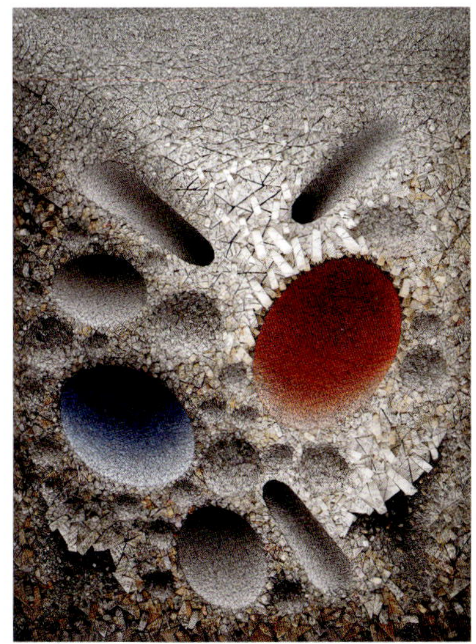

2028 全光荣 2009年作 集合 09-OC060 蓝与红
估　价：RMB 800,000 ~ 1,200,000
成交价：RMB 1,782,500
230cm × 163cm 中国嘉德 2021-05-20

1118 尚・米榭・巴斯奇亚 1982年作 无题（红战士）
估　价：HKD 150,000,000 ~ 200,000,000
成交价：RMB 134,902,728
195.6cm × 198cm 香港苏富比 2021-10-09

309 阮潘正 1930—1931年作 糕饼制作
估　价：HKD 2,500,000 ~ 3,500,000
成交价：RMB 3,093,750
64.5cm × 50.5cm 佳士得 2021-12-02

2914 尚扬 2008年作 董其昌计划-12
估　价：RMB 7,000,000 ~ 14,000,000
成交价：RMB 11,615,000
360cm × 290cm 北京保利 2021-12-02

754 石虎 2006年作 山风图
估　价：HKD 150,000～250,000
成交价：RMB 403,628
77cm×143.5cm 香港苏富比 2021-04-19

2146 宋婷 2021年作 牡丹亭Rêve之标目蝶恋花——信息科技穿透了“我”
估　价：RMB 500,000～800,000
成交价：RMB 667,000
中国嘉德 2021-05-20

729 谭平 2021年作 无题
估　价：HKD 400,000～800,000
成交价：RMB 886,788
150.2cm×120.2cm 香港苏富比 2021-10-10

536 松山智一 2018年作 不可思议的宽恕
估　价：HKD 200,000～400,000
成交价：RMB 1,669,248
直径153cm 香港苏富比 2021-10-10

2659 苏国伟 2021年作 故里
估　价：RMB 750,000～1,000,000
成交价：RMB 1,035,000
80cm×80cm 北京保利 2021-12-02

117 宋琨 2014年作 自画像 No. 2
估　价：HKD 400,000～600,000
成交价：RMB 424,872
155cm×110cm 保利香港 2021-04-21

1880 苏笑柏 2011年作 垂帘-3
估　价：RMB 600,000～800,000
成交价：RMB 690,000
160cm×160cm 中国嘉德 2021-11-29

245 涂鸦先生 2019年作 火
估　价：NTD 5,500,000～8,000,000
成交价：RMB 2,208,000
200cm×200cm 罗芙奥 2021-12-05

1114 托印·奥吉赫·奥杜托拉 2016年作 东门
估　价：HKD 4,500,000～6,500,000
成交价：RMB 5,451,681
161cm × 121cm 香港苏富比 2021-04-19

300 汪天亮 2020年作 喻系列之二
估　价：RMB 400,000～600,000
成交价：RMB 460,000
200cm × 80cm 北京华辰 2021-12-07

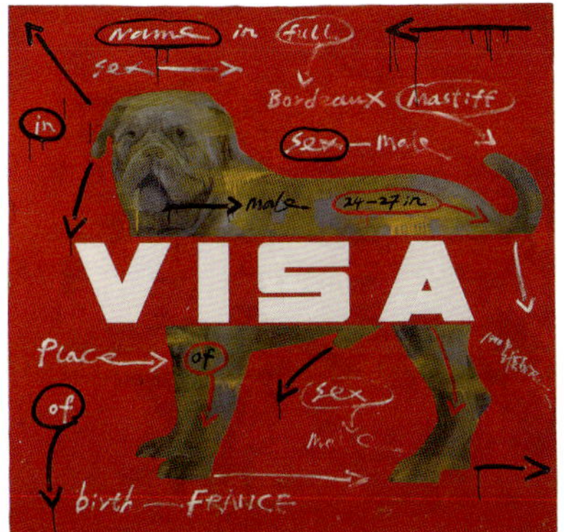

167 王广义 1995—1998年作 VISA
估　价：HKD 350,000～450,000
成交价：RMB 465,507
149cm × 149cm 保利香港 2021-11-29

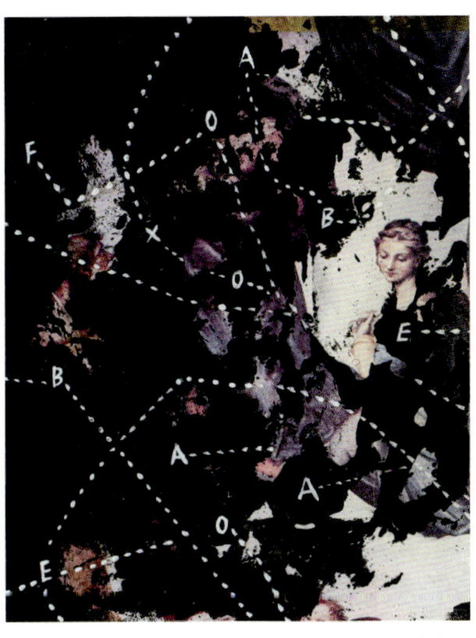

1903 王广义 1989年作 被工业快干漆覆盖的名画
估　价：RMB 400,000～600,000
成交价：RMB 460,000
24cm × 18cm 永乐拍卖 2021-05-21

1045 王怀庆 2012—2013年作 永字八法
成交价：RMB 71,875,000
150cm × 420cm，60cm × 420cm
永乐拍卖 2021-05-21

2058 王怀庆 2010年作 官窑-2
估　价：RMB 3,000,000～5,000,000
成交价：RMB 3,450,000
150cm × 210cm 永乐拍卖 2021-12-03

1037 王家卫 1997年作 伤心探戈·黄皮衣
估　价：HKD 600,000～1,200,000
成交价：RMB 625,968
香港苏富比 2021-10-09

325 王家卫 2021年印刷及绘制 《一横一直》直版海报（王家卫签名及手绘创作版）
估 价：HKD 200,000～300,000
成交价：RMB 438,178
186cm×110cm 香港苏富比 2021-10-10

15 王俊杰 2017年作 远望
估 价：HKD 8,000,000～12,000,000
成交价：RMB 17,391,243
66cm×147.5cm 保利香港 2021-11-30

4323 王馨曼 2020年作 生命与共存：天空系列·犀鸟（镜心）
估 价：RMB 300,000～400,000
成交价：RMB 460,000
80cm×90cm 北京保利 2021-12-04

1256 王晋 2006年作 中国梦NO.1
估 价：RMB 270,000～370,000
成交价：RMB 310,500
170cm×130cm×40cm 北京翰海 2021-06-05

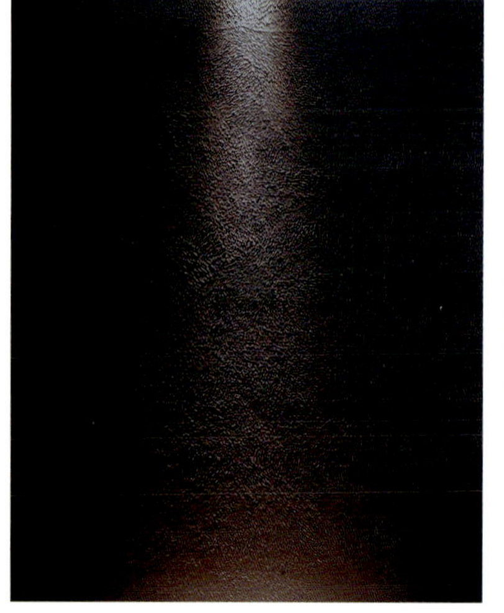

2012 王郁洋 2015年作 二合一
估 价：RMB 220,000～320,000
成交价：RMB 368,000
226cm×173cm 永乐拍卖 2021-05-21

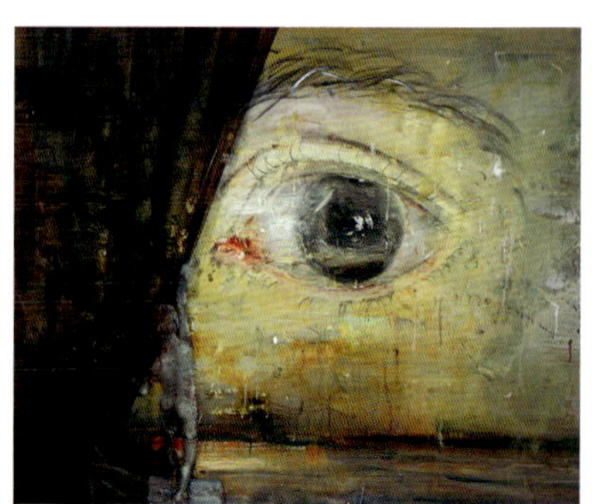

44 韦嘉 2010年作 眼神
估 价：RMB 350,000～550,000
成交价：RMB 437,000
100cm×120cm 北京华辰 2021-12-07

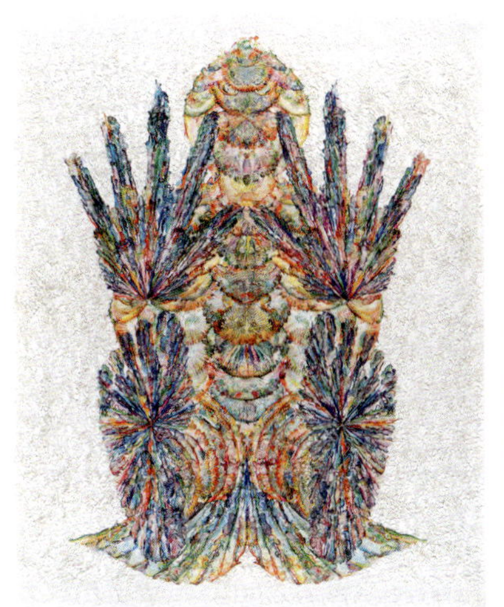

2136 邬建安 2015年作 青鱼案——手足俱全，得道近仙
估 价：RMB 600,000～800,000
成交价：RMB 977,500
245cm × 195cm 中国嘉德 2021-05-20

354 吴冠中 1988年作 戒台寺
估 价：RMB 4,500,000～8,500,000
成交价：RMB 8,970,000
72cm × 50.5cm 北京华辰 2021-12-07

1052 萧勤 1998年作 飞越永久的花园 15
估 价：HKD 900,000～1,600,000
成交价：RMB 1,982,232
110cm × 250cm 香港苏富比 2021-10-09

1022 谢景兰 1995年作 无题
估 价：HKD 1,800,000～3,000,000
成交价：RMB 2,761,668
234cm × 151cm 香港苏富比 2021-04-18

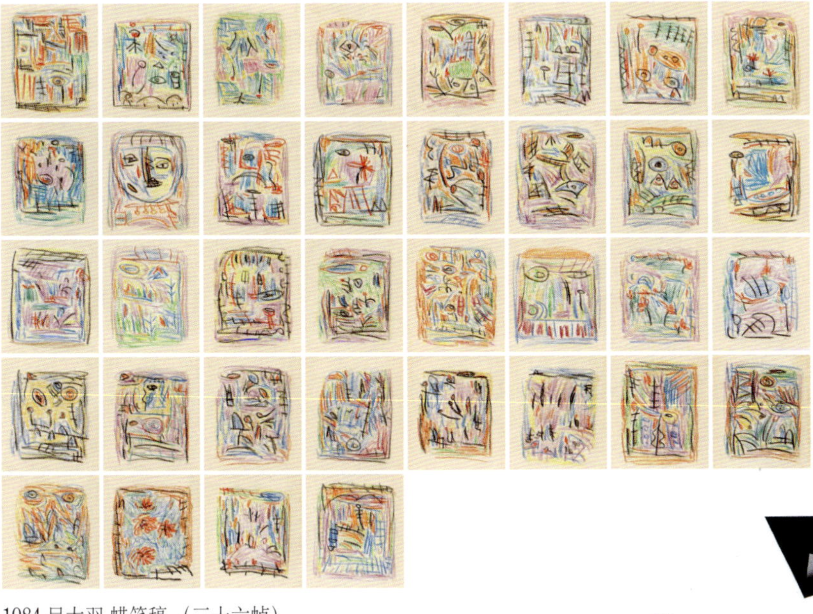

1984 吴大羽 蜡笔稿（三十六帧）
估 价：RMB 1,800,000～2,200,000
成交价：RMB 2,070,000
19cm × 13cm × 36 西泠印社 2021-07-24

56 五木田智央 2012年作 终极对决
估 价：HKD 1,200,000～2,200,000
成交价：RMB 2,068,920
181.8cm × 227.3cm 保利香港 2021-11-30

1940 徐冰 2007年作 死亡将不再主宰——迪伦·托马斯
估　价：RMB 1,600,000～2,600,000
成交价：RMB 1,840,000
整幅79cm×438cm 永乐拍卖 2021-05-21

1048 徐震 2013年作 天下 3611MQ0137
估　价：RMB 800,000～1,000,000
成交价：RMB 805,000
130cm×160cm×10cm
十竹斋拍卖（北京） 2021-04-25

137 糊善勤 2014年作 狗狗请进
估　价：HKD 300,000～500,000
成交价：RMB 1,034,460
160.2cm×200cm 保利香港 2021-11-29

1943 薛松 2012年作 文字游戏
估　价：RMB 900,000～1,800,000
成交价：RMB 1,150,000
100cm×100cm×4 永乐拍卖 2021-05-21

73 徐冰 2002年作 重游此地
估　价：HKD 1,300,000～2,300,000
成交价：RMB 1,691,058
105cm×175cm 中国嘉德 2021-04-23

215 徐震（没顶公司）2015年作 天下 2232MT0153
估　价：HKD 400,000～900,000
成交价：RMB 465,507
130cm×180cm 保利香港 2021-11-29

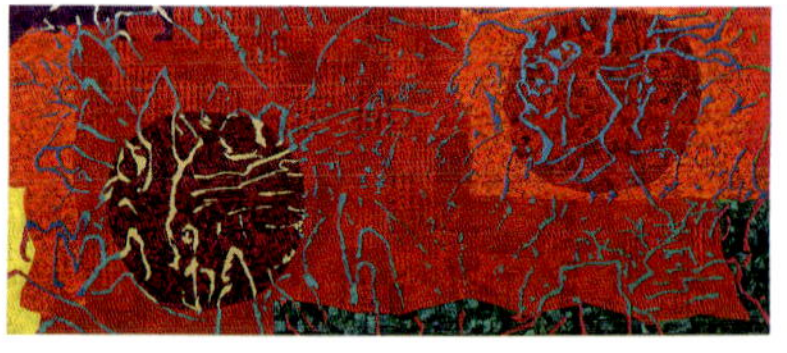

593 薛松 2013年作 对话系列之3号（双联画）
估　价：HKD 260,000～350,000
成交价：RMB 955,962
每幅140cm×160cm×2 香港苏富比 2021-04-20

30 亚历山大·考尔德 1958年作 空中的两片红色花瓣
估　价：HKD 16,000,000～20,000,000
成交价：RMB 17,093,220
101.6cm×137.2cm×50.8cm 保利香港 2021-11-30

1723 闫博 2019年作 无题
估　价：RMB 350,000～450,000
成交价：RMB 402,500
260cm×255cm×15cm 中国嘉德 2021-11-29

144 盐田千春 2014年作 生存的状态（喇叭）
估　价：HKD 350,000～550,000
成交价：RMB 1,862,028
80cm×45cm×45cm 保利香港 2021-11-29

3221 闫冰 2018年作 白桦（一组五件）
估　价：RMB 400,000～600,000
成交价：RMB 805,000
油画80cm×60cm×3 北京保利 2021-06-04

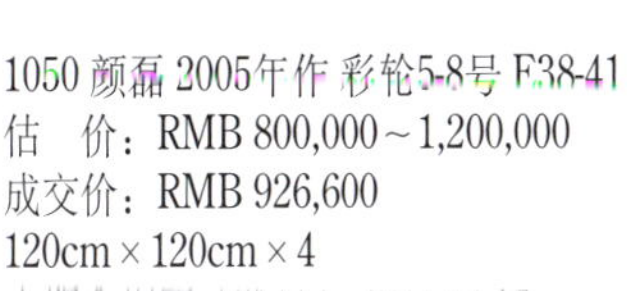
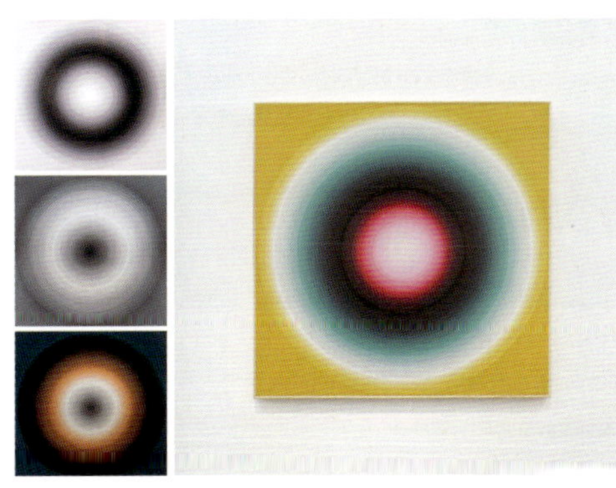

1050 颜磊 2005年作 彩轮5-8号 F38-41
估　价：RMB 800,000～1,200,000
成交价：RMB 926,600
120cm×120cm×4
十竹斋拍卖（北京） 2021-04-25

2353 游雯迪 2020年作 中国神兽系列·貔貅（一组六张）
估　价：RMB 500,000～800,000
成交价：RMB 862,500
30cm×180cm×6 上海嘉禾 2021-07-23

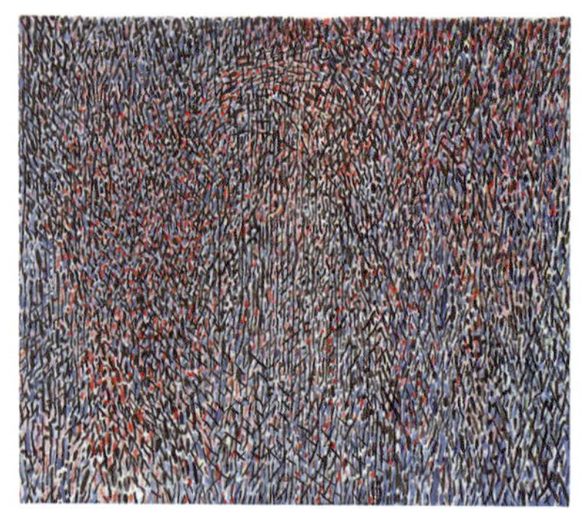

174 余友涵 1988年作 抽象 1988-8
估　价：HKD 1,500,000～2,500,000
成交价：RMB 1,344,798
87.5cm×98cm 保利香港 2021-11-29

162 曾梵志 2007年作 自画像
估　价：HKD 2,500,000～4,500,000
成交价：RMB 2,586,150
130.3cm×130.4cm 保利香港 2021-11-29

542 元永定正 1975年作 犹如白光顿现
估　价：HKD 1,000,000～2,000,000
成交价：RMB 1,487,052
162cm×130cm 香港苏富比 2021-04-20

163 岳敏君 2003年作 天坛
估　价：HKD 1,000,000～2,000,000
成交价：RMB 1,034,460
100cm×80cm 保利香港 2021-11-29

2463 张泓 2015年作 无题
估　价：RMB 200,000～400,000
成交价：RMB 345,000
100cm×100cm 上海嘉禾 2021-07-23

1959 张郎郎 2018年作 藤萝影自凉
估　价：RMB 600,000～800,000
成交价：RMB 1,552,500
150cm × 100cm 中国嘉德 2021-05-20

2092 张晓刚 2010年作（于2014年修改） 天堂
估　价：RMB 2,000,000～3,000,000
成交价：RMB 3,220,000
88cm × 215cm × 162cm 中国嘉德 2021-05-20

1110 张晓刚 1993年作 血缘：母与子1号
估　价：HKD 25,000,000～35,000,000
成交价：RMB 28,198,350
115.7cm × 146cm 香港苏富比 2021-04-19

140 张泽国 2020年作 旧物·蓝盒子
估　价：RMB 400,000～500,000
成交价：RMB 460,000
64cm × 75cm 北京华辰 2021-12-07

28 赵无极 1964年作 20.3.64
估　价：HKD 20,000,000～30,000,000
成交价：RMB 18,086,630
88.8cm×115.8cm 保利香港 2021-11-30

542 郑相和 1979年作 无题79-3-23
估　价：HKD 400,000～600,000
成交价：RMB 573,804
73cm×60.7cm 香港苏富比 2021-10-10

373 钟泗宾 1974年作 蓝白黑
估　价：HKD 300,000～400,000
成交价：RMB 718,375
122cm×91cm 佳士得 2021-12-02

1261 周春芽 2009年作 背靠背
估　价：RMB 1,500,000～1,800,000
成交价：RMB 1,725,000
325cm×95cm×240cm 北京翰海 2021-06-05

50 朱德群 1980年作 耀日成锦
估　价：HKD 850,000～1,500,000
成交价：RMB 845,529
35.5cm×50cm 中国嘉德 2021-04-23

2656 朱昉 2015年作 暖阳
估　价：RMB 350,000～500,000
成交价：RMB 517,500
100cm×100cm 北京保利 2021-12-02

733 庄喆 1982年作 无题
估　价：HKD 300,000～600,000
成交价：RMB 782,460
173cm×246cm 香港苏富比 2021-10-10

2021书画拍卖成交汇总

（成交价RMB：10万元以上）

拍品名称	物品尺寸	成交价RMB	拍卖公司	拍卖日期
中国书画				
唐代作者				
贯休（传）《参禅罗汉图》立轴	111.5cm×52cm	1,610,000	中贸圣佳	2021-05-21
李思训 武后夜游图 立轴	102cm×55.5cm	5,750,000	华艺国际	2021-12-11
李思训 明皇御苑出游图 手卷	引首 36cm×104cm; 画心 37cm×519.5cm; 题跋 37cm×320cm	902,750	中鸿信	2021-07-15
李昭道（传）秋山巡猎图 立轴	117cm×32cm	552,000	中鸿信	2021-07-15
五代作者				
黄荃 柳岸聚禽图 手卷	画心 31.2cm×310.5cm	3,680,000	中鸿信	2021-07-15
徐熙（款）梅竹小鸟 团扇镜框	23.2cm×25cm	331,200	佳士得	2021-05-26
佚名 五代—北宋 天竺持莲观音正身法相 立轴	110.5cm×61cm	2,645,000	中鸿信	2021-07-15
巨然 高山知遇图 立轴	180cm×88.5cm	1,380,000	北京保利	2021-12-04
宋代作者				
崔白（传）蜀葵双雁 立轴	177cm×89cm	460,000	中国嘉德	2021-12-12
陈容（款）三阳启泰 手卷	23cm×282cm	974,938	佳士得	2021-11-29
陈容（传）墨龙 立轴	112cm×51cm	172,500	广东崇正	2021-01-07
陈容（传）云龙八献 册页	29cm×39cm×8	920,000	北京荣宝	2021-06-19
方从义 仿米家山水 立轴	126cm×65.5cm	264,500	北京翰海	2021-06-04
郭熙 双松图 立轴	155cm×101cm	43,700,000	永乐拍卖	2021-05-20
郭熙（款）秋山图轴 镜心	画51cm×41cm; 字27cm×41cm	172,500	永乐拍卖	2021-05-20
韩佑 子孙绵瓞图 镜心	20.5cm×21.5cm	5,405,000	中鸿信	2021-07-15
黄庭坚（款）行书《宋诗四首》手卷	一卷 20cm×224cm; 另一卷20cm×64cm	227,700	佳士得	2021-05-26
惠崇 竹林双禽图 立轴	179cm×89cm	241,500	中鸿信	2021-07-15
李友直 荷塘纳凉 镜片	26cm×27cm	4,657,500	华艺国际	2021-06-05
梁楷（传）雪景山水 立轴	23cm×24cm	13,570,000	北京保利	2021-06-06
刘绍祖 松鼠得瓜 镜片	20.5cm×22cm	3,277,500	华艺国际	2021-06-05
刘松年（款）1176年作西园雅集图手卷	31cm×600cm	862,500	上海嘉禾	2021-07-23
刘松年 田舍图 立轴	24.3cm×22.4cm	6,325,000	华艺国际	2021-12-11
刘松年（款）文姬归汉图 手卷	引首 28.5cm×76.5cm; 本幅 28.5cm×163cm; 题跋 28.5cm×73cm	632,500	中贸圣佳	2021-05-21
鲁宗贵（款）鹅图 立轴	80cm×60cm	716,213	中国嘉德	2021-04-22
马贲（款）芦雁图 镜片	96cm×40cm	149,500	华艺国际	2021-06-05
马公显（款）风雨孤月 立轴	113cm×53cm	345,000	北京保利	2021-06-06
马麟 双株竞秀 扇面	25.5cm×26cm	1,725,000	华艺国际	2021-06-05
马麟（款）归牧图 立轴	122cm×83cm	483,000	北京翰海	2021-06-04
马麟（传）踏歌图 立轴	37cm×24cm	138,000	中鸿信	2021-07-15
马远（传）松下弹琴图 立轴	166.5cm×99cm	34,500,000	中国嘉德	2021-12-12
马远 秋山放筏 镜心	31cm×36.5cm	1,782,500	十竹斋拍卖（北京）	2021-05-29
马远 松溪对月图 镜片	27cm×24cm	1,035,000	西泠印社	2021-01-15
米友仁 1139年作 溪山无尽 手卷	25cm×130cm	230,000	中鸿信	2021-07-15
钱光甫 唼藻游鱼图 镜心	24.5cm×30.5cm	920,000	十竹斋拍卖（北京）	2021-05-29
释了悟 行书《送率庵和尚住云居诗》立轴	30cm×39cm	483,000	西泠印社	2021-01-15
僧梵隆 深山古佛图 立轴	180cm×93.5cm	563,500	西泠印社	2021-07-24
宋理宗（款）楷书七言诗 立轴	31cm×13cm	805,000	北京保利	2021-06-06
宋徽宗 晴竹图 立轴	123.5cm×54.5cm	16,100,000	北京保利	2021-06-06
宋徽宗（款）草书 圆光	直径27cm	230,000	中国嘉德	2021-03-30
苏汉臣 秋塘婴戏图卷 手卷	画心 37.5cm×210cm	333,500	中鸿信	2021-07-15
北宋雷峰塔藏“陀罗尼经卷”手卷	7.5cm×211cm	184,000	广东崇正	2021-01-06
苏轼（款）蔡襄（款）黄庭坚（款）书法长卷 手卷	引首 36cm×58.5cm; 画心 28cm×41.5cm; 28.5cm×57cm; 20cm×28.5cm; 题跋 36cm×107cm	155,250	西泠印社	2021-10-24
王安石（款）书法 手卷	31.5cm×272cm	821,000	佳士得	2021-11-29
佚名 绍兴十年作 皇帝敕题裘氏孝泉义台诗二绝 镜心	35.5cm×59.7cm 36.5cm×59.5cm	17,825,000	永乐拍卖	2021-12-02
佚名 金井玉栏 立轴	直径25cm	5,290,000	北京保利	2021-06-06
佚名 瑜伽师地论卷第一百 手卷	29cm×754cm	8,050,000	朵云轩	2021-12-30
佚名 宋人 瑞禽图 镜片	直径26.5cm	1,897,500	西泠印社	2021-01-15
佚名 南宋 传玉涧《牧牛图》轴	72.8cm×32.5cm	584,199	香港苏富比	2021-04-22
佚名 1276年作 讲经图 镜心	122cm×81cm	310,500	中国嘉德	2021-09-29
佚名 南宋 十六阿罗汉青山显圣全景图 对屏 镜片	96.5cm×41cm×2	345,000	广东崇正	2021-01-06
佚名 舍身问偈图 镜心	32.8cm×63.2cm	172,500	北京荣宝	2021-12-02
佚名（前传赵昌）林檎花 立轴	25.7cm×20cm	371,763	香港苏富比	2021-04-19
张择端（款）清明上河图 手卷	29.5cm×654cm	186,300	佳士得	2021-05-26
赵伯驹 汉宫春晓图 立轴	画心 67.5cm×38cm	3,852,500	西泠印社	2021-07-24
赵伯驹（款）桃花源记卷 手卷	33cm×363cm	517,500	中国嘉德	2021-09-28
赵佶（款）荔枝栖禽图 扇面	28.4cm×27.4cm	333,850	香港苏富比	2021-10-12
赵佶（传）白鹰秀石图 镜心	138cm×61cm	287,500	中鸿信	2021-07-15
赵孟坚（款）兰花 手卷	32cm×91.5cm; 32cm×93.5cm	1,436,750	佳士得	2021-11-29
赵千里（传）神阙千秋图 手卷	画心 36.5cm×195.5cm	12,420,000	中鸿信	2021-07-15
赵千里（款）仙山楼阁图 立轴	160cm×66cm	253,000	中国嘉德	2021-09-29
朱熹（款）行书 手卷	画心 36cm×347cm	322,000	中鸿信	2021-07-15
朱熹（款）行书信札卷 手卷	30cm×49cm	172,500	中国嘉德	2021-09-29
辽金作者				
钱仪吉 张祥河 许乃钊 1138年作岳飞诗卷 手卷	画心 34.5cm×468cm	402,500	西泠印社	2021-07-24
完颜允恭 玉花骢图 立轴	153cm×133cm	11,500,000	华艺国际	2021-12-11
杨微（款）牧马图 镜心	176cm×241cm	2,300,000	中国嘉德	2021-03-27
元代作者				
陈琳（传）笋竹图 镜框	108cm×51cm	253,000	北京保利	2021-06-06
宗门时习 草书 立轴	29cm×48cm	575,000	上海嘉禾	2021-07-22
管道升（款）兰香图 立轴	36cm×24cm	632,500	中国嘉德	2021-09-29
黄公望（款）溪山行旅图 立轴	153cm×68cm	1,150,000	中国嘉德	2021-09-28
了庵清欲1265年作行书文语轴立轴	102cm×28.5cm	253,000	北京保利	2021-12-04
柯九思（传）元 墨竹图 立轴	147.3cm×100.0cm	7,591,250	佳士得	2021-11-29
柯九思 古木新篁 立轴	65.5cm×29.5cm	368,000	中鸿信	2021-07-15
柯九思 疏林秋色 立轴	88cm×30cm	138,000	北京翰海	2021-04-17
李廉 1334年作 行书 镜片	25cm×69cm	1,725,000	广东崇正	2021-07-19

2021书画拍卖成交汇总(续表)

(成交价RMB：10万元以上)

拍品名称	物品尺寸	成交价RMB	拍卖公司	拍卖日期
李廉士 草书五言诗 立轴	209cm×46cm	713,000	北京保利	2021-06-06
刘贯道 1280年作 白描罗汉图卷 手卷	画心 31.5cm×739cm; 题跋 30cm×98cm	172,500	西泠印社	2021-04-11
陆天游 朱陵别馆图 立轴	107cm×32cm	4,657,500	广东崇正	2021-07-19
马琬 松荫纳凉图 立轴	146.5cm×56.5cm	483,000	中鸿信	2021-07-15
马琬 1362年作 时钟山图 立轴	107cm×41.5cm	207,000	中鸿信	2021-07-15
倪瓒 1374年作 古木幽篁图 立轴	画心 65.5cm×35.5cm	4,427,500	西泠印社	2021-07-24
倪瓒(款) 溪山春霭图 立轴	111cm×30cm	920,000	中国嘉德	2021-09-28
倪瓒 1362年作 赠仁仲山水 立轴	79cm×36cm	402,500	中鸿信	2021-07-15
佚名平石如砥 行书 偈语二则 立轴	43cm×22cm	172,500	西泠印社	2021-01-15
钱选(传) 云溪渔隐图 立轴	93.5cm×42.5cm	1,380,000	华艺国际	2021-12-11
钱选(传) 牧牛图 立轴	100cm×47.5cm	345,000	北京保利	2021-06-06
钱选 石勒问道图 手卷	28cm×110.3cm	17,020,000	华艺国际	2021-12-11
盛懋 元 倚松高士图 镜框	181.5cm×119cm	821,000	佳士得	2021-11-29
孙君泽 寒谷移梅 立轴	115cm×37cm	368,000	北京保利	2021-06-06
王蒙 煮茶图 立轴	99.5cm×46.3cm	36,800,000	中国嘉德	2021-12-12
王冕(传) 梅竹松石图 立轴	171.7cm×86cm	11,500,000	中国嘉德	2021-12-12
王绎(款)、倪瓒(款) 杨竹西小像 手卷	29.7cm×59.5cm	396,446	香港苏富比	2021-10-12
王渊(传) 牡丹白鹇图 立轴	110cm×70.5cm	1,380,000	华艺国际	2021-12-11
王渊 1283年作 雪鹭图 镜心	173cm×99cm	782,000	北京保利	2021-06-06
王振鹏 锦标图 手卷	引首 31.5cm×74cm; 画心 31.5cm×185cm; 题跋 31.5cm×118.5cm	75,900,000	北京保利	2021-12-04
王振鹏(款) 青绿山水 手卷	35cm×209cm	172,500	华艺国际	2021-06-05
无款 秋鹜图 立轴	82.3cm×42.3cm	307,875	佳士得	2021-11-29
无款 墨竹 立轴	78.5cm×28.8cm	207,000	佳士得	2021-05-26
无款(前传郭畀) 山径归装 册页	25cm×23.3cm	310,500	佳士得	2021-05-26
雪庵禅师 草书七言诗 立轴	107cm×45cm	3,473,000	十竹斋拍卖(北京)	2021-05-29
雪岩祖钦 禅林语录 立轴	28.5cm×68cm	575,000	上海嘉禾	2021-07-23
颜辉 寒山拾得图 立轴	108cm×47cm	1,495,000	北京保利	2021-06-06
一山一宁 草书"佛心无法界" 立轴	119cm×26cm	161,000	上海匡时	2021-07-08
佚名 孔门名贤像 册页(四十九开)	尺寸不一	10,005,000	北京保利	2021-06-06
佚名 柳阴婴戏图 立轴	162.5cm×77cm	1,242,000	佳士得	2021-05-26
佚名 山水 立轴	107cm×47cm	920,000	中贸圣佳	2021-05-21
佚名 元代 绢本菩贤菩萨像	84cm×49cm	198,720	台北艺珍	2021-11-07
赵麟 1359年作 柳溪牧马图 镜心	38cm×61cm	253,000	中鸿信	2021-07-15
赵麟 春景图 立轴	112cm×52.5cm	1,265,000	保利厦门	2021-11-05
赵孟頫(款) 1322年作 古木竹石图卷 手卷	引首 28.5cm×64cm; 画心 28cm×57cm; 题跋 28cm×808.5cm	345,000	西泠印社	2021-04-11
赵孟頫(款) 楷书《证道歌》手卷	25cm×1000cm	287,500	北京翰海	2021-06-04
赵孟頫 行书 蜀山图歌卷 手卷	26.5cm×110cm	2,012,500	西泠印社	2021-01-15
赵孟頫(传) 人马图 立轴	83cm×57.5cm	4,370,000	上海嘉禾	2021-11-14
赵孟吁(款) 桃柳鸳鸯图 镜片	132cm×45cm	322,000	西泠印社	2021-07-24
明代作者				
安正文 界画山水 立轴	96cm×164cm	1,380,000	华艺国际	2021-12-11
包节 同行帖 镜片	14cm×40cm	437,000	西泠印社	2021-01-15
边景昭 雪梅鸳鸯 立轴	130cm×63cm	3,565,000	上海嘉禾	2021-07-22
卞文瑜 山窗教子 立轴	167.5cm×42.3cm	212,436	香港苏富比	2021-04-19

拍品名称	物品尺寸	成交价RMB	拍卖公司	拍卖日期
蔡公时 隶书四言联 立轴	135cm×33.5cm×2	172,500	广东崇正	2021-01-07
蔡羽 1519年作 临各家书 册页(十六页)	27cm×23cm×16	1,058,000	西泠印社	2021-07-24
蔡羽 书赠陈启之诗十首 册页(七开)	26.1cm×32.4cm×7	718,375	佳士得	2021-11-29
曹履吉 行书七言诗 扇面	18.5cm×55.5cm	299,000	北京保利	2021-12-04
曹学佺 草书 立轴	170cm×40cm	471,500	广东崇正	2021-07-19
柴椿 如来像 立轴	178cm×95cm	359,188	佳士得	2021-11-29
常莹 1644年作 卿云补天图 立轴	178cm×78cm	1,495,000	中国嘉德	2021-05-18
陈淳 水仙图 手卷	26cm×240.5cm	63,250,000	华艺国际	2021-12-11
陈淳 1538年作 草书《春词》卷 手卷	书法 34cm×370.5cm	9,200,000	中国嘉德	2021-12-12
陈淳 1544年作 漫兴折枝花卉 册页(十四开)	25.5cm×27.5cm×14	3,450,000	北京保利	2021-12-04
陈淳 豁堂图卷 手卷	画心 28.5cm×264cm	2,185,000	西泠印社	2021-07-24
陈淳 杏花诗画扇 扇面	17cm×50cm	1,380,000	中国嘉德	2021-05-18
陈淳 1534年作 草书 墨花诗 册页(九页)	30cm×24.5cm×9	575,000	西泠印社	2021-07-24
陈淳 水仙图卷并赋 手卷	25cm×523cm	3,013,000	广东崇正	2021-01-07
陈淳 桃花庵图 扇面	17.5cm×51cm	1,552,500	中国嘉德	2021-05-18
陈淳 墨芙蓉 扇面	21cm×53cm	483,000	北京保利	2021-12-04
陈淳 草书 扇面	19cm×50.2cm	414,000	佳士得	2021-05-26
陈淳 月下海棠 扇面	17.5cm×49.5cm	269,100	佳士得	2021-05-26
陈淳 行书"首饰帖" 镜心	22.4cm×9.5cm×2	184,000	永乐拍卖	2021-05-20
陈淳 芙蓉野凫图 立轴	120cm×33.5cm	161,000	西泠印社	2021-10-24
陈范 1611年作 游春图 立轴	185cm×101cm	287,500	中国嘉德	2021-09-28
陈裸 1626年作 春水柴门图卷 手卷	31cm×184cm	402,500	中国嘉德	2021-09-28
陈裸 1617年作 山居访隐图 手卷	画心 30.5cm×170cm; 题跋 23cm×30.5cm	287,500	西泠印社	2021-07-24
陈裸 1617年作 山居访隐图 手卷	画心 30.5cm×170cm; 题跋 23cm×30.5cm	195,500	西泠印社	2021-10-24
陈洪绶 1620年作 松下高士 立轴	88cm×53.5cm	6,440,000	华艺国际	2021-12-11
陈洪绶 写寿图 立轴	135cm×59cm	8,280,000	朵云轩	2021-07-07
陈洪绶 1645年作 劝蒲觞图 立轴	127.5cm×62.5cm	3,220,000	西泠印社	2021-01-15
陈洪绶 寒梅小鸟 立轴	54cm×29cm	943,000	朵云轩	2021-07-08
陈洪绶 陶公行吟图 立轴	172cm×33cm	782,000	北京保利	2021-12-04
陈洪绶 疏影横斜 立轴	93cm×30.5cm	690,000	朵云轩	2021-07-08
陈洪绶 麻姑献寿 立轴	168cm×96cm	632,500	十竹斋拍卖(北京)	2021-05-29
陈洪绶 秋荷湖石 镜框	101.5cm×46.5cm	531,090	香港苏富比	2021-04-19
陈洪绶 赏梅图 立轴	76cm×47cm; 16cm×47cm; 16cm×47cm	483,000	广东崇正	2021-01-06
陈洪绶 行书《霜渐帖》 镜心	26cm×26cm	345,000	中鸿信	2021-07-14
陈洪绶 雅集图 立轴	181cm×55cm	230,000	广东小雅斋	2021-07-20
陈洪绶 行书诗 扇面	18.8cm×51.7cm	205,250	佳士得	2021-11-29
陈洪绶 1645年作 三友图 立轴	57cm×28cm	149,500	北京保利	2021-06-06
陈焕 幽居图 扇面	15.5cm×48.5cm	253,000	中国嘉德	2021-05-18
陈继儒 致弟子许经《西湖帖》《守法帖》镜片(两页)	28cm×10.5cm; 25cm×12cm	575,000	西泠印社	2021-01-15
陈继儒 罗浮初醉 立轴	113.5cm×53cm	943,000	北京保利	2021-12-04
陈继儒 行书 册页(十二开)	21cm×12cm×12	552,000	华艺国际	2021-06-05
陈继儒 吉人帖 镜心	26cm×35.5cm	414,000	北京保利	2021-12-04

拍品名称	物品尺寸	成交价RMB	拍卖公司	拍卖日期
陈继儒 行书 扇面	16.7cm×49.9cm	333,500	永乐拍卖	2021-12-02
陈继儒 行书《李邺侯赞》扇页	51.5cm×16.5cm	322,000	西泠印社	2021-01-15
陈继儒行书《山居·昭君怨》扇面	17cm×50cm	287,500	中国嘉德	2021-05-18
陈继儒 贺新婚七言诗 扇页	16.5cm×54.5cm	253,000	西泠印社	2021-01-15
陈继儒 行书苏轼诗词 手卷	35cm×324cm	230,000	十竹斋	2021-06-27
陈继儒 行书五言诗 扇面	17.5cm×52cm	218,500	北京保利	2021-06-06
陈继儒 行书《美人篇叙》册片	(1)26.5cm×21cm; (2)26.5cm×18cm	184,000	中国嘉德	2021-05-18
陈继儒 行书 镜心	28cm×30cm; 28cm×10cm	161,000	南京经典	2021-01-10
陈继儒 岁寒图 立轴	224cm×62cm	138,000	北京翰海	2021-06-04
陈栝 富贵平安百龄图卷 手卷	26cm×119.5cm	552,000	西泠印社	2021-07-24
陈鎏 行书五言诗 扇面	17cm×50cm	364,176	保利香港	2021-04-23
陈曼生 隶书七言联 立轴	132cm×32cm×2	391,000	中贸圣佳	2021-07-06
陈曼生 行书七言联 立轴	125cm×30cm×2	172,500	中贸圣佳	2021-07-06
陈希稷 行书西湖诗 立轴	204cm×49.5cm	230,000	中国嘉德	2021-12-12
陈贤 罗汉图 立轴	142cm×95cm; 95cm×37cm	230,000	中贸圣佳	2021-05-21
陈献章 自书诗二首 手卷	28cm×273cm	1,026,250	佳士得	2021-11-29
陈有寓 松下三友图 立轴	210cm×130cm	506,000	中国嘉德	2021-09-28
陈有寓 虎溪三笑图 立轴	208cm×130cm	322,000	西泠印社	2021-01-15
陈有寓 虎溪三笑图 立轴	208cm×130cm	230,000	西泠印社	2021-04-11
陈子和 树荫仙人图 立轴	120cm×74cm	747,500	西泠印社	2021-01-15
陈子和 荷塘聚禽 镜心	166cm×104cm	1,495,000	北京保利	2021-12-04
陈字 仿马远山水 扇面	15.5cm×50cm	322,000	中国嘉德	2021-05-18
陈遵 草书《战国策》手卷	19.5cm×353cm	1,138,500	中贸圣佳	2021-05-21
陈遵 1597年作 柳溪八哥 扇面	17cm×50cm	171,972	保利香港	2021-04-23
陈遵 芦橘山鹊图 立轴	80cm×51cm	161,000	中贸圣佳	2021-05-21
程嘉燧 1638年作 松崖话客 镜心	17cm×51cm	287,500	十竹斋拍卖 (北京)	2021-05-29
程嘉燧 诗意山水 册页(六开)	字 32cm×30.5cm×6; 画 32cm×31cm×6	230,000	中国嘉德	2021-05-18
程嘉燧 疏林秋雨 立轴	91.5cm×28.3cm	191,192	香港苏富比	2021-04-19
程嘉燧(款)溪亭秋色图 立轴	102.5cm×41cm	184,000	北京翰海	2021-06-04
程嘉燧 1640年作 迈斋赏菊图 扇面	15cm×47cm	138,000	华艺国际	2021-12-11
程敏政 俞珩 跋唐十八学士《登瀛图》镜片	27.5cm×114cm	4,830,000	西泠印社	2021-07-24
崇祯帝 行书“求必”镜心	25cm×59cm	172,500	华艺国际	2021-12-11
担当 山水卷 手卷	23.3cm×147.6cm	339,898	香港苏富比	2021-04-19
丁元公 行书七言诗 扇面	17cm×54.5cm	437,000	西泠印社	2021-01-15
丁元公 观音大士 立轴	152cm×55cm	310,500	中国嘉德	2021-09-29
丁云鹏 十八罗汉图卷 手卷	26.9cm×457.3cm	1,744,625	佳士得	2021-11-29
丁云鹏 十八罗汉图 手卷	21.5cm×253cm	805,000	保利厦门	2021-11-05
丁云鹏1613年作渡海罗汉图卷手卷	33cm×417cm	575,000	北京保利	2021-12-04
丁云鹏 白描十八罗汉 手卷	引首 29.5cm×88cm; 画心 33.5cm×257.5cm; 题跋 33cm×127cm	201,250	中鸿信	2021-07-15
董白 墨梅 扇面	15cm×46.5cm	414,000	中国嘉德	2021-05-18
董其昌 临王右军书卷 手卷	书法 25cm×357cm	9,315,000	华艺国际	2021-12-11
董其昌 临诸家帖 册页(十开)	26cm×31.5cm×10	47,817,000	中国嘉德	2021-10-13
董其昌 青林长松图 立轴	130cm×47cm	21,850,000	北京荣宝	2021-06-19
董其昌1626年作仿倪黄山水图立轴	133cm×50cm	10,057,250	佳士得	2021-11-29

拍品名称	物品尺寸	成交价RMB	拍卖公司	拍卖日期
董其昌 1628年作 临怀素《自叙帖》手卷	书法 56cm×557cm; 题跋 56cm×40cm	7,130,000	北京保利	2021-06-06
董其昌 1632年作 香光双绝 手卷	引首 55.5cm×124.5cm; 画及书 55.5cm×589cm; 后纸55.5cm×43cm	4,277,382	中国嘉德	2021-04-22
董其昌 行草杜甫诗《送孔巢父归江东》手卷	书法 26.5cm×381.5cm; 后跋 30cm×140cm	8,395,000	华艺国际	2021-12-11
董其昌 1626年作 楷书《心经》册页(五开九页)	24cm×13cm×9	5,175,000	中国嘉德	2021-12-12
董其昌 草书古诗卷 手卷	25.5cm×470cm	4,600,000	西泠印社	2021-01-15
董其昌 1625年作 行书七言诗 立轴	43cm×140.5cm	4,140,000	西泠印社	2021-01-15
董其昌 1607年作 行书《大学》一章 册页(七开)	25.5cm×12.7cm×14	2,932,500	中国嘉德	2021-05-18
董其昌 书画合璧卷 手卷	25cm×240cm	2,300,000	北京保利	2021-12-04
董其昌 草书 手卷	54.5cm×398cm	2,300,000	朵云轩	2021-07-07
董其昌 行书节录《画禅室随笔》册页(六开)	24cm×31cm×6	2,300,000	上海嘉禾	2021-07-22
董其昌 诗意图 册页(八开)	22cm×29cm×8	2,300,000	中国嘉德	2021-05-18
董其昌 草书《世说新语》三则手卷	28.5cm×274.5cm	2,185,000	北京保利	2021-12-04
董其昌 1634年作行书《玉鸠歌诗》册页	32.5cm×20.5cm×20	2,185,000	上海匡时	2021-07-08
董其昌 行书《饮中八仙歌》立轴	169.5cm×52.5cm	1,840,000	北京保利	2021-06-06
董其昌 1612年作 仿各家山水 册页(十开)	24cm×22cm×10	1,840,000	北京翰海	2021-06-04
董其昌 草书录杜甫《秋野》四首手卷	引首 24cm×327.5cm; 本幅 24cm×327.5cm; 跋 28cm×60cm	1,840,000	十竹斋拍卖 (北京)	2021-05-29
董其昌 1614年作 行书苏轼《书王定国所藏烟江叠嶂图》(谢征西帖笔意)手卷	引首 24.5cm×96.5cm; 画心 24.5cm×270cm	1,740,795	中国嘉德	2021-04-22
董其昌 临晋唐书帖 册页(八开)	22.8cm×24.2cm ×8	1,699,488	香港苏富比	2021-04-19
董其昌 草书古诗卷 手卷	25.5cm×323.5cm	1,610,000	广东崇正	2021-07-19
董其昌 1611年作仿米氏云山卷手卷	25.5cm×241.5cm	1,380,000	北京保利	2021-06-06
董其昌 1624年作 皇华集序 手卷	26cm×181.5cm	1,242,000	广东崇正	2021-01-07
董其昌 行草书《前赤壁词》卷	25.5cm×242.5cm	977,500	北京翰海	2021-06-04
董其昌 1628年作 临晋唐二帖 手卷	25.5cm×259.5cm	943,000	北京翰海	2021-06-04
董其昌 溪山结庐图 立轴	93cm×38.5cm	920,000	十竹斋拍卖 (北京)	2021-05-29
董其昌 草书《邯郸少年行》手卷	26.5cm×218.5cm	920,000	中贸圣佳	2021-05-21
董其昌 溪岸草堂图 立轴	55.5cm×25cm	920,000	中贸圣佳	2021-05-21
董其昌 1591年作 行书 手卷	27.5cm×376.5cm; 跋31.5cm×70cm	862,500	广东崇正	2021-01-07
董其昌 书画合璧 册页(十六开)	22cm×13cm×16	805,000	朵云轩	2021-07-08
董其昌 仿倪瓒笔意 镜片	84.5cm×34cm	805,000	广东崇正	2021-07-19
董其昌 学太白草书 手卷	引首 45cm×93cm; 本幅 25cm×523cm; 跋29cm×52cm	805,000	中贸圣佳	2021-05-21
董其昌 1615年作 楷书《太上感应篇》手卷	引首 23.5cm×63cm; 正文 23.5cm×318cm	690,000	北京华辰	2021-06-19

2021书画拍卖成交汇总(续表)

(成交价RMB：10万元以上)

拍品名称	物品尺寸	成交价RMB	拍卖公司	拍卖日期
董其昌 1636年作 行书录宋词 册页	14.5cm×93cm×19	690,000	十竹斋拍卖(北京)	2021-05-29
董其昌 山水 镜心	18cm×53cm	690,000	永乐拍卖	2021-12-02
董其昌 铜官山色图 立轴	119.5cm×49cm	690,000	中鸿信	2021-07-15
董其昌 行书陶渊明《归园田居》(少无适俗韵)立轴	144cm×36.5cm	690,000	中贸圣佳	2021-05-21
董其昌 行书 李商隐诗 立轴	151.5cm×48.5cm	632,500	西泠印社	2021-07-24
董其昌 草书七言诗 立轴	193cm×53cm	598,000	北京保利	2021-12-04
董其昌 溪山清樾图 扇页	16.5cm×49cm	575,000	西泠印社	2021-01-15
董其昌 1631年作 行书七言诗 手卷	画心 27.5cm×377cm; 题跋 32cm×73cm	552,000	西泠印社	2021-07-24
董其昌 行书王维诗 镜心	19cm×57cm	460,000	北京保利	2021-12-04
董其昌(款) 仿倪云林笔意 立轴	98cm×42cm	460,000	北京翰海	2021-06-04
董其昌 草书 立轴	129cm×56cm	460,000	朵云轩	2021-07-08
董其昌 草书 手卷	45cm×245cm	460,000	朵云轩	2021-07-08
董其昌 草书录杜甫《解闷十二首》之一 立轴	208cm×50cm	460,000	十竹斋拍卖(北京)	2021-05-29
董其昌 真行草书合璧 册页(十开)题跋(三开)	题 25.5cm×38cm×3; 字25cm×38cm×10	437,000	广东崇正	2021-01-06
董其昌 行书《昼锦堂记》手卷		424,872	香港苏富比	2021-04-19
董其昌 草书节临《自叙帖》手卷	26cm×228.5cm	402,500	西泠印社	2021-01-15
董其昌 崇祯四年作 行书七绝诗 扇面	16.7cm×52.9cm	402,500	永乐拍卖	2021-12-02
董其昌 行书七言诗扇 扇面	17.5cm×55cm	368,000	北京保利	2021-06-06
董其昌 草书杜甫诗 扇面	15cm×47cm	368,000	中国嘉德	2021-05-18
董其昌 行书《问政山歌》手卷	30cm×268cm	345,000	北京保利	2021-12-04
董其昌 1607年作 行书 册页(十一开)	26cm×14cm×11	345,000	朵云轩	2021-07-08
董其昌行书 仿苏黄米书法卷 手卷	24.5cm×331cm	345,000	西泠印社	2021-01-15
董其昌 幽亭秀木 扇面	16.5cm×49cm	310,500	佳士得	2021-05-26
董其昌 行草五言诗 立轴	147.5cm×52cm	307,875	佳士得	2021-11-29
董其昌 疏雨帖 镜心	26.5cm×22cm	299,000	北京保利	2021-12-04
董其昌 一峰秀图 立轴	56cm×24.5cm	287,500	上海嘉禾	2021-07-22
董其昌 行书 立轴	129.5cm×37.5cm	264,500	广东崇正	2021-07-19
董其昌 行书自作诗 扇面	17.5cm×54cm	264,500	十竹斋拍卖(北京)	2021-05-29
董其昌 行书诗 册页(十开二十页)	24cm×12.5cm×20	230,000	北京保利	2021-12-04
董其昌 行书诗文 册页(八页)	26cm×16.5cm×8	218,500	西泠印社	2021-04-11
董其昌 仿董北苑山水扇 立轴	65cm×22cm	208,656	香港苏富比	2021-10-12
董其昌 行书七言诗卷 手卷	画心 27.5cm×205cm; 题跋19cm×28cm	207,000	西泠印社	2021-07-24
董其昌 行书李白诗卷 手卷	28cm×251cm	207,000	中贸圣佳	2021-09-25
董其昌(款) 行书七言诗 立轴	150cm×45cm	184,000	中国嘉德	2021-09-28
董其昌 行书五言诗 扇面	17cm×52cm	172,500	北京保利	2021-06-06
董其昌 行草七言诗 镜心	170.5cm×51cm	172,500	北京保利	2021-06-06
董其昌 青绿山水 立轴	94cm×39cm	172,500	北京翰海	2021-06-04
董其昌(款) 行书 册页(十五开三十页,题跋二页)	书 26cm×12.5cm×30; 题跋 27cm×14cm×2	172,500	广东崇正	2021-07-19
董其昌 1618年作 行书节临宋人帖 手卷	34cm×26cm; 26cm×62.5cm	155,250	西泠印社	2021-04-11
董其昌 吴荣光行书册页(二十二开)	尺寸不一	149,500	北京荣宝	2021-06-19
董其昌 1623年作 行书古诗 手卷	26.5cm×204.5cm	149,500	西泠印社	2021-04-11
董其昌 1627年作 行书 手卷	29cm×362cm	356,500	朵云轩	2021-12-31
董其昌 行书 册页(十二开)	24cm×14cm×12	322,000	朵云轩	2021-12-30
杜堇 瑶台献寿 立轴	126.5cm×61cm	1,840,000	北京保利	2021-12-04
杜浚 游栖霞诗卷 手卷	27cm×196cm	1,609,632	中国嘉德	2021-10-13
杜浚 溪岸幽亭图 扇面	16.5cm×49cm	207,000	南京经典	2021-07-18
段衎 溪阁听泉 扇面	21.8cm×55.5cm	218,500	永乐拍卖	2021-12-02
范允临 山中帖 镜心	27.3cm×32.5cm	149,500	北京保利	2021-12-04
范箴 秋江渡河 立轴	167cm×92cm	172,500	中国嘉德	2021-09-28
方以智 1643年作 幽居图 扇面	17cm×51cm	303,480	保利香港	2021-04-23
丰坊 草书七言诗 扇面	18cm×52.5cm	212,750	西泠印社	2021-04-11
冯清 阎价 致杨一清手札两通 手卷	冯 22cm×66.5cm; 阎2 3.5cm×103.5cm	253,000	中贸圣佳	2021-05-21
傅清 蕙兰同畹 镜心	92cm×31cm	298,422	中国嘉德	2021-04-22
高阳 1624年作 闲居图 扇面	18.5cm×55.5cm	202,320	保利香港	2021-04-23
顾见龙 1690年作 游春图 立轴	162cm×96cm	402,500	朵云轩	2021-07-07
关九思(款) 1621年作 绿阴清画图 立轴	140cm×52cm	1,311,000	上海嘉禾	2021-07-23
关九思 1627年作 山居图 立轴	136.5cm×53cm	241,500	华艺国际	2021-12-11
关九思 山中秋景 立轴	212cm×85cm	172,500	朵云轩	2021-07-08
归昌世 竹石图 立轴	109cm×31cm	248,400	中国嘉德	2021-10-13
归昌世 墨竹·草书七言诗 扇面	尺寸不一	297,410	香港苏富比	2021-04-19
归昌世 1630年作 淇园雨色 手卷	28cm×396cm	195,500	朵云轩	2021-07-08
郭诩 达摩像 立轴	93cm×64cm	149,500	中贸圣佳	2021-09-25
郭忠恕(传) 避暑宫图 立轴	174cm×102cm	77,625,000	中国嘉德	2021-12-12
何如宠 谢逸 1623年作 行书《爽游唱和诗并序卷》手卷	画心 31.5cm×660cm; 31.5cm×214cm	2,300,000	西泠印社	2021-07-24
侯峒曾 侯文节公墨宝 册页(二十三开)	27cm×17cm×16; 32.5cm×42.5cm	149,500	上海驰翰	2021-11-15
侯峒曾 侯文节公墨宝 册页(二十三开)	27cm×17cm×16; 32.5cm×42.5cm	149,500	上海驰翰	2021-11-15
侯恂 侯恪二公墨迹 册页(四十开)	尺寸不一	368,000	上海驰翰	2021-07-06
胡聪 垂柳双骏图 镜心	133cm×87cm	345,000	中国嘉德	2021-03-27
胡玉昆 金陵怀古图册 册页(廿四开)	23cm×17cm×24	396,446	香港苏富比	2021-10-12
华克勤 明洪武五年作 册页(共一百零八页)	30.2cm×27.7cm×108	28,750,000	永乐拍卖	2021-05-20
皇甫钦 行书五言诗 扇面	16.5cm×51.5cm	230,000	中国嘉德	2021-05-18
黄道周 1638年作 召对分注 手卷	26.4cm×287cm	7,594,250	佳士得	2021-11-29
黄道周 1644年作 楷书《曹远思推府文治论》手卷	31.5cm×263cm	16,675,000	西泠印社	2021-01-15
黄道周 1641年作 楷书《孝经》册页(十八开)	23cm×26.5cm×18	3,220,000	中国嘉德	2021-12-12
黄道周 1635年作 小楷《八闽文叶叙》镜框	28cm×153.5cm	4,347,000	佳士得	2021-05-26
黄道周 1643年作 行书《砀山道中遇寇诗》册页(十四开)	26cm×16cm×14	1,897,500	北京保利	2021-06-06
黄道周 楷书《文信国砚铭》手卷	书法 31cm×105cm; 绘画 31cm×265cm	1,667,500	北京保利	2021-09-25
黄道周 偃松奇石图 手卷	28cm×337.5cm	1,251,936	香港苏富比	2021-10-12
黄道周 草书 手卷	24cm×207.5cm	920,000	朵云轩	2021-07-07

拍品名称	物品尺寸	成交价RMB	拍卖公司	拍卖日期
黄道周 草书《寄怀诸宗伯五言诗》立轴	133cm×41cm	460,000	中鸿信	2021-07-15
黄道周 行书《九串阁赞》册页(共三十六页)	画心 23.5cm×14.5cm×32; 题端 46.5cm×34cm; 题跋 29cm×19cm×2; 24cm×14.5cm	402,500	西泠印社	2021-07-24
黄道周 草书七言诗 扇面	17.5cm×51cm	379,500	永乐拍卖	2021-12-02
黄道周 1638年作 双松怪石图 立轴	79cm×40cm	322,000	中鸿信	2021-07-15
黄道周 行书中堂 立轴	144cm×50cm	253,000	中鸿信	2021-07-15
黄姬水 文元发 黄纳言 彭年 四人书扇集锦 镜心	16cm×51cm	207,000	中贸圣佳	2021-05-21
黄姬水 行书扇面 镜心	17cm×51cm	172,500	中贸圣佳	2021-05-21
黄元勋 行书七言诗 扇面	16cm×48.5cm	253,000	中国嘉德	2021-05-18
黄媛介 闲居图 扇面	16cm×47cm	182,088	保利香港	2021-04-23
黄之璧 行草五言诗 扇面	17.7cm×65.5cm	283,248	保利香港	2021-04-23
即非如一 1662年作 书法《宝积经》手卷	27.8cm×184cm	196,650	佳士得	2021-05-26
蒋明凤 草书五言诗 立轴	159cm×54cm	575,000	北京保利	2021-12-04
蒋嵩 山水 册页(八页)	59cm×36cm×8	368,000	西泠印社	2021-07-24
焦竑 草书 扇面	18.5cm×52.5cm	155,250	朵云轩	2021-07-08
金璇 1485年作 天台神游 手卷	画心 26.5cm×294cm	943,000	北京保利	2021-06-06
居节 1561年作 江岸谈古 扇面	18.5cm×53cm	384,408	保利香港	2021-04-23
柯士璜 紫薇芭蕉石图 立轴	126.5cm×50cm	414,000	中贸圣佳	2021-05-21
蓝瑛 四景山水屏 立轴	178.5cm×48cm×4	22,080,000	十竹斋拍卖(北京)	2021-05-29
蓝瑛 松阴图 立轴	278cm×99cm	13,225,000	北京荣宝	2021-06-19
蓝瑛 1631年作 寒山霁雪 立轴	144.8cm×60.3cm	4,618,125	佳士得	2021-11-29
蓝瑛 1668年作 蚕丛飞雪 立轴	174cm×46cm	1,207,500	中国嘉德	2021-03-27
蓝瑛 陈洪绶等 山水书法 册页(八开十六页)	30cm×21cm×16	4,140,000	北京保利	2021-12-04
蓝瑛 仿荆关笔意 立轴	249cm×84cm	2,990,000	十竹斋拍卖(北京)	2021-05-29
蓝瑛 1655年作 仙山楼阁图 立轴	198.5cm×51cm	2,070,000	华艺国际	2021-12-11
蓝瑛 秋山曳杖图 立轴	149.5cm×46.5cm	1,552,500	佳士得	2021-05-26
蓝瑛 1646年作 花卉兰竹石 册页(十二开)	23.5cm×32.5cm×12	1,436,750	佳士得	2021-11-29
蓝瑛 雪山行旅 立轴	200.6cm×96cm	1,436,750	佳士得	2021-11-29
蓝瑛 1622年作 林峦归棹图 立轴	50cm×29.5cm	1,380,000	西泠印社	2021-01-15
蓝瑛 仿李衎古松图 立轴	157.5cm×80cm	1,322,500	西泠印社	2021-01-15
蓝瑛 松荫观瀑图 立轴	250cm×88.5cm	1,265,000	西泠印社	2021-07-24
蓝瑛 1648年作 长松秋涧 立轴	172cm×44.5cm	1,265,000	中国嘉德	2021-12-12
蓝瑛 1633年作 仿李唐山水 立轴	175cm×63cm	1,127,000	北京保利	2021-09-25
蓝瑛 苍山夕晖 立轴	136cm×51cm	1,123,128	保利香港	2021-11-28
蓝瑛(款) 1651年作 雪山寒林图 立轴	184cm×93cm	1,092,500	中国嘉德	2021-03-27
蓝瑛 竹石图 立轴	190cm×52cm	1,012,000	上海嘉禾	2021-07-23
蓝瑛 1657年作 春涨图 立轴	194.5cm×65.5cm	920,000	朵云轩	2021-07-08
蓝瑛 溪山泛舟图 镜片	110cm×44cm	747,500	西泠印社	2021-07-24
蓝瑛 1658年作 花果 册页(六开)	23cm×15cm×6	575,000	中国嘉德	2021-05-18
蓝瑛 晴岚暖月图 立轴	181cm×43cm	552,000	中贸圣佳	2021-07-06
蓝瑛 山林隐居 立轴	184cm×77.5cm	460,000	朵云轩	2021-07-08
蓝瑛 1653年作 云壑苍松图 立轴	211.5cm×62.5cm	460,000	西泠印社	2021-07-24
蓝瑛 仿郭熙笔意山水 立轴	38cm×24cm	437,000	十竹斋拍卖(北京)	2021-05-29
蓝瑛 古木寒泉图 立轴	134cm×73cm	402,500	北京翰海	2021-12-18

拍品名称	物品尺寸	成交价RMB	拍卖公司	拍卖日期
蓝瑛 山水 立轴	24.5cm×22cm; 38.5cm×25cm	322,000	保利厦门	2021-11-05
蓝瑛 雁荡龙湫 立轴	159cm×47cm	322,000	华艺国际	2021-12-11
蓝瑛 1651年作 柳塘渔父图 立轴	39cm×24.5cm	287,500	西泠印社	2021-10-24
蓝瑛 费而奇 水墨花卉册页(十一开)	28cm×20.5cm×11	230,000	华艺国际	2021-06-05
蓝瑛 山林小屋 扇面	16.5cm×52.5cm	191,192	香港苏富比	2021-04-19
蓝瑛 1658年作 仿庐鸿草堂 立轴	182.5cm×52cm	172,500	保利厦门	2021-05-06
蓝瑛 山水 立轴	149cm×60.5cm	149,500	保利厦门	2021-11-05
蓝瑛 1658年作 秋山论道 立轴	190cm×104cm	138,000	中国嘉德	2021-09-28
蓝瑛 仿古山水 册页(四幅)	29.5cm×23cm×4	540,500	朵云轩	2021-12-30
冷谦 江边渔乐图 手卷	24cm×242cm	138,000	北京翰海	2021-10-16
李丙为姚一元作病中帖 镜片(二帧)	28.5cm×26cm; 26cm×36cm	402,500	西泠印社	2021-01-15
李东阳 画马诗 手卷	李东阳诗 29cm×130cm	9,200,000	永乐拍卖	2021-05-20
李东阳 1496年作 行草书《为郭总兵题长江万里图》手卷	35cm×235cm	4,310,250	佳士得	2021-11-29
李东阳 草书苏轼诗 立轴	125cm×50cm	1,840,000	北京保利	2021-06-06
李杭之 1640年作 山水 册页(共二十一页)	画心 22.5cm×15cm×10; 35cm×25.5cm	1,380,000	西泠印社	2021-07-24
李流芳 1626年作 西湖采莼图 手卷	绘画 27.2cm×122cm	5,865,000	北京保利	2021-06-06
李流芳 江深草阁 扇面	17.5cm×49cm	253,000	中国嘉德	2021-05-18
李流芳 1625年作 秋林觅句 扇面	17cm×53.5cm	253,000	北京保利	2021-12-04
李流芳 1625年作溪山平远图 扇面	17cm×53cm	195,500	中国嘉德	2021-05-18
李流芳 1621年作 仿江贯道山水 手卷	画28.5cm×91cm; 题 28.5cm×106.5cm; 题28.5cm×68cm	172,500	上海匡时	2021-07-08
李流芳 雪里江船 镜心	19.5cm×54cm	138,000	中贸圣佳	2021-05-21
李日华 1631年作 山水书法 册页(十对开，选录)	23.5cm×19.6cm×10	2,873,500	佳士得	2021-11-29
李日华 1626年作 淇澳风雨图 立轴	画心 129cm×61cm; 题跋15cm×61cm	230,000	十竹斋拍卖(北京)	2021-05-29
李士达 1619年作 秋林观瀑图 立轴	131cm×45.5cm	437,000	北京保利	2021-06-06
李士达 1610年作 观瀑图 立轴	168cm×89cm	747,500	华艺国际	2021-12-11
李孙宸 行书 镜框	137cm×65cm	310,500	广东精诚所至	2021-01-22
李维桢 楷书 程吴节妇传 镜片	50.5cm×26cm	207,000	西泠印社	2021-07-24
李永昌 1639年作 群峰雪霁图 立轴	158cm×87cm	345,000	江苏汇中	2021-05-13
李宗谟(款) 罗汉渡海图 手卷	30cm×276cm	184,000	中国嘉德	2021-03-30
林焊 行书七言诗 扇页	16.5cm×51.5cm	143,750	西泠印社	2021-07-24
林良 芦雁图 立轴	39cm×70cm	920,000	十竹斋拍卖(北京)	2021-05-29
林良 桃树双翎 立轴	151.5cm×90cm	460,000	华艺国际	2021-06-05
林良 孔雀 立轴	151cm×90cm	212,750	广东崇正	2021-01-06
林良(款) 春山孔雀 屏轴	151cm×89.5cm	172,500	朵云轩	2021-12-31
刘伯温 天文地理图 扇面	18cm×53.5cm	230,000	朵云轩	2021-07-08
刘珏 葑溪草堂十景 册页	26cm×56cm×10	345,000	中国嘉德	2021-03-30
刘珏 致洪少府尺牍一通 镜心	24.5cm×35.5cm	184,000	十竹斋拍卖(北京)	2021-05-29
刘理顺 1640年作 行书五言诗 扇面	16cm×50cm	230,000	西泠印社	2021-01-15
刘理顺 草书 立轴	213cm×50cm	195,500	北京翰海	2021-04-17
刘钰 寒岩积雪图 立轴	183cm×93cm	575,000	广东崇正	2021-01-07
刘原起 1604年作 延年益寿 立轴	144.5cm×61cm	575,000	北京荣宝	2021-06-19
刘原起 1616年作 访友图 扇页	17.5cm×51cm	287,500	西泠印社	2021-01-15
刘重庆 草书临右军《儿女帖》扇面	18cm×56cm	322,000	中国嘉德	2021-05-18

2021书画拍卖成交汇总(续表)

(成交价RMB：10万元以上)

拍品名称	物品尺寸	成交价RMB	拍卖公司	拍卖日期
刘重庆 草书李白诗 立轴	176.5cm×52cm	322,000	中国嘉德	2021-12-12
柳如是 临古山水 册页(八帧)	21cm×14cm×8	402,500	华艺国际	2021-06-05
娄坚 草书王维诗 扇面	17cm×51cm	299,000	中国嘉德	2021-12-12
娄坚 行书五言诗 扇面	15cm×45.5cm	283,248	保利香港	2021-04-23
娄坚 1606年作 小楷《四十二章经》册页(二十二开四十四页)	28cm×34cm×22	241,500	北京保利	2021-12-04
陆师道 云山小景 手卷	画心 7.8cm×68cm	1,725,000	上海明轩	2021-12-30
陆士仁 临《流赋诗》扇面	17cm×52cm	218,500	北京保利	2021-12-04
陆治 写生荷花 立轴	120.5cm×40.5cm	3,450,000	永乐拍卖	2021-12-02
陆治 南皋图 手卷	27.4cm×205.3cm	4,618,125	佳士得	2021-11-29
陆治 花鸟 镜心	15cm×46cm	345,000	中贸圣佳	2021-05-21
陆治 山水 镜心	20cm×54cm	230,000	中贸圣佳	2021-05-21
陆治 梅竹双清 扇面	15.5cm×49.5cm	184,000	北京翰海	2021-12-18
陆治(款) 秋林清趣 立轴	146cm×49cm	172,500	华艺国际	2021-06-05
陆治 董其昌 桃花源书画合璧卷 手卷	引首 28.5cm×95cm; 画 26cm×168.5cm; 书27cm×227cm	794,880	中国嘉德	2021-10-13
吕纪 松鹤双寿 立轴	166cm×101cm	4,761,000	佳士得	2021-05-26
吕纪 春塘溪凫图 立轴	176cm×105cm	2,415,000	北京保利	2021-06-06
吕纪 松鹤图 立轴	176cm×102cm	2,817,500	中鸿信	2021-07-15
吕纪(款) 竹叶栖禽 立轴	130cm×31.5cm	207,000	上海嘉禾	2021-07-23
吕棠 富贵锦鸡 立轴	141cm×75.5cm	333,500	北京保利	2021-12-04
吕棠 双鸭荷花 镜心	154cm×94cm	207,000	中国嘉德	2021-03-27
吕棠 古树双禽 镜心	176cm×101.5cm	178,250	中鸿信	2021-07-15
马守真 王穉登 水仙兰石图卷 手卷	画心 40cm×473cm; 题跋 40cm×70cm	8,855,000	中贸圣佳	2021-05-21
马守真 潇湘清逸轴 立轴	77cm×31cm	644,000	中贸圣佳	2021-05-21
马守贞 群仙拱祝 立轴	111cm×33.3cm	269,100	佳士得	2021-05-26
马湘兰 1583年作 水村图 手卷	画心 27cm×110.5cm	437,000	北京保利	2021-06-06
茅坤 1599年作 草书自作诗赋卷 手卷	29cm×339.5cm	1,955,000	朵云轩	2021-12-30
茅坤 行书“问泉道人”镜心	26cm×96cm	230,000	华艺国际	2021-12-11
米万钟 草书 立轴	343cm×94.5cm	4,945,000	北京翰海	2021-06-04
米万钟 1602年作 溪岸茅亭 立轴	54cm×17.5cm	391,000	中国嘉德	2021-05-18
米万钟 草书七言诗 立轴	179cm×52cm	690,000	北京保利	2021-06-06
米万钟 行书 镜片	17.5cm×51cm	345,000	广东崇正	2021-01-07
米万钟 草书自作诗 扇面	18.5cm×54.5cm	322,000	中国嘉德	2021-12-12
明初诸家 和陶南村诗稿卷 手卷	28.5cm×64.5cm; 28.2cm×55cm; 28cm×41.5cm	33,702,050	佳士得	2021-11-29
明仁宗 1424年作 行书敕谕 横轴	书36.5cm×56cm	2,070,000	中国嘉德	2021-05-18
明武宗 杞石延年 立轴	65.5cm×36cm	805,000	朵云轩	2021-12-30
缪辅 荷花鱼藻 立轴	172cm×106cm	690,000	北京保利	2021-06-06
莫如忠 庆吊礼帖 镜片	41cm×26cm	195,500	西泠印社	2021-07-24
莫是龙 行书古书散论卷 手卷	195.5cm×17.5cm	1,840,000	西泠印社	2021-07-24
倪元璐 草书七言诗 立轴	130cm×38cm	6,325,000	华艺国际	2021-12-11
倪元璐 草书自作诗《送曹秋水司李莆中之作》立轴	134cm×49cm	2,300,000	十竹斋拍卖(北京)	2021-05-29
倪元璐 草书唐人诗句 立轴	111cm×29.5cm	1,610,000	中国嘉德	2021-05-18
倪元璐 草书自作诗 立轴	99.5cm×27.3cm	1,058,000	十竹斋拍卖(北京)	2021-05-29
倪元璐 钓龙图 立轴	124cm×53cm	460,000	广东崇正	2021-07-19
倪元璐 行书“友闻之斋”	30cm×131cm	322,000	中鸿信	2021-07-14
倪元璐 1628年作 玉洞春晓 立轴	217cm×39cm	218,500	北京翰海	2021-06-04
倪元璐 秋溪小艇 立轴	150cm×41.5cm	212,750	北京翰海	2021-06-04
倪元璐 行书 立轴	178.5cm×48cm	276,000	朵云轩	2021-12-31
彭年 黄姬水 张凤翼 袁尊尼 行书 五言诗四首 扇页	17.5cm×53.5cm	391,000	西泠印社	2021-01-15
彭年 鹤山种梅图并楷书《鹤山种梅记》卷	39cm×206.5cm	218,500	北京翰海	2021-06-04
戚伯坚 1597年作 闲居图卷 手卷	35cm×253cm	253,000	中国嘉德	2021-09-28
钱贡 幽兰图 立轴	30.5cm×68.5cm	389,975	佳士得	2021-11-29
钱穀 1571年作 溪桥策杖 镜框	15cm×48cm	402,500	北京保利	2021-12-04
钱穀 1563年作 山居图 镜片	17.5cm×49cm	287,500	广东崇正	2021-01-07
钱穀 张凤翼 1574年作《秋林万壑图》书画合璧卷 手卷	画 30cm×156cm	1,380,000	北京保利	2021-06-06
钱穀 1571年作 冬景山水 立轴	82cm×33.5cm	2,415,000	北京华辰	2021-06-19
钱穀 1554年作 泰山图 扇面	17cm×50cm	897,000	北京保利	2021-12-04
钱穀 溪山吟兴 手卷	25.2cm×129.7cm	424,872	香港苏富比	2021-04-19
钱穀 乔荫竹石图 立轴	117cm×32cm	402,500	西泠印社	2021-07-24
钱穀 1570年作 秋林策杖 立轴	83cm×28cm	345,000	北京保利	2021-06-06
钱谦益 1653年作 泛舟图 扇页	50cm×17cm	184,000	西泠印社	2021-07-24
仇英 文伯仁 文嘉 柳阴倦绣图 立轴	67.5cm×35.5cm	4,312,500	西泠印社	2021-01-15
仇英(款) 洛神赋 手卷	52.5cm×481cm	2,070,000	华艺国际	2021-12-11
仇英(款) 百美图卷 手卷	37cm×466cm	483,000	中国嘉德	2021-09-28
仇英 王徽之爱竹图 立轴	155.5cm×96.5cm	644,000	北京荣宝	2021-06-19
仇英(款) 御驾云巡图 立轴	174cm×100cm	460,000	中国嘉德	2021-03-27
仇英 阆苑仙间图 手卷	引首 38cm×91cm; 画心38cm×279cm	408,250	中鸿信	2021-07-15
仇英(款) 山水 立轴	173cm×101cm	391,000	北京保利	2021-12-04
仇英 文徵明 画、题山水人物 立轴	130cm×64cm	391,000	中贸圣佳	2021-03-26
仇英 百美图 手卷	引首 37cm×111cm; 画心 37cm×466cm; 题跋37cm×45cm	345,000	北京保利	2021-06-06
仇英(款) 六十美人图 手卷	画心 35cm×687cm; 题跋1: 28cm×36cm; 题跋2: 27.5cm×56cm; 题跋3: 30cm×53.5cm	322,000	北京保利	2021-12-04
仇英(款) 清明上河图 手卷	32cm×728cm	322,000	中国嘉德	2021-03-30
仇英 秋江图卷 手卷	35cm×289.5cm	304,750	中鸿信	2021-07-15
仇英(款) 文姬归汉 手卷	引首 29cm×86cm; 画心 29cm×512cm; 题跋29cm×200cm	238,350	北京保利	2021-01-20
仇英(款) 仙山图 镜心	144.5cm×62.5cm	230,000	北京翰海	2021-12-18
仇英(款) 雅集图 立轴	188cm×97cm	230,000	华艺国际	2021-06-05
仇英(款) 青绿山水 镜心	18cm×55cm	207,000	中贸圣佳	2021-05-21
仇英(款) 西厢记图 册页	29cm×29cm×20	207,000	中贸圣佳	2021-05-21
仇英 深山幽居 立轴	70cm×42cm	184,000	朵云轩	2021-09-19
仇英(款) 兰亭修禊 手卷	引首 25cm×106cm; 画心30.5cm×228cm	172,500	华艺国际	2021-12-11
仇英(款) 归园田居卷 手卷	31cm×293cm	172,500	中国嘉德	2021-09-28
仇英 松阴高士图 扇面	20cm×57cm	172,500	中国嘉德	2021-05-18
仇英 汉宫美人图 手卷	31cm×483cm	161,000	北京保利	2021-06-06

(成交价RMB：10万元以上)

拍品名称	物品尺寸	成交价RMB	拍卖公司	拍卖日期
仇英 汉宫春晓图 手卷	30cm×444cm	155,250	北京保利	2021-05-17
仇珠 夏日赏荷图 立轴	123cm×90cm	264,500	中鸿信	2021-07-15
仇珠 佳卉 册页(十开)	14cm×19cm×10	184,000	永乐拍卖	2021-05-20
商辂 行书李峤诗 立轴	47.5cm×25cm	322,000	中贸圣佳	2021-05-21
商辂 书法 扇面	17cm×49cm	230,000	广东小雅斋	2021-07-20
邵宝 行书五言诗 册片	27cm×51cm	345,000	中国嘉德	2021-12-12
邵弥 1628年作 古木竹石图 立轴	108cm×31cm	138,000	中国嘉德	2021-05-18
申时行 跨年帖 镜片	27.5cm×27cm	460,000	西泠印社	2021-07-24
申时行 七夕遇雨作 扇面	17.5cm×53.5cm	345,000	中国嘉德	2021-05-18
沈颢 1661年作 秋林倚棹图 手卷	24.5cm×233cm	207,000	上海驰翰	2021-11-15
沈颢 1661年作 秋林倚棹图 手卷	24.5cm×233cm	207,000	上海驰翰	2021-11-15
沈圣岐 致本音等三帖 镜心	27cm×112.5cm	287,500	北京保利	2021-12-04
沈时 1635年作 明皇出巡图 四条屏	190cm×59cm×4	1,667,500	中国嘉德	2021-09-28
沈士充 1632年作 招隐图卷 手卷	33cm×1527cm	43,554,050	佳士得	2021-11-29
沈士充 山居观瀑图 镜片	23cm×17.5cm	138,000	西泠印社	2021-07-24
沈士鲠 1622年作 霜树烟林 立轴	146cm×39.5cm	184,000	广东崇正	2021-07-19
沈仕 花枝双燕图 扇页	17.5cm×53.5cm	207,000	西泠印社	2021-07-24
沈硕 临仇英人物 手卷	27cm×179cm	253,000	北京翰海	2021-06-04
沈昭 1575年作 汉宫春晓图卷 手卷	31cm×523cm	402,500	中国嘉德	2021-09-28
沈昭 舟行图 扇面	16cm×49cm	195,500	中国嘉德	2021-05-18
沈昭 1604年作 画舫宴乐图 扇页	15.5cm×47.8cm	138,000	西泠印社	2021-07-24
沈周 松阴高士图 立轴	画心 129.5cm×48.5cm	7,820,000	华艺国际	2021-12-11
沈周 谷林堂诗意 立轴	画心151cm×65cm	20,125,000	北京保利	2021-06-06
沈周 1491年作 八景图 手卷	画心 32cm×51.5cm×8	4,025,000	中国嘉德	2021-05-18
沈周 秋山策杖图 手卷	画心 26cm×134cm	4,370,000	中国嘉德	2021-12-12
沈周 古木小艇图 镜心	29cm×53cm	2,070,000	北京保利	2021-06-06
沈周 夕桥策杖 扇面	16cm×46cm	1,840,000	中国嘉德	2021-05-18
沈周 1496年作 游大石云庵行书册页(九开十八页)	25cm×14cm×11	1,380,000	北京保利	2021-06-06
沈周 1502年作 自书诗二首 立轴	56.5cm×32cm	1,847,250	佳士得	2021-11-29
沈周 1496年作 山水 册页(十二开)	31cm×59cm×12	1,380,000	十竹斋拍卖(北京)	2021-05-29
沈周 桐荫高士 镜心	19cm×53cm	517,500	中贸圣佳	2021-05-21
沈周(款) 春江放棹图 立轴	174cm×114.5cm	496,800	中国嘉德	2021-10-13
沈周 行书《百花诗》镜片	30.5cm×24.5cm	460,000	西泠印社	2021-01-15
沈周 1489年作 东坡诗意图 立轴	116.5cm×56cm	414,000	保利厦门	2021-05-06
沈周(款) 1466年作 草堂春色图 立轴	185cm×99cm	345,000	中国嘉德	2021-03-27
沈周 山水扇面 镜心	15.5cm×46cm	322,000	中贸圣佳	2021-03-26
沈周(款) 溪山秀深 手卷	引首 38cm×98cm；画心38cm×202cm；尾跋38cm×26cm	224,250	上海嘉禾	2021-07-23
沈周(款) 溪山行旅图 立轴	294cm×149cm	218,500	中国嘉德	2021-09-28
沈周 草堂图 立轴	65cm×33.5cm	212,750	西泠印社	2021-10-24
盛茂烨 携琴访友 立轴	168cm×54cm	1,150,000	北京保利	2021-06-06
盛茂烨 1626年作 荷溪泛舟 立轴	215cm×99cm	1,035,000	北京保利	2021-06-06
盛茂烨 十岩竞秀图 立轴	181cm×43cm	207,000	北京保利	2021-06-06
盛茂烨 1620年作 风雪夜归人 镜心	17.5cm×55cm	161,000	北京保利	2021-12-04
盛茂烨 山水 镜心	15cm×45cm	161,000	中贸圣佳	2021-05-21
史可法 草书七言诗 立轴	241cm×61cm	690,000	西泠印社	2021-07-24
史忠 仿米浅绛山水 立轴	109cm×55cm	322,000	中贸圣佳	2021-05-21
释破山 行书七言句 镜框	103cm×41cm	517,500	华艺国际	2021-06-05
释深度 书法 扇面	16cm×50cm	322,000	华艺国际	2021-04-01

拍品名称	物品尺寸	成交价RMB	拍卖公司	拍卖日期
宋臣 林涧吟月图 立轴	157.5cm×81.5cm	149,500	北京翰海	2021-12-18
宋懋晋 秋山飞瀑 扇面	16cm×50.4cm	287,500	永乐拍卖	2021-12-02
宋旭 1588年作 松壑飞雪 立轴	203cm×97cm	1,725,000	北京翰海	2021-06-04
宋旭 1577年作 为云庵禅师作名号图 云庵图卷 手卷	引首 27cm×92.5cm；画心27.5cm×141.5cm	977,500	西泠印社	2021-07-24
宋旭 1605年作 风云际会 立轴	181cm×93cm	943,000	广东崇正	2021-01-06
孙承宗 草书李白诗 扇面	16.5cm×46.5cm	356,500	西泠印社	2021-07-24
孙克弘 1602年作 水图 册页(十一开)	25.5cm×33cm×11	8,050,000	北京保利	2021-12-04
孙克弘 1599年作 花卉 手卷	35cm×512cm	241,500	北京翰海	2021-12-18
孙隆 陈善图 册页(二十二开四十四页)	31cm×27cm×44	3,220,000	北京保利	2021-12-04
汤焕 行草诗卷 手卷	26cm×365cm	632,500	中贸圣佳	2021-05-21
屠隆 门祚帖 镜心	25.5cm×64cm	759,000	北京保利	2021-12-04
唐寅 行书七古诗卷 手卷	书法30cm×262cm	57,500,000	中国嘉德	2021-05-18
唐寅 水亭午翠图 立轴	156cm×64.8cm	9,200,000	广东崇正	2021-07-19
唐寅 1518年作 石湖秋胜图 手卷	绘画 23cm×234.5cm	6,670,000	北京保利	2021-06-06
唐寅 修竹茅亭图 立轴	唐寅 96cm×34.5cm； 顾沄 112cm×42cm；顾麟士135cm×39cm	4,485,000	广东崇正	2021-01-06
唐寅 春山结侣 立轴	79.5cm×33cm	3,220,000	朵云轩	2021-07-07
唐寅 仙弈图 立轴	168cm×84.5cm	1,955,000	北京翰海	2021-12-18
唐寅 1521年作 松风流水图 扇页	18.5cm×53cm	1,380,000	西泠印社	2021-01-15
唐寅 1522年作 奇峰古木图 立轴	诗堂 19cm×31cm； 画心75cm×31cm	954,500	中鸿信	2021-07-15
唐寅(传) 草堂论道图 立轴	97cm×59cm	655,500	北京翰海	2021-06-04
唐寅(款) 碧山琪树图 镜心	123cm×58cm	483,000	中国嘉德	2021-03-30
唐寅 松溪清话图 立轴	111cm×33cm	402,500	北京翰海	2021-06-04
唐寅 秋山逍遥图 立轴	100cm×30.5cm	402,500	西泠印社	2021-10-24
唐寅(款) 拈花仕女 立轴	117cm×52cm	393,300	佳士得	2021-05-26
唐寅 行书七言诗 扇面	20cm×54cm	391,000	北京保利	2021-06-06
唐寅(传) 湖山晚钓 立轴	73.5cm×28.5cm	345,000	广东崇正	2021-01-07
唐寅 秋山访友图 立轴	173cm×71.5cm	253,000	中鸿信	2021-07-15
唐寅 松溪清话 扇面	18.5cm×55.5cm	207,000	北京翰海	2021-12-18
唐寅 山路松声 立轴	188cm×103cm	207,000	中国嘉德	2021-09-28
唐寅(款) 松溪草堂图 手卷	26cm×102cm	172,500	中国嘉德	2021-03-30
唐寅(款) 弈棋图 镜心	26cm×132cm	149,500	北京保利	2021-06-06
唐寅(款) 山水 手卷	24cm×166cm	149,500	北京翰海	2021-06-04
万寿祺 采芝仕女图 立轴	181cm×85cm	862,500	广东小雅斋	2021-07-20
万象干 行书董其昌诗 扇面	16cm×50.5cm	202,320	保利香港	2021-04-23
汪浩 渔父图 扇面	18cm×48cm	322,000	中国嘉德	2021-05-18
王宠 行书《春日山行》二绝扇面	19.5cm×54cm	2,645,000	中国嘉德	2021-05-18
王宠 行书《登吴山诗》扇面	19.5cm×54cm	1,035,000	中国嘉德	2021-05-18
王宠 楷书 自作诗六首 扇页	57cm×19.5cm	977,500	西泠印社	2021-01-15
王宠 行书七言诗 扇面	18.5cm×52cm	920,000	中国嘉德	2021-05-18
王宠 五月帖 镜片	31cm×28.5cm	747,500	西泠印社	2021-01-15
王宠 行书 镜片	17cm×47cm	138,000	广东崇正	2021-01-07
王达 1407年作 听雨楼诸贤记卷 手卷	24.5cm×113cm	6,095,000	西泠印社	2021-01-15
王铎 行书诗稿墨迹 册页（六十开）	29.5cm×14cm×60	18,400,000	北京荣宝	2021-12-02
王铎 1624年作 草书 册页(十八开)	31.5cm×29cm×18	9,200,000	北京保利	2021-12-04

2021书画拍卖成交汇总(续表)

(成交价RMB：10万元以上)

拍品名称	物品尺寸	成交价RMB	拍卖公司	拍卖日期
王铎 1641年作 草书五律 手卷	26cm×355.5cm	25,875,000	中国嘉德	2021-05-18
王铎 行书五言诗 立轴	247cm×50cm	6,555,000	西泠印社	2021-01-15
王铎 1641年作 行书学书箴言 立轴	187cm×51cm	4,370,000	北京保利	2021-06-06
王铎 草书临王献之《玄度来何帖》立轴	166cm×50cm	3,450,000	中贸圣佳	2021-07-06
王铎 1644年作 草书节临《淳化阁帖》立轴	255.5cm×53.5cm	4,025,000	北京保利	2021-12-04
王铎 草书临王羲之《吾唯帖》《月末帖》立轴	199.5cm×53cm	2,530,000	中国嘉德	2021-12-12
王铎 行书五言诗 立轴	190.5cm×48.5cm	2,070,000	中国嘉德	2021-12-12
王铎 草书临帖 立轴	199cm×50cm	1,725,000	中贸圣佳	2021-05-21
王铎 1632年作 行书节录《水经注》册页(九开十八页)	34cm×26cm×18	1,437,500	北京保利	2021-12-04
王铎 1651年作 行书五言诗 立轴	156cm×53cm	1,380,000	中国嘉德	2021-09-28
王铎 行书七言诗 立轴	251cm×56cm	1,150,000	中国嘉德	2021-09-28
王铎 1647年作 临张旭书 立轴	163cm×50cm	1,012,000	广东崇正	2021-01-06
王铎 明 万历三十五年作 仿石田山人笔 扇面	23.3cm×49.3cm	920,000	永乐拍卖	2021-12-02
王铎 行书中堂 立轴	166cm×75cm	920,000	中鸿信	2021-07-15
王铎 行书赠二弟唐太宗帖 扇面	17.5cm×52.5cm	910,440	保利香港	2021-04-23
王铎 行书节临唐太宗帖 立轴	192cm×49cm	644,000	北京保利	2021-12-04
王铎 行书临古帖 立轴	223cm×47cm	598,000	中贸圣佳	2021-05-21
王铎 顺治七年作 临二王法帖 扇面	16cm×50cm	345,000	永乐拍卖	2021-12-02
王铎 1643年作 草书临《冠军帖》立轴	156.5cm×47.5cm	345,000	中国嘉德	2021-05-18
王铎 1646年作 芝山古木图 立轴	183cm×55cm	322,000	中国嘉德	2021-03-27
王铎 草书书法 立轴	98.5cm×24.5cm	207,000	中贸圣佳	2021-09-25
王铎 1650年作 行书 镜片	231.5cm×54cm	195,500	上海嘉禾	2021-07-23
王铎 1649年作 行书 杜甫诗 立轴	193.5cm×48cm	172,500	西泠印社	2021-04-11
王铎(款) 草书 册页(十九开)	28.5cm×32cm×19	839,500	朵云轩	2021-12-31
王绂 1410年作 为高得旸作缘崖双树图 立轴	104.5cm×33cm	2,300,000	西泠印社	2021-01-15
王绂(款) 楚江清晓图 手卷	34cm×365.5cm	1,069,500	北京翰海	2021-06-04
王穀祥 花卉题诗卷 手卷	字 27.5cm×108.5cm; 画 27.5cm×106.5cm; 跋27.5cm×38cm	287,500	广东崇正	2021-01-07
王汝训 逋负帖 镜心	25.5cm×37.5cm	517,500	北京保利	2021-12-04
王守 1540年作 草书诗二首 扇面	20cm×60cm	310,500	佳士得	2021-05-26
王世贞 王世懋 王穉登 大禹治水图画跋 镜片	96cm×33cm	747,500	西泠印社	2021-01-15
王维烈 牡丹鸳鸯 立轴	125.5cm×54cm	271,253	香港苏富比	2021-10-12
王问 孤帆远寂 扇面	15.5cm×47cm	222,552	保利香港	2021-04-23
王希文 1606年作 雪景山水 立轴	106cm×31cm	138,000	北京保利	2021-06-06
王象咸 草书 立轴	125cm×53.5cm	230,000	北京荣宝	2021-12-02
王心一 持正帖 镜片(二帧)	19.5cm×13cm×2	149,500	西泠印社	2021-01-15
王阳明 行书《登泰山诗》镜心	29cm×39cm	1,725,000	北京保利	2021-06-06
王穉登 1599年作 行书七言诗卷 手卷	32.5cm×336.5cm	3,680,000	中国嘉德	2021-12-12
王穉登 为黄姬水作《粗扇求书帖》镜片(一帧二页)	24.5cm×11.5cm; 24.5cm×12cm	402,500	西泠印社	2021-07-24
王穉登 为黄姬水作《知己帖》镜片	27.5cm×22cm	402,500	西泠印社	2021-07-24
王穉登 行书七言诗 扇面	15.5cm×48cm	384,408	保利香港	2021-04-23
王穉登 行书 册页(八页)	尺寸不一	368,000	西泠印社	2021-10-24
魏瀚 与廷韶大人书 册片(二开)	24cm×11.3cm	264,500	中国嘉德	2021-05-18
魏之璜 花卉 镜心	16cm×46cm	184,000	南京经典	2021-07-18
魏之克 山水(二帧) 镜心	33cm×38cm×2	207,000	南京经典	2021-07-18

拍品名称	物品尺寸	成交价RMB	拍卖公司	拍卖日期
温体仁 申谢帖 镜心	28cm×21cm	356,500	北京保利	2021-12-04
文伯仁 1548年作 众山皆响 手卷	29cm×373cm	33,120,000	华艺国际	2021-06-05
文伯仁 明嘉靖甲寅年作 深山古寺 立轴	81cm×33cm	5,405,000	永乐拍卖	2021-05-20
文伯仁 1574年作 云开叠翠 镜心	68cm×28cm	1,495,000	北京保利	2021-06-06
文伯仁 1573年作 溪桥访旧 立轴	278cm×56.5cm	1,380,000	十竹斋拍卖(北京)	2021-05-29
文伯仁 溪桥访友图 扇页	17cm×50cm	356,500	西泠印社	2021-04-11
文伯仁 煮茶图 立轴	85cm×33cm	184,000	北京保利	2021-06-06
文俶 花蝶图 设色金笺 扇面	16.4cm×49.2cm	297,410	香港苏富比	2021-04-19
文从简 梅花书屋 立轴	107cm×34.5cm	138,000	中贸圣佳	2021-05-21
文从龙 1657年作 草书唐人四绝 扇面	16.5cm×49cm	195,500	中国嘉德	2021-12-12
文嘉 梅花四咏 手卷	26cm×540.4cm	2,655,450	香港苏富比	2021-04-19
文嘉 文文水画检书图 手卷	引首 27cm×111cm; 本幅 23.5cm×123cm; 题跋 27.5cm×189cm	805,000	中贸圣佳	2021-05-21
文嘉 为袁梦鲤作《竹院闲话图》扇面	17cm×54.5cm	782,000	西泠印社	2021-07-24
文嘉 顺治六年作 云淡山幽 扇面	19cm×54cm	644,000	永乐拍卖	2021-12-02
文嘉 天际归帆图 立轴	107.5cm×31cm	632,500	北京保利	2021-12-04
文嘉 秋林远眺图 立轴	75cm×45cm	195,500	北京翰海	2021-06-04
文嘉 山水 立轴	130cm×62cm	138,000	广东小雅斋	2021-07-20
文嘉 钱穀 林屋洞天图 立轴	诗堂 21cm×30cm; 画心80cm×30cm	138,000	华艺国际	2021-12-11
文彭 1555年作 为居节作《新春帖》镜片	26cm×68cm	805,000	西泠印社	2021-07-24
文肇祉 1543年作 观音罗汉·《莲华经》册页(二十开)	24cm×28.5cm×20	227,700	佳士得	2021-05-26
文震亨 马云凤 张坦之 安广居 行书自作诗 镜心	17cm×48cm	230,000	北京保利	2021-12-04
文震孟 行书七言诗 镜框	155cm×35.5cm	155,250	佳士得	2021-05-26
文正 松鹤图 镜心	170cm×89cm	138,000	中国嘉德	2021-09-28
文徵明 行书杂诗卷 手卷	26cm×378cm	28,175,000	北京荣宝	2021-06-19
文徵明 行书自书诗 手卷	29.5cm×514cm	9,200,000	中国嘉德	2021-05-18
文徵明 1540年作 行书自书诗七首 手卷	35cm×706cm	15,111,000	佳士得	2021-05-26
文徵明 中秋赏月书画合璧卷 手卷	引首 37cm×109cm; 画心 33cm×108.5cm; 书法 37cm×585cm; 题跋37cm×50cm	6,900,000	北京保利	2021-06-06
文徵明 1553年作 行书《岳阳楼记》手卷	47.5cm×972cm	7,130,000	北京保利	2021-06-06
文徵明 雨过寒原图 立轴	129.5cm×46.5cm	4,542,500	西泠印社	2021-01-15
文徵明 溪桥觅句图 手卷	30.5cm×244.7cm	4,227,645	香港苏富比	2021-04-19
文徵明 仇英 1544年作 寒林钟馗 立轴	61cm×30.5cm	10,120,000	朵云轩	2021-07-07
文徵明 文嘉 文震孟 行楷书法 扇面(七幅)	17.3cm×52.5cm×7	1,847,250	佳士得	2021-11-29
文徵明 行书五言律 镜框	146cm×65cm	1,642,000	佳士得	2021-11-29
文徵明 行书五言诗 立轴	155.5cm×64cm	5,635,000	北京荣宝	2021-06-19
文徵明 行草自书诗长卷 手卷	36.5cm×717cm; 引首 34cm×89cm；后跋34cm×99cm	5,060,000	广东崇正	2021-07-19
文徵明 姑苏十景 册页	画心 30cm×26.5cm×8; 书法 30cm×26.5cm×8	4,485,000	中鸿信	2021-07-15

拍品名称	物品尺寸	成交价RMB	拍卖公司	拍卖日期
文徵明 空山古木图 立轴	78cm×28.5cm	2,530,000	西泠印社	2021-01-15
文徵明 林舍话别图・行书斋居杂咏诗 手卷	引首30cm×104cm; 画心 30cm×82.5cm; 30cm×169cm; 题跋31cm×77cm	1,955,000	西泠印社	2021-07-24
文徵明 行书《消夏湾》诗卷 手卷	28cm×491cm	1,667,500	十竹斋拍卖(北京)	2021-05-29
文徵明 嘉靖二十六年作 行书《和倪瓒江南春二首》扇面	19cm×53cm	1,380,000	永乐拍卖	2021-12-02
文徵明 溪山图 立轴	119.5cm×30.5cm	1,322,500	上海嘉禾	2021-07-23
文徵明 楷书 杨氏墓志铭卷 手卷	22cm×68cm	1,150,000	西泠印社	2021-07-24
文徵明 1540年作 行书卷 手卷	36.5cm×334cm	1,092,500	朵云轩	2021-07-07
文徵明 行书种兰诗 镜框	158cm×63.2cm	931,500	佳士得	2021-05-26
文徵明 行书《回銮诗》立轴	351cm×98cm	920,000	十竹斋拍卖(北京)	2021-05-29
文徵明 行书《暮春斋居即事诗》立轴	158cm×40cm	690,000	西泠印社	2021-01-15
文徵明 竹石图 立轴	145.5cm×53cm	690,000	西泠印社	2021-10-24
文徵明 金陵十景 册页(十开)	32.5cm×30cm×10	632,500	华艺国际	2021-06-05
文徵明 行书七言诗 立轴	121cm×32.5cm	632,500	中国嘉德	2021-12-12
文徵明 行书自作诗 立轴	199cm×68cm	575,000	广东崇正	2021-01-06
文徵明(款) 小楷蔡九逵集 册页	24cm×16cm×16	575,000	中国嘉德	2021-03-27
文徵明 行书 扇片	15.5cm×49.5cm	540,500	朵云轩	2021-07-08
文徵明 云山归棹 镜心	18cm×51cm	529,000	十竹斋拍卖(北京)	2021-05-29
文徵明 1543年作 高堂对酒图 立轴	99cm×50cm	506,000	十竹斋拍卖(北京)	2021-05-29
文徵明1534年作行书《盘谷序》手卷	24.8cm×269cm	496,800	佳士得	2021-05-26
文徵明 1552年作 江村渔隐 手卷	22.5cm×338cm	483,000	上海驰翰	2021-11-15
文徵明 1551年作 行书《后赤壁赋》册页(八开十六页)	24cm×12cm×16	460,000	广东崇正	2021-07-19
文徵明 山水册页 镜心(两开)	45cm×31.5cm×2	437,000	十竹斋拍卖(北京)	2021-05-29
文徵明 山水 立轴	127cm×30cm	345,000	广东小雅斋	2021-07-20
文徵明 1552年作 行书旧作词 镜片	95.5cm×22.5cm	345,000	西泠印社	2021-07-24
文徵明(款) 1554年作 仙山楼阁图 立轴	191cm×103cm	322,000	北京荣宝	2021-06-19
文徵明 1534年作 清溪移舟图 立轴	54cm×24.5cm	287,500	西泠印社	2021-04-11
文徵明 行书七言诗 镜心	16cm×49cm	287,500	中贸圣佳	2021-05-21
文徵明 1544年作 松荫系舟图 立轴	126.5cm×29.5cm	270,250	西泠印社	2021-10-24
文徵明 溪山深眺 扇面	17cm×51.5cm	264,500	北京保利	2021-12-04
文徵明 姑苏小景书画合璧 立轴	26cm×23cm×2	253,000	北京保利	2021-06-06
文徵明 临流静观图 立轴	89cm×45cm	253,000	西泠印社	2021-07-24
文徵明 行书七言诗 镜心	18cm×50cm	230,000	北京保利	2021-12-04
文徵明(款) 仿米家山水 立轴	133cm×42.5cm	218,500	北京翰海	2021-06-04
文徵明(款) 书画合璧 册页	25cm×17cm×6	218,500	中国嘉德	2021-03-30
文徵明 沙头河小景 镜心	25cm×20.8cm	184,000	十竹斋拍卖(北京)	2021-05-29
文徵明 兰竹寿石图 手卷	30cm×208cm	172,500	北京翰海	2021-10-16
文徵明 金笺墨竹 扇面	长48cm	161,000	古大一	2021-06-07
文徵明 云山图 立轴	80cm×38cm	149,500	北京翰海	2021-12-18
文徵明(款) 1554年作 四考图 立轴	191cm×103cm	138,000	中国嘉德	2021-03-27
文徵明 行书沈石田诗 扇面	21cm×56cm	138,000	中国嘉德	2021-12-12
无款 明 鱼乐图 镜框	164cm×90.5cm	389,975	佳士得	2021-11-29
无款 婴戏图 册页	27cm×28.5cm	227,700	佳士得	2021-05-26

拍品名称	物品尺寸	成交价RMB	拍卖公司	拍卖日期
无款 明 大准提菩萨像 镜框	212cm×100cm	227,700	佳士得	2021-05-26
无款 锦雉牡丹・池畔小景 立轴(两幅)	130cm×76cm×2	225,775	佳士得	2021-11-29
吴彬 万松叠翠 立轴	95.5cm×42cm	138,000	华艺国际	2021-06-05
吴净鬘 清幽 扇面	16.5cm×48cm	345,000	南京经典	2021-01-10
吴宽 李东阳 王鏊 赵宽 毛澄 陈璚 张纯修 翁方纲等 吴宽宅园玉延亭图卷 手卷	画心 24.5cm×120cm	12,075,000	西泠印社	2021-01-15
吴宽 行书《灯下观白氏集简济之君谦二友》立轴	120cm×50cm	7,130,000	北京保利	2021-06-06
吴宽 1465年作 楷书御制文集抄 册页(十五开)	22cm×28.5cm×15	920,000	北京保利	2021-06-06
吴宽 行书《玉延亭独坐喜雨诗》扇面	17cm×48cm	920,000	永乐拍卖	2021-12-02
吴士冠 小楷《梅花赋》扇面	14.5cm×46cm	322,000	中国嘉德	2021-05-18
吴伟 寒山樵夫 立轴	176cm×97cm	3,105,000	北京保利	2021-12-04
吴伟 曲水流觞 册页(二开)	33cm×67cm×2	862,500	北京保利	2021-06-06
吴伟 苏武牧羊 立轴	157cm×94cm	506,000	中鸿信	2021-07-15
吴伟 林和靖探梅图 立轴	151cm×96.5cm	184,725	佳士得	2021-11-29
吴伟 渔乐图 镜框	33.5cm×24cm	172,500	北京保利	2021-06-06
吴伟 高士论道图 立轴	131cm×68cm	161,000	中鸿信	2021-07-15
吴文华 草书七言诗 扇面	15cm×49cm	241,500	中国嘉德	2021-12-12
吴振 仿古山水 册页(十开)	36.5cm×24.5cm	575,000	永乐拍卖	2021-05-20
吴镇 1343年作 墨竹图 立轴	36cm×53cm	460,000	北京保利	2021-09-25
吴镇(款) 恽寿平(款) 山水/松石 镜框(两幅)	116cm×50cm; 62.4cm×27.7cm	431,025	佳士得	2021-11-29
吴镇 松下听泉 镜心	30.5cm×27.5cm	293,250	十竹斋拍卖(北京)	2021-05-29
吴之璠 秋山图 扇面	16cm×48.5cm	218,500	中国嘉德	2021-12-12
夏昶 丹崖晴翠 立轴	135cm×71cm	3,450,000	北京保利	2021-06-06
夏葵 兰亭修禊图卷 手卷	画心29cm×692cm	1,380,000	北京保利	2021-12-04
项圣谟 古渡暮鸦图 立轴	74.5cm×31cm	3,680,000	西泠印社	2021-04-11
项圣谟 听泉图 立轴	82cm×38cm	3,450,000	永乐拍卖	2021-12-02
项圣谟 1637年作 涤暑图 立轴	71.5cm×35cm	1,610,000	华艺国际	2021-06-05
项圣谟 古亭双松 镜心	72cm×40cm	1,495,000	永乐拍卖	2021-12-02
项圣谟 青山高远 立轴	92cm×44cm	494,500	朵云轩	2021-07-08
项元汴 1589年作 山回松深图 立轴	88.5cm×27.5cm	5,405,000	上海嘉禾	2021-07-22
项元汴 兰芳图 成扇	19cm×50cm	230,000	西泠印社	2021-01-15
项子京 菖蒲 立轴	82cm×28cm	149,500	北京翰海	2021-06-04
萧云从 溪山高隐 立轴	86cm×44.7cm	5,247,675	香港苏富比	2021-04-19
谢成 1359年作 疏林高士 镜片	30cm×38cm	207,000	华艺国际	2021-03-31
谢迁 行书七言诗 镜心	17cm×52cm	333,500	中贸圣佳	2021-05-21
谢时臣 1559年作 西山白雪、巫峡清秋 立轴	144cm×65cm×2	4,255,000	北京保利	2021-12-04
谢时臣 1557年作 寒林行旅 立轴	151.5cm×74cm	345,000	中国嘉德	2021-05-18
谢时臣 秋山图 手卷	引首 25cm×89cm; 画心 25cm×91cm; 后跋29cm×110cm	287,500	华艺国际	2021-12-11
邢侗 临《圣教序》行书 册页(二十五开)	24.5cm×10cm×50	920,000	中贸圣佳	2021-05-21
邢侗 行书 临王献之《鹅群帖》镜片	21cm×21cm	460,000	西泠印社	2021-01-15
邢侗 何惜割爱帖 镜片	25.5cm×20.5cm	368,000	西泠印社	2021-07-24
邢侗 行书 扇面	16.5cm×50.2cm	184,725	佳士得	2021-11-29

2021书画拍卖成交汇总(续表)

(成交价RMB：10万元以上)

拍品名称	物品尺寸	成交价RMB	拍卖公司	拍卖日期
邢侗 书法 扇面	16cm×50cm	172,500	广东小雅斋	2021-07-20
徐霖 行书韩愈诗 扇面	17.5cm×51cm	322,000	中国嘉德	2021-05-18
徐渭 墨花图卷 手卷	32cm×139.5cm; 32cm×139.5cm; 32cm×140cm; 32cm×139cm	46,000,000	中国嘉德	2021-05-18
徐渭 花卉 手卷	30cm×372cm	2,875,000	北京翰海	2021-12-18
徐渭 1591年作 墨花八段卷 手卷	画心 31cm×545.5cm	29,325,000	西泠印社	2021-07-24
徐渭 杂画卷 手卷	29.5cm×611cm	2,712,528	香港苏富比	2021-10-12
徐渭 1592年作 牡丹墨竹 立轴	138cm×36cm	2,530,000	北京保利	2021-06-06
徐渭 1573年作 花卉卷 手卷	30.5cm×490cm	6,727,500	中鸿信	2021-07-15
徐渭 墨笔牡丹 立轴	37cm×25cm	690,000	北京保利	2021-12-04
徐渭 传胪图 镜心	19.5cm×36cm	575,000	北京保利	2021-06-06
徐渭行书《祖师降坛三十二次偈》册页	26cm×17cm×13	575,000	上海匡时	2021-07-08
徐渭 归舟图 手卷	30cm×131cm	299,000	北京保利	2021-12-04
徐渭(传) 花卉 册页(八开)	38.5cm×25.5cm×8	184,725	佳士得	2021-11-29
许光祚 1605年作 小楷《千字文》册页(九开)	25.5cm×15cm×9	172,500	北京保利	2021-12-04
许修直 严群 文徵明 旧藏 书小楷《九成宫醴泉铭》	25.5cm×39cm	575,000	中国嘉德	2021-05-20
许仪 丛竹群雀 立轴	画30cm×51cm	437,000	北京保利	2021-06-06
薛明益 寿王稺登七十诗帖 镜心	27.5cm×33.5cm	333,500	北京保利	2021-12-04
严讷 1541年作 凌波仙子 立轴	58cm×30.5cm	667,000	华艺国际	2021-06-05
杨大临 凫鸭嬉戏 立轴	183cm×86cm	207,000	上海嘉禾	2021-07-23
杨端夫 1512年作 行书《赠了庵禅师诗二首并序》 立轴	46.5cm×35cm	552,000	西泠印社	2021-07-24
杨继礼 行书 骆宾王诗八首 手卷	24.5cm×291cm	517,500	西泠印社	2021-01-15
杨珂1551年作孤品 狂草七言诗卷镜片	25.5cm×440cm	2,990,000	西泠印社	2021-07-24
杨汝成却金舆诵册页(二十三开)	36cm×64cm×23	1,725,000	朵云轩	2021-12-30
杨维祯 1369年作 壶月轩记 册页(五开十页)	33cm×25.5cm×10	90,275,000	北京保利	2021-06-06
杨忠 山水亭台楼阁十屏(选录)	46cm×181cm×10	2,875,000	华艺国际	2021-06-05
姚绶 春酒放舟图 立轴	35.5cm×62cm	7,475,000	西泠印社	2021-01-15
姚绶 丹丘草泽垂竿图 立轴	115.5cm×31.5cm	5,750,000	西泠印社	2021-07-24
姚绶 清流孤舟 手卷	27cm×146cm	1,805,706	香港苏富比	2021-04-19
姚绶 鸡冠图 立轴	50cm×35cm	138,000	北京保利	2021-12-04
姚允在 闲居图 扇面	18cm×53cm	303,480	保利香港	2021-04-23
姚宗文 南林习静图 镜片	55cm×26cm	207,000	西泠印社	2021-07-24
叶仁遇(款) 仕女 镜心	122.5cm×56.5cm	161,000	北京翰海	2021-06-04
叶正均 鸳鸯戏水图 立轴	119.5cm×49.5cm	345,000	西泠印社	2021-04-11
佚名14—15世纪绢本水月观音 立轴	109cm×66cm	7,130,000	朵云轩	2021-07-07
佚名明人 花卉草虫 册页(八开)	27.5cm×20.5cm×8	195,500	广东崇正	2021-01-07
佚名 明万历 明司礼监孙隆供奉并制承恩寺无量寿佛 镜心	174cm×101cm	2,012,500	中贸圣佳	2021-05-21
佚名 深山访友图 立轴	164cm×99cm	1,219,000	华艺国际	2021-03-31
佚名 一佛二弟像	200cm×180cm	920,000	上海嘉禾	2021-07-22
佚名 松林九老图 立轴	210cm×98cm	920,000	永乐拍卖	2021-12-02
佚名 湘妃竹成扇 成扇	19cm×55.5cm	885,500	西泠印社	2021-01-16
佚名 绢质水陆画	157cm×95cm	828,000	中国嘉德	2021-05-19
15世纪绢本金刚会八大菩萨画像镜框	127.5cm×49cm	690,000	朵云轩	2021-07-07
佚名《释迦牟尼说法图》	144cm×76cm×3	632,500	北京荣宝	2021-06-19
佚名 红衣达摩像	221.5cm×133.5cm	345,000	北京保利	2021-12-06
佚名 绢本自在菩萨像	132cm×65.5cm	331,200	台北艺珍	2021-11-07
佚名 明末 和尚头香妃竹大扇骨成扇	排口3cm，长37.5cm，十三档	287,500	华艺国际	2021-12-11
15世纪 绢本扫地僧 立轴	30cm×48cm	207,000	朵云轩	2021-07-07
佚名 贯休罗汉 镜框	111.5cm×50.5cm	194,988	佳士得	2021-11-29
佚名 蝴蝶 册页(十一开)	12cm×9.5cm×11	172,500	广东崇正	2021-01-07
佚名 尊者像 立轴	194cm×93.3cm	159,327	香港苏富比	2021-04-19
佚名 渡海罗汉 立轴	190.5cm×83.7cm	148,705	香港苏富比	2021-04-19
殷自成(款) 百年好合 立轴	152cm×86cm	402,500	中国嘉德	2021-03-30
尤求 1566年作 秋窗博弈图 手卷	画 31.5cm×127.5cm	53,130,000	中国嘉德	2021-12-12
尤求 1581年作 福海祝寿图 镜片	17cm×52cm	391,000	广东崇正	2021-01-07
尤求 生公说法图卷 手卷	19cm×448cm	322,000	北京荣宝	2021-06-19
尤求(款) 1567年作 献寿图六条屏 六条屏	132cm×42cm×6	161,000	中国嘉德	2021-03-30
余正元 远岫平沙 立轴	106.5cm×40.5cm	322,000	朵云轩	2021-12-31
俞允文 行书五言诗 镜心	16cm×48.5cm	207,000	北京保利	2021-12-04
袁尚统 匡庐瀑布 立轴	181cm×73cm	1,058,000	朵云轩	2021-07-07
恽厥初 崇峦耸翠图 扇页	52cm×16.5cm	155,250	西泠印社	2021-10-24
恽向1639年作为廷俞作浅色山水立轴	133.5cm×50cm	2,185,000	西泠印社	2021-01-15
恽向 1636年作 秋山晴峦图 立轴	119cm×46.5cm	575,000	西泠印社	2021-07-24
恽向 1635年作 春山远浦图 扇页	52.5cm×17cm	460,000	西泠印社	2021-01-15
恽向 1627年作 江岸枯干图 扇面	18.2cm×56cm	322,000	中国嘉德	2021-12-12
恽向 行书 七言诗 扇页	50cm×17cm	172,500	西泠印社	2021-01-15
曾鲸 1616年作 婴戏图 扇面	15.5cm×51cm	253,000	中国嘉德	2021-05-18
曾棨 梅花书屋 扇面	17cm×52cm	207,000	广东小雅斋	2021-07-20
詹鸣麒 周之鈅 行书《心经》《红衣佛像图》立轴(一轴双挖)	120.5cm×29cm; 45.5cm×28.5cm	862,500	西泠印社	2021-07-24
詹景凤 1599年作 观瀑图 立轴	79.5cm×37cm	138,000	华艺国际	2021-03-31
詹希元 楷书 前赤壁赋 镜片	27.5cm×23.5cm	161,000	西泠印社	2021-10-24
詹仲和 1512年作 行书录《归去来兮辞》立轴	29cm×48cm	172,500	十竹斋拍卖(北京)	2021-05-29
张大年 寻花图 扇面	19cm×54cm	368,000	中国嘉德	2021-05-18
张凤翼 1556年作 小楷前后《出师表》合璧 镜片(三帧)	23cm×45cm; 23cm×48cm; 27cm×37cm	1,610,000	西泠印社	2021-01-15
张凤翼 行书五言诗 扇面	16.9cm×50.2cm	402,500	永乐拍卖	2021-12-02
张凤翼 七言似昆源 扇面镜片	16.3cm×50cm	227,700	佳士得	2021-05-26
张凤翼 行书七言诗 镜心	18cm×53cm	138,000	中贸圣佳	2021-05-21
张复 1620年 山水 手卷	28.8cm×315.5cm	1,782,500	中国嘉德	2021-12-12
张复 1618年作 杏花书屋 扇面	18.5cm×55cm	192,204	保利香港	2021-04-23
张复 1612年作 溪上泛舟 扇片	17cm×52.5cm	138,000	上海嘉禾	2021-07-23
张宏 1640年作 横塘草阁图 立轴	116cm×47cm	218,500	西泠印社	2021-01-15
张灵 看耕图 立轴	146cm×70.5cm	9,200,000	北京保利	2021-12-04
张路 赤壁泛舟图轴 立轴	147cm×92cm	1,782,500	中贸圣佳	2021-05-21
张宁 1455年作 牧马图 立轴	148cm×71cm	747,500	中国嘉德	2021-09-29
张瑞图 草书五言诗 立轴	159cm×42.5cm	6,670,000	华艺国际	2021-12-11
张瑞图 行书《武夷诗》 立轴	262cm×48.5cm	4,830,000	中国嘉德	2021-12-12
张瑞图 草书 立轴	191.5cm×45cm	4,370,000	朵云轩	2021-07-07
张瑞图 明天启丙寅年作 草书录唐诗四首 手卷	25cm×328cm	3,450,000	永乐拍卖	2021-05-20
张瑞图 1692年作 行书《真率斋铭》立轴	110cm×35.5cm	2,357,500	十竹斋拍卖(北京)	2021-05-29
张瑞图 天启1626年作 草书《后赤壁赋》手卷	28cm×404cm	1,725,000	中国嘉德	2021-12-12
张瑞图 草书 立轴	356cm×86.5cm	713,000	广东崇正	2021-01-07
张瑞图 行书苏轼《题州灵慧院壁诗》立轴	172cm×50cm	690,000	中贸圣佳	2021-05-21
张瑞图 山川清远 立轴	134cm×46.5cm	667,000	华艺国际	2021-06-05

拍品名称	物品尺寸	成交价RMB	拍卖公司	拍卖日期
张瑞图 行书五言诗句 立轴	170cm×42cm	571,416	保利香港	2021-11-28
张瑞图 行书唐雍陶《和孙明府怀旧山》诗 立轴	142cm×47cm	517,500	北京保利	2021-06-06
张瑞图 行草 立轴	116cm×50cm	460,000	广东崇正	2021-07-19
张瑞图 行书七言诗 立轴	159cm×33.5cm	460,000	华艺国际	2021-12-11
张瑞图 行书《岳阳楼记》手卷	29cm×502cm	345,000	保利厦门	2021-05-06
张瑞图 草书 立轴	180cm×74cm	345,000	北京翰海	2021-06-04
张瑞图 山水 立轴	30cm×24cm	333,850	香港苏富比	2021-10-12
张瑞图 行书 立轴	203cm×51cm	322,000	上海嘉禾	2021-07-23
张瑞图 草书 镜片	166cm×57cm	230,000	广东崇正	2021-01-06
张瑞图 秋山图 扇框	16.5cm×53cm	218,500	上海匡时	2021-07-08
张瑞图 溪山秋晚图 立轴	141cm×43cm	198,223	香港苏富比	2021-10-12
张瑞图 草书诗 扇面	17.3cm×54.5cm	184,725	佳士得	2021-11-29
张瑞图 行书节录《郊居赋》册页	49.5cm×33cm×8	143,750	中鸿信	2021-07-15
张瑞图 行书 立轴	164.5cm×51cm	2,127,500	朵云轩	2021-12-30
张若麒 草书临阁帖 立轴	175cm×47.5cm	414,000	北京保利	2021-06-06
张元举 明万历年间 重彩金碧山水卷 手卷	画心 44cm×379cm	7,705,000	中鸿信	2021-07-15
张元举 松下观海 扇面	19cm×52.5cm	299,000	朵云轩	2021-07-08
章焕 山居读书图 立轴	102cm×47.5cm	207,000	西泠印社	2021-07-24
赵文俶 榴花双莺 立轴	123cm×32cm	690,000	中贸圣佳	2021-05-21
赵之壁 辛巳年作 山水 立轴	95cm×40cm	218,500	广东崇正	2021-01-06
赵芝 渔乐图 立轴	212cm×92cm	1,150,000	北京保利	2021-06-06
赵左 董其昌 书画对题 册页(十二开二十四页)	19cm×13cm×2	1,150,000	北京保利	2021-12-04
赵左 山林野逸 镜片	26cm×49cm	736,000	保利厦门	2021-11-05
赵左 1623年作 江棹夜话 扇面	20cm×55cm	598,000	北京保利	2021-06-06
赵左等 书画 册页(二十开)	26cm×16cm×20	437,000	上海嘉禾	2021-07-22
赵左 寒山飞雪 立轴	84cm×36cm	425,500	中贸圣佳	2021-05-21
赵左(款)1613年作云海沧波图卷手卷	27cm×89cm	299,000	中国嘉德	2021-03-30
赵左 1616年作 山居图 镜片	26cm×24.5cm	195,500	西泠印社	2021-07-24
郑重 万叠云山 扇面	19cm×59.5cm	235,750	朵云轩	2021-07-08
周臣(款)行旅图 立轴	86cm×41cm	149,500	中国嘉德	2021-09-28
周鼎 1485年作 为黄日升作《东楼记卷》手卷	画心 23.5cm×66cm	2,185,000	西泠印社	2021-01-15
周官(传)十八罗汉图卷 手卷	33cm×566cm	256,152	保利香港	2021-11-28
周淑禧 1641年作 斑鸠竹蝶 立轴	171cm×52cm	138,000	中国嘉德	2021-03-30
周天球 1546年作 草书自作诗 手卷	26cm×1705cm	402,500	北京荣宝	2021-12-02
周天球 袁福征 行书《宫中词十首》镜心	31.5cm×129.5cm	460,000	中贸圣佳	2021-05-21
周天球 兰竹 册页(共十一页)	28cm×27cm×11	402,500	西泠印社	2021-07-24
周天球 楷书《曲江孤凫赋》扇面	16.2cm×49cm	391,000	中国嘉德	2021-12-12
周天球《雨泊广陵》五律 扇面	15.6cm×57.5cm	322,000	永乐拍卖	2021-12-02
周天球行书《九秋江上诗》扇面	16.5cm×48.5cm	322,000	中国嘉德	2021-05-18
周天球行书《客途》五律二首 扇面	15.7cm×47.5cm	287,500	永乐拍卖	2021-12-02
周天球 草书自作诗 镜心	23.5cm×37cm	230,000	十竹斋拍卖(北京)	2021-05-29
周天球王穉登等吴门诸家书诗扇面	17cm×52cm	460,000	中国嘉德	2021-05-18
周之冕 百花图卷 手卷	32cm×1717cm	148,350,000	中国嘉德	2021-12-12
周之冕 万历二十八年作 花卉 手卷	画28.5cm×496cm	3,277,500	永乐拍卖	2021-12-02
周之冕 兔 立轴	90cm×30cm	690,000	广东崇正	2021-07-19
周之冕 1600年作 梅花木石 立轴	15.5cm×46.5cm	202,320	保利香港	2021-04-23
朱德润 红树山居图 立轴	177cm×86cm	207,000	北京保利	2021-06-06
朱端 携琴会友 立轴	247cm×122cm	138,000	永乐拍卖	2021-09-27

拍品名称	物品尺寸	成交价RMB	拍卖公司	拍卖日期
朱国盛 秋水幽居图 立轴	51.5cm×34.5cm	207,000	西泠印社	2021-07-24
朱国祯 小价帖 镜心	22.5cm×78cm	1,242,000	北京保利	2021-12-04
朱朗 1532年作 云山寻幽图卷 手卷	39cm×324cm	195,500	中国嘉德	2021-09-29
朱朗 1568年作 松溪归棹 扇面镜心	16.5cm×47.5cm	161,000	十竹斋拍卖(北京)	2021-05-29
朱鹭 王綦 1617年作 行书七言诗·杨梅图 扇面	18cm×54cm	230,000	中国嘉德	2021-05-18
朱南镇 策骑图 扇面	22.5cm×63cm	161,000	中国嘉德	2021-05-18
朱士瑛 听琴图 扇面	16.5cm×50cm	460,000	中国嘉德	2021-05-18
朱瑛 1636年作 陂塘晚坐图 扇面	17cm×49cm	1,207,500	中国嘉德	2021-05-18
朱曰藩 草书《次韵何元朗罢官诗》扇面	19.5cm×52.5cm	322,000	西泠印社	2021-01-15
朱之蕃 行书 七言诗 扇面	16cm×48cm	322,000	西泠印社	2021-07-24
朱之蕃 行书 咏荷珠诗 扇面	16cm×50cm	161,000	西泠印社	2021-01-15
朱质 访友图 扇面	18.5cm×55cm	192,204	保利香港	2021-04-23
明诸家进士文人书法(十帧)扇面	尺寸不一	879,750	佳士得	2021-05-26
祝世禄 1592年作 行书古诗 册页(二十三页)	29.5cm×15.5cm×23	460,000	西泠印社	2021-01-15
祝允明 1524年作 草书自作诗卷 手卷	31cm×662cm	6,900,000	北京保利	2021-06-06
祝允明 草书杜甫诗卷 手卷	32.5cm×496cm	2,990,000	北京保利	2021-12-04
祝允明 草书《赤壁赋》手卷	本幅 30.5cm×616cm;后跋 30.5cm×43.5cm	1,150,000	华艺国际	2021-12-11
祝允明 临古书法 册页(二十页)	20.5cm×10.5cm×4;25cm×11cm×12;21.5cm×9.5cm×2;22.5cm×10.5cm×2	1,150,000	西泠印社	2021-07-24
祝允明草书骆宾王《帝京篇》手卷	30cm×151cm	1,035,000	北京保利	2021-12-04
祝允明 1523年作 草书《长恨歌》	32.5cm×625cm	575,000	北京翰海	2021-06-04
祝允明《会稽风俗赋》楷书 册页	20cm×12.5cm×32	402,500	中贸圣佳	2021-05-21
祝允明(款)草书 手卷	38cm×445cm	218,500	广东精诚所至	2021-01-22
祝允明(传)草书 手卷	47.2cm×870.5cm	186,300	佳士得	2021-05-26
祝允明 草书诗卷 手卷	46cm×1636cm	138,000	永乐拍卖	2021-09-27
祝允明 草书 扇面	20cm×55cm	517,500	中贸圣佳	2021-05-21
祝允明 草书曹植诗四篇 手卷	38cm×1070cm	310,500	上海驰翰	2021-11-15
祝允明 草书《燕子楼》手卷	引首 32cm×104cm;书法32cm×535.5cm	166,750	中鸿信	2021-07-15
祝允明 草书《饮中八仙歌》手卷	44cm×950cm	161,000	中鸿信	2021-07-15
卓琮 老子出关 立轴	94cm×44.5cm	3,277,500	保利厦门	2021-11-05
邹迪光 1615年作 吴江清夏图 扇面	17.5cm×55.5cm	264,500	北京保利	2021-06-06
邹迪光 行书五律 扇面	17.3cm×54.4cm	218,500	永乐拍卖	2021-12-02
清代作者				
爱新觉罗·永瑢 婴戏图 手卷	32cm×226cm	943,000	广东精诚所至	2021-01-22
八大山人 柏鹿图 立轴	209cm×75cm	46,000,000	华艺国际	2021-12-11
八大山人 香橼佛手 镜心	25cm×38.5cm	13,110,000	北京保利	2021-12-04
八大山人 竹鸟 镜心	25cm×38.5cm	11,960,000	北京保利	2021-12-04
八大山人 仿倪瓒山水 立轴	125cm×58cm	41,400,000	北京保利	2021-06-06
八大山人 文禽兰竹图轴 立轴	177cm×43cm	24,725,000	中贸圣佳	2021-05-21
八大山人 书画合璧册页(十六页)	25.5cm×22cm×16	21,620,000	西泠印社	2021-01-15
八大山人 1694年作 游鱼图 立轴	104cm×47.5cm	9,200,000	西泠印社	2021-07-24
八大山人 书画合璧册页(十六页)	25.5cm×22cm×16	12,420,000	华艺国际	2021-12-11
八大山人 水仙 镜心	22cm×30cm	3,220,000	永乐拍卖	2021-05-20
八大山人 1692年作 菊花 立轴	126cm×33cm	4,600,000	十竹斋拍卖(北京)	2021-05-29
八大山人 鹭梅花图 立轴	117cm×49cm	1,380,000	十竹斋拍卖(北京)	2021-05-29

2021书画拍卖成交汇总(续表)

(成交价RMB：10万元以上)

拍品名称	物品尺寸	成交价RMB	拍卖公司	拍卖日期
八大山人(款) 墨荷图 立轴	181.5cm×72.5cm	805,000	西泠印社	2021-04-11
八大山人 天渊图 立轴	141cm×74.5cm	586,500	北京翰海	2021-12-18
八大山人 花鸟 立轴	51cm×41cm	552,000	北京翰海	2021-12-18
八大山人(传)清1697年作荷花立轴	170.7cm×60cm	362,250	佳士得	2021-05-26
八大山人(款) 仿古山水 立轴	35.5cm×33cm	359,188	佳士得	2021-11-29
八大山人(款) 石榴双雀 立轴	98cm×37.5cm	345,000	华艺国际	2021-12-11
八大山人1699年作巨石鸟鸣图立轴	108.5cm×55.5cm	253,000	中鸿信	2021-07-15
八大山人 三鱼图 立轴	122cm×54cm	149,500	北京翰海	2021-12-18
八大山人 行书五言联 对联	103cm×20.5cm×2	138,000	上海嘉禾	2021-07-23
巴慰祖 张敔 为郑基作《柳岸话别图》画心(二帧)	24cm×19.5cm×2	195,500	西泠印社	2021-07-24
巴慰祖 古槐幽居图 立轴	102cm×44.5cm	195,500	中鸿信	2021-07-15
包世臣1830年作临《兰亭序》手卷	26.5cm×102cm	564,438	佳士得	2021-11-29
包世臣 1852年作 书法六屏 立轴	168cm×45.5cm×6	230,000	中国嘉德	2021-05-18
边寿民 夜宿芦花 立轴	145cm×64cm	552,000	十竹斋拍卖(北京)	2021-05-29
边寿民 芦雁 册页(八开)	24.5cm×33.6cm×8	333,850	香港苏富比	2021-10-12
边寿民 1727年作 芦雁图 立轴	158cm×94cm	322,000	广东崇正	2021-07-19
边寿民 富贵平安图 立轴	109.5cm×39.5cm	287,500	西泠印社	2021-07-24
边寿民 芦雁图 立轴	100cm×41cm	218,500	中鸿信	2021-07-15
边寿民 吉庆如意 镜框	29.5cm×45cm	172,500	华艺国际	2021-03-31
卞久 笪重光 溪山无尽图 手卷	画心 27.5cm×345cm; 后跋 27.5cm×20cm	920,000	广东崇正	2021-01-07
蔡含 花卉 册页	24cm×30cm×8	920,000	南京经典	2021-01-10
蔡嘉 拟古山水 册页(十二开)	25cm×32cm×12	1,437,500	中贸圣佳	2021-05-21
蔡嘉 1752年作 秋帆旷揽 手卷	画心 28.5cm×300cm; 引首 28.5cm×72cm	138,000	广东崇正	2021-01-07
蔡之定 篆书七言联 立轴	128.5cm×29cm×2	264,500	北京翰海	2021-06-04
曹秀先 周煌 冯浩 阮葵生 陆耀等为云峤五兄题《临流怀洁图卷》手卷	引首 38cm×114cm; 画心 38cm×132.5cm; 题跋38cm×330cm	184,000	西泠印社	2021-07-24
曹岳 陆定 史颜节 岑长元等 书画合璧 册页(十六开)	33cm×43cm×16	1,495,000	十竹斋拍卖(北京)	2021-05-29
曹振镛 清代 御制岱宗感应记 册页(八开)	16cm×37.8cm×8	161,000	永乐拍卖	2021-12-02
陈邦彦 行书诗 册页(十七开)	25.5cm×22.5cm×17	3,335,000	中贸圣佳	2021-07-06
陈邦彦 行书 七言诗二首 立轴	102.5cm×43.5cm	287,500	西泠印社	2021-07-24
陈邦彦 小楷康熙诗集 册页(九十六开)	11cm×14cm×96	266,825	佳士得	2021-11-29
陈邦彦 1747年作 行书《西园雅集图序》册页(十页)	27cm×20cm×10	230,000	西泠印社	2021-07-24
陈邦彦 1746年作 行书《渭水象天河赋》手卷	221cm×28cm	207,000	西泠印社	2021-07-24
陈邦彦 行书题句 镜心	110cm×55cm	172,500	北京保利	2021-06-06
陈范 八美图 册页(八开)	28cm×23cm×8	138,000	中国嘉德	2021-05-18
陈鸿寿 行书五言诗四屏	110cm×25cm×4	690,000	西泠印社	2021-07-24
陈鸿寿 1810年作 兰石图 立轴	183.5cm×25cm	483,000	西泠印社	2021-07-24
陈鸿寿 书画合璧扇页 扇页(一页双挖)	18cm×52cm; 17.5cm×52cm	345,000	西泠印社	2021-01-15
陈鸿寿 隶书七言联 立轴	128cm×29cm×2	299,000	中贸圣佳	2021-05-21
陈鸿寿 行书八言联 对联	167.5cm×30.5cm×2	287,500	西泠印社	2021-01-15
陈鸿寿 1810年作 行书 镜心(四屏)	170.5cm×42.5cm×4	264,500	北京翰海	2021-06-04
陈鸿寿 行书五言联 对联	91cm×22.5cm×2	253,000	北京保利	2021-12-04
陈鸿寿 行书五言诗 立轴	126.5cm×93cm	253,000	西泠印社	2021-07-24
陈鸿寿 行书七言诗 立轴	131cm×30cm	189,750	中贸圣佳	2021-07-06
陈鸿寿 行书 立轴	146cm×41.5cm	172,500	上海嘉禾	2021-07-23
陈鸿寿1801年作 为郭麐作《松竹图》立轴	75.5cm×38cm	161,000	西泠印社	2021-01-15
陈鸿寿 隶书五言联 立轴	126cm×36cm×2	149,500	中鸿信	2021-07-15
陈鸿寿 行书东坡诗 立轴	112cm×48cm	138,000	中国嘉德	2021-12-12
陈继昌 1839年作 行书《文恭公自箴十则》立轴	158.5cm×45.5cm×2	195,500	中鸿信	2021-07-15
陈继昌 书法 对联	161cm×39cm×2	178,250	广东小雅斋	2021-07-20
陈嘉言 1656年作 花鸟图卷 手卷	27cm×292cm	552,000	北京保利	2021-12-04
陈嘉言 花鸟图卷 手卷	31.8cm×297.8cm	417,312	香港苏富比	2021-10-12
陈嘉言 1647年作 春韶禽聚 立轴	140cm×89.5cm	253,000	北京保利	2021-12-04
陈嘉言 1654年作 花卉虫草 扇面	16cm×47.5cm	242,784	保利香港	2021-04-23
陈嘉言 1630年作 野庭秋意 扇面	17cm×51.5cm	195,500	中国嘉德	2021-12-12
陈介祺 隶书八言联 立轴	177cm×42.3cm×2	310,500	中贸圣佳	2021-05-21
陈介祺 1878年作 篆书七言联 镜心	135cm×35cm×2	161,000	十竹斋拍卖(北京)	2021-05-29
陈枚 孙祜 春耕图 立轴	76cm×41.5cm	253,000	北京保利	2021-06-06
陈鹏年 行书五言诗 立轴	275cm×92.5cm	149,500	西泠印社	2021-04-11
陈三立 行书《匡庐山居诗》四首	130cm×45cm×4	368,000	中国嘉德	2021-05-20
陈士俊1736年作西园雅集图卷手卷	40cm×320cm	575,000	中国嘉德	2021-03-30
陈小莲 赏画图 立轴	150cm×46.8cm	233,680	香港苏富比	2021-04-19
陈星 1652年作 群仙祝寿 立轴	203cm×95.5cm	551,712	保利香港	2021-11-28
陈奕禧1694年作行书五言诗立轴	275cm×98cm	977,500	西泠印社	2021-07-24
陈奕禧1683年作行书七言诗立轴	193cm×49cm	345,000	西泠印社	2021-01-15
陈奕禧 行书于成龙父集跋 册页(十五开)	30cm×13cm×15	207,000	中贸圣佳	2021-05-21
陈奕禧 行楷《千字文》册页	27cm×17cm×18	195,500	广东精诚所至	2021-01-22
陈奕禧 行书七言联 立轴	125cm×28.5cm×2	149,040	中国嘉德	2021-10-13
陈奕禧1708年作行书诗册页(八开)	25cm×27.5cm×8	138,000	北京保利	2021-12-04
陈元龙 行书七言诗 镜心	156cm×49cm	575,000	北京保利	2021-12-04
陈元龙 行书杜甫诗 立轴	99.5cm×52cm	402,500	中国嘉德	2021-05-18
陈元龙 行书白居易诗 立轴	110.5cm×59.5cm	218,500	中国嘉德	2021-12-12
陈元龙 楷书节录古文 立轴	78cm×49.5cm	149,500	西泠印社	2021-07-24
陈兆凤 灵芝与蝶 立轴	171cm×93cm	991,116	香港苏富比	2021-10-12
陈政 秋山红叶 立轴	181cm×66cm	207,000	中国嘉德	2021-09-29
陈撰 花果册 册页(八开)	25cm×31.5cm×8	371,763	香港苏富比	2021-04-19
陈撰 花卉 册页(八开)	32cm×23cm×8	1,104,000	朵云轩	2021-12-30
陈撰 1738年作 三友图 立轴	57cm×27.5cm	345,000	中国嘉德	2021-05-18
陈撰 1749年作 墨兰 立轴	106cm×25cm	149,500	中国嘉德	2021-12-12
成亲王 行书 四屏镜片	164cm×35cm×4	506,000	上海驰翰	2021-07-06
成亲王 行书七言联 立轴	128.5cm×28cm×2	394,080	保利香港	2021-11-28
成亲王 行书诗文卷 手卷	27cm×75cm; 24.5cm×106.5cm	276,000	西泠印社	2021-01-15
成亲王 行楷书七言联 立轴	98.5cm×16.5cm×2	253,000	北京翰海	2021-06-04
成亲王 楷书七言联 立轴	128cm×28.5cm×2	138,000	十竹斋拍卖(北京)	2021-05-29
成亲王 行书 镜片	131cm×64cm	230,000	朵云轩	2021-12-31
程蕙 馥郁东风 立轴	97cm×49cm	138,000	南京经典	2021-01-10
程门1885年作山水册页(十二开)	27.5cm×21cm×12	149,500	中国嘉德	2021-12-12
程鸣 松阴清话图 立轴	332cm×132cm	1,495,000	北京翰海	2021-06-04
程鸣 竹溪幽隐图 立轴	172cm×48cm	195,500	西泠印社	2021-10-24

(成交价RMB：10万元以上)

拍品名称	物品尺寸	成交价RMB	拍卖公司	拍卖日期
程洽义 松泉图 立轴	182cm×108cm	494,500	华艺国际	2021-03-31
程庭鹭 阳山大石纪游 手卷	27cm×309cm	575,000	中贸圣佳	2021-05-21
程庭鹭 山水 册页(十二页)	31.5cm×22.5cm×12	161,000	西泠印社	2021-04-11
程庭鹭1843年作拟古山水册页(八页)	34cm×23cm×8	149,500	西泠印社	2021-07-24
程序璲 羲之爱鹅 立轴	259cm×116cm	253,000	浙江佳宝	2021-01-10
程正揆 临王大令书 扇面	15.8cm×50cm	287,500	永乐拍卖	2021-12-02
程正揆 1647年作 柳荫归棹 手卷	画心 28cm×221cm; 后跋28cm×50cm	230,000	华艺国际	2021-12-11
程正揆 1661年作 溪山闲泛图 立轴	149cm×45.5cm	149,500	西泠印社	2021-04-11
程正揆 笪重光 陈均 蔡嘉等 清初名家书画集锦 扇面(十二幅)	17cm×52cm×12	632,500	北京保利	2021-06-06
程志道(款) 1773年作 衣锦辞归图 手卷	31cm×154cm	230,000	中国嘉德	2021-03-30
慈禧 行书"龙虎"镜心	177.5cm×77.5cm	276,000	中国嘉德	2021-05-18
慈禧 1906年作 仙鹤寿桃图 镜心	120cm×66cm	207,000	北京保利	2021-06-06
慈禧 楷书"涵海养春"镜心	36cm×95cm	207,000	中贸圣佳	2021-05-21
慈禧 翠羽天香 镜心	诗堂 25cm×47.5cm; 本幅 79cm×47.5cm	184,000	北京荣宝	2021-06-19
慈禧皇太后 楷书匾额 镜心	67cm×137cm	345,000	北京翰海	2021-06-04
慈禧皇太后 1896年作 牡丹 立轴	104.5cm×54cm	299,000	北京翰海	2021-06-04
慈禧皇太后 楷书 七言联 对联	201cm×26.5cm×2	172,500	西泠印社	2021-07-24
慈禧太后1883年作菡萏荷藕图立轴	163.8cm×83.5cm	3,450,000	华艺国际	2021-12-11
慈禧太后 1906年作 凤凰瑞寿图 立轴	诗堂 66cm×25cm; 画心130cm×66cm	2,070,000	华艺国际	2021-12-11
慈禧太后 1905年作 富贵图 立轴	123cm×62cm	322,000	北京保利	2021-12-04
慈禧太后 三清图 镜框	101.5cm×50cm	307,875	佳士得	2021-11-29
慈禧太后 清代 光绪二十八年作 城霞福来 镜心	156cm×66cm	299,000	永乐拍卖	2021-12-02
达受六舟和尚自画像吴昌硕题赞立轴	115.5cm×72cm	517,500	华艺国际	2021-06-05
笪重光 行书 镜片	19cm×57cm	276,000	广东崇正	2021-01-07
戴本孝 山水 立轴	124.5cm×39cm	1,699,488	香港苏富比	2021-04-19
戴本孝 山水 扇面	16.2cm×51cm	297,410	香港苏富比	2021-04-19
戴礼 1737年作 花卉蔬果 册页(十开)	23cm×34.6cm×10	174,463	佳士得	2021-11-29
戴衢亨 蒋立镛 陈沆 成亲王 奕䜣 陈云诰 华冠 1806年作 嘉庆帝御制《武夷山图》手卷	画心41cm×311cm	667,000	西泠印社	2021-01-15
戴熙 幽窗清供 册页(八页)	25.5cm×19cm×8	782,000	西泠印社	2021-07-24
戴熙 仿王麓台山水轴 立轴	117cm×49cm	1,035,000	中贸圣佳	2021-05-21
戴熙 溪山渔隐图 立轴	134cm×32cm	207,000	中贸圣佳	2021-07-06
戴熙 赤壁夜游 手卷	29.5cm×151.5cm	184,000	北京翰海	2021-06-04
戴熙 行书 七言联 立轴	123cm×30cm×2	184,000	西泠印社	2021-01-15
戴熙 1853年作 小楷《诗经·七月》册页(十页)	20.5cm×9.5cm×10	184,000	西泠印社	2021-01-15
戴熙 1848年作 峰壑深秀 立轴	102cm×54cm	172,500	中国嘉德	2021-09-28
戴熙 延清馆 横披	31.4cm×84.7cm	138,083	香港苏富比	2021-04-19
戴熙 幽居图 镜片	26.5cm×92cm	138,000	华艺国际	2021-09-17
戴熙 行书七言 对联	131.5cm×29cm×2	368,000	朵云轩	2021-12-31
道光帝 楷书八言联 立轴	166.5cm×42.5cm×2	552,000	北京翰海	2021-06-04
道光帝 行书节录《二十四诗品·绮丽》立轴	121cm×29cm	403,628	香港苏富比	2021-04-19
道光帝 行书四言联 立轴	117cm×30cm×2	368,000	中国嘉德	2021-05-18
邓石如 十二耕烟草堂 镜心	38cm×113.5cm	1,150,000	中国嘉德	2021-05-18
邓石如 清代 隶书五言诗 立轴	135cm×33cm	3,047,500	永乐拍卖	2021-12-02
邓石如 隶书 镜片	33cm×138cm	1,380,000	朵云轩	2021-07-07

拍品名称	物品尺寸	成交价RMB	拍卖公司	拍卖日期
丁宝桢 楷书八言联 立轴	240cm×40cm×2	195,500	北京翰海	2021-06-04
丁观鹏 1728年作 茂林修竹图 立轴	154.5cm×57cm	1,552,500	中鸿信	2021-07-15
董邦达 1764年作 临李成《寒山古木图》立轴	画心 44cm×34.5cm	1,265,000	西泠印社	2021-01-15
董邦达 武陵源图 镜片	69cm×37cm	897,000	江苏汇中	2021-05-13
董邦达 钱维城 山水合卷 手卷	画19cm×203cm; 跋①19cm×88cm; 跋②19cm×16cm	690,000	广东崇正	2021-01-07
董邦达 1750年作 煮雪烹茶图 立轴	126cm×26cm	230,000	北京保利	2021-09-25
董邦达 山深静听泉 立轴	115cm×40cm	230,000	北京荣宝	2021-06-19
董邦达 松涛悠游图 立轴	216cm×63cm	138,000	西泠印社	2021-07-24
董诰 清嘉庆 良月纪典 册页(十二开)	19.3cm×32cm×12	2,185,000	北京保利	2021-06-07
董诰 仿大痴山水图卷 手卷	引首 16.6cm×58cm; 画 17.5cm×44cm×6	437,000	永乐拍卖	2021-05-20
董诰 黄钺 嵇璜 山水、花卉、行书 成扇(二把)	董诰 16cm×45cm; 黄钺17cm×46cm	287,500	华艺国际	2021-06-05
董诰 三清图 立轴	188cm×73cm	207,000	中贸圣佳	2021-05-21
董诰 楷书 立轴	61cm×28.5cm	184,000	北京翰海	2021-06-04
杜笃祜 行书《湖上喜雨》立轴	203cm×52cm	172,500	北京保利	2021-09-25
端康皇贵妃 楷书七言联 立轴	159cm×37cm×2	207,000	中贸圣佳	2021-05-21
端方 行书七言联 立轴	178cm×46cm×2	184,000	中贸圣佳	2021-05-21
法若真 草书 立轴	239.5cm×48.5cm	9,072,050	佳士得	2021-11-29
法若真 1674年作 为陈开之作《溪山优游图卷》手卷	29cm×400cm	5,060,000	西泠印社	2021-07-24
法若真 1679年作 溪峦云栖 立轴	133cm×54cm	345,000	北京保利	2021-06-06
法若真 山水 立轴	146.8cm×55.8cm	212,436	香港苏富比	2021-04-19
法若真 行草书法 扇面	16.5cm×51cm	164,200	佳士得	2021-11-29
法式善 行书八言联 对联	170cm×22cm×2	345,000	北京保利	2021-12-04
樊圻 1657年作 赤壁泛舟图 扇面	16.5cm×49.5cm	690,000	中国嘉德	2021-05-18
樊圻 山水 扇面 立轴	17.8cm×56cm	208,656	香港苏富比	2021-10-12
樊圻 1642年作 仿宋人笔意 立轴	66cm×32.5cm	138,000	中鸿信	2021-07-15
范廷镇 兰芷菊香 立轴	112.5cm×133cm	483,000	朵云轩	2021-07-08
范振绪 深山樵夫 立轴	152cm×72cm	162,558	保利香港	2021-11-28
方琮 兰亭修禊图 手卷	30.5cm×340cm	517,500	华艺国际	2021-12-11
方琮 兰亭修契图 手卷	30cm×340cm	460,000	广东小雅斋	2021-07-20
方琮 江天雪霁图 手卷	画心 45cm×838cm; 题跋48cm×190cm	368,000	北京荣宝	2021-12-02
方琮 雪景山水 立轴	156.5cm×74cm	253,000	北京翰海	2021-12-18
方大猷 行书七言诗 扇面	17cm×51cm	264,500	北京保利	2021-12-04
方大猷 行书《致潜翁词》镜片(一帧二页)	21cm×16.5cm; 21cm×15cm	195,500	西泠印社	2021-07-24
方观承 1767年作 行书七言诗 横披	70cm×140cm	195,500	中国嘉德	2021-05-18
方士庶 1749年作 枯枝茅庐图 镜心	127cm×33.5cm	368,000	中国嘉德	2021-12-12
方士庶 1730年作 文徵明笔意 镜片	画心 17.2cm×50cm; 题跋30cm×60cm	299,000	广东崇正	2021-01-07
方熏 山居雪景图 立轴	126cm×34.5cm	184,000	西泠印社	2021-01-15
方原博 1732年作 奇石图 手卷	引首 23.5cm×104.5cm; 画心 23.5cm×243cm	138,000	北京保利	2021-06-06
费丹旭 1846年作 书森小像(钱聚朝补景) 立轴	106cm×32cm	425,500	十竹斋拍卖(北京)	2021-05-29
费丹旭 节庵先生像 立轴	题跋 62cm×34cm; 画心62cm×51cm	189,750	中贸圣佳	2021-05-21

2021书画拍卖成交汇总(续表)

(成交价RMB：10万元以上)

拍品名称	物品尺寸	成交价RMB	拍卖公司	拍卖日期
费丹旭 1843年作 暂得如是图并诸家题咏 手卷	32cm×39.5cm×3; 31.5cm×400cm; 27cm×72cm	172,500	保利厦门	2021-11-05
冯景夏 山水 册页(八页)	23cm×17cm×8	402,500	西泠印社	2021-07-24
冯景夏 1740年作 墨笔山水 立轴	95cm×43cm	152,706	保利香港	2021-11-28
冯宁 1809年作 宫院图 立轴	133cm×56cm	172,500	北京荣宝	2021-12-02
冯仙湜 溪山渔隐图 立轴	171cm×47cm	253,000	西泠印社	2021-10-24
傅山 1651年作 小楷《金刚经》册页(十七开三十三页)	28.5cm×11.5cm×33	5,290,000	中国嘉德	2021-12-12
傅山 行书李商隐诗 立轴	176cm×51cm	5,520,000	北京保利	2021-06-06
傅山 傅眉 醉翁先意 册页(六开及散页一开)	25.5cm×23.5cm×7	11,042,450	佳士得	2021-11-29
傅山 草书游仙诗 立轴	194cm×44cm	2,932,500	华艺国际	2021-06-05
傅山 草书杜甫《义鹘行》立轴	63.5cm×46.5cm	3,105,000	佳士得	2021-05-26
傅山 草书临王羲之《想弟帖》立轴	190cm×48.5cm	4,140,000	北京保利	2021-12-04
傅山 清初 草书《夜宴安乐公主宅》立轴	231cm×43cm	3,680,000	永乐拍卖	2021-12-02
傅山草书节录王羲之《蜀都帖》立轴	176cm×42cm	2,530,000	中贸圣佳	2021-05-21
傅山 草书书法 立轴	186cm×45cm	2,300,000	中贸圣佳	2021-03-26
傅山 草书赵嘏《江楼旧感》立轴	169.5cm×55cm	2,086,560	香港苏富比	2021-10-12
傅山 行书自作诗卷 手卷	引首 31cm×10.8cm; 画心 24cm×120.8cm; 题跋 30cm×136.3cm	1,380,000	十竹斋拍卖(北京)	2021-05-29
傅山 猗猗幽兰 镜心	16cm×50cm	437,000	十竹斋拍卖(北京)	2021-05-29
傅山 草书 立轴	191cm×41cm	368,000	北京翰海	2021-06-04
傅山 行书五言诗 立轴	151.5cm×39.5cm	266,825	佳士得	2021-11-29
傅山(款) 山水 立轴	87cm×33cm	207,000	中贸圣佳	2021-03-26
傅山(款) 1647年作 秋山访友 立轴	173cm×82cm	184,000	中国嘉德	2021-09-28
傅雯 十六应真图 手卷	画38cm×220cm	1,840,000	永乐拍卖	2021-05-20
改琦 小舫乙丑同年雅集第一图 手卷	46.1cm×366cm	991,116	香港苏富比	2021-10-12
改琦 红楼人物 册页(二十四开)	26cm×18.5cm×24	644,000	中贸圣佳	2021-05-21
改琦 宋湘 王泽 姚椿 舒位 毕华珍 王芑孙 汪全德 刘嗣绾 为张祥河作诗舲图 立轴	79.5cm×32cm	747,500	西泠印社	2021-01-15
改琦 临丁云鹏《扫象图》粉本 立轴	123.5cm×52cm	632,500	西泠印社	2021-07-24
改琦 1812年作 仿古花卉六帧 镜心	24cm×28.5cm×6	374,376	保利香港	2021-11-28
改琦 1801年作 香供图 镜片	75cm×30cm	264,500	华艺国际	2021-06-05
改琦 墨兰图 册页(十六开)	46.5cm×33.5cm×16	230,000	华艺国际	2021-12-11
改琦 1810年作 梅竹双清 立轴	78cm×20.5cm	172,500	朵云轩	2021-12-31
改琦 1821年作 玉姜采石图 镜片	112.8cm×42cm	172,500	上海明轩	2021-12-30
干旌 策杖游山图 立轴	152cm×66cm	264,500	西泠印社	2021-07-24
高岑 溪山横艇图轴 立轴	画心 214cm×95.5cm	2,990,000	中贸圣佳	2021-05-21
高岑 1708年作 绣球画 扇面	16cm×51cm	368,000	北京保利	2021-06-06
高岑 灵芝松石图 立轴	153cm×43.5cm	253,000	西泠印社	2021-07-24
高凤翰 草书自书诗四首 立轴(四屏)	128.5cm×40.5cm×4	625,968	香港苏富比	2021-10-12
高凤翰 为曹广渊作《绿天书荫图》立轴	142cm×50.5cm	552,000	西泠印社	2021-07-24
高凤翰 方士庶 方贞观 马曰管 高南阜集故人书札 册页(十开)	34cm×19cm	402,500	中贸圣佳	2021-05-21
高凤翰 1743年作 玉华竞瑞图 立轴	91cm×50cm	368,000	中国嘉德	2021-05-18
高凤翰 1742年作 花卉奇石 册页(十二开)	21cm×26cm×12	345,000	北京保利	2021-06-06
高鳯翰 1740年作 牡丹 镜框	119.5cm×40.3cm	205,250	佳士得	2021-11-29

拍品名称	物品尺寸	成交价RMB	拍卖公司	拍卖日期
高简 1699年作 为张景蔚作《探梅图卷》手卷	31cm×268cm	690,000	西泠印社	2021-07-24
高简 白石溪边 立轴	143.5cm×73.5cm	230,000	华艺国际	2021-12-11
高简 1692年作 山居图 立轴	114cm×56.7cm	143,675	佳士得	2021-11-29
高其佩 墨猫图 立轴	86cm×45cm	483,000	北京保利	2021-06-06
高其佩 双鹤延龄图	166.5cm×82.5cm	299,000	西泠印社	2021-01-15
高其佩 1715年作 指画云中钟馗图 立轴	156.5cm×54cm	172,500	华艺国际	2021-12-11
高其佩 1713年作 松风图 立轴	174.5cm×92.5cm	138,000	北京翰海	2021-06-04
高士奇 行书唐人诗 立轴	138.5cm×52cm	253,000	西泠印社	2021-01-15
高翔 用苏轼韵作立春诗 镜片	15cm×42cm	437,000	西泠印社	2021-01-15
高翔 欲除烦恼诗 镜片	31cm×15.5cm	230,000	西泠印社	2021-01-15
高翔 行书诗稿卷 手卷	15cm×63cm	218,500	中贸圣佳	2021-05-21
高翔 层峦幽居图 立轴	96cm×28.5cm	195,500	中鸿信	2021-07-15
高翔 1729年作 舟山隐居 镜框	114.5cm×54cm	143,675	佳士得	2021-11-29
高俨 仿米芾笔意 立轴	176cm×45.5cm	149,500	广东崇正	2021-07-19
高俨 策杖访友 立轴	184.5cm×45cm	149,500	广东崇正	2021-07-19
葛世振 行书诗卷 手卷	26cm×235cm	184,000	广东崇正	2021-01-06
宫昌宗 仿吴仲圭山水 扇面	15.5cm×52cm	218,500	中国嘉德	2021-05-18
龚贤 傅山 梁清标 纳兰容若 洪昇等七十八家 致高江村同人书画册页(四十二开八十四页)	24.5cm×15cm×84	69,230,000	中国嘉德	2021-12-12
龚贤 高岑 吴宏等 金陵五家集锦册页(八开)	27cm×27cm×8	4,600,000	北京保利	2021-06-06
龚贤 寒山溪亭图轴 立轴	99cm×44cm	3,680,000	中贸圣佳	2021-05-21
龚贤 墨笔山水 立轴	跋 27.5cm×31cm; 画 52.5cm×31cm	1,207,500	中贸圣佳	2021-05-21
龚贤 六一高踪图 扇面	18cm×54.5cm	322,000	北京保利	2021-06-06
龚贤 1687年作 行书 山居纪事 立轴	301cm×70cm	172,500	西泠印社	2021-04-11
龚自珍 1830年作 行书 镜片	47cm×198cm	460,000	朵云轩	2021-07-08
顾霭吉 张廷济等 叔未先生四十寿辰像卷 手卷	28cm×95cm	230,000	中贸圣佳	2021-07-06
顾符稹 溪山观瀑图 立轴	156cm×52cm	1,288,000	北京保利	2021-06-06
顾符稹 1716年作 斗鹌鹑图 立轴	131cm×58cm	172,500	广东崇正	2021-07-19
顾鹤庆 1796年作 怀麓堂图 手卷	38cm×184cm	414,000	北京翰海	2021-12-18
顾麟士 陆恢 为庞莱臣作《溪山林烟图》·书法 成扇	18.5cm×51cm	207,000	西泠印社	2021-01-16
顾炎武 吴鼒 翁方纲 吴荣光等 书法册 镜片(十开十八页)	顾炎武 24.1cm×17.8cm; 吴荣光行书 22.5cm×26.5cm; 张问陶 22.5cm×26.5cm; 叶绍本 17.5cm×22.5cm; 朱桓 22.5cm×26cm; 翁方纲 27.8cm×22cm; 吴鼒 22.4cm×26.6cm; 熊方受 22.3cm×26.5cm; 汪庚 22.7cm×39.4cm; 桂馥 25.7cm×15.4cm×2	4,600,000	广东崇正	2021-01-07
顾殷 1675年作 山水 册页(十开)	27cm×37.5cm×10	253,000	中国嘉德	2021-05-18
顾殷 溪山清隐图 立轴	178cm×49cm	207,000	中贸圣佳	2021-05-21
顾驺 茶具 册页(八开)	27cm×40.2cm×8	2,300,000	华艺国际	2021-12-11

拍品名称	物品尺寸	成交价RMB	拍卖公司	拍卖日期
管念慈 陈宝琛 仿古花卉·行书论画 立轴	尺寸不一	368,000	中国嘉德	2021-05-20
管念慈 献寿图 立轴	218cm×127.5cm	230,000	中国嘉德	2021-05-18
管希宁 西湖纪游 手卷	21cm×81cm	1,539,375	佳士得	2021-11-29
光绪帝 柳帐宣荣 横额	66.5cm×207.5cm	425,500	中贸圣佳	2021-07-06
光绪帝 楷书“眉寿堂”镜心	49cm×138.5cm	345,000	中鸿信	2021-07-15
光绪帝 楷书七言联 立轴	253cm×41cm×2	299,000	北京翰海	2021-06-04
光绪帝 行书八言联 立轴	185cm×33.5cm×2	184,000	中国嘉德	2021-05-18
光绪帝 1888年作 海屋添筹 立轴	画心128cm×61cm;诗堂30cm×75cm	184,000	中鸿信	2021-07-15
归庄 和杜少陵诗 扇面	16cm×51cm	368,000	中国嘉德	2021-05-18
桂馥 隶书八言联 立轴	163cm×28cm×2	345,000	中国嘉德	2021-05-18
桂馥 1790年作 隶书 立轴	198.5cm×56.5cm	172,500	朵云轩	2021-07-08
郭棻行书《颜鲁公送刘太冲叙》立轴	205.5cm×51.5cm	322,000	北京保利	2021-12-04
郭尚先 楷书《大唐王居士砖塔之铭》册页(四开)	35cm×26cm×8	345,000	中贸圣佳	2021-05-21
郭尚先 楷书 节录古文 册页(二十八页)	26cm×13cm×28	287,500	西泠印社	2021-01-15
郭似埙 1921年作 海日楼图 手卷	28.5cm×86cm	1,380,000	朵云轩	2021-07-07
何凌汉行书节临李邕《晴热帖》立轴	160.5cm×38cm	230,000	中国嘉德	2021-05-20
何绍基 隶书节临《淮源庙碑》立轴(四屏)	298cm×55cm×4	8,280,000	中国嘉德	2021-12-12
何绍基 1871年作 楷书匾额“题襟馆”横披	58cm×228cm	2,875,000	十竹斋拍卖(北京)	2021-05-29
何绍基隶书《西狭颂铭》四屏立轴	129cm×34cm×4	2,070,000	中贸圣佳	2021-05-21
何绍基 行书陶渊明《归园田居》四屏 立轴	174cm×46.5cm×4	1,840,000	中国嘉德	2021-05-18
何绍基 1845年作 行书论书语四屏 立轴	162.5cm×38cm×4	1,380,000	华艺国际	2021-12-11
何绍基 1867年作 隶书“抚松山馆”镜心	34.5cm×114cm	1,380,000	中国嘉德	2021-05-18
何绍基 隶书临《张迁碑》册页(二十四开)	31cm×41cm×24	1,150,000	中国嘉德	2021-05-18
何绍基 1862年作 隶书临《石门颂》册页(四十四开)	37cm×24.5cm×44	1,127,000	华艺国际	2021-06-05
何绍基 1848年作 楷行二体书 册页(十开)	22.8cm×13.5cm×20	977,500	中国嘉德	2021-12-12
何绍基 行书文论 四屏	135cm×30cm×4	920,000	西泠印社	2021-01-15
何绍基 1862年作 临《张迁碑》(四十八页)册页	36.5cm×23cm×48	805,000	华艺国际	2021-06-05
何绍基篆书“文石山房”横额	47cm×168.5cm	644,000	中贸圣佳	2021-05-21
何绍基 1859年作 隶书临《礼器碑》册页(二十二开四十四页)	24cm×41cm×22	632,500	北京保利	2021-06-06
何绍基 行书书论 立轴	127cm×60.5cm	632,500	中国嘉德	2021-12-12
何绍基 行书沈颢论《命题》句立轴四屏	108.2cm×22.5cm×4	584,199	香港苏富比	2021-04-21
何绍基 隶书八言联 立轴	235cm×39cm×2	575,000	华艺国际	2021-06-05
何绍基 行书七言联 立轴	170cm×37cm×2	552,000	北京荣宝	2021-06-19
何绍基 隶书七言联 对联	184cm×40cm×2	506,000	北京保利	2021-06-06
何绍基 吴熙载 书法双段卷 手卷	引首25cm×92cm;何绍基25cm×95cm;吴熙载25cm×60cm;题跋25cm×43cm	460,000	北京保利	2021-12-04
何绍基 楷书五言诗四屏 立轴	128cm×32cm×4	460,000	北京保利	2021-12-04
何绍基 1866年作 行书苏轼诗 四屏	125.5cm×31cm×4	460,000	西泠印社	2021-10-24
何绍基吴云行书七言诗·山水成扇	18cm×52cm	437,000	中国嘉德	2021-05-18
何绍基 行书七言联 立轴	141.5cm×35cm×2	402,500	中国嘉德	2021-05-19
何绍基 隶书《白石神君碑》册页	28cm×34cm×13	396,446	香港苏富比	2021-10-11
何绍基 行书“瑞芝堂”横披	42cm×126.5cm	345,000	上海嘉禾	2021-07-22
何绍基 隶书七言联 对联	185cm×40cm×2	345,000	西泠印社	2021-10-24
何绍基 行书 镜心	153cm×76cm	322,000	北京翰海	2021-06-04
何绍基 篆书七言联 立轴	166.5cm×36cm×2	322,000	广东崇正	2021-07-19
何绍基 清道光戊申年作 行书节录《后汉书》立轴	131cm×61cm	322,000	永乐拍卖	2021-05-20
何绍基节录宋濂记《兰亭觞咏图》立轴	126cm×29cm×4	317,952	中国嘉德	2021-10-13
何绍基 行书八言 对联	233cm×40cm×2	281,750	朵云轩	2021-07-08
何绍基 隶书七言联 立轴	133cm×31cm×2	275,856	保利香港	2021-11-28
何绍基 行书稿卷 手卷	31cm×232cm	264,500	永乐拍卖	2021-09-27
何绍基 行书节临颜真卿《争座位帖》立轴	96cm×41.5cm×4	253,000	中国嘉德	2021-05-18
何绍基 行书“系舫”横披	40cm×117cm	230,000	北京保利	2021-06-06
何绍基 行书 镜片	239cm×56cm	230,000	广东崇正	2021-07-19
何绍基 书法 四屏	128cm×32cm×4	230,000	十竹斋	2021-06-27
何绍基 行书八言联 立轴	160cm×28cm×2	218,500	北京荣宝	2021-12-02
何绍基 行书七言联 立轴	121cm×29cm×2	207,000	北京保利	2021-12-03
何绍基 1865年作 楷书定庵文 册页(八开十六页)	31cm×38.5cm×8	207,000	北京保利	2021-12-04
何绍基1870年作行书苏轼论书诗四屏	139cm×33cm×4	207,000	西泠印社	2021-10-24
何绍基 书法六条屏	126.5cm×29.5cm×6	201,250	北京保利	2021-12-04
何绍基 行书八言 对联	171cm×35cm×2	195,500	朵云轩	2021-07-08
何绍基 篆书五言联 对联	125cm×32.5cm×2	184,000	北京保利	2021-12-04
何绍基 行书七言联 立轴	127cm×30cm×2	172,500	北京翰海	2021-06-04
何绍基 行书七言联 立轴	129cm×29.5cm×2	172,500	中国嘉德	2021-12-12
何绍基 行书七言联 立轴	161cm×29cm×2	166,750	广东崇正	2021-01-07
何绍基 行书七言 对联	133.5cm×28cm×2	161,000	朵云轩	2021-07-08
何绍基 篆书八言联 立轴	163.5cm×37cm×2	149,500	十竹斋拍卖(北京)	2021-05-29
何绍基行书节录《华严洞石壁诗》立轴	127cm×63cm	138,000	中国嘉德	2021-05-18
何绍基 楷书斋名 镜片	27.5cm×97.5cm	517,500	上海明轩	2021-12-30
何绍基 楷书 横披	44.5cm×173cm	172,500	朵云轩	2021-12-31
何绍京 何绍基 何绍祺等 书法集锦 册页(十八开)	32.5cm×36.5cm×18	322,000	朵云轩	2021-12-31
何绍祺 1847年作 行书白居易五言绝句 立轴	31.5cm×96cm	368,000	中国嘉德	2021-05-20
和硕果恭郡王 行书朱德润《题子明雪泉》轴 立轴	155cm×65cm	598,000	中贸圣佳	2021-05-21
和硕庄亲王 清 监门清源妙道真君 立轴	174cm×91.2cm	2,070,000	佳士得	2021-05-26
弘仁 溪山清阁图 立轴	122cm×41cm	28,750,000	北京保利	2021-06-06
弘仁 书画合璧册 册页(十九开)	18.7cm×13cm×19	108,288,408	香港苏富比	2021-04-19
弘仁1660年作 山水 册页(十一开)	23cm×14.5cm×10	943,000	北京保利	2021-06-06
弘仁 秋亭嘉树图 立轴	103cm×45cm	690,000	十竹斋	2021-06-27
弘仁 吴中山水 立轴	96cm×59cm	368,000	中鸿信	2021-07-15
弘旿 松桂长春 立轴	126.5cm×55.5cm	29,900,000	中国嘉德	2021-12-12
弘旿 深山雨后 立轴	123cm×43cm	828,000	北京保利	2021-12-04
弘旿 行书七言联 立轴	149.5cm×34.5cm×2	575,000	北京翰海	2021-06-04
弘旿 1784年作 山水对题 册页(十二页)	27cm×18cm×12	575,000	西泠印社	2021-01-15

2021书画拍卖成交汇总(续表)

(成交价RMB：10万元以上)

拍品名称	物品尺寸	成交价RMB	拍卖公司	拍卖日期
洪范 1802年作 春江归棹图 手卷	画心 33.5cm×105.5cm	218,500	十竹斋拍卖(北京)	2021-05-29
洪亮吉 篆书七言联 立轴	134cm×20.5cm×2	218,500	广东崇正	2021-01-07
侯良阳 行书陆龟蒙诗 立轴	102cm×38cm	230,000	中贸圣佳	2021-05-21
胡桂 山水 册页(八开)	23cm×43cm×8	920,000	中贸圣佳	2021-05-21
胡桂 1790年作 楷书十二屏录《庆隆舞乐九章》立轴	193.5cm×52.2cm×12	207,000	上海嘉禾	2021-11-14
胡澍 篆书四屏 立轴	133cm×32cm×4	139,104	中国嘉德	2021-10-12
胡震 1861年作 楷书 苏轼诗 扇页	17cm×52.5cm	218,500	西泠印社	2021-01-15
虎卧老人 行书五言诗 立轴	206.5cm×89.5cm	437,000	北京保利	2021-12-04
华冠 兆寿婴戏图 立轴	95cm×58cm	197,040	保利香港	2021-11-28
华冠 1804年作 西园雅集图 立轴	131cm×56cm	161,000	中国嘉德	2021-03-30
华世奎 1942年作 楷书五言联 镜心	167cm×42cm×2	253,000	北京翰海	2021-06-04
华嵒 仿马远山水 立轴	150cm×77cm	5,750,000	北京保利	2021-06-06
华嵒 柳荫鸳鸯图 立轴	95cm×110cm	3,335,000	西泠印社	2021-01-15
华嵒 清乾隆壬申年作 秋园庭香立轴	132cm×53cm	3,220,000	永乐拍卖	2021-05-20
华嵒 踯躅小禽图 立轴	119cm×50.5cm	1,897,500	中贸圣佳	2021-05-21
华嵒 松鹤双清图 立轴	275cm×132cm	1,667,500	中贸圣佳	2021-05-21
华嵒 网下一潭图 立轴	114cm×56cm	1,092,500	北京保利	2021-06-06
华嵒 三老图 立轴	164cm×98.5cm	690,000	上海匡时	2021-07-08
华嵒 秋山狩猎图 手卷	32.5cm×224cm	667,000	上海嘉禾	2021-07-23
华嵒 安乐居 立轴	166cm×91.5cm	621,000	佳士得	2021-05-26
华嵒 钟馗接福图 立轴	149cm×59cm	460,000	北京保利	2021-09-25
华嵒 1748年作 春江水暖 立轴	128cm×59cm	414,000	北京保利	2021-06-06
华嵒 荷塘销夏图 扇面	17cm×50.5cm	391,000	中国嘉德	2021-05-18
华嵒 丁云鹏 苏小小像 立轴	124cm×70cm	345,000	保利厦门	2021-11-05
华嵒 莲花图 扇面	18cm×49cm	345,000	北京保利	2021-06-06
华嵒1755年作送李愿归盘谷图立轴	126cm×62cm	345,000	十竹斋拍卖(北京)	2021-05-29
华嵒 春溪访友 立轴	162cm×46cm	207,000	北京翰海	2021-06-04
华嵒 1732年作 松竹清吟图 立轴	120cm×30cm	1,150,000	朵云轩	2021-12-30
华亦祥 行书五言诗 扇面	15.5cm×51.5cm	151,740	保利香港	2021-04-23
黄璧1708年作仿古山水册页(十开)	33.5cm×27cm×10	299,000	北京保利	2021-06-06
黄璧 横江图卷 手卷	31cm×660cm	609,500	中贸圣佳	2021-05-21
黄炳中 海棠小鸟 立轴	144cm×78cm	172,500	中国嘉德	2021-09-28
黄鼎 1715年作 仿李唐山水 立轴	160cm×80cm	1,955,000	北京保利	2021-12-04
黄鼎 1719年作 夏木垂阴 立轴	196.5cm×98cm	2,070,000	朵云轩	2021-12-30
黄鼎 1723年作 万木奇峰图 立轴	186.5cm×75cm	4,427,500	北京保利	2021-09-25
黄鼎 1707年作 临沈周《庐山高》图 立轴	188cm×93cm	920,000	北京保利	2021-12-04
黄鼎 山水 镜心	17cm×52cm	322,000	中贸圣佳	2021-05-21
黄鼎 仿米芾山水 立轴	103cm×37cm	230,000	北京保利	2021-12-04
黄桂 花鸟 八条屏	163cm×43cm×8	345,000	中国嘉德	2021-09-28
黄鞠 1858年作 春柳图 横披	34cm×100cm	230,000	广东崇正	2021-01-06
黄卷(款) 蹴鞠图 镜心	133cm×45cm	322,000	中国嘉德	2021-03-30
黄念 玉堂富贵 镜心	85cm×198cm	287,500	中国嘉德	2021-03-30
黄山寿 1916年作秋色菊艳立轴四屏	134.3cm×33cm×4	254,923	香港苏富比	2021-04-21
黄山寿 1914年作 雪中送炭 立轴	206.5cm×29cm	230,000	北京翰海	2021-06-04
黄山寿 山水人物 六屏立轴	180cm×60cm×6	230,000	北京荣宝	2021-06-19
黄山寿 姚钟葆等 书画三挖四条屏 立轴	尺寸不一	172,500	北京荣宝	2021-12-02
黄山寿 麻姑献寿 立轴	208cm×103cm	149,500	北京保利	2021-12-04
黄慎 群仙拱寿图轴 立轴	211cm×100cm	6,095,000	中贸圣佳	2021-05-21
黄慎 1733年作 张果老 立轴	94cm×53.5cm	1,725,000	中国嘉德	2021-05-18
黄慎 寿星图 镜心	189cm×107cm	1,322,500	北京保利	2021-06-06
黄慎 1743年作 仙女执梅 立轴	180cm×87cm	920,000	北京保利	2021-06-06
黄慎 1735年作 铁拐仙人像 立轴	163cm×97cm	575,000	十竹斋拍卖(北京)	2021-05-29
黄慎 踏雪寻梅图 立轴	166.5cm×91cm	437,000	保利厦门	2021-05-06
黄慎 芦雁图 立轴	142.5cm×50.5cm	437,000	西泠印社	2021-01-15
黄慎 1726年作 八仙图 立轴	101.5cm×55cm	287,500	中鸿信	2021-07-15
黄慎 仙翁祝寿图 镜片	168cm×87.5cm	276,000	西泠印社	2021-07-24
黄慎 麻姑献寿图 立轴	177cm×91cm	253,000	中国嘉德	2021-03-30
黄慎 纳福图 立轴	209cm×112cm	207,000	保利厦门	2021-11-05
黄慎 1732年作 榴开百子图 镜心	92cm×39cm	184,000	中鸿信	2021-07-15
黄慎 溪桥野村 立轴	35cm×27cm	178,848	中国嘉德	2021-10-13
黄慎 花卉 立轴	画心 25.5cm×35cm；诗堂13.5cm×35cm；题跋10.5cm×35cm	149,500	广东精诚所至	2021-01-22
黄慎 1743年作 仙女执梅 立轴	180cm×87cm	920,000	朵云轩	2021-12-30
黄士陵 1889年作 博古图 镜片	83cm×44cm	189,750	上海嘉禾	2021-07-23
黄向坚 1657年作 风雨归渔图 立轴	162cm×53.5cm	287,500	中国嘉德	2021-12-12
黄易 隶书 册页(十二开)	21.5cm×8cm×12	437,000	华艺国际	2021-06-05
黄易 东坡诗意图 扇页	15.5cm×52cm	414,000	西泠印社	2021-07-24
黄易 双松图 立轴	105.5cm×24cm	356,500	朵云轩	2021-07-08
黄易 隶书七言联 对联	129.5cm×29cm×2	322,000	西泠印社	2021-07-24
黄易 隶书七言联 对联	129.5cm×29cm×2	235,750	西泠印社	2021-10-24
黄易 1800年作 闲云山居图 扇页	17cm×51.5cm	207,000	西泠印社	2021-01-15
黄易 苍龙抱云 立轴	141cm×55.5cm	184,000	永乐拍卖	2021-05-20
黄易 楷书《滕王阁序》立轴	103cm×43cm	172,500	永乐拍卖	2021-05-20
黄钺 楷书《唐寅画谱》一则 立轴	115cm×66.5cm	690,000	中国嘉德	2021-05-18
黄钺 溪林山居·行书七言联 立轴	画心 94cm×41cm；对联 136cm×30cm×2	345,000	十竹斋	2021-06-27
黄钺 花卉手卷 手卷	引首 27cm×58cm；画心 27cm×283cm；题跋29cm×76cm	218,500	北京荣宝	2021-12-02
黄云 1699年作 行书七言诗 立轴	171cm×52cm	483,000	北京保利	2021-06-06
黄倬 楷书《咏李》立轴	79cm×60cm	172,500	北京保利	2021-09-25
计采 花鸟图卷 手卷	39cm×328cm	483,000	中国嘉德	2021-03-30
纪昀 翁方纲 曹文埴 程晋芳 蒋士铨 嵇璜 王昶 王杰 朱筠 朱珪等 曹学闵 六十生辰寿 册页(三十六开)	18cm×20cm×36	1,495,000	中贸圣佳	2021-05-21
纪昀 1775年作 行书 手卷	23.5cm×347cm	149,500	北京翰海	2021-06-04
季筠 天女散花 立轴	94cm×41cm	184,000	南京经典	2021-07-18
嘉庆帝 1801年作 御制楷书七言诗《参赞德楞泰奏报痛剿高二大股贼匪》立轴	160cm×111cm	3,220,000	北京保利	2021-12-04
嘉庆帝 御笔行书《赐奉天将军富俊诗》轴 立轴	166cm×66cm	667,000	中贸圣佳	2021-05-21
嘉庆帝 楷书《黄花路》横披	53.3cm×124.5cm	446,116	香港苏富比	2021-04-19
嘉庆帝 书法 立轴	179cm×77cm	172,500	广东小雅斋	2021-07-20
简于言 家族纪行 册页(十六页)	32.5cm×27cm×14；53.5cm×32cm	207,000	西泠印社	2021-01-15
渐江 1651年作 峭壁孤松 立轴	120cm×53.5cm	8,740,000	广东崇正	2021-01-07
姜宸英 行书五言诗 立轴	106cm×33cm	517,500	北京保利	2021-06-06
姜宸英 行书 诗 册页(二十二页)	26cm×11.5cm×22	287,500	西泠印社	2021-07-24
姜筠 1913年作 秋林萧寺 立轴	165cm×83cm	172,500	北京翰海	2021-06-04
姜立纲 1482年作 绿荫书堂 立轴	62.5cm×34cm	621,000	北京保利	2021-12-04
姜实节 秋雨空山图 立轴	88cm×37cm	1,150,000	中国嘉德	2021-12-12

拍品名称	物品尺寸	成交价RMB	拍卖公司	拍卖日期
姜载 松下逸谈 立轴	153cm×82cm	292,118	香港苏富比	2021-10-12
蒋敬 双鬟索句图 立轴	105cm×38.5cm	368,000	十竹斋拍卖（北京）	2021-05-29
蒋溥 李白诗意图 册页	15.5cm×11.5cm×18	3,162,500	中鸿信	2021-07-15
蒋溥 画唐李白诗意 册页	15.5cm×11.5cm×18	690,000	保利厦门	2021-11-05
蒋溥 1759年作 仿宋人草虫 册页(十二开)	23cm×28cm×12	287,500	北京保利	2021-12-04
蒋仁 行书八言联 立轴	127cm×30cm×2	437,000	十竹斋拍卖（北京）	2021-05-29
蒋廷锡 1701年作 五伦图通屏 十屏	173cm×43cm×10	667,000	北京保利	2021-06-06
蒋廷锡 牡丹 横幅	78.5cm×151.5cm	517,500	北京翰海	2021-12-18
蒋廷锡 1716年作 梅菊松寿图 立轴	191.5cm×91.5cm	460,000	中国嘉德	2021-12-12
蒋廷锡行书《御制万方安和敬述》立轴	93cm×71cm	437,000	北京荣宝	2021-06-19
蒋廷锡 1723年作 花卉草虫 镜心	149cm×64cm	437,000	华艺国际	2021-12-11
蒋廷锡 1701年作 花鸟通景 十条屏	174cm×43cm×10	437,000	中国嘉德	2021-09-28
蒋廷锡(款) 芝仙祝寿 立轴	163cm×93cm	161,000	北京翰海	2021-12-18
蒋廷锡 临古书法卷 手卷	27cm×346.5cm	161,000	西泠印社	2021-07-24
蒋埴 行书七言诗 镜心	30.5cm×30.5cm	207,000	中国嘉德	2021-12-12
焦秉贞(款) 仕女图四屏 四屏	164cm×53.5cm×4	161,000	北京保利	2021-12-04
焦秉贞画 乾隆帝御题 苏堤春晓 册页(一开)	24cm×24cm×2	2,300,000	中贸圣佳	2021-05-21
介盦 1759年作 楷书楚辞《九歌》手卷	23cm×227cm	184,000	北京华辰	2021-12-08
金俊明 岁寒三友图 立轴	105.5cm×39cm	345,000	北京保利	2021-12-04
金农 1752年作 为虚谷写墨竹 立轴	101cm×31cm	6,900,000	中国嘉德	2021-05-18
金农 1759年作 幽兰图 立轴	117.5cm×29cm	5,520,000	北京保利	2021-06-06
金农 郑板桥 黄慎等 枫落吴江书画合璧 手卷	引首24.5cm×61cm；画心24.5cm×31.5cm；题跋1 25cm×181cm；题跋2 25cm×59.5cm；题跋 32.45cm×72.4cm	2,415,000	北京保利	2021-06-06
金农 菖蒲图 立轴	46cm×31.5cm	1,265,000	西泠印社	2021-07-24
金农 高士赏梅图 镜片	32cm×24.5cm	977,500	西泠印社	2021-07-24
金农 1742年作 枇杷图 立轴	132cm×37cm	920,000	北京保利	2021-06-06
金农 1748年作 梅花书法合卷 手卷	16cm×132cm	821,000	佳士得	2021-11-29
金农 漆书五言诗 立轴	130cm×59.5cm	805,000	中国嘉德	2021-05-18
金农 菩提罗汉 立轴	126.5cm×40.5cm	805,000	中贸圣佳	2021-05-21
金农 1760年作 无忧林佛像 立轴	63cm×31.5cm	776,250	佳士得	2021-05-26
金农 漆书五言联 立轴	89cm×19cm×2	690,000	中国嘉德	2021-05-18
金农1752年作漆书节录《庄子》立轴	133.5cm×65cm	598,000	上海嘉禾	2021-07-22
金农 1756年作 墨梅图 扇页	19.5cm×56cm	575,000	西泠印社	2021-01-15
金农 1731年作 篔筜清风 扇面	20cm×56.5cm	322,000	北京保利	2021-06-06
金农(款) 隶书五言联 镜心	87.5cm×20cm×2	184,000	北京保利	2021-06-06
金农 枯木禅 立轴	画心86.5cm×26.5cm；题跋86.5cm×5.5cm×3	177,336	保利香港	2021-11-28
金廷标 听泉图 立轴	112.7cm×148.3cm	57,500,000	北京保利	2021-06-06
金廷标 蕉荫论道图 立轴	87.5cm×46.5cm	161,000	西泠印社	2021-07-24
井其演 1728年作 临二王帖 手卷	26.5cm×282.5cm	207,000	中国嘉德	2021-12-12
居巢 草虫花卉四屏 镜心	31cm×28cm×4	298,422	中国嘉德	2021-04-22
居廉 清逸出尘册 册页（十六开）	21.7cm×28cm×16	3,338,496	香港苏富比	2021-10-11
居廉 1900年作 花鸟 四屏镜心	129cm×32.5cm×4	667,000	北京保利	2021 09-25
居廉 芙蓉彩蝶图 立轴	129.5cm×33cm	483,000	广东崇正	2021-01-07
居廉 1894年作 花鸟四屏 镜框	114cm×25cm×4	437,000	华艺国际	2021-04-01
居廉 墨梅 镜片(八开)	22cm×31.5cm×8	230,000	华艺国际	2021-04-01
居廉 花卉草虫 册页	30cm×23.5cm×10	207,000	广东小雅斋	2021-07-20
康涛 1758年作 人物故事图 册页(十六开)	26cm×19.2cm×16	897,000	中国嘉德	2021-12-12
康涛 1734年作 桃李园夜宴图 镜心	178cm×53cm	195,500	中国嘉德	2021-03-30
康熙 行书七言诗 镜心	117cm×47cm	1,380,000	中国嘉德	2021-09-28
康熙帝 1713年作 楷书《般若波罗密多心经》立轴	28cm×26cm×6	3,692,340	保利香港	2021-04-23
康熙帝 楷书“元辅高风” 横幅	73.5cm×238cm	4,715,000	北京翰海	2021-06-04
康熙帝行书《宿题金山寺》立轴	135cm×61.5cm	2,587,500	华艺国际	2021-12-11
康熙帝 行书录唐人诗 立轴	184cm×50cm	690,000	华艺国际	2021-03-31
康熙帝 行书戴复古四言诗 镜心	18cm×56cm	540,500	中贸圣佳	2021-05-21
康熙帝 行书五言诗 扇面	17.5cm×53.5cm	253,000	中国嘉德	2021-05-18
孔尚任 1708年作 隶书 立轴	173cm×94cm	172,500	广东崇正	2021-01-07
孔素瑛 荷花鹭鸶图 镜心	82cm×160cm	575,000	中贸圣佳	2021-07-06
蓝孟 天池石壁 立轴	177cm×50cm	322,000	上海嘉禾	2021-07-23
蓝深 松岩避暑 立轴	169cm×46cm	483,000	北京保利	2021-06-06
郎世宁(款) 花间卧犬图 立轴	75cm×64cm	138,000	西泠印社	2021-01-15
冷枚 万寿盛典图 手卷	26.5cm×809cm；27cm×954cm	12,650,000	北京保利	2021-06-06
冷枚 1725年作 杨万里诗意图 镜心	118.5cm×66cm	5,175,000	中国嘉德	2021-05-18
冷枚(款) 1722年作 人物故事十条屏 十条屏	171cm×49cm×10	345,000	中国嘉德	2021-09-28
冷枚 宓妃图 立轴	87.5cm×43.7cm	153,938	佳士得	2021-11-29
冷铨 昭君出塞图 立轴	138cm×64cm	920,000	中国嘉德	2021-03-30
礼亲王 深涧幽亭 立轴	84.5cm×46cm	149,500	上海嘉禾	2021-07-22
李秉德 花卉 册页(十二开)	32cm×30cm×12	747,500	北京保利	2021-12-04
李秉德 1797年作 花鸟 八条屏	109cm×33cm×8	299,000	中国嘉德	2021-09-28
李汉 乾隆出猎图 手卷	55cm×690cm	345,000	华艺国际	2021-06-05
李慈铭 樊增祥 陶方琦等 美人无言 册页(十页)	画心24cm×28cm×8；题跋30cm×32.5cm×2	287,500	西泠印社	2021-01-15
李方膺 书画合璧 册页(十二开)	26cm×32cm×12	1,725,000	中国嘉德	2021-12-12
李方膺 1752年作 瓶梅 立轴	73.5cm×32.5cm	322,000	北京翰海	2021-12-18
李圭 黄山寿 吴伯滔 俞樾等 环游海国图 册页	32cm×32cm×118	632,500	中国嘉德	2021-12-12
李鸿章 1901年作 行书《圣教序》《心经》手卷	35cm×428cm	3,335,000	华艺国际	2021-06-05
李鸿章 行书八言联 对联	160.5cm×33cm×2	690,000	西泠印社	2021-07-24
李鸿章 行书八言联 立轴	145cm×31.5cm×2	690,000	中国嘉德	2021-05-18
李鸿章 行书八言联 立轴	171.5cm×39cm×2	575,000	十竹斋拍卖（北京）	2021-05-29
李鸿章 行书八言联 立轴	169cm×41.5cm×2	552,000	中贸圣佳	2021-05-21
李鸿章 行书八言联 对联	166cm×40cm×2	483,000	北京保利	2021-06-06
李鸿章 为张德容作唐人诗 立轴	140cm×39cm	368,000	西泠印社	2021-01-15
李鸿章 行书七言联 立轴	132cm×32cm×2	368,000	中国嘉德	2021-12-12
李鸿章 行书七言联 对联	134cm×30cm×2	345,000	北京保利	2021-06-06
李鸿章 行书七言联 立轴	159.5cm×33cm×2	345,000	中贸圣佳	2021-05-21
李鸿章 楷书八言联 立轴	167cm×34cm×2	322,000	广东崇正	2021-07-19
李鸿章行书节录《六研斋笔记》立轴	167.5cm×76.5cm	322,000	华艺国际	2021-06-05
李鸿章 行书七言诗 立轴	130.5cm×61cm	287,500	西泠印社	2021-07-24
李鸿章 行书七言 对联	125.5cm×29cm×2	230,000	朵云轩	2021-07-08
李穤 太常仙蝶图 手卷	33cm×146cm	287,500	广东崇正	2021-01-06

2021书画拍卖成交汇总(续表)

(成交价RMB：10万元以上)

拍品名称	物品尺寸	成交价RMB	拍卖公司	拍卖日期
李鱓 花卉 册页(八开十六页)	27cm×30cm×16	1,058,000	北京保利	2021-06-06
李鱓 1730年作 平分秋色图 立轴	121.5cm×52cm	1,058,000	西泠印社	2021-07-24
李鱓 仿徐渭紫藤古石 立轴	288cm×78cm	460,000	中贸圣佳	2021-05-21
李鱓 1749年作 蕉阴睡鹅 立轴	127cm×73cm	368,000	中国嘉德	2021-05-18
李鱓 1745年作 黄花白石图 立轴	80cm×73cm	322,000	北京保利	2021-06-06
李鱓 1734年作 四季有余图 立轴	73.5cm×39cm	253,000	中国嘉德	2021-05-18
李鱓 1751年作 花卉 册页(十二开)	25cm×30.5cm×12	138,000	中国嘉德	2021-12-12
李师中 沈德潜 裘曰修 泰山十二景 册页(十二开二十四页)	17.5cm×21cm×24	299,000	北京保利	2021-12-04
李世倬 仿黄公望山水轴 节临集王圣教序行书六言联 立轴	画 100cm×43cm; 对联 118cm×25cm×2	2,817,500	中贸圣佳	2021-05-21
李世倬 仿古山水 册页	35cm×37cm×8	345,000	北京荣宝	2021-06-19
李世倬 山水双挖 立轴	28.3cm×26cm×2	161,000	中国嘉德	2021-05-18
李文田 楷书十一言联 立轴	238cm×52cm×2	138,000	华艺国际	2021-04-01
李修易 仿西庐老人法 立轴	231cm×60cm	216,744	保利香港	2021-11-28
李瑶 1819年作 仿古山水 册页	14.5cm×23.5cm×12	147,780	保利香港	2021-11-28
李因 1673年作 松鹰图 立轴	136.5cm×48cm	195,500	西泠印社	2021-07-24
李因 朱雀图 扇面	16cm×49cm	322,000	南京经典	2021-07-18
李因 松鹰图 立轴	132.5cm×49.5cm	138,000	中贸圣佳	2021-05-21
李寅 梅花亭阁 立轴	143cm×49cm	138,000	中国嘉德	2021-09-29
励廷仪 1707年作 行书七言诗 立轴	191cm×47cm	287,500	西泠印社	2021-04-11
莲溪 虹桥话别图卷 手卷	引首30cm×70cm; 本幅31cm×52cm; 题跋29cm×136cm	299,000	中贸圣佳	2021-05-21
莲溪法师 张謇等 山水 六屏	诗堂 37.5cm×37cm×6; 画心 49.5cm×37.5cm×6	201,250	西泠印社	2021-10-24
良宽 书法 立轴	29cm×41.5cm	816,500	上海明轩	2021-12-30
梁鼎芬 楷书八言联 对联	145cm×20cm×2	149,500	西泠印社	2021-01-15
梁佩兰 陈恭尹 屈大均 高兆 为吕师濂作《岭南三大家诗册》及重要金石著作《羚羊峡砚石考》册页(共二十一页)	尺寸不一	2,300,000	西泠印社	2021-07-24
梁同书 1798年作 行书节录《文赋》立轴	126.5cm×57cm	575,000	中国嘉德	2021-05-18
梁同书 1811年作行书七言联 立轴	129cm×29cm×2	448,500	中国嘉德	2021-05-20
梁同书 1803年作 行书三十言龙门对 镜心	132cm×31.5cm×2	287,500	十竹斋拍卖(北京)	2021-05-29
梁同书 行书八言联 对联	168.5cm×30cm×2	172,500	西泠印社	2021-07-24
梁同书 1807年作 行书《重宴鹿鸣》诗 手卷	33cm×401cm	172,500	中国嘉德	2021-12 12
梁同书 行书诗文卷 手卷	400cm×29cm	161,000	西泠印社	2021-07-24
梁同书 书法 镜片	182.5cm×79cm	143,750	广东小雅斋	2021-07-20
梁同书 1798年作 谦守斋记卷 手卷	30.5cm×120cm	517,500	北京诚轩	2021-05-18
梁巘 行书节录《旧唐书·柳公权传》立轴	141cm×70.5cm	517,500	中国嘉德	2021-05-18
梁巘 梁闻山墨迹 册页(二十四页)	24cm×16cm×24	345,000	西泠印社	2021-07-24
林鸿年 行书八言联 对联	157cm×35.5cm×2	138,000	北京保利	2021-09-25
林则徐 行书八言联 立轴	170cm×30.5cm×2	1,955,000	中国嘉德	2021-12-12
林则徐 行书东坡跋语 立轴	172cm×40cm	460,000	上海嘉禾	2021-07-23
林则徐 书法 对联	163cm×34cm×2	345,000	广东小雅斋	2021-07-20
林则徐 1830年作 行书“春鸟畅欢情”镜心	26cm×115cm	287,500	中鸿信	2021-07-15
林则徐 行书十言联 对联	233cm×40cm×2	230,000	北京保利	2021-06-06
林则徐 行书米芾《苕溪诗》立轴	88cm×35.5cm	172,500	华艺国际	2021-06-05
林则徐 1835年作 幽兰图 镜心	100.5cm×33.5cm	172,500	中鸿信	2021-07-15

拍品名称	物品尺寸	成交价RMB	拍卖公司	拍卖日期
林则徐 行书东坡诗 立轴	130cm×28cm	138,000	中国嘉德	2021-05-18
林召棠 1848年作 行书节录《勉学赋》横披	22.5cm×131cm	138,000	北京保利	2021-09-25
刘琨 仙山阁楼图 立轴	264cm×128.5cm	345,000	中贸圣佳	2021-07-06
刘春霖 朱汝珍 张启后 商衍鎏 书法四屏 立轴	129cm×31.5cm×4	368,000	中国嘉德	2021-05-18
刘春霖 朱汝珍 商衍鎏 张启后 行书 四屏	126cm×31cm×4	345,000	北京保利	2021-12-04
刘春霖 朱汝珍 商衍鎏 张启后 书法四屏 镜片(四帧)	118.5cm×58cm×4	207,000	西泠印社	2021-07-24
刘春霖 楷书七言联 立轴	175cm×44.5cm×2	172,500	北京翰海	2021-06-04
刘度 1638年作 关山暮雪图 立轴	135.5cm×52cm	977,500	西泠印社	2021-07-24
刘度 1643年作 仿王诜山水 扇面	16cm×50cm	368,000	华艺国际	2021-06-05
刘权之 四海崇祝 册页(四开)	14.2cm×28.5cm×4	460,000	永乐拍卖	2021-12-02
刘维善 樊增祥 陈曾佑 霭园图 手卷	画45cm×161cm; 字45cm×298cm	138,000	广东崇正	2021-01-06
刘彦冲 溪亭访旧图轴 立轴	161cm×74cm	207,000	十竹斋拍卖(北京)	2021-05-29
刘彦冲 1841年作 青山茅舍 立轴	43cm×25cm	172,500	北京保利	2021-06-06
刘墉 行书诗文集锦卷 手卷	22cm×633cm	2,127,500	上海匡时	2021-07-08
刘墉 行书七言联 对联	182cm×34.5cm×2	207,000	上海嘉禾	2021-07-22
刘墉 行书《摘瓜图》诗轴 立轴	132cm×61cm	1,725,000	中贸圣佳	2021-05-21
刘墉 行书七言联 立轴	160cm×35cm×2	598,000	中贸圣佳	2021-05-21
刘墉 行书七言联 对联	135cm×31cm×2	460,000	北京保利	2021-06-06
刘墉 行书七言联 对联	128cm×28cm×2	460,000	北京保利	2021-09-25
刘墉 清代 致月华居士 镜心	16cm×41.5cm	460,000	永乐拍卖	2021-12-02
刘墉 行书 古文 立轴	114cm×35cm	437,000	西泠印社	2021-01-15
刘墉 1793年作 书法册页(十六开)	25.1cm×15.5cm×16	431,025	佳士得	2021-11-29
刘墉 行楷合卷 手卷	①20.2cm×83cm; ②20.2cm×1875cm; ③20.2cm×306cm	414,000	广东崇正	2021-01-07
刘墉 1801年作行书《中隐堂诗序》手卷	19cm×105cm	345,000	中国嘉德	2021-05-18
刘墉 行书 七言联 对联	144.5cm×32cm×2	322,000	西泠印社	2021-01-15
刘墉 行书八言 对联	175cm×36cm×2	310,500	朵云轩	2021-07-08
刘墉 行书八言联 立轴	170cm×30cm×2	299,000	广东崇正	2021-07-19
刘墉 1797年作 行书 镜片	33cm×134cm	299,000	广东崇正	2021-07-19
刘墉 东武楷书卷 手卷	本幅 ①28cm×100cm; ②25cm×132cm; 题跋 29cm×117cm	299,000	中贸圣佳	2021-05-21
刘墉 书法 立轴	96.5cm×56.5cm	276,000	华艺国际	2021-06-05
刘墉 行书七言联 立轴	133cm×30cm×2	241,500	华艺国际	2021-06-05
刘墉 行书七言联 立轴	126cm×28.5cm×2	241,500	华艺国际	2021-06-05
刘墉 1793年作 行书 立轴	100cm×62cm	230,000	北京荣宝	2021-12-02
刘墉 行书七言联 立轴	124.5cm×28.5cm×2	230,000	北京银座	2021-09-24
刘墉 行书《与兄子秀书》镜框	25cm×86cm	230,000	华艺国际	2021-06-05
刘墉 行书黄庭坚诗四首 立轴	23cm×172cm	230,000	中贸圣佳	2021-09-25
刘墉 行书东坡句 立轴	157cm×60cm	230,000	中贸圣佳	2021-09-25
刘墉 行书七言联 对联	164cm×37cm×2	230,000	中贸圣佳	2021-07-06
刘墉 1792年作 杂临古帖 册页(四十六页)	24cm×11cm×46	207,000	北京保利	2021-06-06
刘墉 行书四段锦 手卷	19cm×50cm; 15cm×48cm; 15cm×48cm; 20cm×68cm	207,000	北京保利	2021-06-06
刘墉 1787年作 行书五言联 立轴	88cm×25cm×2	207,000	华艺国际	2021-06-05

拍品名称	物品尺寸	成交价RMB	拍卖公司	拍卖日期
刘墉1795年作行书苏东坡《岐亭五首》册页(二十四开)	25cm×12cm×24	195,500	华艺国际	2021-06-05
刘墉 行书节录《史记》六屏 立轴	180cm×44cm×6	184,000	中鸿信	2021-07-15
刘墉 小楷诗 册页(二十开)	21.5cm×12.5cm×20	172,500	北京保利	2021-12-04
刘墉 行书 屏轴	85.5cm×29cm	172,500	朵云轩	2021-07-08
刘墉 刘镮之 刘喜海 刘氏一门墨迹册页(三十九页)	尺寸不一	138,000	北京保利	2021-06-06
刘墉 行书《与兄子秀书》镜心	26cm×87cm	138,000	北京银座	2021-09-24
刘墉 行书林逋《自作诗》镜片	22cm×139cm	138,000	华艺国际	2021-06-05
刘墉 行书 七言诗	60.5cm×130cm	138,000	中国嘉德	2021-09-26
楼辛壶1930年作雷峰夕照图立轴	68cm×31.5cm	138,000	西泠印社	2021-01-16
鲁琪光 1872年作 行书六屏立轴	196cm×47cm×6	138,000	北京荣宝	2021-06-19
陆道淮 1702年作 拟古山水 册页(六开)	23cm×18cm×6	138,000	中国嘉德	2021-12-12
陆定 仿王晋卿山水 立轴	161cm×49.5cm	1,265,000	中贸圣佳	2021-05-21
陆汉 寒江雪霁图 立轴	161cm×84cm	322,000	中国嘉德	2021-09-28
陆润庠 书法中堂·对联	102cm×50cm； 123cm×29cm×2	322,000	永乐拍卖	2021-05-21
陆润庠 楷书八言联 立轴	179cm×36.5cm×2	218,500	北京翰海	2021-06-04
陆润庠 楷书七言联 立轴	128.5cm×29.5cm×2	138,000	北京翰海	2021-06-04
陆遵书 研山图 立轴	136.5cm×66.5cm	253,000	中国嘉德	2021-05-18
罗聘 杂画 册页(六开)	20.5cm×28cm×6	517,500	华艺国际	2021-06-05
罗聘 1775年作 潇湘图 立轴	219cm×135cm	7,245,000	北京保利	2021-12-04
罗聘 1759年作 墨梅图 立轴	115cm×28cm	1,380,000	北京保利	2021-06-06
罗聘方婉仪1781年作齐眉介寿立轴	113cm×29cm	2,070,000	朵云轩	2021-07-07
罗聘 幽兰图 册页	17cm×23.5cm×6	1,150,000	中贸圣佳	2021-05-21
罗聘 1782年作 钟馗 立轴	98.5cm×84cm	598,000	北京翰海	2021-12-18
罗聘 面壁图 立轴	92cm×45.5cm	483,000	北京翰海	2021-06-04
罗聘 水仙 镜片	27.5cm×33.5cm	471,500	保利厦门	2021-11-05
罗聘 梅花扇面 镜心	17.5cm×51cm	402,500	中贸圣佳	2021-05-21
罗聘 吴倬 1788年作 秋山揽辔图卷 手卷	44cm×174cm	149,500	中国嘉德	2021-09-29
罗聘 解语花 立轴	70cm×34cm	149,500	中国嘉德	2021-05-18
罗清1882年作 指画花卉四屏 立轴	202.5cm×44cm×4	230,000	中国嘉德	2021-12-12
吕焕成 清康熙己卯年作 仿李唐崇山笔意图 立轴	192cm×137cm	1,610,000	永乐拍卖	2021-05-20
吕焕成 溪山幽居 镜心	169cm×83cm	287,500	中贸圣佳	2021-05-21
吕焕成1696年作 松风僻馆图 立轴	170.2cm×92cm	246,300	佳士得	2021-11-29
吕焕成 神仙胜景 对屏	172cm×45cm×2	233,680	香港苏富比	2021-04-19
马光学 行书五言诗 立轴	166cm×45cm	460,000	北京保利	2021-06-06
马荃 乾隆丙寅年作 彩荷 镜心	91cm×39cm	287,500	永乐拍卖	2021-05-20
马荃 1702年作 龙鳞虬枝图 立轴	62cm×34.5cm	161,000	华艺国际	2021-06-05
马元驭 墨枇杷·王犟题句 立轴	92cm×45cm	172,500	广东崇正	2021-07-19
毛会建 行书《圣主得贤臣颂》册页(二十三开)	38.5cm×27.5cm×23	460,000	北京保利	2021-06-06
冒襄 草书立轴	130.5cm×62cm	2,070,000	朵云轩	2021-07-07
冒襄 董小宛 兰竹双挖 立轴	冒画 36.5cm×31cm； 董画 34.5cm×29cm	397,440	中国嘉德	2021-10-13
冒襄 行书 立轴	73cm×36cm	368,000	上海嘉禾	2021-07-23
冒襄 草书七言诗 立轴	122cm×59cm	230,000	北京保利	2021-06-06
冒襄 行书七言诗句 镜心	112cm×27cm	184,000	永乐拍卖	2021-05-20
梅清 泛舟响潭图 立轴	143cm×55cm	1,840,000	北京保利	2021-06-06
梅清 云门峰图 立轴	146cm×49cm	2,760,000	华艺国际	2021-06-05
梅清 溪山载酒 立轴	117cm×45.5cm	230,000	北京保利	2021-12-04

拍品名称	物品尺寸	成交价RMB	拍卖公司	拍卖日期
米汉雯 行书“澄怀观道”镜心	26.5cm×74.5cm	138,000	华艺国际	2021-12-11
绵亿 行书五言联 立轴	181.5cm×37cm×2	322,000	中国嘉德	2021-05-18
闵贞 童钰 1781年作 松石仕女图/卜居图 立轴(两幅)	109.2cm×58cm； 73.5cm×46cm	225,775	佳士得	2021-11-29
明中 1773年作 华山二十四景图册页(十四开二十六页)	41cm×31.5cm×24	920,000	北京保利	2021-12-04
明中 1751年作 宋元小景 册页(十二开)	16cm×21cm×12	164,200	佳士得	2021-11-29
缪嘉蕙 百花图卷 手卷	29cm×241cm	402,500	中国嘉德	2021-03-30
缪嘉蕙 花蝶图卷 手卷	27cm×112cm	172,500	中国嘉德	2021-03-30
缪彤 行书 寿诗集 立轴	33.5cm×24cm	184,000	西泠印社	2021-01-15
倪涛 花卉果蔬 镜心(二十二开)	28cm×33cm×22	322,000	南京经典	2021-01-10
倪田 朱砂钟馗 立轴	300cm×137cm	253,000	中贸圣佳	2021-07-06
倪田 松下听琴图 立轴	142cm×70cm	143,750	中贸圣佳	2021-07-06
潘曾莹 达受 达宣 为沈涛作《河朔访碑图》手卷	画心 96cm×33.5cm	920,000	西泠印社	2021-07-24
潘公寿 河东君肖像图 立轴	114cm×49cm	161,000	中鸿信	2021-07-15
潘恭寿1786年作仿董其昌山水立轴	134.5cm×58cm	379,500	北京翰海	2021-12-18
潘恭寿 1773年作 溪山松径 立轴	142cm×57.5cm	184,000	中国嘉德	2021-05-18
潘良骏 行书“闲事莫管无事早归”立轴	115.5cm×31cm	253,000	中国嘉德	2021-05-20
潘淑 芙蕖幽姿 立轴	92.5cm×54cm； 30cm×54cm	287,500	南京经典	2021-01-10
潘思牧 仿一峰老人笔意 立轴	142cm×39cm	310,500	北京保利	2021-06-06
潘祖荫 节临《书谱》立轴	240cm×55cm	172,500	十竹斋拍卖(北京)	2021-05-29
彭睿壦 草书 立轴	125.5cm×36cm	184,000	广东崇正	2021-07-19
彭玉麐 致夫子书二帧一对 镜框		146,059	香港苏富比	2021-10-12
溥侗 一九二八年作 心经塔图 立轴	121.5cm×71.6cm	198,223	香港苏富比	2021-10-11
七处和尚 1649年作 夏日江岸 扇面	17.5cm×51cm	283,248	保利香港	2021-04-23
祁寯藻 行书六言联 立轴	82cm×19cm×2	230,000	北京翰海	2021-06-04
祁豸佳 溪桥望月 屏轴	27cm×24cm； 29cm×24cm×8	460,000	朵云轩	2021-07-08
祁豸佳 行书五言诗 立轴	177cm×98cm	207,000	北京保利	2021-12-04
祁豸佳 草书五言诗 扇面	15.5cm×50.5cm	171,972	保利香港	2021-04-23
祁豸佳 1665年作 拟古山水 立轴	120.6cm×44.5cm	164,200	佳士得	2021-11-29
钱陈群 行书 赵孟頫题诗 册页(八开)	书法 18cm×22.5cm×8	1,725,000	中国嘉德	2021-12-12
钱大昕 隶书七言联 镜片	136.5cm×30.5cm×2	230,000	西泠印社	2021-01-15
钱大昕 隶书七言联 立轴	128cm×30cm×2	207,000	中国嘉德	2021-05-18
钱杜 1815年作 闲闲楼图 手卷	画心30cm×101cm	977,500	北京保利	2021-09-25
钱杜 松下论道 立轴	98cm×28cm	467,359	香港苏富比	2021-04-19
钱杜 为陈文述作斋号图 扇页(二帧)	17.5cm×53.5cm； 17cm×52cm	448,500	西泠印社	2021-01-15
钱杜 1841年作 雪溪诗思图 立轴	170cm×60cm	402,500	西泠印社	2021-07-24
钱杜1813年作仿古山水册页(八开)	24.8cm×30cm×8	230,000	上海嘉禾	2021-11-14
钱杜 水阁消夏图 立轴	86.5cm×28cm	230,000	西泠印社	2021-07-24
钱杜 1820年作 秋林谈道图 立轴	85.5cm×32.5cm	195,500	北京翰海	2021-06-04
钱杜 墨梅 册页(十一开)	21cm×27cm×11	184,000	永乐拍卖	2021-05-20
钱沣 书法 立轴	134cm×64cm	287,500	广东小雅斋	2021-07-20
钱沣 行书七言联 朱拓钱沣行书七言联 立轴、镜心	129cm×27cm×2； 130cm×30cm×2	195,500	中国嘉德	2021-05-20
钱沣 行书《列子》语 镜框	174cm×88.5cm	186,300	佳士得	2021-05-26
钱沣 行书七言联 立轴	133cm×31cm×2	184,000	十竹斋拍卖(北京)	2021-05-29

2021书画拍卖成交汇总(续表)

(成交价RMB：10万元以上)

拍品名称	物品尺寸	成交价RMB	拍卖公司	拍卖日期
钱沣 1775年作 楷书 六屏	49cm×29.5cm×6	172,500	西泠印社	2021-04-11
钱沣 行书论书句 立轴	174cm×49cm	138,000	北京保利	2021-12-04
钱慧安 人物扇页 册页(十页)	54cm×19.5cm×10	287,500	西泠印社	2021-04-10
钱沣 临颜真卿行书卷 手卷	31cm×227cm	172,500	广东崇正	2021-07-19
钱维城(款) 仿宋 册页	画 13cm×23cm×26	1,380,000	中国嘉德	2021-09-28
钱维城 1738年作 仿大痴山水 手卷	32cm×518cm	2,300,000	北京翰海	2021-06-04
钱维城 花卉 册页	32.5cm×53.5cm×6	1,035,000	北京华辰	2021-12-08
钱维城 1772年作 长林平冈图 立轴	107.5cm×53.5cm	322,000	北京保利	2021-06-06
钱维城 云壑飞泉图 立轴	94cm×45.5cm	287,500	西泠印社	2021-07-24
钱维城 王杰 彭元瑞等 国朝名家册 乐素轩 册页(二册四十八页)	尺寸不一	172,500	北京保利	2021-12-04
钱维城 白云自来去 镜片	24.5cm×89.5cm	172,500	华艺国际	2021-06-05
钱维城 云山空寂图 立轴	绘画 68cm×49cm; 书法33cm×49cm	138,000	北京保利	2021-06-06
钱维乔 1781年作 南山积翠 立轴	165cm×74.5cm	391,000	中国嘉德	2021-12-12
钱载 1787年作 梅花诗卷 手卷	画31.5cm×243cm	1,265,000	中国嘉德	2021-05-20
钱载 1753年作 兰石牡丹 立轴	131.5cm×37cm	184,000	华艺国际	2021-12-11
钱载 1787年作 益寿图 立轴	139cm×68cm	161,000	西泠印社	2021-07-24
乾隆 1772年作 御笔 立轴	166cm×85cm	184,000	北京翰海	2021-04-17
乾隆 1765年作 御笔 立轴	68cm×41cm	172,500	北京翰海	2021-04-17
乾隆帝 书画合璧 册页(四开八页)	24.5cm×24.5cm×8	11,500,000	北京保利	2021-12-04
乾隆帝 御笔行书《夫余国传订讹》卷 手卷	本幅 33cm×84.5cm	34,960,000	中贸圣佳	2021-05-21
乾隆帝 1750年作 御笔嵩阳汉柏图 立轴	58cm×29cm	41,400,000	西泠印社	2021-07-24
乾隆帝 御笔行书《赐奉天将军永玮诗》轴 立轴	172cm×68cm	4,025,000	中贸圣佳	2021-05-21
乾隆帝 1758年作 行书《京师得雨志喜》二首 立轴	52.5cm×28cm	3,450,000	中国嘉德	2021-05-18
乾隆帝 1771年作 御笔行书《题养源斋》立轴	150.5cm×96.5cm	6,440,000	北京保利	2021-12-04
乾隆帝楷书御笔"斗南介景"镜心	64.5cm×250cm	4,600,000	北京保利	2021-12-04
乾隆帝 1780年作 行书御制诗《九曲礿》镜片	88.5cm×41.5cm	3,220,000	西泠印社	2021-07-24
乾隆帝 楷书七言联 镜心	125cm×14cm×2	2,127,500	北京翰海	2021-06-04
乾隆帝 书法 镜心	233cm×99cm	1,725,000	中贸圣佳	2021-09-25
乾隆帝 御制灯节诗稿二篇	22.5cm×93cm×2	1,274,616	香港苏富比	2021-04-19
乾隆帝 御赐钱陈群仿梁楷泼墨法扶鹿图 立轴	94cm×41cm	1,265,000	华艺国际	2021 06 05
乾隆帝(款) 书法 立轴	160.5cm×71cm	1,265,000	中贸圣佳	2021-03-26
乾隆帝《读韩非子》手稿镜片三帧	尺寸不一	1,168,398	香港苏富比	2021-04-19
乾隆帝 行楷书 立轴	171cm×56.5cm	1,092,500	北京翰海	2021-06-04
乾隆帝 行书《微雨》诗 立轴	117.5cm×89.3cm	1,058,000	北京保利	2021-06-06
乾隆帝 楷书 横幅	48.5cm×144cm	977,500	北京翰海	2021-06-04
乾隆帝 御笔"聪听彝训"镜心	28cm×101cm	747,500	中鸿信	2021-07-15
乾隆帝 西番莲 立轴	62.5cm×33cm	713,000	北京翰海	2021-06-04
乾隆帝 1784年作 行书 镜心	49.5cm×133cm	517,500	北京翰海	2021-06-04
乾隆帝 行书《兰亭诗》镜片	16.5cm×52cm	460,000	华艺国际	2021-06-05
乾隆帝(款) 行书《碧云寺》诗立轴	135cm×68cm	425,500	北京保利	2021-06-06
乾隆帝 御笔行书 横披	29cm×184cm	345,000	中鸿信	2021-07-15
乾隆帝 行书 山高水长 镜片	227cm×81.5cm	322,000	西泠印社	2021-04-11
乾隆帝 寿 立轴	170.5cm×58.5cm	253,000	北京保利	2021-12-04
乾隆帝 行书画论 立轴	167cm×63cm	195,500	中贸圣佳	2021-09-25

拍品名称	物品尺寸	成交价RMB	拍卖公司	拍卖日期
乾隆皇帝 乾隆三十九年作 御笔《盘岚精舍》立轴	159cm×53cm	4,370,000	永乐拍卖	2021-12-02
乾隆皇帝 1761年作 行书 立轴	146cm×63.5cm	1,138,500	佳士得	2021-05-26
丘逢甲 书法 横幅	42cm×122cm	276,000	广东小雅斋	2021-07-20
秦大士 1759年作 四体诗 册页(十二开)	24cm×28cm×12	795,792	中国嘉德	2021-04-22
秦仪 柳溪鱼艇图 立轴	103cm×46cm	253,000	保利厦门	2021-11-05
秦余长 山斋读书 镜心	17cm×49cm	195,500	北京保利	2021-12-04
清朝名人墨迹 册页(十六开)	22cm×13cm×16	178,250	上海驰翰	2021-07-06
清代康熙 八臂准提佛母	126cm×71cm	172,500	上海匡时	2021-07-08
清乾隆 宫廷御制彩绘承德须弥福寿之庙千手观音像	141cm×75cm	414,000	北京荣宝	2021-06-19
清晚期 慈禧太后御题赐那桐缂丝无量寿佛轴 立轴	158cm×45.8cm	609,500	中贸圣佳	2021-05-21
清中期 磁青泥金十八尊者并赞	50cm×35cm×18	345,000	北京荣宝	2021-06-19
清诸家 为鹏洲写怀 册页(十二开二十四页)	39cm×33.5cm×24	368,000	中国嘉德	2021-05-18
清杂家 行书扇面 扇面三帧	尺寸不一	148,705	香港苏富比	2021-04-19
仇琛 山水人物 立轴	242cm×99cm	172,500	北京翰海	2021-06-04
裘棪 花卉草虫 册页	26cm×20cm×10	287,500	中国嘉德	2021-03-27
屈兆麟 1924年作 仿蒋廷锡笔意 立轴	137cm×61cm	161,000	北京保利	2021-06-06
屈兆麟 威镇八荒 立轴	182cm×66cm	138,000	广东小雅斋	2021-07-20
瞿子冶 陈璚等 书画 成扇(二把)	52cm×18cm; 50cm×18cm	149,500	西泠印社	2021-01-16
全祖望 行书七言联 对联	126cm×25.5cm×2	322,000	西泠印社	2021-07-24
阙岚 1815年作 欢喜图 立轴	195cm×106.5cm	276,000	中国嘉德	2021-05-18
阙岚 喜神 六屏	125cm×41.5cm×6	253,000	北京保利	2021-12-04
任伯年 光绪八年作 花鸟四屏 立轴	148cm×38.5cm×4	10,925,000	永乐拍卖	2021-12-02
任伯年 1879年作 孔雀迎春(粉本)、孔雀迎春(成稿) 立轴	粉本 215cm×55cm; 成稿 245.5cm×60.5cm	7,475,000	北京荣宝	2021-12-02
任伯年 长春图 立轴	159.5cm×93cm	3,335,000	北京荣宝	2021-12-02
任伯年 1894年作 三星拱寿图 立轴	184cm×97cm	4,370,000	西泠印社	2021-07-25
任伯年 1879年作 四季平安 立轴	127.5cm×65cm	1,840,000	上海匡时	2021-07-08
任伯年 1876年作 蓝瑚献寿 立轴	132.5cm×32cm	1,192,320	中国嘉德	2021-10-13
任伯年 耄耋图 立轴	128cm×47cm	2,990,000	中国嘉德	2021-05-19
任伯年 1867年作 花卉四屏 四屏	134cm×31.5cm×4	1,840,000	北京保利	2021-06-06
任伯年 玉兰寿石图轴 立轴	150cm×81cm	1,380,000	中贸圣佳	2021-05-21
任伯年 1892年作 玉兰寿石图 立轴	150cm×81.5cm	1,288,000	上海嘉禾	2021-07-22
任伯年 1879年作 秋苑狸奴 立轴	147cm×40cm	1,150,000	北京保利	2021-06-06
任伯年 1887年作 三羊开泰 立轴	127.5cm×65cm	977,500	中国嘉德	2021-12-10
任伯年 1893年作 大吉图 镜片	95.5cm×179cm	920,000	上海嘉禾	2021-07-23
任伯年 1887年作 传胪一甲 立轴	127cm×54.5cm	897,000	西泠印社	2021-01-16
任伯年 1883年作 双吉图 立轴	135.5cm×63cm	897,000	西泠印社	2021-07-25
任伯年 1891年作 枇杷双鹌 立轴	156.5cm×84cm	828,000	北京诚轩	2021-12-03
任伯年 1878年作 焚香诰天 立轴	115.5cm×42.3cm	743,526	香港苏富比	2021-04-21
任伯年 花鸟 立轴	124cm×31cm	713,000	北京保利	2021-12-03
任伯年 1882年作 苏武牧羊 镜片	146.5cm×82cm	713,000	华艺国际	2021-06-05
任伯年 1885年作 牧牛图 立轴	145cm×81cm	517,500	北京荣宝	2021-12-02
任伯年 云峰先生像 立轴	129.5cm×63.9cm	513,125	佳士得	2021-11-30
任伯年 双犬图 横披	49cm×97cm	460,000	西泠印社	2021-01-16
任伯年 尹铨 1871年作 花鸟·人物 成扇	18.5cm×52cm	460,000	中国嘉德	2021-12-12
任伯年 1882年作 松荫执杖图 立轴	143.5cm×38.5cm	437,000	西泠印社	2021-01-16
任伯年 1892年作 富贵孔雀 立轴	177cm×55cm	402,500	北京保利	2021-06-05

(成交价RMB：10万元以上)

拍品名称	物品尺寸	成交价RMB	拍卖公司	拍卖日期
任伯年 1892年作 蕉石双禽图 立轴	100cm×44cm	391,000	十竹斋拍卖(北京)	2021-05-29
任伯年 1888年作 花枝小鸟 镜心	29cm×32cm	368,000	北京保利	2021-06-05
任伯年 1876年作 调鹰图 扇面	18.5cm×51.5cm	368,000	中国嘉德	2021-05-18
任伯年 1894年作 梅竹鹦鹉图 立轴	148cm×41cm	368,000	中鸿信	2021-07-14
任伯年 1886年作 溪山观瀑 立轴	114cm×33cm	345,000	北京保利	2021-12-04
任伯年 1870年作 福禄寿三星 立轴	173cm×94.5cm	345,000	广东崇正	2021-07-19
任伯年 花鸟人物团扇 团扇	直径26cm	345,000	中贸圣佳	2021-09-25
任伯年 花鸟 镜片(三帧)	29cm×48.5cm×3	322,000	北京保利	2021-06-05
任伯年 1894年作 秋日登高 立轴	122.5cm×68cm	322,000	朵云轩	2021-07-07
任伯年 松荫高逸图 立轴	41cm×57cm；题跋：20.5cm×57cm；诗320cm×57cm	322,000	中鸿信	2021-07-14
任伯年 1891年作 大贵有吉 镜心	104cm×39cm	258,632	中国嘉德	2021-04-22
任伯年 1888年作 福禄寿 立轴	132.5cm×64cm	230,000	朵云轩	2021-07-08
任伯年 1886年作 花鸟 镜心(二帧)	24cm×34.5cm×2	230,000	中国嘉德	2021-12-12
任伯年 1888年作 麻姑献寿 立轴	135cm×67.5cm	218,592	中国嘉德	2021-10-13
任伯年 煮茶图 立轴	120cm×31cm	218,500	十竹斋拍卖(北京)	2021-05-29
任伯年 双吉图 立轴	151cm×40cm	207,000	北京保利	2021-09-25
任伯年 1893年作 玉堂柱石图 立轴	128.5cm×58.5cm	207,000	西泠印社	2021-07-25
任伯年 疏林夜色图 镜心	128cm×52cm	207,000	中国嘉德	2021-05-18
任伯年 1874年作 冠上加冠 立轴	102.5cm×31cm	202,320	保利香港	2021-04-23
任伯年 1877年作 行吟图 扇面	18.5cm×52cm	195,500	中国嘉德	2021-05-18
任伯年 猫戏图 立轴	134cm×37cm	189,750	北京荣宝	2021-12-02
任伯年 1887年作 耄耋图 立轴	118cm×54cm	184,000	中鸿信	2021-07-14
任伯年 1882年作 枇杷猫石 立轴	137cm×40cm	172,500	朵云轩	2021-07-08
任伯年 洪钧 秋花拳石·行书 成扇	18.3cm×52.5cm	172,500	中国嘉德	2021-12-12
任伯年 柳荫牧牛 立轴	94.5cm×39cm	172,500	中鸿信	2021-07-14
任伯年 花鸟 镜心	37cm×55cm	149,500	中国嘉德	2021-12-12
任伯年 1878年作 读书图 立轴	114cm×51cm	575,000	朵云轩	2021-12-30
任伯年画 张大千题 赤壁赋 立轴	110cm×63cm	460,000	北京诚轩	2021-05-18
任熊 1856年作 春水瘦影图 立轴	84cm×34cm	1,207,500	北京保利	2021-12-04
任熊 清咸丰丁巳年端午 钟馗醉酒图 横幅	151cm×357.5cm	3,450,000	永乐拍卖	2021-05-20
任熊 1855年作 有凤来仪 立轴	98.5cm×47cm	637,308	香港苏富比	2021-04-21
任熊 1852年作 高士四屏 立轴	235cm×58cm×4	345,000	北京保利	2021-06-05
任熊 1852年作 高士 四屏立轴	235cm×58cm×4	276,000	北京保利	2021-09-25
任熏 人物故事四屏 立轴	177cm×47cm×4	1,092,500	北京荣宝	2021-12-02
任熏 1873年作 四时花鸟 立轴四屏	147.2cm×38.2cm×4	424,872	香港苏富比	2021-04-21
任熏 1884年作 花卉动物 册页	28cm×39cm×9	195,500	北京保利	2021-06-05
任熏 1875年作 芙蓉双燕 镜心	108cm×43cm	138,000	中国嘉德	2021-03-30
任预 1892年作 山水六屏 立轴	135cm×46cm×6	552,000	华艺国际	2021-03-31
阮元 隐山铭 镜心	73cm×154cm	897,000	北京保利	2021-12-04
阮元 隶书八言联 立轴	210cm×34.5cm×2	248,400	中国嘉德	2021-10-13
阮元道光二十三年作 书法四屏 立轴	120cm×34cm×4	391,000	永乐拍卖	2021-12-02
阮元 隶书八言联 立轴	170cm×32.5cm×2	241,500	北京翰海	2021-06-04
阮元 1839年 文石图 册页(十开)	18.4cm×30cm×10	218,500	北京保利	2021-12-04
阮元京中七儿帖镜片(二帧四页)	18cm×11.5cm×4	218,500	西泠印社	2021-07-24
阮元 梅竹诗 一函两册 十四开(每册)	13cm×9.5cm×14(上册)；13cm×9.5cm×14(下册)	149,500	广东崇正	2021-01-06
萨克达·介文 献寿图 镜心	103cm×58cm	287,500	南京经典	2021-07-18
商征说 灵芝松石图 立轴	147.5cm×46.5cm	345,000	西泠印社	2021-07-24

拍品名称	物品尺寸	成交价RMB	拍卖公司	拍卖日期
上官惠 仿各家山水花鸟 册页(十二页)	30cm×24.5cm×6；49.5cm×30cm×6	552,000	西泠印社	2021-07-24
上官周 1729年作 高士会饮图 手卷	25cm×240cm	517,500	西泠印社	2021-07-24
上睿 1703年作 听涛观鹤话旧图 立轴	181cm×55.5cm	345,000	十竹斋拍卖(北京)	2021-05-29
沈初 临苏轼九帖 册页	16cm×58cm×8	20,700,000	华艺国际	2021-12-11
沈德潜 游良常山诗 镜片	23.5cm×21cm	184,000	西泠印社	2021-01-15
沈德潜 行书 自作诗 横披	34cm×86cm	138,000	西泠印社	2021-07-24
沈凤 篆书 节录古文 立轴	109cm×30cm	218,500	西泠印社	2021-01-15
沈朗 董邦达 合绘 纪晓岚幽篁独坐图轴 立轴	68cm×42cm	2,760,000	中贸圣佳	2021-05-21
沈庆兰 1810年作 良吉骝 镜心	189cm×117cm	287,500	中国嘉德	2021-09-28
沈荃 行书 赐貂谢恩诗 镜片	161cm×46.5cm	471,500	西泠印社	2021-07-24
沈荃 行书临米帖 立轴	166cm×48cm	299,000	北京保利	2021-06-06
沈荃 1681年作 行书 手卷	24cm×277cm	287,500	北京翰海	2021-06-04
沈荃 1677年作 行书 节临苕溪诗帖 横披	23.5cm×95cm	287,500	西泠印社	2021-04-11
沈荃 行书唐李端《云阳观寄袁稠》立轴	127.5cm×45cm	207,000	中贸圣佳	2021-07-06
沈铨 1736年作 封侯食禄图 立轴	197cm×97cm	1,495,000	中国嘉德	2021-03-27
沈铨 1752年作 食禄图 镜心	198cm×99cm	1,058,000	北京翰海	2021-06-04
沈铨 1744年作 松涧双鹿图 立轴	162cm×81.5cm	1,265,000	西泠印社	2021-07-24
沈铨 1720年作 富贵白头图 立轴	130cm×53.5cm	874,000	北京保利	2021-09-25
沈铨 1720年作 花树猫禽图 立轴	130cm×53.5cm	805,000	西泠印社	2021-07-24
沈铨 群凫戏水图 立轴	135cm×86cm	690,000	北京保利	2021-09-25
沈铨 1758年作 幽禽弄春图轴 立轴	166cm×62cm	287,500	十竹斋拍卖(北京)	2021-05-29
沈铨 牡丹灵芝 立轴	100.5cm×52cm	195,500	中国嘉德	2021-05-18
沈铨 山茶寿带 立轴	126.3cm×47.3cm	184,725	佳士得	2021-11-29
沈铨 1744年作 嶰谷春融 立轴	104cm×37cm	168,912	中国嘉德	2021-10-13
沈铨 1746年作 鸾凤呈祥 立轴	98cm×46.5cm	155,250	佳士得	2021-05-26
沈铨 百鸟朝凤图 册页	28.7cm×226.5cm×3	138,000	中鸿信	2021-07-15
沈韶 1662年作 松溪采药图 立轴	147cm×71cm	437,000	中国嘉德	2021-09-28
沈士鲠 1654年作 雪江卖鱼图 立轴	193cm×58cm	632,500	北京保利	2021-06-06
沈增植 行书七言联 立轴	158cm×31cm×2	345,000	永乐拍卖	2021-05-21
沈振麟 张恺 1893年作 柳荫试马图卷 手卷	47cm×465cm	517,500	中国嘉德	2021-09-28
沈振麟 福禄寿三星 镜心	184cm×256cm	471,500	北京保利	2021-12-04
沈治 山水 册页(十开)	23.5cm×23.5cm×10	172,500	广东崇正	2021-01-06
沈宗骞 1788年作 山居图 立轴	179cm×94.5cm	437,000	西泠印社	2021-01-15
沈宗骞 章草千字文 手卷	24.5cm×265cm	230,000	广东崇正	2021-07-19
沈宗骞 草书 七言诗 立轴	115.5cm×47cm	149,500	西泠印社	2021-01-15
沈宗敬 洞壑幽深 立轴	145.5cm×47.2cm	233,680	香港苏富比	2021-04-19
盛璧 高阁云塔图 立轴	136cm×69.5cm	322,000	西泠印社	2021-01-15
盛宣怀 书法 对联	193cm×14cm×2	138,000	广东小雅斋	2021-07-20
盛昱 行书六言联 立轴	86cm×16cm×2	138,000	中国嘉德	2021-05-20
宋曹 康熙癸酉年作 草书歌行 手卷	31cm×470cm	575,000	永乐拍卖	2021-05-20
宋曹 行书二王帖 手卷	220cm×23cm	356,500	中贸圣佳	2021-05-21
宋曹 草书节录《自叙帖》手卷	27.5cm×246cm	230,000	十竹斋	2021-06-27
石锐 蓬莱仙境 手卷	49cm×573cm	517,500	中国嘉德	2021-03-30
石涛 康熙四十四年作 和唐人观海诗画卷 手卷	画心 26cm×148cm	14,950,000	永乐拍卖	2021-12-02
石涛 梅石水仙 立轴	150cm×48cm	11,500,000	北京保利	2021-12-04
石涛 1693年作 山麓听泉图 立轴	222.5cm×72.8cm	120,750,000	北京荣宝	2021-06-19
石涛 番人秋狩图 立轴	161cm×61cm	29,900,000	北京保利	2021-06-06

2021书画拍卖成交汇总(续表)

(成交价RMB：10万元以上)

拍品名称	物品尺寸	成交价RMB	拍卖公司	拍卖日期
石涛 1704年作 兰石图 镜心	65cm×36cm	5,520,000	北京保利	2021-06-06
石涛 雨竹图 镜片	166.5cm×53.5cm	4,600,000	朵云轩	2021-07-07
石涛 致八大山人求画帖 镜心	25cm×80cm	2,357,500	永乐拍卖	2021-05-20
石涛 松泉高士 立轴	97cm×59cm	2,012,500	北京保利	2021-06-06
石涛 行书七言诗 立轴	91cm×33cm	1,840,000	北京保利	2021-06-06
石涛 1682年作 疏林夕照 立轴	179cm×48cm	1,495,000	北京保利	2021-12-04
石涛 瑞兰图 立轴	53cm×26.5cm	920,000	中鸿信	2021-07-15
石涛 1684年作 草书 镜片	30cm×42cm	690,000	朵云轩	2021-07-08
石涛 1675年作 水月观音像 立轴	94cm×41.5cm	575,000	中鸿信	2021-07-15
石涛 行书《牛赋》镜片	18.5cm×28.5cm	552,000	华艺国际	2021-06-05
石涛 松溪隐士 镜片	32.5cm×42.5cm	345,000	华艺国际	2021-06-05
石涛(款) 黄山览胜 镜片	33cm×42cm	241,500	朵云轩	2021-12-31
石溪 云山玄对图 立轴		2,124,360	香港苏富比	2021-04-19
石溪 1666年作 黄山山水 册页(八开)	画 29.5cm×33.5cm×8	6,900,000	朵云轩	2021-12-30
石溪 1662年作 岚气翠微图 立轴	154cm×42cm	1,437,500	北京保利	2021-06-06
史大成行书《唐代历世汇图序》手卷	28cm×167cm	506,000	华艺国际	2021-06-05
释明中 溪山闲话 立轴	122cm×55cm	230,000	中国嘉德	2021-05-18
宋荦 1670年作 鱼乐图 立轴	134cm×58cm	149,500	北京保利	2021-06-06
宋星樵1819年作仿古山水对题册页	24cm×27cm×24	236,448	保利香港	2021-11-28
苏六朋等 自画像题咏 册页(共三页)	38cm×38cm×3	195,500	西泠印社	2021-01-15
苏万钟 1849年作 横琴待鹤图 手卷	引首 42cm×110cm; 画39cm×184cm; 跋40cm×210cm	192,950	北京保利	2021-01-20
孙朝让 行书七言诗 镜心	30.5cm×30.5cm	195,500	中国嘉德	2021-12-12
孙奇逢 行书《赠玉霁道兄闻捷归省序》手卷	书法 29cm×204cm	2,530,000	北京保利	2021-12-04
孙雪仪 百子图 立轴	124cm×61cm	276,000	上海匡时	2021-07-08
孙琰 幽居图 立轴	117cm×40cm	138,000	西泠印社	2021-07-24
孙亿 1700年作 水村消夏图 立轴	138.5cm×80cm	690,000	十竹斋拍卖(北京)	2021-05-29
孙亿 1700年作 纳凉观荷 立轴	138cm×80cm	460,000	朵云轩	2021-12-31
孙岳颁 行书 立轴	201cm×50cm	218,500	广东崇正	2021-07-19
孙岳颁 行书五言诗 册片	23cm×17cm; 23cm×14cm	184,000	中国嘉德	2021-05-18
汤贻汾 1829年作 南湖草堂图 立轴	画心 34cm×42.5cm	333,850	香港苏富比	2021-10-11
汤贻汾 董婉贞 琴隐俪采合卷 手卷	引首 22cm×70cm; 画心 ①22cm×131cm; 画心 ②22cm×131cm; 题跋22cm×58cm	253,000	中贸圣佳	2021-07-06
汤贻汾 云烟明灭图 立轴	125cm×50cm	218,500	中国嘉德	2021-09-29
唐岱 1717年作 仿黄子久山水图 立轴	95.5cm×51.5cm	644,000	北京荣宝	2021-06-19
唐岱 仿燕文贵山水 扇面	19cm×58cm	425,500	中国嘉德	2021-05-18
唐岱 1727年作 拟各家山水 册页(十二页)	27.5cm×18cm×12	448,500	西泠印社	2021-07-24
唐岱 1735年作 山水 立轴	37cm×25cm	264,500	北京翰海	2021-06-04
唐曜卿 王文治 花石图 立轴	123.5cm×28cm	184,000	中国嘉德	2021-12-12
陶浚宣 费念慈 书法圆光·石铫图 立轴	25cm×25cm×2; 17cm×21cm	138,000	中国嘉德	2021-05-20
天然和尚 行书五言诗 立轴	170cm×42cm	5,750,000	西泠印社	2021-01-15
铁保 行书八言联 对联	170cm×33.5cm×2	402,500	朵云轩	2021-07-08

拍品名称	物品尺寸	成交价RMB	拍卖公司	拍卖日期
铁保1798年作行书 临争座位帖手卷	32.5cm×376cm	322,000	西泠印社	2021-01-15
铁保 汪承霈等 乾隆1788年作 书法合 册页(十开)	32cm×22.5cm×20	253,000	中国嘉德	2021-12-12
铁保 铁夫人 书法合卷 手卷	16.5cm×50.5cm; 22cm×90.5cm	195,500	西泠印社	2021-01-15
铁保 1809年作 行书 册页(二十四开)	书 24.5cm×13.7cm×24; 跋 31cm×18.5cm	172,500	广东崇正	2021-01-07
铁保 1814年作 临各家书帖 册页(三十页)	27cm×16cm×30	161,000	西泠印社	2021-04-11
铁保 行书七言联 立轴	109.5cm×24.5cm×2	149,500	北京翰海	2021-06-04
同治帝 富贵锦鸡 立轴	104cm×48cm	184,000	北京翰海	2021-06-04
同治帝 榜书"迪吉"镜心	179cm×93cm	138,000	十竹斋拍卖(北京)	2021-05-29
童原 花鸟 四条屏	154cm×42cm×4	138,000	中国嘉德	2021-09-28
屠倬 乾隆二十五年 皋园雅集图 手卷	画心 34cm×136cm	816,500	永乐拍卖	2021-12-02
屠倬 1815年作 耶溪渔隐第二图 手卷	跋 30.5cm×153cm; 画 30.5cm×271.5cm	506,000	中国嘉德	2021-12-12
万承风 谢兰生等 书画扇 册页(二十五开)	18cm×52.5cm×23	138,000	北京保利	2021-12-04
万承纪 拟古书画四屏 镜心	诗堂 39cm×37cm×4; 本幅 64cm×37cm×4	207,000	中贸圣佳	2021-05-21
万上遴 山水人物册 册页(八开)	20cm×23cm×8	460,000	北京荣宝	2021-12-02
万上遴 西园雅集图 手卷	31cm×345cm	230,000	北京保利	2021-06-06
万上遴 潇湘图 手卷	32cm×210cm	207,000	中国嘉德	2021-12-12
汪伯翔草书太白诗册页(十三开)	26cm×16cm×13	158,976	中国嘉德	2021-10-13
汪承霈 书画合璧 册页(十二开)	25cm×43cm×12	1,265,000	华艺国际	2021-12-11
汪承霈 蕙草花蝶 镜心	17cm×51cm	241,500	中贸圣佳	2021-05-21
汪承霈 琦芳登实花果 册页(十二开)	27cm×32cm×12	1,265,000	永乐拍卖	2021-12-02
汪大麟 吴廷琛等 1809年作 琴乐图 册页	题端 32cm×50cm; 画32cm×50cm; 32cm×50cm×20	157,632	保利香港	2021-11-28
汪绳焕 1753年作 夏山欲雨图 立轴	105cm×53.5cm	195,500	西泠印社	2021-01-15
汪士鋐 陈奕禧 行书杜诗十首 手卷	尺寸不一	322,000	北京保利	2021-06-06
汪士鋐1716年作行书苏轼论书卷手卷	32.5cm×737cm	264,500	西泠印社	2021-07-24
汪士鋐 行书新恩别馆句 立轴	177cm×63.5cm	207,000	中国嘉德	2021-05-18
汪士鋐 行书书法 立轴	119cm×61.5cm	138,000	十竹斋	2021-06-27
汪士慎 观天龙八部图诗 镜片	19.5cm×54cm	598,000	西泠印社	2021-01-15
汪士慎1721年作墨梅册页(十开)	26.5cm×32cm×10	575,000	中国嘉德	2021-05-18
汪士慎 罗汉图 立轴	108cm×56cm	178,250	中鸿信	2021-07-15
汪由敦 1751年作 行书 立轴	207cm×55cm	230,000	中国嘉德	2021-09-28
王炳臻2020年作王之涣《凉州词》	138cm×68cm	138,000	荣宝斋(南京)	2021-05-26
王岑 乾隆1757年作 喜报图 立轴	186.5cm×90.5cm	264,500	中国嘉德	2021-12-12
王岑 1775年作 仿黄鹤山樵山水 横披	50cm×206cm	138,000	北京保利	2021-12-04
王宸 1793年作 秋山怀友图 立轴	122.5cm×50cm	920,000	西泠印社	2021-07-24
王宸 1783年作 游戏得自在 册页(十二开)	25cm×30cm×12	322,000	北京保利	2021-06-06
王宸 1742年作 石壁云峰卷 手卷	48cm×370cm	278,208	中国嘉德	2021-10-13
王宸 梅花诗意卷 手卷	21.5cm×238cm	276,000	北京荣宝	2021-06-19
王宸 1796年作 深山读书图 立轴	92.5cm×46cm	276,000	中国嘉德	2021-12-12
王宸 1792年作 仿黄公望笔意 立轴	104.5cm×44cm	177,336	保利香港	2021-11-28

拍品名称	物品尺寸	成交价RMB	拍卖公司	拍卖日期
王宸 1751年作 幽居图 镜片	113cm×63cm	172,500	广东崇正	2021-01-07
王宸 1787年作 仿大痴山水 立轴	129cm×59cm	138,000	北京荣宝	2021-06-19
王宸 1794年作 潇湘胜揽图 手卷	画30cm×137cm;跋30cm×64cm	138,000	中国嘉德	2021-12-12
王概 行书五言诗 立轴	139cm×47cm	621,000	南京经典	2021-07-18
王概山水・书法镜片(一帧三页)	20.5cm×15cm×3	218,500	西泠印社	2021-01-15
王汉藻 1731年作 引福图 镜心	102cm×61cm	172,500	北京荣宝	2021-12-02
王鸿绪 1696年作 行书临《蜀素帖》镜片	229cm×30cm	356,500	西泠印社	2021-01-15
王翚 1684年作 虞山十二景 册页(十二开)	30cm×25cm×12	14,950,000	北京保利	2021-06-06
王翚 1714年作 仿惠崇水村图 立轴	142cm×50.5cm	9,890,000	中国嘉德	2021-05-18
王翚 1684年作 众友人唱和为弟子顾莳文作碧梧村庄图 手卷	画心 26.5cm×132cm	11,500,000	西泠印社	2021-01-15
王翚 1708年作 古木清流图 手卷	17cm×120cm	7,298,690	佳士得	2021-11-29
王翚 1702年作 秋山行旅图 手卷	33cm×269cm	8,050,000	华艺国际	2021-06-05
王翚 松风涧响图 立轴	101cm×54cm	2,990,000	西泠印社	2021-01-15
王翚 1710年作 临赵松雪《江山无尽图》手卷	画心 33cm×354cm;题跋33cm×60cm	8,970,000	北京保利	2021-06-06
王翚 王掞 王揆 王撰等 明末清初澹公曹鼎望贺寿 册页(八开)	书法 34cm×33cm×4;画心 32cm×33cm×4	3,335,000	永乐拍卖	2021-12-02
王翚1688年作拟古山水册页(六开)	31cm×39.3cm×6	2,277,000	佳士得	2021-05-26
王翚 1690年作 溪山雪霁图 立轴	194cm×98cm	1,840,000	北京翰海	2021-12-18
王翚 1693年作 烟岚别业图 立轴	诗堂 53cm×38.5cm;画心128cm×53cm	1,552,500	西泠印社	2021-07-24
王翚 竹溪真逸 立轴	79cm×51cm	1,495,000	广东崇正	2021-07-19
王翚恽寿平1669年作春江烟柳图立轴	109cm×38cm	1,322,500	中鸿信	2021-07-15
王翚 1716年作 虞山十二景 册页(十二页)	28cm×24cm×12	1,035,000	西泠印社	2021-07-24
王翚1661年作仿黄公望山水图立轴	112.5cm×59.5cm	920,000	中国嘉德	2021-12-12
王翚 1707年作 关山萧寺图 立轴	65cm×39cm	805,000	西泠印社	2021-07-24
王翚 山水 立轴	115cm×61cm	632,500	北京翰海	2021-12-18
王翚 1698年作 先贤五同图 立轴	152cm×54cm	575,000	华艺国际	2021-06-05
王翚 松竹幽居 镜片	24.5cm×29cm	345,000	华艺国际	2021-06-05
王翚 仙山楼阁 镜片	127cm×60cm	230,000	广东小雅斋	2021-07-20
王翚 1705年作 层峦晓色图 扇面	16.5cm×46.5cm	230,000	中国嘉德	2021-05-18
王翚(款) 1690年作 溪山行旅 立轴	200cm×99cm	198,720	中国嘉德	2021-10-13
王翚 山水 立轴	29cm×29cm;27cm×29cm	184,000	广东小雅斋	2021-07-20
王翚 康熙五十二年作 山水 立轴	76cm×33cm	172,500	永乐拍卖	2021-12-02
王翚 渔庄秋霁、采菱图 镜心	29cm×36cm×2	169,106	中国嘉德	2021-04-22
王翚(款) 1710年作江南秋色立轴	112cm×56cm	161,000	中国嘉德	2021-09-29
王翚 仿巨然山水 立轴	180cm×50cm	138,000	中鸿信	2021-07-15
王鉴 1660年作 仿黄公望山水 立轴	105.5cm×48cm	8,086,850	佳士得	2021-11-29
王鉴 1671年作 仿王蒙山水 立轴	98cm×49.5cm	1,552,500	西泠印社	2021-07-24
王鉴 1669年作 烟浮远岫 立轴	127cm×52cm	1,150,000	北京荣宝	2021-12-02
王鉴 敬亭秋爽图 立轴	91cm×36cm	632,500	中鸿信	2021-07-15
王鉴(款) 仿朱泽民笔意 手卷	30cm×259.4cm	575,000	北京翰海	2021-06-04
王鉴 拟巨然溪山图 手卷	引首 16.5cm×55cm;画心 16.5cm×144cm;题跋16.5cm×89cm	483,000	中鸿信	2021-07-15

拍品名称	物品尺寸	成交价RMB	拍卖公司	拍卖日期
王鉴1668年作仿古山水册页(十页)	29cm×21.5cm×10	299,000	西泠印社	2021-04-11
王鉴(款) 1674年作武夷叠嶂图卷手卷	55cm×971cm	287,500	中国嘉德	2021-03-30
王鉴(款) 1674年作东坡诗意立轴	117cm×51cm	207,000	朵云轩	2021-12-31
王杰 行书录元吴全节诗 立轴	128.5cm×58cm	149,500	十竹斋拍卖(北京)	2021-05-29
王玖 1793年作 山水 册页(十二开)	画心 17.5cm×10cm×12;单题 32.5cm×21.5cm×12	310,500	广东崇正	2021-01-07
王玖 翠微烟云图 立轴	95.5cm×48cm	178,250	西泠印社	2021-04-11
王闿运 行书四屏 立轴	139cm×32cm×4	264,500	广东崇正	2021-07-19
王揆 行书五言诗 镜心	30.5cm×30.5cm	402,500	中国嘉德	2021-12-12
王连 1878年作 红楼故事六屏 立轴	179cm×47cm×6	201,250	十竹斋拍卖(北京)	2021-05-29
王鸣盛 1764年作 行书《题王翚绣谷图长歌》横披	32.5cm×65cm	322,000	西泠印社	2021-01-15
王牧 秋山夕亭图 立轴	156.5cm×43cm	161,000	西泠印社	2021-01-15
王若羲 草书诗扇 立轴	19cm×59cm	141,624	保利香港	2021-04-23
王时敏 1672年作 夏山晓霁 立轴	94.5cm×52.5cm	5,750,000	朵云轩	2021-07-07
王时敏 1664年作 仿大痴山水 立轴	69cm×37.8cm	4,025,000	中国嘉德	2021-12-12
王时敏 武夷接笋峰图 立轴	1115cm×51cm	2,070,000	北京荣宝	2021-12-02
王时敏 仿一峰山人笔意 立轴	107cm×48.5cm	862,500	中鸿信	2021-07-15
王时敏1664年作仿黄子久山水立轴	87cm×53.5cm	713,000	中鸿信	2021-07-15
王时敏 1655年作 山静日长 立轴	61.5cm×41.5cm	690,000	北京翰海	2021-12-18
王时敏 佳箑帖 镜片	27.5cm×11.5cm	690,000	西泠印社	2021-01-15
王时敏 陈希祖 吴熙载 汤贻汾 顾洛等 书画扇页册 扇页册(二十一页)	尺寸不一	402,500	西泠印社	2021-01-15
王时敏 1661年作 夏寒图 立轴	109cm×49cm	172,500	北京翰海	2021-06-04
王时敏 唐人诗意 册页	37cm×26cm×8	147,780	保利香港	2021-11-28
王士祯 行书七言诗 册片	22cm×26cm	184,000	中国嘉德	2021-05-18
王士祯 行书七言联 立轴	126cm×27.5cm×2	264,500	中国嘉德	2021-12-12
王树谷 墨花 册页(十二开)	31cm×53.5cm×12	230,000	北京保利	2021-06-06
王澍 行书书法 立轴	250cm×35.5cm	345,000	中贸圣佳	2021-07-06
王澍 临千字文 册页(五十八开)	28.5cm×16cm×58	207,000	广东崇正	2021-01-06
王仝春 草书《龙池篇》手卷	26cm×376cm	138,000	中国嘉德	2021-05-18
王图炳 行书朱泽民诗 立轴	83.5cm×47.5cm	184,000	中国嘉德	2021-12-12
王文治 1783年作 行书 手卷	30.5cm×269.5cm	1,897,500	朵云轩	2021-07-07
王文治 行书诗五首 立轴六屏	164.5cm×40.3cm×6	465,750	佳士得	2021-05-26
王文治等四家 杭州实景诗 册页	23cm×27cm×10	437,000	十竹斋拍卖(北京)	2021-05-29
王文治 书匾“桃潭村塾”镜片	99.5cm×29cm	368,000	西泠印社	2021-01-15
王文治 快雨堂临书 手卷	20.5cm×330cm	368,000	中国嘉德	2021-12-12
王文治 行楷节录孙过庭《书谱》立轴	124cm×39.5cm	356,500	中贸圣佳	2021-07-06
王文治 行书八言联 立轴	165.5cm×35cm×2	345,000	中国嘉德	2021-05-18
王文治 行书诗句 立轴	124cm×65cm	310,500	永乐拍卖	2021-05-20
王文治 行书七言 立轴	126cm×29cm×2	253,000	永乐拍卖	2021-05-20
王文治 行书十言联 镜片	214.5cm×29.5cm×2	218,500	西泠印社	2021-07-24
王文治 1800年作 快雨堂临书 册(二十四开)	31cm×21cm×24	207,000	北京翰海	2021-06-04
王文治 上知归居士之书卷 手卷	21cm×135cm	201,250	华艺国际	2021-12-11
王文治 行书七言联 立轴	135.5cm×23cm×2	184,000	中国嘉德	2021-12-12
王文治 1790年作 行书七言联 立轴	130cm×29cm×2	172,500	广东崇正	2021-01-07
王文治汪如洋 胡锡珪 吴履 冯洽 钱昌龄 杨伯润 陶绍原 鲍济 周封 濮瀵 明清诸家扇面(十一帧) 扇面	35cm×51cm×13	161,000	永乐拍卖	2021-09-27

2021书画拍卖成交汇总(续表)

(成交价RMB：10万元以上)

拍品名称	物品尺寸	成交价RMB	拍卖公司	拍卖日期
王无回 郑为光 书法 扇面(二幅)	16.5cm×51.5cm；16cm×51cm	322,000	西泠印社	2021-01-15
王无颇 书法 手卷	34cm×284cm	178,250	华艺国际	2021-09-17
王武 红杏飞燕 立轴	195cm×98cm	1,495,000	北京保利	2021-12-04
王武 1680年作 花石图 扇面	16cm×51cm	253,000	中国嘉德	2021-05-18
王武 千秋柱石 立轴	162cm×52.5cm	230,000	中贸圣佳	2021-05-21
王武 绿柳红桃 立轴	76.5cm×48cm	156,492	香港苏富比	2021-10-12
王咸宜 花卉 立轴	66cm×37cm	138,000	南京经典	2021-07-18
王学浩 1822年作 秋夜读书图 手卷	32.5cm×96.5cm	759,000	朵云轩	2021-07-08
王学浩 1832年作 仿古山水 册页(十二开)	尺寸不一	253,000	朵云轩	2021-07-08
王学浩 1824年作 仿古山水 册页(共十一页)	画心35.5cm×31cm×10；题跋42cm×35cm	230,000	西泠印社	2021-07-24
王懿荣 楷书八言联 立轴	160.5cm×33.5cm×2	241,500	北京翰海	2021-06-04
王懿荣 行书 横幅	55cm×126cm	161,000	北京翰海	2021-06-04
王昱 1739年作 溪山把钓图 立轴	108cm×56cm	402,500	北京保利	2021-09-25
王昱 1740年作 仿子久秋山图 立轴	85cm×39cm	391,000	北京保利	2021-06-06
王昱 1751年作 秋色老梧图 立轴	74cm×31cm	172,500	西泠印社	2021-01-15
王原祁 秋林远黛 立轴	112cm×48cm	55,200,000	永乐拍卖	2021-12-02
王原祁 仿董北苑春山图 立轴	164cm×52cm	5,750,000	北京保利	2021-12-04
王原祁 1690年作 灵岩毓秀图轴 立轴	107cm×50cm	4,485,000	十竹斋拍卖(北京)	2021-05-29
王原祁 云山得意图 立轴	91.5cm×32.5cm	1,725,000	中国嘉德	2021-05-18
王原祁 1702年作 仿北苑山水卷 手卷	画心44cm×228.5cm；题跋6cm×23.5cm×2；10cm×44cm；34cm×46cm	4,025,000	西泠印社	2021-01-15
王原祁 仿黄子久山水 立轴	116cm×61cm	2,867,886	香港苏富比	2021-04-19
王原祁 清康熙丁亥年作 仿曹知白笔意 立轴	86cm×43cm	2,070,000	永乐拍卖	2021-05-20
王原祁 1714年作 仿黄公望山水 立轴	102.5cm×47cm	1,782,500	西泠印社	2021-07-24
王原祁 1708年作 春岭松云 手卷	42cm×255cm	1,213,920	保利香港	2021-04-23
王原祁 岩壑清华 册页(八开)	27.6cm×18.2cm×8	821,000	佳士得	2021-11-29
王原祁 1698年作 仿小米笔意山水 立轴	71cm×41cm	517,500	北京保利	2021-06-06
王原祁 行书七言诗 扇页	16cm×51.5cm	368,000	西泠印社	2021-01-15
王原祁 米氏云山图 立轴	39cm×25.7cm	368,000	中国嘉德	2021-05-18
王原祁 江山无尽图卷 手卷	54.5cm×207.5cm	172,500	北京保利	2021-12-04
王曰申 1838年作 为王相作 秋山白云图 立轴	143.5cm×45.5cm	172,500	西泠印社	2021-01-15
王云 康熙五十五年作 山水楼阁 镜心	201cm×105.3cm	1,150,000	永乐拍卖	2021-12-02
王云 花甲载舟图 立轴	85cm×31cm	333,500	中贸圣佳	2021-05-21
王云 秋山行旅 立轴	85cm×33cm	299,000	中国嘉德	2021-12-12
王云 春风放鸢图 立轴	99.5cm×33.5cm	253,000	北京翰海	2021-06-04
王云 1732年作 瑶台夜月 立轴	180cm×93.5cm	230,000	北京保利	2021-12-04
王云 1731年作 人物 镜片	102cm×61cm	230,000	广东崇正	2021-07-19
王云 1731年作 仙人引福图 镜片	102cm×60.5cm	230,000	西泠印社	2021-01-16
王云 1924年作 江村萧寺 立轴	73cm×40cm	172,500	北京翰海	2021-06-04
王云 松龟竞寿 立轴	137cm×34cm	166,750	北京诚轩	2021-05-18
王云 1929年作 紫藤美眷 镜心	33.7cm×98.8cm	161,000	北京诚轩	2021-12-03
王云(款) 1715年作 山水小品 镜心(八帧)	17cm×12cm×8	138,000	中国嘉德	2021-03-30
王之彦(题) 风动幽竹图 立轴	195cm×49cm	172,500	西泠印社	2021-07-24
王宗诚 楷书八言联 对联	174cm×37cm×2	138,000	北京保利	2021-12-04
魏象枢 励杜讷 陈奕禧等 国朝名人法书 册页(十开)	尺寸不一	977,500	中贸圣佳	2021-05-21
魏源 清道光己丑年作 行书祝寿言 镜心	24.5cm×33.5cm	471,500	永乐拍卖	2021-05-20
魏源 吴楷 1831年作 花卉 册页(共十五页)	26cm×17cm×15	172,500	西泠印社	2021-01-15
文点 1701年作 茆亭叙回图 立轴	68cm×38.5cm	678,500	朵云轩	2021-12-31
文点 清初 幽亭古涧 立轴	88cm×31cm	161,000	永乐拍卖	2021-12-02
文鼎 雪山萧寺 立轴	140cm×59cm	218,500	北京翰海	2021-06-04
文定 春花双鸟 立轴	100.5cm×34.5cm	138,000	中国嘉德	2021-05-18
翁方纲 1798年作 行书七言联 立轴	241.5cm×56cm×2	805,000	华艺国际	2021-12-11
翁方纲 行书七言联 立轴	176cm×38cm×2	310,500	中贸圣佳	2021-05-21
翁方纲 罗聘等 “长毋相忘”汉瓦歌 册页(二十九开)	23cm×27cm×29	747,500	中国嘉德	2021-12-12
翁方纲 1799年作 宛平县廨八咏序 册页(十二开)	26.5cm×24cm×12	552,000	中国嘉德	2021-12-12
翁方纲 跋 成亲王 题 旧拓定武兰亭 册页(七开)	24.5cm×11cm×6(三开)	287,500	中贸圣佳	2021-05-21
翁方纲 行书临董墨迹 立轴	102.5cm×51.5cm	230,000	北京荣宝	2021-06-19
翁方纲 行书“得齐书屋” 镜心	36cm×109cm	218,592	中国嘉德	2021-10-13
翁方纲 1785年作 行书《化度寺》诗 镜心	98.5cm×34.5cm	218,500	中国嘉德	2021-12-12
翁方纲 1809年作 行书 黄山镫歌 立轴	65cm×21cm	161,000	西泠印社	2021-07-24
翁雒 清代 道光十三年作 三秋竞艳图 立轴	画心98cm×45cm；边跋95cm×6cm	195,500	永乐拍卖	2021-12-02
翁同龢 书法对联	127cm×30cm×2	172,500	辽宁省拍	2021-07-04
翁同龢 1900年作 临易林刻本 册页(共七十一页，选刊三十五页)	42cm×47cm×71	862,500	中国嘉德	2021-05-18
翁同龢 行书 立轴	246cm×57cm	667,000	朵云轩	2021-07-08
翁同龢 1892年作 楷书“玉琯山房”镜心	59.5cm×211cm	552,000	中国嘉德	2021-12-12
翁同龢 行书 立轴	130cm×65cm	483,000	广东崇正	2021-07-19
翁同龢行书 节录《画禅室随笔》立轴	130.5cm×64.5cm	460,000	西泠印社	2021-01-15
翁同龢 1886年作 楷书六屏 立轴	129.5cm×61cm×6	333,500	广东崇正	2021-01-07
翁同龢 楷书“衍庆堂” 镜片	41cm×166cm	287,500	广东崇正	2021-07-19
翁同龢 1897年作 行书四屏 立轴	165.5cm×38.5cm×4	287,500	华艺国际	2021-06-05
翁同龢 清光绪癸卯年作 双银杏图 立轴	画27cm×33.5cm	287,500	永乐拍卖	2021-05-20
翁同龢 楷书五言联 立轴	127.6cm×31.5cm×2	254,923	香港苏富比	2021-04-21
翁同龢 临苏轼书 立轴	179cm×47cm×4	253,000	华艺国际	2021-03-31
翁同龢 为吴穀祥书匾 “瓶山画隐”横披	112.5cm×32cm	253,000	西泠印社	2021-01-15
翁同龢 楷书八言联 立轴	232cm×52.5cm×2	241,500	华艺国际	2021-06-05
翁同龢 行书节录《世说新语》四屏 镜心	143cm×38cm×4	230,000	永乐拍卖	2021-05-21
翁同龢 空同山馆 横披	82cm×181cm	207,000	北京保利	2021-12-04
翁同龢 1901年作 行书五言 对联	172.5cm×38cm×2	172,500	朵云轩	2021-07-08
翁同龢 隶书六言联 立轴	253cm×41cm×2	172,500	中国嘉德	2021-05-18

拍品名称	物品尺寸	成交价RMB	拍卖公司	拍卖日期
翁同龢 1903年作 行书节临黄庭坚《南康帖》四屏 立轴	92cm×29.5cm×4	161,000	中国嘉德	2021-12-12
翁同龢 何子贞论书卷 手卷	引首 23.5cm×82cm; 翁书法 23.5cm×96cm; 后跋23.5cm×103cm	138,000	广东崇正	2021-07-19
翁同龢 行书 屏轴(四幅)	168cm×42.5cm×4	322,000	朵云轩	2021-12-31
倭仁 楷书节录朱熹《近思录》立轴	131.5cm×31cm×4	368,000	中国嘉德	2021-05-20
吴本善书 吴大澂 吴湖帆题 丙申除夕(1897年作 篆书七言联 立轴)	115.5cm×26cm×2	299,000	北京诚轩	2021-05-18
无款《万寿盛典》节录 手卷	30cm×569.5cm	3,933,000	佳士得	2021-05-26
无款 恩锡酬庸图 手卷	99cm×333.8cm	2,052,500	佳士得	2021-11-29
吴焯 幽壑高士图 立轴	145cm×51cm	138,000	十竹斋拍卖(北京)	2021-05-29
吴大澂 篆书《大义桥黄氏义庄记》册页(五十三开一百零六页)	47cm×23cm×106	2,530,000	北京保利	2021-12-04
吴大澂 光绪十六年作 临黄易山水 手卷	画心 18cm×142cm; 题跋20cm×26cm	644,000	永乐拍卖	2021-12-02
吴大澂 篆书四屏 立轴	130cm×32cm×4	322,000	北京保利	2021-12-03
吴大澂 篆书七言 对联	131cm×33cm×2	161,000	朵云轩	2021-12-31
吴大澂 1892年作 临西庐山水 册页(画十二开，题跋二开)	画 46cm×29.5cm×12	5,635,000	上海匡时	2021-07-08
吴大澂 1892年作 钟馗 立轴	110cm×36cm	1,380,000	华艺国际	2021-03-31
吴大澂 古籀孝经卷 手卷	画25cm×818cm; 跋33.5cm×30cm	1,380,000	中国嘉德	2021-05-18
吴大澂 1892年作 行书《登岳麓诗》镜心	38cm×141.5cm	1,035,000	中国嘉德	2021-05-18
吴大澂 篆书修身语 镜框	28cm×131cm	586,500	华艺国际	2021-03-31
吴大澂 1894年作 书示求贤馆肆业诸生手帖 镜框	28.4cm×91cm	531,090	香港苏富比	2021-04-21
吴大澂 1870年作 篆书四屏 立轴	129cm×28.5cm×4	377,568	中国嘉德	2021-10-13
吴大澂 篆书八言联 立轴	172cm×31cm×2	287,500	十竹斋拍卖(北京)	2021-05-29
吴大澂 篆书临秦权铭文 立轴	177cm×60.5cm	230,000	中国嘉德	2021-05-18
吴大澂 任伯年 吴子深 韩来潮等 画 题 湖上草堂图 手卷	引首 32cm×109cm; 本幅 31.5cm×135cm; 题跋33cm×70cm	212,750	中贸圣佳	2021-05-21
吴大澂 篆书八言联 立轴	204cm×43cm×2	195,500	中贸圣佳	2021-05-21
吴大澂 篆书八言 对联	282cm×46cm×2	172,500	朵云轩	2021-07-08
吴大澂 1877年作 山水 立轴	123.5cm×30.5cm	149,500	北京翰海	2021-12-18
吴大澂 墨梅 屏轴	70cm×21.5cm	149,500	朵云轩	2021-07-08
吴定 1686年作 山水 册页(十帧)	21.5cm×30cm×10	632,500	西泠印社	2021-01-15
吴东发 林壑溪桥图 立轴	79cm×34.5cm	460,000	西泠印社	2021-01-15
吴东发 溪山清远图 手卷	画心 57.5cm×15cm; 题跋33.5cm×18cm	149,500	西泠印社	2021-07-24
吴韶祥 1879年作 柴门隐逸图 手卷	引首 34.5cm×108cm; 画心 35cm×163.5cm	172,500	西泠印社	2021-04-10
吴榖祥 钱文惠 1902年作 兰亭修禊图·书法 成扇	18.5cm×49cm	241,500	西泠印社	2021-07-25
吴榖祥 1891年作 弹琴仕女图 立轴	113.5cm×39.5cm	172,500	北京荣宝	2021-06-19
吴榖祥 1891年作 弹琴仕女图 立轴	113.5cm×39.5cm	161,000	中国嘉德	2021-12-12
吴榖祥 1874年作 听箫图 镜片	173cm×73cm	138,000	广东崇正	2021-07-19
吴规臣 四时花卉卷 手卷	30cm×700cm	287,500	中贸圣佳	2021-05-21
吴历 1674年作 清溪草堂图 立轴	100.5cm×48cm	4,830,000	上海嘉禾	2021-07-22
吴历 1674年作 仿元人山居图 立轴	50cm×28cm	2,530,000	华艺国际	2021-12-11
吴历 1700年作 为思默作山水 立轴	73.5cm×29.5cm	2,300,000	北京保利	2021-06-06
吴麟 1769年作 山水 册页(十开)	25.5cm×33cm×10	278,208	中国嘉德	2021-10-13
吴鲁 行书七言联 立轴	120cm×32cm×2	138,000	十竹斋拍卖(北京)	2021-05-29
吴玫 花鸟 册页(十二开)	31cm×31.5cm×12	184,000	南京经典	2021-07-18
吴求 宫廷仕女 四条屏	155cm×50cm×4	483,000	中国嘉德	2021-09-28
吴让之 节临《郑文公碑》立轴(六屏)	131cm×31cm×6	1,092,500	北京保利	2021-12-04
吴让之篆书《与朱元思书》四屏条	133cm×30.5cm×4	920,000	中贸圣佳	2021-07-06
吴让之 陆恢 顾麟士等 古玉佛龛图卷 手卷	引首 29.5cm×114.5cm; 前跋 19cm×120.5cm; 前跋 40cm×213cm; 画心66cm×129cm; 画心 65cm×229cm; 画心95cm×329cm; 画心 92cm×429cm; 后跋29cm×290cm	690,000	北京保利	2021-12-04
吴让之 篆书九言联 立轴	131.5cm×29cm×2	345,000	中贸圣佳	2021-05-21
吴让之 1868年作 松林溪瀑 四联屏	121.5cm×58.4cm×4	339,898	香港苏富比	2021-04-21
吴让之 行书文语 立轴	133cm×47cm	299,000	北京保利	2021-06-06
吴让之 四时珍卉 册页	27cm×34cm×8	218,500	永乐拍卖	2021-09-27
吴让之 四季花卉 立轴	173.5cm×45cm×4	195,500	华艺国际	2021-06-05
吴让之 篆书六言联 对联	93cm×18.5cm×2	172,500	北京保利	2021-12-04
吴让之 篆书八言联 立轴	130.5cm×26.3cm×2	149,500	中国嘉德	2021-11-30
吴让之 1852年作 隶书 屏轴(四件)	128cm×23.5cm×4	276,000	朵云轩	2021-12-31
吴让之 花卉 屏轴(四幅)	173.5cm×45cm×4	149,500	朵云轩	2021-12-31
吴荣光 叶衍兰 张维屏 岭南三家书法卷 手卷	引首 23.5cm×79cm; 书法叶 15.5cm×39cm; 张20.5cm×30.5cm; 张23.5cm×47cm; 吴23.5cm×99cm; 题跋23.5cm×60cm	230,000	北京保利	2021-12-04
吴荣光 书法四屏 四屏	128.2cm×29.5cm×4	159,327	香港苏富比	2021-04-19
吴伟业 行书梅花诗 镜心	16cm×50.5cm	368,000	北京保利	2021-12-04
吴雯 1699年作 行书七言诗 立轴	168cm×48.5cm	287,500	中国嘉德	2021-12-12
吴熙载 杨沂孙 行书"郑斋"镜心	尺寸不一	862,500	北京保利	2021-06-06
吴熙载 篆书龙门对 立轴	174.5cm×34.5cm×2	368,000	中国嘉德	2021-05-18
吴熙载 花卉四屏 立轴	128cm×29.5cm×4	287,500	中国嘉德	2021-12-12
吴熙载 为邓启昌作 篆书七言联 对联	134cm×26cm×2	161,000	西泠印社	2021-07-24
吴昕 高士观瀑 立轴	175cm×45.5cm	143,750	北京保利	2021-12-04
吴云 徐渭仁 纪大复 何士祁等 1851年作 为麟桂作《胥江饯别图》手卷	引首 29cm×95cm; 画心 29cm×46.5cm; 题跋20cm×333cm	172,500	西泠印社	2021-10-24
吴之振 吕留良 黄宗羲等《种菜诗唱和诗册》系列作品	尺寸不一	34,500,000	华艺国际	2021-06-05
吴之振 行书《白氏文集》镜心(七帧)	25.5cm×14.5cm×7	264,500	中国嘉德	2021-12-12

2021书画拍卖成交汇总(续表)

(成交价RMB：10万元以上)

拍品名称	物品尺寸	成交价RMB	拍卖公司	拍卖日期
武丹 烟浮林壑图 立轴	87.5cm×50cm	805,000	北京保利	2021-06-06
武丹 1686年作 高山流水 镜心	126.5cm×52cm	402,500	北京保利	2021-06-06
武丹 康熙二十一年作 山水四屏立轴	188cm×50cm×4	241,500	永乐拍卖	2021-12-02
奚冈 1784年作 高士幽居图 立轴	170cm×93.5cm	782,000	西泠印社	2021-07-24
奚冈 溪山云起图 立轴	139cm×37cm	460,000	南京经典	2021-01-10
奚冈 高树程 为汪初作《虹月舟填词图》手卷	引首 24.5cm×104.5cm; 画心 27.5cm×112cm; 28.5cm×56cm; 题跋29.5cm×245cm	402,500	西泠印社	2021-07-24
奚冈 仿各家山水 册页(八开)	22cm×23cm×8	322,000	北京保利	2021-12-04
奚冈 溪山佳趣 手卷	26cm×520cm	230,000	北京保利	2021-09-25
奚冈 1795年作 三清图 立轴	114cm×32.8cm	207,000	北京保利	2021-12-04
奚冈 1786年作 为翟大坤作《青山归隐图》立轴	64.5cm×53cm	207,000	西泠印社	2021-07-24
奚冈 行书七言诗 横披	33cm×63cm	138,000	西泠印社	2021-01-15
夏令仪 墨竹 四屏	130cm×30cm×4	207,000	南京经典	2021-07-18
夏令仪 冯登府 姚燮 1832年作 潇湘竹韵十二图 册页(共二十四页)	51.5cm×33cm×24	287,500	西泠印社	2021-07-24
夏同龢 陈宝琛 林长民 郑沅等 藻采缤纷 册页(共九页)	54.5cm×17cm×3; 52cm×16cm×3; 42.5cm×31cm×3	138,000	西泠印社	2021-07-25
夏宗辂 寿字花卉画 册页(八开)	30.5cm×28cm×8	1,311,000	华艺国际	2021-06-05
咸丰帝 行书七言联 对联	134cm×33cm×2	299,000	北京保利	2021-09-25
冼国干 草书 立轴	169cm×47cm	414,000	广东崇正	2021-07-19
项德新 古木寒亭图 扇页	16.5cm×49cm	207,000	西泠印社	2021-07-24
项徽谟 1654年作 归帆图 扇面	16.5cm×50cm	253,000	中国嘉德	2021-05-18
萧晨 枫林停车图 立轴	107cm×79cm	172,500	广东小雅斋	2021-07-20
萧一芸 山水 册页(二十开)	画 24cm×19.5cm×20	2,012,500	华艺国际	2021-06-05
谢彬 1680年作 渔家乐 手卷	画34cm×407.5cm	377,568	中国嘉德	2021-10-13
虚谷 1894年作 柳树松鼠 立轴	181cm×50cm	1,035,000	北京保利	2021-06-06
虚谷 紫绶金章图轴 立轴	148cm×40cm	805,000	中贸圣佳	2021-05-21
虚谷 1896年作 春波鱼戏图 立轴	131.5cm×49.5cm	747,500	中鸿信	2021-07-14
虚谷 柳荫锦鱼 立轴	101cm×28cm	724,500	北京保利	2021-06-06
虚谷 金玉满堂 镜心	28cm×32cm	632,500	北京保利	2021-06-05
虚谷 松鼠花卉 立轴	135cm×44cm	575,000	北京保利	2021-05-17
虚谷 1896年作 篱菊图 立轴	114cm×42cm	437,000	北京保利	2021-06-06
虚谷 1893年作 芝兰并茂 立轴	67cm×33cm	368,000	北京保利	2021-06-06
虚谷 枇杷图 立轴	105cm×33cm	345,000	北京保利	2021-06-06
虚谷 翠竹松鼠 立轴	100.5cm×39.5cm	230,000	北京保利	2021-12-03
虚谷 翠竹松鼠 立轴	100.5cm×39.5cm	218,500	上海嘉禾	2021-07-23
虚谷 树结宝珍图 立轴	99cm×49cm	189,750	西泠印社	2021-04-10
虚谷 清供 镜心	43cm×58cm	149,500	北京保利	2021-12-04
虚谷 1878年作 胡仲庚 1883年作 芝兰松鼠 行书 扇轴	18cm×52.5cm×2	138,000	朵云轩	2021-07-08
徐枋 1685年作 春溪访隐图 立轴	109cm×39cm	414,000	中鸿信	2021-07-15
徐枋 高简 顾殷 萧云从等 书画隔景扇面 扇面	18.5cm×52.5cm	333,500	十竹斋拍卖(北京)	2021-05-29
徐枋 1674年作 仿巨然笔意 立轴	94cm×46cm	322,000	中鸿信	2021-07-15
徐枋 1694年作 灵芝寿石图 立轴	105.5cm×36.5cm	287,500	西泠印社	2021-01-15
徐枋 不容不醉帖 镜片	26.5cm×20.5cm	207,000	西泠印社	2021-01-15

拍品名称	物品尺寸	成交价RMB	拍卖公司	拍卖日期
徐浩 秋山萧寺 立轴	159cm×45cm	230,000	北京荣宝	2021-06-19
徐宏位 徐渭裔孙 曹尔坫 渔家乐卷 手卷	画心 249.5cm×26.5cm; 题跋 83cm×27cm; 108cm×27cm	138,000	西泠印社	2021-07-24
徐良 牧牛图 手卷	26cm×254cm	1,150,000	中国嘉德	2021-03-30
徐三庚 隶书七言联 立轴	133cm×33cm×2	345,000	中贸圣佳	2021-05-21
徐三庚 1885年作 隶书七言联 对联	105.5cm×21.5cm×2	287,500	北京保利	2021-12-04
徐三庚 篆书八言联 立轴	147cm×37cm×2	253,000	中国嘉德	2021-05-18
徐扬 平定西域献俘礼图 手卷	43cm×1865cm	414,000,000	北京保利	2021-06-06
徐扬 项穋之 郭敏盘 1767—1801年作 山水图(三幅) 扇面镜片	17cm×50cm×3	205,250	佳士得	2021-11-29
徐元文 行书七言诗 立轴	73cm×45cm	138,000	上海嘉禾	2021-07-23
许滨 1737年作 花卉 册页	23cm×30cm×14	202,320	保利香港	2021-04-23
许滨 山水 镜心	219cm×115.5cm	149,500	中贸圣佳	2021-03-26
许良标 香涛大人玉照 镜心	95cm×179cm	368,000	中国嘉德	2021-03-30
许乃普 许乃钊 赵光 祁寯藻 行书四屏 立轴	188cm×30cm×4	218,500	中国嘉德	2021-05-18
许永 荷塘鹭鸶 立轴	172cm×81cm	287,500	北京保利	2021-12-04
许友 草书七言诗 立轴	书法 18cm×23.5cm×2	1,035,000	中国嘉德	2021-05-18
许友 草书七言诗 扇面镜片	16.5cm×51cm	155,250	佳士得	2021-05-26
许舟 四相簪花图 立轴	118.5cm×100cm	212,750	中贸圣佳	2021-07-06
宣统帝 1922年作 牡丹 立轴	132cm×64cm	345,000	北京翰海	2021-06-04
宣统帝 1923年作 花卉 立轴	118.5cm×45cm	207,000	北京翰海	2021-06-04
宣统帝 1922年作 瑞灵仙寿图 立轴	130cm×61cm	172,500	华艺国际	2021-06-05
薛伯蒲 书法 手卷	薛一 21cm×56cm; 薛二 28.5cm×14.5cm×12; 陈题 30cm×16cm×10	402,500	广东崇正	2021-01-07
薛素素 竹石图 立轴	64.5cm×26cm	402,500	华艺国际	2021-06-05
薛素素 1567年作 兰竹双清 立轴	64.5cm×26.5cm	230,000	广东崇正	2021-01-06
薛所蕴 行书五言诗 镜心	17cm×51.5cm	138,000	北京保利	2021-12-04
薛渔 青溪牧牛图 立轴	118cm×63cm	1,437,500	中贸圣佳	2021-05-21
严复 草书节录《庄子·人间世》四屏立轴	143cm×36.5cm×4	2,300,000	十竹斋拍卖(北京)	2021-05-29
严复 行书 节临宋黄庭坚书帖	32cm×131.5cm	1,380,000	中国嘉德	2021-05-20
严复 行书七言联 立轴	131cm×31.5cm×2	1,207,500	中国嘉德	2021-05-19
严复 为江汝楫书七言联 对联	133cm×30cm×2	805,000	西泠印社	2021-07-25
严复 行书 八言联	20.5cm×96cm	747,500	中国嘉德	2021-05-20
严复 草书《松风阁》立轴	68cm×28cm	460,000	永乐拍卖	2021-05-21
严复 不远复室 镜框	41cm×158.3cm	434,700	佳士得	2021-05-27
严湛 七子度关图卷 手卷	33cm×280cm	161,000	中国嘉德	2021-03-30
阎德林 1869年作 篆书 立轴(六幅)	128cm×28.2cm×6	287,350	佳士得	2021-11-29
阎敬铭 1881年作 行书 镜片	31cm×130.5cm	270,250	朵云轩	2021-07-08
颜峄 1728年作 仙山楼阁通景十二屏 立轴	180cm×52.5cm×12	5,520,000	北京保利	2021-12-04
杨宾 1715年作 行书刘禹锡词手卷	30cm×340cm	690,000	北京保利	2021-06-06
杨补 1652年作 为王乃昭作墨梅图 立轴	66.5cm×30cm	483,000	西泠印社	2021-07-24
杨补 为古愚作山水 扇面	17cm×49cm	253,000	中国嘉德	2021-05-18
杨补 溪山清旷卷 手卷	画心 22cm×119cm; 题跋22cm×88cm	161,000	中贸圣佳	2021-07-06
杨法 篆书八言龙门联 立轴	104cm×26cm×2	747,500	中贸圣佳	2021-05-21

拍品名称	物品尺寸	成交价RMB	拍卖公司	拍卖日期
杨法 1701年作 各体书法 册页(十二页)	28cm×18.5cm×12	598,000	西泠印社	2021-07-24
杨法 古松幽立 立轴	97cm×43cm	322,000	中贸圣佳	2021-05-21
杨法 隶书七言联 立轴	129cm×24.5cm×2	230,000	华艺国际	2021-12-11
杨涵 竹林通景屏 四条屏	137cm×46cm×4	241,500	中国嘉德	2021-03-30
杨继盛 寿徐文贞遗稿 手卷	书法29cm×423cm	6,095,000	华艺国际	2021-06-05
杨继盛 何绍基 陈孚恩等 谕应尾、应箕两儿书卷 手卷	31cm×255cm	3,852,500	中贸圣佳	2021-07-06
杨晋1717年作山水册页(十二开)	21.5cm×28.5cm×12	690,000	中国嘉德	2021-12-12
杨晋 江山渔乐图 立轴	164cm×53cm	437,000	十竹斋拍卖(北京)	2021-05-29
杨晋1723年作 仿赵文敏山水 立轴	180.5cm×98.5cm	690,000	北京翰海	2021-12-18
杨晋 马元驭 恽寿平等 国朝名人画合锦 册页(十二开)	30.5cm×23cm×12	368,000	北京保利	2021-06-06
杨晋 摹古山水 册页	28.5cm×41cm×8	345,000	十竹斋拍卖(北京)	2021-05-29
杨晋 柳林放牧图 手卷	引首 24.5cm×105.5cm; 本幅 25cm×240cm; 题跋30cm×25cm	172,500	中贸圣佳	2021-09-25
杨守敬 楷书五言联 立轴	179.5cm×47cm×2	166,750	北京银座	2021-09-24
杨天壁 1833年作 梅岭早春图 立轴	131.5cm×36.5cm	172,500	北京荣宝	2021-06-19
杨文骢 1634年作 秋山策杖 立轴	107cm×45cm	1,265,000	上海嘉禾	2021-07-22
杨文骢 松壑听泉图 立轴	186cm×55cm	172,500	北京荣宝	2021-12-02
杨沂孙 翁同龢 范玑 程庭鹭等题绘 旧山楼图 手卷	19.5cm×91cm; 19.5cm×52.5cm	2,760,000	中国嘉德	2021-05-20
杨沂孙 1878年作 篆书"宥坐之器"四屏 立轴	172cm×46.5cm×4	805,000	中国嘉德	2021-05-20
姚柬之 包世臣 书画跋尾 镜心	31.5cm×45.5cm	138,000	中贸圣佳	2021-07-06
姚敏修 雪树寒江图 立轴	206cm×75cm	161,000	西泠印社	2021-07-24
姚鼐 楷书《金刚经》册页	19cm×22.5cm×20	2,875,000	北京华辰	2021-12-08
姚鼐 致何思钧、姚原绶、姚元之等信札 册页(十一通三十三页)	32cm×18cm×19	1,518,000	中贸圣佳	2021-05-21
姚鼐 书法 手卷	书法 23cm×172cm; 引首20cm×53cm	345,000	华艺国际	2021-06-05
姚鼐 1778年作 行书临米芾《苕溪诗》句 立轴	123.5cm×30cm	149,500	中国嘉德	2021-12-12
姚文瀚 婴戏图轴 立轴	162cm×78cm	7,992,500	中贸圣佳	2021-05-21
姚文瀚 九子献寿 立轴	130.5cm×72.5cm	977,500	华艺国际	2021-06-05
姚文田 楷书八言联 立轴	166.5cm×39cm×2	195,500	北京翰海	2021-06-04
姚与穆 唐人诗意图 立轴	71.5cm×39cm	149,500	中贸圣佳	2021-05-21
姚元之 梅曾亮 瑛宝 指墨山水 镜片	127cm×30cm	149,500	西泠印社	2021-04-11
叶衍兰 张维屏 吴荣光 三家翰墨卷 手卷	叶16cm×38.5cm; 张 30cm×120.5cm; 张 47cm×223.5cm; 吴 23.5cm×98.5cm; 卢康华题引首 23.5cm×79cm; 卢康华后跋 23.5cm×58cm	184,000	广东崇正	2021-01-06
叶衍兰 隶书日贯囲联句扇面镜框	17.8cm×51.7cm	148,705	香港苏富比	2021-04-21
叶雨 1673年作 深山积雪图 立轴	162.5cm×87cm	299,000	北京保利	2021-12-04
伊秉绶 清嘉庆乙丑年作 昨叶书堂 镜心	38cm×135cm	20,125,000	永乐拍卖	2021-05-20
伊秉绶 1813年作 隶书"劝耕课读室"镜心	41cm×150cm	4,600,000	北京保利	2021-09-25
伊秉绶 1805年作 水暮云峦图 立轴	116cm×36cm	3,795,000	中国嘉德	2021-05-18
伊秉绶 1812作 为莲舫临尹宙碑 立轴	56.5cm×79cm	2,070,000	中国嘉德	2021-05-18
伊秉绶 许乃普 周寿昌 宋葆淳 赵孟頫 杨叔谦 1318年作 赵孟頫小像卷 手卷	引首 27cm×63.5cm; 画心 22.5cm×29cm; 题跋 26.5cm×210cm	1,897,500	西泠印社	2021-01-15
伊秉绶 徐秉堉 清嘉庆癸酉年作 归棹图 手卷	题 52cm×117cm; 画 52cm×125cm; 跋 52cm×115cm; 跋52cm×118cm	1,437,500	永乐拍卖	2021-05-20
伊秉绶 1804年作 隶书八言联 立轴	228cm×38cm×2	1,092,500	十竹斋拍卖(北京)	2021-05-29
伊秉绶 行书《宿巴陵闻笛》立轴	105.5cm×37.5cm	552,000	保利厦门	2021-05-06
伊秉绶 1813年作 行书节临《送刘太冲叙》立轴	131cm×45cm	552,000	十竹斋拍卖(北京)	2021-05-29
伊秉绶 1804年作 隶书八言联 立轴	229cm×38cm×2	517,500	中国嘉德	2021-12-12
伊秉绶 隶书"兰心斋" 横披	38.5cm×129.5cm	322,000	北京保利	2021-12-04
伊秉绶 隶书五言联 立轴	133cm×36cm×2	322,000	中鸿信	2021-07-15
伊秉绶(款) 1806年作 隶书"有正味斋" 横幅	26cm×167cm	299,000	中国嘉德	2021-09-29
伊秉绶 隶书"金石同古之斋"	34.5cm×110cm	253,000	中鸿信	2021-07-14
伊秉绶 临颜真卿《送刘太冲序》镜心	132.5cm×35cm	172,500	永乐拍卖	2021-05-20
仪克中等 1831年作 为藕船作诗文 册页(十一开)	23cm×27cm×11	276,000	中国嘉德	2021-12-12
佚名 香山路程图	20.5cm×16.1cm	2,242,500	北京荣宝	2021-12-02
佚名 茶马古道罕见沿线图 册页(九页)	62cm×31.5cm×9	897,000	西泠印社	2021-07-24
佚名 古越徐氏家庆图名人题墨一册页(二十开)	32.5cm×49.7cm×20	2,300,000	广东崇正	2021-01-07
佚名清中期春耕图(一组十四张)	65cm×51cm×14	368,000	北京保利	2021-12-06
佚名 湘军出征图	60.5cm×40.2cm	184,000	中贸圣佳	2021-05-21
佚名1767年作 十八学士图卷 手卷	29cm×227cm	172,500	中国嘉德	2021-03-30
佚名 1648年作 自在观音 立轴	152cm×76.5cm	161,000	保利厦门	2021-05-06
佚名 清早期 绢本六大菩萨	113cm×60cm	143,520	台北艺珍	2021-11-07
佚名 绘 乾隆宫廷嵌百宝檀香木扇骨成扇	高34.5cm	690,000	华艺国际	2021-12-11
佚名 清高宗万寿庆典图 手卷	38cm×303cm	3,220,000	华艺国际	2021-12-11
佚名 清高宗御苑赏荷图 立轴	107cm×72cm	195,500	华艺国际	2021-12-11
奕譞 同治十三年作 楷书七言联立轴	217cm×40cm×2	161,000	中国嘉德	2021-12-12
胤禄 行书《百一诗·昔有行道人》立轴	162cm×55cm	276,000	中国嘉德	2021-05-18
胤祺 行书节录《与顾章书》立轴	127cm×60cm	368,000	中国嘉德	2021-05-18
胤禧 1748年作 铜官山色图 立轴	101.5cm×49cm	161,000	北京翰海	2021-06-04
雍正帝 楷书"建牙伟略"镜心	71cm×247cm	16,675,000	北京保利	2021-12-04
雍正帝1730年作 御笔"福"镜心	194cm×113cm	12,650,000	北京保利	2021-12-04
雍正帝 行书"云程发轫"镜心	40cm×193cm	1,702,000	北京保利	2021-06-06
雍正帝 行书《御选语录 娠》镜心	139cm×58cm	1,092,500	北京保利	2021-06-06
雍正帝 行书《赐岳钟琪御制五言律诗二首》之一 镜心	105cm×50cm	690,000	中贸圣佳	2021-05-21
雍正帝 行书七言联 立轴	196cm×37cm×2	632,500	中国嘉德	2021-12-12
雍正皇帝 御笔行书赵嘏《忆山阳》诗句对联 镜心	182cm×44cm×2	2,530,000	永乐拍卖	2021-05-20

2021书画拍卖成交汇总(续表)

(成交价RMB：10万元以上)

拍品名称	物品尺寸	成交价RMB	拍卖公司	拍卖日期
雍正皇帝宫廷《金刚经变》双挖镜片	35cm×48.5cm×2	345,000	广东崇正	2021-01-06
永瑊 楷书七言联 立轴	182.5cm×38.5cm×2	345,000	中国嘉德	2021-05-18
永瑢 多子多福 手卷	32cm×226cm	920,000	朵云轩	2021-07-07
永瑢 1783年作 慈云石 立轴	137.2cm×77.5cm	621,000	佳士得	2021-05-26
永瑢 吉庆有余图 立轴	137.5cm×60cm	230,000	华艺国际	2021-03-31
永瑢 钱维城 钱维乔 董诰 方琮 张洽等 1772年—1773年作 仿米云山上下卷 手卷	上卷画 33cm×956cm; 下卷画 32cm×1291cm	15,525,000	北京保利	2021-06-06
永瑆 楷书七言联	126cm×29.2cm×2	573,804	香港苏富比	2021-10-12
永瑆 楷书四屏 立轴	176cm×41.5cm×4	552,000	中国嘉德	2021-05-18
永瑆 行书《南苑双柳树赋》手卷	书27cm×71.2cm; 画31.4cm×124.2cm	477,981	香港苏富比	2021-04-19
永瑆 1793年作 行书节录《梦真容敕》立轴	155cm×65.8cm	227,700	佳士得	2021-05-26
永瑆 1812年作 楷书《兰亭序》立轴	167.5cm×48cm	207,000	中国嘉德	2021-05-18
于灏 1666年作 行草书 立轴	359cm×69cm	690,000	北京翰海	2021-06-04
于敏中 吕纪 行书御制诗 海棠鸣禽 成扇	17.5cm×54.5cm×2	644,000	中贸圣佳	2021-05-21
于敏中 清供延娱 册页(二十四开)	5.5cm×7.5cm×24	393,300	佳士得	2021-05-26
余省 1741年作 鱼藻图 手卷	28.5cm×157.8cm	29,325,000	华艺国际	2021-06-05
余省 1744年作 玉兔守月 立轴	139cm×83cm	230,000	中国嘉德	2021-09-28
余省 花卉集锦册 十二开册	15.5cm×30cm×12	166,925	香港苏富比	2021-10-12
余赞年 1887年作行书十七言联立轴	355cm×34cm×2	155,250	华艺国际	2021-04-01
俞樾 1878年作篆书节录《文心雕龙》四屏	242cm×60.5cm×4	483,000	西泠印社	2021-07-24
俞樾 张熊 胡公寿 吴滔 杨伯润 丁文蔚 陈崇光 胡铁梅 赵遂禾 朱崇善能 高企辛 陈士杰 秦缃业 陈璚 朱宝善 杨葆光 高望曾等 春宵听雨图册 册页(共二十六页)	题耑 35cm×34cm; 画心25cm×13cm; 34cm×33.5cm×12; 32.5cm×32cm×12	437,000	西泠印社	2021-01-16
俞樾 隶书八言联 立轴	252cm×49cm×2	368,000	北京保利	2021-06-05
俞樾 隶书节录《文心雕龙·养气第四十二》四屏 立轴	183cm×46cm×4	345,000	北京保利	2021-12-04
俞樾 隶书十四言联 对联	178.5cm×34cm×2	230,000	上海匡时	2021-07-08
俞樾 隶书节录《文心雕龙》四屏	130cm×32cm×4	230,000	西泠印社	2021-07-24
俞樾 隶书七言联 立轴	135cm×31.5cm×2	207,000	北京翰海	2021-06-04
俞樾 书匾"菰烟芦雪是依乡"镜片	31cm×132.5cm	207,000	西泠印社	2021-01-15
俞樾 隶书 节录山谷论书 四屏	172.5cm×46cm×4	207,000	西泠印社	2021-07-24
俞樾 隶书四屏 立轴	137.5cm×33.5cm×4	184,000	中国嘉德	2021-05-21
俞樾 隶书 屏轴(两幅)	176cm×46cm×2	155,250	朵云轩	2021-09-18
俞宗礼 1765年作 人物故事图 册页(二册三十二开)	41cm×30cm×32	2,645,000	北京保利	2021-06-06
禹之鼎 清康熙庚辰年作 带经荷锄图 手卷	画心39cm×102cm	8,050,000	永乐拍卖	2021-05-20
禹之鼎 仿龙眠居士卷 手卷	引首 32cm×60cm; 画心 28.5cm×351cm; 题跋31.5cm×35cm	402,500	永乐拍卖	2021-12-02
禹之鼎 1686年作 深柳读书 立轴	116cm×40cm	241,500	朵云轩	2021-07-08
袁江 汉宫春晓 立轴	222cm×113cm	2,300,000	北京保利	2021-06-06
袁江 钱塘观潮图轴 立轴	189cm×81cm	2,645,000	中贸圣佳	2021-05-21
袁江 楼阁山水 立轴	122.5cm×58cm	410,500	佳士得	2021-11-29
袁江(款) 1692年作汉宫春晓 镜心	180cm×98cm	161,000	中国嘉德	2021-09-29

拍品名称	物品尺寸	成交价RMB	拍卖公司	拍卖日期
袁江 桃源仙境 立轴	164cm×92cm	161,000	中鸿信	2021-07-15
袁枚 王文治 曾雄等 为奇丰额作现比丘身说法图 立轴	95.5cm×39cm	1,495,000	西泠印社	2021-01-15
袁枚 许宝善 李御 为林铁箫题诗词三种 镜片(一帧二页)	36.5cm×24.5cm; 37cm×20cm	322,000	西泠印社	2021-01-15
袁通 1806年作 山水书法合璧卷 手卷	画 17.5cm×83cm; 书法 17.5cm×84cm	147,780	保利香港	2021-11-28
袁耀(传) 湖山胜境 镜心	61.5cm×103cm	1,725,000	中国嘉德	2021-05-18
袁耀 乾隆戊午年作 仙山楼阁图 立轴	213cm×105cm	4,370,000	永乐拍卖	2021-05-20
袁耀 1764年作 青绿山水 立轴	203.5cm×59.5cm	931,500	佳士得	2021-05-26
袁耀 听琴图 立轴	107cm×51cm	862,500	北京保利	2021-09-25
袁耀 中秋赏月图 立轴	169cm×47cm	575,000	北京保利	2021-09-25
袁瑛 携尊问事图 镜框	84cm×44.5cm	207,000	佳士得	2021-05-26
袁尚统 1650年作 策杖访山 立轴	119cm×58cm	368,000	朵云轩	2021-12-30
允禧 1745年作 山水 册页(十二开)	30cm×24cm×12	253,000	北京保利	2021-12-04
允禧 拟唐棣山水 立轴	113cm×56cm	172,500	中国嘉德	2021-12-12
恽冰 1754年作 国香春霁 立轴	71.5cm×76.5cm	328,400	佳士得	2021-11-29
恽冰 花鸟四屏 立轴	222cm×47cm×4	230,000	中鸿信	2021-07-15
恽怀娥 花卉扇面 镜心	18cm×51cm	161,000	南京经典	2021-07-18
恽寿平 1684年作 山水花卉 册页(十开)	画 23.5cm×36.5cm×10	57,500,000	中国嘉德	2021-12-12
恽寿平 康熙十三年 古松叠嶂 立轴	128cm×48.5cm	5,750,000	永乐拍卖	2021-12-02
恽寿平 山水花卉 册页(十二开二十四页)	画心 19cm×22cm×10	5,290,000	北京保利	2021-12-04
恽寿平 1688年作 国香春霁 立轴	134.5cm×68.5cm	48,972,650	佳士得	2021-11-29
恽寿平(款) 晴川览胜图 立轴	156.5cm×59.5cm	920,000	西泠印社	2021-07-24
恽寿平 山水卧游 册页(四开)	28.5cm×34cm×4	2,990,000	上海嘉禾	2021-07-22
恽寿平 秋声图 扇片	18cm×51cm	1,322,500	上海嘉禾	2021-07-23
恽寿平 山水 册页(十开)	34.5cm×24cm×10	2,645,000	华艺国际	2021-06-05
恽寿平 弘旿 山水花卉书法 册页(二十四页)	22cm×19cm×24	1,380,000	西泠印社	2021-01-15
恽寿平 1688年作 丛花秋艳图 扇面	19cm×55cm	747,500	中国嘉德	2021-05-18
恽寿平 秋菊图 立轴	131cm×53.5cm	391,000	华艺国际	2021-12-11
恽寿平 金笺墨妙帖 镜片(二帧)	画心 22.5cm×9cm; 题跋22.5cm×9.5cm	391,000	西泠印社	2021-01-15
恽寿平 1690年作 题杨柳诗 立轴	58cm×31.5cm	368,000	华艺国际	2021-03-31
恽寿平 春风图 镜片	24cm×31.5cm	287,500	广东崇正	2021-07-19
恽寿平(款) 1685年作 瑶圃仙葩 立轴	164cm×65cm	276,000	中国嘉德	2021-09-28
恽寿平 锦堂春晓 立轴	69.8cm×39cm	248,400	佳士得	2021-05-26
恽寿平(款) 竹溪横琴 立轴	画心 170cm×47.5cm; 诗堂 19cm×47.5cm	230,000	中贸圣佳	2021-07-06
恽寿平 1675年作 墨梅图 立轴	131.5cm×41.5cm	189,750	中鸿信	2021-07-15
恽寿平(传) 丹凤朝阳 镜框	141cm×82cm	153,938	佳士得	2021-11-29
恽寿平 香梅图 扇页	17cm×50.5cm	149,500	西泠印社	2021-04-11
曾国藩 行书七言联 对联	166.5cm×35.5cm×2	1,782,500	北京保利	2021-12-04
曾国藩 行书七言联 立轴	169.5cm×34cm×2	1,610,000	中贸圣佳	2021-05-21
曾国藩 行书录黄庭坚《题徐巨鱼》四屏立轴	92cm×40cm×4	1,955,000	十竹斋拍卖(北京)	2021-05-29
曾国藩 行书七言联 对联	170cm×37cm×2	920,000	北京保利	2021-12-04
曾国藩 行书八条屏	122cm×37cm	920,000	中国嘉德	2021-05-20
曾国藩 清代 行书七言联 立轴	183cm×33cm×2	805,000	永乐拍卖	2021-12-02

拍品名称	物品尺寸	成交价RMB	拍卖公司	拍卖日期
曾国藩 行楷七言联 立轴	170cm×37cm×2	690,000	北京荣宝	2021-06-19
曾国藩 行书七言联 立轴	166cm×32cm×2	563,500	华艺国际	2021-06-05
曾国藩 行书七言 对联	170cm×35.5cm×2	552,000	朵云轩	2021-07-08
曾国藩 胡林翼 左宗棠 李鸿章等清贤书翰 册页（十五开）	尺寸不一	552,000	中贸圣佳	2021-07-06
曾国藩 行书七言联 镜心	165cm×32cm×2	483,000	中国嘉德	2021-05-18
曾国藩 行书七言联 立轴	135cm×33.5cm×2	437,000	中鸿信	2021-07-15
曾国藩 行书七言 对联	174.5cm×34.5cm×2	414,000	朵云轩	2021-07-08
曾国藩 楷书七言联 对联	168cm×40cm×2	322,000	北京保利	2021-09-25
曾国藩 行书四屏 立轴	117cm×45.5cm×4	230,000	中国嘉德	2021-12-12
曾国藩 1857年作 行书顾炎武语录 镜心	127cm×60cm	207,000	北京荣宝	2021-06-19
曾国藩 行书高启诗 立轴	248cm×52cm	195,500	西泠印社	2021-04-11
曾国藩 1853年作 行书《秋晚杂兴》立轴	诗堂 28cm×35cm；画心146cm×36cm	184,000	中鸿信	2021-07-15
曾国藩 楷书临《尝瓜帖》镜心	117.5cm×29cm	139,264	中国嘉德	2021-04-22
曾国荃 行书七言联 立轴	127cm×27cm×2	207,000	十竹斋拍卖（北京）	2021-05-29
查继佐 草书七言诗句 立轴	128.5cm×54cm	862,500	西泠印社	2021-07-24
查昇1687年作行书《养生论卷》手卷	20cm×452cm	598,000	西泠印社	2021-01-15
查昇 1689年作 行书 惜字小引卷 手卷	28cm×187.5cm	322,000	西泠印社	2021-01-15
查昇 行书五言联 对联	99.5cm×27cm×2	322,000	西泠印社	2021-04-11
查昇 行书《登黄鹤楼诗》立轴	209.5cm×86cm	287,500	西泠印社	2021-01-15
查昇 行书陈旅《为张壶洲赋壶洲》立轴	171cm×47cm	264,500	北京保利	2021-09-25
查昇 家书 手卷	28cm×355cm；后跋28cm×136cm	241,500	华艺国际	2021-06-05
查昇 行书五言诗 册片	28.5cm×27cm；28.5cm×24.5cm	161,000	中国嘉德	2021-05-18
查昇1693年作楷书《过秦论》手卷	24cm×239cm	161,000	北京保利	2021-12-04
查士标 云山图 立轴	137cm×47cm	3,565,000	中国嘉德	2021-05-18
查士标 溪山泛舟图 立轴	175cm×51.5cm	2,070,000	西泠印社	2021-07-24
查士标 1686年作 山水图 立轴	132.7cm×52cm	3,078,750	佳士得	2021-11-29
查士标 山水 册页（八开）	24.5cm×30cm×8	805,000	中国嘉德	2021-05-18
查士标 林皋吟眺图 立轴	177cm×49cm	1,092,500	西泠印社	2021-01-15
查士标 山水 立轴	166cm×55cm	1,069,500	浙江佳宝	2021-01-10
查士标 1676年作 松溪观瀑图 立轴	142cm×48.5cm	1,012,000	北京保利	2021-12-04
查士标 行书七言诗 立轴	175cm×50cm	782,000	中国嘉德	2021-12-12
查士标 行书五言诗 立轴	138.5cm×49.5cm	747,500	中国嘉德	2021-12-12
查士标 烟水孤亭图 立轴	181cm×54cm	690,000	广东崇正	2021-07-19
查士标 行书《题三芳图诗》立轴	218cm×74.5cm	690,000	西泠印社	2021-01-15
查士标 遥岑空翠 立轴	134cm×47cm	414,000	永乐拍卖	2021-05-20
查士标 行书五言诗 立轴	119cm×52.5cm	368,000	中贸圣佳	2021-05-21
查士标 古木图 立轴	150cm×43cm	345,000	中国嘉德	2021-05-18
查士标 行书七言诗 立轴	124cm×49cm	322,000	华艺国际	2021-03-31
查士标 清代 行书唐诗 立轴	136cm×46cm	287,500	永乐拍卖	2021-12-02
查士标 山水 册页（四开）	21.8cm×17.2cm×4	246,300	佳士得	2021-11-29
查士标 枫叶秋林图 立轴	134cm×46.5cm	178,848	中国嘉德	2021-10-13
查士标 行书七言诗 立轴	131.5cm×44cm	172,500	广东崇正	2021-01-07
查士标 书法 镜片	16cm×46cm	138,000	华艺国际	2021-06-05
查士标 1676年作 松溪观瀑图 立轴	143cm×48cm	862,500	十竹斋拍卖（北京）	2021-05-29

拍品名称	物品尺寸	成交价RMB	拍卖公司	拍卖日期
翟大坤 清江渔隐 立轴	160cm×46cm	172,500	北京保利	2021-12-04
翟继昌 仿唐解元探梅图 立轴	147.5cm×31cm	184,000	中贸圣佳	2021-07-06
翟云升 1823年作 隶书节录《说文解字序》六屏 立轴	121.5cm×38cm×6	207,000	中国嘉德	2021-05-20
张常熹 群仙祝寿图 镜心	136cm×44cm	172,500	南京经典	2021-07-18
张大风等 王孝子铸铜像记 册页	25.5cm×36.5cm×4	345,000	朵云轩	2021-07-08
张风 面壁达摩 立轴	92.3cm×29.5cm	271,253	香港苏富比	2021-10-12
张风 人物山水 十开册	22.3cm×17cm×10	208,656	香港苏富比	2021-10-12
张庚 千岩竞秀 立轴	92.5cm×42.5cm	218,500	朵云轩	2021-07-08
张謇 行书“美意延年之室”横披	38cm×133cm	529,000	中国嘉德	2021-05-20
张謇 书法 横披	29cm×116cm	230,000	十竹斋	2021-06-27
张謇 行书节录杜甫《漫成二首》之一 镜心	226cm×47cm	207,000	中国嘉德	2021-05-20
张謇 行书 镜心	152cm×38cm×4	172,500	北京翰海	2021-04-17
张謇 行书八言联 对联	131cm×32.5cm×2	172,500	上海嘉禾	2021-11-14
张謇 行书 节录古文 立轴	177cm×94.5cm	149,500	西泠印社	2021-04-10
张建勋 楷书八言联 立轴	243cm×53cm	207,000	中贸圣佳	2021-05-21
张建勋 书法 手卷	22cm×1340cm	138,000	广东小雅斋	2021-07-20
张珂 1715年作 溪南渔舟图 立轴	108cm×38.5cm	253,000	西泠印社	2021-01-15
张翎 1742年作 孔融持意图 镜心	198cm×130cm	218,500	北京保利	2021-12-04
张穆 八骏图卷 手卷	画心 24.3cm×216cm	1,380,000	广东崇正	2021-01-07
张穆1634年作罗浮洞天福地图 立轴	28cm×19cm	667,000	广东崇正	2021-01-07
张洽 1767年作 枯木竹石 立轴	77.5cm×32cm	207,000	北京翰海	2021-06-04
张洽 1782年作 仿荆浩山水 立轴	84cm×27cm	138,000	北京保利	2021-06-06
张遒耆 花开富贵 八屏镜心	182cm×47.5cm×8	264,500	北京荣宝	2021-06-19
张若澄 1769年作 水墨花卉 册页（八页）	27.5cm×23.5cm×8	287,500	西泠印社	2021-07-24
张若澄清代乾隆御制诗秋云图立轴	135cm×51cm	230,000	永乐拍卖	2021-12-02
张若骕 山林野逸 立轴	119cm×64cm	207,000	中贸圣佳	2021-07-06
张若骕 1772年作 溪山亭子 立轴	120cm×64.5cm	172,500	北京保利	2021-12-04
张深 龙泉庵图 手卷	画心30cm×129cm	2,760,000	北京保利	2021-06-06
张廷济 临汉碑四屏 镜心	181.5cm×37.5cm×4	713,000	北京保利	2021-12-04
张廷济 清仪阁家书下 册页（二十三开）	尺寸不一	690,000	中贸圣佳	2021-05-21
张廷济 隶书七言联 立轴	165cm×37cm×2	552,000	中贸圣佳	2021-05-21
张廷济 陈朗山 李天植写照	32.5cm×31cm	230,000	西泠印社	2021-01-15
张廷济 1827年作 楷书《湖墩化成庵记》册页	27cm×16cm×16	230,000	中国嘉德	2021-09-29
张廷济 隶书七言联 立轴	129cm×31.5cm×2	195,500	中贸圣佳	2021-05-21
张廷济 隶书“纫兰草堂”匾额	31cm×112cm	172,500	西泠印社	2021-01-14
张廷济 1847年作 篆书五言联 立轴	75.5cm×18.5cm×2	138,000	北京翰海	2021-06-04
张廷济 文鼎 翁广平等 题元雪庵和尚草书草庵歌卷 手卷片	46.5cm×220cm	1,150,000	朵云轩	2021-12-30
张炜 人物 册页（十开）	21cm×24cm×10	322,000	中国嘉德	2021-12-12
张问陶 1802年作 寄梅图 手卷	20.5cm×135.5cm	402,500	北京翰海	2021-06-04
张问陶 三管连吟 手卷	引首 32cm×84cm 画36cm×72.5cm 跋① 37.3cm×102cm 跋② 25.7cm×109.5cm 跋③ 30.5cm×137cm 跋④ 27.5cm×58.5cm	402,500	中国嘉德	2021-12-12
张问陶 昨叶书堂 镜心	44cm×133cm	345,000	永乐拍卖	2021-05-20
张问陶 行书五言诗 立轴	118.5cm×51cm	230,000	西泠印社	2021-01-15
张问陶 船山墨妙 册页（七开）	尺寸不一	212,750	中贸圣佳	2021-07-06

2021书画拍卖成交汇总(续表)

(成交价RMB：10万元以上)

拍品名称	物品尺寸	成交价RMB	拍卖公司	拍卖日期
张问陶 诗书画三绝卷 手卷	引首 22cm×88.5cm; 画心 21.5cm×107cm; 后跋一 20.5cm×73cm; 后跋二 27.5cm×62cm	198,948	中国嘉德	2021-04-22
张问陶 山水 册页（八开）	24cm×28cm×8	172,500	北京荣宝	2021-12-02
张问陶 行书诗稿 镜心	35cm×31cm	149,500	中贸圣佳	2021-07-06
张熊 仿古人物 册页(十二开)	26cm×33cm×12	287,500	北京保利	2021-12-04
张学曾 富春山图 手卷	画23.3cm×253cm	460,000	中国嘉德	2021-12-12
张燕昌 1808年作 飞白龙门联 镜心	133cm×29.5cm×2	322,000	中国嘉德	2021-05-18
张一鹄 1670年作 深山烟云 立轴	155.5cm×64cm	167,484	保利香港	2021-11-28
张崟 1799年作 京江送别图 手卷	27cm×123cm	724,500	北京翰海	2021-12-18
张崟 1821年作 人物山水 册页(十开)	21.5cm×35.5cm×10	322,000	华艺国际	2021-06-05
张敔 花鸟 册页	28cm×37cm×9	287,500	南京经典	2021-07-18
张敔 墨笔花卉 四屏	195cm×54cm×4	138,000	北京保利	2021-06-06
张玉书 行书七言诗 立轴	183cm×54.5cm	483,000	中贸圣佳	2021-07-06
张玉书 行书王右丞律诗 立轴	135cm×41.5cm	149,500	北京保利	2021-12-04
张兆祥 1902年作 花卉八屏 立轴	192cm×48.5cm×8	1,150,000	华艺国际	2021-06-04
张照 临董其昌书杂诗 手卷	7.5cm×113cm	9,142,500	华艺国际	2021-12-11
张照 楷书《易说》手卷	23.5cm×144cm	2,357,500	北京翰海	2021-06-04
张照 行书临董其昌书 册页	15cm×18.5cm×36	1,173,000	十竹斋拍卖(北京)	2021-05-29
张照 楷书御制《天下在得人论》条屏(十二屏)	139cm×44cm×12	1,150,000	北京保利	2021-06-06
张照 行书苏轼诗三首 镜心	165cm×59cm	287,500	十竹斋拍卖(北京)	2021-05-29
张照 行书 米芾诗 立轴	174.5cm×69.5cm	195,500	西泠印社	2021-01-15
张照 草书 镜片	116.5cm×53cm	178,250	上海嘉禾	2021-07-23
张照 临帖二轴 立轴	117cm×28.5cm×2	172,500	北京保利	2021-12-04
张照 行书 镜片	75cm×147cm	333,500	朵云轩	2021-12-31
张之洞 祁寯藻 俞樾等 名人诗稿集锦 册页(三册，一一六页)	尺寸不一	747,500	北京保利	2021-06-06
张之洞 楷书八言联 立轴	238.5cm×49cm×2	517,500	北京银座	2021-09-24
张之洞 行书七言联 镜片	166.5cm×41cm×2	287,500	华艺国际	2021-06-05
张之洞 行书七言联 对联	132cm×31.5cm×2	287,500	西泠印社	2021-07-24
张之洞 读碑自醉横额 镜片	35cm×151cm	230,000	广东崇正	2021-07-19
张之洞 行书论颜真卿书 镜心	70cm×136cm	207,000	北京保利	2021-06-06
张之洞 行书七言联 对联	130cm×33cm×2	172,500	北京保利	2021-09-25
张之洞 行书七言联 镜片	133cm×31cm×2	172,500	广东崇正	2021-07-19
张之洞 为陈三立书杜甫诗二首 扇页	直径24.5cm	143,750	西泠印社	2021-07-25
张之万 仿各家山水 四屏	直径26cm×12	138,000	北京保利	2021-12-04
张宗苍 1746年作 倚松结庐图 立轴	132.5cm×67.5cm	3,220,000	中国嘉德	2021-05-18
张宗苍 1744年作 仿倪瓒山水图立轴	132cm×44.8cm	1,847,250	佳士得	2021-11-29
张宗苍 1753年作 溪山幽远 镜心	109cm×51cm	920,000	北京保利	2021-09-25
张宗苍 1749年作 苍山雨润 立轴	63cm×27cm	359,188	佳士得	2021-11-29
章谷 春山归隐图 立轴	212cm×47.5cm	207,000	西泠印社	2021-01-15
章声 春江水暖 立轴	113cm×56cm	195,500	中国嘉德	2021-03-30
章声 山水书法 手卷	跋30cm×92.5cm; 画30cm×91.5cm; 字30cm×336cm	138,000	永乐拍卖	2021-05-20
赵秉冲 楷书御制《赋得友风子雨诗》卷 手卷	25cm×65cm	3,910,000	中贸圣佳	2021-05-21

拍品名称	物品尺寸	成交价RMB	拍卖公司	拍卖日期
赵世骏 赵松声 清代 光绪三十二年作 山木盦图 手卷	引首1 29cm×103cm 引首2 29cm×177cm 画28.5cm×103.5cm 题跋30cm×105cm	184,000	永乐拍卖	2021-12-02
赵之琛 隶书四言联 立轴	66cm×16cm×2	402,500	中国嘉德	2021-12-12
赵之琛 岁寒之友 屏轴(四幅)	133cm×31.5cm×4	494,500	朵云轩	2021-12-31
赵之谦 1865年作 陶炼野逸 扇面(十二开)	18cm×52.5cm×12	19,780,000	北京保利	2021-12-04
赵之谦 1861年作 异鱼图 手卷	画35.5cm×224cm	25,300,000	中国嘉德	2021-05-18
赵之谦 1866年作 秋葵芭蕉图 立轴	87.7cm×42.8cm	2,124,360	香港苏富比	2021-04-21
赵之谦 1859年作 芋花图 立轴	131.6cm×30.3cm	3,220,000	华艺国际	2021-06-05
赵之谦 1861年作 行书八言联 对联	161cm×32cm×2	2,127,500	北京保利	2021-06-06
赵之谦 1872年作 夏日芳菲 屏轴(四幅)	177.5cm×47cm×4	9,775,000	朵云轩	2021-07-07
赵之谦 1870年作 篆书七言联 立轴	139.5cm×31cm×2	1,840,000	北京银座	2021-09-24
赵之谦 各体书古训 册页(十四开)	34cm×36cm×14	1,817,000	中贸圣佳	2021-05-21
赵之谦 行书“石横水分流”镜心	32.5cm×175cm	1,610,000	华艺国际	2021-12-11
赵之谦 1872年作 花石 立轴(两幅)	152cm×31cm×2	1,552,500	佳士得	2021-05-26
赵之谦 行书七言联 对联	131.5cm×32.5cm×2	1,495,000	北京保利	2021-12-04
赵之谦 行书吴镇题画诗四屏 立轴	133cm×32cm×4	1,380,000	北京保利	2021-12-04
赵之谦 行书八言联 立轴	157cm×40cm×2	1,035,000	华艺国际	2021-06-05
赵之谦 春桃海棠图 立轴	直径24cm×2	920,000	北京保利	2021-12-04
赵之谦 篆书《说文解字叙》句横披	28cm×133cm	920,000	北京保利	2021-12-04
赵之谦 1880年作 霜叶澹菊、行书谢翱诗 扇面一对	28cm×28cm×2	796,635	香港苏富比	2021-04-21
赵之谦 楷书七言联 对联	133cm×27cm×2	782,000	西泠印社	2021-01-15
赵之谦 仿汉隶书 立轴	135.5cm×40cm	718,375	佳士得	2021-11-29
赵之谦 行书七言联 立轴	132cm×31cm×2	701,500	中贸圣佳	2021-05-21
赵之谦 行书七言联 立轴	130.5cm×31cm×2	690,000	十竹斋拍卖(北京)	2021-05-29
赵之谦 书法 扇面	19cm×54cm	678,500	广东小雅斋	2021-07-20
赵之谦 1870年作 富贵牡丹 扇面	17.5cm×52.5cm	667,000	中国嘉德	2021-05-18
赵之谦 1865年作 基石图 立轴	132.5cm×61cm	632,500	北京保利	2021-06-05
赵之谦 花石图 立轴	144cm×39.5cm	552,000	北京保利	2021-06-05
赵之谦 岁朝清供图 团扇	24.5cm×23.5cm	552,000	华艺国际	2021-12-11
赵之谦 1869年作 隶书七言联 立轴	130cm×32.5cm×2	552,000	十竹斋拍卖(北京)	2021-05-29
赵之谦 掩篁墨戏 立轴	64.5cm×27cm	483,000	上海嘉禾	2021-11-14
赵之谦 紫藤垂厨珥 立轴	93.5cm×30.5cm	460,000	朵云轩	2021-07-07
赵之谦 1865年作 写意花卉 册页	31.5cm×32cm×12	379,500	北京九歌	2021-06-13
赵之谦 篆书七言联 立轴	147cm×35cm×2	345,000	中贸圣佳	2021-05-21
赵之谦 隶书五言联 立轴	126cm×34cm×2	322,000	华艺国际	2021-06-05
赵之谦 楷书七言联 立轴	120cm×29cm×2	287,500	北京保利	2021-06-06
赵之谦 周峻 行书·墨竹 成扇	19cm×52cm	287,500	中国嘉德	2021-05-18
赵之谦 1869年作 为胡澍作 清供图 立轴	95.5cm×36cm	161,000	西泠印社	2021-04-11
赵之谦 1864年作 隶书四言联 对联	85cm×19cm×2	138,000	北京保利	2021-06-06
赵之谦 1883年作 篆书五言 对联	122cm×21.5cm×2	172,500	朵云轩	2021-12-31
赵执信 1731年作 行书册页(十二开)	24cm×17.5cm×12	322,000	江苏汇中	2021-05-13
郑板桥 1756年作 竹石图 立轴	167cm×105.5cm	14,030,000	华艺国际	2021-06-05
郑板桥 1755年作 新篁图 立轴	173cm×93cm	3,737,500	北京保利	2021-09-25
郑板桥 行书五言诗 立轴	134.5cm×71cm	2,875,000	华艺国际	2021-06-05
郑板桥 五竹图 立轴	132.5cm×72cm	2,645,000	十竹斋拍卖(北京)	2021-05-29
郑板桥 行书唐宋人七言绝句三首 立轴	167.5cm×96.5cm	2,530,000	中国嘉德	2021-05-18
郑板桥 三友图 立轴	89cm×53cm	1,322,500	华艺国际	2021-06-05

拍品名称	物品尺寸	成交价RMB	拍卖公司	拍卖日期
郑板桥 1756年作 竹石图 立轴	177cm×93cm	3,680,000	北京保利	2021-12-04
郑板桥 竹石图 立轴	177cm×92cm	3,105,000	上海嘉禾	2021-11-14
郑板桥 墨竹 立轴	132cm×71cm	2,415,000	广东崇正	2021-01-07
郑板桥 1763年作 行书七言联 镜心	136cm×25cm×2	2,047,000	北京保利	2021-12-04
郑板桥(款) 行书《青莲诗》手卷	22.5cm×186cm	1,265,000	朵云轩	2021-07-08
郑板桥 墨竹 立轴(二幅)	171cm×45cm×2	1,150,000	北京翰海	2021-06-04
郑板桥 1736年作 隶书十三言联 立轴	249cm×40.5cm×2	1,058,000	北京翰海	2021-06-04
郑板桥 1736年作 行书怀素《自叙帖》手卷	25.5cm×182cm	1,000,500	北京保利	2021-06-06
郑板桥 草书白居易诗文 镜片	161.5cm×84cm	977,500	上海嘉禾	2021-07-22
郑板桥 墨竹图 镜心	114cm×44cm	973,728	中国嘉德	2021-10-13
郑板桥 1762年作 兰石图 立轴	171cm×50.5cm	920,000	北京翰海	2021-12-18
郑板桥 行书四言联 镜心	94cm×23cm×2	920,000	上海嘉禾	2021-07-22
郑板桥 怪石图 镜心	61cm×62cm	874,000	南京经典	2021-07-18
郑板桥 福寿双增图 立轴	173.5cm×96cm	862,500	中国嘉德	2021-12-12
郑板桥 1741年作 行书节录古文 立轴	79cm×46cm	747,500	西泠印社	2021-04-11
郑板桥 墨竹 镜框	75cm×45.5cm	690,000	华艺国际	2021-12-11
郑板桥 行书《黄州新建小竹楼记》立轴	132cm×70cm	667,000	华艺国际	2021-06-05
郑板桥 行书录李白《送杨山人归嵩山》立轴	92.6cm×54cm	667,000	十竹斋拍卖(北京)	2021-05-29
郑板桥 草书刘过词《唐多令》立轴	74.5cm×33cm	598,000	中贸圣佳	2021-05-21
郑板桥 行书《论书法》镜心	139cm×76cm	575,000	中贸圣佳	2021-05-21
郑板桥 齐召南 齐世南 汪辉祖 沈文镐等二十六家 为李图南作题咏册页(三十页)	28cm×14cm×30	483,000	西泠印社	2021-07-24
郑板桥 行书七言诗 立轴	169.5cm×45cm	460,000	北京保利	2021-12-04
郑板桥 竹石图 镜心	89cm×48cm	402,500	北京保利	2021-09-25
郑板桥 1755年作 行书书评 镜心	51cm×28.5cm	368,000	北京保利	2021-12-04
郑板桥 竹石图 立轴	72.5cm×86.5cm	345,000	中国嘉德	2021-12-12
郑板桥 书郑思肖诗句 立轴	70cm×33.5cm	322,000	南京经典	2021-01-10
郑板桥 行书七言诗 立轴	131.5cm×31.5cm	230,000	上海嘉禾	2021-07-22
郑板桥 行书 立轴	31cm×87.5cm	218,500	朵云轩	2021-07-08
郑板桥(款) 墨竹图 镜心	131cm×45cm	181,600	北京保利	2021-08-07
郑板桥 兰竹图 立轴	167cm×83.5cm	161,000	北京翰海	2021-06-04
郑板桥 竹石图 立轴	131cm×65cm	149,500	北京九歌	2021-06-13
郑亶 1683年作 书法 册页(四十二开)	26.5cm×12.2cm	517,500	佳士得	2021-05-26
郑簠 隶书五言诗 立轴	111cm×55cm	161,000	中贸圣佳	2021-05-21
郑重 康熙三十年作 携琴访友 扇面	17.2cm×55cm	575,000	永乐拍卖	2021-12-02
周镐 1804年作 翠岩山居图 立轴	202.5cm×99.5cm	230,000	中国嘉德	2021-12-12
周颢 山水 册页(十二页)	18.5cm×12cm	241,500	西泠印社	2021-01-15
周颢 墨竹 立轴	111.5cm×31cm	161,000	北京翰海	2021-12-18
周笠 嘉庆二十五年作 仿古花卉册页(十六开)	27.5cm×39cm×16	437,000	永乐拍卖	2021-12-02
周亮工 杖履宾来图 立轴	128cm×31cm	322,000	中国嘉德	2021-12-12
周亮工 残书浊酒 镜框	20cm×60.5cm	287,500	北京保利	2021-12-04
周亮工 仿云林山水 立轴	79cm×40cm	172,500	华艺国际	2021-12-11
周亮工(款) 杖履宾来图 立轴	128cm×31cm	138,000	西泠印社	2021-04-11
周鼐 1652年作 竹石图 扇面	16.5cm×52cm	172,500	中国嘉德	2021-12-12
周庆曾 行书七言诗 镜心	30.5cm×30.5cm	149,500	中国嘉德	2021-12-12
周兴岱 御制万方安和诗 册页(八对开)	17.7cm×20cm×16	269,100	佳士得	2021-05-26
周玙 飞锡图 立轴	126.5cm×60.5cm	322,000	朵云轩	2021-07-08
周瓒 达摩多罗尊者与天王 立轴	133cm×66cm	1,207,500	永乐拍卖	2021-12-02

拍品名称	物品尺寸	成交价RMB	拍卖公司	拍卖日期
朱本 1798年作 秋山行色图 手卷	引首 28cm×103cm;画心 28cm×108.5cm;跋28cm×134cm	1,012,000	广东崇正	2021-01-06
朱本 柏兔图 立轴	185cm×43cm	172,500	中国嘉德	2021-12-12
朱偁 1866年作 松鹤延年 立轴	128cm×63cm	161,000	中国嘉德	2021-03-28
朱栋 山水人物十二屏 立轴	192cm×31.5cm×2;200cm×50.5cm×10	1,092,500	广东崇正	2021-07-19
朱珪 行书节临颜鲁公 立轴	106cm×42cm	149,500	中贸圣佳	2021-05-21
朱伦瀚 潇湘烟霭图 立轴	146.8cm×62.5cm	17,250,000	北京保利	2021-12-04
朱伦瀚 秋日舟行图 立轴	210cm×94cm	667,000	北京保利	2021-06-06
朱裴 1683年作 行书七言诗 立轴	194cm×50cm	724,500	北京保利	2021-06-06
朱壬 汪亮 桐荫书屋三挖 立轴	整幅 158cm×55.5cm	149,500	中国嘉德	2021-12-12
朱汝珍 楷书跋颜真卿《自书告身卷》镜框四屏	130.2cm×29.8cm×4	371,763	香港苏富比	2021-04-21
朱轩 寻山问道图 立轴	180.5cm×93cm	402,500	西泠印社	2021-01-15
朱彝尊 赵执信等 为宋荦作诗 册页(十开)	20.5cm×15.5cm×10	575,000	中国嘉德	2021-12-12
朱彝尊 行书《赠云生公诗》立轴	90cm×41cm	253,000	西泠印社	2021-01-15
朱彝尊 张学纯 沈白等 清诸家书画集锦 册页(十开选刊八)	35.7cm×32cm×20	540,500	中国嘉德	2021-12-12
诸家题跋云麾将军碑 册页	尺寸不一	2,127,500	华艺国际	2021-06-05
诸昇 青溪十咏图 册页(八开)	32cm×22cm×8	2,875,000	北京保利	2021-06-06
诸昇 墨竹图 立轴	178.5cm×92.5cm	402,500	西泠印社	2021-01-15
诸昇 1685年作 泉声修竹图 立轴	166.5cm×69cm	241,500	西泠印社	2021-07-24
诸昇 墨竹 立轴	169cm×67cm	166,925	香港苏富比	2021-10-12
诸昇 竹泉图	130cm×58cm	218,500	北京荣宝	2021-12-02
庄同生 庄朝生等 明人诗柬 册页	30cm×37.5cm×8	384,228	保利香港	2021-11-28
庄同生 双马/山水 散册页(八开)	27cm×29cm×8	246,300	佳士得	2021-11-29
庄有恭 1754年作 行书 册页(十二开)	16.8cm×25.3cm×12	529,000	中国嘉德	2021-05-18
庄有恭 1747年作 行书节录《图画见闻志》镜片	148.5cm×62cm	483,000	上海嘉禾	2021-07-22
庄有恭 1747年作 行书《图画见闻志》句 立轴	148.5cm×62cm	345,000	北京保利	2021-09-25
邹显吉 菊谱 册页(十八开)	26cm×21cm×16	207,000	北京保利	2021-12-04
邹一桂 张鹏翀 钱陈群 张若霭 刘统勋 彭启丰 叶承点 黄之隽 嵇寿 王世枢 纪逵宜 邹升恒 金梁 为励宗万作竹溪图题咏册页(共十六页)	画心 32cm×24cm×2	1,725,000	西泠印社	2021-01-15
邹一桂 清乾隆辛未年作 国色国香 镜心	94cm×52cm	655,500	永乐拍卖	2021-05-20
邹一桂 郑宣 花卉 册页(六开)	27.5cm×20cm×6	397,440	中国嘉德	2021-10-13
邹一桂 九秋图 屏风(四条)	108cm×170cm	368,000	中国嘉德	2021-05-18
邹一桂 滇南写生 册页	18cm×35cm×24	304,750	保利厦门	2021-11-05
邹元斗 菊花图 扇页	20cm×54cm	230,000	西泠印社	2021-01-15
邹之麟 茂林仙馆 立轴	122cm×38cm	1,058,000	南京经典	2021-01-10
邹之麟 行书五言诗 扇面	19cm×50cm	253,000	中国嘉德	2021-12-12
左锡璇 程子四箴 镜心	139cm×39cm×4	207,000	南京经典	2021-07-18
左锡璇 紫藤莺唱 立轴	140cm×42cm	184,000	南京经典	2021 07 18
左宗棠 行书四屏 立轴	174cm×51cm×4	920,000	中国嘉德	2021-05-19
左宗棠 行书"春草堂"镜片	106cm×182cm	1,518,000	华艺国际	2021-06-05
左宗棠楷书《题渡水罗汉图》立轴	155.5cm×59.5cm	862,500	华艺国际	2021-06-05
左宗棠 行书七言联 对联	192cm×39cm×2	782,000	北京保利	2021-12-04

2021书画拍卖成交汇总(续表)

(成交价RMB：10万元以上)

拍品名称	物品尺寸	成交价RMB	拍卖公司	拍卖日期
左宗棠 行书七言联 立轴	159cm×38cm×2	632,500	华艺国际	2021-06-05
左宗棠 行书八言联 立轴	162.5cm×39cm×2	621,000	中贸圣佳	2021-05-21
左宗棠 行书七言联 立轴	175cm×42.5cm×2	586,500	北京银座	2021-09-24
左宗棠 行书七言联 镜心	170cm×35cm×2	552,000	中国嘉德	2021-05-18
左宗棠 行书七言联 立轴	167cm×40.5cm×2	517,500	华艺国际	2021-06-05
左宗棠 行书七言联 立轴	174.5cm×41.5cm×2	483,000	北京保利	2021-06-06
左宗棠 养知书屋 横披	29.5cm×155cm	437,000	北京保利	2021-06-06
左宗棠 行书八言联 镜心	162cm×38.5cm×2	425,500	中鸿信	2021-07-14
左宗棠 书法 对联	201cm×42cm×2	402,500	广东小雅斋	2021-07-20
左宗棠 行书七言联 立轴	148cm×38cm×2	368,000	广东崇正	2021-07-19
左宗棠 行书七言联 立轴	155cm×35.5cm×2	345,000	中国嘉德	2021-05-19
左宗棠 行书七言联 立轴	147cm×33cm×2	287,500	永乐拍卖	2021-05-20
左宗棠 行书七言联 对联	163cm×39cm×2	253,000	北京保利	2021-12-04
左宗棠 礼让益兴 横披	44.5cm×156cm	253,000	上海匡时	2021-07-08
左宗棠 篆书七言联 对联	157.5cm×31cm×2	253,000	西泠印社	2021-01-15
左宗棠 行书七言联 镜片	160cm×36cm×2	253,000	西泠印社	2021-07-24
左宗棠 篆书六言联 对联	117.5cm×22cm×2	241,500	西泠印社	2021-01-15
左宗棠 篆书书法 镜心	168.5cm×86cm	235,750	中贸圣佳	2021-05-21
左宗棠 行书七言 对联	112cm×27.5cm×2	230,000	朵云轩	2021-07-08
左宗棠 书法对联立轴(两幅)	162.5cm×37cm×2	207,000	佳士得	2021-05-26
左宗棠 行书五言联 立轴	129cm×28cm×2	195,500	北京翰海	2021-06-04
左宗棠 行书七言联 立轴	168cm×32.5cm×2	195,500	广东崇正	2021-07-19
左宗棠 行书七言联 立轴	168cm×37cm×2	161,000	中鸿信	2021-07-15
近现代及当代作者				
艾辉 紫藤云木 镜片	136cm×68cm	158,000	北京中贝	2021-11-06
艾轩 2017年作 天边的云	90.6cm×97cm	637,308	香港苏富比	2021-04-19
艾轩 2013年作 藏女与藏獒	97cm×91cm	469,476	香港苏富比	2021-10-10
艾轩 2014年作 藏族少女 镜框	95.5cm×96cm	402,500	北京荣宝	2021-06-19
安华平 海棠春醉	95cm×61cm	299,000	荣宝斋(南京)	2021-05-26
安奇帮 2020年作 庚子年 无题	70cm×80cm	977,500	保利厦门	2021-05-06
安奇帮 2021年作 历史的痕迹 镜心	52.5cm×99cm	920,000	北京保利	2021-12-04
安奇帮 2020年作 庚子年 强者孤独	60cm×80cm	862,500	保利厦门	2021-05-06
安奇帮 2020年作 庚子年 别想着自己老了	60cm×80cm	862,500	保利厦门	2021-05-06
安奇帮 2020年作 庚子年 生命之源	60cm×80cm	747,500	保利厦门	2021-05-06
安奇帮 2021年作 无题	60cm×80cm	747,500	保利厦门	2021-05-06
安奇帮 舞者	80cm×60cm	575,000	北京翰海	2021-10-16
巴金 1961年作 致日本长野县华侨总会书法 镜片(原框)	27cm×24cm	460,000	西泠印社	2021-07-25
白伯骅 四美人物 四屏	137cm×67cm×4	575,000	北京荣宝	2021-12-02
白伯骅 四美人物 四屏	112.5cm×45.5cm×4	287,500	北京荣宝	2021-12-02
白蕉 行书五言联 立轴	66cm×16.5cm×2	1,035,000	中国嘉德	2021-05-20
白蕉 行书 自作诗 册页(十六页)	尺寸不一	667,000	西泠印社	2021-07-24
白蕉 重要书论、书毛主席诗词二种 册页(十页)	尺寸不一	667,000	西泠印社	2021-07-24
白蕉 行书十五言联 立轴	126.5cm×20.5cm	575,000	中国嘉德	2021-12-10
白蕉 兰花图 立轴	67cm×32.5cm	333,500	西泠印社	2021-07-25
白蕉 1944年作 行书自作诗 镜心	22.5cm×54cm	218,500	中国嘉德	2021-05-21
白蕉 1942年作 行书八言联 立轴	126cm×20cm×2	212,436	香港苏富比	2021-04-21
白蕉 1942年作 行书东坡诗 立轴四屏	177.5cm×46.8cm×4	208,656	香港苏富比	2021-10-11
白蕉 行书 毛主席词 镜片	42cm×36cm	178,250	西泠印社	2021-07-25
白蕉 沈尹默 双台大富贵、楼钥《戏题十四弦》成扇	18.5cm×50cm	161,000	北京诚轩	2021-12-03

拍品名称	物品尺寸	成交价RMB	拍卖公司	拍卖日期
白蕉 1945年作 行书 屏轴	146cm×80cm	161,000	朵云轩	2021-07-08
白蕉 行书自作诗 镜心	22.5cm×54.5cm	161,000	中国嘉德	2021-12-11
白蕉 行书七言联 立轴	133.5cm×24cm×2	155,250	中贸圣佳	2021-07-06
白蕉 1967年作 行书六言联 对联	127cm×20cm×2	149,500	上海匡时	2021-07-08
白蕉 芝兰图 立轴	69cm×29.5cm; 20cm×29.5cm	138,000	上海嘉禾	2021-07-22
白蕉郑翼墨兰图·行书七言诗成扇	18.5cm×51cm	138,000	西泠印社	2021-01-16
白蕉 1942年作 草书七言联 立轴	134.5cm×31.5cm×2	138,000	中国嘉德	2021-05-20
白蕉 草书《与刘孝标书》立轴	137.5cm×33.5cm	138,000	中国嘉德	2021-05-20
白蕉 1944年作 兰馨芝寿石精神 立轴	67.5cm×27cm	138,000	中国嘉德	2021-12-11
白如海 2020年作 香清逾远	178cm×96cm	184,000	荣宝斋(南京)	2021-05-26
白如海 2020年作 八风不动天边月 镜心	178cm×96cm	149,500	北京翰海	2021-10-16
白雪石 1995年作 千峰竞秀，万树争春 镜心	116cm×305cm	5,520,000	中国嘉德	2021-12-10
白雪石 1994年作 漓江胜境 镜片	143cm×362cm	2,875,000	上海嘉禾	2021-07-22
白雪石 2003年作 千峰竞秀 镜框	96.5cm×179.5cm	1,610,000	北京荣宝	2021-06-19
白雪石 2000年作 群峰叠翠 镜心	69cm×137cm	1,265,000	中国嘉德	2021-09-26
白雪石 1994年作 漓江轻舟 镜心	88cm×226cm	1,610,000	北京荣宝	2021-12-02
白雪石 1999年作 青峰飞瀑 镜心	68cm×270cm	1,610,000	北京荣宝	2021-12-02
白雪石 1978年作 漓江春雨 立轴	96cm×266cm	1,150,000	中国嘉德	2021-05-19
白雪石 1978年作 万山红遍，层林尽染 立轴	135cm×96cm	1,104,000	中鸿信	2021-07-14
白雪石 1988年作 桂岭环城 镜心	66cm×137cm	977,500	十竹斋拍卖(北京)	2021-05-29
白雪石 1981年作 城长春不尽 镜心	102cm×240cm	977,500	中鸿信	2021-07-14
白雪石 2001年作 漓江一曲千峰秀 镜心	96cm×178cm	920,000	华艺国际	2021-12-11
白雪石 1992年作 峡江图 镜心	135cm×67cm	897,000	北京荣宝	2021-12-02
白雪石 2001年作 古塞春晖 镜心	78cm×153cm	862,500	北京荣宝	2021-06-19
白雪石 1989年作 漓江山水 镜心	67cm×136.5cm	747,500	中国嘉德	2021-12-13
白雪石 1993年作 阳朔风光在穿岩 镜心	68cm×136cm	690,000	北京保利	2021-12-03
白雪石 1975年作 漓江春晓 横披	67cm×179cm	690,000	北京荣宝	2021-06-19
白雪石 1994年作 漓江山水 镜心	69.5cm×136cm	690,000	北京荣宝	2021-06-19
白雪石 1994年作 漓江山水 镜心	96cm×179cm	690,000	永乐拍卖	2021-12-01
白雪石 1959年作 祖国新貌 立轴	129cm×65.5cm	575,000	上海嘉禾	2021-07-23
白雪石 1987年作 漓江一曲千峰秀 镜心	94.5cm×114.5cm	483,000	北京荣宝	2021-06-19
白雪石 1974年作 漓江春色 镜心	29cm×138cm	448,500	北京银座	2021-09-24
白雪石 1983年作 家家都在画屏中 镜框	100cm×48.5cm	437,000	北京荣宝	2021-12-02
白雪石 1984年作 奇峰耸翠 立轴	101cm×69cm	414,000	北京荣宝	2021-12-02
白雪石 1985年作 白云招我上层巅 立轴	136cm×67.5cm	402,500	北京荣宝	2021-06-19
白雪石 1986年作 奇峰耸翠 立轴	132.5cm×67.5cm	391,000	北京荣宝	2021-12-02
白雪石 1985年作 万家烟火映山川 立轴	137cm×68.5cm	345,000	北京荣宝	2021-12-02
白雪石 于希宁 2002年作 瀑布白梅 镜心	96cm×179cm	322,000	华艺国际	2021-12-11
白雪石 1983年作 漓江春早 立轴	91cm×65cm	287,500	北京翰海	2021-10-16
白雪石 1980年作 暮归图 立轴	100cm×47cm	287,500	北京银座	2021-09-24
白雪石 捕鱼图 立轴	67cm×45cm	287,500	十竹斋	2021-06-27
白雪石 1985年作 白云奇峰 立轴	136.5cm×68cm	287,500	中国嘉德	2021-12-10
白雪石 1994年作 桂山春雨 镜心	68.5cm×64cm	287,500	中国嘉德	2021-12-11

拍品名称	物品尺寸	成交价RMB	拍卖公司	拍卖日期
白雪石 1995年作 云涌桂山青 镜心	94.5cm×176cm	253,000	北京保利	2021-06-06
白雪石 1986年作 漓江青碧 镜心	69.5cm×45.5cm	253,000	中国嘉德	2021-05-19
白雪石 2002年作 云海松涛 镜心	97cm×217cm	218,592	中国嘉德	2021-10-13
白雪石 1978年作 蓬莱三岛 镜心	64cm×49cm	207,000	北京翰海	2021-12-17
白雪石 1995年作 青峰飞瀑 镜心	70.5cm×46.5cm	207,000	中国嘉德	2021-12-11
白雪石 1978年作 蓬莱三岛 立轴	64cm×48.5cm	195,500	北京荣宝	2021-06-19
白雪石 1989年作 漓江归渔 镜心	69cm×45cm	184,000	北京保利	2021-12-03
白雪石 1990年作 漫山新绿漓江春 立轴	68cm×68cm	161,000	北京荣宝	2021-12-02
白雪石 春江水暖 镜心	59cm×48cm	161,000	中国嘉德	2021-05-21
白野夫 幽源思省图 镜片	280cm×35cm	647,450	北京中贝	2021-12-08
白云乡 2018年作 四季佳景四屏 镜心	136cm×33cm×4	184,000	北京荣宝	2021-12-02
薄春雨 幽篁霜禽图 镜心	171cm×83cm	575,000	中贸圣佳	2021-05-21
薄春雨 竹林栖禽 镜心	163cm×73.5cm	253,000	中国嘉德	2021-12-13
薄云 1979年 静静的冬天	79cm×49cm	138,000	中国嘉德	2021-05-20
边平山 2014、2015、2016年作 花鸟 镜心(三十帧)	38.5cm×64.7cm×7; 64.5cm×38.5cm×23	138,000	中国嘉德	2021-12-13
冰心 邵宇 行书七言联、雄鹰展翅一堂 镜片	冰 98cm×25cm×2; 邵 137cm×68cm	195,500	广东崇正	2021-07-19
冰心 书法	16.5cm×13cm	138,000	北京保利	2021-12-05
卜兹 无穷游(三联幅)	181cm×183cm	361,920	罗芙奥	2021-07-17
卜兹 草书窗外蕉树双拼	210cm×300cm	303,600	罗芙奥	2021-12-04
卜兹 1996年作 草书书法 立轴	179.5cm×40cm	138,000	罗芙奥	2021-12-04
蔡锷 行书自作诗 立轴	100cm×49cm	201,250	中鸿信	2021-07-15
蔡广斌 2014年作 影子	146cm×78cm	138,000	华艺国际	2021-12-10
蔡鹤汀 蔡鹤洲 1956年作 备战备荒为人民 镜片	110cm×237.5cm	149,500	上海嘉禾	2021-07-22
蔡鹤汀 1941年作 观鱼图 立轴	111cm×50.5cm	138,000	北京荣宝	2021-12-02
蔡俊章 2021年作 飞瀑胜景 镜心	69cm×136cm	253,000	北京翰海	2021-06-05
蔡俊章 2021年作 山君 镜心	141cm×78cm	253,000	北京翰海	2021-12-17
蔡茂友 大地人胸臆 镜心	48cm×90cm	460,000	北京翰海	2021-12-17
蔡茂友 吉祥如意图 镜心	90cm×48cm	437,000	北京翰海	2021-12-17
蔡茂友 无尘 镜心	90cm×48cm	402,500	北京翰海	2021-12-17
蔡茂友 兰石图 镜心	90cm×48cm	402,500	北京翰海	2021-12-17
蔡茂友 春嬉 镜心	90cm×48cm	368,000	北京翰海	2021-12-17
蔡茂友 春风拂面 镜心	90cm×48cm	345,000	北京翰海	2021-12-17
蔡铣 1933年作 百鸟图 手卷	30cm×1060cm	345,000	北京保利	2021-09-25
蔡铣 1933年作 百花鸟图卷 手卷	30cm×1058cm	345,000	上海嘉禾	2021-07-22
蔡玉水 小苹果 镜心	70cm×67cm	345,000	中国嘉德	2021-12-13
蔡玉水 梳妆 镜心	61cm×59cm	230,000	中国嘉德	2021-05-21
蔡元培 行书五言诗 镜片	41cm×152cm	1,725,000	上海嘉禾	2021-07-22
蔡元培 楷书七言联 对联	144cm×38cm×2	1,150,000	西泠印社	2021-07-25
蔡元培 行书七言联 立轴	144cm×39.5cm×2	1,150,000	中国嘉德	2021-05-19
蔡元培 沈恩孚 刘海粟 顾树森 1936年作 秋柳八哥图 立轴	133cm×64.5cm	943,000	西泠印社	2021-01-16
蔡元培 行书七言联 对联	130cm×32.5cm×2	782,000	西泠印社	2021-07-25
蔡元培 书法 对联	132cm×30cm×2	747,500	广东小雅斋	2021-07-20
蔡元培 行书七言联 立轴	145.6cm×37.8cm×2	584,199	香港苏富比	2021-04-21
蔡元培 1933年作行书郭璞诗 立轴	137cm×43cm	460,000	北京保利	2021-06-05
蔡元培 行书七言 对联	174cm×45.5cm×2	460,000	朵云轩	2021-07-08
蔡元培 王廷扬 赵宗抃 徐道政 1925年作 四体书法四屏 立轴	130cm×33cm×4	437,000	北京保利	2021-09-25
蔡元培行书节录《尚书》句镜心	21cm×30cm	241,500	北京银座	2021-09-24

拍品名称	物品尺寸	成交价RMB	拍卖公司	拍卖日期
蔡元培 行书《尚书》《虞书》《皋陶谟》镜心	21cm×30cm	230,000	永乐拍卖	2021-05-21
蔡元培行书节录陆游《月夕》镜心	139cm×33cm	218,500	中国嘉德	2021-05-20
蔡元培 行书 立轴	131cm×31cm	207,000	广东崇正	2021-01-07
蔡元培 行书八言联 立轴	167cm×36cm×2	207,000	中国嘉德	2021-05-21
蔡元培 读经学佛 镜心	25cm×61.5cm	195,500	华艺国际	2021-12-11
灿文 2021年作 情侣双马图 镜心	40cm×40cm	572,700	保利厦门	2021-11-05
曹克家 1946年作 猫戏图 立轴	76cm×30.5cm	184,000	中鸿信	2021-07-14
曹克家 1943年作 富贵双茂 镜心	97cm×32.5cm	149,500	中国嘉德	2021-12-11
曹锟 李东园 1983年作 楷书十一联、百老图 立轴/镜心	画 149cm×75cm; 对联 138cm×17cm×2	253,000	北京保利	2021-12-04
曹锟 行书七言联 镜心	175cm×44cm×2	207,000	中国嘉德	2021-05-20
曹锟 行书 "万卷书屋" 镜心	36.5cm×161cm	207,000	中鸿信	2021-07-15
曹锟 墨梅图 立轴	137cm×67cm	138,000	中国嘉德	2021-03-27
曹志明 2020年作 湖光秋月 镜心	100cm×52cm	172,500	北京翰海	2021-06-05
常庆利 2020年作 笑迎金秋 镜片	53cm×138cm	184,000	广东崇正	2021-01-07
常玉 裸女	36cm×27cm	414,000	北京保利	2021-06-04
常玉 1920年代末至1930年代初年作 梦中情人	28cm×44.5cm	322,000	北京华辰	2021-12-07
常玉 1920年代末至1930年代初 梦中情人	28cm×44.5cm	300,775	北京保利	2021-01-15
常玉 1920年代末至1930年代初年作 他们	44.5cm×28cm	287,500	北京华辰	2021-12-07
常玉 1920—1930年代作 穿着衬衫的女士	45cm×28cm	167,040	罗芙奥	2021-07-18
常玉 肖像	44.5cm×27.5cm	153,938	佳士得	2021-12-02
常玉 1920—1930年代作 抽象裸女	45cm×28cm	139,200	罗芙奥	2021-07-18
常玉 1920—1930年代作 站姿裸女	45cm×28cm	139,200	罗芙奥	2021-07-18
畅维臻 2019年作 秋实图 镜心	98cm×48cm	184,000	北京翰海	2021-10-16
陈白一 1994年作 水磨歌声 镜片	69cm×109cm	840,000	湖南逸典	2021-01-21
陈半丁 四季花卉 四屏镜心	101cm×34cm×4	667,000	中贸圣佳	2021-03-26
陈半丁 富贵齐眉 立轴	143cm×46cm	586,500	中贸圣佳	2021-05-21
陈半丁 1926年作 花卉四屏 立轴	135cm×33cm×4	483,000	中鸿信	2021-07-14
陈半丁 1945年作 春游图 立轴	99cm×32cm	483,000	中鸿信	2021-07-14
陈半丁 1925年作 秋游图 立轴	136.5cm×46.5cm	460,000	中鸿信	2021-07-14
陈半丁 清湘笔意 册页(十二开)	19cm×28cm×12	368,000	华艺国际	2021-06-04
陈半丁 草书孙过庭《书谱》镜心	20cm×1060cm	345,000	中贸圣佳	2021-07-06
陈半丁 一苇渡江 立轴	132cm×51.5cm	333,500	中鸿信	2021-07-14
陈半丁 松寿延年 立轴	133cm×66cm	287,500	中鸿信	2021-07-14
陈半丁 拟石涛山水 立轴	102cm×32.5cm	253,000	中鸿信	2021-07-14
陈半丁 1936年作 为罗振玉作《秋山林莽图》立轴	111cm×48cm	241,500	西泠印社	2021-07-25
陈半丁 1962年作 桃李满天下 镜心	180cm×49cm	230,000	北京银座	2021-09-24
陈半丁 碧山访友 立轴	101cm×40.3cm	227,700	佳士得	2021-05-27
陈半丁 1940年作 钟馗 立轴	107cm×50cm	215,650	北京保利	2021-08-09
陈半丁 1947年作 仿黄鹤山樵笔 立轴	99cm×33.5cm	207,000	北京翰海	2021-12-17
陈半丁 1940年作 群仙祝寿 立轴	100cm×33.5cm	184,000	北京翰海	2021-12-17
陈半丁 1921年作 达摩 立轴	116.5cm×28cm	184,000	北京翰海	2021-12-17
陈半丁 1960年作 车古红 镜片	118.5cm×34cm	172,500	上海嘉禾	2021-07-22
陈半丁 清夏芳菲图 立轴	96cm×30cm	172,500	中鸿信	2021-07-14
陈半丁 溪山行旅 立轴	66cm×33.5cm	172,500	中贸圣佳	2021-09-25
陈半丁 1925年作 竹篱茅舍图 立轴	103cm×33cm	161,000	中国嘉德	2021-03-28
陈半丁 1927年作 梅花 立轴	高58.5cm	138,000	北京翰海	2021-12-17
陈半丁 1935年作 南山之寿 镜心	95cm×47.5cm	138,000	北京翰海	2021-06-04

2021书画拍卖成交汇总(续表)

(成交价RMB：10万元以上)

拍品名称	物品尺寸	成交价RMB	拍卖公司	拍卖日期
陈半丁 石中莲 立轴	130cm×37cm	138,000	华艺国际	2021-03-31
陈半丁 群仙祝寿 立轴	100cm×32cm	138,000	中鸿信	2021-07-14
陈半丁 五色牡丹 镜心	100cm×50cm	138,000	中贸圣佳	2021-05-21
陈宝琛 1924年作 楷书《沧趣楼杂诗》立轴	64cm×30.5cm	667,000	中国嘉德	2021-05-20
陈宝琛 楷书古文 立轴	86.5cm×36.5cm	345,000	中国嘉德	2021-05-21
陈宝琛 1909年作 行书自作诗 横披	41.5cm×140.5cm	333,500	中国嘉德	2021-05-20
陈宝琛楷书《与朱元思书》立轴四屏	128cm×29cm×4	229,522	香港苏富比	2021-10-11
陈宝琛 朱益藩 宝熙 载泽 1922、1923年作 行书宋韵集萃 立轴四屏	80.5cm×27.3cm×4	212,436	香港苏富比	2021-04-21
陈宝琛 楷书七言联 立轴	129cm×31cm×2	161,000	北京翰海	2021-06-04
陈宝琛 梁鼎芬 易顺鼎 行书自作诗集锦 立轴	17.5cm×53cm; 20.5cm×21cm; 16cm×52cm	138,000	中国嘉德	2021-05-20
陈宝琛 楷书 立轴	88cm×40cm	379,500	朵云轩	2021-12-30
陈伯达 大自在 镜片	65.5cm×93cm	287,500	广东崇正	2021-01-07
陈曾寿 1941年作 郊居咏雪图手卷	引首 31cm×115cm; 书法 31cm×170cm; 后跋 31cm×62cm; 绘画31cm×102cm	178,250	华艺国际	2021-03-31
陈传席 任重致远 镜心	136cm×68cm	460,000	北京翰海	2021-06-05
陈春勇 清风满林	96cm×238cm	575,000	荣宝斋(南京)	2021-05-26
陈春勇 江上风清	96cm×238cm	575,000	荣宝斋(南京)	2021-05-26
陈达 1952年作 四时风景 四条屏	137cm×34cm×4	552,000	中国嘉德	2021-03-27
陈达 1958年作 秦岭栈道通景四屏 立轴	198cm×33.5cm×4	230,000	中鸿信	2021-07-14
陈大羽 1979年作 雄鸡 立轴	138cm×69cm	943,000	华艺国际	2021-06-04
陈大羽 红梅公鸡 镜心	101cm×68cm	506,000	南京经典	2021-07-18
陈大羽 扁豆雄鸡 立轴	96cm×45cm	425,500	南京经典	2021-01-10
陈大羽 1981年作 大吉图 镜心	96cm×60cm	414,000	十竹斋拍卖(北京)	2021-05-29
陈大羽 唱彻天涯，红遍梅花 镜心	77.5cm×53.5cm	368,000	中国嘉德	2021-05-20
陈大羽 1973年作 雄鸡 镜心	84.5cm×42cm	345,000	中国嘉德	2021-05-19
陈大羽 松菊万寿图 镜心	136cm×68cm	322,000	南京经典	2021-01-10
陈大羽 1977年作 迎春 立轴	97cm×45cm	310,500	中国嘉德	2021-12-10
陈大羽 1978年作 大吉图 立轴	69.3cm×45.8cm	287,500	北京荣宝	2021-06-19
陈大羽 1978年作 聊以佐酒、鱼乐 镜心	48.5cm×60cm; 35cm×49cm	287,500	中国嘉德	2021-05-20
陈大羽 除害全无敌 镜框	98cm×45cm	264,500	华艺国际	2021-04-01
陈大羽 1977年作 红梅大吉 立轴	95.5cm×45cm	253,000	广东崇正	2021-01-07
陈大羽 双吉 立轴	95.5cm×60cm	253,000	中国嘉德	2021-05-20
陈大羽 福寿酒 镜心	67cm×68cm	241,500	南京经典	2021-01-10
陈大羽 报春 立轴	68cm×46cm	235,750	上海嘉禾	2021-11-14
陈大羽 毛泽东诗意图 镜心	89.5cm×58.5cm	230,000	南京经典	2021-07-18
陈大羽 1977年作 雄鸡 镜心	78cm×41.5cm	218,500	中国嘉德	2021-12-10
陈大羽 大寿 立轴	68cm×49cm	216,200	南京经典	2021-01-10
陈大羽 灿烂秋光 镜心	95cm×60cm	212,750	南京经典	2021-07-18
陈大羽 1944年作 三秋图 立轴	104cm×34cm	207,000	中国嘉德	2021-09-28
陈大羽1978年作神州九亿争飞跃镜心	60.5cm×40.5cm	195,500	中国嘉德	2021-05-20
陈大羽 1981年作 迎春大吉 立轴	95.5cm×48.5cm	195,500	中国嘉德	2021-12-11
陈大羽 荷塘鱼戏图 镜心	95cm×68cm	189,750	南京经典	2021-07-18

拍品名称	物品尺寸	成交价RMB	拍卖公司	拍卖日期
陈大羽 晓园牵牛开 镜心		184,000	中国嘉德	2021-09-27
陈大羽 春光无限好 镜心	95cm×179cm	178,250	中贸圣佳	2021-05-21
陈大羽 1981年作 迎春图 镜心	94.5cm×59.5cm	172,500	中国嘉德	2021-05-21
陈大羽 1985年作 红梅雄鸡 立轴	96cm×58cm	172,500	中国嘉德	2021-12-11
陈大羽 大吉图、草书十一言联一堂 立轴、镜心	画68cm×45.5cm; 联181cm×35.5cm	172,500	中国嘉德	2021-12-11
陈大羽 双鸡图 立轴	89cm×45.5cm	172,500	中贸圣佳	2021-07-06
陈大羽 雄鸡 立轴	83cm×50cm	161,000	南京经典	2021-01-10
陈大羽 冠上加冠 立轴	83cm×51cm	161,000	南京经典	2021-01-10
陈大羽 紫藤腊嘴 立轴	88.5cm×48cm	161,000	中国嘉德	2021-12-11
陈大羽 寿桃 立轴	67cm×45cm	149,500	中国嘉德	2021-12-10
陈大羽 1996年作 大福寿 镜心	69cm×45.5cm	149,500	中国嘉德	2021-12-11
陈大羽 春酣 镜心	69cm×69cm	149,500	中贸圣佳	2021-07-06
陈大羽 1984年作 秋趣 立轴	90.5cm×48cm	138,000	华艺国际	2021-04-01
陈大羽 大吉图 立轴	74cm×38cm	138,000	南京经典	2021-01-10
陈大羽 雄鸡 立轴	69.5cm×44.5cm	138,000	上海嘉禾	2021-07-22
陈大羽 雄鸡 镜片	68cm×43cm	138,000	上海嘉禾	2021-07-22
陈大羽 1989年作 彩霞 横幅	96.5cm×179.5cm	138,000	永乐拍卖	2021-12-01
陈独秀 金文五言联 立轴	127cm×22cm×2	322,000	中鸿信	2021-07-15
陈独秀 草书《感怀二十首》其一 镜心	129cm×63cm	149,500	中鸿信	2021-07-15
陈飞翔 2019年作 天际轻芒 镜心	106cm×68cm	195,500	北京翰海	2021-04-17
陈福善 1974年作 桃源深处有人家	83cm×152.5cm	417,791	中国嘉德	2021-04-23
陈福善 1977年作 鹰 立轴	134cm×71.1cm	287,350	佳士得	2021-11-30
陈果夫 1937年作 行书节录总理遗教 镜心	168.5cm×42cm	138,000	中国嘉德	2021-05-20
陈衡恪 1922年作 篆书“欢喜无量”镜框	33.6cm×135.5cm	333,850	香港苏富比	2021-10-11
陈衡恪 1917年作 溪山晚居·行书黄庭坚诗 立轴	31.8cm×37.7cm×2	148,705	香港苏富比	2021-04-21
陈衡恪 篆书六言联 立轴	85cm×18.2cm×2	138,083	香港苏富比	2021-04-21
陈家泠 2021年作 西柏坡 镜片	200cm×500cm	13,800,000	上海嘉禾	2021-11-14
陈家泠 双清别墅 镜片	200cm×500cm	9,775,000	上海嘉禾	2021-11-14
陈家泠 2021年作 南湖胜境 镜片	200cm×500cm	9,200,000	上海嘉禾	2021-11-14
陈家泠 2020年作 喜盈盈 镜片	95.5cm×89cm	437,000	上海嘉禾	2021-07-23
陈家泠 2016年作 国色天香 镜片	200cm×500cm	5,980,000	上海嘉禾	2021-11-14
陈家泠 2021年作 清荷 镜片	58cm×96cm	506,000	朵云轩	2021-12-30
陈甲 2021年作 草书东坡词 镜心	179cm×47cm	138,000	北京保利	2021-12-04
陈建国 2020年作 草书白居易《钱塘湖春行诗》镜心	177cm×48cm	172,500	北京翰海	2021-04-17
陈建平 2020年作 雄鹰展翅	95cm×240cm	598,000	荣宝斋(南京)	2021-05-26
陈建平 2019年作 春山雅韵	61cm×245cm	575,000	荣宝斋(南京)	2021-05-26
陈金章 2008年作 月出惊山鸟 镜片	67cm×135.5cm	460,000	广东崇正	2021-07-19
陈巨来 吴湖帆 谢稚柳 岁寒三友图 镜心	24.1cm×32.7cm	805,000	中国嘉德	2021-11-30
陈巨来 篆书七言联 立轴	129.5cm×20cm×2	747,500	中国嘉德	2021-11-30
陈巨来 江寒汀 古松·一枝梅 成扇	17.5cm×51.5cm×2	437,000	中国嘉德	2021-11-30
陈利民 2020年作 祝寿图 镜心	136cm×68cm	282,900	保利厦门	2021-11-05
陈满春 盛夏	68cm×50cm	253,000	荣宝斋(南京)	2021-05-26
陈明纲 2021年作 版纳遗韵	136cm×65cm	402,500	荣宝斋(南京)	2021-05-26
陈摩 1922年作 溪山深秀图 立轴	173cm×70.5cm	143,750	西泠印社	2021-10-23
陈佩秋 1958年作 鸳鸯杏花 镜框	115cm×75cm	10,350,000	华艺国际	2021-12-11
陈佩秋 2016年作 生意盎然 镜框	75cm×144cm	4,082,500	华艺国际	2021-12-11
陈佩秋 山川揽胜书画 册页(共二十六页)	画 325cm×325cm×12	4,715,000	西泠印社	2021-01-16

拍品名称	物品尺寸	成交价RMB	拍卖公司	拍卖日期
陈佩秋 1951年作 临宋徽宗《柳鸦芦雁图卷》手卷	画心 34.5cm×117.5cm; 34.5cm×115.5cm	4,600,000	西泠印社	2021-07-25
陈佩秋 临宋人花鸟 册页	27.5cm×27.5cm×8	1,725,000	中鸿信	2021-07-14
陈佩秋 清溪泛舟 手卷	引29cm×103cm; 画29cm×118cm; 题29cm×42cm	1,150,000	北京保利	2021-06-05
陈佩秋 2001年作 柳荫送别 镜心	34cm×100cm	1,207,500	北京保利	2021-06-05
陈佩秋 2003年作 元宝山 镜框	65cm×132cm	2,875,000	华艺国际	2021-12-11
陈佩秋 1986年作 秋树双禽 手卷	卷首 34cm×110cm; 画心34cm×269cm	1,035,000	华艺国际	2021-12-11
陈佩秋 2007年作 银杏飘香 手卷	卷首 36cm×104cm; 画心 36cm×69cm; 题跋36cm×128cm	1,035,000	华艺国际	2021-12-11
陈佩秋 2014年作 殊胜报喜 镜框	45cm×62cm	1,035,000	华艺国际	2021-12-11
陈佩秋 临许道宁《渔父图》立轴	92.5cm×65cm	943,000	中鸿信	2021-07-14
陈佩秋 2014年作 初 夏 镜框	100cm×51cm	862,500	华艺国际	2021-12-11
陈佩秋 2011年作 蛾子？蝴蝶？镜框	38cm×69cm	713,000	华艺国际	2021-12-11
陈佩秋 1986年作 竹雀图 镜心	55.5cm×160cm	690,000	永乐拍卖	2021-05-21
陈佩秋 2017年作 双蝶寿石竹报平安 镜框	41cm×83cm	632,500	华艺国际	2021-12-11
陈佩秋 松鹤延年·行书十五言联 镜心	画心 127cm×63cm；书法128cm×16cm×2	552,000	北京荣宝	2021-06-19
陈佩秋 2002年作 山花烂漫 立轴	诗堂 20cm×35cm；画心30cm×35cm	517,500	华艺国际	2021-12-11
陈佩秋 2011年作 兰花灵芝 镜框	32cm×101cm	517,500	华艺国际	2021-12-11
陈佩秋 芙蓉蝴蝶 镜框	51cm×34cm	460,000	华艺国际	2021-12-11
陈佩秋 2014年作 竹溪双蝶 镜框	91cm×45cm	460,000	华艺国际	2021-12-11
陈佩秋 2016年作 高山流水 手卷	卷首 36cm×136cm; 题跋 36cm×40cm; 画心36cm×74cm	391,000	华艺国际	2021-12-11
陈佩秋 1962年作 荷花 镜片	33cm×46cm	368,000	上海嘉禾	2021-11-14
陈佩秋 八十七神仙卷 手卷	引首 22cm×48cm; 画心 23.5cm×234cm	345,000	北京荣宝	2021-06-19
陈佩秋 1997年作 行书唐诗 手卷	45cm×1097cm	345,000	北京荣宝	2021-12-02
陈佩秋 松石蝴蝶 镜框	68cm×45cm	345,000	华艺国际	2021-12-11
陈佩秋 1985年作 秋实山禽图 立轴	88cm×47.5cm	345,000	中国嘉德	2021-05-19
陈佩秋 1982年作 安居图 立轴	122cm×37cm	322,000	北京荣宝	2021-12-02
陈佩秋 2014年作 秋山红树 立轴	诗堂 12cm×39cm; 画心46cm×39cm	299,000	华艺国际	2021-12-11
陈佩秋 1975年作 仙人花 镜框	50cm×32cm	287,500	华艺国际	2021-12-11
陈佩秋 2012年作 朱果戴胜 镜框	34cm×46cm	230,000	华艺国际	2021-12-11
陈佩秋 念 念 镜框	136cm×69cm	218,500	华艺国际	2021-12-11
陈佩秋 1970年作 [illegible] 镜片	[illegible]×128.5cm	218,500	上海嘉禾	2021-11-14
陈佩秋 书法 八屏	136cm×34.5cm×8	207,000	广东小雅斋	2021-07-20
陈佩秋 竹荫白鹅 镜框	32cm×54cm	195,500	华艺国际	2021-12-11

拍品名称	物品尺寸	成交价RMB	拍卖公司	拍卖日期
陈佩秋 兰竹 册页(十二开)	25.5cm×43.5cm×12	184,000	上海嘉禾	2021-11-14
陈佩秋 兰香 册页(共十二页)	27cm×19.5cm×12	172,500	西泠印社	2021-01-15
陈佩秋 兰馨松盛 镜心	74cm×40cm	161,000	中国嘉德	2021-12-11
陈佩秋 高山流水卷 手卷	32cm×42cm.; 32cm×39.7cm	155,250	北京诚轩	2021-05-18
陈佩秋 菊 镜片	65cm×40cm	149,500	朵云轩	2021-09-19
陈佩秋 1989年作 非洲兰 镜框	60cm×83cm	149,500	华艺国际	2021-12-11
陈佩秋 高山翠霭 立轴	82cm×34cm	149,500	上海嘉禾	2021-07-22
陈佩秋 菊石蛙趣 立轴	64cm×43cm	149,500	上海嘉禾	2021-07-22
陈佩秋 垂柳立禽图 立轴	89cm×46cm	149,500	西泠印社	2021-07-25
陈佩秋 1979年作 黄山松云 扇面	18.5cm×51cm	143,750	上海嘉禾	2021-07-22
陈佩秋 芭蕉清趣 立轴	96.5cm×39cm	138,000	北京保利	2021-12-03
陈平 2013年作 春夏秋冬四屏 镜心	68.5cm×45.5cm×4	862,500	北京荣宝	2021-12-02
陈平 2004年作 农家小院 镜心	45cm×48.5cm	138,000	北京荣宝	2021-06-19
陈平 2004年作 农家小院 镜心	45cm×48cm	138,000	北京荣宝	2021-06-19
陈其宽 龙门 立轴	92cm×22.2cm	207,000	佳士得	2021-05-27
陈其宽 1969年作 午 立轴	45cm×44.8cm	144,900	佳士得	2021-05-27
陈其美 1914年作 楷书 镜片	137cm×41cm	230,000	上海嘉禾	2021-07-22
陈其美 行书“浩然正气” 立轴	133.5cm×48.5cm	138,000	上海嘉禾	2021-07-22
陈奇峰 临《富春山居图》手卷	引首 34cm×64cm; 字 34cm×13cm; 画(1) 34cm×54cm; 画(2) 34cm×335cm; 跋34cm×281cm	230,000	中国嘉德	2021-05-21
陈清泉 江上春意满人间 镜片	68cm×136cm	1,920,500	北京中贝	2021-12-08
陈清泉 山川如画春满天 镜片	180cm×98cm	308,200	北京中贝	2021-12-08
陈少梅 浴牛图 立轴	111cm×65cm	2,300,000	中国嘉德	2021-12-10
陈少梅 踏歌图 镜心	146cm×78cm	1,610,000	北京荣宝	2021-06-19
陈少梅 观音 镜框	82.3cm×31.3cm	1,487,052	香港苏富比	2021-04-21
陈少梅 大迦叶罗汉 镜心	66cm×26cm	977,500	北京保利	2021-06-05
陈少梅 1945年作 玉山珠瀑 镜心	101cm×33cm	1,495,000	北京保利	2021-06-05
陈少梅1938年作仕女生活四屏镜框	60cm×24cm×4	1,495,000	北京保利	2021-12-03
陈少梅 章梫 临流图·行书《妙法莲华经》成扇 成扇	22cm×68cm	828,000	北京保利	2021-12-03
陈少梅 1944年作 桐阴静伫 镜心	83cm×33cm	575,000	北京诚轩	2021-05-18
陈少梅 1936年作 竹溪倩影 立轴	124.5cm×31.5cm	483,000	中国嘉德	2021-05-21
陈少梅 1943年作 柳荫仕女 立轴	103.5cm×31cm	417,312	香港苏富比	2021-10-11
陈少梅 梧桐仕女图 立轴	115cm×20cm	402,500	北京华辰	2021-12-08
陈少梅 普渡罗汉图 立轴	126cm×33.5cm	402,500	十竹斋	2021-06-27
陈少梅 松萱益寿 立轴	85cm×20cm	379,500	华艺国际	2021-03-31
陈少梅 冯忠莲 王文珍 梧桐仕女 立轴	98cm×18cm	368,000	中贸圣佳	2021-07-06
陈少梅 刘子久 向迪琮等 津门书画集锦 册页(九开)	29.5cm×41cm×9	345,000	北京保利	2021-12-04
陈少梅 人物 扇面	18.5cm×50cm	345,000	中国嘉德	2021-12-10
陈少梅 高士图 立轴	105cm×46.5cm	345,000	中贸圣佳	2021-07-06
陈少梅 松荫高士图 镜心	128cm×27cm	299,000	中鸿信	2021-07-14
陈少梅 仕女执扇图 立轴	94.5cm×31.5cm	287,500	中国嘉德	2021-05-21
陈少梅 桃花江上 镜框	56cm×21.5cm	276,167	香港苏富比	2021-04-21
陈少梅 1950年作 松影临流 立轴	80.5cm×29cm	276,000	北京翰海	2021-12-17
陈少梅 桃花江上 镜心	56cm×21.5cm	253,000	中国嘉德	2021-12-10
陈少梅 东坡先生小像 镜心	56cm×31.5cm	230,000	北京翰海	2021-06-04
陈少梅 1939年作 芭蕉仕女图·楷书诗札 成扇	18cm×46cm	230,000	北京荣宝	2021-06-19

2021书画拍卖成交汇总(续表)

(成交价RMB：10万元以上)

拍品名称	物品尺寸	成交价RMB	拍卖公司	拍卖日期
陈少梅 秋色 镜心	65cm×26.5cm	207,000	保利厦门	2021-11-05
陈少梅 1945年作 空山行者图 立轴	60cm×29.5cm	172,500	西泠印社	2021-07-25
陈少梅 1943年作 雪景 立轴	59cm×30.5cm	172,500	永乐拍卖	2021-05-21
陈少梅 1942年作 风传一水香 扇面	17cm×50cm	172,500	中国嘉德	2021-03-28
陈少梅 1929年作 探梅图 镜框	18.5cm×25.5cm	149,500	华艺国际	2021-12-11
陈少梅 暗香浮动 立轴	79cm×28cm	138,000	中国嘉德	2021-09-26
陈少梅 泛舟图 立轴	88cm×32.5cm	138,000	中贸圣佳	2021-05-21
陈少梅 1943年作 荷塘清韵 立轴	105cm×22.5cm	253,000	朵云轩	2021-12-30
陈胜广 利市大吉 镜片	68cm×34cm	320,000	北京中贝	2021-11-06
陈师曾 1923年作 1914年作 山水对联中堂 立轴、镜心	中堂 136cm×39cm; 对联 134cm×31cm×2	609,500	北京保利	2021-06-05
陈师曾 息翁玩具图 镜心	128cm×26cm	609,500	中贸圣佳	2021-07-06
陈师曾 1922年作 南山献寿 立轴	158cm×40cm	483,000	北京保利	2021-09-25
陈师曾 1923年作 双清图 立轴	134cm×66.5cm	345,000	北京翰海	2021-06-04
陈师曾 花间禽趣图 立轴	137cm×33cm	299,000	西泠印社	2021-07-25
陈师曾 1923年作 绝笔茶花图 立轴	94.5cm×40cm	207,000	西泠印社	2021-01-16
陈师曾 绿荫霁色 立轴	97cm×33.5cm	172,500	中国嘉德	2021-12-11
陈树人 1928年作 花鸟双挖 立轴	35cm×31cm; 80cm×35cm	184,000	广东崇正	2021-01-06
陈树人 1948年作 苏堤春晓 镜心	33cm×62cm	172,500	中国嘉德	2021-05-21
陈树人 1934年作 黄鹂惜春图 立轴	200.8cm×51.7cm	159,327	香港苏富比	2021-04-21
陈树人 1925年作 红桃双禽 立轴	116.5cm×51.5cm	138,000	上海匡时	2021-07-08
陈滔 2020年作 明长城系列大营盘长城之一	50cm×70cm	402,500	北京翰海	2021-04-17
陈廷友 黄山云烟竞秀 镜片	136cm×68cm	1,687,050	北京中贝	2021-12-08
陈廷友 香远益清 镜片	136cm×68cm	1,252,350	北京中贝	2021-12-08
陈文希 约1970年代作 河边水鸭	138cm×69cm	834,624	香港苏富比	2021-10-09
陈文希 花丛中的麻雀	133cm×68cm	521,640	香港苏富比	2021-10-10
陈文希 瓜荫下	137.5cm×68cm	424,872	香港苏富比	2021-04-19
陈文希 雨荷	84cm×76cm	403,628	香港苏富比	2021-04-19
陈文希 长臂猿	108.5cm×30cm	331,200	佳士得	2021-05-25
陈文希 燕飞相思树	93cm×38cm	266,825	佳士得	2021-12-02
陈文希 仙人掌与蜻蜓	91cm×46cm	205,250	佳士得	2021-12-02
陈文希 苍鹭	138cm×34cm	196,650	佳士得	2021-05-25
陈夏 富贵花开 镜心	58cm×120cm	184,000	保利厦门	2021-11-05
陈夏 乘风破浪，勇往直前 镜心	58cm×120cm	184,000	保利厦门	2021-11-05
陈湘波 待春耕	49cm×77cm	368,000	中国嘉德	2021-05-21
陈寅恪 行书"中秋前一夕，携酒与子仁侄登多稼亭"	117cm×30cm	184,000	中贸圣佳	2021-05-21
陈永开 沁园春·雪 镜片	180cm×34cm	1,127,000	北京中贝	2021-12-08
陈永开 满江红 镜片	180cm×34cm	1,104,000	北京中贝	2021-12-08
陈永开 塔式《心经》镜片	136cm×68cm	1,012,000	北京中贝	2021-12-08
陈永开 佛系《心经》镜片	136cm×68cm	977,500	北京中贝	2021-12-08
陈永开 心经 镜片	136cm×34cm	690,000	北京中贝	2021-12-08
陈幼华 2011年作 山水 镜心	69cm×136cm	345,000	北京翰海	2021-06-05
陈幼华 2015年作 山水 镜心	70cm×138cm	345,000	北京翰海	2021-12-17
陈幼华 2015年作 太白诗意图 镜心	69cm×137cm	322,000	北京翰海	2021-04-17
陈幼华 2000年作 清溪渔影 镜心	68cm×137cm	322,000	北京翰海	2021-10-16
陈玉圃 山水 镜心	33cm×246cm	437,000	北京保利	2021-06-06
陈玉圃 花鸟 镜心	60.5cm×49.5cm×8	253,000	中国嘉德	2021-05-21
陈玉圃 梅竹双清图 镜心	124cm×241cm	212,750	中贸圣佳	2021-05-21
陈玉圃 山水 三屏 镜心	91cm×67cm	195,500	中贸圣佳	2021-05-21
陈钰铭 人物四条屏	100cm×48cm×4	322,000	荣宝斋(南京)	2021-05-26

拍品名称	物品尺寸	成交价RMB	拍卖公司	拍卖日期
陈垣 余嘉锡 法书 成扇	51.5cm×17cm	172,500	中国嘉德	2021-12-10
陈缘督 1959年作 敬老院新年欢宴 镜心	110cm×64cm	690,000	中国嘉德	2021-05-19
陈缘督 1962年作 野猪林 立轴	152cm×87cm	713,000	北京翰海	2021-12-17
陈缘督 春牧图 镜心	169cm×96cm	207,000	中国嘉德	2021-05-21
陈缘督 运粮图 立轴	103cm×59.5cm	138,000	北京翰海	2021-12-17
陈缘督 菱塘清趣 立轴	125cm×52cm	149,500	北京诚轩	2021-05-18
陈之佛 梅鹤迎春 镜心	130cm×68.1cm	2,070,000	北京保利	2021-12-03
陈之佛 1947年作 榴花鸣禽 立轴	83cm×32cm	897,000	北京银座	2021-09-24
陈之佛 1945年作 蔷薇白鸡图 立轴	111cm×33cm	828,000	西泠印社	2021-07-25
陈之佛 浮晕寒香 立轴	98cm×43cm	701,500	北京诚轩	2021-12-03
陈之佛 竹菊图 立轴	107cm×32cm	690,000	上海匡时	2021-07-08
陈之佛 富贵双雀 立轴	108.5cm×29.5cm	690,000	中国嘉德	2021-05-21
陈之佛 初晴 镜心	43cm×45cm	483,000	南京经典	2021-07-18
陈之佛 平安图 立轴	52cm×29cm	345,000	上海嘉禾	2021-07-22
陈之佛 1947年作 寒花积雪 镜片	67.5cm×33cm	322,000	上海嘉禾	2021-07-23
陈之佛 梅花栖禽 镜心	31.5cm×43.5cm	253,000	中国嘉德	2021-05-21
陈忠志 1972年作 战地黄花分外香 镜片	146.5cm×220.5cm	575,000	上海嘉禾	2021-07-22
陈忠洲 富贵吉祥图 镜片	68cm×134cm	5,980,000	荣宝斋(南京)	2021-04-27
陈忠洲 崂山夏日行 镜片	136cm×68cm	5,750,000	荣宝斋(南京)	2021-04-27
陈忠洲 2020年作 柳燕传情 镜心	138cm×68cm	4,600,000	保利厦门	2021-05-06
陈忠洲 积韵图 镜片	138cm×70cm	4,715,000	荣宝斋(南京)	2021-04-27
陈忠洲 山中人家 镜片	69cm×138cm	5,175,000	荣宝斋(南京)	2021-04-27
陈忠洲 登山访友 镜片	69cm×69cm	5,520,000	荣宝斋(南京)	2021-04-27
陈忠洲 2018年作 戊戌年 荷塘小景 镜心	138cm×68cm	4,370,000	保利厦门	2021-05-06
陈忠洲 2020年作 庚子年 崂山秋色图 镜心	68cm×138cm	4,025,000	保利厦门	2021-05-06
陈忠洲 2020年作 庚子年秋月 金秋图 镜心	138cm×68cm	3,450,000	保利厦门	2021-05-06
陈忠洲 2020年作 庚子年秋月 秋山图 镜心	68cm×68cm	3,450,000	保利厦门	2021-05-06
陈忠洲 2019年作 乙亥年 幽居图 镜心	138cm×68cm	2,300,000	保利厦门	2021-05-06
陈忠洲 2019年作 花蝶图 镜心	34cm×134cm	575,000	北京翰海	2021-04-17
陈忠洲 2019年作 山居图 镜心	136cm×69cm	575,000	北京翰海	2021-04-17
陈忠洲 2019年作 乙亥年《问刘十九》白居易诗 镜心	68cm×68cm	207,000	保利厦门	2021-05-06
陈忠洲 2019年作 乙亥年《子夜四时歌》之冬歌七 镜心	68cm×68cm	172,500	保利厦门	2021-05-06
陈忠洲 2019年作 乙亥年《绝句》杜甫 镜心	68cm×68cm	172,500	保利厦门	2021-05-06
陈忠洲 2019年作 乙亥年 玉阶怨 镜心	68cm×68cm	138,000	保利厦门	2021-05-06
陈忠洲 2019年作 乙亥年《蝉》虞世南 镜心	68cm×68cm	138,000	保利厦门	2021-05-06
陈子奋 白描降龙罗汉 镜片	68cm×34cm	598,000	上海驰翰	2021-07-06
陈子奋 1947年作 花好月圆人寿 屏轴	107cm×41cm	149,500	上海驰翰	2021-07-06
陈子庄 1966年作 花卉禽鸟 册页(八开)	30cm×31cm×8	460,000	北京荣宝	2021-06-19
陈子庄 仿吴昌硕紫藤 镜心	27cm×34cm	437,000	中贸圣佳	2021-07-06
陈子庄 1972年作 山里人家 镜片	20cm×54.5cm	333,500	上海嘉禾	2021-07-23
陈子庄 1973年作 山居图·行书五言诗 成扇		276,000	中国嘉德	2021-09-27
陈子庄 1960年作 紫绣球 镜心	66cm×33cm	253,000	中鸿信	2021-07-14
陈子庄 1964年作 大吉图 立轴	68cm×30cm	230,000	广东崇正	2021-07-19
陈子庄 梨花小鸟 立轴	98cm×41cm	230,000	华艺国际	2021-12-11

拍品名称	物品尺寸	成交价RMB	拍卖公司	拍卖日期
陈子庄 1973年作 古木鸣禽 立轴	诗堂 30cm×67cm; 画心 67cm×67cm	230,000	华艺国际	2021-12-11
陈子庄 1966年作 蜀中牡丹 立轴	137cm×69cm	172,500	华艺国际	2021-12-11
陈子庄 山村闲趣图 立轴	44cm×32cm	172,500	西泠印社	2021-07-25
陈子庄 大吉图 立轴	129cm×34cm	138,000	北京保利	2021-06-06
陈醉 2018年作 花红点点颂新春 镜心	69cm×69cm	172,500	北京翰海	2021-04-17
程保忠 2021年作 山远水长 镜心	93cm×215cm	172,500	北京保利	2021-06-06
程沧波 南怀瑾 行书（二帧）镜片	南 36cm×16cm×2; 程28cm×21cm	287,500	广东崇正	2021-07-19
程海鹰 诗画黄山	68cm×138cm	570,000	保利厦门	2021-09-29
程十发 1995年作 秋山萧寺 立轴	95cm×177.5cm	4,370,000	上海嘉禾	2021-07-22
程十发 1992年作 “山河无恙”山水十二屏 立轴	41cm×34.5cm×12	2,817,500	华艺国际	2021-12-11
程十发西湖民间故事册页（八开）	44.5cm×34cm×8	4,427,500	上海匡时	2021-07-08
程十发 1988年作山水册页（八开）	27.5cm×42cm×8	1,495,000	上海嘉禾	2021-07-22
程十发 钟进士听琴图 镜框	100cm×58cm	1,955,000	上海嘉禾	2021-07-22
程十发 赠郁重今书画 册页	55cm×37cm×28	5,980,000	北京保利	2021-06-05
程十发 1961年作 不事绳墨 册页	27cm×37cm×12	2,012,500	华艺国际	2021-12-11
程十发 傣村节日 立轴	43.5cm×71cm	1,610,000	朵云轩	2021-07-07
程十发 竹林归牧 立轴	画心 138.5cm×69cm	1,610,000	中贸圣佳	2021-07-06
程十发 1961年作 人物花鸟 册页（十二页）	37cm×27cm×12	1,495,000	西泠印社	2021-01-16
程十发 1993年作 峰泖秋深 镜心	95cm×178cm	1,380,000	北京保利	2021-06-05
程十发 1987年作 阆苑仙踪 立轴	134.5cm×67.5cm	977,500	中国嘉德	2021-05-19
程十发 1976年作 天女散花 镜片	107.5cm×48cm	920,000	朵云轩	2021-07-07
程十发 1982年作 长乐 镜片	93cm×179cm	920,000	上海嘉禾	2021-07-22
程十发 1983年作 长乐 镜片	93cm×179cm	920,000	上海嘉禾	2021-07-22
程十发 陆俨少等 海上集锦 册页	33cm×33cm×14	805,000	永乐拍卖	2021-05-20
程十发 1973年作 少女沐春，三阳开泰 立轴	115cm×47cm	690,000	上海嘉禾	2021-07-22
程十发 1982年作 东坡笠屐图 镜片	103cm×61cm	690,000	上海嘉禾	2021-11-14
程十发 牧归图 立轴	97cm×74cm	690,000	中国嘉德	2021-05-19
程十发 1982年作 羲之笼鹅图 镜片	153cm×83cm	667,000	上海嘉禾	2021-07-22
程十发 屈原《橘颂》图 立轴	95cm×67cm	667,000	上海嘉禾	2021-07-22
程十发 1983年作 长乐图 镜片	164cm×89cm	655,500	西泠印社	2021-01-16
程十发 1988年作 阆苑仙音图 立轴	135cm×68cm	609,500	北京保利	2021-12-03
程十发 1988年作 听笛图 立轴	58cm×96cm	598,000	北京保利	2021-12-03
程十发 1964年作 童趣 立轴	96cm×44cm	598,000	上海嘉禾	2021-07-22
程十发 1986年作 湖石双鸡图 立轴	137cm×67cm	575,000	北京保利	2021-06-05
程十发 1948年作 山路松声图 立轴	147cm×75.5cm	575,000	北京保利	2021-12-03
程十发 率笔花鸟 册页（十开）	21.5cm×14cm×10	575,000	西泠印社	2021-01-16
程十发 延边扇舞 镜框	画心 97.5cm×48.5cm; 信札 27.5cm×19.5cm	552,000	上海嘉禾	2021-07-22
程十发 1983年作 重阳采菊 镜片	95.5cm×58cm	552,000	上海嘉禾	2021-07-22
程十发 1981年作 岁寒三友 立轴	135.5cm×67cm	529,000	上海嘉禾	2021-07-22
程十发 1979年作 长春 立轴	78cm×61cm	529,000	上海嘉禾	2021-07-22
程十发 1997年作 观自在菩萨 立轴	94cm×67cm	529,000	上海嘉禾	2021-07-22
程十发 1979年作 钟馗行看子 立轴	91.5cm×54cm	517,500	上海嘉禾	2021-07-22
程十发 梁红玉 立轴	180cm×69cm	517,500	中国嘉德	2021-12-10
程十发 1958年作 赏花图 镜框	62cm×25.5cm	483,000	朵云轩	2021-07-08
程十发 朱屺瞻 谢稚柳 陈佩秋 吴青霞 刘旦宅 沈子丞 钱君匋 陆抑非 沈迈士 吴长邺 曹简楼 张充仁 黄幻吾 许士骐 戴敦邦 张雪父 杨正新 林曦明 张桂铭 章西厓 张金锜 丘受成 游艺 册页	26cm×32.5cm×26	460,000	北京保利	2021-12-03
程十发 1980年作 为李研吾作《水边梅影》镜片	84.5cm×40cm	460,000	西泠印社	2021-01-16
程十发 伯乐相马图 镜片	91cm×51cm	460,000	西泠印社	2021-01-16
程十发 1980年作 春晴 立轴	133cm×68cm	448,500	广东崇正	2021-07-19
程十发 1979年作 少女与鹿 镜片	94cm×48cm	437,000	朵云轩	2021-07-07
程十发 1987年作 执扇仕女 镜片	115cm×53.5cm	437,000	上海嘉禾	2021-07-22
程十发 寿星图 镜片	92cm×52.5cm	437,000	上海嘉禾	2021-07-22
程十发 1973年作 少女放牧 镜心	81cm×50.5cm	437,000	中国嘉德	2021-05-20
程十发 1973年作 四时花卉 四屏 立轴	画心 55cm×39.5cm×4; 诗堂 22cm×39.5cm×4	402,500	上海嘉禾	2021-11-14
程十发 1961年作 牧趣图 镜框	65.5cm×33.5cm	391,000	上海匡时	2021-07-08
程十发 1980年作 钟馗图 立轴	67cm×45cm	368,000	上海嘉禾	2021-07-22
程十发 1980年作 春晴图 立轴	132.5cm×68cm	368,000	西泠印社	2021-01-16
程十发 执扇仕女 立轴	78cm×53cm	348,159	中国嘉德	2021-04-22
程十发 1960年作 春风吹上北京城 立轴	画心 65.5cm×62cm; 诗堂 23cm×62cm	345,000	北京荣宝	2021-12-02
程十发 1983年作 赏菊图 立轴	82cm×56cm	345,000	上海嘉禾	2021-07-22
程十发 1980年作 春牧图 镜片	132cm×68cm	345,000	上海匡时	2021-07-08
程十发 为褚雷作《延边扇舞图》及致褚雷书信一通 镜片（二帧）	画心 97cm×48.5cm; 信札 29cm×20.5cm	345,000	西泠印社	2021-01-16
程十发 1989年作 眉寿图 镜片	96.5cm×60cm	333,500	上海嘉禾	2021-07-22
程十发 少女与鹿 镜心	67cm×39.5cm	333,500	中贸圣佳	2021-07-06
程十发 少女与鹿 立轴	69cm×93cm	322,000	北京保利	2021-12-04
程十发 1986年作 四季平安 立轴	67cm×67cm	322,000	上海嘉禾	2021-07-22
程十发 1981年作 大吉羊 镜片	61.5cm×68cm	322,000	上海嘉禾	2021-11-14
程十发 1960年作 春风吹上北京城 立轴	本幅 65.5cm×63cm; 诗堂 23cm×62.5cm	322,000	十竹斋拍卖（北京）	2021-05-29
程十发 荔枝双禽 镜心	129cm×64cm	322,000	中鸿信	2021-07-14
程十发 1990年作 茶花双吉 镜心	94cm×48.5cm	317,952	中国嘉德	2021-10-12
程十发 丰收图 镜心	画78cm×55cm; 字30cm×56cm	299,000	北京保利	2021-06-05
程十发 1988年作 高士赏石图 立轴	93.6cm×45.2cm	299,000	上海嘉禾	2021-07-22
程十发 1972年作 少女图 立轴	88cm×46.5cm	299,000	上海嘉禾	2021-07-22
程十发 1997年作 春归 立轴	68.5cm×45.5cm	299,000	上海嘉禾	2021-07-22
程十发 1981年作 骑鹿图 立轴	95cm×61cm	287,500	北京保利	2021-12-03
程十发 丰收图 镜心	画心 78cm×55cm; 诗堂 29.5cm×56cm	287,500	北京荣宝	2021-12-02
程十发 1993年作 少女与鹿 立轴	69cm×68cm	287,500	北京银座	2021-09-24
程十发 春花少女 立轴	93.5cm×47.5cm	287,500	朵云轩	2021-07-07
程十发 1979年作 二湘图 立轴	画心 68.5cm×67.5cm; 诗堂 44.5cm×67.5cm	287,500	上海嘉禾	2021-07-22
程十发 1987年作 双吉 立轴	74cm×66.5cm	281,750	广东崇正	2021-01-07
程十发 1990年作 陈卧子读书楼 立轴	83.5cm×59cm	276,000	上海嘉禾	2021-07-22

2021书画拍卖成交汇总(续表)

(成交价RMB：10万元以上)

拍品名称	物品尺寸	成交价RMB	拍卖公司	拍卖日期
程十发 1980年作 大吉祥 镜心	69cm×69cm	253,000	北京保利	2021-06-05
程十发 1988年作 少女双鸽 立轴	67.2cm×51.3cm	253,000	上海嘉禾	2021-07-22
程十发 1979年作 孺子牛图 镜片	126cm×47.5cm	253,000	上海嘉禾	2021-07-22
程十发 1960年作《赵氏孤儿》插图 册页(六开)	34.5cm×25.5cm×6	230,000	华艺国际	2021-03-31
程十发 中日少女图 镜片	38.5cm×59.8cm	230,000	上海嘉禾	2021-11-14
程十发 少女与羊 立轴	68cm×45cm	230,000	中国嘉德	2021-05-20
程十发 1972年作 拾苹果 立轴	66cm×46.5cm	230,000	中国嘉德	2021-12-10
程十发 龙女牧羊图 镜心	43cm×66.5cm	230,000	中贸圣佳	2021-09-25
程十发 傣族恋人 镜心	68cm×34cm	230,000	中贸圣佳	2021-07-06
程十发 1978年作 少女与鹿 立轴	66.5cm×45cm	218,500	北京荣宝	2021-06-19
程十发 1972年作 少女闲牧图 立轴	68.5cm×43cm	218,500	西泠印社	2021-04-10
程十发 1962年作 京剧《新安驿》扇面	19cm×52.5cm	207,000	华艺国际	2021-06-04
程十发 1964年作 迎春图 立轴	69cm×44.5cm	207,000	上海嘉禾	2021-07-22
程十发 1978年作 秋思 立轴	63cm×47cm	207,000	上海嘉禾	2021-07-22
程十发 1979年作 少女与鹿 立轴	69cm×45cm	207,000	上海嘉禾	2021-07-22
程十发 1995年作 醉吟图 镜片	67cm×135cm	207,000	上海嘉禾	2021-07-22
程十发 1987年作 长乐图 立轴	95cm×54.5cm	207,000	上海匡时	2021-07-08
程十发 汪大文 1978年作 白乐天采风图 立轴	136cm×68.5cm	207,000	中国嘉德	2021-05-19
程十发 1995年作 少女饲鸡 镜心	85.5cm×67.5cm	207,000	中国嘉德	2021-05-19
程十发 仕女孔雀图 镜心	71cm×45cm	207,000	中贸圣佳	2021-07-06
程十发 1988年作 拈花少女 立轴	67cm×42cm	195,500	上海嘉禾	2021-07-22
程十发 1963年作 春雨江南图 立轴	66.5cm×45cm	195,500	上海嘉禾	2021-11-14
程十发 1985年作 平安春色图 镜片	95.5cm×52cm	195,500	西泠印社	2021-01-16
程十发 雨洗秋山 立轴	124.3cm×67.8cm	186,300	佳士得	2021-05-27
程十发 1986年作 平安富贵 镜框	68cm×46cm	184,000	上海嘉禾	2021-07-22
程十发 拨阮图 立轴	65cm×45.5cm	184,000	中贸圣佳	2021-07-06
程十发 1979年作 荷塘少女 镜心	83.5cm×48.5cm	172,500	北京保利	2021-12-03
程十发 1982年作 长乐 镜心	65cm×68cm	172,500	北京保利	2021-12-04
程十发 少女与鹿 立轴	95.5cm×57.5cm	172,500	北京荣宝	2021-12-02
程十发 1996年作 烟峰秋霭 立轴	51cm×63.5cm	172,500	朵云轩	2021-07-07
程十发 1973年作 青鸠红茶 立轴	69.5cm×44cm	172,500	朵云轩	2021-07-08
程十发 1984年作 少女与鹿 立轴	75cm×51cm	172,500	华艺国际	2021-03-31
程十发 1978年作 福禄图 立轴	67cm×45.5cm	172,500	华艺国际	2021-12-11
程十发 1979年作 晚香图 立轴	109cm×60cm	172,500	华艺国际	2021-12-11
程十发 1989年作 少女双吉 镜片	66.5cm×45cm	172,500	上海嘉禾	2021-11-14
程十发 1989年作 菊石锦鸡图 镜框	67cm×45cm	172,500	上海嘉禾	2021-11-14
程十发 唐云 方增先 吴青霞 韩敏 曹简楼 乔木 颜梅华 王康乐 邵洛羊 钱君匋 申石伽 龚继先 张桂铭 韩天衡 周慧珺 赵宏本 为顾锡洪作书画集锦 册页(十八页)	34cm×24.5cm×18	172,500	西泠印社	2021-07-24
程十发 1985年作 安乐图 镜心	83cm×38cm	172,500	中国嘉德	2021-09-26
程十发 少女与鹿 镜片	80cm×50cm	161,000	上海嘉禾	2021-07-22
程十发 橘颂图 镜框	52cm×39cm	161,000	上海嘉禾	2021-11-14
程十发 1962年作 为陶忠作《傣家小景长乐图》立轴	86.5cm×39.5cm	161,000	西泠印社	2021-01-16
程十发 牧歌图 立轴	49.5cm×40.5cm	161,000	西泠印社	2021-07-25
程十发 纨扇仕女 立轴	97cm×51cm	155,250	朵云轩	2021-09-19
程十发 1976年作 太白醉酒 立轴	72cm×49.5cm	149,500	北京保利	2021-12-03
程十发 1979年作 屈子行吟 立轴	68cm×44.5cm	149,500	北京银座	2021-09-24
程十发 1992年作 春山图 镜片	67.5cm×101.5cm	149,500	上海嘉禾	2021-07-22
程十发 1986年作 少女 立轴	画心 53.5cm×45cm; 诗堂 23cm×53.5cm	149,500	上海嘉禾	2021-07-22
程十发 少女牧羊 立轴	69cm×46cm	143,750	北京银座	2021-09-24
程十发 1982年作 少女与鹿 立轴	87cm×51cm	138,000	北京保利	2021-12-03
程十发 1978年作 锦绣前程 立轴	91cm×48.5cm	138,000	北京荣宝	2021-06-19
程十发 1984年作 少女与鹿 镜片	68cm×45.5cm	138,000	广东崇正	2021-07-18
程十发 张用博 1973、1985年作 读书图·行书 立轴	程52cm×33cm; 张99cm×33cm	138,000	广东崇正	2021-07-19
程十发 1995年作 过江虹霓 镜片	34.5cm×137.5cm	138,000	上海嘉禾	2021-07-22
程十发 牧羊图 镜心	80cm×50.5cm	138,000	中国嘉德	2021-05-19
程十发 1979年作 平安长乐·行书七言联 镜片	对联 132cm×32cm×2; 镜片 131.5cm×66cm	517,500	朵云轩	2021-12-30
程十发 1981年作 少女折梅 立轴	82.5cm×45.5cm	230,000	朵云轩	2021-12-30
程十发 1982年作 空山萧寺 立轴	95cm×59cm	230,000	朵云轩	2021-12-30
程十发 借扇 立轴	诗堂: 25.5cm×43cm; 本幅70cm×43cm	690,000	十竹斋拍卖(北京)	2021-05-29
程十发 芙蕖盛发叶田田 镜框	97.5cm×45.8cm	159,327	香港苏富比	2021-04-21
程璋 1919年作 牡丹孔雀图 立轴	243.5cm×120.5cm	195,500	西泠印社	2021-01-16
丛滋妮 2021年作 陋室铭	50cm×160cm	437,000	荣宝斋(南京)	2021-05-26
崔景哲 中国红系列·情系梨园 镜心	75cm×133cm	1,150,000	北京荣宝	2021-06-19
崔景哲 2020年作 唐装仕女 镜心	130cm×69.5cm	460,000	北京保利	2021-06-06
崔景哲 2021年作 中国红 镜心	81x61cm	460,000	北京保利	2021-09-25
崔景哲 中国红少女	115cm×115cm	253,000	荣宝斋(南京)	2021-05-26
崔景哲 2020年作 千峰竞秀 镜心	50cm×49.5cm	172,500	北京保利	2021-06-06
崔景哲 2020年作 冠上加冠 镜心	64.5cm×39cm	172,500	北京保利	2021-06-06
崔如琢 梦里梅花指上开——指墨梅花 册页(十六开)	尺寸不一	64,400,000	永乐拍卖	2021-12-02
崔如琢 2020年作 细雨幽兰别是春 无限楼台烟雨蒙 秋林远黛 群山晓雪	229cm×120cm; 235cm×119cm; 235cm×121cm; 229cm×121cm	345,000,000	永乐拍卖	2021-05-20
崔如琢 2021年作 留得枯荷听雨眠	49.5cm×572cm	97,750,000	永乐拍卖	2021-05-20
崔如琢 2021年作 晴雪	121cm×60cm	16,100,000	永乐拍卖	2021-05-20
崔如琢 2011年作 万里寒光生积雪	48cm×38.5cm	4,945,000	永乐拍卖	2021-05-20
崔如琢 2011年作 遥遥望白云	48cm×38cm	4,600,000	永乐拍卖	2021-05-20
崔如琢 2011年作 杏花春雨江南	48cm×38.5cm	4,600,000	永乐拍卖	2021-05-20
崔如琢 2008年作 春江花月夜	44cm×44cm	4,600,000	永乐拍卖	2021-05-20
崔如琢 养心斋	47cm×154cm	4,600,000	永乐拍卖	2021-05-20
崔如琢 2011年作 一看郊原浩荡春	48cm×38.5cm	4,370,000	永乐拍卖	2021-05-20
崔如琢 2021年作 万里风云三尺剑，一庭花草半床书	178cm×47.5cm×2	4,370,000	永乐拍卖	2021-12-02
崔如琢 2011年作 门前流水急，数点暮山青	48cm×38.5cm	4,025,000	永乐拍卖	2021-05-20
崔如琢 2020年作 听雨轩	56cm×144cm	4,025,000	永乐拍卖	2021-05-20
崔如琢 2021年作 高山仰止疑无路，柳阴深处鸣禽多	178cm×47.5cm×2	3,680,000	永乐拍卖	2021-12-02
崔如琢 2005年作 千山残雪 镜心	94cm×178cm	1,725,000	北京保利	2021-12-03
崔如琢 2011年作 听风听雨又听声 立轴	138cm×70cm	920,000	华艺国际	2021-06-04
崔如琢 2011年作 冷碧新秋水 立轴	138cm×70cm	920,000	华艺国际	2021-06-04
崔如琢 山水 镜心(四帧)	45.1cm×42.9cm×4	483,000	北京保利	2021-06-05
崔如琢 行书《龟虽寿》镜心	160cm×50cm	172,500	北京保利	2021-12-03
崔如琢 行书《月夜听卢子顺弹琴》镜心	160cm×50cm	172,500	北京保利	2021-12-03
崔真硕 福寿骈臻代代红	138cm×68cm	552,000	荣宝斋(南京)	2021-05-26
崔振宽 2018年、2019年作 华山小品 镜心(六帧)	40.5cm×31.5cm×6	460,000	中国嘉德	2021-12-13
崔子范 1992年作 寿石万年青 镜心	75cm×105cm	172,500	北京保利	2021-06-05

拍品名称	物品尺寸	成交价RMB	拍卖公司	拍卖日期
崔子范 鱼乐图 镜心	68cm×138cm	138,000	北京翰海	2021-12-17
崔子范 红荷夏塘 立轴	135.8cm×67.4cm	138,000	华艺国际	2021-06-04
崔子范 1986年作 春到人间 镜框	122cm×125cm	138,000	华艺国际	2021-06-04
崔自默 和弦 镜心	17cm×10.3cm	138,000	北京翰海	2021-12-17
戴季陶 1930年作 六波罗蜜法 册页（三十六开）	31.5cm×20.3cm×36	724,500	佳士得	2021-05-27
戴季陶 行书十五言联 立轴	123cm×16cm×2	273,132	保利香港	2021-04-23
戴孟清 换了人间	97cm×171cm	138,000	中贸圣佳	2021-05-20
戴培仁 2019年作 溪山行旅图	180cm×97cm	598,000	荣宝斋(南京)	2021-05-26
戴望舒李可染赵望云巴金卞之琳等1949年7月17日至8月1日作在第一次文代会上为刘国樞作书画册	册页 15.5cm×10.5cm	736,000	西泠印社	2021-07-25
戴泽 1985年作 放牧图 立轴	132cm×66cm	207,000	北京荣宝	2021-06-19
戴治国 2012年作 泼彩山水	100cm×50cm	575,000	荣宝斋(南京)	2021-05-26
戴治国 高山人家 镜心	45.1cm×68.2cm	230,000	保利厦门	2021-11-05
邓白 1989年作 梅花双鸟 立轴	121cm×47.5cm	276,000	中国嘉德	2021-05-20
邓碧珊 游鱼图四屏 立轴	140cm×39cm×4	241,500	中鸿信	2021-07-15
邓尔疋 1936年作 篆书七言联 立轴	129.5cm×20cm×2	172,500	北京翰海	2021-06-04
邓芬 1949年作 四时闺趣 镜框四屏	104cm×28.5cm×4	834,624	香港苏富比	2021-10-11
邓芬 人物 镜框	96cm×39cm	655,500	广东小雅斋	2021-07-20
邓芬 1955年作 玉川煮茶图 镜片	28cm×71.5cm	460,000	上海匡时	2021-07-08
邓芬 1959年作 芭蕉执扇仕女图 镜心	91cm×32cm	345,000	北京荣宝	2021-06-19
邓芬 1957年作 春酒养年 镜心	91cm×37cm	276,000	北京保利	2021-06-05
邓芬 1963年作 紫鸢水禽 立轴	95cm×30cm	241,500	广东崇正	2021-01-07
邓芬 1961年作 无量功德无量寿 立轴	110cm×35cm	230,000	北京荣宝	2021-12-02
邓芬 1955年作 韩昌黎诗意图 镜心	28cm×71cm	195,500	北京保利	2021-12-04
邓芬 1959年作 达摩 镜片	89.5cm×37cm	195,500	华艺国际	2021-04-01
邓散木 1935年作 隶书十二言联 立轴	159.5cm×26.5cm×2	207,000	中国嘉德	2021-05-18
邓散木 1947年作 临张瑞图行书 册页（九开十七页）	36cm×23cm×17	138,000	广东崇正	2021-07-19
邓散木 1940年作 隶书六言 对联	240.5cm×59.5cm×2	287,500	朵云轩	2021-12-30
邓维东 晴雪云海 镜片	50cm×50cm	1,477,980	北京中贝	2021-12-08
邓维东 秋实图 镜片	50cm×50cm	1,474,875	北京中贝	2021-12-08
邓维东 春韵图 镜片	50cm×50cm	941,275	北京中贝	2021-12-08
邓维东 黄菊吟秋 镜片	50cm×50cm	792,120	北京中贝	2021-12-08
邓维东 晨风 镜片	45cm×35cm	546,480	北京中贝	2021-12-08
狄青 2019年作 寻凉图	175cm×82cm	184,000	北京保利	2021-06-04
丁宝书 鸽子石榴 立轴	129cm×66cm	287,500	中国嘉德	2021-09-28
丁宝书 幽禽鸣春 立轴	134cm×67cm	287,500	中国嘉德	2021-09-28
丁宝书 花鸟 立轴	247cm×121cm	207,000	南京经典	2021-01-10
丁彬 2017年作 屏风201703#	180cm×95cm×3cm	138,000	北京翰海	2021-06-05
丁佛言 钟鼎文八言联 立轴	167cm×36cm×2	172,500	中鸿信	2021-07-15
丁辅之 1946年作 夏热珍果图 立轴	91cm×38.5cm	690,000	西泠印社	2021-01-16
丁辅之 1937年作 瓜果图 立轴	64.5cm×31cm	609,500	保利厦门	2021-05-06
丁辅之 1942年作 虬松图 立轴	103.5cm×47.5cm	207,000	西泠印社	2021-01-16
丁辅之 1934年作 红梅图·篆书诗 成扇	19cm×52cm	195,500	西泠印社	2021-07-25
丁辅之 1940年作 鼎盛图 立轴	121cm×54cm	172,500	华艺国际	2021-06-04
丁辅之 1941年作 红梅图 立轴	91.5cm×41cm	172,500	西泠印社	2021-04-10
丁观加 2001年作 古刹迎春 镜心	66cm×101cm	368,000	中国嘉德	2021-05-21
丁观加 1988年作 高原印象 镜心	157cm×90cm	253,000	中国嘉德	2021-12-13
丁立人 戏剧人物	69cm×69cm	230,000	上海嘉禾	2021-07-23
丁立人 戏曲人物	65cm×65cm	138,000	中国嘉德	2021-05-20
丁谦 2021年作 沁园春·长沙	125cm×248cm	805,000	荣宝斋(南京)	2021-05-26
丁谦 2021年作 书法《兰亭序》	138cm×34cm×4	575,000	荣宝斋(南京)	2021-05-26

拍品名称	物品尺寸	成交价RMB	拍卖公司	拍卖日期
丁谦 2021年作 书法	97cm×180cm	437,000	荣宝斋(南京)	2021-05-26
丁谦 2021年作 道德经	97cm×180cm	402,500	荣宝斋(南京)	2021-05-26
丁谦 2021年作 龟虽寿	53cm×233cm	276,000	荣宝斋(南京)	2021-05-26
丁谦 2020年作 陶渊明诗 镜心	49cm×180cm	253,000	北京翰海	2021-04-17
丁谦 2021年作 诫子书	50cm×200cm	230,000	荣宝斋(南京)	2021-05-26
丁谦 2021年作 梅花	68cm×138cm	207,000	荣宝斋(南京)	2021-05-26
丁谦 2021年作 卜算子·咏梅	138cm×68cm	195,500	荣宝斋(南京)	2021-05-26
丁谦 2021年作 书法 对联	138cm×34cm×2	184,000	荣宝斋(南京)	2021-05-26
丁谦 2021年作 书法"神游物外"	68cm×138cm	172,500	荣宝斋(南京)	2021-05-26
丁香阳 2020年作 国魂 镜心	251cm×193cm	494,500	北京荣宝	2021-12-02
丁雄泉 少女	95cm×180cm	477,981	香港苏富比	2021-04-19
丁雄泉 戴花帽的小姐	73cm×102cm	345,000	华艺国际	2021-12-10
丁雄泉蔡澜1998年作花鸟美人图镜框	177.5cm×97cm	328,400	佳士得	2021-11-30
丁雄泉 春日	63cm×95.5cm	310,500	西泠印社	2021-07-24
丁雄泉 1990年作 二美与骏马	125cm×247cm	253,000	中国嘉德	2021-11-28
丁雄泉 花宴	64cm×98cm	402,500	上海明轩	2021-12-30
丁衍庸 1978年作 八仙 镜框	137.5cm×69cm	672,750	佳士得	2021-05-27
丁衍庸 山鬼 镜框	130cm×66cm	607,200	罗芙奥	2021-12-04
丁衍庸 1972年作 花鸟人物双面册页（十六开）	33cm×46cm×16	1,092,500	中国嘉德	2021-05-19
丁衍庸 1976年作 松鹤遐龄 立轴	138.5cm×68.6cm	672,750	佳士得	2021-05-27
丁衍庸 1976年作 花鸟 手卷	46cm×652cm	1,150,000	华艺国际	2021-04-01
丁衍庸 1969年作 水族图 镜框	180cm×96cm	414,000	罗芙奥	2021-12-04
丁衍庸 1969年作 白鹭、虾戏图、飞鱼、睡狸图、荷蛙图、双松图、松鼠、双蝶图、石斑鱼、沽酒入芦花、柳蝉、葫芦立鸟图、芙蓉金鱼十三件一组 册页	34cm×34cm（每件）	386,400	罗芙奥	2021-12-04
丁衍庸 弥勒佛 立轴	177cm×46.2cm	362,250	佳士得	2021-05-27
丁衍庸 1969年作 春江无尽图 镜框	180cm×96cm	303,600	罗芙奥	2021-12-04
丁衍庸 十里长松结屋安 镜框	180cm×96cm	303,600	罗芙奥	2021-12-04
丁衍庸 1965年作 荷花蛙鸟图 镜心	137cm×68cm	298,080	中国嘉德	2021-10-13
丁衍庸 1972年作 丁衍庸花鸟人物册	26.8cm×26.5cm×2.5cm（画册）；36.5cm×52.6cm（册页）	276,167	香港苏富比	2021-04-19
丁衍庸 1978年作 荷池佳色 镜心	69cm×137cm	263,016	保利香港	2021-04-23
丁衍庸 1969年作 绿天庵 镜框	180cm×96cm	262,200	罗芙奥	2021-12-04
丁衍庸 1968年作 戏曲人物 镜框（四幅）	34.5cm×46cm×4	225,775	佳士得	2021-11-30
丁衍庸 1974年作 花鸟图卷 手卷	37cm×540cm	184,000	华艺国际	2021-06-04
丁衍庸 1976年作 高松双寿 立轴	136.5cm×68.5cm	177,358	香港苏富比	2021-10-11
丁衍庸 1977年作 西厢记——贼劫普救寺 镜心	96cm×45.5cm	177,336	保利香港	2021-11-28
丁衍庸 松鼠鸡鸭四屏 镜心（四帧）	69cm×46cm×4	172,500	北京诚轩	2021-12-03
丁衍庸 1976年作 鸳鸯伴侣 立轴	104cm×69cm	164,200	佳士得	2021-11-30
丁衍庸 1972年作 荷塘蛙趣 镜框	138.5cm×69cm	153,938	佳士得	2021-11-30
丁衍庸 1968年作 春草池塘处处蛙 镜框	104cm×33.5cm	153,938	佳士得	2021-11-30
丁衍庸 猫石荷塘图 立轴	138cm×69.5cm	149,040	中国嘉德	2021-10-13
丁衍庸 西湖荡舟 镜框	58.8cm×47.3cm	148,705	香港苏富比	2021-04-21
丁衍庸 1971年作 牛郎织女星 立轴	70cm×31cm	139,104	中国嘉德	2021-10-13
丁衍庸 桃园结义 立轴	52.3cm×39.3cm	138,083	香港苏富比	2021-04-21
丁衍庸 1978年作 贵妃赐浴图	139cm×69.6cm	138,083	香港苏富比	2021-04-19
丁衍庸 猫石图及猫鸟图 立轴（两件一组）	140cm×34cm（每件）	138,000	罗芙奥	2021-12-04
丁衍镛 山水册页（一组八件）	34.5cm×35cm×8	616,032	中国嘉德	2021-10-12
丁衍镛 1962年作 双栖明珠手卷	29.5cm×253cm	378,001	中国嘉德	2021-04-23

2021书画拍卖成交汇总(续表)

(成交价RMB：10万元以上)

拍品名称	物品尺寸	成交价RMB	拍卖公司	拍卖日期
丁衍镛 1976年作 岑高骑鲤	98cm×36cm	377,568	中国嘉德	2021-10-12
丁衍镛 1972年作 松鹤图	138cm×57cm	298,080	中国嘉德	2021-10-12
丁衍镛 1978年作 钟馗捉鬼	69cm×48cm	139,264	中国嘉德	2021-04-23
丁元智 2021年作 书法《早发白帝城》镜心	70cm×137cm	575,000	保利厦门	2021-11-05
丁元智 秋曲 立轴	138cm×70cm	460,000	北京保利	2021-06-06
董立宝 2021年作 波光粼粼 镜心	69cm×70cm	138,000	北京荣宝	2021-12-02
董立宝 2020年、2021年作 山水 镜心(四帧)	34cm×35cm×4	138,000	中国嘉德	2021-09-27
董桥 2020年作 读书最乐 镜框	33.3cm×70.5cm	201,814	香港苏富比	2021-04-21
董寿平 深山飞瀑 立轴	181.5cm×89cm	2,530,000	中国嘉德	2021-05-19
董寿平 1988年作 报春图 镜心	84cm×144cm	1,667,500	北京荣宝	2021-06-19
董寿平 五福人家 镜框	95cm×170.5cm	2,300,000	华艺国际	2021-06-04
董寿平 1984年作 幽谷扬芬 镜心	96cm×175.5cm	1,725,000	北京保利	2021-06-05
董寿平 黄山奇松 镜心	155cm×79cm	1,610,000	北京保利	2021-12-03
董寿平 1979年作 苍松 立轴	180cm×97cm	1,380,000	上海嘉禾	2021-07-22
董寿平 黄山松云 镜片	67cm×117cm	1,380,000	上海嘉禾	2021-11-14
董寿平 黄山松云 立轴	133cm×67.5cm	920,000	北京荣宝	2021-06-19
董寿平 1987年作 红梅 镜心	67.5cm×136cm	862,500	北京翰海	2021-06-05
董寿平 1983年作 葡萄 立轴	176cm×96cm	770,500	北京荣宝	2021-06-19
董寿平 苍松 立轴	132.5cm×65cm	713,000	北京荣宝	2021-06-19
董寿平 玲珑疏影 镜心	97cm×178cm	690,000	中贸圣佳	2021-05-21
董寿平 1986年作 红梅 立轴	131cm×65cm	667,000	北京保利	2021-06-06
董寿平 1987年作 风雨见劲节 镜片	139cm×68cm	517,500	西泠印社	2021-01-15
董寿平 千岩万壑 镜心	135cm×67cm	460,000	北京翰海	2021-06-05
董寿平 1989年作 粉梅 立轴	61cm×53cm	437,000	北京保利	2021-05-17
董寿平 黄山松云 镜心	69.5cm×41cm	437,000	中国嘉德	2021-12-10
董寿平 黄山松云 镜心	86cm×44cm	414,000	北京荣宝	2021-06-19
董寿平 跋陈居中(款)教织图卷 手卷	31cm×431cm	402,500	北京保利	2021-05-17
董寿平 1986年作 红梅 立轴	131.5cm×64.5cm	402,500	中国嘉德	2021-12-10
董寿平 1984年作 松魂 镜心	114cm×235cm	391,000	北京保利	2021-12-04
董寿平 1980年作 苍山云海 立轴	136cm×68cm	391,000	中国嘉德	2021-05-21
董寿平 1947年作 梅香 立轴	125cm×55cm	345,000	北京保利	2021-06-05
董寿平 1987年作 风竹 镜心	69cm×103cm	345,000	北京保利	2021-06-06
董寿平 不老松 立轴	132cm×65cm	345,000	北京保利	2021-12-03
董寿平 墨竹图 镜心	65cm×132cm	339,250	北京银座	2021-09-24
董寿平 1985年作 黄山松云 立轴	66cm×67cm	333,500	北京保利	2021-05-17
董寿平 1949年作 山间松瀑 立轴	117cm×43cm	322,000	北京保利	2021-12-03
董寿平 黎雄才 1983年作 松瀑图 立轴	135cm×68cm	322,000	华艺国际	2021-12-11
董寿平 1944年作 黄山松云 立轴	111cm×43.5cm	322,000	中国嘉德	2021-12-10
董寿平 1985年作 黄山松云 镜心	114.5cm×53.5cm	299,000	中国嘉德	2021-12-11
董寿平 1980年作 直节清风 镜心	136cm×70cm	287,500	北京荣宝	2021-06-19
董寿平 1987年作 墨竹图 立轴	134.5cm×64cm	287,500	北京银座	2021-09-24
董寿平 墨竹 镜片	137cm×74cm	287,500	华艺国际	2021-06-04
董寿平 1960年作 雪景松树 立轴	115.5cm×39cm	283,248	保利香港	2021-04-23
董寿平 王雪涛 兰竹草虫 立轴	132.5cm×66cm	278,208	中国嘉德	2021-10-13
董寿平 范曾 画 题 黄山烟云 镜心	131cm×68cm	276,000	中贸圣佳	2021-05-21
董寿平 黄山云峰 镜心	113.5cm×53.5cm	230,000	北京保利	2021-12-03
董寿平 1991年作 墨竹 立轴	95cm×58.5cm	230,000	北京保利	2021-12-04
董寿平 1995年作 风竹 镜心	98cm×59cm	230,000	北京荣宝	2021-06-19
董寿平 黄山石笋矼 立轴	66cm×63cm	230,000	北京银座	2021-09-24
董寿平 1955年作 红梅 立轴	69cm×33cm	230,000	华艺国际	2021-06-04
董寿平 牡丹 镜心	35cm×47.5cm	230,000	中国嘉德	2021-05-19
董寿平 白雪石 田世光 俞致贞 1990年作 花卉四屏 立轴	111.5cm×44.5cm×4	230,000	中国嘉德	2021-05-19

拍品名称	物品尺寸	成交价RMB	拍卖公司	拍卖日期
董寿平 1944年作 叠瀑图 立轴	117.5cm×38cm	195,500	广东崇正	2021-07-19
董寿平 1986年作 红梅 立轴	96.5cm×60cm	184,000	中国嘉德	2021-12-11
董寿平 粉梅 立轴	129cm×33cm	172,500	北京保利	2021-06-05
董寿平 1963年作 山居图 镜心	137cm×70cm	172,500	北京荣宝	2021-06-19
董寿平 范曾 画 题 墨竹 镜心	137cm×69cm	172,500	中贸圣佳	2021-05-21
董寿平 1973年作 墨竹 立轴	116.5cm×44cm	161,000	北京翰海	2021-06-04
董寿平 红梅 镜心	86.5cm×44.5cm	149,500	北京翰海	2021-06-04
董寿平 草书“鹤寿”镜心	96.5cm×50.5cm	149,500	中国嘉德	2021-05-20
董寿平 1988年作 黄山云松 镜心	45.5cm×68cm	138,000	北京翰海	2021-06-04
董欣宾 双松 镜心	137cm×68cm	402,500	北京翰海	2021-12-17
董欣宾 云白山青 镜心	94.5cm×41.5cm	184,000	北京翰海	2021-12-17
董欣宾 老龙吟 镜心	134cm×68cm	172,500	北京翰海	2021-06-05
董阳孜 2015年作 和而不同	97cm×180cm	248,400	罗芙奥	2021-12-04
董阳孜 处其实 镜框	70cm×136.5cm	153,120	罗芙奥	2021-07-17
董英华 高峰和江秀	68cm×68cm	495,000	保利厦门	2021-08-24
董作宾 甲骨文十四言联 立轴	130.5cm×15.5cm×2	299,000	十竹斋拍卖(北京)	2021-05-29
杜小同 茂秋 镜心	138cm×34.5cm	207,000	北京荣宝	2021-06-19
杜中良 泉水潺潺流	68cm×138cm	402,500	荣宝斋(南京)	2021-05-26
杜中良 一帆风顺	68cm×138cm	345,000	荣宝斋(南京)	2021-05-26
杜中良 秋清泉气香	68cm×68cm	172,500	荣宝斋(南京)	2021-05-26
杜滋龄 2002年作 走进喜马拉雅 镜心	142cm×101cm	345,000	中鸿信	2021-07-14
段祺瑞 行书《江南春》绝句 立轴	128cm×38cm	138,000	中鸿信	2021-07-15
段文杰 敦煌壁画《河西将军出行图》	220.5cm×102.5cm	149,500	中国嘉德	2021-03-27
段志华 2014年作 春到林芝	136cm×68cm	1,092,500	荣宝斋(南京)	2021-05-26
段志华 2017年作 无题	136cm×68cm	1,035,000	荣宝斋(南京)	2021-05-26
樊枫 2020年作 路危深远 镜心	180cm×96cm	402,500	北京保利	2021-06-06
樊枫 2018年作 万壑树声满，千崖秋气高 镜心	60cm×181cm	345,000	北京保利	2021-12-04
樊鸿宾 2020年作 火烈鸟 镜心	60cm×181cm	323,712	保利香港	2021-04-23
樊鸿宾 2018年作 飞天菩萨 镜心	138cm×68cm	222,552	保利香港	2021-04-23
樊鸿宾 2021年作 文殊菩萨普贤菩萨 镜心	138cm×68cm	157,632	保利香港	2021-11-28
樊增祥 梁鼎芬 陈三立 书法扇面集锦 立轴	16cm×52cm; 21.5cm×21.5cm; 17.5cm×50cm	195,500	中国嘉德	2021-05-20
樊增祥 梁鼎芬 陈三立 书法扇面集锦 立轴	16cm×51cm; 21cm×22cm; 16cm×51cm	195,500	中国嘉德	2021-05-20
樊增祥 楷书十五言联 立轴	165cm×39cm×2	172,500	北京翰海	2021-06-04
范曾 1996年作 大成至圣先师孔子像并行书十言联 镜心	画 333cm×145cm; 对联 306cm×35cm×2	5,750,000	北京保利	2021-12-03
范曾 2002年作 苏子侣鹤图 镜片	147cm×370cm	11,960,000	华艺国际	2021-06-04
范曾 2000年作 精奇古怪雅集图 镜心	122cm×249cm	4,485,000	永乐拍卖	2021-05-21
范曾 1996年作 得大自在 镜心	136cm×67cm	1,380,000	中国嘉德	2021-05-20
范曾 钟馗神威图 立轴	184cm×105cm	3,450,000	十竹斋	2021-06-27
范曾 1982年作 慧能大师造像 立轴	178cm×95cm	2,817,500	十竹斋拍卖(北京)	2021-05-29
范曾 2010年作 老子出关 立轴	136cm×68cm	2,185,000	北京九歌	2021-06-13
范曾 1994年作 岳飞 镜片	122.8cm×245.5cm	1,949,875	佳士得	2021-11-30
范曾 2003年作 钟馗神威图 镜心	136cm×68.5cm	1,610,000	中国嘉德	2021-12-13
范曾 2019年作 观音造像 镜框	93cm×59cm	1,552,500	北京荣宝	2021-06-19
范曾 1981年作 红衣钟馗 立轴	134cm×65.5cm	1,495,000	华艺国际	2021-06-04
范曾 钟馗图 镜心	135cm×67.5cm	1,380,000	中贸圣佳	2021-05-21

拍品名称	物品尺寸	成交价RMB	拍卖公司	拍卖日期
范曾 1980年作 唐人诗意 镜心	93cm×180cm	1,265,000	中国嘉德	2021-12-10
范曾 1979年作 补天图 镜心	70cm×136cm	1,253,500	北京保利	2021-12-04
范曾 2008年作 有犊有犊其不我服·行书七言联 镜心	画137cm×68cm; 对联 137cm×35cm×2	1,127,000	北京保利	2021-06-06
范曾 2012年作 老子出关 镜心	96cm×56cm	1,092,500	北京荣宝	2021-06-19
范曾 2014年作 神童骋驹 镜框	95cm×58cm	1,035,000	北京荣宝	2021-06-19
范曾 2011年作 河塘青青 镜心	96cm×56cm	1,035,000	北京荣宝	2021-06-19
范曾 唐人诗意图 立轴	87cm×149cm	1,035,000	华艺国际	2021-06-04
范曾 1986年作 钟馗秋林搜神图 镜心	137cm×67cm	1,035,000	中国嘉德	2021-05-21
范曾 1994年作 丰谷岁熟 立轴	68cm×67.5cm	1,012,000	北京荣宝	2021-06-19
范曾 1985年作 曹操酾酒临江图 镜心	113cm×68.5cm	977,500	北京银座	2021-09-24
范曾 2007年作 老子出关 镜心	137cm×69cm	977,500	中国嘉德	2021-03-28
范曾 1989年作 选胜登临 镜心	68cm×138cm	943,000	北京保利	2021-12-04
范曾 1979年作 女娲补天 镜心	70cm×136cm	920,000	北京保利	2021-09-25
范曾 1984年作 钟馗搜山 立轴	135cm×66.5cm	920,000	中国嘉德	2021-12-11
范曾 2005年作 达摩 镜心	138cm×69cm	897,000	中国嘉德	2021-05-21
范曾 1985年作 牧牛图 镜心	94cm×58cm	782,000	北京荣宝	2021-06-19
范曾 2009年作 少年诗人 镜心	52cm×38cm	747,500	北京九歌	2021-06-13
范曾 1984年作 钟馗 镜心	107cm×46cm	715,050	北京保利	2021-01-19
范曾 1980年作 戏猴图 镜心	66cm×116cm	690,000	北京保利	2021-06-06
范曾 2006年作 吾家有义犬 立轴	68cm×68cm	690,000	北京荣宝	2021-06-19
范曾 1979年作 戏蟾图 立轴	97cm×61cm	690,000	中国嘉德	2021-05-19
范曾 1980年作 钟进士鬼趣图 镜心	67cm×67cm	690,000	中国嘉德	2021-12-10
范曾 2012年作 老子演《易》镜心	68cm×45cm	655,500	北京荣宝	2021-06-19
范曾 东坡高士、书法对联 镜心	画97cm×60cm; 对联 134cm×33cm×2	632,500	中国嘉德	2021-05-21
范曾 2007年作 老子出关 镜心	直径33cm	575,000	北京九歌	2021-06-13
范曾 1995年作 威震遐迩 立轴	104cm×68cm	575,000	上海嘉禾	2021-07-23
范曾 1980年作 华佗望断图 镜心	67cm×113cm	567,500	北京保利	2021-01-22
范曾 1989年作 山鬼·女娲补天 镜框(两幅)	112cm×68cm×2	564,438	佳士得	2021-11-30
范曾 1994年作 吟啸图 立轴	68cm×68cm	552,000	北京保利	2021-12-04
范曾 启功 董寿平 陈佩秋等 1979年作 书画合璧 手卷	20.3cm×461cm	483,000	北京保利	2021-12-04
范曾 1980年作 华佗望断图 镜心	67cm×113cm	460,000	北京保利	2021-05-17
范曾 1979年作 达摩得悟图 立轴	96cm×67cm	460,000	北京保利	2021-09-25
范曾 1985年作 牧歌图 立轴	89cm×67cm	437,000	北京保利	2021-06-06
范曾 岂无牧笛与山歌 镜心	45.5cm×67.5cm	437,000	中国嘉德	2021-12-11
范曾 1979年作 达摩得悟图 镜心	33cm×45cm	402,500	北京翰海	2021-06-05
范曾 2011年作 书圣临池 镜心	96cm×45cm	402,500	北京荣宝	2021-06-19
范曾 2012年作 荷叶盖头归 镜心	69cm×44cm	368,000	十竹斋拍卖(北京)	2021-05-29
范曾 林冲休妻图 立轴	68cm×66.5cm	356,500	北京翰海	2021-06-05
范曾 1987年作 炼丹图 立轴	105cm×63cm	345,000	北京保利	2021-12-04
范曾 2006年作 书法对联 镜心	138cm×34cm×2	345,000	北京保利	2021-12-04
范曾 2006年作 老子出关 镜心	68cm×45cm	345,000	十竹斋拍卖(北京)	2021-05-29
范曾 1978年作 达摩 镜心	83cm×51cm	345,000	永乐拍卖	2021-05-21
范曾 1981年作 夜吟图 镜心	67.5cm×67.5cm	345,000	中国嘉德	2021-05-21
范曾 1991年作 行书十九言联 立轴	151.5cm×38.5cm×2	343,000	中国嘉德	2021-12-11
范曾 1987年作 桑麻絮语 镜心	96cm×35.5cm	322,000	北京保利	2021-12-04
范曾 2006年作 书法对联 镜心	138cm×34cm×2	322,000	北京保利	2021-12-04
范曾 1980年作 鱼戏莲叶间 镜心	117cm×59cm	322,000	北京翰海	2021-04-17
范曾 2008年作 行书“听言观行”镜心	34cm×136cm	299,000	北京荣宝	2021-06-19

拍品名称	物品尺寸	成交价RMB	拍卖公司	拍卖日期
范曾 2010年作 归牧图 立轴	66.5cm×46cm	299,000	朵云轩	2021-07-07
范曾 1996年作 钟馗神威 镜片	95cm×44cm	299,000	广东崇正	2021-07-19
范曾 1997年作 老子出关 镜心	26.5cm×23.5cm	299,000	中国嘉德	2021-05-21
范曾 2001年作 高士图 镜心	47cm×69cm	287,500	北京保利	2021-06-06
范曾 2006年作 书法对联 镜心	138cm×34cm×2	287,500	北京保利	2021-12-04
范曾 2010年作 云横嵩岭 镜心	35cm×136cm	287,500	北京九歌	2021-06-13
范曾 2003年作 楼头击筑 镜心	33.5cm×123cm	287,500	北京九歌	2021-06-13
范曾 2014年作 行书“香茗书屋”镜心	34cm×136cm	287,500	北京荣宝	2021-06-19
范曾 戴敦邦 为贺采作《望夫石图》《禅定图》立轴(二轴)	诗堂 22cm×8.5cm; 27.5cm×16.5cm; 画心 28.5cm×22cm; 34cm×27.5cm	276,000	西泠印社	2021-01-15
范曾 1996年作 君子论道 立轴	33cm×46cm	276,000	中国嘉德	2021-12-11
范曾 1981年作 壶中神仙 镜框	45cm×64cm	264,500	朵云轩	2021-07-07
范曾 1984年作 东坡词意图 镜心	56cm×47cm	264,500	中国嘉德	2021-12-13
范曾 1991年作 双鼠红烛 镜心	83cm×48cm	253,000	北京荣宝	2021-06-19
范曾 钟馗搜神 镜心	67.5cm×44.5cm	253,000	中国嘉德	2021-05-21
范曾 2004年 青青子衿 立轴	70cm×49cm	241,500	北京保利	2021-06-06
范曾 2006年作 书法对联 镜心	138cm×34cm×2	241,500	北京保利	2021-12-04
范曾 1978年作 达摩面壁图 立轴	82cm×49cm	230,000	北京保利	2021-12-04
范曾 2006年作 书法对联 镜心	138cm×34cm×2	230,000	北京保利	2021-12-04
范曾 2006年作 书法对联 镜心	138cm×34cm×2	230,000	北京保利	2021-12-04
范曾 2006年作 书法对联 镜心	138cm×34cm×2	230,000	北京保利	2021-12-04
范曾 1989年作 行书“逍遥游”镜心	44cm×94.5cm	230,000	中国嘉德	2021-05-20
范曾 1981年作 行书《枫桥夜泊》诗 镜心	132cm×64cm	207,000	北京荣宝	2021-06-19
范曾 2016年作 书法 耄耋情深	137cm×33.5cm	198,000	赏苑艺拍	2021-03-31
范曾 1983年作 范仲淹与江上渔者 镜心	33cm×27cm	195,500	北京保利	2021-12-04
范曾 1980年作 减笔人物 镜心	40.5cm×60.5cm	184,000	中国嘉德	2021-05-20
范曾 1988年作 行书杜甫句 镜心	125cm×66cm	184,000	中国嘉德	2021-12-11
范曾 1998年作 天道酬勤 镜心	34.5cm×137cm	184,000	中国嘉德	2021-12-13
范曾 1990年作 篆书“牛” 镜框	68cm×45cm	178,250	北京荣宝	2021-06-19
范曾 2020年作 行书“感恩”镜心	32cm×68cm	172,500	北京荣宝	2021-06-19
范曾 2003年作 少年伯乐 镜心	31.5cm×31.5cm	172,500	中国嘉德	2021-12-13
范曾 1979年作 行书 立轴	133.5cm×69cm	166,750	华艺国际	2021-12-11
范曾 1987年作 “逸兴斋”书法 镜心	30cm×96cm	161,000	北京保利	2021-06-06
范曾 1996年作 牧马图 镜心	46cm×59cm	161,000	北京保利	2021-09-25
范曾 2010年作 书法 镜心	34cm×68cm	161,000	北京保利	2021-12-04
范曾 1996年作 达摩面壁 镜心	72cm×49cm	149,500	北京保利	2021-09-25
范曾 1982年作 钟馗神威图 立轴	100cm×47cm	149,500	北京翰海	2021-04-17
范曾 1977年作 陕北老农 镜心	64cm×70cm	149,500	中国嘉德	2021-05-19
范存刚 紫藤 镜框	145cm×367cm	2,300,000	华艺国际	2021-12-11
范扬 2017年作 林泉高致 镜心	144cm×364.5cm	1,092,500	北京银座	2021-09-24
范扬 2014年作 秋山访友·行书七言联 镜心	画202cm×98cm; 书法 201cm×48cm×2	529,000	北京保利	2021-05-17
范扬 2010年作 菩提禅悟 镜心	145cm×44.5cm	218,500	北京荣宝	2021-12-02
范扬 2021年作 菩提禅悟图 镜心	52cm×100cm	207,000	北京荣宝	2021-12-02
范扬 2010年作 听泉图 镜心	95cm×50cm	195,500	北京荣宝	2021-12-02
范扬 松荫清谈 立轴	136cm×68.5cm	184,000	北京荣宝	2021-06-19
范扬 2007年作 山水·坐而论道 镜心	134.5cm×68.5cm	184,000	中国嘉德	2021-12-13

2021书画拍卖成交汇总(续表)

(成交价RMB：10万元以上)

拍品名称	物品尺寸	成交价RMB	拍卖公司	拍卖日期
范扬 2014年作 高山流水有知音 镜心	100cm×99cm	172,500	北京荣宝	2021-06-19
范扬 2007年作 红衣罗汉 立轴	171.5cm×52cm	172,500	中鸿信	2021-07-14
范扬 禅悟图 镜心	142cm×39cm	161,000	南京经典	2021-07-18
范扬 2003年作 阿罗汉图 镜心	70cm×139cm	138,000	中国嘉德	2021-03-28
方楚雄 古松 镜片	143.5cm×364.5cm	2,070,000	广东崇正	2021-07-19
方楚雄 1993年作 十二生肖 镜框	33cm×42cm×12	1,184,500	华艺国际	2021-04-01
方楚雄 1994年作 竹林初晓 镜片	144.5cm×213.5cm	920,000	广东崇正	2021-07-19
方楚雄 2004年作 松猴图 镜框	95cm×180cm	483,000	华艺国际	2021-04-01
方楚雄 2017年作 石榴群兔 镜片	68cm×138cm	402,500	广东崇正	2021-01-07
方楚雄 全家福 镜片	146cm×83.5cm	368,000	广东小雅斋	2021-07-20
方楚雄 2004年作 竹林双喜 镜框	138cm×70cm	345,000	华艺国际	2021-04-01
方楚雄 2012年作 花荫小狗 镜框	137cm×69cm	345,000	华艺国际	2021-04-01
方楚雄 1993年作 枫叶双猴·对联一堂 镜框	对联 87cm×13cm×2；猴68cm×45cm	264,500	华艺国际	2021-04-01
方楚雄 1987年作 灵猴一家亲 镜心	69cm×136.5cm	216,744	保利香港	2021-11-28
方楚雄 2005年作 金玉满堂 镜心	45cm×154cm	207,000	中国嘉德	2021-05-21
方楚雄 1987年作 高原风雪 镜心	69.5cm×136.5cm	187,188	保利香港	2021-11-28
方楚雄 1987年作 高瞻远瞩 镜心	69.5cm×137cm	177,336	保利香港	2021-11-28
方楚雄 1989年作 松鼠图 镜片	137.5cm×69cm	172,500	广东崇正	2021-07-19
方楚雄 1987年作 乐事叙天伦 镜心	69cm×137cm	147,780	保利香港	2021-11-28
方济众 杏园春满 镜片	77cm×58cm	931,500	华艺国际	2021-06-04
方济众 1965年作 榜样的作用 横披	61.5cm×128cm	862,500	上海匡时	2021-07-08
方济众 1956年作 嘉陵江畔 镜心	47cm×117.5cm	517,500	华艺国际	2021-12-11
方济众 花鸟人物 镜片(十帧)	17cm×17cm×10	517,500	西泠印社	2021-01-16
方济众 1986年作 沙鸟聚相亲 立轴	152cm×83cm	414,000	中鸿信	2021-07-14
方济众 行书七言联·天山巡医 镜心、立轴	135.5cm×22.5cm×2；98.5cm×66.5cm	230,000	保利厦门	2021-11-05
方济众 1973年作/1977年作 四季山水 四屏镜心	23cm×34cm×4	138,000	北京保利	2021-09-25
方济众 1979年作 写生小景 镜心(九幅)	尺寸不一	195,500	朵云轩	2021-12-30
方济众 1979年作 郊野放牧 镜心	83cm×51cm	178,250	朵云轩	2021-12-30
方济众 1979年作 秋江捕鱼·行书 扇面(两幅)	17.5cm×55cm×2	138,000	朵云轩	2021-12-30
方君璧 1940—1950年代作 船屋	51cm×66cm	172,500	北京保利	2021-06-04
方君璧 田间小憩	102cm×61cm	138,000	中国嘉德	2021-05-20
方俊 云山幽居图	138cm×69cm	287,500	荣宝斋(南京)	2021-05-26
方骏 2006年作 秋江送别图 镜心	引首 34cm×66cm；画心 34cm×502cm	218,500	北京荣宝	2021-06-19
方骏 春夏秋冬宫扇 成扇	直径30cm	207,000	北京荣宝	2021-12-02
方人定 1963年作 四牛图 镜心	151.5cm×225cm	4,370,000	中国嘉德	2021-12-10
方人定 1961年作 兰亭图 立轴	132cm×66cm	747,500	十竹斋拍卖(北京)	2021-05-29
方人定 1961年作 幽亭修竹图 立轴	131.5cm×66cm	621,000	西泠印社	2021-10-23
方人定 1947年作 西窗剪烛 立轴	130.5cm×66cm	552,000	北京荣宝	2021-06-19
方人定 1947年作《汉书》下酒图 立轴	124cm×65cm	356,500	中鸿信	2021-07-14
方人定 1945年作 绿野小憩 立轴	89.3cm×74.2cm	276,167	香港苏富比	2021-04-21
方人定 1966年作 芦塘鸳鸯图 立轴	136cm×68cm	172,500	中鸿信	2021-07-14
方人定 1954年作 趁墟归来 立轴	164cm×74cm	161,000	广东崇正	2021-07-19
方人定 觅食 立轴	172cm×74.5cm	156,492	香港苏富比	2021-10-11
方向 2014年作 庭中幽趣四屏 镜心	68.5cm×34cm×4	264,500	北京荣宝	2021-12-02
方勇 十二生肖	30cm×33cm×12	138,000	广东小雅斋	2021-07-20

拍品名称	物品尺寸	成交价RMB	拍卖公司	拍卖日期
方增先 1975年作 鲁迅 镜心	画108.5cm×85.5cm	805,000	中国嘉德	2021-05-19
方增先 1995年作 达摩祖师 立轴	130.5cm×67.5cm	759,000	上海嘉禾	2021-11-14
方增先 1990年作 黄遵宪像 镜片	176cm×96cm	667,000	西泠印社	2021-07-25
方增先 1970年作 胜利前夕 镜片	78cm×175cm	460,000	上海嘉禾	2021-07-22
方增先 1991年作 沉思 镜片	60cm×99cm	425,500	上海嘉禾	2021-07-22
方增先 1958年作 毛主席在延安(无图) 立轴	诗堂 21.5cm×57cm；本幅 110cm×57cm	178,250	北京荣宝	2021-12-02
方增先 卢坤峰 姚耕云 1972年作 放筏图 镜心	137cm×96cm	138,000	北京保利	2021-05-17
方召麐 1979年作 船民流亡图 镜框	127.5cm×67.5cm	414,000	佳士得	2021-05-27
方召麐 1989年作 和乐融融 镜框	68cm×136.5cm	410,500	佳士得	2021-11-30
方召麐 1997年作 忆写桂林 镜框	52cm×96cm	266,825	佳士得	2021-11-30
房玉宾 2019年作 岱顶胜迹	189cm×93cm	253,000	荣宝斋(南京)	2021-05-26
费而奇 仿赵文敏笔意图 立轴	180cm×58cm	552,000	华艺国际	2021-06-05
费新我 1980年作 行书十言联 对联	232cm×30.5cm×2	189,750	西泠印社	2021-01-15
费新我 1974年作 再迎新农民 镜片	66cm×215cm	149,500	上海嘉禾	2021-11-14
丰子恺 万世乐太平 立轴	65.5cm×43.5cm	1,487,052	香港苏富比	2021-04-21
丰子恺 上海风情 册页(十开)	26.5cm×18.5cm×10	1,265,000	上海嘉禾	2021-07-23
丰子恺 1943年作 还我河山图 立轴	58.5cm×34cm	1,265,000	西泠印社	2021-07-25
丰子恺 1961年作 迎客松 立轴	89cm×41cm	920,000	中国嘉德	2021-12-10
丰子恺 1942年作 波光树色 立轴	57.5cm×32.8cm	743,526	香港苏富比	2021-04-21
丰子恺 1947年作 释迦牟尼佛 立轴	70.2cm×34.4cm	621,000	佳士得	2021-05-27
丰子恺 水到人间定不回 镜框	32.5cm×63.5cm	564,438	佳士得	2021-11-30
丰子恺 1964年作 种瓜得瓜 立轴	66cm×33cm	483,000	北京保利	2021-06-05
丰子恺 南无本师释迦牟尼佛 立轴	53.5cm×33cm	460,000	北京荣宝	2021-06-19
丰子恺 种瓜得瓜 镜片	69cm×40.5cm	460,000	朵云轩	2021-07-07
丰子恺 1945年作 火照旌旗夜受降 立轴	65.5cm×43.5cm	446,116	香港苏富比	2021-04-21
丰子恺 1959年作 天天向上 镜心	32cm×26cm	437,000	中国嘉德	2021-05-19
丰子恺 1948年作 和乐融融 立轴	67.5cm×33.1cm	414,000	佳士得	2021-05-27
丰子恺 1948年作 无量寿佛 镜心	48cm×34cm	402,500	永乐拍卖	2021-05-20
丰子恺 行书纳兰词·载月晚归图 镜心	18cm×51cm×2	379,500	中贸圣佳	2021-05-21
丰子恺 落花图 立轴	42cm×33cm	368,000	北京翰海	2021-06-04
丰子恺 1949年作 苍松迎客 立轴	58cm×29cm	345,000	朵云轩	2021-07-07
丰子恺 前程远大 镜心	33.5cm×27cm	345,000	中国嘉德	2021-05-21
丰子恺 扶摇直上 镜心	52.5cm×37.5cm	333,500	十竹斋拍卖(北京)	2021-05-29
丰子恺 根深叶茂 镜心	45cm×34cm	333,500	中国嘉德	2021-05-20
丰子恺 俞平伯 种瓜得瓜·行书诗 成扇	17.5cm×46.5cm	317,952	中国嘉德	2021-10-13
丰子恺 生机 镜心	35cm×25.5cm	316,250	北京银座	2021-09-24
丰子恺 1948年作 邻翁对饮 立轴	53.7cm×28.2cm	312,984	香港苏富比	2021-10-11
丰子恺 1942年作 为王驾吾作行书弘一法师语 镜片	58.5cm×23.5cm	310,500	西泠印社	2021-01-15
丰子恺 1935年作 量衣忙 屏轴	59.5cm×26cm	287,500	朵云轩	2021-07-07
丰子恺 于右任 1948年作 夜游西湖·行书 镜片(两幅)	37cm×32cm；66cm×24cm	287,500	朵云轩	2021-07-08
丰子恺 寒假回家 镜框	28cm×22cm	287,500	朵云轩	2021-07-08
丰子恺 春日游 镜心	33cm×26.5cm	287,500	中国嘉德	2021-05-21
丰子恺 饮水思源 立轴	35cm×28cm	287,500	中国嘉德	2021-12-11
丰子恺 江山村居图 立轴	84cm×38cm	258,750	中鸿信	2021-07-14
丰子恺 1947年作 行书七言联 镜片	145cm×39.5cm×2	253,000	西泠印社	2021-01-16
丰子恺 满山红叶女郎樵 立轴	37cm×29cm	239,954	香港苏富比	2021-10-11
丰子恺 1946年作 行书七言诗 立轴	94.5cm×33.5cm	233,680	香港苏富比	2021-04-21

拍品名称	物品尺寸	成交价RMB	拍卖公司	拍卖日期
丰子恺 三杯不记主人谁 镜心	54cm×38cm	230,000	北京保利	2021-12-03
丰子恺 1948年作 释迦牟尼佛 镜心	53cm×35cm	230,000	十竹斋拍卖(北京)	2021-05-29
丰子恺 种瓜得瓜 镜心	34cm×27cm	218,500	中国嘉德	2021-12-11
丰子恺 扶摇直上 镜心	33cm×21cm	207,000	北京保利	2021-09-25
丰子恺 观音像 镜心	58cm×30cm	207,000	中贸圣佳	2021-07-06
丰子恺为王驾吾作《流离之春》镜片	31.5cm×21cm	184,000	西泠印社	2021-01-15
丰子恺 暗数流光 镜片	23.5cm×17cm	184,000	西泠印社	2021-07-25
丰子恺 时还读我书 立轴	46.5cm×32.5cm	184,000	中国嘉德	2021-05-21
丰子恺 贫女如花 镜心	28.5cm×22cm	179,053	中国嘉德	2021-04-22
丰子恺 行书七言联 立轴	111cm×22cm×2	172,500	十竹斋拍卖(北京)	2021-05-29
丰子恺1948年作行书白居易诗立轴	137cm×17.5cm	161,000	西泠印社	2021-07-25
丰子恺 1945年作 功成不受禄 立轴	65.5cm×43.5cm	159,327	香港苏富比	2021-04-21
丰子恺1949年作春色满园关不住立轴	84cm×31cm	149,500	上海嘉禾	2021-07-22
丰子恺 释迦造像 镜心	54.5cm×33cm	138,000	中国嘉德	2021-12-11
冯超然 1927年作 山水通景屏 通景十条屏	169cm×46cm×10	862,500	中国嘉德	2021-09-26
冯超然张宗祥醉钟馗·自作诗成扇	18.6cm×50.6cm	805,000	北京诚轩	2021-05-18
冯超然 1913年作 秋林暮霭 立轴	117cm×49cm	632,500	中国嘉德	2021-03-28
冯超然 1917年作 人物四屏 镜心	146cm×39cm×4	460,000	北京保利	2021-06-05
冯超然 1930年作 横琴煮茶图 立轴	133cm×68cm	402,500	西泠印社	2021-07-25
冯超然 1931年作 仿唐寅笔意 立轴	145.5cm×60cm	356,500	北京翰海	2021-06-04
冯超然 1925年作 孟浩然诗意 立轴	102cm×49.5cm	299,000	中国嘉德	2021-05-21
冯超然 楚山暮色 镜片	130cm×65cm	281,750	朵云轩	2021-07-07
冯超然 1918年作 酒趣书画合璧成扇	17.5cm×49cm	276,000	北京诚轩	2021-05-18
冯超然 1922年作 松壑临流 立轴	107cm×51cm	276,000	上海嘉禾	2021-07-23
冯超然 秋山萧寺 立轴	110cm×52cm	253,000	中贸圣佳	2021-09-25
冯超然 1917年作 垂柳观书图 立轴	70.5cm×33.5cm	172,500	西泠印社	2021-01-16
冯超然 1914年作 古木空亭 立轴	89cm×46.5cm	161,000	北京诚轩	2021-12-03
冯超然 1923年作 秋林山壑 立轴	133.5cm×62cm	161,000	上海嘉禾	2021-07-23
冯超然 1933年作 骊龙探珠图 立轴	140cm×35cm	161,000	中国嘉德	2021-09-28
冯超然 1931年作 秋居图 立轴	103.5cm×51.5cm	149,500	北京翰海	2021-06-04
冯超然 1917年作 红拂小像 立轴	104cm×39cm	139,104	中国嘉德	2021-10-13
冯超然 1931年作 消夏图 立轴	129.5cm×31cm	138,000	朵云轩	2021-07-07
冯超然 高林峭壁图 立轴	126cm×41cm	138,000	中贸圣佳	2021-07-06
冯超然 1930年作 山中草堂 立轴	77cm×33cm	345,000	朵云轩	2021-12-30
冯超然 1949年作 椿阴读书 立轴	128.5cm×53.1cm	322,000	北京诚轩	2021-05-18
冯大中 1993年作 秋水长天 镜心	152.5cm×313cm	6,325,000	北京荣宝	2021-12-02
冯大中 1993年作 秋水长天 镜心	152cm×310cm	5,520,000	北京保利	2021-06-06
冯大中 1990年作 远瞩 镜片	139.2cm×161.5cm	3,899,750	佳士得	2021-11-30
冯大中 2001年作 松隐高士图 立轴	95cm×57cm	598,000	中国嘉德	2021-12-13
冯大中 2010年 高士德泉图	130cm×89cm	575,000	荣宝斋(南京)	2021-05-26
冯大中 1993年作 踏雪觅春 镜框	63cm×63cm	402,500	北京荣宝	2021-06-19
冯大中 2010年 雄踞图	90cm×97cm	345,000	荣宝斋(南京)	2021-05-26
冯大中 2009年作 赏泉 镜心	96cm×179cm	264,500	北京保利	2021-06-06
冯大中 2013年 山高水长	75cm×85cm	253,000	荣宝斋(南京)	2021-05-26
冯大中 2004年作 双虎 镜心	62cm×179cm	218,500	北京保利	2021-06-06
冯大中 2010年 林泉高逸	96cm×60cm	184,000	荣宝斋(南京)	2021-05-26
冯大中 2010年作 登高临远 镜心	137cm×68cm	172,500	北京荣宝	2021-12-02
冯大中 2017年作 临泉赋诗 镜心	121cm×62.5cm	161,000	北京荣宝	2021-06-19
冯大中 2004年作 枫 镜心	136cm×69cm	138,000	北京翰海	2021-12-17
冯大中 2010年 望秋云神飞扬	104cm×40cm	138,000	荣宝斋(南京)	2021-05-26
冯火春 2021年作 楷书《岳阳楼记》镜心	35cm×140cm	172,500	北京荣宝	2021-12-02
冯建吾 1978年作 峨眉小景 镜片	69.5cm×46.5cm	143,750	广东崇正	2021-01-07
冯建吴 峨眉金顶 镜心	179cm×193cm	517,500	荣宝斋(南京)	2021-04-27
冯建吴 1982年作 凌云览胜·行书杜诗联 立轴	画152cm×68cm;对联179cm×42cm×2	289,425	北京保利	2021-01-22
冯建吴 1979年作 阳朔屏峰山 镜心	88cm×96cm	287,500	北京翰海	2021-06-05
冯建吴 1946年作 九瑞图 立轴	178cm×97cm	184,000	中国嘉德	2021-09-27
冯建吴1978年作不是孤山放鹤亭立轴	68cm×46cm	138,000	北京翰海	2021-06-05
冯建吴 1982年作 峨眉绝顶 镜心	178cm×96cm	138,000	北京荣宝	2021-12-02
冯永基 2020年作 呼吸(一)	88.5cm×88.5cm×4	849,744	香港苏富比	2021-04-19
冯永基 2021年作 生命系列 #1	179.7cm×103cm	500,774	香港苏富比	2021-10-10
冯玉祥 1944年作 行书七言诗 镜心	135cm×35cm	517,500	中国嘉德	2021-03-28
冯玉祥 1945年作 行书七言诗 镜心	135cm×35cm	517,500	中国嘉德	2021-03-28
冯玉祥 1946年作 隶书 立轴	59cm×31.5cm	138,000	中国嘉德	2021-12-10
冯远 2011年作 金陵红楼十二钗 镜心	66cm×33cm×13	1,840,000	北京保利	2021-06-06
冯远 2004年作 四美人物四屏 镜框	137cm×34cm×4	632,500	北京荣宝	2021-12-02
冯远 1997年作 唐人击鞠图 镜心	66.5cm×132.5cm	345,000	北京荣宝	2021-06-19
冯远 2010年作 归牧图 镜心	70cm×137cm	310,500	北京荣宝	2021-06-19
冯远 2001年作 唐人击鞠图 镜心	131cm×65cm	287,500	北京荣宝	2021-12-02
冯远 2002年作 柳宗元诗意图 镜心	69cm×136.5cm	253,000	中国嘉德	2021-05-21
冯远 2002年作 留声传情 镜心	69cm×68cm	230,000	北京荣宝	2021-12-02
冯远 2005年作 农家少闲月 镜心	69.5cm×69.5cm	207,000	北京荣宝	2021-12-02
冯钟云2015年作静观细雨打新荷镜心	95.5cm×179cm	690,000	北京荣宝	2021-06-19
伏春树 大寿	30cm×70cm	488,000	保利厦门	2021-08-24
傅抱石 1945年作 为罗时慧作柳荫仕女图 立轴	73.7cm×42cm	97,750,000	北京保利	2021-12-03
傅抱石 虎溪三笑图 立轴	167cm×41cm	24,150,000	北京保利	2021-12-03
傅抱石 1964年作 韶山关公桥 镜框	68cm×93cm	47,725,000	华艺国际	2021-03-31
傅抱石 1953年作 屈原 立轴	画62cm×88cm	44,620,000	北京保利	2021-06-05
傅抱石 1962年作 玄武湖之春 镜心	110cm×52cm	23,575,000	北京保利	2021-06-05
傅抱石1965年作待细把江山图画立轴	81cm×89.5cm	23,000,000	北京荣宝	2021-06-19
傅抱石 1948年作 水阁围棋 立轴	113cm×39cm	17,250,000	华艺国际	2021-03-31
傅抱石 1943年作 品茗图 镜心	143cm×34cm	17,250,000	中国嘉德	2021-05-19
傅抱石 1963年作 镜泊飞泉 镜片	97.5cm×180.5cm	28,520,000	西泠印社	2021-07-25
傅抱石1944年作白云滚滚迷松关镜心	117.5cm×40cm	11,500,000	中国嘉德	2021-12-10
傅抱石 1945年作 访石图 立轴	150cm×41cm	17,250,000	北京保利	2021-12-03
傅抱石 1961年作 延安图 立轴	68.6cm×45.3cm	16,100,000	北京荣宝	2021-06-19
傅抱石 1964年作 天池瀑布 立轴	96.5cm×58cm	16,100,000	西泠印社	2021-01-16
傅抱石 1960年作 湘夫人 立轴	99cm×54cm	14,950,000	中国嘉德	2021-12-10
傅抱石 玄武湖初春 镜片	42cm×50cm	13,800,000	华艺国际	2021-06-04
傅抱石 1945年作 秋声赋 镜框	133.4cm×33.3cm	11,270,000	北京保利	2021-06-05
傅抱石 1961年作 天池瀑布 立轴	124cm×63.5cm	9,775,000	华艺国际	2021-12-11
傅抱石 1943年作 杜牧诗意 立轴	89.5cm×44.5cm	9,775,000	中国嘉德	2021-05-19
傅抱石 1942年作 太白《庐山谣》诗意 立轴	79.8cm×54.2cm	9,327,795	香港苏富比	2021-04-21
傅抱石 1962年作 韶山 镜心	42cm×71.5cm	9,315,000	北京华辰	2021-12-08
傅抱石 1944年作 还庄图 横幅	63cm×73cm	9,200,000	北京保利	2021-12-03
傅抱石 西陵峡 镜心	132cm×150cm	9,200,000	永乐拍卖	2021-05-20
傅抱石 镜泊飞泉 立轴	81cm×106cm	9,200,000	中贸圣佳	2021-05-21
傅抱石 1945年作 听泉图 立轴	131cm×32.5cm	8,970,000	华艺国际	2021-06-04
傅抱石 1965年作 江山多娇 立轴	45.5cm×33cm	8,222,500	永乐拍卖	2021-05-20
傅抱石 拟石涛诗意山水 立轴	137.5cm×40cm	7,162,200	佳士得	2021-05-27
傅抱石 1965年作 换了人间 镜心	97cm×40cm	7,015,000	北京保利	2021-06-05
傅抱石 1947年作 松下高士 镜心	89cm×56cm	6,900,000	北京荣宝	2021-06-19
傅抱石 1947年作 湘君图 立轴	64cm×33cm	6,900,000	北京荣宝	2021-06-19

2021书画拍卖成交汇总(续表)

(成交价RMB：10万元以上)

拍品名称	物品尺寸	成交价RMB	拍卖公司	拍卖日期
傅抱石 行书刘勰《文心雕龙》手卷	题跋 32.5cm×76cm; 正文 32.5cm×348cm	6,900,000	北京荣宝	2021-06-19
傅抱石 秋林漫步 立轴	82cm×38cm	6,670,000	中贸圣佳	2021-05-21
傅抱石 1965年作 西风吹下红雨来 镜心	96cm×48.2cm	6,440,000	中鸿信	2021-07-14
傅抱石 1965年作 西风吹下红雨来 镜心	96cm×48.2cm	6,325,000	北京荣宝	2021-12-02
傅抱石 1962年作 镜泊飞泉 镜心	52.5cm×70cm	6,325,000	北京银座	2021-09-24
傅抱石 1965年作 井冈山黄洋界 立轴	89cm×48cm	5,980,000	北京保利	2021-06-05
傅抱石 悬瀑鸣泉 镜框	90cm×51.5cm	5,623,850	佳士得	2021-11-30
傅抱石 1964年作 春风杨柳万千条 镜心	99.5cm×54.5cm	5,290,000	中国嘉德	2021-12-10
傅抱石 1965年作 镜泊飞泉 立轴	68cm×40cm	5,175,000	北京荣宝	2021-12-02
傅抱石 1962年作 观瀑图 立轴	95cm×38cm	4,945,000	朵云轩	2021-07-07
傅抱石 高克恭《即事》诗意 立轴	83cm×40.5cm	4,830,000	中国嘉德	2021-05-19
傅抱石 1948年作 石公种松图 镜心	65cm×47.cm	4,830,000	中国嘉德	2021-05-21
傅抱石 陶渊明 镜框	83cm×56cm	4,715,000	北京保利	2021-06-05
傅抱石 风雨归舟 镜心	28cm×39.5cm	4,485,000	中国嘉德	2021-05-21
傅抱石 瞿塘烟月 镜框	105.8cm×61cm	4,431,651	香港苏富比	2021-04-21
傅抱石 1964年作 湘君 镜心	38.3cm×48.5cm	4,255,000	中国嘉德	2021-12-10
傅抱石 1942年作 苦瓜诗意 立轴	76cm×31.5cm	4,140,000	北京保利	2021-12-03
傅抱石 1945年作 苍山静居 镜心	56cm×43.5cm	4,140,000	中国嘉德	2021-05-21
傅抱石 1960年作 太华山秋游图 立轴	87cm×45cm	3,910,000	华艺国际	2021-06-04
傅抱石 1945年作 后宫词 镜心	69.5cm×34.5cm	3,910,000	中国嘉德	2021-05-19
傅抱石 1961年作 青岛鲁迅公园西望 立轴	27.5cm×45.5cm	3,795,000	中国嘉德	2021-05-19
傅抱石 西风吹下红雨来 镜心	30cm×51cm	3,737,500	北京华辰	2021-12-08
傅抱石 后赤壁赋 镜心	89cm×56cm	3,680,000	北京保利	2021-06-05
傅抱石 1945年作 湘夫人 镜框	56.5cm×26.5cm	3,450,000	华艺国际	2021-12-11
傅抱石 苏堤春晓 立轴	34.5cm×45.5cm	3,450,000	中国嘉德	2021-12-10
傅抱石 1956年作 丹梅 立轴	85cm×43cm	3,335,000	十竹斋拍卖(北京)	2021-05-29
傅抱石 1944年作 湘夫人 立轴	66cm×38.5cm	3,220,000	上海匡时	2021-07-08
傅抱石 1962年作 秋涧瀑泉 镜框	67.7cm×45.4cm	3,129,840	香港苏富比	2021-10-11
傅抱石 1945年作 山水人物 四屏镜心	画心: 33cm×11.5cm×4; 陈佩秋题跋 34.5cm×12cm×5; 傅二石题跋 33cm×11.5cm	3,128,000	北京银座	2021-09-24
傅抱石 1957年作 暮霭归庄 立轴	50cm×39cm	2,990,000	北京保利	2021-12-03
傅抱石 1965年作 山中庙宇 镜框	35.9cm×51.4cm	2,875,000	北京保利	2021-06-05
傅抱石 1947年作 湘夫人 立轴	74cm×40cm	2,875,000	永乐拍卖	2021-05-20
傅抱石 1965年作《浪淘沙·北戴河》词意 镜心	33cm×47cm	2,760,000	北京保利	2021-12-03
傅抱石 1964年作 无限风光在险峰 立轴	68.5cm×42cm	2,645,000	北京保利	2021-06-05
傅抱石 1943年作 群峰卓笔乱云收 立轴	75cm×38cm	2,645,000	永乐拍卖	2021-05-20
傅抱石 1965年作 镜泊飞泉 立轴	68cm×40cm	2,300,000	北京保利	2021-09-25
傅抱石 1964年作 无限风光在险峰 立轴	69cm×41.5cm	2,300,000	北京荣宝	2021-12-02
傅抱石 1962年作 观瀑图 立轴	诗堂 26cm×47cm; 画心 95.5cm×47cm	2,300,000	中鸿信	2021-07-14
傅抱石 山林野逸 镜框	54.3cm×62.5cm	2,257,750	佳士得	2021-11-30
傅抱石 1963年作 溪亭观瀑 立轴	诗堂 22cm×65.5cm; 画90cm×65.5cm	2,225,520	保利香港	2021-04-23
傅抱石 1963年作 为蔡放作《观瀑图》立轴	67.5cm×33.5cm	2,185,000	西泠印社	2021-01-15
傅抱石 徐悲鸿 陈之佛 陈树人 1945年作 册页(四帧) 镜片	29cm×32.5cm×4	2,093,000	上海匡时	2021-07-08
傅抱石 1949年作 山寺云深 立轴	66cm×38cm	1,610,000	北京保利	2021-05-17
傅抱石 抚琴观瀑图 镜心	33cm×46cm	1,610,000	永乐拍卖	2021-05-20
傅抱石 虎溪图 立轴	72cm×40.5cm	1,495,000	中贸圣佳	2021-05-21
傅抱石 毛泽东诗意画稿 镜心	102cm×78cm	1,437,500	北京保利	2021-05-17
傅抱石 1945年作 钱昌照诗意图 立轴	29.5cm×28cm	1,437,500	西泠印社	2021-07-25
傅抱石 山水 镜心	画28cm×38cm; 跋28cm×4cm	1,380,000	永乐拍卖	2021-12-01
傅抱石 一望大江开 镜心	44cm×51cm	1,380,000	中贸圣佳	2021-07-06
傅抱石 1962年作 行书毛主席《七律二首·送瘟神》立轴	130cm×31cm	1,265,000	北京荣宝	2021-06-19
傅抱石 郭沫若 1963年作 湘夫人·行书自作诗 成扇	19cm×52cm×2	1,150,000	北京银座	2021-09-24
傅抱石 杜甫小像 镜片	77cm×46cm	1,150,000	西泠印社	2021-01-16
傅抱石 登山图 镜片	27.5cm×39cm	1,092,500	十竹斋	2021-06-27
傅抱石 1961年作 二湘图 镜心	19cm×51cm	1,092,500	永乐拍卖	2021-05-20
傅抱石 亚明 1963年作 矿山之夜 立轴	69cm×44.5cm	1,035,000	永乐拍卖	2021-12-01
傅抱石 杜甫诗意 立轴	97cm×31cm	1,012,000	北京保利	2021-06-05
傅抱石 1963年作 三峡 立轴	69cm×42cm	977,500	中国嘉德	2021-12-11
傅抱石 桐荫闲步 立轴	28cm×32cm	943,000	北京保利	2021-06-05
傅抱石 春风杨柳万千条 立轴	56.5cm×48.5cm	875,371	中国嘉德	2021-04-22
傅抱石 观瀑图 镜片	38.5cm×24cm; 38cm×6cm	862,500	保利厦门	2021-11-05
傅抱石 泛舟图 立轴	68cm×45.5cm	862,500	西泠印社	2021-01-15
傅抱石 雪山行旅 立轴	48.5cm×41.2cm	828,000	佳士得	2021-05-27
傅抱石 江山图画 镜心	150cm×81cm	713,000	十竹斋拍卖(北京)	2021-05-29
傅抱石 李石僧 高士图·行书《荀子》《庄子》语 镜框	画心: 21.5cm×13cm×2; 诗堂: 13cm×21cm	690,000	北京荣宝	2021-06-19
傅抱石 青山新雨 立轴	43cm×30cm	690,000	上海嘉禾	2021-07-22
傅抱石 清晨过歌乐山 镜心	27cm×39cm	690,000	十竹斋拍卖(北京)	2021-05-29
傅抱石 胡小石 1953年作 层峦叠嶂·行书七言绝句 成扇	18cm×48cm	632,500	北京荣宝	2021-12-02
傅抱石 1952年作 松下问道 镜心	27cm×34cm	368,000	北京保利	2021-12-03
傅抱石 1962年作 行书节录诗五首 镜心	22cm×94.5cm	356,500	中鸿信	2021-07-14
傅抱石 1948年作 赤壁赋 立轴	95cm×31cm	345,000	北京翰海	2021-04-17
傅抱石 行书七言诗 立轴	48.5cm×33cm	345,000	中国嘉德	2021-05-19
傅抱石 高士行吟 镜心	28cm×39cm	340,500	北京保利	2021-01-22
傅抱石 泛舟图 屏条	35cm×23cm	336,000	上海联合	2021-06-27
傅抱石 1962年作 湘夫人 立轴	80cm×56cm	8,050,000	上海明轩	2021-12-30
傅斯年 为陈盘书孟浩然诗 立轴	55cm×31cm	345,000	西泠印社	2021-01-16
傅小石 1992年作 丽人行 镜片	153cm×485cm	690,000	上海嘉禾	2021-11-14
傅增湘 吴显曾 管平湖等 集锦八屏 镜心(八屏)	21.3cm×6.5cm×8	184,000	中国嘉德	2021-05-21
傅增湘 楷书 龙门对联	18cm×88.5cm	138,000	中国嘉德	2021-09-26
高炳山 高山流水 镜心	138cm×69cm	149,500	北京翰海	2021-12-17
高二适 1973年作 草书七言诗 立轴	116cm×42cm	575,000	中国嘉德	2021-05-21
高二适 行草 毛主席诗《七律·登庐山》镜心	136cm×67.5cm	540,500	北京荣宝	2021-12-02
高二适 自作诗 步步兰芳 镜心	35cm×139cm	368,000	南京经典	2021-07-18
高二适 致马千里方智铠诗 手卷	34cm×135cm	345,000	南京经典	2021-01-10
高二适 鹰隼高翔 册页(五开)	24.5cm×29.5cm	345,000	中国嘉德	2021-12-11

(成交价RMB：10万元以上)

拍品名称	物品尺寸	成交价RMB	拍卖公司	拍卖日期
高二适 行草 毛主席诗《七律·长征》镜心	116cm×55cm	333,500	北京荣宝	2021-12-02
高二适 行书毛主席词 立轴	138cm×34cm	322,000	中国嘉德	2021-12-10
高二适 草书《画马》篇 手卷	32.5cm×67cm; 32.5cm×118cm; 32.5cm×19cm	299,000	上海嘉禾	2021-07-23
高二适 致杨秀峰书 镜心	30cm×82cm	287,500	南京经典	2021-01-10
高二适 自作诗《过旧院》横披	50cm×111cm	241,500	南京经典	2021-01-10
高二适 行草《过旧院》横披	50cm×111cm	230,000	北京荣宝	2021-06-19
高二适 书法 立轴	101cm×35cm	230,000	南京经典	2021-07-18
高二适 近现代 书法	115cm×53.5cm	230,000	十竹斋	2021-06-27
高二适 草书杜甫诗 镜心	133cm×33.5cm	230,000	中国嘉德	2021-05-19
高二适 草书《过旧院诗》横披	50cm×110.5cm	207,000	西泠印社	2021-04-10
高二适 行书《过旧院》横披	50.5cm×111cm	195,500	中国嘉德	2021-12-11
高二适毛泽东《采桑子·重阳》镜心	96cm×33cm	184,000	南京经典	2021-01-10
高二适毛泽东《清平乐·六盘山》立轴	130cm×32.5cm	166,750	南京经典	2021-07-18
高卉民 绿梅春意寿 镜心	137cm×68cm	322,000	北京荣宝	2021-06-19
高卉民 晚霞红蓼暖 镜心	69cm×69cm	172,500	北京荣宝	2021-06-19
高剑父 1949年作 柳梢落月看悬蛛 立轴	118.5cm×37.5cm	3,775,680	中国嘉德	2021-10-13
高剑父 1936年作 雪鹭 立轴	136cm×68cm	2,702,500	华艺国际	2021-04-01
高剑父 1933年作 舞雪图 立轴	171.5cm×92.5cm	897,000	北京保利	2021-09-25
高剑父 1931年作 印度女郎 立轴	153cm×82cm	805,000	广东崇正	2021-01-07
高剑父 1950年作 沙漠风光 立轴	95cm×33cm	552,000	广东崇正	2021-07-19
高剑父 1944年作 芦滩月色·草书五言联一堂 立轴	画 83.5cm×44cm; 诗堂 20.5cm×44cm; 对联 128cm×28cm×2	540,500	广东崇正	2021-01-07
高剑父 江关萧瑟 立轴	96cm×42.5cm	460,000	广东崇正	2021-07-19
高剑父 为蔡哲夫作《忽雷图》立轴	诗堂 27cm×18.5cm; 画心 109cm×14.5cm; 诗堂 33cm×29cm; 画心 89.5cm×20cm	402,500	西泠印社	2021-04-10
高剑父 杨善深 老鹰图 立轴	152cm×74.5cm	359,188	佳士得	2021-11-30
高剑父 1943年作 菊花图 立轴	64.5cm×44.5cm	299,000	西泠印社	2021-01-16
高剑父 1901年作 灵猴献寿图 立轴	163.5cm×39cm	298,422	中国嘉德	2021-04-22
高剑父 椰子 立轴	142.5cm×94cm	230,000	北京保利	2021-09-25
高剑父 大三巴遗址 镜框	43.5cm×47cm	205,250	佳士得	2021-11-30
高剑父 1915年作 落叶 镜片	36.4cm×49.5cm	189,750	广东崇正	2021-01-07
高剑父 蕉荫麻雀 立轴	127.5cm×49cm	184,000	中贸圣佳	2021-05-21
高剑父 1938年作 红梅蜜蜂 立轴	132cm×49cm	172,500	广东崇正	2021-01-07
高剑父 1917年作 行书五言联 立轴	110cm×22cm×2	143,750	广东崇正	2021-01-07
高剑父 松鹰图	59cm×119cm	138,000	中国嘉德	2021-05-20
高剑僧 1917年作 鸡声晓月 镜片	110cm×52cm	632,500	广东崇正	2021-07-19
高金书 2020年作 白云无心青山寿 镜心	68cm×179cm	402,500	北京翰海	2021-10-16
高金书 2019年作 君子之风 立轴	138cm×66cm	207,000	北京翰海	2021-10-16
高奇峰 1915年作 松猴图 立轴	134cm×65cm	1,092,500	北京保利	2021-12-04
高奇峰 秋山策马 立轴	121cm×52cm	690,000	北京保利	2021-09-25
高奇峰 为林森作猫头鹰图 立轴	87cm×32cm	690,000	西泠印社	2021-01-16
高奇峰 1908年作 双吉图 立轴	119cm×48cm	632,500	广东崇正	2021-07-19
高奇峰 1933年作 红棉翠鸟 立轴	113cm×33cm	298,422	中国嘉德	2021-04-22
高奇峰 张坤仪 康有为 李鸿藻 赵少昂等 致炽桓上款题字一册共23页 册页(二十三页选四)	27cm×13cm	207,000	广东崇正	2021-01-07

拍品名称	物品尺寸	成交价RMB	拍卖公司	拍卖日期
高茜《游仙窟》之五、六 镜心	65cm×48cm×2	241,500	中贸圣佳	2021-07-06
高逸鸿张大千1951年作枇杷小鸟镜框	88cm×33.5cm	175,950	佳士得	2021-05-27
高云 望尽江楼月 镜心	38cm×145cm	356,500	南京经典	2021-01-10
高云 把酒话别溪水西 镜心	144.5cm×38cm	356,500	南京经典	2021-07-18
高云 云岭文会 镜心	34.5cm×138cm	333,500	南京经典	2021-01-10
高云 西园写真图 镜心	38cm×145cm	322,000	南京经典	2021-01-10
高云 江南多烟雨 镜心	38cm×145cm	322,000	南京经典	2021-01-10
高云 竹琴相会无俗客 镜心	38cm×145cm	310,500	南京经典	2021-01-10
高云 江亭抚琴吟 镜心	35cm×138cm	230,000	南京经典	2021-01-10
高云 一曲新词春一回 镜心	138cm×35cm	207,000	南京经典	2021-01-10
高云 清明好天气 镜心	33cm×134cm	184,000	南京经典	2021-01-10
高云 新雅自在 镜心	38cm×145.5cm	184,000	南京经典	2021-07-18
高云 蝶恋花 镜心	35cm×138cm	181,700	南京经典	2021-07-18
高云 观石闻风 镜心	49.5cm×84cm	143,750	南京经典	2021-07-18
郜凌民 寻香	34cm×34cm	460,000	保利厦门	2021-08-24
戈湘岚 双马图 立轴	85cm×33cm	195,500	中贸圣佳	2021-09-25
葛俊辉 2020年作 行书“寿”	180cm×97cm	437,000	荣宝斋(南京)	2021-05-26
葛杨 云境隐梦(纱)	80cm×100cm	230,000	荣宝斋(南京)	2021-05-26
葛杨 天光云影	100cm×60cm	184,000	荣宝斋(南京)	2021-05-26
龚文桢 郎森 2001年作 红云呈祥 镜心	144cm×369cm	172,500	北京荣宝	2021-06-19
龚文桢 1997年作 报喜图 镜心	135cm×68cm	172,500	北京荣宝	2021-12-02
龚文桢 2005年作 喜上眉梢 镜心	69cm×137cm	161,000	北京荣宝	2021-12-02
龚文桢 2012年作 梅花小鸟 镜心	136cm×70cm	149,500	北京荣宝	2021-12-02
缑建明 呼儿将出换美酒	70cm×136cm	897,000	荣宝斋(南京)	2021-05-26
缑建明 李白斗酒诗百篇	70cm×136cm	782,000	荣宝斋(南京)	2021-05-26
缑建明 朱砂钟馗	136cm×70cm	632,500	荣宝斋(南京)	2021-05-26
缑建明 东篱把酒	136cm×70cm	529,000	荣宝斋(南京)	2021-05-26
缑建明 羲之换鹅	136cm×70cm	483,000	荣宝斋(南京)	2021-05-26
辜鸿铭 辜显荣等 花香月影书画册页(十开)	24cm×36cm×10	483,000	西泠印社	2021-01-16
辜鸿铭 1925年作 行书 镜片	36cm×101cm	345,000	广东崇正	2021-01-07
古元 1971年 黄河颂	56cm×100cm	402,500	中国嘉德	2021-11-28
古元赖少其等丹青集锦册页(三开)	35.5cm×50.5cm×3	184,000	华艺国际	2021-03-31
谷洪 2020年作 江南十月	68cm×136cm	368,000	荣宝斋(南京)	2021-05-26
谷洪 2021年作 春	68cm×136cm	264,500	荣宝斋(南京)	2021-05-26
顾抱真 花好月圆人寿 屏轴	25.5cm×32.5cm	172,500	朵云轩	2021-07-07
顾颉刚 为文怀沙书八言联 对联	130.5cm×15.5cm×2	460,000	西泠印社	2021-01-16
顾坤伯 1953年作 古木寒山卷 手卷	24cm×178cm	195,500	北京诚轩	2021-05-18
顾坤伯 白云幽涧图·秋江垂钓 立轴	画 54.5cm×36cm; 字 54.5cm×37.5cm; 画 56.5cm×34cm; 字56.5cm×34cm	138,000	中国嘉德	2021-05-20
顾麟士 1915年作 枕雷阁图 手卷	26cm×189cm	174,463	佳士得	2021-11-29
顾媚 草虫图 册页	22cm×17cm×12	161,000	南京经典	2021-01-10
顾玉旺 晚秋	68cm×68cm	575,000	荣宝斋(南京)	2021-05-26
关宏臣 白志良 2021年作 观音·般若波罗蜜多心经 镜心	137cm×68cm	172,500	北京九歌	2021-06-13
关良 1977年作 花果图 立轴	127cm×66cm	1,725,000	华艺国际	2021-04-01
关良 1981年作 戏曲人物 镜片	68cm×139cm	1,495,000	上海匡时	2021-07-08
关良 金猴奋起千钧棒 立轴	137.5cm×68cm	1,955,000	华艺国际	2021-06-04
关良 1982年作 贵妃醉酒 镜片	136cm×67cm	2,012,500	朵云轩	2021-07-07
关良 1980年作 太白醉写 镜心	70cm×135cm	1,955,000	北京保利	2021-12-03
关良 武士图 立轴	68cm×36cm	1,725,000	北京保利	2021-12-03

2021书画拍卖成交汇总(续表)

(成交价RMB：10万元以上)

拍品名称	物品尺寸	成交价RMB	拍卖公司	拍卖日期
关良 1959年作 戏曲人物 手卷	引首 17.5cm×67.6cm; 题 17.5cm×10cm; 画 17.5cm×177.5cm	1,725,000	中国嘉德	2021-12-11
关良 戏剧人物四屏 立轴	67.5cm×46cm×4	1,150,000	广东崇正	2021-07-19
关良《水浒》戏曲人物 手卷	33cm×228cm	1,104,000	华艺国际	2021-06-04
关良 1982年作 贵妃醉酒 立轴	92cm×85cm	977,500	西泠印社	2021-01-16
关良 1984年作 太白醉写图	68.6cm×69cm	845,529	中国嘉德	2021-04-23
关良 1961年作 戏剧人物镜框	34cm×104cm	796,635	香港苏富比	2021-04-21
关良 1978年作 武剧图 镜片	41cm×77cm	759,000	朵云轩	2021-07-08
关良 1982年作 钟馗 镜心	96cm×55cm	747,500	北京保利	2021-12-03
关良 争艳图	60.5cm×46.5cm	747,500	西泠印社	2021-07-24
关良 花果图	67cm×45cm	747,500	中国嘉德	2021-05-20
关良 1977年作 花果图	69.5cm×47.5cm	690,000	西泠印社	2021-07-24
关良 1975年作 金猴奋起千钧棒 镜心	22.5cm×100cm	598,000	北京保利	2021-12-03
关良 1965年作 红灯记	69cm×65cm	598,000	西泠印社	2021-07-24
关良 鲁智深醉打山门 软片	69cm×45.5cm	586,500	上海嘉禾	2021-11-14
关良 戏曲人物	98.5cm×69cm	575,000	西泠印社	2021-07-24
关良 1981年作 金玉奴 镜心	63.5cm×44cm	575,000	中国嘉德	2021-05-21
关良 1973年作 水浒群英图 镜框	16cm×70cm	521,640	香港苏富比	2021-10-11
关良 1964年作 红嫂 镜心	50cm×59cm	517,500	北京保利	2021-12-03
关良 1980年作 达摩 镜心	69cm×47cm	517,500	北京保利	2021-12-03
关良 戏曲人物图 画心	65.5cm×20cm	517,500	西泠印社	2021-07-24
关良 1974年作 红灯记 镜心	76cm×46cm	506,000	北京保利	2021-06-05
关良 1973年作 戏剧人物 镜心	23cm×69cm	483,000	北京保利	2021-12-03
关良 1980年作 戏剧人物册页(六开)	26.5cm×35.5cm×6	437,000	上海嘉禾	2021-07-22
关良 孙悟空三打白骨精图 镜片	45cm×68cm	437,000	西泠印社	2021-01-16
关良 1979年作 戏剧人物 立轴	115cm×68cm	437,000	中国嘉德	2021-12-11
关良 霸王别姬 镜心	68cm×45cm	431,250	南京经典	2021-07-18
关良 1975年作 为胡铁生作《三打白骨精图》镜片	96.5cm×41.5cm	414,000	西泠印社	2021-01-16
关良 瓶花双鱼 立轴	67cm×44cm	402,500	北京保利	2021-06-05
关良 1984年作 小放牛 镜心	73cm×41cm	402,500	北京保利	2021-12-03
关良 唐僧西天取经图 镜片	154cm×53cm	402,500	西泠印社	2021-04-10
关良 1977年作 孙悟空三打白骨精彩墨	72.5cm×57cm	391,000	西泠印社	2021-04-10
关良 1979年作 武剧图 立轴	66cm×45cm	368,000	北京保利	2021-12-03
关良《水浒》人物故事 手卷	引首 26.5cm×78.8cm; 跋26cm×225cm; 画27cm×33.5cm	368,000	中国嘉德	2021-12-11
关良 1978年作 戏曲人物 镜框	39.8cm×89cm	359,188	佳士得	2021-11-30
关良 1957年作 李逵扯诏谤徽宗	59cm×35cm	356,500	西泠印社	2021-07-24
关良 金猴奋起千钧棒 立轴	68cm×49cm	345,000	华艺国际	2021-12-11
关良 1978年作 武剧图 镜心	68cm×45cm	345,000	中国嘉德	2021-05-20
关良 贵妃醉酒图 镜心	68cm×68cm	333,500	上海匡时	2021-07-08
关良 三打白骨精 镜心	68cm×47cm	322,000	北京保利	2021-12-03
关良 武剧图 立轴	68cm×45cm	322,000	北京保利	2021-12-03
关良 1973年作 武松打虎 镜心	70cm×54cm	322,000	北京保利	2021-12-03
关良 1978年作 戏曲人物 镜片	38cm×55cm	322,000	华艺国际	2021-06-04
关良 陆俨少 唐云 程十发等 名家书画集 册页(三十开)	约 26cm×37cm×30	322,000	上海嘉禾	2021-07-23
关良 1973年作 孙悟空三打白骨精 镜片	33cm×40cm	322,000	上海嘉禾	2021-11-14
关良 1979年作 鸿鸾喜 立轴	68.5cm×46cm	322,000	中国嘉德	2021-12-11
关良 1977年作 东郭先生受教图 镜片	95.5cm×68cm	293,250	西泠印社	2021-04-10
关良 1979年作 钟馗图 立轴	67cm×45.5cm	287,500	北京荣宝	2021-06-19
关良 东郭先生受教图 立轴	75.6cm×41cm	287,500	中国嘉德	2021-05-19
关良 孙悟空三打白骨精图 软片	17.5cm×23.5cm	276,000	上海嘉禾	2021-11-14
关良 闹桃图 镜心	67cm×46cm	253,000	北京保利	2021-06-05
关良 1979年作 贵妃醉酒 立轴	68cm×45.5cm	253,000	十竹斋拍卖(北京)	2021-05-29
关良 1979年作 钟馗图 立轴	67cm×45cm	230,000	北京保利	2021-09-25
关良 1982年作 孙大圣 镜心	46cm×29.5cm	230,000	北京保利	2021-12-04
关良 孙悟空 镜片	32.5cm×33cm	230,000	西泠印社	2021-01-16
关良 1980年作 大圣·献桃	23.5cm×22cm; 23cm×16.5cm	230,000	西泠印社	2021-07-24
关良 朱屺瞻1977年作画友小像镜片	154.5cm×78cm	230,000	西泠印社	2021-07-25
关良 1980年作 瓶花 立轴	80cm×41cm	230,000	永乐拍卖	2021-05-21
关良 霸王别姬 立轴	94.5cm×59cm	230,000	中国嘉德	2021-05-19
关良 1965年作 红灯记 立轴	50cm×34.5cm	230,000	中国嘉德	2021-05-20
关良 唐僧西天取经图 镜心	53cm×155cm	230,000	中国嘉德	2021-12-10
关良 终南山 水彩	26.5cm×19.5cm	224,250	西泠印社	2021-04-10
关良 龙图楼 镜心	34cm×66.5cm	224,250	中贸圣佳	2021-05-21
关良 风景	48cm×32.5cm	212,750	西泠印社	2021-07-24
关良 1963年作 捉放曹 立轴	68cm×54.5cm	212,436	香港苏富比	2021-04-21
关良 1979年作 齐天大圣 镜心	69cm×46cm	207,000	北京保利	2021-06-05
关良 1978年作 鲁智深 镜心	70cm×52cm	207,000	北京保利	2021-12-03
关良 1984年作 孙大圣 镜心	68.5cm×41.2cm	207,000	北京诚轩	2021-12-03
关良 静物 镜片	78.5cm×57cm	207,000	朵云轩	2021-07-07
关良 1979年作鲁智深倒拔垂杨柳软片	43.5cm×34cm	207,000	上海嘉禾	2021-11-14
关良 为张晓贤作《孙大圣图》镜片	47cm×35cm	207,000	西泠印社	2021-07-24
关良 三打白骨精	68cm×46cm	207,000	西泠印社	2021-07-24
关良 1983年作 贵妃醉酒 立轴	79.8cm×47.2cm	207,000	永乐拍卖	2021-05-21
关良 女审 镜心	30.5cm×40.5cm	207,000	中国嘉德	2021-05-20
关良 1977年作 挑灯舞剑 立轴	68cm×44cm	207,000	中鸿信	2021-07-14
关良 泗州城 软片	21cm×19.5cm	201,250	上海嘉禾	2021-11-14
关良 醉酒 软片	17.5cm×23.5cm	201,250	上海嘉禾	2021-11-14
关良 三打白骨精 镜心	67.5cm×48cm	195,500	北京翰海	2021-12-17
关良 1979年作孙悟空遇铁扇公主立轴	69.5cm×46.5cm	195,500	中国嘉德	2021-12-10
关良 张飞夜战马超图 软片	39cm×47.5cm	189,750	上海嘉禾	2021-11-14
关良 武松打虎	24cm×32cm; 17.5cm×17.5cm	189,750	西泠印社	2021-07-24
关良 京剧《锁五龙》镜心	41.5cm×56cm	184,000	北京保利	2021-06-05
关良 1973年作 三打白骨精 镜心	59cm×79cm	184,000	北京保利	2021-06-05
关良 1982年作 钟馗图 立轴	67.5cm×51.5cm	184,000	中国嘉德	2021-12-10
关良 晴雯补裘 软片	29cm×23cm	178,250	上海嘉禾	2021-11-14
关良 1959年作 戏曲人物册页 镜心	20cm×24cm×5	172,500	北京保利	2021-12-04
关良 1976年作东郭先生受教图镜片	69cm×69.5cm	172,500	广东崇正	2021-01-07
关良 望江亭 立轴	89cm×56cm	172,500	上海嘉禾	2021-07-23
关良 武松 软片	17.5cm×13.5cm	172,500	上海嘉禾	2021-11-14
关良 武松大闹飞云浦 软片	19.5cm×22.5cm	172,500	上海嘉禾	2021-11-14
关良 戏剧人物 镜心(二帧)	25cm×32cm×2	172,500	永乐拍卖	2021-05-21
关良 1979年作 官禁民灯 立轴	68cm×45cm	172,500	中国嘉德	2021-05-21
关良 智取威虎山 镜框	34cm×30cm	166,925	香港苏富比	2021-10-11
关良 1982年作 武剧人物 镜心	34cm×96cm	161,000	北京保利	2021-12-04
关良 武松打虎 软片	28cm×31.5cm	161,000	上海嘉禾	2021-11-14
关良 罗衫记 软片	17.5cm×21cm	155,250	上海嘉禾	2021-11-14
关良 乌龙院 软片	18cm×14cm	155,250	上海嘉禾	2021-11-14
关良 武剧图 软片	20.5cm×25cm	149,500	上海嘉禾	2021-11-14
关良 孙悟空	19cm×21cm	149,500	中国嘉德	2021-05-20
关良 1973年作 戏剧人物 镜心	44cm×50cm	149,500	中国嘉德	2021-05-21
关良 挑滑车 软片	25cm×29cm	143,750	上海嘉禾	2021-11-14

拍品名称	物品尺寸	成交价RMB	拍卖公司	拍卖日期
关良 让徐州 软片	22cm×23cm	143,750	上海嘉禾	2021-11-14
关良 水淹七军 软片	19.5cm×22cm	143,750	上海嘉禾	2021-11-14
关良 百花赠剑 软片	23cm×26cm	143,750	上海嘉禾	2021-11-14
关良 1985年作 断桥 立轴	69.5cm×46cm	139,104	中国嘉德	2021-10-13
关良 1960年作 临江登阁图 立轴	76cm×35cm	138,000	保利厦门	2021-05-06
关良 1985年作 贵妃醉酒 立轴	68.5cm×46.5cm	138,000	广东崇正	2021-01-07
关良 1978年作 晴雯补裘 镜片	66.5cm×44.5cm	138,000	上海嘉禾	2021-07-23
关良 宋士杰 软片	16cm×17.5cm	138,000	上海嘉禾	2021-11-14
关良 武松醉打蒋门神 软片	23.5cm×19cm	138,000	上海嘉禾	2021-11-14
关良 1978年作 红楼人物 镜片	65cm×44.5cm	138,000	上海匡时	2021-07-08
关良 1979年作 女起解 镜心	66cm×45cm	138,000	十竹斋拍卖(北京)	2021-05-29
关良 戏曲人物	23cm×22.5cm; 23cm×16.5cm	138,000	西泠印社	2021-07-24
关良 1982年作 为万中原作《贵妃醉酒图》立轴	42.5cm×37.5cm	138,000	西泠印社	2021-07-25
关良 武松打虎 立轴	字 18cm×24.5cm; 画34cm×24.5cm	138,000	中国嘉德	2021-05-20
关良 1981年作 得宝图 立轴	89cm×43cm	287,500	朵云轩	2021-12-30
关良 1977年作 花果图 镜片	77cm×50cm	184,000	朵云轩	2021-12-30
关山月 1973年作 俏不争春 立轴	140.5cm×99cm	18,975,000	北京荣宝	2021-06-19
关山月 红梅 镜片	96.5cm×152cm	12,075,000	华艺国际	2021-06-04
关山月 1978年作 黄山松云 立轴	132.5cm×48cm	690,000	朵云轩	2021-12-30
关山月 1977年作 峡谷松风 立轴	134cm×67cm	3,680,000	中国嘉德	2021-05-19
关山月 1984年作 重崖复涧 镜片	68cm×137cm	3,852,500	广东崇正	2021-07-19
关山月 黄河颂 立轴	223.5cm×143.5cm	13,800,000	广东崇正	2021-01-07
关山月 1961年作 新枝 立轴	137cm×69cm	4,140,000	华艺国际	2021-12-11
关山月 英雄花 镜框	140cm×68cm	3,220,000	华艺国际	2021-04-01
关山月 1987年作 一枝雪态万点春光 镜心	96cm×179cm	2,530,000	北京保利	2021-12-04
关山月 1984年作 一笑暖千家 立轴	146cm×48cm	2,300,000	北京九歌	2021-06-13
关山月 一笑暖千家·行书七言联一堂 立轴/镜片	画91.5cm×77cm; 联 127cm×31.5cm×2	2,070,000	广东崇正	2021-01-07
关山月 虎视眈眈 立轴	145cm×69cm	1,495,000	中国嘉德	2021-12-10
关山月 春溪行旅 立轴	122.5cm×47cm	1,380,000	华艺国际	2021-06-04
关山月 1973年作 红梅 镜片	100cm×52cm	1,150,000	广东崇正	2021-07-19
关山月 1948年作 溪桥积雪 立轴	131cm×47.5cm	1,092,500	北京保利	2021-09-25
关山月 1976年作 报春图 镜片	107cm×35cm	977,500	广东崇正	2021-01-07
关山月 1976年作 岁朝图 镜片	69cm×45cm	977,500	广东崇正	2021-07-19
关山月 1978年作 春满梅山 立轴	79cm×50cm	920,000	北京保利	2021-12-04
关山月 1989年作 谷鸣飞瀑 镜框	68cm×137cm	920,000	华艺国际	2021-04-01
关山月 黎雄才 1978年作 松梅双清 立轴	145cm×67.5cm	690,000	广东崇正	2021-01-07
关山月 1974年作 红梅 镜片	114.5cm×34.5cm	690,000	广东崇正	2021-01-07
关山月 榕荫乡风 立轴	96cm×48.5cm	690,000	中国嘉德	2021-12-10
关山月 庞熏琹等 为芳维廉作《艺苑集锦》册页(八页)	32cm×19cm×8	667,000	西泠印社	2021-07-24
关山月 山水 立轴	99cm×50cm	575,000	广东小雅斋	2021-07-20
关山月 1990年作 红梅 立轴	92cm×52cm	517,500	广东崇正	2021-07-19
关山月 1986年作 迎春图 镜框	68.8cm×45.2cm	446,116	香港苏富比	2021-04-21
关山月 1976年作 阙山暮秋 镜片	136cm×68.5cm	402,500	北京荣宝	2021-06-19
关山月 春树双鸠 镜框	133cm×67cm	402,500	华艺国际	2021-04-01
关山月 1943年作 祁连山色 立轴	80cm×36.5cm	379,500	广东崇正	2021-01-07
关山月 1986年作 雨后春笋 立轴	66cm×64.5cm	345,000	北京保利	2021-09-25
关山月 陈永正 牧牛图·书法对联 镜心	画心 87cm×31cm; 对联 81cm×12cm×2	345,000	永乐拍卖	2021-05-21
关山月 梅花 立轴	109.5cm×35cm	322,000	上海嘉禾	2021-07-22
关山月 1988年作 双清图 立轴	68cm×47cm	318,317	中国嘉德	2021-04-22
关山月 1964年作 红梅 立轴	69cm×69cm	315,264	保利香港	2021-11-28
关山月 红梅图 镜心	46cm×68cm	298,422	中国嘉德	2021-04-22
关山月 1984年作 梅花双雀 立轴	67.5cm×44.5cm	298,422	中国嘉德	2021-04-22
关山月 1944年作 月季花 镜心	93cm×33cm	230,000	北京保利	2021-09-25
关山月 1987年作 红梅 镜片	69cm×46cm	230,000	广东崇正	2021-01-07
关山月 黎雄才 1978年作 雪山青松 立轴	69.5cm×44cm	230,000	广东崇正	2021-01-07
关山月 报春图 镜心	19cm×53cm; 16cm×52.5cm	218,592	中国嘉德	2021-10-13
关山月 1943年作 雀戏图 立轴	63cm×33cm	218,500	北京保利	2021-06-05
关山月 红梅 镜心	58cm×78cm	218,500	中鸿信	2021-07-14
关山月 红梅 立轴	52cm×16.5cm	207,000	广东崇正	2021-07-19
关山月 1962年作 江上人家 镜心	33cm×41cm	207,000	中鸿信	2021-07-14
关山月 1986年作 古木逢春 镜心	99cm×54.5cm	184,000	北京保利	2021-12-04
关山月 1987年作 红梅 立轴	98.5cm×55cm	172,500	北京荣宝	2021-12-02
关山月 1975年作 红梅 立轴	43.5cm×36cm	172,500	广东崇正	2021-07-19
关山月 1962年作 送货下乡 镜心	64cm×109cm	149,500	北京翰海	2021-10-16
关山月 1943年作 雀戏图 立轴	63cm×33cm	138,000	华艺国际	2021-12-11
关山月 龙魂正气 立轴		138,000	中国嘉德	2021-09-27
管峻 毛泽东 沁园春·长沙 镜心	53cm×234cm	138,000	南京经典	2021-01-10
郭建勋 2021年作 行书 镜心	68cm×139cm	253,000	北京翰海	2021-10-16
郭建勋 2021年作 行书杜甫《绝句》镜心	137cm×68cm	230,000	北京翰海	2021-10-16
郭沫若 1965年作 行书毛主席《七律·答友人》镜心	145cm×238cm	3,450,000	北京荣宝	2021-12-02
郭沫若1962年作行书毛主席词立轴	131cm×63cm	1,897,500	北京荣宝	2021-06-19
郭沫若 行书毛泽东诗词 册页(二十四开)	33.5cm×24.5cm×24	2,070,000	华艺国际	2021-06-04
郭沫若1963年作行书《满江红》立轴	130cm×31.5cm	1,322,500	上海嘉禾	2021-07-22
郭沫若 行书《延安颂》立轴	132cm×65cm	1,150,000	中鸿信	2021-07-14
郭沫若行书"咏普照寺六朝松"立轴	129cm×63cm	1,127,000	北京荣宝	2021-12-02
郭沫若 沈尹默 沈迈士 张凤举 鱼酒唱和诗卷 手卷	21cm×229cm	920,000	永乐拍卖	2021-05-21
郭沫若为刘瑞森作行书毛主席诗立轴	100cm×50.5cm	713,000	西泠印社	2021-01-15
郭沫若1963年作草书毛泽东词镜片	87cm×31cm	690,000	西泠印社	2021-01-15
郭沫若 行书卢照邻诗 立轴	138.5cm×33cm	632,500	北京荣宝	2021-06-19
郭沫若1961年作行书《赠少卿诗》立轴	132.5cm×64.5cm	632,500	广东崇正	2021-01-07
郭沫若 1962年作 行书七言诗 镜片	129.5cm×66.8cm	632,500	上海嘉禾	2021-07-23
郭沫若 行书八言联 立轴	199.5cm×41.5cm×2	575,000	中鸿信	2021-07-14
郭沫若 行草书 镜心	121cm×60cm	517,500	北京翰海	2021-06-04
郭沫若 为刘仲景书五言诗 立轴	68cm×37cm	402,500	西泠印社	2021-07-25
郭沫若 草书 立轴	60cm×30cm	402,500	永乐拍卖	2021-09-27
郭沫若 行书《论语》句 立轴	61cm×25cm	345,000	中贸圣佳	2021-05-21
郭沫若 1967年作 行书毛主席《七律·冬云》立轴	99cm×33.5cm	322,000	北京荣宝	2021-12-02
郭沫若 1967年作 行书毛主席《满江红》横披	33cm×111cm	322,000	北京荣宝	2021-12-02
郭沫若1963年作草书毛泽东词立轴	65cm×33cm	299,000	北京保利	2021-12-04
郭沫若 1942年作 赠《屈原》表演者张逸生 镜框	62cm×17cm	299,000	北京荣宝	2021-06-19

2021书画拍卖成交汇总(续表)

(成交价RMB：10万元以上)

拍品名称	物品尺寸	成交价RMB	拍卖公司	拍卖日期
郭沫若 行书八言联 镜心	102cm×22.5cm×2	287,500	北京银座	2021-09-24
郭沫若 书法 立轴	64cm×39.5cm	253,000	广东小雅斋	2021-07-20
郭沫若 于立群 行书七言诗·行书毛主席词 立轴/镜心	64cm×25cm; 49cm×33cm	230,000	北京保利	2021-06-05
郭沫若 行草毛主席词 镜心	87cm×46cm	230,000	北京荣宝	2021-06-19
郭沫若 于立群 行书 立轴(两帧)	郭67cm×45cm; 于67.5cm×44cm	230,000	广东崇正	2021-01-07
郭沫若 于立群 1966年作 行书录毛主席词二首 立轴	61cm×45cm; 68cm×44cm	230,000	十竹斋拍卖(北京)	2021-05-29
郭沫若 行书 立轴	85cm×41cm	207,000	广东崇正	2021-07-19
郭沫若 书法 立轴	117cm×32cm	195,500	广东小雅斋	2021-07-20
郭沫若 致陈凡行书 镜框	21.5cm×23.8cm	191,192	香港苏富比	2021-04-21
郭沫若 草书 立轴	61cm×25cm	184,000	北京荣宝	2021-06-19
郭沫若 1964年作 草书自作词《满江红》镜心	125cm×171cm	172,500	北京保利	2021-05-17
郭沫若 1942年作 行书自作诗 立轴	132.5cm×28cm	172,500	北京银座	2021-09-24
郭沫若 行书 立轴	66.5cm×32.5cm	172,500	广东崇正	2021-01-07
郭沫若 草书自作《长沙有感二首》之一 镜心	62.5cm×31.5cm	172,500	中国嘉德	2021-05-20
郭沫若录毛泽东诗词两阕	26cm×19cm	184,000	中贸圣佳	2021-05-21
郭沫若题 于立群书 1964年作 隶书七言联 镜心	179cm×48cm×2	287,500	北京银座	2021-09-24
郭石夫 2020年作 玉兰牡丹 镜心	180cm×60cm	920,000	北京荣宝	2021-06-19
郭石夫 2020年作 行书杜甫《赠卫八处士》镜心	138cm×68.5cm	195,500	北京荣宝	2021-06-19
郭石夫 2020年作 行书苏轼《八声甘州》镜心	68.5cm×138cm	195,500	北京荣宝	2021-06-19
郭石夫 1993年作 寿石图 镜心	123cm×246cm	172,500	中国嘉德	2021-03-28
郭味蕖 密雨洒浓翠 立轴	134.5cm×95.5cm	184,000	北京翰海	2021-12-17
郭文光 光明寂照 镜片	136cm×68cm	224,000	湖南逸典	2021-01-21
郭文光 观自在 镜片	136cm×68cm	190,400	湖南逸典	2021-01-21
郭秀仪 齐白石 1951年作 海棠秋色 立轴	102cm×34cm	230,000	华艺国际	2021-12-11
郭怡 春兰幽香图 镜心	105cm×236cm	230,000	北京荣宝	2021-12-02
郭怡孮 南国花色四屏 镜心	122cm×41cm×4	575,000	北京荣宝	2021-12-02
郭怡孮 2016年作 霞光 镜心	97cm×173cm	322,000	北京荣宝	2021-06-19
郭怡孮 花卉 镜心(十一开)	34.5cm×46cm×11	138,000	中国嘉德	2021-12-13
郭银峰 2021年作 黄河颂歌 镜心	129cm×248cm	557,750	保利厦门	2021-11-05
郭予群 1980年作 春汛	122cm×224cm	184,000	中贸圣佳	2021-05-20
海上名家箕裘愿学图 册页(廿三开)	32cm×41.1cm×23	625,968	香港苏富比	2021-10-11
韩美林 1979年作 小老虎 镜心	38cm×41.5cm	345,000	中国嘉德	2021-12-13
韩美林 1982年作 斑马 镜心	36cm×39cm	241,500	北京荣宝	2021-06-19
韩美林 1979年作 猫头鹰 镜心	36.5cm×39cm	230,000	北京荣宝	2021-06-19
韩美林 2006年作 马 镜心	68.5cm×90cm	230,000	中国嘉德	2021-12-13
韩美林 熊猫 镜心	36cm×39cm	218,500	北京荣宝	2021-12-02
韩美林 大吉图 镜心	38cm×42.5cm	218,500	中国嘉德	2021-12-13
韩美林 1979年作 虎娃 镜框	35cm×38cm	209,300	北京荣宝	2021-12-02
韩美林 1979年作 小狗 镜心	36.7cm×41cm	207,000	中国嘉德	2021-05-21
韩美林 猴 镜框	34.5cm×37cm	184,000	北京荣宝	2021-06-19
韩美林 1978年作 猴子 镜心	38cm×38cm	184,000	中国嘉德	2021-05-21
韩美林 1977年作 猫 镜心	34cm×38cm	172,500	中国嘉德	2021-05-21
韩美林 骆驼 镜心	36cm×38.5cm	161,000	北京荣宝	2021-06-19
韩美林 1983年作 熊猫 镜心	36cm×38.5cm	161,000	中国嘉德	2021-12-13
韩美林 1979年作 小狗 镜心	35.5cm×38.5cm	161,000	中国嘉德	2021-12-13
韩美林 1996年作 猴子 镜心	36cm×38cm	161,000	中国嘉德	2021-12-13
韩美林 马 镜心	36cm×39cm	138,000	北京荣宝	2021-06-19

拍品名称	物品尺寸	成交价RMB	拍卖公司	拍卖日期
韩硕等 70年代作 去学大寨人 立轴	135cm×66cm	172,500	西泠印社	2021-01-16
韩天衡 1987年作 月色图 立轴	136.5cm×69cm	517,500	中国嘉德	2021-12-13
韩伍 二十四孝图 册页(四十九开)	59cm×34cm×49	253,000	中贸圣佳	2021-07-06
韩祥真 2021年作 锦绣河山 镜心	158cm×503cm	1,380,000	北京保利	2021-12-04
韩羽 1978年作 人物 软片(九开)	35cm×34.5cm×9	207,000	上海嘉禾	2021-11-14
韩羽 2004年作 三个和尚 画心	128.5cm×34.5cm	138,000	西泠印社	2021-01-16
韩左军 2020年作 朱柏庐《治家格言》四条屏	138cm×35cm×4	575,000	荣宝斋(南京)	2021-05-26
韩左军 2012年作 沧浪池上 文徵明	138cm×70cm	345,000	荣宝斋(南京)	2021-05-26
韩左军 2011年作 厚德载物	67cm×135cm	287,500	荣宝斋(南京)	2021-05-26
杭春晖 2012年作 往事	64cm×115cm	207,000	华艺国际	2021-11-12
杭春晖 2015年作 红色沙发	67cm×91cm	172,500	华艺国际	2021-12-10
郝量 2010年作 羽城化蝶	167.5cm×98.5cm	7,659,000	佳士得	2021-05-24
郝量 卡夫卡-K	25cm×35cm	782,000	北京保利	2021-12-02
郝量 2010年作 城堡	43.3cm×20.5cm	403,628	香港苏富比	2021-04-20
郝众声 2019年作 虎啸风声远 镜片	165cm×97cm	184,000	广东崇正	2021-01-07
何百里 河谷梦 镜框	90cm×131cm	2,257,750	佳士得	2021-11-30
何百里 2000年作 隔岸日光雁影高 镜心	87.6cm×181.5cm	184,000	北京保利	2021-06-05
何宝森 生宣光墨 镜片	138cm×69cm	1,437,500	北京中贝	2021-12-08
何海霞 1987年作 天山南北 镜心	144cm×368.5cm	10,350,000	华艺国际	2021-12-11
何海霞 王维诗意图 镜片	145cm×368cm	12,420,000	华艺国际	2021-06-04
何海霞 1988年作 燕山八月初飞雪 镜片	68cm×275.5cm	8,050,000	华艺国际	2021-06-04
何海霞 1980年作 玉垒山 镜心	139cm×68.5cm	2,070,000	华艺国际	2021-12-11
何海霞 1992年作 深山探踪 镜心	133cm×66.5cm	1,610,000	北京荣宝	2021-12-02
何海霞 1994年作 映日荷花别样红通景六屏 立轴	131cm×66cm×6	6,785,000	华艺国际	2021-03-31
何海霞 1944年作 沐掩春山 立轴	88cm×39cm	1,552,500	中国嘉德	2021-12-10
何海霞 蜀山忆 镜片	136.5cm×68cm	1,265,000	华艺国际	2021-06-04
何海霞 1972年作 陕北大寨 镜片	64.5cm×138.5cm	1,150,000	广东崇正	2021-01-07
何海霞 湘西山水 镜片	97cm×90cm	1,150,000	华艺国际	2021-06-04
何海霞 延安颂 镜片	179.5cm×68.5cm	1,150,000	华艺国际	2021-06-04
何海霞 1980年作 西岳峥嵘何壮哉 镜框	97.5cm×181.5cm	1,150,000	华艺国际	2021-06-04
何海霞 大巴山区 镜心	92cm×61cm	1,150,000	华艺国际	2021-12-11
何海霞 黄河之水 镜心	69cm×138cm	977,500	北京保利	2021-12-03
何海霞 秦岭之晨 镜框	131cm×84cm	977,500	华艺国际	2021-06-04
何海霞 古禹门口 镜片	136.5cm×68cm	943,000	华艺国际	2021-06-04
何海霞 1988年作 峡江泛舟 镜心	133cm×68.5cm	943,000	中国嘉德	2021-12-10
何海霞 汉张良庙 镜片	137cm×55cm	908,500	华艺国际	2021-06-04
何海霞 临潼九龙池 镜片	79cm×46cm	897,000	上海匡时	2021-07-08
何海霞 万树千花尽放春 镜心	101.5cm×32cm	747,500	北京银座	2021-09-24
何海霞 1979年作 霞照波心映华萼 镜片	33.5cm×102.5cm	690,000	广东崇正	2021-01-07
何海霞 开山筑路 镜心	68cm×136cm	667,000	北京保利	2021-12-03
何海霞 沸腾的山谷 镜框	137cm×70cm	667,000	华艺国际	2021-06-04
何海霞 春到延安 镜片	128.5cm×41cm	575,000	广东崇正	2021-01-07
何海霞 山上飞泉 镜心	96cm×56.5cm	460,000	北京保利	2021-12-03
何海霞 峨眉山洗象池 镜心	40cm×59.5cm	460,000	中国嘉德	2021-12-10
何海霞 1982年作 雨霁新秋 镜心	79.5cm×52cm	437,000	北京荣宝	2021-12-02
何海霞 山水书法杂锦 册页(十七开)	尺寸不一	437,000	华艺国际	2021-06-04
何海霞 刘君礼 刘力上 1948年作 为李秋君作 山水(三帧) 镜片(三帧)	35cm×23.5cm×3	437,000	西泠印社	2021-01-15
何海霞 初晴 镜心	40cm×59.5cm	437,000	中国嘉德	2021-12-10
何海霞 云壑松风 镜片	129.5cm×57.5cm	414,000	上海嘉禾	2021-07-22
何海霞 1972年作 毛主席词意 立轴	97.5cm×68cm	402,500	中国嘉德	2021-05-21
何海霞 1985年作 华岳雨后亦奇观 镜心	99cm×66cm	391,000	北京保利	2021-12-04

拍品名称	物品尺寸	成交价RMB	拍卖公司	拍卖日期
何海霞 相逢在松塬 立轴	67cm×68cm	345,000	华艺国际	2021-06-04
何海霞 惊涛拍岸 镜心	40cm×59.5cm	345,000	中国嘉德	2021-12-10
何海霞 1985年作 牧归图 立轴	68cm×59cm	322,000	中国嘉德	2021-12-10
何海霞 1978年作 长城万里 立轴	95cm×48cm	310,500	北京保利	2021-12-04
何海霞 仿宋人笔意 立轴	72cm×30cm	304,750	中鸿信	2021-07-14
何海霞 华山图 立轴	139cm×70cm	287,500	北京保利	2021-12-04
何海霞 1992年作 喜看春云起 镜心	67.5cm×45.5cm	287,500	北京保利	2021-12-04
何海霞 1983年作 春江垂钓 镜心	46cm×60cm	287,500	华艺国际	2021-12-11
何海霞 1977年作 桂林山水 立轴	68cm×44cm	253,000	北京荣宝	2021-12-02
何海霞 荒谷 镜心	40cm×59.5cm	253,000	中国嘉德	2021-12-10
何海霞 荷香十里香 镜心	88cm×67cm	230,000	北京翰海	2021-06-05
何海霞 幽居图 镜片	81.5cm×50.5cm	230,000	广东崇正	2021-01-07
何海霞 仿石溪山水 镜心	40cm×59.5cm	218,500	中国嘉德	2021-12-10
何海霞 白云山上白云飞 镜心	68.5cm×45cm	207,000	北京银座	2021-09-24
何海霞 1974年作 太行秋色 立轴	69cm×45.5cm	207,000	广东崇正	2021-01-07
何海霞 康师尧 四时风光 成扇	19cm×47cm	207,000	华艺国际	2021-12-11
何海霞 1980年作 云中会友 立轴	67.5cm×45.5cm	207,000	中国嘉德	2021-05-19
何海霞 登峨眉 立轴	68cm×46cm	195,500	中国嘉德	2021-05-21
何海霞 宿雨初晴 镜片	66cm×49cm	172,500	广东崇正	2021-07-18
何海霞 华山棋亭图 立轴	68cm×45cm	172,500	华艺国际	2021-06-04
何海霞 泛舟图 立轴	69cm×46cm	172,500	华艺国际	2021-12-11
何海霞 1961年作 山居图 镜片	69.5cm×45.5cm	172,500	西泠印社	2021-01-15
何海霞 返朴观道 镜心	69cm×45cm	164,575	北京保利	2021-01-22
何海霞 1973年作 媚水娇荷 镜心	88.5cm×52cm	149,500	保利厦门	2021-11-05
何海霞 觅食图 立轴	67cm×45cm	149,500	北京保利	2021-06-05
何海霞 1983年作 华岳写生 立轴	68cm×45cm	287,500	朵云轩	2021-12-30
何济乔 仙鹤寿桃	165cm×47cm	195,500	荣宝斋(南京)	2021-05-26
何济乔 书法	133cm×72cm	144,900	荣宝斋(南京)	2021-05-26
何加林 烟雨出没有无间	136cm×68cm	161,000	荣宝斋(南京)	2021-05-26
何家林 2001年作 山水长卷 手卷	引首 35cm×101cm; 画 35cm×277.5cm; 跋 35cm×52cm	138,000	中国嘉德	2021-12-13
何家英 裸女 镜心	96cm×88cm	2,300,000	北京保利	2021-12-04
何家英 2006年作 蕉苑品茗图 镜心	110cm×62.5cm	2,070,000	北京荣宝	2021-06-19
何家英 闲日 镜框	79.5cm×107cm	2,760,000	北京荣宝	2021-12-02
何家英 静思 镜心	87cm×45.5cm	1,035,000	北京荣宝	2021-06-19
何家英 1996年作 落红无数淡春晖 镜心	104.5cm×64.5cm	1,897,500	北京荣宝	2021-06-19
何家英 凝思 镜心	87.5cm×55cm	1,782,500	北京荣宝	2021-06-19
何家英 2012年作 红杏裸女 镜心	90.5cm×51cm	1,495,000	北京荣宝	2021-12-02
何家英 凝视 镜心	89cm×52.5cm	1,380,000	北京荣宝	2021-12-02
何家英 凝望 镜片	67.5cm×82.6cm	1,207,500	上海嘉禾	2021-07-22
何家英 女人香 镜心	67cm×79cm	1,150,000	北京保利	2021-12-04
何家英 读书图 立轴	77cm×60cm	1,012,000	中国嘉德	2021-12-13
何家英 2008年作 暗香疏影伴我读 镜心	50cm×70cm	977,500	北京荣宝	2021-06-19
何家英 静思 镜心	68cm×48.5cm	920,000	北京荣宝	2021-06-19
何家英 樱花少女 镜框	67cm×46cm	908,500	北京荣宝	2021-12-02
何家英 霍春阳等 花鸟人物四屏 镜心	138cm×34cm×4	897,000	北京荣宝	2021-12-02
何家英 1994年作 心赏神游 镜心	68cm×48cm	862,500	北京荣宝	2021-06-19
何家英 静思 镜心	87cm×45cm	690,000	北京荣宝	2021-12-02
何家英 1988年作 裸女 镜心	38cm×55cm	540,500	北京保利	2021-09-25
何家英 1994年作 人物 镜心	68cm×48cm	506,000	北京保利	2021-12-04
何家英 2008年作 仕女图 镜心	70cm×69cm	454,000	北京保利	2021-01-19

拍品名称	物品尺寸	成交价RMB	拍卖公司	拍卖日期
何家英 2019年作 春咏图 镜框	49cm×69cm	402,500	北京荣宝	2021-12-02
何家英 人物 镜片	40cm×28cm	322,000	保利厦门	2021-11-05
何家英 女学生 镜片	66.5cm×46.5cm	230,000	保利厦门	2021-11-05
何家英 矿工 镜片	67.5cm×42cm	184,000	保利厦门	2021-11-05
何家英 老人 镜片	33cm×29.5cm	184,000	保利厦门	2021-11-05
何家英 消夏图 镜片	31cm×39cm	184,000	保利厦门	2021-11-05
何维朴 1909年作 行书节录《归去来兮辞》四屏 立轴	134.5cm×33cm×4	287,500	中国嘉德	2021-05-20
何香凝 1945年作 铁骨冰心 立轴	126.5cm×26cm	724,500	华艺国际	2021-12-11
何香凝 经亨颐 1932年作 墨竹 立轴	78cm×39cm	437,000	上海匡时	2021-07-08
何香凝 暗香 立轴	66cm×22cm	402,500	华艺国际	2021-12-11
何香凝 1933年作 富贵寿图 立轴	133cm×32cm	402,500	中国嘉德	2021-12-10
何香凝 梅花 镜框	39cm×21cm	207,000	华艺国际	2021-06-04
何香凝 马叙伦 红梅 镜心	96cm×35cm	172,500	北京保利	2021-09-25
何云 2018年作 诗意图 镜心	69cm×138cm	207,000	北京翰海	2021-10-16
何云 2021年作 芳草无忧 镜心	68cm×136cm	207,000	北京翰海	2021-10-16
何镇强 春迎水乡踏歌游	66cm×66cm	1,600,000	保利厦门	2021-09-29
贺明 2021年作 高山出岫 镜心	250cm×132cm	287,500	北京荣宝	2021-06-19
贺明 2021年作 岭上松 镜心	250cm×132cm	287,500	北京荣宝	2021-06-19
贺明 2018年作 高山流水 镜心	250cm×132cm	287,500	北京荣宝	2021-06-19
贺明 2021年作 山居图 镜心	250cm×132cm	287,500	北京荣宝	2021-06-19
贺明 2021年作 宾虹笔意 镜心	250cm×124cm	276,000	北京荣宝	2021-06-19
贺明 2021年作 荷塘 镜心	250cm×125cm	241,500	北京荣宝	2021-06-19
贺天健 1944年作 峡江云帆 镜框	133cm×67cm	2,921,184	香港苏富比	2021-10-11
贺天健 松鹤永年图 镜框	101cm×41cm	821,000	佳士得	2021-11-30
贺天健 1936年作 庐山观云 镜片	179cm×97cm	667,000	上海嘉禾	2021-07-22
贺天健 郑午昌 吴征 沈一斋等 1941年作 九秋图 镜心	177cm×95cm	460,000	中国嘉德	2021-03-29
贺天健 1937年作 玩月图 立轴	105.5cm×58.5cm	414,000	上海匡时	2021-07-08
贺天健 1956年作 白龙潭上观瀑楼 镜心	108cm×54cm	402,500	北京翰海	2021-06-05
贺天健 深山访友 立轴	119.5cm×44cm	391,000	中国嘉德	2021-12-11
贺天健 1961年作 红旗颂 立轴	68.3cm×30.8cm	371,763	香港苏富比	2021-04-21
贺天健 钱瘦铁 吴青霞 吴琴木 张石园 赵云壑等 为王晓仙作书画合璧 册页(五十四页)	26.5cm×21.5cm×18; 26cm×15.5cm×36	368,000	西泠印社	2021-07-24
贺天健 1963年作 满目山川锦绣成 立轴	69.5cm×47cm	368,000	中国嘉德	2021-12-10
贺天健 1947年作 松下论道 立轴	102.5cm×61cm	322,000	中国嘉德	2021-12-10
贺天健 1956年作 丹井剖石 立轴	110cm×55.5cm	253,000	中国嘉德	2021-12-10
贺天健 1935年作 默林仕女 立轴	114cm×48cm	241,500	广东崇正	2021-07-19
贺天健 1940年作 观瀑图 立轴	106cm×35cm	230,000	北京翰海	2021-06-05
贺天健 1931年作 策杖观瀑图 立轴	129cm×53cm	230,000	朵云轩	2021-07-07
贺天健 1945年作 春城草木深 立轴	102cm×46.5cm	230,000	上海嘉禾	2021-11-14
贺天健 1931年作 策杖观瀑图 立轴	129cm×53cm	230,000	中国嘉德	2021-03-28
贺天健 1956年作 屯溪丰收一景 镜片	28.5cm×42.5cm	195,500	上海嘉禾	2021-07-22
贺天健 曹典初 1944年作 关山帆影图·行书苏轼诗 成扇	19.5cm×55cm	195,500	西泠印社	2021-07-25
贺天健 1935年作 雪夜访戴 立轴	93cm×47.5cm	178,250	北京诚轩	2021-12-03
贺天健 1933年作 羲之观鹅 立轴	106cm×41cm	172,500	广东崇正	2021-07-19
贺天健 1945年作 一鞭斜日看秋山 镜心	33.3cm×33.7cm	170,250	北京保利	2021-01-21
贺天健 蜀道苍茫 立轴	90cm×44cm	161,000	上海嘉禾	2021-07-23
贺天健 山中行舟 镜心	99cm×52cm	155,250	中贸圣佳	2021-07-06
贺天健 1958年作 携琴访友图 立轴	84cm×41.5cm	149,500	上海嘉禾	2021-07-22
贺天健 1937年作 柳荫高士 镜心	114.5cm×34cm	139,104	中国嘉德	2021-10-13
贺天健 1945年作 太行一角 立轴	78cm×33.5cm	230,000	朵云轩	2021-12-30

2021书画拍卖成交汇总(续表)

(成交价RMB：10万元以上)

拍品名称	物品尺寸	成交价RMB	拍卖公司	拍卖日期
贺天健 1940年作 崇岳长郭 立轴	35.2cm×35.6cm	184,000	北京诚轩	2021-05-18
黑伯龙 1984年作 十里泉声，烟云松风 镜心	96cm×180cm	368,000	中鸿信	2021-07-14
黑伯龙1973年作为蔡放作山居图立轴	118.5cm×45.5cm	189,750	西泠印社	2021-01-15
黑伯龙 1984年作 柳溪棹舟 立轴	130cm×65cm	184,000	中鸿信	2021-07-14
黑伯龙 1981年作 黄山云烟 立轴	137cm×68cm	184,000	中鸿信	2021-07-14
黑伯龙 1984年作 临宋人山水 立轴	135cm×64cm	172,500	中鸿信	2021-07-14
黑伯龙 1981年作 山高水长泉声松韵 立轴	133cm×68cm	161,000	中鸿信	2021-07-14
黑伯龙 1984年作 松声泉韵 立轴	133cm×67cm	161,000	中鸿信	2021-07-14
黑伯龙 1987年作 双松 镜片	137cm×68.5cm	155,250	上海嘉禾	2021-07-23
黑伯龙 1984年作 泰岱烟云 立轴	65cm×132cm	149,500	中鸿信	2021-07-14
黑伯龙 1981年作 山高水长 横披	67cm×134.5cm	149,500	中鸿信	2021-07-14
弘一 1941年作 行书偈语联句 四屏立轴	62.5cm×98.5cm	12,880,000	十竹斋拍卖(北京)	2021-05-29
弘一 1941年作 行书警训数则 手卷	25.5cm×151cm	9,200,000	华艺国际	2021-06-04
弘一1930年作华严经财首颂赞镜心	50cm×16cm×4	8,625,000	永乐拍卖	2021-05-20
弘一1942年作楷书《诸佛菩萨祖师》桌屏	20.5cm×4cm×20	8,050,000	华艺国际	2021-06-04
弘一 楷书“世间虚妄乐”横披	30cm×136.5cm	7,820,000	中贸圣佳	2021-05-21
弘一 1938年作 行书《蕅益大师警训》立轴	145cm×33cm×4	5,980,000	北京保利	2021-12-03
弘一 1931年作 楷书十言 对联	141.5cm×19cm×2	5,980,000	朵云轩	2021-07-07
弘一1941年作行书《清凉歌》立轴	133cm×33cm	5,750,000	北京保利	2021-12-03
弘一 书法四屏 立轴	50cm×15cm×4	4,600,000	中鸿信	2021-07-14
弘一 行书格言 四屏立轴	50cm×15cm×4	4,140,000	北京银座	2021-09-24
弘一 行书 册页(八开)	26.5cm×28cm×8	3,450,000	上海嘉禾	2021-07-23
弘一 行书五言联 镜心	66.5cm×16.5cm×2	3,335,000	十竹斋拍卖(北京)	2021-05-29
弘一 集《华严经》行书七言联 镜心	114cm×20cm×2	3,220,000	十竹斋拍卖(北京)	2021-05-29
弘一 行书《华严经》集句七言联 立轴	115cm×20cm×2	2,702,500	北京保利	2021-12-03
弘一 楷书偈语 镜心	53cm×15.5cm	2,530,000	十竹斋拍卖(北京)	2021-05-29
弘一《华严经》偈句七言联 立轴	86cm×13cm×2	2,070,000	北京保利	2021-06-05
弘一 楷书“老实念佛”镜心	16cm×62cm	1,955,000	北京保利	2021-06-05
弘一 楷书七言联 立轴	142cm×29cm×2	1,840,000	中国嘉德	2021-05-19
弘一 行书“南无阿弥陀佛”镜心	67cm×24.5cm	1,552,500	永乐拍卖	2021-12-02
弘一 楷书七言诗 立轴	64cm×20cm	1,495,000	中国嘉德	2021-05-20
弘一 楷书五言联 镜心	70cm×16cm×2	1,495,000	中贸圣佳	2021-05-21
弘一 楷书“南无阿弥陀佛”镜心	28cm×11.5cm	1,380,000	北京银座	2021-09-24
弘一 行书五言联 对联	63cm×16cm×2	1,380,000	西泠印社	2021-07-25
弘一 1936年作 行书四言联 立轴	59cm×14cm×2	1,380,000	中国嘉德	2021-05-20
弘一1917年作楷书《录周子通书》立轴	136cm×69cm	1,127,000	上海嘉禾	2021-11-14
弘一 1937年作 行书《华严经》偈颂集句五言联 镜心	48cm×13cm×2	1,092,500	永乐拍卖	2021-05-20
弘一 行书 横披	16cm×65.5cm	1,069,500	上海嘉禾	2021-11-14
弘一 楷书七言 对联	94cm×17cm×2	977,500	朵云轩	2021-07-07
弘一 魏碑“雪夜华时”镜框	直径24cm	977,500	华艺国际	2021-12-11
弘一 行书《华严经》句 镜心	71cm×34.5cm	920,000	北京保利	2021-06-05
弘一 1913年作 楷书七言 对联	118cm×16cm×2	920,000	朵云轩	2021-07-07
弘一1933年作行书“文一阁”镜片	8.5cm×63cm	920,000	华艺国际	2021-06-04
弘一 楷书五言 对联	65cm×13cm×2	897,000	朵云轩	2021-07-07
弘一 1929年作 老实念佛 立轴	31.8cm×29.5cm	849,744	香港苏富比	2021-04-21
弘一 行书《华严经》句 镜心	34cm×26cm	770,500	十竹斋拍卖(北京)	2021-05-29
弘一 行书“勇猛精进”镜片	17.5cm×44.5cm	747,500	华艺国际	2021-06-04
弘一 行书 立轴	93cm×13.5cm	724,500	广东崇正	2021-01-06
弘一 1939年作 行书《严华经》集句 镜心	77cm×33cm	690,000	北京保利	2021-12-03
弘一1942年作行书《华严经》句立轴	79cm×34.5cm	690,000	上海匡时	2021-07-08
弘一 1932年作 书法对联 立轴	130.5cm×20cm×2	690,000	永乐拍卖	2021-12-01
弘一 1932年作 行书 镜框	31cm×10.5cm	575,000	朵云轩	2021-07-08
弘一 行书五言联 对联	77cm×19.5cm×2	575,000	上海嘉禾	2021-07-22
弘一1932年作朱砂行书八言联立轴	118cm×20.5cm×2	552,000	华艺国际	2021-06-04
弘一 1916年作 隶书六言联 镜心	89.5cm×17.5cm×2	506,000	中鸿信	2021-07-15
弘一1942年作行书《盘山语录》镜框	17.5cm×53.5cm	460,000	华艺国际	2021-06-04
弘一 1932年作 行书七言联 镜心	156cm×32cm×2	460,000	永乐拍卖	2021-05-20
弘一 致刘质平信札 镜心	23.5cm×12.5cm	448,500	中贸圣佳	2021-05-21
弘一 致慈航法师信札 镜心	27.5cm×17.5cm	379,500	中贸圣佳	2021-05-21
弘一 行书五言联 镜片	81cm×17cm×2	299,000	上海嘉禾	2021-11-14
弘一 1938年作 行书《华严经》句 镜心	74.5cm×27.5cm	276,000	中鸿信	2021-07-15
弘一 楷书古警句 镜片	21cm×12cm	253,000	上海嘉禾	2021-07-22
弘一 1930年作 行书“百福自庄严”镜心	34.5cm×139cm	253,000	中鸿信	2021-07-15
弘一 行书录《华严经》句 镜心	26.5cm×42cm	218,592	中国嘉德	2021-10-13
弘一 池上日慎 行书《清凉歌》行书 成扇	13.5cm×43cm	207,000	朵云轩	2021-07-07
弘一 行书 镜片	20cm×15cm	207,000	广东崇正	2021-01-06
弘一 书法 片	37.5cm×19.5cm	184,000	广东小雅斋	2021-07-20
弘一 书法 镜片	56cm×26cm	184,000	广东小雅斋	2021-07-20
弘一 程十发 1939年作 行书 镜片	31.5cm×101cm;46cm×26cm	161,000	上海嘉禾	2021-11-14
弘一 楷书佛语 镜心	102cm×20cm	161,000	中国嘉德	2021-09-26
弘一 1941年作 行书“无上清凉”镜心	17.5cm×45cm	149,500	中国嘉德	2021-12-10
弘一 楷书四言 对联	129cm×32cm×2	4,715,000	朵云轩	2021-12-30
弘一 隶书八言联 对联	136.5cm×26.2cm	1,495,000	上海明轩	2021-12-30
弘一 楷书 镜框	75cm×26.5cm	1,092,500	朵云轩	2021-12-30
弘一 楷书五言 立轴	48cm×12cm×2	920,000	朵云轩	2021-12-30
弘一 1942年作 行书五言联 对联	61cm×15cm×2	943,000	上海嘉禾	2021-07-22
弘一 1932年作 书法对联 镜框	94cm×20cm×2	345,000	北京华辰	2021-12-08
洪波 2018年作 月色、绮霞 镜心	246cm×123cm×2	437,000	中国嘉德	2021-12-13
侯耿华 2021年作 和为贵	50cm×180cm	437,000	荣宝斋(南京)	2021-05-26
胡汉民 1931年作 为张发奎书七言诗 立轴	131.5cm×65cm	161,000	西泠印社	2021-01-16
胡梦 长河源 镜片	180cm×98cm	2,130,950	北京中贝	2021-12-08
胡梦 晨 镜片	180cm×98cm	2,014,800	北京中贝	2021-12-08
胡梦 山居 镜片	180cm×98cm	1,969,950	北京中贝	2021-12-08
胡梦 闻鹤思仙 镜片	180cm×98cm	1,904,400	北京中贝	2021-12-08
胡梦 迎春 镜片	68cm×68cm	595,700	北京中贝	2021-12-08
胡佩衡 西山龙泉 镜心	135cm×70cm	184,000	北京翰海	2021-06-05
胡佩衡 1961年作 秋山红叶 镜心	133cm×66.5cm	172,500	北京荣宝	2021-06-19
胡佩衡 天都峰一角 立轴	153cm×65.5cm	172,500	西泠印社	2021-01-16
胡佩衡 关松房 1960年作 首都之春 镜片	65cm×114.5cm	143,750	朵云轩	2021-07-07
胡绳 行书七言联 立轴	131.5cm×32cm×2	138,000	广东崇正	2021-01-07

拍品名称	物品尺寸	成交价RMB	拍卖公司	拍卖日期
胡适 1953年作 楷书“烟霞洞”七绝 成扇	19cm×49.5cm	955,962	香港苏富比	2021-04-21
胡适 1960年作 楷书“理未易察”镜心	52.5cm×85.5cm	809,280	保利香港	2021-04-23
胡适 行书五言诗 立轴	65.5cm×36cm	402,500	中国嘉德	2021-05-21
胡适 1949年作 行书六言 对联	95.5cm×29cm×2	379,500	朵云轩	2021-07-08
胡适 行书七言诗 立轴	70cm×22cm	287,500	华艺国际	2021-03-31
胡适 楷书节录王安石《登飞来峰》立轴	74cm×35cm	195,500	中国嘉德	2021-05-20
胡适 行书 立轴	49cm×30cm	138,000	广东崇正	2021-07-19
胡适 楷书王安石《谢安》立轴	111.5cm×32.5cm	138,000	中国嘉德	2021-05-20
胡爽庵 1973年作 虎啸图 立轴	136cm×67.5cm	253,000	北京保利	2021-12-04
胡小石1940年作草书临古法书卷手卷	20cm×1348cm	575,000	西泠印社	2021-01-16
胡小石 行书五言联 立轴	135cm×33cm×2	264,500	南京经典	2021-07-18
胡小石 1942年作 行书诗句 立轴	111cm×34cm	230,000	北京保利	2021-06-05
胡小石 行书七言诗 立轴	104cm×30.5cm	207,000	中国嘉德	2021-12-10
胡小石 楷书节录《全梁文》立轴	131cm×23.5cm	201,250	十竹斋	2021-06-27
胡小石 隶书节临《西狭颂》立轴	137cm×40cm	195,500	十竹斋	2021-06-27
胡小石 行书五言联 镜心	145cm×41cm×2	184,000	北京保利	2021-12-04
胡小石 行书六言联 镜心	134cm×24cm×2	184,000	南京经典	2021-01-10
胡小石 草书 节临《书谱》镜片	136cm×20cm	184,000	西泠印社	2021-01-15
胡小石 草书杜甫诗·隶书临《乙瑛碑》	135.5cm×41cm；136cm×30.5cm	172,500	西泠印社	2021-01-15
胡小石 近现代 书法 横披	20cm×130cm	161,000	十竹斋	2021-06-27
胡小石 行书 节录古文 镜片	130cm×19cm	138,000	西泠印社	2021-01-15
胡岩 2021年作 千崖万壑 镜心	99cm×62cm	253,000	朵云轩	2021-07-07
胡也佛1949年作四时美人四屏镜片	48cm×18cm×4	690,000	华艺国际	2021-06-04
胡也佛 1943年作 柳岸归牧 屏轴	105.5cm×30cm	529,000	朵云轩	2021-12-30
胡也佛 1940年作 黄山始信峰 立轴	107cm×41cm	345,000	华艺国际	2021-03-31
胡也佛 修竹仕女 镜片	61cm×25cm	218,500	广东崇正	2021-07-19
胡也佛 渔隐图 立轴	59.5cm×32.5cm	184,000	朵云轩	2021-07-07
胡也佛 柳塘佳人 镜片	44.5cm×23cm	138,000	华艺国际	2021-06-04
胡志荣 胡委伦 1986年作《鲁迅》连环画原稿	19.5cm×25.3cm；9.2cm×12.5cm，12.5cm×19.3cm×126	161,000	西泠印社	2021-10-24
华国锋 1996年作 行书 镜片	134cm×66.5cm	667,000	广东崇正	2021-07-18
华国锋 书法 镜片	135cm×61cm	230,000	广东小雅斋	2021-07-20
华国锋 行书 镜片	24.5cm×15.5cm	184,000	广东崇正	2021-07-19
皇甫建良 丁酉年作 天门此开福运通四海 镜心	146cm×69cm	575,000	保利厦门	2021-11-05
黄般若 青山白云 立轴	97cm×35cm	195,500	广东崇正	2021-01-07
黄般若 1962年作 宋皇台怀古 镜心	51cm×94cm	149,040	中国嘉德	2021-10-13
黄宾虹 1948年作 蜀游山水 立轴	151cm×82cm	24,725,000	中国嘉德	2021-12-10
黄宾虹 约1947年作 幽林深处 立轴	73.5cm×33cm	11,500,000	永乐拍卖	2021-12-02
黄宾虹 1952年作 为冯宗陈作墨笔山水并马一浮 行书七言诗 镜心	画103cm×48.5cm	11,270,000	中国嘉德	2021-12-10
黄宾虹1947年作拟董北苑山水手卷	34.5cm×137.5cm	19,205,000	上海嘉禾	2021-07-22
黄宾虹1953年作黄山松谷纪游立轴	90cm×48cm	11,040,000	上海匡时	2021-07-08
黄宾虹 松风琴韵 立轴	83cm×32.5cm	8,970,000	中国嘉德	2021-05-19
黄宾虹《致陶广书画册》册页	37cm×34cm；31.5cm×12cm×12；26cm×18cm×6	8,740,000	上海嘉禾	2021-07-22
黄宾虹 1949年作 西山垂钓图 立轴	68cm×33.5cm	6,427,875	中国嘉德	2021-04-22
黄宾虹 湖山欲雨 立轴	68cm×30.5cm	8,280,000	中国嘉德	2021-05-19
黄宾虹 1952年作 溪亭高逸图 立轴	96cm×45cm	7,820,000	北京保利	2021-06-05

拍品名称	物品尺寸	成交价RMB	拍卖公司	拍卖日期
黄宾虹 桂海纪游诗画 册页(画六开，书法六对开)	画 33.3cm×22cm×6；书法 33.3cm×44cm×6	7,101,650	佳士得	2021-11-30
黄宾虹 1947年作 山居图 立轴	60.5cm×35cm	5,520,000	北京荣宝	2021-06-19
黄宾虹 1929年作 金陵春晓图 立轴	147cm×58.5cm	5,060,000	北京保利	2021-06-05
黄宾虹 1952年作 青绿山水 立轴	85cm×33cm	4,945,000	中国嘉德	2021-05-19
黄宾虹 1949年作 黄山云舫图 镜心	132.5cm×33cm	4,471,200	中国嘉德	2021-10-13
黄宾虹 1954年作 溪山雨意 镜心	100cm×34cm	4,370,000	北京保利	2021-06-05
黄宾虹 浔江舟行 镜心	123cm×45.2cm	4,370,000	中贸圣佳	2021-05-21
黄宾虹 1929年作 金陵春晓图 立轴	147cm×58.5cm	4,255,000	北京保利	2021-09-25
黄宾虹 1947年作 乡居消夏图 镜心	31cm×59cm	4,082,500	十竹斋拍卖(北京)	2021-05-29
黄宾虹 碧宇晴初 立轴	117.5cm×42.5cm	4,025,000	广东崇正	2021-07-19
黄宾虹 1951年作 湖舍初晴 立轴	黄100cm×41cm；信封 26cm×13cm；信 26cm×17cm	3,910,000	北京保利	2021-06-05
黄宾虹 1949年作 严松归舟 立轴	103cm×61cm	3,910,000	中国嘉德	2021-12-10
黄宾虹 写生纪游图 立轴	85cm×31cm	3,680,000	西泠印社	2021-01-16
黄宾虹 池阁叙饮 立轴	52.5cm×26.5cm	3,565,000	北京荣宝	2021-06-19
黄宾虹 山阴访隐 立轴	题跋 19cm×48cm；边跋 38cm×4cm；画心 111cm×48cm	3,277,500	永乐拍卖	2021-12-02
黄宾虹 黄山莲花峰 立轴	85cm×31cm	3,220,000	北京保利	2021-12-03
黄宾虹 夏山行吟图 立轴	115cm×40.5cm	3,220,000	西泠印社	2021-07-25
黄宾虹 碧宇晴初 立轴	118cm×42.5cm	3,220,000	中国嘉德	2021-12-10
黄宾虹 1949年作 峦影写江南 立轴	113cm×41cm	3,105,000	北京荣宝	2021-12-02
黄宾虹 1947年作 隐雾亭诗意 立轴	89cm×47.5cm	3,080,160	中国嘉德	2021-10-13
黄宾虹 1946年作 山居图 镜心	75cm×37cm	2,990,000	北京翰海	2021-06-05
黄宾虹 独向山中 立轴	95.5cm×38.5cm	2,785,272	中国嘉德	2021-04-22
黄宾虹 草堂独坐图 立轴	150cm×40cm	2,782,080	中国嘉德	2021-10-13
黄宾虹 1954年作 湖山清晓 立轴	58cm×33cm	2,530,000	永乐拍卖	2021-12-02
黄宾虹 罗复堪 徐石雪 翰墨集锦 立轴(二挖四屏)	32cm×33cm×12	2,415,000	北京保利	2021-12-03
黄宾虹 杖筇山行图 立轴	110.5cm×42.5cm	2,415,000	西泠印社	2021-07-25
黄宾虹 虞翻讲学处 立轴	101.5cm×40.5cm	2,415,000	中国嘉德	2021-05-19
黄宾虹 松溪读《易》立轴	125cm×64.5cm	2,300,000	朵云轩	2021-07-07
黄宾虹 1943年作 米友堂诗意 立轴	75.5cm×32.5cm	2,300,000	中国嘉德	2021-05-19
黄宾虹 1934年作 秋江钓艇 立轴	122.5cm×40cm	2,300,000	中国嘉德	2021-05-19
黄宾虹 西堂献寿图 立轴	150cm×40cm	2,300,000	中国嘉德	2021-05-19
黄宾虹 篆书“百一砚斋”横额 镜心	27cm×91cm	2,300,000	中贸圣佳	2021-05-21
黄宾虹 1946年作 云烟叠嶂 镜心	70cm×31cm	2,242,500	北京保利	2021-12-03
黄宾虹 1948年作 岁朝图 立轴	121cm×49cm	2,242,500	上海匡时	2021-07-08
黄宾虹 宛陵纪游图 立轴	99cm×32cm	2,185,000	北京保利	2021-06-05
黄宾虹 1953年作 春江雨势图 立轴	78cm×36cm	2,127,500	中鸿信	2021-07-14
黄宾虹 高林听潮 立轴	97cm×43cm	2,070,000	十竹斋拍卖(北京)	2021-05-29
黄宾虹 远山烟树图 镜片	86.5cm×34cm	2,070,000	西泠印社	2021-01-16
黄宾虹 山水书法 双挖立轴	34cm×22.3cm；27.5cm×22.3cm	2,052,500	佳士得	2021-11-30
黄宾虹 秋林雨过云犹湿 立轴	91cm×39cm	2,012,500	北京保利	2021-12-03
黄宾虹 1949年作 岁朝清供 立轴	84cm×34cm	2,012,500	北京保利	2021-12-03
黄宾虹 1940年作 烟江叠嶂 立轴	122cm×47cm	1,955,000	广东崇正	2021-01-07
黄宾虹 桐江纪游 立轴	136cm×45cm	1,897,500	北京银座	2021-09-24
黄宾虹 山翠林幽 立轴	110cm×63cm	1,840,000	北京保利	2021-06-05

2021书画拍卖成交汇总(续表)

(成交价RMB：10万元以上)

拍品名称	物品尺寸	成交价RMB	拍卖公司	拍卖日期
黄宾虹 山水四屏 立轴	34cm×39cm×4	1,840,000	华艺国际	2021-12-11
黄宾虹 西泠雨后图 立轴	75.5cm×40cm	1,840,000	西泠印社	2021-01-15
黄宾虹 1949年作 为李伯刚作《山居图》立轴	103cm×35cm	1,840,000	西泠印社	2021-07-25
黄宾虹 1946年作 吴中小景 立轴	90cm×31.5cm	1,840,000	中国嘉德	2021-12-10
黄宾虹 秋江小景 立轴	125cm×40cm	1,782,500	上海嘉禾	2021-07-22
黄宾虹 致蔡哲夫、谈月色夫妇三段山水卷 手卷	10.5cm×137.5cm; 10.5cm×182.5cm; 10.5cm×71cm	1,782,500	西泠印社	2021-07-25
黄宾虹 1942年作 秋山白露图 立轴	90.5cm×30cm	1,725,000	上海匡时	2021-07-08
黄宾虹 1951年作 敬亭山雪江堂 立轴	89cm×36cm	1,725,000	永乐拍卖	2021-12-02
黄宾虹 山水清音 镜心	67cm×33cm	1,725,000	永乐拍卖	2021-12-02
黄宾虹 薛涛诗意图 镜心	116.5cm×41cm	1,667,500	北京保利	2021-06-05
黄宾虹 1952年作 黄山散花坞诸峰 立轴	74cm×34cm	1,667,500	北京荣宝	2021-06-19
黄宾虹 新安江上 立轴	75cm×39.5cm	1,552,500	中贸圣佳	2021-07-06
黄宾虹 1949年作 泛舟图 立轴	66cm×31cm	1,518,000	中鸿信	2021-07-14
黄宾虹 1938年作 为帅铭初作《江上垂纶图》立轴	99cm×38cm	1,495,000	西泠印社	2021-07-25
黄宾虹 篆书"百一研斋" 镜心	27cm×92cm	1,437,500	北京保利	2021-12-03
黄宾虹 溪山垂钓 立轴	130cm×32.5cm	1,380,000	广东崇正	2021-01-07
黄宾虹 1953年作 秋雨佳色 镜片	78cm×33cm	1,380,000	上海嘉禾	2021-07-22
黄宾虹 1948年作 金文七言联 立轴	128.5cm×26cm×2	1,380,000	中国嘉德	2021-05-20
黄宾虹 渴笔山水 立轴	89.5cm×31.5cm	1,380,000	中国嘉德	2021-05-21
黄宾虹 黄山慈光寺 镜心	121cm×30.5cm	1,322,500	十竹斋拍卖(北京)	2021-05-29
黄宾虹 南归诗意 镜心	66.5cm×29cm	1,322,500	中国嘉德	2021-05-20
黄宾虹 阳朔纪游 立轴	97.5cm×33.4cm	1,274,616	香港苏富比	2021-04-21
黄宾虹 泉石山椒 立轴	74.5cm×33cm	1,265,000	朵云轩	2021-07-07
黄宾虹 1949年作 黄山天都峰 立轴	106cm×30.5cm	1,265,000	广东崇正	2021-01-07
黄宾虹 1939年作 彭羡门诗意图 立轴	102cm×46cm	1,207,500	广东崇正	2021-01-07
黄宾虹 白云山居图 镜片	76.5cm×40.5cm	1,207,500	西泠印社	2021-07-24
黄宾虹 山居图 立轴	123cm×39cm	1,150,000	北京保利	2021-06-05
黄宾虹 1948年作 花好月初圆 立轴	132cm×31.5cm	1,150,000	十竹斋拍卖(北京)	2021-05-29
黄宾虹 1944年作 甲申年山水 立轴	93cm×32.5cm	1,150,000	中国嘉德	2021-12-10
黄宾虹 雨余山色 立轴	75.5cm×30.5cm	1,094,214	中国嘉德	2021-04-22
黄宾虹 江渚移舟 立轴	36.5cm×23cm	1,035,000	十竹斋拍卖(北京)	2021-05-29
黄宾虹 1941年作 花卉双清 立轴	99cm×34cm	994,740	中国嘉德	2021-04-22
黄宾虹 山林幽居图 立轴	141cm×40cm	989,000	中贸圣佳	2021-05-21
黄宾虹 1947年作 山水 立轴	61cm×34cm	977,500	中国嘉德	2021-12-10
黄宾虹 1946年作 青峦直上图 立轴	62cm×31cm	973,728	中国嘉德	2021-10-13
黄宾虹 1946年作 篆书七言联 镜心	150cm×25.5cm×2	943,000	华艺国际	2021-12-11
黄宾虹 1945年作 层峦幽居 立轴	114cm×39.6cm	931,500	佳士得	2021-05-27
黄宾虹 富贵花开 手卷	41.5cm×43.5cm	920,000	上海嘉禾	2021-07-22
黄宾虹 1955年作 黄山云起图 立轴	诗堂: 22cm×33cm	920,000	十竹斋拍卖(北京)	2021-05-29
黄宾虹 拟元人笔意 立轴	69cm×35cm	920,000	中鸿信	2021-07-14
黄宾虹 贵寿鸳鸯 立轴	画心 63.5cm×34.5cm; 书法 34.5cm×34.5cm×2	897,000	上海嘉禾	2021-07-22
黄宾虹 1951年作 拟元人花卉 镜心	42cm×31.5cm	895,266	中国嘉德	2021-04-22
黄宾虹 潘天寿 陆俨少 画题 1965年作 牵牛花 镜心	22cm×30cm×2	862,500	北京翰海	2021-06-05
黄宾虹 金文七言联 立轴	102.5cm×19.5cm×2	862,500	北京荣宝	2021-06-19

拍品名称	物品尺寸	成交价RMB	拍卖公司	拍卖日期
黄宾虹 元人题画诗意图 立轴	95.5cm×39.5cm	862,500	北京荣宝	2021-12-02
黄宾虹 1946年作 篆书七言联 对联	129cm×19.5cm×2	862,500	西泠印社	2021-07-25
黄宾虹 阳朔峰峦图 镜片	147.5cm×39.5cm	805,000	西泠印社	2021-07-25
黄宾虹 粤行杂咏 立轴	117cm×38cm	747,500	北京保利	2021-06-05
黄宾虹 行书 屏轴	167cm×24cm	747,500	朵云轩	2021-07-08
黄宾虹 云山高耸图 镜心	100cm×34cm	747,500	中国嘉德	2021-03-29
黄宾虹 毛姑岭图 立轴	48.6cm×26.9cm	730,296	香港苏富比	2021-10-11
黄宾虹 1943年作 山村眺晚 立轴	67.5cm×33cm	716,213	中国嘉德	2021-04-22
黄宾虹 溪亭清暑 立轴	105.5cm×32cm	713,000	保利厦门	2021-05-06
黄宾虹 清远幽然 镜框	30.5cm×33.6cm	713,000	北京荣宝	2021-12-02
黄宾虹 1925年作 林峦湖居 立轴	108cm×30cm	690,000	广东崇正	2021-01-07
黄宾虹 百步云梯 立轴	32.5cm×32cm	690,000	上海匡时	2021-07-08
黄宾虹 闲居苍崖 镜心	108cm×44cm	690,000	永乐拍卖	2021-12-02
黄宾虹 翠羽明珰图 立轴	50cm×26.5cm	632,500	西泠印社	2021-10-24
黄宾虹 秋林高士图 立轴	98.5cm×30.5cm	598,000	上海匡时	2021-07-08
黄宾虹 黄山道中 立轴	88.5cm×34cm	598,000	中国嘉德	2021-12-10
黄宾虹 重岭回溪图 立轴	130cm×32cm	575,000	华艺国际	2021-12-11
黄宾虹 山水 立轴	149cm×40cm	575,000	华艺国际	2021-12-11
黄宾虹 1936年作 金文七言联 立轴	128cm×32.5cm×2	575,000	中国嘉德	2021-12-10
黄宾虹 1951年作 西泠梅影 镜片	58cm×30cm	563,500	上海匡时	2021-07-08
黄宾虹 富贵图 镜片	81.5cm×40cm	552,000	西泠印社	2021-07-24
黄宾虹 1950年作 西泠桥晓望 镜框	50.7cm×23.9cm	531,090	香港苏富比	2021-04-21
黄宾虹 1927年作 金文七言联 立轴	135cm×21cm×2	517,500	北京保利	2021-12-03
黄宾虹 1925年作 清晖诗画图 立轴	诗堂 7.9cm×28cm; 本幅 104cm×40.7cm	483,000	北京保利	2021-06-05
黄宾虹 1932年作 高士泛舟 镜心	32cm×32cm	460,000	北京保利	2021-12-03
黄宾虹 云山春晓 立轴	34cm×28cm	448,500	中贸圣佳	2021-07-06
黄宾虹 1953年作 湖山烟霭 镜心	30cm×34cm	437,000	保利厦门	2021-05-06
黄宾虹 金文七言联 立轴	138.5cm×25cm×2	437,000	中国嘉德	2021-05-19
黄宾虹 远山烟树 立轴	131cm×43.5cm	437,000	中国嘉德	2021-12-10
黄宾虹 篆书七言联 立轴	145.5cm×38.5cm×2	417,791	中国嘉德	2021-04-22
黄宾虹 1947年作 山居图 立轴	画心 46cm×45.5cm; 题跋 19.5cm×46cm×2	402,500	上海嘉禾	2021-07-23
黄宾虹 宝熙 1932年作 幽居图·楷书五言诗 成扇	18.5cm×50cm	379,500	北京荣宝	2021-12-02
黄宾虹 枯墨山水 镜框	28.8cm×22cm	371,763	香港苏富比	2021-04-21
黄宾虹 潘天寿 山水双挖 立轴	27.5cm×34cm×2	368,000	北京保利	2021-06-05
黄宾虹 江棹图 立轴	27cm×18.5cm	345,000	北京保利	2021-06-05
黄宾虹 花卉·篆书六言联 镜心	对联 112cm×19cm×2; 花卉 99cm×34cm	345,000	北京保利	2021-12-03
黄宾虹 清溪垂钓 立轴	81.5cm×27cm	345,000	中国嘉德	2021-05-21
黄宾虹 1941年作 金文七言诗 立轴	87.5cm×34.5cm	345,000	中国嘉德	2021-05-21
黄宾虹 王个簃 陈兆五 1947年作 岁朝图 屏轴	136cm×33.5cm	322,000	朵云轩	2021-07-08
黄宾虹 1953年作 山茶花 镜片	75cm×35cm	322,000	上海嘉禾	2021-11-14
黄宾虹 近现代 山水	61cm×29cm	322,000	十竹斋	2021-06-27
黄宾虹 1944年作 花卉·集古铭文 成扇	20cm×55cm	322,000	中国嘉德	2021-05-21
黄宾虹 宝熙 1932年作 溪亭秋色行书五言诗 成扇	18.5cm×50cm	310,500	上海匡时	2021-07-08
黄宾虹 1955年作 蜀江舟中景 立轴	134cm×33.5cm	287,500	保利厦门	2021-05-06
黄宾虹 叠岭晴烟 立轴	71cm×48cm	287,500	北京保利	2021-06-05

(成交价RMB：10万元以上)

拍品名称	物品尺寸	成交价RMB	拍卖公司	拍卖日期
黄宾虹 1926年作 溪山幽居 扇面	18cm×50cm	287,500	北京保利	2021-06-05
黄宾虹 1951年作 海棠 立轴	69.5cm×30cm	287,500	华艺国际	2021-12-11
黄宾虹 活处 烟峦行舟 红梅 扇片	19cm×47cm×2	287,500	上海嘉禾	2021-07-23
黄宾虹 环抱山水 立轴	134.5cm×33cm	287,500	永乐拍卖	2021-05-21
黄宾虹 1932年作 平湖秋色 立轴	66cm×33cm	287,500	中国嘉德	2021-09-28
黄宾虹 金文七言联 立轴	145cm×25cm×2	287,500	中国嘉德	2021-12-11
黄宾虹 1944年作 披云峰 立轴	130cm×36.5cm	269,100	佳士得	2021-05-27
黄宾虹 画迹过目录 手卷	引首195cm×67.5cm;画心195cm×29.5cm×6	253,000	上海匡时	2021-07-08
黄宾虹 泛舟煮茗 立轴	137cm×49cm	253,000	中国嘉德	2021-12-10
黄宾虹 行书题跋 镜心	53cm×9cm	248,400	中国嘉德	2021-10-13
黄宾虹 江行所见 镜片	41cm×30cm	230,000	保利厦门	2021-11-05
黄宾虹 山水 镜心	61cm×23cm	230,000	北京翰海	2021-10-16
黄宾虹 1933年作 山水书法 成扇	18cm×48cm	230,000	永乐拍卖	2021-05-21
黄宾虹 深山隐居 立轴	89cm×33cm	230,000	中国嘉德	2021-03-29
黄宾虹 1926年作 幽居图 扇页	50cm×17cm	218,500	西泠印社	2021-07-25
黄宾虹 山水 镜框	画心34cm×26cm;题26cm×26cm	212,750	北京保利	2021-12-04
黄宾虹 1924年作 梅花双喜 立轴	90cm×39cm	207,000	上海嘉禾	2021-11-14
黄宾虹 金文七言联 立轴	134cm×25cm×2	195,500	中鸿信	2021-07-14
黄宾虹 溪山归隐 立轴	18cm×54cm	184,000	北京翰海	2021-04-17
黄宾虹 仿范中立笔意 立轴	34cm×34cm	184,000	中贸圣佳	2021-05-21
黄宾虹 余绍宋 高野侯 傅增湘等各家 册页	20.5cm×30cm×15	178,848	中国嘉德	2021-10-12
黄宾虹 山水 扇面	17.5cm×49.5cm	172,500	保利厦门	2021-11-05
黄宾虹 汪声远 熊松泉等 1931年作 翰墨姻缘 册页	18cm×23.5cm×16	172,500	北京保利	2021-06-06
黄宾虹 章梫 湖山秋兴·节录《高僧传》成扇	19.5cm×53.5cm	172,500	北京诚轩	2021-05-18
黄宾虹 紫厂 清幽图·隶书《礼器碑》镜心	19cm×55cm×2	172,500	北京荣宝	2021-06-19
黄宾虹 书法 对联	94cm×21.5cm×2	172,500	广东小雅斋	2021-07-20
黄宾虹 文殊院 立轴	33cm×39cm	172,500	上海嘉禾	2021-07-23
黄宾虹 1935年作 花卉草虫·草书五言诗 扇面	18cm×51cm	172,500	中国嘉德	2021-05-21
黄宾虹 1953年作 湖山晴霭 镜心	34cm×84cm	172,500	中鸿信	2021-07-14
黄宾虹 溪亭泛舟 立轴	66cm×33cm	172,500	中贸圣佳	2021-05-21
黄宾虹 1933年作 书画合璧 镜心	31.5cm×31.5cm×2	161,000	北京保利	2021-06-05
黄宾虹 小园一角 镜心	34cm×97cm	149,500	中国嘉德	2021-03-29
黄宾虹 1946年作 读画楼图 立轴	52cm×20cm	149,500	中鸿信	2021-07-14
黄宾虹 山居图 立轴	39cm×39cm	149,500	中鸿信	2021-07-14
黄宾虹 行书七言诗 立轴	84cm×35cm	138,000	北京荣宝	2021-06-19
黄宾虹 山居清话 镜框	51cm×30cm	138,000	上海嘉禾	2021-11-14
黄宾虹 溪山访友 立轴	113cm×46cm	1,610,000	朵云轩	2021-12-30
黄宾虹 1934年作 山中清读 镜片	109.5cm×44cm	1,150,000	朵云轩	2021-12-30
黄宾虹 北高峰纪游 立轴	65.5cm×33.5cm	391,000	朵云轩	2021-12-30
黄宾虹 1949年作 红绿梅花满枝头 扇面镜心	18.2cm×51.5cm	253,000	北京诚轩	2021-05-18
黄纯尧 黄山云海 镜心	97cm×180cm	138,000	中国嘉德	2021-03-28
黄丹 2014年作 览物	189cm×94cm	437,000	北京保利	2021-06-04
黄丹 2014年作 旷	188.5cm×95cm	345,000	北京保利	2021-12-02
黄丹 剪秋	180cm×96cm	207,000	北京华辰	2021-06-19
黄幻吾 晚园秋色 立轴	125.5cm×50cm	402,500	广东崇正	2021-07-19
黄幻吾 1941年作 美禽图 镜框	97cm×47.5cm	230,000	朵云轩	2021-07-07
黄幻吾 战地黄花分外香 立轴	102cm×52cm	207,000	中国嘉德	2021-05-19
黄幻吾 木棉翠鸟 镜心	137cm×70cm	182,088	保利香港	2021-04-23
黄建南 2018年作 天道	73cm×90cm	8,625,000	北京翰海	2021-10-16
黄建南 2020年作 和谐 镜心	69cm×70cm	4,025,000	保利厦门	2021-05-06
黄建南 感情 镜心	69cm×69cm	3,680,000	永乐拍卖	2021-09-27
黄建南 2017年作 丁酉年 梦中森林 镜心	69cm×70cm	4,025,000	保利厦门	2021-05-06
黄建南 2016年作 丙申年 高原之春 镜心	68cm×68cm	3,680,000	保利厦门	2021-05-06
黄建南 2013年作 童年风景 镜心	68cm×68cm	4,140,000	北京翰海	2021-10-16
黄建南 暖冬 镜心	69cm×69cm	3,795,000	北京翰海	2021-10-16
黄建南 2014年作 阳光明媚 镜心	68cm×69cm	3,565,000	北京翰海	2021-04-17
黄建南 2012年作 山水之家	68cm×68cm	3,335,000	荣宝斋(南京)	2021-05-26
黄建南 2016年作 冬雪 镜心	68cm×67cm	3,105,000	北京保利	2021-12-04
黄建南 2019年作 梦中高原 镜心	46cm×70cm	2,760,000	北京翰海	2021-04-17
黄建南 思乡 镜心	46cm×69cm	2,760,000	北京翰海	2021-10-16
黄建南 2016年作 和谐 镜心	69cm×68cm	2,760,000	永乐拍卖	2021-12-01
黄建南 2020年作 大地情怀 镜心	67cm×69cm	2,415,000	永乐拍卖	2021-12-01
黄建南 生命的呼唤 镜心	50cm×50cm	2,070,000	永乐拍卖	2021-09-27
黄建南 2013年作 春韵	67cm×68cm	1,725,000	荣宝斋(南京)	2021-05-26
黄建南 2020年作 庚子年 见贤思齐 镜心	130cm×33cm	920,000	保利厦门	2021-05-06
黄均 1962年作 红楼故事 通景六条屏	179cm×48cm×2;179cm×50cm×4	368,000	中国嘉德	2021-09-26
黄均 1935年作 十八罗汉渡海图 扇面立轴	36cm×98cm	207,000	北京翰海	2021-12-17
黄均 1837年作 停云水竹 手卷	32.5cm×114cm	322,000	朵云轩	2021-12-31
黄君璧 云山飞瀑 镜心	99cm×38cm	138,000	南京经典	2021-07-18
黄君璧 1973年作 黄山瀑布 镜心	86.8cm×180cm	7,475,000	北京荣宝	2021-12-02
黄君璧 松山策杖 立轴	110cm×37.5cm	2,070,000	广东崇正	2021-01-07
黄君璧 1982年作 浮山出翠岫 镜心	94.5cm×186.5cm	1,495,000	北京保利	2021-12-03
黄君璧 木兰从军 镜心	34cm×126.5cm	747,500	中国嘉德	2021-12-10
黄君璧 1985年作 策杖行吟 镜心	68.5cm×135cm	747,500	中国嘉德	2021-12-10
黄君璧 1962年作 野柳远中 立轴	136cm×70cm	609,500	华艺国际	2021-12-11
黄君璧 1943年作 秋山曳杖 镜框	132cm×66cm	552,000	华艺国际	2021-04-01
黄君璧 风瀑 镜心	136cm×69cm	505,800	保利香港	2021-04-23
黄君璧 1982年作 松山云溪 镜心	59.5cm×119.5cm	460,000	永乐拍卖	2021-05-20
黄君璧 1985年作 苍岩幽瀑 立轴	136.5cm×65.5cm	447,633	中国嘉德	2021-04-22
黄君璧 1977年作 幽斋读书图 立轴	97cm×50.4cm	438,178	香港苏富比	2021-10-11
黄君璧 1979年作 雨后山溪 镜框	64.2cm×125.5cm	393,300	佳士得	2021-05-27
黄君璧 1936年作 山水八开 册页	39cm×31cm×8	391,000	华艺国际	2021-12-11
黄君璧 1939年作 桐荫仕女图 镜片	110cm×32cm	368,000	西泠印社	2021-01-15
黄君璧 1975年作 临溪隐居图 镜片	120cm×60cm	345,000	西泠印社	2021-07-25
黄君璧 1960年作 清昼晴岚 镜心	90cm×43.5cm	345,000	中国嘉德	2021-12-10
黄君璧 松涛图 镜心	29cm×59cm	345,000	中国嘉德	2021-12-10
黄君璧 1954年作 溪林小筑 立轴	118.5cm×55cm	331,200	佳士得	2021-05-27
黄君璧 1958年作 峨眉金顶 立轴	130cm×66cm	322,000	上海驰翰	2021-03-05
黄君璧 1985年作 松风行吟 镜心	95cm×46cm	322,000	中国嘉德	2021-12-10
黄君璧 1980年作 苍崖飞瀑 镜框	56.2cm×91cm	310,500	佳士得	2021-05-27
黄君璧 1942年作 红叶翠鸟 立轴	87cm×30cm	303,480	保利香港	2021-04-23
黄君璧 1943年作 观瀑图 立轴	87.5cm×46.5cm	287,500	广东崇正	2021-07-19
黄君璧 松壑观瀑图 立轴	85cm×38cm	287,500	华艺国际	2021-04-01
黄君璧 1955年作 果蔬图 立轴	57cm×31cm	264,500	华艺国际	2021-04-01
黄君璧 1988年作 溪山积雪 镜框	60cm×116cm	253,000	华艺国际	2021-04-01
黄君璧 1940年作 秋林幽居 镜心	80cm×27.5cm	253,000	中国嘉德	2021-05-19

2021书画拍卖成交汇总(续表)

(成交价RMB：10万元以上)

拍品名称	物品尺寸	成交价RMB	拍卖公司	拍卖日期
黄君璧 烟树层峦 镜心	55cm×90cm	253,000	中国嘉德	2021-12-10
黄君璧 夔门胜景 镜心	55.2cm×91cm	230,000	北京保利	2021-06-05
黄君璧 1969年作 幽溪云影 镜心	76cm×146.3cm	230,000	北京诚轩	2021-12-03
黄君璧 1954年作 亭阁听泉 立轴	120cm×57cm	230,000	华艺国际	2021-04-01
黄君璧 1986年作 双狮图 镜片	94.5cm×178cm	230,000	上海嘉禾	2021-07-22
黄君璧 1941年作 松窗雪景图	112cm×45cm	230,000	西泠印社	2021-07-24
黄君璧 日下渡舟 立轴	120cm×59.5cm	218,500	保利厦门	2021-11-05
黄君璧 水村图 立轴	120cm×47cm	218,500	北京保利	2021-06-05
黄君璧 1979年作 风正一帆悬 镜框	68.4cm×135.5cm	212,436	香港苏富比	2021-04-21
黄君璧 1944年作 溪岸独钓图 立轴	画62cm×32cm；书法19cm×32cm	207,000	上海匡时	2021-07-08
黄君璧 1976年作 林阙人家 镜心	60cm×96.5cm	207,000	中国嘉德	2021-12-10
黄君璧 1973年作 瀑布 镜心	120cm×56cm	207,000	中国嘉德	2021-12-10
黄君璧 雨后新霁 立轴	94cm×42cm	207,000	中贸圣佳	2021-03-26
黄君璧 1973年作 秋林观瀑 镜框	55cm×91cm	205,250	佳士得	2021-11-30
黄君璧 1933年作 松下纳凉 镜心	85cm×43cm	195,500	北京保利	2021-06-05
黄君璧 观瀑图 立轴	85cm×38cm	195,500	华艺国际	2021-09-17
黄君璧 青山策杖图	55cm×114cm	195,500	永乐拍卖	2021-05-21
黄君璧 1981年作 黄山一角 镜心	39.5cm×59.5cm	195,500	中国嘉德	2021-12-10
黄君璧 1983年作 仿王蒙《秋山萧寺图》立轴	95cm×45cm	195,500	中鸿信	2021-07-14
黄君璧 听泉图 立轴	120cm×57cm	189,750	华艺国际	2021-09-17
黄君璧 1978年作 诗画双挖 镜心	画心27cm×37cm；诗堂35.5cm×37cm	179,053	中国嘉德	2021-04-22
黄君璧 1945年作 松瀑图 立轴	89.3cm×64.3cm	175,950	佳士得	2021-05-27
黄君璧 1927年作 好鸟和鸣 立轴	121cm×52cm	172,500	北京保利	2021-06-05
黄君璧 1985年作 云岩飞瀑 镜框	29.5cm×82cm	172,500	华艺国际	2021-04-01
黄君璧 1940年作 群峰溪涧图	97cm×40cm	172,500	西泠印社	2021-07-24
黄君璧 1941年作 松山归隐图	86.5cm×43cm	166,750	西泠印社	2021-01-15
黄君璧 秋江幽居 镜心	97.5cm×45.5cm	161,000	中国嘉德	2021-12-10
黄君璧 1967年作 云岩飞瀑 立轴	118cm×60cm	149,500	上海驰翰	2021-03-05
黄君璧 1941年作 奇松飞瀑图 镜片	88cm×29.5cm	143,750	西泠印社	2021-01-15
黄君璧 云山浩荡 镜片	59cm×104cm	138,000	广东小雅斋	2021-07-20
黄君璧 溪山积雪 镜框	60cm×116cm	138,000	华艺国际	2021-09-17
黄君璧 1958年作 峨眉万佛顶 立轴	131cm×66cm	138,000	上海驰翰	2021-03-05
黄君璧 松阴泉声 镜片	89cm×177.5cm	138,000	上海嘉禾	2021-07-23
黄君璧 松荫鸭戏图 镜片	57.5cm×106cm	138,000	上海嘉禾	2021-07-23
黄君璧 1968年作 雄狮图 镜片	94cm×177cm	172,500	朵云轩	2021-12-30
黄君璧 1947年作 溪山雪霁 立轴	94cm×42.1cm	149,500	北京诚轩	2021-05-18
黄浚 1931年作 楷书集宋词联 立轴	165.5cm×19cm×2	169,949	香港苏富比	2021-04-21
黄侃 篆书 镜片	40.5cm×144cm	253,000	广东崇正	2021-01-07
黄库 2021年作 十二生肖 意篆	画心35cm×42cm×12	989,000	荣宝斋(南京)	2021-05-26
黄苗子 2009年作 篆书“三生花草梦苏州”镜心	75cm×140cm	149,500	中国嘉德	2021-12-13
黄秋园 仿李唐万壑松风图 镜心	145.9cm×92cm	1,552,500	北京保利	2021-06-05
黄秋园 1976年作 层岩飞瀑 镜心	120.7cm×85.1cm	368,000	北京保利	2021-06-05
黄秋园 1974年作 梦游桃花源 手卷	引首27cm×69cm；画26.5cm×87cm；跋27cm×241cm	345,000	中国嘉德	2021-05-21
黄秋园 春山雨霁 立轴	67cm×49cm	253,000	北京保利	2021-06-05
黄秋园 1977年作 古木寒泉 立轴	95.2cm×63.3cm	194,988	佳士得	2021-11-30
黄秋园 1975年作 春溪行旅 立轴	90cm×61cm	138,000	上海嘉禾	2021-07-23

拍品名称	物品尺寸	成交价RMB	拍卖公司	拍卖日期
黄荣华 层林尽染 镜片	180cm×70cm	1,110,900	北京中贝	2021-12-08
黄荣华 飞雪迎春到 镜片	136cm×68cm	906,200	北京中贝	2021-12-08
黄孝逵 维港红帆 镜框(三幅)	180cm×60cm×3	1,026,250	佳士得	2021-11-30
黄馨胜 2017年作 画家笔下的秋天 镜心	69cm×137cm	1,035,000	北京翰海	2021-10-16
黄馨胜 2019年作 桃源月色图 镜心	176cm×96cm	2,185,000	北京翰海	2021-10-16
黄馨胜 2019年作 春色之月 镜心	140cm×69cm	1,035,000	北京翰海	2021-10-16
黄馨胜 2019年作 草木锦绣 镜心	70cm×137cm	1,035,000	北京翰海	2021-10-16
黄馨胜 2021年作 天高云淡 镜心	75cm×67cm	460,000	北京翰海	2021-10-16
黄兴 行书《夏日登车盖亭》镜心	40.5cm×114.5cm	460,000	中国嘉德	2021-05-20
黄兴 行书苏轼诗 立轴	131cm×54cm	195,500	中鸿信	2021-07-15
黄兴 行书七言诗 立轴	130cm×55cm	155,250	中鸿信	2021-07-15
黄炎培 1929年作 行书八言联 立轴	198cm×42cm×2	287,500	十竹斋拍卖(北京)	2021-05-29
黄养辉 写生六张 镜心	尺寸不一	172,500	十竹斋拍卖(北京)	2021-05-29
黄永玉 1987年作 春意闹图 镜片	144cm×365cm	4,887,500	华艺国际	2021-06-04
黄永玉 1978年作 池塘荷色 镜片	144.5cm×262.5cm	2,668,250	佳士得	2021-11-30
黄永玉 红荷图 镜心	98.5cm×98.5cm	1,495,000	北京荣宝	2021-06-19
黄永玉 1978年作 黄山天都峰 立轴	179cm×96cm	943,000	北京银座	2021-09-24
黄永玉 2005年作 猫头鹰 立轴	137cm×70cm	862,500	北京保利	2021-09-25
黄永玉 1979年作 梅闹 立轴	122cm×92.6cm	1,564,920	香港苏富比	2021-10-11
黄永玉 1991年作 荷塘飞鸟 镜心	97cm×180cm	3,392,500	北京九歌	2021-06-13
黄永玉 1998年作 故乡之忆 镜心	144cm×367cm	2,300,000	北京保利	2021-12-04
黄永玉 2017年作 丰沼芙蓉 镜心	68.5cm×137cm	1,840,000	北京荣宝	2021-12-02
黄永玉 1979年作 月光 镜框	101cm×102.5cm	1,127,000	北京荣宝	2021-12-02
黄永玉 阿谁解得清凉句 镜心	69cm×69cm	920,000	北京荣宝	2021-12-02
黄永玉 1999年作 刘力上画像 镜片	81.5cm×56.5cm	805,000	上海嘉禾	2021-11-14
黄永玉 1984年作 长洲 镜心	68cm×69cm	794,880	中国嘉德	2021-10-13
黄永玉 2002年作 望江南 镜心	68cm×137cm	747,500	北京荣宝	2021-12-02
黄永玉 钟馗先生 立轴	133cm×67.5cm	690,000	中国嘉德	2021-12-11
黄永玉 1989年作 倒骑图 镜心	137cm×69.5cm	632,500	中国嘉德	2021-12-11
黄永玉 1979年作 羲阳光景 立轴	104cm×102cm	575,000	北京荣宝	2021-06-19
黄永玉 1997年作 待到重阳就菊花 镜心	68cm×98cm	575,000	北京荣宝	2021-12-02
黄永玉 1984年作 彩荷 镜框	88.5cm×95cm	564,438	佳士得	2021-11-30
黄永玉 1980年作 落花深处 立轴	171cm×93cm	517,500	北京荣宝	2021-06-19
黄永玉 1978年作 红梅图 镜心	90cm×84cm	460,000	北京保利	2021-06-06
黄永玉 2014年作 漳岩一梦八十年 镜心	68cm×68.5cm	437,000	北京荣宝	2021-06-19
黄永玉 1988年作 弈秋图 镜心	34cm×135cm	402,500	北京荣宝	2021-12-02
黄永玉 1979年作 长命百岁 镜心	67.5cm×55cm	402,500	北京荣宝	2021-12-02
黄永玉 1981年作 十万狂花 立轴	100.5cm×100cm	397,440	中国嘉德	2021-10-13
黄永玉 紫丁香 镜心	69cm×42cm	368,000	北京荣宝	2021-06-19
黄永玉 傻雀笨石 镜心	97cm×70cm	368,000	中国嘉德	2021-12-11
黄永玉 1983年作 猫头鹰 镜框	66.5cm×44cm	359,188	佳士得	2021-11-30
黄永玉 1984年作 月是故乡明 镜心	67cm×137cm	345,000	北京保利	2021-06-05
黄永玉 好风如水 镜心	139cm×69.5cm	322,000	北京荣宝	2021-12-02
黄永玉 1990年作 听鱼 镜心	68.5cm×68cm	322,000	中国嘉德	2021-05-20
黄永玉 1980年作 只在芦花浅水边 横披	66.9cm×130.8cm	310,500	佳士得	2021-05-27
黄永玉 1977年 商约黄昏雨 镜心	62cm×67cm	287,500	北京保利	2021-06-06
黄永玉 报春花 镜心	69cm×42cm	287,500	北京保利	2021-09-25
黄永玉 1978年作 红荷 镜心	96.5cm×44.5cm	287,500	北京荣宝	2021-12-02
黄永玉 屈原 镜片	137cm×69.5cm	287,500	广东崇正	2021-01-07

拍品名称	物品尺寸	成交价RMB	拍卖公司	拍卖日期
黄永玉 1988年作 留得残荷听雨声 镜心	68cm×135cm	287,500	中国嘉德	2021-03-28
黄永玉 1982年作 人骂我我亦骂人 立轴	55cm×40.5cm	253,000	北京荣宝	2021-06-19
黄永玉 1990年作 唐人诗意 镜心	95cm×77.5cm	248,685	中国嘉德	2021-04-22
黄永玉 近似故乡山水 镜心	49cm×45cm	230,000	北京保利	2021-06-05
黄永玉 2008年作 春江水暖鸭先知 镜心	97cm×98cm	230,000	北京荣宝	2021-12-02
黄永玉 1980年作 李白诗意 立轴	70cm×69cm	230,000	中国嘉德	2021-05-20
黄永玉 1987年作 千里之行始足下 镜心	70cm×137cm	230,000	中国嘉德	2021-05-21
黄永玉 献寿 立轴	137cm×68cm	230,000	中国嘉德	2021-12-11
黄永玉 1980年作 鹤寿延年 镜心	137.5cm×69.5cm	230,000	中国嘉德	2021-12-13
黄永玉 佛陀和西藏格言 镜心	68cm×68cm	224,250	北京荣宝	2021-06-19
黄永玉 1982年作苏曼殊诗意图镜心	57cm×76cm	218,843	中国嘉德	2021-04-22
黄永玉 2020年作 你说谁怕谁 镜心	48.5cm×44.5cm	218,500	中国嘉德	2021-12-13
黄永玉 1984年作 红梅老辣 镜片	98cm×88.5cm	207,000	广东崇正	2021-07-19
黄永玉 1987年作 寻隐者不遇 镜框	67.3cm×67.3cm	205,250	佳士得	2021-11-30
黄永玉 2019年作 猪年大吉 镜框	43cm×68cm	195,500	北京荣宝	2021-06-19
黄永玉 唱歌是严肃的事情 立轴	138cm×69cm	179,053	中国嘉德	2021-04-22
黄永玉 1987年作《咏蛙》诗意图镜心	134.5cm×68cm	179,053	中国嘉德	2021-04-22
黄永玉 2007年作 易水图 镜心	90cm×56cm	172,500	北京荣宝	2021-12-02
黄永玉 1980年作 鹤来 镜片	137cm×69cm	172,500	广东崇正	2021-07-19
黄永玉 许麟庐 荷花 立轴	137cm×67cm	172,500	中国嘉德	2021-05-19
黄永玉 水浒人物之石勇 镜心	34.5cm×68.5cm	172,500	中国嘉德	2021-05-19
黄永玉 1988年作 鹭鸶 镜心	132.5cm×67.5cm	172,500	中国嘉德	2021-12-11
黄永玉 2007年作 行书 镜心	136.5cm×68cm	169,106	中国嘉德	2021-04-22
黄永玉 1981年作 春到江南 镜片	70cm×92cm	161,000	广东崇正	2021-01-07
黄永玉 水浒人物之王定六 镜心	34.5cm×68.5cm	161,000	中国嘉德	2021-05-19
黄永玉 1978年作 大吉祥 立轴	48cm×46cm	149,500	北京荣宝	2021-06-19
黄永玉 1976年作 双荷 镜心	51.5cm×53.5cm	149,040	中国嘉德	2021-10-13
黄永玉 猫头鹰 立轴	47cm×58cm	138,000	北京荣宝	2021-06-19
黄永玉 白荷 镜框	61.5cm×34cm	138,000	上海嘉禾	2021-11-14
黄永玉 1976年作 亭亭画舸 立轴	70cm×64.5cm	138,000	中国嘉德	2021-05-19
黄永玉 水浒人物之焦挺 镜心	34.5cm×68.5cm	138,000	中国嘉德	2021-05-19
黄永玉 水浒人物之段景住 镜心	34.5cm×68.5cm	138,000	中国嘉德	2021-05-19
黄胄 1982年作 少女与驴 立轴	90cm×49.4cm	371,763	香港苏富比	2021-04-21
黄胄 1978年作 五驴图 镜心	45cm×69.5cm	248,400	中国嘉德	2021-10-13
黄胄 1977年作 草原颂歌图 镜心	123cm×68cm	18,630,000	永乐拍卖	2021-12-02
黄胄 1981年作 育羔图 立轴	179.7cm×96.3cm	14,950,000	北京保利	2021-12-03
黄胄 1963年作 草原逐戏图 镜片	93cm×300cm	13,800,000	上海嘉禾	2021-11-14
黄胄 1973年作 塔吉克猎手 镜心	144cm×180cm	9,775,000	北京保利	2021-12-03
黄胄 1976年作 驯马图 镜心	204.5cm×141cm	40,825,000	北京保利	2021-06-05
黄胄 1975年作 驯马图 镜心	98cm×180cm	8,050,000	中国嘉德	2021-05-19
黄胄 1957年作 幸福一代 立轴	94cm×129cm	5,750,000	北京保利	2021-06-05
黄胄 1975年作 公社种鸡场 镜心	139cm×69cm	5,290,000	北京保利	2021-06-05
黄胄 1975年作 丰收运粮图 横披	138cm×69.5cm	5,060,000	西泠印社	2021-01-16
黄胄 1986年作 新疆舞 镜心	135cm×67cm	4,715,000	北京保利	2021-06-05
黄胄 1975年作 牧牛图 立轴	134cm×66cm	4,485,000	北京保利	2021-06-05
黄胄 1973年作 丰收图 横披	70cm×139cm	5,060,000	北京荣宝	2021-12-02
黄胄 1980年作 塔吉克民间舞 镜心	130cm×66.5cm	4,025,000	北京荣宝	2021-12-02
黄胄 牧牛少女 立轴	130.5cm×66cm	3,565,000	上海嘉禾	2021-07-22
黄胄 1985年作 五牛图 镜心	48cm×180cm	3,565,000	十竹斋拍卖(北京)	2021-05-29
黄胄 风雪夜行人 立轴	136.5cm×67.5cm	3,450,000	中贸圣佳	2021-05-21
黄胄 幸福一代 镜心	93cm×173cm	3,392,500	北京保利	2021-12-03
黄胄 1975年作 运粮图 立轴	138cm×69.5cm	3,335,000	北京荣宝	2021-12-02
黄胄 帮助公社办好食堂 镜片	80.5cm×55cm	3,220,000	上海嘉禾	2021-07-22
黄胄 1973年作 饲鸡图 立轴	138.3cm×68cm	3,047,500	北京保利	2021-12-03
黄胄 1963年作 喂鸡图 立轴	178cm×95cm	2,990,000	北京荣宝	2021-06-19
黄胄 竹林少女 立轴	139cm×69cm	2,990,000	中贸圣佳	2021-05-21
黄胄 1972年作 枇杷喜丰收 立轴	140.5cm×70cm	2,875,000	北京保利	2021-12-03
黄胄 1973年作 枇杷少女 镜片	138cm×67cm	2,645,000	上海嘉禾	2021-07-22
黄胄 1976年作 天山之舞 立轴	78cm×53.5cm	2,530,000	北京荣宝	2021-06-19
黄胄 1972年作 玛奈斯河边 立轴	138cm×68cm	2,185,000	北京保利	2021-06-05
黄胄 1974年作 风雪行 镜框	103.5cm×106cm	2,127,500	华艺国际	2021-06-04
黄胄 1966年作 塔里穆河边 立轴	89cm×47cm	2,012,500	北京荣宝	2021-06-19
黄胄 1986年作 新疆舞 镜心	136cm×68cm	1,817,000	永乐拍卖	2021-12-02
黄胄 1976年作 长鼓舞 立轴	140cm×62.5cm	1,782,500	北京银座	2021-09-24
黄胄 1975年作 丰收图 镜框	83.5cm×69.2cm	1,725,000	北京荣宝	2021-06-19
黄胄 金沙江畔 手卷	引首 17cm×61.5cm; 画心 17cm×120cm; 尾跋 17cm×192cm	1,725,000	华艺国际	2021-06-04
黄胄 1983年作 运粮图 镜片	80.5cm×31.5cm	1,725,000	上海嘉禾	2021-07-22
黄胄 1978年作 舞蹈少女 立轴	96.5cm×44cm	1,667,500	十竹斋拍卖(北京)	2021-05-29
黄胄 1981年作 赶驴图 镜心	137cm×70cm	1,667,500	永乐拍卖	2021-12-02
黄胄 1979年作 柯尔克孜猎人 镜心	89cm×65cm	1,610,000	永乐拍卖	2021-12-02
黄胄 1964年作 赛马图 镜心	57cm×110cm	1,495,000	北京保利	2021-06-05
黄胄 1973年作 驯马图 立轴	109cm×69cm	1,403,000	上海匡时	2021-07-08
黄胄 1976年作 海岛女民兵 立轴	69.5cm×47cm	1,380,000	西泠印社	2021-01-16
黄胄 1975年作 少女与驴 立轴	97cm×44cm	1,322,500	十竹斋拍卖(北京)	2021-05-29
黄胄 1976年作 饲鸡图 立轴	102cm×68cm	1,207,500	北京荣宝	2021-06-19
黄胄 1983年作 少女牧驴 镜心	83cm×51cm	1,150,000	北京保利	2021-06-05
黄胄 1973年作 迎来良种春雷动 立轴	94cm×58cm	1,150,000	十竹斋拍卖(北京)	2021-05-29
黄胄 1975年作 牧驴图 镜心	66.5cm×52cm	1,127,000	北京银座	2021-09-24
黄胄 1976年作 大吉图 立轴	69.5cm×43.5cm	1,092,500	北京银座	2021-09-24
黄胄 1961年作 哈萨克猎人 立轴	70cm×51cm	1,035,000	北京保利	2021-06-05
黄胄 1984年作 赶驴图 立轴	90cm×48cm	1,035,000	中国嘉德	2021-03-27
黄胄 1982年作 青春河畔草 镜片	44cm×96.5cm	1,012,000	华艺国际	2021-06-04
黄胄 1975年作 牧鸭图 镜心	70cm×52cm	989,000	永乐拍卖	2021-12-02
黄胄 1976年作 赶驴图 立轴	69.5cm×43cm	977,500	北京荣宝	2021-06-19
黄胄 1984年作 饲鸡图 立轴	画心 88cm×47cm; 诗堂 36.5cm×50cm	977,500	北京荣宝	2021-12-02
黄胄 饲鸡图 立轴	98cm×65.5cm	977,500	华艺国际	2021-06-04
黄胄 1960年代作 打猎归来 立轴	137cm×68.5cm	977,500	西泠印社	2021-01-16
黄胄 1973年作 牧牛图 立轴	80cm×67.5cm	943,000	北京荣宝	2021-06-19
黄胄 1973年作 赶集图 镜心	131cm×65cm	943,000	中国嘉德	2021-12-11
黄胄 喂鸡图 镜心	97cm×59cm	920,000	北京荣宝	2021-06-19
黄胄 1973年作 风雪夜归人 立轴	97cm×57cm	920,000	华艺国际	2021-06-04
黄胄 红衣少女牧牛图 立轴	69cm×38cm	920,000	上海嘉禾	2021-07-23
黄胄 1975年作 观雁图 镜心	137cm×68cm	920,000	永乐拍卖	2021-12-02
黄胄 1975年作 春江水暖 立轴	97cm×62cm	920,000	永乐拍卖	2021-12-02
黄胄 1978年作 牧归图 立轴	87cm×48cm	897,000	北京荣宝	2021-12-02
黄胄 1983年作 赶驴图 立轴	68cm×45cm	862,500	广东崇正	2021-07-18

2021书画拍卖成交汇总(续表)

(成交价RMB：10万元以上)

拍品名称	物品尺寸	成交价RMB	拍卖公司	拍卖日期
黄胄 丰收图 立轴	96cm×68cm	862,500	中鸿信	2021-07-14
黄胄 池畔 镜心	95cm×40cm	851,000	中贸圣佳	2021-05-21
黄胄 1980年作 赶集图 立轴	83cm×50cm	805,000	北京保利	2021-09-25
黄胄 邵宇 1972年作 永走革命路 镜心	95cm×48cm	805,000	北京荣宝	2021-06-19
黄胄 1978年作 巾帼写意 立轴	81.5cm×51cm	805,000	上海匡时	2021-07-08
黄胄 1978年作 春风绿上戈壁滩 立轴	82cm×50.5cm	782,000	北京荣宝	2021-06-19
黄胄 1976年作 柳塘牧牛 镜心	95cm×48cm	782,000	中国嘉德	2021-12-11
黄胄 1973年作 丰收图 立轴	116cm×57cm	759,000	北京保利	2021-06-06
黄胄 饲驴图 立轴	95.5cm×48.5cm	759,000	北京翰海	2021-06-04
黄胄 1980年作 三牛图 镜框	69cm×14.5cm	747,500	北京华辰	2021-12-08
黄胄 赶驴图 立轴	68cm×54.5cm	747,500	中国嘉德	2021-05-21
黄胄 1986年作 雄鸡一唱天下白 镜心	82cm×150cm	690,000	北京保利	2021-06-05
黄胄 1982年作 七驴图 镜心	95.5cm×87cm	690,000	北京保利	2021-12-03
黄胄 1972年作 上学图 立轴	68cm×47cm	690,000	北京荣宝	2021-06-19
黄胄 换酒图 立轴	68.5cm×68.5cm	690,000	北京银座	2021-09-24
黄胄 1981年作 牧驴图 立轴	69cm×45.5cm	690,000	上海嘉禾	2021-07-23
黄胄 1973年作 风雪夜行图 立轴	90cm×65cm	690,000	永乐拍卖	2021-05-20
黄胄 三驼图 立轴	96cm×48cm	690,000	中鸿信	2021-07-14
黄胄 1975年作 赶驴图 立轴	68cm×46.5cm	678,500	中鸿信	2021-07-14
黄胄 1973年作 丰收图 镜框	58cm×98cm	667,000	北京荣宝	2021-06-19
黄胄 1980年作 丰收图 立轴	82.5cm×48cm	667,000	上海嘉禾	2021-07-23
黄胄 1978年作 边疆少女 立轴	89cm×48cm	644,000	北京荣宝	2021-06-19
黄胄 1980年作 湘夫人 立轴	132cm×67cm	632,500	北京保利	2021-05-17
黄胄 1963年作 草原牧歌 立轴	67.5cm×43cm	632,500	北京荣宝	2021-06-19
黄胄 运粮图 立轴	100cm×41cm	632,500	北京荣宝	2021-12-02
黄胄 1973年作 赶驴图 镜片	121cm×34.5cm	632,500	广东崇正	2021-07-19
黄胄 朱屺瞻 1981年作 猫石图 立轴	136.5cm×68cm	632,500	上海嘉禾	2021-07-23
黄胄 1978年作 积肥 纸本	69cm×48cm	632,500	中国嘉德	2021-03-27
黄胄 1979年作 新疆歌舞 镜框	127.5cm×54.5cm	598,000	北京保利	2021-09-25
黄胄 1982年作 少女与驴 立轴	68.7cm×46.2cm	598,000	北京诚轩	2021-12-03
黄胄 人物 镜片	130cm×65cm	598,000	广东小雅斋	2021-07-20
黄胄 1979年作 牧驴图 镜心	68cm×44cm	575,000	北京保利	2021-06-05
黄胄 1978年作 悠扬的驼铃 立轴	89cm×48cm	575,000	北京保利	2021-09-25
黄胄 1980年作 骆驼少女 镜心	83cm×50.5cm	575,000	北京保利	2021-12-03
黄胄 蕉荫雄鸡 镜片	137cm×68cm	575,000	上海嘉禾	2021-07-22
黄胄 1975年作 柳雀图 镜心	77cm×54cm	563,500	北京荣宝	2021-06-19
黄胄 1962年作 蕉荫放鸭 镜心	80cm×49cm	563,500	十竹斋拍卖(北京)	2021-05-29
黄胄 1972年作 女军人 镜片	80cm×62.5cm	529,000	广东崇正	2021-01-07
黄胄 1984年作 为蔡放作《少女牧驴图》立轴	69cm×46.5cm	529,000	西泠印社	2021-01-15
黄胄 1973年作 牧鸭图 镜心	68cm×33cm	517,500	北京荣宝	2021-06-19
黄胄 1976年作 牧驴图 立轴	68cm×43cm	517,500	华艺国际	2021-03-31
黄胄 李奇茂 套马图 镜片	91.5cm×175cm	517,500	华艺国际	2021-06-04
黄胄 1975年作 牧牛图 镜心	63.5cm×44cm	517,500	中国嘉德	2021-05-21
黄胄 1980年作 赶驴牧归图 立轴	92cm×34cm	494,500	北京荣宝	2021-12-02
黄胄 1973年作 满载而归 镜框	58cm×98cm	488,050	北京保利	2021-08-09
黄胄 1975年作 饲鸡图 镜心	69cm×46.5cm	483,000	北京荣宝	2021-06-19
黄胄 1979年作 莺歌燕舞 立轴	127.5cm×54.5cm	483,000	中国嘉德	2021-05-19
黄胄 1961年作 唐人诗意图 立轴	63cm×42cm	460,000	北京保利	2021-06-05
黄胄 1975年作 养鸡姑娘 镜心	39cm×61cm	460,000	北京保利	2021-12-03
黄胄 群驴 立轴	68.5cm×46.5cm	460,000	北京翰海	2021-12-17
黄胄 1976年作 新疆舞 立轴	86.5cm×50cm	460,000	北京翰海	2021-12-17
黄胄 1961年作 牧归图 立轴	69cm×44cm	460,000	北京荣宝	2021-06-19
黄胄 行书“个园”镜心	67cm×134cm	460,000	北京荣宝	2021-06-19

拍品名称	物品尺寸	成交价RMB	拍卖公司	拍卖日期
黄胄 1994年作 归途 立轴	103cm×44cm	460,000	华艺国际	2021-06-04
黄胄 维吾尔族少女 立轴	105cm×54cm	460,000	十竹斋拍卖(北京)	2021-05-29
黄胄 1978年作 饲驴图 立轴	67cm×45cm	460,000	中国嘉德	2021-09-26
黄胄 1981年作 六驴图 立轴	68cm×45.5cm	448,500	广东崇正	2021-07-18
黄胄 1977年作 饲鸡图 镜心	68.5cm×46.5cm	437,000	北京荣宝	2021-06-19
黄胄 1978年作 春风绿上戈壁滩 立轴	82cm×50cm	424,872	保利香港	2021-04-23
黄胄 1981年作 猫石图 镜心	68cm×68cm	414,000	北京保利	2021-06-05
黄胄 1982年作 赶驴图 镜心	67.5cm×67.5cm	402,500	北京银座	2021-09-24
黄胄 1984年作 任重道远 立轴	70cm×68cm	402,500	广东崇正	2021-07-18
黄胄 1975年作 饮驴图 立轴	69cm×44cm	402,500	中国嘉德	2021-03-27
黄胄 1959年作 七驴图 镜心	72.5cm×48.5cm	402,500	中国嘉德	2021-05-19
黄胄 1975年作 出诊图 立轴	55cm×34.5cm	397,896	中国嘉德	2021-04-22
黄胄 1976年作 午后的合家欢唱 立轴	69.5cm×58.5cm	394,080	保利香港	2021-11-28
黄胄 1984年作 猫 镜心	40cm×59cm	391,000	十竹斋拍卖(北京)	2021-05-29
黄胄 1990年作 女人牧驴 镜片	67.5cm×45.5cm	379,500	华艺国际	2021-06-04
黄胄 1983年作 群鸭图 镜心	91cm×34cm	368,000	北京保利	2021-12-04
黄胄 1981年作 八驴图 镜片	83cm×34cm	368,000	广东崇正	2021-01-07
黄胄 丰收图 立轴	74cm×70cm	368,000	中国嘉德	2021-03-29
黄胄 1990年作 牧牛图 镜心	67cm×49cm	345,000	北京保利	2021-06-06
黄胄 雏鸡 立轴	69cm×45cm	345,000	北京保利	2021-12-03
黄胄 1973年作 小憩 镜框	48cm×30cm	345,000	北京华辰	2021-12-08
黄胄 1978年作 新疆舞蹈人物 立轴	134cm×67.5cm	345,000	北京荣宝	2021-06-19
黄胄 草原烽火 镜心	34cm×68.5cm	345,000	十竹斋拍卖(北京)	2021-05-29
黄胄 1984年作 钟馗 立轴	133.5cm×67.5cm	345,000	中国嘉德	2021-12-11
黄胄 1981年作 六驴图 镜心	36cm×76cm	345,000	中鸿信	2021-07-14
黄胄 少女牧驴 立轴	68cm×46cm	345,000	中贸圣佳	2021-07-06
黄胄 1976年作 五驴图 镜片	68cm×46cm	339,250	朵云轩	2021-07-08
黄胄 八驴图 立轴	68cm×46cm	333,500	北京保利	2021-12-03
黄胄 1975年作 群驴图 手卷	34cm×135cm	333,500	北京荣宝	2021-12-02
黄胄 1975年作 饲鸡图 镜心	26cm×25cm	322,000	北京保利	2021-06-05
黄胄 1975年作 运粮图 镜心	69cm×47cm	322,000	北京荣宝	2021-12-02
黄胄 1980年作 群驴图 镜心	83cm×50.5cm	322,000	北京荣宝	2021-12-02
黄胄 鹰 立轴	116cm×69cm	287,500	北京保利	2021-12-04
黄胄 执扇侍女 镜心	69cm×43cm	287,500	北京荣宝	2021-06-19
黄胄 群鸡图 立轴	68cm×67.5cm	287,500	北京荣宝	2021-12-02
黄胄 群驴 镜心	42cm×58.5cm	287,500	北京荣宝	2021-12-02
黄胄 1975年作 赶驴图 镜心	68cm×31.8cm	287,500	北京荣宝	2021-12-02
黄胄 1978年作 五驴图 镜片	44cm×67.5cm	287,500	广东崇正	2021-01-07
黄胄 1963年作 牧驴图 立轴	55cm×44cm	287,500	十竹斋拍卖(北京)	2021-05-29
黄胄 1966年作 少女牧驴图 立轴	67.5cm×42.5cm	287,500	西泠印社	2021-07-24
黄胄 1972年作 群雀图 立轴	130cm×38cm	287,500	中国嘉德	2021-09-26
黄胄 1979年作 垅上 镜心	45cm×67cm	287,500	中国嘉德	2021-05-20
黄胄 牧驴图 立轴	74.5cm×46cm	276,000	北京荣宝	2021-06-19
黄胄 五驴图 立轴	68cm×43.5cm	276,000	北京荣宝	2021-12-02
黄胄 英雄独立 镜片	70cm×68cm	276,000	广东崇正	2021-07-19
黄胄 1985年作 驴 立轴	67cm×45cm	264,500	中国嘉德	2021-12-10
黄胄 1982年作 大吉图 镜心	69cm×45.5cm	253,000	北京保利	2021-12-04
黄胄 1973年作 赶驴图 立轴	66cm×34cm	253,000	北京荣宝	2021-06-19
黄胄 1978年作 五驴图 立轴	67cm×46.5cm	253,000	北京荣宝	2021-06-19
黄胄 1981年作 群驴图 立轴	68.5cm×44cm	253,000	北京荣宝	2021-06-19
黄胄 1973年作 海岛女民兵 镜片	36cm×46.5cm	253,000	广东崇正	2021-07-19

拍品名称	物品尺寸	成交价RMB	拍卖公司	拍卖日期
黄胄 1964年作 拔河 镜片	35.5cm×78.5cm	253,000	上海嘉禾	2021-11-14
黄胄 1978年作 母子情 镜心		253,000	中国嘉德	2021-09-27
黄胄 1980年作 运粮图 立轴	88.5cm×18.5cm	253,000	中国嘉德	2021-05-19
黄胄 1986年作 四驴图 立轴	68.5cm×46cm	253,000	中国嘉德	2021-12-10
黄胄 1973年作 骆驼少女 镜心	66.5cm×40cm	253,000	中国嘉德	2021-12-11
黄胄 1975年作 育雏图 镜片	48cm×65cm	241,500	北京保利	2021-06-05
黄胄 赛马 镜心	45cm×69cm	241,500	北京保利	2021-06-06
黄胄 1978年作 四驴图 立轴	70cm×46cm	230,000	北京保利	2021-12-04
黄胄 1983年作 钟馗 立轴	67cm×34.5cm	230,000	北京保利	2021-12-04
黄胄 饲鸡图 立轴	67cm×44cm	230,000	华艺国际	2021-12-11
黄胄 六驴图 立轴	64cm×47cm	230,000	永乐拍卖	2021-05-21
黄胄 群驴图 镜心	41cm×57.5cm	230,000	中贸圣佳	2021-07-06
黄胄 任重道远 立轴	97cm×68cm	218,500	北京保利	2021-12-04
黄胄 1975年作 群犬图 立轴	116cm×34cm	218,500	北京保利	2021-12-04
黄胄 1962年作 姐妹 镜框	67.5cm×46cm	218,500	北京荣宝	2021-06-19
黄胄 六驴图 立轴	69cm×46cm	218,500	中鸿信	2021-07-14
黄胄 1981年作 仿八大山水 立轴	91cm×34cm	207,000	北京保利	2021-06-06
黄胄 1984年作 竹雀图 立轴	68cm×45cm	207,000	北京保利	2021-12-03
黄胄 新疆姑娘 立轴	72cm×48.5cm	207,000	北京保利	2021-12-04
黄胄 1984年作 母子图 镜框	66cm×45cm	207,000	北京荣宝	2021-06-19
黄胄 五驴图 立轴	68cm×45cm	207,000	南京经典	2021-01-10
黄胄 五驴图 镜心	68cm×44cm	207,000	中国嘉德	2021-03-29
黄胄 1982年作 狗 镜心	29cm×48cm	207,000	中国嘉德	2021-05-19
黄胄 麻雀图 镜心	40cm×61cm	207,000	中国嘉德	2021-05-19
黄胄 1978年作 三驴图 镜心	32cm×66cm	207,000	中鸿信	2021-07-14
黄胄 双驴图 立轴	68cm×32cm	195,500	北京荣宝	2021-12-02
黄胄 1983年作 五驴图 立轴	59cm×56cm	195,500	十竹斋拍卖(北京)	2021-05-29
黄胄 1984年作 群驴图 镜心	67cm×46.5cm	195,500	十竹斋拍卖(北京)	2021-05-29
黄胄 1978年作 三驴图 立轴	68cm×46cm	195,500	中国嘉德	2021-03-27
黄胄 1975年作 三驴图 镜心	69cm×45cm	195,500	中国嘉德	2021-09-26
黄胄 四驴图 立轴	65.5cm×42.5cm	195,500	中国嘉德	2021-05-21
黄胄 牧驴图 立轴	74.5cm×46cm	195,500	中国嘉德	2021-12-11
黄胄 1961年作 唐人诗意 立轴	63cm×42cm	192,950	北京保利	2021-08-11
黄胄 猫咪 立轴	63cm×44cm	184,000	北京保利	2021-06-05
黄胄 牧牛图 立轴	44.5cm×34cm	184,000	北京保利	2021-12-04
黄胄 1984年作 五驴图 镜心	64.7cm×38.6cm	184,000	北京保利	2021-12-04
黄胄 1985年作 牧驴图 立轴	68cm×45cm	184,000	北京保利	2021-12-04
黄胄 1979年作 双猫图 镜心	52cm×44cm	184,000	北京荣宝	2021-06-19
黄胄 大吉图 立轴	96cm×43cm	184,000	北京荣宝	2021-06-19
黄胄 新疆舞 扇面	19cm×60cm	184,000	中国嘉德	2021-03-27
黄胄 1974年作 六驴图 镜心	68cm×34cm	184,000	中国嘉德	2021-03-27
黄胄 1985年作 松鹰图 立轴	76cm×66cm	184,000	中国嘉德	2021-09-28
黄胄 牧牛图 镜心	68cm×34cm	184,000	中鸿信	2021-07-14
黄胄 大肚罗汉 镜心	59.5cm×52cm	184,000	中贸圣佳	2021-07-06
黄胄 赶驴图 镜心	68cm×46cm	172,500	保利厦门	2021-11-05
黄胄 1978年作 五驴图 立轴	74cm×40cm	172,500	北京保利	2021-06-06
黄胄 八驴图 镜心	45.5cm×61.5cm	172,500	华艺国际	2021-12-11
黄胄 大吉图 立轴	68cm×45cm	172,500	华艺国际	2021-12-11
黄胄 行书五言诗 立轴	136cm×67.5cm	172,500	上海嘉禾	2021-07-23
黄胄 1976年作 赶驴图 镜心	25cm×51.5cm	172,500	十竹斋拍卖(北京)	2021-05-29
黄胄 1985年作 五驴图 立轴	65cm×46cm	172,500	中国嘉德	2021-12-11
黄胄 1984年作 行书五言联 镜心	123cm×37.5cm×2	172,500	中鸿信	2021-07-14
黄胄 驴 立轴	69cm×46.5cm	168,912	中国嘉德	2021-10-13
黄胄 饲鸡图 镜心	41.5cm×56cm	166,750	北京保利	2021-06-05
黄胄 1981年作 大吉图 立轴	70cm×46cm	166,750	广东崇正	2021-07-19
黄胄 1978年作 六驴图 立轴	67.5cm×45cm	161,000	北京保利	2021-06-05
黄胄 1982年作 五驴图 镜心	74cm×47cm	161,000	北京保利	2021-06-05
黄胄 不倒翁 立轴	61cm×43cm	161,000	北京保利	2021-12-04
黄胄 1981年作 惬意 立轴	66.5cm×45cm	161,000	北京保利	2021-12-04
黄胄 1976年作 展翅 立轴	90cm×48.5cm	161,000	北京荣宝	2021-12-02
黄胄 1985年作 双驴图 立轴	69cm×47cm	161,000	十竹斋拍卖(北京)	2021-05-29
黄胄 1975年作 为吴阜如作 雏鸡图 立轴	55.5cm×36.5cm	149,500	西泠印社	2021-01-15
黄胄 1987年作 维吾尔族歌舞 立轴	93cm×43cm	147,550	北京保利	2021-01-22
黄胄 牧童 立轴	47cm×38cm	138,000	北京荣宝	2021-06-19
黄胄 1976年作 群鸡 镜心	34cm×49cm	138,000	北京荣宝	2021-12-02
黄胄 1983年作 双驴 镜心	33cm×42cm	138,000	北京荣宝	2021-12-02
黄胄 1966年作 饲鸡图 镜框	34.5cm×20cm	138,000	华艺国际	2021-12-11
黄胄 教子图 立轴	65.5cm×45.5cm	138,000	中国嘉德	2021-05-21
黄胄 1979年作 赶集图 镜心	69cm×42cm	138,000	中鸿信	2021-07-14
黄胄 大肚弥勒佛 镜心	89cm×53cm	138,000	中鸿信	2021-07-14
黄胄 1977年作 饲鸡图 镜片	68.5cm×47cm	425,500	朵云轩	2021-12-30
黄胄 1978年作 三驴图 立轴	67cm×44cm	322,000	朵云轩	2021-12-30
黄胄 1987年作 舞者 镜框	52cm×44cm	322,000	朵云轩	2021-12-30
黄胄 1973年作 赶驴图 立轴	66.5cm×34.5cm	230,000	朵云轩	2021-12-30
霍春阳 2021年作 盛世荷风 镜心	152cm×387cm	920,000	北京荣宝	2021-12-02
霍春阳 山水花鸟四屏 镜框	70cm×48cm×4	402,500	北京荣宝	2021-06-19
霍春阳 1999年作 四君子四屏 镜心	116cm×35cm×4	253,000	北京荣宝	2021-12-02
籍忠亮 2020年作 品茗 镜心	47cm×69cm	172,500	北京翰海	2021-04-17
纪怀昌 2020年作 念奴娇·赤壁怀古 镜心	68cm×138cm	253,000	北京翰海	2021-04-17
季德祥 东坡赏砚 立轴	180cm×48cm	143,750	北京荣宝	2021-06-19
季德祥 双鱼图 立轴	97cm×38cm	138,000	北京荣宝	2021-06-19
季观之 高山仰止 镜框 纸本	103cm×51cm	138,000	辽宁省拍	2021-07-04
季观之 1976年作 太行新妆四屏镜片	139.5cm×56.5cm×4	138,000	上海嘉禾	2021-07-22
贾大年 2016年作 如穆清风 镜心	78cm×179cm	920,000	北京保利	2021-06-06
贾广健 2018年作 荷荷美美 软片	68cm×136cm	403,000	荣宝斋(南京)	2021-05-26
贾广健 2017年作 富贵双吉·行书七言联 镜心	画心 137cm×68cm; 书法 136cm×23cm×2	437,000	北京荣宝	2021-06-19
贾广健 2021年作 荷塘清趣四屏 镜心	69.5cm×34.5cm×4	230,000	北京荣宝	2021-12-02
贾广健 2021年 大美和韵 软片	136cm×34cm	184,000	荣宝斋(南京)	2021-05-26
贾广健 2021年 新晴 软片	68cm×68cm	184,000	荣宝斋(南京)	2021-05-26
贾广健 2020年 嘉荷图	34cm×136cm	172,500	荣宝斋(南京)	2021-05-26
贾广健 2018年作 荷花鸳鸯四屏 镜心	诗堂 34cm×34cm×4; 画心 68.5cm×34.5cm×4	161,000	北京荣宝	2021-12-02
贾国英 溪山行旅 镜片	136cm×68cm	690,000	荣宝斋(南京)	2021-04-27
贾浩义 1998年作 离不开的气愤 镜心	69cm×68cm	287,500	北京保利	2021-06-06
贾笠 鸡	69cm×138cm	685,000	保利厦门	2021-12-03
贾又福 归牧图 镜心	69cm×139cm	1,437,500	北京诚轩	2021-12-03
贾又福 太行风情 镜框	68.5cm×138.5cm	2,185,000	华艺国际	2021-06-04
贾又福 牧归图 镜框	35.5cm×38cm	460,000	北京荣宝	2021-06-19
贾又福 金霞图 镜心	138cm×34cm	805,000	北京保利	2021-12-04

2021书画拍卖成交汇总(续表)

(成交价RMB：10万元以上)

拍品名称	物品尺寸	成交价RMB	拍卖公司	拍卖日期
贾又福 牧归图 镜心	41cm×68.5cm	276,000	北京荣宝	2021-06-19
贾又福 太行高秋 镜框	35cm×36cm	253,000	北京荣宝	2021-06-19
贾又福 太行山歌 镜心	96.5cm×47.5cm	253,000	中国嘉德	2021-05-21
贾又福 放牧图 镜框	37cm×43cm	232,675	北京保利	2021-01-19
贾又福 山雨急来 镜心	47cm×43.2cm	195,500	北京诚轩	2021-12-03
贾又福 暮云图 镜心	41.5cm×136cm	189,001	中国嘉德	2021-04-22
贾又福 野云图 镜心	33.5cm×33.5cm	184,000	中国嘉德	2021-05-20
贾又福 牧牛图 立轴	68cm×66cm	172,500	广东小雅斋	2021-07-20
贾又福 太行山歌 镜心	31.5cm×30.5cm	149,500	中国嘉德	2021-12-13
贾又福 秋风吹梦到家乡 立轴	69.5cm×49cm	138,000	中国嘉德	2021-12-13
简耀斌 毛泽东《卜算子·咏梅》镜心	180cm×95cm	230,000	保利厦门	2021-11-05
江海清 2003年作 思已邪，何来善美之作 镜心	40cm×63cm	230,000	保利厦门	2021-11-05
江海清 2019年作 禅语无声悟于心践于行	70cm×39cm	172,500	荣宝斋(南京)	2021-05-26
江寒汀 1944年作 瓜瓞绵绵图 立轴	107cm×51cm	598,000	上海匡时	2021-07-08
江寒汀 1950年作 旭日东升 立轴	130cm×67cm	460,000	北京荣宝	2021-06-19
江寒汀 1947年作 荷塘清夏 镜框	104.5cm×54cm	402,500	朵云轩	2021-07-07
江寒汀 花鸟八开 册页	25cm×32cm×8	345,000	北京保利	2021-12-04
江寒汀 花鸟四条屏 镜框	106cm×34cm×4	322,000	保利厦门	2021-11-05
江寒汀 唐云 贺天健 吴青霞 张辛稼 樊浩霖 房毅#张炎夫 诸健秋 郑慕康 海上名家集锦册 册页(十二页)	20cm×16cm×11; 19cm×16cm	322,000	西泠印社	2021-01-16
江寒汀 花鸟 四屏立轴	141cm×31cm×4	322,000	中贸圣佳	2021-07-06
江寒汀 1949年作 清泉古松图 立轴	131cm×66cm	253,000	西泠印社	2021-10-23
江寒汀 1953年作 梅竹鸣禽 镜心	99cm×48.5cm	253,000	中国嘉德	2021-05-20
江寒汀 蒲塘幽趣 立轴	109cm×39.5cm	230,000	广东崇正	2021-01-07
江寒汀 唐云 贺天健 吴青霞 张辛稼 樊浩霖 房毅 张炎夫 诸健秋 郑慕康 海上名家集锦 册页(十二页)	20cm×16cm×11; 19cm×16cm	218,500	西泠印社	2021-04-10
江寒汀 竹石小鸟 镜心	75.5cm×41cm	195,500	中国嘉德	2021-12-10
江寒汀 1947年作 秋趣图 立轴	105cm×52.5cm	184,000	中国嘉德	2021-05-19
江寒汀1949年作仿华新罗花鸟立轴	133cm×68cm	184,000	中国嘉德	2021-12-10
江寒汀白蕉蕉荫飞雀行书书法成扇	18cm×49cm	184,000	中贸圣佳	2021-07-06
江寒汀 桃花鸳鸯 立轴	121cm×80cm	172,500	北京保利	2021-06-06
江寒汀 1956年作 大吉图 立轴	138cm×69cm	161,000	西泠印社	2021-04-10
江寒汀 1946年作 鸣禽图 立轴	107.5cm×53cm	161,000	中国嘉德	2021-05-21
江寒汀 1959年作 春江水暖 立轴	100.5cm×52.5cm	161,000	中国嘉德	2021-12-10
江寒汀 1956年作 西湖春晓 横披	41cm×238cm	149,500	上海嘉禾	2021-07-23
江寒汀 1950年作 杏红燕紫 立轴	69.5cm×34cm	138,000	上海嘉禾	2021-07-22
江寒汀 1922年作 珍禽图卷 手卷	32cm×679cm	138,000	中国嘉德	2021-09-26
江寒汀 吴湖帆 哺幼图·行书七言诗 成扇	17.5cm×49.5cm	138,000	中贸圣佳	2021-07-06
江宏伟 荷花 镜片	94cm×131.5cm	506,000	上海驰翰	2021-07-06
江宏伟 桃花双雀图 镜片	64cm×91.5cm	316,250	上海驰翰	2021-07-06
江宏伟 顾影逗清波 镜心	60cm×34cm	299,000	中贸圣佳	2021-07-06
江宏伟 荷塘禽趣 镜心	35.5cm×48cm	230,000	南京经典	2021-01-10
江宏伟 鹤 镜片	66cm×49cm	143,750	上海驰翰	2021-07-06
江宏伟 观莲集册页 册页	31.2cm×31.2cm×6	138,000	中国嘉德	2021-12-13
江兆申 1990年作 碧山雨过 镜框	96.3cm×178.6cm	446,116	香港苏富比	2021-04-21
江兆申 1993年作 四季山水 镜框	138cm×34.5cm (每件)	361,920	罗芙奥	2021-07-17
江兆申 1973年作 行书七言联 立轴	131cm×34cm	151,740	保利香港	2021-04-23
姜宝林 2017年 秋风秋色	68cm×136cm	276,000	荣宝斋(南京)	2021-05-26
姜宝林 2006年 红果	136cm×68cm	276,000	荣宝斋(南京)	2021-05-26

拍品名称	物品尺寸	成交价RMB	拍卖公司	拍卖日期
姜宝林 2016年 芭蕉	68cm×136cm	276,000	荣宝斋(南京)	2021-05-26
姜宝林 2013年 南瓜	136cm×34cm	161,000	荣宝斋(南京)	2021-05-26
姜宝林 2010年 断云	68cm×68cm	138,000	荣宝斋(南京)	2021-05-26
姜宝岭 戏曲人物	100cm×100cm	230,000	北京翰海	2021-10-16
姜保亮 2017年作 源远流长 镜心	69cm×138cm	529,000	保利厦门	2021-11-05
姜国华 2018年作 集宝珠花卉册山水 册页	84cm×60cm×13	11,500,000	保利厦门	2021-05-06
姜国华 丁酉年作 集宝珠山水册页	60cm×84cm×13	12,650,000	荣宝斋(南京)	2021-05-26
姜国华 庚子年作 集宝珠十二开册页	60cm×84cm×13	11,960,000	荣宝斋(南京)	2021-05-26
姜国华 丁酉年作 集宝珠手卷	50cm×1000cm	11,500,000	荣宝斋(南京)	2021-05-26
姜国华 花鸟 册页	60cm×83cm×13	11,270,000	荣宝斋(南京)	2021-04-27
姜国华 庚子年作 花鸟长卷	69cm×790cm	11,270,000	荣宝斋(南京)	2021-05-26
姜国华 2020年作 桃花鱼肥 镜心	70cm×68cm	1,092,500	北京翰海	2021-10-16
姜国华 乙亥年作 山深云霭图	69cm×67cm	920,000	荣宝斋(南京)	2021-05-26
姜国华 2018年作 岁朝图 镜心	72cm×44cm	1,035,000	北京翰海	2021-10-16
姜国华 2018年作 春色 镜心	72cm×44cm	1,035,000	北京翰海	2021-10-16
姜国华 2019年作 故山松柏空云烟 镜心	68cm×68cm	517,500	北京荣宝	2021-06-19
姜国华 佛手图 镜片	69cm×33.5cm	460,000	华艺国际	2021-09-17
姜国华 榴开百子 扇面	22cm×69cm	345,000	华艺国际	2021-09-17
姜吉安 两重性	30cm×90cm	161,000	中国嘉德	2021-05-21
姜耀南 婚誓 镜片	137cm×68cm	644,000	北京中贝	2021-12-08
蒋采苹 1963年作 山花烂漫 镜心	124.5cm×73cm	402,500	中国嘉德	2021-05-19
蒋风白 潘天寿 鹰石图 立轴	132cm×64cm	1,035,000	永乐拍卖	2021-12-01
蒋介石 1936年作 楷书 镜片	37cm×82cm	230,000	上海嘉禾	2021-07-23
蒋介石 楷书“清勤树绩”横披	60cm×121cm	184,000	中国嘉德	2021-05-20
蒋山青 若 镜心	9.5cm×18.5cm	138,000	北京翰海	2021-12-17
蒋兆和 1962年作 海防线上 镜心	124cm×92cm	4,830,000	北京荣宝	2021-06-19
蒋兆和 1937年作 车夫 镜心	99cm×60cm	1,840,000	北京保利	2021-12-03
蒋兆和 童趣 立轴	79cm×50cm	1,322,500	十竹斋拍卖(北京)	2021-05-29
蒋兆和 1961年作 春光 镜片	76.5cm×51.5cm	1,322,500	西泠印社	2021-01-16
蒋兆和 1980年作 新诗改罢自长吟 立轴	77cm×49cm	960,250	北京荣宝	2021-06-19
蒋兆和 少女 镜心	87cm×46cm	897,000	十竹斋拍卖(北京)	2021-05-29
蒋兆和 饲养图 镜心	101cm×59cm	862,500	北京荣宝	2021-12-02
蒋兆和 1960年作 东风到处果儿红 立轴	99cm×53cm	805,000	华艺国际	2021-12-11
蒋兆和 1979年作 东坡赏砚图 镜心	121.5cm×61.5cm	747,500	中国嘉德	2021-05-21
蒋兆和 1961年作 向阳花开早 镜心	93.5cm×55.5cm	690,000	中国嘉德	2021-05-21
蒋兆和 1981年作 东坡行吟 立轴	83cm×45cm	586,500	北京保利	2021-06-05
蒋兆和 幼功 镜心	41cm×39.5cm	517,500	中国嘉德	2021-05-21
蒋兆和 1977年作 童趣 镜心	65cm×43cm	437,000	北京保利	2021-06-05
蒋兆和 1975年作 曹雪芹像 立轴	97cm×53cm	368,000	北京银座	2021-09-24
蒋兆和 1960年作 赏菊图 立轴	89.5cm×33.5cm	287,500	广东崇正	2021-07-19
蒋兆和 1979年作 梅花双鸽 立轴	66.5cm×38cm	253,000	中国嘉德	2021-05-21
蒋兆和 1982年作 和平气象 立轴	90cm×44cm	230,000	北京保利	2021-12-04
蒋兆和 萧琼 昆明胜景 立轴	75cm×48cm	172,500	北京翰海	2021-06-05
蒋兆和 1942年作 北海之冰	37cm×32cm	172,500	西泠印社	2021-10-24
蒋兆和 1981年作 和平鸽 立轴	63cm×37cm	161,000	北京荣宝	2021-12-02
蒋中正 1956年作 楷书宋美龄画集序 镜心	89.5cm×44cm	207,000	中国嘉德	2021-05-21
金北楼 方子易 书、画 民国 金西厓刻葫芦扇骨	长33cm	345,000	中贸圣佳	2021-07-07

(成交价RMB：10万元以上)

拍品名称	物品尺寸	成交价RMB	拍卖公司	拍卖日期
金城 天台石梁图 立轴	112.5cm×51cm	2,300,000	中国嘉德	2021-05-20
金城 1912年作 东坡诗意花卉四屏 立轴	132cm×31.5cm×4	2,070,000	中国嘉德	2021-05-20
金城 1914年作 秋林高士图 立轴	52.5cm×31.5cm	862,500	西泠印社	2021-07-24
金城 荣文 松壑流泉·楷书谢希逸《月赋》立轴	20cm×20cm×2	805,000	中国嘉德	2021-05-20
金城 1925年作 空山赏音图 立轴	134.5cm×67cm	575,000	中国嘉德	2021-05-21
金城 1925年作 秋林对话 镜心	135cm×67.5cm	483,000	北京保利	2021-12-03
金城 1925年作 桃花山雀 立轴	130cm×63cm	356,500	北京银座	2021-09-24
金城 赵世骏 锦荔枝·曾几诗三首 成扇	19.5cm×52cm	230,000	北京诚轩	2021-12-03
金城 陈汉第 晓色上浮屠·节临《张敬蓮造像》成扇	17.1cm×51cm	195,500	北京诚轩	2021-05-18
金城 1925年作 三秋图 立轴	151.5cm×80.5cm	195,500	北京诚轩	2021-12-03
金城 1923年作 临停云小景 立轴	80cm×41cm	195,500	永乐拍卖	2021-12-01
金城 周梓 1907年作 白云图 手卷	引首 26cm×77.4cm 画心 26cm×112.5cm 题跋 26cm×134cm 题跋 26cm×546cm	187,790	香港苏富比	2021-10-11
金章 画蝉 册页(十六开)	31.5cm×20.5cm	920,000	中国嘉德	2021-11-30
金章凌金寿梅花·楷书题画诗扇面	14cm×45.5cm×2	402,500	中国嘉德	2021-05-20
金章 1921年作 花鸟 册页	33cm×38cm×8	161,000	中国嘉德	2021-09-28
金章 花卉对屏 镜心	64.5cm×35.5cm×2	149,040	中国嘉德	2021-10-13
京华四家 1931年作 苍虬长青 成扇	18.3cm×45.4cm	156,492	香港苏富比	2021-10-11
经亨颐 楷书 "穆如清风" 立轴	28cm×116cm	460,000	上海嘉禾	2021-07-22
经亨颐 楷书 题画诗数首 镜片	29cm×25cm	414,000	西泠印社	2021-07-25
九大山人(赖有安)厚德载物镜片	34cm×136cm	163,300	北京中贝	2021-12-08
鞠占圃 幽燕春秋 镜片	240cm×70cm	2,047,000	北京中贝	2021-12-08
康春慧 2015年作 憨	163cm×90cm	713,000	华艺国际	2021-12-10
康春慧 执花寄月之十二 镜心	85cm×56cm	184,000	中国嘉德	2021-05-21
康宁 2003年作 双鹰 立轴	177cm×98cm	690,000	北京九歌	2021-06-13
康宁 龚文桢 1987年作 祝安图 镜心	79cm×148cm	161,000	北京荣宝	2021-06-19
康生 1968年作 隶书 "律己" 镜心	76.5cm×34.5cm	1,495,000	中国嘉德	2021-05-19
康生 梅花欢喜漫大雪 立轴	75.5cm×53cm	977,500	中国嘉德	2021-05-19
康生 隶书条幅 "解放" 立轴	78cm×29.5cm	690,000	十竹斋拍卖(北京)	2021-05-29
康生 章草《咏花木诗》镜片	33cm×44cm	368,000	广东崇正	2021-01-07
康生 行书七言诗 立轴	94.5cm×50.5cm	368,000	中国嘉德	2021-12-10
康生 篆书 "乐观主义"	139.5cm×70cm	276,000	西泠印社	2021-07-24
康生 曹铁欧 柳月 立轴	53cm×5cm	230,000	中国嘉德	2021-05-19
康生 1964年作 为世昌先生作行书 镜心	81cm×29cm	166,750	中鸿信	2021-07-15
康生 曹铁欧 书法 立轴(二帧)	104cm×40cm; 27cm×163.5cm	161,000	中国嘉德	2021-05-19
康生 行书 "燕归书屋" 镜心	48.5cm×111.5cm	147,780	保利香港	2021-11-28
康师尧 1983年作 延安 立轴	95cm×89cm	172,500	上海嘉禾	2021-07-22
康有为 行书自作五言诗 立轴	146cm×73.5cm	4,370,000	中国嘉德	2021-05-19
康有为 1920年作 行书 "石老云荒馆" 联 立轴	231cm×32cm×2	3,105,000	北京保利	2021-06-05
康有为 行书十六言联 立轴	356.5cm×65.5cm×2	4,140,000	中国嘉德	2021-05-19
康有为 1923年作 行书《游千佛山》立轴	172cm×86cm	1,552,500	北京荣宝	2021-06-19
康有为 行书自作诗卷 镜心	42cm×169cm	1,265,000	十竹斋拍卖(北京)	2021-05-29
康有为 1923年作 行书《北戴河纪游诗》立轴	187cm×123cm	1,150,000	北京保利	2021-12-03
康有为 行书《五月廿九日纪事》轴 立轴	149.5cm×82cm	1,035,000	中贸圣佳	2021-05-21
康有为 1926年作 行书四屏 立轴	172.5cm×46cm×4	920,000	北京荣宝	2021-12-02
康有为 行书七言联 立轴	349cm×67.5cm×2	920,000	中鸿信	2021-07-14
康有为 行书 "老农别墅" 镜心	55cm×168cm	897,000	北京保利	2021-12-03
康有为 集经石峪五言联 镜框	166.6cm×41.4cm×2	796,635	香港苏富比	2021-04-21
康有为 行书佛语五言联 立轴	160cm×42.5cm×2	713,000	中贸圣佳	2021-05-21
康有为 1926年作 行书《游滕王阁诗》四屏	173.5cm×46cm×4	690,000	西泠印社	2021-01-16
康有为 行书 "旧作" 立轴	136cm×66cm	667,000	北京荣宝	2021-12-02
康有为 行书七言联 立轴	168cm×41cm×2	667,000	华艺国际	2021-06-04
康有为 隶书四屏 立轴	131.5cm×31cm×4	598,000	中贸圣佳	2021-05-21
康有为 节录姜夔词 立轴	125cm×59cm	575,000	北京保利	2021-06-06
康有为 行书五言联 立轴	149cm×38cm×2	529,000	中贸圣佳	2021-05-21
康有为 行书五言联 立轴	130.5cm×31.5cm×2	506,000	北京银座	2021-09-24
康有为行书 "中天悬明月" 镜片	44.2cm×166cm	506,000	广东崇正	2021-01-07
康有为 行书佛语 立轴	130cm×64cm	506,000	中贸圣佳	2021-05-21
康有为 行书七言联 对联	168.5cm×44cm×2	494,500	西泠印社	2021-07-25
康有为 行书五言联 镜心	142cm×37cm×2	448,500	北京荣宝	2021-06-19
康有为为程祖勋作行书七言联 对联	175cm×31.5cm×2	414,000	西泠印社	2021-04-10
康有为 行书五言联 立轴	127cm×31cm×2	402,500	南京经典	2021-07-18
康有为 行书节录焦赣《焦氏易林》镜心	133cm×66cm	356,500	中国嘉德	2021-05-20
康有为 1921年作 行书《咏花诗》二首 手卷	31cm×325cm	345,000	北京保利	2021-12-03
康有为 1926年作 行书 "秋圆堂" 镜心	31.5cm×131.5cm	345,000	北京银座	2021-09-24
康有为 1923年作 行书自作诗 立轴	186cm×123cm	345,000	上海嘉禾	2021-07-22
康有为 行书五言联 对联	148cm×40cm×2	345,000	上海嘉禾	2021-07-22
康有为 1921年作 行书十四言龙门对 镜心	232cm×58.5cm×2	345,000	永乐拍卖	2021-05-21
康有为 行书五言联 立轴	146.5cm×38.5cm×2	345,000	中鸿信	2021-07-15
康有为 清晖娱人 横披	39cm×147cm	322,000	北京保利	2021-12-04
康有为 行书 镜片	141cm×74.5cm	322,000	朵云轩	2021-07-07
康有为 行书五言联 立轴	141.5cm×37cm×2	322,000	广东崇正	2021-07-19
康有为 书法 立轴	168cm×42cm	322,000	广东小雅斋	2021-07-20
康有为 行书五言联 对联	149cm×36.5cm×2	310,500	上海嘉禾	2021-07-22
康有为 行书 "寿" 立轴	139cm×61.5cm	310,500	中贸圣佳	2021-05-21
康有为 行书五言联 镜心	131cm×32cm×2	299,000	北京荣宝	2021-06-19
康有为 行书 立轴	144cm×77cm	287,500	上海嘉禾	2021-07-22
康有为 行书五言联 对联	132cm×36.5cm×2	287,500	上海嘉禾	2021-07-23
康有为 行书 长言联 对联	201.5cm×42.5cm×2	287,500	西泠印社	2021-07-25
康有为 行书 姜夔词句 立轴	132.5cm×32.5cm	287,500	西泠印社	2021-07-25
康有为 行书五言联 镜心	165cm×41cm×2	278,527	中国嘉德	2021-04-22
康有为 行书 立轴	104.5cm×51cm	253,000	北京荣宝	2021-12-02
康有为 行书 镜片	103cm×54cm	253,000	广东崇正	2021-01-07
康有为 1917年作 书法 立轴	140cm×39cm	253,000	永乐拍卖	2021-12-01
康有为 行书五言 对联	168cm×42cm×2	230,000	朵云轩	2021-07-08
康有为 行书七言联 对联	162cm×34cm×2	230,000	上海嘉禾	2021-07-22
康有为 行书中秋诗 立轴	109cm×35cm	229,522	香港苏富比	2021-10-12
康有为 行书 "见一切佛" 镜心	46cm×168.5cm	218,500	中鸿信	2021-07-15

2021书画拍卖成交汇总(续表)

(成交价RMB：10万元以上)

拍品名称	物品尺寸	成交价RMB	拍卖公司	拍卖日期
康有为 行书“天地顺时施恩”镜心	58cm×132.5cm	207,000	保利厦门	2021-05-06
康有为 行书《易林》句 立轴	168cm×42cm	207,000	华艺国际	2021-12-11
康有为 行书五言联 立轴	131cm×29.5cm×2	207,000	中国嘉德	2021-05-21
康有为 行书“道观无患”镜片	47cm×85.5cm	195,500	上海嘉禾	2021-07-22
康有为 行书五言联 对联	145.5cm×38cm×2	195,500	西泠印社	2021-07-25
康有为 北京城楼步月诗 立轴	147.5cm×81cm	172,500	广东崇正	2021-01-07
康有为 书法 立轴	127cm×33cm	172,500	广东小雅斋	2021-07-20
康有为 行书陶渊明诗句 立轴	119.5cm×52cm	172,500	中国嘉德	2021-05-20
康有为 行书 立轴	144.5cm×39.5cm	172,500	中鸿信	2021-07-15
康有为 行书宋人词句 立轴	147cm×41cm	161,000	北京荣宝	2021-12-02
康有为 行书七言诗 立轴	107cm×54cm	149,500	中国嘉德	2021-03-28
康有为 行书节录姜夔《惜红衣·吴兴荷花》立轴	104cm×51.5cm	149,500	中国嘉德	2021-05-20
康有为 旧时月色 立轴	145cm×38.2cm	144,900	佳士得	2021-05-27
康有为 楷书五言联 立轴(两幅)	100cm×33cm×2	143,675	佳士得	2021-11-30
康有为 行书姜夔句 立轴	109cm×53cm	138,000	北京保利	2021-06-06
康有为 行书“忠信”镜心	33cm×68cm	138,000	北京保利	2021-06-06
康有为 行书八言联 立轴	165cm×35cm×2	138,000	广东崇正	2021-01-06
康有为 行书 立轴	139cm×37.5cm	138,000	广东崇正	2021-07-19
康有为 行书 镜片	145cm×53.5cm	138,000	上海嘉禾	2021-07-22
康有为 行书盅之讼句 立轴	143cm×39cm	138,000	中贸圣佳	2021-05-21
柯璜 草书七言联·花卉 立轴	96cm×43cm.; 136cm×30cm×2	207,000	中贸圣佳	2021-05-21
柯璜 草书 四条屏	130cm×30.5cm×4	143,750	北京保利	2021-06-06
柯良 2019年作 傲雪丰年 镜心	68cm×137cm	253,000	北京荣宝	2021-12-02
柯良 2020年作 傲雪 镜心	67.5cm×133cm	207,000	北京荣宝	2021-06-19
柯良 2020年作 傲雪 镜心	68cm×137cm	207,000	十竹斋拍卖(北京)	2021-05-29
柯良 2018年作 风骨 镜心	70cm×138cm	201,250	北京荣宝	2021-12-02
孔渎 2021年作 游春图 镜心	97cm×72cm	172,500	北京翰海	2021-10-16
孔小瑜 1939年作 富贵延年 立轴	135.7cm×67.4cm	184,000	北京诚轩	2021-12-03
寇克让 2020年作 草书曹子建诗 镜心	179cm×48cm	552,000	北京保利	2021-06-06
寇克让 2021年作 李适诗 镜心	233cm×53cm	529,000	保利厦门	2021-11-05
寇克让 2021年作 苏轼《定风波》镜心	233cm×53cm	517,500	保利厦门	2021-11-05
寇克让 2021年作 草书张籍诗 镜心	179cm×48cm	402,500	北京保利	2021-12-04
寇克让 2021年作 草书马戴诗 镜心	179cm×48cm	368,000	北京保利	2021-12-04
寇克让 2021年作 草书古诗两则 镜心	34cm×138cm×2	345,000	北京保利	2021-12-04
寇克让 2021年作 上寿 镜心	94cm×107cm	287,500	保利厦门	2021-11-05
寇克让 2021年作 草书卢纶诗 镜心	43cm×136cm	287,500	北京翰海	2021-10-16
寇克让 2020年作 草书钱起诗 镜心	43cm×136cm	253,000	北京翰海	2021-10-16
寇焱 2020年作 远山重嶂	60cm×80cm	287,500	北京保利	2021-12-02
寇月朋 灵山佛音	200cm×200cm	1,127,000	荣宝斋(南京)	2021-05-26
来楚生 唐云 方介堪 江寒汀等为沈觉初作 山水花鸟人物 册页(十四页)	35.5cm×24cm×14	207,000	西泠印社	2021-07-24
来楚生 临《礼器碑》册页(四十八开)	38.5cm×27cm×48	368,000	朵云轩	2021-12-30
来楚生 1971年作 草书 手卷	22.5cm×143cm	230,000	朵云轩	2021-12-30
来楚生 1974年作 节临《曹全碑》册页(二十开)	27cm×18cm×20	138,000	朵云轩	2021-12-30

拍品名称	物品尺寸	成交价RMB	拍卖公司	拍卖日期
赖昌平 青城晓雾图 镜片	210cm×97cm	437,000	北京中贝	2021-12-08
赖昌平 万叠岚光含翠微 镜片	48cm×280cm	207,000	北京中贝	2021-12-08
赖少其 1980年作 听松图 镜片	105cm×67cm	1,380,000	广东崇正	2021-07-19
赖少其 青山赛碧螺 镜心	116cm×241cm	1,380,000	中贸圣佳	2021-05-21
赖少其 1985年作 黄山松壑 镜片	87cm×243cm	1,380,000	上海嘉禾	2021-07-22
赖少其 焦墨黄山图 立轴	97cm×56cm	1,265,000	广东崇正	2021-01-07
赖少其 1989年作 云绕青溪 立轴	110cm×44cm	552,000	华艺国际	2021-04-01
赖少其 1985年作 山静日长 立轴	92.5cm×40.5cm	460,000	十竹斋拍卖(北京)	2021-05-29
赖少其 1981年作 黄山天都峰 立轴	71cm×36cm	448,500	广东崇正	2021-07-18
赖少其 绿梅图 镜心	121cm×140cm	437,000	北京保利	2021-12-04
赖少其 1987年作 红林(海南岛) 立轴	69cm×50.5cm	434,700	佳士得	2021-05-27
赖少其 1977年作 红梅 立轴	70cm×48cm	414,000	广东崇正	2021-07-18
赖少其 1990年作 石岛 立轴	68cm×62cm	402,500	北京保利	2021-09-25
赖少其 1981年作 黄山风光 立轴	66cm×40.5cm	402,500	华艺国际	2021-04-01
赖少其 1992年作 彬林翠 立轴	62cm×59cm	391,000	北京保利	2021-09-25
赖少其 1980年作 黄山奇观图 立轴	92cm×44.5cm	391,000	西泠印社	2021-04-10
赖少其 1991年作 灵芝 镜心	58cm×53cm	356,500	北京保利	2021-09-25
赖少其 山水 立轴	106cm×55cm	356,500	广东崇正	2021-01-07
赖少其 1977年作 漆书六言联 立轴	110cm×23.5cm×2	345,000	广东崇正	2021-07-19
赖少其 1984年作 青山碧树 镜片	241cm×116cm	345,000	上海嘉禾	2021-07-23
赖少其 1989年作 山高水长 立轴	62cm×58cm	322,000	北京保利	2021-09-25
赖少其 1978年作 腊梅迎春 立轴	68cm×95.5cm	322,000	中国嘉德	2021-05-20
赖少其 1989年作 黄山图 镜框	44.5cm×63.5cm	230,000	华艺国际	2021-03-31
赖少其 1988年作 赤松林 立轴	69cm×69cm	207,000	华艺国际	2021-12-11
赖少其 1985年作 王维诗意图 镜框	24cm×33cm	184,000	华艺国际	2021-03-31
赖少其 1989年作 鱼乐图·隶书五言诗 成扇	17cm×55cm	184,000	华艺国际	2021-03-31
赖少其等 淮海煤城·初夏 镜心	69cm×164cm; 26.5cm×19cm	184,000	中国嘉德	2021-05-20
赖少其 暴雨紫烟 立轴	69cm×46cm	172,500	北京保利	2021-06-05
赖少其 红一片 镜心	69cm×138cm	172,500	北京保利	2021-09-25
赖少其 对联 镜框	148cm×26cm×2	172,500	华艺国际	2021-04-01
赖少其 隶书五言联 立轴	148cm×38cm×2	172,500	中贸圣佳	2021-05-21
赖少其 黄山胜迹 立轴	85cm×57cm	172,500	中贸圣佳	2021-05-21
赖少其 1980年作 诗意图 镜心	96cm×141cm	161,000	北京翰海	2021-04-17
赖少其 1974年作 楷书“梅花欢喜漫天雪”·书信一封 镜心	书法 34.5cm×34.5cm; 信札 26cm×19.5cm	149,500	中国嘉德	2021-05-20
赖少其 隶书四言联 立轴	132cm×32cm×2	138,000	北京保利	2021-09-25
赖少其 1980年作 山上人家 镜片	68cm×34cm	299,000	朵云轩	2021-12-30
老舍 1964年作 为张正宇作楷书四言联 对联	64.5cm×24.5cm×2	644,000	西泠印社	2021-01-15
老舍 隶书 立轴	68cm×38.5cm	598,000	广东崇正	2021-01-07
老舍 1965年作 行书 立轴	104cm×39.5cm	425,500	广东崇正	2021-07-19
老舍 1964年作 为王力作行书五言联 立轴	128cm×32cm×2	368,000	中鸿信	2021-07-14
老舍 1964年作 为刘迟作隶书七言联 对联	66.5cm×16.5cm×2	264,500	西泠印社	2021-04-10
老舍 1963年作 行书自作诗 立轴	64cm×33.5cm	253,000	中国嘉德	2021-05-21
老舍 楷书王士祯诗 立轴	64cm×33.5cm	207,000	西泠印社	2021-07-25
老舍 1963年作 行书七言联 镜心	68cm×21cm×2	172,500	北京保利	2021-12-03
老舍 书法“俱往矣”镜框	38cm×27.5cm	149,500	北京华辰	2021-12-08
黎军 2019年作 赤壁赋 手卷	34cm×136cm	287,500	荣宝斋(南京)	2021-05-26

拍品名称	物品尺寸	成交价RMB	拍卖公司	拍卖日期
黎雄才 青山白马图 立轴	135cm×67cm	3,450,000	华艺国际	2021-04-01
黎雄才 1982年作 谷静泉逾响 镜片	95cm×175cm	3,105,000	广东崇正	2021-07-19
黎雄才 山水集萃 册页	38cm×27cm×36	2,760,000	北京荣宝	2021-12-02
黎雄才 1982年作 朱砂松 镜心	128cm×68cm	2,300,000	北京华辰	2021-12-08
黎雄才 1959年作 广州小港新村 镜心	46cm×66.5cm	1,391,040	中国嘉德	2021-10-13
黎雄才 1984年作 竹雀图 镜心		920,000	中国嘉德	2021-09-27
黎雄才 1965年作 黄山奇景 镜片	104cm×39.5cm	1,725,000	广东崇正	2021-01-07
黎雄才 青山白马 立轴	135cm×67cm	2,530,000	广东崇正	2021-01-07
黎雄才 1983年作 丛林泉声 立轴	177.5cm×94.5cm	1,380,000	广东崇正	2021-07-19
黎雄才 春山独钓 镜片	136.5cm×67.5cm	1,150,000	华艺国际	2021-06-04
黎雄才 1984年作 山行图 立轴	134cm×66.5cm	1,150,000	西泠印社	2021-01-16
黎雄才 1980年作 幽谷云起图 立轴	137cm×67cm	1,035,000	西泠印社	2021-01-16
黎雄才 1984年作 杜鹃声里雨如烟 立轴	131cm×67cm	920,000	广东崇正	2021-01-07
黎雄才 1947年作 归樵图 立轴	96cm×48cm	897,000	广东崇正	2021-07-19
黎雄才 1988年作 松崖风瀑 镜心	180cm×97cm	862,500	永乐拍卖	2021-05-21
黎雄才 1965年作 井冈山行洲 镜片	48.5cm×69.5cm	839,500	广东崇正	2021-07-19
黎雄才 1989年作 翠鸟红梅 镜框	94.5cm×179cm	821,000	佳士得	2021-11-30
黎雄才 涠洲岛风貌 立轴	112cm×41.5cm	805,000	广东崇正	2021-07-19
黎雄才 1980年作 松江放筏 镜片	67cm×132cm	805,000	广东崇正	2021-07-19
黎雄才 1946年作 黄山云海 立轴	114.5cm×40.5cm	747,500	广东崇正	2021-07-19
黎雄才 1960年作 竹林渔村图 镜心	69cm×138.5cm	713,000	北京保利	2021-12-04
黎雄才 关山月 红梅寿石 镜心	68.5cm×136.5cm	690,000	北京保利	2021-12-04
黎雄才 董寿平 1983年作 松涛飞瀑 立轴	134cm×68cm	690,000	北京荣宝	2021-06-19
黎雄才 关山月 杨善深 赵少昂 梅花珍禽 立轴	135cm×67cm	667,000	华艺国际	2021-09-17
黎雄才 1986年作 春江烟雨图 镜心	69cm×137cm	632,500	北京翰海	2021-04-17
黎雄才 1980年作 金刚山万物相 镜心	118cm×58cm	632,500	北京翰海	2021-04-17
黎雄才 1960年作 漓江晚泊 立轴	135.5cm×68cm	632,500	中国嘉德	2021-05-21
黎雄才 1946年作 早秋晚泊 立轴	102cm×34cm	540,500	广东崇正	2021-01-07
黎雄才 1960年作 漓江晚泊 镜心	68cm×136cm	517,500	北京保利	2021-09-25
黎雄才 1963年作 伐木图 立轴	163cm×62cm	483,000	北京保利	2021-12-04
黎雄才 1990年作 松云飞雀 立轴	136cm×69cm	460,000	北京保利	2021-06-05
黎雄才 1958年作 春江细雨 立轴	124.5cm×44cm	460,000	广东崇正	2021-07-19
黎雄才 1993年作 深山游猿 镜心	65cm×130cm	460,000	永乐拍卖	2021-05-21
黎雄才 1981年作 花果鸟虫 册页	44.8cm×63.4cm×8	437,000	北京保利	2021-12-04
黎雄才 1947年作 祁连策马 镜片	22.5cm×64.5cm	437,000	广东崇正	2021-07-19
黎雄才 1956年作 灵隐飞来峰 镜片	31cm×24cm	437,000	上海嘉禾	2021-07-23
黎雄才 1982年作 深山飞瀑 立轴	135cm×66.5cm	402,500	中国嘉德	2021-05-21
黎雄才 1985年作 春涧幽禽 镜心	137cm×68cm	368,000	北京保利	2021-06-05
黎雄才 桐木岭 镜片	37cm×53cm	368,000	广东崇正	2021-07-19
黎雄才 1996年作 归渔图 镜片	66cm×33.5cm	368,000	广东崇正	2021-07-19
黎雄才 1980年作 幽谷鸣泉 镜片	82cm×34cm	356,500	广东崇正	2021-01-07
黎雄才 1980年作 松瀑图 镜框	80.5cm×51.5cm	356,500	华艺国际	2021-04-01
黎雄才 1944年作 峨眉途中所见 镜心	74cm×36cm	345,000	北京保利	2021-06-05
黎雄才 1992年作 夏山飞瀑 镜心	69cm×132cm	345,000	中鸿信	2021-07-14
黎雄才 1986年作 溪山泛舟 立轴	68cm×34cm	322,000	华艺国际	2021-04-01
黎雄才 1973年作 为吴子复作《黄山奇松图》镜片	94.5cm×34.5cm	322,000	西泠印社	2021-01-15
黎雄才 1987年作 江岸猿吟 立轴	136cm×68cm	322,000	中鸿信	2021-07-14
黎雄才 1979年作 山水 立轴	87cm×56cm	298,080	中国嘉德	2021-10-13
黎雄才 1978年作 登高图 立轴	82.5cm×38cm	287,500	中国嘉德	2021-05-20
黎雄才 1982年作 松峰飞鸟 立轴	98cm×52cm	253,000	广东崇正	2021-07-19
黎雄才 1986年作 观瀑图 立轴	83cm×38cm	253,000	中国嘉德	2021-12-10
黎雄才 1987年年作 山步溪桥 立轴	82.5cm×38cm	248,685	中国嘉德	2021-04-22
黎雄才 松峰飞鸟 镜片	30cm×41.5cm	241,500	广东崇正	2021-01-07
黎雄才 松瀑猿啼 立轴	102cm×63cm	230,000	广东崇正	2021-07-19
黎雄才 行山图 镜片	95cm×34cm	230,000	华艺国际	2021-09-17
黎雄才 1986年作 秋林闲步 镜框	35.5cm×83.5cm	207,000	朵云轩	2021-07-07
黎雄才 秋声 镜片	42.5cm×65cm	207,000	广东崇正	2021-01-07
黎雄才 1987年作 高山鸣泉 镜心	35cm×46cm	198,948	中国嘉德	2021-04-22
黎雄才 1987年作 松瀑图 镜心	67cm×43cm	184,000	北京保利	2021-12-04
黎雄才 1989年作 秋光灿烂 镜心	68cm×136cm	184,000	中国嘉德	2021-09-28
黎雄才 1977年作 虎门威远炮台一角 镜片	38cm×53cm	172,500	广东崇正	2021-01-07
黎雄才 1957年作 林屋图 镜心	30cm×40.5cm	172,500	中国嘉德	2021-05-19
黎雄才 1986年作 峨眉卧云庵 立轴	116cm×57.5cm	172,500	中国嘉德	2021-05-21
黎雄才 1982年作 松瀑图 立轴	67cm×33.5cm	149,500	北京保利	2021-12-04
黎雄才 双清 镜心(二帧)	59.5cm×41.5cm×2	138,000	华艺国际	2021-12-11
黎雄才 1978年作 西宁写生 立轴	82cm×33cm	345,000	朵云轩	2021-12-30
黎元洪 1924年作 行书"钓月耕云"镜心	34cm×136.5cm	402,500	北京保利	2021-06-05
黎元洪 行书八言联 立轴	228cm×59cm×2	322,000	中鸿信	2021-07-15
黎元洪 行书十一言联 立轴	350cm×44cm×2	172,500	中鸿信	2021-07-15
李百战 复水重山 镜片	138cm×68cm	414,000	北京中贝	2021-12-08
李伯安 藏民 镜心	178cm×95cm	1,058,000	中国嘉德	2021-05-21
李成印 2021年作 般若波罗蜜多心经	70cm×280cm	193,200	荣宝斋(南京)	2021-05-26
李骋 2021年作 行书左宗棠联句 镜心	138cm×68cm	471,500	保利厦门	2021-11-05
李骋 2021年作 行书 立轴	138cm×68cm	161,000	北京翰海	2021-10-16
李骋 2021年作 行书十二言联 立轴	138cm×68cm	138,000	北京翰海	2021-10-16
李大钊 草书七言联 对联	172cm×34cm×2	402,500	上海嘉禾	2021-11-14
李铎 2010年作 行书《延安颂》镜心	124cm×450cm	920,000	北京荣宝	2021-12-02
李铎 行书诗文六屏 镜心	179cm×48cm×6	345,000	北京荣宝	2021-06-19
李铎 行书《论书新语》镜心	69cm×466cm	253,000	北京荣宝	2021-12-02
李铎 2007年作 行书陶渊明诗 镜心	96cm×180cm	207,000	北京荣宝	2021-06-19
李铎 1996年作 书法 镜心	135cm×62cm	172,500	北京九歌	2021-06-13
李铎 1990年作 行书七言诗 镜心	121cm×246cm	172,500	华艺国际	2021-12-11
李铎 1977年作 行书毛主席诗词册 七十九开册页	37cm×26.5cm×79	138,000	北京荣宝	2021-12-02
李丰田 水乡春色	46cm×50cm	500,000	保利厦门	2021-08-24
李凤祥 钟馗 镜心	180cm×96cm	287,500	中贸圣佳	2021-05-21
李凤祥 山水 立轴	137cm×69.5cm	230,000	保利厦门	2021-11-05
李凤祥 刘海戏金蟾 立轴	137cm×68cm	207,000	保利厦门	2021-11-05
李凤祥 2020年作 后辈有福 镜框	137cm×68.5cm	207,000	上海嘉禾	2021-07-23
李凤祥 舟中观松图 镜心	137cm×68cm	161,000	南京经典	2021-01-10
李凤祥 墨荷 镜心	69cm×137cm	161,000	中贸圣佳	2021-05-21
李凤祥 2021年作 罗汉图 镜片	136cm×68cm	138,000	上海嘉禾	2021-11-14
李根宝 江山水秀 镜片	68cm×138cm	1,633,000	北京中贝	2021-12-08
李根宝 江南晨曲 镜片	68cm×68cm	984,400	北京中贝	2021-12-08
李关关 你在看什么 镜框	95cm×145cm	172,500	保利厦门	2021-11-04
李光寒 2020年作 大吉图 立轴	96cm×60cm	138,000	北京保利	2021-05-17
李国柱 2020年作 正书(小隶书)老子《道德经》	70cm×240cm	345,000	荣宝斋(南京)	2021-05-26
李海峰 2021年作 唐诗(登黄鹤楼)	136cm×68cm	782,000	荣宝斋(南京)	2021-05-26
李斛 1962年作 傣族姑娘 镜心	103cm×53cm	575,000	中国嘉德	2021-05-21
李斛 1950年 看图纸	72cm×107.5cm	437,000	中国嘉德	2021-11-29
李斛 1961年作 草原宝山	37cm×56cm	207,000	北京保利	2021-12-02
李斛 1963年作 哈尔滨姑娘	46cm×34cm	138,000	永乐拍卖	2021-05-21
李斛 1963年作 曹操 镜心	69cm×33cm	138,000	中国嘉德	2021-05-21

2021书画拍卖成交汇总(续表)

(成交价RMB：10万元以上)

拍品名称	物品尺寸	成交价RMB	拍卖公司	拍卖日期
李华弌 四季山水 镜框（四幅）	直径24.7cm×4	2,277,000	佳士得	2021-05-27
李华弌 2003年作 山水 镜框	96.6cm×180.8cm	1,911,924	香港苏富比	2021-04-21
李华弌 2007年作 云松聚 镜框	65.5cm×102.5cm	2,257,750	佳士得	2021-11-30
李济深 行书《石婉墓志》立轴	120cm×39cm	178,250	中鸿信	2021-07-15
李津 2006年作 五色谱图	53cm×235cm	2,070,000	北京保利	2021-06-04
李津 2020年作 百宴图	62cm×183cm	690,000	西泠印社	2021-07-24
李津 2016年作 盛宴	97cm×149.5cm	609,500	中贸圣佳	2021-05-20
李津 活色生香	35cm×274cm	414,000	中贸圣佳	2021-05-20
李津 饮食男女 镜框	68cm×32cm×4	345,000	华艺国际	2021-12-11
李津 巴伐利亚帽子	180cm×97cm	345,000	中贸圣佳	2021-05-20
李津 2018年作 食色性也	34.5cm×137cm	287,500	华艺国际	2021-12-10
李津 栽花种竹图	34cm×90cm	207,000	北京保利	2021-06-04
李津 轻风送香	35cm×138cm	184,000	中贸圣佳	2021-05-20
李津 妙觉常秋 镜框	36cm×43cm	138,000	保利厦门	2021-11-04
李津 全家福 镜心	42cm×44cm	138,000	北京保利	2021-05-17
李劲堃2018年作 初雪行旅图手卷	33cm×404cm	425,500	华艺国际	2021-04-01
李劲堃 2012年作 长征 手卷	引首 31.5cm×137cm; 画 32cm×502cm	402,500	广东崇正	2021-07-19
李劲堃 2016年作 晓雪 手卷	20cm×443cm	230,000	广东崇正	2021-07-19
李劲堃 1998年作 初冬瑞雪图 镜片	36cm×175.5cm	195,500	广东崇正	2021-01-07
李劲堃 2006年作 初秋 镜片	38.5cm×99.5cm	138,000	广东崇正	2021-01-07
李净弘 清凉圣境 镜心	144cm×367cm	8,050,000	北京翰海	2021-10-16
李净弘 山乡喜事 镜心	245cm×140cm	3,450,000	北京翰海	2021-10-16
李净弘 山居清凉日 镜心	109cm×55cm; 109cm×16cm×2	1,092,500	北京荣宝	2021-06-19
李可染 1957年作 日出东方 立轴	138.5cm×62.5cm	40,250,000	北京保利	2021-12-03
李可染 1985年作 兰亭图 镜心	85cm×52cm	17,020,000	北京保利	2021-12-03
李可染 1989年作 巍巍万重山 镜心	76.5cm×105cm	48,300,000	北京保利	2021-06-05
李可染 1965年作 江南鱼米之乡 立轴	69.7cm×46.2cm	15,065,000	北京荣宝	2021-06-19
李可染 柳溪归牧 镜心	68cm×45cm	14,375,000	中贸圣佳	2021-05-21
李可染 1978年作 黄海烟霞 镜心	69cm×46cm	13,800,000	北京保利	2021-06-05
李可染 1965年作 雨后复斜阳 镜心	69cm×46cm	11,500,000	北京荣宝	2021-06-19
李可染 1943年作 东坡夜游赤壁图 镜心	画心 63cm×55cm; 诗堂 26cm×55cm	5,175,000	永乐拍卖	2021-05-20
李可染 1987年作 峡江万里图 镜框	画心 99cm×67.5cm; 诗堂 37.5cm×67.5cm	17,825,000	上海嘉禾	2021-07-22
李可染1987年作 赏心喜看雨余山 镜心	98cm×52cm	10,350,000	十竹斋拍卖(北京)	2021-05-29
李可染 1963年作 黄山奇峰 立轴	68cm×46cm	8,740,000	北京保利	2021-12-03
李可染 1963年作 黄山 镜心	70cm×46.5cm	8,682,500	北京荣宝	2021-12-02
李可染 春雨江南图 镜片	68cm×45cm	7,935,000	广东崇正	2021-01-07
李可染 1980年作 蜀山春雨图 镜心	83cm×50cm	7,820,000	北京保利	2021-12-03
李可染 松桥观瀑 立轴	67cm×43cm	6,785,000	永乐拍卖	2021-05-20
李可染 1964年作 漓江渔歌图 镜心	73cm×50cm	6,325,000	北京荣宝	2021-06-19
李可染 颐和园万寿山 镜心	32cm×43cm	6,095,000	北京银座	2021-09-24
李可染 清漓烟雨图 立轴	70cm×45.5cm	5,750,000	北京荣宝	2021-12-02
李可染 桥亭听瀑 立轴	67cm×44cm	5,750,000	永乐拍卖	2021-05-20
李可染 黄海烟云 镜心	69cm×54cm	5,175,000	中国嘉德	2021-12-10
李可染 清漓烟雨图 立轴	70cm×46cm	4,600,000	北京保利	2021-06-05
李可染 1983年作 烟雨归渔图 立轴	82cm×54cm	4,255,000	中国嘉德	2021-12-10
李可染 漓江胜境 镜心	67cm×45.5cm	3,795,000	北京保利	2021-12-03
李可染 溪桥观瀑图 立轴	67.5cm×43cm	3,680,000	广东崇正	2021-01-07
李可染 桥亭听泉图 镜框	68cm×46cm	3,450,000	北京保利	2021-06-05
李可染 1964年作 漓江风光 立轴	66cm×44cm	3,450,000	永乐拍卖	2021-12-02
李可染 1963年作 耕牛图 立轴	69cm×45cm	3,220,000	北京保利	2021-12-03
李可染 1985年作 五牛图 镜心	68cm×135cm	3,220,000	北京保利	2021-12-03
李可染 1988年作 六牛图 镜心	68cm×137cm	3,220,000	永乐拍卖	2021-12-02
李可染 1949年作 白毛女 立轴	68cm×45cm	3,105,000	中国嘉德	2021-05-19
李可染 1978年作 漓江山水 立轴	69.8cm×45.7cm	3,078,750	佳士得	2021-11-30
李可染 1964年作 粤中梯田 立轴	66cm×44.5cm	2,875,000	中国嘉德	2021-05-19
李可染 1964年作 北京八大处写生 镜片	46.6cm×53.2cm	2,760,000	广东崇正	2021-01-07
李可染 江南写生稿 镜片	34cm×42.5cm	2,760,000	广东崇正	2021-07-19
李可染 树林小景 镜框	46.7cm×38.2cm	2,712,528	香港苏富比	2021-10-11
李可染 1984年作 书法 镜心	47cm×130cm	2,645,000	北京九歌	2021-06-13
李可染 1965年作 毛主席词意图 立轴	66cm×47cm	2,530,000	中国嘉德	2021-05-19
李可染 春雨图 镜心	69cm×47cm	2,415,000	北京保利	2021-12-04
李可染 1978年作 黄山纪游图 镜框	49.3cm×41.3cm	2,190,888	香港苏富比	2021-10-11
李可染 行书“愿天下人长寿”镜心	80.5cm×27cm	2,185,000	中国嘉德	2021-05-19
李可染 1973年作 春雨江南 镜心	33.5cm×43cm	2,185,000	中国嘉德	2021-05-20
李可染 1980年作 秋趣图 镜心	69cm×46.5cm	2,070,000	中国嘉德	2021-05-19
李可染 杏花春雨江南 立轴	69cm×46cm	1,955,000	广东崇正	2021-07-19
李可染 王雪涛等 百花齐放 册页	28cm×37cm×12	1,840,000	北京荣宝	2021-06-19
李可染 霜叶红于二月花 镜心	68cm×45cm	1,748,000	十竹斋拍卖(北京)	2021-05-29
李可染1984年作 行书 刘禹锡诗 镜心	151cm×81cm	1,725,000	北京荣宝	2021-12-02
李可染 1947年作 牧牛图 镜片	98cm×34cm	1,725,000	上海嘉禾	2021-07-22
李可染 五牛图 镜心	80cm×67.5cm	1,725,000	永乐拍卖	2021-12-02
李可染 1984年作 牛背闲话图 镜心	68cm×47cm	1,725,000	中国嘉德	2021-05-20
李可染1987年作 老松无华万古青 立轴	69cm×46.5cm	1,725,000	中国嘉德	2021-12-10
李可染 1988年作 六牛图 镜框	67cm×136cm	1,656,000	佳士得	2021-05-27
李可染 归牧图 立轴	69.5cm×47cm	1,380,000	北京保利	2021-12-03
李可染 西湖城隍山 镜心	32.5cm×44cm	1,380,000	中国嘉德	2021-12-11
李可染 秋牧图 镜片	69.5cm×46cm	1,357,000	华艺国际	2021-06-04
李可染 秋风吹下红雨来 立轴	69cm×49cm	1,291,680	中国嘉德	2021-10-13
李可染 牧韵 镜心	69.5cm×46.5cm	1,207,500	北京诚轩	2021-05-18
李可染 归牧图 立轴	68cm×45cm	1,207,500	南京经典	2021-07-18
李可染1985年作 江山胜览山水 镜框	67cm×44.8cm	1,150,000	北京华辰	2021-12-08
李可染 春到枝头 镜心	70cm×45cm	1,150,000	中国嘉德	2021-05-19
李可染 暮韵图 镜心	69cm×46cm	1,150,000	中国嘉德	2021-05-21
李可染 行书毛主席七律诗 镜心	156cm×86cm	1,150,000	中鸿信	2021-07-14
李可染 1983年作 喜迎春图 立轴	59.5cm×46cm	1,127,000	北京保利	2021-12-03
李可染 牧童图 镜框	45.5cm×34.2cm	1,062,180	香港苏富比	2021-04-21
李可染 归牧图 立轴	69cm×46cm	1,058,000	北京保利	2021-06-05
李可染 细雨蒙蒙忆江南 立轴	69.5cm×46.3cm	1,035,000	佳士得	2021-05-27
李可染 近现代 牧牛图	69cm×36cm	1,035,000	十竹斋	2021-06-27
李可染 暮韵图 镜框	57cm×38cm	977,500	北京荣宝	2021-12-02
李可染 行书箴言 镜心	67cm×44.5cm	977,500	十竹斋拍卖(北京)	2021-05-29
李可染 牧牛图 镜心	66.5cm×44.5cm	977,500	中国嘉德	2021-05-19
李可染 1947年作 牧牛图 镜心	99.5cm×34.5cm	943,000	北京荣宝	2021-06-19
李可染1987年作 行书《大风歌》镜心	136.5cm×69cm	943,000	中国嘉德	2021-12-11
李可染 深山古寺 镜心	35cm×35.5cm	943,000	中贸圣佳	2021-05-21
李可染 1987年作 冬牧图 镜框	68cm×46cm	938,952	香港苏富比	2021-10-11
李可染 山村人家 立轴	45.5cm×34cm	931,500	上海嘉禾	2021-11-14
李可染 1975年作 行书“毛主席最新指示”镜心	41.5cm×152.5cm	920,000	中国嘉德	2021-05-19

(成交价RMB：10万元以上)

拍品名称	物品尺寸	成交价RMB	拍卖公司	拍卖日期
李可染1972年作行书《卜算子·咏梅》立轴	96.5cm×44.5cm	920,000	中国嘉德	2021-05-19
李可染 1988年作 松荫牧笛 立轴	68.5cm×45.5cm	874,000	广东崇正	2021-07-19
李可染 牧牛图 镜心	67cm×35cm	862,500	北京荣宝	2021-06-19
李可染 牧牛图 立轴	52cm×39cm	862,500	十竹斋拍卖（北京）	2021-05-29
李可染 1961年作 柳溪归牧图 立轴	67.5cm×44.8cm	796,635	香港苏富比	2021-04-21
李可染 1984年作 行书刘禹锡诗 镜心	150.5cm×83cm	782,000	中国嘉德	2021-12-11
李可染 秋趣图 立轴	69cm×45cm	747,500	华艺国际	2021-06-04
李可染 俯首甘为孺子牛 立轴	69.5cm×46cm	747,500	中国嘉德	2021-12-10
李可染 1948年作蕉荫避暑 立轴	137cm×34cm	743,526	香港苏富比	2021-04-21
李可染 浴牛图 镜心	64cm×44.5cm	713,000	中国嘉德	2021-12-11
李可染 春在枝头 立轴	56.2cm×48.8cm	690,417	香港苏富比	2021-04-21
李可染 东坡履笠图 镜心	54cm×35cm	690,000	北京保利	2021-06-05
李可染 牧童双牛 立轴	57.5cm×43.5cm	690,000	广东崇正	2021-01-07
李可染 1981年作 行书杜牧诗 镜心	136cm×69cm	690,000	中国嘉德	2021-05-19
李可染 牧童 镜心	56.5cm×41cm	690,000	中国嘉德	2021-12-10
李可染 笑和尚图 镜心	76cm×49cm	667,000	北京荣宝	2021-12-02
李可染 1978年作 牧牛图 镜片	47cm×44cm	667,000	上海嘉禾	2021-07-22
李可染 为曹简楼作《牧童采梅图》镜片	54cm×34cm	667,000	西泠印社	2021-01-15
李可染 梅花对屏 镜心	94cm×34.5cm×2	667,000	中国嘉德	2021-12-11
李可染 秋牧图 立轴	86cm×46.2cm	637,308	香港苏富比	2021-04-21
李可染 庭院仕女 立轴	67.5cm×45.5cm	632,500	朵云轩	2021-07-07
李可染 1943年作 烧丹图 镜心	64cm×37cm	632,500	永乐拍卖	2021-12-02
李可染 归牧图 立轴	66cm×34cm	632,500	中国嘉德	2021-05-19
李可染 江畔群帆 镜心	33.5cm×43cm	598,000	北京银座	2021-09-24
李可染 归帆 立轴	60cm×45cm	575,000	北京保利	2021-06-05
李可染 秋牧图 立轴	60.7cm×48.5cm	575,000	北京保利	2021-12-03
李可染 行书“梦萱堂” 镜心	34cm×103cm	575,000	北京荣宝	2021-12-02
李可染 牧牛图 镜心	67cm×34.5cm	575,000	永乐拍卖	2021-12-02
李可染 牧牛童趣 立轴	46cm×34cm	575,000	永乐拍卖	2021-12-02
李可染 1988年作 行书五言句 镜心	68cm×41.5cm	552,000	中国嘉德	2021-05-19
李可染1986年作行书“横扫千军”镜心	68cm×23cm	547,107	中国嘉德	2021-04-22
李可染 1947年作 柳阴牧童 立轴	57cm×40cm	529,000	北京保利	2021-06-06
李可染行书录毛泽东《卜算子·咏梅》立轴	83cm×41cm	517,500	十竹斋拍卖（北京）	2021-05-29
李可染 1983年作 行书录齐白石诗 镜心	96cm×42cm	517,500	十竹斋拍卖（北京）	2021-05-29
李可染 1986年作 行书李白诗 镜心	112.5cm×67.5cm	517,500	中国嘉德	2021-05-19
李可染 芦塘牧放 立轴	67.5cm×45cm	517,500	中国嘉德	2021-05-21
李可染 暮韵图 镜框	68.5cm×40.2cm	513,125	佳士得	2021-11-30
李可染 1944年作 高士行吟 立轴	69cm×51cm	483,000	北京保利	2021-06-05
李可染 1988年作 行书“继古开今，匠心独运”镜心	66.5cm×38cm	483,000	中国嘉德	2021-05-19
李可染 归牧图 立轴	67cm×45cm	460,000	中国嘉德	2021-09-26
李可染 1979年作 俯首甘为孺子牛 镜心	69.5cm×47.5cm	460,000	中国嘉德	2021-12-11
李可染 1985年作 行书“墨香斋”镜心	31.5cm×96cm	460,000	中鸿信	2021-07-14
李可染 红梅报春百花艳 立轴	70cm×49.5cm	447,120	中国嘉德	2021-10-13
李可染 1979年作 行书苏轼诗 镜心	136cm×68cm	437,000	中国嘉德	2021-05-19
李可染 行书五言句 镜心	77cm×53.5cm	425,500	北京银座	2021-09-24
李可染 行书“云龙书屋” 镜心	34.5cm×116cm	368,000	北京保利	2021-12-03
李可染 1984年作 行书“福新楼”镜心	33cm×101cm	368,000	北京荣宝	2021-06-19
李可染 1989年作 鹏程万里 镜心	67cm×43cm	368,000	永乐拍卖	2021-05-21
李可染 行书五言句 镜心	53cm×34cm	368,000	中国嘉德	2021-05-19
李可染 行书杜甫诗 镜心	48cm×94cm	368,000	中国嘉德	2021-05-19
李可染1984年作行书“实者慧”镜心	65cm×36cm	345,000	北京保利	2021-09-25
李可染 钟馗戏鬼 立轴	83.5cm×38cm	345,000	北京诚轩	2021-12-03
李可染 书法“李白诗词”镜框	61cm×45.5cm	345,000	北京华辰	2021-12-08
李可染 俯首甘为孺子牛 镜心	23cm×32cm	345,000	北京荣宝	2021-06-19
李可染 1984年作 行书“痴思长绳系日”立轴	69cm×33cm	345,000	北京荣宝	2021-06-19
李可染 行书“明轩” 镜心	34cm×88cm	345,000	北京荣宝	2021-12-02
李可染 柳塘渡牛 镜片	32.5cm×42cm	345,000	广东崇正	2021-01-07
李可染 1984年作 行书“虎蹲凤阁，龙跃天问”镜心	68.5cm×46.5cm	345,000	中国嘉德	2021-05-19
李可染 行书毛主席诗 镜心	82cm×46cm	345,000	中国嘉德	2021-05-19
李可染 1985年作 行书“慧英庐”镜心	35cm×96cm	345,000	中鸿信	2021-07-14
李可染 行书“金碧斋”镜心	68.5cm×23cm	317,800	北京保利	2021-01-22
李可染 1948年作 牧童嬉戏图 镜框	99cm×50.5cm	289,800	佳士得	2021-05-27
李可染 书法 镜心	69cm×35cm	287,500	北京翰海	2021-06-05
李可染 1984年作 书法 镜框	92.5cm×46cm	266,825	佳士得	2021-11-30
李可染 行书 镜心	54.5cm×34cm	253,000	北京荣宝	2021-12-02
李可染 行书书法 立轴	67.5cm×45cm	241,500	中贸圣佳	2021-05-21
李可染 放牧图 镜心	67.5cm×46cm	232,668	保利香港	2021-04-23
李可染 牧牛 立轴	66cm×35cm	230,000	北京保利	2021-05-17
李可染 1964年作 行书毛主席诗词 镜框	72.5cm×21cm	230,000	北京保利	2021-09-25
李可染 行书“云冈画廊”镜心	69cm×26cm	230,000	北京银座	2021-09-24
李可染 行书“息尘阁”镜片	30cm×56cm	230,000	广东崇正	2021-01-07
李可染 1976年作 隶书“世上无难事只要肯登攀”镜心	22cm×69cm	230,000	中国嘉德	2021-09-26
李可染 1983年作 行书“澄怀观道”镜心	42.5cm×17.5cm	230,000	中国嘉德	2021-05-19
李可染 1983年作 行书五言诗 镜心	90cm×29.5cm	230,000	中国嘉德	2021-05-19
李可染1976年作隶书毛主席词句镜心	22cm×73cm	230,000	中国嘉德	2021-12-11
李可染 1984年 归牛图 镜框	23.5cm×66cm	218,500	朵云轩	2021-07-08
李可染 李苦禅 叶浅予 合璧写生卷 手卷	29cm×134cm	207,000	北京翰海	2021-06-05
李可染 行书“智无涯”镜心	33.5cm×91cm	207,000	北京荣宝	2021-06-19
李可染 暮韵图 镜框	68cm×49cm	207,000	朵云轩	2021-09-18
李可染 1981年 行书联文 镜心	82cm×41cm	207,000	中国嘉德	2021-09-26
李可染 行书“烹饪之乡”镜心	45cm×26cm	207,000	中国嘉德	2021-09-26
李可染 柳塘归牧 镜心	75cm×46cm	207,000	中鸿信	2021-07-14
李可染 1981年作 孺子牛 镜心	35cm×48cm	195,500	北京荣宝	2021-06-19
李可染 俯首甘为孺子牛 镜心	27.5cm×39.5cm	184,000	北京荣宝	2021-06-19
李可染1985年作行书“金铁烟云”纸本	41cm×55cm	184,000	中国嘉德	2021-03-27
李可染1964年作行书毛主席诗词立轴	73cm×21cm	172,500	中国嘉德	2021-05-19
李可染 行书“神韵”镜心	25.5cm×75cm	161,000	北京荣宝	2021-06-19
李可染启功行书“中日友好万古长青”镜心	32cm×45.5cm	138,000	北京保利	2021-12-03
李可染 行书“振寰阁” 镜心	30cm×83.5cm	138,000	中国嘉德	2021-12-11
李苦禅 1973年作 英姿飒爽 立轴	161cm×144cm	9,660,000	北京保利	2021-12-03
李苦禅 松鹰图 镜心	94cm×180cm	4,370,000	北京荣宝	2021-12-02
李苦禅 1979年作 瑞鹤图 立轴	137cm×68cm	1,380,000	华艺国际	2021-06-04

2021书画拍卖成交汇总(续表)

(成交价RMB：10万元以上)

拍品名称	物品尺寸	成交价RMB	拍卖公司	拍卖日期
李苦禅 1979年作 远瞻山河壮 镜框	137cm×67cm	2,300,000	北京荣宝	2021-06-19
李苦禅 1956年作 花开时节 立轴	138cm×68cm	862,500	北京荣宝	2021-06-19
李苦禅 1959年作 水鸟 立轴	144cm×77cm	1,725,000	北京保利	2021-06-05
李苦禅 1959年作 鹭鸶图 立轴	144cm×77cm	1,725,000	北京荣宝	2021-12-02
李苦禅 1936年作 荷鹭图 立轴	177.5cm×95.5cm	1,251,936	香港苏富比	2021-10-11
李苦禅 荷塘水鸟 镜心	179cm×96cm	1,092,500	北京荣宝	2021-12-02
李苦禅 1980年作 芭蕉鹭鸶 镜心	139cm×70cm	1,012,000	北京保利	2021-12-03
李苦禅 1956年作 绿雨集禽 立轴	109cm×59cm	943,000	北京荣宝	2021-12-02
李苦禅 梅花双鸦 立轴	69.5cm×99cm	805,000	中国嘉德	2021-05-19
李苦禅 松鹰图 立轴	136cm×29cm	747,500	中国嘉德	2021-05-19
李苦禅 1961年作 远瞻图 镜心	122cm×76cm	713,000	北京荣宝	2021-12-02
李苦禅 1934年作 秋声 立轴	89cm×48cm	713,000	中国嘉德	2021-05-20
李苦禅 五鹰图 镜心	83cm×168cm	690,000	中贸圣佳	2021-09-25
李苦禅 1979年作 高瞻远瞩 镜心	138cm×68cm	667,000	北京荣宝	2021-12-02
李苦禅 1977年作 鹰话图 立轴	136cm×68cm	632,500	朵云轩	2021-07-07
李苦禅 1973年作 英姿飒爽 立轴	137cm×68cm	632,500	上海嘉禾	2021-07-23
李苦禅 英姿飒爽图 立轴	92cm×67.5cm	598,000	中鸿信	2021-07-14
李苦禅 1950年作 蕉竹八哥 立轴	135cm×67.5cm	575,000	北京华辰	2021-12-08
李苦禅 1964年作 远瞻 镜片	79.5cm×66.5cm	563,500	上海嘉禾	2021-07-23
李苦禅 荫雨 镜心	150cm×82cm	552,000	北京保利	2021-06-05
李苦禅 1977年作 荷趣图 镜片	65.5cm×130cm	552,000	上海嘉禾	2021-07-22
李苦禅 1979年作 天峰洗羽 镜心	68cm×45cm	529,000	北京荣宝	2021-06-19
李苦禅 1956年作 锦葵双吉 立轴	138cm×68cm	517,500	华艺国际	2021-12-11
李苦禅 荷塘翠鸟 镜心	69.5cm×137cm	517,500	华艺国际	2021-12-11
李苦禅 雄鹰 立轴	66.5cm×46.5cm	471,500	保利厦门	2021-11-05
李苦禅 1978年作 远瞩 镜心	67cm×133cm	460,000	北京保利	2021-12-04
李苦禅 鹭鸶 镜框	141cm×47cm	460,000	北京荣宝	2021-06-19
李苦禅 1973年作 荷露 立轴	96cm×58.5cm	437,000	北京荣宝	2021-06-19
李苦禅 1981年作 为延安宾馆作行书《画论》镜心	144cm×334cm	437,000	中鸿信	2021-07-14
李苦禅 鹰 镜心	68cm×133cm	437,000	中贸圣佳	2021-09-25
李苦禅 雄鹰 立轴	69cm×46cm	414,000	广东崇正	2021-07-19
李苦禅 1980年作 七言诗 立轴	137cm×54cm	402,500	北京翰海	2021-06-05
李苦禅 竹石小鸟 立轴	145cm×46cm	402,500	北京荣宝	2021-06-19
李苦禅 1979年作 天峰洗羽	69cm×46cm	402,500	中国嘉德	2021-03-27
李苦禅 三鹰图 镜心	137cm×68.5cm	402,500	中国嘉德	2021-05-19
李苦禅 藉叶图 镜心	69.5cm×46.5cm	402,500	中国嘉德	2021-05-20
李苦禅 松鹰图 镜片	135cm×66.5cm	391,000	北京荣宝	2021-06-19
李苦禅 清白世家 立轴	87cm×46.5cm	391,000	北京荣宝	2021-06-19
李苦禅 1964年作 松鹰图 镜片	134.5cm×67cm	368,000	广东崇正	2021-01-07
李苦禅 1975年作 鹰 立轴	82.4cm×33cm	359,188	佳士得	2021-11-30
李苦禅 1977年作 绿雨竹荫图 立轴	140cm×69cm	345,000	北京保利	2021-06-05
李苦禅 1973年作 荷露 立轴	96cm×58.5cm	345,000	北京保利	2021-12-04
李苦禅 远瞻山河壮 镜心	68cm×49cm	345,000	北京翰海	2021-06-04
李苦禅 1963年作 芭蕉八哥 立轴	108.5cm×49cm	345,000	北京荣宝	2021-06-19
李苦禅 千里江山一擎中 镜框	116cm×66.5cm	345,000	北京荣宝	2021-06-19
李苦禅 鸟鸣花香	69cm×45cm	345,000	中国嘉德	2021-03-27
李苦禅 卢光照 安吉图 镜心	99cm×34.5cm	345,000	中国嘉德	2021-05-19
李苦禅 1973年作 绿荫之下 镜心	69.5cm×46cm	345,000	中国嘉德	2021-05-20
李苦禅 1963年作 松鹰 镜心	67.5cm×60.5cm	345,000	中国嘉德	2021-05-21
李苦禅 1975年作 荷塘翠鸟 立轴	69cm×46cm	333,500	北京保利	2021-12-04
李苦禅 荷花 立轴	69cm×46cm	333,500	北京银座	2021-09-24
李苦禅 1962年作 游鱼图 镜心	172cm×93cm	322,000	北京保利	2021-12-04
李苦禅 1977年作 鹰 镜心	68cm×42.5cm	322,000	北京荣宝	2021-12-02
李苦禅 蕉叶鸬鹚 镜心	214cm×109cm	322,000	中鸿信	2021-07-14

拍品名称	物品尺寸	成交价RMB	拍卖公司	拍卖日期
李苦禅 栖荫 立轴	67cm×45.5cm	287,500	北京荣宝	2021-06-19
李苦禅 行书“丹鹤楼” 镜心	34.5cm×69cm	287,500	北京荣宝	2021-06-19
李苦禅 1957年作 墨荷/荷花画稿镜框一幅、宣纸六幅	尺寸不一	269,100	佳士得	2021-05-27
李苦禅 游鱼图 手卷	引首 46.5cm×131cm；画心 46.5cm×443.5cm	253,000	华艺国际	2021-12-11
李苦禅 秋味·螃蟹 镜心	30.5cm×40.5cm；31cm×39cm	253,000	中国嘉德	2021-05-20
李苦禅 1963年作 雨前惊雀 立轴	119.5cm×65.5cm	253,000	中国嘉德	2021-05-21
李苦禅 1979年作 远瞻山河壮大 立轴	82cm×50cm	230,000	华艺国际	2021-12-11
李苦禅 1976年作 远瞻河山 镜心	85cm×38cm	230,000	中国嘉德	2021-03-29
李苦禅 梅石图 立轴	68cm×45.5cm	230,000	中国嘉德	2021-05-19
李苦禅 竹鸡图 立轴	135cm×48cm	230,000	中鸿信	2021-07-14
李苦禅 禽鸟画稿纸板镜框一幅、镜片十幅	尺寸不一	227,700	佳士得	2021-05-27
李苦禅 高瞻远瞩 立轴	57cm×47cm	218,500	北京荣宝	2021-06-19
李苦禅 为曹武作《花间禽趣图》镜片	69cm×40cm	218,500	西泠印社	2021-04-10
李苦禅 卢光照 1961年作 栖秋图 镜心	142cm×70cm	218,500	中国嘉德	2021-12-11
李苦禅 1973年作 庭景闲趣 立轴	50cm×41.5cm	212,750	北京荣宝	2021-12-02
李苦禅 鱼趣 镜心	68cm×45.5cm	207,000	保利厦门	2021-11-05
李苦禅 天峰远瞩 立轴	86cm×48.5cm	207,000	上海嘉禾	2021-07-22
李苦禅 1973年作 蔬菜图 镜心	71cm×46cm	207,000	中国嘉德	2021-05-20
李苦禅 梅花麻雀 立轴	77cm×40cm	207,000	中国嘉德	2021-05-21
李苦禅 秋味图 镜心	70cm×47cm	207,000	中国嘉德	2021-12-11
李苦禅 湖边即景 镜心	70cm×47.5cm	207,000	中国嘉德	2021-12-11
李苦禅 牡丹水仙图 立轴	178cm×96cm	207,000	中贸圣佳	2021-09-25
李苦禅 千里江山一击中 镜框	116cm×66.5cm	198,625	北京保利	2021-08-09
李苦禅 1975年作 水产图 立轴	137cm×68cm	184,000	北京翰海	2021-06-05
李苦禅 1945年作 雏鸡 镜心	70cm×35cm	184,000	北京翰海	2021-06-04
李苦禅 1934年作 葫芦图 立轴	179.5cm×47cm	184,000	西泠印社	2021-01-16
李苦禅 荷塘翠鸟 镜心	48cm×53cm	184,000	中国嘉德	2021-09-26
李苦禅 1962年作 芭蕉鹌鹑 立轴	诗堂 23.5cm×50cm；画 82cm×50cm	178,848	中国嘉德	2021-10-13
李苦禅 1964年作 芭蕉三鱼图 镜心	181cm×97cm	172,500	北京翰海	2021-12-17
李苦禅 秋味 镜心	55cm×32cm	172,500	北京荣宝	2021-06-19
李苦禅 荷塘翠鸟 立轴	78cm×44.5cm×2	172,500	广东崇正	2021-07-19
李苦禅 秋味图 镜心	90cm×48.5cm	172,500	中国嘉德	2021-12-11
李苦禅 1978年作 远瞻山河壮 立轴	114cm×48cm	172,500	中鸿信	2021-07-14
李苦禅 八大山人笔意 横披	25cm×95cm	172,500	中鸿信	2021-07-14
李苦禅 鹰石图 镜心	76cm×42cm	169,106	中国嘉德	2021-04-22
李苦禅 高瞻远瞩 立轴	67cm×45cm	161,000	北京保利	2021-12-04
李苦禅 崔子范 娄师白 于希宁 花卉四帧 立轴	45cm×50cm×4	153,225	北京保利	2021-01-21
李苦禅 1963年作 水禽图 立轴	131cm×70cm	149,500	中国嘉德	2021-03-29
李苦禅 秋声秋味 立轴	33.5cm×35.3cm×2	149,500	中国嘉德	2021-12-10
李苦禅 竹报平安 立轴	89cm×32cm	143,750	北京保利	2021-06-05
李苦禅 1962年作 世世清白 立轴	95cm×40cm	138,000	华艺国际	2021-06-04
李苦禅 白莲 镜心	70cm×48.5cm	138,000	中国嘉德	2021-12-10
李老十 残荷图 镜框	画心131cm×86cm	437,000	北京荣宝	2021-06-19
李老十 牛耕图 镜心	34cm×51cm	241,500	北京保利	2021-06-06
李老十 钟进士图 镜心	72cm×31cm	230,000	北京保利	2021-06-06
李老十 1989年作 面壁图 镜框	29.5cm×29.5cm	184,000	北京荣宝	2021-06-19

2021书画拍卖成交汇总(续表)

(成交价RMB：10万元以上)

拍品名称	物品尺寸	成交价RMB	拍卖公司	拍卖日期
李连谨 2021年作 竹荫纳凉	97cm×178cm	207,000	荣宝斋（南京）	2021-05-26
李琦 1977年作 太行浩气传千古 镜片	128.5cm×144.5cm	575,000	上海嘉禾	2021-07-22
李青云 太白深处 镜片	48.5cm×180cm	391,000	北京中贝	2021-12-08
李琼久 1982年作 栱桐白鹇图 立轴	172cm×96cm	172,500	西泠印社	2021-01-16
李如芝 山水四条屏 镜片	136cm×34cm×4	241,500	北京中贝	2021-12-08
李如芝 鸟语花香 镜片	136cm×68cm	149,500	北京中贝	2021-12-08
李瑞龄 1924年作丰台富贵花 立轴	135cm×42.5cm	230,000	北京诚轩	2021-12-03
李瑞卿 2020年作 鸿运图四条屏 镜心	145cm×37cm×4	230,000	北京保利	2021-05-17
李瑞卿 2020年作 五福临门图 镜心	84cm×220cm	207,000	北京翰海	2021-04-17
李瑞清 1915年作 临碑四屏 立轴	161cm×38.5cm×4	2,300,000	中国嘉德	2021-05-18
李瑞清 1913年作 行书临碑四屏 立轴	149.5cm×39.5cm×4	690,000	中国嘉德	2021-05-20
李瑞清 行书七言联 立轴	275.5cm×57.5cm×2	391,000	十竹斋拍卖（北京）	2021-05-29
李瑞清 楷书四言联 立轴	236cm×57cm×2	391,000	中贸圣佳	2021-07-06
李瑞清 1915年 玲珑石 立轴	132cm×74cm	287,500	北京保利	2021-06-05
李瑞清 曾熙 张祖翼 郑孝胥 书法四屏 立轴	146cm×40cm×4	253,000	十竹斋拍卖（北京）	2021-05-29
李瑞清 1920年作 行书七言联 立轴	246.5cm×53cm×2	172,500	中国嘉德	2021-05-20
李山 张果老像 立轴	195cm×99.6cm	517,500	中鸿信	2021-07-15
李山 雅集图 立轴	156cm×92cm	356,500	中贸圣佳	2021-07-06
李山 1994年作 长夏 立轴	136cm×68.5cm	155,250	北京荣宝	2021-12-02
李沈斌 烟雨江南图	70cm×40cm	428,000	保利厦门	2021-09-29
李世南 2002年作 鉴湖女侠秋瑾 立轴	82cm×50cm	184,000	中鸿信	2021-07-15
李铁夫 巫峡	31cm×65cm	345,000	朵云轩	2021-07-07
李文培 岳母刺字“精忠报国”	69cm×138cm	345,000	荣宝斋（南京）	2021-05-26
李先俊 2015年作 秋声雨蒙蒙 镜心	95cm×178cm	345,000	北京保利	2021-06-06
李先俊 2011年作 山红涧碧纷烂漫 镜心	137cm×68cm	345,000	北京保利	2021-06-06
李翔 人物	69cm×138cm	402,500	荣宝斋（南京）	2021-05-26
李小超 冬阳 镜心	80cm×50cm	287,500	北京保利	2021-12-04
李孝萱 2006年作 人物故事四屏 镜心	137cm×23cm×4	138,000	北京荣宝	2021-06-19
李新永 2021年作 篆书毛主席词《沁园春·雪》镜心	125cm×248cm	368,000	北京翰海	2021-10-16
李学功 2021年作 山城 镜心	144cm×370cm	4,416,000	北京翰海	2021-10-16
李学功 独过江头待故人 镜心	138cm×94cm	1,840,000	保利厦门	2021-05-06
李学功 守望 镜心	138cm×68cm	1,150,000	保利厦门	2021-05-06
李学功 忆贝江 镜心	69cm×103cm	1,150,000	保利厦门	2021-05-06
李学功 又是春风访深宅 镜心	138cm×68cm	1,092,500	保利厦门	2021-05-06
李学功 九华书院 镜心	69cm×69cm	805,000	保利厦门	2021-05-06
李学功 深宅 镜心	69cm×69cm	552,000	保利厦门	2021-05-06
李学功 书声伴海涛 镜心	69cm×69cm	552,000	保利厦门	2021-05-06
李学功 海景房 镜心	57cm×69cm	517,500	保利厦门	2021-05-06
李学功 农闲 镜心	65cm×99cm	517,500	保利厦门	2021-05-06
李学功 梅花 镜心	55cm×69cm	460,000	保利厦门	2021-05-06
李学功 2021年作 一元复始，万象更新 镜心	69cm×69cm	368,000	北京翰海	2021-10-16
李学功 2021年作 心无漾，花常好 镜心	69cm×69cm	368,000	北京翰海	2021-10-16
李学功 2021年作 小三峡之忆 镜心	69cm×69cm	368,000	北京翰海	2021-10-16
李学功 2021年作 泰岳松 镜心	69cm×69cm	368,000	北京翰海	2021-10-16
李延声 2005年作 春华秋实四屏 镜框	138cm×33.5cm×4	172,500	北京荣宝	2021-12-02
李燕 1981年作 猴乐图 镜心	95cm×180cm	149,500	北京荣宝	2021-06-19
李耀林 2021年作 黄山云海 镜心	70cm×138cm	632,500	北京翰海	2021-10-16
李也青 人物四条屏	138cm×34cm×4	480,000	保利厦门	2021-08-24
李英保 2017年作 清气满乾坤 镜心	20cm×60cm	138,000	北京翰海	2021-12-17
李瑜琪 2021年作 邂逅敦煌之二	88cm×66cm	253,000	北京保利	2021-12-02
李兆顺 2019年作 荷生向上	93cm×142cm	1,150,000	荣宝斋(南京)	2021-05-26
李兆顺 2013年作 湛碧无双	70cm×139cm	1,127,000	荣宝斋(南京)	2021-05-26
李兆顺 2014年作 荷色佳人	68cm×135cm	1,127,000	荣宝斋(南京)	2021-05-26
李兆顺 2018年作 荷花连连	82cm×70cm	1,127,000	荣宝斋(南京)	2021-05-26
李兆顺 2019年作 点点香荷	87cm×69cm	1,127,000	荣宝斋(南京)	2021-05-26
李兆顺 2019年作 彩荷满园	91cm×70cm	1,127,000	荣宝斋(南京)	2021-05-26
李兆顺 2015年作 湛空独舟	92cm×67cm	1,127,000	荣宝斋(南京)	2021-05-26
李兆顺 2017年作 繁星	69cm×95cm	1,127,000	荣宝斋(南京)	2021-05-26
李兆顺 2019年作 赤荷	69cm×67cm	1,115,500	荣宝斋(南京)	2021-05-26
李兆顺 2015年作 荷生勃勃	69cm×67cm	1,115,500	荣宝斋(南京)	2021-05-26
李兆顺 2017年作 彩荷	70cm×93cm	1,115,500	荣宝斋(南京)	2021-05-26
李兆顺 2018年作 湛色满荷	47cm×70cm	1,115,500	荣宝斋(南京)	2021-05-26
李兆顺 2019年作 碧彩春山	70cm×137cm	1,115,500	荣宝斋(南京)	2021-05-26
李兆顺 2018年作 门庭	69cm×68cm	1,115,500	荣宝斋(南京)	2021-05-26
李兆顺 2016年作 赤与荷塘	46cm×70cm	1,104,000	荣宝斋(南京)	2021-05-26
李兆顺 2015年作 理想世界	69cm×137cm	1,104,000	荣宝斋(南京)	2021-05-26
李忠跃 2020年作 竹枝词	70cm×160cm	460,000	荣宝斋(南京)	2021-05-26
梁登山 2021年作毛泽东《沁园春·雪》	120cm×240cm×12	1,127,000	荣宝斋(南京)	2021-05-26
梁登山 2020年作 滕王阁序	136cm×34cm×6	1,104,000	荣宝斋(南京)	2021-05-26
梁登山 2021年作 毛泽东《七律·长征》	240cm×120cm×6	1,081,000	荣宝斋(南京)	2021-05-26
梁登山 2021年作 前赤壁赋	180cm×45cm×4	1,058,000	荣宝斋(南京)	2021-05-26
梁登山 2021年作 毛泽东《沁园春·长沙》	240cm×120cm×12	1,058,000	荣宝斋(南京)	2021-05-26
梁登山 2020年作 琵琶行	45cm×180cm×6	1,058,000	荣宝斋(南京)	2021-05-26
梁登山 2018年作 兰亭序	120cm×460cm	1,035,000	荣宝斋(南京)	2021-05-26
梁登山 2020年作 后赤壁赋	180cm×45cm×4	1,035,000	荣宝斋(南京)	2021-05-26
梁登山 2021年作 朱子《治家格言》	180cm×45cm×4	1,012,000	荣宝斋(南京)	2021-05-26
梁登山 2021年作 秋声赋	180cm×45cm×4	1,000,500	荣宝斋(南京)	2021-05-26
梁登山 2016年作 心经	45cm×180cm	920,000	荣宝斋(南京)	2021-05-26
梁登山 2020年作 毛泽东《卜算子·咏梅》	240cm×120cm×4	920,000	荣宝斋(南京)	2021-05-26
梁登山 2021年作 修德	180cm×97cm	920,000	荣宝斋(南京)	2021-05-26
梁登山 2021年作 奋进	180cm×97cm	897,000	荣宝斋(南京)	2021-05-26
梁登山 2021年作读书得真趣，怀古生远思	180cm×97cm	874,000	荣宝斋（南京）	2021-05-26
梁登山 2021年作山花春世界，云水小神仙	180cm×97cm	862,500	荣宝斋（南京）	2021-05-26

2021书画拍卖成交汇总(续表)

(成交价RMB：10万元以上)

拍品名称	物品尺寸	成交价RMB	拍卖公司	拍卖日期
梁登山 2021年作 行稳致远	97cm×180cm	828,000	荣宝斋(南京)	2021-05-26
梁登山2020年作 云初其山复雨其山 冰生于水而寒于水	87cm×95cm	805,000	荣宝斋(南京)	2021-05-26
梁登山 2021年作 惠风和畅	97cm×180cm	782,000	荣宝斋(南京)	2021-05-26
梁登山 2020年作 宋朱熹诗《春日》	87cm×95cm	713,000	荣宝斋(南京)	2021-05-26
梁启超 1926年作 楷书七言联 立轴	131cm×31cm×2	1,667,500	中国嘉德	2021-05-20
梁启超 1925年作 隶书节临《孔谦碑》立轴	175cm×44cm	632,500	中国嘉德	2021-05-21
梁启超 行书节录淮海诗 镜心	135cm×33cm×4	1,380,000	华艺国际	2021-12-11
梁启超 楷书诗四屏 立轴	149cm×42.5cm×4	920,000	中国嘉德	2021-05-18
梁启超 王震 罗振玉 章士钊 书法四屏 立轴	139.5cm×31.5cm×4	575,000	十竹斋拍卖(北京)	2021-05-29
梁启超 楷书七言联 镜心	125.5cm×29cm×2	575,000	永乐拍卖	2021-12-02
梁启超1926年作行书"倚松放鹤草堂"横披	38cm×142cm	575,000	中鸿信	2021-07-14
梁启超 隶书七言联 立轴	142cm×31cm×2	437,000	中鸿信	2021-07-14
梁启超 行书八言联 立轴	168cm×41.7cm×2	424,872	香港苏富比	2021-04-21
梁启超 1925年作 隶书《王阳明则言译读》立轴	126cm×61cm	345,000	中鸿信	2021-07-15
梁启超 为张光宇书 七言联 对联	163cm×39cm×2	322,000	西泠印社	2021-07-25
梁启超 1927年作 行书七言联 立轴	129cm×29cm×2	287,500	华艺国际	2021-12-11
梁启超 1917年作 行书录潘安仁诗卷 横披	31cm×131cm	287,500	十竹斋拍卖(北京)	2021-05-29
梁启超1924年作楷书十一言联立轴	143cm×11.5cm×2	253,000	北京保利	2021-06-06
梁启超 行楷节录《圣教序》立轴	131.5cm×38cm	253,000	十竹斋拍卖(北京)	2021-05-29
梁启超 1926年作 隶书七言诗 立轴	131.5cm×31cm	230,000	上海匡时	2021-07-08
梁启超 1924年作 楷书七言联 立轴	156.5cm×28.5cm×2	184,000	保利厦门	2021-05-06
梁启超 1925年作 隶书八言 对联	112cm×23cm×2	172,500	朵云轩	2021-07-08
梁启超 1926年作 楷书 镜框	27.5cm×94cm	172,500	朵云轩	2021-07-08
梁启超 早年行书 节录《归去来兮辞》镜片	83.5cm×51cm	155,250	西泠印社	2021-04-10
梁启超 隶书临帖 立轴	画心 84cm×43cm; 边跋 25cm×19cm	138,000	永乐拍卖	2021-05-21
梁树年 1988年作 黄山云海 镜心	98cm×174cm	161,000	北京荣宝	2021-12-02
梁漱溟 1932年作 行书《曾惠敏公答彭孝廉书》立轴	142cm×37cm	195,500	北京荣宝	2021-12-02
梁漱溟 书法 对联	63.5cm×16cm×2	138,000	广东小雅斋	2021-07-20
梁漱溟 行书 立轴	100cm×31cm	138,000	中鸿信	2021-07-15
梁文尧 2020年作 卧听紫雪引春潮 镜心	138cm×68cm	1,150,000	北京保利	2021-06-06
梁文尧 2020年作 赏秋 镜心	68cm×68cm	345,000	北京保利	2021-06-06
梁岩1981年作那达慕大会上的人们 手卷	54cm×932cm	2,300,000	北京荣宝	2021-12-02
梁岩 古老的黄河 镜心	124.5cm×244.5cm	195,500	中国嘉德	2021-05-21
梁缨 2018年作 荷动知鱼散	97cm×179cm	460,000	北京保利	2021-12-02
梁缨 爱过你	137.5cm×68cm	161,000	北京华辰	2021-12-07
梁占岩 人物四条屏 镜心	137cm×34cm×4	172,500	北京荣宝	2021-12-02
梁长林 陈文骥 1980年作《荷花淀》连环画原稿(全)(五十四帧选三十)	24cm×35cm×54	437,000	西泠印社	2021-01-16
梁缨 2020年作 金毛狮一张皮	124cm×129cm	207,000	北京保利	2021-06-04
廖伟成 2020年作 主导欢乐自由	76cm×88cm	172,500	北京翰海	2021-10-16
廖文潭 2011年作 山中青松野鸟栖 镜心	50cm×100cm; 70cm×17cm	345,000	北京翰海	2021-06-05
廖文潭 2011年作 苍松山鸟栖(一堂) 镜心	画心 125cm×35cm; 对联 125cm×22cm×2	230,000	北京翰海	2021-12-17
廖文潭 2015年作 山野松 中堂	水墨 70cm×35cm; 书法 70cm×17cm×2	172,500	荣宝斋(南京)	2021-05-26
廖仲恺 邹鲁致滨野末太郎题辞	35.7cm×24cm	195,500	中国嘉德	2021-05-20
林凡 梅石图 镜心	69.5cm×68.5cm	1,207,500	北京保利	2021-12-04
林凡 2021年作 石痕暗雨梅千点 镜心	70cm×70cm	1,150,000	北京荣宝	2021-12-02
林凡 1988年作 王维诗意图 镜框	74cm×97cm	369,600	湖南逸典	2021-01-21
林丰俗 1998年作 春山晴云 镜片	68cm×137cm	402,500	广东崇正	2021-07-19
林风眠 人物风景花鸟册页(十开)	画34cm×34cm×10	20,700,000	上海嘉禾	2021-11-14
林风眠 冶炼图 镜心	79cm×77.5cm	10,810,000	中国嘉德	2021-12-10
林风眠 约1980年代初期作 荷花图	69cm×137.5cm	9,811,800	中国嘉德	2021-10-12
林风眠 1957年作 宝莲灯	67.6cm×67.5cm	6,900,000	永乐拍卖	2021-05-21
林风眠 1940至1960年代作 八美图(一组八件)	34.5cm×34.5cm×8	6,524,820	中国嘉德	2021-04-23
林风眠 1953年作 火烧赤壁	68.9cm×68.7cm	8,307,765	香港苏富比	2021-04-18
林风眠 闹天宫 镜框	42cm×51cm	7,959,564	香港苏富比	2021-10-11
林风眠 荷塘 镜框	68.6cm×69.8cm	5,757,690	香港苏富比	2021-04-21
林风眠 1947年作 斜卧仕女	67.5cm×68cm	4,657,500	佳士得	2021-05-24
林风眠 宝莲灯 镜框	65.5cm×65.5cm	5,623,850	佳士得	2021-11-30
林风眠 风景 镜框	41.3cm×50cm	5,154,300	香港苏富比	2021-10-11
林风眠 戏曲人物 镜框	65cm×65cm	5,131,250	佳士得	2021-11-30
林风眠 花间仕女 镜心	68cm×68cm	4,600,000	北京保利	2021-12-03
林风眠 渔舟	66.5cm×68.5cm	4,485,000	西泠印社	2021-07-24
林风眠 少女 镜片	69cm×65cm	4,370,000	上海匡时	2021-07-08
林风眠 层林尽染	66cm×67.5cm	4,370,000	永乐拍卖	2021-05-21
林风眠 姹紫嫣红图 镜片	64cm×63.5cm	3,852,500	西泠印社	2021-01-15
林风眠 瓶花 镜框	65.2cm×65.6cm	3,398,976	香港苏富比	2021-04-21
林风眠 1977年作 秋景 镜心	69cm×66cm	3,335,000	北京保利	2021-12-03
林风眠 鸢尾花	67.5cm×67.5cm	3,335,000	西泠印社	2021-07-24
林风眠 秋林图	67cm×67cm	3,220,000	西泠印社	2021-01-16
林风眠 1956年作 柠檬瓶花 镜框	66cm×67cm	3,162,500	北京保利	2021-06-05
林风眠 1956年作 宝莲灯	68.9cm×67.3cm	3,129,840	香港苏富比	2021-10-09
林风眠 1977年作 梨花小鸟 镜片	68.5cm×69cm	3,105,000	广东崇正	2021-01-07
林风眠 打渔杀家 镜心	63cm×65cm	2,990,000	北京保利	2021-06-05
林风眠 1943年作 繁花幽禽 镜心	73cm×40cm	2,990,000	北京保利	2021-06-05
林风眠 抱猫仕女	69.5cm×68cm	2,990,000	西泠印社	2021-07-24
林风眠 海岸 镜框	65cm×65cm	2,974,104	香港苏富比	2021-04-21
林风眠 蓝衣仕女 镜框	69.8cm×66cm	2,921,184	香港苏富比	2021-10-11
林风眠 戏曲人物 镜片	68.5cm×69.5cm	2,875,000	朵云轩	2021-07-07
林风眠 打渔杀家 镜片	65cm×65cm	2,875,000	广东崇正	2021-01-07
林风眠 山景 镜框	69cm×68cm	2,817,500	北京保利	2021-06-05
林风眠 1958年作 盛开的粉红菖兰	65.5cm×65.5cm	2,761,668	香港苏富比	2021-04-18
林风眠 打渔杀家 镜心	63cm×65cm	2,760,000	北京保利	2021-09-25
林风眠 晨起 镜框	65.2cm×65.5cm	2,668,250	佳士得	2021-11-30
林风眠 林间 镜心	64cm×66cm	2,530,000	北京保利	2021-12-03
林风眠风景花鸟人物册(八页)册页	33cm×33cm×8	2,530,000	西泠印社	2021-01-16
林风眠 打渔杀家 镜心	98cm×66cm	2,530,000	中国嘉德	2021-05-19
林风眠 1960年 柳林	65.5cm×67.5cm	2,530,000	中国嘉德	2021-05-20
林风眠 1960年代作 故乡的浮云	69cm×69cm	2,484,000	中国嘉德	2021-10-12
林风眠 1957年作 繁花群鹊 镜心	68cm×69cm	2,357,500	北京保利	2021-06-05

(成交价RMB：10万元以上)

拍品名称	物品尺寸	成交价RMB	拍卖公司	拍卖日期
林风眠 打渔杀家 镜心	65cm×65cm	2,357,500	北京保利	2021-06-05
林风眠 蓝衣仕女 镜框	68.2cm×65.6cm	2,336,796	香港苏富比	2021-04-21
林风眠 宝莲灯 镜框	63cm×63cm	2,336,796	香港苏富比	2021-04-21
林风眠 构成	67.5cm×66cm	2,336,796	香港苏富比	2021-04-18
林风眠 抚琴蓝衣仕女 镜心	68.4cm×68.4cm	2,300,000	永乐拍卖	2021-05-21
林风眠 1947年作 兰兰画像	67cm×69cm	2,277,000	佳士得	2021-05-25
林风眠 渔夫鸬鹚 镜框	66.5cm×66cm	2,257,750	佳士得	2021-11-30
林风眠 1952年作 窗前圆桌静物	68cm×68.5cm	2,086,560	香港苏富比	2021-10-09
林风眠 荷塘暮色 镜框	65.5cm×67.6cm	2,086,560	香港苏富比	2021-10-11
林风眠 荷塘芦苇 镜片	67cm×68cm	2,070,000	广东崇正	2021-01-07
林风眠 双鹭	66.5cm×66.5cm	2,070,000	西泠印社	2021-07-24
林风眠 秋林山居 镜框	65.4cm×68.5cm	2,052,500	佳士得	2021-11-30
林风眠 静物 镜框	68cm×68.5cm	2,052,500	佳士得	2021-11-30
林风眠 秋林 镜片	64cm×65.5cm	2,012,500	广东崇正	2021-01-07
林风眠 为王西野作《春风柳岸图》镜片	69cm×68cm	2,012,500	西泠印社	2021-01-15
林风眠 弄花仕女 镜框	67.5cm×65.5cm	1,863,000	佳士得	2021-05-27
林风眠 双美 镜心	55cm×42.3cm	1,840,000	北京保利	2021-06-05
林风眠 柳塘 镜心	66cm×67cm	1,840,000	北京保利	2021-12-03
林风眠 1973年作 溪江小景 镜心	47cm×47cm	1,840,000	北京荣宝	2021-12-02
林风眠 三剑侠 镜框	32cm×32cm	1,805,706	香港苏富比	2021-04-21
林风眠 梨花小鸟 镜框	43.1cm×47cm	1,744,625	佳士得	2021-11-30
林风眠 风景 镜框	50cm×40cm	1,725,000	保利厦门	2021-11-04
林风眠 松涧闲居 立轴	77cm×41cm	1,725,000	北京保利	2021-12-03
林风眠 秋景山居 镜心	68.5cm×69cm	1,674,840	保利香港	2021-11-28
林风眠 仕女 镜心	67cm×67cm	1,380,000	北京保利	2021-06-05
林风眠 风景	48.5cm×67cm	1,380,000	西泠印社	2021-07-24
林风眠 峡江 镜心	40cm×50cm	1,380,000	永乐拍卖	2021-05-20
林风眠 春柳飞鹭图 镜心	52cm×66cm	1,322,500	十竹斋拍卖(北京)	2021-05-29
林风眠 静物	66.3cm×66.3cm	1,274,616	香港苏富比	2021-04-18
林风眠 满树金黄 镜心	64cm×65.5cm	1,265,000	北京保利	2021-06-05
林风眠 秋景 镜片	69cm×69cm	1,265,000	朵云轩	2021-07-07
林风眠 1970年代作 风景(云彩)	35cm×35cm	1,242,000	佳士得	2021-05-25
林风眠 荷塘	64cm×69cm	1,207,500	西泠印社	2021-07-24
林风眠 荷塘夜色 镜心	31.5cm×31.5cm	1,092,500	北京保利	2021-09-25
林风眠 莲池景色 立轴	68cm×68.5cm	1,092,500	上海嘉禾	2021-07-22
林风眠 为徐昌酩作《柳间禽趣图》镜片	69cm×46cm	1,092,500	西泠印社	2021-07-24
林风眠 百叶窗瓶花 镜心	65cm×67cm	1,035,000	北京保利	2021-12-03
林风眠 抚琴仕女 镜心	42cm×51cm	1,012,000	中国嘉德	2021-05-20
林风眠 秋林 镜心	67cm×68.5cm	1,011,600	保利香港	2021-04-23
林风眠 1940年代 扁舟野渡	32.9cm×33.5cm	977,500	中国嘉德	2021-05-20
林风眠 人马图 镜心	42cm×53cm	897,000	北京保利	2021-06-05
林风眠 戏曲人物	42cm×34cm	862,500	永乐拍卖	2021-05-21
林风眠 俪人	42cm×34cm	862,500	永乐拍卖	2021-05-21
林风眠 山景	67.5cm×67cm	795,792	中国嘉德	2021-04-23
林风眠 江南风光 镜心	55cm×94cm	708,120	保利香港	2021-04-23
林风眠 1987年作 仕女 镜心	40.5cm×59cm	690,000	北京保利	2021-06-05
林风眠 风景 镜心	68cm×67cm	690,000	北京保利	2021-12-03
林风眠 泊舟图 镜片	67.5cm×67cm	690,000	广东崇正	2021-07-19
林风眠 激涛拍岸	34cm×34cm	690,000	华艺国际	2021-12-10
林风眠 渔歌	66cm×67cm	690,000	永乐拍卖	2021-12-03
林风眠 1977年作 和鸣	36cm×46cm	658,300	北京保利	2021-01-15
林风眠 1953年作 芦雁图 镜心	30cm×33cm	632,500	中国嘉德	2021-12-10

拍品名称	物品尺寸	成交价RMB	拍卖公司	拍卖日期
林风眠 苇塘雁过 镜框	32.5cm×32.5cm	584,199	香港苏富比	2021-04-21
林风眠 荷塘 镜心	16cm×26cm	575,000	北京翰海	2021-04-17
林风眠 睡莲 镜框	64cm×64cm	575,000	朵云轩	2021-07-07
林风眠 裸女	34.5cm×33.5cm	575,000	华艺国际	2021-12-10
林风眠 渔歌 镜心	66cm×67cm	575,000	永乐拍卖	2021-05-20
林风眠 浴罢理发 镜心	67cm×63cm	575,000	永乐拍卖	2021-12-02
林风眠 仕女 镜框两幅	32.3cm×22cm×2	569,250	佳士得	2021-05-27
林风眠 仕女 镜框	33.5cm×33.5cm	513,125	佳士得	2021-11-30
林风眠 芦浦白鹭 镜心	66cm×66cm	483,000	北京保利	2021-06-05
林风眠 秋林 镜心	37.5cm×31.5cm	483,000	永乐拍卖	2021-05-20
林风眠 吹笛仕女 镜框	33.5cm×33.5cm	461,813	佳士得	2021-11-30
林风眠 千帆图	37.5cm×40.5cm	460,000	西泠印社	2021-07-24
林风眠 竞舟图	40.5cm×47.5cm	460,000	西泠印社	2021-07-24
林风眠 柳塘春色图 镜片	68cm×67cm	460,000	西泠印社	2021-07-25
林风眠 鸬鹚 镜心	67cm×66cm	437,000	十竹斋拍卖(北京)	2021-05-29
林风眠 苇塘飞雁 镜框	42.5cm×47.8cm	434,700	佳士得	2021-05-27
林风眠 琵琶仕女 镜框	33.5cm×33.5cm	410,500	佳士得	2021-11-30
林风眠 1934年作 荷花双鹤 镜框	135cm×32cm	402,500	北京荣宝	2021-12-02
林风眠 双美图 立轴	67cm×71cm	402,500	朵云轩	2021-07-07
林风眠 双宿 镜框	34cm×34cm	402,500	华艺国际	2021-12-11
林风眠 春意	34cm×32cm	402,500	西泠印社	2021-07-24
林风眠 流水松涛 镜框	37cm×39.8cm	393,300	佳士得	2021-05-27
林风眠 1977年作 秋江芦雁 镜心	34.5cm×46cm	368,000	北京保利	2021-12-03
林风眠 芦雁图 镜片	45cm×67cm	368,000	广东崇正	2021-07-19
林风眠 市集 镜框	36cm×39.5cm	362,250	佳士得	2021-05-27
林风眠 鸬鹚	33cm×48cm	345,000	北京诚轩	2021-11-28
林风眠 渔父图 镜片	66.5cm×67cm	345,000	广东崇正	2021-01-07
林风眠 芦塘双鹤 镜片	45cm×56.5cm	345,000	广东崇正	2021-07-19
林风眠 松江魂 镜心	32cm×32cm	345,000	永乐拍卖	2021-05-20
林风眠 松江魂	32cm×32cm	345,000	永乐拍卖	2021-12-03
林风眠 马 镜心	34cm×48cm	345,000	中贸圣佳	2021-05-21
林风眠 风景 镜心	33cm×34cm	322,000	保利厦门	2021-11-04
林风眠 戏剧人物图 镜片	34cm×21.5cm	322,000	西泠印社	2021-01-16
林风眠 梨花小鸟 镜心	34cm×32cm	287,500	北京保利	2021-05-17
林风眠 1944年作 竹梅仙鹤 立轴	101.5cm×27cm	287,500	华艺国际	2021-12-11
林风眠 静物仕女 镜心	33.5cm×33.5cm	287,500	中国嘉德	2021-05-21
林风眠 戏曲人物 镜框	32cm×21.5cm	269,100	佳士得	2021-05-27
林风眠 松雀图 镜心	50cm×50cm	230,000	北京翰海	2021-04-17
林风眠 仕女 镜心	37cm×41cm	230,000	中国嘉德	2021-12-11
林风眠 静物 镜片	69cm×69cm	218,500	朵云轩	2021-07-07
林风眠 1930年作 归帆图 立轴	118.5cm×38cm	218,500	中鸿信	2021-07-14
林风眠 帆影 镜片	51.5cm×52cm	207,000	上海嘉禾	2021-07-23
林风眠 1928年作 野鸭图 立轴	47.5cm×0.8cm(题跋)；64cm×32cm	207,000	西泠印社	2021-01-16
林风眠 1939年作 芦苇飞鸟 立轴	125.5cm×35.5cm	172,500	华艺国际	2021-04-01
林风眠 抚琴仕女 镜片	33cm×22cm	172,500	华艺国际	2021-06-04
林风眠 双栖图 镜心	34cm×32cm	172,500	中贸圣佳	2021-05-21
林风眠 晚归图 镜心	36cm×45.5cm	143,750	中鸿信	2021-07-14
林风眠 1960年代作 仕女图 镜框	66.5cm×66cm	2,415,000	上海明轩	2021-12-30
林风眠 秋江双鹭	67cm×67cm	2,116,000	朵云轩	2021-12-31
林风眠 秋山图 镜框	68cm×68cm	1,207,500	朵云轩	2021-12-30
林风眠 柳堤飞雁 镜框	66.5cm×66.5cm	828,000	上海明轩	2021-12-30

2021书画拍卖成交汇总(续表)

(成交价RMB:10万元以上)

拍品名称	物品尺寸	成交价RMB	拍卖公司	拍卖日期
林风眠 柳溪归舟 立轴	112cm×23cm	379,500	朵云轩	2021-12-30
林海钟2021年作 故宫纪游册 镜心	尺寸不一	483,000	中国嘉德	2021-12-13
林湖奎 金秋 镜框	70cm×138.5cm	164,200	佳士得	2021-11-30
林湖奎 祥鹤瑞雪 镜框	69.5cm×137.3cm	155,250	佳士得	2021-05-27
林徽因 1950年作 楷书对联 镜框	85cm×9.5cm×2	345,000	北京华辰	2021-12-08
林兰子 雪中行 镜心	50cm×150cm	1,380,000	北京翰海	2021-12-17
林兰子 相依 镜心	50cm×50cm	690,000	北京翰海	2021-12-17
林兰子 时来运转 镜心	67cm×67cm	230,000	北京翰海	2021-12-17
林立中 斜阳图 镜片	137cm×69cm	1,667,500	北京中贝	2021-12-08
林立中2018年作 蕉荫山鸟飞 镜心	97cm×50cm	437,000	北京翰海	2021-10-16
林立中 慧心 静观 清韵 悟道 镜片	40cm×60cm×4	138,000	北京中贝	2021-12-08
林容生 山居图 镜心	183cm×145cm	1,495,000	北京荣宝	2021-12-02
林容生 春夏秋冬四屏 镜心	138cm×34.5cm×4	920,000	北京荣宝	2021-12-02
林容生 春夏秋冬山水四条屏 镜框	136cm×34cm×4	310,500	北京荣宝	2021-06-19
林容生2010年作春光三月无限好手卷	引首 32cm×123cm; 画心 32cm×327cm; 尾跋 32cm×46cm; 32cm×39cm	230,000	北京荣宝	2021-12-02
林容生 工笔山水	64cm×64cm	230,000	荣宝斋(南京)	2021-05-26
林散之 1976年作 草书毛主席《浪淘沙·北戴河》立轴	100cm×460cm	2,530,000	北京保利	2021-12-03
林散之毛泽东《清平乐·会昌》立轴	132cm×69cm	816,500	南京经典	2021-01-10
林散之 行书王杰日记 立轴	127cm×46cm	805,000	中国嘉德	2021-05-21
林散之 山水 立轴	97cm×33cm	690,000	南京经典	2021-07-18
林散之 草书毛主席词 立轴	136cm×68.5cm	667,000	上海嘉禾	2021-07-22
林散之 黄山琉璃岭 立轴	93cm×44cm	632,500	南京经典	2021-07-18
林散之 王昌龄 芙蓉楼送辛渐 立轴	134cm×63cm	575,000	南京经典	2021-01-10
林散之 行书六言联 立轴	129cm×31cm×2	414,000	南京经典	2021-07-18
林散之 草书毛主席词 镜片	95.5cm×177cm	402,500	上海嘉禾	2021-07-22
林散之 1977年作 草书五言联 立轴	112cm×27cm×2	402,500	中国嘉德	2021-05-19
林散之 1973年作《嘉陵江旧游图》赠启功 镜心	97cm×33cm	397,440	中国嘉德	2021-10-13
林散之 1976年作 草书节录毛主席词 立轴	116.5cm×39.5cm	391,000	西泠印社	2021-04-10
林散之 1972年作 行书鲁迅诗 镜片	22.5cm×139cm	368,000	广东崇正	2021-07-19
林散之毛泽东《忆秦娥·娄山关》立轴	138.5cm×34.5cm	345,000	南京经典	2021-07-18
林散之 行书五言联 镜心	135cm×32cm×2	345,000	南京经典	2021-07-18
林散之 行书"仁者寿"镜片	35cm×68.5cm	333,500	十竹斋	2021-06-27
林散之 1973年 草书毛泽东词《清平乐·会昌》立轴	122cm×40cm	322,000	北京保利	2021-06-05
林散之 1973年作 草书毛主席诗《卜算子·咏梅》立轴	133cm×32cm	322,000	北京荣宝	2021-12-02
林散之 草书七言联 立轴	145cm×24cm×2	322,000	南京经典	2021-01-10
林散之 草书陈简斋《清明》立轴	33cm×130cm	322,000	十竹斋	2021-06-27
林散之 草书七言联 立轴	139cm×29cm×2cm	310,500	南京经典	2021-01-10
林散之 行草毛主席诗《卜算子·咏梅》镜心	96cm×43cm	287,500	北京荣宝	2021-06-19
林散之 毛泽东《卜算子·咏梅》立轴	105cm×47cm	287,500	南京经典	2021-07-18
林散之 毛泽东《卜算子·咏梅》立轴	138cm×34cm	287,500	南京经典	2021-07-18
林散之 草书韦庄《台城》镜片	34.5cm×105cm	287,500	十竹斋	2021-06-27
林散之 草书五言联 镜心	89.5cm×23cm×2	287,500	十竹斋拍卖(北京)	2021-05-29
林散之 启功 草书杜甫诗·楷书"黄山之冬"画心(二帧)	136cm×34cm; 34.5cm×25cm	287,500	西泠印社	2021-01-15
林散之 1974年作 为曹简楼作草书七言诗 立轴	99cm×33cm	287,500	西泠印社	2021-01-15
林散之 草书 刘禹锡诗 立轴	81cm×32cm	287,500	西泠印社	2021-07-25
林散之 1978年作 草书 立轴	102cm×34cm	281,750	广东崇正	2021-07-18
林散之 行书七言联 立轴	125cm×22cm×2	264,500	南京经典	2021-07-18
林散之 1977年作 草书《八十自述诗》镜心	29cm×97cm	253,000	北京保利	2021-06-05
林散之 草书自作诗三首 镜心	26cm×113cm	253,000	北京保利	2021-06-05
林散之 行书七言联 立轴	135cm×33cm×2	253,000	南京经典	2021-07-18
林散之 毛泽东《卜算子·咏梅》立轴	129cm×40cm	253,000	南京经典	2021-07-18
林散之 草书五言联 镜片	96.5cm×30cm×2	253,000	十竹斋	2021-06-27
林散之 草书四言联 镜片	96cm×30cm×2	253,000	十竹斋	2021-06-27
林散之 为徐昌酩作草书杜牧《山行诗》镜片	95.5cm×23.5cm	253,000	西泠印社	2021-07-24
林散之 草书李贺诗 镜心	97cm×45.5cm	253,000	中国嘉德	2021-05-20
林散之 1974年作 草书自作诗 镜心	136cm×54cm	253,000	中国嘉德	2021-12-10
林散之 刘禹锡《再游玄都观》立轴	110cm×34cm	241,500	南京经典	2021-01-10
林散之 李白《望天门山》立轴	128cm×32cm	241,500	南京经典	2021-01-10
林散之 书法 立轴	132cm×32.5cm	230,000	广东小雅斋	2021-07-20
林散之 毛泽东《如梦令·元旦》立轴	82.5cm×37cm	230,000	南京经典	2021-07-18
林散之 刘禹锡《再游玄都观》立轴	110cm×34cm	230,000	南京经典	2021-07-18
林散之 草书七言诗 镜片	100cm×34cm	230,000	十竹斋	2021-06-27
林散之 草书四言联 镜片	96.5cm×23cm×2	230,000	十竹斋	2021-06-27
林散之 草书五言联 立轴	138cm×34cm×2	230,000	十竹斋	2021-06-27
林散之 草书录毛泽东《卜算子·咏梅》立轴	103cm×33cm	230,000	十竹斋拍卖(北京)	2021-05-29
林散之 草书李益《夜上受降城闻笛》立轴	129cm×34cm	218,500	十竹斋	2021-06-27
林散之 为徐昌酩作草书鲁迅诗 镜片	67.5cm×46cm	218,500	西泠印社	2021-07-24
林散之 柳宗元《夏画偶作》镜心	106cm×33cm	212,750	南京经典	2021-01-10
林散之 杜牧 山行 镜心	109cm×34cm	212,750	南京经典	2021-01-10
林散之 草书 毛主席诗《清平乐·会昌》立轴	74cm×26cm	207,000	北京荣宝	2021-12-02
林散之 草书七言联 立轴	137cm×22cm×2	207,000	南京经典	2021-01-10
林散之 草书自述诗 画心	68.5cm×20cm	207,000	西泠印社	2021-04-10
林散之 草书毛主席《十六字令》镜心	105cm×35cm	207,000	中国嘉德	2021-05-19
林散之 草书毛主席《十六字令》镜心	93cm×33cm	207,000	中国嘉德	2021-05-20
林散之 草书鲁迅石诗 立轴	137cm×33cm	207,000	中国嘉德	2021-12-10
林散之 草书毛主席词《如梦令·元旦》立轴	82cm×37cm	207,000	中贸圣佳	2021-05-21
林散之 草书毛泽东《七绝·为李进同志题所摄庐山仙人洞照》镜心	83cm×25cm	207,000	中贸圣佳	2021-05-21
林散之 1978年 草书王建诗 立轴	107cm×33cm	195,500	北京保利	2021-06-05
林散之 1983年作 草书七言联 立轴	137cm×34cm×2	195,500	北京保利	2021-06-05
林散之 袁晓园 陈达 桑作楷 李亚书画 立轴/镜片(五帧)	尺寸不一	195,500	广东崇正	2021-01-07

拍品名称	物品尺寸	成交价RMB	拍卖公司	拍卖日期
林散之 登八达岭望长城感言 镜心	33cm×63cm	195,500	南京经典	2021-07-18
林散之 为房震作草书毛主席词立轴	119cm×27.5cm	195,500	西泠印社	2021-07-24
林散之 行书《嘉州夜访大佛乌尤诸寺》立轴	94.5cm×34cm	195,500	中鸿信	2021-07-15
林散之 杜牧 江南春 立轴	96cm×35cm	189,750	南京经典	2021-01-10
林散之 自作诗《望巫山十二峰》立轴	95cm×33cm	189,750	南京经典	2021-01-10
林散之 自作诗《太湖纪游》立轴	98cm×32cm	184,000	南京经典	2021-07-18
林散之 王建《中秋望月》立轴	136cm×33cm	184,000	南京经典	2021-07-18
林散之 行书五言联 立轴	102cm×34.5cm×2	184,000	十竹斋	2021-06-27
林散之草书录曾幾《三衢道中》立轴	97cm×32.5cm	184,000	十竹斋拍卖(北京)	2021-05-29
林散之草书《忆秦娥·娄山关》立轴	127cm×30.5cm	184,000	中国嘉德	2021-05-21
林散之 八十自述诗两首 镜心	20.5cm×69cm	178,250	南京经典	2021-01-10
林散之 草书 立轴	104cm×34cm	172,500	广东崇正	2021-07-18
林散之 1972年作 草书五言联 立轴	106cm×20cm×2	172,500	广东崇正	2021-07-18
林散之 李白《早发白帝城》镜心	83cm×38cm	172,500	南京经典	2021-01-10
林散之 刘采春《啰唝曲>立轴	94cm×32.5cm	172,500	南京经典	2021-01-10
林散之 王昌龄《从军行》立轴	108cm×34cm	172,500	南京经典	2021-01-10
林散之 虎踞龙盘 镜心	34cm×94cm	172,500	南京经典	2021-07-18
林散之 草书七言诗 镜片	92cm×34cm	172,500	上海嘉禾	2021-11-14
林散之 行书“勤奋”镜片	33cm×68cm	172,500	十竹斋	2021-06-27
林散之 草书杜牧《江南春》镜片	99cm×51cm	172,500	十竹斋	2021-06-27
林散之 1985年作 草书节录刘采春《啰唝曲》立轴	93cm×32.5cm	172,500	十竹斋拍卖(北京)	2021-05-29
林散之 1979年作 草书录王之涣《登鹳雀楼》立轴	83cm×37cm	172,500	十竹斋拍卖(北京)	2021-05-29
林散之 1939年作 草书 王昌龄诗 立轴	94cm×34cm	172,500	西泠印社	2021-07-24
林散之 1974年作 山水书法 成扇	17cm×50cm	172,500	永乐拍卖	2021-05-21
林散之 1979年作 草书五言联 立轴	101cm×22cm×2	172,500	中国嘉德	2021-12-11
林散之 草书五言联 立轴	96cm×22cm×2	172,500	中贸圣佳	2021-07-06
林散之 1976年作 草书王昌龄《从军行》立轴	94.2cm×34.3cm	169,949	香港苏富比	2021-04-21
林散之 草书五言联 立轴	101cm×22cm×2	166,750	十竹斋	2021-06-27
林散之 草书唐人诗 镜心	136cm×33.5cm	166,750	中贸圣佳	2021-07-06
林散之 草书 毛主席诗《如梦令·元旦》镜心	96cm×32cm	161,000	北京荣宝	2021-12-02
林散之 自作诗《昔游》立轴	96cm×36cm	161,000	南京经典	2021-01-10
林散之 陆游《剑门道中》镜心	136cm×34cm	161,000	南京经典	2021-01-10
林散之 1976年作 松云迭峰 立轴	96cm×35cm	156,492	香港苏富比	2021-10-11
林散之 风华正茂 镜心	28cm×70cm	155,250	南京经典	2021-01-10
林散之 钱起《逢侠者》立轴	100cm×34cm	155,250	南京经典	2021-01-10
林散之 仁者寿 镜心	35cm×68cm	155,250	南京经典	2021-01-10
林散之 1974年作 草书 镜心	136cm×53.5cm	149,500	北京翰海	2021-06-04
林散之 近现代 字对	77cm×17cm×2	149,500	十竹斋	2021-06-27
林散之 草书杜牧《江南春》立轴	96cm×35.5cm	149,500	十竹斋	2021-06-27
林散之 草书七言诗 镜片	136cm×33.5cm	149,500	十竹斋	2021-06-27
林散之 为贺采作 草书牛劲 镜片	66.5cm×34cm	149,500	西泠印社	2021-01-15
林散之 草书题画诗 立轴	95.5cm×33.5cm	149,500	中国嘉德	2021-05-20
林散之 1980年作 草书王建诗 立轴	100cm×34cm	149,500	中国嘉德	2021-12-10
林散之 1985年作 行书《江南春》镜心	98cm×34cm	149,500	中鸿信	2021-07-15
林散之 草书诗 立轴	105cm×32cm	138,000	北京保利	2021-05-17
林散之 草书 立轴	100cm×34.5cm	138,000	广东崇正	2021-07-19

拍品名称	物品尺寸	成交价RMB	拍卖公司	拍卖日期
林散之亚明谢稚柳费新我卢星堂郭公达萧平李小可刘胡舒陈大羽王达弗徐培晨吴国亭喻继高欧阳龙徐宁黄养辉吴冠南储云杨彦刘二刚萧和林曦明等名家册页集锦册页	28cm×39.5cm×24	138,000	南京经典	2021-01-10
林散之 自作诗《论书》立轴	97.5cm×33cm	138,000	南京经典	2021-01-10
林散之 1978年作 草书自作诗卷 手卷	画心 25.5cm×114cm; 引首 25.5cm×88cm; 题跋 25.5cm×59cm	138,000	上海嘉禾	2021-07-23
林散之 1978年作 草书周恩来诗 立轴	102cm×32cm	138,000	上海嘉禾	2021-11-14
林散之 草书五言联 镜片	96cm×22cm×2	138,000	十竹斋	2021-06-27
林散之草书录毛泽东《十六字令》之一 立轴	68cm×38cm	138,000	十竹斋拍卖(北京)	2021-05-29
林散之 草书《太湖游记诗》立轴	99.5cm×34cm	138,000	西泠印社	2021-10-23
林散之 1963年作 草书杜甫秋光句 立轴	96cm×36cm	138,000	永乐拍卖	2021-05-21
林散之 草书 立轴	106.5cm×33.5cm	138,000	永乐拍卖	2021-12-01
林散之 1978年作 草书“群星之华”镜心	60.5cm×40.5cm	138,000	中国嘉德	2021-05-20
林散之 1977年作 草书毛主席诗句 镜心	33cm×94.5cm	138,000	中国嘉德	2021-05-20
林散之 1979年作 草书杜牧诗 立轴	96.5cm×35.5cm	138,000	中国嘉德	2021-12-11
林散之 草书 立轴	132cm×48cm	138,000	朵云轩	2021-12-30
林纾 1892年作 清供图 镜片(二件)	47.5cm×30cm×2	264,500	西泠印社	2021-01-16
林纾 1923年作 四季山水 镜心	150cm×40.5cm×4	253,000	中国嘉德	2021-05-21
林纾 沈曾植 福州洪塘·罗隐《金陵夜泊》成扇	20cm×55.8cm	235,750	北京诚轩	2021-12-03
林纾 仿王时敏山水 立轴	134cm×66cm	172,500	中鸿信	2021-07-15
林纾 哀蝉落叶图 镜心	33cm×72cm	161,000	中贸圣佳	2021-07-06
林纾 1922年作 雁宕胜景图 立轴	125cm×32cm	138,000	西泠印社	2021-01-16
林墉 1989年作 春之歌 镜片	68cm×131cm	575,000	广东崇正	2021-01-07
林墉 岳飞 镜片	147cm×325cm	920,000	华艺国际	2021-06-04
林墉 1990年作 裸女 镜框	66cm×131cm	460,000	华艺国际	2021-04-01
林墉 1988年作 执扇仕女 镜片	139cm×68.5cm	448,500	广东崇正	2021-01-07
林墉 1988年作 荔枝少女 镜框	139cm×68cm	437,000	华艺国际	2021-04-01
林墉 1992年作 补天图 镜框	137cm×68cm	437,000	华艺国际	2021-04-01
林墉 1982年作 红利大吉图 立轴	134cm×68cm	345,000	广东崇正	2021-01-07
林墉 2002年作 春早 镜框	139cm×70cm	322,000	华艺国际	2021-04-01
林墉 1987年作 南国少女 镜心	137cm×68cm	287,500	中国嘉德	2021-05-21
林墉 1993年作 执扇少女 镜框	135.5cm×69cm	230,000	华艺国际	2021-04-01
林墉 2002年作 人物山水 镜片(四帧)	55cm×90.5cm×4	207,000	广东崇正	2021-01-07
林墉 多彩少女 立轴	69cm×47.5cm	207,000	上海嘉禾	2021-07-22
林墉 1990年作 竹林仕女 镜框	40cm×59.5cm	195,500	华艺国际	2021-03-31
林墉 美人图 镜心	68cm×138cm	184,000	北京九歌	2021-06-13
林墉 少女 镜框	69cm×138cm	172,500	华艺国际	2021-04-01
林墉 1983年作《诗经》画意 立轴	136cm×67cm	172,500	中国嘉德	2021-03-28
林语堂 1967年作 为黄和平书 题辞镜片	66cm×20cm	253,000	西泠印社	2021-07-25
林玉山 1986年作 绝壑风生 镜框	68cm×125cm	138,000	罗芙奥	2021-12-04
林跃平 2014年作 天马	68cm×132cm	805,000	中国嘉德	2021-11-29
林长民 1918年作 行书屏轴(四件)	134.5cm×31.5cm×4	172,500	朵云轩	2021-12-30
林直勉、杨庶堪、李烈钧、程潜致滨野末太郎题辞	35.7cm×24cm	149,500	中国嘉德	2021-05-20
林子平 新加坡河景	192.5cm×489cm	1,026,250	佳士得	2021-12-02
林子平 2012 年作 河畔店屋	145cm×367.5cm	724,500	佳士得	2021-05-25
林宗海 2021年作 九龙献岁	138cm×69cm	184,000	荣宝斋(南京)	2021-05-26
刘半农 1932年作 书汉《礼器碑》题跋	30.5cm×17.5cm	253,000	西泠印社	2021-07-25
刘宝纯 1989年作 泰山松云 镜心	121cm×245cm	207,000	中鸿信	2021-07-14

2021书画拍卖成交汇总(续表)

(成交价RMB:10万元以上)

拍品名称	物品尺寸	成交价RMB	拍卖公司	拍卖日期
刘宝纯 1991年作 海上生明月 镜心	97cm×180cm	149,500	中鸿信	2021-07-14
刘宝纯 1986年作 蓬莱仙阁 镜心	96cm×180cm	138,000	中鸿信	2021-07-14
刘宝纯 1983年作 泰山雄姿 镜心	95cm×178cm	138,000	中鸿信	2021-07-14
刘炳森 1994年作 隶书十二言联 镜心	182cm×28cm×2	172,500	北京荣宝	2021-12-02
刘炳森 隶书刘长卿诗 镜心	69.5cm×138cm	161,000	北京荣宝	2021-06-19
刘昌潮 1973年作 石山种柑满山红 镜片	140cm×67cm	161,000	广东崇正	2021-01-07
刘大为 2005年作 人物四屏 镜心	137cm×34.5cm×4	782,000	中国嘉德	2021-05-21
刘大为 2014年作 征途·行书五言联 镜心	画 136cm×68cm;书 136cm×34cm×2	368,000	北京保利	2021-05-17
刘大为 2012年作 跃马图 镜框	70.5cm×118.5cm	230,000	上海嘉禾	2021-11-14
刘大为 1994年作 任重道远 镜心	69cm×137cm	218,500	中国嘉德	2021-03-28
刘大为 2006年作 瑞雪图 镜心	96cm×179cm	207,000	北京银座	2021-09-24
刘旦宅 1981年作 击鞠图 立轴	68cm×134.5cm	8,280,000	中国嘉德	2021-05-19
刘旦宅 1990年作 大观楼群芳图 立轴	52cm×179cm	2,530,000	北京保利	2021-12-03
刘旦宅 1984年作 聊斋百图册(一百选二十四)册页(一百开)	17.5cm×17cm×100	3,680,000	中国嘉德	2021-05-21
刘旦宅 1983年作 兰亭修禊图 镜心	90cm×49cm	2,300,000	中国嘉德	2021-05-19
刘旦宅 1996年作 瑶池舞 镜心	96cm×179cm	977,500	中国嘉德	2021-05-19
刘旦宅 1954年作 木兰诗画集 册页(二十一开)	33cm×42.5cm×21	2,300,000	中国嘉德	2021-05-19
刘旦宅 1982年作 魏徵进谏图 镜心	89cm×48.5cm	1,495,000	中国嘉德	2021-12-11
刘旦宅 1996年作 坡公望湖楼醉书图 立轴	136.5cm×69cm	1,150,000	中国嘉德	2021-05-19
刘旦宅 1983年作 孔子施教 镜心	90cm×48.5cm	1,150,000	中国嘉德	2021-05-21
刘旦宅 1987年作 东坡赤壁 镜心	68cm×67.5cm	862,500	中国嘉德	2021-05-21
刘旦宅 1984年作 太白诗意图 镜心	89cm×48cm	862,500	中国嘉德	2021-12-11
刘旦宅 1984年作 紫气东来 镜心	161cm×87cm	805,000	中国嘉德	2021-05-19
刘旦宅 1996年作 米颠拜石 立轴	136.5cm×69cm	805,000	中国嘉德	2021-05-21
刘旦宅 1987年作 绿天草圣 镜心	92cm×69cm	690,000	中国嘉德	2021-05-19
刘旦宅 1988年作 双如阁修史图 立轴	73cm×42cm	632,500	中国嘉德	2021-05-19
刘旦宅 1979年作 二湘图 立轴	138cm×69cm	598,000	中国嘉德	2021-05-21
刘旦宅 1976年作 为胡晓申作《策马游春图》画心	117cm×51.5cm	575,000	西泠印社	2021-07-24
刘旦宅 1987年作 草圣会神之图 镜心	137.5cm×68.5cm	575,000	中国嘉德	2021-05-21
刘旦宅 为陆俨少作《九歌》卷 手卷	28cm×134cm	575,000	中国嘉德	2021-12-10
刘旦宅 1995年作 行书四言联 镜心	178.5cm×48cm×2	402,500	中国嘉德	2021-05-21
刘旦宅 1978年作 长寿图 立轴	96.3cm×60.2cm	368,000	中国嘉德	2021-05-19
刘旦宅 1984年作 荆浩《洪谷图》镜心	48cm×59.5cm	368,000	中国嘉德	2021-05-19
刘旦宅 1998年作 麻姑献寿图 立轴	131cm×66cm	345,000	上海嘉禾	2021-07-22
刘旦宅 1982年作 松下乐韵 立轴	95cm×59cm	345,000	中国嘉德	2021-05-21
刘旦宅 1984年作 米颠拜石图 镜心	47.5cm×59.5cm	322,000	中国嘉德	2021-05-19
刘旦宅 1979年作 李贺《晚归图》立轴	95.5cm×59cm	322,000	中国嘉德	2021-12-10
刘旦宅 1987年作 思梦图 镜心	69cm×69cm	299,000	中国嘉德	2021-05-19
刘旦宅 1987年作 松荫抚琴 立轴	95cm×54cm	287,500	上海嘉禾	2021-07-22
刘旦宅 1984年作 王冕《九里山图》镜心	48.5cm×59.5cm	287,500	中国嘉德	2021-05-19
刘旦宅 1984年作 文同《筼筜谷图》镜心	48cm×58.5cm	287,500	中国嘉德	2021-05-19
刘旦宅 1987年作 翠碧丹枫 镜心	69cm×70cm	287,500	中国嘉德	2021-05-19
刘旦宅 1988年作 菩提达摩造像 镜心	画 95cm×58.5cm;字 21cm×58.5cm	287,500	中国嘉德	2021-05-21
刘旦宅 屈原行吟图 立轴	107cm×67.5cm	276,000	中鸿信	2021-07-14
刘旦宅 1980年作 松鹤高士图 立轴	76.5cm×48cm	253,000	北京华辰	2021-12-08
刘旦宅 1987年作 东坡庐山诗意 镜心	68cm×74cm	253,000	中国嘉德	2021-05-19
刘旦宅 1988年作 双雀竹石 镜心	74cm×50.5cm	253,000	中国嘉德	2021-05-21
刘旦宅 1984年作 风尘三侠 镜心	70cm×138cm	207,000	华艺国际	2021-12-11
刘旦宅 1980年作 黛玉葬花图 软片	68cm×34cm	201,250	上海嘉禾	2021-11-14
刘旦宅 1983年作 子猷看竹图 立轴	68.5cm×45cm	195,500	上海嘉禾	2021-07-23
刘旦宅 1978年作 三鹿 镜心	69cm×46cm	195,500	中国嘉德	2021-05-21
刘旦宅 梅花仕女 立轴	68cm×51cm	184,000	上海嘉禾	2021-07-23
刘旦宅 1980年作 荷花鸳鸯 镜心	96.5cm×59.5cm	184,000	中国嘉德	2021-05-21
刘旦宅 1986年作 梅竹寒禽 镜心	69cm×69cm	172,500	中国嘉德	2021-05-19
刘旦宅 1986年作 松石长寿 镜心	68.5cm×45cm	172,500	中国嘉德	2021-05-19
刘旦宅 1987年作 雁荡天柱峰 镜心	69cm×69cm	172,500	中国嘉德	2021-05-21
刘旦宅 1979年作 虎溪三笑图 镜心	137cm×69cm	161,000	北京翰海	2021-10-16
刘旦宅 茶花戴胜 镜心	69cm×69cm	161,000	中国嘉德	2021-05-19
刘旦宅 周汝昌《红楼梦人物》册页	19cm×13.5cm×24	161,000	中鸿信	2021-07-14
刘旦宅 1987年作 米颠拜石 镜心	68.5cm×45.5cm	149,500	中国嘉德	2021-05-19
刘旦宅 1987年作 两个黄鹂鸣翠柳 镜心	69cm×69cm	149,500	中国嘉德	2021-05-19
刘旦宅 1987年作 辛弃疾词意 镜心	68cm×68.5cm	149,500	中国嘉德	2021-05-21
刘旦宅 留得残荷听雨声 镜心	41.5cm×56cm	138,000	北京保利	2021-06-05
刘旦宅 1980年作 庐山五老峰 立轴	95cm×39.5cm	138,000	北京保利	2021-12-03
刘旦宅 1983年作 大梦图 镜心	25.2cm×22.3cm	138,000	中国嘉德	2021-11-30
刘旦宅 濠上图 立轴	96cm×58cm	552,000	朵云轩	2021-12-30
刘旦宅 1988年作 接喜图 立轴	95cm×44cm	184,000	朵云轩	2021-12-30
刘广 2020年作 云海观松 镜心	96cm×352cm	6,900,000	北京保利	2021-06-06
刘广 2013年作 林亭豪逸 镜心	123cm×239cm	5,520,000	北京保利	2021-06-06
刘广 2007年作 溪山春游 手卷	44cm×272cm	1,840,000	北京保利	2021-06-06
刘广 2010年作 林谷清幽 镜心	112cm×282cm	1,725,000	北京保利	2021-12-04
刘广 2012年作 云山飞瀑 镜心	111cm×239cm	1,437,500	北京保利	2021-12-04
刘广 2014年作 清溪环抱映青螺 镜心	90cm×220cm	1,035,000	北京保利	2021-12-04
刘广 2021年作 乐逍遥 镜心	110cm×68cm	989,000	北京保利	2021-06-06
刘广 2002年作 仿宋人山水 镜心	134.5cm×66.5cm	460,000	北京保利	2021-06-06
刘广 2007年作 溪山清夏 镜心	129cm×66cm	460,000	北京保利	2021-12-04
刘广 2015年作 黄山清韵 镜心	67cm×132cm	460,000	北京保利	2021-12-04
刘国松 1970年作 距离组织之六 镜框	131.2cm×63cm	2,463,000	佳士得	2021-11-30
刘国松 2004年作 冰峰雪壁	184cm×92cm	1,035,000	佳士得	2021-05-25
刘国松 1966年作 无题	60cm×92.5cm	672,750	佳士得	2021-05-25
刘国松 1969年作 月之蜕变	92.2cm×74.4cm	672,399	保利香港	2021-11-29
刘国松 2010年作 雪景	61cm×95cm	667,000	北京翰海	2021-12-17
刘国松 2005年作 树正群海	47.5cm×60.5cm	575,000	十竹斋拍卖(北京)	2021-04-25
刘国松 2005年作 五花海的音符:九寨沟系列之八十六	74.3cm×96cm	556,800	罗芙奥	2021-07-18
刘国松 2010年作 西北大草原	64.3cm×46.7cm	550,000	十竹斋拍卖(北京)	2021-04-25
刘国松 1966年作 绿之梦	59.5cm×91.5cm	521,640	香港苏富比	2021-10-10
刘国松 2000年作 山外山 镜框	56cm×88cm	513,125	佳士得	2021-11-30
刘国松 1992年作 意象山水之二 镜框	61cm×92.5cm	461,813	佳士得	2021-11-30
刘国松 2013年作 天体的流动	74cm×84cm	424,872	保利香港	2021-04-21
刘国松 1967年作 冰峰雪岭 镜框	78cm×73cm	414,000	佳士得	2021-05-27

拍品名称	物品尺寸	成交价RMB	拍卖公司	拍卖日期
刘国松 1988年作 天籁	44cm×105cm	389,760	罗芙奥	2021-07-18
刘国松 1972年作 荷塘月色 立轴	63cm×42cm	345,000	永乐拍卖	2021-12-01
刘国松 1964年作 雪景	85.5cm×55.5cm	307,875	佳士得	2021-12-02
刘海粟 1989年作 黄山西海朝晖 镜片	95.5cm×179cm	2,990,000	上海嘉禾	2021-11-14
刘海粟 艳门汉宫春 镜心	94cm×176cm	1,955,000	北京保利	2021-12-03
刘海粟 泼墨白荷 立轴	149.5cm×74cm	1,380,000	中贸圣佳	2021-07-06
刘海粟 1938年作 秋日山居图 立轴	138.5cm×63cm	1,955,000	华艺国际	2021-03-31
刘海粟 1982年作 啸翻云海 镜片	122cm×246cm	2,127,500	朵云轩	2021-07-07
刘海粟 1983年作 黄岳雄姿 镜片	143cm×366.5cm	7,992,500	上海匡时	2021-07-08
刘海粟 1981年作 莲花峰 镜心	135cm×84cm	2,127,500	北京保利	2021-12-03
刘海粟 1982年作 白龙飞瀑 立轴	136cm×68cm	1,840,000	中国嘉德	2021-12-10
刘海粟 1987年作 最爱无花不是红 立轴	137cm×69cm	1,725,000	中国嘉德	2021-12-10
刘海粟1985年作红梅并《水龙吟》行书一堂镜心	画 98cm×226.5cm；对联 98cm×50cm×2	1,380,000	北京保利	2021-06-05
刘海粟 1990年作 泼墨荷花 镜片	136cm×68cm	943,000	上海嘉禾	2021-11-14
刘海粟 1982年作 黄山狮子林朝晖 镜片	116cm×226.5cm	931,500	佳士得	2021-05-27
刘海粟 1935年作 幼虎 立轴	画心 63cm×31cm；诗堂 63cm×28cm	897,000	上海嘉禾	2021-07-22
刘海粟 1983年作 华岳松涛 镜心	96cm×58.5cm	805,000	北京保利	2021-12-04
刘海粟 双栖 立轴	132cm×65cm	598,000	中贸圣佳	2021-05-21
刘海粟 1981年作 松涛云海 镜片	104cm×199.5cm	513,125	佳士得	2021-11-30
刘海粟 1980年作 桃花溪 立轴	109cm×58cm	506,000	永乐拍卖	2021-05-21
刘海粟 1983年作 子孙繁绵 镜心	126cm×61cm	460,000	北京保利	2021-12-03
刘海粟 1981年作 松鹰图 镜心	139cm×69cm	447,120	中国嘉德	2021-10-13
刘海粟 1943年作 长风万里 镜心	169cm×95cm	437,000	中鸿信	2021-07-14
刘海粟 1943年作 芦雁 立轴	134.5cm×68cm	425,500	上海嘉禾	2021-07-22
刘海粟 1982年作 黄山烟云 镜心	114cm×56.5cm	402,500	中鸿信	2021-07-14
刘海粟 1972年作 红梅 镜框	68cm×137.5cm	393,300	佳士得	2021-05-27
刘海粟 1975年作 牡丹立轴	136cm×56.5cm	391,000	上海嘉禾	2021-07-22
刘海粟 1941年作 听泉图 镜心	112cm×55cm	391,000	中国嘉德	2021-05-19
刘海粟 1988年作 朱砂双松 立轴	138cm×68.5cm	345,000	华艺国际	2021-12-11
刘海粟 故园春好 镜心	48cm×67.5cm	345,000	中国嘉德	2021-12-10
刘海粟 黄山天下奇 立轴	134cm×62.5cm	328,400	佳士得	2021-11-30
刘海粟 1982年作 荷花 镜心	135cm×69cm	322,000	永乐拍卖	2021-05-21
刘海粟 1975年作 墨葡萄 立轴	130cm×53cm	322,000	中国嘉德	2021-05-19
刘海粟 松鹰寒柯图 立轴	132.5cm×66cm	299,000	西泠印社	2021-10-23
刘海粟 行书"精气神"	123cm×246cm	299,000	中国嘉德	2021-12-10
刘海粟1978年作鲲鹏展翅九万里横披	80.5cm×147cm	287,500	中国嘉德	2021-05-21
刘海粟 1985年作 黄山 镜框	62.5cm×98.5cm	269,100	佳士得	2021-05-27
刘海粟 1982年作 黄山松云 立轴	119cm×56cm	253,000	中国嘉德	2021-03-28
刘海粟 1990年作 十里荷香 立轴	152cm×83cm	230,000	华艺国际	2021-12-11
刘海粟 1938年作 梅花 立轴	106.5cm×51cm	230,000	中国嘉德	2021-12-10
刘海粟 墨葡萄 立轴	134cm×56cm	224,250	南京经典	2021-01-10
刘海粟 1941年作 天马 立轴	132cm×67cm	218,500	北京保利	2021-06-06
刘海粟 1979年作 墨葡萄 镜心	68cm×137cm	218,500	北京保利	2021-06-06
刘海粟 1984年作 行书"笙篁韵协" 横披	87.5cm×260cm	218,500	北京荣宝	2021-06-19
刘海粟 1951年作 仿石涛山水 镜片	92cm×32.5cm	207,000	上海嘉禾	2021-07-22
刘海粟 1982年作 黄山多奇峰 镜心	72cm×181.5cm	195,500	北京荣宝	2021-12-02
刘海粟 1981年作 秋滩息影 镜片	117cm×58cm	195,500	上海嘉禾	2021-11-14
刘海粟 汉柏图 立轴	96cm×89cm	195,500	中贸圣佳	2021-09-25
刘海粟 多子多孙 立轴	123cm×68cm	189,750	广东小雅斋	2021-07-20
刘海粟 1975年作 荷花鸳鸯 镜框	146cm×77cm	184,725	佳士得	2021-11-30
刘海粟 清风荷韵四屏 镜心		184,000	中国嘉德	2021-09-27
刘海粟 1976年作 福寿 镜心	97.5cm×116cm	177,336	保利香港	2021-11-28
刘海粟 1985年作 夕阳山外山 立轴	126cm×67cm	172,500	北京保利	2021-06-05
刘海粟 1987年作 行书 立轴	89.5cm×47.5cm	172,500	广东崇正	2021-07-19
刘海粟 山村小景 镜片	49.5cm×68.5cm	172,500	华艺国际	2021-06-04
刘海粟 1982年作 天都独上最高峰 镜心	98.5cm×67cm	172,500	华艺国际	2021-12-11
刘海粟 1977年作 墨葡萄 镜片	99cm×55cm	172,500	上海嘉禾	2021-07-22
刘海粟1981年作花好月圆人寿镜片	69cm×139cm	172,500	上海嘉禾	2021-07-23
刘海粟 苍松图 镜框	137cm×70cm	161,000	华艺国际	2021-03-31
刘海粟 纵横相呼 镜心	101cm×100cm	161,000	中国嘉德	2021-03-28
刘海粟 松石图 镜心	74.5cm×40cm	161,000	中国嘉德	2021-12-11
刘海粟 为家耀书画集序 镜片	32.5cm×122cm	149,500	华艺国际	2021-06-04
刘海粟 多子多孙图 立轴	123cm×68cm	149,500	南京经典	2021-01-10
刘海粟 1980年作 天都峰 镜片	44.5cm×62.5cm	149,500	上海嘉禾	2021-07-22
刘海粟 行书"罗汉堂"镜片	94cm×174cm	149,500	上海嘉禾	2021-07-22
刘海粟 1975年作 月明林下 镜心	48.5cm×73.5cm	149,500	中国嘉德	2021-05-20
刘海粟 鱼乐 立轴	136cm×67.9cm	149,211	中国嘉德	2021-04-22
刘海粟 1977年作 行书自作诗 镜心	49cm×138cm	138,000	中国嘉德	2021-05-21
刘海粟 1981年作 奇峰叠翠云 镜片	96cm×179cm	1,380,000	朵云轩	2021-12-30
刘海粟 雄鹰图 镜片	133cm×66cm	322,000	朵云轩	2021-12-30
刘继卣 1973年作 水浒之三打祝家庄 镜心	48cm×116cm	943,000	北京翰海	2021-04-17
刘继卣 戏鹅图 镜心	138cm×72cm	828,000	北京保利	2021-05-17
刘继卣 1980年作 少女与牛 立轴	136cm×67cm	828,000	中国嘉德	2021-05-21
刘继卣 虎 镜心	136cm×67cm	770,500	北京保利	2021-12-03
刘继卣 1981年作 独立雄视图 立轴	136cm×67.5cm	552,000	十竹斋拍卖(北京)	2021-05-29
刘继卣 1979年作 牧牛图 立轴	135cm×67cm	471,500	中国嘉德	2021-05-20
刘继卣 1979年作 春风妩媚 立轴	136cm×67cm	379,500	北京保利	2021-09-25
刘继卣 1976年作 母子嬉戏 立轴	137cm×68.5cm	356,500	北京诚轩	2021-05-18
刘继卣 1977年作 爱鹅图 立轴	123cm×69cm	345,000	华艺国际	2021-12-11
刘继卣 牧牛图 镜心	137cm×69.5cm	276,000	北京荣宝	2021-06-19
刘继卣 1973年作 猴 镜心	66cm×33cm	253,000	中国嘉德	2021-05-21
刘继卣 1980年作 灵猿 镜心	68.5cm×45.5cm	230,000	北京荣宝	2021-06-19
刘继卣 1975年作 虎威 镜心	107cm×47cm	218,500	北京保利	2021-12-04
刘继卣 翔云 立轴	137cm×67cm	218,500	中国嘉德	2021-12-11
刘继卣 虎 镜框	137.5cm×69.5cm	207,000	佳士得	2021-05-27
刘继卣 1977年作 吉祥图 立轴	67cm×42.5cm	184,000	北京银座	2021-09-24
刘继卣 1980年作 大利图 横披	45.5cm×68.5cm	184,000	北京银座	2021-09-24
刘继卣 1973年作 松鼠 镜心	69.5cm×35cm	184,000	中国嘉德	2021-05-21
刘继卣 1980年作 萧萧竹影风清清 镜心	69cm×43cm	172,500	北京保利	2021-06-05
刘继卣 1980年作 双兔荔枝 立轴	68cm×45cm	172,500	中国嘉德	2021-12-11
刘继卣 1979年作 狗 镜心	46cm×69cm	155,250	中鸿信	2021-07-14
刘继卣 1982年作 小狗 立轴	66.5cm×64.5cm	149,500	保利厦门	2021-11-05
刘继卣 1978年作 雨霁 镜心	68.5cm×45.5cm	149,500	中国嘉德	2021-05-20
刘继卣 1973年作 猫 镜心	69cm×35cm	138,000	中国嘉德	2021-05-21
刘巨德 2014年作 鹤舞·篆书八言联 镜心	画180cm×49cm	414,000	北京保利	2021-05-17
刘奎龄 1922年作 富贵根基图 立轴	127cm×64.5cm	1,150,000	上海匡时	2021-07-08

2021书画拍卖成交汇总(续表)

(成交价RMB：10万元以上)

拍品名称	物品尺寸	成交价RMB	拍卖公司	拍卖日期
刘奎龄 1942年作 猫戏图 立轴	52cm×38cm	1,092,500	北京荣宝	2021-06-19
刘奎龄 1930年作 五福双美 立轴	165cm×64cm	920,000	永乐拍卖	2021-05-21
刘奎龄 双雉高枝 镜心	88cm×32.5cm	862,500	北京九歌	2021-06-13
刘奎龄 1943年作 嬉鸽图 立轴	102cm×64cm	713,000	北京保利	2021-06-05
刘奎龄 1931年作 桃柳双鸽 立轴	113cm×53cm	644,000	北京翰海	2021-06-04
刘奎龄 花雀图 立轴	35cm×59cm	345,000	永乐拍卖	2021-12-01
刘奎龄 福寿绵绵 镜框	40.5cm×41cm	248,400	佳士得	2021-05-27
刘奎龄吴雷川1940年作春鸽楷书成扇	19.9cm×49.1cm	208,656	香港苏富比	2021-10-11
刘奎龄 1945年作 松柏双雉 立轴	104cm×32.5cm	138,000	北京荣宝	2021-06-19
刘奎龄 1918年作 仙杖春桃 立轴	129cm×64cm	575,000	朵云轩	2021-12-30
刘凌沧 1986年作 梅园佳人 镜心	134.8cm×66.5cm	517,500	北京诚轩	2021-12-03
刘凌沧 香菱学诗 立轴	108.5cm×39.8cm	322,000	北京诚轩	2021-12-03
刘凌沧 1982年作 李白诗意图 立轴	137cm×68cm	287,500	北京荣宝	2021-06-19
刘凌沧 1982年作 屈原 立轴	137cm×68cm	195,500	北京保利	2021-12-04
刘凌沧画启功题1981年作麻姑献寿镜心	136cm×68cm	816,500	北京诚轩	2021-05-18
刘凌沧 柳溪赏春 立轴	107.2cm×40.5cm	230,000	北京诚轩	2021-05-18
刘孟宽 2021年作 春岚翠羽 镜框	187cm×96cm	225,775	佳士得	2021-11-30
刘圻 虎卧福地听禅图	68cm×180cm	500,000	保利厦门	2021-12-03
刘天怜 2021年作 满架紫藤一院香	120cm×200cm	287,500	北京保利	2021-12-02
刘铁飞 冬奥福年图	60cm×90cm	780,000	保利厦门	2021-12-03
刘婷 树形图	200cm×121cm	299,000	北京保利	2021-06-04
刘婷 烟水晶 镜心	110cm×160cm	253,000	中国嘉德	2021-12-13
刘万鸣 踏秋	80cm×34.5cm	230,000	荣宝斋(南京)	2021-05-26
刘万鸣 2021年作 道枝玄猿 镜心	76cm×34cm	218,500	中鸿信	2021-07-14
刘文西2002年作黄土坡上唢呐声镜心	132cm×66cm	460,000	中国嘉德	2021-09-27
刘文西 陕北姑娘·日本舞 二帧	49.5cm×38.5cm; 68.5cm×45cm	368,000	西泠印社	2021-01-15
刘文西 傣族少女 镜心	138cm×70cm	356,500	中贸圣佳	2021-05-21
刘文西2005年作 黄土地的老人镜心	137cm×69cm	253,000	华艺国际	2021-12-11
刘文西1998年作 黄土地的老人镜心	68.5cm×68cm	230,000	中国嘉德	2021-05-21
刘文西1991年作 黄土地的老人镜心	137cm×70cm	227,000	北京保利	2021-01-22
刘文西1982年作新疆维吾尔族老人镜心	69cm×46cm	184,000	北京荣宝	2021-12-02
刘文西 1985年作 小女孩 立轴	45.5cm×33.5cm	161,000	中国嘉德	2021-12-13
刘文西 2000年作 奔牛 镜心	68cm×132cm	138,000	北京保利	2021-06-06
刘文西2004年作黄土地上的老人立轴	70cm×69cm	138,000	上海嘉禾	2021-07-23
刘兴华 2021年作 刘禹锡《乌衣巷》	180cm×49cm	158,700	荣宝斋(南京)	2021-05-26
刘兴忠 仕女图 大中堂	213cm×113cm	747,500	荣宝斋(南京)	2021-05-26
刘兴忠 松下双栖 国宝图	79cm×158cm	552,000	荣宝斋(南京)	2021-05-26
刘彦水2009年作 云山四季四屏 镜片	172cm×45cm×4	253,000	华艺国际	2021-03-31
刘仰然 2013年作 山魂 镜心	68.5cm×136.5cm	138,000	北京荣宝	2021-06-19
刘一原 千年风骨 镜心	96cm×123cm	287,500	中国嘉德	2021-05-21
刘墉(当代) 2021年作 春融 镜框	40.8cm×62cm	260,820	香港苏富比	2021-10-11
刘与平2019年作毛泽东诗词《咏梅》	180cm×97cm	230,000	荣宝斋(南京)	2021-05-26
刘玉庵 墨荷 镜心	178cm×48cm	161,000	十竹斋拍卖(北京)	2021-05-29
刘芸菘 2017年作 无题	37cm×128cm	149,500	荣宝斋(南京)	2021-05-26
刘振生2021年作金文大篆《兰亭序》	180cm×48cm×4	598,000	荣宝斋(南京)	2021-05-26
刘振夏 印度街头 镜框	106.7cm×97cm	625,968	香港苏富比	2021-10-11
刘振夏 2014年作 新春大吉 镜心	122.5cm×69cm	414,000	中国嘉德	2021-12-13
刘振夏 在田间 镜心	125.5cm×51cm	345,000	中国嘉德	2021-05-21
刘振夏 1980年作 菊姝 镜框	83.6cm×55.2cm	297,410	香港苏富比	2021-04-21
柳亚子 行书七言联 对联	140cm×38cm×2	345,000	上海嘉禾	2021-07-22
柳亚子 1935年作 行书放翁诗 四屏镜心	133.5cm×31.5cm×4	322,000	十竹斋拍卖(北京)	2021-05-29

拍品名称	物品尺寸	成交价RMB	拍卖公司	拍卖日期
柳亚子 行书七言联 镜片	138cm×35cm×2	241,500	广东崇正	2021-07-19
柳亚子 1945年作 为袁水拍书《自作三绝句》立轴	131cm×64.5cm	172,500	西泠印社	2021-07-25
柳诒征 1948年作 为王驾吾作隶书五言联 对联	152cm×40.5cm×2	138,000	西泠印社	2021-01-15
龙瑞 2010年作 细雨崂山 镜心	180cm×96cm	747,500	北京荣宝	2021-06-19
龙瑞 2009年作 清江春趣图 镜心	95cm×178cm	230,000	北京保利	2021-12-04
龙瑞2014年作霞起上方山·楷书五言联镜心	画心 97cm×60cm; 对联 96cm×22cm×2	170,200	北京荣宝	2021-12-02
龙瑞 2006年作 春山雨后 镜心	134cm×68cm	149,500	北京荣宝	2021-06-19
龙榆生 夏承焘 唐圭璋 周汝昌 张牧石 等 题《梦边填词图》	尺寸不一	552,000	中国嘉德	2021-12-10
娄师白 且惕青阴 立轴	247.5cm×68cm.	575,000	北京荣宝	2021-12-02
娄师白 发财图 镜心	68.5cm×45.5cm	253,000	中国嘉德	2021-05-21
娄师白 福禄寿 纸本	136cm×67cm	230,000	中国嘉德	2021-03-27
娄师白 1972年作 丰富多彩 镜心	95cm×178cm	230,000	中国嘉德	2021-05-19
娄师白 红叶草虫 镜心	177cm×59.5cm	184,000	北京翰海	2021-06-04
娄师白 1962年作 清香益远 镜片	138cm×68cm	172,500	北京荣宝	2021-12-02
娄师白 吊兰图 镜片	120.5cm×68.5cm	155,250	西泠印社	2021-01-15
娄师白 紫藤小鸭 立轴	91cm×44cm	149,500	北京荣宝	2021-12-02
娄师白 花蝶图 镜片	120.5cm×68.5cm	143,750	西泠印社	2021-01-15
娄师白 芭蕉蜻蜓 立轴	175cm×94cm	138,000	中国嘉德	2021-05-21
卢沉 1978年作 版纳小景 立轴	137cm×68cm	322,000	北京荣宝	2021-06-19
卢沉 1979年作 鲁迅图 镜心	69cm×46cm	161,000	中国嘉德	2021-05-21
卢沉 1988年作 塞上人物 镜心	68cm×68cm	138,000	北京保利	2021-06-06
卢沉 1982年作 李白醉吟图 镜心	135.5cm×68.5cm	138,000	中国嘉德	2021-12-13
卢俊舟 书法“尽余欢” 镜心	632cm×234cm	2,068,920	保利香港	2021-11-28
卢坤峰 为王驾吾作《墨梅图》立轴	102cm×50.5cm	172,500	西泠印社	2021-01-15
卢坤峰1972年作兰竹清品册页(十页)	38cm×25cm×10	161,000	西泠印社	2021-04-10
卢坤峰 1964年作 竹石双清 立轴	151.5cm×81.5cm	172,500	朵云轩	2021-12-30
卢鹏 祥和安宁	椭圆形 70cm×90cm	488,000	保利厦门	2021-09-29
卢清远 2004年作 黄山云海 镜框	72cm×140cm	144,900	佳士得	2021-05-27
卢星堂 苏北水利新貌 镜心	81cm×246cm	172,500	南京经典	2021-01-10
卢禹舜 2012年作 天地大美 镜片	143.5cm×543.5cm	21,275,000	华艺国际	2021-06-04
卢禹舜 1998年作 梦游诗意图 镜心	123.5cm×248.5cm	1,380,000	北京荣宝	2021-06-19
卢禹舜 书法《心经》镜片	144cm×348cm	862,500	华艺国际	2021-06-04
卢禹舜 洪荒 镜心	136cm×68cm	575,000	北京保利	2021-06-06
卢禹舜2002年作 月下荷花图 镜心	142.5cm×363cm	575,000	北京荣宝	2021-12-02
卢禹舜2021年作 李白诗意图 镜心	17cm×137cm	460,000	北京荣宝	2021-06-19
卢禹舜2008年作 佳人诗意图 镜框	33cm×138cm	402,500	北京荣宝	2021-06-19
卢禹舜2003年作 江乡故人偶 镜框	138cm×69cm	402,500	北京荣宝	2021-12-02
卢禹舜2020年作 秋日诗意图 镜片	34cm×136cm	368,000	北京荣宝	2021-06-19
卢禹舜 2009年作 唐人诗意 镜心	69cm×137cm	166,750	北京保利	2021-12-04
卢禹舜 1997年作《日出行》诗意图 镜心	68.5cm×68cm	166,750	北京荣宝	2021-06-19
卢禹舜1995年作《赠阙下裴舍人》诗意图镜框	68.5cm×68.5cm	149,500	北京荣宝	2021-12-02
鲁双喜 2021年作 瑞雪温情	69cm×95cm	460,000	荣宝斋(南京)	2021-05-26
鲁迅 1931年作 行书八言联 立轴	97cm×19.5cm×2	494,500	中鸿信	2021-07-14
陆恢 蓉园瑞兽四屏 立轴	166cm×45cm×4	667,000	北京荣宝	2021-12-02
陆恢 1884—1885年作 花卉翎毛卷 手卷	引首 30cm×96cm; 画心 30cm×654cm	460,000	北京保利	2021-12-04

拍品名称	物品尺寸	成交价RMB	拍卖公司	拍卖日期
陆恢 为庞莱臣作《南山滴翠图》·隶书八言联 立轴、对联	170cm×31.5cm×2; 172cm×75.5cm	287,500	西泠印社	2021-07-25
陆恢 费念慈 1901年作 为庞莱臣作《茂林翠峦图》·楷书古文 成扇	16cm×52cm	241,500	西泠印社	2021-01-16
陆恢 1919年作 寒林雪骑 立轴	126cm×66cm	230,000	北京荣宝	2021-12-02
陆维钊 竹石图 立轴	120.5cm×47.5cm	149,500	西泠印社	2021-07-25
陆小曼 1940年11月7日作 山居赏梅图 镜片	74cm×35cm	1,725,000	西泠印社	2021-07-25
陆小曼 1924年作 春山仙阁图 镜框	85cm×46cm	1,265,000	上海嘉禾	2021-11-14
陆小曼 秋林散马图 扇面镜框	17.3cm×49.2cm	339,898	香港苏富比	2021-04-21
陆俨少 1952年作 代耕小组 立轴	131.5cm×65.5cm	27,025,000	华艺国际	2021-06-04
陆俨少 1980年作 巫峡云涛 镜片	97cm×180cm	12,075,000	上海匡时	2021-07-08
陆俨少 1973年作 柳文三记 手卷	画 26cm×54cm×3	5,520,000	北京保利	2021-06-05
陆俨少 1982年作 普陀山 立轴	94cm×58cm	4,600,000	北京荣宝	2021-06-19
陆俨少 1990年作 江云石壁 立轴	138cm×69cm	4,830,000	中国嘉德	2021-12-10
陆俨少 1964年作 龙蟠一道入云端 镜心	138cm×68cm	4,140,000	十竹斋拍卖(北京)	2021-05-29
陆俨少 寒树幽涧图 立轴	179cm×95.5cm	3,680,000	中贸圣佳	2021-05-21
陆俨少 高路入云端 立轴	106cm×66cm	4,255,000	上海嘉禾	2021-11-14
陆俨少 1985年作 云山图 镜片	178cm×96cm	3,795,000	西泠印社	2021-07-25
陆俨少 1955年作 毛主席的指示到田头 立轴	画心 70cm×48cm; 诗堂 70cm×19.5cm; 70cm×22.5cm	3,105,000	上海嘉禾	2021-07-22
陆俨少 1963年作 峨眉冬雪 立轴	100.5cm×30.5cm	2,990,000	永乐拍卖	2021-12-02
陆俨少 1978年作 四山云起 立轴	82.5cm×50.5cm	2,990,000	中鸿信	2021-07-14
陆俨少 1984年作 霞笼松山 立轴	137cm×68cm	2,875,000	上海匡时	2021-07-08
陆俨少 1989年作 峡江情 镜心	68cm×137cm	2,875,000	永乐拍卖	2021-05-20
陆俨少 1980年作致张仃《云水图》镜心	画32cm×180cm; 引首 33.5cm×137cm; 题跋 33.5cm×137cm×2	2,645,000	北京保利	2021-06-05
陆俨少 1985年作 杜甫诗意山水 册页	34cm×22cm×12	2,645,000	北京荣宝	2021-12-02
陆俨少 1977年作 黄洋界 镜心	44.5cm×105cm	2,530,000	北京保利	2021-06-05
陆俨少 1976年作 西天目山图 镜片	96cm×44.5cm	2,300,000	西泠印社	2021-01-16
陆俨少 山林清胜 册页(八开)	26cm×17cm×8	2,300,000	中贸圣佳	2021-05-21
陆俨少 1931年作 无量寿佛 立轴	99.2cm×48.5cm	2,185,000	上海匡时	2021-07-08
陆俨少 毛主席《浪淘沙》词意图 镜片	69cm×17cm	2,127,500	西泠印社	2021-07-25
陆俨少 1980年作 致张仃《云水图》镜心	画 32cm×180cm; 引首 33.5cm×137cm; 题跋 33.5cm×137cm×2	2,070,000	北京保利	2021-09-25
陆俨少 黄山松云图 立轴	102cm×52cm	2,070,000	南京经典	2021-01-10
陆俨少 1942年作 秋山红树图 立轴	107cm×39cm	2,012,500	北京银座	2021-09-24
陆俨少 1979年作 江山胜览 手卷	画心 34.5cm×87cm; 书法 34cm×127cm	1,978,000	广东崇正	2021-07-19
陆俨少 巫峡清秋 立轴	73cm×40cm	1,955,000	上海嘉禾	2021-07-22
陆俨少 1982年作 梅石图 镜心	96cm×178.5cm	1,955,000	上海匡时	2021-07-08
陆俨少 1959年作 归樵图 立轴	82cm×39cm	1,840,000	北京荣宝	2021-06-19

拍品名称	物品尺寸	成交价RMB	拍卖公司	拍卖日期
陆俨少 1986年作 江水苍茫 立轴	136.5cm×68cm	1,840,000	上海嘉禾	2021-07-22
陆俨少 1991年作云山图·行书七言联一堂 镜框	绘画 109cm×56cm; 对联 137cm×34cm×2	1,725,000	华艺国际	2021-03-31
陆俨少 1985年作 神游格子河 立轴	95cm×44cm	1,725,000	上海嘉禾	2021-07-22
陆俨少 1970年作 岭峭层云图 立轴	96cm×59cm	1,725,000	西泠印社	2021-01-16
陆俨少 1956年作 杜陵诗意图 立轴	101cm×55cm	1,725,000	西泠印社	2021-04-10
陆俨少 毛主席《十六字令》词意图 镜片	69cm×17cm	1,667,500	西泠印社	2021-07-25
陆俨少 黄山松云 镜心	19cm×96cm	1,667,500	中贸圣佳	2021-05-21
陆俨少 1985年作 杜甫诗意 册页	32cm×22.2cm×10	1,610,000	北京保利	2021-09-25
陆俨少 1984年作 峡江行 镜心	103cm×68cm	1,610,000	北京保利	2021-12-03
陆俨少 1980年作 楼台壑谷	89cm×47cm	1,610,000	北京荣宝	2021-12-02
陆俨少 云山图 镜心	60cm×95cm	1,610,000	南京经典	2021-01-10
陆俨少 1977年作 巫峡清秋 镜心	69cm×46cm	1,552,500	永乐拍卖	2021-12-02
陆俨少 程十发 1984年作 拟古山水 册页	画 34.5cm×24cm×8; 书法 34cm×23cm×8	1,495,000	永乐拍卖	2021-12-02
陆俨少 1977年作 四景山水 册页	29cm×44.5cm×4	1,437,500	北京保利	2021-06-05
陆俨少 1985年作 主家阴洞 立轴	79cm×48cm	1,380,000	北京保利	2021-12-03
陆俨少 1978年作 巫峡清秋 镜心	42cm×100cm	1,380,000	中国嘉德	2021-12-10
陆俨少 毛主席词意 立轴	17cm×69cm	1,380,000	中贸圣佳	2021-05-21
陆俨少 1978年作 为方济众作山水(四帧) 镜片	23.5cm×22cm×4	1,322,500	西泠印社	2021-01-16
陆俨少 山水 镜心	68cm×42cm	1,322,500	中贸圣佳	2021-03-26
陆俨少 1976年作 新安云山图 立轴	103.5cm×45.5cm	1,265,000	中国嘉德	2021-05-19
陆俨少 1983年作 茂林激涧 手卷	30cm×226cm	1,242,000	上海嘉禾	2021-11-14
陆俨少 黄山松云 立轴	69cm×35cm	1,150,000	北京保利	2021-06-05
陆俨少 1977年作 井冈春色 立轴	诗堂 24.5cm×72.5cm; 本幅 55cm×73cm	1,150,000	北京荣宝	2021-12-02
陆俨少 雁荡山景 镜框	91cm×48cm	1,150,000	朵云轩	2021-07-07
陆俨少 1978年作 黄山松云图 立轴	82cm×49.5cm	1,150,000	广东崇正	2021-07-19
陆俨少 陆抑非 1977年作 井冈山八面山哨口 立轴	121cm×60cm	1,150,000	华艺国际	2021-03-31
陆俨少 1977年作 红日 镜片	69cm×139cm	1,150,000	上海嘉禾	2021-07-22
陆俨少 1986年作 云来山更佳 镜心	59cm×95cm	1,127,000	北京保利	2021-06-05
陆俨少 1981年作 崖南揽胜 镜片	96cm×44cm	1,092,500	广东崇正	2021-01-07
陆俨少 1984年作 青山云海 立轴	99.5cm×34cm	1,092,500	上海嘉禾	2021-07-22
陆俨少 1963年作 为汤义方作《湖山佳胜图》镜片	83cm×22.5cm	1,035,000	西泠印社	2021-01-16
陆俨少 行书毛主席语录 镜心(三帧)	41cm×58cm 43cm×65cm 43cm×67.5cm	1,035,000	中国嘉德	2021-05-19
陆俨少 1985年作 东坡舟中夜起图 立轴	96cm×44.5cm	1,023,500	十竹斋拍卖(北京)	2021-05-29
陆俨少 雁荡雨后 立轴	71cm×34cm	1,012,000	中国嘉德	2021-05-21
陆俨少 1984年作 巫峡万里风 立轴	89.7cm×48.2cm	989,000	北京诚轩	2021-05-18
陆俨少 1980年作 春态逐云 立轴	96cm×44.5cm	977,500	朵云轩	2021-07-07
陆俨少 1981年作 雁荡阜石之胜 立轴	68cm×60cm	977,500	上海嘉禾	2021 07-23
陆俨少 1979年作 太行山胜览图 立轴	82cm×50cm	966,000	北京荣宝	2021-06-19
陆俨少 1985年作 入天石色图 立轴	68cm×45cm	943,000	西泠印社	2021-01-16
陆俨少 1985年作 沧江帆影 镜心	86.5cm×46cm	920,000	北京荣宝	2021-06-19
陆俨少 1986年作 坐看云起 镜片	97cm×44.5cm	920,000	广东崇正	2021-07-19

2021书画拍卖成交汇总（续表）

(成交价RMB：10万元以上)

拍品名称	物品尺寸	成交价RMB	拍卖公司	拍卖日期
陆俨少 1961年作 烽火角水闸写生 镜心	34cm×46.5cm	920,000	十竹斋拍卖（北京）	2021-05-29
陆俨少 1975年作 双如阁修史图 立轴	74cm×40cm	920,000	中国嘉德	2021-05-19
陆俨少 山迥日初沉 镜心	67cm×42cm	862,500	中贸圣佳	2021-05-21
陆俨少 1978年作 李白诗意 立轴	61.5cm×41cm	828,000	广东崇正	2021-01-07
陆俨少 1980年作 万木千峰图 立轴	69cm×46cm	828,000	华艺国际	2021-12-11
陆俨少 1988年作 山居图 立轴	68cm×46cm	782,000	北京荣宝	2021-06-19
陆俨少 1978年作 孤帆远影 立轴	62cm×41cm	782,000	上海嘉禾	2021-07-22
陆俨少1979年作细雨平滩下峡船立轴	88.5cm×47.5cm	690,000	北京翰海	2021-12-17
陆俨少 1957年作 风景写生 镜心	45cm×48cm	690,000	十竹斋拍卖（北京）	2021-05-29
陆俨少 1979年作 林岚初霁图 立轴	69cm×46cm	690,000	西泠印社	2021-07-25
陆俨少 秋江放棹图 立轴	67cm×46cm	644,000	北京保利	2021-12-03
陆俨少 1979年作 峡江行 镜片	68cm×45cm	644,000	广东崇正	2021-01-07
陆俨少 山中行军图 成扇	19cm×47cm	632,500	南京经典	2021-01-10
陆俨少 1979年作 黄山松云图 立轴	画心 78cm×31.5cm；诗堂 33.5cm×21cm	598,000	西泠印社	2021-07-25
陆俨少 1961年作 瞿塘急水 立轴	44cm×28cm	598,000	中国嘉德	2021-05-21
陆俨少 1977年作 井冈春色 立轴	画 73cm×55cm；字 73cm×25cm	575,000	北京保利	2021-06-05
陆俨少 观瀑图 立轴	画心：78.5cm×48cm；诗堂：21cm×48cm	575,000	北京荣宝	2021-06-19
陆俨少 1980年作 巫峡秋涛 镜片	83.5cm×38cm	575,000	上海嘉禾	2021-07-22
陆俨少 1961年作 立园小景	33cm×45cm	575,000	十竹斋拍卖（北京）	2021-05-29
陆俨少 云山奇绝 立轴	82cm×50cm	575,000	中贸圣佳	2021-05-21
陆俨少 东风吹着便成春 手卷	引首 26.6cm×121cm；画心：26.2cm×116.8cm	552,334	香港苏富比	2021-04-21
陆俨少 1977年作 南山松柏 镜心	74cm×40.5cm	552,000	中国嘉德	2021-12-11
陆俨少 松山云隐 立轴	68cm×33cm	552,000	中贸圣佳	2021-05-21
陆俨少 1979年作白云青树万千重 立轴	82.5cm×50cm	517,500	北京银座	2021-09-24
陆俨少 行书七言大联 立轴	232cm×52cm×2	517,500	广东崇正	2021-01-07
陆俨少 青城翠黛图 立轴	69cm×35.5cm	517,500	广东崇正	2021-07-19
陆俨少 1985年作 茂林云岫图 立轴	75cm×41.5cm	483,000	西泠印社	2021-07-24
陆俨少1980年作春岭观云立轴	92.5cm×34.1cm	477,981	香港苏富比	2021-04-21
陆俨少 1978年作 秋山图 立轴	68.4cm×45cm	477,981	香港苏富比	2021-04-21
陆俨少 青城晓霭 镜心	24.5cm×32.5cm	460,000	北京保利	2021-06-05
陆俨少 1980年作 千峰云壑 镜框	68cm×45cm	460,000	上海嘉禾	2021-07-22
陆俨少 行书 李白诗二首 镜片	138cm×34cm	460,000	西泠印社	2021-01-16
陆俨少 黄山松云、雁荡泉石 镜心	30.5cm×40.5cm×2	460,000	中国嘉德	2021-05-20
陆俨少 1986年作 溪山胜览 立轴	70cm×42cm	460,000	中国嘉德	2021-12-11
陆俨少 黄山松云 立轴	68cm×36cm	460,000	中贸圣佳	2021-05-21
陆俨少 江上帆影 镜片	69.5cm×34cm	448,500	上海匡时	2021-07-08
陆俨少 入蜀图 镜心	39.5cm×54.5cm	437,000	北京保利	2021-12-03
陆俨少 1988年作 溪岸春书 立轴	76cm×51cm	437,000	上海嘉禾	2021-07-22
陆俨少 1978年作 云山奔泉 立轴	62cm×35cm	425,500	北京保利	2021-06-06
陆俨少 1965年作《登庐山》诗意 成扇	18.5cm×46.6cm	424,872	香港苏富比	2021-04-21
陆俨少 1980年作 黄山松云 立轴	70cm×45cm	391,000	上海嘉禾	2021-11-14

拍品名称	物品尺寸	成交价RMB	拍卖公司	拍卖日期
陆俨少 1992年作 无量寿佛 镜心	49cm×34cm	391,000	十竹斋拍卖（北京）	2021-05-29
陆俨少 1982年作 江帆穿峡图 立轴	79cm×41.5cm	379,500	西泠印社	2021-07-25
陆俨少 福在眼前 镜框	68.5cm×34cm	345,000	华艺国际	2021-06-04
陆俨少 1976年作 黄山飞瀑 镜片	67cm×44.5cm	322,000	朵云轩	2021-07-07
陆俨少1979年作秋窗读《易》图镜片	28cm×34cm	322,000	西泠印社	2021-01-16
陆俨少 黄岳雄峙图 立轴	52cm×38cm	310,500	西泠印社	2021-01-16
陆俨少 井冈山色 立轴	76cm×68cm	307,875	佳士得	2021-11-30
陆俨少 1984年作 云山图 镜片	69cm×47.5cm	299,000	西泠印社	2021-07-24
陆俨少 东风第一枝 立轴	诗堂 28.5cm×43.5cm；画 33.5cm×43.5cm	287,500	北京保利	2021-06-05
陆俨少 山水 镜片	67.5cm×33.5cm	287,500	广东小雅斋	2021-07-20
陆俨少 山水 镜片	60cm×60cm	287,500	广东小雅斋	2021-07-20
陆俨少 秋林飞瀑 手卷	17.5cm×176.5cm	287,500	上海嘉禾	2021-07-22
陆俨少 深涧幽泉 镜心	90cm×56cm	287,500	中国嘉德	2021-03-27
陆俨少 江山佳趣图 立轴	画心 73cm×27.5cm；引首 91cm×27.5cm；题跋 46cm×27.5cm	287,500	中贸圣佳	2021-07-06
陆俨少 1978年作 峡江险境 立轴	69cm×46cm	253,000	北京翰海	2021-04-17
陆俨少 1980年作 云山图 立轴	67.5cm×34cm	253,000	上海匡时	2021-07-08
陆俨少 石涛诗意 镜心	73cm×28cm	253,000	永乐拍卖	2021-05-20
陆俨少 秋水归帆 镜心	84cm×44cm	253,000	中国嘉德	2021-03-27
陆俨少朱屺瞻徐子鹤1978年作三友图镜框	36cm×128cm	241,500	保利厦门	2021-05-06
陆俨少 溪山幽居・行书 成扇	18cm×48cm	241,500	上海嘉禾	2021-07-22
陆俨少 山水 镜心（二帧）	画 34.5cm×24cm×2；书法 34cm×23cm×2	238,738	中国嘉德	2021-04-22
陆俨少 1986年作 梅花 立轴	96cm×60cm	230,000	北京翰海	2021-06-05
陆俨少 1979年作 草书 立轴	97.5cm×32.5cm	230,000	朵云轩	2021-07-08
陆俨少 杜子美诗意图 镜心	24cm×27cm	230,000	十竹斋拍卖（北京）	2021-05-29
陆俨少 1985年作 梅石图 立轴	83.5cm×33.5cm	230,000	西泠印社	2021-01-16
陆俨少 钱松嵒 林风眠 谢稚柳 山水花卉册 镜心	29.5cm×52cm×4	230,000	永乐拍卖	2021-12-01
陆俨少 行书古诗三首	36cm×32cm；48cm×44cm；36cm×32cm	224,250	西泠印社	2021-04-10
陆俨少 1979年作 清溪钓艇 镜片	34cm×23cm	218,500	广东崇正	2021-07-19
陆俨少 1977年作 云峡放筏图 立轴	63.5cm×38cm	207,000	北京翰海	2021-06-04
陆俨少 行书 毛主席词 画心	30.5cm×28cm	207,000	西泠印社	2021-07-24
陆俨少 秋江帆影 立轴	诗堂 34cm×17cm；画心 34cm×34cm	195,500	保利厦门	2021-05-06
陆俨少 1989年作 梅石图 立轴	76cm×40cm	195,500	上海嘉禾	2021-11-14
陆俨少乔木梅香图・荷花图镜片	89cm×47.5cm；69cm×45cm	195,500	西泠印社	2021-07-24
陆俨少 1985年作 云山就居 镜心	69cm×34cm	195,500	中国嘉德	2021-12-11
陆俨少 深山采药图 镜心	36cm×50cm	189,750	中贸圣佳	2021-07-06
陆俨少 1976年作 松云幽居图 立轴	23cm×35cm	184,000	上海嘉禾	2021-07-22
陆俨少 行书七言联 对联	132cm×32cm×2	178,250	上海嘉禾	2021-11-14
陆俨少 山水花卉双挖 立轴	34cm×35cm；37cm×37cm	172,500	北京保利	2021-06-05

拍品名称	物品尺寸	成交价RMB	拍卖公司	拍卖日期
陆俨少 1979年作 红梅 立轴	99cm×50cm	172,500	北京保利	2021-12-03
陆俨少 晨曲 镜心	23cm×26cm	172,500	北京荣宝	2021-06-19
陆俨少 1990年作 山中旧事 立轴	56cm×54cm	172,500	北京荣宝	2021-12-02
陆俨少 1980年作 黄庭坚诗意图 立轴	79cm×39cm	172,500	北京荣宝	2021-12-02
陆俨少 山水 扇面	18cm×56cm	172,500	广东小雅斋	2021-07-20
陆俨少 1981年作 峡江行 镜框	33.5cm×45cm	172,500	华艺国际	2021-03-31
陆俨少 1987年作 梅石图 镜片	39cm×50cm	172,500	上海嘉禾	2021-11-14
陆俨少 1989年作 行书七言诗 镜片	125.5cm×63cm	172,500	上海嘉禾	2021-11-14
陆俨少 1980年作 红梅幽石 镜心	70cm×37cm	161,000	北京保利	2021-12-04
陆俨少 1987年作 行书陈毅诗 立轴	135cm×67.5cm	161,000	北京荣宝	2021-12-02
陆俨少 1978年作 秋山图 镜片	33cm×44.5cm	161,000	华艺国际	2021-06-04
陆俨少 梅石图 软片	69.5cm×50cm	161,000	上海嘉禾	2021-11-14
陆俨少 行书“采芝楼” 镜心	39.5cm×88.5cm	161,000	中贸圣佳	2021-09-25
陆俨少 1986年作 墨荷 镜片	68.5cm×40.5cm	149,500	上海嘉禾	2021-11-14
陆俨少 行书杜甫诗 立轴	134.5cm×64.5cm	149,500	上海嘉禾	2021-11-14
陆俨少 行书《望海楼晚景》立轴	97cm×37cm	149,500	上海嘉禾	2021-11-14
陆俨少 1978年作 梅花 镜心	69cm×42cm	138,000	北京保利	2021-06-05
陆俨少 吴山明 林曦明 尹瘦石等 致月琴花鸟山水 册页	31.5cm×42cm×8	138,000	北京保利	2021-06-05
陆俨少 1984年作 梅石图 立轴	67cm×45cm	138,000	北京保利	2021-06-06
陆俨少 1980年作 雁荡泉石行书 成扇	18.5cm×50cm	138,000	朵云轩	2021-07-07
陆俨少 1980年作 梅石图 镜片	84.5cm×38cm	138,000	华艺国际	2021-06-04
陆俨少 朱梅村 吴青霞 董天野 陈小翠 郑慕康 潘志云 古贤图 镜片(七帧)	约43.5cm×35.5cm×7	138,000	西泠印社	2021-07-25
陆俨少 钵水斋说诗图 立轴	68cm×39.5cm	138,000	中贸圣佳	2021-03-26
陆俨少 行书《水调歌头·重上井冈山》立轴	94cm×49cm	138,000	中贸圣佳	2021-05-21
陆俨少 春山涧道 立轴	137cm×68cm	5,175,000	朵云轩	2021-12-30
陆俨少 1941年作 风雨江行 立轴	91cm×33cm	575,000	朵云轩	2021-12-30
陆俨少 1945年作 林屋对晤 立轴	65cm×30cm	460,000	朵云轩	2021-12-30
陆俨少 松崖观瀑 立轴	79cm×48.5cm	230,000	朵云轩	2021-12-30
陆俨少 1985年作 清溪垂钓 立轴	68.5cm×44.5cm	218,500	朵云轩	2021-12-30
陆抑非 1986年作 百花寿石卷 手卷	32cm×748cm	1,897,500	西泠印社	2021-07-25
陆抑非 1960年作 玉兰喜鹊图 镜片	137.5cm×68cm	1,150,000	西泠印社	2021-01-16
陆抑非 1958年作 上钢新转炉车间小景 镜心	83cm×150cm	1,127,000	北京保利	2021-06-05
陆抑非 1950年作 花鸟草虫 镜框(六帧)	28.3cm×37.8cm×6	886,788	香港苏富比	2021-10-11
陆抑非 1964年作 欣欣向荣 镜心	80cm×148cm	736,000	北京保利	2021-06-05
陆抑非 1949年作 春满十分 立轴	149cm×80cm	644,000	上海嘉禾	2021-07-22
陆抑非 1974年作 杜鹃花开 立轴	139cm×64.5cm	552,000	上海嘉禾	2021-07-22
陆抑非 陈摩 袁培基 顾昭 花鸟四屏 四屏	120.5cm×44cm×4	517,500	西泠印社	2021-07-25
陆抑非 吴湖帆 1944年作 得子图行书 成扇	19cm×50.5cm	494,500	朵云轩	2021-07-07
陆抑非 1948年作 雪枝栖禽图 立轴	107.5cm×53cm	460,000	西泠印社	2021-01-16
陆抑非 1934年作 滕王阁 屏轴	103.5cm×45cm	402,500	朵云轩	2021-07-07
陆抑非 1945年作 荷塘游鸟 立轴	101.5cm×49.5cm	368,000	北京诚轩	2021-12-03
陆抑非 1973年作 丹桂鹦鹉 立轴	122cm×45.5cm	345,000	北京保利	2021-12-03
陆抑非 1936年作 富贵鼎盛图 立轴	诗堂33cm×28cm；画心136.5cm×68.5cm；	322,000	西泠印社	2021-04-10
陆抑非 王福厂 原上鹡鸰 节录《玉台新咏序》成扇	18.5cm×50cm	253,000	华艺国际	2021-12-11
陆抑非 1993年作 临王铎草书卷 手卷	38.5cm×657.5cm	253,000	西泠印社	2021-01-16
陆抑非 1988年作 岁朝图 立轴	134cm×68cm	230,000	北京保利	2021-06-05
陆抑非 1985年作 牡丹富贵 立轴	150cm×83cm	230,000	北京保利	2021-12-03
陆抑非 1966年作 胜似春光 立轴	135.5cm×57.5cm	230,000	朵云轩	2021-07-07
陆抑非 1981年作 花禽图 立轴	96cm×59cm	230,000	西泠印社	2021-01-16
陆抑非 吴湖帆 太液芙蓉 书法 成扇	19cm×51cm	195,500	中贸圣佳	2021-07-06
陆抑非 1951年作 富贵寿考 立轴	68cm×48.5cm	172,500	朵云轩	2021-07-07
陆抑非 1948年作 延龄益寿 立轴	100cm×33cm	172,500	上海嘉禾	2021-07-22
陆抑非 童大年”荷塘掠影”行书书法 成扇	18.5cm×48cm	172,500	中贸圣佳	2021-07-06
陆抑非 1957年作 荷花图 成扇	19cm×52cm	149,500	西泠印社	2021-01-16
陆抑非 1946年作 花开富贵 立轴	126cm×63cm	138,000	北京保利	2021-06-05
陆抑非 为杜承钧作 红裳凝露图 镜片	66cm×43.5cm	138,000	西泠印社	2021-07-25
陆抑非 1947年作 南田秋影图 立轴	69cm×34cm	138,000	中国嘉德	2021-05-19
陆抑非 1961年作 鸟语花香 立轴	89cm×48cm	138,000	中国嘉德	2021-05-20
陆抑非 1936年作 富贵鼎盛图 立轴	诗堂33cm×28cm；画心136.5cm×68.5cm	322,000	上海明轩	2021-12-30
罗敦㬵 1923年作 行书 手卷	32cm×251.5cm	264,500	北京翰海	2021-06-04
罗家伦 1952年作 致郑德芬信札 镜框	26.3cm×19cm×3	180,571	香港苏富比	2021-04-21
罗建武 参天大树 镜心	66cm×134.6cm	149,500	北京保利	2021-06-05
罗振玉 1936年作 篆书《论语》册页	37.5cm×53cm×73	897,000	中鸿信	2021-07-15
罗振玉 为方進作“双潞琴室”横披	131cm×32.5cm	690,000	西泠印社	2021-01-16
罗振玉 四体书 四屏立轴	122.5cm×31cm×4	402,500	上海匡时	2021-07-08
罗振玉 1934年作 甲骨文 镜心	44cm×150.5cm	368,000	北京荣宝	2021-06-19
罗振玉 为陈乃乾作书斋名号 镜片	128cm×62cm	218,500	西泠印社	2021-01-16
罗振玉 甲骨文八言联 立轴	126.5cm×20.5cm×2	172,500	北京荣宝	2021-06-19
罗振玉 书法 对联	140cm×23cm×2	161,000	广东小雅斋	2021-07-20
罗振玉 行书七言诗 立轴	122cm×32.5cm	161,000	西泠印社	2021-04-10
罗振玉 行书杜甫诗 立轴	76.5cm×32cm	143,750	北京荣宝	2021-06-19
罗振玉 1922年作 甲骨文七言联 立轴	169cm×41cm×2	138,000	北京翰海	2021-06-04
罗振玉 甲骨文八言 对联	128cm×20cm×2	138,000	朵云轩	2021-07-08
罗振玉 篆书七言 对联	136.5cm×25.5cm×2	138,000	朵云轩	2021-07-08
吕凤子 不老松 立轴	146cm×80cm	632,500	保利厦门	2021-11-05
吕凤子 劲松高上 镜心	67cm×33cm	425,500	南京经典	2021-07-18
吕凤子 人物 立轴	88cm×45cm	414,000	广东小雅斋	2021-07-20
吕凤子 自在寻诗 镜心	69cm×33cm	414,000	南京经典	2021-07-18
吕凤子 罗汉图 镜心	102cm×24cm	368,000	中贸圣佳	2021-07-06
吕凤子 泛舟图 立轴	68cm×34.5cm	333,500	保利厦门	2021-11-05
吕凤子 1943年作 墨梅图 立轴	96.5cm×34cm	318,654	香港苏富比	2021-04-21
吕凤子 仕女 立轴	81.5cm×37cm	310,500	保利厦门	2021-11-05
吕凤子 罗汉 立轴	77.5cm×46.5cm	310,500	中国嘉德	2021-05-20
吕凤子 1948年作 三身罗汉 立轴	122.5cm×45.5cm	299,000	广东崇正	2021-07-19
吕凤子 红梅仕女 立轴	82cm×38cm	299,000	南京经典	2021-07-18
吕凤子 四美图 立轴	68cm×46.5cm	253,000	十竹斋	2021-06-27
吕凤子 1932年作 隶书节临《礼器碑》立轴	131cm×47cm	230,000	北京保利	2021-06-05
吕凤子 梅梢幽影 立轴	91cm×32cm	229,522	香港苏富比	2021-10-11
吕凤子 1928年作 出水芙蓉 镜心	136cm×55cm	184,000	北京保利	2021-12-04
吕凤子 燕入谁家 立轴	130cm×35cm	184,000	南京经典	2021-01-10
吕凤子 1929年作 寿者相 立轴	113.5cm×36.3cm	166,750	北京诚轩	2021-12-03
吕凤子 燕入谁家 立轴	130cm×35cm	161,000	南京经典	2021-07-18
吕凤子 苏轼造像 立轴	54cm×35cm	155,250	南京经典	2021-07-18
吕凤子 仕女图 立轴	67cm×35cm	143,750	南京经典	2021-07-18

2021书画拍卖成交汇总(续表)

(成交价RMB：10万元以上)

拍品名称	物品尺寸	成交价RMB	拍卖公司	拍卖日期
吕凤子 梅花仕女 立轴	82cm×37.5cm	138,000	北京翰海	2021-06-04
吕娟 怒蕊繁花·落英缤纷 镜心	69cm×69cm×2	230,000	北京保利	2021-05-17
吕寿琨 禅画 镜框	151.1cm×82.7cm	312,984	香港苏富比	2021-10-11
吕寿琨 1969年作 禅荷 镜框	150cm×81.2cm	1,026,250	佳士得	2021-11-30
吕寿琨 1964年作 山居 镜框	59cm×84.5cm	461,813	佳士得	2021-11-30
吕寿琨 1966年作 深水湾远眺 木板镜框	119.5cm×56cm	359,188	佳士得	2021-11-30
吕寿琨 1963年作 居 镜框	113cm×46cm	289,800	佳士得	2021-05-27
吕寿琨 1974年作 禅画 镜心	91.5cm×180cm	248,685	中国嘉德	2021-04-22
吕寿琨 1963年作 禅荷 立轴	28.5cm×43.6cm	194,988	佳士得	2021-11-30
吕寿琨 1965年作 层林尽染 镜心	92.1cm×43.2cm	172,500	北京保利	2021-06-05
吕寿琨 1961年作 帆之感 镜框	20cm×92.5cm	165,600	佳士得	2021-05-27
吕寿琨 1962年作 泊 立轴	95cm×46.5cm	153,938	佳士得	2021-11-30
吕中元 静水	69.3cm×69.8cm	168,000	保利厦门	2021-09-29
马宝山 松寿图 立轴	136.3cm×67.8cm	218,500	中鸿信	2021-07-14
马公愚 四体书四屏 镜片(四帧)	130cm×32cm×4	161,000	西泠印社	2021-01-16
马公愚 1938年作 篆书八言联 对联	128cm×21cm×2	138,000	西泠印社	2021-07-25
马国强 2021年作 美丽新疆 手卷	画心 40.5cm×248.5cm	345,000	北京荣宝	2021-06-19
马国强 2021年作 春溢惠安 软片	69cm×138cm	310,500	上海嘉禾	2021-07-23
马衡 隶书节录班固《两都赋序》立轴	243cm×103cm	230,000	中贸圣佳	2021-05-21
马晋 1933年作 八骏图	99.2cm×31.8cm×4	531,090	香港苏富比	2021-04-21
马晋 宝熙 棕阴小狗 行书五言诗 成扇	19cm×51cm	368,000	中国嘉德	2021-12-10
马晋 启功 奔马图 立轴	86cm×44cm	345,000	北京荣宝	2021-06-19
马晋 1947年作 套马图 镜框	37.6cm×94.7cm	333,850	香港苏富比	2021-10-11
马晋 1944年作 花竹双犬图 立轴	108cm×39cm	316,250	中鸿信	2021-07-14
马晋 1943年作 五花马 立轴	103.5cm×50.5cm	276,000	北京翰海	2021-12-17
马晋 1938年作 渥洼龙种 立轴	150cm×40cm	253,000	中国嘉德	2021-03-29
马晋 1931年作 白马 立轴	84cm×67.5cm	253,000	中国嘉德	2021-12-10
马晋 1941年作 松溪四骏 镜心	134cm×32cm	184,000	北京翰海	2021-12-17
马晋 1936年作 八骏图 镜心	32.5cm×100.5cm	184,000	北京翰海	2021-06-04
马晋 1943年作 秋郊逸马 立轴	99.7cm×32.6cm	159,327	香港苏富比	2021-04-21
马晋等《金刚经》经塔图 立轴	104cm×32cm	322,000	西泠印社	2021-07-25
马骏 游隐 镜心	37.5cm×145cm	172,500	北京荣宝	2021-06-19
马培童 2021年作 家居佛山宝地	68cm×68cm	598,000	荣宝斋(南京)	2021-05-26
马西光 高原奔牛 镜片	121cm×242cm	172,500	华艺国际	2021-06-04
马相伯 书法 对联	146cm×38.5cm×2	310,500	广东小雅斋	2021-07-20
马相伯 行书五言联 镜片	79cm×18.5cm×2	178,250	广东崇正	2021-07-19
马欣乐 2020年作 凤雪千里图 镜心	83.5cm×150cm	690,000	中国嘉德	2021-05-21
马叙伦 1924年作 行书 四屏立轴	180.5cm×47cm×4	241,500	上海嘉禾	2021-07-22
马一浮 为陆侃如作行书唐诗四屏	132.5cm×33cm×4	1,035,000	西泠印社	2021-07-25
马一浮 临古贤四体书 四屏镜片	129.5cm×31cm×4	575,000	上海匡时	2021-07-08
马一浮 1963年2月4日作 为沈曾植文集作序原稿	84cm×35cm	575,000	西泠印社	2021-07-25
马一浮 1917年作 自传文《遣悲怀》	68cm×34.5cm	414,000	西泠印社	2021-01-16
马一浮 1938年作 为王驾吾作《行书宜州书怀诗》横披	61cm×26.5cm	402,500	西泠印社	2021-01-15
马一浮 1962年作 篆书六言联 对联	133.5cm×32.5cm×2	356,500	西泠印社	2021-01-15
马一浮 为王驾吾作行书七言联 对联	120cm×24.5cm×2	299,000	西泠印社	2021-01-15
马一浮 行书《浣溪沙》词 立轴	131cm×33.5cm	299,000	西泠印社	2021-01-16
马一浮 行书绝句四屏 对屏(四挖)	32cm×27cm×4	287,500	西泠印社	2021-07-24
马一浮 行书五言联 镜心	133.5cm×33.5cm×2	287,500	中国嘉德	2021-05-20
马一浮 1966年作 最晚年瞑书 立轴	68cm×32.5cm	264,500	西泠印社	2021-07-24
马一浮 孙慕唐 题赠不党先生 成扇	18cm×50cm	253,000	中国嘉德	2021-05-20

拍品名称	物品尺寸	成交价RMB	拍卖公司	拍卖日期
马一浮 行书五言联 对联	143.5cm×34cm×2	230,000	西泠印社	2021-01-15
马一浮 1966年作 为王驾吾作行书瞑书答王驾吾诗 立轴	68cm×34cm	218,500	西泠印社	2021-01-15
马一浮 书法 立轴	145cm×40.5cm	207,000	广东小雅斋	2021-07-20
马一浮 行书 自作诗 立轴	60.5cm×33cm	207,000	西泠印社	2021-07-24
马一浮 书法	126cm×45cm	161,000	广东小雅斋	2021-07-20
马一浮 行书节录梁武帝《书评》立轴	132cm×32.5cm	161,000	中国嘉德	2021-05-20
马一浮 行书 镜心	152cm×41cm	149,500	北京保利	2021-06-06
马一浮 2014年作 行书"太白古风" 镜心	72cm×36cm	138,000	北京翰海	2021-06-05
马一浮 行书李白《越中览古》立轴	133.5cm×21cm	138,000	中国嘉德	2021-05-20
毛国伦 铁血英雄路 镜片	136.5cm×68.5cm	138,000	上海嘉禾	2021-07-22
茅盾 1976年作《在已有的基础上继续努力》手稿 镜心	21cm×29.5cm×9	3,220,000	北京保利	2021-12-03
茅盾 1972年作 为唐弢作 自作词《西江月》	27cm×19cm	655,500	西泠印社	2021-01-15
茅盾 1979年作 行书立轴 镜心	70cm×35cm	632,500	十竹斋拍卖(北京)	2021-05-29
茅盾 1977年作 行书录毛泽东《浪淘沙》镜心	69cm×31cm	552,000	十竹斋拍卖(北京)	2021-05-29
茅盾 1979年作 行书自作诗 立轴	69.5cm×32.5cm	506,000	中国嘉德	2021-05-21
茅盾 1972年作 为唐弢作自作诗《偶成》	25cm×15cm	494,500	西泠印社	2021-01-15
茅盾 为唐弢作《邪径谣》	31cm×17.5cm	299,000	西泠印社	2021-01-15
茅盾 1976年作 行书诗 立轴	67.5cm×33cm	218,592	中国嘉德	2021-10-13
梅兰芳 1949年作 花鸟四屏 立轴	135cm×33cm×4	517,500	北京银座	2021-09-24
梅兰芳 佛像 镜片	66cm×30.5cm	224,250	广东小雅斋	2021-07-20
梅兰芳 1928年作 无量寿佛 镜心	65.5cm×30.5cm	172,500	华艺国际	2021-12-11
梅兰芳 余叔岩 松荫图 行书书法 成扇	19cm×50cm	161,000	中贸圣佳	2021-07-06
梅兰芳 1947年作 白描观音·般若波罗蜜多心经 立轴	97.5cm×62cm	157,632	保利香港	2021-11-28
梅兰芳画 叶恭绰题 1950年作 敦煌仕女像 成扇	18.4cm×49.5cm	138,000	北京诚轩	2021-05-18
梅忠恕 母与子	56cm×45cm	2,921,184	香港苏富比	2021-10-10
梅忠恕 派对服装	46cm×27.5cm	1,564,920	香港苏富比	2021-10-10
孟刚 2021年作 芳华	97cm×180cm	1,104,000	荣宝斋(南京)	2021-05-26
米南阳 墨梅	100cm×300cm	1,138,500	荣宝斋(南京)	2021-05-26
米南阳 毛主席词	100cm×280cm	1,138,500	荣宝斋(南京)	2021-05-26
米南阳 心声	134cm×68cm	333,500	荣宝斋(南京)	2021-05-26
米南阳 观远	134cm×68cm	322,000	荣宝斋(南京)	2021-05-26
米南阳 紫气迎祥	134cm×68cm	310,500	荣宝斋(南京)	2021-05-26
苗再新 2015年 花团锦簇	145cm×330cm	5,934,000	荣宝斋(南京)	2021-05-26
苗再新 2007年 朝圣之路	220cm×145cm	4,427,500	荣宝斋(南京)	2021-05-26
苗再新 2020年 民国才女四条屏	136cm×52cm×4	3,680,000	荣宝斋(南京)	2021-05-26
苗再新 2007年 心灵之光	220cm×145cm	4,370,000	荣宝斋(南京)	2021-05-26
苗再新 2013年 白石老人造像	136cm×68cm	736,000	荣宝斋(南京)	2021-05-26
苗再新 2017年 阿里秘境	68cm×136cm	644,000	荣宝斋(南京)	2021-05-26
苗再新 2013年 牧场冬晨	69cm×136cm	552,000	荣宝斋(南京)	2021-05-26
苗再新 2015年 清韵	136cm×68cm	552,000	荣宝斋(南京)	2021-05-26
苗再新 2015年 快意雄风海上来	68cm×136cm	460,000	荣宝斋(南京)	2021-05-26
苗再新 2010年 赏珍图	68cm×136cm	460,000	荣宝斋(南京)	2021-05-26
民国法门寺主持永贯朱砂绘本西方三圣图	133cm×68cm	241,500	北京荣宝	2021-06-19
明锐 春融只待乾坤 镜片	180cm×48cm	1,012,000	北京中贝	2021-12-08
莫立唐 1997年作 泉瀑图 镜片	95cm×178cm	336,000	湖南逸典	2021-01-21

拍品名称	物品尺寸	成交价RMB	拍卖公司	拍卖日期
莫雄灼灼荷花瑞，双影共分红镜心	185cm×152cm	264,500	中国嘉德	2021-12-13
慕凌飞 1980年作 骏马图 立轴	97cm×48cm	253,000	华艺国际	2021-03-31
慕凌飞 1979年作 十二金钗图 镜心	132cm×56cm	241,500	北京翰海	2021-12-17
慕凌飞 牧笛图 立轴	96cm×52cm	230,000	华艺国际	2021-03-31
慕凌飞 1984年作 风虎云龙 立轴	138cm×68cm	161,000	中鸿信	2021-07-14
慕凌飞 山水 四屏立轴	135cm×34cm×4	138,000	中贸圣佳	2021-07-06
南海岩 金秋神韵 镜心	68cm×68cm	322,000	北京保利	2021-06-06
南海岩 高原吉祥 镜心	82cm×76cm	207,000	北京荣宝	2021-06-19
倪文东 黄庭坚题杨凝式书	136cm×68cm	480,000	保利厦门	2021-08-24
倪玉琼 2020年作 溪山秋霁图	160cm×67cm	287,500	荣宝斋(南京)	2021-05-26
聂鸥 人物 立轴	177cm×191cm	230,000	中国嘉德	2021-05-21
宁保平 2016年作 周庄水乡人家	60cm×90cm	920,000	荣宝斋(南京)	2021-05-26
牛朝 幽弦清入潭 镜心	67.5cm×34cm	138,000	北京保利	2021-05-17
牛连和 2020年作 早课 镜心	175cm×67cm	230,000	北京保利	2021-05-17
牛连和 2020年作 摘樱桃 镜心	231cm×67cm	207,000	北京保利	2021-05-17
欧阳中石 水调歌头·井冈山镜心	504cm×194cm	5,290,000	中鸿信	2021-07-14
欧阳中石 行书行书毛主席诗河《沁园春·雪》镜心	194cm×504cm	2,990,000	中鸿信	2021-07-14
欧阳中石 行书毛泽东词 镜片	145cm×370cm	632,500	华艺国际	2021-06-04
欧阳中石 行书杨万里诗 镜心	68cm×136cm	138,000	北京荣宝	2021-06-19
潘公凯 翠影 镜框	233cm×136.5cm	920,000	华艺国际	2021-06-04
潘静淑 1936年作 花卉册 散册页(十开)	20cm×28cm×10	287,350	佳士得	2021-11-30
潘静淑 1930年作 耄耋延年 立轴	224cm×50cm	264,500	朵云轩	2021-12-30
潘素 梦边双栖图	15.8cm×20.5cm	345,000	中国嘉德	2021-12-10
潘素 梦边填词图	32cm×23.5cm	287,500	中国嘉德	2021-05-20
潘素 张伯驹 江山万里图 立轴	80cm×46cm	356,500	十竹斋拍卖(北京)	2021-05-29
潘天寿 1962年作 鹰石图 立轴	214cm×47cm	29,325,000	北京保利	2021-12-03
潘天寿 1956年作 欲雪 立轴	82cm×81cm	28,750,000	华艺国际	2021-03-31
潘天寿 映日 立轴	87.1cm×64.3cm	19,550,000	北京荣宝	2021-06-19
潘天寿 1961年作 仿八大笔意 镜心	71cm×45cm	17,825,000	北京保利	2021-06-05
潘天寿 指墨红荷图 镜心	47.5cm×175cm	16,675,000	中国嘉德	2021-05-19
潘天寿 1964年作 雨后江山铁铸成 立轴	74.5cm×51cm	13,800,000	中国嘉德	2021-05-19
潘天寿 1962年作 鹫憩顽石图 立轴	76cm×41cm	5,520,000	北京荣宝	2021-06-19
潘天寿 1964年作 东海归帆 立轴	64cm×49cm	4,197,500	中国嘉德	2021-05-19
潘天寿 指墨红荷晴霞图 立轴	133cm×50.5cm	15,870,000	北京保利	2021-06-05
潘天寿 1926年作 钟馗出行图 立轴	133cm×65cm	9,775,000	永乐拍卖	2021-12-02
潘天寿 1954年作 竹谷图 立轴	100cm×45.9cm	9,564,650	佳士得	2021-11-30
潘天寿 1963年作 水禽图 镜片	82cm×50cm	4,025,000	西泠印社	2021-01-16
潘天寿 1965年作 为李元贞作《碧桃图》立轴	画心 61.4cm×41cm；诗堂 41cm×24cm	4,025,000	西泠印社	2021-07-25
潘天寿 1965年作 美人蕉 立轴	65.5cm×33cm	3,680,538	中国嘉德	2021-04-22
潘天寿 1965年作 荷风 立轴	68cm×46cm	3,507,500	广东崇正	2021-07-19
潘天寿 1944年作 兰竹 镜片	39cm×149cm	3,220,000	华艺国际	2021-06-04
潘天寿 1964年作 新禧 立轴	94cm×32.5cm	2,875,000	中鸿信	2021-07-14
潘天寿 1963年作 幽石双禽 镜心	60cm×49cm	2,645,000	北京保利	2021-12-03
潘天寿 1963年作 为陶忠作《农家野趣图》立轴	106.5cm×26cm	2,530,000	西泠印社	2021-01-16
潘天寿 李可染 郭沫若等 立群赏坑 册页(十二开)	23.5cm×29cm×13	2,300,000	中国嘉德	2021-05-19
潘天寿 1964年作 荷花 立轴	82cm×46.5cm	2,242,500	北京保利	2021-06-05
潘天寿 雁荡山花 镜心	66cm×51.5cm	2,185,000	华艺国际	2021-12-11
潘天寿 1962年作 临八大猫石图 立轴	65.5cm×44.5cm	2,052,500	佳士得	2021-11-30
潘天寿 1959年作 兰石芳坚 镜片	44.3cm×45cm	1,725,000	上海匡时	2021-07-08
潘天寿 墨荷 立轴	93cm×34cm	1,725,000	中国嘉德	2021-05-20
潘天寿 1924年作 岁朝图 立轴	138cm×67cm	1,610,000	北京保利	2021-12-03
潘天寿 美人蕉 镜心	44.5cm×35cm	1,495,000	北京保利	2021-12-03
潘天寿 拟雪个栖禽图 立轴	67cm×34cm	1,437,500	上海匡时	2021-07-08
潘天寿 劲松 立轴	135cm×33cm	1,380,000	永乐拍卖	2021-05-20
潘天寿 1964年作 农园小栖 立轴	66cm×33cm	1,150,000	北京保利	2021-06-05
潘天寿 1961年作 蜀葵图 镜心	69.5cm×35.5cm	1,150,000	上海匡时	2021-07-08
潘天寿 1928年作 篱菊水仙图 立轴	136cm×44cm	1,092,500	中国嘉德	2021-05-20
潘天寿 雏鸡 立轴	画心 46cm×34cm；诗堂 24cm×34cm	943,000	永乐拍卖	2021-05-21
潘天寿 1926年作 早年指墨山水 立轴	70cm×39.5cm	943,000	中鸿信	2021-07-14
潘天寿 吴茀之 诸乐三 1961年作 东风颂 镜片	262cm×72cm	920,000	西泠印社	2021-07-24
潘天寿 不倒翁 镜心	45cm×34cm	862,500	中国嘉德	2021-05-19
潘天寿 红荷 镜心	67cm×33.5cm	862,500	中鸿信	2021-07-14
潘天寿 1962年作 水仙 立轴	70.5cm×36.5cm	828,000	十竹斋拍卖(北京)	2021-05-29
潘天寿 1941年作 墨荷图 立轴	120cm×41.5cm	805,000	西泠印社	2021-07-25
潘天寿 1932年作 行书苏轼诗 立轴	147cm×81cm	690,000	北京保利	2021-06-05
潘天寿 1951年作 行书七言诗 立轴	128cm×33cm	690,000	华艺国际	2021-03-31
潘天寿 行书"洛神风格" 镜心	33cm×105cm	690,000	中国嘉德	2021-12-10
潘天寿 1965年作 欣欣向荣 立轴	56.5cm×35.5cm	667,000	上海嘉禾	2021-07-22
潘天寿 1965年作 行书毛主席诗词 立轴	132cm×34.5cm	586,500	永乐拍卖	2021-05-21
潘天寿 无量寿·行书七言诗 扇面双挖镜片	18cm×51cm×2	575,000	上海驰翰	2021-07-06
潘天寿 甲骨文集句诗 立轴	144cm×36cm	575,000	永乐拍卖	2021-12-02
潘天寿 狄平子 倚松听瀑·行书七言诗 成扇	20.5cm×52cm	575,000	中国嘉德	2021-05-19
潘天寿 1960年作 梅兰竹 立轴	107.5cm×42cm	575,000	中国嘉德	2021-12-11
潘天寿 甲骨文集句诗 立轴	143cm×36cm	569,250	十竹斋拍卖(北京)	2021-05-29
潘天寿 1962年作 行书毛主席诗词 立轴	129cm×32cm	448,500	中鸿信	2021-07-14
潘天寿 云山帆影 立轴	30.5cm×34cm	437,000	上海嘉禾	2021-07-23
潘天寿 1925年作 朱砂竹石图 立轴	80cm×40.5cm	414,000	上海嘉禾	2021-07-23
潘天寿 行书论画 立轴	127.5cm×35cm	402,500	北京银座	2021-09-24
潘天寿 1965年作 休憩图 立轴	45cm×33cm	379,500	北京保利	2021-06-05
潘天寿 行书七言诗 立轴	137cm×34.5cm	287,500	华艺国际	2021-12-11
潘天寿 1947年作 菊花鲑鱼图 镜心	18cm×51cm	264,500	中鸿信	2021-07-14
潘天寿 石榴 镜片	43cm×31cm	230,000	广东崇正	2021-07-19
潘天寿 1924年作 萝卜 立轴	142.5cm×27.5cm	218,500	中国嘉德	2021-12-10
潘天寿 1925年作 为《王梦白作听秋图》立轴	57.5cm×32.5cm	178,250	中鸿信	2021-07-14
潘天寿 1937年作 行书七言诗 立轴	133cm×34cm	166,750	华艺国际	2021-06-04
潘天寿 1966年作 映日红荷 立轴	88cm×48cm	4,370,000	朵云轩	2021-12-30
潘天寿 1941年作 行书自作诗 镜框	144cm×37cm	690,000	上海明轩	2021-12-30
潘天寿等 万佛楼图卷 手卷	32.5cm×581cm	1,725,000	十竹斋拍卖(北京)	2021-05-29
潘文良 2021年作 知秋图 镜心	140cm×50cm	1,144,250	保利厦门	2021-11-05
潘文良 2020年作 溪山清韵图	138cm×69cm	977,500	荣宝斋(南京)	2021-05-26
潘文良 2020年作 达摩	138cm×69cm	747,500	荣宝斋(南京)	2021-05-26
潘汶汛 2014年作 云隐双鹿	176cm×94cm	138,000	华艺国际	2021-11-12
潘晓云 踏歌行 镜片	192cm×97cm	5,750,000	北京中贝	2021-12-08

2021书画拍卖成交汇总(续表)

(成交价RMB:10万元以上)

拍品名称	物品尺寸	成交价RMB	拍卖公司	拍卖日期
潘晓云 幽趣图 镜片	96cm×45cm	460,000	北京中贝	2021-12-08
潘晓云 秋趣图 镜片	69cm×45cm	368,000	北京中贝	2021-12-08
潘玉良 1963年作 双美娉婷	66.5cm×50cm	14,720,000	华艺国际	2021-06-05
潘玉良 1966年作 黄菊瓶花	73cm×64cm	4,105,000	佳士得	2021-12-02
潘振镛 汉宫春晓通景 立轴	145cm×38.5cm×6	471,500	中贸圣佳	2021-05-21
潘主兰 1981年作 朱竹 立轴	66cm×41cm	207,000	广东崇正	2021-07-18
庞飞 万山红遍 镜心	240cm×90cm×3	529,000	中国嘉德	2021-12-13
庞飞 2021年作 王维诗意 镜心	141.5cm×71cm	207,000	中国嘉德	2021-05-21
庞书田2021年作行书《书谱》句镜框	179cm×97cm	276,000	北京荣宝	2021-06-19
庞书田 2021年作 楷书四言联 镜框	180cm×45cm×2	178,250	北京荣宝	2021-06-19
庞书田 2021年作 楷书四言联 立轴	180cm×48.5cm×2	172,500	北京荣宝	2021-06-19
庞泰嵩 1996年作 峰祥云瑞满帆归 镜片	142cm×360cm	149,500	华艺国际	2021-04-01
庞熏琹 庐山风景 镜框	34.5cm×35.2cm	1,026,250	佳士得	2021-11-30
庞熏琹 1940年代 洛神	67cm×37cm	862,500	中国嘉德	2021-05-20
庞熏琹 贵州夷女风雨图 立轴	65.7cm×30cm	923,625	佳士得	2021-11-30
彭连熙 1999年作 江南五月 镜片	140cm×178cm	322,000	西泠印社	2021-07-24
彭明亮 繁花	45cm×37cm	246,400	上海联合	2021-06-27
彭薇2003年作我的旧地图之一镜框	109cm×196cm	1,449,000	佳士得	2021-05-27
彭先诚 1994年作 游春图 镜心	90cm×350cm	1,380,000	北京荣宝	2021-12-02
彭先诚 1994年作 游春图 镜心	90cm×350cm	517,500	北京保利	2021-06-06
彭先诚 1997年作 丽人行 镜心	96cm×178cm	322,000	中国嘉德	2021-03-28
彭先诚 1993年作 宫女图 立轴	78.5cm×66cm	264,500	中国嘉德	2021-05-21
彭先诚 丽人行 镜心	67cm×136cm	195,500	北京保利	2021-12-04
彭先诚 仕女图 镜心	95cm×35cm	184,000	中国嘉德	2021-05-21
彭先诚 2001年作《丽人行》诗意图 镜心	101cm×54cm	172,500	永乐拍卖	2021-12-01
彭先诚 唐人马球图 镜心	34cm×119cm	138,000	北京荣宝	2021-12-02
彭云山 2018年作 小楷《大学》	34cm×272cm	460,000	荣宝斋(南京)	2021-05-26
彭云山 2021年作 豆腐诗	136cm×55cm	299,000	荣宝斋(南京)	2021-05-26
蒲华 1908年作 西湖小隐图 手卷	画34cm×250.5cm	8,625,000	北京保利	2021-06-05
蒲华 竹石四屏 立轴	232.5cm×56.5cm×4	977,500	中国嘉德	2021-05-21
蒲华1886年作墨竹四屏镜片(四帧)	179cm×46.5cm×4	632,500	西泠印社	2021-07-25
蒲华 1908年作 山居静读 镜心	134cm×67cm	402,500	十竹斋拍卖(北京)	2021-05-29
蒲华 墨竹四屏 镜心		345,000	永乐拍卖	2021-05-21
蒲华 1896年作 丛菊绚烂 横披	61.5cm×130cm	287,500	朵云轩	2021-07-07
蒲华 1904年作 为吴昌硕作 倚篷人影出菰芦 镜片	187cm×94.5cm	276,000	西泠印社	2021-04-10
蒲华 1904年作 金英图 立轴	134cm×63cm	207,000	上海匡时	2021-07-08
蒲华 行书八言联	35cm×169.5cm	207,000	中国嘉德	2021-05-20
蒲华 山茶水仙图 立轴	122.5cm×54cm	195,500	上海匡时	2021-07-08
蒲华 1889年作 竹深留客 立轴	137cm×66cm	172,500	北京保利	2021-12-04
蒲华 1903年作 菊花图 立轴	178.5cm×45cm	172,500	西泠印社	2021-07-25
蒲华 1870年作 云石 立轴	134cm×32cm	172,500	中国嘉德	2021-05-20
蒲华 1876年作 西子湖边 立轴	134.5cm×67.5cm	172,500	中国嘉德	2021-12-10
蒲华 1897年作 行书七言联 立轴	170cm×41cm×2	161,000	北京荣宝	2021-12-02
蒲华 1902年作 霜天丛艳图 立轴	128cm×62cm	161,000	西泠印社	2021-07-25
蒲华 1905年作 行书 七言联 对联	133.5cm×32.5cm×2	161,000	西泠印社	2021-07-25
蒲华 系楫放歌 立轴	94cm×42cm	149,500	朵云轩	2021-07-07
蒲华 奇石 镜心(四帧)	29cm×26cm×4	149,500	中贸圣佳	2021-07-06
溥伒 自题“涂雅”书画 册页	12cm×18cm	391,000	北京华辰	2021-06-19
溥伒 1936年作 盘庐修真图 手卷	16.5cm×56cm; 16.5cm×56.5cm; 22cm×111cm	304,750	十竹斋拍卖(北京)	2021-05-29
溥伒 溥僩 溥佺 溥佐 戏马图四屏 镜心	96cm×32.5cm	276,000	中国嘉德	2021-12-11
溥伒 松坪听水 镜心	97cm×32cm	230,000	中国嘉德	2021-03-29
溥伒 访菊图 立轴	65cm×31cm	138,000	北京保利	2021-06-05
溥伒 行书节录杜甫苏轼诗 镜心	248cm×124cm	138,000	中鸿信	2021-07-14
溥佺 1976年作 茨坪新貌 镜心	97cm×138cm	632,500	北京保利	2021-06-05
溥佺 1976年作 茨坪新貌 镜片	97cm×138cm	460,000	北京荣宝	2021-12-02
溥佺 1950年作 临郎世宁《紫骝图》立轴	129cm×67cm	552,000	十竹斋拍卖(北京)	2021-05-29
溥佺 1952年作 飞马 镜心	77cm×128cm	218,500	中国嘉德	2021-05-21
溥佺 人马图 镜心	92.5cm×33cm	149,500	中国嘉德	2021-12-11
溥儒 1937年作 松岩访友 立轴	309cm×94cm	30,475,000	中国嘉德	2021-12-10
溥儒 1950年作 苍苔滑婴图 册页	17.2cm×11.7cm	4,310,250	佳士得	2021-11-30
溥儒 1942年作 楷书十二月令联 镜框十二对	61.5cm×11.8cm×24	8,059,752	香港苏富比	2021-10-11
溥儒 1937年作 群猿图 手卷	9.5cm×106.5cm	3,105,000	中国嘉德	2021-05-19
溥儒 1955年作 钟馗出巡 手卷	25cm×298cm	2,875,000	永乐拍卖	2021-05-21
溥儒 1954年作 露叶亭亭净如盖 镜框四屏	92.5cm×47.3cm×4	1,877,904	香港苏富比	2021-10-11
溥儒 松荫双骏 立轴	130.5cm×65.5cm	1,782,500	北京翰海	2021-06-04
溥儒 仿宋花鸟卷 手卷	引首 27cm×99cm; 本幅 27cm×388cm	5,980,000	永乐拍卖	2021-05-21
溥儒 楷书《游天目山》《金华洞记》镜心	111cm×20.6cm	3,105,000	中国嘉德	2021-11-30
溥儒 1934年作 秋园杂佩 册页(十开)	37.5cm×21cm×12	2,300,000	华艺国际	2021-12-11
溥儒 梦蝶图 镜心	18.5cm×14.6cm	2,185,000	中国嘉德	2021-11-30
溥儒 闲山静水 镜框十二帧	18.5cm×11.2cm×6 17.5cm×11cm×4 19.2cm×11.4cm 17.9cm×11.1cm	1,773,576	香港苏富比	2021-10-11
溥儒 高寒双松·行书七言联 镜框、镜框	20cm×57cm, 136cm×34cm×2	1,725,000	十竹斋拍卖(北京)	2021-05-29
溥儒 1959年作 十丑图 镜心	12cm×120cm	1,725,000	永乐拍卖	2021-05-21
溥儒 翠溪清话 扇面镜框	18cm×52.1cm	1,380,834	香港苏富比	2021-04-21
溥儒 秋山图四屏 立轴	98cm×32cm×4	1,380,000	广东崇正	2021-07-19
溥儒 幽谷空壁 镜框	60cm×119.5cm	1,274,616	香港苏富比	2021-04-21
溥儒 碧湖千峰 手卷	9.5cm×122cm	1,173,000	朵云轩	2021-07-07
溥儒 落花赋 立轴	66cm×28cm	1,173,000	永乐拍卖	2021-12-01
溥儒 秋江楼阁图	81.5cm×27cm	1,150,000	西泠印社	2021-01-16
溥儒 醉扶图 立轴	39cm×29cm	1,150,000	中国嘉德	2021-12-10
溥儒 1934年作 松壑幽居 立轴	181cm×55cm	1,104,000	北京翰海	2021-06-04
溥儒 瞿塘归棹 手卷	引首 9.5cm×36cm; 画心 9.3cm×74.6cm	1,062,180	香港苏富比	2021-04-21
溥儒 1946年作 积雪数峰寒 立轴	124cm×44cm	1,062,180	香港苏富比	2021-04-21
溥儒南无大慈大悲观世音菩萨镜心	93cm×42cm	1,035,000	中国嘉德	2021-05-19
溥儒 古院暮色 立轴	118cm×42cm	1,030,000	北京保利	2021-12-04
溥儒 松下高士 立轴	132.5cm×51cm	977,500	华艺国际	2021-06-04
溥儒 寒江独钓 立轴	82.4cm×42.6cm	955,962	香港苏富比	2021-04-21
溥儒 夕阳野渡 手卷	4cm×133cm	931,500	佳士得	2021-05-27
溥儒 山水“不见数峰” 镜框	34cm×101cm	920,000	保利厦门	2021-11-05
溥儒 山水 四屏立轴	画心 26.5cm×34cm×4; 诗堂 25cm×32.5cm×4	920,000	上海嘉禾	2021-11-14

拍品名称	物品尺寸	成交价RMB	拍卖公司	拍卖日期
溥儒 一寸千里 镜心	3.5cm×116cm	839,500	永乐拍卖	2021-05-21
溥儒 观音大士 镜心	110cm×65cm	805,000	华艺国际	2021-12-11
溥儒 柳塘泛舟 镜心	94cm×41cm	793,500	北京保利	2021-06-05
溥儒 朱砂行书七言联 镜框	310cm×51.5cm×2	747,500	华艺国际	2021-06-04
溥儒 花卉四君子 镜心	60cm×28cm×4	747,500	永乐拍卖	2021-05-21
溥儒 寒山夜话 立轴	51.5cm×28.1cm	730,296	香港苏富比	2021-10-11
溥儒 精舍临秋水 镜心	63cm×32cm	713,000	北京保利	2021-09-25
溥儒 雅集图 立轴	127cm×56cm	713,000	北京保利	2021-12-03
溥儒 1952年作 拈花仕女 立轴	56cm×27cm	690,000	永乐拍卖	2021-05-21
溥儒 双姝并立 立轴	101cm×32.cm	690,000	中国嘉德	2021-05-20
溥儒 行书菜单 镜心	28cm×57.7cm	690,000	中国嘉德	2021-12-10
溥儒 1942年作 玉堂富贵 镜心	129.5cm×37cm	667,000	北京翰海	2021-12-17
溥儒 兰蝶图并楷书七言诗 成扇	19.5cm×54cm	644,000	中贸圣佳	2021-07-06
溥儒 啸月寻泉 镜框	27.7cm×19.2cm	637,308	香港苏富比	2021-04-21
溥儒 年年大吉 立轴	79.3cm×34.3cm	637,308	香港苏富比	2021-04-21
溥儒 四季山水 立轴	133cm×33cm×4	632,500	华艺国际	2021-12-11
溥儒 云气生虚壁 镜心	15cm×8cm	632,500	永乐拍卖	2021-05-21
溥儒 草阁听泉 镜框	8.9cm×134cm	625,968	香港苏富比	2021-10-11
溥儒1936年作山水册页(十二开)	21cm×13cm×12	576,949	中国嘉德	2021-04-22
溥儒 海屋添筹 镜心	32cm×32cm	575,000	北京保利	2021-06-05
溥儒 水月观音 立轴	57cm×39cm	575,000	十竹斋拍卖(北京)	2021-05-29
溥儒 1953年作 楷书《佛说阿弥陀经》立轴	101cm×42cm	517,500	华艺国际	2021-03-31
溥儒 秋江飞燕 立轴	113cm×42.5cm	517,500	永乐拍卖	2021-05-21
溥儒 双骏图 镜框	90cm×34cm	500,774	香港苏富比	2021-10-11
溥儒 斜阳溪静 镜心	96cm×33cm	483,000	中国嘉德	2021-05-19
溥儒 杂画类课徒稿 镜心	尺寸不一	477,475	中国嘉德	2021-04-22
溥儒 四季四景 镜片(四帧)	35.5cm×32.5cm×4	471,500	西泠印社	2021-04-10
溥儒 蕉荫仕女 立轴	114.5cm×35cm	471,500	中贸圣佳	2021-05-21
溥儒 秋山高隐 镜心	93.5cm×28.5cm	460,000	北京保利	2021-12-04
溥儒 汲古得修绠 镜片	125cm×39.5cm	460,000	华艺国际	2021-06-04
溥儒 1954年作 百猿图卷 手卷	15cm×224cm	460,000	永乐拍卖	2021-05-21
溥儒 1961年作 钟馗出行 镜心	56cm×22.5cm	460,000	永乐拍卖	2021-05-21
溥儒 松山行旅 镜心	88cm×32cm	460,000	永乐拍卖	2021-05-21
溥儒 山间亭阁 镜心	131cm×65cm	460,000	永乐拍卖	2021-05-21
溥儒 柳荫双骏 镜心	36cm×58cm	460,000	中贸圣佳	2021-07-06
溥儒 行书五言联 镜片	164cm×36cm×2	448,500	西泠印社	2021-01-16
溥儒 翎毛、杂画类课徒稿 镜心	尺寸不一	437,686	中国嘉德	2021-04-22
溥儒 清江图 立轴	100cm×34cm	437,000	北京荣宝	2021-06-19
溥儒 松壑行旅 手卷	14cm×96cm	437,000	华艺国际	2021-12-11
溥儒 虫趣 镜心	63cm×28cm	425,500	永乐拍卖	2021-05-21
溥儒 鸿雪留踪 八开册	画心 24cm×35.6cm×8 题跋 24cm×10.4cm	417,312	香港苏富比	2021-10-11
溥儒 奚官牵马图 镜框	44.4cm×22.5cm	417,312	香港苏富比	2021-10-11
溥儒 倚杖青崖·行书诗 成扇	18.5cm×45cm	417,312	中国嘉德	2021-10-13
溥儒 渔父晚归 镜心	28cm×17cm	414,000	北京保利	2021-12-03
溥儒 风雨行旅图 立轴	82cm×37.3cm	414,000	佳士得	2021-05-27
溥儒 山水 立轴	68cm×31cm	414,000	十竹斋拍卖(北京)	2021-05-29
溥儒 1950年作 为庆泽彬作楷书五言诗 镜片	67.5cm×33cm	402,500	西泠印社	2021-07-25
溥儒 楷书七言联 立轴	66.5cm×12cm×2	402,500	永乐拍卖	2021-05-21

拍品名称	物品尺寸	成交价RMB	拍卖公司	拍卖日期
溥儒 临董文敏笔意 立轴	125cm×49cm	402,500	中国嘉德	2021-12-11
溥儒 秋郊散牧 镜框	20cm×34.5cm	379,500	保利厦门	2021-11-05
溥儒 山水 镜片(四帧)	31cm×21cm×4	379,500	广东崇正	2021-01-07
溥儒 溪桥野渡 立轴	91cm×29cm	368,000	华艺国际	2021-12-11
溥儒 春江花叶 立轴	99cm×30cm	368,000	永乐拍卖	2021-05-21
溥儒 层峦叠翠 镜框	128.5cm×30cm	359,188	佳士得	2021-11-30
溥儒 楷书七言联 立轴	80cm×13cm×2	345,000	北京保利	2021-12-03
溥儒 溪山行旅 镜心	103.5cm×44cm	345,000	北京荣宝	2021-06-19
溥儒 坐久落花多 立轴	99.5cm×32cm	345,000	华艺国际	2021-03-31
溥儒 松风高远 镜片	104cm×52.5cm	345,000	华艺国际	2021-06-04
溥儒 空岩茅屋 立轴	110.5cm×32.5cm	345,000	上海嘉禾	2021-07-22
溥儒 仙芝恭寿 镜心	57.5cm×28.5cm	345,000	永乐拍卖	2021-05-21
溥儒 升棺图 镜心	20cm×49cm	345,000	永乐拍卖	2021-05-21
溥儒 松鹤延年 镜心	179cm×45cm	345,000	永乐拍卖	2021-12-01
溥儒 1933年作 墨巢图 立轴	70.2cm×27.9cm	331,200	佳士得	2021-05-27
溥儒 瓶花 立轴	75cm×32cm	322,000	保利厦门	2021-11-05
溥儒1950年作行书自作诗二首立轴	176cm×77cm	322,000	华艺国际	2021-06-04
溥儒 楷书七言联 立轴	67cm×11.5cm×2	322,000	上海嘉禾	2021-07-22
溥儒 1958年作 山水四屏 立轴	60cm×14.5cm×4	322,000	上海嘉禾	2021-11-14
溥儒 倚松观山图 镜心	97cm×32.5cm	322,000	永乐拍卖	2021-05-21
溥儒 1952年作 野塘红蓼 镜心	56.5cm×28.5cm	322,000	永乐拍卖	2021-05-21
溥儒 幽谷听泉 镜心	100cm×33cm	322,000	中国嘉德	2021-03-27
溥儒 疏林木色·行书临王羲之《十月五日帖》成扇	19.5cm×53cm	317,952	中国嘉德	2021-10-13
溥儒 楷书七言联 镜框	80cm×16cm×2	312,984	香港苏富比	2021-10-11
溥儒 溪山雨过 立轴	69.5cm×36.8cm	312,984	香港苏富比	2021-10-11
溥儒 行书八言联 镜心	165cm×39cm×2	310,500	北京荣宝	2021-06-19
溥儒 沧浪亭图 镜片	29cm×27cm	310,500	西泠印社	2021-07-24
溥儒 流民图 镜心	17.5cm×31cm	299,000	北京保利	2021-12-03
溥儒 1941年作 静听松风 立轴	132cm×48cm	299,000	广东崇正	2021-01-07
溥儒 1934年作 为何其巩作《松石图》《疏林暮远图》成扇	14cm×43cm	299,000	西泠印社	2021-07-25
溥儒 猿戏图 立轴	17.5cm×51cm	299,000	中国嘉德	2021-05-21
溥儒 峡江行舟图 镜心	23cm×60cm	299,000	中贸圣佳	2021-07-06
溥儒 秋山行旅 立轴	101cm×38cm	287,500	北京荣宝	2021-12-02
溥儒 钟馗 立轴	91.5cm×43.5cm	287,500	十竹斋拍卖(北京)	2021-05-29
溥儒 两岸青山带浅流 立轴	86cm×39cm	287,500	十竹斋拍卖(北京)	2021-05-29
溥儒 红叶扁舟 立轴	53cm×25cm	287,500	永乐拍卖	2021-05-21
溥儒 松鹤延年 立轴	80.5cm×26.5cm	287,500	永乐拍卖	2021-05-21
溥儒 1937年作 峰峦叠嶂 立轴	132cm×32cm	287,500	永乐拍卖	2021-05-21
溥儒 1939年作 亭台观山图 镜心	直径34.5cm	287,500	永乐拍卖	2021-05-21
溥儒 高士鱼戏 镜心	81cm×26cm	287,500	永乐拍卖	2021-12-01
溥儒 翠巘生秋色 立轴	97.5cm×29cm	287,500	中国嘉德	2021-05-20
溥儒 高士图·行书五言诗 扇面	19.5cm×52cm	276,000	西泠印社	2021-01-16
溥儒 1948年作 盆松图 立轴	56.2cm×20.5cm	276,000	西泠印社	2021-07-25
溥儒 古树斜阳 镜心	10cm×87cm	276,000	中贸圣佳	2021-05-21
溥儒 秋林寒夜 立轴	98cm×32cm	276,000	中贸圣佳	2021-05-21
溥儒 秋色满山 立轴	97cm×32.2cm	269,100	佳士得	2021-05-27
溥儒 1936年作 采薇图 立轴	67.5cm×33cm	253,000	北京翰海	2021-06-01
溥儒 枝头鹦鹉 立轴	130cm×40cm	253,000	北京荣宝	2021-06-19
溥儒 书法 册页	31cm×42cm×14	253,000	广东小雅斋	2021-07-20
溥儒 书法 手卷	26.5cm×155.5cm	253,000	广东小雅斋	2021-07-20
溥儒 钟馗 立轴	64cm×41cm	253,000	十竹斋	2021-06-27

2021书画拍卖成交汇总(续表)

(成交价RMB:10万元以上)

拍品名称	物品尺寸	成交价RMB	拍卖公司	拍卖日期
溥儒 行书 自作诗三首	277cm×30cm	253,000	中国嘉德	2021-12-10
溥儒 古木涵秋 立轴	68.5cm×25.5cm	253,000	中国嘉德	2021-05-20
溥儒 杨柳拂岸 立轴	131cm×33.5cm	253,000	中国嘉德	2021-12-10
溥儒 深山访友 立轴	88.5cm×35.5cm	253,000	中国嘉德	2021-12-11
溥儒陈定山1946年作鹤寿长青行书成扇	19.3cm×47cm	250,387	香港苏富比	2021-10-11
溥儒 1944年作 疏林远岫图 镜心	69cm×33cm	241,500	北京保利	2021-05-17
溥儒 秋山高士 镜片	99cm×27cm	241,500	广东小雅斋	2021-07-20
溥儒 仕女、花卉类课徒稿 镜心	尺寸不一	238,738	中国嘉德	2021-04-22
溥儒 驭马图 镜心	79.5cm×35cm	230,000	北京保利	2021-06-05
溥儒 1946年作 秋水苍山 镜心	12.5cm×133cm	230,000	北京保利	2021-06-06
溥儒 1947年作 炼丹图 立轴	68cm×31cm	230,000	北京保利	2021-06-06
溥儒 水月观音 镜心	84cm×28cm	230,000	北京保利	2021-09-25
溥儒 1956年作 松岩鱼艇 镜心	79cm×28cm	230,000	北京保利	2021-12-04
溥儒 浮云远山 镜片	10.5cm×69.5cm	230,000	朵云轩	2021-07-07
溥儒 张伯英 柳塘图 行书 成扇	19cm×54cm	230,000	广东崇正	2021-01-06
溥儒 观瀑图 立轴	101cm×38cm	230,000	广东崇正	2021-01-07
溥儒 仿宋人笔意 镜心	10cm×106cm	230,000	永乐拍卖	2021-05-21
溥儒 悠悠清水 镜心	83cm×27cm	230,000	永乐拍卖	2021-12-01
溥儒 1942年作 行书四屏 立轴	131cm×30.5cm×4	230,000	中国嘉德	2021-12-10
溥儒 鹊华秋色图 镜心	诗堂 23cm×38.5cm; 画心 57.5cm×36cm	230,000	中贸圣佳	2021-05-21
溥儒于非闇1941年作秋叶草虫立轴	82.8cm×23.6cm	227,700	佳士得	2021-05-27
溥儒 荷花水鸟 立轴	86.2cm×29cm	227,700	佳士得	2021-05-27
溥儒 清香图 立轴	95cm×30cm	225,775	佳士得	2021-11-30
溥儒 书法 手卷	14cm×185.5cm	218,500	广东小雅斋	2021-07-20
溥儒 宝熙 花蝶、书法 镜框	绘画60cm×21cm; 书法32.5cm×21cm	218,500	华艺国际	2021-06-04
溥儒 1941年作 松下高士 立轴	132cm×48.2cm	218,500	华艺国际	2021-12-11
溥儒 松荫拨阮图 镜心	25.5cm×64.5cm	218,500	中贸圣佳	2021-05-21
溥儒 书法 手卷	15cm×209.5cm	207,000	广东小雅斋	2021-07-20
溥儒寒玉堂注经稿册页(共八页)	39.5cm×28cm; 628cm×19.5cm×2	207,000	西泠印社	2021-07-25
溥儒 水姜花 立轴	62cm×26cm	207,000	永乐拍卖	2021-05-21
溥儒 秋山树下遥 立轴	101cm×32cm	207,000	永乐拍卖	2021-05-21
溥儒 秋来可吟眺 镜心	30.5cm×34.5cm	207,000	中国嘉德	2021-05-19
溥儒 溥伒 枫林钟馗·行书七言诗 立轴	19cm×54.5cm×2	207,000	中国嘉德	2021-05-19
溥儒 碧峰雨过 立轴	103cm×30.5cm	207,000	中国嘉德	2021-12-10
溥儒 钟馗 镜心	80.5cm×28cm	207,000	中国嘉德	2021-12-11
溥儒 松崖琴思 镜框	110cm×43cm	205,250	佳士得	2021-11-30
溥儒 策蹇寻诗图 镜片	57.5cm×28cm	201,250	西泠印社	2021-01-16
溥儒 秋峦孤棹 镜框	79cm×27.9cm	198,223	香港苏富比	2021-10-11
溥儒 松下高士图 镜心	98cm×33cm	195,500	北京保利	2021-06-05
溥儒 1939年作 山水 立轴	114.5cm×49.5cm	195,500	北京翰海	2021-12-17
溥儒 行书七言联 立轴	130cm×30.5cm×2	195,500	广东崇正	2021-07-19
溥儒 1956年作 为饶戴维作《云壑苍松图》立轴	62.5cm×33cm	195,500	西泠印社	2021-07-25
溥儒 雪景山水人物扇面	51cm×18cm	195,500	中国嘉德	2021-12-10
溥儒 溥伒 等 行书书法·江楼秋水 成扇	18cm×50cm	195,500	中贸圣佳	2021-05-21
溥儒 烟光秋树 立轴	101cm×28cm	192,204	保利香港	2021-04-23
溥儒 1944年作 江楼帆远、行书诗 成扇	18.6cm×46.7cm	187,790	香港苏富比	2021-10-11

拍品名称	物品尺寸	成交价RMB	拍卖公司	拍卖日期
溥儒 叶恭绰 青山晚霁 行书 扇面双挖立轴	20cm×54cm×2	184,725	佳士得	2021-11-30
溥儒 行书七言联 镜心	79cm×16cm×2	184,000	北京保利	2021-06-05
溥儒 松崖高士 立轴	104cm×34cm	184,000	北京翰海	2021-06-04
溥儒 楷书十一言 对联	63cm×10cm×2	184,000	朵云轩	2021-07-08
溥儒 1960年作 书匾 荣宝斋装池 镜片	123.5cm×41.5cm	184,000	西泠印社	2021-07-24
溥儒 水月观音 镜心	84cm×27.5cm	184,000	永乐拍卖	2021-05-21
溥儒 1960年作 行书《南游杂诗》镜心	156cm×40cm×4	184,000	永乐拍卖	2021-12-01
溥儒 山水两帧并信札一通 镜心	38cm×30cm×2; 28cm×21cm	184,000	中贸圣佳	2021-09-25
溥儒 楷书七言联 镜框	64.2cm×12.3cm×2	180,571	香港苏富比	2021-04-21
溥儒 红衣翠影 镜框	画心 36cm×43.5cm; 诗堂 35cm×43.7cm	180,571	香港苏富比	2021-04-21
溥儒 春山行旅 立轴	99cm×33.5cm	178,250	上海嘉禾	2021-07-23
溥儒 徐宗浩 杖锡安禅图·临赵孟頫书 成扇	50cm×18.7cm	178,250	西泠印社	2021-07-25
溥儒 双松并茂 立轴	135cm×32.5cm	172,500	保利厦门	2021-11-05
溥儒 访友图 立轴	131cm×31cm	172,500	北京保利	2021-12-04
溥儒 行书自作诗《感遇》镜心	38.2cm×95cm	172,500	北京荣宝	2021-06-19
溥儒 秋山仙阁 立轴	168cm×34cm	172,500	朵云轩	2021-07-08
溥儒 松荫游目图 立轴	75cm×25cm	172,500	西泠印社	2021-07-25
溥儒 1941年作 牧牛图 镜心	15.5cm×27cm	172,500	永乐拍卖	2021-05-21
溥儒 曳杖松林 立轴	42cm×18cm	172,500	永乐拍卖	2021-05-21
溥儒 疏林山居 镜心	13cm×98cm	172,500	永乐拍卖	2021-05-21
溥儒 1943年作 行书七言诗 立轴	99cm×30.5cm	172,500	永乐拍卖	2021-05-21
溥儒 策杖行吟 立轴	49.5cm×20.5cm	172,500	中国嘉德	2021-05-19
溥儒 1952年作 钟馗 镜心	87cm×33cm	172,500	中国嘉德	2021-12-11
溥儒 丝纶图 镜心	24.5cm×69cm	172,500	中鸿信	2021-07-14
溥儒 岸静江清 立轴	100cm×33cm	166,750	朵云轩	2021-07-07
溥儒 松下高士 镜框	102cm×32cm	165,600	佳士得	2021-05-27
溥儒 1961年作 隐者观泉 镜框	94.8cm×35cm	164,200	佳士得	2021-11-30
溥儒 1945年作 楷书七言联 立轴	65.5cm×12cm×2	161,856	保利香港	2021-04-23
溥儒 远帆秋水 立轴	106cm×29.5cm	161,856	保利香港	2021-04-23
溥儒 放风筝 立轴	85cm×40cm	161,000	中国嘉德	2021-09-26
溥儒 山水 立轴	103cm×32.5cm	161,000	中国嘉德	2021-12-11
溥儒 双燕来时 镜心	50cm×25cm	161,000	中国嘉德	2021-12-11
溥儒 松荫高士图 立轴	91cm×42cm	161,000	中鸿信	2021-07-14
溥儒 婴戏 镜心	61.5cm×31.7cm	161,000	中鸿信	2021-07-14
溥儒 飞白书“一峰”镜心	33.5cm×63.5cm	159,158	中国嘉德	2021-04-22
溥儒 秋日对谈 立轴	100cm×33cm	155,250	佳士得	2021-05-27
溥儒 行书七言联 镜片	63.5cm×12cm×2	149,500	保利厦门	2021-11-05
溥儒 松溪策杖 立轴	100.5cm×33.5cm	149,500	北京保利	2021-05-17
溥儒 江天寥廓 立轴	97.5cm×25cm	149,500	中国嘉德	2021-05-19
溥儒 1934年作 青山归棹 立轴	97cm×39.5cm	149,500	中国嘉德	2021-12-11
溥儒 古木、虬枝类课徒稿 镜心	尺寸不一	149,211	中国嘉德	2021-04-22
溥儒 古木高士 立轴	115cm×38cm	149,211	中国嘉德	2021-04-22
溥儒 合和二仙 立轴	82cm×36.5cm	139,264	中国嘉德	2021-04-22
溥儒 山居图 立轴	148.5cm×39.5cm	139,104	中国嘉德	2021-10-13
溥儒 楷书七言联 立轴	79cm×12cm×2	138,000	北京翰海	2021-06-04
溥儒 松风高士 立轴	101cm×33.5cm	138,000	北京翰海	2021-06-04
溥儒 行书七言联 立轴	130cm×32cm.×2	138,000	北京荣宝	2021-06-19
溥儒 枫林高士 镜框	102.5cm×43cm	138,000	华艺国际	2021-03-31
溥儒 牧牛图 立轴	92cm×25cm	138,000	华艺国际	2021-12-11

(成交价RMB：10万元以上)

拍品名称	物品尺寸	成交价RMB	拍卖公司	拍卖日期
溥儒 柳溪泛舟 镜片	116cm×41cm	138,000	上海嘉禾	2021-07-23
溥儒 吉祥果 镜片	55.5cm×29.5cm	138,000	西泠印社	2021-01-16
溥儒 钟进士图 立轴	99cm×33cm	138,000	永乐拍卖	2021-05-21
溥儒 明骆千里 立轴	55cm×33cm	138,000	永乐拍卖	2021-12-01
溥儒高士行吟·行书自作诗 成扇	18cm×50cm	138,000	中国嘉德	2021-05-21
溥儒 许浑诗意 立轴	52.5cm×16.5cm	138,000	中国嘉德	2021-12-11
溥儒 王维诗意 镜框	75cm×45cm	517,500	上海明轩	2021-12-30
溥儒 暮霭清波 镜框	60cm×28cm	224,250	上海明轩	2021-12-30
溥儒 红叶双栖 镜框	72cm×28cm	218,500	上海明轩	2021-12-30
溥儒 松下高士 立轴	98.5cm×33cm	172,500	朵云轩	2021-12-30
溥儒 溥修 1942年作 香草游丝 草书成扇	18.5cm×49cm	155,250	朵云轩	2021-12-30
溥儒 1945年作 楷书九言 对联	134.5cm×33cm×2	138,000	朵云轩	2021-12-30
溥儒 1949年作 行书传略 横幅	书 27.5cm×116.5cm; 引首 27cm×19.5cm; 跋27cm×19.5cm	575,000	北京保利	2021-06-05
溥儒 1934年作 少陵诗意图卷 手卷	12cm×129cm	3,220,000	北京诚轩	2021-12-03
溥儒 1935年作 书画合璧扇 成扇	18.6cm×51cm	345,000	北京诚轩	2021-05-18
溥儒 寒山松影 镜心	31.5cm×40.4cm	322,000	北京诚轩	2021-05-18
溥儒 策杖临江 镜框	24.5cm×57.5cm	306,240	罗芙奥	2021-07-17
溥儒 高山楼阁图 镜心	104cm×33cm	287,500	北京保利	2021-06-05
溥儒 闲吟策杖图 镜心	74cm×21.5cm	230,000	北京保利	2021-06-05
溥儒 飞檐绝巘图 立轴	69cm×34cm	161,000	北京保利	2021-06-05
溥儒 霜倒半池莲·王之涣《登鹳雀楼》镜心(二帧)	58.3cm×27.5cm×2	184,000	北京诚轩	2021-05-18
溥儒 茅亭赏雪 镜心	68cm×22.8cm	138,000	北京诚轩	2021-05-18
溥儒 书画合璧扇 成扇	18.5cm×49.5cm	195,500	北京诚轩	2021-12-03
溥僩 1947年作 御马图 镜心(四帧)	31cm×59cm×4	218,500	中国嘉德	2021-09-26
溥佐 八仙 镜心	32cm×101cm	437,000	北京保利	2021-06-05
溥佐 1941年作 双马图 镜心	125cm×63.5cm	345,000	中国嘉德	2021-12-11
溥佐 双骏图 立轴	152cm×81cm	184,000	广东小雅斋	2021-07-20
溥佐 渥洼龙种 立轴	98cm×39cm	149,500	中国嘉德	2021-03-28
齐白石 1921年作 广豳风图 册页	25.5cm×32.5cm×16	92,000,000	华艺国际	2021-12-11
齐白石黄宾虹等贞松永茂册页	29.5cm×39cm×192	50,025,000	北京荣宝	2021-12-02
齐白石 松柏独立图 镜心	242.5cm×61cm	29,900,000	北京保利	2021-12-03
齐白石 花果翎毛虫鱼 册页	32.5cm×33cm×8	20,700,000	北京荣宝	2021-12-02
齐白石 1930年作 紫藤松树 镜心	177cm×46cm	12,650,000	北京荣宝	2021-06-19
齐白石 蔬果花鸟 册页(十开)	27cm×34cm×10	39,100,000	北京荣宝	2021-06-19
齐白石 1952年作 荷花鸳鸯 立轴	181cm×56.7cm	23,575,000	北京荣宝	2021-06-19
齐白石 1936年作 工笔花虫 册页(八开)	34cm×34cm×8	21,275,000	华艺国际	2021-06-04
齐白石 灵雕苍肃 立轴	171cm×47cm	18,400,000	中国嘉德	2021-05-19
齐白石 1950年作 寿桃图 立轴	129.7cm×33cm	15,525,000	北京荣宝	2021-06-19
齐白石 高立 镜心	180cm×45cm	10,925,000	北京保利	2021-06-05
齐白石 1953年作 一帆风顺图 立轴	102cm×39.5cm	9,430,000	西泠印社	2021-01-16
齐白石 1931年作 行书五言联 立轴	133.5cm×27cm×2	7,130,000	北京荣宝	2021-06-19
齐白石 博古四屏 立轴	99.5cm×34cm×4	17,250,000	中国嘉德	2021-12-10
齐白石 送学图 立轴	140cm×37cm	16,790,000	北京保利	2021-12-03
齐白石 人物四帧 镜心	34cm×34cm×4	10,120,000	北京保利	2021-12-03
齐白石 1960年作 多寿图 镜心	141cm×48.5cm	9,200,000	永乐拍卖	2021-05-20
齐白石 杂画 册页	28cm×17cm×8	8,050,000	北京保利	2021-06-05
齐白石 独立远瞩图 立轴	179cm×47.5cm	8,050,000	北京华辰	2021-12-08
齐白石 鸢尾蝴蝶图 镜心	99.5cm×33cm	7,590,000	中国嘉德	2021-12-10

拍品名称	物品尺寸	成交价RMB	拍卖公司	拍卖日期
齐白石 蔬果动物 四屏 镜心	65.5cm×32.5cm×4	7,475,000	北京荣宝	2021-06-19
齐白石 玉兰斑鸠 立轴	178cm×47cm	7,245,000	北京保利	2021-12-03
齐白石 多子、大利、大寿立轴三屏	68cm×33.5cm×3	6,900,000	北京荣宝	2021-12-02
齐白石 松山陋室图 立轴	137cm×34cm	6,900,000	上海嘉禾	2021-07-22
齐白石 夕阳晚归图 立轴	95.5cm×30cm	6,900,000	中国嘉德	2021-12-10
齐白石 荷花双鸳 立轴	134cm×67.5cm	6,900,000	中鸿信	2021-07-14
齐白石 烟帆海潮 立轴	132.5cm×62.5cm	6,785,000	北京保利	2021-12-03
齐白石 持钵和尚 立轴	134cm×33cm	6,440,000	北京荣宝	2021-12-02
齐白石 1937年作 喜上眉梢 立轴	165cm×43cm	6,325,000	北京保利	2021-12-03
齐白石 墨荷 立轴	163cm×46cm	6,325,000	北京荣宝	2021-06-19
齐白石 果味无双 立轴	100cm×33cm	6,325,000	中贸圣佳	2021-05-21
齐白石 长年长年 镜框	105cm×42.5cm	6,095,000	北京华辰	2021-12-08
齐白石 石榴大吉 立轴	135.5cm×33cm	5,980,000	北京荣宝	2021-12-02
齐白石 1944年作 太平 镜心	99cm×48.5cm	5,911,200	保利香港	2021-11-28
齐白石 1947年作 铁拐李 立轴	136cm×34cm	5,865,000	北京保利	2021-12-03
齐白石 荷塘游虾图·篆书四言联立轴	画心 130cm×32cm; 对联 110cm×31cm×2	5,865,000	北京荣宝	2021-12-02
齐白石 红梅双喜 立轴	102cm×34.5cm	5,750,000	北京保利	2021-12-03
齐白石 紫藤蜜蜂图 立轴	75cm×29cm	5,750,000	北京荣宝	2021-12-02
齐白石 1922年作 老当益壮	105cm×41cm	5,750,000	北京荣宝	2021-12-02
齐白石 1945年作 香卉佳果 四屏镜心	105.5cm×35.4cm×4	5,577,500	北京诚轩	2021-05-18
齐白石 柳牛图 立轴	137cm×34.5cm	5,563,800	保利香港	2021-04-23
齐白石 渔翁 镜心	71.5cm×47cm	5,175,000	北京保利	2021-06-05
齐白石 松鹰图 立轴	120cm×52cm	5,175,000	北京保利	2021-12-03
齐白石 郑孝胥 菊花蜻蜓·楷书节录《述书赋》成扇	23cm×67cm	5,175,000	中国嘉德	2021-12-10
齐白石 钟馗 立轴	101.2cm×33.4cm	5,131,250	佳士得	2021-11-30
齐白石 麦穗草虫 立轴	69cm×35cm	4,945,000	十竹斋拍卖(北京)	2021-05-29
齐白石 1940年作 大寿 立轴	100cm×33cm	4,926,000	佳士得	2021-11-30
齐白石 1948年作 东方朔献寿图立轴	112cm×48cm	4,887,500	北京保利	2021-12-03
齐白石 冠上加冠 立轴	175cm×41cm	4,830,000	北京保利	2021-09-25
齐白石 蟠桃图 立轴	81cm×49cm	4,600,000	中贸圣佳	2021-05-21
齐白石 谢霈 1935年作 长寿不倒·行书佛谒 成扇	35.5cm×96.5cm	4,485,000	中国嘉德	2021-12-10
齐白石 范曾 1927年作 菊酒延年立轴	135cm×33cm	4,255,000	北京保利	2021-06-05
齐白石 云山帆影 镜心	136cm×34cm	4,025,000	北京保利	2021-12-03
齐白石 1947年作 白菜萝卜 镜框	102.5cm×33.5cm	4,025,000	朵云轩	2021-07-07
齐白石 1937年作 葡萄松鼠 立轴	137cm×34.5cm	4,025,000	中国嘉德	2021-12-10
齐白石 多寿 镜心	138cm×33.5cm	3,680,000	中贸圣佳	2021-05-21
齐白石 1951年作 樱桃 镜片	26cm×43.5cm	3,622,500	广东崇正	2021-07-19
齐白石 葡萄 镜心	133cm×33cm	3,565,000	北京保利	2021-06-05
齐白石 竹鸡图 立轴	140.5cm×35cm	3,565,000	中贸圣佳	2021-05-21
齐白石 水仙寿石 镜心	100cm×34cm	3,450,000	北京保利	2021-06-05
齐白石 1943年作 玉簪蜻蜓 立轴	100cm×33cm	3,450,000	北京保利	2021-06-05
齐白石 花果册 镜心	29.5cm×10.5cm×8	3,450,000	北京保利	2021-12-03
齐白石 1947年作 小事不糊涂 镜框	35cm×10.5cm	3,450,000	北京华辰	2021-12-08
齐白石 1924年作 篆书七言联 立轴	132cm×32cm×2	3,450,000	北京荣宝	2021-06-19

2021书画拍卖成交汇总(续表)

(成交价RMB：10万元以上)

拍品名称	物品尺寸	成交价RMB	拍卖公司	拍卖日期
齐白石 草虫雁来红 立轴	134.5cm×34cm	3,450,000	中国嘉德	2021-05-19
齐白石 三余图 镜心	27.5cm×18.5cm	3,450,000	中贸圣佳	2021-05-21
齐白石 花卉草虫 镜片	101cm×83.5cm	3,392,500	保利厦门	2021-11-05
齐白石 大富贵图 立轴	135cm×33cm	3,392,500	北京保利	2021-12-03
齐白石 荷花鸳鸯 镜框	100cm×34cm	3,335,000	北京荣宝	2021-12-02
齐白石 和平 镜心	34cm×101cm	3,335,000	中国嘉德	2021-12-10
齐白石 1951年作 秋荷 镜心	137cm×60cm	3,220,000	北京保利	2021-12-03
齐白石 独酌 镜心	66cm×33.5cm	3,220,000	北京保利	2021-12-03
齐白石 梅寿 镜心	66cm×34cm	3,220,000	中国嘉德	2021-05-19
齐白石 红梅 立轴	104cm×34cm	3,220,000	中国嘉德	2021-05-19
齐白石 多子图 立轴	82.5cm×33.3cm	3,129,840	香港苏富比	2021-10-11
齐白石 1925年作 森森寿柏 立轴	131cm×33cm	3,105,000	北京保利	2021-06-05
齐白石 1943年作 丹桂双兔 镜心	100cm×34cm	3,047,500	北京保利	2021-12-03
齐白石 益寿紫芝 镜心	66cm×37cm	2,990,000	北京保利	2021-06-05
齐白石 1947年作 多寿图 立轴	99cm×33.5cm	2,990,000	北京银座	2021-09-24
齐白石 1948年作 墨虾 立轴	101cm×34cm	2,990,000	中国嘉德	2021-05-19
齐白石 春来草木香 镜心	96cm×38cm	2,990,000	中贸圣佳	2021-05-21
齐白石 1940年作 白荷 立轴	101cm×34.5cm	2,875,000	北京保利	2021-06-05
齐白石 1950年作 荷花双鸭 立轴	138cm×34.5cm	2,875,000	中国嘉德	2021-12-10
齐白石 毛栗子 镜框	36cm×46cm	2,860,000	湖南国拍	2021-01-10
齐白石 富贵寿考 立轴	71.8cm×31.8cm	2,760,000	北京保利	2021-12-03
齐白石 眼看五世 镜心	123cm×34cm	2,760,000	北京保利	2021-12-03
齐白石 双寿 立轴	102cm×34.5cm	2,760,000	北京保利	2021-12-03
齐白石 1942年作 九如图 立轴	103cm×34cm	2,760,000	西泠印社	2021-01-16
齐白石 1917年作 葡萄蜻蜓 立轴	146cm×61cm	2,702,500	华艺国际	2021-03-31
齐白石 荷花鸳鸯 镜心	101cm×33cm	2,530,000	北京保利	2021-12-03
齐白石 菜根香 立轴	99.5cm×34cm	2,530,000	朵云轩	2021-07-07
齐白石 1921年作 屋后梅树 立轴	168cm×41.5cm	2,530,000	朵云轩	2021-07-07
齐白石 1941年作 岁寒之友 镜心	43.5cm×116.5cm	2,530,000	中国嘉德	2021-12-10
齐白石 桃花 立轴	58cm×40cm	2,507,000	华艺国际	2021-06-04
齐白石 三寿图 立轴	119cm×35cm	2,472,500	北京华辰	2021-12-08
齐白石 双峰含月图 镜心	27.5cm×18.5cm	2,472,500	中贸圣佳	2021-05-21
齐白石 红梅 立轴	58cm×40cm	2,415,000	北京保利	2021-12-03
齐白石 五牛图 立轴	130cm×29cm	2,415,000	中国嘉德	2021-12-10
齐白石 多寿 立轴	103.5cm×33.5cm	2,357,500	上海嘉禾	2021-07-22
齐白石 婴戏图 镜心	34cm×34cm	2,300,000	北京保利	2021-12-03
齐白石 大寿可期 镜心	100.5cm×34.5cm	2,300,000	北京银座	2021-09-24
齐白石 多子多福 镜片	103cm×34cm	2,300,000	广东崇正	2021-01-07
齐白石 红荷 镜框	51cm×22cm	2,300,000	华艺国际	2021-06-04
齐白石 葡萄 立轴	134.5cm×33.5cm	2,300,000	华艺国际	2021-12-11
齐白石 大利 镜框	98.7cm×32.2cm	2,277,000	佳士得	2021-05-27
齐白石 桂花双寿 立轴	75cm×29.5cm	2,242,500	北京银座	2021-09-24
齐白石 1948年作 柳荫双犊图 立轴	98.5cm×33cm	2,185,000	北京保利	2021-06-05
齐白石 1939年作 篆书“借山馆”镜心	65cm×122cm	2,185,000	北京保利	2021-12-03
齐白石 1944年作 葡萄满架 立轴	134cm×33cm	2,185,000	朵云轩	2021-07-07
齐白石 虾蟹图 立轴	137cm×35cm	2,185,000	西泠印社	2021-07-25
齐白石 荷花鸳鸯 镜心	35cm×72cm	2,070,000	北京保利	2021-12-03
齐白石 1941年作 葡萄松鼠 立轴	107cm×34.5cm	2,070,000	北京诚轩	2021-12-03
齐白石 全家福 镜心	103cm×34.5cm	2,070,000	华艺国际	2021-12-11
齐白石 情趣图 立轴	179cm×47.5cm	2,070,000	上海嘉禾	2021-11-14
齐白石 栩栩蘧蘧 立轴	135cm×33cm	2,070,000	中国嘉德	2021-05-19
齐白石 蜻蜓花石 立轴	128.5cm×61cm	2,052,500	佳士得	2021-11-30
齐白石 柳园口 立轴	44.5cm×33cm	2,012,500	北京保利	2021-06-05
齐白石 1947年作 荷塘鸭子 立轴	96cm×33cm	2,012,500	北京保利	2021-06-05

拍品名称	物品尺寸	成交价RMB	拍卖公司	拍卖日期
齐白石 篆书“衡庐”镜心	29cm×66cm	2,012,500	北京荣宝	2021-12-02
齐白石 富贵双寿 镜心	73cm×33cm	1,955,000	北京保利	2021-06-05
齐白石 秋虫雁来红 镜心	70.5cm×34cm	1,955,000	北京银座	2021-09-24
齐白石 1925年作 蟹坛菊芳 立轴	134cm×30.5cm	1,955,000	中国嘉德	2021-05-19
齐白石 荷花 镜心	107.5cm×34.5cm	1,897,500	中国嘉德	2021-12-10
齐白石 清白家声 立轴	135.5cm×33.5cm	1,863,000	北京银座	2021-09-24
齐白石 1920年作 金泥罗汉 立轴	56cm×30cm	1,840,000	北京保利	2021-06-05
齐白石 芭蕉蜻蜓 立轴	135cm×32.5cm	1,840,000	北京荣宝	2021-12-02
齐白石 寿桃 镜心	101cm×35cm	1,840,000	十竹斋拍卖（北京）	2021-05-29
齐白石 石榴海棠 立轴	131cm×32cm	1,782,500	北京荣宝	2021-12-02
齐白石 群虾图 立轴	98cm×44.5cm	1,748,000	中贸圣佳	2021-07-06
齐白石 陶然亭图 镜心	33.5cm×45cm	1,725,000	北京保利	2021-06-05
齐白石 水族世界 立轴	103cm×34cm×2	1,725,000	北京保利	2021-09-25
齐白石 1947年作 白项鸟与瓜 立轴	95.4cm×41cm	1,725,000	北京诚轩	2021-12-03
齐白石 牵牛蜻蜓 立轴	68cm×33cm	1,725,000	北京九歌	2021-06-13
齐白石 1948年作 行书录王涯《宫词三十首》之一 立轴	101cm×40.5cm	1,725,000	十竹斋拍卖（北京）	2021-05-29
齐白石 东篱秋菊 立轴	109.5cm×47cm	1,725,000	中国嘉德	2021-05-19
齐白石 1948年作 游虾图 立轴	96cm×35cm	1,667,500	北京荣宝	2021-06-19
齐白石 1948年作 五蟹图 立轴	103cm×34cm	1,667,500	北京荣宝	2021-12-02
齐白石 紫葡萄 立轴	68cm×34cm	1,667,500	华艺国际	2021-12-11
齐白石 群虾图 立轴	136cm×34cm	1,633,000	上海匡时	2021-07-08
齐白石 虾蟹图 立轴	133cm×33cm	1,610,000	北京保利	2021-12-03
齐白石 水草群虾 立轴	139cm×40.5cm	1,610,000	广东崇正	2021-07-19
齐白石 雏鸡图 立轴	101cm×34.5cm	1,610,000	上海嘉禾	2021-07-22
齐白石 葡萄 镜框	128.9cm×36.2cm	1,552,500	北京保利	2021-06-05
齐白石 清白传家 立轴	99cm×33cm	1,552,500	北京保利	2021-12-03
齐白石 菜根香 立轴	136cm×33cm	1,552,500	北京荣宝	2021-06-19
齐白石 梅花蜜蜂 立轴	80cm×34.5cm	1,495,000	北京保利	2021-09-25
齐白石 1923年作 不倒翁 立轴	110cm×36cm	1,495,000	北京保利	2021-12-03
齐白石 1947年作 慈姑虾戏 立轴	101.5cm×32.4cm	1,495,000	北京诚轩	2021-12-03
齐白石 潘受 鱼虾蟹·行书七言诗 立轴	齐103cm×34cm; 潘103cm×34cm	1,495,000	中国嘉德	2021-05-21
齐白石 富贵牡丹 立轴	64cm×26cm	1,426,000	北京荣宝	2021-12-02
齐白石 南瓜图 镜心	103cm×35cm	1,380,000	北京保利	2021-05-17
齐白石 教子图 立轴	95cm×33cm	1,380,000	北京保利	2021-12-03
齐白石 慈姑游虾图 立轴	66cm×34cm	1,380,000	北京华辰	2021-06-19
齐白石 1948年作 群虾图 立轴	104cm×34cm	1,380,000	北京荣宝	2021-12-02
齐白石 十全十美 立轴	101cm×34cm	1,380,000	永乐拍卖	2021-05-21
齐白石 蔬菌俱香 立轴	130cm×33.5cm	1,380,000	中国嘉德	2021-05-20
齐白石 群虾图 立轴	145cm×43.5cm	1,380,000	中国嘉德	2021-05-21
齐白石 花实各三千年之桃 立轴	99.5cm×34cm	1,380,000	中国嘉德	2021-05-21
齐白石 芙蓉雁来红 立轴	141cm×41.5cm	1,380,000	中国嘉德	2021-12-10
齐白石 雁来红 立轴	138cm×34cm	1,380,000	中贸圣佳	2021-05-21
齐白石 1944年作 富贵牡丹 立轴	104cm×34cm	1,357,000	北京荣宝	2021-06-19
齐白石 1947年作 鱼雁传书图 镜心	112cm×41cm	1,322,500	北京翰海	2021-06-05
齐白石 寒江晚霞 立轴	103.5cm×34.5cm	1,322,500	中鸿信	2021-07-14
齐白石 秋兴图 成扇	22.5cm×69cm	1,322,500	中鸿信	2021-07-14
齐白石 红叶鸣蝉 镜心	69cm×27cm	1,265,000	北京保利	2021-06-05
齐白石 1943年作 牵牛花 立轴	118cm×37cm	1,265,000	北京保利	2021-12-03
齐白石 事事多清吉 成扇	18cm×48cm	1,265,000	北京荣宝	2021-12-02
齐白石 达摩·竹笋（两帧）镜片	达27.5cm×19cm; 笋27cm×19cm	1,265,000	广东崇正	2021-01-06
齐白石 金果·秋瓜一对 镜框	73.5cm×30.4cm×2	1,251,936	香港苏富比	2021-10-11

拍品名称	物品尺寸	成交价RMB	拍卖公司	拍卖日期
齐白石 喜鹊登梅 立轴	102.8cm×33.8cm	1,231,500	佳士得	2021-11-30
齐白石 1950年作 群雏图 镜心	103cm×34cm	1,207,500	北京保利	2021-12-03
齐白石 1925年作 春水红霞 立轴	54cm×20cm	1,207,500	北京银座	2021-09-24
齐白石 牵牛花 立轴	99cm×33cm	1,207,500	华艺国际	2021-12-11
齐白石 1937年作 子母情深 立轴	102cm×34cm	1,207,500	十竹斋拍卖(北京)	2021-05-29
齐白石 墨虾 立轴	67.5cm×34cm	1,207,500	中国嘉德	2021-12-11
齐白石 1921年作 小中见大 镜框	20cm×25cm	1,168,398	香港苏富比	2021-04-21
齐白石 1946年作 墨虾 立轴	119cm×40cm	1,168,398	香港苏富比	2021-04-21
齐白石 梅花八哥 镜心	99cm×32cm	1,150,000	北京保利	2021-05-17
齐白石 牵牛花 立轴	70cm×35cm	1,150,000	北京保利	2021-06-05
齐白石 1948年作 行书“静涵斋”镜心	33cm×66cm	1,150,000	北京保利	2021-06-05
齐白石 紫藤蜜蜂 立轴	109.5cm×41cm	1,150,000	北京保利	2021-12-04
齐白石 觅食图 立轴	136cm×33cm	1,150,000	北京保利	2021-12-04
齐白石 1948年作 三鱼图 立轴	66.5cm×33.5cm	1,150,000	北京翰海	2021-12-17
齐白石 大富贵 立轴	64cm×30cm	1,150,000	北京荣宝	2021-12-02
齐白石 寿桃 镜心	68cm×33.5cm	1,150,000	北京荣宝	2021-12-02
齐白石 于非闇 采花图 成扇	18.5cm×50cm	1,150,000	华艺国际	2021-12-11
齐白石 流水人家 立轴	46cm×34cm	1,150,000	永乐拍卖	2021-05-20
齐白石 1933年作 为松厂作《水族图》横披	33.5cm×130cm	1,150,000	中国嘉德	2021-05-21
齐白石 南瓜 立轴	136cm×34cm	1,150,000	中国嘉德	2021-12-11
齐白石 群虾图 立轴	138cm×34cm	1,150,000	中鸿信	2021-07-14
齐白石 荷花鸳鸯 立轴	93cm×34cm	1,150,000	中贸圣佳	2021-07-06
齐白石 桃花蜻蜓 立轴	66cm×33cm	1,127,000	上海嘉禾	2021-07-22
齐白石 红梅蝴蝶 扇面	20cm×54cm	1,127,000	中贸圣佳	2021-05-21
齐白石 满池娇	134cm×33.6cm	1,115,500	北京羿趣国际	2021-07-16
齐白石 鸡冠蜻蜓 立轴	132cm×36cm	1,092,500	上海嘉禾	2021-11-14
齐白石 国色图 立轴	64cm×26.5cm	1,092,500	上海匡时	2021-07-08
齐白石 荷花鸳鸯图 立轴	83cm×33cm	1,092,500	西泠印社	2021-01-16
齐白石 1931年作 雁来红 镜心	67cm×32cm	1,092,500	永乐拍卖	2021-05-21
齐白石 1930年作 松荫远眺图 横披	33cm×93cm	1,092,500	中鸿信	2021-07-14
齐白石 菖蒲草虫 镜心	77cm×19.5cm	1,069,500	北京银座	2021-09-24
齐白石 有余图 立轴	50.5cm×23cm	1,062,180	香港苏富比	2021-04-21
齐白石 归梦看池鱼 立轴	102cm×33cm	1,058,000	北京保利	2021-06-05
齐白石 1948年作 虾蟹图 立轴	98cm×37.5cm	1,058,000	北京荣宝	2021-12-02
齐白石 1932年作 月圆人寿 镜片	42.5cm×45cm	1,058,000	上海匡时	2021-07-08
齐白石 牵牛草虫 立轴	117.5cm×40.5cm	1,043,280	香港苏富比	2021-10-11
齐白石 花卉蜻蜓 镜心	100cm×34cm	1,035,000	保利厦门	2021-11-05
齐白石 群虾 立轴	80.5cm×32cm	1,035,000	北京翰海	2021-06-04
齐白石 古木归雅 镜框	67cm×34.5cm	1,035,000	华艺国际	2021-03-31
齐白石 1913年作 达摩 立轴	133.5cm×68cm	1,035,000	永乐拍卖	2021-05-21
齐白石 虾 镜心	104.5cm×34.5cm	1,035,000	中国嘉德	2021-05-21
齐白石 1946年作 行书致济诚先生四言联 立轴	101cm×34cm×2	1,035,000	中鸿信	2021-07-14
齐白石 1948年作 菊寿图 立轴	70cm×35cm	1,012,000	北京保利	2021-06-05
齐白石 1936年作 篆书 立轴	133cm×33.5cm	1,012,000	广东崇正	2021-07-19
齐白石 1945年作 世世多子图 立轴	127cm×32.5cm	1,012,000	西泠印社	2021-07-25
齐白石 1951年作 水族图 立轴	137.5cm×34.5cm	1,012,000	中国嘉德	2021-12-11
齐白石 行书旧作诗、紫鸾 湘妃竹成扇 湘妃竹成扇	24.5cm×67cm	1,012,000	中贸圣佳	2021-05-21
齐白石 虾蟹图 立轴	102.5cm×34cm	1,000,500	中贸圣佳	2021-07-06

拍品名称	物品尺寸	成交价RMB	拍卖公司	拍卖日期
齐白石 荷塘图 镜心	176cm×47cm	989,000	北京九歌	2021-06-13
齐白石 1927年作 富贵寿石 立轴	128cm×30.5cm	985,200	保利香港	2021-11-28
齐白石 花鸟 册页	33.5cm×36.5cm×8	977,500	保利厦门	2021-11-05
齐白石 荷塘清趣 立轴	135.2cm×33cm	977,500	北京保利	2021-06-05
齐白石 1935年作 花果双寿 册页(八开)	22.5cm×25cm×8	977,500	上海嘉禾	2021-07-22
齐白石 蝶舞年红 立轴	68cm×32cm	964,750	北京保利	2021-08-09
齐白石 1946年作 虾戏图 立轴	95cm×36cm	943,000	北京保利	2021-06-05
齐白石 喜蛛 镜心	17cm×27cm	943,000	北京保利	2021-12-03
齐白石 葡萄草虫图 立轴	103.5cm×34cm	943,000	华艺国际	2021-06-04
齐白石 世世清白 镜心	68cm×34cm	943,000	十竹斋拍卖(北京)	2021-05-29
齐白石 隶书“爱壶轩”镜心	21cm×66cm	943,000	中鸿信	2021-07-14
齐白石 枇杷图 立轴	99.4cm×33.2cm	931,500	北京保利	2021-12-04
齐白石 双喜 立轴	92cm×35.5cm	920,000	保利厦门	2021-11-05
齐白石 富贵白头 立轴	133cm×38cm	920,000	北京保利	2021-06-05
齐白石 1931年作 虾趣图 镜心	94cm×34cm	920,000	北京保利	2021-12-03
齐白石 1955年作 玉兰双吉图 立轴	70cm×34cm	920,000	北京保利	2021-12-03
齐白石 秋声 立轴	137cm×33.5cm	920,000	永乐拍卖	2021-05-21
齐白石 1948年作 八蟹图 镜心	97cm×36cm	920,000	永乐拍卖	2021-05-21
齐白石 大吉大利 立轴	180cm×47cm	920,000	永乐拍卖	2021-05-21
齐白石 谁霸谁王 立轴	137cm×33cm	920,000	中国嘉德	2021-12-11
齐白石 秋声秋色 立轴	110cm×46cm	919,350	北京保利	2021-01-22
齐白石 书法 陈毅将军诗	103cm×31cm	913,000	赏苑艺拍	2021-01-09
齐白石 枇杷 立轴	134cm×33cm	897,000	北京保利	2021-12-03
齐白石 1916年作 铁拐李 镜心	87cm×34cm	897,000	北京荣宝	2021-12-02
齐白石 1944年作 富贵双寿 镜心	109cm×31.5cm	862,500	北京翰海	2021-06-04
齐白石 1948年作 春意闹 镜框	90cm×35cm	862,500	北京荣宝	2021-12-02
齐白石 葡萄图 立轴	画心 67.5cm×34cm；题跋 18.5cm×33cm	862,500	北京银座	2021-09-24
齐白石 群虾图 镜心	94cm×42cm	862,500	十竹斋拍卖(北京)	2021-05-29
齐白石 事事如意 立轴	66cm×33cm	862,500	中国嘉德	2021-03-29
齐白石 群虾图 立轴	134cm×33cm	862,500	中国嘉德	2021-09-26
齐白石 1927年作 芭蕉树 立轴	131cm×32.6cm	839,500	北京荣宝	2021-06-19
齐白石 海棠石榴 立轴	131cm×32cm	828,000	北京保利	2021-06-05
齐白石 芭蕉小鸡 立轴	133cm×33cm	828,000	北京翰海	2021-06-04
齐白石 群虾 立轴	124cm×32cm	816,500	北京保利	2021-06-05
齐白石 1923年作 篆书“杏庵”镜片	24cm×61.5cm	816,500	朵云轩	2021-07-08
齐白石 1954年作 墨虾 立轴	68cm×34.5cm	805,000	北京保利	2021-06-05
齐白石 徐翻 贝叶蜻蜓 书法 成扇	19cm×52cm×2	805,000	广东小雅斋	2021-07-20
齐白石 荷塘水暖 立轴	83cm×33cm	805,000	华艺国际	2021-06-04
齐白石 马晋 徐操 胡佩衡 等 1939年作 书画格景扇 成扇	22cm×66cm	805,000	华艺国际	2021-12-11
齐白石 1948年作 荔枝佳果图 立轴	95.5cm×35.5cm	805,000	西泠印社	2021-07-25
齐白石 1949年作 棕榈蚱蜢 立轴	91cm×43.5cm	805,000	永乐拍卖	2021-05-20
齐白石 1949年作 棕榈蚱蜢 立轴	91cm×43.5cm	805,000	永乐拍卖	2021-12-02
齐白石 1931年作 花卉镜心(六幅)	27cm×20cm×6	805,000	中国嘉德	2021-09-26
齐白石 墨竹 立轴	127.5cm×31cm	805,000	中国嘉德	2021-05-21
齐白石 紫藤游蜂 立轴		782,000	北京荣宝	2021-12-02
齐白石 陆澹安 荷花蜻蜓·隶书 成扇	18cm×50cm	782,000	朵云轩	2021-07-07
齐白石 刘业成 双寿·楷书《滕王阁序》成扇	19.5cm×51cm	782,000	华艺国际	2021-06-04

2021书画拍卖成交汇总(续表)

(成交价RMB:10万元以上)

拍品名称	物品尺寸	成交价RMB	拍卖公司	拍卖日期
齐白石 墨虾 立轴	97cm×34cm	770,500	保利厦门	2021-05-06
齐白石 1925年作 芙蓉螃蟹 立轴	136cm×32cm	770,500	北京保利	2021-12-03
齐白石 1951年作 千年寿 立轴	32cm×30cm	759,000	朵云轩	2021-07-08
齐白石 老少年 立轴	68cm×33cm	747,500	北京荣宝	2021-06-19
齐白石 1952年作 鱼乐图 立轴	88cm×35cm	747,500	华艺国际	2021-03-31
齐白石 荔枝 立轴	134cm×30cm	747,500	十竹斋拍卖(北京)	2021-05-29
齐白石 菊酒图 立轴	105cm×34cm	747,500	永乐拍卖	2021-05-20
齐白石 芋叶群虾 镜心	133cm×32cm	747,500	中国嘉德	2021-03-27
齐白石 1946年作 行书赠别文 镜心	101cm×34.5cm	747,500	中国嘉德	2021-05-21
齐白石 蜻蜓牵牛花 立轴	104cm×34cm	747,500	中国嘉德	2021-12-11
齐白石 杏花蜜蜂 立轴	101cm×32cm	724,500	北京荣宝	2021-12-02
齐白石 雏鸡图 镜心	68cm×33cm	713,000	北京保利	2021-06-05
齐白石 夏首枇杷 立轴	68cm×34cm	713,000	北京保利	2021-12-03
齐白石 合家欢 镜心	103.5cm×34cm	713,000	华艺国际	2021-12-11
齐白石 1948年作 葡萄 立轴	100cm×34cm	701,500	北京保利	2021-05-17
齐白石 牵牛花 镜框	102cm×33cm	690,000	保利厦门	2021-11-05
齐白石 虾趣图 立轴	68cm×34.5cm	690,000	北京保利	2021-12-04
齐白石 芦苇群蟹 立轴	100cm×33cm	690,000	北京银座	2021-09-24
齐白石 牵牛花 立轴	100cm×34cm	690,000	永乐拍卖	2021-05-20
齐白石 1948年作 鱼蟹图 立轴	100cm×34cm	690,000	永乐拍卖	2021-05-21
齐白石 年年有余 立轴	39.5cm×39cm	690,000	中国嘉德	2021-05-21
齐白石 果蔬图 镜心	18cm×50cm	678,500	北京荣宝	2021-12-02
齐白石 菊花螃蟹 立轴	87cm×30cm	667,000	北京保利	2021-06-05
齐白石 1947年作 墨虾 镜心	34.5cm×34.5cm	667,000	北京保利	2021-06-05
齐白石 海棠 立轴	102cm×34cm	667,000	北京保利	2021-12-03
齐白石 章梫 喜上眉梢·草书 成扇	18cm×47cm	667,000	北京保利	2021-12-03
齐白石 一生清白 立轴	102cm×33cm	667,000	北京保利	2021-12-03
齐白石 年年大寿 立轴	135cm×24.5cm	667,000	中鸿信	2021-07-14
齐白石 秋菊图 立轴	37cm×31.5cm	667,000	中贸圣佳	2021-05-21
齐白石 玉簪蜻蜓 镜心	18.5cm×51cm	644,000	十竹斋拍卖(北京)	2021-05-29
齐白石 雏鸡图 镜心	92.5cm×34cm	644,000	永乐拍卖	2021-05-21
齐白石 海棠秋声 立轴	100cm×33.6cm	637,308	香港苏富比	2021-04-21
齐白石 牵牛花 立轴	133cm×33cm	632,500	北京翰海	2021-06-04
齐白石 兰花双蝶 成扇	19cm×50cm	632,500	北京华辰	2021-12-08
齐白石 瞿宣颖 1927年作 牵牛花开·行书 成扇	20.5cm×54cm	632,500	朵云轩	2021-07-07
齐白石 雏鸡图 立轴	66.5cm×34cm	632,500	广东崇正	2021-07-19
齐白石 虾趣图 镜片	135cm×33.5cm	632,500	广东崇正	2021-07-19
齐白石 寿酒 扇片	18.5cm×51cm	632,500	上海嘉禾	2021-07-23
齐白石 花蝶图 镜片	29cm×33cm	632,500	上海匡时	2021-07-08
齐白石 篆书"翠柏吟堂"	107cm×33cm	632,500	中国嘉德	2021-12-10
齐白石 1923年作 竹雀图 立轴	134cm×32cm	632,500	中国嘉德	2021-05-21
齐白石 1898年作 进酒图 立轴	65cm×24cm	632,500	中国嘉德	2021-05-21
齐白石 曹克家 大荔鼋鼍 立轴	102cm×34cm	632,500	中国嘉德	2021-05-21
齐白石 致仲光女弟子牵牛花 立轴	88cm×28cm	632,500	中鸿信	2021-07-14
齐白石 群蟹图 镜框	136.2cm×33.6cm	625,968	香港苏富比	2021-10-11
齐白石 沈尹默 1946年作 牵牛蚂蚱·行书韩琦诗 成扇	18cm×50cm	598,000	北京保利	2021-06-05
齐白石 陈半丁 王雪涛 徐操 汪溶 曹克家 陈林斋 周元亮 1944年作 名家丹青 镜框	29cm×16.5cm×8	598,000	北京保利	2021-12-03
齐白石 1948年作 报春图 立轴	94cm×31.5cm	598,000	上海匡时	2021-07-08
齐白石 1943年作 好样·清白 镜心	26cm×16cm×2	575,000	北京保利	2021-06-05

拍品名称	物品尺寸	成交价RMB	拍卖公司	拍卖日期
齐白石 丰年稻香 镜心	67cm×33.5cm	575,000	北京保利	2021-06-05
齐白石 1948年作 荷花莲蓬 立轴	102cm×34cm	575,000	北京保利	2021-06-06
齐白石 群虾图 镜心	124cm×32cm	575,000	北京保利	2021-09-25
齐白石 1949年作 九如图 立轴	68cm×33cm	575,000	北京保利	2021-12-03
齐白石 1925年作 芭蕉绿天图 立轴	136cm×32cm	575,000	北京保利	2021-12-04
齐白石 溥儒 牵牛蟋蟀、明人诗六首 成扇	18.5cm×50cm	575,000	北京诚轩	2021-12-03
齐白石 红萝卜 成扇	19cm×50cm	575,000	北京华辰	2021-12-08
齐白石 安居延寿 镜片	80cm×35cm	575,000	上海嘉禾	2021-11-14
齐白石 双寿 镜心	30cm×43cm	575,000	永乐拍卖	2021-05-21
齐白石 枇杷 立轴	97cm×30cm	575,000	永乐拍卖	2021-09-27
齐白石 秋艳图 镜心	66cm×34cm	575,000	中国嘉德	2021-09-26
齐白石 罗复堪 书画三挖 镜心	画33.5cm×34cm×2;字32cm×33cm	575,000	中国嘉德	2021-12-10
齐白石 松鼠葡萄 立轴	66.5cm×32cm	575,000	中贸圣佳	2021-05-21
齐白石 蔬香图 镜框	118cm×18.6cm	573,804	香港苏富比	2021-10-11
齐白石 1948年作 虾蟹图 立轴	102cm×34cm	563,500	北京保利	2021-06-06
齐白石 1941年作 大利图 镜心	17.5cm×50cm	552,000	北京银座	2021-09-24
齐白石 章梫 菊花小鸟·行书 成扇	19cm×50.5cm	552,000	朵云轩	2021-07-07
齐白石 小鸡 立轴	96cm×35cm	552,000	广东小雅斋	2021-07-20
齐白石 竹报平安 镜片	99cm×44.5cm	552,000	广东小雅斋	2021-07-20
齐白石 50年代作 鱼乐图 镜片	直径34cm	552,000	西泠印社	2021-01-16
齐白石 1946年作 秋海棠 立轴	105cm×33cm	552,000	中国嘉德	2021-09-26
齐白石 牵牛花 立轴	102cm×34cm	552,000	中国嘉德	2021-12-11
齐白石 荷乡清暑 立轴	86.5cm×35cm	540,500	上海嘉禾	2021-07-22
齐白石 荷花水鸭 立轴	94.5cm×33.5cm	532,008	保利香港	2021-11-28
齐白石 双鱼寄远 立轴	34.2cm×34.6cm	521,640	香港苏富比	2021-10-11
齐白石 桃花 镜心	35.7cm×28.2cm	517,500	北京保利	2021-06-05
齐白石 1926年作 芋叶 立轴	114.2cm×18.6cm	517,500	佳士得	2021-05-27
齐白石 水草游虾 纸本	104cm×35cm	517,500	中国嘉德	2021-03-27
齐白石 群虾 立轴	100cm×33cm	517,500	中国嘉德	2021-05-21
齐白石 牵牛花 纸板镜框	99.8cm×33.2cm	513,125	佳士得	2021-11-30
齐白石 螳螂与雁来红 镜框	32cm×25.7cm	513,125	佳士得	2021-11-30
齐白石 群虾图 镜心	68.5cm×32cm	497,370	中国嘉德	2021-04-22
齐白石 红蓼青蛙 立轴	97cm×32cm	494,500	北京保利	2021-05-17
齐白石 稻香 镜心	67cm×33.5cm	483,000	北京保利	2021-12-03
齐白石 齐良迟 1948年作 群虾图·牵牛花 立轴	6cm×34.5cm×95.5cm×35cm	483,000	北京银座	2021-09-24
齐白石 1946年作 群虾图 镜片	101.5cm×34.5cm	483,000	朵云轩	2021-07-08
齐白石 1948年作 牵牛花 立轴	102cm×34cm	483,000	华艺国际	2021-06-04
齐白石 群虾图 镜心	124cm×32cm	483,000	中国嘉德	2021-03-27
齐白石 雏鸡蜻蜓 镜心	68cm×33.5cm	483,000	中国嘉德	2021-12-11
齐白石 玉兰八哥 立轴	33.4cm×32cm	469,476	香港苏富比	2021-10-11
齐白石 依样葫芦 立轴	105cm×34.7cm	469,476	香港苏富比	2021-10-11
齐白石 芋叶群蟹 立轴	136cm×36cm	469,476	香港苏富比	2021-10-11
齐白石 白花与天牛 镜框	32.7cm×26cm	461,813	佳士得	2021-11-30
齐白石 1921年作 风竹 立轴	98cm×35cm	460,000	北京保利	2021-06-05
齐白石 红菊 镜心	38.5cm×47cm	460,000	北京保利	2021-06-05
齐白石 事事如意扇面 镜框	18.5cm×51.5cm	460,000	北京华辰	2021-12-08
齐白石 红梅八哥 立轴	65cm×34cm	460,000	永乐拍卖	2021-05-21
齐白石 行书"每思搔背忆麻姑"立轴	108.5cm×14cm	460,000	中国嘉德	2021-05-20
齐白石 傅增湘 游虾·楷书 成扇	19cm×47.5cm	460,000	中国嘉德	2021-05-21
齐白石 蔬笋蟋蟀 镜心	19cm×54cm	460,000	中国嘉德	2021-12-10

拍品名称	物品尺寸	成交价RMB	拍卖公司	拍卖日期
齐白石 陈宝琛 荔枝·行书 成扇	45cm×17cm	460,000	中鸿信	2021-07-14
齐白石 山水 团扇	25cm×25cm	437,000	保利厦门	2021-11-05
齐白石 1931年作 好样 立轴	100cm×34.5cm	437,000	北京保利	2021-12-03
齐白石 海棠蜜蜂 扇面	19.5cm×54cm	437,000	北京保利	2021-12-03
齐白石 1934年作 墨虾 扇面	18cm×51cm	437,000	北京保利	2021-12-03
齐白石 慈姑蛙趣 立轴	108cm×25cm	437,000	北京翰海	2021-10-16
齐白石 红衣罗汉 立轴	65cm×28cm	437,000	北京翰海	2021-12-17
齐白石 美味 立轴	66.5cm×32.5cm	437,000	上海嘉禾	2021-07-23
齐白石 1942年作 五蟹图 立轴	67cm×34.5cm	437,000	永乐拍卖	2021-05-21
齐白石 1949年作 九雏图 镜心	65.5cm×33.5cm	437,000	中国嘉德	2021-05-21
齐白石 五子图 镜心	22.5cm×47.5cm	437,000	中鸿信	2021-07-14
齐白石 牵牛花 扇片	19cm×53cm	425,500	十竹斋	2021-06-27
齐白石 葫芦螳螂 镜心	101cm×34cm	414,000	北京保利	2021-06-05
齐白石 小鸡 镜片	70cm×33cm	414,000	广东小雅斋	2021-07-20
齐白石 篆书"福寿康宁" 镜片	40cm×130cm	414,000	上海嘉禾	2021-07-23
齐白石 雏趣 立轴	80.5cm×32cm	402,500	上海嘉禾	2021-07-22
齐白石 横行图 立轴	110cm×35cm	402,500	中国嘉德	2021-03-27
齐白石 蔬果图 扇面	18cm×50cm	402,500	中国嘉德	2021-05-21
齐白石 松鼠 立轴	132.5cm×32.5cm	402,500	中贸圣佳	2021-05-21
齐白石 七虾图 立轴	100cm×34cm	397,250	北京保利	2021-01-22
齐白石 红梅 立轴	85cm×26.5cm	391,000	北京翰海	2021-12-17
齐白石 1946年作 老少年草虫 镜心	47.5cm×28cm	391,000	北京荣宝	2021-12-02
齐白石 1943年作 篆书自作诗 镜心	114cm×30.5cm	373,750	中鸿信	2021-07-15
齐白石 荔枝蜜蜂 扇面	19.5cm×54cm	368,000	北京保利	2021-12-03
齐白石 草虾 镜心	61cm×17cm	368,000	北京保利	2021-12-04
齐白石 蜻蜓成扇 成扇	19cm×50cm	368,000	北京华辰	2021-12-08
齐白石 雏鸡图 镜片	98cm×34cm	368,000	西泠印社	2021-01-16
齐白石 瓶兰图 立轴	82cm×25cm	368,000	中国嘉德	2021-03-27
齐白石 卓君庸 紫藤·章草诗 立轴	61.5cm×20cm×2	368,000	中国嘉德	2021-05-20
齐白石 腊梅 镜心	19cm×51cm	345,000	北京保利	2021-06-05
齐白石 腊梅蛱蝶 扇面镜心	18.5cm×51.7cm	345,000	北京诚轩	2021-12-03
齐白石 鸳鸯扇面 镜框	18cm×51cm	345,000	北京华辰	2021-12-08
齐白石 多了图 绶带图对屏 镜框	33cm×28cm×2	345,000	北京华辰	2021-12-08
齐白石 灵芝双蝶 成扇	19cm×49cm	345,000	北京华辰	2021-12-08
齐白石 1948年作 虾趣图 立轴	98cm×33cm	345,000	广东崇正	2021-07-19
齐白石 溥儒 石榴蜻蜓·行书七言诗 成扇	19.5cm×54cm	345,000	华艺国际	2021-06-04
齐白石 章理纶 苇蟹图 行书《临圣教序》成扇	20cm×54.5cm	345,000	华艺国际	2021-12-11
齐白石 归帆 立轴	33cm×23cm	345,000	永乐拍卖	2021-12-01
齐白石 烟雨图 镜心	33cm×26cm	345,000	永乐拍卖	2021-12-01
齐白石 凌文渊 马晋 胡爽庵 颜伯龙 李秋君等 致含章先生二十二家翰墨集锦 册页(二十二页)	25.3cm×31.7cm×22	345,000	中国嘉德	2021-12-11
齐白石 1941年作 紫藤蜜蜂 立轴	133cm×32.5cm	333,500	上海嘉禾	2021-07-23
齐白石 紫藤珠光 团扇	直径20.5cm	322,000	北京诚轩	2021-05-18
齐白石 鹌鹑图 镜框	20.5cm×24cm	322,000	朵云轩	2021-07-08
齐白石 桃花游鱼 立轴	101cm×33cm	322,000	中国嘉德	2021-03-27
齐白石 红梅喜鹊 镜框	103.5cm×34cm	310,500	上海嘉禾	2021-07-23
齐白石 邵逸轩 梅石图 镜心	129cm×33cm	310,500	中国嘉德	2021-12-11
齐白石 1937年作 松鼠葡萄 镜心	55cm×33cm	299,000	北京保利	2021-06-05
齐白石 1939年作 牵牛蚱蜢 扇面	18.3cm×51.3cm	299,000	北京诚轩	2021-12-03
齐白石 芙蓉双鱼扇面	15cm×44cm	299,000	北京华辰	2021-12-08
齐白石 蕉荫双蛙 立轴	67.5cm×33.5cm	287,500	北京保利	2021-09-25
齐白石 眼看五世 镜心	100cm×33cm	287,500	北京保利	2021-12-04
齐白石 花卉蝴蝶 扇面	18.5cm×52cm	287,500	北京华辰	2021-12-08
齐白石 牵牛花 镜心	18cm×51cm	287,500	北京荣宝	2021-06-19
齐白石 枫叶鸣蝉 镜心	34.5cm×31cm	287,500	永乐拍卖	2021-12-01
齐白石 喜鹊登梅 镜心		287,500	中国嘉德	2021-09-27
齐白石 雏鸡大利图 镜心		287,500	中国嘉德	2021-09-27
齐白石 墨梅图 立轴	134cm×32cm	287,500	中鸿信	2021-07-14
齐白石 金瓜累累 立轴	137cm×34.5cm	287,500	中贸圣佳	2021-05-21
齐白石 松鹰图 立轴	179cm×47.5cm	280,000	上海联合	2021-06-27
齐白石 1940年作 豆荚 扇面	18cm×51.5cm	264,500	北京诚轩	2021-05-18
齐白石 葡萄小虫 镜片	11cm×33cm；33cm×33cm	253,000	保利厦门	2021-11-05
齐白石 翠鸟 成扇	18cm×45.5cm	253,000	保利厦门	2021-11-05
齐白石 陈半丁 张伯英 萧谦中 花卉·行书《楚颂贴》成扇	20cm×52cm	253,000	北京保利	2021-06-05
齐白石 潘龄皋 1940年作 游虾·行书 镜片	19cm×51cm×2	253,000	华艺国际	2021-06-04
齐白石 雏鸡图 立轴	81.5cm×32cm	253,000	西泠印社	2021-01-16
齐白石 葡萄 立轴	44.5cm×27cm	253,000	中国嘉德	2021-12-11
齐白石 葡萄 镜心	30cm×36.5cm	253,000	中国嘉德	2021-12-11
齐白石 双味图 立轴	98cm×34cm	253,000	中鸿信	2021-07-14
齐白石 1924年作 葫芦 镜心	33cm×36cm	248,400	中国嘉德	2021-10-13
齐白石 芦鸭图 镜心	22cm×32cm	248,400	中国嘉德	2021-10-13
齐白石 刘春霖 1926年作 大荔图·楷书苏东坡诗 成扇	20cm×53cm	230,000	北京保利	2021-12-03
齐白石 荷花蜻蜓 立轴	134cm×33cm	230,000	北京翰海	2021-12-17
齐白石 大椒图 扇面	17cm×48.5cm	230,000	北京华辰	2021-12-08
齐白石 1945年作 红梅喜鹊 镜片	98.5cm×34.5cm	230,000	上海嘉禾	2021-07-22
齐白石 雏鸡图 立轴	63.5cm×29.5cm	230,000	上海嘉禾	2021-07-23
齐白石 白菜蘑菇 立轴	100cm×35cm	224,000	上海联合	2021-06-27
齐白石 水墨青蛙 镜心	44cm×39cm	218,843	中国嘉德	2021-04-22
齐白石 秋荷 立轴	134cm×33.5cm	218,500	北京翰海	2021-06-04
齐白石 群虾图 镜心	64cm×27cm	218,500	中国嘉德	2021-03-29
齐白石 豆荚蟋蟀 立轴	51cm×36cm	218,500	中国嘉德	2021-12-11
齐白石 1948年作 寿桃 镜心	10.5cm×52.5cm	212,750	北京保利	2021-05-17
齐白石 棕榈雏鸡 立轴	134.5cm×33.1cm	207,000	佳士得	2021-05-27
齐白石 牵牛花 立轴	102cm×33cm	207,000	上海嘉禾	2021-07-23
齐白石 1922年作 游虾红花图 镜片	114cm×38cm	207,000	西泠印社	2021-10-23
齐白石 1943年作 豆荚蝼蛄 镜心	28.5cm×70cm	195,500	北京保利	2021-05-17
齐白石 陈半丁 月季蜜蜂 立轴	56cm×33cm	195,500	北京保利	2021-06-05
齐白石 郑家溉 1934年作 群虾·草书诗句 成扇	19cm×53cm	189,750	北京保利	2021-05-17
齐白石 凤仙蜜蜂 扇面	19cm×51cm	189,750	广东崇正	2021-07-19
齐白石 齐子如 题诗·工笔草虫 立轴	画23cm×34.5cm；字19cm×34.5cm	184,000	北京保利	2021-06-05
齐白石 紫藤蜜蜂 扇面	18.5cm×54cm	184,000	中国嘉德	2021-05-21
齐白石 游虾 立轴	33.5cm×31cm	172,500	北京诚轩	2021-05-18
齐白石 荷花 立轴	97cm×27cm	172,500	广东小雅斋	2021-07-20
齐白石 梅鹤孙 秋菊·行书诗三首 成扇	17.5cm×49.5cm	172,500	华艺国际	2021-06-04
齐白石 陈半丁 梅鹊图 镜心	99cm×34cm	172,500	永乐拍卖	2021-12-01
齐白石 拜石图 纸本	29cm×23cm	172,500	中国嘉德	2021-03-27
齐白石 鸬鹚图 立轴	137cm×34cm	172,500	中国嘉德	2021-03-29
齐白石 墨竹 立轴	112cm×31cm	166,750	广东小雅斋	2021-07-20
齐白石 群蟹图 镜心	98cm×34cm	161,000	中国嘉德	2021-03-29

2021书画拍卖成交汇总(续表)

(成交价RMB:10万元以上)

拍品名称	物品尺寸	成交价RMB	拍卖公司	拍卖日期
齐白石 群雄逐鹿定中原 镜心	39cm×35cm	138,000	北京九歌	2021-06-13
齐白石 墨竹 手卷	画心 29cm×46cm;引首 29.5cm×129.5cm;尾跋 29.5cm×88.5cm	138,000	上海嘉禾	2021-11-14
齐白石 秋菊图 镜心	91cm×28cm	138,000	中国嘉德	2021-03-29
齐白石 红梅八哥 立轴		138,000	中国嘉德	2021-09-27
齐白石 天机活泼 镜框(四件)	54cm×20.5cm×4	2,530,000	朵云轩	2021-12-30
齐白石 葡萄 立轴	65cm×33cm	701,500	朵云轩	2021-12-30
齐白石 群雏 立轴	68cm×33.5cm	632,500	朵云轩	2021-12-30
齐白石 江寥草虫 扇片框	18.5cm×54cm	322,000	朵云轩	2021-12-30
齐白石 小园瓜熟 立轴	111cm×29cm	218,500	朵云轩	2021-12-30
祁昆 1939年作 山水 六条屏	31cm×13cm×6	195,500	中国嘉德	2021-03-29
祁昆 1934年作 羲皇高致图 立轴	116cm×49cm	195,500	中国嘉德	2021-03-28
祁璐 向阳倾 镜心	66cm×66cm	287,500	保利厦门	2021-11-05
祁璐 玉雪香 镜心	66cm×66cm	287,500	保利厦门	2021-11-05
启功 书画双挖 立轴	32cm×33cm	230,000	北京荣宝	2021-06-19
启功 田世光 徐操等 1947年作 京都立轴八条屏	201cm×42cm×8	6,785,000	北京荣宝	2021-12-02
启功 山水八砚屏 屏风	22cm×7cm×8	5,635,000	北京荣宝	2021-06-19
启功 楷书八言联(两幅)立轴	368.5cm×46cm×2	4,450,500	佳士得	2021-05-27
启功 1995年作 行书东坡《念奴娇·赤壁怀古》横披	92.5cm×342cm	3,680,000	北京荣宝	2021-06-19
启功 1982年作 山水 四屏镜片	136.5cm×34cm×4	4,025,000	上海嘉禾	2021-11-14
启功 行书 自作诗十二屏	45cm×68.5cm	4,025,000	中国嘉德	2021-12-10
启功 1971年作 楷书《三续千字文》册页	28cm×22cm×18	3,737,500	北京华辰	2021-12-08
启功临宋黄庭坚《青衣江题名卷》	894cm×28.5cm	3,565,000	中国嘉德	2021-12-10
启功 1990年作 泽畔双清·行书自作诗二首 镜心	73cm×220cm×2	3,277,500	北京荣宝	2021-06-19
启功 1946年作 拟大痴道人笔 立轴	134cm×68cm	3,047,500	北京荣宝	2021-12-02
启功 行书七言诗 立轴	135.5cm×68cm	2,990,000	中国嘉德	2021-05-19
启功 为梅峰光孝寺撰二十一言联	24.5cm×377.5cm	2,875,000	中国嘉德	2021-12-10
启功 古体诗十二屏	32.7cm×133.5cm	2,530,000	中国嘉德	2021-12-10
启功 1940年作 林泉高致 桌屏 镜心(八帧)	21.6cm×5.8cm×8	2,242,500	北京诚轩	2021-12-03
启功 1946年作 坐揽烟霞 册页	23cm×30cm×12	2,070,000	永乐拍卖	2021-12-02
启功行书七言诗句镜心(四帧)	96cm×35cm×4	1,725,000	北京荣宝	2021-06-19
启功 行书 晋人问安语	100cm×24cm	1,667,500	中国嘉德	2021-12-10
启功 1988年作 似曾相识 立轴	69cm×46cm	1,633,000	北京荣宝	2021-06-19
启功 1983年作 朱竹图 镜心	115.5cm×64.5cm	1,610,000	北京银座	2021-09-24
启功楷书节录晋王羲之《兰亭序》	29.5cm×51.5cm	1,380,000	中国嘉德	2021-12-10
启功 1992年作 行书七言联 立轴	131cm×30.5cm	1,265,000	中国嘉德	2021-05-20
启功 1987年作 行书《狮城留赠声桂先生》立轴	67cm×95cm	1,207,500	北京荣宝	2021 06-19
启功 1988年作 葡萄 立轴	137cm×68.5cm	1,046,500	北京荣宝	2021-06-19
启功 1987年作 行书 镜心	131cm×64cm	1,035,000	北京翰海	2021-06-05
启功1989年作行书七言联立轴	127.5cm×29.1cm×2	1,026,250	佳士得	2021-11-30
启功 1989年作 行书杜甫诗 立轴	137cm×67cm	1,023,500	北京荣宝	2021-12-02
启功 1989年作 行书七言绝句 立轴	135cm×66cm	1,012,000	永乐拍卖	2021-12-02
启功 题跋·行书·节录晋王羲之《兰亭序》	52.5cm×105.5cm	977,500	中国嘉德	2021-12-10
启功 1980年作 行书题画诗 镜心	64.5cm×125cm	920,000	北京荣宝	2021-12-02
启功1998年作行书"自强不息"镜框	45.5cm×68cm	920,000	北京荣宝	2021-12-02
启功 1992年作 行书苏东坡诗 镜心	134cm×67.5cm	920,000	北京银座	2021-09-24
启功 1974年作 临颜真卿书 横披	27cm×226cm	920,000	上海匡时	2021-07-08
启功 行书"静观"	58cm×48cm	920,000	中国嘉德	2021-12-10
启功 行书"大富贵亦寿考"	193.5cm×32.5cm	920,000	中国嘉德	2021-12-10
启功 楷书 叶剑英国庆讲话 镜心	60cm×236cm	920,000	中国嘉德	2021-05-19
启功 书法 立轴	136cm×64cm	874,000	广东小雅斋	2021-07-20
启功1975年作 草书毛主席七律镜心	130cm×61cm	862,500	北京荣宝	2021-06-19
启功 1935年作 青山访友 立轴	131cm×33cm	862,500	北京荣宝	2021-06-19
启功 1990年作 行书自作诗 镜心	69cm×137cm	862,500	北京荣宝	2021-06-19
启功 1998年作 行书《礼记》句立轴	79.5cm×34.5cm	862,500	中国嘉德	2021-05-19
启功 书法 镜框	126cm×71cm	805,000	保利厦门	2021-11-05
启功 行书文同诗 立轴	116cm×43.5cm	805,000	北京荣宝	2021-12-02
启功 1990年作 行书张旭诗 镜心	68cm×137cm	805,000	北京银座	2021-09-24
启功行书"志存高远 天人广和"	125.5cm×32cm	805,000	中国嘉德	2021-12-10
启功 1994年作 行书自作诗 立轴	138.5cm×68cm	782,000	北京荣宝	2021-06-19
启功 1996年作 行书七言联 立轴	127cm×30cm×2	759,000	北京荣宝	2021-12-02
启功 书法 镜框	41.5cm×170cm	759,000	广东小雅斋	2021-07-20
启功 行书七言联	32cm×133.5cm	747,500	中国嘉德	2021-12-10
启功 1987年作 行书王季凌诗 立轴	139cm×62cm	713,000	永乐拍卖	2021-05-21
启功行书毛泽东《七律·长征》镜心	135cm×67cm	690,000	北京荣宝	2021-12-02
启功 1989年作 行书七言联 立轴	131.5cm×31.5cm×2	690,000	永乐拍卖	2021-12-02
启功 行书明程嘉燧《忆金陵杂题画扇》	47.5cm×58cm	690,000	中国嘉德	2021-12-10
启功 行书自作论书绝句百首之《咏郑板桥》	53.5cm×104.5cm	690,000	中国嘉德	2021-12-10
启功 1941年作 夕山高逸图 立轴	105cm×43cm	690,000	中鸿信	2021-07-14
启功 行书自作诗 立轴	136cm×65cm	690,000	中贸圣佳	2021-05-21
启功 行书七言联 立轴	132cm×31.5cm×2	667,000	北京荣宝	2021-12-02
启功 行书自作诗 镜框	64cm×127cm	667,000	北京荣宝	2021-12-02
启功 行书李白诗 立轴	120cm×67cm	667,000	上海嘉禾	2021-07-22
启功 行书 唐人绝唱二首	163.5cm×45.5cm	667,000	中国嘉德	2021-12-10
启功 1993年作 行书七言句 镜心	45cm×69.5cm	667,000	中国嘉德	2021-05-20
启功 行书七言诗 镜心	69cm×137cm	632,500	北京保利	2021-06-05
启功 1984年作 潇湘春雨图 镜心	100cm×34.5cm	632,500	北京华辰	2021-12-08
启功 花卉	129cm×30cm	632,500	中国嘉德	2021-12-10
启功 行书七言诗 镜心	69cm×137.5cm	632,500	中国嘉德	2021-12-11
启功 行书屈大均诗 立轴	131cm×30.5cm	631,350	佳士得	2021-05-27
启功 平复帖 立轴	47cm×99cm	598,000	北京华辰	2021-12-08
启功 1980年作 行书《论书绝句》立轴	129cm×31cm	598,000	北京荣宝	2021-06-19
启功 1977年作 行书毛主席《念奴娇·鸟儿问答》立轴	131.5cm×60cm	575,000	北京荣宝	2021-06-19
启功 林散之 蒋维崧 欧阳中石 1988年作 书法 四屏镜心	101cm×34.5cm×4	575,000	北京荣宝	2021-06-19
启功 董寿平 行书 镜心	34cm×137cm	575,000	北京荣宝	2021-06-19
启功 行书论词绝句 立轴	67cm×45cm	575,000	北京荣宝	2021-12-02
启功 仿大痴道人笔意 立轴	108cm×32cm	575,000	华艺国际	2021-06-04
启功 1987年作 行书七言联 立轴	93cm×19.5cm×2	575,000	华艺国际	2021-06-04
启功 行书元明本禅师《雪》	46cm×68.5cm	575,000	中国嘉德	2021-12-10
启功 清涧幽亭 镜心	101.5cm×34cm	575,000	中国嘉德	2021-12-11
启功 1990年作 书法"天长人寿"镜心	34cm×129cm	552,000	北京华辰	2021-12-08
启功 1995年作 书法七言联 镜心	132cm×32.5cm×2	552,000	北京华辰	2021-12-08

(成交价RMB：10万元以上)

拍品名称	物品尺寸	成交价RMB	拍卖公司	拍卖日期
启功 1990年作 行书李白绝句 横披	65.5cm×132cm	552,000	北京荣宝	2021-06-19
启功 行书“赏雨茅屋”	36cm×67.5cm	552,000	中国嘉德	2021-12-10
启功 行书“松风水月”	43.5cm×66.5cm	552,000	中国嘉德	2021-12-10
启功 1991年作 行书节录白居易诗 立轴	67cm×45cm	552,000	中国嘉德	2021-05-21
启功 1986年作 行书《皇泽寺》立轴	134cm×66.5cm	521,640	香港苏富比	2021-10-11
启功 1982年作 行书曹操《龟虽寿》镜心	112cm×66cm	517,500	北京保利	2021-09-25
启功 溥修 1943年作 溪山访友·章草节录谢偃《听歌赋》成扇	19.5cm×53cm	517,500	北京荣宝	2021-06-19
启功 竹石图	103cm×56cm	517,500	广东小雅斋	2021-07-20
启功 行书 南朝傅大士禅诗	67.5cm×44.5cm	517,500	中国嘉德	2021-12-10
启功 行书 七言联	34cm×135.5cm	517,500	中国嘉德	2021-12-10
启功 行书七言句 镜心	68.5cm×46cm	517,500	中国嘉德	2021-05-21
启功 1979年作 行书杜甫诗 立轴	136cm×32.5cm	494,500	北京荣宝	2021-06-19
启功 书法 对联	131cm×32cm×2	494,500	广东小雅斋	2021-07-20
启功 行书《论语》句 镜框	90cm×29.4cm	492,600	佳士得	2021-11-30
启功 1983年作 行书“静观”镜心	32cm×98cm	483,000	北京荣宝	2021-06-19
启功 行书 自作七言诗	56cm×142.5cm	483,000	中国嘉德	2021-12-10
启功 行书 七言联	33cm×135cm	483,000	中国嘉德	2021-12-10
启功 草书临山谷书 镜心	65.5cm×44cm	483,000	中国嘉德	2021-05-19
启功 1989年作 行书“推潭仆远”镜心	137.5cm×69.5cm	483,000	中国嘉德	2021-12-11
启功 行书自作诗二首 立轴	96cm×66cm	483,000	中贸圣佳	2021-05-21
启功 1986年作 行书《题天柱山图》立轴	135cm×64cm	469,476	香港苏富比	2021-10-11
启功 1983年作 行书《论词绝句》立轴	65cm×41cm	460,000	北京荣宝	2021-06-19
启功 1978年作 行书唐人句 立轴	101.5cm×33cm	460,000	北京荣宝	2021-12-02
启功 1984年作 行书自作诗 镜心	136cm×68cm	460,000	北京荣宝	2021-12-02
启功 2001年作 行书自作诗 镜框	98cm×49cm	460,000	北京荣宝	2021-12-02
启功 行书“仁者寿”	68.5cm×45cm	460,000	中国嘉德	2021-12-10
启功 行书“妙相庄严”	89.5cm×47.5cm	460,000	中国嘉德	2021-12-10
启功 行书 唐温庭筠《题河中紫极宫》	68.5cm×133.5cm	460,000	中国嘉德	2021-12-10
启功 行书 唐杜甫绝句	59.5cm×135cm	460,000	中国嘉德	2021-12-10
启功 1945年作 溪山泛舟 立轴	94cm×36cm	448,500	上海嘉禾	2021-07-23
启功 行书毛主席词 立轴	136cm×33cm	448,500	中贸圣佳	2021-05-21
启功 行书东坡词句 立轴	96.5cm×32cm	447,120	中国嘉德	2021-10-13
启功 1980年作 行书七言诗 镜心	130cm×31cm	442,650	北京保利	2021-08-09
启功 1979年作 行书唐人诗 横披	50.5cm×101cm	437,000	北京荣宝	2021-12-02
启功 1942年作倪云林诗意图 立轴	69cm×33cm	437,000	北京荣宝	2021-12-02
启功 行书岑参诗 立轴	105cm×33cm	437,000	北京荣宝	2021-12-02
启功 行书“北京亚运会纪念”题诗 镜心	136cm×69cm	437,000	北京荣宝	2021-12-02
启功 行书 自作七言诗	30.5cm×134.5cm	437,000	中国嘉德	2021-12-10
启功 行书 唐温庭筠《题河中紫极宫》	57.5cm×90cm	437,000	中国嘉德	2021-12-10
启功 行书 自作诗《卓锥》	49.5cm×44cm	437,000	中国嘉德	2021-12-10
启功 行书七言联 镜框	89.5cm×16cm×2	434,700	佳士得	2021-05-27
启功 行书“人民感谢你们”镜框	65cm×132cm	414,000	华艺国际	2021-06-04
启功 行书李峤《中秋月》镜片	68cm×132cm	414,000	十竹斋	2021-06-27
启功 1975年作 行书毛泽东《清平乐·六盘山》镜心	17.5cm×101cm	408,600	北京保利	2021-08-09
启功 1975年作 行书 镜心	17.5cm×101cm	402,500	北京保利	2021-06-05
启功 1983年作 行书元人诗 立轴	96.5cm×49.5cm	402,500	北京荣宝	2021-06-19
启功 1993年作 行书杜甫诗句 立轴	68cm×45cm	402,500	北京荣宝	2021-06-19
启功 游嘉瑞 史世奇 伍纯道 等 书法 对联	尺寸不一	402,500	广东小雅斋	2021-07-20
启功 草书 节录宋道潜《临平道中》	34cm×139cm	402,500	中国嘉德	2021-12-10
启功行书自作《题雷峰塔经残卷》	68.5cm×137cm	402,500	中国嘉德	2021-12-10
启功 行书 清查士标《题清京寺扫叶上人壁》	44.5cm×68.3cm	402,500	中国嘉德	2021-12-10
启功 行书自作《赠海外侨友诗》	65.5cm×65.5cm	402,500	中国嘉德	2021-12-10
启功行书“我醉欲眠枕其股”	30.5cm×34.5cm	402,500	中国嘉德	2021-12-10
启功 墨竹	36cm×68cm	402,500	中国嘉德	2021-12-10
启功 1991年作 书法对联 镜片	127cm×29cm×2	392,000	湖南逸典	2021-01-21
启功 行书“集墨斋”镜心	32.5cm×59cm	391,000	北京银座	2021-09-24
启功 1990年作 如日之升 镜心	66cm×42cm	379,500	华艺国际	2021-12-11
启功 1981年作 行书七言诗 镜心	110.5cm×31.5cm	368,000	保利厦门	2021-11-05
启功 溥儒 等 格锦扇 成扇	18cm×52cm	368,000	北京荣宝	2021-12-02
启功1998年作书匾“矜而不争”镜片	67.5cm×34.5cm	368,000	西泠印社	2021-07-25
启功 行书 唐杜甫《喜观即到复题短篇》1框	33.5cm×133.5cm	368,000	中国嘉德	2021-12-10
启功 行书唐张旭《桃花溪》	45.5cm×69cm	368,000	中国嘉德	2021-12-10
启功 行书 七言联	30.5cm×128cm	368,000	中国嘉德	2021-12-10
启功 行书“潮秀园”镜框	22cm×65cm	345,000	北京荣宝	2021-06-19
启功 王雪涛 行书艺论·行书题“和芝圃画展”立轴	136cm×34cm	345,000	北京荣宝	2021-06-19
启功 1979年作 行书白居易诗 横披	50.5cm×101cm	345,000	北京荣宝	2021-12-02
启功 行书王介甫诗 立轴	88cm×37cm	345,000	北京荣宝	2021-12-02
启功 行书唐诗七首 镜框	45cm×75cm	345,000	华艺国际	2021-03-31
启功 行书七言联 镜心	37cm×11cm×2	345,000	十竹斋拍卖(北京)	2021-05-29
启功 行书朱继芳诗 立轴	84cm×40cm	345,000	永乐拍卖	2021-05-21
启功 行书临王羲之《四月廿三日帖》立轴	135cm×34cm	345,000	永乐拍卖	2021-05-21
启功 1985年作 行书唐人绝句 镜心	67.5cm×44.3cm	345,000	永乐拍卖	2021-05-21
启功 1982年作 书法 立轴	126cm×38cm	345,000	永乐拍卖	2021-12-01
启功 1981年作 行书 立轴	134cm×32cm	345,000	中国嘉德	2021-09-26
启功 行书 自作论词绝句二十首之《咏柳永》	44.3cm×66.3cm	345,000	中国嘉德	2021-12-10
启功 行书“蒹葭楼”镜心	45cm×68cm	345,000	中国嘉德	2021-05-21
启功 1985年作 行书题《月季诗》立轴	102.5cm×33cm	333,500	北京荣宝	2021-12-02
启功 行书诗文 镜心	91.5cm×52cm	322,000	保利厦门	2021-11-05
启功 溥松窗 等 花卉七开 册页	31cm×39cm×7	322,000	北京保利	2021-06-06
启功 1998年作 行书“花好月圆”镜心	70cm×46cm	322,000	北京荣宝	2021-06-19
启功 行书《周易》语 镜框	116.5cm×44.5cm	322,000	北京荣宝	2021-06-19
启功 行书七言诗 立轴	69cm×33cm	322,000	北京荣宝	2021-06-19
启功 1987年作 行书宋人句 立轴	67cm×47cm	322,000	北京荣宝	2021-12-02
启功 1988年作 行书自作诗 立轴	103cm×43cm	322,000	北京荣宝	2021-12-02
启功 1977年作 行书卢纶诗 立轴	112cm×33.5cm	322,000	北京荣宝	2021-12-02
启功 行书“春禊”	64cm×32cm	322,000	中国嘉德	2021-05-20
启功 等 行书 自作失眠诗句	32cm×98cm	322,000	中国嘉德	2021-12-10
启功 行书自作《次韵青峰吴门见怀之作》	42cm×44.3cm	322,000	中国嘉德	2021-12-10

2021书画拍卖成交汇总(续表)

(成交价RMB:10万元以上)

拍品名称	物品尺寸	成交价RMB	拍卖公司	拍卖日期
启功 寿 镜心	64cm×41cm	322,000	中贸圣佳	2021-05-21
启功 行书书陈毅元帅诗并有感 镜心	127cm×64cm	322,000	中贸圣佳	2021-07-06
启功 行书铭文 镜心	135cm×32cm	299,000	保利厦门	2021-11-05
启功 书法对联 立轴	128cm×31cm×2	299,000	保利厦门	2021-11-05
启功 1980年作 行书辛弃疾词 镜心	130cm×31cm	299,000	北京保利	2021-06-05
启功 行书杜甫诗 立轴	130cm×28.5cm	299,000	北京荣宝	2021-06-19
启功 书法 镜片	78cm×53cm	299,000	广东小雅斋	2021-07-20
启功 1988年作 行书《登城春望》立轴	68cm×44.5cm	299,000	华艺国际	2021-06-04
启功 行书"自强不息"镜心	31.5cm×55cm	299,000	中国嘉德	2021-05-19
启功 行书"红棉斋"镜心	30cm×83.5cm	299,000	中国嘉德	2021-05-21
启功 1974年作 楷书秦始皇《廿六年诏》立轴	68cm×32cm	287,500	北京荣宝	2021-06-19
启功 行书宋人句 立轴	95.5cm×43cm	287,500	北京荣宝	2021-06-19
启功 1941年作 青山独钓 镜框	51.5cm×25cm	287,500	北京荣宝	2021-12-02
启功 行书五言诗 立轴	104cm×34cm	287,500	上海嘉禾	2021-07-23
启功 行书五言诗 纸本	92cm×32cm	287,500	中国嘉德	2021-03-27
启功 钟灵 1997年作 1985年作 行书、篆书五言联 立轴、对联	103cm×50cm	287,500	中国嘉德	2021-03-27
启功 行书"天朗气清"	133cm×32cm	287,500	中国嘉德	2021-12-10
启功 书画成扇	52cm×19cm	287,500	中国嘉德	2021-12-10
启功 行书"喜舍"镜心	31cm×55cm	287,500	中国嘉德	2021-05-21
启功 行书"行成于思"镜心	32cm×66cm	287,500	中贸圣佳	2021-05-21
启功 1986年作 行书节录《世说新语》句 立轴	96cm×44cm	276,000	北京保利	2021-06-05
启功 1988年作 行书五言诗 镜心	69.5cm×34.4cm	276,000	北京保利	2021-06-06
启功1994年作 行书八言书房联 立轴	68cm×16cm×2	276,000	北京诚轩	2021-05-18
启功 李白《登庐山五老峰》镜心	67.5cm×44cm	276,000	北京诚轩	2021-12-03
启功 2002年作 行书"业精于勤"镜片	37cm×45cm	276,000	北京荣宝	2021-06-19
启功 1981年作 行书唐人诗 镜心	68.5cm×34cm	276,000	北京荣宝	2021-12-02
启功 1985年作 行书 立轴	96cm×42cm	276,000	广东崇正	2021-07-19
启功 1996年作 行书韩愈诗 镜心	46cm×81cm	276,000	中鸿信	2021-07-14
启功 赠侯宝林唐诗一首 镜心	63cm×34cm	264,500	中鸿信	2021-07-15
启功 行书李白诗 立轴	68cm×34cm	264,500	中贸圣佳	2021-09-25
启功 溥伒 陈缘督 汪溶 顾随 等 赠似丹墨缘 册页	21cm×33cm	253,000	北京华辰	2021-06-19
启功 1979年作 行书唐人诗 镜框	65cm×31cm	253,000	北京荣宝	2021-12-02
启功 1988年作 行书宋人诗 镜心	69.5cm×34.4cm	253,000	北京荣宝	2021-12-02
启功 1979年作 行书李白诗 立轴	80.5cm×33.5cm	253,000	北京荣宝	2021-12-02
启功 1980年作 行书陆游诗 立轴	66cm×45cm	253,000	北京荣宝	2021-12-02
启功1988年作 行书严参《看雪》立轴	66cm×42.5cm	253,000	华艺国际	2021-06-04
启功 行书前贤句 镜片	65.5cm×40.5cm	253,000	华艺国际	2021-06-04
启功 行书唐王之涣《登鹳雀楼》	35cm×102cm	253,000	中国嘉德	2021-12-10
启功 行书《自作兰亭集会后至小住》十首选二首	52.5cm×48.5cm	253,000	中国嘉德	2021-12-10
启功 草书"细雨湿流光"	34.3cm×66cm	253,000	中国嘉德	2021-12-10
启功行书唐王之涣《登鹳雀楼》	44cm×64.5cm	253,000	中国嘉德	2021-12-10
启功 行书 梁钟嵘诗品句 1框	41cm×65cm	253,000	中国嘉德	2021-12-10
启功 梅花 1框	33cm×94.5cm	253,000	中国嘉德	2021-12-10
启功 行书王维诗 镜心	68.5cm×46cm	253,000	中国嘉德	2021-12-10
启功 行书六言诗 镜心	100cm×34cm	253,000	中国嘉德	2021-12-10
启功1984年作 行楷 唐诗四首 镜心	45cm×72cm	253,000	中鸿信	2021-07-14
启功 行书五言诗 立轴	68cm×34cm	241,500	北京保利	2021-12-03
启功 行书 立轴	50cm×36cm	241,500	广东崇正	2021-07-19
启功 仿米家山水 镜心	32.5cm×32.5cm	241,500	中贸圣佳	2021-07-06
启功 草书毛泽东词 立轴	67.2cm×33.7cm	233,680	香港苏富比	2021-04-21
启功 1982年作 秋山清幽 立轴	99cm×30cm	230,000	北京保利	2021-06-05
启功 1989年作 行书严维诗 镜心	100cm×34.5cm	230,000	北京保利	2021-06-05
启功 岳燕璞 清溪茂树・自作词三首 成扇	18.5cm×51.3cm	230,000	北京诚轩	2021-05-18
启功 1992年作 王安石《题西太一宫壁》镜心	33cm×135cm	230,000	北京诚轩	2021-05-18
启功 1984年作 行书自作诗 立轴	99cm×33cm	230,000	北京荣宝	2021-06-19
启功 1982年作 行书自作诗 镜框	66cm×30cm	230,000	北京荣宝	2021-12-02
启功 1982年作 行书五言诗 立轴	77.5cm×45cm	230,000	广东崇正	2021-01-07
启功 1982年作 行书 镜片	50cm×65.5cm	230,000	广东崇正	2021-07-19
启功 1985年作 行书 镜片	30cm×72.5cm	230,000	上海嘉禾	2021-07-23
启功 行书欧阳修诗 镜片	64cm×42cm	230,000	上海嘉禾	2021-07-23
启功 行书七言诗 立轴	67cm×39.5cm	230,000	上海嘉禾	2021-07-23
启功 行书七言诗 立轴	68cm×46cm	230,000	上海嘉禾	2021-07-23
启功 节临《十七帖》镜心	49cm×30cm	230,000	十竹斋拍卖(北京)	2021-05-29
启功 1978年作 草书 纸本	101cm×33cm	230,000	中国嘉德	2021-03-27
启功 行书节录陆游诗《书愤五首・其一》立轴	80cm×43cm	230,000	中贸圣佳	2021-05-21
启功 行书杜甫诗 镜框	68.5cm×38cm	227,700	佳士得	2021-05-27
启功 1984年作 行书李璧句 立轴	63cm×43cm	218,500	北京保利	2021-06-06
启功 1981年作 行书宋人句 镜心	66.5cm×31.5cm	218,500	北京荣宝	2021-12-02
启功 行书元人宋子虚句 镜心	66cm×33cm	218,500	北京荣宝	2021-12-02
启功 1984年作 行书宋人诗 立轴	98.5cm×33cm	218,500	北京荣宝	2021-12-02
启功 行书唐人诗 立轴	64cm×30.5cm	218,500	上海嘉禾	2021-07-23
启功 草书宋人兰亭诗一首 画心	105cm×34cm	218,500	西泠印社	2021-01-16
启功 行书七言诗 镜心		218,500	中国嘉德	2021-09-27
启功 行书七言句 镜心	68.5cm×36cm	218,500	中国嘉德	2021-05-19
启功 1996年作 行书唐人诗 镜心	82.5cm×50cm	218,500	中国嘉德	2021-12-10
启功 1985年作 行书《秋兴八首》节选 立轴	80cm×33cm	207,000	保利厦门	2021-11-05
启功 1979年作 墨竹 镜心	68cm×28cm	207,000	北京保利	2021-05-17
启功 1982年作 行书 镜心	67cm×45cm	207,000	北京翰海	2021-04-17
启功 2002年作 行书"宁静致远"镜片	37cm×45cm	207,000	北京荣宝	2021-06-19
启功1956年作墨竹行书七言诗成扇	17.5cm×50cm	207,000	华艺国际	2021-12-11
启功 1989年作 行书宋人句 立轴	63cm×37cm	207,000	华艺国际	2021-12-11
启功 1981年作 行书七言诗 立轴	47cm×84cm	207,000	上海嘉禾	2021-11-14
启功 行书宋沈说《明融盆池二首》其一	59cm×91.5cm	207,000	中国嘉德	2021-05-20
启功 1986年作 行书五言诗 镜心		207,000	中国嘉德	2021-09-27
启功 行书节录宋王安石《西太一宫楼》	26.3cm×69.5cm	207,000	中国嘉德	2021-12-10
启功 行书 明程嘉燧七言诗二首	23cm×14.5cm	207,000	中国嘉德	2021-12-10
启功行书宋罗公升七绝句	34.3cm×68.5cm	207,000	中国嘉德	2021-12-10
启功 1986年作 行书题画梅 立轴	97cm×44cm	207,000	中国嘉德	2021-05-19
启功 吴作人等 1979年作 书画集锦 册页(十一开)	26.5cm×38.5cm×11	207,000	中国嘉德	2021-05-19
启功 行书"古欢"镜心	34cm×64cm	207,000	中国嘉德	2021-12-11
启功 行书"王安石诗"立轴	67.5cm×33.5cm	202,320	保利香港	2021-04-23
启功 1981年作 行书五言诗 立轴	66.5cm×44.5cm	198,720	中国嘉德	2021-10-13
启功 1988年作 行书七言诗 立轴	68cm×44cm	195,500	北京保利	2021-06-05

（成交价RMB：10万元以上）

拍品名称	物品尺寸	成交价RMB	拍卖公司	拍卖日期
启功 1988年作 书法 立轴	68cm×34cm	195,500	北京翰海	2021-06-05
启功 1989年作 行书宋人句 立轴	63cm×37cm	195,500	北京荣宝	2021-06-19
启功 书法 立轴	66cm×45cm	195,500	广东小雅斋	2021-07-20
启功 行书 立轴	68cm×34cm	195,500	上海嘉禾	2021-07-23
启功 1989年作 楷书五言联 对联	134cm×34cm×2	195,500	中国嘉德	2021-03-29
启功 行书七言诗 立轴	89cm×41cm	195,500	中国嘉德	2021-09-26
启功 1976年作 草书七言诗 镜心		195,500	中国嘉德	2021-09-27
启功 梁剑波 书法·奔马 立轴	102cm×32cm; 90cm×32cm	189,750	广东小雅斋	2021-07-20
启功 1981年作 书法 镜心	69cm×35.5cm	184,000	北京翰海	2021-06-05
启功 行书《圣教序》语 镜心	69.5cm×39.5cm	179,053	中国嘉德	2021-04-22
启功 1998年作 书法“光明世纪”镜心	32.5cm×132cm	178,250	北京华辰	2021-12-08
启功 临王石谷山水（一帧）镜心	33cm×21cm	178,250	华艺国际	2021-12-11
启功 1981年作 行书韦承庆诗 镜心	68cm×34cm	172,500	北京保利	2021-06-05
启功 书法 镜心	68cm×45cm	172,500	北京翰海	2021-06-05
启功 对联 立轴	130cm×29.5cm×2	172,500	北京华辰	2021-12-08
启功1998年作行书“苏轼诗”镜心	70cm×46.5cm	172,500	北京荣宝	2021-12-02
启功 1981年作 行书 镜心	113cm×40cm	172,500	朵云轩	2021-07-08
启功 1979年作 行书五言诗 镜心	68cm×34cm	172,500	中国嘉德	2021-03-28
启功 题《梦边填词图》	18cm×27.3cm	172,500	中国嘉德	2021-05-20
启功 春夏秋冬山水（四帧）	尺寸不一	172,500	中国嘉德	2021-12-10
启功 溪山独钓 镜心	33.5cm×29.5cm	172,500	中国嘉德	2021-05-21
启功 1982年作 行书七言诗 镜心	67cm×33cm	172,500	中国嘉德	2021-05-21
启功 雨后新篁 镜框	56.6cm×24.8cm	169,949	香港苏富比	2021-04-21
启功 1990年作 行书《东坡集后一首》镜框	114.5cm×51.8cm	164,200	佳士得	2021-11-30
启功 行书《東赵监盐》诗 立轴	128cm×60cm	161,000	保利厦门	2021-05-06
启功 1991年作 行书《喜人长安》诗 镜框	63cm×43cm	161,000	北京保利	2021-12-03
启功 1979年作 行书 镜片	69cm×34.5cm	161,000	广东崇正	2021-07-19
启功 1987年作 行书宋人句 镜心	67.5cm×41cm	161,000	中国嘉德	2021-12-11
启功 行书“长生未央”镜心	37cm×34cm	161,000	中鸿信	2021-07-15
启功 行书论诗一首 立轴	135cm×32.5cm	156,818	十竹斋	2021-06-27
启功 1987年作 行书题画诗 镜框	68.5cm×45.4cm	155,250	佳士得	2021-05-27
启功 行书“寸阴堪惜”	65.3cm×40.3cm	149,500	中国嘉德	2021-12-10
启功 书法 立轴	68cm×46cm	143,750	广东小雅斋	2021-07-20
启功 行书岑参诗 镜心	82cm×48cm	138,000	北京保利	2021-12-04
启功 1975年作 行书七言诗 立轴	90cm×44cm	138,000	北京保利	2021-12-04
启功 十月江南寒山晚 镜心	117.4cm×34cm	138,000	北京诚轩	2021-12-03
启功 1941年作 墨竹 镜心	19cm×52cm	138,000	北京翰海	2021-06-05
启功 1980年作 祝寿图 镜心	28cm×142cm	138,000	北京翰海	2021-10-16
启功 1983年作 书法“山川自逊”镜框	36cm×6cm	138,000	北京华辰	2021-12-08
启功 1978年作 行书五言诗 立轴	61cm×29.5cm	138,000	华艺国际	2021-03-31
启功 行书七言诗 立轴	82.5cm×28.5cm	138,000	上海嘉禾	2021-07-23
启功 1986年作 行书“佛在我心”镜片	106cm×34cm	690,000	上海明轩	2021-12-30
启功 张善孖 1931年作 山君雄风图 立轴	127.5cm×67.5cm	460,000	上海明轩	2021-12-30
启功 行书七言联 对联	93cm×20cm×2	379,500	上海明轩	2021-12-30
启功 行书七言 对联	133cm×34.5cm×2	322,000	朵云轩	2021-12-30
启功 行书七言 对联	133cm×34cm×2	322,000	朵云轩	2021-12-30
启功 1983年作 行书 立轴	135cm×66cm	138,000	朵云轩	2021-12-30
钱德湘 2021年作 收获	60cm×50cm	230,000	北京翰海	2021-10-16

拍品名称	物品尺寸	成交价RMB	拍卖公司	拍卖日期
钱穆 行书七言联 镜片	124cm×34cm×2	488,750	广东崇正	2021-07-19
钱穆 行书五言诗 立轴	135cm×34cm	161,000	中国嘉德	2021-05-21
钱穆 1961年作 行书董其昌《画论》镜框	31.8cm×65.8cm	148,705	香港苏富比	2021-04-21
钱瘦铁 郭沫若 巨幅松鹰图 镜心	155cm×210cm	1,495,000	中贸圣佳	2021-07-06
钱瘦铁 1951年作 抗美援朝·保家卫国 立轴	164cm×85.5cm	920,000	中国嘉德	2021-05-19
钱瘦铁 1943年作 致关雪翁《逸兴帖》册页（十二开）	29.5cm×42cm×12	317,952	中国嘉德	2021-10-13
钱瘦铁 1957年作 一帆风顺 立轴	150.5cm×82cm	287,500	华艺国际	2021-12-11
钱瘦铁 1955年作 黄山清秋 镜心	68cm×45.5cm	195,500	中国嘉德	2021-05-21
钱瘦铁 红梅翠石图 立轴	106.5cm×47.5cm	138,000	西泠印社	2021-04-10
钱松喦 三湾 镜心	79.3cm×110cm	3,795,000	北京荣宝	2021-12-02
钱松喦 塔山永峙，延水长流 立轴	91.5cm×60cm	1,437,500	北京荣宝	2021-12-02
钱松喦 1964年作 延安颂 镜心	52cm×69cm	1,035,000	北京荣宝	2021-12-02
钱松喦 太湖一角 立轴	47cm×34cm	379,500	北京荣宝	2021-12-02
钱松喦 橘子洲头 镜心	42cm×34cm	264,500	北京荣宝	2021-12-02
钱松喦 1981年作 具区圣境 镜心	45cm×35cm	253,000	北京荣宝	2021-12-02
钱松喦 1979年作 隽味迎春 立轴	67.5cm×45cm	230,000	北京荣宝	2021-12-02
钱松喦 海水松风 镜心	70cm×34cm	195,500	中国嘉德	2021-12-11
钱松喦 三峡图 镜心	75cm×41.5cm	172,500	华艺国际	2021-12-11
钱松喦 1964年作 延安颂 立轴	46cm×54cm	2,415,000	中国嘉德	2021-05-19
钱松喦 人民解放军占领南京 立轴	60cm×43cm	2,357,500	南京经典	2021-01-10
钱松喦 延安颂 立轴	93cm×68cm	2,357,500	北京保利	2021-06-05
钱松喦 太湖壮观 镜心	画 66.5cm×114cm; 字33cm×114cm	2,070,000	中国嘉德	2021-05-19
钱松喦 江南新绿 镜心	31cm×59cm	1,932,000	十竹斋拍卖（北京）	2021-05-29
钱松喦 移山种水稻 镜心	58cm×45cm	1,725,000	中国嘉德	2021-05-19
钱松喦 1982年作 北京人之家 镜心	96cm×73cm	1,725,000	北京保利	2021-12-03
钱松喦 仙寰人家 镜心	173cm×94cm	1,380,000	南京经典	2021-01-10
钱松喦 江南锦绣 镜框	42cm×46cm	1,265,000	华艺国际	2021-06-04
钱松喦 古田会议 镜片	49cm×40cm	1,265,000	上海嘉禾	2021-07-22
钱松喦 延安 镜片	45cm×69cm	1,207,500	上海嘉禾	2021-07-22
钱松喦 井冈山之路 镜心	57cm×41cm	1,150,000	中国嘉德	2021-05-19
钱松喦 长城内外 立轴	60.5cm×45.5cm	1,127,000	北京保利	2021-06-05
钱松喦 长城内外 立轴	60.5cm×45.5cm	1,092,500	北京保利	2021-12-03
钱松喦 七星岩天柱峰 镜心	68.5cm×37.5cm	1,092,500	中国嘉德	2021-12-10
钱松喦 延安凤凰山 镜心	44.5cm×50cm	1,035,000	中贸圣佳	2021-05-21
钱松喦 太湖旭日图 立轴	83cm×52.5cm	991,116	香港苏富比	2021-10-11
钱松喦 太湖胜境 镜片	68cm×44cm	977,500	十竹斋	2021-06-27
钱松喦 1965年作 煤都壮观 立轴	67.5cm×41.5cm	977,500	中国嘉德	2021-05-19
钱松喦 起网 镜心	52cm×39cm	943,000	北京银座	2021-09-24
钱松喦 起网 镜心	53cm×39cm	920,000	北京翰海	2021-06-05
钱松喦 1977年作 梅园新春 立轴	115cm×68cm	920,000	广东崇正	2021-07-19
钱松喦 肇庆星湖 镜片	69.5cm×46cm	920,000	上海嘉禾	2021-07-23
钱松喦 1979年作 日升松茂 镜心	49cm×68cm	920,000	永乐拍卖	2021-05-21
钱松喦 延安颂 镜心	50.5cm×69cm	897,000	南京经典	2021-01-10
钱松喦 秦古柳 诸健秋 刘达江 1959年作 翠壁云涛巨幅山水 镜片	174cm×106.5cm	805,000	西泠印社	2021-01-15
钱松喦 1940年作 桃花源图 立轴	145.5cm×80.5cm	805,000	西泠印社	2021-01-16
钱松喦 高原风光 镜心	49cm×35cm	805,000	中贸圣佳	2021-07-06
钱松喦 长城 镜心	80cm×68cm	759,000	北京保利	2021-12-03
钱松喦 江浦农场之春 镜片	25cm×35cm	747,500	十竹斋	2021-06-27

2021书画拍卖成交汇总(续表)

(成交价RMB：10万元以上)

拍品名称	物品尺寸	成交价RMB	拍卖公司	拍卖日期
钱松喦 湖山春色图 立轴	143cm×80cm	747,500	西泠印社	2021-01-16
钱松喦 张公洞 立轴	132cm×67cm	713,000	南京经典	2021-07-18
钱松喦 太湖胜景 镜心	66.5cm×44.5cm	690,000	中国嘉德	2021-05-19
钱松喦 榕溪棹歌图 立轴	68.5cm×45.5cm	678,500	西泠印社	2021-01-16
钱松喦 舟飞三峡 镜心	97cm×65cm	667,000	北京保利	2021-12-03
钱松喦 南湖 镜片	50.5cm×29.5cm	667,000	上海嘉禾	2021-07-22
钱松喦 巫山巫峡气萧森 立轴	131.5cm×67cm	632,500	北京翰海	2021-06-04
钱松喦 峨眉山中 立轴	68cm×45cm	632,500	南京经典	2021-01-10
钱松喦 黄山白鹅峰 镜心	68cm×43cm	621,000	北京保利	2021-06-05
钱松喦 井冈山瀑布 镜心	55cm×33cm	575,000	永乐拍卖	2021-05-21
钱松喦 山高泽长 立轴	77cm×39cm	575,000	中国嘉德	2021-05-19
钱松喦 肇庆星湖 镜心	89cm×46.5cm	575,000	中国嘉德	2021-05-20
钱松喦 华岳朝晖 镜心	70cm×38cm	540,500	南京经典	2021-01-10
钱松喦 丹霞奇景图 镜心	71cm×44cm	529,000	南京经典	2021-01-10
钱松喦 桐院清暑 立轴	89.5cm×46cm	483,000	十竹斋	2021-06-27
钱松喦 三峡壮观 立轴	87cm×48cm	437,000	北京保利	2021-06-05
钱松喦 1980年作 丹霞 镜框	71.5cm×44cm	437,000	华艺国际	2021-03-31
钱松喦 春韵 镜片	69cm×44cm	437,000	上海嘉禾	2021-11-14
钱松喦 黄山迎客松 立轴	68cm×45cm	402,500	华艺国际	2021-12-11
钱松喦 白云生处有人家 立轴	67cm×47cm	402,500	南京经典	2021-07-18
钱松喦 南湖 立轴	画心：39.5cm×26cm；诗堂：12.5cm×25.5cm	391,000	北京荣宝	2021-06-19
钱松喦 九龙山下厂如林 立轴	画心 46.5cm×38cm；诗堂 15.5cm×38cm	368,000	十竹斋	2021-06-27
钱松喦 田园风味 立轴	94cm×43cm	368,000	中国嘉德	2021-05-20
钱松喦 1960年作 人勤春早 镜心	27.5cm×33cm	368,000	中国嘉德	2021-05-20
钱松喦 漓江鱼乐 镜片	69.5cm×45.5cm	345,000	保利厦门	2021-11-05
钱松喦 1980年作 为房震作《泰山劲松图》画心	123cm×62cm	345,000	西泠印社	2021-07-24
钱松喦 江南佳丽地 立轴	47cm×33cm	333,500	南京经典	2021-01-10
钱松喦 遵义 立轴	177cm×94cm	322,000	北京翰海	2021-04-17
钱松喦 橘子洲头 镜心	41cm×33.5cm	299,000	南京经典	2021-01-10
钱松喦 写生 镜心	73cm×47cm	276,000	十竹斋拍卖(北京)	2021-05-29
钱松喦 1946年作 升平乐 立轴	134cm×67cm	264,500	广东崇正	2021-01-06
钱松喦 1964年作 昆仑 镜片	66.5cm×38.5cm	264,500	上海嘉禾	2021-07-22
钱松喦 江祖岷 桃源图 楷书《桃花源记》成扇	18cm×50cm	264,500	中国嘉德	2021-12-10
钱松喦 宋文治 叶浅予 陈大羽 魏紫熙 花鸟山水人物册 册页(五页)	43.5cm×30.5cm×5	253,000	西泠印社	2021-01-16
钱松喦 1939年作 溪亭幽趣 镜框	129cm×46.5cm	246,300	佳士得	2021-11-30
钱松喦 隽味迎春 立轴	67cm×44.5cm	230,000	广东崇正	2021-01-07
钱松喦 1945年作 山高水长 立轴	101cm×38cm	230,000	上海嘉禾	2021-07-23
钱松喦 具区春波 镜心	67cm×33cm	230,000	中贸圣佳	2021-05-21
钱松喦 郭沫若 篱边煨芋·行书书法 成扇	18.5cm×48cm	230,000	中贸圣佳	2021-07-06
钱松喦 太湖光明亭 镜心	44cm×33.5cm	212,750	南京经典	2021-01-10
钱松喦 隽味迎春图 立轴	67cm×45cm	207,000	十竹斋	2021-06-27
钱松喦 竞舟图 立轴	52.5cm×73cm	207,000	永乐拍卖	2021-09-27
钱松喦 松菊添筹图 立轴	81cm×37.5cm	184,000	中贸圣佳	2021-07-06
钱松喦 松泉幽亭图 镜心	68cm×34cm	172,500	北京保利	2021-12-03
钱松喦 1940年作 过雨看松色 立轴	80cm×40cm	172,500	华艺国际	2021-06-04
钱松喦 崂山丰收 镜心	28cm×35cm	161,000	南京经典	2021-07-18

拍品名称	物品尺寸	成交价RMB	拍卖公司	拍卖日期
钱松喦 太湖 立轴	34.5cm×47.5cm	149,500	保利厦门	2021-11-05
钱松喦 1973年作 南湖 立轴	画心 26.5cm×33.5cm；诗堂15cm×33.5cm	149,500	上海嘉禾	2021-07-22
钱松喦 长城万里 立轴	54cm×41cm	138,000	北京保利	2021-06-05
钱松喦 南湖 立轴	39cm×26cm	138,000	上海嘉禾	2021-11-14
钱维城 南巡盛典图 册页	绘画 18.5cm×13cm×12	3,450,000	保利厦门	2021-11-05
钱振锽 1944年作 行书“知足斋”横披	39cm×131.5cm	172,500	上海嘉禾	2021-11-14
钱钟书为陈永龄夫妇书《寻诗》画心	66cm×35cm	506,000	西泠印社	2021-01-16
乔大壮 1946年作 为赵祖望书十六言联 对联	132cm×15.5cm×2	322,000	西泠印社	2021-01-16
乔晓光 2015年 崧泽意象	97cm×179cm	632,500	华艺国际	2021-06-05
乔晓光 2021年作 印象船歌	69.5cm×137cm	253,000	北京翰海	2021-12-17
乔晓光 2020年 红山	97cm×89cm	253,000	华艺国际	2021-06-05
乔晓光 2015年作 闪烁的高原	70cm×137cm	207,000	中国嘉德	2021-11-29
乔宜男 2021年作 夏荫 镜心	138cm×69cm	218,500	北京荣宝	2021-12-02
乔宜男 2021年作 秋实 镜心	138cm×69cm	195,500	北京荣宝	2021-06-19
乔宜男 2021年作 多寿图 镜心	138cm×69cm	195,500	北京荣宝	2021-06-19
郄炳铎 百鸡图 镜片	2000cm×50cm	416,300	北京中贝	2021-12-08
秦艾 2021年作 惠风和畅 手卷	80cm×460cm	1,265,000	上海明轩	2021-12-30
秦古柳 1943年作 仿石溪笔意 立轴	148.5cm×79.5cm	264,500	北京翰海	2021-06-04
秦理斌 2021年作 毛泽东词《西江月·井冈山》镜心	140cm×70cm	184,000	北京翰海	2021-10-16
秦修平 2017年作 昭陵六骏图 镜框	34cm×274.5cm	287,500	北京荣宝	2021-06-19
秦仲文 竹溪图 镜心	163cm×85cm	184,000	北京翰海	2021-06-05
秦仲文 1978年作 岁寒三友图 立轴	136cm×67.5cm	184,000	西泠印社	2021-04-10
秦仲文 1960年作 密云白龙潭 横披	67cm×134.5cm	161,000	北京诚轩	2021-05-18
庆宽 载涛航空 手卷	画心 33cm×64cm	460,000	广东崇正	2021-01-06
丘挺 2013年作 卷石洞天图卷 镜心	引首 37cm×72.5cm；画 37cm×143.5cm；跋 37cm×100cm	253,000	中国嘉德	2021-12-13
邱石冥 许修直 1944年作 鸢尾榴花·明人诗二首 成扇	19.5cm×54.5cm	138,000	北京诚轩	2021-12-03
曲磊磊 2016年 人体	100cm×148cm	345,000	华艺国际	2021-06-05
饶宗颐 2005年作 汉人吉语 立轴四屏	131cm×66.5cm×4	6,657,120	香港苏富比	2021-10-11
饶宗颐 武夷山居图 手卷	30cm×452cm	2,875,000	华艺国际	2021-09-17
饶宗颐 2001年作 杜陵诗意册 镜框十二帧	36.4cm×6.2cm×12	2,503,872	香港苏富比	2021-10-11
饶宗颐 1991年作 行书李白《侠客行》手卷	引首 33.3cm×105cm 书法 33.3cm×892.4cm	2,086,560	香港苏富比	2021-10-11
饶宗颐 六朝僧·行书七言联一堂 立轴	绘画 136cm×34cm；对联 136cm×34cm×2	1,495,000	华艺国际	2021-06-04
饶宗颐 1991年作 四时山水离合册三十开通景册	10.7cm×14.6cm×30	1,356,264	香港苏富比	2021-10-11
饶宗颐 2007年作 行书五言联 镜片	246cm×61cm×2	1,150,000	广东崇正	2021-07-19
饶宗颐 钟馗醉酒图 镜片	45cm×120cm	1,150,000	华艺国际	2021-06-04
饶宗颐 1998年作 勾金红荷 镜框	34cm×137.5cm	991,116	香港苏富比	2021-10-11
饶宗颐 荷花 镜框(二开)	50cm×60cm×2	920,000	华艺国际	2021-06-04
饶宗颐 1997年作 福禄寿 镜框	87.5cm×165cm	879,750	佳士得	2021-05-27

（成交价RMB：10万元以上）

拍品名称	物品尺寸	成交价RMB	拍卖公司	拍卖日期
饶宗颐 2001年 鹤寿 镜框	65cm×131.5cm	834,624	香港苏富比	2021-10-11
饶宗颐 1981年作 水墨双松 镜框	177.5cm×98cm	828,000	佳士得	2021-05-27
饶宗颐 隶书"攻玉山房" 镜框	33.2cm×132.5cm	718,375	佳士得	2021-11-30
饶宗颐 1990年作 茶笼山图 立轴	136cm×35cm	713,000	华艺国际	2021-04-01
饶宗颐 行书五言联 立轴	137.5cm×34.2cm×2	625,968	香港苏富比	2021-10-11
饶宗颐 福禄寿 镜框（三幅）	46cm×46cm×3	615,750	佳士得	2021-11-30
饶宗颐 篆书八言联 镜片	233cm×52cm×2	575,000	华艺国际	2021-09-17
饶宗颐 双寿 手卷	卷首 28cm×42.5cm; 画心 28cm×41cm; 后跋 28cm×165cm	552,000	华艺国际	2021-06-04
饶宗颐 行书五言联 镜心	233cm×53cm×2	552,000	永乐拍卖	2021-05-21
饶宗颐 2012年作 拟唐手提荷花 立轴	136.5cm×34.7cm	500,774	香港苏富比	2021-10-11
饶宗颐 1998年作 竹报平安 镜框	32.5cm×66.1cm	465,750	佳士得	2021-05-27
饶宗颐2007年作甲骨文五言联镜片	138cm×34cm×2	448,500	广东崇正	2021-07-19
饶宗颐1994年作人居万玉丛镜框	34.2cm×133.8cm	438,178	香港苏富比	2021-10-11
饶宗颐 1977年作 修椽独坐图 立轴	94.5cm×33.6cm	434,700	佳士得	2021-05-27
饶宗颐 如南山之寿 镜心	107cm×33.5cm	414,000	中国嘉德	2021-12-11
饶宗颐 2004年作 行书"日利万金"镜片	34cm×137cm	345,000	广东崇正	2021-01-07
饶宗颐 山居图 镜框	48cm×94cm	345,000	华艺国际	2021-09-17
饶宗颐2009年作甲骨文五言联镜片	138.5cm×35.5cm×2	333,500	广东崇正	2021-01-07
饶宗颐 1991年作 石鼓文《蹋天一》镜框	33.5cm×136cm	331,200	佳士得	2021-05-27
饶宗颐 2004年作 行书节录《道德经》镜片	69cm×136cm	328,400	佳士得	2021-11-30
饶宗颐 书法 对联	194cm×26cm×2	322,000	广东小雅斋	2021-07-20
饶宗颐 1987年作 为程十发作《三余图》立轴	137.5cm×33.5cm	322,000	西泠印社	2021-07-25
饶宗颐 2000年作 隶书七言联 镜片	131.5cm×32.5cm×2	299,000	广东崇正	2021-01-07
饶宗颐 双寿 镜框	138.5cm×34.1cm	289,800	佳士得	2021-05-27
饶宗颐 1950年作 隶书五言联 立轴	135cm×34cm×2	281,750	北京荣宝	2021-06-19
饶宗颐 篆书"为吏之道" 立轴	128cm×27cm	253,000	华艺国际	2021-04-01
饶宗颐 隶书"怡古斋" 镜片	51cm×92cm	253,000	华艺国际	2021-09-17
饶宗颐2010年作行书《易传》句镜心	66cm×134cm	253,000	中国嘉德	2021-12-11
饶宗颐2004年作楷书十一言联镜框	64.8cm×10cm×2	250,387	香港苏富比	2021-10-11
饶宗颐 隶书七言联 立轴	137cm×33cm×2	235,750	华艺国际	2021-09-17
饶宗颐 行书七言联 立轴	130cm×31cm×2	230,000	华艺国际	2021-09-17
饶宗颐 高式熊 韩天衡等题 鲁迅笔名印谱卷 手卷	引首 22cm×122cm; 画心 21cm×391cm; 题跋 9cm×24cm; 21cm×101cm; 21.5cm×79.5cm; 5.5cm×21cm 21cm×29.5cm; 21cm×137cm; 21cm×113.5cm	230,000	西泠印社	2021-07-25
饶宗颐 2010年作 川流不息 镜框	34.5cm×87cm	225,775	佳士得	2021-11-30
饶宗颐江湖一钓翁·行书定庵《人月圆》词成扇	18cm×53cm	224,250	华艺国际	2021-09-17
饶宗颐 2013年作 长宜子孙 镜框	50cm×35cm	218,500	华艺国际	2021-04-01
饶宗颐 2007年作 行书 镜片	35cm×138cm	207,000	广东崇正	2021-07-19
饶宗颐隶书云梦秦简《为吏之道》立轴	128cm×27cm	207,000	华艺国际	2021-09-17

拍品名称	物品尺寸	成交价RMB	拍卖公司	拍卖日期
饶宗颐 1989年作 篆书五言联 镜心	127cm×32cm×2	195,500	北京保利	2021-12-04
饶宗颐 隶书"福" 镜框	64cm×64cm	195,500	华艺国际	2021-04-01
饶宗颐 2013年作 篆书"佛" 镜框	133cm×34cm	184,000	保利厦门	2021-05-06
饶宗颐 2010年作 大吉祥 镜框	63cm×63cm	178,250	保利厦门	2021-11-05
饶宗颐 2007年作 草书五言联 立轴（两幅）	135.5cm×33.5cm×2	174,463	佳士得	2021-11-30
饶宗颐 行书"云汉楼" 镜心	30.5cm×112cm	172,500	保利厦门	2021-05-06
饶宗颐 2002年作行书"言必行，行必果"镜心	136cm×34cm	172,500	北京保利	2021-09-25
饶宗颐2013年作隶书"佛光楼"镜片	35cm×109cm	172,500	广东崇正	2021-01-06
饶宗颐 2008年作 行书 澹宕如莲	138cm×35cm	172,500	西泠印社	2021-07-24
饶宗颐 行书东坡居士诗 立轴	137cm×35cm	166,750	华艺国际	2021-09-17
饶宗颐 隶书五言联 镜框（两幅）	131.5cm×31.5cm×2	164,200	佳士得	2021-11-30
饶宗颐 2013年作 隶书 镜片	34cm×137cm	149,500	广东崇正	2021-07-19
饶宗颐 2011年作 春华秋实 镜框	33cm×135cm	149,500	华艺国际	2021-04-01
饶宗颐 行书"太和" 镜框	39cm×30cm	149,500	华艺国际	2021-04-01
饶宗颐 2007年作 篆书四言联 立轴	145.5cm×39.5cm×2	138,000	保利厦门	2021-11-05
饶宗颐 1992年作 行书七言联 立轴	134.5cm×22cm×2	138,000	保利厦门	2021-11-05
饶宗颐 书法"龙欣园" 镜框	35cm×158cm	138,000	华艺国际	2021-06-04
仁义 莲年有余图 镜片	136cm×68cm	448,500	北京中贝	2021-12-08
任鉴易 2020年作 平语近人 镜心	67cm×134cm	138,000	北京翰海	2021-10-16
任景钦 2008年作 家园 镜心	80cm×116.5cm	460,000	北京翰海	2021-06-05
任景钦 2001年作 林中漫步 镜心	68cm×70cm	437,000	北京翰海	2021-06-05
任佩韵 樱花蓝鹊 镜片	98cm×46.5cm	345,000	朵云轩	2021-07-07
任重 雪竹 镜心	64cm×77cm	1,380,000	保利厦门	2021-05-06
任重 维摩诘演教图手卷 手卷	45cm×293cm	862,500	中贸圣佳	2021-05-21
任重 秋山泛舟图 镜心	137cm×35cm	828,000	中贸圣佳	2021-05-21
任重 2021年作 傲雪霜禽 镜心	66cm×66cm	724,500	北京保利	2021-09-25
任重 2008年作 九桃图 镜心	68.5cm×137cm	575,000	北京保利	2021-12-04
任重 2018年作 篁竹双雀 镜心	67cm×68cm	448,500	北京荣宝	2021-12-02
任重 荷塘珍禽 立轴	146cm×79cm	437,000	华艺国际	2021-09-17
任重 2018年作 水月观音 镜心	104cm×35.5cm	368,000	北京翰海	2021-06-05
任重 2014年作 蕉赋新辞图 镜心	69cm×34.5cm	345,000	保利厦门	2021-05-06
任重 2018年作 子猷观竹 镜心	85cm×65cm	253,000	北京保利	2021-12-04
任重 雪竹栖禽 立轴	68cm×42cm	230,000	朵云轩	2021-09-19
任重 2013年作 红叶小鸟 立轴	69cm×46.5cm	207,000	北京荣宝	2021-06-19
任重 2013年作 鸿雁知我意 立轴	65cm×52cm	175,925	北京保利	2021-01-19
任重 竹林幽禽 镜心	68cm×34.5cm	172,500	北京翰海	2021-12-17
任重 东坡观竹 镜心	68cm×34.5cm	172,500	北京翰海	2021-12-17
任重 花鸟 立轴	64cm×30cm	172,500	朵云轩	2021-09-18
任重 2018年作 东坡赏竹图 镜心	68cm×34cm	164,575	北京保利	2021-08-09
任重 浮香华池图 镜心	67cm×34.5cm	149,500	中贸圣佳	2021-05-21
任重 2009年作 抚琴图 镜心	68cm×34cm	138,000	北京银座	2021-09-24
容祖椿二十四节气花卉册页（二十四开）	26cm×25cm×24	138,000	中贸圣佳	2021-05-21
阮圣杰 2019年作 峡江帆影 镜心	34cm×138cm	1,150,000	北京翰海	2021-04-17
瑞征 栈道图 册页	画心 25cm×35cm×12; 书法 25cm×35cm×12	172,500	广东小雅斋	2021-07-20
僧陀 赵叔孺 秋江钓艇行书书法 成扇	20cm×63cm	178,250	中贸圣佳	2021-07-06
沙曼翁 1987年作 篆书二十一言龙门对 对联片	224cm×45cm×2	172,500	朵云轩	2021-07-07
沙孟海 草书王安石诗 镜片	41.5cm×129cm	517,500	西泠印社	2021-01-16
沙孟海 为王文长作行书毛主席词 镜片	133cm×60.5cm	483,000	西泠印社	2021-07-25

2021书画拍卖成交汇总(续表)

(成交价RMB：10万元以上)

拍品名称	物品尺寸	成交价RMB	拍卖公司	拍卖日期
沙孟海 行书白居易诗巨幅中堂镜心	245cm×122cm	437,000	中鸿信	2021-07-14
沙孟海 关良 方增先 朱屺瞻 诸乐三等 为张寒月作 书画二十帧 画心·镜片(共二十帧)	约30cm×22cm×20	402,500	西泠印社	2021-07-24
沙孟海 1986年作 行书五言联 立轴	231cm×50.5cm×2	345,000	华艺国际	2021-12-11
沙孟海 行书七言诗 立轴	137cm×69cm	322,000	中鸿信	2021-07-15
沙孟海 1925年作 行书蔡邕《协和婚赋》立轴	100.5cm×44.5cm	299,000	上海嘉禾	2021-07-22
沙孟海 行书曹操诗句 横披	128cm×66cm;	299,000	西泠印社	2021-10-23
沙孟海 1982年作 行书《石鼓歌》立轴	138cm×33.5cm	287,500	北京荣宝	2021-06-19
沙孟海 1984年作 行书五言联 立轴	137cm×33cm×2	276,000	北京荣宝	2021-06-19
沙孟海 行书五言诗 立轴	144cm×39cm	253,000	上海嘉禾	2021-07-23
沙孟海 行书八言联 对联	136cm×21cm×2	218,500	西泠印社	2021-07-25
沙孟海 行书 镜心	136cm×45cm	218,500	中国嘉德	2021-05-20
沙孟海 行书毛主席词句 镜片	90.5cm×35.5cm	207,000	西泠印社	2021-07-25
沙孟海 行书 镜片	138cm×34cm	184,000	广东崇正	2021-07-19
沙孟海 行书王安石诗 画心	79cm×34.5cm	184,000	西泠印社	2021-07-24
沙孟海 1983年作 行书李白诗 立轴	134cm×39cm	184,000	中国嘉德	2021-05-20
沙孟海 行书"莺歌燕舞"镜心	34cm×101cm	172,500	北京银座	2021-09-24
沙孟海 书法 镜心	35cm×138cm	161,000	南京经典	2021-01-10
沙孟海 行书"白居易诗"镜心	101.5cm×34cm	149,500	北京荣宝	2021-06-19
沙孟海 毛泽东《十六字令》立轴	137cm×68cm	149,500	南京经典	2021-07-18
沙孟海 1991年作 层峦耸翠 立轴	69.5cm×34cm	149,040	中国嘉德	2021-10-12
沙孟海 1981年作 行书 立轴	136cm×43.5cm	138,000	北京保利	2021-12-03
沙孟海 行书"兰石斋"镜心	35.5cm×118cm	138,000	中国嘉德	2021-12-11
沙孟海 草书 立轴	134cm×32cm	143,750	朵云轩	2021-12-30
尚涛 陈永正 花鸟·对联一堂 镜框	花鸟190cm×96cm;对联178cm×32cm×2	258,750	华艺国际	2021-09-17
尚小云 1935年作 牡丹图 立轴	130.5cm×43.5cm	322,000	西泠印社	2021-04-10
邵力子 行书五言联 对联	129.5cm×31.5cm×2	184,000	西泠印社	2021-01-16
申世辉 山水小品八帧 镜心	48cm×60cm×8	609,500	北京荣宝	2021-06-19
申万胜 2021年作 书法	68cm×138cm	287,500	荣宝斋(南京)	2021-05-26
申万胜 2021年作 书法	68cm×138cm	287,500	荣宝斋(南京)	2021-05-26
申万胜 2021年作 书法王维诗词	138cm×68cm	276,000	荣宝斋(南京)	2021-05-26
申万胜 2021年作 书法	68cm×138cm	276,000	荣宝斋(南京)	2021-05-26
申万胜 2021年作 书法	68cm×138cm	264,500	荣宝斋(南京)	2021-05-26
沈安良 2021年作 书法	66cm×132cm	575,000	荣宝斋(南京)	2021-05-26
沈安良 2021年作 海纳百川 镜心	68cm×136cm	212,750	保利厦门	2021-11-05
沈曾植 行书七言联 立轴	142cm×31cm×2	632,500	北京银座	2021-09-24
沈曾植 1922年作 行书七言联 对联	131cm×32.5cm×2	552,000	西泠印社	2021-07-25
沈曾植 行书五言诗 横幅	44cm×65cm	414,000	中国嘉德	2021-05-20
沈曾植 行书李白诗 立轴	144cm×39cm	368,000	西泠印社	2021-01-16
沈曾植 草书七言联 对联	146.5cm×40cm×2	322,000	西泠印社	2021-07-25
沈曾植 书法 对联	130cm×32cm×2	287,500	广东小雅斋	2021-07-20
沈曾植 行书五言诗四首 横幅	61.5cm×101.5cm	276,000	中国嘉德	2021-05-20
沈曾植 行书李白《山中问答》立轴	136.5cm×36cm	264,500	中国嘉德	2021-05-20
沈曾植 为康有为作隶书扇轴	20.5cm×52.5cm	230,000	西泠印社	2021-07-25
沈曾植 行书录黄庭坚《戏效禅月作远公咏》立轴	130.5cm×31.5cm	207,000	十竹斋拍卖(北京)	2021-05-29
沈曾植 行书录李商隐诗 立轴	142.5cm×40cm	207,000	十竹斋拍卖(北京)	2021-05-29
沈曾植行书《赠高子勉四首》之二镜心	44.5cm×66.5cm	195,500	中国嘉德	2021-05-20
沈曾植行书节录《山谷题跋》立轴	141.5cm×40cm	184,000	中国嘉德	2021-12-12
沈曾植 行书七言 对联	129.5cm×31cm×2	172,500	朵云轩	2021-07-08
沈曾植草书节录《金石录序》立轴	144cm×39cm	172,500	上海匡时	2021-07-08
沈曾植 山水 立轴	33cm×17cm	172,500	西泠印社	2021-10-23
沈曾植 隶书节临《张迁碑》立轴	146.5cm×38.5cm	161,000	西泠印社	2021-07-25
沈曾植 行书七言联 对联	137.5cm×32cm×2	149,500	上海匡时	2021-07-08
沈曾植 行书宋人诗 扇页	50cm×18cm	149,500	西泠印社	2021-07-25
沈曾植 章草自作诗二首 手卷	26cm×81cm×2	138,000	北京保利	2021-12-04
沈曾植 草书节录古诗文句 立轴	129cm×30cm	138,000	西泠印社	2021-10-24
沈从文 章草《续书谱》章句 立轴	135.5cm×16.5cm	345,000	中国嘉德	2021-05-21
沈从文 1976年作 为韩瀚书毛泽东诗词 册页(共十二页)	37.5cm×27.5cm	322,000	西泠印社	2021-01-16
沈从文 1976年作 行书 册页(十二开)	18cm×29cm;18cm×26cm×2;18cm×31cm×2;17.5cm×24cm×4;18cm×24.5cm;18cm×27.5cm;18cm×21cm	253,000	广东崇正	2021-07-19
沈从文 章草《红卫星上天》镜片	沈书19cm×262cm;题跋20cm×42cm	230,000	广东崇正	2021-07-19
沈从文 1970年代作 为韩瀚书双溪诗草《红卫星上天》长卷 手卷	261cm×19cm;42.5cm×20cm	230,000	西泠印社	2021-01-16
沈从文 行书自作诗九首	16cm×132cm	230,000	中国嘉德	2021-05-20
沈钧儒行书《手抄评点杜工部诗》册页	25cm×32cm×10	287,500	北京荣宝	2021-12-02
沈钧儒 1921年作 楷书 册页	27cm×17cm×67	207,000	北京翰海	2021-04-17
沈钧儒 陈从周 行书自作诗·墨竹·迎客松图 立轴·镜片(二帧)	131.5cm×32cm;84.5cm×34cm;95.5cm×33.5cm	143,750	西泠印社	2021-07-24
沈迈士 1958年作 东方红太阳升 立轴	134.5cm×68cm	201,250	上海嘉禾	2021-07-22
沈迈士 1959年作 铁矿新貌 立轴	89.5cm×51cm	195,500	上海嘉禾	2021-07-22
沈迈士 1958年作上钢一厂写生 立轴	77cm×40cm	172,500	上海嘉禾	2021-07-22
沈鹏 草书《橘颂》四屏 立轴	137cm×32cm×4	460,000	华艺国际	2021-06-04
沈鹏 书法	138cm×66cm	425,500	荣宝斋(南京)	2021-05-26
沈鹏2002年作行书《朱熹七言诗》镜心	138cm×69.5cm	287,500	北京荣宝	2021-12-02
沈鹏 书法	137cm×48.5cm	287,500	荣宝斋(南京)	2021-05-26
沈鹏2010年作草书《杜甫五律》镜心	70cm×138cm	281,750	北京荣宝	2021-12-02
沈鹏 书法	132cm×58cm	264,500	荣宝斋(南京)	2021-05-26
沈鹏2004年作草书《于慎行诗》镜心	139cm×70cm	247,250	北京荣宝	2021-12-02
沈鹏 书法 立轴	176cm×90cm	230,000	华艺国际	2021-09-17
沈鹏 书法	67cm×65cm	230,000	荣宝斋(南京)	2021-05-26
沈鹏 书法	98cm×61cm	230,000	荣宝斋(南京)	2021-05-26
沈鹏 1984年作 行书七言联 镜心	136cm×31cm×2	195,500	北京银座	2021-09-24
沈鹏 书法	68cm×46cm	184,000	荣宝斋(南京)	2021-05-26
沈鹏 1988年作 草书诗卷 手卷	46cm×351cm	172,500	中国嘉德	2021-03-29
沈鹏 1987年作 草书《忆江南》镜心	153cm×42cm	166,750	北京荣宝	2021-12-02
沈鹏 1983年作 草书七言联 对联	134cm×32.5cm×2	155,250	西泠印社	2021-07-24
沈鹏 1988年作 行书虞世南诗 立轴	98cm×63cm	143,750	北京荣宝	2021-06-19

拍品名称	物品尺寸	成交价RMB	拍卖公司	拍卖日期
沈鹏 1987年作 行书“澄怀” 横披	67.5cm×135cm	138,000	北京荣宝	2021-12-02
沈鹏 为曹武作 草书七言诗 立轴	152.5cm×76cm	138,000	西泠印社	2021-04-10
沈鹏 行书“气若幽兰” 立轴	97cm×47cm	138,000	中贸圣佳	2021-05-21
沈勤 1985年作 黑白·山	184cm×290cm	5,520,000	华艺国际	2021-12-10
沈勤 2019年作 山	93cm×236cm	1,380,000	华艺国际	2021-06-05
沈勤 2016年作 山-a3	177cm×51.5cm	920,000	华艺国际	2021-03-31
沈勤 2019年作 山	75cm×180cm	690,000	华艺国际	2021-12-10
沈勤 2015年作 田	35cm×226cm	207,000	中国嘉德	2021-11-29
沈延毅 书法信札 镜框 纸本	18cm×28cm×6	138,000	辽宁省拍	2021-07-04
沈尹默 行书王荆公诗四屏 立轴	132cm×22cm×4	1,610,000	中国嘉德	2021-05-19
沈尹默汪东1941年作雪泥鸿爪册 册页(十开)	25cm×31cm×10	828,000	北京诚轩	2021-05-18
沈尹默 1962年作 草书《沁园春·雪》手卷	55cm×1134.5cm; 55.1cm×100.4cm	672,750	佳士得	2021-05-27
沈尹默 楷书六言诗 立轴	176.5cm×22.5cm×2	632,500	中国嘉德	2021-05-20
沈尹默 1965年作 毛主席和郭沫若《满江红词》镜心	92cm×177cm	598,000	北京保利	2021-06-05
沈尹默行书节录《山谷论书》立轴	126cm×31cm	552,000	华艺国际	2021-06-04
沈尹默 周作人 顾随 沈兼士 七言诗 立轴	98cm×38cm	345,000	西泠印社	2021-07-25
沈尹默行书毛主席《沁园春》词镜心	110cm×66cm	345,000	中贸圣佳	2021-07-06
沈尹默 行书摘抄 立轴	92.5cm×36cm	322,000	中国嘉德	2021-12-10
沈尹默 行书六言联 镜心	235cm×55cm×2	287,500	北京荣宝	2021-06-19
沈尹默 墨竹图·行书七言 立轴 对联	105.5cm×35.5cm; 133cm×29cm×2	287,500	朵云轩	2021-07-08
沈尹默 行书七言联 对联	132cm×32.5cm×2	287,500	上海嘉禾	2021-07-22
沈尹默 1965年作 为李宇超作竹丝笔草书毛主席诗 镜片	106.5cm×57cm	287,500	西泠印社	2021-07-24
沈尹默1949年作行书范成大诗立轴	86cm×44.5cm	287,500	中国嘉德	2021-05-20
沈尹默行书《何处难忘酒》五诗镜框	51.5cm×23.5cm	230,000	华艺国际	2021-06-04
沈尹默 行书毛主席词 立轴	132.5cm×65.5cm	230,000	华艺国际	2021-12-11
沈尹默 行书五言诗 立轴	108cm×30cm	207,000	华艺国际	2021-06-04
沈尹默墨竹·行书《山谷坡公书帖跋尾》成扇	18cm×50.5cm×2	195,500	北京银座	2021-09-24
沈尹默 墨竹 立轴	91cm×29cm	172,500	华艺国际	2021-06-04
沈尹默 行书范仲淹文一则 手卷	31cm×250cm	172,500	华艺国际	2021-06-04
沈尹默行书《虞美人》词二首立轴	104cm×21cm	172,500	上海嘉禾	2021-07-23
沈尹默 行书韩愈诗 立轴	100cm×38cm	172,500	西泠印社	2021-07-25
沈尹默 隐居精学堂 镜心	60cm×229cm	172,500	永乐拍卖	2021-05-20
沈尹默 行书陆游诗 立轴	133.5cm×31.5cm	161,000	中贸圣佳	2021-07-06
沈尹默行书《服虔幸遇郑玄》立轴	66.5cm×33cm	149,500	中国嘉德	2021-05-20
沈尹默行书《夏始和刘孱陵诗》立轴	94.5cm×44.5cm	149,500	中鸿信	2021-07-15
沈尹默 1964年作 行书 立轴	119cm×34.5cm	138,000	朵云轩	2021-07-07
沈尹默 1939年作 行书《画鹊行》立轴	130cm×25.5cm	138,000	中国嘉德	2021-12-10
沈尹默 1963年作 行书 立轴	131cm×68cm	345,000	朵云轩	2021-12-30
沈有壬 1937年作 罗汉、《金刚经》及《心经》镜框	28.5cm×21.2cm	339,898	香港苏富比	2021-04-21
十世班禅确吉坚赞 书藏文祝词镜片	73cm×47cm	241,500	西泠印社	2021-07-25
石虎 1999—2005年作 魂天图 镜心	94.5cm×170.5cm	920,000	中国嘉德	2021-12-13
石开 2005年作 四体书卷龚定庵杂诗八首 手卷	34.5cm×860cm	241,500	北京荣宝	2021-12-02
石鲁 1962年作 牧牛图 立轴	198cm×52cm	9,200,000	北京保利	2021-12-03
石鲁 枇杷图 镜框	147.3cm×39.7cm	4,945,000	北京保利	2021-06-05
石鲁 秋林放牧 镜心	100cm×69.5cm	4,715,000	中贸圣佳	2021-05-21
石鲁 印度舞女 镜片	74.5cm×49cm	2,898,000	上海嘉禾	2021-11-14

拍品名称	物品尺寸	成交价RMB	拍卖公司	拍卖日期
石鲁 华岳松风 镜心	145.5cm×68cm	4,887,500	北京保利	2021-12-03
石鲁 流浪者 镜心	38cm×30cm	1,610,000	北京荣宝	2021-06-19
石鲁 1972年作 石榴图 立轴	139cm×69cm	2,484,000	中国嘉德	2021-10-13
石鲁 芙蓉春晖 镜心	53.2cm×71.3cm	2,300,000	北京荣宝	2021-06-19
石鲁 陕北秋色 镜心	30.5cm×35cm	1,610,000	中国嘉德	2021-05-20
石鲁 1971年作 石榴 镜片	144.5cm×66cm	2,185,000	华艺国际	2021-06-04
石鲁 1971年作 荷花 立轴	129cm×65cm	2,070,000	十竹斋拍卖(北京)	2021-05-29
石鲁 朱荷映翠 立轴	147.5cm×59cm	1,092,500	华艺国际	2021-12-11
石鲁 白玫瑰图 立轴	151.5cm×83cm	805,000	中鸿信	2021-07-14
石鲁 1972年作 虎戏图 立轴	89cm×52cm	667,000	北京保利	2021-12-03
石鲁 石榴花 立轴	画 65cm×63.5cm; 诗堂 32cm×63.5cm	575,000	北京保利	2021-12-03
石鲁 枇杷花开 镜框	78cm×63cm	266,825	佳士得	2021-11-30
石鲁 春暖鸭先知 镜心	41cm×38cm	253,000	北京保利	2021-12-03
石鲁 何海霞 陕北小景 立轴	69cm×52cm	1,380,000	十竹斋拍卖(北京)	2021-05-29
石齐 丰牧图 镜心	67.5cm×68cm	1,150,000	北京翰海	2021-06-05
石齐 云游图·行书七言联 镜框	画心 136cm×67.5cm; 对联 137cm×33.5cm×2	1,035,000	北京荣宝	2021-12-02
石齐 钟灵毓秀 镜心	69.5cm×68.5cm×6	920,000	中国嘉德	2021-12-13
石齐 金秋图 镜心	122cm×122cm	632,500	北京荣宝	2021-12-02
石齐 佛光照在我身上 立轴	136cm×69cm	460,000	北京荣宝	2021-06-19
石齐 1981年作 女娲神像 立轴	107cm×67cm	437,000	北京保利	2021-06-06
石齐 冰山来客 镜心	138cm×68cm	345,000	中国嘉德	2021-12-13
石齐 1978年作 白荷图 镜心	139cm×70cm	287,500	中国嘉德	2021-09-27
石齐 梅花会 镜心	96cm×179cm	264,500	北京荣宝	2021-06-19
石齐 思 立轴	68cm×68cm	264,500	北京荣宝	2021-06-19
石齐 踏歌行 镜心	69cm×68cm	253,000	北京荣宝	2021-06-19
石齐 金屋藏娇 镜片	82cm×74cm	253,000	上海匡时	2021-07-08
石齐 长眉罗汉 立轴	135cm×68cm	230,000	北京荣宝	2021-12-02
石齐 傣家女孩 立轴	135cm×66.5cm	218,500	北京荣宝	2021-06-19
石齐 罗汉图 镜心	68cm×69cm	207,000	北京保利	2021-06-06
石齐 情 镜心	83cm×76cm	138,000	中国嘉德	2021-03-28
石齐 赛马图 镜心	67cm×65cm	138,000	中鸿信	2021-07-14
时泰山 2011年作 大山深处有人家 镜心	96cm×178cm	575,000	保利厦门	2021-11-05
史国良 人物 册页	35cm×69cm×9	1,897,500	北京保利	2021-06-06
史国良 1990年作 母与子 镜心	143cm×108cm	2,990,000	北京荣宝	2021-06-19
史国良 石齐 郭石夫 赶集图 镜心	123.5cm×247cm	2,530,000	北京银座	2021-09-24
史国良 2002年作 人参图 镜框	96cm×180cm	1,840,000	北京荣宝	2021-06-19
史国良 2001年作 上学图 镜心	94cm×177cm	1,748,000	北京保利	2021-12-04
史国良 1984年作 访状元 镜心	174cm×174cm	1,725,000	中国嘉德	2021-12-10
史国良 2004年作 天山之舞四屏 镜框	64cm×34cm×4	1,667,500	北京荣宝	2021-12-02
史国良 2000年作 喀什鼓声 镜心	97cm×179cm	1,380,000	北京荣宝	2021-12-02
史国良 2004年作 傣家三月 立轴	138cm×68.5cm	920,000	北京荣宝	2021-12-02
史国良 丰收吉祥图 立轴	135cm×68.5cm	897,000	北京荣宝	2021-06-19
史国良 2000年作 赶集图 镜心	68cm×137cm	828,000	北京保利	2021-12-04
史国良 1992年作 天山之舞 镜心	136cm×69cm	805,000	北京保利	2021-06-06
史国良 2013年作 百鸭图 镜框	34cm×137cm	805,000	北京荣宝	2021-06-19
史国良 2001年作 天山之舞 镜心	138cm×69cm	782,000	北京保利	2021-09-25
史国良 金秋 镜心	34cm×137cm	713,000	北京保利	2021-06-06

2021书画拍卖成交汇总(续表)

(成交价RMB：10万元以上)

拍品名称	物品尺寸	成交价RMB	拍卖公司	拍卖日期
史国良 2000年作 人物小景四屏・行书七言联 镜心	136cm×17cm×6	690,000	北京荣宝	2021-06-19
史国良 2004年作 金秋时节四屏 镜心	68cm×17cm×4	621,000	北京荣宝	2021-12-02
史国良 舞天山图 立轴	69cm×68.5cm	575,000	北京荣宝	2021-06-19
史国良 八祥图 镜心	22cm×137cm	552,000	北京荣宝	2021-06-19
史国良 丰收吉祥 立轴	135cm×68.5cm	517,500	北京荣宝	2021-12-02
史国良 2005年作 金秋 镜心	136cm×34cm	483,000	北京保利	2021-12-04
史国良 2002年作 吐鲁番 镜心	92cm×53cm	431,300	北京保利	2021-08-09
史国良 2001年作 母子图 镜心	67cm×68cm	425,500	北京保利	2021-12-04
史国良 万方乐奏有于阗 镜心	83cm×55cm	368,000	北京荣宝	2021-06-19
史国良 2020年作 石榴飘香 镜心	103cm×17cm	345,000	北京荣宝	2021-06-19
史国良 1978年作 牧鸡图 镜心	114cm×64.5cm	345,000	中国嘉德	2021-05-21
史国良 2005年作 人物・对屏 镜心	106cm×15cm×2	287,500	北京保利	2021-12-04
史国良 2008年作 八福图 镜心	83.5cm×26.5cm	287,500	北京荣宝	2021-06-19
史国良 2008年作 猴朋友 镜心	83.5cm×26.5cm	287,500	北京荣宝	2021-06-19
史国良 丰收图 立轴	134cm×66cm	253,000	北京保利	2021-05-17
史国良 大闹天宫	46cm×34cm	240,000	保利厦门	2021-08-24
史国良 2008年作 老鼠嫁女图 镜心	83.5cm×26cm	230,000	北京荣宝	2021-06-19
史国良 1989年作 古装仕女 立轴	133cm×66.5cm	230,000	中国嘉德	2021-12-13
史国良 2002年作 凉茶 卡纸	39cm×39cm	207,000	北京荣宝	2021-06-19
史国良 2004年作 母子图 镜心	32.5cm×70cm	207,000	北京荣宝	2021-12-02
史国良 1986年作 小河边上 立轴	94.5cm×87.5cm	161,000	北京荣宝	2021-06-19
史国良 2002年作 江南春雨 镜心	69cm×35.5cm	161,000	中国嘉德	2021-05-21
史国良 傣家三月 镜片	68cm×67cm	155,250	广东小雅斋	2021-07-20
史国良 1980年作 新疆舞 镜心	95cm×39.5cm	149,500	北京荣宝	2021-06-19
释太虚 楷书五言联 立轴	136cm×33.5cm×2	149,500	广东崇正	2021-01-06
释虚云 1953年作 楷书七言联 立轴	76cm×12cm×2	207,000	广东崇正	2021-01-06
释印光 楷书 立轴	100cm×63cm	138,000	广东崇正	2021-07-19
舒春光 春晓	67cm×45cm	480,000	保利厦门	2021-09-29
舒春光 瀚海新居	45cm×59cm	360,000	保利厦门	2021-09-29
舒同 书法 对联	361cm×46.5cm×2	690,000	永乐拍卖	2021-12-02
舒同 1965年作 行书 立轴	134cm×67cm	356,500	广东崇正	2021-07-18
舒同 1979年作 行书毛主席诗 镜心	136cm×34.5cm×4	230,000	北京荣宝	2021-12-02
舒同 1979年作 行书"笔阵横扫千人军" 立轴	170cm×90cm	207,000	北京荣宝	2021-06-19
舒同 1965年作 草书毛主席词六屏 立轴	131cm×32cm×6	195,500	上海嘉禾	2021-07-22
舒同 行书七言联 立轴	133cm×35cm×2	184,000	广东崇正	2021-07-18
舒益谦 春天的故事 镜心	69cm×137.5cm	195,500	华艺国际	2021-12-11
舒益谦 移动的光 镜片	95cm×95cm	172,500	华艺国际	2021-09-17
舒勇 2021年作 奔腾之三	直径50cm×3	1,138,500	荣宝斋(南京)	2021-05-26
舒勇 2020年作 静悟天机	68cm×136cm	1,127,000	荣宝斋(南京)	2021-05-26
舒勇 2020年作 凌云之志	68cm×136cm	1,138,500	荣宝斋(南京)	2021-05-26
舒勇 2020年作 运筹帷幄	68cm×136cm	1,115,500	荣宝斋(南京)	2021-05-26
舒勇 2021年作 江山就是人民，人民就是江山(三)	50cm×100cm	966,000	荣宝斋(南京)	2021-05-26
舒勇 2020年作 万山红	100cm×50cm	954,500	荣宝斋(南京)	2021-05-26
舒勇 2021年作 江山就是人民，人民就是江山(一)	50cm×100cm	920,000	荣宝斋(南京)	2021-05-26
舒勇 2021年作 江山就是人民，人民就是江山(二)	50cm×100cm	897,000	荣宝斋(南京)	2021-05-26
舒勇 2021年作 远山	50cm×100cm	897,000	荣宝斋(南京)	2021-05-26
舒勇 2021年作 墨动天象	50cm×100cm	874,000	荣宝斋(南京)	2021-05-26
舒勇 2021年作 道法自然	50cm×100cm	828,000	荣宝斋(南京)	2021-05-26
舒勇 2021年作 平步青云	34cm×136cm	805,000	荣宝斋(南京)	2021-05-26
舒勇 2020年作 地不语而百物生	34cm×136cm	759,000	荣宝斋(南京)	2021-05-26

拍品名称	物品尺寸	成交价RMB	拍卖公司	拍卖日期
舒勇 2015年作 墨动心象	34cm×136cm	690,000	荣宝斋(南京)	2021-05-26
舒勇 2021年作 犇腾之一	50cm×50cm	483,000	荣宝斋(南京)	2021-05-26
舒勇 2020年作 紫气东来	68cm×45cm	471,500	荣宝斋(南京)	2021-05-26
舒勇 2021年作 犇腾之二	50cm×50cm	437,000	荣宝斋(南京)	2021-05-26
舒勇 2020年作 行稳致远	25cm×100cm	414,000	荣宝斋(南京)	2021-05-26
舒勇 2020年作 时来铁似金	33cm×33cm	310,500	荣宝斋(南京)	2021-05-26
舒勇 2020年作 积土而为山，积水而为海	33cm×33cm	287,500	荣宝斋(南京)	2021-05-26
宋伯军 2020年作 兰亭序	180cm×97cm	977,500	荣宝斋(南京)	2021-05-26
宋伯军 2021年作 宋 吴惟信诗	180cm×48cm	954,500	荣宝斋(南京)	2021-05-26
宋伯军 2021年作 李白《将进酒》	180cm×97cm	920,000	荣宝斋(南京)	2021-05-26
宋伯军 2021年作 毛泽东《沁园春・长沙》	97cm×180cm	805,000	荣宝斋(南京)	2021-05-26
宋伯军 2020年作 随风潜入夜，润物细无声	136cm×68cm	690,000	荣宝斋(南京)	2021-05-26
宋伯军 2021年作 唐李白《夜宿山寺》	180cm×48cm	667,000	荣宝斋(南京)	2021-05-26
宋伯军 2021年作 清平乐・六盘山	136cm×68cm	667,000	荣宝斋(南京)	2021-05-26
宋伯军 2021年作 西江月・井冈山	136cm×68cm	644,000	荣宝斋(南京)	2021-05-26
宋伯军 2021年作 历经磨难百年辉煌	136cm×68cm	644,000	荣宝斋(南京)	2021-05-26
宋伯军 2020年作 唐孟浩然诗《春晓》	68cm×68cm	632,500	荣宝斋(南京)	2021-05-26
宋伯军 2020年作 宋代邵雍诗《山村咏怀》	68cm×68cm	632,500	荣宝斋(南京)	2021-05-26
宋伯军 2021年作 七律・人民解放军占领南京	136cm×68cm	621,000	荣宝斋(南京)	2021-05-26
宋伯军 2021年作 百年奋斗今日辉煌	136cm×68cm	598,000	荣宝斋(南京)	2021-05-26
宋伯军 2020年作 唐 虞世南《蝉》	68cm×68cm	575,000	荣宝斋(南京)	2021-05-26
宋伯军 2021年作 花好月圆人寿	68cm×136cm	575,000	荣宝斋(南京)	2021-05-26
宋伯军 2021年作 淡怀卓识	68cm×68cm	575,000	荣宝斋(南京)	2021-05-26
宋伯军 2021年作 宁静致远	68cm×68cm	552,000	荣宝斋(南京)	2021-05-26
宋伯军 2021年作 和顺致祥	68cm×136cm	552,000	荣宝斋(南京)	2021-05-26
宋伯军 2021年作 笃静悟初	68cm×68cm	552,000	荣宝斋(南京)	2021-05-26
宋伯军 2021年作 遵道贵德	136cm×68cm	529,000	荣宝斋(南京)	2021-05-26
宋慧莹 2014年作 草书毛主席诗 立轴	310cm×65cm	218,500	北京保利	2021-12-04
宋陵 1986年 无意义的选择8号	77cm×78cm	345,000	中国嘉德	2021-05-20
宋陵 1986年作 无意义的选择 9号	73cm×81cm	230,000	中国嘉德	2021-11-29
宋美龄 秋山飞瀑 立轴	95.5cm×46.5cm	253,000	中鸿信	2021-07-15
宋美龄 雪景山水 镜心	30.5cm×57.5cm	248,400	中国嘉德	2021-10-13
宋美龄 松下听瀑 立轴	78cm×46cm	184,000	中国嘉德	2021-03-29
宋美龄 幽兰 立轴	117.2cm×41cm	184,000	中国嘉德	2021-05-20
宋天成 2021年作 一花一世界 镜心	138cm×69cm	575,000	保利厦门	2021-11-05
宋唯源 山水册页 镜心	30cm×34cm×10	345,000	中国嘉德	2021-05-21
宋唯源 庭影朦胧 立轴	138cm×34cm	287,500	北京保利	2021-06-06
宋唯源 朝日流云・朝来时新 山水 镜心(二帧)	(1)96.5cm×45cm (2)96.5cm×48.5cm	253,000	中国嘉德	2021-12-13
宋唯源 一望澄湖 镜心	96cm×44.5cm	138,000	北京保利	2021-12-04
宋文治 长江之晨 镜片	56cm×176cm	4,255,000	十竹斋	2021-06-27
宋文治 1990年作 四季山水 四屏镜片	69cm×34cm×4	1,437,500	上海匡时	2021-07-08
宋文治 坚松挺翠源流长 镜心	138cm×68.5cm	1,127,000	南京经典	2021-07-18
宋文治 1964年作 新安江上 立轴	122cm×83cm	1,265,000	北京荣宝	2021-12-02
宋文治 1977年作 瑞金云石山 镜心	75cm×51cm	1,035,000	北京保利	2021-06-05
宋文治 1978年作 高山飞瀑 立轴	135cm×68cm	782,000	北京保利	2021-06-05
宋文治 1992年作 洞庭之夏 镜心	60cm×98cm	598,000	北京保利	2021-12-03
宋文治 1985年作 北海层岚图 镜心	134.6cm×67.3cm	586,500	北京保利	2021-06-05
宋文治 江南三月春意浓 镜片	40cm×80.5cm	540,500	上海嘉禾	2021-07-22

拍品名称	物品尺寸	成交价RMB	拍卖公司	拍卖日期
宋文治 春夏秋冬四屏 硬卡	18cm×24cm×4	437,000	南京经典	2021-07-18
宋文治 1986年作 春山云起图 镜片	44.5cm×60cm	425,500	上海嘉禾	2021-07-22
宋文治 蜀江晴云图 镜框	41.1cm×115cm	403,628	香港苏富比	2021-04-21
宋文治 1981年作 蜀江云 镜心	89cm×52.5cm	402,500	北京荣宝	2021-12-02
宋文治 江南三月 立轴	44cm×33cm	402,500	上海嘉禾	2021-07-22
宋文治 1978年作 峡江清晓 镜心	106.5cm×37cm	402,500	中国嘉德	2021-05-19
宋文治 1979年作 李白诗意图 立轴	69cm×43.5cm	402,500	中国嘉德	2021-05-20
宋文治 1985年作 春晓 镜心	35cm×68cm	345,000	北京保利	2021-12-04
宋文治 1965年作 长征第一关 立轴	55cm×39cm	345,000	上海嘉禾	2021-07-22
宋文治 边城新貌 立轴	55cm×41.5cm	322,000	十竹斋拍卖(北京)	2021-05-29
宋文治 1979年作 嘉陵清晓 立轴	96cm×45cm	322,000	中国嘉德	2021-05-21
宋文治 1985年作 江南三月 立轴	69cm×46cm	322,000	中国嘉德	2021-12-10
宋文治 太湖之滨 镜心	38cm×45.5cm	287,500	中国嘉德	2021-05-19
宋文治1985年作春风又绿江南岸镜心	44cm×95cm	278,527	中国嘉德	2021-04-22
宋文治 1983年作 北海云起图 镜心	68cm×45.5cm	253,000	北京保利	2021-12-03
宋文治 1984年作 云壑奔流图 立轴	67cm×44cm	241,500	北京荣宝	2021-12-02
宋文治 黄山写生图 镜片	46cm×30.5cm	241,500	上海嘉禾	2021-07-22
宋文治 1983年作 江南春晓 立轴	78cm×61cm	230,000	北京保利	2021-05-17
宋文治 1978年作 西湖秀色 镜片	45.5cm×69cm	230,000	上海嘉禾	2021-11-14
宋文治 金山夕照 镜心	49cm×39cm	230,000	中贸圣佳	2021-05-21
宋文治 1976年作 莲花峰 镜心	68cm×40.5cm	218,843	中国嘉德	2021-04-22
宋文治 1977年作 云壑飞泉图 立轴	95cm×55cm	218,592	中国嘉德	2021-10-13
宋文治 1981年作 松风涧泉 立轴	96.5cm×45cm	218,500	北京保利	2021-12-03
宋文治为吴卓如作黄山云起图立轴	65cm×32.5cm	218,500	西泠印社	2021-01-15
宋文治1976年作轻舟已过万重山立轴	96cm×33.5cm	218,500	中国嘉德	2021-05-21
宋文治 1985年作 云壑涧泉图 立轴	106.5cm×47cm	207,000	北京保利	2021-12-03
宋文治 1995年作 云壑松风图 立轴	89.5cm×48cm	207,000	上海嘉禾	2021-07-22
宋文治 1980年作 黄山暮霞 立轴	76cm×42cm	207,000	十竹斋拍卖(北京)	2021-05-29
宋文治 1993年作 江南之夏 镜心		207,000	中国嘉德	2021-09-27
宋文治 黄山暮霞图 立轴	76cm×42cm	195,500	南京经典	2021-01-10
宋文治 1985年作 嘉陵山色 立轴	75cm×53.5cm	195,500	中国嘉德	2021-12-10
宋文治 1990年作 洞庭春晓图 镜心		184,000	中国嘉德	2021-09-27
宋文治 1979年作 黄山云起 立轴	90.5cm×45cm	172,500	北京保利	2021-12-03
宋文治 晴岚江帆 立轴	69.5cm×45.5cm	172,500	北京保利	2021-12-03
宋文治 1997年作 松高叶茂 镜心	67cm×135cm	172,500	北京荣宝	2021-12-02
宋文治 晴岚江帆 立轴	69cm×46cm	172,500	十竹斋拍卖(北京)	2021-05-29
宋文治 1984年作 渔村新绿 立轴	138cm×69cm	172,500	中国嘉德	2021-03-28
宋文治 黄山奇峰图 镜心	40cm×32cm	166,750	南京经典	2021-07-18
宋文治 1983年作 江南春晓 立轴	79cm×61cm	164,575	北京保利	2021-08-11
宋文治 1977年作 轻舟已过万重山 立轴	123cm×60cm	161,000	北京保利	2021-12-03
宋文治 1979年作 黄山晴岚 立轴	68cm×45cm	161,000	北京荣宝	2021-12-02
宋文治 秋涧 立轴	67cm×45cm	161,000	上海嘉禾	2021-07-22
宋文治 太湖帆影 镜心	46cm×33.5cm	161,000	中国嘉德	2021-05-20
宋文治 1976年作 峡江清晓 镜心	79.5cm×32.5cm	161,000	中国嘉德	2021-12-10
宋文治 1978年作 黄山晴云 立轴	73cm×48cm	161,000	中国嘉德	2021-12-10
宋文治 1990年作 小鸟天堂 立轴	60cm×43cm	159,158	中国嘉德	2021-04-22
宋文治 1961年作 嘉陵帆影 立轴	41cm×39cm	149,500	北京保利	2021-06-05
宋文治 黄山晴岚 立轴	65cm×43cm	149,500	北京保利	2021-12-03
宋文治 1984年作 江南春色 镜片	51.5cm×34cm	143,750	上海嘉禾	2021-07-22
宋文治 1979年作 松山高瀑 立轴	69cm×46cm	138,000	北京荣宝	2021-06-19
宋文治 1976年作 黄岳光明顶 镜片	26cm×19cm×2	138,000	西泠印社	2021-04-10

拍品名称	物品尺寸	成交价RMB	拍卖公司	拍卖日期
宋文治 1981年作 江南春色图 立轴	68cm×46.5cm	138,000	西泠印社	2021-04-10
宋文治 1963年作 芭蕉屋影 镜心	43.5cm×34cm	138,000	永乐拍卖	2021-12-01
宋文治 黄山晓景 立轴	81cm×38cm	138,000	中贸圣佳	2021-07-06
宋文治 1984年作 太湖晓雾 立轴	68cm×44cm	207,000	朵云轩	2021-12-30
宋彦军 秋夜 镜心	143cm×74cm	2,415,000	北京翰海	2021-06-05
宋雨桂 2012年作 春霞 镜心	68cm×114cm	1,380,000	中国嘉德	2021-05-21
宋雨桂 山歌 镜心	69cm×136.6cm	1,058,000	中国嘉德	2021-12-13
宋雨桂 荷塘十里 镜心	69.5cm×137.5cm	828,000	北京保利	2021-12-04
宋雨桂 1999年作 桃花溪水 镜心	122.8cm×94cm	483,000	北京荣宝	2021-06-19
宋雨桂王西京1995年作赏竹图镜心	123cm×250cm	345,000	北京荣宝	2021-06-19
宋雨桂 山水 镜框 纸本	104cm×33cm	287,500	辽宁省拍	2021-07-04
宋雨桂 1985年作 华岩新晴 镜片	135.5cm×67.5cm	138,000	朵云轩	2021-12-30
宋子舜2016年作水浒一百零八将镜心	1500cm×70cm	299,000	保利厦门	2021-11-05
苏曼殊 行书自作诗四首 手卷	18.5cm×34cm×4cm	230,000	中鸿信	2021-07-15
孙本见 南山三友图 镜片	180cm×96cm	575,000	北京中贝	2021-12-08
孙本见 南山三友图 镜片	180cm×96cm	575,000	北京中贝	2021-12-08
孙博文2002年作岩栖谷隐心自闲镜心	219.5cm×96.5cm	1,725,000	北京保利	2021-12-04
孙浩 霞光	170cm×100cm	690,000	中贸圣佳	2021-05-20
孙浩 早春 镜框	123cm×104cm	690,000	北京荣宝	2021-12-02
孙浩 2020年作 黑马 镜框	125cm×96cm	598,000	北京荣宝	2021-06-19
孙浩 最狂的风与最静的海 镜框	100cm×96.5cm	517,500	北京荣宝	2021-12-02
孙浩 2021年作 气冲霄汉 镜框	170.5cm×122.5cm	359,188	佳士得	2021-11-30
孙浩 2021年作 般若 镜框	123cm×80cm	227,700	佳士得	2021-05-27
孙加 风禾之下	83cm×88cm	598,000	辽宁省拍	2021-07-04
孙菊生 猫	136cm×68cm	500,000	保利厦门	2021-12-03
孙翎境(金蝉儿) 格物心语	30cm×30cm	500,000	保利厦门	2021-12-03
孙其峰 四喜图 镜心	138.5cm×69cm	494,500	中鸿信	2021-07-14
孙其峰 睥睨群山 镜心	135.5cm×69.5cm	437,000	中鸿信	2021-07-14
孙其峰 1993年作 柳荫黄鹂 镜心	67cm×44cm	310,500	中鸿信	2021-07-14
孙其峰 2008年 觅食图	100cm×45cm	241,500	荣宝斋(南京)	2021-05-26
孙其峰 1997年 花卉	68cm×34cm	230,000	荣宝斋(南京)	2021-05-26
孙其峰 1988年作 梅花斑鸠 镜心	89.5cm×48cm	218,500	中鸿信	2021-07-14
孙其峰 1994年 竹石图	70cm×46cm	207,000	荣宝斋(南京)	2021-05-26
孙其峰 拟八大其峰习画	69cm×43cm	184,000	荣宝斋(南京)	2021-05-26
孙其峰 树	68cm×34cm	184,000	荣宝斋(南京)	2021-05-26
孙其峰 玉兰花	68cm×34cm	184,000	荣宝斋(南京)	2021-05-26
孙其峰 望春图	68cm×34cm	172,500	荣宝斋(南京)	2021-05-26
孙其峰 2009年 花鸟	68cm×34cm	172,500	荣宝斋(南京)	2021-05-26
孙其峰 徐渭八大山人之间	68cm×34cm	172,500	荣宝斋(南京)	2021-05-26
孙其峰 秋丰长天图	68cm×34cm	172,500	荣宝斋(南京)	2021-05-26
孙文 博爱 镜框	31cm×90cm	230,000	北京保利	2021-12-04
孙晓东 2012年作 黎明时分	80cm×80cm	287,500	北京保利	2021-12-02
孙晓云 2011年作 行书杜甫《春夜喜雨》镜心	143.2cm×366cm	920,000	北京荣宝	2021-12-02
孙晓云 唐代禅诗二十首 册页	29cm×33cm×9	667,000	南京经典	2021-07-18
孙晓云 楷书“徽商古训”镜片	书法 76cm×53cm；诗堂 19.5cm×52.5cm	241,500	十竹斋	2021-06-27
孙晓云 书法	120cm×35cm	207,000	荣宝斋(南京)	2021-05-26
孙晓云 书法	68cm×138cm	184,000	荣宝斋(南京)	2021-05-26
孙晓云 董其昌论书七则 镜心	24cm×131cm	172,500	南京经典	2021-07-18
孙逊 2005年作 休克时光	18cm×26cm×25	207,000	永乐拍卖	2021-05-21
孙勇 2020年作 鸿是江边鸟，蚕为天下虫	137cm×35cm×2	149,500	荣宝斋(南京)	2021-05-26

2021书画拍卖成交汇总（续表）

（成交价RMB：10万元以上）

拍品名称	物品尺寸	成交价RMB	拍卖公司	拍卖日期
孙勇 2020年作 竹雨松风琴韵，茶烟梧月书声	180cm×49cm×2	149,500	荣宝斋（南京）	2021-05-26
孙勇 2020年作 书法对联“剑锋出磨砺”镜心	140cm×38cm×2	138,000	北京翰海	2021-06-05
孙勇 2020年作 蜣螂因秽饱，鸣蝉为洁饥	137cm×35cm×2	138,000	荣宝斋（南京）	2021-05-26
孙勇 2020年作 铁石梅花气概，风霜松竹精神	180cm×49cm×2	138,000	荣宝斋（南京）	2021-05-26
孙勇 2020年作 虫书叶字古，风织浪纹轻	180cm×49cm×2	138,000	荣宝斋（南京）	2021-05-26
孙云生1989年作荷花通景屏风	155cm×330cm	172,500	华艺国际	2021-06-04
孙中山 行书“博爱”镜心	36cm×80cm	690,000	北京保利	2021-06-05
孙中山 行书“博爱” 镜心	33cm×65cm；木50cm×82cm	575,000	北京保利	2021-09-25
孙中山 行书“天下为公” 镜框	31cm×132cm	575,000	华艺国际	2021-04-01
孙中山 行书箴言 立轴	74cm×39cm	460,000	中贸圣佳	2021-05-21
孙中山1913年作行书“博爱”立轴	131.5cm×34cm	368,000	中鸿信	2021-07-14
孙中山 行书“天下为公” 立轴		195,500	中国嘉德	2021-09-27
孙中山 行书“天下为公” 镜心	142cm×38cm	184,000	中鸿信	2021-07-15
孙中山 行书“博爱” 横幅	39cm×77cm	149,500	中国嘉德	2021-03-29
孙中山、柏文蔚、徐谦致 滨野末太郎题辞	35.7cm×24cm	747,500	中国嘉德	2021-05-20
孙宗慰 1940年代作 蒙藏人物图册页	15cm×25cm×9	552,000	永乐拍卖	2021-05-21
孙宗慰 1943年作 哈萨克族人歌舞图 镜心	88.5cm×47cm	402,500	中国嘉德	2021-05-21
孙宗慰 敬茶图	106.5cm×61cm	322,000	北京保利	2021-12-02
孙宗慰 1943年作 猎户 镜心	101cm×62cm	138,000	中国嘉德	2021-05-21
索凤利 2011年作 四季山水 镜心	96cm×140cm	230,000	北京翰海	2021-12-17
塔万·杜查尼 1983年作 人间	108cm×78cm	849,744	香港苏富比	2021-04-19
台静农 1980年作 行书七言联 立轴	132cm×33.6cm×2	396,446	香港苏富比	2021-10-11
台静农1987年作居之安之居镜框	28.8cm×84cm	318,654	香港苏富比	2021-04-21
台静农 行书《人间词话》镜框	34cm×30.5cm	169,949	香港苏富比	2021-04-21
太虚 花开见佛	63cm×160cm	3,450,000	上海嘉禾	2021-07-22
泰祥洲 2020年作 天象—中流击水	51cm×236.5cm	805,000	北京华辰	2021-06-19
泰祥洲 大吉牛 镜框	49cm×92cm	287,350	佳士得	2021-11-30
泰祥洲2015年作天象镜框（两幅）	59.5cm×59cm×2	269,100	佳士得	2021-05-27
泰祥洲 2020年作 环游远天	20cm×140cm	172,500	十竹斋拍卖（北京）	2021-04-25
泰祥洲 赏石	61.5cm×47.5cm	149,500	北京诚轩	2021-05-17
泰祥洲 2015年作 鸿蒙天象	26cm×121cm	138,000	西泠印社	2021-07-24
谈月色 红梅 立轴	91.5cm×42cm	138,000	广东崇正	2021-01-07
覃波 春风得意 镜心	138cm×69cm	230,000	保利厦门	2021-11-05
谭述乐 2021年作 荷花 四屏镜心	137cm×34cm×4	207,000	北京翰海	2021-06-05
谭嗣同 行草《仙神难》镜心	63cm×131.5cm	166,750	中鸿信	2021-07-15
谭延闿 行书七言联 立轴	143cm×37cm×2	149,500	北京翰海	2021-06-04
谭延闿 行书 七言联 对联	171cm×45cm×2	264,500	西泠印社	2021-01-16
谭延闿 行书七言联 立轴	164cm×37.5cm×2	253,000	中国嘉德	2021-05-20
谭延闿 书匾“虚竹斋”镜片	112.5cm×49.5cm	241,500	西泠印社	2021-01-16
谭延闿 行书七言联 立轴	203cm×44cm×2	212,750	中贸圣佳	2021-05-21
谭延闿 1925年作 行书自作《重过大庾岭》五言诗 立轴	39.5cm×145cm	172,500	中国嘉德	2021-05-20
谭延闿 行书书法 立轴	169cm×91cm	149,500	中贸圣佳	2021-05-21
谭泽闿 行书七言联 立轴	171cm×34cm×2	149,500	北京保利	2021-06-06
谭长德2018年作踏胜芳郊望岭云镜心	138cm×68cm	230,000	北京翰海	2021-10-16

拍品名称	物品尺寸	成交价RMB	拍卖公司	拍卖日期
谭长德 2019年作 鹤骨松姿 镜心	68cm×40cm	172,500	保利厦门	2021-11-05
汤涤 隶书七言诗、如松之寿 成扇	25cm×68cm	920,000	中贸圣佳	2021-05-21
汤哲明 2020年作 大渡桥横 镜框	65.5cm×32cm	322,000	上海嘉禾	2021-07-22
汤哲明2020年作 最是橙黄橘绿时 镜框	34.1cm×75.5cm	297,410	香港苏富比	2021-04-21
汤哲明2021年作凤凰来仪镜框	46.6cm×89.8cm	208,656	香港苏富比	2021-10-11
汤哲明 2021年作 瑞鹤仙境 镜片	画心 68cm×84cm；诗堂 24.3cm×84.3cm	207,000	上海嘉禾	2021-07-22
唐大禧 1973年作 人民的苹果 立轴	159cm×128cm	1,725,000	中国嘉德	2021-05-19
唐家伟 青嶂 镜框	98.5cm×182cm	174,463	佳士得	2021-11-30
唐天涯 2019年作 江南人家 镜心	69cm×149cm	805,000	北京保利	2021-09-25
唐天涯 2020年作 溪山平远图 镜心	47cm×180cm	598,000	北京保利	2021-09-25
唐天涯 2021年作 游山图 镜心	47cm×180cm	575,000	北京保利	2021-09-25
唐天涯 2021年作 仙山人家 镜心	34cm×185cm	483,000	北京保利	2021-09-25
唐天涯 2018年作 大自在 镜心	53cm×193cm	460,000	北京保利	2021-09-25
唐天涯 2021年作 烟雨江山图 镜心	33.5cm×138.5cm	402,500	北京荣宝	2021-12-02
唐天涯 2021年作 仿古山水 镜心	34cm×137cm	345,000	北京保利	2021-09-25
唐天涯 2020年作 飞瀑图 镜心	69cm×34cm	253,000	北京保利	2021-06-06
唐天涯 2021年作 高士图 镜心	33cm×108cm	172,500	北京保利	2021-09-25
唐勇力 大唐之韵图 镜心	44.2cm×47.4cm	598,000	北京荣宝	2021-12-02
唐勇力 观世音菩萨像 镜心	52.5cm×32cm	483,000	北京荣宝	2021-06-19
唐勇力 2003年作 桐荫论画 镜心	70cm×138cm	402,500	北京荣宝	2021-12-02
唐勇力 2012年作 春日踏青图 镜心	65cm×34.7cm	287,500	北京荣宝	2021-06-19
唐勇力 仕女 镜心	179cm×96cm	149,500	北京保利	2021-12-04
唐云 松龄鹤寿 镜片	178cm×94.5cm	897,000	上海嘉禾	2021-07-22
唐云 韶山 延安 镜心	54cm×96cm×2	1,322,500	中贸圣佳	2021-05-21
唐云 1974年作 苍翠凌云 立轴	179cm×95cm	690,000	北京保利	2021-06-05
唐云 1939年作 红梅大吉 立轴	135cm×66cm	621,000	上海嘉禾	2021-07-22
唐云 刘海戏金蟾 立轴	74.5cm×39.5cm	563,500	上海嘉禾	2021-07-22
唐云 雄鹰傲梅 镜心	68cm×139cm	460,000	北京荣宝	2021-06-19
唐云 1944年作 天降百祥 立轴	103cm×45cm	402,500	上海嘉禾	2021-11-14
唐云 1977年作 山花烂漫 镜心	100cm×59cm	345,000	北京保利	2021-12-04
唐云 1960年作 荷塘艳色 立轴	133cm×53cm	345,000	中国嘉德	2021-09-26
唐云 1951年作 酒坛螃蟹 立轴	94cm×38cm	345,000	中国嘉德	2021-05-19
唐云 1948年作 阳羡风光 立轴	118cm×60cm	333,500	上海匡时	2021-07-08
唐云 沈尹默 荷塘清趣·行书杜牧诗 成扇	18.8cm×48.5cm	287,500	中贸圣佳	2021-07-06
唐云1975年作养鸡场一角立轴	67.6cm×74cm	271,253	香港苏富比	2021-10-11
唐云 1958年作 棉花秋趣 立轴	102cm×50cm	253,000	上海嘉禾	2021-07-22
唐云 达摩图 立轴	148cm×39cm	253,000	上海嘉禾	2021-07-22
唐云 1991年作 合家欢 镜心	68cm×137.5cm	253,000	中国嘉德	2021-05-21
唐云 1945年作 清溪渔隐 镜片	42cm×112cm	230,000	广东崇正	2021-07-19
唐云 1978年作 海棠飞雀 镜片	58.5cm×96.5cm	230,000	上海嘉禾	2021-07-22
唐云 1985年作 芭蕉小鸟 立轴	177cm×95cm	218,500	北京荣宝	2021-12-02
唐云 1979年作 荷花蜻蜓 镜心	110cm×56cm	218,500	北京荣宝	2021-12-02
唐云 为李研吾作行书毛泽东词立轴	96cm×40.5cm	218,500	西泠印社	2021-01-16
唐云 张大壮 江寒汀 应野平 等十二家合作 1945年作 花鸟四屏（四帧）画心	138cm×34.5cm×4	207,000	西泠印社	2021-01-16
唐云 1950年作 松龄鹤寿 立轴	137cm×50cm	207,000	永乐拍卖	2021-05-21
唐云 松下问道 立轴	63.5cm×31cm	195,500	保利厦门	2021-11-05
唐云 竹荫双吉 镜心	119.5cm×58.5cm	184,000	中国嘉德	2021-05-21
唐云 沈从文 绿藻游鱼 行书书法 成扇	17.5cm×47cm	184,000	中贸圣佳	2021-07-06
唐云 游鱼 立轴	88cm×45cm	178,250	北京荣宝	2021-12-02
唐云 1947年作 桃花小鸟 立轴	105cm×36.5cm	172,500	朵云轩	2021-07-07

(成交价RMB：10万元以上)

拍品名称	物品尺寸	成交价RMB	拍卖公司	拍卖日期
唐云 秋意盎然 立轴	81cm×36cm	172,500	朵云轩	2021-07-07
唐云 荷塘游鱼 镜片	76cm×153.5cm	172,500	朵云轩	2021-07-07
唐云 1981年作 翎毛花卉草虫山水册页(十二开)	26.5cm×22cm×12	172,500	上海嘉禾	2021-07-22
唐云 1979年作 松鹰图 立轴	112cm×55cm	172,500	十竹斋拍卖(北京)	2021-05-29
唐云 竹石雄鹰图 立轴	88cm×47cm	161,000	南京经典	2021-01-10
唐云 一片天机 立轴	88cm×48cm	161,000	上海匡时	2021-07-08
唐云 1955年作 逸趣四种 镜片(四幅)	31.5cm×15.5cm×4	149,500	朵云轩	2021-07-08
唐云 1975年作 大吉 镜片	98cm×44cm	149,500	上海嘉禾	2021-07-22
唐云 红梅 立轴	134cm×66cm	143,750	朵云轩	2021-09-18
唐云 孔小瑜 旭日长青 镜心	123cm×72cm	138,000	北京保利	2021-06-05
唐云 松鹰图 镜心	66cm×39cm	138,000	北京保利	2021-06-06
唐云 红梅 立轴	95cm×58cm	138,000	北京保利	2021-12-03
唐云 1941年作 泛棹赏春 立轴	85.5cm×36cm	138,000	北京诚轩	2021-12-03
唐云 1944年作 红蓼八哥 立轴	108cm×42cm	138,000	北京翰海	2021-06-04
唐云 张炎夫 1948年作 参禅图 立轴	171cm×93cm	138,000	广东崇正	2021-01-06
唐云 1981年作 花鸟 立轴	95cm×46.5cm	138,000	广东崇正	2021-07-18
唐云 1978年作 山水花鸟蔬果册页(十八开)	24.5cm×14.5cm×18	138,000	上海嘉禾	2021-07-22
唐云 松鹰图 镜片	67cm×122cm	138,000	上海嘉禾	2021-11-14
唐云 鱼鹰图 镜心	96cm×44.5cm	138,000	中国嘉德	2021-12-10
唐云 1983年作 秋江泛棹 手卷	引首 14cm×79cm；画心 14cm×183cm；题跋 14cm×103cm	138,000	中鸿信	2021-07-14
唐云 1944年作 山涧垂钓 立轴	101.5cm×32.5cm	172,500	朵云轩	2021-12-30
唐云 玉兰雏鸡 镜片	60cm×96cm	161,000	朵云轩	2021-12-30
陶海心 2020年作 风调雨顺 镜心	135cm×33cm×4	230,000	北京保利	2021-05-17
陶冷月 松月扁舟 立轴	100.5cm×47.5cm	908,500	中贸圣佳	2021-07-06
陶冷月 沈卫 1942年作 竹荫对月·行书书法 成扇	50cm×18.5cm	920,000	中贸圣佳	2021-07-06
陶冷月 1944年作 岁寒劲节 立轴	142cm×71.1cm	855,490	香港苏富比	2021-10-11
陶冷月 青岸方池 镜心	122.5cm×59cm	747,500	中贸圣佳	2021-07-06
陶冷月 1934年作 深夜对月 立轴	84cm×33cm	701,500	中贸圣佳	2021-07-06
陶冷月 翠岫飞瀑 立轴	101cm×33cm	575,000	朵云轩	2021-07-07
陶冷月 1943年作 为胡铁生作《山雨欲来图》镜片	81.5cm×36.5cm	575,000	西泠印社	2021-07-24
陶冷月 梅花谱 六十开册	27cm×18.8cm×60	521,640	香港苏富比	2021-10-11
陶冷月 1935年作 月照蒹葭 镜框	105.5cm×33.5cm	513,125	佳士得	2021-11-30
陶冷月 龙山第一峰 立轴	123cm×60cm	437,000	北京翰海	2021-06-05
陶冷月 1944年作 黄鹂鸟 立轴	103cm×31cm	437,000	中贸圣佳	2021-07-06
陶冷月 赵叔孺 桃源归鹤·行书书法 成扇	19cm×49cm	402,500	中贸圣佳	2021-07-06
陶冷月 月景山水 立轴	96.5cm×44cm	391,000	朵云轩	2021-07-07
陶冷月 1936年作 源泉无尽 镜心	66cm×25cm	379,500	中贸圣佳	2021-07-06
陶冷月 1946年作 花卉四屏 立轴	68cm×34cm×4	345,000	北京保利	2021-12-03
陶冷月 1944年作 松月高节 镜心原框	45cm×30.5cm	345,000	中贸圣佳	2021-07-06
陶冷月 悬泉翠岩 镜心	90cm×27.5cm	345,000	中贸圣佳	2021-07-06
陶冷月 绯梅 立轴	64cm×30cm	299,000	中贸圣佳	2021-07-06
陶冷月 1982年作 巫山夜月 镜心	66cm×41cm	299,000	中贸圣佳	2021-07-06
陶冷月 飞瀑图 立轴	83cm×34cm	287,500	北京荣宝	2021-12-02
陶冷月 1948年作 寿梅 镜心	97.5cm×50.5cm	287,500	中国嘉德	2021-05-21
陶冷月 风急天高 立轴	129cm×32.5cm	276,000	中贸圣佳	2021-07-06
陶冷月 1972年作 云岭幽壑 镜心	49cm×88cm	264,500	中贸圣佳	2021-07-06
陶冷月 钱君匋 1972年作 洞庭秋月草书书法 成扇	49cm×18cm	253,000	中贸圣佳	2021-07-06
陶冷月 松梅图 立轴	102cm×29.5cm	230,000	朵云轩	2021-07-08
陶冷月 1973年作 东篱秋霞 立轴	49cm×73cm	230,000	中贸圣佳	2021-07-06
陶冷月 山居观瀑图 立轴	85.5cm×27.5cm	172,500	西泠印社	2021-01-16
陶冷月 1948年作 花团锦簇图 立轴	104cm×25.5cm	172,500	西泠印社	2021-07-25
陶冷月 1946年作 百事如意 镜心	24cm×45cm	172,500	中贸圣佳	2021-07-06
陶冷月 1936年作 松壑飞瀑 立轴	82cm×33cm	172,500	中贸圣佳	2021-07-06
陶冷月 牛渚千寻悬组练 镜心	87.5cm×34cm	166,750	中贸圣佳	2021-07-06
陶冷月 海防阵地 镜片	30cm×45.4cm	149,500	上海匡时	2021-07-08
陶冷月 1970年作 报春 成扇	19cm×53cm	149,500	中贸圣佳	2021-07-06
陶冷月 书法毛主席诗词三十七首五十三页善本一册	24cm×14cm	138,000	中贸圣佳	2021-07-06
陶冷月 1940年作 皎月松风图 立轴	59cm×28cm	368,000	上海明轩	2021-12-30
陶冷月 1949年作 花团锦簇 立轴	104.5cm×25.5cm	230,000	上海明轩	2021-12-30
陶瑢 洹上停云图 手卷	引首 10.5cm×63cm；画心 10.5cm×27.5cm；题跋 10.5cm×37cm	233,680	香港苏富比	2021-04-21
陶一清 1964年作 六亿神州尽舜尧 立轴	113.5cm×154cm	517,500	上海嘉禾	2021-07-22
田伯平 2021年作 金刚般若波罗蜜经	34cm×3600cm	1,150,000	荣宝斋(南京)	2021-05-26
田伯平 2021年作 爱莲说	70cm×240cm	1,127,000	荣宝斋(南京)	2021-05-26
田伯平 2020年作 诸葛亮《诫子书》	68cm×250cm	1,127,000	荣宝斋(南京)	2021-05-26
田伯平 2014年作 欧阳修《丰乐亭记》	48cm×240cm×2	1,127,000	荣宝斋(南京)	2021-05-26
田伯平 2021年作 苏轼《放鹤亭记》	240cm×53cm×2	1,127,000	荣宝斋(南京)	2021-05-26
田伯平 2021年作 岳阳楼记	48cm×180cm×4	1,127,000	荣宝斋(南京)	2021-05-26
田伯平 2021年作 桃花源记	180cm×48cm×4	1,127,000	荣宝斋(南京)	2021-05-26
田伯平 2021年作《后赤壁赋》苏轼	180cm×48cm×4	1,127,000	荣宝斋(南京)	2021-05-26
田伯平 2014年作 欧阳修《秋声赋》	136cm×34cm×4	1,104,000	荣宝斋(南京)	2021-05-26
田伯平 2021年作 大风	97cm×180cm	1,104,000	荣宝斋(南京)	2021-05-26
田伯平 2021年作《滕王阁序》王勃	48cm×180cm×6	1,104,000	荣宝斋(南京)	2021-05-26
田伯平 2021年作《兰亭序》楷书	70cm×240cm	1,092,500	荣宝斋(南京)	2021-05-26
田伯平 2020年作 沁园春雪	68cm×250cm	1,081,000	荣宝斋(南京)	2021-05-26
田伯平 2021年作 兰亭序	48cm×180cm	1,081,000	荣宝斋(南京)	2021-05-26
田伯平 2014年作 苏轼《六国论》	136cm×34cm×4	1,058,000	荣宝斋(南京)	2021-05-26
田伯平 2021年作 沁园春雪	70cm×240cm	1,058,000	荣宝斋(南京)	2021-05-26
田伯平 2020年作 李白《将进酒》	68cm×250cm	1,035,000	荣宝斋(南京)	2021-05-26
田伯平 2021年作 博爱	98cm×180cm	1,012,000	荣宝斋(南京)	2021-05-26
田伯平 2020年作 般若波罗蜜多心经	68cm×250cm	1,012,000	荣宝斋(南京)	2021-05-26
田伯平 2021年作 惠和	97cm×180cm	1,000,500	荣宝斋(南京)	2021-05-26
田黎明 阳光少女四屏 镜框	69cm×47cm×4	1,322,500	北京荣宝	2021-12-02
田黎明 清风 立轴	137cm×69.5cm	667,000	北京荣宝	2021-06-19
田黎明 山里生活 镜心	69cm×140cm	759,000	北京荣宝	2021-12-02
田黎明 清风颂 镜心	93cm×69cm	552,000	北京荣宝	2021-12-02
田黎明 游泳系列 镜心	35cm×46cm×4	483,000	北京荣宝	2021-06-19
田黎明 清泉图 镜心	139cm×69cm	483,000	北京荣宝	2021-06-19
田黎明 东风又上小河来 镜框	68cm×83.5cm	460,000	北京荣宝	2021-06-19
田黎明 游泳系列 镜心	35cm×46cm×4	437,000	北京荣宝	2021-06-19
田黎明 阳光少女 镜心	35cm×138cm	414,000	中国嘉德	2021-05-21
田黎明 东风颂 镜框	142.5cm×34cm	345,000	北京荣宝	2021-06-19
田黎明 乡村五月	69.5cm×48cm	345,000	荣宝斋(南京)	2021-05-26

2021书画拍卖成交汇总(续表)

(成交价RMB：10万元以上)

拍品名称	物品尺寸	成交价RMB	拍卖公司	拍卖日期
田黎明 都市绿衣少女 镜心	68.5cm×49cm	310,500	北京荣宝	2021-06-19
田黎明 村姑 镜心	69cm×68cm	287,500	北京荣宝	2021-06-19
田黎明 五月的远山 镜心	69cm×69cm	230,000	北京保利	2021-12-04
田黎明 和风 镜心	70cm×70cm	230,000	北京荣宝	2021-06-19
田黎明 三月 镜心	67cm×48cm	230,000	北京荣宝	2021-12-02
田黎明 阳光少女 镜心	68cm×69.5cm	184,000	中国嘉德	2021-05-21
田黎明 1995年作 空气 镜心	69cm×58cm	184,000	中国嘉德	2021-05-21
田黎明 村姑 镜心	69cm×34.5cm	172,500	北京荣宝	2021-06-19
田黎明 清风徐来 镜心	48.5cm×70cm	172,500	中国嘉德	2021-05-21
田黎明 童趣 镜心	45cm×46cm	147,550	北京保利	2021-08-09
田黎明 高士图 镜心	35cm×140cm	138,000	中国嘉德	2021-12-13
田世光 黄鹂闹喜 镜片	132cm×104cm	1,092,500	华艺国际	2021-06-04
田世光 荷塘清趣 立轴	142cm×53cm	920,000	华艺国际	2021-06-04
田世光 红叶八哥 镜心	136cm×69cm	839,500	北京保利	2021-06-05
田世光 1981年作 长寿图 立轴	128cm×66cm	805,000	北京荣宝	2021-06-19
田世光 四时花鸟 立轴	137.5cm×34cm×4	805,000	华艺国际	2021-06-04
田世光 花鸟四屏 镜片	98.5cm×47cm×4	805,000	华艺国际	2021-06-04
田世光1982年作丹叶玄猿镜框	135.6cm×67cm	690,417	香港苏富比	2021-04-21
田世光 繁华喜庆 镜片	98.5cm×123cm	690,000	华艺国际	2021-06-04
田世光 1991年作 猿戏图 镜心	32.5cm×133cm	632,500	中鸿信	2021-07-14
田世光 仙猿图 镜心	136cm×67cm	575,000	北京保利	2021-12-04
田世光 四时花鸟 册页（十开）	38cm×46cm×10	575,000	华艺国际	2021-06-04
田世光 1993年作 红叶小鸟 立轴	135cm×68cm	575,000	中国嘉德	2021-12-10
田世光 红叶仙猿 镜心	137cm×69cm	460,000	北京保利	2021-12-03
田世光 花鸟四屏 立轴	128cm×32cm×4	448,500	保利厦门	2021-11-05
田世光 翠竹双寿 立轴	132cm×65cm	437,000	北京保利	2021-12-03
田世光 竹林双喜 镜片	133cm×67cm	402,500	华艺国际	2021-06-04
田世光 竹林群燕 镜片	126.5cm×62cm	402,500	华艺国际	2021-06-04
田世光 仙寿双喜 镜片	134cm×64cm	402,500	华艺国际	2021-06-04
田世光 大吉图 镜心	64cm×65cm	402,500	中国嘉德	2021-05-19
田世光 鼠戏图 镜框	98.5cm×47cm	362,250	佳士得	2021-05-27
田世光 红叶白猿图 立轴	104cm×33cm	333,500	北京保利	2021-06-05
田世光 杜鹃黄鹂 镜心	96cm×60cm	322,000	北京保利	2021-12-03
田世光 玉兰鹦鹉 立轴	94.5cm×39cm	322,000	北京诚轩	2021-12-03
田世光 花鸟 立轴	89cm×58cm	322,000	永乐拍卖	2021-05-21
田世光 仙猿图 立轴	136.5cm×68cm	287,500	华艺国际	2021-12-11
田世光 1980年作 梅雀图 镜心	76cm×53cm	264,500	北京保利	2021-06-05
田世光 柳荫白鹭 镜心	68cm×68cm	264,500	北京保利	2021-12-03
田世光 山茶一树摇春风 立轴	100cm×32cm	253,000	中国嘉德	2021-09-26
田世光 绶带捕蝶 立轴	99cm×34.5cm	241,500	北京荣宝	2021-06-19
田世光1941年作雪竹寒禽镜框	108.5cm×46.2cm	233,680	香港苏富比	2021-04-21
田世光 竹林伯劳 镜心	130.4cm×65.5cm	230,000	北京诚轩	2021-12-03
田世光 红叶双栖 镜心	67cm×67cm	218,500	北京保利	2021-12-04
田世光 木棉腊嘴 镜心	66cm×66cm	218,500	中国嘉德	2021-03-27
田世光 柳荫深处有莺啼 镜心	82.5cm×50cm	218,500	中国嘉德	2021-12-10
田世光 猫趣图 镜心	93cm×38cm	212,750	中贸圣佳	2021-05-21
田世光 玉兰鹦鹉 镜片	67.5cm×68cm	207,000	华艺国际	2021-06-04
田世光 堂上白头 镜片	68cm×69cm	207,000	华艺国际	2021-06-04
田世光 桃花双雀 镜片	96.5cm×45cm	207,000	华艺国际	2021-06-04
田世光 秋韵 镜心	68cm×46cm	207,000	中国嘉德	2021-03-27
田世光 池塘野趣 镜心	68.5cm×33cm	184,000	中国嘉德	2021-05-20
田世光 远瞩图 镜心	66cm×66.5cm	184,000	中国嘉德	2021-05-21
田世光 双寿图 镜心	69cm×138cm	172,500	北京荣宝	2021-12-02
田世光 梅雀争春图 立轴	78.5cm×55cm	172,500	中国嘉德	2021-05-19
田世光张伯英荔枝禽鸟·行书书法镜心	18.5cm×52cm×2	166,750	中贸圣佳	2021-07-06
田世光 紫藤黄鹂 立轴	80cm×47cm	161,000	北京保利	2021-06-06
田世光 清趣 镜片	43cm×50cm	149,500	广东崇正	2021-07-19
田世光 瓜花麻雀 镜片	66cm×35cm	149,500	华艺国际	2021-06-04
田世光 柳荫翠鸟 镜片	68.5cm×45.5cm	149,500	华艺国际	2021-06-04
田世光 牡丹 镜心	67cm×41.5cm	138,000	北京保利	2021-06-06
田世光 荷塘双禽 立轴	131cm×33cm	138,000	北京保利	2021-12-04
田世光 竹喜图 立轴	100cm×60.5cm	138,000	北京荣宝	2021-12-02
田世光 竹木双雀 镜框	66cm×28cm	138,000	华艺国际	2021-03-31
田世光 猿嬉图 镜片	99cm×63cm	138,000	华艺国际	2021-06-04
田世光 春光好 镜心	直径40.5cm	172,500	北京诚轩	2021-05-18
田志刚 溪局	68cm×45cm	490,000	保利厦门	2021-08-24
童和平 1998年作 山水 镜心	174cm×96cm	368,000	中国嘉德	2021-05-21
童和平 2014年作 山居瑞雪 镜心	70cm×138cm	287,500	北京保利	2021-06-06
童和平 风雨如晦 镜心	133cm×67cm	184,000	中国嘉德	2021-03-28
童中焘 星湖春霁 镜片	69cm×138cm	1,725,000	上海匡时	2021-07-08
童中焘 1996年作 园林清荫 镜心	71.5cm×67cm	575,000	中国嘉德	2021-12-13
童中焘 九溪春声 镜心	69.5cm×38cm	402,500	中国嘉德	2021-12-13
童中焘 1987年作 九华山色 镜心	95cm×86cm	345,000	中国嘉德	2021-05-21
童中焘 1990年作 空山新雨图 镜片	83cm×50.5cm	138,000	西泠印社	2021-04-10
汪登保2021年作毛泽东《沁园春·雪》镜心	97cm×180cm	489,900	保利厦门	2021-11-05
汪登保 2021年作 毛泽东《七律·登庐山》	136cm×68cm	195,500	荣宝斋（南京）	2021-05-26
汪国新 龙马精神	33cm×33cm	480,000	保利厦门	2021-08-24
汪精卫 1938年作 行书《钓台》七绝两首 成扇	18.5cm×45cm	424,872	香港苏富比	2021-04-21
汪溶 1950年作 花香鸟语四屏 镜心	102cm×30cm×4	218,500	北京荣宝	2021-12-02
汪溶 山水花鸟 册页（八开）	21cm×31cm×8	138,000	北京荣宝	2021-06-19
汪亚尘 山水花鸟 镜片（四帧）	47.5cm×32.8cm; 45cm×32cm; 46cm×34cm×2	207,000	广东崇正	2021-01-07
汪亚尘 1969年作 鱼跃于渊册 册页（十六开）	30cm×41.4cm×16	161,000	北京诚轩	2021-05-18
汪钟鸣 2021年作念奴娇·赤壁怀古 镜心	80cm×200cm	172,500	保利厦门	2021-05-06
王伯敏 2009年作 山水卧游册 镜心	34cm×34cm×22	368,000	北京保利	2021-06-05
王成喜 2006年作 红梅傲骨 镜心	123cm×247cm	517,500	北京银座	2021-09-24
王成喜 1987年作 笔底珠光 镜心	185cm×307cm	471,500	北京保利	2021-12-04
王成喜 1991年作 铁骨生香 镜心	124cm×244cm	437,000	北京荣宝	2021-06-19
王成喜 1994年作 凌风傲霜踏雪来 镜心	97cm×226.5cm	356,500	北京荣宝	2021-12-02
王纯祥 2017年作 依物恋旧	136cm×68cm	1,012,000	荣宝斋(南京)	2021-05-26
王纯祥 2017年作 盛世庭芳	81cm×242cm	989,000	荣宝斋(南京)	2021-05-26
王纯祥 2017年作 雨歇香炉红	136cm×68cm	862,500	荣宝斋(南京)	2021-05-26
王纯祥 2017年作 林园觅趣	136cm×68cm	575,000	荣宝斋(南京)	2021-05-26
王纯祥 2012年作 爱物如瓶·爱物及物	136cm×68cm	368,000	荣宝斋（南京）	2021-05-26
王聪 2017年作 祈福 镜心	138cm×68cm	276,000	北京荣宝	2021-06-19
王大为 观瀑图	30cm×60cm	480,000	保利厦门	2021-08-24
王冬龄 2016年作 乱书——黄庭坚《竹下倾春酒》镜框	153cm×84cm	225,775	佳士得	2021-11-30
王福庵 吴湖帆 程十发 等 1942年作 海上三十六家献寿 册页（三十六选八）	30cm×19cm×36	402,500	上海嘉禾	2021-07-23
王福厂 1942年作 篆书百寿 镜心	167cm×71.5cm	402,500	中国嘉德	2021-05-21

(成交价RMB：10万元以上)

拍品名称	物品尺寸	成交价RMB	拍卖公司	拍卖日期
王福厂 1931年作 篆书八言联 立轴	166cm×39cm×2	368,000	十竹斋拍卖(北京)	2021-05-29
王福厂 1946年作 词四首四屏(四帧)	145cm×39.1cm×4	287,500	北京诚轩	2021-05-18
王福厂 1944年作 篆书十一言联 立轴	129.8cm×21.1cm×2	254,923	香港苏富比	2021-04-21
王福厂 1931年作 篆书“如南山之寿”镜心	106cm×52cm	184,000	中国嘉德	2021-05-20
王福厂 1945年作 隶书书稿 镜心	尺寸不一	161,000	北京荣宝	2021-06-19
王福厂 1948年作 篆书八言联 立轴	128cm×21cm×2	149,500	中国嘉德	2021-05-20
王国维 1924年作行书柯凤荪诗手卷	书法 31cm×64.5cm; 31.5cm×129.5cm; 31.5cm×150cm	9,200,000	中国嘉德	2021-12-10
王国维 1912年作 书名篇《此君轩记》手卷	35.5cm×119cm	5,865,000	西泠印社	2021-01-16
王国维 蔡元培 黄宾虹 章太炎 罗振玉等 曹溪南华寺北宋木刻造像书画册 册页(二十九开、五十二帧)	18.2cm×14.9cm; 13.1cm×11.8cm	3,565,000	北京诚轩	2021-05-18
王国维 庆宽 1920年作 秋树读书图・楷书自作诗 成扇	20cm×52cm	845,529	中国嘉德	2021-04-22
王海鲲 2021年作 富春山居图 镜心	69.5cm×137.5cm	184,000	北京荣宝	2021-06-19
王海鲲 2020年作 梦里家山 镜心	98cm×72cm	172,500	北京保利	2021-06-06
王憨山 1996年作 一年长占四时春 立轴	46cm×34cm	184,000	北京保利	2021-05-17
王憨山 五德图	68cm×68cm	154,000	湖南国拍	2021-01-10
王怀庆 2013年作 无题	107cm×76.2cm	271,253	香港苏富比	2021-10-10
王会昌 峡江烟云图 镜片	180cm×98cm	589,950	北京中贝	2021-12-08
王会昌 云岭秋韵图 镜片	180cm×98cm	560,050	北京中贝	2021-12-08
王会昌 云峰观瀑 镜片	136cm×68cm	326,600	北京中贝	2021-12-08
王会昌 溪江秋韵 镜片	136cm×68cm	294,400	北京中贝	2021-12-08
王己千 1990年作 江干人家 镜心	96cm×64cm	207,000	中国嘉德	2021-05-19
王己千 1985年作 层峦叠嶂 镜框	68.7cm×45.3cm	174,463	佳士得	2021-11-30
王济远 1961—1962年作 墨荷图(一组八件)	56cm×120cm×8	3,392,500	华艺国际	2021-03-31
王济远 1948年作 鸳鸯落花	66cm×30cm	149,500	华艺国际	2021-12-10
王家春 2021年作 会说是能力，会听是智慧 镜心	68cm×136cm	138,000	北京翰海	2021-12-17
王劼音 2008年作 山水笔记	275cm×142cm	253,000	朵云轩	2021-07-07
王金玉 皖南山韵图 镜片	40cm×60cm	2,081,500	北京中贝	2021-12-08
王金玉 天地真魂 镜片	136cm×68cm	1,472,000	北京中贝	2021-12-08
王开选 幽然 镜片	68cm×137cm	1,150,000	荣宝斋(南京)	2021-04-27
王开选 青山飞瀑图 镜片	144cm×367cm	17,480,000	北京中贝	2021-12-08
王开选 牧趣 镜心	43cm×38cm	172,500	北京保利	2021-05-17
王闿运 楷书七言联 立轴	128cm×32cm×2	195,500	北京翰海	2021-06-04
王力 瓶花 镜心	69cm×69cm	149,500	中国嘉德	2021-03-28
王连笙 佳境幽居	140cm×70cm	609,500	荣宝斋(南京)	2021-05-26
王良民 罗汉图 镜片	190cm×40cm	1,035,000	北京中贝	2021-12-08
王茂飞 仙侣图 镜片	145cm×354.5cm	437,000	华艺国际	2021-06-04
王明明2019年作 幽园四季四屏 镜心	105.5cm×42cm×4	2,760,000	中国嘉德	2021-05-21
王明明 2004年作 四季佳景 四条屏 镜心	178cm×47.5cm×4	2,472,500	北京荣宝	2021-06-19
王明明 花鸟人物册页	40cm×60cm×12	862,500	永乐拍卖	2021-09-27
王明明1992年作十八罗汉说法图镜心	142cm×363cm	814,752	中国嘉德	2021-10-13
王明明1998年作人物册页(十开)	34cm×34cm×10	713,000	北京保利	2021-12-04
王明明 1990年作 雨林幽馨 手卷	引首 52cm×127cm; 画心 52cm×228cm	575,000	北京荣宝	2021-12-02
王明明 1986年作 人物册页 册页	40cm×60cm×11	575,000	永乐拍卖	2021-12-01
王明明 2003年作 酒醉春酣图 横披	68.5cm×137.5cm	575,000	中国嘉德	2021-05-21
王明明 高原晨曦 镜心	68cm×137.5cm	437,000	北京保利	2021-12-04
王明明 2000年作 天涯芳草绿 镜心	67cm×68cm	310,500	北京荣宝	2021-12-02
王明明 2011年作 春山兴会图 镜心	51cm×135cm	287,500	北京荣宝	2021-12-02
王明明 1990年作 山水人物 册页	34cm×34.5cm×12	276,000	北京保利	2021-06-06
王明明2002年作东坡承天夜游图镜心	68cm×136cm	276,000	北京荣宝	2021-06-19
王明明 1994年作 白居易诗意 镜心	68cm×136cm	184,000	北京荣宝	2021-12-02
王明明 1984年作 赏莲图 立轴	96.5cm×60cm	172,500	北京荣宝	2021-06-19
王明明 1986年作 观音送子图 立轴	67cm×65cm	172,500	北京荣宝	2021-06-19
王明明 读书图 镜心(四帧)	45cm×34cm×4	172,500	北京荣宝	2021-12-02
王明明 赏花图 镜心(四帧)	45cm×34cm×4	172,500	北京荣宝	2021-12-02
王明明 春夏秋冬 镜心(四帧)	45cm×34cm×4	172,500	北京荣宝	2021-12-02
王明明1979年作少女图镜心(四帧)	34cm×45cm×4	172,500	北京荣宝	2021-12-02
王明明 1978年作 人物四屏 镜心	44cm×34cm×4	172,500	华艺国际	2021-12-11
王明明1989年作东坡先生闲居图立轴	67cm×66cm	155,250	北京荣宝	2021-06-19
王明明 1996年作 酒酣春归图 镜心	68cm×68cm	149,500	北京保利	2021-06-06
王明明 2003年作 松下问童子 镜心	68cm×68cm	138,000	北京翰海	2021-12-17
王明明吴在炎等1985年作咏竹图立轴	135cm×69.5cm	138,000	北京荣宝	2021-06-19
王庆雯 松鼠葡萄 镜心	135cm×34cm	161,000	中国嘉德	2021-03-29
王蘧常 草书五言联 立轴	177.5cm×46.5cm×2	575,000	中国嘉德	2021-12-10
王蘧常 草书毛主席词 手卷	20.5cm×111.5cm	402,500	中国嘉德	2021-05-19
王蘧常 为胡铁生作 草书杜子美《壮游诗》镜片	135.5cm×25.5cm	402,500	西泠印社	2021-07-24
王蘧常为钱孝衞作草书五言联对联	86.5cm×21.5cm×2	230,000	西泠印社	2021-07-24
王蘧常 草书八言对联框	103cm×18.5cm×2	201,250	朵云轩	2021-07-07
王蘧常 章草“濒湖轩”镜心	50cm×90cm	195,500	北京荣宝	2021-12-02
王蘧常 草书四言联 软片	104.5cm×23cm×2	189,750	上海嘉禾	2021-11-14
王蘧常 为钱孝衞作 草书古人论书诗 立轴	67cm×41cm	172,500	西泠印社	2021-07-24
王蘧常 章草 镜片	68cm×25cm	161,000	广东崇正	2021-07-19
王蘧常 草书七言对联片	136cm×33cm×2	368,000	朵云轩	2021-12-30
王仁华 2021年作 古韵四屏 镜心	68cm×34cm×4	138,000	中国嘉德	2021-05-21
王瑞星 2021年作 富贵长春 镜心	248cm×129cm	524,400	保利厦门	2021-11-05
王申勇(生�) 2018年 天之骄子	210cm×135cm	11,270,000	荣宝斋(南京)	2021-05-26
王申勇(生勐) 2018年 乾坤瑞气	210cm×140cm	8,970,000	荣宝斋(南京)	2021-05-26
王申勇(生勐) 2016年 清溪晨牧	108cm×164.3cm	7,475,000	荣宝斋(南京)	2021-05-26
王申勇(生勐) 2019年 三阳开泰	180cm×85cm	5,750,000	荣宝斋(南京)	2021-05-26
王申勇(生勐) 2019年 天马歌	180cm×85cm	4,025,000	荣宝斋(南京)	2021-05-26
王申勇(生勐) 2020年 竞技图	142cm×43cm	2,530,000	荣宝斋(南京)	2021-05-26
王申勇(生勐) 2017年 守候	86.8cm×70.6cm	1,725,000	荣宝斋(南京)	2021-05-26
王申勇(生勐) 2017年 一览众山小	100cm×44cm	1,035,000	荣宝斋(南京)	2021-05-26
王申勇(生勐) 2015年 闲	87cm×51cm	977,500	荣宝斋(南京)	2021-05-26
王申勇(生勐) 2015年 考拉	100cm×44cm	920,000	荣宝斋(南京)	2021-05-26
王盛烈 天都云影 镜框 纸本	68cm×138cm	345,000	辽宁省拍	2021-07-04
王盛烈 山清水秀波平 镜片 纸本	69cm×69cm	253,000	辽宁省拍	2021-07-04
王世利 2020年作 黄河 镜心	92cm×174cm	1,035,000	北京翰海	2021-10-16

2021书画拍卖成交汇总（续表）

（成交价RMB：10万元以上）

拍品名称	物品尺寸	成交价RMB	拍卖公司	拍卖日期
王世襄 行书"一榻间"镜心	33cm×114.5cm	667,000	中国嘉德	2021-05-19
王世襄2001年作行书"华宝阁"立轴	83cm×42cm	345,000	中国嘉德	2021-05-19
王世襄 行书书法	40cm×25cm	322,000	华艺国际	2021-06-05
王世襄 行书书法	42cm×89.5cm	212,750	华艺国际	2021-03-31
王世襄 1984年作 中国木刻画之历史和印刷过程 册页	尺寸不一	195,500	北京荣宝	2021-12-02
王世襄 行书自作诗 镜心	68.5cm×33.5cm	184,000	中贸圣佳	2021-07-06
王世襄 2008年作 楷书"宝簠居"镜框	69.5cm×38cm	207,000	上海明轩	2021-12-30
王叔晖 1937年作 仕女 四条屏 立轴	69cm×34cm×4	460,000	中国嘉德	2021-09-26
王叔晖 刘凌沧 晏少翔 吴显曾 美人图 四屏	78.5cm×29cm×4	212,750	广东小雅斋	2021-07-20
王叔晖 1928年作 竹园箜篌 立轴	75.2cm×40.2cm	149,500	北京诚轩	2021-05-18
王颂余 1944年作 静娱楼图 手卷	引首 25cm×77.5cm； 本幅 25cm×79cm； 后纸 25.5cm×160cm	299,000	中国嘉德	2021-05-19
王禔 篆书十二言联 立轴	127.5cm×18.5cm×2	161,000	北京翰海	2021-06-04
王维宝 2018年作 山谷秋韵 镜心	74cm×178cm	275,856	保利香港	2021-11-28
王无邪 1976年作 空山 镜框	91.6cm×92.2cm	229,522	香港苏富比	2021-10-11
王西京 小站 镜片	144cm×225cm	2,817,500	上海匡时	2021-07-08
王献民2020年作鼎盛中华，富贵吉祥	178cm×96cm	322,000	荣宝斋（南京）	2021-05-26
王献民 2021年作 富贵花开春常在 镜心	69cm×178cm	259,900	保利厦门	2021-11-05
王小古 1979年作 玫瑰飘香 立轴	124cm×56cm	161,000	中国嘉德	2021-09-26
王晓鹏 都市少女 镜片	138cm×68cm	276,000	荣宝斋（南京）	2021-04-27
王晓鹏 裸女 镜片	52cm×100cm	184,000	荣宝斋（南京）	2021-04-27
王雪涛 1979年作 争艳 镜心	82cm×150cm	6,785,000	北京保利	2021-06-05
王雪涛 1941年作 家园 镜心	117cm×203.5cm	5,750,000	北京银座	2021-09-24
王雪涛 1948年作 花卉草虫卷手卷	42cm×730cm	4,025,000	中国嘉德	2021-12-10
王雪涛 富贵牡丹 立轴	134cm×68.5cm	2,415,000	北京保利	2021-12-03
王雪涛 花卉草虫四屏 镜心	99cm×34cm×4	3,105,000	北京保利	2021-12-03
王雪涛 松龄鹤寿 立轴	136cm×68cm	1,702,000	北京荣宝	2021-06-19
王雪涛 繁花意趣 立轴	102cm×33cm×4	1,207,500	北京荣宝	2021-06-19
王雪涛 玉兰花下 立轴	85cm×53cm	1,035,000	北京荣宝	2021-06-19
王雪涛 1961年作 上林春色 立轴	176cm×95cm	2,702,500	上海嘉禾	2021-07-23
王雪涛 牡丹富贵 镜心	99.5cm×55cm	1,725,000	北京翰海	2021-06-05
王雪涛 1994年作 九安图 立轴	168cm×55cm	1,725,000	中国嘉德	2021-05-19
王雪涛花鸟十二屏镜心（十二帧）	21.3cm×6.5cm×12	1,610,000	中国嘉德	2021-05-19
王雪涛 1963年作 蝴蝶牡丹 立轴	94cm×54cm	1,518,000	北京荣宝	2021-12-02
王雪涛 十二月令花卉册页（十二开）	34.5cm×24cm×12	1,265,000	中国嘉德	2021-12-10
王雪涛 1942年作 花鸟 立轴	67cm×135cm	1,150,000	北京保利	2021-12-03
王雪涛 1976年作 春意盎然 立轴	99.5cm×56.5cm	1,150,000	北京银座	2021-09-24
王雪涛 松鹤图 立轴	95cm×45.5cm	920,000	北京荣宝	2021-06-19
王雪涛 1963年作 荷塘蜻蜓 立轴	138cm×67cm	920,000	北京荣宝	2021-06-19
王雪涛 1946年作 九秋同庆 镜心	135cm×68cm	920,000	十竹斋拍卖（北京）	2021-05-29
王雪涛 红梅傲雪 立轴	80.5cm×49.5cm	805,000	北京荣宝	2021-12-02
王雪涛 1962年作 鸭戏图 镜心	70cm×103cm	713,000	北京保利	2021-12-04
王雪涛 1936年作 四时花卉卷	32.5cm×710.5cm	667,000	十竹斋拍卖（北京）	2021-05-29
王雪涛 月季公鸡 镜心	114cm×61cm	632,500	北京保利	2021-12-03
王雪涛 黄鹂牡丹 镜心	99cm×33.5cm	632,500	北京翰海	2021-06-05

拍品名称	物品尺寸	成交价RMB	拍卖公司	拍卖日期
王雪涛 罗复堪 1979年作 梅花四喜 立轴	90cm×55cm	632,500	北京荣宝	2021-06-19
王雪涛 1941年作 荷塘清趣 立轴	98cm×32cm	575,000	北京翰海	2021-12-17
王雪涛 荷花鸳鸯 镜心	76.5cm×45cm	575,000	北京荣宝	2021-06-19
王雪涛 雄鸡牵牛花 立轴	98cm×33cm	575,000	北京荣宝	2021-12-02
王雪涛 1979年作 花卉写生卷 手卷	27.5cm×311cm	575,000	华艺国际	2021-12-11
王雪涛 荷塘清趣 立轴	106.5cm×45.5cm	552,000	北京翰海	2021-12-17
王雪涛 1981年作 八哥 立轴	69cm×46cm	552,000	华艺国际	2021-12-11
王雪涛 红梅傲雪 立轴	83cm×42cm	494,500	北京诚轩	2021-05-18
王雪涛 1978年作 牡丹蝴蝶 横披	47cm×95cm	494,500	北京荣宝	2021-06-19
王雪涛 双喜 立轴	70cm×45cm	483,000	北京荣宝	2021-06-19
王雪涛 清趣 立轴	91.5cm×37cm	483,000	北京荣宝	2021-12-02
王雪涛 1936年作 五鼠登科 立轴	99cm×35.5cm	471,500	北京荣宝	2021-06-19
王雪涛 张伯英 松鼠 节录曹植《与吴季重书》成扇	23cm×65cm	471,500	华艺国际	2021-12-11
王雪涛 大吉图 立轴	67.5cm×45cm	460,000	北京保利	2021-06-06
王雪涛 大富贵亦寿考 镜心	132cm×64cm	460,000	北京保利	2021-12-03
王雪涛 双鸭 立轴	99cm×34.5cm	460,000	北京荣宝	2021-12-02
王雪涛 蕉石虫趣图 立轴	100cm×33cm	460,000	西泠印社	2021-01-16
王雪涛 1944年作 葡萄草虫 立轴	101.5cm×33cm	448,500	北京翰海	2021-12-17
王雪涛 牡丹双蝶 立轴	67.5cm×44cm	448,500	北京荣宝	2021-12-02
王雪涛 听此断断 立轴 纸本	78cm×36.5cm	437,000	辽宁省拍	2021-07-04
王雪涛 大吉图 立轴	68.5cm×45cm	437,000	中国嘉德	2021-12-10
王雪涛 花开富贵 镜心	62cm×44cm	425,500	北京荣宝	2021-06-19
王雪涛 国色天香 立轴	68cm×45cm	414,000	北京荣宝	2021-06-19
王雪涛 1979年作 牡丹双蝶 镜心	69cm×45cm	402,500	北京荣宝	2021-06-19
王雪涛 潘龄皋 1945年作 柿柿如意 立轴	94cm×36.5cm	402,500	北京荣宝	2021-06-19
王雪涛 双喜图 镜框	105cm×45cm	402,500	北京荣宝	2021-06-19
王雪涛 1954年作 双吉图 立轴	106cm×51cm	402,500	华艺国际	2021-06-04
王雪涛 柿柿如意 镜心	96cm×43cm	402,500	中国嘉德	2021-09-26
王雪涛 荷塘 镜心	69cm×46cm	402,500	中国嘉德	2021-05-20
王雪涛 红叶幽禽 镜心	107cm×39cm	402,500	中国嘉德	2021-05-21
王雪涛 耄耋图 立轴	114cm×40cm	402,500	中国嘉德	2021-05-21
王雪涛 1979年作 大吉图 立轴	97cm×45.5cm	402,500	中国嘉德	2021-12-11
王雪涛 1979年作 雄鸡 立轴	106cm×52.6cm	389,975	佳士得	2021-11-30
王雪涛 金玉满堂 立轴	69cm×44cm	368,000	北京保利	2021-12-04
王雪涛 大吉图 立轴	129.5cm×32cm	368,000	北京翰海	2021-06-04
王雪涛 牡丹双蝶 立轴	67cm×45cm	368,000	北京荣宝	2021-06-19
王雪涛 清供 立轴	116cm×40cm	368,000	北京荣宝	2021-06-19
王雪涛 1979年作 鹌鹑紫藤图 镜心	97cm×67cm	368,000	北京荣宝	2021-12-02
王雪涛为蔡放作《荷花蜻蜓图》立轴	76cm×47cm	368,000	西泠印社	2021-01-15
王雪涛 田园风味	46.5cm×99cm	368,000	中国嘉德	2021-05-20
王雪涛 国色天香 立轴	75.5cm×49.5cm	368,000	中国嘉德	2021-12-10
王雪涛 1941年作 松石八哥 立轴	168cm×33cm	356,500	北京荣宝	2021-06-19
王雪涛 1935年作 梧桐松鼠 立轴	122cm×34.5cm	345,000	北京翰海	2021-12-17
王雪涛 虫草花卉册 册页（14开）	30cm×40cm×14	345,000	北京荣宝	2021-12-02
王雪涛 菊寿 立轴	77cm×47cm	345,000	华艺国际	2021-12-11
王雪涛花虫集锦图册页镜心（四开）	33.5cm×24cm×4	345,000	上海匡时	2021-07-08
王雪涛 有余图 立轴	88cm×59.5cm	345,000	中国嘉德	2021-05-21
王雪涛 1943年作 秋菊草虫 镜心	106cm×46cm	345,000	中国嘉德	2021-05-21
王雪涛 1956年作 桃花八哥图 立轴	106cm×67cm	333,500	北京保利	2021-06-05
王雪涛 1941年作 冠上加冠 立轴	103cm×33cm	322,000	北京保利	2021-06-05
王雪涛 国色天香 立轴	69cm×44.5cm	322,000	北京保利	2021-09-25
王雪涛 桃花八哥 立轴	69cm×46.5cm	322,000	北京荣宝	2021-06-19

拍品名称	物品尺寸	成交价RMB	拍卖公司	拍卖日期
王雪涛 蔬果 册页	23cm×34cm×8	322,000	北京荣宝	2021-06-19
王雪涛 杏花双蝶 镜心	34cm×46cm	322,000	北京银座	2021-09-24
王雪涛 萱草蝴蝶·丝瓜草虫 立轴	135.5cm×34.5cm×2	322,000	中国嘉德	2021-05-21
王雪涛 花开富贵 立轴（二帧）	34cm×40.5cm×2	310,500	北京荣宝	2021-06-19
王雪涛 1938年作 龟寿图 镜心	67.5cm×33.5cm	299,000	北京翰海	2021-12-17
王雪涛 1961年作 东风浓艳 镜框	67cm×44.5cm	299,000	北京荣宝	2021-06-19
王雪涛 牡丹蝴蝶 镜心	66.5cm×33cm	299,000	北京荣宝	2021-06-19
王雪涛 牡丹蝴蝶 立轴	43cm×39.5cm	299,000	北京荣宝	2021-12-02
王雪涛 牡丹双蝶 镜心	68.5cm×43.5cm	299,000	北京银座	2021-09-24
王雪涛 大富贵 立轴	69cm×44.5cm	287,500	北京保利	2021-06-06
王雪涛 国色天香 立轴	75.5cm×49.5cm	287,500	北京诚轩	2021-05-18
王雪涛 1943年作 水面闻香 镜心	100cm×32cm	287,500	北京荣宝	2021-06-19
王雪涛 1978年作 松树八哥 立轴	63cm×44cm	287,500	北京荣宝	2021-06-19
王雪涛 1965年作 杜鹃花 镜心	70cm×35cm	287,500	北京荣宝	2021-12-02
王雪涛 1941年作 赏秋图 镜片	100cm×33.5cm	287,500	广东崇正	2021-01-07
王雪涛 花卉草虫 册页（十开）	18cm×20.5cm×10	287,500	华艺国际	2021-12-11
王雪涛 梅花 镜心	76cm×45cm	287,500	中国嘉德	2021-05-20
王雪涛 史国良 牡丹·少女 镜心	50.5cm×38.5cm; 82cm×50.5cm	287,500	中国嘉德	2021-05-20
王雪涛1972年作梅花欢喜漫天雪立轴	62cm×45.5cm	287,500	中国嘉德	2021-05-21
王雪涛 蝴蝶玉兰 镜心	69cm×45cm	287,500	中贸圣佳	2021-05-21
王雪涛 荔枝天牛图 立轴	58.5cm×36cm	276,000	北京荣宝	2021-06-19
王雪涛 松鼠 立轴	99cm×36cm	270,250	中贸圣佳	2021-03-26
王雪涛 秋江冷艳 立轴	98.5cm×32.5cm	264,500	北京翰海	2021-12-17
王雪涛 荷塘清趣 镜心	66.5cm×45cm	264,500	北京荣宝	2021-06-19
王雪涛 多子到白头 立轴	131cm×35cm	264,500	北京银座	2021-09-24
王雪涛 花鸟	120cm×33cm	264,500	辽宁省拍	2021-07-04
王雪涛 花卉天牛图 镜心	86cm×34cm	264,500	中贸圣佳	2021-05-21
王雪涛 1948年作 菊蟹图 立轴	102.5cm×34cm	253,000	北京保利	2021-12-03
王雪涛 清供 立轴	画心 96.5cm×36cm; 诗堂 21cm×35.5cm	253,000	北京荣宝	2021-06-19
王雪涛 果蔬草虫 镜心	28cm×93.5cm	253,000	北京荣宝	2021-06-19
王雪涛 1960年作 荷花蜻蜓 镜心	67cm×45cm	253,000	北京荣宝	2021-12-02
王雪涛 清芬幽远 立轴	69cm×46cm	253,000	北京荣宝	2021-12-02
王雪涛 1928年作 芭蕉山茶图 立轴	141cm×47cm	253,000	北京荣宝	2021-12-02
王雪涛 双吉 立轴	34cm×33.5cm	253,000	中国嘉德	2021-05-19
王雪涛 1981年作 八哥闹春 立轴	68.5cm×45cm	248,400	中国嘉德	2021-10-13
王雪涛 红梅八哥 立轴	67cm×38cm	241,500	北京荣宝	2021-12-02
王雪涛 依傍疏林 立轴	102cm×34cm	241,500	北京荣宝	2021-12-02
王雪涛 吉利图 立轴	85cm×38cm	241,500	华艺国际	2021-06-04
王雪涛 丰年 立轴	98cm×37cm	230,000	北京保利	2021-12-03
王雪涛 秋趣 立轴	49cm×34cm	230,000	北京保利	2021-12-03
王雪涛等各家 1924年作 诗意图、花卉草虫 扇面	尺寸不一	230,000	北京翰海	2021-04-17
王雪涛 红梅 横幅	35cm×69.5cm	230,000	北京翰海	2021-06-04
王雪涛 月季蝴蝶 立轴	34cm×48cm	230,000	北京荣宝	2021-06-19
王雪涛 葡萄八哥 镜心	40cm×55cm	230,000	北京荣宝	2021-12-02
王雪涛 1934年作 猫蝶图 立轴	98cm×33cm	230,000	北京荣宝	2021-12-02
王雪涛曹克家1961年作猫鱼图立轴	97.5cm×33.5cm	230,000	北京荣宝	2021-12-02
王雪涛 1962年作 八哥红梅 立轴	89cm×40cm	230,000	华艺国际	2021-06-04
王雪涛 报春图 立轴	67cm×47cm	230,000	中鸿信	2021-07-14
王雪涛 花卉草虫 立轴	99cm×33.5cm	224,250	北京翰海	2021-12-17
王雪涛 葡萄八哥 立轴	66.5cm×32cm	218,500	北京荣宝	2021-12-02
王雪涛 牡丹 镜心	32.5cm×41cm	218,500	中国嘉德	2021-05-20

拍品名称	物品尺寸	成交价RMB	拍卖公司	拍卖日期
王雪涛 1942年作 秋实图 镜框	37.5cm×105.5cm	212,750	北京荣宝	2021-12-02
王雪涛 石榴·白鹦鹉 立轴	105cm×45cm	207,000	北京保利	2021-12-03
王雪涛 1979年作 花鸟 镜心	68cm×35.5cm	207,000	北京翰海	2021-06-05
王雪涛 芙蓉草虫 镜心	102.5cm×33.5cm	207,000	北京荣宝	2021-06-19
王雪涛 争春 镜心	67cm×47.5cm	207,000	北京荣宝	2021-06-19
王雪涛 双燕海棠 立轴	96.5cm×32.5cm	207,000	中贸圣佳	2021-05-21
王雪涛 大吉图 镜片	86cm×43cm	201,250	广东小雅斋	2021-07-20
王雪涛 花开蝶来 镜心	69cm×35cm	195,500	北京保利	2021-06-06
王雪涛 1945年作 兰花 立轴	66.5cm×31.5cm	195,500	北京翰海	2021-06-04
王雪涛 1978年作 紫绶金章 立轴	107cm×45cm	195,500	中国嘉德	2021-09-26
王雪涛 1944年作 岁朝清供 镜心	102cm×26cm	184,000	北京保利	2021-06-05
王雪涛 松荫幽禽 镜心	41.5cm×56cm	184,000	北京保利	2021-06-05
王雪涛 红梅 立轴	57cm×45.5cm	184,000	北京翰海	2021-12-17
王雪涛 岁朝清供 镜心	90cm×48.5cm	184,000	北京翰海	2021-12-17
王雪涛 1938年作 枝头绶带 立轴	115cm×35cm	184,000	北京荣宝	2021-12-02
王雪涛 荷塘风趣 镜心	136cm×34cm	184,000	北京荣宝	2021-12-02
王雪涛 1941年作 秋趣 镜心	105cm×32.5cm	184,000	北京荣宝	2021-12-02
王雪涛 1960年作 荷花蜻蜓 镜片	66cm×45cm	184,000	朵云轩	2021-07-07
王雪涛 陈云诰 1948年作 八珍图·行书荆公诗二首 成扇	11.5cm×36cm	184,000	华艺国际	2021-12-11
王雪涛 迟园秋夕图 立轴	123cm×41cm	184,000	中国嘉德	2021-03-28
王雪涛 凌霄八哥 镜心	68cm×45cm	184,000	中国嘉德	2021-09-26
王雪涛 荷花翠鸟 镜心	100cm×34cm	184,000	中国嘉德	2021-12-11
王雪涛 1944年作 清供 镜心	102cm×26cm	175,925	北京保利	2021-08-11
王雪涛 牡丹 镜片	70cm×32cm	172,500	保利厦门	2021-11-05
王雪涛 1946年作 蝶恋花 镜心	100cm×32cm	172,500	北京保利	2021-06-05
王雪涛 1946年作 蔬味图 立轴	71.4cm×44.5cm	172,500	北京荣宝	2021-06-19
王雪涛 牡丹水仙 立轴	59cm×31.5cm	172,500	北京荣宝	2021-06-19
王雪涛 牡丹 立轴	33.5cm×34.5cm	172,500	北京荣宝	2021-12-02
王雪涛 1936年作 丰收图 立轴	118cm×32cm	172,500	北京荣宝	2021-12-02
王雪涛 封官图 立轴	87cm×29cm	172,500	北京荣宝	2021-12-02
王雪涛 红叶八哥 镜心	32cm×47cm	172,500	北京荣宝	2021-12-02
王雪涛 迟园小趣 镜心	65cm×33.5cm	172,500	北京荣宝	2021-12-02
王雪涛 一秋图 书法 团扇	直径25cm	172,500	华艺国际	2021-06-04
王雪涛 桃花大吉 立轴	104cm×35cm	172,500	中国嘉德	2021-03-27
王雪涛 荷花鸳鸯 镜心	68cm×45cm	172,500	中国嘉德	2021-09-26
王雪涛 拟《牧溪寒禽图》镜心	99.5cm×33.5cm	172,500	中鸿信	2021-07-14
王雪涛 莲塘清趣 镜心	100cm×33cm	172,500	中贸圣佳	2021-05-21
王雪涛 蝶恋花 立轴	66.5cm×43cm	166,750	广东崇正	2021-07-19
王雪涛 荷花 立轴	32cm×100cm	166,750	中贸圣佳	2021-03-26
王雪涛 瓜虫图 立轴	64cm×31cm	161,000	北京荣宝	2021-12-02
王雪涛 秋树海棠 立轴	100cm×32cm	161,000	上海嘉禾	2021-07-23
王雪涛 周汝谦 1948年作 飞虫花卉·行书七言诗 成扇	54cm×19.5cm	161,000	西泠印社	2021-10-23
王雪涛 富贵牡丹 镜心	24cm×33cm	161,000	中国嘉德	2021-09-26
王雪涛 报喜图 立轴	93.5cm×44cm	161,000	中鸿信	2021-07-14
王雪涛 桃花黄鹂 立轴	67cm×32cm	151,800	中鸿信	2021-07-14
王雪涛 繁花麻雀 立轴	70cm×32.5cm	149,500	北京保利	2021-06-05
王雪涛 荷花翠鸟 镜心	100cm×34cm	149,500	北京翰海	2021-06-04
王雪涛 潘龄皋 秋趣·行书古人诗 成扇	18cm×46cm	149,500	北京荣宝	2021-06-19
王雪涛 牡丹 立轴	68cm×46cm	149,500	广东小雅斋	2021-07-20
王雪涛 1935年作 松鹰喜鹊 镜心	130cm×48cm	149,500	中国嘉德	2021-09-26
王雪涛 茶花八哥 镜心	33cm×34cm	149,500	中国嘉德	2021-05-19
王雪涛 1963年作 田园风味 立轴	70.5cm×47cm	149,500	中国嘉德	2021-12-11

2021书画拍卖成交汇总(续表)

(成交价RMB：10万元以上)

拍品名称	物品尺寸	成交价RMB	拍卖公司	拍卖日期
王雪涛 罗复堪 拟明人小景·行书诗句成扇	18cm×51cm	143,750	永乐拍卖	2021-12-01
王雪涛 芦塘鸳鸯 镜框	24.6cm×15.2cm	138,083	香港苏富比	2021-04-21
王雪涛 富贵叠来 镜心	43cm×55cm	138,000	北京保利	2021-12-04
王雪涛 红梅双禽 镜心	67cm×43cm	138,000	北京翰海	2021-06-04
王雪涛 牡丹蝴蝶 镜框	33cm×45.5cm	138,000	北京荣宝	2021-06-19
王雪涛 罗复堪 拟明人小景、章草《九歌》成扇	18cm×48cm	138,000	北京荣宝	2021-06-19
王雪涛 鹰 立轴	32cm×32cm	138,000	北京荣宝	2021-12-02
王雪涛 1954年作 荔枝枇杷 镜心	43cm×33cm	138,000	北京荣宝	2021-12-02
王雪涛 1939年作 墨菊图 立轴	97cm×30cm	138,000	北京荣宝	2021-12-02
王雪涛 双喜图 立轴	34cm×29.5cm	138,000	广东崇正	2021-07-19
王雪涛 牡丹蜜蜂 立轴	68.5cm×46cm	138,000	上海嘉禾	2021-07-23
王雪涛 贺培新 1937年作 为何其巩作《荷塘游鱼图》·草书苏轼诗 成扇	50cm×18cm	138,000	西泠印社	2021-07-25
王雪涛 1951年作 双侣图 镜心	132cm×33cm	138,000	中国嘉德	2021-03-28
王一明 苍塬无声之一 镜心	90cm×248cm	1,035,000	北京荣宝	2021-06-19
王一明 苍塬无声之二 镜心	97cm×180cm	862,500	北京荣宝	2021-06-19
王茵 2021年作 甲骨文书法作品“龙” 镜心	24cm×22.5cm	440,450	保利厦门	2021-11-05
王镛 2010年作 行书五言联 镜心	180.5cm×47.5cm×2	414,000	北京荣宝	2021-06-19
王 镛 行书诗文四屏 镜心	63cm×33cm×4; 题签21cm×6.5cm	368,000	北京荣宝	2021-12-02
王镛 汉文字砖铭题跋 镜心	137cm×68cm	345,000	北京荣宝	2021-12-02
王镛 2009年作 幽谷人家 镜心	137cm×68cm	322,000	北京保利	2021-12-04
王镛 2014年作 晴谷图 镜心	95cm×59cm	276,000	北京保利	2021-12-04
王 镛 行书唐诗四屏 镜心	80cm×28.5cm×4	264,500	北京荣宝	2021-12-02
王镛 2005年作 行书诗三首 镜心	50cm×131.5cm	172,500	北京荣宝	2021-06-19
王镛2000年作行书古人诗四屏镜框	33cm×33cm×4	166,750	北京荣宝	2021-12-02
王镛 1999年作 书法 镜心	66cm×132cm	143,750	北京保利	2021-12-04
王永芬 荷之韵 镜片	90cm×47cm	805,000	北京中贝	2021-12-08
王振羽 有凤来仪 镜心	103cm×204cm	575,000	北京荣宝	2021-06-19
王震 1920年作 刘海戏金蟾 立轴	244cm×122cm	333,500	上海嘉禾	2021-11-14
王震 1937年作 玉堂富贵图 立轴	141.5cm×69cm	161,000	上海匡时	2021-07-08
王震 1916年作 瞎趣图 手卷	22cm×136cm	1,955,000	中国嘉德	2021-05-19
王震 弘一 1926年作 南无阿弥陀佛 立轴	142cm×51.7cm	1,190,250	佳士得	2021-05-27
王震 1922年作 人生四乐图四屏	139cm×42cm×4	1,058,000	西泠印社	2021-07-25
王震谢公展金梦石吴笠仙等十家金秋菊友十屏	118cm×40cm×10	747,500	西泠印社	2021-07-25
王震 1931年作 寒山大士 立轴	228.2cm×70.2cm	391,000	北京诚轩	2021-05-18
王震 为陈悦周作 无量寿佛书画一堂 对联·立轴	150cm×32.5cm×2; 136.5cm×48cm	345,000	西泠印社	2021-07-25
王震 佛光普照 镜框	30.7cm×90.7cm	331,200	佳士得	2021-05-27
王震 1929年作 为坪上贞二 寒山书画对屏 对屏	140cm×45.5cm×2	322,000	西泠印社	2021-07-25
王震 富贵寿考 立轴	134cm×65cm	299,000	北京保利	2021-12-04
王震 1931年作 观音大士 立轴	132.3cm×65.2cm	292,118	香港苏富比	2021-10-11
王震 1924年作 富贵博古图 立轴	138cm×68.5cm	287,500	西泠印社	2021-07-25
王震 1922年作 鹤 立轴	147.2cm×79.7cm	276,167	香港苏富比	2021-04-21
王震 1928年作 无量寿佛图 镜片	103cm×50.5cm	253,000	西泠印社	2021-07-25
王震 1920年作 观音大士图 立轴	175cm×90cm	230,000	北京保利	2021-12-04
王震 1921年作 寿星图 立轴	146cm×81cm	230,000	北京保利	2021-12-04
王震 1923年作 富贵坚固 立轴	146cm×80cm	230,000	朵云轩	2021-07-07
王震 1930年作 观音像 立轴	132cm×41.3cm	227,700	佳士得	2021-05-27
王震 红衣达摩 立轴	125cm×54cm	218,500	北京荣宝	2021-06-19
王震 1919年作 月影牧牛图 立轴	122.5cm×50cm	218,500	西泠印社	2021-07-25
王震 1924年作 牡丹 立轴	151cm×51.5cm	207,000	北京银座	2021-09-24
王震 1934年作 行书六言联 立轴	168.7cm×35.8cm×2	201,814	香港苏富比	2021-04-21
王震 1923年作 钟馗驱鬼图 立轴	134cm×46.5cm	184,000	西泠印社	2021-07-25
王震 一鹭莲登 立轴	178cm×93cm	184,000	中贸圣佳	2021-05-21
王震 1925年作 米颠拜石图 立轴	146cm×79.5cm	178,848	中国嘉德	2021-10-13
王震 1920年作 富贵白头图 立轴	174cm×39cm	172,500	西泠印社	2021-07-25
王震 1927年作 行书“深不可识”镜框	34.7cm×136cm	166,925	香港苏富比	2021-10-11
王震1919年作南无观世音菩萨立轴	138cm×41cm	155,250	中鸿信	2021-07-14
王震 程璋 1915年作 秋瀑萧瑟 立轴	135cm×41cm	333,500	朵云轩	2021-12-30
王震 1931年作 达摩传法 立轴	136cm×68.5cm	143,750	朵云轩	2021-12-30
王震 1926年作 渔父图 立轴	138cm×39cm	143,750	朵云轩	2021-12-30
王禔 篆书四屏 镜片(四帧)	77cm×34cm×4	230,000	西泠印社	2021-07-25
王禔 1931年作 篆书 临金文 四屏	126cm×36.5cm×4	172,500	西泠印社	2021-07-25
王禔 1931年作 篆书 八言联 对联	130cm×20cm×2	172,500	西泠印社	2021-07-25
王禔 书扇 扇面(三帧)	50cm×19cm×3	166,750	西泠印社	2021-07-25
王子武 1987年作 月下对饮 立轴	178cm×95cm	4,485,000	中国嘉德	2021-05-19
王子武 峡江行 镜心	130cm×68cm	1,380,000	北京银座	2021-09-24
王子武 1988年作 双鹤 镜心	122.5cm×68.5cm	1,092,500	北京银座	2021-09-24
王子武 1985年作 梅妃 立轴	136.5cm×68cm	931,500	华艺国际	2021-06-04
王子武 奔马 立轴	69cm×67cm	402,500	保利厦门	2021-11-05
王子武 1981年作 雄鹰 立轴	68.5cm×45.5cm	402,500	北京银座	2021-09-24
王子武 雄鹰图并草书四言联 镜心	画 65cm×79.5cm; 对联 65.5cm×26cm×2	402,500	上海匡时	2021-07-08
王子武 1976年作 立马图 镜心	137cm×71.5cm	356,500	保利厦门	2021-11-05
王子武 1980年作 杜甫像 镜片	92.5cm×55cm	322,000	广东崇正	2021-07-19
王子武 1999年作 仙鹤图 镜片	96.5cm×54cm	258,750	华艺国际	2021-06-04
王子武 1978年作 国色天香 立轴	97.5cm×34cm	253,000	保利厦门	2021-05-06
王子武 李时珍像 镜心	画 45.5cm×34cm; 字19cm×34cm	253,000	北京保利	2021-09-25
王子武 弘一法师 偈语联屏 镜心	135.5cm×43.5cm×2	218,500	十竹斋拍卖(北京)	2021-05-29
王子武 奔马 镜心	68.5cm×45.5cm	172,500	保利厦门	2021-11-05
王子武 1978年作 荷塘蛙趣 镜心	69cm×46cm	172,500	中国嘉德	2021-09-27
王子武 1984年作 一览众山小 立轴	66.5cm×44.6cm	166,750	北京诚轩	2021-05-18
王子武 书法 对联	137cm×33cm×2	166,750	广东小雅斋	2021-07-20
王子武 鹰石图 立轴	69cm×46cm	161,000	中鸿信	2021-07-14
王子武 金鱼 镜心	44.5cm×61cm	149,500	保利厦门	2021-11-05
王子武 1977年作 双吉图 镜心	135cm×34cm	149,500	中鸿信	2021-07-14
王子武 1979年作 人物写生·行书 隶书 镜心(四幅)	尺寸不一	494,500	朵云轩	2021-12-30
王子武 1978年作 春日新晴 册页(四开)	33.5cm×44.5cm×4	356,500	朵云轩	2021-12-30
王子武 1976年作 山雀花卉 镜心(两幅)	133cm×34cm; 136cm×33cm	345,000	朵云轩	2021-12-30
韦贵敏 早春图	240cm×120cm	368,000	荣宝斋(南京)	2021-05-26
魏葵 踏雪寻梅 镜心	246.5cm×123cm	322,000	中国嘉德	2021-05-21
魏树心 鸟语花香 镜片	180cm×48cm×2	207,000	北京中贝	2021-12-08
魏云飞 2021年作 四季山水 镜心	140cm×35cm×4	598,000	永乐拍卖	2021-12-01

拍品名称	物品尺寸	成交价RMB	拍卖公司	拍卖日期
魏云飞 2021年作 林泉清音 镜心	68.5cm×139.5cm	287,500	中国嘉德	2021-12-13
魏云飞 2021年作 春山览胜 镜心	69cm×138cm	276,000	北京保利	2021-12-04
魏云飞 2017年 林泉清音 镜心	52cm×36cm	158,700	荣宝斋（南京）	2021-05-26
魏振武 1982年作 瑞鹤祥云 镜心	100cm×100cm	920,000	保利厦门	2021-11-05
魏振武 2006年作 奥运红龙 镜心	200cm×50cm	322,000	保利厦门	2021-11-05
魏振武 2006年作 奥运红龙 立轴	46cm×178cm	172,500	北京翰海	2021-10-16
魏紫熙 1999年作 黄洋界 镜心	142cm×363cm	12,650,000	北京保利	2021-12-03
魏紫熙 1972年作 收获归来 镜心	83cm×163cm	2,990,000	中国嘉德	2021-05-19
魏紫熙 1973年作 煦日 镜心	125cm×68.5cm	920,000	中国嘉德	2021-05-20
魏紫熙 1957年作 友谊之歌 镜心	123cm×74cm	1,667,500	北京保利	2021-06-05
魏紫熙 黄洋界 镜片	64.5cm×45.5cm	632,500	十竹斋	2021-06-27
魏紫熙 1976年作 井冈山 镜心	42cm×66.5cm	506,000	十竹斋拍卖（北京）	2021-05-29
魏紫熙 1979年作 天池飞瀑 立轴	137cm×67.5cm	460,000	中国嘉德	2021-05-21
魏紫熙 黄山行云图 镜心	68cm×137cm	437,000	南京经典	2021-07-18
魏紫熙 1976年作 茅坪八角楼 镜心	45.5cm×69cm	425,500	十竹斋拍卖（北京）	2021-05-29
魏紫熙 1976年作 宁冈会师 镜心	44cm×68cm	414,000	十竹斋拍卖（北京）	2021-05-29
魏紫熙 2000年作 红叶飞泉 立轴	98.5cm×53cm	402,500	中国嘉德	2021-05-21
魏紫熙 1975年作 钟山雄姿 立轴	67cm×45.5cm	368,000	中国嘉德	2021-05-19
魏紫熙 1980年作 札幌公园一景 立轴	45cm×67cm	345,000	北京荣宝	2021-06-19
魏紫熙 1976年作 茨坪新貌 镜心	45.5cm×70cm	304,750	北京荣宝	2021-12-02
魏紫熙 1976年作 庐山秋色 镜心	46cm×69cm	287,500	北京荣宝	2021-06-19
魏紫熙 1976年作 茨坪新貌 镜心	45.5cm×68.5cm	287,500	十竹斋拍卖（北京）	2021-05-29
魏紫熙 1975年作 黄山 镜心	102cm×34.5cm	287,500	中国嘉德	2021-05-19
魏紫熙 1964年作 黄山百步云梯 立轴	105.5cm×63.5cm	248,400	佳士得	2021-05-27
魏紫熙 1979年作 霜叶红于二月花 镜心	68cm×45cm	241,500	北京荣宝	2021-12-02
魏紫熙 1978年作 曙光 镜片	66cm×128cm	241,500	上海嘉禾	2021-07-22
魏紫熙 1976年作 茨坪新貌 镜心	44cm×69cm	230,000	北京保利	2021-06-05
魏紫熙 1987年作 松泉飞瀑 镜框	102cm×69cm	230,000	华艺国际	2021-03-31
魏紫熙 1981年作 黄山轻烟 立轴	66cm×43.5cm	218,500	北京荣宝	2021-12-02
魏紫熙 山区公路 镜心	34cm×43.5cm	184,000	南京经典	2021-01-10
魏紫熙 1959年作 渔家乐 镜心	42cm×58cm	172,500	北京翰海	2021-06-05
魏紫熙 1959年作 渔家乐 镜心	40.5cm×57cm	172,500	北京银座	2021-09-24
魏紫熙 黄山纪游 立轴	68cm×33cm	172,500	南京经典	2021-01-10
魏紫熙 黄山云起 立轴	80.5cm×45cm	172,500	中贸圣佳	2021-03-26
魏紫熙 1973年作 黄山百丈泉 镜心	68.5cm×46cm	161,000	中国嘉德	2021-05-19
魏紫熙 奇峰耸秀 镜心	68cm×46cm	155,250	中贸圣佳	2021-05-21
魏紫熙 山水	80cm×44cm	149,500	十竹斋	2021-06-27
魏紫熙 梅兰竹菊 四屏镜心	23cm×74cm×4	143,750	南京经典	2021-01-10
温其球 1924年作 溪山帆影 手卷	15cm×643cm	253,000	华艺国际	2021-04-01
温骧 2020年作 飞瀑图 立轴	138cm×70cm	345,000	北京保利	2021-06-06
温骧 2020年作 雪霁太平湖 镜心	181cm×70.5cm	253,000	北京荣宝	2021-12-02
温骧 2021年作 田园之趣 镜心	68.5cm×138cm	184,000	北京荣宝	2021-12-02
温骧 2020年作 湖光山色 镜心	124cm×62cm	172,500	北京翰海	2021-06-05
温骧 2020年作 江南水乡 镜心	124cm×70cm	172,500	北京荣宝	2021-06-19
温永琛 1984年作 行书微书《前后赤壁赋》立轴	151cm×40cm	287,500	十竹斋拍卖（北京）	2021-05-29
文蔚 2020年作 山远天高风雪寒 镜心	50cm×100cm	517,500	北京保利	2021-06-06
文蔚 2020年作 寻香 镜心	70cm×33cm	230,000	北京保利	2021-12-04
文蔚 2020年作 三月梦 镜心	69cm×34cm	230,000	北京翰海	2021-06-05
文蔚 芭蕉仕女 镜心	69cm×33cm	230,000	北京翰海	2021-12-17

拍品名称	物品尺寸	成交价RMB	拍卖公司	拍卖日期
文蔚 2020年作 秋寒 镜心	69cm×34cm	230,000	十竹斋拍卖（北京）	2021-05-29
巫登益 2020年作 峡江帆影 镜心	132.5cm×66.5cm	571,416	保利香港	2021-11-28
巫登益 2020年作 云岫清华 镜心	66.7cm×66.7cm	374,376	保利香港	2021-11-28
吴昌硕 1918年作 花卉四屏 立轴	187cm×48.5cm×4	18,400,000	中国嘉德	2021-12-10
吴昌硕 1919年作 石鼓文九言联 立轴	244cm×55.5cm×2	8,050,000	中国嘉德	2021-12-10
吴昌硕 1910年作 春风满庭图 立轴	137cm×63cm	9,775,000	北京荣宝	2021-06-19
吴昌硕 1916年作 四季花卉四屏 镜片	126cm×42cm×4	7,245,000	上海匡时	2021-07-08
吴昌硕 1923年作 行书八言联 立轴	135.5cm×31cm×2	5,980,000	北京荣宝	2021-06-19
吴昌硕 1908年作 红梅 立轴	232cm×71cm	5,865,000	北京保利	2021-06-05
吴昌硕 1916年作 花果六屏 屏风	168cm×62cm×6	33,350,000	上海嘉禾	2021-07-22
吴昌硕 1918年作 石鼓文六屏 屏风	171cm×59.5cm×6	11,500,000	上海嘉禾	2021-07-22
吴昌硕 日下部鸣鹤 花卉书法屏风（一对）	150.5cm×40.3cm×2	6,609,050	佳士得	2021-11-30
吴昌硕 1927年作 墨荷 立轴	148.5cm×78cm	5,290,000	华艺国际	2021-06-04
吴昌硕 1904年作 五色牡丹 立轴	138cm×83cm	5,290,000	十竹斋拍卖（北京）	2021-05-29
吴昌硕 1913年作 三千年结实之桃 立轴	172cm×88cm	5,290,000	西泠印社	2021-01-16
吴昌硕 1904年作 五色牡丹图 立轴	138cm×83cm	5,290,000	西泠印社	2021-01-16
吴昌硕 梅兰竹菊 立轴	131.5cm×41.6cm; 146cm×40cm; 130cm×40.6cm; 140cm×29.2cm	5,175,000	北京荣宝	2021-12-02
吴昌硕 1915年作 1913年作 瓜瓞连绵并篆书六言联 立轴	138cm×68cm; 138cm×34cm×2	4,600,000	北京保利	2021-06-05
吴昌硕 1918年作 梅花竹石 立轴四屏	135.7cm×40cm×4	4,431,651	香港苏富比	2021-04-21
吴昌硕 篱菊图 立轴	247cm×61cm	4,370,000	中国嘉德	2021-05-19
吴昌硕 天竺 镜心	184.5cm×70cm	4,370,000	中贸圣佳	2021-05-21
吴昌硕 1920年作 篆书“天随之书院”·刻“天”、“随”青田石印对章·自用印泥三盒 镜心	34cm×105cm; 印章 13cm×13cm×6.2cm×2	3,680,000	北京保利	2021-12-03
吴昌硕 1915年作 水仙柏树 立轴	178cm×45cm	3,680,000	北京保利	2021-12-03
吴昌硕 双色牡丹 立轴	106cm×56cm	3,450,000	中贸圣佳	2021-05-21
吴昌硕 枇杷 立轴	121cm×47cm	3,220,000	保利厦门	2021-11-05
吴昌硕 1915年作 红梅博古图 立轴	129cm×68cm	3,105,000	北京保利	2021-06-05
吴昌硕 菊石图 镜心	134cm×52.5cm	2,990,000	中贸圣佳	2021-05-21
吴昌硕 1916年作 红蔷薇绿芭蕉 立轴	137cm×67.5cm	2,857,080	保利香港	2021-11-28
吴昌硕 1916年作 岁寒三友 立轴（三帧）	126cm×41cm×3	2,817,500	北京保利	2021-06-05
吴昌硕 1914年作 篆书“悃愊无华”横披	39.5cm×217.5cm	2,760,000	中国嘉德	2021-12-10
吴昌硕 1919年作 春江独钓图 镜心	86cm×180.5cm	2,760,000	中鸿信	2021-07-14
吴昌硕 枇杷奇石 立轴	121cm×47.5cm	2,760,000	中贸圣佳	2021-05-21
吴昌硕 1910年作 岁寒景物 立轴	148cm×80.5cm	2,645,000	上海嘉禾	2021-07-22
吴昌硕 1914年作 紫藤珠光图 立轴	131.5cm×49.5cm	2,645,000	西泠印社	2021-04-10
吴昌硕 篆书“晚翠轩”横额 镜心	33cm×114cm	2,645,000	中贸圣佳	2021-05-21
吴昌硕 1913年作 芦塘双鹤 立轴	99cm×26.5cm	2,530,000	北京荣宝	2021-06-19
吴昌硕 1918年作 花果对屏 立轴	140.7cm×39cm×2	2,415,000	北京保利	2021-12-03
吴昌硕 1917年作 南极仙翁 立轴	129cm×40cm	2,415,000	北京保利	2021-12-03
吴昌硕 1912年作 富贵神仙 立轴	136cm×68.5cm	2,415,000	北京保利	2021-12-03
吴昌硕 1916年作 岁朝清供 立轴	134cm×53cm	2,415,000	华艺国际	2021-06-04
吴昌硕 1922年作 松石图 镜心	34cm×138cm	2,300,000	北京荣宝	2021-06-19
吴昌硕 1924年作 篆书 灵泉 镜片	107cm×58cm	2,300,000	西泠印社	2021-01-16
吴昌硕 绛雪迎春图 立轴	208.5cm×40cm	2,300,000	中国嘉德	2021-12-10
吴昌硕 1921年作 隶书“坎盦”镜框	34cm×135cm	2,242,500	华艺国际	2021-06-04
吴昌硕 1887年作 天竹图 镜片	185cm×70cm	2,242,500	上海嘉禾	2021-11-14

2021书画拍卖成交汇总（续表）

（成交价RMB：10万元以上）

拍品名称	物品尺寸	成交价RMB	拍卖公司	拍卖日期
吴昌硕 1920年作 云瀑闲居 立轴	163cm×68.5cm	2,185,000	北京银座	2021-09-24
吴昌硕 1920年作 为胡郯卿之子作《大利图》立轴	153cm×41.5cm	2,185,000	西泠印社	2021-01-16
吴昌硕 1915年作 菊石老松 立轴	206cm×41cm	2,070,000	北京保利	2021-06-05
吴昌硕 张祖翼 1915年作 芰荷图·篆书七言联 立轴 对联	画180cm×46.5cm;书149cm×36.5cm×2	2,070,000	上海嘉禾	2021-07-22
吴昌硕 1926年作 神仙富贵 立轴	145.5cm×41cm	2,012,500	北京银座	2021-09-24
吴昌硕 1920年作 真龙 镜心	173cm×42.5cm	2,012,500	中国嘉德	2021-05-19
吴昌硕 1917年作 瓶梅蔬果 立轴	138.5cm×52.5cm	2,012,500	中国嘉德	2021-12-11
吴昌硕1907年作《石鼓文》四屏立轴	135cm×32.5cm×4	1,955,000	中国嘉德	2021-05-19
吴昌硕 1922年作 富贵图 立轴	133cm×64.5cm	1,897,500	上海匡时	2021-07-08
吴昌硕 1914年作 鼎拓花卉 立轴	134.5cm×67cm	1,840,000	北京保利	2021-06-05
吴昌硕 茅檐风色 立轴	143cm×34.5cm	1,840,000	中国嘉德	2021-05-19
吴昌硕 山水书法对幅 立轴	139cm×41cm×2	1,782,500	保利厦门	2021-11-05
吴昌硕 1918年作 天竺图 立轴	142cm×42cm	1,782,500	北京保利	2021-06-05
吴昌硕 1924年作 篆书匾额“见虎一文”镜心	33cm×69cm	1,736,500	十竹斋拍卖（北京）	2021-05-29
吴昌硕 1912年作 蔬果图 立轴	26cm×30.5cm×2	1,725,000	北京荣宝	2021-06-19
吴昌硕 1915年作 涧底秋泉 立轴	144cm×41.5cm	1,725,000	上海嘉禾	2021-07-22
吴昌硕为徐达夫作《红梅献瑞图》立轴	138cm×33cm	1,725,000	西泠印社	2021-07-25
吴昌硕 墨梅图 镜心	122cm×78cm	1,725,000	中国嘉德	2021-12-10
吴昌硕 临《石鼓文》四屏 立轴	134.5cm×40cm×4	1,725,000	中国嘉德	2021-12-10
吴昌硕1922年作 节临《散氏盘》立轴	169.4cm×63.5cm	1,699,488	香港苏富比	2021-04-21
吴昌硕 1924年作 珊瑚枝 立轴	151cm×40.5cm	1,667,500	中国嘉德	2021-05-19
吴昌硕 1918年作 福禄满堂 立轴	138.5cm×39.5cm	1,633,000	朵云轩	2021-07-07
吴昌硕 1918年作 天竺图 立轴	142cm×42cm	1,610,000	北京保利	2021-09-25
吴昌硕1915年作篆书“若花灶”横幅	35cm×166cm	1,610,000	北京保利	2021-12-03
吴昌硕 1925年作 梅石图 立轴	138.5cm×34cm	1,610,000	西泠印社	2021-07-25
吴昌硕 1921年作 花香四时 手卷	首35cm×100cm;画35cm×160cm;跋35cm×122cm	1,495,000	北京保利	2021-12-03
吴昌硕 1917年作 红梅图 立轴	138cm×41cm	1,495,000	西泠印社	2021-07-25
吴昌硕 1918年作 苍松图 立轴	224cm×101cm	1,403,000	上海嘉禾	2021-07-22
吴昌硕 1915年作 竹林七贤 立轴	139.5cm×41cm	1,380,000	朵云轩	2021-07-07
吴昌硕 节临《石鼓文》四屏立轴	146.5cm×38.5cm×4	1,380,000	上海嘉禾	2021-11-14
吴昌硕 姚黄奇石图轴 立轴	180cm×41cm	1,380,000	中贸圣佳	2021-05-21
吴昌硕 1914年作行书十一言联 对联	138cm×26cm×2	1,357,000	上海嘉禾	2021-07-22
吴昌硕 1898年作 红梅 立轴	135cm×61cm	1,322,500	北京保利	2021-12-04
吴昌硕1919年作 端阳嘉果熟熏风 立轴	145.5cm×40cm	1,322,500	上海嘉禾	2021-07-22
吴昌硕 紫藤图 立轴	133cm×52cm	1,288,000	上海匡时	2021-07-08
吴昌硕1923年作明珠作花翡翠叶镜心	36cm×103cm	1,265,000	北京保利	2021-12-03
吴昌硕 1918年作 竹石图 立轴	139.3cm×68.5cm	1,265,000	北京保利	2021-12-03
吴昌硕 1914年作 枇杷凤仙花·篆书七言联一堂 镜框	134cm×34cm;135cm×31cm×2	1,265,000	华艺国际	2021-12-11
吴昌硕 幽兰高致图 立轴	137cm×69cm	1,265,000	西泠印社	2021-04-10
吴昌硕 1902年作 竹石图 立轴	124cm×68cm	1,265,000	永乐拍卖	2021-05-20
吴昌硕 真龙 立轴	130cm×54cm	1,265,000	中贸圣佳	2021-05-21
吴昌硕 1914年作 枇杷 立轴	122cm×47cm	1,242,000	上海嘉禾	2021-07-22
吴昌硕 1914年作 隶书六言联 立轴	111.5cm×24.5cm×2	1,207,500	中国嘉德	2021-12-10
吴昌硕 1913年作 篆书“苏竹盦”镜心	31cm×115cm	1,207,500	中鸿信	2021-07-14
吴昌硕 1915年作 金秋盛菊 立轴	130cm×66cm	1,150,000	北京保利	2021-06-05
吴昌硕 1915年作 荷塘清趣 立轴	135.5cm×66cm	1,150,000	上海嘉禾	2021-07-22
吴昌硕 1904年作 临板桥墨竹 立轴	133cm×67.5cm	1,150,000	十竹斋拍卖（北京）	2021-05-29
吴昌硕 陈半丁 1910年作花卉四屏 立轴	169cm×37cm×4	1,150,000	中国嘉德	2021-05-21
吴昌硕 1921年作 岁晚红缀 立轴	138.5cm×33.5cm	1,127,000	北京荣宝	2021-06-19
吴昌硕 行书七言 对联	136.5cm×33cm×2	1,127,000	朵云轩	2021-07-07
吴昌硕1914年作萧斋清供立轴	150.5cm×40.5cm	1,043,280	香港苏富比	2021-10-11
吴昌硕 1926年作 冷艳 立轴	138.5cm×34.5cm	1,035,000	中国嘉德	2021-05-21
吴昌硕 1903年作 秋菊灿朱霞 镜心	145cm×72cm	1,012,000	北京保利	2021-06-05
吴昌硕 1919年作 古艳 立轴	74cm×39.5cm	1,012,000	上海嘉禾	2021-07-22
吴昌硕 1912年作 美意延年 立轴	148cm×80.5cm	1,012,000	十竹斋拍卖（北京）	2021-05-29
吴昌硕 1920年作 墨竹图 立轴	134.5cm×33cm	977,500	西泠印社	2021-07-25
吴昌硕 1913年作 墨梅图 立轴	152.5cm×41.5cm	977,500	西泠印社	2021-07-25
吴昌硕 虚节傲霜图 立轴	150cm×40cm	977,500	中国嘉德	2021-05-20
吴昌硕 1912年作 风竹 立轴	135cm×33.5cm	977,500	中国嘉德	2021-05-21
吴昌硕 1922年作 墨竹图 立轴	133.5cm×33cm	943,000	西泠印社	2021-07-25
吴昌硕 1916年作 一柱擎天 立轴	142cm×40cm	920,000	北京保利	2021-12-03
吴昌硕 1912年作 神仙富贵 立轴	102cm×38cm	920,000	北京九歌	2021-06-13
吴昌硕 1919年作 水仙图 立轴	159cm×49cm	920,000	北京荣宝	2021-12-02
吴昌硕 1919年作 篆书七言 对联	138cm×34cm×2	920,000	朵云轩	2021-07-07
吴昌硕 1926年作 篆书“强自取柱”镜片	37.5cm×140cm	920,000	上海嘉禾	2021-07-22
吴昌硕 1921年作 芭蕉枇杷 立轴	137cm×33.5cm	920,000	十竹斋拍卖（北京）	2021-05-29
吴昌硕 1914年作 劲竹 镜心	175.5cm×185cm	920,000	中国嘉德	2021-12-10
吴昌硕 1921年作 霞气 立轴	137.5cm×34cm	920,000	中国嘉德	2021-12-11
吴昌硕 紫藤 立轴	122cm×54cm	920,000	中贸圣佳	2021-05-21
吴昌硕 竹外桃花 立轴	130cm×30cm	897,000	南京经典	2021-07-18
吴昌硕 1887年作 行书自作诗 镜心	19cm×160cm	862,500	中国嘉德	2021-05-19
吴昌硕 1920年作 苍柯翠竹 立轴	134.5cm×33cm	851,000	上海嘉禾	2021-07-22
吴昌硕 1903年作 红菊 立轴	148cm×40cm	839,500	北京保利	2021-12-03
吴昌硕 隶书 五言联 对联	112cm×28cm×2	828,000	西泠印社	2021-07-24
吴昌硕 1916年作 篆书八言联 对联	146cm×26.5cm×2	828,000	西泠印社	2021-07-25
吴昌硕 1915年作 篆书七言联 对联	136cm×33cm×2	828,000	西泠印社	2021-07-25
吴昌硕 1923年作 为杨庶堪作篆书七言联 对联	132cm×32.5cm×2	805,000	西泠印社	2021-01-16
吴昌硕 1917年作 嫣红图 立轴	134cm×33cm	805,000	西泠印社	2021-07-25
吴昌硕 1917年作 篆书七言联 立轴	148cm×39cm×2	805,000	中国嘉德	2021-05-20
吴昌硕 行书“行颖甫诗”镜心	29cm×66cm	805,000	中贸圣佳	2021-05-21
吴昌硕1915年作篆书节临《石鼓文》立轴	136cm×52.5cm	782,000	西泠印社	2021-07-25
吴昌硕 1921年作 春溪渔隐 立轴	139cm×41cm	747,500	北京保利	2021-06-05
吴昌硕 1925年作 石鼓文七言联 对联	140cm×34cm×2	747,500	上海嘉禾	2021-07-22
吴昌硕 1917年作 石鼓文八言联 镜心	147cm×36cm×2	747,500	永乐拍卖	2021-05-21
吴昌硕 石鼓文——临猎碣第七 立轴	148cm×39.5cm	747,500	中国嘉德	2021-05-20
吴昌硕 郑孝胥 牡丹·行书节录《文心雕龙》成扇	18.5cm×53cm	747,500	中国嘉德	2021-05-21
吴昌硕 1916年作 江山永固 屏轴	137cm×54cm	736,000	朵云轩	2021-07-08
吴昌硕 王震 1925年作 佛寿图 镜心	113cm×60.5cm	713,000	北京保利	2021-12-03
吴昌硕 1917年作 玉兰图 立轴	138.5cm×42cm	713,000	上海匡时	2021-07-08
吴昌硕 1913年作 松芝双寿 立轴	136cm×46.5cm	713,000	上海匡时	2021-07-08
吴昌硕 1910年作 红梅幽石 立轴	122cm×41cm	690,000	北京保利	2021-05-17
吴昌硕 红梅 立轴	137cm×34cm	690,000	北京保利	2021-06-05
吴昌硕 1900年作 秋菊佳色 立轴	108cm×37cm	690,000	北京保利	2021-06-05
吴昌硕 1906年作 寿桃 立轴	83cm×35cm	690,000	北京保利	2021-12-03
吴昌硕 墨荷 立轴	130cm×61cm	690,000	北京保利	2021-12-03
吴昌硕 1905年作 牡丹 立轴	148.5cm×79cm	690,000	北京翰海	2021-12-17

（成交价RMB：10万元以上）

拍品名称	物品尺寸	成交价RMB	拍卖公司	拍卖日期
吴昌硕 1924年作 篆书 横幅镜心	36.5cm×139cm	690,000	北京翰海	2021-06-04
吴昌硕 篆书“临石鼓文” 立轴	180cm×60cm	690,000	北京荣宝	2021-06-19
吴昌硕 1914年作 篆书七言联 立轴	137cm×32.5cm×2	690,000	北京银座	2021-09-24
吴昌硕 1910年作 为刘世珩作篆书汉石经室	132cm×39cm	690,000	西泠印社	2021-07-24
吴昌硕 1920年作 真龙 立轴	130cm×67cm	690,000	永乐拍卖	2021-12-02
吴昌硕 1919年作 墨梅图 立轴	139cm×63cm	690,000	永乐拍卖	2021-12-02
吴昌硕 1919年作 石鼓文七言联 立轴	147cm×37.5cm×2	690,000	中国嘉德	2021-12-10
吴昌硕 1912年作 酒中有仁更有佛 立轴	115cm×30.5cm	690,000	中国嘉德	2021-12-10
吴昌硕 1915年作 墨竹 立轴	124cm×45cm	667,000	北京保利	2021-06-05
吴昌硕 1899年作 行书题《海隅三丐图》寄闵泳翊 立轴	105.5cm×46cm	667,000	北京保利	2021-06-05
吴昌硕 1920年作 石鼓文《汧殹诗》立轴	131cm×66.5cm	667,000	华艺国际	2021-06-04
吴昌硕 1922年作 行书自作诗 手卷	33cm×136cm	667,000	上海嘉禾	2021-07-22
吴昌硕 1914年作 集石鼓文七言联 立轴	134cm×32cm×2	667,000	十竹斋拍卖（北京）	2021-05-29
吴昌硕 1924年作 天香浥露图 镜片	79cm×67cm	667,000	西泠印社	2021-01-16
吴昌硕 1915年作 梅石图 镜片	129.5cm×40.5cm	667,000	西泠印社	2021-01-16
吴昌硕 1919年作 墨梅图 立轴	135cm×33.5cm	667,000	西泠印社	2021-01-16
吴昌硕 1888年作 梅菊双清 镜心	32.5cm×136cm	667,000	中国嘉德	2021-12-10
吴昌硕绘梅花书法成扇·陈澹如刻扇骨 成扇	长34cm	655,500	华艺国际	2021-06-05
吴昌硕 1915年作 傲霜 立轴	113cm×46cm	655,500	上海嘉禾	2021-07-22
吴昌硕 1903年作 红菊 立轴	48cm×40cm	632,500	保利厦门	2021-05-06
吴昌硕 竹子 立轴	140.5cm×56cm	632,500	保利厦门	2021-11-05
吴昌硕 顽石清莲图 立轴	107.5cm×40cm	632,500	北京保利	2021-06-05
吴昌硕 1922年作 篆书八言 对联	168cm×40cm×2	632,500	朵云轩	2021-07-08
吴昌硕 1915年作 斑斓秋色图 立轴	106cm×55cm	632,500	上海匡时	2021-07-08
吴昌硕 墨荷图 立轴	132cm×65.5cm	632,500	西泠印社	2021-07-25
吴昌硕 1914年作 杏花春雨江南 立轴	76cm×52cm	621,000	上海嘉禾	2021-07-22
吴昌硕 1915年作 石鼓文七言联 立轴	134.5cm×33cm×2	621,000	中国嘉德	2021-05-20
吴昌硕 篆书七言 对联	136cm×31cm×2	598,000	朵云轩	2021-07-08
吴昌硕 1922年作 卢橘夏熟图 立轴	106cm×33cm	598,000	西泠印社	2021-07-25
吴昌硕 1918年作 松色不肯秋 立轴	137cm×40cm	575,000	北京保利	2021-12-03
吴昌硕 1917年作 篆书八言联 立轴	148cm×35.5cm×2	575,000	北京荣宝	2021-12-02
吴昌硕 墨荷图 立轴	132cm×66cm	575,000	北京荣宝	2021-12-02
吴昌硕 1915年作 湖山渔隐 镜片	123cm×39.5cm	575,000	朵云轩	2021-07-07
吴昌硕 1915年作 墨竹 立轴	124.5cm×45cm	575,000	上海嘉禾	2021-11-14
吴昌硕 1913年作 兰花图 立轴	131cm×33cm	575,000	西泠印社	2021-01-16
吴昌硕 1920年作 云山秋硼图 立轴	139cm×42cm	575,000	西泠印社	2021-04-10
吴昌硕 1916年作 晴雪塞门无人处 立轴	137cm×37.5cm	575,000	中国嘉德	2021-05-21
吴昌硕 1920年作 高枝枇杷图 立轴	109cm×40.5cm	552,000	保利厦门	2021-05-06
吴昌硕 剪取一枝风带雨 立轴	124cm×50cm	552,000	北京保利	2021-06-05
吴昌硕 1922年作 零金碎玉 镜心	36cm×48cm	552,000	北京保利	2021-12-04
吴昌硕 1916年作 蒲塘秋艳 立轴	148cm×39cm	552,000	朵云轩	2021-07-07
吴昌硕 刘玉庵 1924年作 红梅仕女 立轴	139cm×47cm	552,000	十竹斋拍卖（北京）	2021-05-29
吴昌硕 花卉杂锦 册页	26.5cm×33cm×4	552,000	永乐拍卖	2021-12-01
吴昌硕 1920年作 四君子图 立轴	134.5cm×33cm	540,500	上海嘉禾	2021-07-22
吴昌硕 1907年作 临《猎碣文》立轴	172.3cm×46cm	531,090	香港苏富比	2021-04-21
吴昌硕 1922年作 篆书七言联 镜片	133cm×30cm×2	529,000	西泠印社	2021-01-16
吴昌硕 1917年作 行书盲趣诗 立轴	105cm×54cm	529,000	西泠印社	2021-07-25
吴昌硕 1915年作 空谷兰香 立轴	90.2cm×35cm	521,640	香港苏富比	2021-10-11
吴昌硕 1916年作 兰石图 立轴	135cm×48cm	517,500	北京保利	2021-06-05
吴昌硕 1923年作 秋色斑斓 立轴	116cm×39.7cm	517,500	北京保利	2021-12-03
吴昌硕 1926年作 行书“波撼岳阳城” 立轴	128.5cm×35cm	517,500	北京荣宝	2021-12-02
吴昌硕 1915年作 篆书录秦权 镜心	148cm×40.5cm	517,500	上海匡时	2021-07-08
吴昌硕 1925年作 佳果清供 镜心	64cm×38cm	517,500	十竹斋拍卖（北京）	2021-05-29
吴昌硕 1906年作 临《石鼓文》第八、第九 镜心	46cm×165cm	517,500	永乐拍卖	2021-05-21
吴昌硕 1916年作 腊梅 立轴	136cm×67cm	516,672	中国嘉德	2021-10-13
吴昌硕 为沈曾植作行书七言诗 横披	19cm×48cm	506,000	西泠印社	2021-01-16
吴昌硕 1926年作 菊花寿石 立轴	137.5cm×34cm	494,500	北京银座	2021-09-24
吴昌硕 1916年作 烟月雪梅图 立轴	130.5cm×32cm	483,000	保利厦门	2021-05-06
吴昌硕 1915年作 节临《石鼓文》立轴	146cm×38cm	483,000	北京保利	2021-06-05
吴昌硕 1916年作 兰石图 立轴	136cm×48cm	483,000	北京保利	2021-09-25
吴昌硕 菊石图 立轴	115.5cm×52cm	483,000	上海嘉禾	2021-07-22
吴昌硕 菊石图 立轴	116cm×52cm	483,000	西泠印社	2021-01-16
吴昌硕 1914年作 芭蕉图 立轴	137.5cm×34cm	483,000	西泠印社	2021-07-25
吴昌硕 1892年作 菊花 立轴	139cm×43cm	483,000	中国嘉德	2021-05-21
吴昌硕 菊花荷花对屏 镜心	73cm×26cm×2	483,000	中国嘉德	2021-12-10
吴昌硕 墨梅图 立轴	148cm×39cm	483,000	中贸圣佳	2021-05-21
吴昌硕 篆书七言联 立轴	132cm×30cm×2	483,000	中贸圣佳	2021-05-21
吴昌硕 金文七言联 对联	132cm×16cm×2	471,500	上海嘉禾	2021-07-22
吴昌硕 1921年作 行书“招饮六三园”立轴	130cm×33cm	460,000	北京保利	2021-12-03
吴昌硕 清荷图 立轴	165.5cm×46cm	460,000	北京荣宝	2021-06-19
吴昌硕 1917年作 篆书“李白诗”立轴	131.5cm×32.5cm	460,000	北京荣宝	2021-06-19
吴昌硕 1922年作 黄金果 立轴	106.5cm×33cm	460,000	广东崇正	2021-01-07
吴昌硕 1902年作 色映丹霞 立轴	147cm×39cm	460,000	广东崇正	2021-07-19
吴昌硕 1909年作 雪梅图 立轴	144.5cm×53.5cm	460,000	上海匡时	2021-07-08
吴昌硕 1916年作 为王震作篆书节录古文 立轴	135cm×44.5cm	460,000	西泠印社	2021-01-16
吴昌硕 1915年作 墨竹图 立轴	124cm×45cm	460,000	西泠印社	2021-01-16
吴昌硕 1914年作 寒山图 立轴	133cm×33cm	460,000	西泠印社	2021-10-23
吴昌硕 1912年作 扁舟仙游 立轴	137cm×33cm	460,000	中国嘉德	2021-05-20
吴昌硕 牡丹湖石 立轴	153cm×41cm	460,000	中国嘉德	2021-05-21
吴昌硕 1921年作 行书“喜从天降福至寿来” 横披	132cm×32cm	460,000	中鸿信	2021-07-14
吴昌硕 1913年作 菊石图 镜片	145cm×33cm	448,500	广东崇正	2021-07-19
吴昌硕 1921年作 福禄 立轴	135cm×37.5cm	448,500	上海嘉禾	2021-07-22
吴昌硕 1913年作 行书论画诗跋 镜心	34cm×108cm	437,000	北京保利	2021-12-03
吴昌硕 1921年作 花卉 立轴	138cm×33cm	437,000	北京保利	2021-12-04
吴昌硕 1914年作 墨梅图 立轴	115.5cm×35cm	437,000	上海嘉禾	2021-07-22
吴昌硕 1914年作 行书《归舟》立轴	138cm×41cm	437,000	上海嘉禾	2021-07-22
吴昌硕 1922年作 草书“万岁” 立轴	131cm×33.5cm	437,000	中国嘉德	2021-05-20
吴昌硕 1918年作 篆书八言联 立轴	143cm×36.5cm×2	437,000	中国嘉德	2021-05-21
吴昌硕 1900年作 铁骨红梅 立轴	101cm×66cm	437,000	中国嘉德	2021-12-10
吴昌硕 陆恢 任预等 岁朝清供图 立轴	127cm×34cm	437,000	中国嘉德	2021-12-10
吴昌硕 1922年作 彩霞笼住海珊瑚 立轴	136cm×34.5cm	414,000	上海嘉禾	2021-07-22
吴昌硕 留得芭蕉听雨声 立轴	137cm×27.5cm	414,000	十竹斋拍卖（北京）	2021-05-29
吴昌硕 1914年作 行书自作诗 立轴	146.5cm×40cm	414,000	中国嘉德	2021-12-11
吴昌硕 贵寿无极 立轴	142cm×34cm	402,500	保利厦门	2021-11-05
吴昌硕 芭蕉枇杷图 立轴	117.5cm×36.5cm	402,500	北京保利	2021-12-04
吴昌硕 1915年作 墨竹图 立轴	124.5cm×41.5cm	402,500	北京保利	2021-12-04

2021书画拍卖成交汇总(续表)

(成交价RMB：10万元以上)

拍品名称	物品尺寸	成交价RMB	拍卖公司	拍卖日期
吴昌硕 1918年作 兰石图 立轴	158.5cm×42cm	402,500	北京翰海	2021-12-17
吴昌硕 费念慈 妃子笑·行书七言诗 成扇	18.5cm×50cm	402,500	北京荣宝	2021-12-02
吴昌硕 1923年作 篆书八言 对联	193.5cm×41cm×2	402,500	朵云轩	2021-07-08
吴昌硕 1920年作 行书 立轴	148.5cm×40.5cm	402,500	朵云轩	2021-07-08
吴昌硕 1926年作 硕果累累 立轴	126cm×40cm	402,500	上海嘉禾	2021-07-22
吴昌硕 1914年作 霞气 立轴	117cm×47cm	402,500	上海嘉禾	2021-07-22
吴昌硕 1914年作 篆书 立轴	134.5cm×33cm	402,500	上海嘉禾	2021-07-22
吴昌硕 1919年作 墨竹 立轴	117.5cm×42cm	402,500	上海嘉禾	2021-11-14
吴昌硕 篆书七言联 立轴	132cm×33cm×2	402,500	中贸圣佳	2021-05-21
吴昌硕 修竹图 立轴	133.5cm×41cm	396,750	中贸圣佳	2021-07-06
吴昌硕 1919年作 钟馗 立轴	150cm×34cm	391,000	北京荣宝	2021-12-02
吴昌硕 篆书五言联 对联	79.5cm×18cm×2	391,000	西泠印社	2021-01-16
吴昌硕 1914年作 芭蕉图 立轴	137.5cm×34cm	379,500	西泠印社	2021-10-23
吴昌硕 篆书七言联 立轴	125.5cm×36cm×2	379,500	中贸圣佳	2021-07-06
吴昌硕 1916年作 行书五言诗 立轴	150cm×38cm	368,000	上海嘉禾	2021-07-22
吴昌硕 1915年作 石鼓文 立轴	146cm×38.5cm	368,000	上海嘉禾	2021-11-14
吴昌硕 1922年作《石鼓文》书法 立轴	148.5cm×39.5cm	368,000	十竹斋拍卖(北京)	2021-05-29
吴昌硕为刘梯青作 篆书七言联 对联	134.5cm×33cm×2	368,000	西泠印社	2021-04-10
吴昌硕 1900年作 空谷幽兰 立轴	96.5cm×84cm	356,500	上海嘉禾	2021-11-14
吴昌硕 1914年作 美屋四隅幽新篁 立轴	129cm×38.5cm	356,500	中鸿信	2021-07-14
吴昌硕 王震 无量寿佛 立轴	118cm×50cm	354,060	保利香港	2021-04-23
吴昌硕 行书自作诗 册页	22cm×25.5cm×12	354,060	保利香港	2021-04-23
吴昌硕 1921年作 行书七言诗 镜心	128.5cm×31.5cm	345,000	北京保利	2021-12-03
吴昌硕 潘遵祁 任薰 陆恢等 绿牡丹题咏 册页	26cm×33cm×19	345,000	北京保利	2021-12-04
吴昌硕 1914年作 富贵坚固 立轴	136cm×49.5cm	345,000	北京翰海	2021-12-17
吴昌硕 1920年作 南瓜 立轴	147cm×39cm	345,000	北京翰海	2021-06-04
吴昌硕 1917年作 菊石图 立轴	117.5cm×32cm	345,000	北京银座	2021-09-24
吴昌硕 1918年作 杏花暖风 立轴	139.5cm×27cm	345,000	朵云轩	2021-07-07
吴昌硕 1920年作 菜根香 立轴	105cm×48.5cm	345,000	上海嘉禾	2021-07-22
吴昌硕题 王震 倪田 1915年作 合画五毒图 立轴	139cm×68.5cm	345,000	西泠印社	2021-07-25
吴昌硕 1913年作 墨梅图 立轴	132cm×33cm	345,000	西泠印社	2021-07-25
吴昌硕 隶书五言联 镜心	74.5cm×15cm×2	345,000	中鸿信	2021-07-14
吴昌硕篆书"万岁万岁万万岁" 立轴	126cm×25.5cm	333,500	上海嘉禾	2021-11-14
吴昌硕 1897年作 致沈石友诗 立轴	35cm×32.5cm	333,500	西泠印社	2021-01-16
吴昌硕 1913年作 篆书五言联 对联	99cm×21cm×2	333,500	西泠印社	2021-04-10
吴昌硕 篆书八言联 立轴	147.5cm×26.5cm×2	333,500	中贸圣佳	2021-05-21
吴昌硕 1920年作 竹石图 立轴	134cm×39cm	322,000	北京保利	2021-12-03
吴昌硕 1918年作 延年益寿 立轴	137cm×33cm	322,000	北京保利	2021-12-04
吴昌硕 1916年作 大富贵 立轴	132cm×32cm	322,000	北京荣宝	2021-12-02
吴昌硕 1917年作 墨梅 立轴	130.5cm×31.5cm	322,000	上海嘉禾	2021-07-22
吴昌硕 1915年作 墨竹梅石 立轴	132.5cm×34cm	322,000	上海嘉禾	2021-11-14
吴昌硕 1911年作 岁朝清供 立轴	100cm×34cm	322,000	上海匡时	2021-07-08
吴昌硕 幽兰图 立轴	140cm×29.5cm	322,000	上海匡时	2021-07-08
吴昌硕 1920年作 竹石图 立轴	134cm×39cm	322,000	十竹斋拍卖(北京)	2021-05-29
吴昌硕 王震 英雄独立图 立轴	137.5cm×69.5cm	322,000	西泠印社	2021-01-16
吴昌硕 墨松图 立轴	142.5cm×37cm	322,000	西泠印社	2021-07-25
吴昌硕 集《曹全碑》阴字作七言联 镜心	148.5cm×35cm×2	322,000	中国嘉德	2021-05-20
吴昌硕郑孝胥等书法镜心(四帧)	33cm×38.5cm×4	322,000	中国嘉德	2021-12-10

拍品名称	物品尺寸	成交价RMB	拍卖公司	拍卖日期
吴昌硕 1915年作 依样 立轴	120.5cm×33.5cm	322,000	中鸿信	2021-07-14
吴昌硕 空山古木 立轴	142cm×40cm	322,000	中鸿信	2021-07-14
吴昌硕 1915年作 美意延年 立轴	诗堂34cm×24cm;画103cm×33cm	317,952	中国嘉德	2021-10-13
吴昌硕 1917年作 兰石图 立轴	123cm×50.5cm	310,500	上海嘉禾	2021-07-22
吴昌硕 费念慈 1903年作 妃子笑·行书七言诗 成扇	18.5cm×49.5cm	310,500	上海匡时	2021-07-08
吴昌硕 1915年作 节临《石鼓文》立轴	100.6cm×64cm	299,000	北京荣宝	2021-06-19
吴昌硕 "芦梦秋意" 草书 成扇	18.5cm×51cm	299,000	朵云轩	2021-07-07
吴昌硕 1922年作 墨竹图 立轴	140.5cm×57cm	299,000	上海嘉禾	2021-07-22
吴昌硕 隶书节临嵩岳《太室石阙铭》立轴	96.5cm×44.5cm	299,000	中国嘉德	2021-05-20
吴昌硕 紫藤 屏轴	107cm×18.5cm	293,250	朵云轩	2021-09-18
吴昌硕 1926年作 行书 镜片	137cm×34cm	293,250	广东崇正	2021-07-19
吴昌硕 1924年作 兰石图 立轴	84cm×96cm	287,500	北京保利	2021-06-05
吴昌硕 篆书四言联 镜心	91cm×24cm×2	287,500	北京保利	2021-12-03
吴昌硕 1914年作 仙木桃实图 立轴	137cm×68cm	287,500	北京保利	2021-12-04
吴昌硕 1890年作 篆书七言联 立轴	134cm×31cm×2	287,500	北京荣宝	2021-06-19
吴昌硕 任伯年等六人山斋清品 镜片	121cm×49cm	287,500	广东崇正	2021-01-06
吴昌硕 清供图 立轴	123cm×32cm	287,500	上海嘉禾	2021-07-22
吴昌硕 早期墨迹册(共十页) 册页	尺寸不一	287,500	西泠印社	2021-01-16
吴昌硕 篆书七言联 对联	126cm×28cm×2	287,500	西泠印社	2021-07-25
吴昌硕 1919年作 篆书七言联 立轴	170.5cm×37.5cm×2	287,500	中国嘉德	2021-12-12
吴昌硕 篆书 "鹤寿" 镜心	33.5cm×122cm	287,500	中鸿信	2021-07-14
吴昌硕 篆书七言联 立轴	129cm×29cm×2	287,500	中贸圣佳	2021-05-21
吴昌硕 翠豪夜湿天香露 立轴	126.5cm×54cm	287,500	中贸圣佳	2021-09-25
吴昌硕 1918年作 墨牡丹 立轴	114cm×28cm	283,750	北京保利	2021-08-11
吴昌硕 1916年作 篆书录昌黎诗 立轴	136cm×34cm	276,000	中鸿信	2021-07-14
吴昌硕 1916年作 富贵寿石图 镜心	130cm×37cm	276,000	中鸿信	2021-07-14
吴昌硕 1915年作 石鼓文 立轴	134.5cm×32cm	269,100	佳士得	2021-05-27
吴昌硕 1920年作 寿者相 立轴	116cm×42.5cm	264,500	北京翰海	2021-12-17
吴昌硕 1922年作 红梅 立轴	128.5cm×71.5cm	264,500	北京翰海	2021-06-04
吴昌硕 1919年作 行书 立轴	134cm×40cm	264,500	上海嘉禾	2021-11-14
吴昌硕 1919年作 石鼓文 立轴	130.3cm×43cm	264,500	中鸿信	2021-07-14
吴昌硕 1915年作 清白图 立轴	35cm×53cm	253,000	北京保利	2021-06-05
吴昌硕 1898年作 红荷 镜片	51cm×150.5cm	253,000	华艺国际	2021-06-04
吴昌硕 天竹图 立轴	135cm×44.5cm	253,000	上海嘉禾	2021-11-14
吴昌硕 1924年作 菊石图 立轴	130cm×33cm	253,000	上海嘉禾	2021-11-14
吴昌硕 1923年作 百事如意 立轴	19.5cm×51cm	253,000	十竹斋拍卖(北京)	2021-05-29
吴昌硕 1917年作 篆书八言联 纸本	168cm×36cm×2	253,000	中国嘉德	2021-03-27
吴昌硕 1915年作 拟李复堂花卉 立轴	38cm×31cm	253,000	中国嘉德	2021-05-21
吴昌硕 1916年作 菊石图 立轴	120.5cm×53cm	246,300	保利香港	2021-11-28
吴昌硕 1921年作 行书 立轴	126.5cm×31.8cm	246,300	佳士得	2021-11-30
吴昌硕 1916年作 松树 立轴	139.5cm×47.3cm	246,300	佳士得	2021-11-30
吴昌硕 1914年作 墨竹 立轴	133cm×33cm	230,000	北京保利	2021-09-25
吴昌硕 1924年作 行书 立轴	88cm×44cm	230,000	上海嘉禾	2021-07-22
吴昌硕 1921年作 篆书七言联 对联	133cm×31cm×2	230,000	上海嘉禾	2021-07-22
吴昌硕 篆书七言联 纸本	135cm×33cm×2	230,000	中国嘉德	2021-03-27
吴昌硕 篆书八言联 立轴	130cm×31cm×2	230,000	中贸圣佳	2021-05-21
吴昌硕 粗枝大叶拒霜魄力 镜心	19cm×51cm	218,500	北京保利	2021-06-05
吴昌硕 1914年作 墨竹 立轴	133cm×33cm	218,500	北京保利	2021-06-05
吴昌硕 1918年作 秋菊图 镜心	136cm×33cm	218,500	北京保利	2021-12-04
吴昌硕 1914年作 雪意 镜心	129cm×33cm	218,500	北京保利	2021-12-04

拍品名称	物品尺寸	成交价RMB	拍卖公司	拍卖日期
吴昌硕 争艳 立轴	137cm×33cm	218,500	北京保利	2021-12-04
吴昌硕 1921年作 松色不肯秋 镜心	130cm×33cm	218,500	北京保利	2021-12-04
吴昌硕 金心兰 梅花 立轴	139cm×34.5cm	218,500	北京翰海	2021-06-04
吴昌硕 1920年作 篆书 镜片	36.5cm×123cm	207,000	广东崇正	2021-07-19
吴昌硕 竹石图 立轴	123cm×41cm	207,000	广东小雅斋	2021-07-20
吴昌硕 1924年作 竹石图 立轴	85cm×39cm	207,000	佳士得	2021-05-27
吴昌硕 可斋 镜心	17cm×37cm	207,000	南京经典	2021-07-18
吴昌硕 袁克文 清供·行书 成扇	20cm×54cm	207,000	上海嘉禾	2021-07-22
吴昌硕 黄金枇杷 镜片	32cm×32.5cm	207,000	上海嘉禾	2021-11-14
吴昌硕王震1915年作古木寒鸦图立轴	115cm×23cm	207,000	西泠印社	2021-07-24
吴昌硕 行书沧浪亭楹联跋语 立轴	87cm×75cm	207,000	中贸圣佳	2021-05-21
吴昌硕 1920年作 富贵眉寿 立轴	96cm×46.3cm	195,500	上海嘉禾	2021-07-22
吴昌硕 1899年作 篆书十言联 立轴	236cm×48cm×2	195,500	上海嘉禾	2021-07-22
吴昌硕 1914年作 篆书 七言联 对联	129cm×28cm×2	195,500	西泠印社	2021-01-16
吴昌硕 1879年作 石鼓文节录《豳风诗》立轴	160.5cm×38.9cm	184,725	佳士得	2021-11-30
吴昌硕 1917年作 东篱之菊 立轴	132.3cm×44.7cm	184,725	佳士得	2021-11-30
吴昌硕 1918年作 梅石图 立轴	159cm×71cm	184,000	上海嘉禾	2021-07-22
吴昌硕 王震 1932年作 行书"登高望远"立轴	书法39cm×17.5cm;画34.5cm×27.5cm	184,000	上海嘉禾	2021-07-23
吴昌硕 陈其煃 1890年作 行书诗·花卉 成扇	17.5cm×52cm	184,000	西泠印社	2021-10-23
吴昌硕 1921年作 行书"语石斋"镜框	31cm×67cm	178,250	上海嘉禾	2021-07-22
吴昌硕 1897年作 节临《石鼓文》扇面	18cm×53cm	172,500	北京保利	2021-06-05
吴昌硕 1917年作 柳桥古刹 立轴	149cm×33.5cm	172,500	北京翰海	2021-12-17
吴昌硕 1915年作 金错刀 立轴	77cm×33.5cm	172,500	北京翰海	2021-12-17
吴昌硕1909年作篆书七言联 对联	132cm×30.5cm×2	172,500	上海嘉禾	2021-11-14
吴昌硕为许玉农作篆书八言联 对联	131cm×31cm×2	172,500	西泠印社	2021-01-16
吴昌硕 1896年作 琼玉山桃图 镜心	73cm×37cm	172,500	中国嘉德	2021-03-29
吴昌硕 1919年作 篆书 四言联 对联	132.5cm×29.5cm×2	161,000	西泠印社	2021-04-10
吴昌硕 1895年作 篆书《田车诗》镜心	114.4cm×45.5cm	161,000	中国嘉德	2021-05-20
吴昌硕 行书题《八人山人画鸟石》镜心	21.5cm×40cm	161,000	中鸿信	2021-07-14
吴昌硕 1918年作 美意延年 立轴	94.5cm×34cm	149,500	上海嘉禾	2021-11-14
吴昌硕 1918年作 篆书七言诗 立轴	109cm×40cm	149,500	中国嘉德	2021-12-11
吴昌硕 1920年作 芍药图 立轴	132.5cm×33.5cm	2,415,000	朵云轩	2021-12-30
吴昌硕 1908年作 折梅煮茶图 立轴	73.4cm×43.5cm	1,069,500	上海明轩	2021-12-30
吴昌硕 1920年作 行书七言 对联	174.5cm×38cm×2	1,058,000	朵云轩	2021-12-30
吴昌硕 1915年作 秋菊图 立轴	116.3cm×49cm	816,500	上海明轩	2021-12-30
吴昌硕 1918年作 红梅傲雪 镜片	153.5cm×51.5cm	644,000	朵云轩	2021-12-30
吴昌硕 1899年作 幽篁青翠 立轴	135cm×33cm	345,000	朵云轩	2021-12-30
吴昌硕 行书 镜片	27cm×51.5cm	345,000	朵云轩	2021-12-30
吴昌硕 篆书八言 对联	158cm×32cm×2	270,250	朵云轩	2021-12-30
吴茀之 1964年作 孙悟空 立轴	148cm×49cm	402,500	中国嘉德	2021-05-20
吴茀之 1959年作 春江游鸭 立轴	122cm×60.5cm	253,000	中国嘉德	2021-05-20
吴茀之 1936年作 池藕莲叶图 立轴	135cm×34cm	207,000	西泠印社	2021-01-15
吴茀之 1973年作 兰竹图 镜片	68cm×48cm	207,000	西泠印社	2021-07-25
吴茀之 1963年作 秋趣 立轴	90cm×48cm	166,750	朵云轩	2021-12-30
吴毅洋 1990年作 枣林春雪图 镜心	133cm×69cm	195,500	中国嘉德	2021-03-30
吴观岱 流水音图卷 手卷	28.2cm×124.2cm	632,500	北京诚轩	2021-12-03
吴观岱 1921年作 松山幽居图 立轴	117cm×61cm	195,500	十竹斋拍卖(北京)	2021-05-29

拍品名称	物品尺寸	成交价RMB	拍卖公司	拍卖日期
吴观岱 1918年作 山水人物四屏 镜心	69cm×39cm×4	178,848	中国嘉德	2021-10-13
吴冠中 1980年代作 松魂	148cm×201cm	36,800,000	永乐拍卖	2021-05-21
吴冠中 1990年作 卧	68cm×137cm	11,385,000	十竹斋拍卖(北京)	2021-04-25
吴冠中 1988年作 新林	68cm×137cm	9,430,000	永乐拍卖	2021-05-21
吴冠中 1991年作 春信 镜框	94cm×177cm	9,072,050	佳士得	2021-11-30
吴冠中 1988年作 清奇古怪 镜框	68.1cm×137.8cm	10,163,700	香港苏富比	2021-10-11
吴冠中 1987年作 长江三峡 镜框	135.5cm×67.5cm	8,155,800	佳士得	2021-05-27
吴冠中 1986年作 水田 镜框	68.2cm×137cm	7,287,735	香港苏富比	2021-04-21
吴冠中 1979年作 峨眉山月思李白	139cm×68cm	6,670,000	中国嘉德	2021-05-20
吴冠中 水田 镜框	93.4cm×84cm	8,086,850	佳士得	2021-11-30
吴冠中 松魂 镜框	69cm×137cm	7,889,810	佳士得	2021-11-30
吴冠中 1983年作 墙上春色 镜框	45.4cm×111.4cm	7,287,735	香港苏富比	2021-04-21
吴冠中 泊岸 镜框	67.7cm×138.4cm	6,777,720	香港苏富比	2021-04-21
吴冠中 1987年作 江南小楼 镜心	68.5cm×53.5cm	5,635,000	中国嘉德	2021-12-10
吴冠中 1988年作 泼墨漓江 镜片	65cm×130cm	5,520,000	华艺国际	2021-06-04
吴冠中 鲁迅故乡 镜框	66.8cm×65.5cm	5,451,681	香港苏富比	2021-04-21
吴冠中 北武当山 镜框	89.5cm×67.8cm	4,864,500	佳士得	2021-05-27
吴冠中 1993年作 山村	68cm×68cm	4,600,000	永乐拍卖	2021-05-21
吴冠中 1978年作 团泊洼的秋天 镜心	39cm×40.5cm	4,140,000	中国嘉德	2021-05-19
吴冠中 2008年作 藤 镜心	58cm×96cm	4,025,000	永乐拍卖	2021-12-02
吴冠中 1985年作 春秋 镜框	47.5cm×48.7cm	3,933,000	佳士得	2021-05-27
吴冠中 1990年作 星洲海滨 镜框	68.5cm×85.2cm	3,694,500	佳士得	2021-11-30
吴冠中 1979年作 鱼之乐	42.3cm×46.9cm	3,680,000	北京翰海	2021-06-05
吴冠中 玉龙山下奔流 镜框	66.5cm×131cm	3,398,976	香港苏富比	2021-04-21
吴冠中 天光云影 镜心	48cm×51cm	3,162,500	中贸圣佳	2021-05-21
吴冠中 1988年作 大有余	49cm×61cm	2,990,000	永乐拍卖	2021-05-21
吴冠中 林	44cm×53cm	2,990,000	中贸圣佳	2021-05-20
吴冠中 1987年作 忆玉龙山 镜框	67.5cm×67.5cm	2,921,184	香港苏富比	2021-10-11
吴冠中 1985年作 水乡石桥 镜框	41.6cm×48.5cm	2,761,668	香港苏富比	2021-04-21
吴冠中 春江水暖鸭先知 镜框	44.5cm×67.8cm	2,761,668	香港苏富比	2021-04-21
吴冠中 1986年作 黄山日出 镜心	136cm×67cm	2,660,040	保利香港	2021-11-28
吴冠中 桂林 镜心	48.5cm×68.8cm	2,530,000	北京诚轩	2021-05-18
吴冠中 滨江小镇 镜框	34cm×37cm	2,484,000	佳士得	2021-05-27
吴冠中 1988年作 龙潭湖畔	68cm×138cm	2,300,000	北京保利	2021-06-04
吴冠中 1975年作 白皮松 镜心	48cm×44cm	2,300,000	北京保利	2021-12-03
吴冠中 稻田 镜片	56cm×68cm	2,300,000	广东崇正	2021-07-18
吴冠中 江南人家 镜框	31.8cm×69cm	2,257,750	佳士得	2021-11-30
吴冠中 2006年作 似花似果	45cm×48cm	2,185,000	中国嘉德	2021-05-20
吴冠中 湖畔小舟 镜框	45cm×68cm	2,086,560	香港苏富比	2021-10-11
吴冠中 奇峰叠翠 镜框	95.5cm×102cm	2,070,000	佳士得	2021-05-27
吴冠中 1987年作 春早	41.5cm×76.5cm	2,070,000	永乐拍卖	2021-05-21
吴冠中 江南小镇 立轴	45.3cm×69cm	2,070,000	中国嘉德	2021-05-19
吴冠中 1985年作 小桥流水人家 镜框	47cm×70.3cm	1,966,500	佳士得	2021-05-27
吴冠中 园林一角 镜心	53cm×68.2cm	1,955,000	中国嘉德	2021-05-19
吴冠中 生生不息(厦门鼓浪屿) 镜心	68.8cm×67.5cm	1,840,000	北京诚轩	2021-12-03
吴冠中 梯田 镜框	33.7cm×33.7cm	1,773,576	香港苏富比	2021-10-11
吴冠中 1975年作 苏州园林 镜框	35cm×35cm	1,752,597	香港苏富比	2021-04-21
吴冠中 1987年作 江南小楼 镜心	68cm×53cm	1,725,000	北京保利	2021-06-05
吴冠中 写生山水 镜心	69cm×70cm	1,517,400	保利香港	2021-04-23
吴冠中 荒甲树瀑布 镜心	68cm×69cm	1,495,000	北京保利	2021-06-05
吴冠中 1977年作 龟(虚谷later)	48.5cm×49cm	1,495,000	永乐拍卖	2021-05-21
吴冠中 1987年作 山村渔池 镜框	39.7cm×68.3cm	1,345,500	佳士得	2021-05-27
吴冠中 中国腊梅花在三味书屋 镜片	32cm×48cm	1,265,000	广东崇正	2021-07-18
吴冠中 1989年作 松魂	34.5cm×44cm	1,127,000	西泠印社	2021-07-24

2021书画拍卖成交汇总（续表）

(成交价RMB：10万元以上)

拍品名称	物品尺寸	成交价RMB	拍卖公司	拍卖日期
吴冠中 1992年作 人字瀑 镜心	26cm×23cm	1,035,000	中国嘉德	2021-05-19
吴冠中 1982年作 龙潭湖公园	34cm×41cm	920,000	朵云轩	2021-07-07
吴冠中 三味书屋 镜片	40cm×67cm	862,500	广东崇正	2021-07-18
吴冠中 苏州园林 镜心	47cm×44.5cm	862,500	中国嘉德	2021-05-21
吴冠中 1989年作 巴黎塞纳-马恩省河 镜框	40.7cm×31.1cm	849,744	香港苏富比	2021-04-21
吴冠中 老梅 镜片	67cm×67cm	828,000	广东崇正	2021-07-18
吴冠中 彩林 镜片	24cm×52cm	828,000	广东崇正	2021-07-18
吴冠中 1979年作 青衣江 镜心	46cm×49.5cm	828,000	中国嘉德	2021-12-11
吴冠中 2008年作 寰宇	35.5cm×62.5cm	805,000	中国嘉德	2021-05-20
吴冠中 补天 镜片	56cm×67cm	701,500	广东崇正	2021-07-18
吴冠中 水岸歌头 镜片	19cm×56cm	701,500	广东崇正	2021-07-18
吴冠中 1984年作 老重庆	28.6cm×48.4cm	690,000	永乐拍卖	2021-12-03
吴冠中 紫色冲击 镜片	21cm×44cm	678,500	广东崇正	2021-07-18
吴冠中 息 镜片	48cm×68cm	667,000	广东崇正	2021-07-18
吴冠中卿卿性命、诗画恩怨、水乡	47cm×58cm; 44cm×48cm; 39cm×37cm	667,000	永乐拍卖	2021-12-03
吴冠中 1987年作 天台山张家桐镜心	25cm×35cm	632,500	十竹斋拍卖（北京）	2021-05-29
吴冠中 母亲 镜片	47cm×68cm	575,000	广东崇正	2021-07-18
吴冠中 飞 镜片	48cm×51cm	575,000	广东崇正	2021-07-18
吴冠中 风筝不断线、大漆园、卿卿性命	44cm×48cm; 44cm×47cm; 44cm×48cm	575,000	永乐拍卖	2021-12-03
吴冠中 飞 镜片	48cm×69cm	552,000	广东崇正	2021-07-18
吴冠中 1982年作 山水 镜心	34.5cm×34.5cm	552,000	中国嘉德	2021-12-11
吴冠中 包榕 镜片	27cm×55cm	483,000	广东崇正	2021-07-18
吴冠中 花花世界 镜片	27cm×43cm	471,500	广东崇正	2021-07-18
吴冠中 紫藤 镜片	31.5cm×57cm	448,500	广东崇正	2021-07-18
吴冠中 江南水乡 镜心	70cm×45cm	437,000	中鸿信	2021-07-14
吴冠中 家乡笋 镜心	46cm×34cm	402,500	中国嘉德	2021-09-27
吴冠中 江畔 镜心	45cm×48cm	402,500	中贸圣佳	2021-05-21
吴冠中 观鱼图 镜心	35cm×46.5cm	397,896	中国嘉德	2021-04-22
吴冠中 1986年作 苏州园林 镜心	47cm×32cm	394,080	保利香港	2021-11-28
吴冠中 荷塘 镜片	23.5cm×45cm	391,000	广东崇正	2021-07-18
吴冠中 飞 镜片	48cm×68cm	379,500	广东崇正	2021-07-18
吴冠中 1986年作 苏州园林 立轴	41.5cm×34cm	368,000	北京保利	2021-12-04
吴冠中 墨海银丝 镜片	28cm×68cm	368,000	广东崇正	2021-07-18
吴冠中 姹紫嫣红 镜心	30.5cm×64.5cm	368,000	中国嘉德	2021-12-13
吴冠中 雪山 镜心	26.5cm×33.5cm	368,000	中国嘉德	2021-12-13
吴冠中 云山 镜片	37cm×67cm	356,500	广东崇正	2021-07-18
吴冠中 1989年作 松魂 镜心	34.5cm×44cm	345,000	北京保利	2021-06-05
吴冠中 孕 镜片	48cm×44cm	322,000	广东崇正	2021-07-18
吴冠中 驰骋 镜片	41cm×68cm	322,000	广东崇正	2021-07-18
吴冠中 1990年作 故乡情 镜框	68cm×78cm	322,000	上海嘉禾	2021-11-14
吴冠中 1985年作 周庄写生 镜心	25cm×60cm	310,500	十竹斋拍卖（北京）	2021-05-29
吴冠中 1978年作 西双版纳写生 镜心	21cm×39cm	299,000	十竹斋拍卖（北京）	2021-05-29
吴冠中 我负丹青 镜片	34cm×68cm	287,500	广东崇正	2021-07-18
吴冠中 比翼 镜片	34cm×76cm	287,500	广东崇正	2021-07-18
吴冠中 民族魂 镜片	45cm×48cm	287,500	广东崇正	2021-07-18
吴冠中 明暗物质 镜片	25cm×27cm	287,500	广东崇正	2021-07-18
吴冠中 收藏贵精 镜片	37.5cm×67cm	253,000	广东崇正	2021-07-18
吴冠中 北京居 镜片	37cm×66cm	241,500	广东崇正	2021-07-18
吴冠中 流逝 镜框	35cm×64cm	230,000	北京荣宝	2021-06-19
吴冠中 送儿还故乡 镜片	43cm×48cm	230,000	广东崇正	2021-07-18
吴冠中 妈妈 镜片	48cm×69cm	230,000	广东崇正	2021-07-18
吴冠中 女人奔月 镜片	38cm×69cm	218,500	广东崇正	2021-07-18
吴冠中 驰骋 镜片	38cm×68cm	212,750	广东崇正	2021-07-18
吴冠中 1989年作 巴黎钢笔写生 镜心	59cm×43cm	207,000	北京保利	2021-06-05
吴冠中 息 镜片	33cm×68cm	207,000	广东崇正	2021-07-18
吴冠中 息 镜片	44cm×68cm	207,000	广东崇正	2021-07-18
吴冠中 1989年作 渡头 镜心	31.5cm×44cm	197,040	保利香港	2021-11-28
吴冠中 墨海银丝 镜片	25cm×68cm	195,500	广东崇正	2021-07-18
吴冠中 飞 镜片	48cm×68cm	195,500	广东崇正	2021-07-18
吴冠中 紫禁城 镜片	48cm×59cm	184,000	广东崇正	2021-07-18
吴冠中 飞 镜片	33cm×68cm	184,000	广东崇正	2021-07-18
吴冠中 盲美 镜片	47.5cm×21cm	172,500	广东崇正	2021-07-18
吴冠中 将军未挂封侯印，腰下常悬带血刀 镜片	44cm×22cm	172,500	广东崇正	2021-07-18
吴冠中 霸王不别姬 镜片	47cm×57cm	172,500	广东崇正	2021-07-18
吴冠中 诗画恩怨 镜片	47cm×59cm	166,750	广东崇正	2021-07-18
吴冠中 息 镜片	49cm×68cm	161,000	广东崇正	2021-07-18
吴冠中 息 镜片	33cm×68cm	149,500	广东崇正	2021-07-18
吴冠中 息 镜片	46cm×68cm	149,500	广东崇正	2021-07-18
吴冠中 风筝不断线	44cm×48cm	184,000	上海明轩	2021-12-30
吴冠中 画里阴晴	44cm×48cm	149,500	上海明轩	2021-12-30
吴光宇 1938年作 蜀山行旅 立轴	86.5cm×32.5cm	161,000	中国嘉德	2021-12-10
吴国亭 山野秘境图 镜片	68cm×90cm	575,000	荣宝斋（南京）	2021-04-27
吴灏 七十龙媒图 手卷	画24cm×1061cm	621,000	华艺国际	2021-04-01
吴湖帆 1939年作 蜀葵倚姿 镜框	69cm×31cm	7,935,000	华艺国际	2021-03-31
吴湖帆 临金农《醉葵图》立轴	95cm×40cm	4,945,000	中国嘉德	2021-05-19
吴湖帆 1959年作 钱塘江大桥 镜片	50cm×84.5cm	3,910,000	西泠印社	2021-01-16
吴湖帆 1949年作 桑竹春蚕图 立轴	95.5cm×51.5cm	3,047,500	上海嘉禾	2021-07-22
吴湖帆 1939年作 神骏图 立轴	133cm×66cm	2,070,000	上海嘉禾	2021-07-22
吴湖帆 1944年作 雨村烟树 立轴	86.5cm×47cm	2,530,000	朵云轩	2021-07-07
吴湖帆 1958年作 金枝铁骨 镜片	33cm×130cm	2,242,500	上海嘉禾	2021-07-22
吴湖帆 1954年作 天香 立轴	100.5cm×43cm	2,070,000	中国嘉德	2021-12-10
吴湖帆 1937年作 为陈定山、陈蝶仙一家作《神仙眷属图》立轴	59.5cm×30cm	1,725,000	西泠印社	2021-07-25
吴湖帆 1949年作 行书七言联 立轴	132cm×28.5cm×2	1,552,500	华艺国际	2021-06-04
吴湖帆 1934年作 泥絮禅心图 手卷	引首24.5cm×93cm; 画心25cm×66.5cm; 后跋24.5cm×59cm	1,380,000	华艺国际	2021-06-04
吴湖帆 1930年作 江天帆影 立轴	102cm×46cm	1,207,500	十竹斋拍卖（北京）	2021-05-29
吴湖帆 1935年作 仿黄公望云山泛舟 立轴	121cm×52cm	1,127,000	北京保利	2021-12-03
吴湖帆 1928年作 金文七言联 立轴	109.5cm×17.5cm×2	1,035,000	中国嘉德	2021-11-30
吴湖帆 1947年作 元人画竹四景 镜心	52cm×17cm×4	897,000	北京保利	2021-06-05
吴湖帆 东方朔荐桃 镜心	139cm×37.5cm	897,000	北京保利	2021-12-04
吴湖帆 1947年作 秋山萧寺 立轴	70cm×32.5cm	851,000	北京保利	2021-12-03
吴湖帆 1951年作 幽谷云峰 镜心	62cm×30.5cm	816,500	北京银座	2021-09-24
吴湖帆 宫词 立轴	93.5cm×41.5cm	747,500	北京保利	2021-06-05
吴湖帆 周鍊霞 执扇仕女 立轴	108cm×44cm	747,500	上海嘉禾	2021-11-14
吴湖帆潘静淑1937年作水仙花卉镜心	33.4cm×46.8cm	747,500	中国嘉德	2021-11-30
吴湖帆 1945年作 闹红一舸 立轴	57cm×34cm	713,000	朵云轩	2021-07-07
吴湖帆 1954年作 为许兰台书乾隆饾版拱花笺	26cm×21.5cm	632,500	西泠印社	2021-07-25

(成交价RMB：10万元以上)

拍品名称	物品尺寸	成交价RMB	拍卖公司	拍卖日期
吴湖帆 松风涧泉·行书临米帖 成扇	18.5cm×50cm	632,500	中国嘉德	2021-05-21
吴湖帆 冯超然 翠竹·春江帆影 成扇	18.8cm×50.5cm	632,500	中国嘉德	2021-12-10
吴湖帆 1944年作 海野云冈 立轴	93cm×42cm	609,500	北京翰海	2021-06-04
吴湖帆 青山红树 镜框	82.5cm×34.2cm	584,199	香港苏富比	2021-04-21
吴湖帆 1947年作 元人竹石四景 镜心	52cm×17cm×4	575,000	北京保利	2021-12-03
吴湖帆 1930年作 阳明洞天图 镜片	102cm×40cm	575,000	上海嘉禾	2021-07-22
吴湖帆 1930年作 秋山萧寺图 立轴	73cm×36cm	575,000	中国嘉德	2021-05-19
吴湖帆 1934年作 乔松图 镜心	87cm×23.5cm	575,000	中国嘉德	2021-05-21
吴湖帆 1949年作 秀影相依 立轴	114cm×54cm	552,000	北京保利	2021-06-05
吴湖帆 1944年作 红莲碧沼图 立轴	94.5cm×46cm	552,000	西泠印社	2021-01-16
吴湖帆 1965年作 草书 六言联 对联	146cm×40cm×2	552,000	西泠印社	2021-07-25
吴湖帆 1932年作 安持精舍图 镜心	33.5cm×64cm	517,500	中国嘉德	2021-11-30
吴湖帆 1960年作 竹枝干劲尽冲天 立轴	65.5cm×82.5cm	513,125	佳士得	2021-11-30
吴湖帆 1948年作 翠华仙姿 镜片	105cm×36cm	506,000	上海嘉禾	2021-07-22
吴湖帆 1938年作 连理松 镜心	24.4cm×31cm	494,500	北京诚轩	2021-05-18
吴湖帆 1950年作 为姜亮夫作行书十三言联 镜片	129cm×15cm×2	483,000	西泠印社	2021-04-10
吴湖帆 1925年作 松风飞瀑图 立轴	105.5cm×52.5cm	483,000	中国嘉德	2021-12-10
吴湖帆 虎须菊·行书陆放翁诗 成扇	18cm×49cm	483,000	中贸圣佳	2021-07-06
吴湖帆 刘岚起 1927年作 秋山幽居·节录鲍照《拟古诗八首》二首 成扇	20cm×57.5cm	460,000	北京诚轩	2021-05-18
吴湖帆 行书八言联 镜框	162cm×29.8cm×2	424,872	香港苏富比	2021-04-21
吴湖帆 潘静淑 1936年作 紫蝴蝶花图 立轴	58.5cm×30cm	414,000	上海嘉禾	2021-11-14
吴湖帆 草书八言联 立轴	144cm×33cm×2	402,500	北京银座	2021-09-24
吴湖帆 1949年作 书画合璧扇 成扇	18.7cm×50.5cm	368,000	北京诚轩	2021-12-03
吴湖帆 1946年作 吟秋图 镜片	103.5cm×40cm	368,000	朵云轩	2021-07-07
吴湖帆 1925年作 湖庄清夏 立轴	70.5cm×38.5cm	368,000	朵云轩	2021-07-07
吴湖帆 为钱镜塘作行书八言联 对联	110cm×27cm×2	356,500	西泠印社	2021-07-25
吴湖帆 1936年作 松壑云泉 立轴	79cm×34.5cm	345,000	北京保利	2021-06-05
吴湖帆 1946年作 行书七言联 立轴	107cm×23cm×2	345,000	北京保利	2021-06-05
吴湖帆 1950年作 光风转蕙 镜心	35cm×45cm	345,000	北京保利	2021-06-05
吴湖帆 1930年作 峰峦雨意图 立轴	106cm×48cm	345,000	广东崇正	2021-01-07
吴湖帆 曾熙 为庞莱臣作《朝岚飞鸟图》楷书临《黄庭经》 成扇	18.5cm×50.5cm	345,000	西泠印社	2021-01-16
吴湖帆 行书九言联 立轴	146cm×27.5cm×2	322,000	中国嘉德	2021-05-19
吴湖帆 1932年作 乔岳松云 立轴	110cm×39cm	318,654	香港苏富比	2021-04-21
吴湖帆 1947年作 篆书七言联 立轴	138cm×22cm×2	310,500	北京银座	2021-09-24
吴湖帆 行书七言联 立轴	134cm×32cm×2	310,500	十竹斋拍卖(北京)	2021-05-29
吴湖帆 1925年作 临范宽《溪山行旅图》立轴	70cm×30.5cm	287,500	西泠印社	2021-07-25
吴湖帆 1943年作 竹石图·行书节录《黄楼赋》成扇	17.5cm×48cm	287,500	中国嘉德	2021-05-21
吴湖帆 清风紫玉 立轴	93cm×45cm	253,000	中国嘉德	2021-03-27
吴湖帆 1957年作 行书观礼词 立轴	24cm×36cm	253,000	中国嘉德	2021-05-19
吴湖帆 1932年作 瘦金书九言联 立轴	127.5cm×25cm×2	253,000	中国嘉德	2021-05-20
吴湖帆 行书八言联 立轴	142.5cm×30cm×2	253,000	中国嘉德	2021-12-10
吴湖帆 孤桐图·草书《十六字令》镜心	19cm×49cm	248,400	中国嘉德	2021-10-13
吴湖帆 1953年作 仙髻拥新妆 立轴	68cm×35.5cm	248,400	中国嘉德	2021-10-13
吴湖帆 行书七言联 对联	114cm×21cm×2	230,000	西泠印社	2021-01-16
吴湖帆 为陈曾寿作行书七言联 对联	129cm×25cm×2	212,750	西泠印社	2021-07-25
吴湖帆 1946年作 松山云烟图 立轴	76cm×36.5cm	207,000	华艺国际	2021-03-31
吴湖帆 1948年作 墨竹·行书 成扇	18cm×45.7cm	207,000	佳士得	2021-05-27
吴湖帆 1943年作 翠峰兰若 立轴	83.5cm×33.5cm	207,000	上海匡时	2021-07-08

拍品名称	物品尺寸	成交价RMB	拍卖公司	拍卖日期
吴湖帆 彭恭甫 1934年作 仿董其昌山水合璧扇 成扇	18.5cm×50cm	207,000	西泠印社	2021-01-16
吴湖帆 行书七言联 立轴	131cm×32.5cm×2	201,250	北京荣宝	2021-06-19
吴湖帆 1940年作 潇湘秀色 镜心	25cm×41.5cm	198,720	中国嘉德	2021-10-13
吴湖帆 吴征 云山瑞松 成扇	18.5cm×47cm	195,500	北京保利	2021-06-05
吴湖帆 1938年作 行书《百字令·流徽榭即事》镜心	126.5cm×28.5cm	195,500	中国嘉德	2021-05-20
吴湖帆 1938年作 仿李成《寒林落月图》镜框	32cm×51cm	184,725	佳士得	2021-11-30
吴湖帆 1935年作 溪山楼观图 立轴	99cm×45cm	184,000	北京翰海	2021-04-17
吴湖帆 1942年作 "君子猗猗" 行书 成扇	19.5cm×51.5cm	184,000	朵云轩	2021-07-07
吴湖帆 1935年作 云山泛舟图 立轴	105.5cm×51cm	184,000	上海嘉禾	2021-07-23
吴湖帆 1944年作 虬松·行书《问梅》诗 扇面镜框	19.4cm×54.6cm×2	177,358	香港苏富比	2021-10-11
吴湖帆 1939年作 松阴观泉·书法 成扇	18.7cm×49cm	175,950	佳士得	2021-05-27
吴湖帆 书法对联 立轴	130cm×21cm×2	172,500	保利厦门	2021-11-05
吴湖帆 叶恭绰 1942年作 荷花·竹石图 成扇	19cm×50cm×2	172,500	北京银座	2021-09-24
吴湖帆 1948年作 草书 立轴	132.5cm×64cm	172,500	朵云轩	2021-07-08
吴湖帆 行书七言联 镜框	130cm×33cm×2	172,500	华艺国际	2021-06-04
吴湖帆 楷书七言联 对联	131cm×31.5cm×2	172,500	西泠印社	2021-07-25
吴湖帆 行书七言联 对联	128cm×25cm×2	172,500	西泠印社	2021-07-25
吴湖帆 行书五言联 立轴	81cm×16.5cm×2	172,500	中国嘉德	2021-05-20
吴湖帆 黄侃 1934年作 晴岚飞翠·行书七言诗 成扇	18.5cm×48cm	161,000	北京荣宝	2021-06-19
吴湖帆 书法 对联	170cm×36cm×2	161,000	广东小雅斋	2021-07-20
吴湖帆 行书七言联 对联	130cm×31cm×2	161,000	西泠印社	2021-07-25
吴湖帆 1944年作 "雨后清影" 行书 成扇	19cm×50.5cm	155,250	朵云轩	2021-07-07
吴湖帆 行书七言联 画心	131.5cm×33cm×2	149,500	西泠印社	2021-01-16
吴湖帆 叶恭绰 1943年作 为顾廷龙作《绿竹图》·行书王安石诗 成扇	50cm×18.5cm	149,500	西泠印社	2021-07-25
吴湖帆 陈佩秋 1962年作 烟峦图 镜片(共二帧)	画心33.5cm×24cm;题跋33.5cm×24cm	149,500	西泠印社	2021-10-23
吴湖帆 行书 七言联	133cm×32.5cm×2	149,500	中国嘉德	2021-05-20
吴湖帆 行书七言联 立轴	130cm×22cm×2	149,500	中国嘉德	2021-05-20
吴湖帆 楷书八言联 立轴	169cm×35cm×2	148,705	香港苏富比	2021-04-21
吴湖帆 行书七言联 立轴	141.5cm×31.4cm×2	166,750	北京诚轩	2021-05-18
吴湖帆 行书七言联 立轴	131.5cm×31.6cm×2	149,500	北京诚轩	2021-05-18
吴华源 云山无尽图卷 手卷	46cm×1028cm	1,840,000	中贸圣佳	2021-05-21
吴欢 2012年作、2021年作 荷缘·行书七言联 镜心	画138cm×68cm	2,185,000	北京保利	2021-06-06
吴欢 2017年作、2021年作 大吉图·书法对联一堂 镜心	136cm×67cm;137cm×33cm×2	1,725,000	北京保利	2021-12-04
吴欢 2021年作 鸡冠花 镜心	97cm×44.5cm	517,500	北京保利	2021-12-04
吴欢 2020年作 墨牡丹 镜心	100cm×57cm	460,000	北京保利	2021-12-04
吴慧圆 2019年作 云壑观泉图	220cm×70cm	1,104,000	荣宝斋(南京)	2021-05-26
吴慧圆 2021年作《四时清韵》系列	180cm×30cm×4	747,500	荣宝斋(南京)	2021-05-26
吴慧圆 2020年作 江南春景图	33cm×33cm	172,500	荣宝斋(南京)	2021-05-26
吴建堂 2020年作 钟馗斩魔图	162cm×68cm	575,000	荣宝斋(南京)	2021-05-26
吴建堂 2008年作 风华正茂 镜心	147cm×68cm	552,000	保利厦门	2021-11-05
吴金龙 松溪春云图 镜片	136cm×68cm	828,000	北京中贝	2021-12-08
吴金龙 湖光山色似画图 镜片	136cm×68cm	782,000	北京中贝	2021-12-08
吴静山 2013年作 山水 镜心	97cm×156cm	517,500	北京翰海	2021-12-17

2021书画拍卖成交汇总(续表)

(成交价RMB：10万元以上)

拍品名称	物品尺寸	成交价RMB	拍卖公司	拍卖日期
吴静山 太行山・对联一堂 镜框	山水137.5cm×67.2cm; 对联138cm×33.5cm×2	149,500	华艺国际	2021-04-01
吴镜汀 黄山百丈泉 立轴	78.5cm×140.5cm	414,000	中贸圣佳	2021-09-25
吴镜汀 1929年作 仿黄鹤山樵笔意 成扇	19cm×53.5cm	299,000	北京翰海	2021-12-17
吴镜汀 竹涧鸣泉图 卷	33cm×272cm	161,000	北京翰海	2021-12-17
吴笠仙 花鸟六屏 立轴	213cm×52cm×6	920,000	华艺国际	2021-06-04
吴佩孚 草书七言联 立轴	131.5cm×31.5cm×2	230,000	北京翰海	2021-06-04
吴佩孚 草书七言联 立轴	169cm×38.5cm×2	149,500	北京银座	2021-09-24
吴其昌 商承祚 1943年作 秦公敦铭 横披	38cm×139cm	414,000	广东崇正	2021-01-07
吴琴木 仕女四屏 立轴	104cm×51cm×4	460,000	华艺国际	2021-06-04
吴琴木 云壑松阴 立轴	142cm×78cm	575,000	朵云轩	2021-12-30
吴琴木 杨千里 为庞莱臣作《山水清远图》・草书七言诗 成扇	18cm×50cm	345,000	西泠印社	2021-01-16
吴琴木 秋林高士图 立轴	113cm×54.5cm	149,500	中贸圣佳	2021-07-06
吴青霞 1981年作 九鲤图 镜片	144cm×363cm	621,000	上海嘉禾	2021-07-23
吴青霞 1942年作 芦雁图 镜框	104cm×46cm	437,000	华艺国际	2021-03-31
吴青霞 1934年作 仙山群鹤图 立轴	112cm×48cm	299,000	北京保利	2021-12-04
吴青霞 1984年作 芦雁图 横披	123cm×160cm	172,500	上海嘉禾	2021-07-23
吴青霞 1977年作 松萱并茂图 立轴	137cm×67cm	166,750	上海嘉禾	2021-07-23
吴汝纶 行书七言诗 立轴	147cm×41.5cm	230,000	北京保利	2021-06-06
吴山明 1997年作 千里共婵娟 镜片	134cm×62.5cm	207,000	西泠印社	2021-01-16
吴山明 2002年作 达摩面壁 镜心	136cm×69cm	184,000	北京保利	2021-05-17
吴山明 2007年作 春华秋硕图 画心	69.5cm×46cm	161,000	西泠印社	2021-07-24
吴石仙 1887、1888年作 山水 册页(四十八开)	27cm×21cm×48	782,000	华艺国际	2021-06-04
吴泰 1993年作 粤北山水 手卷	引首19.2cm×114.7cm; 画心19.2cm×793.5cm; 题跋19.2cm×114.5cm	169,949	香港苏富比	2021-04-21
吴同利 2019年作 洞壑奔流 镜心	111cm×45cm	230,000	中国嘉德	2021-05-21
吴文健 五福临门 镜片	60cm×80cm	371,450	北京中贝	2021-12-08
吴熙曾 春夏秋冬四屏 镜心	101cm×34cm×4	230,000	北京保利	2021-12-03
吴养木 1994年作 危峰幽谷图 立轴	137cm×68cm	224,250	西泠印社	2021-07-24
吴悦石 2009年作 松寿长春 镜心	69cm×138cm	230,000	北京荣宝	2021-06-19
吴悦石 1982年作 双鹤 立轴	135cm×67cm	172,500	北京荣宝	2021-06-19
吴征 1928年作 拟张果亭十八罗汉 册页(十八开)	24.8cm×32.8cm×18	875,371	中国嘉德	2021-04-22
吴征 1924年作 溪山欲雨 立轴	105cm×52.5cm	322,000	北京诚轩	2021-12-03
吴征 1931年作 秋山图 立轴	131.5cm×66.5cm	184,000	朵云轩	2021-07-07
吴征 1920年作 秋居图 立轴	148cm×80.5cm	172,500	北京翰海	2021-12-17
吴征 1924年作 秋山新雨图 立轴	133.5cm×64.5cm	149,500	西泠印社	2021-07-25
吴征 1939年作 雪满千林 立轴	129cm×63.5cm	149,040	中国嘉德	2021-10-13
吴祖光 书法 镜心	45cm×66cm	253,000	北京保利	2021-12-04
吴作人 1982年作 藏舞图 立轴	133cm×66cm	1,978,000	北京保利	2021-12-03
吴作人 关山月 1962年作 只把春来报 立轴	85.5cm×95cm	1,437,500	中国嘉德	2021-05-19
吴作人 1961年作 千里云山 立轴	133cm×67cm	943,000	北京保利	2021-06-05
吴作人 1985年作 啸传万里 立轴	137cm×68cm	862,500	北京保利	2021-12-03
吴作人 1961年作 高瞻远瞩 立轴	117.5cm×45cm	747,500	北京荣宝	2021-12-02
吴作人 1962年作 骆驼 立轴	74.5cm×41cm	632,500	北京保利	2021-12-03
吴作人 1974年作 任重道远 立轴	70cm×45cm	552,000	北京荣宝	2021-06-19
吴作人 一九六一年作 远瞩 立轴	117.5cm×44.5cm	531,090	香港苏富比	2021-04-21
吴作人 1975年作 为岑学恭作 熊猫图 镜片	69cm×44.5cm	402,500	西泠印社	2021-07-25
吴作人 1979年作 凌云 镜片	132cm×65cm	391,000	北京荣宝	2021-06-19
吴作人 1986年作 戈壁归牧 镜心	69.5cm×100cm	391,000	中鸿信	2021-07-14
吴作人 1978年作 齐奋进 立轴	76cm×50cm	368,000	中国嘉德	2021-05-19
吴作人 友谊 立轴	本幅26cm×58cm; 诗堂70cm×58cm	345,000	十竹斋拍卖(北京)	2021-05-29
吴作人 齐奋进 镜心	77cm×69cm	345,000	中国嘉德	2021-05-19
吴作人 1963年作 熊猫 立轴	87cm×57cm	287,500	华艺国际	2021-06-04
吴作人 藏獒 立轴	95cm×35cm	276,000	中国嘉德	2021-05-21
吴作人 1984年作 漠南牧驼 镜心	56cm×98.5cm	264,500	中鸿信	2021-07-14
吴作人 1973年作 齐奋进 镜心	28cm×78cm	253,000	中国嘉德	2021-05-19
吴作人 刘文西 叶浅予 刘勃舒 李琦 书画合璧 册页	尺寸不一	230,000	北京翰海	2021-06-05
吴作人 1965年作 远瞩 立轴	69cm×36cm	230,000	上海嘉禾	2021-07-23
吴作人 1964年作 大漠低昂 镜心	65.5cm×56.5cm	218,500	中国嘉德	2021-12-11
吴作人 1958年作 熊猫 立轴	68cm×39cm	172,500	北京保利	2021-12-04
吴作人 金鱼 镜心	31cm×42cm	172,500	北京翰海	2021-06-05
吴作人 1978年作 熊猫 镜片	52.5cm×33.5cm	172,500	西泠印社	2021-01-16
吴作人 1961年作 熊猫 立轴	65cm×36cm	172,500	中国嘉德	2021-05-20
吴作人 1975年作 熊猫 立轴	67.5cm×45.5cm	149,500	中国嘉德	2021-12-10
武艺 二十四孝图	45.5cm×69.5cm×25	2,771,500	中贸圣佳	2021-05-20
夏北山 山林之黄海大观 镜心	231cm×52cm×4	1,035,000	中国嘉德	2021-12-13
夏荷生 2021年作 白玉蟾诗意 镜心	137cm×69cm	977,500	永乐拍卖	2021-12-01
夏荷生 贡石 镜心	138cm×70cm	920,000	北京保利	2021-12-04
夏荷生 2021年作 太湖生 镜心	138cm×69cm	920,000	中国嘉德	2021-12-13
夏敬观 临吴湖帆旧藏王原祁山水册(共十九页)册页	32.5cm×20cm×19	172,500	西泠印社	2021-10-23
湘妃扇骨 配何维朴为哈少甫作孤帆江岸图・行书白居易诗 成扇	51cm×17.5cm	207,000	西泠印社	2021-07-25
肖旭 2013年作 林语	79cm×176.5cm	165,600	佳士得	2021-05-25
肖耀彩 2013年作 出水芙蓉	114cm×64cm	575,000	荣宝斋(南京)	2021-05-26
肖耀彩 1993年作 献寿图	114cm×64cm	552,000	荣宝斋(南京)	2021-05-26
肖禹蓁 2015年作 万物无象	120cm×80cm	552,000	北京保利	2021-12-02
肖宗林 旭日春风图	68cm×138cm	517,500	荣宝斋(南京)	2021-05-26
肖宗林 旭日春风天地香 镜心	68cm×138cm	230,000	保利厦门	2021-11-05
萧瀚 四季山水 镜心	100.5cm×34.5cm×4	345,000	永乐拍卖	2021-05-21
萧晖荣 2021年作 满园黄金 镜框	41cm×152cm	287,350	佳士得	2021-11-30
萧俊贤 1932年作 雨晴溪净 立轴	106cm×54cm	161,000	中国嘉德	2021-12-11
萧朗 2003年作 吉祥画系列 镜心(十二件)	53cm×53cm×12	1,437,500	北京荣宝	2021-12-02
萧朗 1989年作 雄姿 立轴	138cm×94cm	575,000	北京荣宝	2021-12-02
萧朗 1988年作 村鸣 立轴	118cm×68cm	379,500	北京荣宝	2021-12-02
萧朗 1981年作 鸣柳 立轴	136cm×68cm	368,000	北京荣宝	2021-12-02
萧朗 1985年作 四喜图 立轴	133cm×66.5cm	322,000	北京荣宝	2021-12-02
萧朗 1991年作 英雄得志 镜心	96cm×52cm	218,500	北京荣宝	2021-12-02
萧朗 1972年作 踏遍青山 镜心	133cm×67cm	195,500	北京荣宝	2021-12-02
萧朗 1982年作 斑鸠栖息图 镜心	68cm×68cm	161,000	北京荣宝	2021-12-02
萧朗 1980年作 白藤萝 立轴	180cm×48cm	161,000	北京荣宝	2021-12-02
萧劳 溥杰 启功 孙墨佛 孙天牧 许麟庐 孙菊生 崔瑞鹿 等 集锦册页 册页	32cm×44cm×12	207,000	保利厦门	2021-11-05
萧平 2010年作 四时花鸟卷 手卷	46cm×635cm	517,500	北京九歌	2021-06-13
萧平 2010年作 书法卷・李白《将进酒》手卷	46cm×603cm	172,500	北京九歌	2021-06-13
萧勤 1964年作 太阳－1	93cm×74cm	175,950	佳士得	2021-05-25
萧淑芳 1979年作 岭南二月花 立轴	84cm×67.5cm	402,500	北京荣宝	2021-06-19
萧淑芳 1959年作 运树苗 镜心	76cm×42.5cm	287,500	中国嘉德	2021-05-19
萧娴 1981年作 榜书"真善美" 立轴	136.5cm×67cm×3	310,500	北京荣宝	2021-12-02
萧娴 行书五言联 立轴	238cm×58cm×2	276,000	中贸圣佳	2021-03-26

拍品名称	物品尺寸	成交价RMB	拍卖公司	拍卖日期
萧娴 龙门联 立轴	133cm×20cm×2	212,750	南京经典	2021-01-10
萧娴 隶书龙门对 镜片	137cm×35cm×2	207,000	十竹斋	2021-06-27
萧娴 行书"逸趣斋"镜片	86cm×274cm	184,000	十竹斋	2021-06-27
萧逊 云山松泉 立轴	102cm×53.5cm	920,000	上海嘉禾	2021-07-22
萧愻 1937年作 秋山图 立轴	138cm×46cm	253,000	中国嘉德	2021-09-26
萧愻 1942年作 湖山秋兴 立轴	100cm×50cm	230,000	北京翰海	2021-06-04
萧愻 1925年作 王维诗意图 立轴	132cm×51.5cm	230,000	北京荣宝	2021-06-19
萧愻 1928年作 云岩观瀑 立轴	100.5cm×34cm	178,250	北京诚轩	2021-12-03
萧愻 1925年作 王维诗意 立轴	132cm×51.5cm	161,000	广东崇正	2021-01-07
谢冰毅 2021年作 梵音和雪带云飞 镜心	176cm×60cm	276,000	北京翰海	2021-06-05
谢金兰 雨后家山润		435,000	保利厦门	2021-09-29
谢天成 仙谷清泉	67.5cm×136cm	1,585,000	保利厦门	2021-09-29
谢无量 魏碑五言联 立轴	143.5cm×38.5cm×2	747,500	北京银座	2021-09-24
谢无量 行书十一言联 立轴	261.5cm×43cm×2	690,000	中贸圣佳	2021-07-06
谢无量 啬庵和湛翁乌尤山杜若歌等诗稿长卷	401cm×20.5cm	598,000	中国嘉德	2021-05-20
谢无量 诗稿卷 手卷	513cm×20.5cm	575,000	西泠印社	2021-04-10
谢无量 潘母行述等文稿长卷	376cm×20.5cm	575,000	中国嘉德	2021-05-20
谢无量 行书《金液神丹经序》镜心	28.5cm×123cm	460,000	北京保利	2021-06-05
谢无量 行书七言联 立轴	140cm×35cm×2	402,500	永乐拍卖	2021-05-21
谢无量 1948年作 行书七言联 立轴	141.5cm×33cm×2	345,000	北京保利	2021-12-03
谢无量 行书七言联 立轴	129cm×31.5cm×2	299,000	北京银座	2021-09-24
谢无量 张太夫人家传行述及诗稿卷 手卷	20.5cm×711cm; 8.5cm×20.5cm	299,000	西泠印社	2021-07-25
谢无量 1943年作 行书自作诗 立轴	131cm×30.5cm	287,500	西泠印社	2021-01-16
谢无量 为育仁作 行书七言联 镜片	145cm×39.5cm×2	253,000	西泠印社	2021-01-15
谢无量 行书七言联 立轴	143cm×38cm×2	218,500	中国嘉德	2021-05-20
谢无量 行书 立轴	130.5cm×34.5cm	195,500	广东崇正	2021-07-19
谢无量 梁寒操 朱云樵 张延厘 行书 镜片(四帧)	谢138cm×23cm; 朱94cm×34cm; 梁68cm×35cm; 张69cm×27cm	184,000	广东崇正	2021-01-07
谢无量 为洪懋熙作行书七言联 对联	131cm×30.5cm×2	184,000	西泠印社	2021-10-23
谢无量 1962年作 行书题鉴王雪涛赠"华青"画鸟册 镜心	44cm×69cm	184,000	中国嘉德	2021-05-20
谢无量 1941年作 行书五言诗 立轴	133.5cm×32.5cm	172,500	上海匡时	2021-07-08
谢无量 书法 立轴	185cm×47cm×2	149,500	北京保利	2021-12-03
谢无量 行书 镜片	122cm×25.5cm	149,500	广东崇正	2021-01-07
谢之光 在党和领导下向社会主义前进 镜心	52cm×75.5cm	1,265,000	中国嘉德	2021-05-19
谢之光 "大跃进"之歌 横披	107.5cm×232cm	678,500	华艺国际	2021-06-04
谢之光 千帆竞发 镜心	34cm×75cm	345,000	十竹斋拍卖(北京)	2021-05-29
谢稚柳 荷塘鹡鸰 镜片	103cm×290cm	29,670,000	上海嘉禾	2021-11-14
谢稚柳 叠嶂重泉 镜心	145.5cm×82.5cm	4,715,000	中国嘉德	2021-05-19
谢稚柳 1983年作 1978年作 白鹰苍松图·行书七言诗 立轴	画 128.5cm×67cm	4,117,000	上海嘉禾	2021-07-22
谢稚柳 山水十幅册页(共十二页)	26.5cm×28cm×12	4,830,000	西泠印社	2021-01-16
谢稚柳 1949年作 新篁灵禽图 立轴	90cm×42cm	3,680,000	西泠印社	2021-07-25
谢稚柳 1947年作 团扇仕女图 立轴	102cm×46cm	3,277,500	中鸿信	2021-07-14
谢稚柳 落墨牡丹 立轴	131cm×65cm	4,312,500	上海嘉禾	2021-11-14
谢稚柳 叠嶂层云 立轴	151cm×81cm	4,025,000	中国嘉德	2021-05-19
谢稚柳 1941年作 瑞雪图 立轴	85cm×48cm	3,450,000	中国嘉德	2021-12-10
谢稚柳 1947年作 为杨建侯作《幽谷飞泉图》立轴	115cm×47cm	3,105,000	西泠印社	2021-07-25
谢稚柳 1948年作 为简琴斋作《执扇仕女图》镜心	96.5cm×49.5cm	2,990,000	中鸿信	2021-07-14
谢稚柳 万朵红霞图 立轴	135cm×68cm	2,760,000	十竹斋拍卖(北京)	2021-05-29
谢稚柳 1987年作 高阁流泉图 镜框	80cm×150.5cm	2,503,872	香港苏富比	2021-10-11
谢稚柳 1972年作 溪山览胜 册页	35cm×23cm×26	2,300,000	中鸿信	2021-07-14
谢稚柳 1943年作 倚扇仕女图 立轴	画心 100cm×43cm; 诗堂 15cm×47cm	2,242,500	北京荣宝	2021-12-02
谢稚柳 1987年作 山林卧游图 立轴	135.5cm×67.5cm	2,242,500	上海嘉禾	2021-07-22
谢稚柳 山桃伯劳 立轴	55cm×38cm	2,240,000	上海联合	2021-06-27
谢稚柳 1946年作 松间高士图 镜片	82.5cm×32.5cm	2,127,500	西泠印社	2021-07-25
谢稚柳 莲塘图 镜框	68cm×139cm	2,047,000	上海嘉禾	2021-07-22
谢稚柳 1988年作 燕山小景 立轴	139cm×68cm	1,955,000	上海嘉禾	2021-07-22
谢稚柳 1983年作 红叶白猿 立轴	101.5cm×55cm	1,725,000	上海嘉禾	2021-07-22
谢稚柳 1964年作 菊花图 立轴	136cm×67.5cm	1,725,000	西泠印社	2021-01-15
谢稚柳 葡萄图 立轴	125cm×79cm	1,490,400	中国嘉德	2021-10-13
谢稚柳 1977年作 青山飞瀑 立轴	133.5cm×67.5cm	1,437,500	广东崇正	2021-07-19
谢稚柳 花枝禽憩图 镜片	47cm×37.5cm	1,380,000	西泠印社	2021-07-25
谢稚柳 梅花山鹧图 镜片	84.5cm×44.5cm	1,265,000	西泠印社	2021-01-16
谢稚柳 红叶幽禽 立轴	画心68cm×39.5cm; 诗堂29cm×39.5cm	1,150,000	上海嘉禾	2021-11-14
谢稚柳 1957年作 凤毛麟角 册页片(九开)	36cm×47cm×9	931,500	朵云轩	2021-07-07
谢稚柳 1959年作 烟江泛舟 镜心	67cm×33cm	920,000	北京保利	2021-06-05
谢稚柳 1975年作 松鹰图 立轴	97cm×44cm	920,000	北京荣宝	2021-06-19
谢稚柳 1943年作 翠羽茶花 立轴	117cm×45cm	897,000	华艺国际	2021-12-11
谢稚柳 翠壑鸣泉 镜框	22.4cm×75.5cm	764,770	香港苏富比	2021-04-21
谢稚柳 1988年作 潇湘钓艇 手卷	引首49.5cm×99cm; 画心49.5cm×83cm; 尾跋49.5cm×55cm	759,000	上海嘉禾	2021-07-22
谢稚柳 芙蓉竹石 镜心	58cm×125.5cm	747,500	华艺国际	2021-12-11
谢稚柳 1979年作 双清图 镜心	58cm×126cm	724,500	华艺国际	2021-12-11
谢稚柳 1955年作 坐听秋声图 立轴	110cm×78cm	690,000	北京保利	2021-12-03
谢稚柳 1985年作 林亭松瀑图 镜心	96cm×59cm	690,000	中国嘉德	2021-03-27
谢稚柳 1979年作 山居图 立轴	105cm×54cm	690,000	中国嘉德	2021-05-19
谢稚柳 蜀中写生 立轴	97.5cm×44.5cm	667,000	朵云轩	2021-07-07
谢稚柳 1977年作 草书"悼周总理诗"手卷	30cm×505cm	606,960	保利香港	2021-04-23
谢稚柳 山居图 镜心	100cm×50cm	575,000	北京保利	2021-12-03
谢稚柳 1974年作 青山飞瀑 手卷	28.5cm×228cm	552,000	北京荣宝	2021-06-19
谢稚柳 1973年作 白荷幽禽 镜心	94cm×58cm	540,500	北京保利	2021-06-06
谢稚柳 秋山松翠 镜心	42cm×84cm	517,500	北京保利	2021-12-03
谢稚柳 清荷翠鸟 软片	35cm×139cm	506,000	上海嘉禾	2021-11-14
谢稚柳 翠竹白头图 立轴	100.2cm×51cm	500,774	香港苏富比	2021-10-11
谢稚柳 1983年作 幽谷图 立轴	136cm×66.5cm	483,000	中国嘉德	2021-12-10
谢稚柳 峻岭飞泉 立轴	139cm×68cm	460,000	中鸿信	2021-07-14
谢稚柳 行书《题松石图》立轴	171cm×84.5cm	437,000	北京荣宝	2021-12-02
谢稚柳 1980年作 芭蕉芙蓉 立轴	97cm×62cm	437,000	朵云轩	2021-07-07
谢稚柳 眉寿双清 镜框	66cm×54cm	437,000	上海嘉禾	2021-07-22
谢稚柳 1989年作 绝谷茅亭 镜框	95cm×58cm	437,000	上海嘉禾	2021-07-22
谢稚柳 1984年作 秋山红叶 镜心	40cm×59cm	437,000	十竹斋拍卖(北京)	2021-05-29
谢稚柳 1977年作 为谢国桢作墨松图 镜片	106cm×51.5cm	437,000	西泠印社	2021-04-10

2021书画拍卖成交汇总(续表)

(成交价RMB：10万元以上)

拍品名称	物品尺寸	成交价RMB	拍卖公司	拍卖日期
谢稚柳 1986年作 雪景寒林 立轴	68.3cm×67.8cm	434,700	佳士得	2021-05-27
谢稚柳 松泉墨嶂 立轴	92cm×42cm	402,500	北京保利	2021-12-03
谢稚柳 芙蓉 手卷	31.5cm×130cm	402,500	朵云轩	2021-07-07
谢稚柳 白荷 手卷	33.5cm×105.5cm	402,500	朵云轩	2021-07-07
谢稚柳 程十发 陈佩秋 刘旦宅等 1992年作 1993年作 人物花鸟书画册页(十六开)	54.5cm×76cm×16	402,500	上海嘉禾	2021-11-14
谢稚柳 1952年作 幽篁珍禽 扇片	21cm×62cm	396,750	上海嘉禾	2021-07-22
谢稚柳 陆俨少 陈大羽 等 1982年作 和平年代繁花似锦 镜片	96cm×178cm	391,000	上海嘉禾	2021-07-23
谢稚柳 山茶花 镜片	53.5cm×26.5cm	379,500	上海嘉禾	2021-07-23
谢稚柳为陈巨来作牡丹·水仙扇成扇	48.5cm×17cm	379,500	西泠印社	2021-07-25
谢稚柳 1989年作 夏山图 立轴	136cm×67cm	368,000	上海嘉禾	2021-07-22
谢稚柳 1974年作 荷塘 镜片	64cm×65cm	345,000	广东崇正	2021-07-19
谢稚柳 1979年作 松壑鸣泉 立轴	97cm×48cm；诗堂19cm×49cm	345,000	华艺国际	2021-03-31
谢稚柳 1977年作 拒霜芙蓉 立轴	68cm×38.5cm	345,000	上海嘉禾	2021-11-14
谢稚柳 1979年作 为吴子复作《松山烟云图》镜片	65cm×43.5cm	345,000	西泠印社	2021-01-15
谢稚柳 翠色落波 镜心	70cm×46cm	345,000	中鸿信	2021-07-14
谢稚柳 葡萄小鸟 立轴	51cm×83cm	345,000	中贸圣佳	2021-07-06
谢稚柳 1978年作 荷花 立轴	77cm×42cm	322,000	上海嘉禾	2021-11-14
谢稚柳董寿平程十发陈大羽娄师白孙其峰等二十三家书画琳琅册页	25cm×33cm×13	322,000	中鸿信	2021-07-14
谢稚柳 秋江舟泛 立轴	82cm×36cm	322,000	中贸圣佳	2021-07-06
谢稚柳 1947年作雪江归棹扇面镜心	17.7cm×51.3cm	299,000	北京诚轩	2021-12-03
谢稚柳 1977年作 秋山飞瀑 镜片	66cm×47cm	287,500	朵云轩	2021-07-07
谢稚柳 云山墨戏 立轴	68cm×46cm	287,500	中贸圣佳	2021-05-21
谢稚柳 1982年作 山谷清幽 立轴	70cm×45.5cm	276,000	北京荣宝	2021-06-19
谢稚柳 山寺晴峦·行书七言联 立轴	画心82.5×43cm；对联127×31cm×2	276,000	北京荣宝	2021-12-02
谢稚柳 1987年作 梅竹双清 立轴	68cm×45.5cm	276,000	上海嘉禾	2021-07-22
谢稚柳 1948年作 翠竹栖雀图 成扇	18.5cm×46cm	276,000	上海嘉禾	2021-11-14
谢稚柳 山水	60cm×46cm	264,500	辽宁省拍	2021-07-04
谢稚柳 陈佩秋 1963年作 杂题 四帧 镜框	谢：34.8cm×34.8cm×2；陈：35cm×35.2cm×2	254,923	香港苏富比	2021-04-21
谢稚柳 松阴飞瀑	89cm×48cm	253,000	广东小雅斋	2021-07-20
谢稚柳 陈佩秋 大利鸣禽、对联一堂 镜框	绘画77cm×48cm；对联67cm×13cm×2	253,000	华艺国际	2021-06-04
谢稚柳 1979年作 松岭飞泉 软片	68.5cm×45cm	253,000	上海嘉禾	2021-11-14
谢稚柳陈佩秋 刘旦宅 朱屺瞻等1988年作 名家书画集萃册页(二十四开)	31.5cm×43cm×24	253,000	上海嘉禾	2021-11-14
谢稚柳 1977年作 梅花 镜心	74.5cm×40cm	253,000	中国嘉德	2021-12-11
谢稚柳 晴空翠巍 立轴	68.3cm×41.8cm	250,387	香港苏富比	2021-10-11
谢稚柳 姚黄魏紫·行书王羲之《上虞帖》考 成扇	18.5cm×47cm	248,400	中国嘉德	2021-10-13
谢稚柳 1982年作 荷花 镜框	77cm×48cm	230,000	华艺国际	2021-06-04
谢稚柳 潘伯鹰 松溪钓艇·行书陆游诗 镜心	18.5cm×51.5cm	230,000	中国嘉德	2021-12-10
谢稚柳 松阴飞瀑 镜心	89.3cm×48cm	218,500	北京诚轩	2021-12-03
谢稚柳 1973年作 江山佳胜 册页	32cm×43cm×4	218,500	北京荣宝	2021-12-02
谢稚柳 1982年作翠竹白头草书成扇	19cm×50cm	218,500	朵云轩	2021-07-07
谢稚柳 1959年作 苍松图 成扇	18.2cm×43cm	212,436	香港苏富比	2021-04-21
谢稚柳 1955年作 竹石桃花小鸟 立轴	74cm×37cm	207,000	北京保利	2021-12-03
谢稚柳 1980年作 夏山图 立轴	89.5cm×48cm	207,000	北京银座	2021-09-24
谢稚柳 1979年作 芙蓉花 镜片	68cm×33.5cm	207,000	上海嘉禾	2021-07-22
谢稚柳 1956年作 秋葵图 镜心	69.7cm×49cm	195,500	北京诚轩	2021-12-03
谢稚柳 1985年作 溪山积翠 镜片	67cm×42.5cm	195,500	上海嘉禾	2021-11-14
谢稚柳 红荷 镜心	31cm×31cm	195,500	中鸿信	2021-07-14
谢稚柳 1980年作 红叶小鸟 镜片	44.5cm×62.5cm	189,750	上海嘉禾	2021-07-22
谢稚柳 1978年作 石上红妆 立轴	81cm×39cm	184,000	十竹斋拍卖(北京)	2021-05-29
谢稚柳 1962年作 竹雀图 镜心	73cm×49cm	184,000	中国嘉德	2021-03-29
谢稚柳 1979年作 白菡萏 立轴	69cm×45cm	184,000	中国嘉德	2021-12-11
谢稚柳 1990年作 春兰图 镜片	59.5cm×129cm	172,500	朵云轩	2021-07-07
谢稚柳(款)1979年作 花蝶图 镜框	77cm×48cm	172,500	华艺国际	2021-06-04
谢稚柳 1988年作 红荷蝴蝶 镜片	84.5cm×49.5cm	172,500	上海嘉禾	2021-07-22
谢稚柳 1977年作 松寿万年 立轴	73cm×53cm	172,500	上海嘉禾	2021-07-22
谢稚柳 1997年作 柳树小鸟 镜心	54cm×34cm	161,000	北京保利	2021-06-06
谢稚柳 1956年作 梅竹栖禽 扇面	18cm×51.5cm	161,000	上海嘉禾	2021-07-22
谢稚柳 行书"三味堂"镜心	34.5cm×96cm	161,000	中鸿信	2021-07-14
谢稚柳 1989年作 峻岭飞泉 镜心	37.5cm×69cm	158,976	中国嘉德	2021-10-13
谢稚柳 秋晚归舟 立轴	诗堂23.5cm×47cm；画心47cm×35cm	155,250	中贸圣佳	2021-07-06
谢稚柳 绽放 镜框	32.5cm×48cm	153,938	佳士得	2021-11-30
谢稚柳 1964年作 高岩流泉 镜心	32cm×32cm	149,500	北京保利	2021-06-06
谢稚柳 1978年作 葡萄 立轴	68cm×45cm	149,500	北京保利	2021-12-03
谢稚柳 1987年作 梅竹湖石图 立轴	138cm×68cm	149,500	广东崇正	2021-07-19
谢稚柳 1979年作 雪景寒林 立轴	96cm×58.5cm	805,000	朵云轩	2021-12-30
谢稚柳叶公超陶冷月赵少昂1965年作1976年作花卉四屏镜片(四件)	69.5cm×32cm×4	517,500	朵云轩	2021-12-30
谢稚柳 1988年作 葡萄山鸟 立轴	50.5cm×83cm	322,000	朵云轩	2021-12-30
谢稚柳 1986年作 雪景寒林 立轴	26.7cm×41.3cm	322,000	上海明轩	2021-12-30
谢稚柳作　陈巨来题 墨梅 镜心	12.3cm×35.7cm	368,000	中国嘉德	2021-11-30
解澜涛 2020年作 春塘 镜心	145cm×253cm	184,000	中国嘉德	2021-05-21
新凤霞 吴欢 牡丹 镜心	35cm×22cm	172,500	北京保利	2021-12-04
新凤霞 吴欢 枇杷已熟粲金珠 镜心	45cm×24cm	172,500	北京保利	2021-12-04
新凤霞 吴欢 2020年作 双寿图 镜心	46cm×22cm	149,500	北京保利	2021-06-06
新凤霞吴欢2020年作情意绵绵镜心	45cm×24cm	149,500	北京保利	2021-06-06
新凤霞吴欢2020年作花开时节镜心	46cm×23cm	149,500	北京保利	2021-06-06
邢罡 2013年作 天一生水·坐看云起	70cm×282cm	264,500	中贸圣佳	2021-05-20
邢罡 2005年作 冰山·自然启示录	33cm×33cm×5	149,500	中贸圣佳	2021-05-20
熊红钢 2020年作 湖畔人家	68cm×136cm	437,000	荣宝斋(南京)	2021-05-26
熊十力 行书 镜片	103.5cm×35cm	172,500	广东崇正	2021-01-07
胥鸿仪 道德经	86cm×197cm	195,500	荣宝斋(南京)	2021-05-26
徐邦达 1994年作 仿王烟客笔意 立轴	74.5cm×39.5cm	264,500	北京翰海	2021-06-04
徐邦达 1988年作 柳永词意 立轴	69cm×34cm	195,500	中国嘉德	2021-05-19
徐邦达 1988年作 仿唐人诗意图 立轴	画心68cm×37cm；诗堂30cm×37cm	184,000	北京荣宝	2021-12-02
徐邦达 1988年作 云岭松壑图 立轴	114cm×68cm	149,500	永乐拍卖	2021-12-01
徐悲鸿 1939-1940年作 画马集册页(五开)	29.5cm×36.5cm×5	23,000,000	华艺国际	2021-12-11
徐悲鸿 苍松双鹤·行书五言联一堂 立轴、镜心	画129cm×77cm	23,000,000	中国嘉德	2021-05-19
徐悲鸿 1944年作 双鹫 立轴	120cm×90.5cm	22,425,000	北京保利	2021-06-05
徐悲鸿 1943年作 竹下雄鸡图 立轴	148cm×54cm	13,800,000	北京荣宝	2021-06-19
徐悲鸿 1932年作 庐山泉石 镜框	111cm×108cm	11,500,000	华艺国际	2021-06-04

拍品名称	物品尺寸	成交价RMB	拍卖公司	拍卖日期
徐悲鸿 1943年作 钟馗 镜框	111cm×51.5cm	9,200,000	北京保利	2021-06-05
徐悲鸿 1934年作 古柏森然 立轴	110.3cm×109.3cm	15,173,100	香港苏富比	2021-10-11
徐悲鸿 1943年作 日暮倚修竹 立轴	148cm×42cm	9,200,000	永乐拍卖	2021-05-21
徐悲鸿 1939年作 钟馗图 立轴	105cm×60.5cm	11,500,000	北京保利	2021-12-03
徐悲鸿 榕树双牛 立轴	114cm×55cm	10,580,000	北京保利	2021-12-03
徐悲鸿 1946年作 天马行空 立轴	66cm×99cm	8,740,000	北京保利	2021-12-03
徐悲鸿 1941年作 倘得优游销岁月 镜心	68cm×97cm	8,625,000	北京保利	2021-06-05
徐悲鸿 1947年作 双骏 立轴	111.5cm×72.5cm	7,820,000	北京保利	2021-06-05
徐悲鸿 1944年作 费宫人 镜心	96cm×41.5cm	7,705,000	华艺国际	2021-12-11
徐悲鸿 1934年作 安危不动心 镜心	112cm×54cm	7,590,000	中国嘉德	2021-05-19
徐悲鸿 1948年作 松下牧马 立轴	109.5cm×52.5cm	7,475,000	北京保利	2021-06-05
徐悲鸿 1944年作 飞天双骏 镜心	61cm×97.5cm	7,130,000	北京保利	2021-12-03
徐悲鸿 1935年作 雄鹰图 立轴	130.5cm×76.5cm	7,130,000	华艺国际	2021-12-11
徐悲鸿 1947年作 立马图 立轴	106cm×61cm	6,900,000	永乐拍卖	2021-05-20
徐悲鸿 1943年作 柏阴真龙 立轴	148.5cm×53cm	5,980,000	北京诚轩	2021-05-18
徐悲鸿1939年作天马凌云立轴	104.5cm×79.3cm	5,955,804	香港苏富比	2021-10-11
徐悲鸿 1947年作 立马图 立轴	106cm×61cm	5,520,000	永乐拍卖	2021-12-02
徐悲鸿 1936年作 立马图 立轴	126.8cm×72cm	5,175,000	上海嘉禾	2021-11-14
徐悲鸿 1939年作 奔马图 镜片	84cm×55cm	5,175,000	上海匡时	2021-07-08
徐悲鸿1939年作 双吉平安 立轴	154.5cm×40.7cm	5,154,300	香港苏富比	2021-10-11
徐悲鸿 1931年作 日长如小年 立轴	81cm×47cm	4,945,000	北京保利	2021-06-05
徐悲鸿 1942年作 立马图 立轴	92cm×62cm	4,772,500	北京荣宝	2021-06-19
徐悲鸿 1948年作 奔马 镜片	60.5cm×103cm	4,370,000	上海嘉禾	2021-07-22
徐悲鸿 1939年作 红奔马 镜心	84cm×146cm	4,370,000	中国嘉德	2021-05-19
徐悲鸿 1942年作 牧笛 镜心	59cm×51cm	4,025,000	北京保利	2021-06-05
徐悲鸿 红叶花猫 立轴	80.5cm×45.5cm	3,737,500	北京翰海	2021-06-04
徐悲鸿 1944年作 一尘不染 立轴	96.5cm×41cm	3,680,000	中国嘉德	2021-12-10
徐悲鸿 1941年作 齐头并进 立轴	65.8cm×53.5cm	3,565,000	北京诚轩	2021-05-18
徐悲鸿 1943年作 天马图 镜心	103cm×79cm	3,450,000	北京保利	2021-06-05
徐悲鸿 1942年作 秋风立马图 立轴	84cm×43cm	3,450,000	北京保利	2021-09-25
徐悲鸿 1950年作 奔马 立轴	85.5cm×57.5cm	3,450,000	北京保利	2021-12-03
徐悲鸿 1937年作 奔马 镜心	78cm×132cm	3,450,000	北京保利	2021-12-03
徐悲鸿 1943年作 奔马 立轴	93.5cm×67.5cm	3,450,000	中国嘉德	2021-05-19
徐悲鸿 喜上眉梢 立轴	101cm×50cm	3,450,000	中贸圣佳	2021-05-21
徐悲鸿 1942年作 芦鹅图 立轴	80.5cm×36cm	3,335,000	上海匡时	2021-07-08
徐悲鸿 1941年作 奔马图 镜心	93cm×69.5cm	3,335,000	中国嘉德	2021-12-11
徐悲鸿 1938年作 奔马 镜框	117cm×56.7cm	3,284,000	佳士得	2021-11-30
徐悲鸿 1946年作 松下饮马 立轴	137cm×69cm	3,220,000	永乐拍卖	2021-12-02
徐悲鸿 1942年作 迥立向苍苍 立轴	画心 82cm×48cm；题跋 18cm×48cm	3,105,000	永乐拍卖	2021-12-01
徐悲鸿 1932年作 高立 立轴	110cm×29cm	2,990,000	北京保利	2021-09-25
徐悲鸿 1947年作 天马行空 镜心	106cm×53cm	2,990,000	北京保利	2021-12-04
徐悲鸿 1942年作 迥立向苍苍 立轴	82cm×48cm	2,990,000	北京九歌	2021-06-13
徐悲鸿 为卢巨川作《芦鸭图》及致信七通 立轴	尺寸不一	2,990,000	西泠印社	2021-07-24
徐悲鸿 柏鹿图 立轴	107.5cm×96cm	2,875,000	永乐拍卖	2021-05-20
徐悲鸿 1935年作年作 喜鹊 镜心	111cm×53cm	2,645,000	中国嘉德	2021-05-19
徐悲鸿 1932年作 高立 立轴	110cm×29cm	2,530,000	北京保利	2021-06-05
徐悲鸿 1942年作白描观音大士像 立轴	66.5cm×26cm	2,530,000	上海匡时	2021-07-08
徐悲鸿 1948年作 万里可横行 镜心	65cm×95cm	2,415,000	北京保利	2021-06-05
徐悲鸿 1936年作 独立 立轴	127.5cm×76.5cm	2,415,000	中国嘉德	2021-05-19
徐悲鸿 1935年作 神驹行空 立轴	画心 68cm×107cm；诗堂 13.5cm×107cm	2,387,376	中国嘉德	2021-04-22

拍品名称	物品尺寸	成交价RMB	拍卖公司	拍卖日期
徐悲鸿 1938年作 大吉图 立轴	94.5cm×50cm	2,300,000	北京保利	2021-06-05
徐悲鸿 近现代 枇杷图	110cm×36cm	2,300,000	十竹斋	2021-06-27
徐悲鸿 绝壁松风 立轴	109.5cm×53.5cm	2,300,000	十竹斋	2021-06-27
徐悲鸿 1943年作 骏马图 立轴	113.5cm×61cm	2,300,000	西泠印社	2021-07-25
徐悲鸿 双喜图 立轴	80.5cm×34cm	2,300,000	中贸圣佳	2021-05-21
徐悲鸿 1938年作 奔马图 镜心	66cm×52.5cm	2,185,000	北京保利	2021-06-05
徐悲鸿 1938年作 猫石图 立轴	101cm×38.5cm	2,070,000	北京荣宝	2021-06-19
徐悲鸿 1942年作 立马 立轴	103cm×53.2cm	2,070,000	佳士得	2021-05-27
徐悲鸿 立马图 立轴	104.5cm×74cm	2,070,000	西泠印社	2021-01-16
徐悲鸿 松鹰图轴 立轴	100cm×43cm	2,070,000	中贸圣佳	2021-05-21
徐悲鸿 1941年作 芦雁图 立轴	113cm×55cm	1,840,000	永乐拍卖	2021-12-02
徐悲鸿 1943年作 猫石图 立轴	60.5cm×48.5cm	1,725,000	北京保利	2021-06-05
徐悲鸿 1935年作 行书五言联 立轴	141cm×29.5cm×2	1,725,000	永乐拍卖	2021-12-02
徐悲鸿 1941年作 猫石图 立轴	诗堂 33cm×44cm；画心 49cm×44cm	1,725,000	永乐拍卖	2021-12-01
徐悲鸿 1945年作 哀鸣思战斗 立轴	82cm×37.5cm	1,725,000	中国嘉德	2021-05-20
徐悲鸿 奔马 镜片	127cm×64cm	1,680,000	上海联合	2021-06-27
徐悲鸿 马 立轴	78cm×48.5cm	1,610,000	保利厦门	2021-11-05
徐悲鸿 1945年作 哀鸣思战斗 立轴	120cm×62cm	1,610,000	十竹斋拍卖（北京）	2021-05-29
徐悲鸿 1939年作 万里追风 镜心	47cm×67.5cm	1,587,000	北京诚轩	2021-12-03
徐悲鸿 1935年作 喜上梅梢 立轴	107cm×35cm	1,552,500	北京翰海	2021-06-05
徐悲鸿 1942年作 奔马 镜心	58cm×42cm	1,437,500	北京保利	2021-12-03
徐悲鸿 1942年作 奔马 镜心	26cm×31cm	1,380,000	永乐拍卖	2021-05-21
徐悲鸿 1938年作 猫石图 立轴	101cm×39cm	1,380,000	中国嘉德	2021-12-10
徐悲鸿 1938年作 行书五言联 立轴	143cm×33cm×2	1,357,000	广东崇正	2021-07-19
徐悲鸿 1944年作 喜鹊图 立轴	75cm×38cm	1,265,000	上海嘉禾	2021-07-22
徐悲鸿 1938年作 大吉图 立轴	84.5cm×45cm	1,150,000	上海嘉禾	2021-07-22
徐悲鸿 1936年作 凫游双鸭 镜心	77cm×39cm	1,092,500	北京保利	2021-09-25
徐悲鸿 1939年作 双喜图 立轴	112cm×38cm	1,092,500	华艺国际	2021-12-11
徐悲鸿 1941年作 立马 镜框	98.5cm×60cm	1,062,180	香港苏富比	2021-04-21
徐悲鸿 1948年作 哀鸣思战斗 立轴	107cm×36cm	1,035,000	北京保利	2021-06-05
徐悲鸿 1943年作 立马 立轴	65cm×33cm	1,032,850	北京保利	2021-01-22
徐悲鸿 墨竹 立轴	70cm×35cm	920,000	中贸圣佳	2021-07-06
徐悲鸿 为张安治夫人作《荸荠图》团扇	29cm×26cm	885,500	西泠印社	2021-01-16
徐悲鸿 日长如小年 立轴	92cm×37cm	862,500	北京保利	2021-09-25
徐悲鸿 猫石图 立轴	92cm×37cm	862,500	北京翰海	2021-06-05
徐悲鸿 1936年作 立马 立轴	76cm×43.5cm	862,500	中国嘉德	2021-12-10
徐悲鸿 1945年作 猫石图 镜心	33cm×35cm	828,000	中鸿信	2021-07-14
徐悲鸿 竹报平安 立轴	115cm×33.5cm	805,000	中贸圣佳	2021-07-06
徐悲鸿 1941年作 一洗万古凡马空 立轴	69cm×45.5cm	782,000	北京诚轩	2021-05-18
徐悲鸿 丙戌 1946年作 饲马 镜心	62cm×32.5cm	747,500	中国嘉德	2021-05-21
徐悲鸿 猫 镜片	106.5cm×52cm	690,000	广东崇正	2021-07-19
徐悲鸿 1938年作 雄狮图	28.5cm×43cm	690,000	永乐拍卖	2021-12-03
徐悲鸿 1942年作 石上大吉 立轴	59cm×51cm	690,000	中国嘉德	2021-05-19
徐悲鸿 1934年作 春牧图 镜心	52.5cm×87cm	690,000	中鸿信	2021-07-14
徐悲鸿 1941年作 墨竹 立轴	95cm×39cm	667,000	北京保利	2021-12-03
徐悲鸿 双狮 镜片	61cm×189cm	655,500	上海嘉禾	2021-07-23
徐悲鸿 1942年作 猫石图 立轴	61cm×30cm	632,500	中国嘉德	2021-05-21
徐悲鸿 1939年作 梅花双喜 镜框	41cm×30cm	621,000	佳士得	2021-05-27
徐悲鸿 1943年作 马 立轴	82.2cm×53.5cm	615,750	佳士得	2021-11-30
徐悲鸿 长青松 立轴	84.5cm×42cm	575,000	北京保利	2021-09-25
徐悲鸿 1942年作 柳荫大喜图 立轴	67.5cm×33cm	575,000	西泠印社	2021-01-16

2021书画拍卖成交汇总(续表)

(成交价RMB：10万元以上)

拍品名称	物品尺寸	成交价RMB	拍卖公司	拍卖日期
徐悲鸿 1945年作 柳丝喜鹊 立轴	78.5cm×32.5cm	575,000	中国嘉德	2021-12-10
徐悲鸿 1939年作 立马 镜框	26cm×14cm	569,250	佳士得	2021-05-27
徐悲鸿 1945年作 猫石图 镜框	33cm×35cm	552,000	北京保利	2021-12-03
徐悲鸿卅年1941年作 喜上柳梢镜心	84.4cm×30.2cm	552,000	北京诚轩	2021-12-03
徐悲鸿 1944年作 雄视 立轴	诗堂 22.5cm×51.5cm; 本幅70cm×51.5cm	552,000	十竹斋拍卖(北京)	2021-05-29
徐悲鸿 公鸡 镜片	37cm×43cm	529,000	广东小雅斋	2021-07-20
徐悲鸿 行书 立轴	66cm×29cm	517,500	北京荣宝	2021-06-19
徐悲鸿 苍松图 立轴	84.5cm×42cm	483,000	保利厦门	2021-05-06
徐悲鸿 枇杷 立轴	33cm×47cm	460,000	十竹斋拍卖(北京)	2021-05-29
徐悲鸿 1946年作 柳荫立马图 立轴	107cm×39cm	460,000	西泠印社	2021-07-25
徐悲鸿 1935年作 水牛 立轴	77cm×46.6cm	446,116	香港苏富比	2021-04-21
徐悲鸿 1943年作 喜鹊 立轴	64cm×33cm	437,000	北京保利	2021-12-04
徐悲鸿 1941年作 猗猗君子 镜心	93.3cm×47.5cm	437,000	北京诚轩	2021-05-18
徐悲鸿 喜登梅梢 立轴	66cm×30.5cm	437,000	中国嘉德	2021-05-21
徐悲鸿 1948年作 猫石图 立轴	54cm×34cm	437,000	中国嘉德	2021-12-10
徐悲鸿 1929年作 梅花双喜 立轴	80.5cm×47.5cm	434,700	佳士得	2021-05-27
徐悲鸿 1942年作 春柳鸣喜 立轴	67.5cm×33cm	425,500	朵云轩	2021-07-07
徐悲鸿 1938年作 雀上枝头 立轴	72cm×34cm	368,000	北京保利	2021-06-06
徐悲鸿 1942年作 奔马图 镜心	86cm×48.5cm	368,000	中鸿信	2021-07-14
徐悲鸿 1941年作 鹰 镜心	35cm×39.5cm	345,000	北京荣宝	2021-06-19
徐悲鸿 张书旂 松寿图 镜心	107cm×36.5cm	345,000	北京荣宝	2021-12-02
徐悲鸿 1942年作 喜上枝头 镜心	74cm×27cm	345,000	中鸿信	2021-07-14
徐悲鸿 骏马图 立轴	64cm×34cm	333,500	中贸圣佳	2021-05-21
徐悲鸿 1939年作 五花散作云满身 镜框	31.5cm×43cm	328,400	佳士得	2021-11-30
徐悲鸿 行书感事 镜片	23cm×30cm	310,500	广东崇正	2021-01-07
徐悲鸿 竹石图 镜心	103cm×31cm	299,000	中贸圣佳	2021-07-06
徐悲鸿 1935年作 苍松 镜心	107cm×39cm	287,500	北京翰海	2021-06-04
徐悲鸿 1935年作 双雀 成扇	19cm×50cm	287,500	朵云轩	2021-07-07
徐悲鸿 1939年作 喜鹊 镜心	44.5cm×34cm	287,500	中国嘉德	2021-12-11
徐悲鸿 1941年作 喜鹊红叶 镜框	83.5cm×25cm	266,825	佳士得	2021-11-30
徐悲鸿 1935年作 松树 立轴	59cm×42.5cm	264,500	北京荣宝	2021-06-19
徐悲鸿 书法 镜框	28cm×30cm	253,000	北京华辰	2021-12-08
徐悲鸿 1935年作 逆风而行 立轴	画心 66cm×39cm; 诗堂 22cm×39cm	253,000	上海嘉禾	2021-07-22
徐悲鸿 1919年作 行书 横披 镜心	43cm×55.5cm	253,000	十竹斋拍卖(北京)	2021-05-29
徐悲鸿 1939年作 墨竹图 纸本	76cm×46cm	253,000	中国嘉德	2021-03-27
徐悲鸿 1936年作 竹石图 立轴	88.5cm×40cm	230,000	中国嘉德	2021-12-10
徐悲鸿 1943年作 柳荫双骏 镜心	41cm×41cm	201,250	中鸿信	2021-07-14
徐悲鸿 书法 镜片	79cm×36cm	189,750	广东小雅斋	2021-07-20
徐悲鸿 1938年作 竹雀图 镜框	64cm×24cm	164,200	佳士得	2021-11-30
徐悲鸿 枇杷 立轴	47cm×33cm	368,000	朵云轩	2021-12-30
徐悲鸿、赵少昂 1944年作 枇杷螳螂 立轴	80.5cm×37cm	701,500	十竹斋拍卖(北京)	2021-05-29
徐冰 1999年作 艺术为人民	57cm×136cm	552,000	中国嘉德	2021-11-29
徐冰 新英文书法(二张一组)	150cm×150cm×2	2,783,000	上海明轩	2021-12-30
徐冰新英文书法: 王维鹿柴(双联画)	90cm×75cm×2	397,440	中国嘉德	2021-10-12
徐操 1926年作 袁盎却坐图 绢本	145.5cm×76cm	3,220,000	北京荣宝	2021-12-02
徐操 吴镜汀 山水人物 四屏镜心	92.5cm×34cm×4	575,000	中贸圣佳	2021-07-06
徐操 1934年作 盘车图 立轴	66.5cm×53cm	483,000	北京翰海	2021-06-04
徐操 1937年作 荀灌突围 立轴	124cm×60cm	460,000	北京保利	2021-12-03
徐操 石李龙问道图 镜片	101.5cm×41.5cm	425,500	朵云轩	2021-07-07
徐操 1936年作 虞姬舞剑图 立轴	99cm×38.5cm	414,000	北京华辰	2021-12-08
徐操 1940年作 庭院仕女 立轴	120cm×44cm	345,000	北京翰海	2021-12-17
徐操 武陵游骑图 镜心	90cm×41cm	322,000	北京翰海	2021-12-17
徐操 许珩 1934年作 青城游从图·行书 成扇	20cm×54cm	230,000	中国嘉德	2021-12-11
徐华翎 2005年作 香3-6	158cm×98cm	517,500	华艺国际	2021-12-10
徐华翎 之·间28 镜心	80cm×56cm	483,000	中贸圣佳	2021-07-06
徐华翎 之间之一 镜框	41cm×51cm	207,000	保利厦门	2021-11-04
徐华翎 2005年作 香 2-11	71cm×56cm	207,000	华艺国际	2021-12-10
徐景民 2021年作 累累枝上实,满腹饱珠玑	136cm×68cm	230,000	荣宝斋(南京)	2021-05-26
徐菊庵 1949年作 群仙毕至 立轴	133cm×69.5cm	322,000	朵云轩	2021-07-07
徐菊庵 群仙祝寿 立轴	178.5cm×93.5cm	253,000	中国嘉德	2021-12-11
徐乐乐 琴思图 手卷	34cm×142cm	1,380,000	南京经典	2021-01-10
徐乐乐 贵妃沐浴图 镜心	35cm×137cm	977,500	南京经典	2021-07-18
徐乐乐 村戏图 镜心	46cm×71cm	632,500	南京经典	2021-01-10
徐乐乐 2004年作 贵妃沐浴图 镜心	35cm×137.5cm	632,500	中国嘉德	2021-12-13
徐乐乐 钟馗赏梅图 镜心	46cm×70cm	575,000	南京经典	2021-01-10
徐乐乐 钟馗爱兰图 镜心	46cm×70cm	437,000	南京经典	2021-07-18
徐乐乐 幸福的小女孩 镜心	33cm×23cm	414,000	中国嘉德	2021-12-13
徐乐乐 2009年作 快乐男孩 镜心	33cm×23cm	402,500	中国嘉德	2021-12-13
徐乐乐 2002年作 聚戏童心 镜心	34cm×70cm	397,896	中国嘉德	2021-04-22
徐乐乐 嬉春图 镜心	34cm×34cm	322,000	南京经典	2021-07-18
徐乐乐 仕女 镜心	37cm×59cm	253,000	南京经典	2021-07-18
徐乐乐 补衣罗汉图 立轴	画心 69cm×34cm; 诗堂 30cm×34cm	253,000	中贸圣佳	2021-07-06
徐乐乐 才子佳人 镜心	32cm×71cm	230,000	南京经典	2021-07-18
徐乐乐 偷得浮生半日闲 镜心	43cm×45cm	207,000	南京经典	2021-01-10
徐乐乐 莲屏图 立轴	画心 73cm×27cm; 诗堂 33.5cm×27cm	207,000	中贸圣佳	2021-07-06
徐乐乐 晨妆图 立轴	34.5cm×45cm	149,500	南京经典	2021-07-18
徐累 2007年作 天花	129cm×273.5cm	2,875,000	永乐拍卖	2021-05-21
徐累 1994年作 莲生贵子	53cm×40cm	460,000	永乐拍卖	2021-05-21
徐里 江山如画 镜心	138cm×68cm	1,265,000	北京荣宝	2021-06-19
徐翎超 福威长春 镜片	136cm×68cm	575,000	北京中贝	2021-12-08
徐生翁 行书陈与义诗 立轴	132cm×32cm	230,000	北京荣宝	2021-12-02
徐世昌 奇石图 立轴	175.5cm×87cm	575,000	中贸圣佳	2021-05-21
徐世昌 行书七言联 镜心	208cm×49cm×2	345,000	中国嘉德	2021-05-20
徐世昌 1916年作 临苏轼贴 手卷	字 29cm×512cm; 题跋29cm×42cm	287,500	北京保利	2021-12-03
徐世昌 行书节录苏轼诗 立轴	180cm×47cm	287,500	中国嘉德	2021-05-21
徐世昌 1923年作 桂花 立轴	95.5cm×32cm	253,000	北京翰海	2021-06-04
徐世昌 萃竹·行书七言联 立轴	画132cm×32cm; 对联 154cm×32cm×2	195,500	北京保利	2021-06-05
徐世昌 1933年作 楷书书匾	218cm×55cm	193,200	西泠印社	2021-07-25
徐世昌 行楷书七言联 镜心	161cm×38.5cm×2	184,000	北京翰海	2021-06-04
徐世昌 1932年作 兰竹图 立轴	84cm×51.5cm	184,000	北京翰海	2021-06-04
徐世昌 中堂一组	87cm×55.5cm; 151.3cm×26.8cm	172,500	北京羿趣国际	2021-07-16
徐世昌 行书七言联 立轴	131cm×31cm×2	166,750	北京银座	2021-09-24
徐世昌 行书七言联 立轴	174cm×43cm×2	149,500	北京银座	2021-09-24

拍品名称	物品尺寸	成交价RMB	拍卖公司	拍卖日期
徐世昌 蕉石图 立轴	130cm×63.5cm	143,750	北京翰海	2021-06-04
徐世昌 行书七言 对联	169cm×39.5cm×2	172,500	朵云轩	2021-12-30
徐希 2004年作 古运河上 镜心	144cm×182cm	598,000	永乐拍卖	2021-12-02
徐希 2004年作 云安春雨 镜心	145cm×182cm	586,500	永乐拍卖	2021-12-02
徐希 2004年作 山城之夜 镜心	182cm×143cm	563,500	永乐拍卖	2021-12-01
徐希 2002年作 重庆朝天门 镜心	145cm×192cm	552,000	北京保利	2021-12-03
徐希 2002年作 山城重庆之夜 镜心	143cm×181cm	552,000	永乐拍卖	2021-12-02
徐希 1993年作 香港铜锣湾渔家 镜心	97cm×181cm	402,500	永乐拍卖	2021-12-02
徐希 1993年作 夕照群山 镜心	96cm×181cm	368,000	永乐拍卖	2021-12-02
徐希 1994年作 望龙门之夜 镜心	68cm×136.5cm	207,000	北京荣宝	2021-12-02
徐雪峰 2020年作 秋山溪居图	98cm×108cm	322,000	荣宝斋(南京)	2021-05-26
徐雪峰 2021年作 文明印记	136cm×68cm	172,500	荣宝斋(南京)	2021-05-26
徐泽 春园辑雍图 立轴	161cm×91cm	230,000	华艺国际	2021-12-11
徐展 2021年作 甘南风情 镜心	201cm×198cm	2,012,500	北京保利	2021-12-04
徐展 2021年作 金秋 镜心	192cm×192cm	1,955,000	永乐拍卖	2021-12-01
徐展 2020年作 格桑花开 镜心	139cm×68.5cm	460,000	中国嘉德	2021-12-13
许葆安 2019年作 山水 镜心	186.5cm×91.5cm	207,000	中国嘉德	2021-12-13
许麟庐 荷花 镜心	95.5cm×174.5cm	356,500	保利厦门	2021-11-05
许铁峰 节临周《散氏盘铭》启功《金陵遗意》成扇	18cm×50cm	345,000	中贸圣佳	2021-05-21
许勇 草原十骏 镜框 纸本	280cm×67cm	264,500	辽宁省拍	2021-07-04
薛亮 2019年作 春和景明 镜心	143cm×367cm	3,220,000	北京保利	2021-06-06
薛亮 2006年作 秋气染金	143cm×367cm	3,220,000	十竹斋拍卖(北京)	2021-05-29
薛亮 2011年作 香格里拉之幻	247cm×123cm	1,920,500	十竹斋拍卖(北京)	2021-05-29
薛亮 幽居图 镜心	98cm×120cm	1,150,000	北京荣宝	2021-06-19
薛亮 2010年作 蜀江朝辉图	96cm×180cm	1,173,000	十竹斋拍卖(北京)	2021-05-29
薛亮 2002年作 望断秋水	178cm×96cm	1,104,000	十竹斋拍卖(北京)	2021-05-29
薛亮 2007年作 苍岩晚照	178.5cm×96cm	1,035,000	十竹斋拍卖(北京)	2021-05-29
薛亮 2005年作 西部奇云	178.7cm×96cm	1,035,000	十竹斋拍卖(北京)	2021-05-29
薛亮 2010年作 泰山朝晖	96cm×178cm	1,035,000	十竹斋拍卖(北京)	2021-05-29
薛亮 苍暝	123cm×96cm	793,500	十竹斋拍卖(北京)	2021-05-29
薛亮 2000年作 云漫高塬	120cm×96cm	747,500	十竹斋拍卖(北京)	2021-05-29
薛亮 寂原	96cm×120cm	690,000	十竹斋拍卖(北京)	2021-05-29
薛亮 2011年作 达摩面壁悟禅图	68.5cm×135cm	632,500	十竹斋拍卖(北京)	2021-05-29
薛亮 碧野春望	136cm×68cm	552,000	十竹斋拍卖(北京)	2021-05-29
薛亮 2004年作 千峰银装	136cm×68cm	552,000	十竹斋拍卖(北京)	2021-05-29
薛亮 2004年作 秋阳染金	132cm×66cm	529,000	十竹斋拍卖(北京)	2021-05-29
薛亮 2004年作 碧岫春寐	132cm×66cm	517,500	十竹斋拍卖(北京)	2021-05-29
薛亮 2004年作 山巅水崖	132cm×66cm	517,500	十竹斋拍卖(北京)	2021-05-29

拍品名称	物品尺寸	成交价RMB	拍卖公司	拍卖日期
薛亮 2005年作 苍岩飞泉图	137cm×67cm	483,000	十竹斋拍卖(北京)	2021-05-29
薛亮 2004年作 碧色旷野	132cm×66cm	460,000	十竹斋拍卖(北京)	2021-05-29
薛亮 2009年作 万山红遍，层林尽染	60cm×72cm	322,000	十竹斋拍卖(北京)	2021-05-29
薛亮 2008年作 梦家园	33cm×100cm	322,000	十竹斋拍卖(北京)	2021-05-29
薛亮 2007年作 秋山斜阳	65cm×39cm	310,500	十竹斋拍卖(北京)	2021-05-29
薛亮 春风又绿江南岸 镜心	68cm×136cm	287,500	中贸圣佳	2021-07-06
薛亮 2009年作 雨后斜阳	67cm×46cm	276,000	十竹斋拍卖(北京)	2021-05-29
薛亮 2004年作 山水 镜片(四帧)	直径33cm×4	253,000	上海嘉禾	2021-07-23
薛亮 2008年作 香格里拉秘境	69cm×33cm	253,000	十竹斋拍卖(北京)	2021-05-29
薛亮 凝泉图	69cm×33cm	230,000	十竹斋拍卖(北京)	2021-05-29
薛亮 2010年作 秋浓	39cm×49cm	207,000	十竹斋拍卖(北京)	2021-05-29
薛亮 2009年作 秋山流瀑	69cm×36cm	207,000	十竹斋拍卖(北京)	2021-05-29
薛亮 2008年作 山川	46cm×46cm	195,500	十竹斋拍卖(北京)	2021-05-29
薛亮 2009年作 苍山晓云图	65cm×39cm	161,000	十竹斋拍卖(北京)	2021-05-29
薛亮 2009年作 烟雨江南	39cm×64cm	149,500	十竹斋拍卖(北京)	2021-05-29
薛亮 2009年作 皓峰云水	35cm×50cm	143,750	十竹斋拍卖(北京)	2021-05-29
雪岛 回眸一笑 镜心	171cm×112cm	1,495,000	北京保利	2021-12-04
亚明 1995年作 山水四季四屏 镜心	138cm×34cm×4	1,610,000	北京保利	2021-12-03
亚明 春讯 立轴	177cm×95cm	1,150,000	中贸圣佳	2021-05-21
亚明 魏紫熙 1973年作 麦收时节 镜片	141cm×252cm	989,000	西泠印社	2021-01-16
亚明 1959年作 河畔梳妆 立轴	直径55cm	437,000	北京保利	2021-06-05
亚明 青川帆影 横披	93cm×179cm	437,000	北京荣宝	2021-12-02
亚明 宋文治 伍霖生 1972年作 向阳渠 镜片	118.5cm×96.5cm	345,000	上海嘉禾	2021-07-22
亚明 1978年作 漓江景 镜心	69cm×110cm	322,000	北京荣宝	2021-12-02
亚明 1989年作 黄山云图 镜心	60cm×135cm	299,000	永乐拍卖	2021-05-21
亚明 太湖之滨 镜心	102.5cm×34.5cm	253,000	中国嘉德	2021-05-19
亚明 1982年作 山水四屏 立轴	89cm×48cm×4	248,400	中国嘉德	2021-10-13
亚明 1982年作 探梅图 镜心	89cm×47.5cm	230,000	中国嘉德	2021-05-20
亚明 1972年作 微山湖写生 立轴	45cm×61cm	207,000	北京荣宝	2021-12-02
亚明 一片新城是长崎 立轴	44cm×67cm	195,500	北京荣宝	2021-12-02
亚明 韶山第一乡农民协会旧址 镜心	46cm×34.5cm	184,000	南京经典	2021-01-10
亚明 1998年作 王维诗意图 镜心	16cm×70.5cm	184,000	十竹斋拍卖(北京)	2021-05-29
亚明 湘夫人 立轴	141cm×72.5cm	172,500	北京荣宝	2021-12-02
亚明 稻花开满山 镜心	34cm×46cm	172,500	南京经典	2021-01-10
亚明 峡江秋色 镜心	69cm×138cm	172,500	南京经典	2021-07-18
亚明 白云石矿 镜心	34cm×46cm	172,500	中贸圣佳	2021-05-21
亚明 湘西不二门 镜心	46cm×34cm	172,500	中贸圣佳	2021-05-21

2021书画拍卖成交汇总(续表)

(成交价RMB：10万元以上)

拍品名称	物品尺寸	成交价RMB	拍卖公司	拍卖日期
亚明 1988年作 黄山云来图 镜心	画 68cm×137cm；诗堂 20.5cm×137cm	161,000	北京荣宝	2021-12-02
亚明 河水山上流 镜心	46cm×34cm	161,000	南京经典	2021-01-10
亚明 春雨江南 立轴	68.5cm×45cm	155,250	南京经典	2021-01-10
亚明 越过重山见吉首 立轴	69cm×46cm	143,750	南京经典	2021-01-10
严复 行书 屏轴	83.5cm×40cm	460,000	朵云轩	2021-12-30
严培明 2006年作 人造景观	250cm×153cm×5	2,530,000	永乐拍卖	2021-05-21
严我斯 行书七言诗 立轴	128cm×45cm×2	253,000	上海嘉禾	2021-07-22
阎锡山 行书八言联 立轴	135.5cm×32cm×2	247,250	北京银座	2021-09-24
阎锡山 行书《论经济制度》镜心	19cm×25.5cm×4	178,250	中鸿信	2021-07-15
阎锡山 行书语录 立轴	109.5cm×59cm	172,500	中国嘉德	2021-05-21
颜伯龙 1944年作 孔雀芭蕉图 托片	124cm×247cm	2,185,000	江苏汇中	2021-05-13
颜伯龙 1944年作 松鹤延年	132cm×57.5cm	552,000	北京荣宝	2021-06-19
颜伯龙 1946年作 花鸟四屏 立轴	134.5cm×34cm	517,500	中国嘉德	2021-12-11
颜伯龙 1945年作 百鸟朝凤 镜心	135.5cm×67.5cm	494,500	北京翰海	2021-06-04
颜伯龙 1946年作 花鸟四屏 立轴	134cm×34cm×4	414,000	北京保利	2021-06-06
颜伯龙 1941年作 丹山白凤图 立轴	112.2cm×49.5cm	345,000	北京保利	2021-12-03
颜伯龙1929年作竹阴清趣立轴	179.7cm×47cm	276,167	香港苏富比	2021-04-21
颜伯龙 柏鹿图 立轴	132cm×65cm	230,000	中国嘉德	2021-03-27
颜伯龙 曹克家 商笙伯 朱梅村 沈迈士 等 素珊集画册 镜心(八开)	32.5cm×32.5cm×8	230,000	中贸圣佳	2021-07-06
颜伯龙 1945年作 神仙眷侣 镜心	134cm×66cm	218,500	北京荣宝	2021-12-02
颜伯龙 1938年作 花鸟六屏(案屏)屏风	23cm×7.5cm×6	184,000	华艺国际	2021-06-04
颜伯龙1948年作玉兰鹦鹉立轴	102.3cm×33cm	156,492	香港苏富比	2021-10-11
颜伯龙 1945年作 花鸟 立轴	97.5cm×33.5cm	149,500	北京翰海	2021-12-17
颜梅华 1982年作 上寿图 立轴	177cm×94cm	460,000	北京荣宝	2021-12-02
颜泉 鹤舞吉祥	33cm×136cm	287,500	荣宝斋(南京)	2021-05-26
颜文梁 茶叶二队 镜框	53cm×74cm	161,000	上海嘉禾	2021-07-22
晏少翔 仕女图 镜框 纸本	31cm×81cm	172,500	辽宁省拍	2021-07-04
杨度 隶书五言联 立轴	140.5cm×37cm×2	287,500	华艺国际	2021-06-04
杨度 行书五言联 立轴	136.5cm×33cm×2	149,500	中国嘉德	2021-05-20
杨度 行书五言 对联	134.5cm×31.5cm×2	218,500	朵云轩	2021-12-30
杨佴旻《七牛图》	69cm×131cm	2,530,000	北京翰海	2021-12-17
杨佴旻《冬》	129cm×66.5cm	920,000	北京翰海	2021-12-17
杨刚 2009年作 传说 镜心	46cm×151cm	345,000	北京保利	2021-06-06
杨刚 2005年作 古战场 镜心	55cm×70cm	184,000	北京荣宝	2021-12-02
杨国林 2011年作 收获的季节	60cm×100cm	287,500	北京保利	2021-12-02
杨国新 2020年作 布袋和尚	138cm×68cm	276,000	荣宝斋(南京)	2021-05-26
杨国新 2020年作 老子悟道	138cm×68cm	276,000	荣宝斋(南京)	2021-05-26
杨继林 2015年作 一枝春 镜心	126cm×62cm	460,000	保利厦门	2021-11-05
杨诘苍 2007-2008年作 OH MY GOD——黑云(九联作)	233cm×120cm×9	460,000	北京保利	2021-12-02
杨金瑞 2021年作 丰年 镜心	180cm×97cm	632,500	北京翰海	2021-10-16
杨明义 2019年作 万古长青 镜心	144cm×96cm	621,000	北京保利	2021-12-04
杨明义 1989年作 石头梦 镜心	52cm×76cm	253,000	北京保利	2021-06-06
杨明义 2020年作 东山之晨	68cm×68cm	218,500	中贸圣佳	2021-05-20
杨明义 舍南舍北皆春水	68cm×68cm	172,500	中贸圣佳	2021-05-20
杨钦竣 2020年作 终南烟云	70cm×158cm	977,500	荣宝斋(南京)	2021-05-26
杨善深 1988年作 夜深沉 立轴	179cm×96.5cm	1,490,400	中国嘉德	2021-10-13
杨善深 1997年作 仿元人笔意 镜片	97cm×151cm	1,150,000	广东崇正	2021-07-19
杨善深 雨打芭蕉 镜框	93.4cm×45.4cm	828,000	佳士得	2021-05-27
杨善深 1988年作 雄鹰 立轴	179cm×96.5cm	672,750	佳士得	2021-05-27
杨善深 美人图 镜框	132cm×32cm	632,500	华艺国际	2021-04-01

拍品名称	物品尺寸	成交价RMB	拍卖公司	拍卖日期
杨善深 山水人物对屏 镜框	134cm×34cm×2	517,500	华艺国际	2021-04-01
杨善深 山水人物对屏 镜片	137.5cm×33.5cm×2	460,000	广东崇正	2021-07-19
杨善深 1994年作 泼彩山水 镜框	69cm×136.5cm	460,000	华艺国际	2021-04-01
杨善深 1951年作 猫 镜心	66.5cm×43.5cm	417,791	中国嘉德	2021-04-22
杨善深 2000年作 白马寺 镜框	64.5cm×132.5cm	402,500	华艺国际	2021-04-01
杨善深 1994年作 重彩佳人 镜框	100cm×32.5cm	402,500	华艺国际	2021-04-01
杨善深 1991年作 2003年作 赏月图一堂 镜框	画135cm×69cm；对联 138cm×31.5cm×2	402,500	华艺国际	2021-04-01
杨善深 泼彩山水 镜框	34.5cm×69cm	389,975	佳士得	2021-11-30
杨善深 1988年作 苍鹰 镜心	85cm×178cm	345,000	北京保利	2021-09-25
杨善深 1947年作 长春不老图 立轴	91cm×40.5cm	345,000	华艺国际	2021-04-01
杨善深 1995年作 松鹰 立轴	175.5cm×46cm	333,500	华艺国际	2021-04-01
杨善深 1983年作 山居图 立轴	67.5cm×57cm	322,000	北京保利	2021-09-25
杨善深 欧阳修轶事 立轴	137.5cm×20cm	322,000	广东崇正	2021-01-07
杨善深 白猫 立轴	60cm×44cm	298,080	中国嘉德	2021-10-13
杨善深 荷塘蛙趣图 镜框	58cm×100cm	287,500	华艺国际	2021-04-01
杨善深 荷塘图 镜框	58cm×100cm	276,000	华艺国际	2021-09-17
杨善深 1982年作 泼彩山水 镜框	46cm×96cm	264,500	华艺国际	2021-04-01
杨善深 1980年作 三峡 镜框	104cm×50cm	253,000	华艺国际	2021-04-01
杨善深 梦笔生花 镜框	95cm×40.5cm	253,000	华艺国际	2021-04-01
杨善深 1983年作 猪 镜框	34cm×48.5cm	248,400	佳士得	2021-05-27
杨善深2002年作行书八言大联立轴	366cm×47cm×2	241,500	广东崇正	2021-01-07
杨善深 1987年作 峡口送故人 立轴	95cm×33cm	230,000	华艺国际	2021-04-01
杨善深 司晨伴侣 立轴	131cm×31.9cm	227,700	佳士得	2021-05-27
杨善深 大寿图 立轴	83cm×29.5cm	225,775	佳士得	2021-11-30
杨善深 野姜花 镜心	32.5cm×47.5cm	218,843	中国嘉德	2021-04-22
杨善深 1993年作 画眉 立轴	87.5cm×23cm	218,500	华艺国际	2021-04-01
杨善深 芙蓉草虫 镜框	89cm×41cm	207,000	华艺国际	2021-04-01
杨善深 1988年作 玫瑰花篮 镜框	33cm×69cm	184,000	华艺国际	2021-04-01
杨善深 红棉 镜框	123.5cm×45cm	174,800	华艺国际	2021-04-01
杨善深 1974年作 姜花 成扇	17cm×48cm	172,500	华艺国际	2021-04-01
杨善深 鹦鹉 镜框	94cm×32.5cm	166,750	华艺国际	2021-04-01
杨善深 2004年作 行书六言联 立轴	246cm×40cm×2	149,500	北京荣宝	2021-06-19
杨善深 2002年作 行书七言联 镜片	233cm×50cm×2	149,500	广东崇正	2021-07-19
杨善深 1953年作 岁寒三友 立轴	114cm×34.5cm	143,750	华艺国际	2021-04-01
杨善深 1988年作 寻诗图 镜心	73cm×177cm	141,875	北京保利	2021-08-09
杨石朗吴湖帆搜尽奇峰打草稿立轴	38.5cm×145cm	402,500	中贸圣佳	2021-07-06
杨世勇 2018年作 蝶恋花 镜心	98cm×48cm	230,000	北京翰海	2021-12-17
杨涛 草书 手卷	34cm×1279cm	575,000	北京保利	2021-12-04
杨夏林 1968年作 万山红遍，层林尽染 镜框	137cm×68cm	172,500	保利厦门	2021-05-06
杨先让 蘭王者香 镜片	34cm×46cm	3,068,775	北京中贝	2021-12-08
杨先让 七三年十月写生 镜片	34cm×45cm	2,950,670	北京中贝	2021-12-08
杨先让 无题 镜片	34cm×45cm	2,171,775	北京中贝	2021-12-08
杨心广 2013年作 抽象画3	152cm×1000cm	402,500	中国嘉德	2021-05-20
杨心广 2013年作 抽象画2	152cm×1000cm	345,000	永乐拍卖	2021-12-03
杨新亮(言奇)2021年作 早春	138cm×69cm	1,906,700	荣宝斋(南京)	2021-05-26
杨新亮(言奇)2020年作 鸟鸣涧	70cm×46cm	1,817,000	荣宝斋(南京)	2021-05-26
杨延文 1994年作 晓月下漓江 镜心	120cm×243cm.	460,000	北京荣宝	2021-12-02
杨延文 2003年作 虎溪三笑 立轴	136cm×69cm	161,000	北京荣宝	2021-12-02
杨彦 白志良 2021年作 达摩·《般若波罗蜜多心经》镜心	136cm×70cm	690,000	北京九歌	2021-06-13
杨彦 2018年作 圣塔 镜心	137.5cm×68.5cm	345,000	中国嘉德	2021-12-13
杨彦 溪山行旅图 镜心	136cm×68cm	195,500	中鸿信	2021-07-14
杨彦 榴籽君子结 立轴	198cm×95cm	184,000	北京九歌	2021-06-13

拍品名称	物品尺寸	成交价RMB	拍卖公司	拍卖日期
杨彦 香山觅幽图 镜心	68cm×137cm	160,000	中鸿信	2021-03-30
杨彦 康巴巡礼 镜心	68.5cm×136.5cm	152,000	中鸿信	2021-03-30
杨彦 冬韵图 镜心	136cm×69cm	149,500	中贸圣佳	2021-05-21
杨宇 灵缚	67.5cm×65cm	207,000	中国嘉德	2021-05-21
杨之光 鸥洋 1977年作 不灭的明灯 立轴	97cm×131cm	8,050,000	华艺国际	2021-12-11
杨之光 1980年作 三羊开泰 镜框	150.5cm×82.5cm	1,380,000	华艺国际	2021-04-01
杨之光 鸥洋 鲁迅像 立轴	156.5cm×94.5cm	1,322,500	西泠印社	2021-01-16
杨之光 2008年作 弗拉门戈之舞 镜框	109cm×84.5cm	1,058,000	华艺国际	2021-04-01
杨之光 女民兵 立轴	114cm×80cm	805,000	中国嘉德	2021-05-19
杨之光 1996年作 蕉荫春色 镜片	69cm×137cm	782,000	上海匡时	2021-07-08
杨之光 1999年作 西班牙舞 立轴	139cm×70cm	598,000	北京保利	2021-12-04
杨之光 1991年作 西班牙的阳光 镜框	66cm×66cm	437,000	华艺国际	2021-04-01
杨之光 1994年作 闲时不闲 镜片	69cm×64cm	345,000	北京荣宝	2021-12-02
杨之光 伏虎女郎 镜片	69cm×98cm	333,500	华艺国际	2021-09-17
杨之光 1980年作 反弹琵琶 镜片	96cm×60cm	241,500	广东崇正	2021-01-07
杨之光 天鹅湖 镜框	64.5cm×96.5cm	230,000	华艺国际	2021-04-01
杨之光 滇南行 册页（十开）	15cm×22.5cm×10	207,000	广东崇正	2021-07-19
杨之光 1977年作 人物像 镜框	44.5cm×32.5cm	207,000	华艺国际	2021-04-01
杨之光 1984年作 文成公主 立轴	82cm×50cm	195,500	华艺国际	2021-04-01
杨之光 1996年作 恒河之舞 镜心	69cm×45cm	172,500	北京荣宝	2021-12-02
杨之光 1979年作 罐舞 镜片	127.5cm×35cm	161,000	广东崇正	2021-01-07
杨之光 1983年作 为唐弢作《唐弢同志造像》	67cm×45cm	161,000	西泠印社	2021-01-15
杨之光 1983年作 草原之舞 镜心	68cm×44cm	161,000	中国嘉德	2021-03-28
杨之光 1994年作 扇舞 镜片	80cm×68cm	149,500	广东崇正	2021-07-18
杨竹 2021年作 雾雪霜冰 立轴	138cm×34cm×4	368,000	北京保利	2021-06-06
姚华 1924年作 辛夷图 立轴	137cm×68.5cm	230,000	北京荣宝	2021-06-19
姚华 篆书梅溪《探芳讯》词·松溪载鹤 立轴	137cm×68cm×2	230,000	中贸圣佳	2021-05-21
姚华 南浦春帆 镜心	139cm×23cm	172,500	北京诚轩	2021-05-18
姚华 1928年作 行书十言联 立轴	130.5cm×21cm×2	161,000	北京翰海	2021-06-04
姚华 书法扇面	19cm×61.5cm	161,000	中国嘉德	2021-12-10
姚旭晖 山水四屏 镜片	180cm×48cm×4	287,500	北京中贝	2021-12-08
姚有多 1981年作 傣家乐 镜片	151cm×82cm	920,000	北京荣宝	2021-06-19
姚有信 1959年作 送信 镜片	101cm×85cm	166,750	上海嘉禾	2021-07-22
叶昌炽 1916年作 为吴湖帆作八言联 对联	96.5cm×18cm×2	207,000	西泠印社	2021-01-15
叶恭绰 行书七言联 立轴	58.8cm×11.5cm×2	254,923	香港苏富比	2021-04-21
叶浅予 1990年作 凉山舞步 立轴	94cm×90.5cm	862,500	北京保利	2021-12-03
叶浅予 1977年作 拉萨舞步 镜片	139cm×65cm	437,000	朵云轩	2021-07-07
叶浅予 1991年作 西藏热巴 镜心	67cm×136cm	575,000	北京保利	2021-12-03
叶浅予 1991年作 采桑女 立轴	136cm×66cm	402,500	北京保利	2021-12-03
叶浅予 于阗装 镜片	83cm×50cm	402,500	广东崇正	2021-07-19
叶浅予 1947年作 市鸡图 镜心	67cm×43cm	345,000	北京荣宝	2021-12-02
叶浅予 1977年作 和阗装 镜心	71.5cm×45cm	230,000	中国嘉德	2021-12-10
叶浅予 1979年作 呼和浩特晚会 立轴	67.5cm×45cm	218,500	上海嘉禾	2021-07-23
叶浅予 1964年作 印度舞 镜心	96cm×60cm	184,000	十竹斋拍卖（北京）	2021-05-29
叶浅予 1977年作 延边小鼓 镜心	46cm×34.5cm	172,500	中国嘉德	2021-12-10
叶圣陶 为唐弢作 自作词《蝶恋花》画心	28.5cm×19cm	264,500	西泠印社	2021-01-15
佚名 1934年作 书法 立轴四屏	132.5cm×31.7cm×4	297,410	香港苏富比	2021-04-21
佚名 群仙赴会 手卷	28.5cm×331cm	5,175,000	朵云轩	2021-07-07
佚名 罗汉图对屏 立轴	115cm×53cm×2	2,702,500	北京荣宝	2021-06-19
佚名 柳荫婴戏图 立轴	162.5cm×77.5cm	2,702,500	华艺国际	2021-12-11
佚名 墨竹图 镜框	画心 47cm×32cm；诗堂 13cm×34.5cm	1,725,000	上海嘉禾	2021-07-22
佚名 云山楼阁 团扇	直径26.5cm×2	1,150,000	华艺国际	2021-12-11
佚名 行乐图 手卷	本幅 53cm×100cm；跋1：58.5cm×109cm；跋2：25.5cm×117cm；跋3：53cm×133cm	575,000	华艺国际	2021-12-11
佚名 幽禽鸣春 手卷	32.5cm×228.5cm	517,500	华艺国际	2021-12-11
佚名 群仙介寿图 立轴	176cm×94.5cm	460,000	北京荣宝	2021-06-19
佚名 七骏图并诸家题 手卷	画心 25cm×92cm；题跋 25cm×192cm	460,000	华艺国际	2021-12-11
佚名 朝鲜题材宣传画原稿一组（一册二十三幅）	51cm×74cm×23	402,500	中鸿信	2021-07-15
佚名 云龙图 立轴	138cm×78cm	356,500	华艺国际	2021-12-11
佚名 山水卷	引首 36.5cm×93.5cm；画心 36.5cm×382cm	345,000	北京荣宝	2021-06-19
佚名 一路连科 镜心	46.5cm×37.5cm×2	345,000	华艺国际	2021-12-11
佚名 秋山图 立轴	142cm×45cm	345,000	华艺国际	2021-12-11
佚名 山水 册页（八开）	23cm×32cm×8	322,000	华艺国际	2021-12-11
佚名 洗马图 镜心	54cm×60cm	230,000	华艺国际	2021-12-11
佚名 赤水先生像 立轴	94cm×48.5cm	207,000	华艺国际	2021-12-11
佚名 仙迹图 立轴	63cm×45.5cm	207,000	华艺国际	2021-12-11
佚名 花苑珍禽 镜心	160.5cm×86.5cm	207,000	华艺国际	2021-12-11
佚名 罗汉图 立轴	132.5cm×56.5cm	172,500	华艺国际	2021-12-11
易峰 玉瘦香寒领岁华	248cm×129cm	1,138,500	荣宝斋（南京）	2021-05-26
殷梓湘 1981年作 柳溪八骏图	138cm×69cm	322,000	西泠印社	2021-07-24
殷梓湘 1953年作 拟古山水 立轴	139cm×54cm	230,000	西泠印社	2021-07-24
殷梓湘 八骏图	135cm×67.5cm	218,500	西泠印社	2021-07-24
尹沧海 2021年作 调猿罗汉 镜心	96cm×180cm	517,500	北京保利	2021-12-04
尹沧海 2018年作 月下春江 镜心	138cm×69cm	494,500	永乐拍卖	2021-12-01
尹沧海 书法 镜心	138cm×68cm	483,000	永乐拍卖	2021-12-01
尹石 2018年作 飞水文章不染尘	180cm×97cm	552,000	荣宝斋（南京）	2021-05-26
尹石 2020年作 天地之悠悠	97cm×180cm	552,000	荣宝斋（南京）	2021-05-26
应野平 松翠千重 立轴	244cm×96cm	230,000	南京经典	2021-01-10
应野平 1964年作 江山新貌 镜框	100cm×98cm	230,000	上海嘉禾	2021-07-22
应野平 1977年作 旧貌变新颜 镜片	74cm×120cm	172,500	上海嘉禾	2021-07-22
应野平 1987年作 黄山松云 立轴	134cm×66cm	161,000	中国嘉德	2021-03-29
应野平 1978年作 延安春色 立轴	65cm×48cm	155,250	北京荣宝	2021-12-02
应野平 1982年作 西子湖芙蕖 立轴		149,500	中国嘉德	2021-09-27
应野平 井冈春色 手卷	24.5cm×179.5cm	172,500	朵云轩	2021-12-30
游雯迪 2020年作 红龙No.2 浪	100cm×150cm	356,500	上海嘉禾	2021-07-23
于非闇 1955年作 红杏枝头春意闹 立轴	83cm×111cm	9,671,500	北京保利	2021-12-03
于非闇 1951年作 水仙 手卷	25.5cm×285cm	5,002,500	上海嘉禾	2021-11-14
于非闇 1948年作 滇茶鹁鸽图 镜心	90cm×51cm	4,945,000	北京保利	2021-12-03
于非闇 1957年作 四季花图 镜框	43.8cm×205cm	4,310,250	佳士得	2021-11-30
于非闇 荷花蜻蜓 镜框	109.2cm×56.2cm	3,717,630	香港苏富比	2021-04-21
于非闇 1948年作 来亨鸡 镜心	41.5cm×61cm	3,335,000	中国嘉德	2021-12-10
于非闇 1945年作 牡丹锦鸡 镜片	126cm×54cm	2,990,000	上海嘉禾	2021-07-23
于非闇 1942年作 五色鹦鹉 镜心	52cm×122cm	2,415,000	永乐拍卖	2021-05-20
于非闇 1937年作 蔬菓图 镜框	70.7cm×40.1cm	2,336,796	香港苏富比	2021-04-21
于非闇 富贵双寿 立轴	125.5cm×49cm	2,070,000	中国嘉德	2021-05-19

2021书画拍卖成交汇总(续表)

(成交价RMB：10万元以上)

拍品名称	物品尺寸	成交价RMB	拍卖公司	拍卖日期
于非闇 双鸽 镜心	41.5cm×60.5cm	3,105,000	中国嘉德	2021-12-10
于非闇 1945年作 海棠鹂莺 镜心	95.5cm×34cm	2,300,000	中国嘉德	2021-12-10
于非闇 1937年作 水仙拳石 镜框	70.8cm×40.1cm	1,911,924	香港苏富比	2021-04-21
于非闇 1943年作 玉兰鹦鹉 立轴	106.5cm×50.7cm	1,840,000	北京保利	2021-06-05
于非闇 1936年作 绿竹生孙 立轴	117.5cm×47cm	1,840,000	上海匡时	2021-07-08
于非闇 山居图 立轴	113cm×42cm	1,380,000	中贸圣佳	2021-07-06
于非闇 1948年作 乱香清宿醉 立轴	124.8cm×43.8cm	1,334,125	佳士得	2021-11-30
于非闇 双喜图 立轴	98cm×55cm	1,265,000	中国嘉德	2021-03-27
于非闇 1937年作 雪梅双禽 镜片	88.5cm×46.5cm	1,207,500	上海匡时	2021-07-08
于非闇 1940年作 腊梅文雀 立轴	91cm×31cm	1,009,071	香港苏富比	2021-04-21
于非闇 1946年作 红荷翠羽 镜心	68.5cm×132cm	993,600	中国嘉德	2021-10-13
于非闇 1941年作 富贵图 立轴	89cm×34cm	977,500	中国嘉德	2021-12-11
于非闇 1956年作 茶花小鸟 立轴	93cm×44cm	915,161	中国嘉德	2021-04-22
于非闇 溥儒 蝶恋花诗意·临王羲之·草书临《伏清和帖》·墨荷蜻蜓 成扇/镜心	于19cm×47cm；溥32cm×65cm	782,000	北京保利	2021-06-05
于非闇 张善孖 1934年作 耄耋图 立轴	118cm×54cm	759,000	北京翰海	2021-06-04
于非闇 1948年作 菡萏出水香 立轴	97.4cm×32cm	736,000	北京诚轩	2021-05-18
于非闇 墨蝶绮石拟古图、楷书《论梅兰竹菊》成扇	18.5cm×50cm	632,500	北京荣宝	2021-12-02
于非闇 仙衣紫绡 镜框	97.3cm×34.4cm	569,250	佳士得	2021-05-27
于非闇 1936年作 水仙螳螂 行书 成扇	17.5cm×50cm	552,000	朵云轩	2021-07-07
于非闇 1940年作 鹦鹉春桃 镜心	89.5cm×46.5cm	517,500	中国嘉德	2021-12-10
于非闇 1941年作 山茶文禽 镜框	33.4cm×34.5cm	438,178	香港苏富比	2021-10-11
于非闇 1948年作 大富贵 立轴	68cm×33cm	402,500	广东崇正	2021-07-19
于非闇 清心图 镜心	97.5cm×34cm	402,500	中国嘉德	2021-12-10
于非闇 1946年作 红茶墨蝶·草书 成扇	19cm×49cm	368,000	华艺国际	2021-12-11
于非闇 1939年作 牡丹蜜蜂 成扇	18cm×50cm	345,000	中国嘉德	2021-05-21
于非闇 陈半丁 1950年作 翠竹靠山红 东风细商量 成扇	18.5cm×46.5cm	322,000	中国嘉德	2021-12-11
于非闇 1943年作 山茶小鸟 镜心	70cm×33cm	299,000	北京翰海	2021-12-17
于非闇 1934年作 秋趣 立轴	134cm×33cm	287,500	北京保利	2021-06-06
于非闇 1944年作 书画合璧扇 成扇	19.5cm×60cm	287,500	北京诚轩	2021-05-18
于非闇 1928年作 秋山图 镜心	107cm×12.5cm	287,500	中国嘉德	2021-05-21
于非闇 1950年作 蝴蝶朱竹·草书节临《十七帖》成扇	20cm×53.5cm	264,500	中国嘉德	2021-12-11
于非闇 1937年作 纨扇仕女 镜心	84cm×27.5cm	253,000	中国嘉德	2021-05-19
于非闇 蔬果图 镜片	96cm×34cm	230,000	广东崇正	2021-01-07
于非闇 1936年作 瓜瓞绵绵 镜心	57cm×47cm	207,000	中国嘉德	2021-03-27
于非闇 1934年作 果蔬图 镜心	100.5cm×41.5cm	172,500	北京翰海	2021-06-04
于非闇 1934年作 菊花草虫 立轴	134cm×33cm	172,500	华艺国际	2021-12-11
于非闇 写生画稿图 册页	46.5cm×33cm×8	172,500	南京经典	2021-01-10
于非闇 1934年作 富贵白头 立轴	65cm×33cm	161,000	北京翰海	2021-06-04
于非闇 1930年作 梧桐秋趣 镜心	18.5cm×54cm	161,000	北京荣宝	2021-12-02
于立群 姚雪垠 书法（二帧）镜片/立轴	于立群 58cm×38cm；姚雪垠 116.5cm×34cm	172,500	华艺国际	2021-06-04
于立学 松声鹿鸣图	138cm×70cm	500,000	保利厦门	2021-12-03
于水《桃花扇》人物故事四屏 镜心	136cm×34cm×4	552,000	北京荣宝	2021-12-02
于水 2012年作 牡丹亭 镜心	76cm×35cm×6	149,500	北京荣宝	2021-06-19
于文江 1994年作 八仙图 镜心	89cm×68cm×7；81cm×67cm	230,000	北京荣宝	2021-12-02
于希宁 1974年作 春光春意春无尽 立轴	179cm×91cm	667,000	北京荣宝	2021-12-02
于希宁 太湖春意 镜片	134cm×68cm	368,000	广东小雅斋	2021-07-20
于希宁 1981年作 梅花 镜片	130cm×82cm	322,000	上海嘉禾	2021-07-22

拍品名称	物品尺寸	成交价RMB	拍卖公司	拍卖日期
于希宁 红梅 立轴	83.5cm×51cm	253,000	上海嘉禾	2021-07-22
于希宁 凌霄花 镜心		207,000	中国嘉德	2021-09-27
于希宁 1978年作 花卉清竹 镜心	94cm×58cm	172,500	北京荣宝	2021-06-19
于希宁 1992年作 红梅 镜心	67.5cm×48cm	172,500	中国嘉德	2021-05-20
于希宁 1972年作 为蔡放作《春晓图》立轴	78.5cm×49cm	161,000	西泠印社	2021-01-15
于右任 草书对联 镜心	180cm×32cm×2	2,760,000	中国嘉德	2021-05-19
于右任 行书四屏 立轴	170.5cm×45.5cm×4	2,127,500	中国嘉德	2021-05-19
于右任 魏碑五言联 立轴	169cm×44cm×2	2,070,000	北京保利	2021-06-05
于右任 行书四条屏 立轴	145cm×39.5cm×4	1,782,500	北京荣宝	2021-06-19
于右任 魏碑五言联 立轴	169cm×44cm×2	1,667,500	北京保利	2021-09-25
于右任 行书韩愈诗《古意》立轴	145cm×37.5cm×4	1,667,500	中贸圣佳	2021-07-06
于右任 草书自作诗《过台湾海峡远望》四屏 立轴	137cm×33cm×4	1,380,000	北京保利	2021-06-05
于右任 草书《孙先生纪事》镜心	141cm×40cm×4	1,322,500	北京荣宝	2021-06-19
于右任 魏碑八言联 立轴	230cm×48.5cm×2	1,322,500	北京银座	2021-09-24
于右任 1959年作 草书节录《礼记·大道之行也》四屏 镜心	136cm×33cm×4	1,207,500	北京保利	2021-06-05
于右任 行书诗文·行书五言联 立轴	144.5cm×39cm×2；146cm×38cm	1,092,500	保利厦门	2021-11-05
于右任 行书五言联 立轴	171cm×43.5cm×2	1,092,500	北京荣宝	2021-06-19
于右任 行书五言联 镜心	174cm×44.5cm×2	1,012,000	北京荣宝	2021-12-02
于右任 行书五言联 立轴	158cm×39cm×2	1,012,000	中国嘉德	2021-05-19
于右任 魏碑五言联 立轴	125cm×33cm×2	920,000	北京保利	2021-06-05
于右任 行书节录《正气歌》立轴	147cm×36cm×4	920,000	北京保利	2021-06-06
于右任 行书五言联 立轴	166cm×40.5cm×2	920,000	中国嘉德	2021-05-19
于右任 行书五言联 对联	167cm×37cm×2	805,000	中贸圣佳	2021-07-06
于右任 行书《西湖杂咏》·行书五言联 立轴	126cm×30cm×2；101cm×44cm	782,000	中贸圣佳	2021-05-21
于右任 草书杜甫《古柏行》镜心	178cm×47.5cm×4	770,500	北京荣宝	2021-06-19
于右任 1946年作 草书古诗文节录 手卷	引首 32cm×83cm；书法 32cm×367cm	713,000	中鸿信	2021-07-15
于右任 魏碑集陶诗五言联 立轴	201cm×44cm×2	703,700	北京保利	2021-01-20
于右任 1948年作 草书诗文二首 立轴	175cm×42cm×2	690,000	保利厦门	2021-11-05
于右任 行书七言联 立轴	171.5cm×44cm×2	667,000	北京荣宝	2021-12-02
于右任 书法 立轴	130cm×73cm	667,000	广东小雅斋	2021-07-20
于右任 1932年作 行书《明史·何如宠列传》册页（二十六页）	40.5cm×23.5cm×26	667,000	西泠印社	2021-10-24
于右任 行书“大扬仁风”镜心	38cm×164cm	575,000	北京保利	2021-06-05
于右任 1915年作 行楷录自作诗四首 立轴	134.5cm×32.5cm	575,000	上海匡时	2021-07-08
于右任 魏碑八言联 立轴	144cm×39cm×2	552,000	北京银座	2021-09-24
于右任 行书五言联 立轴	141cm×35.5cm×2	529,000	华艺国际	2021-12-11
于右任 魏碑五言联 立轴	148.5cm×38.5cm×2	517,500	北京银座	2021-09-24
于右任 草书 立轴	150cm×82cm	517,500	朵云轩	2021-07-08
于右任 行书五言 对联	132cm×33cm×2	471,500	朵云轩	2021-07-08
于右任 楷书五言联 镜框	129cm×30cm×2	460,000	华艺国际	2021-12-11
于右任 黄炎培 邹鲁 居正 商衍鎏 1940至1945年作 为陈其业寿庆作诗文稿五种 镜片（带原框）	尺寸不一	437,000	西泠印社	2021-07-25
于右任 1948年作 草书五言联 立轴	132cm×32cm×2	414,000	北京荣宝	2021-06-19
于右任 草书岳飞《满江红》镜片（四帧）	82.5cm×36cm×4	402,500	西泠印社	2021-07-25

拍品名称	物品尺寸	成交价RMB	拍卖公司	拍卖日期
于右任 节录钱起《仲春晚寻覆釜山》立轴	172cm × 44.5cm	379,500	北京诚轩	2021-05-18
于右任 行书五言 对联	93cm × 27.5cm × 2	356,500	朵云轩	2021-07-08
于右任 行书辛弃疾《永遇乐》四屏 立轴	131cm × 34cm × 4	356,500	中鸿信	2021-07-14
于右任 草书“海阔天空”镜心	40.5cm × 149.5cm	345,000	保利厦门	2021-11-05
于右任 行书“为天下寿”镜心	27cm × 20cm	345,000	北京保利	2021-06-05
于右任 行书五言联 立轴	171cm × 44cm × 2	345,000	华艺国际	2021-06-04
于右任 成惕轩 草书十二言联·楷书二十一言联 立轴	于 133cm × 31.5cm × 2; 成 89cm × 17cm × 2	333,500	广东崇正	2021-07-19
于右任 草书五言联 镜片	133.5cm × 33cm × 2	322,000	广东崇正	2021-01-07
于右任 “艺贯中西”横额 镜心	39cm × 147cm	322,000	中贸圣佳	2021-07-06
于右任 行书五言句 立轴	82cm × 37cm	317,952	中国嘉德	2021-10-12
于右任 行草《咏梅》镜心	83.5cm × 50cm	310,500	北京荣宝	2021-06-19
于右任 草书太白诗四首 镜心	31.5cm × 131.5cm	287,500	保利厦门	2021-11-05
于右任 草书节录《史记·廉颇蔺相如列传》镜心	95cm × 42cm × 4	287,500	北京保利	2021-06-06
于右任 草书五言联 立轴	140cm × 38cm × 2	287,500	北京荣宝	2021-12-02
于右任 行书五言联 立轴	133cm × 32cm × 2	287,500	中鸿信	2021-07-15
于右任 行书五言联 立轴	131cm × 32.5cm × 2	278,208	中国嘉德	2021-10-12
于右任 行书五言联 立轴	128.5cm × 31cm × 2	276,000	保利厦门	2021-11-05
于右任 草书对屏 立轴	147cm × 38.5cm	253,000	中国嘉德	2021-12-11
于右任 草书五言联 镜心	151cm × 40cm × 2	252,900	保利香港	2021-04-23
于右任 行书五言联 立轴	130cm × 32cm × 2	241,500	保利厦门	2021-11-05
于右任 1948年作 行书七言联 立轴	133cm × 30.5cm × 2	230,000	保利厦门	2021-11-05
于右任 草书五言联 立轴	149.5cm × 37.5cm × 2	230,000	保利厦门	2021-11-05
于右任 行书五言联 立轴	130cm × 30cm × 2	230,000	北京保利	2021-06-05
于右任 1948年作 行书 镜心	130.5cm × 33.5cm	230,000	北京保利	2021-06-05
于右任 1948年作 草书 立轴	136.5cm × 34cm	230,000	北京荣宝	2021-06-19
于右任 1956年作 草书《基隆海滩小坐》立轴	138cm × 33cm × 4	230,000	北京荣宝	2021-06-19
于右任 草书八言对联	150.5cm × 38cm × 2	230,000	朵云轩	2021-07-08
于右任 1949年作 草书五言联 镜框	136cm × 33cm × 2	230,000	华艺国际	2021-03-31
于右任 行书节录《汉学帅承记·黄宗羲传》立轴	122cm × 45.5cm	230,000	中国嘉德	2021-05-20
于右任 行书五言联 立轴	136cm × 35cm × 2	230,000	中贸圣佳	2021-05-21
于右任 草书唐诗 四屏镜心	65cm × 30cm × 4	218,500	中贸圣佳	2021-07-06
于右任 1948年作 草书七言联 立轴	131cm × 27.5cm × 2	207,000	保利厦门	2021-11-05
于右任 书法对联 立轴	134cm × 32cm × 2	207,000	保利厦门	2021-11-05
于右任 行书节录《史记·齐太公世家》镜心	135cm × 68cm	207,000	北京保利	2021-06-06
于右任 草书七言联 立轴	152cm × 27cm × 2	207,000	北京翰海	2021-06-04
于右任 汤芗铭 等 行书五言联、隶书八言联、行楷八言联 立轴	198cm × 42.5cm × 2; 202cm × 44cm × 2	207,000	北京荣宝	2021-12-02
于右任 草书七言诗 立轴	101cm × 40cm	207,000	上海嘉禾	2021-11-14
于右任 草书五言联 镜片	126cm × 32cm × 2	195,500	广东崇正	2021-07-19
于右任 行书七言联 镜心	130cm × 32cm × 2	195,500	中国嘉德	2021-12-11
于右任 行书七言联 立轴	115cm × 31.5cm × 2	189,750	华艺国际	2021-06-04
于右任 行书“松柏长春”镜心	37cm × 90cm	184,000	北京保利	2021-06-05
于右任 草书韩文公致李翊书 镜心	103cm × 33cm	184,000	北京荣宝	2021-06-19
于右任 草书七言联 立轴	151cm × 39.5cm × 2	184,000	北京荣宝	2021-12-02
于右任 草书五言联 立轴	207cm × 38.5cm × 2	184,000	中国嘉德	2021-12-11
于右任 1950年作 草书五言联 立轴	134cm × 33cm × 2	184,000	中国嘉德	2021-12-11
于右任 草书八言联 立轴	128cm × 28.5cm × 2	184,000	中鸿信	2021-07-15
于右任 草书李太白诗 立轴	138.5cm × 34cm	184,000	中贸圣佳	2021-05-21
于右任 台北集庆宫草书楹联原件 立轴	139cm × 20cm × 3	184,000	中贸圣佳	2021-07-06
于右任 草书节录《知行总论》立轴	129.5cm × 65.8cm	180,571	香港苏富比	2021-04-21
于右任 1950年作 行书七言联 立轴	152cm × 39cm × 2	178,848	中国嘉德	2021-10-12
于右任 草书五言联 立轴	143cm × 39cm × 2	175,925	北京保利	2021-01-20
于右任 行书五言联 立轴	170.5cm × 38cm × 2	172,500	保利厦门	2021-05-06
于右任 草书十二言联 立轴	133.5cm × 33cm × 2	172,500	保利厦门	2021-11-05
于右任 1950年作 草书八言联 立轴	141cm × 37cm × 2	172,500	北京诚轩	2021-12-03
于右任 草书八言联 立轴	135cm × 33.5cm × 2	172,500	北京诚轩	2021-12-03
于右任 草书七言诗 镜心	34cm × 134cm	172,500	北京荣宝	2021-06-19
于右任 1948年作 草书五言联 镜心	148cm × 37cm × 2	172,500	北京荣宝	2021-12-02
于右任 草书五言联 立轴	137.5cm × 33.5cm × 2	172,500	北京银座	2021-09-24
于右任 书法 四屏	133cm × 33.5cm × 4	172,500	广东小雅斋	2021-07-20
于右任 草书五言联 对联	110cm × 25cm × 2	172,500	上海匡时	2021-07-08
于右任 草书诗卷 手卷	37cm × 232cm	172,500	中国嘉德	2021-03-29
于右任 行书七言联 镜心	130.5cm × 30.5cm × 2	172,500	中国嘉德	2021-12-11
于右任 行书六舟诗 立轴	138.5cm × 38.5cm	172,500	中国嘉德	2021-12-11
于右任 1959年作 草书七言联 立轴	133cm × 33cm × 2	172,500	中鸿信	2021-07-15
于右任 1948年作 草书 七言联 对联	131.5cm × 32cm × 2	161,000	西泠印社	2021-10-23
于右任 草书“神明自得”镜框	33.2cm × 133.8cm	156,492	香港苏富比	2021-10-11
于右任 1948年作 草书五言联 立轴	130cm × 32cm × 2	149,500	北京保利	2021-06-05
于右任 1948年作 草书自作《天山杂诗》立轴	135cm × 65cm	149,500	北京保利	2021-12-03
于右任 林逋《西湖春日》立轴	171cm × 24.8cm	149,500	北京诚轩	2021-12-03
于右任 草书 镜心	109cm × 44.5cm	149,500	北京荣宝	2021-06-19
于右任 草书自作诗 立轴	115cm × 40cm	149,500	北京荣宝	2021-12-02
于右任 行书《秋登宣城谢朓北楼诗》立轴	133.5cm × 67.5cm	149,500	北京银座	2021-09-24
于右任 草书五言 对联	130.5cm × 32.5cm × 2	632,500	朵云轩	2021-12-30
于右任 草书八言 对联心	131.5cm × 33cm × 2	161,000	朵云轩	2021-12-30
于志学 2009年作 走向胜利 镜心	145cm × 363cm	690,000	北京荣宝	2021-06-19
余承尧 群嶂图	89cm × 169cm	318,654	香港苏富比	2021-04-19
余承尧 剑门天下险. 偶尔记前游 镜框	113.5cm × 43.5cm	234,600	罗芙奥	2021-12-04
余承尧 连山绝壑 镜框	60cm × 120cm	220,800	罗芙奥	2021-12-04
余涵宇 神光之徒 镜心	57cm × 91cm	575,000	北京翰海	2021-12-17
余任天 雁荡纪游 立轴	71cm × 46cm	241,500	上海嘉禾	2021-07-23
余绍宋 1932年作 为俞人箤作书匾“延景楼”镜片	127cm × 34cm	149,500	西泠印社	2021-01-16
俞平伯 1948年作 为唐弢作姜夔《鹧鸪天·丁巳元日》	29cm × 19cm	356,500	西泠印社	2021-01-15
俞平伯 1961年作 吴门旧悰自书诗册	27.5cm × 18cm × 6	1,725,000	上海明轩	2021-12-30
俞平伯 1959年作 楷书《牡丹亭》杂咏 镜框	68cm × 54.5cm	254,923	香港苏富比	2021-04-21
俞平伯 1975年作 楷书自写联句 立轴	68.3cm × 36.9cm	159,327	香港苏富比	2021-04-21
俞致贞孔雀屏开富贵春立轴(四屏)	214cm × 80.5cm × 4	5,290,000	上海嘉禾	2021-11-14
俞致贞 1983年作 荷塘清趣 镜片	170cm × 88cm	1,610,000	上海嘉禾	2021-11-14
俞致贞 1962年作 花鸟通景五屏 镜心	206cm × 75cm × 5	368,000	中鸿信	2021-07-14
俞致贞 1962年作 四时花鸟蔬果卷 手卷	27cm × 525cm	1,380,000	上海嘉禾	2021-11-14
俞致贞 1984年作 蕉荫仕女 镜片	95cm × 66cm	598,000	上海嘉禾	2021-11-14
俞致贞 1962年作 富贵白头 镜片	90cm × 57cm	483,000	上海嘉禾	2021-11-14
俞致贞 1982年作 花开富贵 镜片	89.5cm × 55cm	391,000	上海嘉禾	2021-11-14
俞致贞 富贵倾心 镜片	66cm × 66cm	379,500	上海嘉禾	2021-11-14
俞致贞 富贵长安 镜片	89.5cm × 55cm	368,000	上海嘉禾	2021-11-14

2021书画拍卖成交汇总(续表)

(成交价RMB：10万元以上)

拍品名称	物品尺寸	成交价RMB	拍卖公司	拍卖日期
俞致贞 平安双侣 镜心	125cm×64cm	322,000	北京荣宝	2021-12-02
俞致贞 1983年作 红叶白头 镜片	131cm×66cm	322,000	上海嘉禾	2021-07-23
俞致贞 1942年作 蔬果写生图 镜框	66cm×35cm	149,500	上海嘉禾	2021-11-14
郁达夫 1941年作 楷书七言联 立轴（两幅）	152cm×19.8cm×2	461,813	佳士得	2021-11-30
喻慧 回声 镜心	165cm×91cm	218,500	中贸圣佳	2021-07-06
喻继高 2005年作 江南新春 镜心	63cm×111cm	287,500	北京荣宝	2021-12-02
喻继高 2003年作 和平新春 镜心	69.5cm×129cm	184,000	北京荣宝	2021-12-02
喻继高 和平新春 镜心	56cm×145cm	172,500	南京经典	2021-07-18
喻继高 芳园春晖 镜心	72cm×120cm	166,750	南京经典	2021-01-10
喻继高 玉兰黄鹂 立轴	97.5cm×36cm	161,000	十竹斋	2021-06-27
喻继高 2013年作 和平新春 镜心	61.5cm×103.5cm	149,500	北京荣宝	2021-06-19
喻仲林 1961年作 山茶雉鸡 镜框	132cm×67cm	278,400	罗芙奥	2021-07-17
喻仲林 1984年作 枫叶绶带图 镜框	68cm×131cm	207,000	罗芙奥	2021-12-04
袁克文 1927年作 篆书八言联 立轴	175.5cm×23.7cm×2	2,760,000	中国嘉德	2021-11-30
袁克文 隶书五言联 立轴	168.5cm×36.5cm×2	1,610,000	广东崇正	2021-01-07
袁克文 1919年作 隶书节临《张迁碑》四屏・隶书七言联（一堂）立轴	对联 125cm×32cm×2; 四屏 105cm×32cm×4	1,092,500	北京保利	2021-12-03
袁克文 1916年作 临欧阳询《皇甫君碑》立轴四屏	128.3cm×30cm×4	849,744	香港苏富比	2021-04-21
袁克文 行书五言联 立轴	178cm×48cm×2	575,000	北京保利	2021-12-04
袁克文 行书五言联 镜心	144cm×36cm×2	517,500	十竹斋拍卖（北京）	2021-05-29
袁克文 行书五言联 立轴	127.5cm×31cm×2	517,500	中国嘉德	2021-05-20
袁克文 1926年作 墨梅 立轴	106.5cm×43.5cm	506,000	北京翰海	2021-06-04
袁克文 1923年作 楷书自作诗 镜心	48cm×25cm	471,500	十竹斋拍卖（北京）	2021-05-29
袁克文 行书五言联 镜心	146cm×38.5cm×2	377,568	中国嘉德	2021-10-13
袁克文 行书五言联 镜片	169cm×35cm×2	345,000	华艺国际	2021-06-04
袁克文 行书五言联 立轴	134cm×33.5cm×2	287,500	中鸿信	2021-07-15
袁克文 行书 立轴	130cm×30.5cm	253,000	北京荣宝	2021-12-02
袁克文 行书五言诗 立轴	135cm×34cm	253,000	中国嘉德	2021-05-20
袁克文 1923年作 为王人文书 自作诗 镜片	83cm×27cm	241,500	西泠印社	2021-07-25
袁克文 行书七言联 立轴	149cm×29cm×2	218,500	北京银座	2021-09-24
袁克文 盛沅 张謇 朱孝臧 行书 四屏立轴	145cm×39cm×4	207,000	上海嘉禾	2021-07-23
袁克文 行书五言联 镜心	162cm×37cm×2	184,000	北京保利	2021-06-05
袁克文 行书 五言联 对联	141cm×37cm×2	184,000	西泠印社	2021-01-15
袁克文 行书 立轴	130cm×31cm	172,500	朵云轩	2021-07-08
袁克文 行书五言联 立轴	147.5cm×35cm×2	172,500	华艺国际	2021-06-04
袁励准为蒋祖诒临米芾王略帖赞立轴	74.5cm×30cm	172,500	西泠印社	2021-01-16
袁松年 1949年作 桃源问津 立轴	107cm×51cm	345,000	北京荣宝	2021-12-02
袁松年 1953年作 漓江帆影 镜片	56cm×102.5cm	143,750	朵云轩	2021-07-07
袁武 牧牛图 镜片	144.5cm×364cm	5,520,000	华艺国际	2021-06-04
袁武 2020年作 大师小景 册页	34cm×34cm×12	1,725,000	北京荣宝	2021-06-19
袁武 2003年作 沧海图 镜心	145cm×180cm	437,000	中国嘉德	2021-09-27
袁武 2005年作 闲居图 镜心	65cm×467cm	368,000	中国嘉德	2021-09-27
袁武 老子出关图 镜心	192.5cm×80cm	299,000	北京荣宝	2021-06-19
袁武 1998年作 沧海图 镜心	95cm×177cm	287,500	北京荣宝	2021-06-19
袁武 1985年作 知音图 镜心	179cm×91cm	230,000	北京荣宝	2021-12-02
袁武 2003年作 东坡词意 镜心	97cm×181cm	161,000	中国嘉德	2021-12-13
袁学君 2021年作 不二门	180cm×97cm	1,127,000	荣宝斋（南京）	2021-05-26
袁运甫 1990年代作 苏州拙政园	100cm×100cm	218,843	中国嘉德	2021-04-23

拍品名称	物品尺寸	成交价RMB	拍卖公司	拍卖日期
袁运生 2001年作 水墨人物	150cm×125cm	184,000	北京保利	2021-06-04
袁旃 2011年作 背背驮驮	118cm×160cm	993,600	中国嘉德	2021-10-12
袁竹 2020年作 长生 镜心	70cm×60cm	572,700	保利厦门	2021-11-05
圆霖法师 伽蓝菩萨 立轴	135cm×73cm	667,000	南京经典	2021-01-10
圆霖法师 海天佛国 立轴	137cm×66cm	322,000	南京经典	2021-01-10
圆霖法师 峨眉烟云 立轴	100cm×68cm	207,000	南京经典	2021-01-10
圆霖法师 竹林观音 立轴	36cm×32cm	195,500	南京经典	2021-07-18
圆霖法师 南无观世音菩萨 立轴	44cm×28cm	161,000	南京经典	2021-01-10
圆霖法师 西方三圣 镜心	136cm×68cm; 100cm×24cm×2	143,750	南京经典	2021-01-10
圆瑛 行书五言联 镜心	131.5cm×32cm×2	218,500	中国嘉德	2021-05-20
圆瑛法师 行书“戒灯续焰” 镜片	45cm×146cm	322,000	上海嘉禾	2021-07-23
乐泉 2015年作 书画合璧卷 镜心	34.5cm×34cm; 31cm×180cm	414,000	北京保利	2021-12-04
乐震文 2007年作 万峰浮云 镜片	97cm×180cm	253,000	朵云轩	2021-07-07
云大群 2020年作 翠谷幽居图	136cm×68cm	690,000	荣宝斋（南京）	2021-05-26
载涛 溥佺 柳荫牧马 立轴	133cm×68cm	253,000	永乐拍卖	2021-05-21
曾健勇 2014年作 清晨	128cm×95cm	287,500	华艺国际	2021-12-10
曾健勇 2010年作 小男孩	156.5cm×108cm	230,000	保利厦门	2021-11-04
曾健勇 2017年作 幽谷 镜框	138cm×80cm	172,500	保利厦门	2021-11-04
曾宓 2007年作 葛岭秋色图 立轴	141.5cm×95cm	2,185,000	中国嘉德	2021-12-13
曾宓 水墨意笔山水之十 镜心	233cm×105.5cm	690,000	中国嘉德	2021-12-11
曾宓 2004年作 望江亭 立轴	84cm×41cm	230,000	北京翰海	2021-12-17
曾宓 山水小景 册页（十二开）	18cm×24cm×12	207,000	南京经典	2021-07-18
曾宓 2003年作 花卉 镜心	68.5cm×45.5cm	184,000	中国嘉德	2021-05-21
曾熙 山水四屏 立轴	111cm×46cm×4	563,500	中贸圣佳	2021-05-21
曾熙 1923年作 行书五言联 立轴	201cm×43.5cm×2	218,843	中国嘉德	2021-04-22
曾熙 1924年作 涺溪一角 立轴	107cm×58cm	207,000	北京保利	2021-06-06
曾熙 节临《急就章》手卷	31.5cm×193.5cm	184,000	北京保利	2021-06-05
曾熙 1916年作 楷书八言联 立轴	173cm×35cm×2	161,000	北京保利	2021-06-05
曾熙 1923年作 论道图 立轴	136cm×33cm	161,000	中国嘉德	2021-09-26
曾晓浒 1993年作 峡江晴岚 软片	144cm×365cm	3,584,000	湖南逸典	2021-01-21
曾晓浒 1982年作 翠巘千峰合 镜框	136cm×173cm	448,000	湖南逸典	2021-01-21
曾晓浒 1982年作 山水 立轴	136cm×68cm	352,800	湖南逸典	2021-01-21
曾晓浒 1983年作 赴汶川途中多有此景 立轴	121cm×69cm	347,200	湖南逸典	2021-01-21
曾晓浒 1987年作 峰隔尘嚣净 立轴	136cm×66cm	268,800	湖南逸典	2021-01-21
曾晓浒 2001年作 蜀山 镜片	69cm×136cm	224,000	湖南逸典	2021-01-21
曾晓浒1993年作秋树重重秋水寒镜片	68cm×136cm	201,600	湖南逸典	2021-01-21
曾晓浒 1988年作 江上寒烟引轻素 镜片	67cm×69cm	179,200	湖南逸典	2021-01-21
曾晓浒1982年作雨后不遣浓雾散立轴	78cm×56cm	168,000	湖南逸典	2021-01-21
曾晓浒 1987年作 秦甸掩云霭、巴冈映旭霞 镜片	68cm×68cm	151,200	湖南逸典	2021-01-21
曾以宁 2017年作 和睦相伴	136cm×68cm	7,820,000	保利厦门	2021-11-05
曾以宁 2021年作 和顺致祥 镜心	68cm×138cm	1,380,000	保利厦门	2021-11-05
曾以宁 2021年作 群贤毕至	68cm×136cm	575,000	荣宝斋（南京）	2021-05-26
查世煜 曙光山色	68cm×136cm	1,127,000	荣宝斋（南京）	2021-05-26
查世煜 山村秋意浓	68cm×136cm	1,092,500	荣宝斋（南京）	2021-05-26
查世煜 峡江清晓	68cm×136cm	1,104,000	荣宝斋（南京）	2021-05-26
查世煜 河畔古屋	68cm×136cm	1,058,000	荣宝斋（南京）	2021-05-26
查世煜 2020年作 大漠风情 镜心	68cm×180cm	575,000	保利厦门	2021-11-05
查世煜 2021年作 清秋 镜心	123cm×123cm	517,500	保利厦门	2021-11-05
张安治 1946年作 拉猪图 镜心	79cm×94cm	345,000	中国嘉德	2021-12-11
张伯驹 兰花 立轴	27cm×55.5cm	460,000	上海明轩	2021-12-30

(成交价RMB：10万元以上)

拍品名称	物品尺寸	成交价RMB	拍卖公司	拍卖日期
张伯驹 兰蕙齐芳一堂 立轴	画 67cm × 27cm; 书 66cm × 16cm × 2	655,500	广东崇正	2021-07-19
张伯驹 兰石图・行书五言诗 成扇	18cm × 46cm	460,000	华艺国际	2021-06-04
张伯驹《南乡子・和梦碧再题梦边填词图》	19.5cm × 27.5cm	391,000	中国嘉德	2021-05-20
张伯驹《金缕曲・题梦边填词图》	21cm × 29cm	368,000	中国嘉德	2021-05-20
张伯驹 黄君坦 陈器伯 姚君素 等 题朱希祖《落叶词》手稿	尺寸不一	368,000	中国嘉德	2021-05-20
张伯驹 行书七言嵌名联 镜心	68.5cm × 16.5cm × 2	276,000	北京银座	2021-09-24
张伯驹 潘素 1970年作 素心花对素心人 立轴	48.5cm × 23.2cm	230,000	北京诚轩	2021-05-18
张伯驹 题《梦边双栖图》	15.7cm × 16.5cm	230,000	中国嘉德	2021-12-10
张伯驹 行书七言联 立轴	67cm × 16cm × 2	195,500	广东崇正	2021-07-19
张伯驹 绿萼梅 镜片	45cm × 37cm	184,000	广东崇正	2021-07-19
张伯驹 行书藏头七言联 立轴	102cm × 22cm × 2	172,500	北京保利	2021-06-06
张伯驹 兰石图・行书 成扇	18cm × 49cm	166,750	广东崇正	2021-01-06
张伯绍 寿	136cm × 68cm	575,000	荣宝斋(南京)	2021-05-26
张伯英 1940年作 楷书八言联 镜心	241cm × 59cm × 2	1,610,000	北京荣宝	2021-06-19
张伯英 行书四屏 立轴	125cm × 30.5cm × 4	598,000	北京荣宝	2021-12-02
张伯英 1944年作 楷书七言联 镜心	130cm × 31.5cm × 2	517,500	北京翰海	2021-06-04
张伯英 1941年作 行书十四言联 立轴	258cm × 30.5cm × 2	517,500	北京荣宝	2021-12-02
张伯英 1940年作 行书十三言联 立轴	195.5cm × 25cm × 2	276,000	中国嘉德	2021-05-19
张伯英 1940年作 行书节录曹丕《典论・自序》四屏立轴	109cm × 26cm × 4	264,500	十竹斋拍卖(北京)	2021-05-29
张伯英 楷书七言联 立轴	130cm × 28.5cm × 2	230,000	北京荣宝	2021-06-19
张伯英 1941年作 楷书墨赞卷 手卷	38cm × 259cm	212,750	广东崇正	2021-07-19
张伯英 行楷书七言联 立轴	133cm × 32cm × 2	184,000	北京翰海	2021-06-04
张伯英 隶书七言联 立轴	129cm × 30cm × 2	172,500	北京翰海	2021-04-17
张伯英 书法 四屏立轴	135.5cm × 35.5cm × 4	172,500	中贸圣佳	2021-03-26
张伯英 行书七言联 立轴	131.5cm × 32.5cm × 2	161,000	北京银座	2021-09-24
张大千 1978年作 秋曦图 镜心	88cm × 183cm	195,500,000	中国嘉德	2021-12-10
张大千 1969年作 松峰晓霭图 镜心	186.5cm × 95.5cm	92,000,000	华艺国际	2021-12-11
张大千 1947年作 夏山高隐图 立轴	161cm × 63cm	72,450,000	中国嘉德	2021-12-10
张大千 1932年作 仿诸家山水八屏 立轴	151cm × 40.8cm × 8	48,875,000	北京保利	2021-12-03
张大千 1947年作 水殿风来暗香满 镜片	140cm × 367cm	76,475,000	上海嘉禾	2021-07-22
张大千 1962年作 黄山奇松通景 立轴	207.5cm × 148.5cm × 2	55,775,000	华艺国际	2021-06-04
张大千 李检法定林萧散图 镜心	123cm × 57cm	45,425,000	华艺国际	2021-12-11
张大千 1967年作 丁未泼彩 镜心	127cm × 63cm	40,250,000	北京保利	2021-12-03
张大千 1968年作 春云晓霭 镜框	100.5cm × 140cm	177,714,468	香港苏富比	2021-10-11
张大千 1967年作 碧峰古寺 立轴	127.7cm × 63cm	173,134,800	佳士得	2021-05-24
张大千 自画像与黑虎 镜框		48,234,774	香港苏富比	2021-04-18
张大千 1968年作 五亭山色图・行书风蝶七律诗 镜心	62cm × 128cm × 2	19,550,000	北京保利	2021-06-05
张大千 1961年作 风荷 立轴	191cm × 101cm	19,550,000	华艺国际	2021-06-04
张大千 1942年作 仿毕宏雾锁重关图 立轴	213cm × 75cm	21,072,600	佳士得	2021-05-27
张大千 1965年作 无象之象 镜框	158cm × 70cm	20,548,125	香港苏富比	2021-04-21
张大千 1947年作 仿顾恺之醉舞图 镜心	124.5cm × 60cm	40,250,000	中国嘉德	2021-12-10
张大千 1980年作 泼彩勾金朱荷 镜心	58cm × 116cm	36,225,000	北京保利	2021-12-03
张大千 1977年作 幽涧闲钓图 镜心	84cm × 147cm	24,150,000	华艺国际	2021-12-11
张大千 1969年作 云山居隐 镜框	72.5cm × 122.7cm	19,909,250	佳士得	2021-11-30
张大千 1943年作 闲吟策杖倚天风 镜心	82cm × 41.5cm	18,975,000	北京保利	2021-12-03

拍品名称	物品尺寸	成交价RMB	拍卖公司	拍卖日期
张大千 1973年作 春雪初溶 镜心	43.5cm × 58.5cm	17,561,880	中国嘉德	2021-10-13
张大千 1973年作 古寺听帆 镜心	45cm × 60cm	14,950,000	北京保利	2021-12-03
张大千 1945年作 玉川品茶图 镜心	41cm × 101.5cm	13,915,000	北京银座	2021-09-24
张大千 1949年作 摹莫高窟晚唐供养菩萨 镜心	画心 74.5cm × 51cm; 诗堂 27.5cm × 51cm	13,800,000	北京保利	2021-12-03
张大千 1959年作 荷花 镜心	192cm × 103cm	11,500,000	北京荣宝	2021-06-19
张大千 1944年作 白头红叶图 立轴	120.5cm × 37.5cm	11,270,000	北京荣宝	2021-06-19
张大千 并蒂合欢图 镜心	179cm × 94cm	10,925,000	永乐拍卖	2021-05-20
张大千 1971年作 松间见白龙 立轴	172cm × 93cm	10,580,000	北京保利	2021-12-03
张大千 1946年作 竹溪六逸 立轴	155cm × 78cm	10,350,000	北京荣宝	2021-06-19
张大千 1946年作 松阴敷坐 立轴	150cm × 74cm	10,350,000	朵云轩	2021-07-07
张大千 1969年作 琼峰雪拥图 镜框	53cm × 41cm	10,347,825	香港苏富比	2021-04-21
张大千 1980年作 碧塘白荷 镜框	86cm × 84.5cm	10,057,250	佳士得	2021-11-30
张大千 1944年作 寥泬秋天 立轴	117cm × 65cm	9,085,000	北京保利	2021-12-03
张大千 1941年作 文会图 立轴	122cm × 59cm	9,085,000	永乐拍卖	2021-05-20
张大千 1967年作 晓春 镜心	94cm × 43cm	8,625,000	中国嘉德	2021-05-19
张大千 1962年作 普陀潮音洞 立轴	134.5cm × 68cm	8,165,000	永乐拍卖	2021-05-20
张大千 1979年作 江村滴翠 镜心	62.5cm × 112.5cm	8,050,000	中国嘉德	2021-12-10
张大千 1949年作 栾林幽树・行书七言联 镜片	绘画 116cm × 55cm; 对联 116cm × 27cm × 2	7,705,000	华艺国际	2021-06-04
张大千 1967年作 溪山烟霭 镜心	71cm × 48cm	7,590,000	北京保利	2021-05-17
张大千 1966年作 秋山萧寺 立轴	194cm × 102cm	7,475,000	北京荣宝	2021-06-19
张大千 1926年作 临大涤子山水 立轴	361.5cm × 142cm	7,101,650	佳士得	2021-11-30
张大千 溥儒 1940年作 荷花双鹭 立轴	167cm × 84cm	6,900,000	华艺国际	2021-12-11
张大千 1934年作 巫峡清秋 镜心	114cm × 43cm	6,900,000	上海匡时	2021-07-08
张大千 初荷 镜心	124cm × 56cm	6,785,000	中贸圣佳	2021-05-21
张大千 风荷图 镜框	165cm × 83cm	6,670,000	华艺国际	2021-03-31
张大千 峨眉三顶 立轴	133.5cm × 70cm	6,555,000	北京荣宝	2021-12-02
张大千 1972年作 危峦耸秀 镜框	44.5cm × 52cm	6,440,000	北京保利	2021-06-05
张大千 看山须看故山青 镜心	103cm × 50.7cm	6,440,000	北京保利	2021-12-03
张大千 1937年作 仿石溪山水 镜心	139cm × 60cm	6,325,000	中国嘉德	2021-05-19
张大千 1944年作 湘女垂袖 立轴	106cm × 50.5cm	6,152,500	永乐拍卖	2021-05-20
张大千 1946年作 赤壁夜游 立轴	116cm × 67cm	5,750,000	北京荣宝	2021-06-19
张大千 1972年作 冬岚幽居 镜心	45cm × 53cm	5,750,000	中国嘉德	2021-12-10
张大千 荷塘高士 立轴	174cm × 92cm	5,635,000	北京保利	2021-12-03
张大千 1966年作 江山帆影 立轴	91cm × 62cm	5,520,000	永乐拍卖	2021-05-20
张大千 1978年作 山居图	49cm × 28cm	5,520,000	永乐拍卖	2021-12-03
张大千 1975年作 寒塘夕照 镜心	43cm × 60cm	5,405,000	北京保利	2021-05-17
张大千 1949年作 秋林人醉图 镜片	129.5cm × 48.5cm	5,313,000	广东崇正	2021-01-07
张大千 春江钓艇 镜心	27cm × 48cm	5,290,000	北京保利	2021-06-05
张大千 盛唐藻井 镜框	62cm × 64.5cm	5,247,675	香港苏富比	2021-04-21
张大千 1940年作 临石涛山水 镜心	132.5cm × 67cm	5,117,500	北京银座	2021-09-24
张大千 1945年作 簪花图 立轴	117cm × 43cm	5,060,000	北京保利	2021-06-05
张大千 梨花山雀 立轴	180cm × 46cm	4,945,000	华艺国际	2021-06-04
张大千 龙女礼佛图 镜心	90cm × 44cm	4,600,000	北京保利	2021-12-03
张大千 1944年作 唐装仕女 立轴	94cm × 40cm	4,600,000	北京保利	2021-12-03
张大千 1959年作 奇峰观瀑图 立轴	179.5cm × 79cm	4,600,000	西泠印社	2021-01-16
张大千 1975年作 翠谷幽岚 镜心	66cm × 51cm	4,600,000	中国嘉德	2021-05-19
张大千 1973年作 桐江鹭鸶门 镜心	134cm × 52cm	4,485,000	中国嘉德	2021-05-19
张大千 1958年作 湖山钓艇 立轴	133cm × 67.5cm	4,370,000	华艺国际	2021-06-04
张大千 1973年作 严陵濑 镜心	112cm × 45.5cm	4,370,000	中国嘉德	2021-12-10
张大千 1947年作 赋梅图 镜心	104cm × 40.5cm	4,370,000	中国嘉德	2021-12-11

2021书画拍卖成交汇总(续表)

(成交价RMB：10万元以上)

拍品名称	物品尺寸	成交价RMB	拍卖公司	拍卖日期
张大千 1965年作 飞泉·幽谷寒云 纸板镜框(两幅)	48.5cm×27.2cm×2	4,347,000	佳士得	2021-05-27
张大千 1939年作 绝代佳人图 镜心	102cm×43.5cm	4,140,000	北京荣宝	2021-06-19
张大千 1944年作 阳朔兴平道中小景 立轴	92cm×47cm	4,140,000	永乐拍卖	2021-12-02
张大千 1962年作 墨荷 立轴	178cm×88cm	4,105,000	佳士得	2021-11-30
张大千 1942年作 巨然夏山图 立轴	136cm×69cm	4,082,500	北京翰海	2021-06-04
张大千 1964年作 夕阳归兴 镜框	97cm×61cm	4,025,000	北京荣宝	2021-06-19
张大千 1946年作 李营丘雪图 立轴	117cm×67.5cm	4,025,000	北京荣宝	2021-06-19
张大千 1977年作 松猿长寿 镜片	69cm×137cm	4,025,000	华艺国际	2021-06-04
张大千 1961年作 风荷 镜框	138.5cm×69.5cm	3,933,000	佳士得	2021-05-27
张大千临《凉国夫人供养像》立轴	144cm×79cm	3,910,000	上海匡时	2021-07-08
张大千 郑午昌 1939年作 华山云海·碧海扬帆 成扇	15.5cm×51cm	3,910,000	中国嘉德	2021-05-19
张大千 1938年作 波声起岸千尺寒 立轴	120cm×44.4cm	3,795,000	北京保利	2021-12-03
张大千 1980年作 独往秋山 镜心	69cm×136cm	3,795,000	中国嘉德	2021-05-19
张大千 1973年作 烟霞漫山居 镜框	48.5cm×74.8cm	3,717,630	香港苏富比	2021-04-21
张大千 1968年作 乔木芳晖 镜心	45cm×60cm	3,680,000	北京保利	2021-12-03
张大千 1967年作 烟云放棹 立轴	82cm×76.5cm	3,591,875	佳士得	2021-11-30
张大千 黄山文殊院 镜心	93.5cm×65cm	3,450,000	中国嘉德	2021-05-19
张大千 春山访友 立轴	124cm×48.5cm	3,450,000	中国嘉德	2021-12-10
张大千 1954年作 黄山云松 立轴	90.5cm×44.6cm	3,398,976	香港苏富比	2021-04-21
张大千 1978年作 红莲初放 镜框	33cm×90cm	3,386,625	佳士得	2021-11-30
张大千 1970年作 云山千里卷 手卷	画心及题跋 30.3cm×298.8cm 书法 30.3cm×360cm	3,234,168	香港苏富比	2021-10-11
张大千 1935年作 罗浮梦影 立轴	149cm×74cm	3,220,000	北京保利	2021-12-03
张大千 看山图 立轴	86cm×37cm	3,220,000	北京荣宝	2021-06-19
张大千 1937年作 松下休憩 立轴	106.5cm×52cm	3,220,000	上海嘉禾	2021-11-14
张大千 1946年作 玉佩摇光翠 立轴	115cm×45cm	3,220,000	上海匡时	2021-07-08
张大千 1945年作 红衣达摩及七言联 立轴	画 116.5cm×65cm; 对联 134cm×32cm×2	2,990,000	北京保利	2021-06-05
张大千 1958年作 楷书临《瘗鹤铭》册页(四十八页)	33.5cm×22.2cm×48	2,990,000	中国嘉德	2021-12-10
张大千 1973年作 碧塘野香 镜框	69cm×133.7cm	2,921,184	香港苏富比	2021-10-11
张大千 1966年作 山色空蒙雨亦奇 镜框	59.2cm×95cm	2,898,000	佳士得	2021-05-27
张大千 1935年作 松崖观瀑图 镜片	181cm×49cm	2,875,000	西泠印社	2021-07-25
张大千 1980年作 粉荷 镜框	45.3cm×90.5cm	2,873,500	佳士得	2021-11-30
张大千 1973年作 春江帆影 镜框	57cm×38.5cm	2,817,500	华艺国际	2021-12-11
张大千 1979年作 竹溪幽居图 镜片	53cm×89.5cm	2,760,000	华艺国际	2021-06-04
张大千 醉玉环 纸板镜框	29.5cm×67.5cm	2,668,250	佳士得	2021-11-30
张大千 拟巨然《观泉图》镜心	146cm×66cm	2,645,000	北京保利	2021-05-17
张大千 1964年作 访山听泉 立轴	96.5cm×44cm	2,645,000	朵云轩	2021-07-07
张大千 1935年作 江静朝平图 立轴	98cm×47cm	2,645,000	中国嘉德	2021-05-19
张大千 1979年作 云涧幽居 镜心	45cm×59cm	2,530,000	北京保利	2021-12-03
张大千 1981年作 荷花 镜片	96.5cm×48cm	2,530,000	广东崇正	2021-01-07
张大千 1936年作 拟石涛山水 立轴	92.5cm×39.5cm	2,530,000	中国嘉德	2021-12-10
张大千 1968年作 宜富当贵 镜框	69cm×137cm	2,503,872	香港苏富比	2021-10-11
张大千 1950年作 印度纱丽 镜框	78.5cm×45.4cm	2,463,000	佳士得	2021-11-30
张大千 1969年作 夏山图 镜心	50cm×75cm	2,415,000	北京保利	2021-12-03
张大千 1932年作 嵇叔夜听泉图 立轴	143cm×69.5cm	2,415,000	西泠印社	2021-07-25
张大千 1963年作 泼墨荷花 镜心	135cm×69cm	2,415,000	中国嘉德	2021-05-19

拍品名称	物品尺寸	成交价RMB	拍卖公司	拍卖日期
张大千 1980年作 秋山策杖图 镜片	52cm×97.5cm	2,357,500	上海嘉禾	2021-11-14
张大千 1932年作 临流听泉图 立轴	143cm×70cm	2,300,000	十竹斋拍卖(北京)	2021-05-29
张大千 1969年作 童心图 镜心	37.5cm×68.5cm	2,300,000	中国嘉德	2021-11-30
张大千 纨扇仕女 立轴	99cm×43cm	2,300,000	中贸圣佳	2021-05-21
张大千 湖山闲棹 镜框	95cm×184cm	2,295,216	香港苏富比	2021-10-11
张大千 1959年作 瑞士山色 镜心	45cm×60cm	2,185,000	北京保利	2021-05-17
张大千 1942年作 黄山松谷 立轴	108cm×49cm	2,185,000	北京保利	2021-06-05
张大千 1934年作 清江垂钓 立轴	90cm×31cm	2,185,000	朵云轩	2021-07-07
张大千 西台望帆图 镜心	70cm×34cm	2,185,000	中贸圣佳	2021-05-21
张大千 1940年作 水月观音图 立轴	93cm×38cm	2,116,000	中鸿信	2021-07-14
张大千 1936年作 黄山泼澥茶花 镜心	92cm×47cm	2,070,000	北京翰海	2021-06-05
张大千 1942年作 荷花 立轴	163cm×82.5cm	2,070,000	广东崇正	2021-07-19
张大千 1975年作 松峰高士 镜片	90cm×36cm	2,070,000	广东崇正	2021-07-19
张大千 1973年作 吴中水竹居图 镜片	80cm×49.5cm	2,070,000	西泠印社	2021-01-16
张大千 1966年作 深山古寺 立轴	94cm×43cm	2,070,000	中国嘉德	2021-12-10
张大千 1975年作 碧峰云瀑 镜心	35cm×30cm	1,955,000	北京保利	2021-05-17
张大千 徐悲鸿 1936年作、1948年题 莲峰飞瀑 立轴	130cm×44.5cm	1,955,000	北京保利	2021-06-05
张大千 1944年作 群芳吐艳 手卷	29cm×163.5cm	1,955,000	上海嘉禾	2021-07-22
张大千 1949年作 溪亭高士图 立轴	103.2cm×49.4cm	1,847,250	佳士得	2021-11-30
张大千 1981年作 婷婷独立 镜心	96.5cm×48cm	1,840,000	北京保利	2021-06-05
张大千 1954年作 谱声图 立轴	54.5cm×38cm	1,840,000	北京保利	2021-06-05
张大千 1944年作 持镜仕女 镜心	112.5cm×47.5cm	1,840,000	北京保利	2021-12-03
张大千 1975年作 芍药图 镜心	44.5cm×109cm	1,840,000	北京保利	2021-12-03
张大千 1981年作 花鸟 镜片(四帧)	83cm×43cm×3; 83cm×39cm	1,840,000	西泠印社	2021-01-16
张大千 梧桐仕女 立轴	131cm×52cm	1,840,000	中贸圣佳	2021-05-21
张大千 1933年作 黄山蒲团松 立轴	130cm×66cm	1,782,500	朵云轩	2021-07-07
张大千 秋君像 立轴	131cm×51cm	1,725,000	保利厦门	2021-11-05
张大千 1978年作 杏花 镜心	53.5cm×90cm	1,725,000	永乐拍卖	2021-05-21
张大千 冷香飞上诗句 立轴	99cm×44.5cm	1,725,000	永乐拍卖	2021-05-21
张大千 明皇纳凉图 手卷	绘画 52cm×129.5cm; 书法52cm×136cm	1,725,000	中国嘉德	2021-05-19
张大千 1949年作 钓台图 立轴	82cm×41cm	1,725,000	中国嘉德	2021-12-11
张大千 沈尹默 现代 山水 书法扇面	52.5cm×22.5cm	1,725,000	中国嘉德	2021-11-30
张大千 晏济元合作 林逋像 镜心	168cm×73cm	1,725,000	中贸圣佳	2021-05-21
张大千 芍药 旗袍	67cm×131cm	1,642,000	佳士得	2021-11-30
张大千 溪山过雨 镜心	45cm×52cm	1,610,000	北京保利	2021-06-05
张大千 1978年作 五瑞图 镜心	61cm×120cm	1,610,000	北京保利	2021-12-03
张大千 1934年作 云中漫步 立轴	121cm×49cm	1,610,000	北京保利	2021-12-04
张大千 1980年作 峰峭江帆 镜框	47cm×89cm	1,552,500	佳士得	2021-05-27
张大千 1935年作 秋水春云 镜框	114.5cm×44.3cm	1,539,375	佳士得	2021-11-30
张大千 1946年作 林泉幽翠图 立轴	108cm×53cm	1,518,000	北京荣宝	2021-06-19
张大千 秋山独往 立轴	93cm×42.5cm	1,495,000	北京荣宝	2021-06-19
张大千 1946年作 荷塘高士 立轴	131.5cm×65.5cm	1,495,000	广东崇正	2021-01-07
张大千 1954年作 泛舟图 镜心	38.5cm×30cm	1,495,000	永乐拍卖	2021-05-20
张大千 1982年作 牡丹灵石 镜心	67cm×34cm	1,495,000	永乐拍卖	2021-05-20
张大千 1980年作 国色天香 镜框	53.6cm×92.7cm	1,487,052	香港苏富比	2021-04-21
张大千 1933年作 黄山蒲团松 立轴	130cm×66cm	1,437,500	中国嘉德	2021-12-10
张大千 1981年作 四时佳卉 镜片	59.5cm×117.5cm	1,403,000	广东崇正	2021-01-07
张大千 松下高士 立轴	70.8cm×37.5cm	1,380,834	香港苏富比	2021-04-21

拍品名称	物品尺寸	成交价RMB	拍卖公司	拍卖日期
张大千 1944年作 敦煌仕女像 立轴	82.5cm × 44cm	1,380,000	北京保利	2021-09-25
张大千 1935年作 山水册十开 册页	25.5cm × 25.5cm × 10	1,380,000	北京保利	2021-12-03
张大千 1982年作 神木高士 镜心	126cm × 64cm	1,380,000	北京保利	2021-12-03
张大千 1950年作 云山寻幽 立轴	86cm × 46cm	1,380,000	北京保利	2021-12-04
张大千 1942年作 柳荫垂钓 镜框	93.5cm × 31cm	1,380,000	北京荣宝	2021-06-19
张大千 1946年作 清溪绝胜 镜心	98cm × 47.5cm	1,380,000	北京银座	2021-09-24
张大千 1963年作 日本天桥立一景 镜片	89cm × 58cm	1,380,000	朵云轩	2021-07-07
张大千 1959年作 夏荷图 镜框	直径23cm	1,380,000	华艺国际	2021-06-04
张大千 宝熙 1936年作 黄山始信峰 楷书黄山谷《送友归舒城》成扇	18.5cm × 48cm	1,380,000	华艺国际	2021-12-11
张大千 1934年作 仿王晋卿笔 立轴	89cm × 28cm	1,380,000	上海嘉禾	2021-07-22
张大千 1977年作 荷花 镜片	58.5cm × 97.5cm	1,380,000	上海匡时	2021-07-08
张大千 1942年作 执扇仕女图 立轴	107cm × 51.5cm	1,380,000	中国嘉德	2021-05-21
张大千 风云驻杖 镜心	86.5cm × 46cm	1,380,000	中贸圣佳	2021-07-06
张大千 芙蓉出水 镜片	114cm × 48.5cm	1,288,000	上海匡时	2021-07-08
张大千 1978年作 水殿暗香 镜心	36cm × 85cm	1,265,000	北京保利	2021-12-04
张大千 1934年作 松壑高士 立轴	144.3cm × 39.2cm	1,242,000	佳士得	2021-05-27
张大千 1979年作 国色天香 镜框	45.5cm × 82.5cm	1,242,000	佳士得	2021-05-27
张大千 1969年作 白荷 镜框	107.5cm × 50cm	1,231,500	佳士得	2021-11-30
张大千 1966年作 芭蕉修竹 立轴	186cm × 64cm	1,213,920	保利香港	2021-04-23
张大千 1974年作 西山渔隐 镜心	34cm × 108cm	1,207,500	北京保利	2021-06-05
张大千 云破月来知弄影 镜片	54cm × 92cm	1,207,500	广东小雅斋	2021-07-20
张大千 1954年作 松崖钓艇 立轴	90.5cm × 44.6cm	1,168,398	香港苏富比	2021-04-21
张大千 1935年作 巫峡清秋 镜片	95.5cm × 31cm	1,150,000	广东崇正	2021-07-19
张大千 1968年作 泼彩山水 立轴	97cm × 61cm	1,150,000	华艺国际	2021-06-04
张大千 1939年作 松荫策杖图 立轴	94.5cm × 38.5cm	1,150,000	上海嘉禾	2021-07-22
张大千 1982年作 菡萏图 镜片	108cm × 54.5cm	1,150,000	上海匡时	2021-07-08
张大千 1960年作 蔬果图 镜心	135cm × 70cm	1,150,000	中国嘉德	2021-05-21
张大千 1936年作 仿石涛山水 册页（八开）	19.2cm × 14.5cm × 8	1,128,875	佳士得	2021-11-30
张大千 高士泛舟图 镜心	95.5cm × 41cm	1,127,000	中国嘉德	2021-12-11
张大千 1976年作 岭上白云生 镜心	43.5cm × 66.5cm	1,104,000	北京银座	2021-09-24
张大千 1944年作 敦煌壁画 镜心	170cm × 182cm	1,092,500	北京翰海	2021-04-17
张大千 1942年作 东坡居士像 立轴	89cm × 32cm	1,058,000	北京银座	2021-09-24
张大千 1932年作 菱溪图 手卷	引首 28cm × 89cm；画心 28cm × 132.5cm；后跋 28cm × 151cm	1,058,000	华艺国际	2021-06-04
张大千 1982年作 垂钓 镜片	95cm × 54cm	1,046,500	广东崇正	2021-01-07
张大千 江妃出水 镜框	104cm × 53.8cm	1,043,280	香港苏富比	2021-10-11
张大千 李秋君 仕女 立轴	126.5cm × 54cm	1,035,000	保利厦门	2021-11-05
张大千 1926年作 仕女图 立轴	91cm × 34cm	1,035,000	北京荣宝	2021-06-19
张大千 1942年作 峡江帆影 立轴	111cm × 49.5cm	1,035,000	朵云轩	2021-07-07
张大千 1979年作 寿松图 立轴	92.5cm × 51.5cm	1,035,000	广东崇正	2021-07-19
张大千 1963年作 牡丹 镜框	109cm × 44cm	1,035,000	佳士得	2021-05-27
张大千 1941年作 仿赵孟頫秋江行吟图 镜框	81.5cm × 27cm	1,035,000	佳士得	2021-05-27
张大千 阮咸像 镜框	101.5cm × 39.7cm	1,026,250	佳士得	2021-11-30
张大千 1973年作 风荷 木板镜框	56.5cm × 90cm	1,026,250	佳士得	2021-11-30
张大千 1936年作 仿九龙山人笔法 立轴	121.2cm × 42.8cm	1,012,000	北京荣宝	2021-12-02
张大千 1980年作 宜富当贵 镜心	96cm × 46cm	1,012,000	中国嘉德	2021-12-10
张大千 荷花 镜片	132cm × 64cm	989,000	广东小雅斋	2021-07-20
张大千 泼墨荷花 立轴	140cm × 70cm	989,000	永乐拍卖	2021-05-21

拍品名称	物品尺寸	成交价RMB	拍卖公司	拍卖日期
张大千 1979年作 行书七言联 立轴	129.5cm × 34cm × 2	977,500	中国嘉德	2021-05-21
张大千 溥儒 吴湖帆 张善孖 等 集锦 册页	24cm × 35cm × 14	977,500	中国嘉德	2021-12-10
张大千 1944年作 秋山垂钓 镜心	70.5cm × 33cm	943,000	北京保利	2021-06-05
张大千 松下高士 立轴	121cm × 60cm	930,700	北京保利	2021-01-22
张大千 1963年作 风荷图 立轴	166cm × 83cm	920,000	北京保利	2021-12-03
张大千 1943年作 松岚高士图 立轴	83cm × 41.5cm	920,000	北京翰海	2021-06-04
张大千 青山夜游 镜心	67cm × 46cm	920,000	北京荣宝	2021-06-19
张大千 1946年作 松下高士 立轴	114.5cm × 59cm	920,000	朵云轩	2021-07-07
张大千 1953年作 荷花 立轴	画心 131cm × 29cm；诗堂 14cm × 29cm	920,000	永乐拍卖	2021-05-20
张大千 1981年作 红叶小鸟 镜心	88cm × 56cm	920,000	永乐拍卖	2021-05-20
张大千 花卉 镜心	70cm × 119cm	920,000	永乐拍卖	2021-12-02
张大千 古木高士 立轴	107.5cm × 40cm	920,000	中贸圣佳	2021-07-06
张大千 1982年作 折枝牡丹 立轴	88cm × 47cm	897,000	北京保利	2021-12-03
张大千 行书苏轼诗 立轴	184.5cm × 94cm	897,000	北京保利	2021-12-03
张大千 仕女图 镜心	33cm × 46cm	897,000	北京翰海	2021-06-05
张大千 1935年作 海棠 立轴	109.5cm × 43.5cm	897,000	中国嘉德	2021-12-11
张大千 1938年作 松下高士 镜心	95cm × 48.5cm	862,500	中国嘉德	2021-12-10
张大千 1974年作 幽兰书画合璧 镜心（二帧）	48cm × 25.5cm × 2	828,000	北京诚轩	2021-12-03
张大千 1955年作 松下高士 镜框	41.8cm × 35.7cm	828,000	佳士得	2021-05-27
张大千 1980年作 国色天香 镜框	95.3cm × 53.5cm	828,000	佳士得	2021-05-27
张大千 1932年作 为王蔼云作黄山小景图 立轴	147.5cm × 45cm	828,000	西泠印社	2021-01-16
张大千 1941年作 许掾像 镜框	102cm × 39.5cm	821,000	佳士得	2021-11-30
张大千 1981年作 春日红梅 立轴	69.5cm × 37cm	815,687	中国嘉德	2021-04-22
张大千 1976年作 兰竹芝石图 镜心	42.5cm × 94cm	805,000	北京荣宝	2021-06-19
张大千 芍药 立轴	84cm × 36.5cm	793,500	中贸圣佳	2021-07-06
张大千 南无普贤菩萨 立轴	画 49.5cm × 39.5cm 诗堂 29cm × 39.5cm	782,460	香港苏富比	2021-10-11
张大千 1982年作 红叶小鸟 立轴	70cm × 45cm	782,000	广东崇正	2021-07-18
张大千 1980年作 荷塘清趣 镜片	136cm × 55cm	782,000	上海嘉禾	2021-11-14
张大千 1978年作 利市三倍 镜心	34cm × 67cm	782,000	中国嘉德	2021-05-21
张大千 1979年作 枝上小鸟 镜框	94cm × 33cm	776,250	佳士得	2021-05-27
张大千 黄山不老松 镜片	37.5cm × 84cm	759,000	朵云轩	2021-07-07
张大千 秋溪清话图 立轴	85cm × 41cm	747,500	北京翰海	2021-06-04
张大千 无量寿佛 镜框	124cm × 42cm	747,500	华艺国际	2021-03-31
张大千 1967年作 泼彩山居图 镜片	58cm × 34cm	747,500	上海匡时	2021-07-08
张大千 1946年作 振衣千仞岗·行书 成扇	24cm × 68cm	736,000	朵云轩	2021-07-07
张大千 书法“环荜庵”横披	31cm × 88cm	724,500	佳士得	2021-05-27
张大千 1934年作 松荫抚琴图 立轴	113cm × 40cm	713,000	北京保利	2021-06-05
张大千 1947年作 画舸春思 立轴	85cm × 41cm	701,500	十竹斋拍卖（北京）	2021-05-29
张大千 1976年作 芍药 镜心	66cm × 33cm	690,000	北京保利	2021-06-05
张大千 1947年作 胭脂雪 立轴	79.5cm × 28cm	690,000	北京保利	2021-09-25
张大千 1945年作 倚杖图 立轴	102cm × 45.5cm	690,000	北京保利	2021-12-04
张大千 1954年作 登高 镜心	39cm × 29.7cm	690,000	北京荣宝	2021-06-19
张大千 1940年作 苏长公行吟图 立轴	153cm × 40.5cm	690,000	朵云轩	2021-07-07
张大千 岩滩帆影 立轴	80.5cm × 36cm	690,000	十竹斋	2021-06-27
张大千 梅花 镜心	88cm × 45.5cm	690,000	永乐拍卖	2021-05-21
张大千 1931年作 行书十言龙门对 立轴	188cm × 37cm × 2	690,000	永乐拍卖	2021-05-21
张大千 1972年作 粉荷 镜心	90cm × 48cm	690,000	永乐拍卖	2021-12-02

(成交价RMB：10万元以上)

拍品名称	物品尺寸	成交价RMB	拍卖公司	拍卖日期
张大千 芍药 镜心	69.5cm×135cm	690,000	永乐拍卖	2021-12-02
张大千 山喜鹊 立轴	129cm×46cm	690,000	中贸圣佳	2021-03-26
张大千 法石涛山水 镜片	102cm×67cm	672,000	上海联合	2021-06-27
张大千 1947年作 虎 立轴	62cm×33cm	667,000	北京荣宝	2021-12-02
张大千 清荷 镜心	22.5cm×17cm	655,500	永乐拍卖	2021-05-21
张大千 山阴题壁图 立轴	102cm×42cm	632,500	北京保利	2021-12-04
张大千 西山曳杖 镜片	59cm×23.5cm	632,500	广东崇正	2021-07-19
张大千 泉石清景 立轴	76cm×41cm	632,500	永乐拍卖	2021-12-01
张大千 1936年作 仿八大山人《鱼乐图》立轴	162cm×44.5cm	632,500	中鸿信	2021-07-14
张大千 1934年作 罗浮观瀑图 立轴	129.8cm×46.5cm	625,968	香港苏富比	2021-10-11
张大千 1968年作 萱寿图 立轴	126.5cm×61.5cm	621,000	上海嘉禾	2021-07-22
张大千 1935年作 松下高士 镜框	99cm×47.1cm	615,750	佳士得	2021-11-30
张大千 荷花 镜片	51.5cm×87cm	609,500	广东小雅斋	2021-07-20
张大千 1953年作 清荷 镜心	78.5cm×49.5cm	606,960	保利香港	2021-04-23
张大千 1936年作 仿陈老莲笔意 立轴	130cm×50cm	598,000	北京翰海	2021-04-17
张大千 1953年作 蕉阴高士 镜心	48.5cm×51cm	598,000	北京银座	2021-09-24
张大千 1946年作 秋塘觅句图 立轴	85cm×45.5cm	598,000	广东崇正	2021-07-19
张大千 1967年作 彩荷 立轴	47cm×93cm	598,000	永乐拍卖	2021-05-21
张大千 1947年作 行书七言对联	132cm×22cm×2	586,500	朵云轩	2021-07-07
张大千 1932年作 修竹水仙 立轴	129cm×67.5cm	586,500	中鸿信	2021-07-14
张大千 1947年作 沧湾虚阁图·行书诗 成扇	18.3cm×47.8cm	584,199	香港苏富比	2021-04-21
张大千 竹石小鸟 镜心	100.3cm×47cm	575,000	北京保利	2021-09-25
张大千 华山仙掌峰 立轴	106cm×39cm	575,000	北京翰海	2021-06-04
张大千 1939年作 仕女 立轴	119cm×54cm	575,000	北京九歌	2021-06-13
张大千 1947年作 行书十言联 立轴	159cm×37cm×2	575,000	北京银座	2021-09-24
张大千 1936年作 梅雀图 立轴	130cm×50cm	575,000	广东崇正	2021-07-19
张大千 1967年作 蔬香图 立轴	86.5cm×50cm	575,000	华艺国际	2021-03-31
张大千 美人图 镜片	94.5cm×43cm	575,000	西泠印社	2021-01-16
张大千 青罗山色 立轴	109cm×40cm	575,000	永乐拍卖	2021-05-21
张大千 1943年作 摹《敦煌普贤菩萨赴法会》立轴	152cm×75cm	575,000	中鸿信	2021-07-14
张大千 清湘笔意 镜心	97.5cm×37.5cm	563,500	永乐拍卖	2021-09-27
张大千 1929年作 仿古山水人物诗意 册页	24cm×34cm×8	552,000	北京保利	2021-12-03
张大千 1980年作 行书七言诗句 镜心	19.2cm×101cm	552,000	北京荣宝	2021-06-19
张大千 春山行旅图 立轴	150cm×49cm	552,000	西泠印社	2021-01-16
张大千 1933年作 倚榭观花 立轴	120cm×45cm	529,000	北京保利	2021-12-04
张大千 吴子深 1951年作 松荫逭暑 圆光 镜框	62.4cm×62.4cm	521,640	香港苏富比	2021-10-11
张大千 1979年作 芍药 镜心	39cm×79cm	517,500	北京保利	2021-06-05
张大千 晏济元 仕女 镜片	96cm×38cm	517,500	广东小雅斋	2021-07-20
张大千 1935年作 黄山文殊院 立轴	85cm×38cm	517,500	上海匡时	2021-07-08
张大千 1966年作 行书七言联 镜心	135cm×33.5cm×2	517,500	永乐拍卖	2021-12-02
张大千 1947年作 胭脂雪 立轴	79.5cm×28cm	517,500	中国嘉德	2021-05-21
张大千 深谷幽居 镜心	99cm×52cm	517,500	中贸圣佳	2021-05-21
张大千 1979年作 泼墨山水 立轴	64cm×32cm	513,125	佳士得	2021-11-30
张大千 1948年作 行书 七言联 对联	131.5cm×32.5cm×2	494,500	西泠印社	2021-07-24
张大千 1977年作 鱼乐图 手卷	17.5cm×93cm	492,600	佳士得	2021-11-30
张大千 1933年作 蜀江归思图 手卷	18.7cm×94.3cm	492,600	佳士得	2021-11-30
张大千 水仙 镜心	36cm×45cm	483,000	北京保利	2021-06-05
张大千 1939年作 修竹仕女图 镜心	79cm×40cm	483,000	北京保利	2021-12-04
张大千 行书七言对联	148.5cm×32cm×2	483,000	朵云轩	2021-07-08

拍品名称	物品尺寸	成交价RMB	拍卖公司	拍卖日期
张大千 章梫 1940年作 仕女行书 成扇	18cm×48cm	483,000	广东崇正	2021-07-19
张大千 1928年作 行书 七言诗 四屏	129cm×30cm×4	483,000	西泠印社	2021-07-25
张大千 1967年作 行书自作七绝 立轴	139cm×69.5cm	483,000	中国嘉德	2021-05-20
张大千 仿张僧繇山水 立轴	85cm×33cm	483,000	中国嘉德	2021-05-21
张大千 1971年作 行书菜单 镜心	34.5cm×65.5cm	483,000	中国嘉德	2021-12-10
张大千 1958年作 行书七言联 镜框	132.5cm×33cm×2	469,476	香港苏富比	2021-10-11
张大千 1947年作 步壑松风 立轴	107cm×40cm	460,000	北京保利	2021-12-03
张大千 王福厂 秋江纤夫·五言诗二首 成扇	18.6cm×51cm	460,000	北京诚轩	2021-05-18
张大千 1935年作 拟唐寅《沧浪图》立轴	91.5cm×28cm	460,000	北京翰海	2021-12-17
张大千 陈白沙诗意 镜片	43.5cm×95cm	460,000	广东崇正	2021-01-07
张大千 海棠 立轴	132cm×47cm	460,000	广东崇正	2021-07-19
张大千 黄山九龙潭 立轴	133cm×33cm	460,000	十竹斋拍卖(北京)	2021-05-29
张大千 虾戏图 立轴	132cm×32cm	460,000	西泠印社	2021-01-16
张大千 1946年作 碧树秋居 立轴	118.5cm×28.8cm	460,000	永乐拍卖	2021-05-21
张大千 1936年作 九龙山人笔意 镜框	66cm×32cm	448,500	北京荣宝	2021-12-02
张大千 程十发 吴湖帆 熊松泉 江寒汀 周炼霞 吴青霞 马企周 张生镛 张克龢 周冷吾 吴石公 顾牧 沈一斋 聚精会神 册页(二十开)	32cm×37cm×20	448,500	十竹斋	2021-06-27
张大千 李秋君 1933年作 寒松高士·花卉 成扇	17.6cm×50cm	437,000	北京保利	2021-12-03
张大千 罗复堪 春波钓艇·行书七言诗 成扇	19.5cm×51.5cm	437,000	华艺国际	2021-06-04
张大千 1980年作 行书七言联 立轴	133cm×33cm×2	437,000	十竹斋拍卖(北京)	2021-05-29
张大千 1935年作 莫干山色 立轴	100cm×33cm	437,000	永乐拍卖	2021-05-20
张大千 1930年作 枯木竹石 立轴	85cm×41.5cm	437,000	中国嘉德	2021-05-21
张大千 溥儒 黄君璧 等 1952、1965年作 萃锦册 五开册	7.3cm×11cm×5	424,872	香港苏富比	2021-04-21
张大千 手绘鲍参菜单 镜心	16cm×78cm	414,000	中贸圣佳	2021-07-06
张大千 1932年作 仿石涛笔意 立轴	112cm×44cm	402,500	北京翰海	2021-04-17
张大千 1942年作 江上会一友 立轴	119cm×54cm	402,500	北京荣宝	2021-12-02
张大千 行书匾额"松云居" 镜心	31cm×61.5cm	402,500	十竹斋拍卖(北京)	2021-05-29
张大千 1930年作 桐庐高士图 立轴	109cm×40.5cm	402,500	中鸿信	2021-07-14
张大千 荷花 镜心	30cm×29.5cm	402,500	中贸圣佳	2021-05-21
张大千 行书八言 对联	128.5cm×22cm×2	391,000	朵云轩	2021-07-08
张大千 瓶花清供 镜心	60cm×32cm	391,000	中贸圣佳	2021-09-25
张大千 潘飞声 仿八大《鱼乐图》·行书书法 成扇	18.5cm×48cm	391,000	中贸圣佳	2021-07-06
张大千 泛舟图 立轴	112cm×41.5cm	391,000	中贸圣佳	2021-07-06
张大千 1972年作 牡丹 镜心	66cm×26.5cm	379,500	北京翰海	2021-06-05
张大千 碧水江南·行书七言诗 成扇	18cm×49cm	379,500	华艺国际	2021-06-04
张大千 牡丹花开 镜片	28cm×36cm	379,500	上海驰翰	2021-07-06
张大千 临八大花鸟 册页	22.5cm×20cm×8	368,000	北京保利	2021-06-06
张大千 1934年作 垂钓图 立轴	112cm×47cm	368,000	北京保利	2021-12-03
张大千 1968年作 山水 镜心	61cm×24cm	368,000	北京保利	2021-12-04
张大千 竹石佳人 镜片	109cm×43.5cm	368,000	上海嘉禾	2021-11-14
张大千 1934年作 仕女图 立轴	136cm×58cm	368,000	中国嘉德	2021-03-27
张大千 关文彬 1940年作 仿黄鹤山樵山水图·金文书法 成扇	17.4cm×47.5cm	362,250	佳士得	2021-05-27
张大千 书法 对联	133cm×22cm×2	356,500	广东小雅斋	2021-07-20

拍品名称	物品尺寸	成交价RMB	拍卖公司	拍卖日期
张大千 黄君璧 关山月 赵少昂 等诸家致刘少旅书迹 手卷	49cm×1913cm	348,159	中国嘉德	2021-04-22
张大千1933年作仿新罗山人笔意扇面	20cm×50cm	345,000	北京荣宝	2021-06-19
张大千 1941年作 竹引翠凤、行书自作诗 成扇	24.5cm×69cm	345,000	北京荣宝	2021-12-02
张大千 行书九言联 立轴	129cm×20cm×2	345,000	北京银座	2021-09-24
张大千 荷花 镜片	34cm×49cm	345,000	上海嘉禾	2021-07-23
张大千 仿马远《高士图》立轴	122.5cm×32.5cm	345,000	十竹斋	2021-06-27
张大千 山水 立轴	115cm×36cm	345,000	永乐拍卖	2021-05-21
张大千 山水人物 立轴	131cm×33cm	345,000	永乐拍卖	2021-05-21
张大千 1961年作 寒江独钓 镜心	30cm×45cm	345,000	中国嘉德	2021-03-28
张大千 1981年作 行书七言联 立轴	135cm×33cm×2	345,000	中国嘉德	2021-05-19
张大千 溥儒 海棠蛱蝶 镜心	43cm×35.5cm	345,000	中贸圣佳	2021-09-25
张大千 行书题画诗 镜心(六开)	48cm×32.5cm×6	345,000	中贸圣佳	2021-07-06
张大千 1935年作 柳荫高士 镜心	36cm×48cm	340,500	北京保利	2021-01-22
张大千 1936年作 玉簪花 立轴	130.3cm×39cm	333,850	香港苏富比	2021-10-11
张大千 1960年作 秋艳仕女图 立轴	110.5cm×39.5cm	333,500	保利厦门	2021-05-06
张大千 1930年作 疏枝玲蕊 镜心	89.5cm×43.5cm	333,500	北京银座	2021-09-24
张大千 菜单 镜框	68.5cm×17cm	331,200	佳士得	2021-05-27
张大千 归渔图 镜心	99cm×51.5cm	322,000	北京保利	2021-12-04
张大千 1940年作 仕女 立轴	94cm×41cm	322,000	北京荣宝	2021-12-02
张大千 1968年作 利市三倍 立轴	67.5cm×41cm	322,000	朵云轩	2021-07-08
张大千 1942年作 行书八言联 立轴	131cm×20.5cm×2	322,000	华艺国际	2021-06-04
张大千张善孖1935年作白猿图立轴	109.5cm×43cm	322,000	中国嘉德	2021-05-21
张大千 胡若思 拟梅清《寒江高逸图》立轴	148cm×40.5cm	322,000	中鸿信	2021-07-14
张大千 1948年作 水仙 镜心	78.5cm×39cm	317,952	中国嘉德	2021-10-13
张大千 1928年作 松下钟馗 镜框	104cm×52cm	312,984	香港苏富比	2021-10-11
张大千 荷花 镜片	47.5cm×65.5cm	310,500	广东小雅斋	2021-07-20
张大千 1959年作 高士观山 册页片	36cm×48cm	310,500	上海驰翰	2021-03-05
张大千(款) 1944年作松下高士立轴	82cm×40cm	304,750	北京保利	2021-05-17
张大千 荷花 镜心	32cm×50cm	304,750	中鸿信	2021-07-14
张大千 春兰 立轴	142cm×36cm	303,480	保利香港	2021-04-23
张大千 1971年作 双清图 镜心	68.5cm×34cm	299,000	北京荣宝	2021-12-02
张大千 1951年作 柳荫高士图 镜片	26cm×23cm	299,000	西泠印社	2021-07-24
张大千 1979年作 行书六言联 镜框	128cm×33cm×2	287,500	北京保利	2021-12-04
张大千 花鸟 立轴	136.5cm×68cm	287,500	广东小雅斋	2021-07-20
张大千 山水 立轴	131cm×43cm	287,500	广东小雅斋	2021-07-20
张大千 1946年作 山林闲居 镜心	23cm×76cm	287,500	永乐拍卖	2021-05-21
张大千 1953年作 江静潮平一帆悬 镜心	61.5cm×31.5cm	287,500	中国嘉德	2021-12-11
张大千 于非闇 蝴蝶兰花 立轴	101cm×37cm	287,500	中贸圣佳	2021-05-21
张大千 高士 镜心	30cm×39.5cm	287,500	中贸圣佳	2021-07-06
张大千 赵少昂 张碧寒 汪亚尘 顾青瑶 赵鹤琴 等 山水花卉 册页	24cm×35.5cm×14	276,000	北京保利	2021-05-17
张大千 放牧图 镜心	24.2cm×27.7cm	276,000	北京荣宝	2021-12-02
张大千 1944年作 兰花绚烂 镜片	32cm×19cm	276,000	华艺国际	2021-06-04
张大千 鱼乐 镜片	32cm×19cm	276,000	华艺国际	2021-06-04
张大千 秋实图 镜心	133cm×33.5cm	276,000	上海匡时	2021-07-08
张大千章桪 松下高士图·书法成扇	18cm×51cm	270,250	西泠印社	2021-07-25
张大千 1939年作 修竹仕女 镜心	79cm×40.5cm	263,016	保利香港	2021-04-23
张大千 1934年作 柳溪垂钓 立轴	77cm×33cm	253,000	北京保利	2021-12-04
张大千 1932年作 岁朝清供 立轴	118.5cm×34cm	253,000	北京翰海	2021-06-04
张大千 1979年作行书十一言联对联	203cm×31.5cm×2	253,000	上海嘉禾	2021-07-23
张大千 云山对弈图 镜片	66cm×26.5cm	253,000	上海嘉禾	2021-11-14

拍品名称	物品尺寸	成交价RMB	拍卖公司	拍卖日期
张大千 1940年作 云山高士图 扇页	53cm×19cm	253,000	西泠印社	2021-01-16
张大千 1929年作 松石图 镜片	38.5cm×27cm	253,000	西泠印社	2021-01-16
张大千行书致装裱师麦泉书卷手卷	30cm×11.5cm; 27.5cm×21.5cm; 64.5cm×22cm; 装裱清单 28cm×19.5cm; 62.5cm×26cm	253,000	西泠印社	2021-10-23
张大千 1945年作 蜀山情 立轴	86cm×29cm	253,000	中国嘉德	2021-09-28
张大千 1940年作 陶渊明 立轴	73.5cm×34cm	253,000	中国嘉德	2021-05-21
张大千 行书《看松图诗》并《操琴吟竹图》成扇	25cm×68cm	253,000	中贸圣佳	2021-09-25
张大千 1948年作 为许征白作《秋山泛舟图》镜心	33cm×19cm	241,500	中鸿信	2021-07-14
张大千 松溪闲话图 立轴	130cm×33cm	230,000	北京翰海	2021-06-04
张大千 行书七言联 立轴	122cm×33cm×2	230,000	北京银座	2021-09-24
张大千 简经纶 1938年作 高士·草书五言诗 成扇	18.5cm×49cm	230,000	华艺国际	2021-12-11
张大千 1932年作 松崖高士 立轴	114.5cm×36.5cm	230,000	华艺国际	2021-12-11
张大千 云山图 镜片	38.5cm×27cm	230,000	西泠印社	2021-01-16
张大千 等 高士清谈图·行书节录古文 成扇	51cm×17.5cm	230,000	西泠印社	2021-10-23
张大千 傲骨传神 立轴	176cm×58cm	230,000	中国嘉德	2021-05-19
张大千 1940年作 松阴高士图 镜心	直径25cm	230,000	中鸿信	2021-07-14
张大千 行书七言联 镜心	130cm×30cm×2	230,000	中贸圣佳	2021-07-06
张大千 溥儒 黄山剪刀峰·草书《书谱》成扇	18.7cm×47cm	229,522	香港苏富比	2021-10-11
张大千 1942年作 桐阴觅句图 立轴	107cm×41.2cm	225,775	佳士得	2021-11-30
张大千 梅兰 立轴	100cm×35cm	224,000	上海联合	2021-06-27
张大千 赏菊图 镜框	44cm×34.5cm	222,720	罗芙奥	2021-07-17
张大千 1946年作 行书七言联 立轴	130cm×31cm×2	218,500	北京保利	2021-06-05
张大千 山居云岚 镜心	38.6cm×27.4cm	218,500	北京诚轩	2021-05-18
张大千 1953年作 蝶恋花 立轴	43cm×28cm	218,500	北京翰海	2021-04-17
张大千 海棠 镜片	32cm×19cm	218,500	华艺国际	2021-06-04
张大千 1946年作 双清图 立轴	83cm×38cm	218,500	中国嘉德	2021-09-26
张大千 华山仙掌峰 镜心	100cm×39.5cm	218,500	中贸圣佳	2021-03-26
张大千 手绘睡裙	120cm×43cm	216,200	广东小雅斋	2021-07-20
张大千 1947年作 清荷图 镜框	58.4cm×31.5cm	208,656	香港苏富比	2021-10-11
张大千 克己复礼 镜心	32.5cm×62.5cm	207,000	北京保利	2021-12-03
张大千 达摩 立轴	104cm×38cm	207,000	北京保利	2021-12-04
张大千 1936年作 国色影酣 立轴	48cm×29cm	207,000	北京翰海	2021-04-17
张大千 花卉 镜片	32cm×19cm	207,000	华艺国际	2021-06-04
张大千 1974年作 行书题画诗 立轴	135cm×69cm	207,000	华艺国际	2021-06-04
张大千 1944年作 山木兰 立轴	36cm×53.2cm	207,000	佳士得	2021-05-27
张大千 荷花 镜片	41.5cm×51cm	207,000	上海嘉禾	2021-07-23
张大千 仿石涛笔意 立轴	98.5cm×32cm	207,000	上海嘉禾	2021-07-23
张大千 1946年作 秋郊放马图 立轴	82cm×40.5cm	207,000	上海嘉禾	2021-11-14
张大千 1948年作 松下高士图 立轴	58.5cm×51.5cm	207,000	上海匡时	2021-07-08
张大千 武陵春赋 纸本	27cm×24cm	207,000	中国嘉德	2021-03-27
张大千 1977年作 石梅清赏 纸本	39cm×68cm	207,000	中国嘉德	2021-03-27
张大千 华山行 镜心	19.8cm×54cm	207,000	中国嘉德	2021-12-10
张大千 1940年作 东坡居士图 立轴	99cm×52cm	207,000	中鸿信	2021-07-14
张大千 秋水扁舟 立轴	139cm×51.5cm	205,250	佳士得	2021-11-30
张大千 1946年作 寒香 镜框	82.8cm×33.2cm	205,250	佳士得	2021-11-30
张大千 红衣达摩 立轴	95cm×39cm	202,320	保利香港	2021-04-23
张大千 1930年作 柳下放棹 立轴	106cm×33.5cm	201,250	北京荣宝	2021-06-19

2021书画拍卖成交汇总(续表)

(成交价RMB：10万元以上)

拍品名称	物品尺寸	成交价RMB	拍卖公司	拍卖日期
张大千 1932年作 仿高凤翰墨梅横披	35.5cm×87.5cm	196,650	佳士得	2021-05-27
张大千 1953年作 高士图 立轴	29cm×25cm	195,500	北京翰海	2021-04-17
张大千 青城红叶 立轴	161cm×47cm	195,500	中国嘉德	2021-03-27
张大千 1944年作 秋山策杖 镜心	18cm×49cm	195,500	中国嘉德	2021-09-26
张大千 林清霓 1949年作 碧桃白鹅 镜心	67cm×43cm	195,500	中国嘉德	2021-12-10
张大千 观音大士 镜心	62cm×42.5cm	195,500	中鸿信	2021-07-14
张大千 黄葆戉 双清图·隶书焦延寿语 成扇	18cm×49cm	189,750	北京荣宝	2021-12-02
张大千 1948年作 策杖行吟图 立轴	66cm×33cm	184,000	北京保利	2021-12-04
张大千 仿白阳山人笔 镜心	110cm×31cm	184,000	华艺国际	2021-12-11
张大千 柳梢蝉鸣图 立轴	84.5cm×25cm	184,000	西泠印社	2021-01-16
张大千 李瑞清 题 书 隶书 五言联	145cm×39cm×2	184,000	中国嘉德	2021-05-20
张大千 1942年作 疏枝番女图 镜心	114.5cm×32.5cm	178,250	北京银座	2021-09-24
张大千 1931年作 海棠 立轴	87cm×36.3cm	175,950	佳士得	2021-05-27
张大千 行书诗 镜框(两幅)	23cm×122cm; 23cm×134cm	175,950	佳士得	2021-05-27
张大千 1971年作《答王济远函》书法 镜框(两幅)	32.5cm×69cm; 56.5cm×120cm	175,950	佳士得	2021-05-27
张大千 枇杷 立轴	123cm×51.5cm	172,500	保利厦门	2021-11-05
张大千 1938年作 修竹仕女 扇片	18.5cm×50.5cm	172,500	朵云轩	2021-07-08
张大千 行书七言联 镜片	140cm×34.5cm×2	172,500	广东崇正	2021-01-07
张大千 松山策杖图 成扇	20cm×49cm	172,500	上海嘉禾	2021-07-23
张大千 1950年作 高士衔杯 镜框	25cm×17cm	172,500	上海嘉禾	2021-07-23
张大千 张善孖 1929年作 皆大欢喜图·山君汲水图 成扇	54cm×18cm	172,500	西泠印社	2021-04-10
张大千 1934年作 隶书集石门颂七言联 镜心	136cm×33cm×2	172,500	永乐拍卖	2021-05-21
张大千 1944年作 柳溪泛舟 立轴	102.5cm×32cm	172,500	中鸿信	2021-07-14
张大千 梅花争春 镜片	67cm×137cm	168,000	上海联合	2021-06-27
张大千 观瀑图 镜心	80cm×36.5cm	161,000	北京保利	2021-12-04
张大千 柳溪高士 立轴	92.5cm×48cm	161,000	北京翰海	2021-12-17
张大千 1978年作 行书"蟠桃图"镜心	68.5cm×135.5cm	161,000	北京荣宝	2021-06-19
张大千 行书七言联 对联	129.5cm×31.5cm×2	161,000	上海嘉禾	2021-07-23
张大千 溪山晤旧 镜心	20cm×56.5cm	161,000	中国嘉德	2021-12-11
张大千 岁朝清供 立轴	59cm×29.5cm	155,250	中贸圣佳	2021-07-06
张大千 崖下游鱼 立轴	76.5cm×28.7cm	153,938	佳士得	2021-11-30
张大千 六时吉祥图 立轴	102.5cm×47cm	149,500	保利厦门	2021-11-05
张大千 红叶八哥 立轴	96.5cm×32cm	149,500	北京翰海	2021-06-04
张大千 1933年作 春林觅句 镜片	54.5cm×33.5cm	149,500	上海嘉禾	2021-07-23
张大千 1976年作 行书《题画杏花》诗 镜框	34.5cm×68.2cm	144,900	佳士得	2021-05-27
张大千 1936年作 桐荫仕女 立轴	131cm×51.5cm	143,750	上海嘉禾	2021-07-23
张大千 黄山狮子峰 镜框	38cm×44cm	143,675	佳士得	2021-11-30
张大千 1949 年作 白衣观音 镜框	115cm×40cm.	5,865,000	上海明轩	2021-12-30
张大千 1952年作 牡丹 水仙 镜框一对	26.8cm×24cm; 26.8cm×23.5cm	4,025,000	上海明轩	2021-12-30
张大千 1976年作 行书七言 对联	180.5cm×45cm×2	977,500	朵云轩	2021-12-30
张大千 1947年作 溪山啼鸟 立轴	110cm×59cm	782,000	朵云轩	2021-12-30
张大千 1947年作 千山过雨 镜片	89cm×40cm	575,000	朵云轩	2021-12-30
张大千 1947年作 行书十言 对联	133cm×21cm×2	333,500	朵云轩	2021-12-30
张大千 1934年作 行书 横披	34cm×138cm	322,000	上海明轩	2021-12-30
张大千 1946年作 塘坳清韵 立轴	77cm×34.5cm	172,500	朵云轩	2021-12-30
张大壮 庞国钧 1952年作 十八应真像·楷书《净土诗》成扇	49cm×18cm	172,500	西泠印社	2021-07-25
张道一 1958年作 工地课堂 镜片	52cm×159cm	161,000	上海嘉禾	2021-07-22
张仃 1985年作 佛牙舍利塔·楷书八言联 立轴	画 128cm×68cm; 对联 137cm×35cm×2	1,840,000	十竹斋拍卖(北京)	2021-05-29
张仃 羲皇故里 镜心	95cm×177cm	2,530,000	北京九歌	2021-06-13
张仃 1992年作 巴山古道 立轴	137cm×68cm	862,500	中国嘉德	2021-05-19
张仃 1988年作 巨木复苏 镜心	95cm×89cm	690,000	北京保利	2021-09-25
张仃 1983年作 泰山胜境图 镜心	95.5cm×66.5cm	575,000	十竹斋拍卖(北京)	2021-05-29
张仃 1996年作 蟒河岸 镜心	83.5cm×75.5cm	345,000	北京保利	2021-12-04
张仃 1994年作 2008年作 晓村、对联一堂 镜框	绘画 103cm×68cm; 对联 140cm×35cm×2	287,500	华艺国际	2021-03-31
张仃 1983年作 桥殿飞虹图 镜心	74cm×42cm	287,500	十竹斋拍卖(北京)	2021-05-29
张仃 青山秀水小双村 镜片	95.5cm×58cm	253,000	保利厦门	2021-11-05
张仃 雪路 镜片	68cm×68cm	230,000	保利厦门	2021-11-05
张仃 1983年作 十渡北沟小村写生稿 镜心	42cm×50.5cm	195,500	十竹斋拍卖(北京)	2021-05-29
张仃 1987年作 迎客松 立轴	96cm×59cm	172,500	北京保利	2021-12-04
张仃 1991年作 苗岭之晨 立轴	136.5cm×69cm	172,500	中国嘉德	2021-05-21
张仃 1991年作 苗岭之晨 镜心	95cm×58.5cm	172,500	中国嘉德	2021-05-21
张仃 1999年作 毛主席诗意 卡板	64cm×54cm	149,500	中国嘉德	2021-05-21
张东平 2021年作 墨虾图	70cm×40cm	1,035,000	荣宝斋(南京)	2021-05-26
张尔宾 2016年作 山水 镜心	68cm×136cm	345,000	北京翰海	2021-06-05
张二苗 2017年作 唐女 镜心	137.5cm×39cm	181,700	中鸿信	2021-07-14
张光 龙榆生 画 题 花蝶对题 册页(十二开)	33cm×33cm×24	189,750	中贸圣佳	2021-05-21
张光宇 张正宇 1960年代作《大闹天宫》动画设计稿 镜片(十六帧)	尺寸不一	1,437,500	西泠印社	2021-01-16
张海 书法	69cm×139cm	149,500	荣宝斋(南京)	2021-05-26
张海若 王师子 夏孙桐 李瑞龄等等37位 1941年作 名家翰墨册页	25cm×35.5cm×37	598,000	北京保利	2021-12-03
张厚鹏 兰亭胜境 镜片	240cm×100cm	1,688,200	北京中贝	2021-12-08
张厚鹏 风水宝地 镜片	180cm×70cm	1,593,900	北京中贝	2021-12-08
张厚鹏 红船颂 镜片	136cm×68cm	1,472,000	北京中贝	2021-12-08
张厚鹏 五岳独尊 镜片	136cm×68cm	1,210,950	北京中贝	2021-12-08
张慧斌 2020年作 雪压霜枝	34cm×136cm	287,500	荣宝斋(南京)	2021-05-26
张慧斌 2020年作 喜鹊登枝	34cm×136cm	264,500	荣宝斋(南京)	2021-05-26
张慧斌 2020年作 自作诗	60cm×240cm	207,000	荣宝斋(南京)	2021-05-26
张进 秋鸣 镜心	134cm×137cm	253,000	中国嘉德	2021-12-13
张晋 洞庭丰收 立轴	179cm×96cm	552,000	中鸿信	2021-07-14
张晋 太湖早红图 镜心	100cm×62.5cm	425,500	南京经典	2021-01-10
张晋 1977年作 夔门柚 镜心	93.5cm×52.5cm	253,000	中国嘉德	2021-12-11
张俊 山水通景十二屏 屏风	158cm×360cm×2	1,173,000	中贸圣佳	2021-05-21
张立辰 1984年作 墨葡萄 镜心	179cm×96cm	368,000	北京荣宝	2021-06-19
张丽 2020年作 云梦舞鹤	136cm×68cm	1,104,000	荣宝斋(南京)	2021-05-26
张朋 1978年作 灵猿图 立轴	70cm×29cm	161,000	中国嘉德	2021-09-26
张热云 潮人故里天下名州 镜片	180cm×48cm	3,749,000	北京中贝	2021-12-08
张热云 雅香 镜片	68cm×68cm	369,150	北京中贝	2021-12-08
张热云 荷塘雅趣 镜片	68cm×68cm	349,600	北京中贝	2021-12-08
张热云 吉祥 镜片	68cm×68cm	320,850	北京中贝	2021-12-08
张热云 富贵吉祥 镜片	68cm×68cm	296,700	北京中贝	2021-12-08

（成交价RMB：10万元以上）

拍品名称	物品尺寸	成交价RMB	拍卖公司	拍卖日期
张人杰 行书五言联 立轴	147.5cm×39.5cm×2	172,500	中国嘉德	2021-05-20
张榕山 1993年作 观瀑图 镜心	98cm×45cm	184,000	北京保利	2021-05-17
张森 2014年作 花鸟 镜心	180cm×97cm	943,000	北京翰海	2021-06-05
张善孖 1931年作 善孖伏虎图 立轴	246cm×110.5cm	3,335,000	西泠印社	2021-01-15
张善孖 猛虎吞日 立轴	238cm×118.5cm	1,897,500	中国嘉德	2021-05-19
张善孖 1932年作 五牛图 镜框	30cm×222.5cm	1,669,248	香港苏富比	2021-10-11
张善孖1938年作乔岳瑞翠立轴	134cm×69cm	1,251,936	香港苏富比	2021-10-11
张善孖 1921年作 父子双雄 镜框	95cm×178cm	1,322,500	华艺国际	2021-03-31
张善孖 张大千 1935年作 虎啸溪边·草书 成扇	24cm×65cm	632,500	朵云轩	2021-07-07
张善孖 1930年作 猛虎图 立轴	134cm×56cm	598,000	中国嘉德	2021-09-28
张善孖 1936年作 山君花鸟 册页（十二页）	24cm×18cm×12	437,000	西泠印社	2021-07-25
张善孖 1931年作 双虎图 立轴	135.5cm×67cm	437,000	中国嘉德	2021-05-21
张善孖 1934年作 临姚绶花鸟 册页（二十三开）	27cm×13cm×23	414,000	佳士得	2021-05-27
张善孖 1927年作 虎 立轴	133cm×65cm	368,000	北京保利	2021-12-03
张善孖 1933年作 双虎 立轴	132cm×59cm	368,000	中国嘉德	2021-05-20
张善孖 1928年作 野烧图 立轴	94.5cm×44cm	356,500	北京翰海	2021-06-04
张善孖 1929年作 秋陂双雄 立轴	132cm×59cm	345,000	北京诚轩	2021-12-03
张善孖 1929年作 虎 立轴	113cm×56cm	345,000	北京荣宝	2021-12-02
张善孖 1935年作 双虎图 立轴	107cm×41cm	345,000	华艺国际	2021-12-11
张善孖 张大千 风云际会图 立轴	124cm×50.8cm	331,200	佳士得	2021-05-27
张善孖 陈摩 1931年作 山君英姿图 镜框	127.5cm×67.5cm	322,000	华艺国际	2021-06-04
张善孖 1931年作 虎啸 立轴	133.5cm×50cm	299,000	上海嘉禾	2021-07-22
张善孖 渡河 立轴	133.5cm×51cm	287,500	中国嘉德	2021-12-11
张善孖 1931年作 山林野火 立轴	178cm×64.5cm	287,500	中国嘉德	2021-12-11
张善孖 五羊图 立轴	133.5cm×52cm	253,000	保利厦门	2021-11-05
张善孖 1929年作 草泽雄风 立轴	113cm×56cm	241,500	上海匡时	2021-07-08
张善孖 1926年作 秋郊牧马图 立轴	131cm×65.5cm	230,000	华艺国际	2021-12-11
张善孖 1934年作 川原三马图 立轴	123.5cm×48.5cm	230,000	西泠印社	2021-07-25
张善孖 1927年作 竹溪双犬 镜心	106.1cm×49.5cm	224,250	北京诚轩	2021-12-03
张善孖 虎 立轴	108cm×55cm	218,500	北京保利	2021-06-05
张善孖 为达育仁作 虎啸图 立轴	133cm×47cm	218,500	西泠印社	2021-01-15
张善孖 1938年作 福寿齐眉 立轴	121cm×55cm	207,000	中国嘉德	2021-12-11
张善孖 任堇《天伦图》·行书郑叔问词 成扇	17.5cm×51cm	195,500	中国嘉德	2021-12-10
张善孖 1929年作 虎啸雄风图 镜心	109.5cm×206cm	195,500	中鸿信	2021-07-14
张善孖 1925年作 抱虎归山 立轴	135cm×66cm	184,000	北京保利	2021-09-25
张善孖 1934年作 苍松双虎 立轴	127cm×59.3cm	184,000	华艺国际	2021-06-04
张善孖 1931年作 竹溪双虎 立轴	104cm×54cm	172,500	北京翰海	2021-06-04
张石园 1941年作 秋山图 立轴	102cm×42cm	230,000	中国嘉德	2021-03-28
张石园 1932年作 山林幽居 立轴	142cm×34cm	172,500	中国嘉德	2021-03-28
张守成 1942年作 桃花鸳鸯 立轴	104.5cm×52cm	759,000	上海明轩	2021-12-30
张守成 游洛基山晚归 镜心	52.5cm×73cm	218,500	十竹斋拍卖（北京）	2021-05-29
张书旂 和平鸽 立轴	129cm×67cm	517,500	广东小雅斋	2021-07-20
张书旂 草虫课徒稿四本 册本	28cm×37cm×120	425,500	上海匡时	2021-07-08
张书旂 1955年作 孔雀高栖 镜心	132.5cm×60cm	402,500	北京诚轩	2021-12-03
张书旂 1940年作 群鸽 立轴	133cm×68cm	345,000	北京保利	2021-12-03
张书旂 芙蓉锦鸡 立轴	95cm×34cm	333,500	上海匡时	2021-07-08
张书旂 孔雀 镜片	126cm×64.5cm	253,000	上海嘉禾	2021-07-23
张顺培 2021年作 节录欧阳修《醉翁亭记》镜心	136cm×68cm	632,500	保利厦门	2021-11-05

拍品名称	物品尺寸	成交价RMB	拍卖公司	拍卖日期
张顺培 2020年作 自作诗《独立顶峰》镜心	137cm×70cm	230,000	北京翰海	2021-04-17
张晓刚 2007年作 失忆与记忆	69cm×137.5cm	157,500	佳士得	2021-04-07
张学良 自作七言诗	53.2cm×70cm	862,500	中国嘉德	2021-12-10
张学良 养生诗一首	21.5cm×27.8cm	586,500	中国嘉德	2021-05-20
张学良 挽蒋公联句	19.2cm×26.5cm	299,000	中国嘉德	2021-05-20
张学良 行书 明方孝孺《立春偶题》其一	46cm×60.5cm	230,000	中国嘉德	2021-05-20
张彦（款）溪山湖居 立轴	185cm×93cm	184,000	中国嘉德	2021-09-28
张扬平 岁月有痕 镜心	80cm×60cm	230,000	保利厦门	2021-11-05
张友宪 释迦牟尼人物册页 镜心（四十七开）	18cm×30.5cm×47	414,000	中贸圣佳	2021-07-06
张友宪 芭蕉 镜心	160cm×122cm	172,500	中贸圣佳	2021-07-06
张元济 丁辅之 书画合璧 立轴	31.5cm×65cm×2	391,000	北京翰海	2021-12-17
张云龙 鸿运当头 镜片	136cm×68cm	1,012,000	北京中贝	2021-12-08
张正宇 1974年作 毛主席词意书画合璧 镜心	68cm×91cm	172,500	北京翰海	2021-06-05
张志斌 2019年作 松树	96cm×68cm	897,000	荣宝斋（南京）	2021-05-26
张志民 2014年作 小山小我图·书法七言联 镜心	画180cm×97cm；书136×34cm×2	184,000	北京保利	2021-05-17
张宗祥 1950年作 为钱君匋作 自作诗四屏	131cm×33cm×4	747,500	西泠印社	2021-01-16
张宗祥 1928年作草书节录古文四屏	169.5cm×35.5cm×4	299,000	西泠印社	2021-01-16
张祖翼 1901年作 隶书 四屏立轴	177cm×46cm×4	161,000	十竹斋拍卖（北京）	2021-05-29
章炳麟 篆书五言联 立轴	127.5cm×36cm×2	322,000	中国嘉德	2021-05-20
章炳麟 为诸祖耿书篆书七言联镜片	125.5cm×22.5cm×2	287,500	西泠印社	2021-01-16
章炳麟 篆书七言联 立轴	145cm×34.5cm×2	230,000	广东崇正	2021-07-19
章炳麟 篆书五言联 立轴	136cm×34.5cm×2	172,500	北京荣宝	2021-06-19
章炳麟 草书节录枚乘《七发》立轴	106cm×51cm	172,500	十竹斋拍卖（北京）	2021-05-29
章炳麟 篆书曹植诗 立轴	141.5cm×36cm	172,500	中国嘉德	2021-12-12
章炳麟 1929年作 篆书嵇康诗句 立轴	103cm×50cm	149,500	北京荣宝	2021-06-19
章士钊 临《唐集右军圣教序并记》手卷	25.8cm×535.8cm	339,898	香港苏富比	2021-04-21
章士钊题签 吴玉如 周汝昌 徐邦达 张牧石 等 题《梦边双栖图》	尺寸不一	402,500	中国嘉德	2021-12-10
章太炎 篆书七言 对联	142cm×34cm×2	195,500	朵云轩	2021-12-30
赵昌林 精气神 镜心	68cm×68cm	575,000	北京翰海	2021-10-16
赵春 2018年作 官帽椅 2	330cm×114cm	172,500	华艺国际	2021-11-12
赵登山 道德经 镜片	1000cm×34cm	653,200	北京中贝	2021-12-08
赵刚 黄山秋色	62cm×68.5cm	430,000	保利厦门	2021-08-24
赵建成 问苍茫大地，谁主沉浮	87cm×65cm	575,000	荣宝斋（南京）	2021-05-26
赵冷月 草书八言 对联片	182cm×49cm×2	322,000	朵云轩	2021-12-30
赵立国 2017年作 山水	68cm×138cm	402,500	荣宝斋（南京）	2021-05-26
赵立鹤 惠风和畅 镜片	136cm×68cm	278,300	北京中贝	2021-12-08
赵立鹤 随缘 镜片	136cm×68cm	246,100	北京中贝	2021-12-08
赵朴初 1989年作 行书圆明讲堂释迦如来殿建成集《法华经》句二十言联 镜心	180cm×34cm×2	1,552,500	北京保利	2021-06-05
赵朴初 1982年作 行书《西江月》镜心	218.5cm×52.5cm	1,437,500	北京保利	2021-06-05
赵朴初 行书集《北山移文》句六言联 镜心	157cm×37cm×2	1,495,000	北京保利	2021-06-05
赵朴初 1987年作 行书“颂军伟绩”镜心	65cm×248cm	1,495,000	北京荣宝	2021-12-02

2021书画拍卖成交汇总（续表）

(成交价RMB：10万元以上)

拍品名称	物品尺寸	成交价RMB	拍卖公司	拍卖日期
赵朴初 1988年作 行书贵州遵义湘山寺观音殿十七言联 镜心	177cm×32cm×2	1,322,500	北京保利	2021-06-05
赵朴初 书法 对联	137cm×27cm×2	920,000	广东小雅斋	2021-07-20
赵朴初 行书题赠传印法师升座仪式庆典十二言联 镜心	104cm×19.5cm×2	805,000	北京保利	2021-06-05
赵朴初 行书《永难忘（曲）》横披	68cm×136cm	805,000	中贸圣佳	2021-05-21
赵朴初 行书陶渊明句 镜心	173cm×48cm	747,500	北京保利	2021-06-05
赵朴初 行书题赠明旸法师升座仪式庆典十一言联 镜心	137cm×26cm×2	690,000	北京保利	2021-06-05
赵朴初 行书集《法华经》句 镜心	37cm×178cm	632,500	北京保利	2021-06-05
赵朴初 1998年作 行书节录《庄子·逍遥游》镜心	34.5cm×113.5cm	632,500	北京保利	2021-06-05
赵朴初 1966年作 行书毛主席长沙词 立轴	87.5cm×25cm	632,500	中国嘉德	2021-05-21
赵朴初 1981年作行书《临江仙》镜心	95cm×38.5cm	632,500	中国嘉德	2021-05-21
赵朴初 1990年作 张成行书十八言联龙门对 镜心	70cm×16cm×2	517,500	中鸿信	2021-07-15
赵朴初 1979年作 为唐弢作 自作咏史诗 镜片	29cm×19cm	506,000	西泠印社	2021-01-15
赵朴初 1985年作 行书四言联 镜心	65.5cm×31cm×2	460,000	北京保利	2021-06-05
赵朴初 1990年作 行书七言诗 镜心	94cm×146cm	460,000	北京荣宝	2021-06-19
赵朴初 行书四言联 镜心	51cm×17.5cm×2	460,000	十竹斋拍卖（北京）	2021-05-29
赵朴初 书法	30.5cm×101cm	425,500	广东小雅斋	2021-07-20
赵朴初 1990年作行书“净土”镜片	68cm×31cm	402,500	广东崇正	2021-01-06
赵朴初 1980年作 行书自作诗 镜框	30.7cm×69.2cm	371,763	香港苏富比	2021-04-21
赵朴初 行书“香华供佛”镜心	50.5cm×26.5cm	368,000	北京保利	2021-06-05
赵朴初 1979年作 行书自作诗 立轴	76cm×45.5cm	368,000	华艺国际	2021-12-11
赵朴初 楷书“慈云”	75.5cm×35cm	368,000	中国嘉德	2021-05-20
赵朴初 行书《题万松图诗》立轴	94cm×45cm	368,000	中贸圣佳	2021-05-21
赵朴初 书法	136cm×68cm	356,500	广东小雅斋	2021-07-20
赵朴初 隶书“慈忍”镜心	68.5cm×22.7cm	345,000	北京荣宝	2021-06-19
赵朴初 行书五言联	27cm×62cm	345,000	中国嘉德	2021-05-20
赵朴初 1976年作 行书毛主席诗词 立轴	122cm×42.5cm	322,000	北京保利	2021-12-03
赵朴初 行书“慈忍”镜心	68.5cm×22.5cm	322,000	北京荣宝	2021-12-02
赵朴初 1986年作 行书“折桂令”镜心	25cm×59cm	322,000	北京荣宝	2021-12-02
赵朴初 行书“永难忘”镜心	26cm×77cm	322,000	北京荣宝	2021-12-02
赵朴初 行书 十一言联	116cm×24.5cm×2	322,000	中国嘉德	2021-12-10
赵朴初 1979年作 行书七言诗 立轴	66cm×41cm	299,000	北京保利	2021-06-05
赵朴初 1998年作 行书《卜算子》镜心	25.5cm×69cm	287,500	北京荣宝	2021-12-02
赵朴初 1981年作 行书 立轴	68.5cm×34cm	287,500	广东崇正	2021-07-18
赵朴初 1979年作 致友人诗词 镜心（二帧）	30cm×21cm×2	278,527	中国嘉德	2021-04-22
赵朴初 书法 镜心	24cm×26.5cm	253,000	华艺国际	2021-12-11
赵朴初 行书自作词 立轴	68.5cm×34cm	253,000	中国嘉德	2021-05-19
赵朴初 1988年作行书“奋进”镜心	48.5cm×100.5cm	253,000	中国嘉德	2021-05-21
赵朴初 1990年作 行书自作诗三首 镜心	66cm×135.5cm	253,000	中国嘉德	2021-05-21
赵朴初 行书“吉祥”镜心	62cm×21.5cm	241,500	北京荣宝	2021-12-02
赵朴初 1973年作 行书七言诗 立轴	69cm×46.5cm	230,000	北京保利	2021-12-03
赵朴初 行书万松园诗 立轴	126cm×67cm	230,000	北京保利	2021-12-03
赵朴初 书法 镜框	67cm×12cm	230,000	广东小雅斋	2021-07-20
赵朴初 1966年作 行书录《贺新郎》立轴	95cm×34cm	230,000	十竹斋拍卖（北京）	2021-05-29
赵朴初 行书五言绝句 立轴	80cm×34cm	230,000	十竹斋拍卖（北京）	2021-05-29
赵朴初 1978年作 行书 镜心	34cm×49cm	230,000	永乐拍卖	2021-12-01
赵朴初 般若 镜框	39cm×82cm	227,700	佳士得	2021-05-27
赵朴初 行书自作诗 立轴	68.5cm×33.5cm	224,250	广东崇正	2021-01-07
赵朴初 1995年作 行书“笑口常开”镜心	26.4cm×21.5cm	212,750	北京荣宝	2021-06-19
赵朴初 1979年作 行书《感遇——为周总理而作》立轴	64cm×32cm	212,750	中鸿信	2021-07-15
赵朴初 1986年作 行书七言诗 镜心	68cm×35cm	207,000	北京荣宝	2021-06-19
赵朴初 1985年作 行书《杜甫咏画马诗》镜心	66cm×32cm	207,000	北京荣宝	2021-06-19
赵朴初 书法 立轴	80cm×33cm	207,000	广东小雅斋	2021-07-20
赵朴初 行书七言诗 镜心	68cm×35cm	195,500	北京荣宝	2021-06-19
赵朴初 1987年作 行书《朝鲜纪游诗》立轴	66cm×33cm	195,500	华艺国际	2021-12-11
赵朴初 松兰堂 镜心	20cm×38.5cm	195,500	十竹斋拍卖（北京）	2021-05-29
赵朴初 1977年作 行书自作词《木兰花令》立轴	85cm×34cm	195,500	中国嘉德	2021-12-10
赵朴初 1986年作 行书自作诗 镜心	68cm×42cm	195,500	中鸿信	2021-07-15
赵朴初 1979年作 行书七言诗 立轴	66.5cm×30cm	189,750	上海嘉禾	2021-11-14
赵朴初 1979年作 行书七言诗 镜框	67cm×33cm	184,000	北京荣宝	2021-06-19
赵朴初 行书诸葛亮语 镜心	50cm×29cm	184,000	北京荣宝	2021-12-02
赵朴初 1988年作 行书 立轴	75cm×37cm	184,000	上海匡时	2021-07-08
赵朴初 行书“花常好”	34cm×61cm	184,000	中国嘉德	2021-05-20
赵朴初 1993年作 行书联句 立轴	65.5cm×21.5cm	184,000	中国嘉德	2021-05-21
赵朴初 书法 镜片	66.5cm×32cm	179,200	上海联合	2021-06-27
赵朴初 书法“海平同志留念”	63.5cm×31cm	178,250	北京羿趣国际	2021-07-16
赵朴初 书法 片	86cm×45cm	178,250	广东小雅斋	2021-07-20
赵朴初 1978年作 行书自作诗二首 立轴	61cm×34.5cm	178,250	中鸿信	2021-07-15
赵朴初 行书五言诗 镜心	65cm×35cm	172,500	北京保利	2021-06-05
赵朴初 草书“陈曾寿诗”镜心	70.5cm×23cm	172,500	北京荣宝	2021-12-02
赵朴初 书法“燧人”横披	24cm×68.5cm	172,500	北京羿趣国际	2021-07-16
赵朴初 书法 立轴	85cm×37.5cm	172,500	广东小雅斋	2021-07-20
赵朴初 行书“宝相庄严”	23cm×23.5cm	172,500	中国嘉德	2021-12-10
赵朴初 1967年作 行书《满江红》镜心	33cm×97.5cm	172,500	中国嘉德	2021-12-11
赵朴初 1972年作 行书“观心”横披	38.5cm×74cm	172,500	中鸿信	2021-07-14
赵朴初 行书自作词 镜心	68cm×33.5cm	161,000	北京荣宝	2021-06-19
赵朴初 1977年作行书《金缕曲》镜片	22cm×53.5cm	161,000	广东崇正	2021-01-07
赵朴初 1978年作 行书自作词 立轴	34cm×41cm	161,000	十竹斋拍卖（北京）	2021-05-29
赵朴初 1997年作 行书林则徐《高阳台》镜心	69cm×34cm	161,000	永乐拍卖	2021-05-21
赵朴初 行书“菩提”	25.5cm×59.5cm	161,000	中国嘉德	2021-12-10
赵朴初 行书“一心三观一念三千”	33.5cm×90.5cm	161,000	中国嘉德	2021-12-10
赵朴初 行书“福清阁”镜心	21.5cm×44cm	161,000	中贸圣佳	2021-05-21
赵朴初 1994年作 书法十六言联 镜框（两幅）	106.5cm×23cm×2	155,250	佳士得	2021-05-27
赵朴初 行书四言句 镜心	68.5cm×34.5cm	149,500	北京荣宝	2021-12-02

(成交价RMB：10万元以上)

拍品名称	物品尺寸	成交价RMB	拍卖公司	拍卖日期
赵朴初 1986年作 行书“祝贺语”镜心	34cm×34cm	149,500	北京荣宝	2021-12-02
赵朴初 1988年作 行书“七言绝句”镜心	68cm×23cm	149,500	北京荣宝	2021-12-02
赵朴初 行书 立轴	68.5cm×34cm	149,500	广东崇正	2021-01-07
赵朴初 1978年作 行书七言诗 立轴	60cm×20cm	149,500	中国嘉德	2021-12-10
赵朴初1995年作行书杂咏之一镜心	69cm×34cm	143,750	北京荣宝	2021-06-19
赵朴初行书普贤菩萨十大行愿立轴	68cm×22cm	143,750	广东崇正	2021-01-06
赵朴初 书法 片	69.5cm×35cm	143,750	广东小雅斋	2021-07-20
赵朴初 1979年作 行书七言诗 立轴	82cm×44.5cm	143,750	上海嘉禾	2021-11-14
赵少昂 梅雀图 镜心	65cm×184cm	2,070,000	中贸圣佳	2021-05-21
赵少昂 1952年作 叠荔夏蝉 立轴	105cm×29cm	2,012,500	广东崇正	2021-01-07
赵少昂 漓江 镜心	145cm×71cm	1,725,000	中贸圣佳	2021-05-21
赵少昂1934年作白孔雀红柿图立轴	151cm×45cm	1,840,000	华艺国际	2021-04-01
赵少昂 1988年作 向日葵 镜片	96cm×179cm	1,322,500	广东崇正	2021-01-07
赵少昂 1958年作 白茶花 镜框	185.2cm×95cm	1,035,000	佳士得	2021-05-27
赵少昂 1939年作 暮色连空远 立轴	131cm×45.5cm	821,000	佳士得	2021-11-30
赵少昂 葫芦草虫 镜框	121cm×57cm	747,500	华艺国际	2021-04-01
赵少昂 1971年作 红棉翠鸟 立轴	150.5cm×73.5cm	575,000	广东崇正	2021-07-19
赵少昂 1945年作 梨花小鸟 立轴	110cm×52cm	552,000	华艺国际	2021-04-01
赵少昂 1934年作 铁马响叮当 镜框	168.8cm×47cm	446,116	香港苏富比	2021-04-21
赵少昂 1946年作 柳荫鸣蝉 立轴	104cm×59.5cm	437,000	上海匡时	2021-07-08
赵少昂 1934年作 月柳寒蝉 立轴	168cm×57cm	437,000	中国嘉德	2021-03-27
赵少昂 1986年作 荷香迎翠鸟 镜框	46.2cm×96.4cm	371,763	香港苏富比	2021-04-21
赵少昂 1989年作 松鸟图 镜心	69cm×110.5cm	345,000	北京保利	2021-09-25
赵少昂 寂寞谁相问 立轴	119cm×57cm	345,000	广东小雅斋	2021-07-20
赵少昂 1988年作 鱼乐图 镜心	46cm×96cm	345,000	华艺国际	2021-12-11
赵少昂 幽谷雄风 立轴	144.5cm×66cm	328,400	佳士得	2021-11-30
赵少昂 1988年作、1989年作 翠柳蝉鸣·对联一堂 镜框	画97cm×46cm;对联90cm×20cm×2	322,000	华艺国际	2021-04-01
赵少昂1983年作木棉红占岭南春镜框	96.5cm×47cm	276,000	华艺国际	2021-04-01
赵少昂 1965年作 岭南春色 镜框	95.2cm×184.3cm	271,253	香港苏富比	2021-10-11
赵少昂 1987年作 花鸟草虫书法六条屏 立轴	51cm×25.3cm×6	246,300	佳士得	2021-11-30
赵少昂 1979年作 竹蝉图 镜框	36.5cm×95.5cm	225,775	佳士得	2021-11-30
赵少昂 1958年作 春满杏林 镜心	90.5cm×39cm	218,592	中国嘉德	2021-10-13
赵少昂 花鸟草虫 镜片(四帧)	30cm×37cm×4	207,000	广东崇正	2021-07-19
赵少昂 1937年作 月夜猕猴图 立轴	92cm×59cm	202,320	保利香港	2021-04-23
赵少昂 1953年作 秋寒图 立轴	104cm×52cm	198,720	中国嘉德	2021-10-13
赵少昂 1985年作 柳荫双鱼 立轴	96cm×47.5cm	192,204	保利香港	2021-04-23
赵少昂 1977年作 墨竹螳螂 镜框	60.2cm×126cm	191,192	香港苏富比	2021-04-21
赵少昂 秋林红叶晚霜严 镜框	47.5cm×100.5cm	184,725	佳士得	2021-11-30
赵少昂1982年作桃花墨竹翠鸟镜框	46.5cm×96cm	184,725	佳士得	2021-11-30
赵少昂 1930年作 听瀑图 镜框	66cm×39cm	184,000	华艺国际	2021-04-01
赵少昂 荷开水殿香 镜框	49cm×78cm	184,000	华艺国际	2021-04-01
赵少昂 1946年作 桃花蜜蜂 立轴	113cm×32cm	184,000	华艺国际	2021-04-01
赵少昂 杨善深 1967年作 双寿 镜框	94cm×34cm	178,250	华艺国际	2021-04-01
赵少昂 六根清净 镜心	30cm×85cm	172,500	北京保利	2021-09-25
赵少昂 蔬果 镜片	51.5cm×88.5cm	172,500	广东崇正	2021-07-19
赵少昂 陈荆鸿 1931年作 占藤双雀 堂画：镜框、对联：立轴	画94cm×43cm;对联135cm×33cm×2	172,500	华艺国际	2021-04-01
赵少昂 花鸟 镜片(四帧)	37cm×30cm×4	172,500	西泠印社	2021-01-16
赵少昂 1968年作 柳荫蜻蜓 镜框	121.3cm×45.2cm	166,925	香港苏富比	2021-10-11
赵少昂 1982年作 竹雀 镜框	95.5cm×40cm	161,000	华艺国际	2021-04-01

拍品名称	物品尺寸	成交价RMB	拍卖公司	拍卖日期
赵少昂 1990年作 花鸟四屏 镜框	29cm×38cm×4	161,000	华艺国际	2021-04-01
赵少昂1987年作霜叶红于二月花镜框	96cm×46.5cm	153,938	佳士得	2021-11-30
赵少昂 聊赠一枝春 镜框	92.5cm×26.8cm	144,900	佳士得	2021-05-27
赵叔孺 1928年作 为俞序文作汉瓦当砚斋图·篆书摹傅节子题飞鸿全瓦铭 成扇	18cm×47.5cm	322,000	西泠印社	2021-01-15
赵叔孺 1939年作 芙蓉鸳鸯 立轴	107cm×49cm	230,000	中国嘉德	2021-12-11
赵叔孺 1941年作 百龄上寿 立轴	104.5cm×48cm	172,500	朵云轩	2021-07-07
赵叔孺 1929年作 蕉荫双骏 立轴	104cm×53.5cm	161,000	中鸿信	2021-07-14
赵叔孺 吴湖帆 溥儒 1944年作 双骏图 立轴	101cm×50.5cm	966,000	西泠印社	2021-07-25
赵望云 1945年作 平凉一隅 立轴	106cm×53cm	1,092,500	北京保利	2021-12-03
赵望云 1947年作 椰林少女 镜心	65cm×43cm	517,500	中鸿信	2021-07-14
赵望云 1941年作 川东写生 立轴	80cm×41.5cm	379,500	保利厦门	2021-11-05
赵望云 1954年作 送肥图 镜心	28cm×59cm	287,500	永乐拍卖	2021-05-21
赵望云 1942年作 泛舟图 立轴	110cm×39cm	230,000	华艺国际	2021-06-04
赵望云 1949年作 祁连山 立轴	68cm×52cm	230,000	华艺国际	2021-06-04
赵望云 1962年作 早春图 镜心	66cm×87.5cm	172,500	北京翰海	2021-12-17
赵望云 何海霞 深山运粮 立轴	68cm×34cm	161,000	北京保利	2021-12-04
赵望云 1942年作 蕉荫独行 立轴	100cm×34cm	149,500	北京保利	2021-12-04
赵望云 1947年作 赶路图 立轴	103cm×40cm	230,000	朵云轩	2021-12-30
赵文江 富春山居图 镜片	145cm×364cm	345,000	华艺国际	2021-03-31
赵无极 1981年作 山水	65cm×66.5cm	424,872	香港苏富比	2021-04-19
赵无极 1994年作 无题	28cm×34.5cm	218,843	中国嘉德	2021-04-23
赵无极 1992年作 无题	24.5cm×32cm	193,200	罗芙奥	2021-12-04
赵雅清 叩月问古今，移沙演太极	182cm×97cm	390,000	保利厦门	2021-08-24
赵雅清 旷古雄姿 镜片	180cm×97cm	2,070,000	北京中贝	2021-12-08
赵雅清 宫玉殿映秋 镜片	180cm×48cm	1,265,000	北京中贝	2021-12-08
赵雅清 琼林锦羽 镜片	136cm×68cm	920,000	北京中贝	2021-12-08
赵延明 2018年作 题湖边庄	226cm×53cm	483,000	荣宝斋(南京)	2021-05-26
赵延明 2018年作 隶书	179cm×49cm	345,000	荣宝斋(南京)	2021-05-26
赵阳 2021年作 盛世山河 镜心	178cm×96cm	2,760,000	北京翰海	2021-12-17
赵永夫 人物 镜心	126cm×79cm	207,000	北京翰海	2021-10-16
赵元任 1981年作 行书四言联 立轴	132.5cm×33cm×2	586,500	广东崇正	2021-01-07
赵云壑 1941年作 菊石图 立轴	136cm×68cm	437,000	中国嘉德	2021-03-27
赵云壑 1919年作 春峦暮雾图 立轴	151cm×81cm	287,500	中国嘉德	2021-03-27
赵云壑 博古图 立轴	136cm×68cm	195,500	中贸圣佳	2021-09-25
赵云壑 1933年作 岁朝图 立轴	104cm×49.5cm	161,000	中国嘉德	2021-05-21
赵准旺 江南春 镜片	143.5cm×451cm	402,500	华艺国际	2021-06-04
照诚 书法福寿 镜心	33cm×33cm	437,000	北京保利	2021-12-04
照诚2021年作行书《周易句》镜心	50cm×134cm	345,000	北京保利	2021-06-06
郑百重 2012年作 佛光普照 镜心	56cm×135cm	414,000	北京保利	2021-09-25
郑百重 2003年作 笑傲江湖 镜心	69cm×137.5cm	402,500	北京保利	2021-12-04
郑百重2002年作风吹草低见牛羊镜心	85cm×168cm	184,000	保利厦门	2021-05-06
郑百重 2005年作 赤壁怀古 镜心	179.5cm×96.5cm	161,000	保利厦门	2021-11-05
郑奎飞 2021年作 元宇宙 镜心	68cm×137cm	575,000	保利厦门	2021-11-05
郑慕康 1958年作 海军叔叔——我们的守护神 立轴	85cm×41cm	471,500	上海嘉禾	2021-07-22
郑慕康 高士抚琴 镜片	127cm×65cm	172,500	十竹斋	2021-06-27
郑乃珖 奇葩幽芬 镜心	143cm×80cm	517,500	中国嘉德	2021-09-26
郑乃珖 李时珍采药图 镜片	138cm×68cm;诗堂16cm×68cm	368,000	广东崇正	2021-01-07
郑乃珖 1997年、1995年作 田园四条屏	133cm×34cm×4	299,000	中国嘉德	2021-09-26
郑乃珖 富贵牡丹 镜框	132cm×67cm	287,500	华艺国际	2021-03-31

2021书画拍卖成交汇总(续表)

(成交价RMB：10万元以上)

拍品名称	物品尺寸	成交价RMB	拍卖公司	拍卖日期
郑乃珖 蓬莱锦羽图 镜片	138cm×69cm	253,000	广东崇正	2021-01-07
郑乃珖 一啸震长空 纸本	183cm×110cm	230,000	中国嘉德	2021-03-27
郑乃珖 清风万里 镜心	68cm×69cm	184,000	中国嘉德	2021-03-29
郑乃珖 千禧同庆 镜片	130.5cm×56.5cm	172,500	广东崇正	2021-01-07
郑乃珖 苍山劲松 镜心	95cm×47cm	172,500	中国嘉德	2021-03-29
郑乃珖 1984年作 雄姿逸气 立轴	128.3cm×65.5cm	161,000	北京诚轩	2021-12-03
郑乃珖 虎 立轴	91.5cm×64.5cm	149,500	保利厦门	2021-11-05
郑午昌 1951年作 江山锦锈 立轴	128cm×65cm	862,500	朵云轩	2021-07-07
郑午昌 听松居图 立轴	136cm×66.5cm	805,000	上海嘉禾	2021-07-22
郑午昌 1946年作 为金润泉作《湖山渔家图》镜片	103cm×50cm	460,000	西泠印社	2021-07-25
郑午昌 1943年作 为庞莱臣作《柳荫观荷图》·行书张辑词 成扇	18.5cm×50.5cm	356,500	西泠印社	2021-01-16
郑午昌 水村图 立轴	67.5cm×33cm	345,000	中贸圣佳	2021-07-06
郑午昌 1941年作 游山访寺 立轴	103.5cm×34.8cm	253,000	北京诚轩	2021-05-18
郑午昌 1932年作 松溪高隐 立轴	140cm×35.8cm	207,000	北京诚轩	2021-12-03
郑午昌 仕女图 立轴	68cm×34.5cm	207,000	西泠印社	2021-07-25
郑午昌 松山高士 立轴	79.5cm×35cm	201,250	十竹斋	2021-06-27
郑午昌 归帆钓客 镜心	32.5cm×32.5cm	184,000	中贸圣佳	2021-07-06
郑午昌 残荷 立轴	105cm×33cm	161,000	中贸圣佳	2021-09-25
郑午昌 1947年作 登山观瀑图 立轴	67.5cm×40.5cm	149,500	中国嘉德	2021-05-19
郑小鑫 和平颂 镜片	180cm×97cm	575,000	北京中贝	2021-12-08
郑孝胥 古松图 立轴	136cm×33cm	437,000	中贸圣佳	2021-09-25
郑孝胥 行书节录《北江诗话》《庚子销夏记》立轴	74cm×27.5cm×5	368,000	中国嘉德	2021-05-20
郑孝胥 1920年作 行书四屏 立轴	150cm×39cm×4	322,000	北京荣宝	2021-12-02
郑孝胥 1930年作 楷书 立轴	131cm×32.5cm	322,000	广东崇正	2021-07-19
郑孝胥 行书 屏轴(四幅)	178cm×46cm×4	293,250	朵云轩	2021-07-07
郑孝胥 罗振玉 陈宝琛 丁佛言 1927年作 四体书屏 立轴	130cm×31cm×4	287,500	华艺国际	2021-06-04
郑孝胥 行书八言联 立轴	170cm×41cm×2	264,500	北京翰海	2021-06-04
郑孝胥 费念慈 张謇 行书花卉合锦 立轴	25.5cm×25.5cm; 16.5cm×21cm; 25cm×25cm	230,000	中国嘉德	2021-05-20
郑孝胥 行书 立轴	134cm×40cm	218,500	北京翰海	2021-06-04
郑孝胥 行书七言 对联	142.5cm×18.5cm×2	207,000	朵云轩	2021-07-07
郑孝胥 1920年作 行书节录《述书赋》四屏 镜心	93cm×41.5cm×4	184,000	中国嘉德	2021-05-20
郑孝胥 行书八言联 立轴	174cm×45cm×2	172,500	北京翰海	2021-06-04
郑孝胥 1922年作 行书 节录《述书赋》四屏	144cm×39.5cm×4	172,500	西泠印社	2021-07-25
郑孝胥 行书 节录《述书赋》	40.5cm×151.5cm	172,500	中国嘉德	2021-05-20
郑孝胥 行书七言联 立轴	129cm×21.5cm×2	161,000	北京翰海	2021-06-04
郑孝胥 行书八言联 立轴	177.5cm×45cm×2	161,000	广东崇正	2021-01-07
郑孝胥 行书八言 对联	237cm×48.5cm×2	149,500	朵云轩	2021-07-08
郑孝胥 楷书八言联 立轴	170cm×36cm×2	149,500	中贸圣佳	2021-07-06
郑振铎 鲍照诗 立轴	62cm×27.8cm	172,500	北京诚轩	2021-12-03
钟孺乾 2011年作 望南山 镜心	113cm×98cm	207,000	北京翰海	2021-12-17
钟孺乾 2005年作 生灵舞台之九 镜心	89cm×96cm	172,500	北京翰海	2021-12-17
钟泗宾 河边	91.5cm×41cm	194,988	佳士得	2021-12-02
钟增亚 1991年作 山花烂漫 镜框	68cm×136cm	224,000	湖南逸典	2021-01-21
钟增亚 1991年作 春雨 镜片	65cm×65cm	190,400	湖南逸典	2021-01-21
周昌谷 花卉·人物·书法 册页(共十八页)	画心 54.5cm×34.5cm×14; 直径27cm; 30.5cm×41cm	1,840,000	西泠印社	2021-01-16
周昌谷 为鲁特作草书四言联 对联	140cm×28.5cm×2	149,500	西泠印社	2021-07-25

拍品名称	物品尺寸	成交价RMB	拍卖公司	拍卖日期
周德 2021年作 梅兰竹菊 四屏 镜心	179cm×48cm×4	149,500	北京翰海	2021-12-17
周逢俊 2020年作 张家界清秋	180cm×97cm	747,500	荣宝斋(南京)	2021-05-26
周逢俊 2020年作 伟哉胡杨	97cm×180cm	736,000	荣宝斋(南京)	2021-05-26
周逢俊 2020年作 戒台寺	68cm×136cm	368,000	荣宝斋(南京)	2021-05-26
周佛海 1942年作 行书录〈读史偶感〉镜框	120cm×38cm	233,680	香港苏富比	2021-04-21
周根宝 1998年作 楼台会印象 镜片	69cm×66.5cm	322,000	西泠印社	2021-07-24
周光汉 2021年作 万壑树声远，千崖秋气高	136cm×68cm	483,000	荣宝斋(南京)	2021-05-26
周怀民 1973年作 革命圣地延安 镜心	66cm×135cm	207,000	北京保利	2021-06-05
周怀民 山村新貌 镜心	202cm×96cm	161,000	北京保利	2021-06-05
周怀民 山区新貌 镜心	202cm×95cm	149,500	北京保利	2021-12-04
周怀民 沈乔珊 松荫鉴古 行书录板桥诗(两幅) 立轴 屏轴	120cm×52.5cm; 106cm×31.5cm×2	287,500	朵云轩	2021-12-30
周慧珺 节临《大唐怀仁集王羲之圣教序》手卷	书法 32cm×301cm	690,000	上海嘉禾	2021-07-23
周慧珺 2007年作 行书诗一首 镜心	135cm×67cm	195,500	中国嘉德	2021-03-28
周俊海 山静云初 镜片	68cm×138cm	276,000	荣宝斋(南京)	2021-04-27
周炼霞 吴湖帆 长相思 成扇	18.8cm×48cm	333,500	中贸圣佳	2021-07-06
周鍊霞 吴湖帆 执扇仕女 立轴	108cm×44cm	943,000	朵云轩	2021-07-07
周绿云 抽象 立轴	177.2cm×84.7cm	359,188	佳士得	2021-11-30
周绿云 秋天的黄昏 立轴	139cm×69.4cm	225,775	佳士得	2021-11-30
周绿云 1989年作 宇宙在吾心 手卷	125cm×145cm×4; 145cm×125cm×3	196,650	佳士得	2021-05-27
周韶华 2004年作 初春的小白杨 镜心	68cm×68cm	460,000	北京保利	2021-06-06
周韶华 1983年作 仰韶彩陶 镜片	109cm×63cm	402,500	湖南国拍	2021-05-30
周思聪 高原风情 册页(十八开)	37.6cm×54.3cm×18	4,600,000	北京保利	2021-12-03
周思聪 1983年作 秋天的素描 镜心	98.5cm×103cm	1,840,000	中国嘉德	2021-05-21
周思聪 矿工写生 镜心	69cm×70cm	1,265,000	中国嘉德	2021-05-21
周思聪 双美图 镜心	67cm×65cm	1,035,000	北京荣宝	2021-06-19
周思聪 敬爱的周总理(无图) 镜心	69cm×45cm	632,500	北京荣宝	2021-06-19
周思聪 金色收获 镜心	69cm×70cm	529,000	中国嘉德	2021-12-13
周思聪 1985年作 汲水图 镜心	68cm×137cm	517,500	中国嘉德	2021-12-13
周思聪 荷 立轴	68cm×66.5cm	460,000	中国嘉德	2021-05-21
周思聪 荷花人物 镜片	68cm×136cm	402,500	保利厦门	2021-11-05
周思聪 一家人 镜心	50cm×54.5cm	402,500	中国嘉德	2021-05-21
周思聪 墨荷 镜心	39.5cm×52cm	345,000	十竹斋拍卖(北京)	2021-05-29
周思聪 1988年作 人物 镜心	65cm×66cm	333,500	北京保利	2021-12-04
周思聪 矿工 镜心	58cm×59cm	322,000	中国嘉德	2021-12-13
周思聪 丰收 立轴	69cm×44cm	253,000	北京荣宝	2021-06-19
周思聪 双姝图 立轴	136cm×68cm	253,000	中国嘉德	2021-03-27
周思聪 1984年作 钟馗像 镜心	69.5cm×46.5cm	230,000	中国嘉德	2021-05-21
周思聪 人物 立轴	65cm×45cm	218,500	保利厦门	2021-11-05
周思聪 绕线 镜心	37cm×54cm	218,500	北京保利	2021-12-04
周思聪 1980年作 柳泉 立轴	68cm×46cm	218,500	西泠印社	2021-01-16
周思聪 果收图 镜心	68.5cm×31.5cm	218,500	中国嘉德	2021-05-21
周思聪 彝族少女 镜心	68.5cm×69.5cm	207,000	中国嘉德	2021-05-21
周思聪 1982年作 少女 镜心	69cm×46cm	207,000	中国嘉德	2021-05-21
周思聪 1983年作 高原暮归 镜框	52cm×70cm	195,500	北京荣宝	2021-12-02
周思聪 墨荷图 镜心	45cm×61cm	178,250	北京荣宝	2021-06-19
周思聪 秋风 镜心	68.5cm×45.5cm	172,500	中国嘉德	2021-05-21
周思聪 1978年作 芭蕉少女 立轴	65cm×47cm	161,000	北京保利	2021-06-05
周思聪 1979年作 醉石图 镜框	34cm×31.5cm	161,000	华艺国际	2021-12-11
周思聪 1984年作 怀素书蕉图 镜心	69cm×46cm	149,500	中国嘉德	2021-05-21

拍品名称	物品尺寸	成交价RMB	拍卖公司	拍卖日期
周思聪 1980年作 秋趣图 镜心	67.5cm×45cm	149,500	中国嘉德	2021-12-13
周思聪 1979年作 傣家少女 立轴	50cm×41cm	149,500	中鸿信	2021-07-14
周天成 龙王礼佛图 镜心	179cm×86cm	287,500	北京翰海	2021-12-18
周午生 2021年作 荷花 镜心	139cm×191cm	1,380,000	北京保利	2021-12-04
周午生 2021年作 花鸟四屏 镜心	133cm×34.5cm	920,000	中国嘉德	2021-12-13
周午生 2017年作 桃花鸳鸯 镜心	159cm×70cm	575,000	永乐拍卖	2021-12-01
周锡珽 2015年作 松泉漱石 立轴	216cm×94.5cm	615,750	佳士得	2021-11-30
周锡珽 2020年作 层岩叠翠 立轴	194cm×98cm	434,700	佳士得	2021-05-27
周锡珽 2017年作 松峰云霭 立轴	200cm×200cm	287,500	保利厦门	2021-11-05
周彦生 紫气东来 镜片	195cm×505cm	11,500,000	华艺国际	2021-06-04
周彦生 2019年作 紫气东来 镜框	97cm×176cm	5,750,000	华艺国际	2021-04-01
周艺文 陌上春风 镜心	123cm×123cm	1,035,000	保利厦门	2021-11-05
周艺文 无常之境 镜心	69.5cm×48.5cm	230,000	保利厦门	2021-11-05
周艺文 一支红荷 镜心	70.5cm×68.5cm	230,000	保利厦门	2021-11-05
周元亮 太湖渔场 镜心	154cm×133cm	345,000	中国嘉德	2021-09-26
周作人 1951年作 为苏干英书自作诗《白蛇传》手卷	画心 27cm×91cm	368,000	西泠印社	2021-07-25
周作人 刘亚文 自作诗《往昔》香冷入瑶席 成扇	19cm×51.2cm	149,500	北京诚轩	2021-05-18
周作人《往昔三十首》	14cm×19.4cm	517,500	中国嘉德	2021-12-10
周作人 书法 镜框	29cm×41cm	143,750	广东小雅斋	2021-07-20
朱德群 2005年作 梅斯05-4号	68cm×69.5cm	1,251,936	香港苏富比	2021-10-10
朱德群 书法 "喜迁莺"	36.5cm×103cm	874,368	中国嘉德	2021-10-12
朱德群 1962年作 第135号构图	56.2cm×36.9cm	637,308	香港苏富比	2021-04-19
朱德群 1980年作 抽象构图	45.5cm×35cm	254,923	香港苏富比	2021-04-19
朱德群 2007年作《MAR 08 18号》	70cm×47cm	206,892	保利香港	2021-11-29
朱德群 1999年作 五月的梅斯第26号	35.5cm×46.5cm	139,104	中国嘉德	2021-10-12
朱法鹏 2021年作 春风又绿江南岸 软片	136cm×68cm	1,104,000	荣宝斋(南京)	2021-05-26
朱法鹏 2016年作 喜从天降 软片	136cm×50cm	1,069,500	荣宝斋(南京)	2021-05-26
朱法鹏 2020年作 竹下情缘 软片	136cm×68cm	1,058,000	荣宝斋(南京)	2021-05-26
朱法鹏 2019年作 旋种芭蕉听雨声 软片	136cm×68cm	1,035,000	荣宝斋(南京)	2021-05-26
朱法鹏 2020年作 溪水双憩 软片	136cm×68cm	1,012,000	荣宝斋(南京)	2021-05-26
朱法鹏 2018年作 风中松露滴，风引鹤同闻 软片	136cm×68cm	1,012,000	荣宝斋(南京)	2021-05-26
朱法鹏 2021年作 溪水仙峰 软片	136cm×68cm	989,000	荣宝斋(南京)	2021-05-26
朱法鹏 2019年作 情缘私语 软片	136cm×68cm	977,500	荣宝斋(南京)	2021-05-26
朱法鹏 2020年作 泉 软片	136cm×68cm	920,000	荣宝斋(南京)	2021-05-26
朱法鹏 2019年作 共说今年运气好 碧湖绿影鲤鱼肥 软片	136cm×68cm	920,000	荣宝斋(南京)	2021-05-26
朱法鹏 2018年作 鹤知年 软片	136cm×68cm	897,000	荣宝斋(南京)	2021-05-26
朱法鹏 2017年作 春风千里 软片	136cm×68cm	897,000	荣宝斋(南京)	2021-05-26
朱法鹏 2021年作 祝鹤仙鸣 软片	136cm×68cm	862,500	荣宝斋(南京)	2021-05-26
朱法鹏 2020年作 富贵大吉图 软片	136cm×68cm	828,000	荣宝斋(南京)	2021-05-26
朱法鹏 2017年作 家乡初雪 软片	68cm×68cm	632,500	荣宝斋(南京)	2021-05-26
朱法鹏 2019年作 踏春 软片	68cm×68cm	598,000	荣宝斋(南京)	2021-05-26
朱法鹏 2018年作 无处江山不物华 软片	68cm×68cm	586,500	荣宝斋(南京)	2021-05-26
朱法鹏 2016年作 韵 软片	68cm×68cm	552,000	荣宝斋(南京)	2021-05-26
朱法鹏 2018年作 春如线 软片	68cm×68cm	529,000	荣宝斋(南京)	2021-05-26
朱法鹏 2017年作 春融 软片	68cm×68cm	494,500	荣宝斋(南京)	2021-05-26
朱非录 王国维人生治学第一境界 镜片	45cm×96cm	938,400	北京中贝	2021-12-08
朱非录 随园集联 镜片	45cm×68cm	782,000	北京中贝	2021-12-08
朱赓博 梅兰竹菊四条屏 镜心	107cm×35cm×4	437,000	北京荣宝	2021-12-02
朱赓博 奇峰尽秀 镜心	123cm×50cm	276,000	北京荣宝	2021-06-19
朱晶 人物 镜心	180cm×90cm	276,000	北京保利	2021-05-17
朱梅村 一曲团结战斗的凯歌 镜心	172.5cm×92cm	747,500	中国嘉德	2021-05-20

拍品名称	物品尺寸	成交价RMB	拍卖公司	拍卖日期
朱梅村 1960年作 出铁 立轴	138cm×69cm	586,500	上海嘉禾	2021-07-22
朱梅村 唐云 梅花图 镜片	132.5cm×68cm	195,500	西泠印社	2021-01-15
朱梅村 谭泽闿 1941年作 采菊东篱·楷书 成扇	19cm×50.5cm	184,000	朵云轩	2021-07-07
朱梅村 1980年作 桃花开东园 镜片	110cm×42cm	161,000	上海嘉禾	2021-07-23
朱梅村 1946年作 万壑争流 镜心	133cm×63cm	149,500	北京保利	2021-06-05
朱梅村 1937年作 芙蓉花 立轴	112cm×44cm	140,300	上海嘉禾	2021-07-23
朱梅村 1942年作 碧岩红树 镜心	33cm×99.5cm	195,500	北京诚轩	2021-05-18
朱屺瞻 1964年作 红树青山好耕田 镜心	136cm×68cm	1,725,000	北京荣宝	2021-06-19
朱屺瞻 1961年作 嘉兴南湖革命纪念馆 立轴	130.5cm×55cm	920,000	中国嘉德	2021-05-19
朱屺瞻 1956年作 黄山纪游 册页(十八开)	31.9cm×39cm×18	1,725,000	中国嘉德	2021-12-10
朱屺瞻 1965年作 施肥 立轴	136.5cm×68cm	690,000	十竹斋拍卖(北京)	2021-05-29
朱屺瞻 1961年作 革命圣地山水 册页(八开)	35.5cm×35cm×8	690,000	中国嘉德	2021-05-19
朱屺瞻 1956年作 写生 册页(十二开)	24.5cm×26.5cm×12	690,000	中国嘉德	2021-05-19
朱屺瞻 松林听涛声 立轴	135cm×68cm	667,699	香港苏富比	2021-10-11
朱屺瞻 青山红树 镜心	116cm×68.5cm	575,000	中国嘉德	2021-12-11
朱屺瞻 1989年作 红叶万千重 立轴	137cm×68.5cm; 题17cm×68.5cm	517,500	中国嘉德	2021-12-10
朱屺瞻 1991年作 泛舟图 镜片	68.5cm×136cm	437,000	广东崇正	2021-07-19
朱屺瞻 1974年作 墨荷 镜心	138cm×66cm	345,000	北京保利	2021-06-05
朱屺瞻 1984年作 官升图 立轴	124cm×93cm	345,000	北京保利	2021-12-03
朱屺瞻 1987年作 晨曦 镜心	62cm×85cm	345,000	中国嘉德	2021-05-20
朱屺瞻 1959年作 万条翠柳新村 镜心	91cm×52cm	322,000	北京保利	2021-06-05
朱屺瞻 1991年作 春山胜景 立轴	138cm×67cm	287,500	华艺国际	2021-03-31
朱屺瞻 1991年作 雨入秋空细复轻 立轴	67.7cm×68.2cm	254,923	香港苏富比	2021-04-21
朱屺瞻 1990年作 清供 立轴	89.5cm×48cm	253,000	中国嘉德	2021-05-20
朱屺瞻 1990年作 飞瀑烟树 立轴	69cm×68cm	229,522	香港苏富比	2021-10-11
朱屺瞻 1990年作 远山秋后出 镜框	68.5cm×136.2cm	227,700	佳士得	2021-05-27
朱屺瞻 1973年作 乡郊生活 镜框	121.3cm×64cm	212,436	香港苏富比	2021-04-21
朱屺瞻 行书七言联 立轴	116.5cm×27.3cm×2	187,790	香港苏富比	2021-10-11
朱屺瞻 1992年作 瓜茄任我笔纵横 立轴	89cm×48cm	172,500	中国嘉德	2021-12-11
朱屺瞻 1977年作 松石图 立轴	138cm×68.5cm	172,500	中国嘉德	2021-12-11
朱屺瞻 1980年作 空谷幽兰图 立轴	90cm×48cm	161,000	西泠印社	2021-04-10
朱屺瞻 1980年作 引得牵牛上知篱架 立轴	95.5cm×58.5cm	161,000	中国嘉德	2021-12-10
朱屺瞻 1992年作 夏山幽居 镜片	68.5cm×67.5cm	149,500	上海嘉禾	2021-11-14
朱屺瞻 1961年作 三元里抗英纪念馆 立轴	67.5cm×34.5cm	149,500	中国嘉德	2021-05-19
朱屺瞻 1985年作 夏山烟翠水抱山 立轴	95.5cm×59.7cm	143,750	北京诚轩	2021-12-03
朱松发 酒醒梦回闻雪落 镜心	168cm×191cm	345,000	北京翰海	2021-12-17
朱伟 2011年作 开春图册页之十三	46cm×41cm	218,500	北京华辰	2021-12-07
朱新建 吹梦到江南 镜心	43cm×34cm×10	632,500	中国嘉德	2021-05-21
朱新建 花鸟四屏 镜心	138.5cm×34cm×4	575,000	中国嘉德	2021-12-13
朱新建 心经 镜心	48cm×180.5cm	575,000	中国嘉德	2021-12-13
朱新建 美人图册十开 镜心	33cm×43.5cm×10	345,000	中国嘉德	2021-05-21
朱新建 江湖图 镜心	66.5cm×67cm	276,000	中国嘉德	2021-05-21
朱新建 美人图 册页	33cm×33cm×10	264,500	南京经典	2021-01-10
朱新建 古意水墨 镜心	68cm×34cm	230,000	北京翰海	2021-12-17

2021书画拍卖成交汇总(续表)

(成交价RMB：10万元以上)

拍品名称	物品尺寸	成交价RMB	拍卖公司	拍卖日期
朱新建 美人图 镜心	66cm×132cm	184,000	中国嘉德	2021-05-21
朱新建 菩萨蛮 · 山水 镜心	23cm×177cm	184,000	中国嘉德	2021-12-13
朱新建 1995年作 东吴招亲 镜心	54cm×67cm	172,500	中国嘉德	2021-12-13
朱新建 美人图 镜片	61cm×135cm	155,250	广东小雅斋	2021-07-20
朱新建 书联 镜心	136cm×34cm×2	155,250	南京经典	2021-07-18
朱新建 将卖画钱买花 镜心	69cm×69cm	155,250	南京经典	2021-07-18
朱曜奎 2014年作 春意浓	80cm×80cm	7,475,000	荣宝斋(南京)	2021-05-26
朱曜奎 2013年作 夕阳意境	80cm×80cm	6,900,000	荣宝斋(南京)	2021-05-26
朱佑华 玉湛清秋	180cm×97cm	345,000	荣宝斋(南京)	2021-05-26
朱佑华 2021年作 山中久绝行人迹	180cm×97cm	322,000	荣宝斋(南京)	2021-05-26
朱佑华 2021年作 霓裳片片	180cm×97cm	287,500	荣宝斋(南京)	2021-05-26
朱佑华 雪转寒芦花簌簌	136cm×68cm	207,000	荣宝斋(南京)	2021-05-26
朱自清 书法 镜片	23.5cm×48.5cm	517,500	华艺国际	2021-06-04
朱祖国 2021年作 雄鹰图 镜框	180cm×97cm	575,000	上海嘉禾	2021-11-14
祝大年 1989年作 青岛之夏	84cm×120cm	805,000	永乐拍卖	2021-12-03
祝大年 1993年作 碧桃	87cm×61cm	517,500	中国嘉德	2021-05-20
祝大年 1980年作 黄山云气	77.5cm×61cm	460,000	永乐拍卖	2021-05-21
祝大年 1980年代 玉兰	39.5cm×39cm	184,000	中国嘉德	2021-11-29
祝大年 1980年代 玉兰	38cm×39cm	161,000	中国嘉德	2021-11-29
祝铮鸣 2015年作 阿修罗之二	110cm×130cm	483,000	华艺国际	2021-12-10
祝铮鸣 2014年作 空行	130cm×60cm	172,500	中国嘉德	2021-05-20
庄一龙 和吴水清怀念	100cm×50cm	149,500	荣宝斋(南京)	2021-05-26
庄毓聪 2021年作 融 镜心	70cm×49cm	345,000	北京翰海	2021-10-16
宗其香 1970年作 山村之夜 镜心	68.5cm×107cm	632,500	中国嘉德	2021-05-21
宗其香 1979年作 西陵橘红 镜心	77cm×217cm	368,000	北京荣宝	2021-06-19
宗其香 1980年作 邕江竞渡	48cm×90cm	207,000	永乐拍卖	2021-05-21
邹士华 风雨同舟砥砺前行 镜片	240cm×240cm	437,000	北京中贝	2021-12-08
佚名 西园雅集图 立轴	159cm×115cm	333,500	北京翰海	2021-12-18
佚名 香山九老 手卷	44.5cm×293cm	207,000	北京翰海	2021-12-18
佚名 草书 册页片	25.5cm×10cm	230,000	朵云轩	2021-12-31
作者年代不详				
成逸 秋江独钓 立轴	175cm×74cm	437,000	北京保利	2021-06-06
盖仙 群芳竞秀 手卷	32cm×770cm	414,000	北京翰海	2021-06-04
辛成(传) 持经罗汉 镜心	119cm×55cm	195,500	中鸿信	2021-07-15
野云道人 秋林读书图 立轴	97cm×39cm	373,750	广东小雅斋	2021-07-20
佚名 秋林牧童图 立轴	88cm×49cm	17,250,000	中国嘉德	2021-12-12
佚名 高士观梅图 团扇	29cm×28.5cm	12,535,000	中国嘉德	2021-12-12
佚名 芦鸭图 立轴	152.5cm×85cm	10,982,500	北京保利	2021-12-04
佚名 高士临眺 团扇	直径26.5cm	17,480,000	华艺国际	2021-06-05
佚名 寻梅访友图 镜片	24cm×24.5cm	13,570,000	华艺国际	2021-06-05
佚名 松下高士 团扇	直径22.6cm	6,900,000	保利厦门	2021-05-06
佚名 牧牛图 团扇	直径26.5cm	6,440,000	华艺国际	2021-06-05
佚名 姹紫嫣红花卉 成扇(二十件)	18cm×49cm×20	661,250	北京保利	2021-06-06
佚名 道教六神 镜心	141cm×64cm	207,000	北京保利	2021-06-06
佚名 锦鸡富贵 扇面	15cm×47cm	149,500	北京保利	2021-06-06
汤志义 锦灰五	直径120cm	322,000	中国嘉德	2021-11-29
陈干 朱修度濯足图 手卷	引首36cm×84cm；绘画36cm×97cm；后跋36cm×513cm	460,000	华艺国际	2021-06-05
顾复 刘珏 山水 镜心	22cm×31.5cm	149,500	保利厦门	2021-11-05
姜义才 2021年作 湖山青夏 镜框	12cm×180cm	179,400	罗芙奥	2021-12-04
李用之 山水 立轴	191cm×83cm	299,000	保利厦门	2021-11-05
林佶 楷书 立轴	123.5cm×26cm	138,000	北京翰海	2021-06-04
佚名 竹雀图并跋 立轴	画116.5cm×52.5cm；跋尺寸不一	4,370,000	中国嘉德	2021-12-12

拍品名称	物品尺寸	成交价RMB	拍卖公司	拍卖日期
佚名 山水 团扇	直径24.5cm	2,530,000	北京保利	2021-12-04
佚名 舞乐图 团扇	26cm×28.5cm	2,242,500	华艺国际	2021-06-05
佚名 释迦牟尼像 立轴	199cm×112cm	1,725,000	北京保利	2021-06-06
佚名 江中垂钓图 镜片	22.5cm×25cm	1,633,000	华艺国际	2021-06-05
佚名 瑞应图 立轴	35cm×56.5cm	1,552,500	北京保利	2021-12-04
佚名 飞泉涤古心 立轴	50cm×28cm	1,380,000	北京荣宝	2021-12-02
佚名 八大菩萨宫廷御制对屏 镜心	114cm×74cm	1,380,000	中鸿信	2021-07-15
佚名 云岭幽阁图 立轴	82cm×42.5cm	1,012,000	西泠印社	2021-07-24
佚名 仙桃图 立轴	25.5cm×26.5cm	943,000	北京保利	2021-12-04
佚名 旧拓《皇甫府君碑》册页(十四开)	37cm×19cm×14	908,500	中贸圣佳	2021-05-21
佚名 观音菩萨像 镜框	236cm×112cm	862,500	北京保利	2021-06-06
佚名 富贵图 镜片	25.5cm×25.5cm	805,000	西泠印社	2021-01-15
佚名 八罗汉图 册页(八开)	34cm×24.5cm×8	782,000	华艺国际	2021-03-31
佚名 月中香图 立轴	116cm×31cm	713,000	北京保利	2021-06-06
佚名 管道升《千里饮马图》镜片	127.5cm×72cm	690,000	西泠印社	2021-01-15
佚名 百美图卷 手卷	画30cm×692cm；跋30cm×364cm	690,000	永乐拍卖	2021-05-20
佚名 草虫图 镜心	33.5cm×26cm	690,000	中鸿信	2021-07-15
佚名 瑶台仙阙图十二屏 立轴	175cm×48cm×12	667,000	北京保利	2021-12-04
佚名 百子图 手卷	27.5cm×303cm	667,000	华艺国际	2021-06-05
佚名 戏婴图卷 手卷	41cm×341cm	667,000	中国嘉德	2021-09-28
佚名 唐大李将军仙山楼阁游仙图 立轴	290cm×194cm	632,500	中贸圣佳	2021-09-25
佚名 牧马图 手卷	23.5cm×72cm	621,000	永乐拍卖	2021-05-20
佚名 工笔重彩广目天王像 立轴	209cm×111cm	598,000	中鸿信	2021-07-15
佚名 图文对照《四时气候集解》册页	26cm×23cm×92	575,000	北京保利	2021-12-04
佚名 雪夜访戴 立轴	128cm×70cm	575,000	华艺国际	2021-06-05
佚名 九成宫图 镜片	199.5cm×108cm	575,000	西泠印社	2021-07-24
佚名 灵璧飞泉 镜心	333cm×113cm	575,000	中国嘉德	2021-03-30
佚名 双鸭图 立轴	128.5cm×84cm	552,000	北京保利	2021-12-04
佚名 喜安图 立轴	196cm×99cm	529,000	中贸圣佳	2021-05-21
佚名 校场图卷 手卷	50cm×632cm	517,500	中国嘉德	2021-09-28
佚名 等 小品(四幅) 镜片 · 团扇(共五页)	34.5cm×15.5cm；21cm×20cm；27cm×23cm；直径26cm；25cm×23cm	483,000	西泠印社	2021-01-15
佚名 春山读书图 立轴	169cm×52.5cm	483,000	西泠印社	2021-07-24
佚名 绢本彩绘释迦牟尼像	215cm×119cm	460,000	北京保利	2021-12-06
佚名 读经图 立轴	117cm×49cm	460,000	华艺国际	2021-06-05
佚名 千峰烟云图 立轴	109cm×57.5cm	460,000	西泠印社	2021-07-24
佚名 天官图 立轴	150cm×77cm	460,000	中国嘉德	2021-03-30
佚名 溪山无尽图卷 手卷	画29cm×248cm；跋29cm×147cm	437,000	广东崇正	2021-07-19
佚名 溪壑远山图 立轴	120.5cm×71.5cm	437,000	西泠印社	2021-01-15
佚名 饰马图 镜心	36cm×33cm	425,500	中国嘉德	2021-12-12
佚名 关羽财神 镜心	87cm×33cm	402,500	北京保利	2021-06-06
佚名 水月观音 镜心	230cm×112.5cm	402,500	北京保利	2021-06-06
佚名 罗汉图 立轴	122cm×64cm	402,500	北京保利	2021-12-04
佚名 湖山闲住 镜片	半径33cm	1,150,000	广东崇正	2021-01-07
佚名 爪瓞绵长 镜片	半径23.5cm	644,000	广东崇正	2021-01-07
佚名 观音大士 镜心	24.5cm×23cm	529,000	北京翰海	2021-06-04
佚名 绿树小鸟 镜片	半径28cm	529,000	广东崇正	2021-01-07

(成交价RMB：10万元以上)

拍品名称	物品尺寸	成交价RMB	拍卖公司	拍卖日期
佚名 雪山行旅图 立轴	140.5cm×61cm	287,500	广东崇正	2021-01-07
佚名 兰亭续响 手卷	42cm×416cm	276,000	北京翰海	2021-06-04
佚名 花鸟 镜心	144.5cm×90.5cm	138,000	北京翰海	2021-06-04
佚名 和硕豫亲王多铎像 立轴	188cm×103cm	138,000	北京翰海	2021-06-04
佚名 童乐图 册页片	直径21.5cm	391,000	朵云轩	2021-07-08
佚名 观音 镜片	73.5cm×27.5cm	391,000	广东崇正	2021-01-06
佚名 五方佛 镜片	136cm×67cm	368,000	广东小雅斋	2021-07-20
佚名 山茶瓦雀 镜心	28.5cm×30.5cm	368,000	十竹斋拍卖(北京)	2021-05-29
佚名 骑牛敲句图 镜心	23.8cm×23.8cm	368,000	中鸿信	2021-07-15
佚名 楷书《远浦归帆诗》镜片	24.5cm×27cm	345,000	北京保利	2021-06-06
佚名 二郎神像 镜心	132cm×72cm	345,000	北京保利	2021-06-06
佚名 鹭鸶图 镜片	60.5cm×44.5cm	345,000	西泠印社	2021-01-15
佚名 骑猎图 镜心	60cm×331cm	345,000	永乐拍卖	2021-05-20
佚名 老子像 镜心	136.5cm×61cm	345,000	中鸿信	2021-07-15
佚名 行书 诗文 镜片	29cm×27cm	333,500	西泠印社	2021-10-24
佚名 牡丹富贵 立轴	130cm×56cm	322,000	北京保利	2021-12-04
佚名 水月观音 镜心	117cm×115cm	322,000	北京保利	2021-12-04
佚名 如鱼得水图 镜片	81.5cm×29.5cm	322,000	西泠印社	2021-01-15
佚名 安居图 立轴	34cm×47.5cm	322,000	中国嘉德	2021-12-12
佚名 千里入关图 手卷	引首29.5cm×96cm；画心28.5cm×309cm；题跋28.5cm×167.5cm	322,000	中鸿信	2021-07-15
佚名 劫钵图卷 手卷	画心38.5cm×670cm；题跋38.5cm×55cm	310,500	西泠印社	2021-01-15
佚名 佛像 镜心	228cm×119cm	310,500	永乐拍卖	2021-05-20
佚名 罗汉像 镜心	94cm×40cm	310,500	中贸圣佳	2021-05-21
佚名 青绿山水 手卷	引首23cm×89.5cm；绘画23cm×206.5cm	299,000	华艺国际	2021-06-05
佚名 鸳鸯戏水图 手卷	31cm×248cm	287,500	广东崇正	2021-07-19
佚名 山水 镜片(四帧)	20cm×27cm×4	287,500	华艺国际	2021-06-05
佚名 春晓图通景十条屏	126cm×33cm×10	287,500	中国嘉德	2021-09-28
佚名 人物故事 立轴	139cm×67cm	276,000	北京保利	2021-09-25
佚名 海棠松鼠 镜框	25cm×27cm	276,000	北京保利	2021-12-04
佚名 雪栈图 立轴	201cm×102cm	276,000	中国嘉德	2021-03-30
佚名 听琴图 镜心	26.5cm×49cm	276,000	中国嘉德	2021-05-18
佚名 赏鸟图 镜心	26.5cm×49cm	276,000	中国嘉德	2021-05-18
佚名 渭水访贤图卷 手卷	46cm×499cm	276,000	中鸿信	2021-07-15
佚名 普贤菩萨像 镜心	172cm×122.5cm	253,000	北京保利	2021-12-04
佚名 梅窗诗意图 立轴	165cm×90cm	253,000	北京翰海	2021-04-17
佚名 高士像 镜心	102cm×51cm	253,000	中国嘉德	2021-03-30
佚名 神骏绝尘卷 手卷	52cm×146cm	253,000	中国嘉德	2021-09-28
佚名 松荫高士图 镜心	68cm×38cm	253,000	中鸿信	2021-07-15
佚名 武当山名胜图 册页(十二页)	30cm×26.5cm×12	241,500	西泠印社	2021-07-24
佚名 梅川诗意图 立轴	164cm×90cm	235,750	中鸿信	2021-07-15
佚名 水月观音 镜心	106cm×68cm	230,000	北京保利	2021-06-06
佚名 韩世忠像 立轴	94.5cm×58.5cm	230,000	北京保利	2021-12-04
佚名 扫地僧 立轴	30.5cm×48cm	230,000	北京保利	2021-12-04
佚名 溪山无尽 手卷	48cm×215cm	230,000	朵云轩	2021-09-19
佚名 寒林平远 镜框	101cm×35cm	230,000	华艺国际	2021-06-05
佚名 耕织图 镜心	88cm×178cm	230,000	中国嘉德	2021-03-30
佚名 庆寿晏乐图 镜心	151cm×91cm	230,000	中国嘉德	2021-03-30
佚名 桃花源图卷 手卷	28cm×456cm	230,000	中国嘉德	2021-09-29
佚名 宫廷制执莲观音像 镜心	141cm×69cm	230,000	中鸿信	2021-07-15
佚名 缫绸图 团扇面	24.5cm×23.5cm	229,522	香港苏富比	2021-10-12
佚名 宫室宴乐图 手卷	30cm×292cm	218,500	中国嘉德	2021-03-30
佚名 行书《过融上人兰若》诗 镜心	直径24cm	218,500	中鸿信	2021-07-15
佚名 十八罗汉对屏 立轴	140cm×72cm×2	212,750	十竹斋拍卖(北京)	2021-05-29
佚名 佛像 立轴	136cm×49cm	212,750	中鸿信	2021-07-15
佚名 仕女 木框	151.5cm×80.5cm	208,656	香港苏富比	2021-10-12
佚名 文苑雅集图 镜心	170cm×94cm	207,000	北京保利	2021-06-06
佚名 水月观音像 镜框	104cm×65cm	207,000	北京保利	2021-09-25
佚名 洛神赋 手卷	36cm×826cm	207,000	北京翰海	2021-10-16
佚名 山水 立轴	154cm×104cm	207,000	广东小雅斋	2021-07-20
佚名 春塘禽乐图 立轴	120cm×58.5cm	207,000	西泠印社	2021-01-15
佚名 双鹤图 立轴	165.5cm×93.5cm	207,000	西泠印社	2021-07-24
佚名 礼佛图 立轴	168cm×90cm	207,000	中国嘉德	2021-03-30
佚名 文殊菩萨像 立轴	86cm×37.5cm	184,000	北京保利	2021-06-06
佚名 人物	96.5cm×93.5cm	184,000	广东小雅斋	2021-07-20
佚名 云山行旅图 立轴	105cm×33cm	184,000	西泠印社	2021-04-11
佚名 天宝遗事 册页(三十二开)	30cm×24cm×32	184,000	中国嘉德	2021-05-18
佚名 鲤鱼图 立轴	124cm×68cm	184,000	中贸圣佳	2021-09-25
佚名 山水 镜框	40.5cm×31.5cm	172,500	保利厦门	2021-11-05
佚名 松下抚琴 立轴	126cm×76cm	172,500	广东崇正	2021-07-19
佚名 山水 镜片(四帧)	26.5cm×24cm；25cm×22cm；25.5cm×24cm；21.5cm×25cm	172,500	华艺国际	2021-03-31
佚名 花鸟 册页	41cm×29cm×16	172,500	中国嘉德	2021-03-30
佚名 国朝艺苑罗珍 册页	尺寸不一	166,750	中鸿信	2021-07-15
佚名 崇山幽泉 镜心	直径24cm	161,000	北京保利	2021-06-06
佚名 高阁雅集图 立轴	89cm×56cm	161,000	北京保利	2021-06-06
佚名 伏虎罗汉 立轴	87cm×39.5cm	161,000	北京保利	2021-12-04
佚名 罗汉图 立轴	148cm×80cm	161,000	中国嘉德	2021-09-29
佚名 鱼藻图 镜心	直径23.5cm	161,000	中鸿信	2021-07-15
佚名 荷花 镜心	25.5cm×26cm	161,000	中鸿信	2021-07-15
佚名 婴戏图 镜心	32cm×32cm	161,000	中鸿信	2021-07-15
佚名 群仙图 镜心	150cm×77cm	161,000	中鸿信	2021-07-15
佚名 天子游园图 手卷	引首30cm×1105cm；画心30cm×1295cm；30cm×115cm	149,500	西泠印社	2021-04-11
佚名 青山幽隐图 镜片	92cm×43cm	149,500	西泠印社	2021-07-24
佚名 出行图 镜片	直径35cm	149,500	西泠印社	2021-07-24
佚名 攀猿图 镜框	21cm×22cm	920,000	上海明轩	2021-12-30
素描				
巴布罗·毕加索 1970年作 舞台上的裸体	39cm×49cm	2,242,500	北京保利	2021-06-04
常玉 背姿裸女	43.8cm×27.8cm	782,460	香港苏富比	2021-10-09
刘炜 2004年作 人像素描(一组五件)	37.5cm×26.5cm；8.5cm×8.5cm×4	517,500	北京保利	2021-06-04
刘文西 在毛主席身边宣传画	67cm×102cm	575,000	中贸圣佳	2021-05-20
毛焰 2005年作 托马斯像	77cm×52cm	345,000	南京经典	2021-07-18
王沂东 2010年作 山里媳妇	73.5cm×61.5cm	575,000	北京华辰	2021-12-07
徐悲鸿 1936年作 孙多慈肖像(双面画)	23cm×30cm	1,150,000	永乐拍卖	2021-05-21
版画				
KAWS(布莱恩·唐纳利)没回复	88.9cm×58.4cm	672,399	保利香港	2021-11-29

2021书画拍卖成交汇总（续表）

（成交价RMB：10万元以上）

拍品名称	物品尺寸	成交价RMB	拍卖公司	拍卖日期
MADSAKI 2019年作 最后的晚餐（四联画）	177.2cm×150cm×4	2,070,000	中国嘉德	2021-11-28
MR. 2019年作 我们听着广播时遇到一位老人	76cm×56.5cm	817,223	保利香港	2021-11-29
安迪·沃霍尔 1982年作 三兄弟	101.6cm×203.2cm	2,990,000	永乐拍卖	2021-12-03
班克斯 2007年作 金色旗帜	纸张 49.9cm×69.9cm	637,308	香港苏富比	2021-04-20
KAWS（布莱恩·唐纳利）2014年作 责备游戏（十一件一组）	88.8cm×58.4cm×10	874,000	保利厦门	2021-05-05
草间弥生 1999年作 南瓜 MT	59cm×50cm	361,920	罗芙奥	2021-07-18
陈庭诗 1969年作 生之向往	全屏 144.5cm×287.6cm	730,296	香港苏富比	2021-10-10
方力钧 1999年作 1999-03-01	488cm×122cm×6	1,725,000	中国嘉德	2021-05-20
刘炜 2005年作 肖像2005二号	66cm×66cm	368,000	永乐拍卖	2021-05-21
卢浮宫版画工作室 2014年作 中法建交50周年卢浮宫限量纪念版手工铜版版画（含卢浮宫馆藏铜版大师世界名画10幅、巴黎建筑10幅、皇家花卉10幅）（一套三十幅）	尺寸不一	575,000	上海嘉禾	2021-07-23
徐冰 1991年作 天书	45.5cm×40cm×4	662,400	佳士得	2021-05-25
水粉水彩				
巴布罗·毕加索 1941年11月28日作 斜倚的女子与人	30.5cm×40.6cm	6,116,450	佳士得	2021-12-02
巴布罗·毕加索 1933年作 两个沐浴的女孩	39cm×50cm	3,162,500	北京保利	2021-06-04
常玉 1930年作 无题	13.4cm×10.3cm	1,138,500	佳士得	2021-05-25
陈坚 湖	72cm×109cm	345,000	上海嘉禾	2021-07-23
丁雄泉 花果静物	90.5cm×180cm	1,043,280	香港苏富比	2021-10-10
方增先 解放前夕	37cm×54cm	483,000	中贸圣佳	2021-05-20
费声福 1953年作 和平万岁	51.5cm×72.5cm	460,000	西泠印社	2021-01-16
冯法祀 1952年作 送农民子弟上中学	42.3cm×72.3cm	575,000	中国嘉德	2021-11-29
符罗飞 燕子来了	35cm×48cm	345,000	广东崇正	2021-07-18
关良 1943—1944年作 上天梯	37.4cm×26.3cm	460,000	北京保利	2021-06-04
哈维尔．卡勒加 2017年作 Nuclear Broccoli；Few #22；Be Mine #15；I'm Yours；Taunt #50；AC/DC #43；Becomes #27 & Nice Hat #46（共八幅）	尺寸不一	4,347,000	佳士得	2021-05-25
黎谱 约1938年作 绑围巾的女士	59.5cm×48.5cm	7,162,200	佳士得	2021-05-24
黎谱 约1938—1940年作 盥洗的婴孩	62.5cm×45cm	6,116,450	佳士得	2021-12-01
李慕白 空军英雄张积慧与朝鲜儿童	76cm×55cm	460,000	中贸圣佳	2021-05-20
刘国松 1965年作 冰山一隅	86.3cm×56cm	460,000	中国嘉德	2021-05-20
刘炜 1990年作 艳妇图（四联作）	尺寸不一	747,500	永乐拍卖	2021-12-03
刘野 2000年作 无题（天使）	32cm×23.5cm	477,981	香港苏富比	2021-04-20
马克·夏加尔 1943年作 骏马奔月	68.4cm×50.6cm	3,338,496	香港苏富比	2021-10-09
梅忠恕 1943年作 作诗的仕女	73cm×50.5cm	5,247,675	香港苏富比	2021-04-18
梅忠恕 1974年作 蒙娜莉萨	53.5cm×37.5cm	4,657,500	佳士得	2021-05-24
阮潘正 1931年作 染布少女	60.5cm×88cm	3,622,500	佳士得	2021-05-24
陶冷月 1932年作 夜归	60cm×90.2cm	782,000	中国嘉德	2021-05-20
王肇民 1975年作 红花荷	53cm×39cm	460,000	华艺国际	2021-03-31
卫天霖 1960年代 房间的角落	36.7cm×45cm	483,000	中国嘉德	2021-11-28
文森特·凡高 1888年6月作于阿尔勒 小麦堆	48.5cm×60.4cm	229,113,450	纽约佳士得	2021-11-11
邬建安 2015年作 化生双臂，现人鱼像	194cm×245cm	1,242,000	北京保利	2021-12-02
吴冠中 1976年作 海滨	37cm×53cm	2,484,000	佳士得	2021-05-25
吴冠中 1990年作 龙潭湖秋景	32cm×41cm	1,955,000	中国嘉德	2021-05-20
武高谈 约1940年代作 对话	44.5cm×53.5cm	3,611,412	香港苏富比	2021-04-18

拍品名称	物品尺寸	成交价RMB	拍卖公司	拍卖日期
武高谈 两女士	88.5cm×60cm	3,398,976	香港苏富比	2021-04-18
席德进 1979年作 淡水河畔	55cm×74.2cm	477,475	中国嘉德	2021-04-23
颜文樑 20世纪20年代年作 苏州虎丘春游	36cm×56cm	333,500	永乐拍卖	2021-05-21
乐氏琉 约1960年代作 圣母与圣子	99cm×74cm	5,757,690	香港苏富比	2021-04-18
赵无极 2006年作 巴黎春天	56cm×76cm	1,380,000	中国嘉德	2021-05-20
周春芽 2018年作 桃花	32.5cm×43.5cm	485,568	保利香港	2021-04-21
朱德群 1976年作 8.7.1976	65cm×50.5cm	1,251,936	香港苏富比	2021-10-10
尊室陶 1936年作 音乐家	50cm×61cm	1,487,052	香港苏富比	2021-04-19
油画				
KAWS（布莱恩·唐纳利）2013年作 无题	182.9cm×205.7cm	9,775,000	北京保利	2021-06-04
MR.2013年作 如此刺激……太疯狂了	162cm×130cm	5,525,330	佳士得	2021-12-02
阿尔弗雷德·西斯利 1872年作 阿让特伊的塞纳河	49.5cm×72.3cm	23,195,700	纽约佳士得	2021-11-11
阿凡迪 1977年作 叼烟斗的自画像	99.5cm×124cm	2,124,360	香港苏富比	2021-04-18
阿莫奥克·博福 2018年作 举起双手	187cm×148.6cm	21,879,650	佳士得	2021-12-01
艾德里安·格尼 2008年作 收藏家I	200cm×290cm	54,627,300	佳士得	2021-05-24
艾德里安·格尼 2014年作 75岁的查尔斯. 达尔文	200cm×270cm	47,494,850	佳士得	2021-12-01
艾德里安·格尼 2016年作 旅程	240cm×199.8cm	40,485,918	香港苏富比	2021-04-19
艾德里安·格尼 2013年作 查尔斯·达尔文之死	280cm×260cm	45,473,760	香港苏富比	2021-10-09
艾芙瑞·辛格 2017年作 无题（星期二）	215.9cm×241.9cm	28,776,050	佳士得	2021-12-01
艾芙瑞·辛格 2013年作 现代主义雕像周围的舞者	183cm×244.3cm	20,079,000	佳士得	2021-05-24
艾轩 1999年作 冰板	80cm×80cm	2,875,000	北京保利	2021-06-04
艾轩 2020年作 若尔盖的二月	90cm×90cm	2,530,000	中国嘉德	2021-05-20
艾轩 1992年作 静静的冻土带	90cm×90cm	2,415,000	北京华辰	2021-12-07
艾轩 1995年作 凝神的瞬间	91cm×91cm	2,300,000	永乐拍卖	2021-05-21
艾中信 1990年作 雪原放牧	60cm×85cm	690,000	永乐拍卖	2021-12-03
爱德华·维亚尔 1926—1927年作 简·伦瓦尔	130.1cm×98.5cm	17,061,300	纽约佳士得	2021-11-11
巴布罗·毕加索 1968年10月9日作 侧躺的裸女与蜻蜓	97cm×162cm	51,783,120	佳士得	2021-05-24
巴布罗·毕加索 1970年作 斗牛士	130cm×97cm	117,974,478	香港苏富比	2021-04-18
巴尔蒂斯 1989—1994年作 镜子里的猫III	195cm×200cm	166,750,000	永乐拍卖	2021-12-03
白发一雄 1992年作 黄沙	218cm×291cm	15,447,975	香港苏富比	2021-04-19
白仁海 1987年作 生死线上	150cm×150cm	483,000	上海嘉禾	2021-07-22
班克斯 2006年作 Sale Ends Today	213.4cm×426.7cm	38,957,400	佳士得	2021-05-24
包林 2009年作 浮沉	80cm×70cm	460,000	北京华辰	2021-12-07
保罗·塞尚 1883—1885年作 埃斯塔克的红屋顶	65.5cm×81.4cm	353,494,800	纽约佳士得	2021-11-11
贝尔纳·布菲 1991年作 小丑乐手（萨克斯、手风琴）	225.4cm×270.5cm	13,505,450	佳士得	2021-12-01
贝尔特·莫里索 1888年作 提着篮子的女孩	69.9cm×51.2cm	33,930,900	纽约佳士得	2021-11-11
皮耶·奥古斯特·雷诺阿 1914年作于巴黎 斜倚的裸女	37.8cm×50.5cm	16,104,600	佳士得	2021-05-24
蔡尔德·哈萨姆 约1888—1889年作 天竺葵	60.3cm×45.7cm	36,998,100	纽约佳士得	2021-11-11
蔡尔德·哈萨姆 约1888—1893年作 黄昏	125.7cm×193cm	13,227,300	纽约佳士得	2021-11-11

2021书画拍卖成交汇总(续表)

(成交价RMB：10万元以上)

拍品名称	物品尺寸	成交价RMB	拍卖公司	拍卖日期
蔡亮 1992年作 盲人音乐家韩起祥	85cm×66cm	805,000	上海嘉禾	2021-07-22
蔡万霖 2021年作 飘浮	100cm×120cm	1,150,000	北京华辰	2021-12-07
蔡万霖 2020年作 标准姿势之四	100cm×80cm	1,035,000	中国嘉德	2021-11-29
曹力 2014年作 生命的热力	180cm×140cm	1,782,500	北京华辰	2021-06-19
曹星熙 2019年作 浅红色的繁花	145cm×112cm	718,375	佳士得	2021-12-02
草间弥生2014年作无限的网(MGPP) 1959—1979年作无限的网	145.5cm×145.5cm; 53cm×45.5cm	105,225,000	上海嘉禾	2021-07-23
草间弥生 2013年作 南瓜(LPASG)	130.3cm×130.3cm	51,345,340	佳士得	2021-12-01
常玉 1930年代初作 群马	110cm×103cm	207,000,000	华艺国际	2021-06-05
常玉 约1950年代作 静月莹菊	91.5cm×48cm	98,238,060	佳士得	2021-05-24
常玉1940年代作红色背景的百合花	91cm×50cm	82,366,825	佳士得	2021-12-01
常玉 1950年代作 睡美人	71cm×127cm	66,403,944	香港苏富比	2021-10-09
朝戈 干燥的草原	70cm×140cm	1,035,000	北京翰海	2021-12-17
陈丹青1980年作西藏组画·牧羊人	78.6cm×52.3cm	161,000,000	北京保利	2021-06-04
陈丹青 2015年作 书帖丛林之一(五联画)	101.5cm×76cm×5	9,200,000	中国嘉德	2021-11-28
陈丹青 1983年作 康巴汉子	102cm×76.5cm	5,525,330	佳士得	2021-12-01
陈丹青 1978年作 爱情在一九七八	92cm×84cm	3,450,000	南京经典	2021-07-18
陈丹青 1987年作 晨曦中的女孩	39.5cm×30cm	1,589,760	中国嘉德	2021-10-12
陈飞 2007年作 左拳无力	总 130cm×320cm	5,969,880	佳士得	2021-05-24
陈飞 2007、2011、2012年作 青春期(一组四件)	尺寸不一	1,725,000	北京保利	2021-06-04
陈飞2006年作沉浸在幸福的海洋里	130cm×114.5cm	1,517,400	保利香港	2021-04-21
陈钧德 1978年作 上海的早晨	120cm×160cm	6,325,000	朵云轩	2021-07-07
陈钧德 2016年作 陶俑百果图	120cm×120cm	1,610,000	中国嘉德	2021-11-28
陈俊穆 2020年作 维吾尔舞蹈	180cm×160cm	575,000	中国嘉德	2021-11-29
陈可 2007年作 六层塔	215cm×215cm	1,725,000	北京保利	2021-12-02
陈可 2009年作 Happy New Year	200cm×200cm	1,610,000	北京保利	2021-06-04
陈可之 2019年作 我思故我在	69cm×69cm	1,150,000	中贸圣佳	2021-05-20
陈蜀2018年作古镇系列之三十八	150cm×120cm	414,000	荣宝斋(南京)	2021-05-26
陈庭诗 1991年作 破晓兴晨	130cm×162.5cm	915,161	中国嘉德	2021-04-23
陈文希 约1950年代作 静物	76.5cm×46cm	1,147,608	香港苏富比	2021-10-09
陈衍宁 回响	99cm×74cm	2,300,000	华艺国际	2021-03-31
陈衍宁 2005年作 春宵	127cm×122cm	1,380,000	广东崇正	2021-07-18
陈逸飞 1998年作 上海梦	179cm×121cm	32,775,000	上海嘉禾	2021-07-23
陈逸飞 1992年作 雪景	120cm×150cm	17,825,000	中国嘉德	2021-05-20
陈逸飞 琴韵(镜片)	200cm×150cm	7,150,000	上海鑫马	2021-11-28
陈逸飞 1998年作 水乡——桥头	99cm×139cm	5,520,000	永乐拍卖	2021-12-03
陈逸飞 2000年作 神采	250cm×100cm	5,175,000	北京保利	2021-06-04
陈逸飞 1988年作 模特儿	90cm×110cm	4,370,000	广东崇正	2021-07-18
陈荫罴 无题	91cm×60.5cm	345,000	永乐拍卖	2021-05-21
陈彧君 2015年作 临时家庭 No.14150522	220cm×150cm×3; 40.5cm×30.5cm	552,000	中国嘉德	2021-05-20
陈昭宏 1974年作 海滩	77cm×107.5cm	348,159	中国嘉德	2021-04-23
程丛林 1990年作 阿米子与羊	90cm×145cm	1,150,000	北京华辰	2021-12-07
池磊 2021年作《天真无邪先锋队》系列之伟大复兴	180cm×400cm	368,000	上海嘉禾	2021-07-23
崔洁 2015年作 阿塔里姆广场	100cm×150cm	678,132	香港苏富比	2021-10-10
崔开玺 1977年作 遵守纪律的模范——邱少云	81.5cm×75.5cm	345,000	中国嘉德	2021-05-20
崔小冬 2010年作 春分	150cm×120cm	805,000	华艺国际	2021-09-17
村上隆 弗古尔·阿布洛 2018年作 Dob	150cm×170cm	1,552,500	佳士得	2021-05-25
达纳·舒茨2003—2004年作心如止水	153cm×167.5cm	14,983,250	佳士得	2021-12-01
达纳·舒茨 2016年作 日光浴	188cm×213.5cm	12,627,000	佳士得	2021-05-24
达纳·舒茨 2015年作 狮子吃驯狮人	213.2cm×223.8cm	9,531,801	香港苏富比	2021-04-19
单凡 2014年作 缓慢之作：彩竹	200cm×184cm×2	977,500	华艺国际	2021-06-05
邓春和 2005年作 人生	149.5cm×299.5cm	310,500	佳士得	2021-05-25
邓箭今 1997年作 闪逝的风景	200cm×360cm	575,000	北京翰海	2021-12-17
丁方 1984—1990年作 麦田守望	150cm×180cm	1,322,500	中国嘉德	2021-05-20
丁雄泉 1994年作 十姊妹	202cm×485.5cm	5,175,000	佳士得	2021-05-24
丁雄泉 1979年作 你喜欢我的猫吗?	61.5cm×86.5cm	417,791	中国嘉德	2021-04-23
丁衍庸 1968年及1964年作 仕女及构图 I	59cm×48.2cm×2	4,552,200	保利香港	2021-04-21
丁衍庸 1967—1968年作 裸女与动物图像	61cm×46cm	4,310,250	佳士得	2021-12-01
丁衍庸 1971年作 兰芷	45cm×30.5cm	2,484,000	中国嘉德	2021-10-12
丁乙 2002年作 十示 2002-2(双联画)	200cm×140cm×2	4,370,000	中国嘉德	2021-11-28
丁乙 2002年作 十示－9	140cm×160cm	2,380,500	佳士得	2021-05-25
董小蕙 2021年作 清逸·粉茶	80cm×100cm	347,760	中国嘉德	2021-10-12
渡部满 2013年作 在鲁索丛林中沐浴的奈绪子	130cm×130cm	410,500	佳士得	2021-12-02
段建伟 1993年作 乡村兽医	160cm×115.5cm	460,000	华艺国际	2021-06-05
段正渠 1991年作 东方红	125cm×150cm	4,140,000	西泠印社	2021-07-24
段正渠 2005年作 黄河系列	130cm×160cm	1,092,500	中贸圣佳	2021-07-06
范勃 2011年作 花开花落之十六	230cm×120cm	897,000	广东崇正	2021-07-18
方君璧 1929年作 侧坐的裸女	61cm×81cm	2,875,000	中国嘉德	2021-11-29
方力钧 2007年作 无题	175cm×400cm	2,070,000	西泠印社	2021-07-24
方力钧 2007年作 无题	总 270cm×720cm	1,759,500	佳士得	2021-05-25
费尔南多·波特罗 2016年作 歌手	189cm×155cm	10,057,250	佳士得	2021-12-01
冯法祀 1952年作 控诉	140cm×175cm	1,495,000	华艺国际	2021-03-31
俸正杰 2007年作 中国肖像 NO.1	210cm×300cm	460,000	中国嘉德	2021-05-20
俸正杰 2008年作 中国肖像系列	210cm×300cm	345,000	保利厦门	2021-11-04
傅植桂 1986—1987年作 毛主席视察第一汽车制造厂	235cm×197cm	805,000	北京翰海	2021-06-05
高露迪 2013年作 风光-S	150cm×200cm	425,500	北京保利	2021-12-02
高松次郎 1968年作 我的影子	100cm×81cm	2,124,360	香港苏富比	2021-04-20
高瑀 2008年作 从弄潮儿到溺水者	210cm×210cm	897,000	北京保利	2021-06-04
格哈德·里希特 1985年作 硫	200.3cm×300.5cm	99,570,945	香港苏富比	2021-04-19
格哈德·里希特 1968年作 柱列(七联)	205cm×100cm×7	80,500,000	中国嘉德	2021-05-20
格哈德·里希特 1991年作 抽象画747-1	200cm×200cm	115,268,400	佳士得	2021-12-01
耿建翌 1985年作 灯光下的两个人	118cm×155cm	74,750,000	中国嘉德	2021-05-20
耿建翌 1993年作 永恒的光线之二	72.5cm×91cm	920,000	西泠印社	2021-07-24
古那弯 鱼贩	141cm×90cm	1,759,500	佳士得	2021-05-25
古斯塔夫·卡耶博特 1876年作 窗边的年轻男子	116cm×81cm	338,861,700	纽约佳士得	2021-11-11
关良 1929年作 少女	45cm×32cm	7,245,000	永乐拍卖	2021-05-21
关良 武剧人物	57cm×49cm	3,507,500	上海嘉禾	2021-07-23
关良 1957年作 易北河畔	40cm×49.5cm	3,450,000	西泠印社	2021-07-24
关良 1940年作 大足石刻	36cm×28cm	1,955,000	中国嘉德	2021-11-28
关良 1945年作 峦山樵歌	39cm×50cm	1,492,110	中国嘉德	2021-04-23
关紫兰 1930年代作 蓝色背景的男孩	57.7cm×50.8cm	6,900,000	中国嘉德	2021-11-28
郭利伟 2011年作 入境湖(三联画)	总 200cm×480cm	1,150,000	中贸圣佳	2021-05-20

2021书画拍卖成交汇总(续表)

(成交价RMB：10万元以上)

拍品名称	物品尺寸	成交价RMB	拍卖公司	拍卖日期
郭利伟 2015年作 山石系列·山起	150cm×300cm	1,035,000	北京华辰	2021-06-19
郭润文 1998年作 欲望的解释	100cm×90cm	2,070,000	北京保利	2021-06-04
郭润文 2006年作 端坐	130cm×50cm	1,552,500	华艺国际	2021-03-31
何多苓 2001年作 冬日	150cm×130cm	4,255,000	中国嘉德	2021-05-20
何多苓 1990年作 夜风	99.5cm×99cm	4,140,000	中国嘉德	2021-05-20
何多苓 1992年作 穿黑衣的张小薇	109cm×93cm	1,725,000	中国嘉德	2021-11-28
何红舟 2010年作 孟媛	180cm×100cm	483,000	朵云轩	2021-07-07
何坚宁 2013年作 阳光No.107	200cm×200cm	1,380,000	广东崇正	2021-07-18
河钟贤 1998年作 接合 98~120	46cm×53cm	434,700	佳士得	2021-05-25
贺慕群 1970年作 解心结	65cm×81cm	954,500	北京诚轩	2021-11-28
亨利·德·图卢兹·劳特累克 1895年作 拉·古留	68.6cm×48.4cm	10,160,100	纽约佳士得	2021-11-11
洪浩 2021年作 反光之二十三1	120cm×195cm	460,000	华艺国际	2021-12-10
洪救国 圣母怜子图"荆棘冠"	61cm×61cm	521,640	香港苏富比	2021-10-10
洪凌 2003 年作 清夏	200cm×200cm	1,449,000	佳士得	2021-05-25
洪凌 1995年作 翠谷幽潭	112cm×194cm	1,380,000	北京华辰	2021-06-19
胡善余 1982年作 雁荡山秋景	176.1cm×253.5cm	708,120	保利香港	2021-04-21
黄本蕊 2016年作 我是个帽子设计师	91.5cm×91.3cm	323,712	保利香港	2021-04-21
黄建南 2016年作 高原曙光	136cm×136cm	24,150,000	荣宝斋(南京)	2021-05-26
黄建南 2014年作 映丹霞	68cm×100cm	8,050,000	中贸圣佳	2021-05-20
黄建南 2015年作 时光密码	76cm×99cm	8,050,000	中贸圣佳	2021-05-20
黄马鼎 1998年作 Vertigo	122.3cm×86.9cm×5.2cm	2,691,000	佳士得	2021-05-24
黄茂强 2010年作 猎器之三	31cm×210cm	368,000	广东崇正	2021-07-18
黄文佑 2020年作 武汉战疫	128cm×214cm	342,700	保利厦门	2021-11-05
黄宇兴 2016—2019年作 七宝松图	总200cm×6965cm;每张200cm×995cm	53,225,430	佳士得	2021-12-01
黄宇兴 2015—2016年作 新世界	215cm×518cm	10,120,000	华艺国际	2021-12-10
黄宇兴 2019年作 黄河入海口旁的新兴城市	200cm×300cm	7,659,000	佳士得	2021-05-24
黄渊青 2018—2019年作 2019-4	175cm×140cm	690,000	华艺国际	2021-03-31
霍刚 1967—1969年作 抽象构图	118.8cm×160cm	1,043,280	香港苏富比	2021-10-10
加贺温 2008年作 不完整的想法和智能百科全书	90cm×70cm	1,231,500	佳士得	2021-12-02
加藤泉 2012年作 无题	194cm×130.3cm	3,519,000	佳士得	2021-05-24
贾蔼力 2007年作 无名日2	267.5cm×400cm	26,450,000	永乐拍卖	2021-05-21
贾蔼力 2009年作 紫色的疯景	263cm×203cm	16,100,000	永乐拍卖	2021-12-03
贾蔼力 2011—2012年作 无题	232cm×200cm	9,944,280	佳士得	2021-05-24
蒋昌一 2006年作 戴花的女子	140cm×110cm	368,000	中国嘉德	2021-05-20
蒋志 2016年作 世界是你们的也是我们的系列	140cm×190cm	437,000	华艺国际	2021-12-10
金昌烈 1978年作 CSH I	182cm×227.5cm	8,155,800	佳士得	2021-05-24
金昌烈 1984年作 P.A.84010	195cm×163cm	2,070,000	中国嘉德	2021-05-20
金焕基 1964年作 山月	62cm×86.5cm	5,328,290	佳士得	2021-12-01
金焕基 约1950—1960年代作 飞行	91cm×61cm	3,751,668	香港苏富比	2021-10-09
金田 1999年作 遐	132cm×132cm	1,092,500	中国嘉德	2021-11-29
金一德 1964年作 农村党支部	125cm×165cm	667,000	上海嘉禾	2021-07-22
金勇日 2017年作 战争启示录	213cm×590cm	575,000	荣宝斋(南京)	2021-05-26
靳尚谊 1979年作 小提琴手	73.5cm×54cm	23,000,000	中国嘉德	2021-05-20
卡米耶·毕沙罗 1884年作 巴津库尔洗衣池	65.2cm×54.3cm	20,700,000	中国嘉德	2021-11-28
康海涛 2017年作 南方的镜子	145cm×250cm	2,300,000	中国嘉德	2021-11-28
康海涛 2008年作 老厂房	102cm×201cm	1,610,000	中国嘉德	2021-05-20

拍品名称	物品尺寸	成交价RMB	拍卖公司	拍卖日期
克劳德·莫奈 1874年作 阿让特伊的风光	54cm×73.2cm	177,897,600	纽约佳士得	2021-11-11
克劳德·莫奈 1913年作 睡莲池与玫瑰	73cm×100cm	154,100,000	中国嘉德	2021-11-28
克里夫·斯蒂 1965年作 PH-568	285.1cm×226.7cm	106,351,194	香港苏富比	2021-04-19
克丽丝汀·嫒珠 2011年作 圈圈层叠	170cm×200cm	11,136,600	佳士得	2021-05-24
兰一 2008年作 人性8号	210cm×157cm	368,000	北京保利	2021-12-02
郎世宁 清乾隆初年作 纯惠皇贵妃油画像	54.6cm×41.9cm	69,000,000	北京保利	2021-12-05
勒迈耶 1930年作 沉睡之城，贝纳勒斯	90cm×120cm	991,116	香港苏富比	2021-10-10
冷军 2004年作 蒙娜丽莎——关于微笑的设计	125cm×45cm	80,500,000	中国嘉德	2021-05-20
冷军 2000年作 匙叉变奏曲	60cm×18cm	1,610,000	永乐拍卖	2021-05-21
黎谱 约1975年作 花园里	130cm×195.5cm	5,131,250	佳士得	2021-12-02
黎谱 园中母子	97cm×130cm	2,867,886	香港苏富比	2021-04-19
黎增辉 2018年作 风花雪月	60cm×80cm	1,725,000	北京保利	2021-12-02
李超士 仙人掌	53.5cm×36.5cm	322,000	广东崇正	2021-07-18
李贵君 2012年作 迷墙	120cm×100cm	920,000	中国嘉德	2021-05-20
李继开 2007年作 大猛犸	200cm×300cm	828,000	南京经典	2021-07-18
李磊 2021年作 繁花似锦 1	300cm×300cm	2,875,000	永乐拍卖	2021-05-21
李骆公 1945—1947年作 北方的风	38cm×45.9cm	1,725,000	北京翰海	2021-06-05
李曼峰 悬崖	61cm×81.5cm	1,168,398	香港苏富比	2021-04-19
李强 2018年作 玉兰2018 No.2	120cm×140cm	348,159	中国嘉德	2021-04-23
李青 2007年作 互毁而统一的像——鸟巢(一组两件)	170cm×200cm×2	368,000	中国嘉德	2021-11-28
李青萍 1990年代初期作 富士山	96cm×151cm	690,000	永乐拍卖	2021-05-21
李瑞年 1944年作 风景	52cm×44cm	828,000	北京保利	2021-06-04
李山 1997年作 无题	149cm×178cm	2,530,000	中贸圣佳	2021-07-06
李圣子 1965年作 风的证言	145.5cm×97cm	4,618,125	佳士得	2021-12-01
李姝睿 2014—2015年作 选择困难No.5	210cm×210cm	437,000	永乐拍卖	2021-05-21
李松松 2012年作 木马上的妹妹	210cm×210cm	2,242,500	永乐拍卖	2021-05-21
李松松 2012年作 绘画	210cm×300cm	1,955,000	中国嘉德	2021-11-28
李向阳 2016年3—6月作 非相1603、1604、1605、1606(一组四幅)	38cm×157cm×4	322,000	上海嘉禾	2021-07-23
李晓刚 2012年作 躺着的人体	68cm×98cm	517,500	上海嘉禾	2021-07-23
李醒韬 梁照堂 1978年作 妹仔成材奶奶喜	145cm×90cm	460,000	华艺国际	2021-09-17
李雄伊 海边花园	98cm×118cm	402,500	北京保利	2021-05-17
李禹焕 2007年作 对话	227.3cm×182.9cm	2,974,104	香港苏富比	2021-04-20
李禹焕 1978年作 从点780125号	60.6cm×72.7cm	2,921,184	香港苏富比	2021-10-10
李兆顺 2019年作 水天一色	63cm×52cm	1,150,000	荣宝斋(南京)	2021-05-26
梁春尔 1939年作 女士肖像	73.5cm×50cm	1,744,625	佳士得	2021-12-02
梁远苇 2011年作 穿过玻璃	65cm×95cm	1,380,000	中国嘉德	2021-05-20
廖国核 2017年作 正义(黑地白圆)	194cm×218cm	345,000	北京保利	2021-06-04
林风眠 山林秋色（镜框）	70cm×70cm	7,475,000	上海匡时	2021-07-08
林岗 1953年作 井冈山会师	175cm×300cm	1,955,000	中贸圣佳	2021-05-20
林寿宇 1961年作 绘画浮雕 1961年4月	91.5cm×76.2cm	2,691,000	佳士得	2021-05-25
林寿宇 1971年作 威尔士的夏天	63.5cm×63.5cm	2,300,000	永乐拍卖	2021-05-21
林一凡 2013年作 心有灵犀	100cm×80cm	552,000	上海嘉禾	2021-11-14
凌健 2009年作 珍珍	直径190cm	402,500	西泠印社	2021-07-24
刘安民 2016年作 光感	67.5cm×91cm	307,875	佳士得	2021-12-02
刘冰 2014年作 南美洲的一天	150cm×200cm	322,000	中国嘉德	2021-05-20
刘锋植 2003年作 云(四联画)	260cm×100cm×4	2,415,000	北京保利	2021-12-02

(成交价RMB：10万元以上)

拍品名称	物品尺寸	成交价RMB	拍卖公司	拍卖日期
刘锋植 2002年作 电梯	145cm×250cm	1,035,000	北京翰海	2021-12-17
刘国夫 2015—2016年作 冷山(五)	190cm×150cm	1,062,180	香港苏富比	2021-04-19
刘海粟 1978年作 复兴公园雪景	71.5cm×92cm	23,000,000	中国嘉德	2021-11-28
刘海粟 1956年作 庐山含鄱口行云	60cm×90cm	5,175,000	北京保利	2021-06-04
刘海粟 1934年作 圣扬乔而夫飞瀑	79.5cm×59.5cm	4,600,000	华艺国际	2021-03-31
刘海粟 1924年作 庄园	54cm×65cm	1,150,000	朵云轩	2021-07-07
刘抗 1975年作 前往寺庙	132cm×99.5cm	1,642,000	佳士得	2021-12-01
刘仁杰 2006年作 喘息	195cm×135cm	402,500	北京翰海	2021-12-17
刘水石 2014年作 聪明者	130cm×170cm	809,500	纽约佳士得	2021-02-25
刘炜 1990年作 我的父亲母亲	80cm×97cm	12,880,000	中国嘉德	2021-05-20
刘炜 2008年作 风景	250cm×200 cm	10,347,825	香港苏富比	2021-04-19
刘炜 2004年作 花和装饰性元素	80cm×245cm	7,590,000	永乐拍卖	2021-12-03
刘炜 2006年作 山石图	直径149.5cm	5,520,000	中国嘉德	2021-05-20
刘炜 1991年作 革命家庭系列	50cm×50cm	3,237,120	保利香港	2021-04-21
刘韡 2010年作 紫气S	220cm×400cm	4,347,000	佳士得	2021-05-24
刘韡 2008年作 巨浪(三联画)	300cm×300cm×3	3,565,000	北京保利	2021-06-04
刘向东 2011年作 晚秋之二	35cm×125cm	747,500	北京华辰	2021-06-19
刘小东 2008年作 上火(三联画)	250cm×200cm×3	12,880,000	华艺国际	2021-12-10
刘小东 1995年作 儿子	136.6cm×151.6cm	8,817,780	香港苏富比	2021-04-19
刘小东 1990年作 午后	93.5cm×123cm	5,520,000	中国嘉德	2021-11-28
刘小东 2011年作 蓝寿桃	200cm×200cm	3,680,000	北京保利	2021-09-25
刘晓辉 2013—2014年作 木马	200cm×250cm	483,000	北京保利	2021-12-02
刘野 2011—2012年作 竹子 竹子 百老汇	600cm×900cm; 200cm×300cm×9	80,500,000	北京保利	2021-06-04
刘野2001年作 教皇拯救了一只小猪	102cm×102cm	17,250,000	中国嘉德	2021-11-28
刘野 2007年作 鸟	120cm×90cm	13,620,600	佳士得	2021-05-24
刘野 2000年作 希望1号	45cm×38cm	8,652,600	佳士得	2021-05-24
六角彩子 2011年作 无题	64cm×90.5cm	3,489,250	佳士得	2021-12-02
六角彩子 2014年作 作品	116cm×91cm	2,484,000	佳士得	2021-05-25
龙力游 2010年作 格格的小白马	162cm×112cm	1,610,000	北京华辰	2021-12-07
罗尔纯 1998年作 江南村落	100cm×202cm	2,070,000	中国嘉德	2021-11-28
罗尔纯 2005年作 向日葵	65cm×50cm	966,000	西泠印社	2021-07-24
罗讷德·文图拉2017年作 派对动物	244cm×366cm	16,104,600	佳士得	2021-05-24
罗荃木 2017年作 生产者	80cm×120cm	322,000	南京经典	2021-07-18
罗中立 1983年作 春蚕	200cm×134cm	41,745,000	北京保利	2021-09-25
罗中立 1998年作 乡情系列——过河	200cm×180cm	4,370,000	永乐拍卖	2021-12-03
罗中立 1989年作 九月	80cm×63cm	2,242,500	永乐拍卖	2021-05-21
罗中立 1990年作 上梯的女人	95cm×130cm	1,897,500	永乐拍卖	2021-05-21
洛伊·霍洛韦尔 2018年作 舔舐	121.9cm×91.4cm×8.3cm	12,027,650	佳士得	2021-12-01
吕洪仁 雪中小息	81cm×116cm	517,500	上海嘉禾	2021-07-22
吕斯百 1960年代作 菊香书屋	61cm×47cm	2,530,000	中国嘉德	2021-11-28
吕中元 当代 天界	160cm×160cm	1,690,000	保利厦门	2021-09-29
吕中元 当代 苍茫	160cm×160cm	1,580,000	保利厦门	2021-09-29
马东民 2020年作 蓝马系列	110cm×180cm	3,450,000	北京华辰	2021-06-19
马轲 2002年作 等待之二	200cm×143cm	1,322,500	北京保利	2021-12-02
马轲 2014年作 刻舟求剑	207cm×378cm	805,000	中国嘉德	2021-11-28
猫爹雨海 2020年作 招财的魔鬼猫	150cm×120cm	690,000	上海嘉禾	2021-07-23
毛栗子 2016年作 山水重构	195cm×130cm	1,150,000	北京保利	2021-06-04
毛旭辉 1984年作 红色人体	97cm×84.5cm	8,280,000	永乐拍卖	2021-05-21
毛旭辉 1990年作 黄色调家长图；深夜的走廊和楼梯；有拱门的红土调家长图(一组三件)	120cm×90cm; 123cm×90cm; 120cm×90cm	4,830,000	北京保利	2021-12-02
毛旭辉1994年作、1994年作、1990年作日常史诗·剪刀、日常史诗·靠背椅和钥匙、红窟中的大家长图	140cm×140cm; 150cm×120cm; 120cm×150cm	4,370,000	永乐拍卖	2021-12-03
毛焰 2000年作 托马斯	61cm×50cm	1,265,000	永乐拍卖	2021-12-03
毛焰 2013年作 埃尔·格列柯	75cm×55cm	1,150,000	北京保利	2021-12-02
梅忠恕1930年作 芳小姐的肖像	135.5cm×80cm	20,548,125	香港苏富比	2021-04-18
米巧铭 2018年作 梵门绮语	111cm×198cm	3,450,000	北京荣宝	2021-12-02
米巧铭 2018年作 坐享梵天	100cm×100cm	2,300,000	北京荣宝	2021-12-02
莫兰迪 1946年作 静物	30cm×40cm	9,200,000	十竹斋拍卖(北京)	2021-04-25
奈良美智 2007年作 无题	162cm×145.5cm	44,919,000	佳士得	2021-05-24
奈良美智 杉户洋 2004年作 White Light & White Night	79cm×65cm×2	27,790,850	佳士得	2021-12-02
倪军 2019年作 昆明冬笋	50cm×100cm	322,000	北京华辰	2021-12-07
倪贻德 桃花灼灼	54cm×65cm	1,092,500	中国嘉德	2021-05-20
欧阳春2009年作 长生殿(双联画)	110cm×200cm×2	2,300,000	北京保利	2021-12-02
欧阳春2007年作 金冠与银冠(双联画)	170cm×170cm×2	2,185,000	中国嘉德	2021-11-28
潘德海 1995年作 无题	120cm×100cm	322,000	永乐拍卖	2021-12-03
潘玉良 1940年代作 瓶中菊	32cm×41cm	7,245,000	中国嘉德	2021-05-20
潘玉良 1944年作 静物·青瓶百合	46cm×55cm	5,750,000	华艺国际	2021-06-05
潘玉良 聊天双裸	46cm×64cm	4,887,500	中贸圣佳	2021-05-20
庞均 2016年作 冬雪	200cm×200cm	2,336,796	香港苏富比	2021-04-18
庞均 1993年作 飞流万里	192.5cm×244.5cm	1,656,000	佳士得	2021-05-24
庞均 2021年作 江山多娇	200cm×200cm	1,564,920	香港苏富比	2021-10-10
庞茂琨 1992年作 深秋时节	116cm×91cm	3,220,000	北京保利	2021-06-04
庞茂琨 2013年作 镜花缘之三	170cm×110cm	1,495,000	十竹斋拍卖(北京)	2021-04-25
庞茂琨 2001年作 宁静的晌午	116cm×91cm	1,265,000	中贸圣佳	2021-07-06
裴春派 1968年作 房屋	66cm×78.5cm	1,345,500	佳士得	2021-05-25
彭常安 2019年作 青瓦盛芳	100cm×80cm	3,162,500	北京保利	2021-12-02
彭常安 2020年作 梦回家山	80cm×100cm	2,645,000	北京保利	2021-06-04
彭斯 2006年作 无边的凝视	188cm×118cm	437,000	北京荣宝	2021-06-19
皮耶·奥古斯特·雷诺阿 1875年作 缝纫的女子	65cm×54cm	26,193,780	香港苏富比	2021-10-09
皮耶·苏拉吉 1958年10月30日作 画作	125cm×202cm	40,485,918	香港苏富比	2021-04-18
朴栖甫 1975年作 描法 No. 91-75	130cm×162cm	4,926,000	佳士得	2021-12-01
齐藤诚 2013年作 60年代记忆中的芭铎(碧姬·芭铎银色版)	185cm×151.5cm	1,291,680	中国嘉德	2021-10-12
祁志龙 2006—2007年作 橘红(知识青年)	162cm×130.2cm	445,225	纽约佳士得	2021-02-25
乔纳斯·伍德 2016年作 黄色静物与格栅	152.4cm×172.7cm	29,761,250	佳士得	2021-12-01
乔晓光 1995年作 高原	98cm×130cm	402,500	华艺国际	2021-06-05
乔治·康多 2018年作 蓝白即兴	216.5cm×270cm	17,098,200	佳士得	2021-05-24
乔治·马修 1978年作 图兹盐湖	250cm×600cm	15,173,100	香港苏富比	2021-10-09
秦大虎 2011年作 戎马倥偬(含2幅色彩稿)	160cm×360cm	690,000	上海嘉禾	2021-07-22
秦风 1989年作 欲望风景系列·轮回之一	300cm×199.5cm	1,416,240	保利香港	2021-04-21
秦琦 2017年作 乐园	300cm×750cm	3,450,000	永乐拍卖	2021-12-03
秦琦 2004年作 椅子也可以救人	180cm×220cm	977,500	中国嘉德	2021-05-20
琼·米切尔 约1967年作 无题	200cm×150cm	53,998,848	香港苏富比	2021-10-09
邱炯炯 2021年作 一只耳朵，半斤苦艾	90cm×160cm	322,000	永乐拍卖	2021-12-03
邱亚才 沉思	130cm×97cm	361,920	罗芙奥	2021-07-18
仇晓飞 2009年作 我们知道我们的忧郁	200cm×243cm	4,945,000	中国嘉德	2021-05-20

2021书画拍卖成交汇总（续表）

（成交价RMB：10万元以上）

拍品名称	物品尺寸	成交价RMB	拍卖公司	拍卖日期
仇晓飞 2014年作 载酒亭	300cm×250cm	1,642,000	佳士得	2021-12-01
任鉴易 2002年作 伟大的友谊	80cm×120cm	322,000	北京翰海	2021-10-16
塞西丽·布朗 2000年作 夏日风暴	152.5cm×152.5cm	13,407,915	香港苏富比	2021-04-19
塞西丽·布朗 2013年作 展开旗帜	104.1cm×114.3cm	21,184,380	香港苏富比	2021-10-09
沙耆 1945年作 布鲁塞尔王宫	90cm×100cm	1,380,000	中国嘉德	2021-05-20
尚·杜布菲 1949年作 灰色风景与樱色斑点	89.3cm×116.5cm	10,057,250	佳士得	2021-12-01
尚·米榭·巴斯奇亚 1982年作 无题	182.9cm×121.9cm	193,992,120	佳士得	2021-05-24
尚·米榭·巴斯奇亚 1982年作 Donut复仇	243.2cm×182.2cm	134,069,300	佳士得	2021-12-01
尚扬 2008年作 董其昌计划 -17	128cm×496cm	12,650,000	永乐拍卖	2021-05-21
尚扬1991—1995年作有早茶的大风景	168cm×118cm	6,325,000	北京保利	2021-06-04
尚扬1987年作大风景系列·一家子	81cm×89cm	5,520,000	北京华辰	2021-12-07
邵增虎 2018年作 红树林	80cm×100cm	920,000	华艺国际	2021-09-17
沈汉武 执蜡烛的女孩	76.2cm×61.2cm	615,750	佳士得	2021-12-02
沈敬东 2020年作 青春	100cm×120cm	345,000	北京保利	2021-06-04
施本铭 2009年作 十八罗汉（一组十八幅）	80cm×50cm×18	2,300,000	华艺国际	2021-12-10
石冲 2006年作 物语·水、空气和身体之二	50cm×36cm	345,000	华艺国际	2021-06-05
石立峰 2020年作 桃花源142	100cm×150cm	575,000	保利厦门	2021-11-04
石田彻也 2001年作 无题	112cm×162.3cm	5,131,250	佳士得	2021-12-01
舒群 1991年作 文化pop系列·崔健A（新长征路上的摇滚）	130cm×120cm	2,300,000	华艺国际	2021-12-10
帅克 2019年作 化屋的天空	100cm×80cm	345,000	保利厦门	2021-11-05
宋步云 1950年代作 天坛春	31.5cm×42cm	552,000	北京保利	2021-12-02
宋琨 2016年作 踏浪	235cm×180cm	3,335,000	北京保利	2021-12-02
宋琨 2015年作 地藏六使者·大力使者	220cm×140cm	2,127,500	华艺国际	2021-12-10
宋永红 1991年作 今天没人上菜	65.3cm×85.5cm	322,000	中国嘉德	2021-11-29
苏冠人 2018年作 大山深处	90cm×120cm	1,046,500	荣宝斋（南京）	2021-05-26
苏冠人 2015年作 荷塘秋趣	90cm×120cm	989,000	荣宝斋（南京）	2021-05-26
苏天赐 六亿神州尽舜尧	95cm×95cm	6,325,000	中国嘉德	2021-05-20
苏天赐 1994年作 太湖鱼塘	108cm×108cm	4,140,000	中贸圣佳	2021-07-06
苏天赐 1992年作 漓江	65.5cm×111.5cm	2,300,000	中国嘉德	2021-05-20
苏笑柏 域外1	120cm×200cm	1,092,500	北京翰海	2021-06-05
苏新平 2010年作 奔波的人	150cm×150cm	1,265,000	华艺国际	2021-03-31
苏佐佐诺 1970年作 玫瑰	59cm×55cm	328,400	佳士得	2021-12-02
孙良 1987年作 黑灯光	75cm×108cm	322,000	中贸圣佳	2021-07-06
孙逊 2008年作 黑色咒语	140cm×200cm	632,500	中国嘉德	2021-05-20
孙宗慰 1948年作 庭院里的阳光	83cm×67cm	5,520,000	中国嘉德	2021-11-29
孙宗慰 1947年作 紫金太和	56.5cm×76cm	1,380,000	北京保利	2021-12-02
谭平 2008年作 无题	200cm×300cm	2,070,000	北京保利	2021-12-02
谭平 2015年作 无题	160cm×200cm	1,092,500	永乐拍卖	2021-05-21
陶冷月 1921年作 月光瀑布	60cm×90cm	4,025,000	中国嘉德	2021-05-20
童雁汝南 2019—2020年作 戚阿毛	41cm×33cm×2	517,500	西泠印社	2021-07-24
屠宏涛 2006—2007年作 雪林（双联画）	150cm×210cm×2	2,875,000	永乐拍卖	2021-05-21
屠宏涛 2009年作 今年春色最美	150cm×210cm	1,495,000	西泠印社	2021-07-24
万福堂 下渚湖	70cm×90cm	616,000	上海联合	2021-06-27
汪建伟 2014年作 表面的肖像	200cm×145cm×3	1,035,000	中国嘉德	2021-05-20
王川 2010年作 一九八四（双联画）	360cm×200cm×2	644,000	北京保利	2021-12-02
王岱山 2020年作 花与影	180cm×170cm	552,000	华艺国际	2021-12-10
王光乐 2004年作 水磨石 2004.1.1 ~ 2004.2.5	180cm×180cm	3,717,630	香港苏富比	2021-04-19
王光乐 2002年作 水磨石021115	180cm×140cm	3,680,000	中国嘉德	2021-05-20
王广义 1987年作 杜尚的九个小便池和四个小便池	60cm×50cm×2	10,350,000	中国嘉德	2021-05-20
王广义 1987—1988年作 后古典系列：蒙娜丽莎之后	112.8cm×78.4cm	6,777,720	香港苏富比	2021-04-19
王广义 1989年作 被工业快干漆覆盖的名画·米开朗基罗	87.5cm×63.5cm	2,300,000	华艺国际	2021-06-05
王海力 2011年作 浴女	90cm×120cm	1,725,000	中贸圣佳	2021-05-20
王宏峥 净土·自在观音	240cm×150cm	6,900,000	荣宝斋（南京）	2021-05-26
王宏峥 认知·初	149cm×200cm	4,830,000	荣宝斋（南京）	2021-05-26
王济远 约1920年代作 静物·瓶花	59cm×49cm	402,500	华艺国际	2021-06-05
王劼音 2003年作 村庄	100cm×100cm	437,000	西泠印社	2021-07-24
王俊杰 2018年作 夜 2	152.5cm×152.5cm	25,047,000	佳士得	2021-05-24
王俊杰 2018年作 黄砖路	102.2cm×76.6cm	23,850,050	佳士得	2021-12-01
王俊杰 2017年作 万物之始	122cm×183cm	22,588,185	香港苏富比	2021-04-19
王俊杰 2017年作 白光	182.9cm×121.9cm	17,250,000	华艺国际	2021-11-12
王文彬 傅克俭 1975年作 长城（三联画）	270cm×540cm	6,900,000	华艺国际	2021-06-05
王笑今 2019年作 20191011齐白石	200cm×150cm	563,500	北京华辰	2021-12-07
王兴伟 1996年作 我的奋斗——王兴伟在1936	219.5cm×138cm	10,120,000	中国嘉德	2021-05-20
王兴伟 2016年作 碰瓷儿	240cm×200cm	4,618,125	佳士得	2021-12-01
王兴伟 2008年作 小何同志No.1	130cm×90cm	4,255,000	北京保利	2021-06-04
王兴伟2008年作 无题（企鹅拉杆箱）	200cm×200cm	3,933,000	佳士得	2021-05-24
王沂东 1994年作 花烛夜	105cm×138cm	6,900,000	保利厦门	2021-11-04
王易罡 1984年作 建设者	192cm×192cm	805,000	华艺国际	2021-12-10
王音 2012年作 藏族舞	181.5cm×301cm	4,600,000	中国嘉德	2021-11-28
王音1993年作未名——我走在路上	180cm×140cm	4,600,000	永乐拍卖	2021-05-21
王音 2009年作 无题	220cm×155cm	3,237,120	保利香港	2021-04-21
王音 2001年作 花	180cm×247cm	1,150,000	永乐拍卖	2021-05-21
王玉平 2008年作 红头发3	170cm×180cm	397,896	中国嘉德	2021-04-23
王郁洋 2016年作 2 in 1——2016606	230cm×175cm	483,000	华艺国际	2021-12-10
王中军 2019年作 红酒2号	170cm×170cm	1,207,500	中国嘉德	2021-05-20
王子 2020年作 圜丘清音	100cm×133cm	368,000	永乐拍卖	2021-05-21
威廉·德·库宁 1983年作 无题XLVIII	223.5cm×195.6cm	39,517,311	香港苏富比	2021-04-19
韦嘉 2015年作 海景	190cm×280cm	2,702,500	北京保利	2021-12-02
韦嘉 2010年作 你喜欢小说	190cm×220cm	920,000	北京翰海	2021-06-05
卫天霖 1974年作 红白相间的花	43cm×43.5cm	4,945,000	中国嘉德	2021-11-28
卫天霖 1934年作 芍药石榴图（双面画）	48cm×57cm	1,725,000	中国嘉德	2021-05-20
文国璋 2020年作 塔吉克公主莎依甫·加玛丽之一	170cm×130cm	575,000	北京华辰	2021-12-07
文亨泰（韩国） 2017年作 苹果	53cm×45.5cm	322,000	华艺国际	2021-12-10
文金扬 欢庆胜利	72cm×50cm	483,000	中贸圣佳	2021-05-20
文森特·梵高 1889年10月作于圣雷米 橄榄树和柏树间的木屋	45.5cm×60.3cm	455,926,500	纽约佳士得	2021-11-11
文森特·梵高 1890年6月作于瓦兹河畔 叼着矢车菊的年轻男子	40.5cm×32cm	298,620,675	纽约佳士得	2021-11-11
文森特·梵高 1886年夏季作 静物：花瓶与菖兰	51.2cm×38.8cm	58,792,968	香港苏富比	2021-10-09
乌叔养 1950年代作 园林风景	80cm×58cm	402,500	华艺国际	2021-06-05
吴大羽 约1980年作 鸾跂鸿惊	52.5cm×37.5cm	9,200,000	中国嘉德	2021-05-20
吴大羽 1960年代作 花韵	60cm×48cm	8,843,040	中国嘉德	2021-10-12
吴大羽 1980年作 花韵-9	34.5cm×29.5cm	7,015,000	永乐拍卖	2021-05-21
吴冠中 1994年作 苏醒	150cm×360cm	115,000,000	永乐拍卖	2021-05-21

拍品名称	物品尺寸	成交价RMB	拍卖公司	拍卖日期
吴冠中 1973年作 黄山竹林	61cm×46cm	32,200,000	中国嘉德	2021-05-20
吴冠中 1977年作 金色田野	61.3cm×46cm	27,790,850	佳士得	2021-12-01
吴冠中 1963年作 富春江边	61cm×46cm	26,450,000	北京保利	2021-06-04
吴冠中 1977年作 漓江之滨(一)	59.5cm×41.5cm	18,924,050	佳士得	2021-12-01
吴冠中 1991年作 丁香	45.5cm×38.3cm	16,593,120	中国嘉德	2021-10-12
吴冠中1996年作池塘人家(故乡)	61.4cm×46cm	11,759,850	中国嘉德	2021-04-23
五木田智央 2016年作 周日到来	193cm×129.5cm	2,277,000	佳士得	2021-05-24
武高谈 1972年作 红衣女神	119cm×91.5cm	828,000	佳士得	2021-05-25
席德进 1962年作 抽象	51.5cm×87.5cm	1,193,688	中国嘉德	2021-04-23
夏俊娜 1996年作 青春年华	180cm×180cm	506,000	中贸圣佳	2021-07-06
夏星 2000年作 正月合欢	127cm×127cm	575,000	中国嘉德	2021-05-20
肖芳凯 2010年作 景・域0918	123cm×181cm	322,000	华艺国际	2021-11-12
萧勤1996年作宁静的永久花园	200cm×270cm	1,805,706	香港苏富比	2021-04-18
萧淑芳 1955年作 冬(北京)	20cm×29.3cm	690,000	中国嘉德	2021-11-29
谢景兰 1979年作 清澈与朦胧	130cm×195.5cm	4,352,796	香港苏富比	2021-10-09
谢景兰 1967年作 这场斗争对等吗?	112.9cm×145.2cm	3,080,322	香港苏富比	2021-04-18
谢南星 2014年作 无题 1号	220cm×325cm	4,140,000	北京保利	2021-12-02
谢南星 2008年作 第一顿鞭子No. 3(又名浪 The Wave No. 3)	219cm×384cm	3,105,000	佳士得	2021-05-24
忻东旺 2012年作 古玩	240cm×160cm	6,037,500	北京华辰	2021-06-19
忻东旺 1998年作 有志青年	146cm×114cm	943,000	中国嘉德	2021-05-20
熊秉明 鲁迅书桌	122cm×154.9cm	708,120	保利香港	2021-04-21
熊宇 2009年作 逆光的水流	200cm×450cm	690,000	华艺国际	2021-11-12
徐悲鸿 1941年作 林丹桂肖像	73cm×56cm	7,130,000	永乐拍卖	2021-05-21
徐悲鸿 徐悲鸿与蒋碧微 镜心	58.5cm×38cm	3,542,000	中鸿信	2021-07-14
徐里 2020年作 永恒的辉煌	80cm×120cm	2,990,000	北京荣宝	2021-12-02
徐芒耀 2015年作 等待	80cm×40cm	437,000	北京荣宝	2021-06-19
徐唯辛 1990—1992年作 回家乡・藏北牧人	96cm×116cm	402,500	华艺国际	2021-03-31
徐震 2013年作 天下	140cm×200cm	598,000	中国嘉德	2021-11-29
徐忠迪 2021年作 紫气升腾	86cm×52cm	1,012,000	荣宝斋(南京)	2021-05-26
许广专 2002—2003年作 高粱红了	160cm×166cm	333,500	广东崇正	2021-07-18
许江 1995年作 迷失云	98cm×160cm	713,000	永乐拍卖	2021-05-21
禤善勤 2019年作 Muimui与Doodood	200.3cm×240.3cm	1,380,834	香港苏富比	2021-04-19
闫冰 2018年作 蘑菇2号	130cm×180cm	1,840,000	北京保利	2021-12-02
闫平 2019年作 星空和远方	180cm×220cm	3,105,000	北京保利	2021-12-02
闫平 2016—2017年作 唱戏的人	180cm×200cm	2,035,500	北京华辰	2021-06-19
闫占城2019年作在山丘后面(三联屏)	200cm×250cm×3	310,500	华艺国际	2021-11-12
闫振铎 2008年作 牛	180cm×250cm	5,520,000	北京翰海	2021-06-05
严培明 2011年作 自画像	200cm×200cm	1,840,000	中国嘉德	2021-05-20
严有宏 2010年作 牧歌	60cm×90cm	368,000	荣宝斋(南京)	2021-05-26
严智龙 2021年作 春秋鸟68	120cm×100cm	322,000	中国嘉德	2021-11-29
阎威 2020年作 无题#8	61cm×143cm	327,750	荣宝斋(南京)	2021-05-26
颜磊 2004年作 彩轮	180cm×180cm	920,000	华艺国际	2021-12-10
颜文樑 山林清溪	58.6cm×79.5cm	5,980,000	永乐拍卖	2021-05-21
颜文樑 1958年作 西郊公园傍晚	28cm×40cm	4,600,000	中国嘉德	2021-11-28
颜文樑 1940年作 傍晚的风景	40cm×55cm	1,725,000	华艺国际	2021-06-05
杨东龙 2011年作 楼梯间	183.5cm×183.8cm	517,500	佳士得	2021-05-24
杨飞云 1995年作 大植物	130cm×97cm	6,670,000	北京保利	2021-09-25
杨飞云 2005年作 恒	146cm×89cm	4,140,000	北京保利	2021-09-25
杨飞云 2005年作 青涩的回忆	63cm×98cm	1,380,000	北京荣宝	2021-06-19
杨光涛 2004年作 绿叶花卉	50cm×60cm	460,000	北京翰海	2021-12-17
杨加勇 2019年作 尘系列1	160cm×300cm	2,760,000	永乐拍卖	2021-05-21
杨加勇 2017年作 尘系列1	160cm×140cm	1,265,000	永乐拍卖	2021-05-21

拍品名称	物品尺寸	成交价RMB	拍卖公司	拍卖日期
杨立光 1961年作 女人像	70cm×50cm	517,500	华艺国际	2021-06-05
杨冕 2018年作 RGB・视觉暂留那一刻作品0号	160cm×110cm×2	1,138,500	永乐拍卖	2021-05-21
杨识宏 2011年作 十面埋伏	152cm×198cm	675,648	中国嘉德	2021-10-12
杨勋 2013—2015年作 石头记	200cm×300cm	517,500	华艺国际	2021-12-10
叶凌瀚 2018—2019年作 露西-E-01	200cm×450cm	2,360,375	佳士得	2021-12-01
叶子奇 2009–2010年作 雾迷・布洛湾・花莲	76cm×203.5cm	994,740	中国嘉德	2021-04-23
佚名 辽沈战役	247cm×500cm	1,092,500	中贸圣佳	2021-05-20
尹朝阳 2005年作 乌托邦之一	180cm×350cm	2,702,500	永乐拍卖	2021-05-21
尹朝阳 2006年作 天安门广场	160.5cm×250cm	2,300,000	北京华辰	2021-06-19
由金 2018年作 棒棒糖	200cm×150cm	1,173,000	北京保利	2021-12-02
于桂元 2021年作 哈尼盛装	80cm×62cm	1,380,000	荣宝斋(南京)	2021-05-26
余本 1976年作 市郊菜园	70cm×91cm	11,270,000	华艺国际	2021-03-31
余本 1950年作 香港日景	64cm×76.7cm	920,000	华艺国际	2021-06-05
余友涵 1990年作 抽象 1990-10	83cm×85.4cm	3,844,080	保利香港	2021-04-21
余友涵 2013—2018年作 抽象 05.4	157.5cm×104.3cm	1,820,880	保利香港	2021-04-21
喻红 2009年作 天井(四联画)	500cm×600cm	7,015,000	华艺国际	2021-06-05
喻红 2015年作 荡漾	97cm×76cm	1,207,500	华艺国际	2021-06-05
袁远 2010年作 一零零一	183.5cm×179cm	902,853	香港苏富比	2021-04-20
岳敏君 2007年作 后花园	280cm×400cm	6,900,000	北京保利	2021-06-04
岳敏君 1997年作 自画像	248cm×362cm	6,777,720	香港苏富比	2021-04-19
岳敏君 1993年作 大狂喜	180cm×248cm	3,751,668	香港苏富比	2021-10-09
曾传兴 2016—2021年作 祷告・2021	151cm×101cm	1,138,500	北京华辰	2021-12-07
曾梵志 2012年作 祈祷(双联画)	400cm×200cm×2	37,950,000	北京保利	2021-12-02
曾梵志 2012年作 智者(双联画)	400cm×200cm×2	35,650,000	北京保利	2021-12-02
曾梵志2010年作江山如此多娇之二(三联画)	250cm×350cm×3	32,716,850	佳士得	2021-12-01
曾梵志 2014年作 一苇渡江	260cm×180cm	20,700,000	永乐拍卖	2021-05-21
翟欣建 2011年作 周庄双桥	50cm×40cm	1,127,000	荣宝斋(南京)	2021-05-26
张恩利 1997年作 吸烟者	170cm×150cm	5,865,000	北京保利	2021-12-02
张恩利 2011年作 剥落的马赛克1号	250cm×200cm	2,655,450	香港苏富比	2021-04-20
张恩利 2006年作 美术馆	198.5cm×209.5cm	1,966,500	佳士得	2021-05-25
张功悫 2018年作 森林	100cm×120cm	690,000	中国嘉德	2021-05-20
张功悫 2018年作 风景系列20180115	120cm×100cm	690,000	永乐拍卖	2021-05-21
张慧 2010—2011年作 树	190cm×160cm	517,500	北京保利	2021-06-04
张郎郎 2017年作 问花花不语	75cm×100cm	1,092,500	中国嘉德	2021-11-29
张利 2012年作 高原明珠	100cm×80cm	1,035,000	上海嘉禾	2021-07-23
张荔英 约1960年代中期作 静物(中秋节)	81cm×54cm	8,283,890	佳士得	2021-12-01
张荔英 约1963年作 万代兰	65cm×54cm	5,671,800	佳士得	2021-05-24
张培力 1984年作 水上运动	83cm×130cm	7,475,000	永乐拍卖	2021-12-03
张文新 1998年作 孔雀之乡的织女	75cm×115cm	437,000	中国嘉德	2021-11-29
张小涛 2015—2017年作 通道NO.9	150cm×200cm	460,000	北京保利	2021-12-02
张晓刚 1995年作 血缘：大家庭12号	150cm×190cm	81,190,000	永乐拍卖	2021-05-21
张晓刚 1997年作 血缘：大家庭 9号	149cm×189cm	20,894,450	佳士得	2021-12-01
张晓刚 2008年作 绿墙・两张单人床	300cm×500cm	10,925,000	北京华辰	2021-12-07
张晓刚 2006年作 兄弟	120cm×150cm	5,750,000	北京保利	2021-06-04
张英楠 2021年作 家宅	97cm×130cm	943,000	永乐拍卖	2021-12-03
张长江 2013年作 圣殿	150cm×100cm	414,000	北京保利	2021-06-04
张子飘 2018年作 橱窗购物	200cm×240cm	573,804	香港苏富比	2021-10-10
张紫玙 1956年作 画家的街道	72.5cm×99cm	437,000	中国嘉德	2021-05-20
章剑 2016年作 三月	200cm×150cm	414,000	华艺国际	2021-06-05
赵能智 1995年作 梦游系列NO.1	169cm×139.5cm	460,000	西泠印社	2021-07-24

2021书画拍卖成交汇总(续表)

(成交价RMB：10万元以上)

拍品名称	物品尺寸	成交价RMB	拍卖公司	拍卖日期
赵兽 年年有余	39cm×45cm	460,000	广东崇正	2021-07-18
赵无极 1962年作 13.02.62	129.5cm×161.5cm	137,346,618	香港苏富比	2021-04-18
赵无极 1963年作 24.01.63	115cm×88cm	63,159,840	佳士得	2021-05-24
赵无极 1951—1952年作 港口29.04.52	73.5cm×92.5cm	24,848,280	佳士得	2021-05-24
赵无极 1952年作 风景	65cm×92cm	18,782,720	罗芙奥	2021-07-18
赵晓佳 2016年作 刘小东的女朋友	100cm×80cm	460,000	中贸圣佳	2021-05-20
赵赵 2017年作 星空（四联画）	300cm×250cm×4	3,553,500	华艺国际	2021-11-12
赵赵 2016年作 星空	300cm×200cm	1,092,500	永乐拍卖	2021-05-21
郑国谷 2014年作 紫外幻化No.1	208.5cm×145.5cm	368,000	永乐拍卖	2021-12-03
郑洪流 1960年作 红军上政治课	88cm×134cm	1,725,000	华艺国际	2021-09-17
郑凯 2021年作 抽象敦煌21306	100cm×150cm	828,000	华艺国际	2021-06-05
郑奎飞 上帝之眼	100cm×80cm	10,120,000	荣宝斋(南京)	2021-06-26
郑相和 1977年作 无题 77-8-12	162.2cm×130.3cm	4,823,375	佳士得	2021-12-01
郑在东 2010年作 清奇古怪	200cm×200cm	322,000	中国嘉德	2021-05-20
钟飙 2004年作 一个人的城市	350cm×247cm	920,000	西泠印社	2021-07-24
钟泗宾 1963年作 自然的神韵	101.5cm×153cm	3,899,750	佳士得	2021-12-01
周碧初 1964年作 盛日新生活	50cm×73cm	460,000	中国嘉德	2021-05-20
周川 2021年作 天道	70cm×50cm	989,000	荣宝斋(南京)	2021-05-26
周春芽 1994年作 红石图（三联画）	150cm×120cm×3	39,330,000	中国嘉德	2021-05-20
周春芽 1999年作 太湖石	200cm×150cm	20,815,000	永乐拍卖	2021-05-21
周春芽 1992年作 青石图	150cm×120cm	18,975,000	中国嘉德	2021-11-28
周松 2016年作 心	50cm×60cm	322,000	中国嘉德	2021-11-29
周廷旭 1920年代作 鼓浪屿风景（双面画）	36.5cm×49cm	437,000	中国嘉德	2021-11-29
周小愚 王孝柏 1971年作 向井冈山进军(无图)	126cm×236cm	1,552,500	北京华辰	2021-06-19
周长江 2000年作 互补2001.4（双联画）	180cm×150cm×2	828,000	中贸圣佳	2021-05-20
朱春林 2000年作 泉源之地	146cm×89cm	322,000	华艺国际	2021-03-31
朱德群 1986年作 盛世雪	193cm×384.7cm	193,525,824	香港苏富比	2021-04-18
朱德群 1968—1970年作 无题	162cm×127.2cm	30,201,300	香港苏富比	2021-10-09
朱德群 2003—2004年作 永恒的刹那	总130cm×324cm	18,588,600	佳士得	2021-05-24
朱金石 2006年作 北京的两个落叶和尚	180cm×160cm	632,500	中贸圣佳	2021-07-06
朱乃正 1973年作 高原藏女	52cm×62cm	483,000	中国嘉德	2021-05-20
朱曜奎 2009年作 黄河之源	200cm×300cm	63,250,000	荣宝斋(南京)	2021-05-26
朱曜奎 2001年作 黄河魂	100cm×200cm	40,250,000	保利厦门	2021-05-05
朱曜奎 2007年作 黄山妙境	100cm×200cm	20,700,000	荣宝斋(南京)	2021-05-26
朱沅芷 1926年作 朵儿・巴斯维尔的肖像	30.2cm×23cm	1,966,500	佳士得	2021-05-25
朱忠福 1972年作 钢铁运输线	165cm×195cm	828,000	中贸圣佳	2021-05-20
庄喆 2005年作 雪舟破墨山水变奏之11	167cm×127cm	447,633	中国嘉德	2021-04-23
雕塑				
KAWS 2017年作 等待	85.1cm×72.1cm×178.4cm	7,495,730	佳士得	2021-12-01
KAWS 2014年作 末日	210cm×195cm×137cm	6,662,415	保利香港	2021-11-30
阿尔伯托・贾柯梅蒂 约1951—1952年设计，1973年铸造 立柱上的半身小像	151.7cm×21cm×22.4cm	21,568,155	香港苏富比	2021-04-18
安尼施・卡普尔 2006年作 袋子	244.5cm×174cm×60cm	5,635,000	华艺国际	2021-06-05
奥古斯特・罗丹 吻(缩小版第一版)	71.4cm×43.6cm×45.8cm	9,642,645	保利香港	2021-11-30

拍品名称	物品尺寸	成交价RMB	拍卖公司	拍卖日期
草间弥生 2017年作 南瓜	180cm×180cm×215cm	45,524,450	佳士得	2021-12-01
草间弥生 2017年作 星夜南瓜	195cm×195cm×183cm	18,091,800	佳士得	2021-05-24
陈可 2007年作 和你在一起，永远不孤单	尺寸不一	575,000	永乐拍卖	2021-12-03
达明安・赫斯特 2008年作 圣徒巴多罗买——剧痛	250cm×110cm×95cm	44,275,000	华艺国际	2021-06-05
郝量 2013年作 直到长出蘑菇（一组四件）	雕塑95cm×10cm×12cm×3	517,500	华艺国际	2021-06-05
亨利・摩尔 马	长68.2cm	3,933,000	佳士得	2021-05-25
黄柏仁 2004年作 GO!	66cm×83cm×171cm	303,600	罗芙奥	2021-12-04
黄本蕊 2018年作 守门巨兔	270cm×125.3cm×276.2cm	1,193,688	中国嘉德	2021-04-23
KAWS 2010年作 同伴(路过)	120cm×71cm×65cm	3,220,000	中国嘉德	2021-11-28
空山基 2017年作 机械姬——坐立型号B	63cm×81cm×67.3cm	4,720,750	佳士得	2021-12-02
空山基 2018年作 性感机器人・漫游太空	雕塑183cm×50cm×40cm	3,398,976	香港苏富比	2021-04-19
李真 2001年作 大士骑龙	330cm×293cm×200cm	15,152,925	中国嘉德	2021-04-23
李真 1999年作 大士	110cm×207cm×250cm	6,069,600	保利香港	2021-04-21
梁任宏 2020年作 转进论15AK1029.1017	雕塑154cm×116.5cm×70cm；底座58cm×70cm（直径）	547,107	中国嘉德	2021-04-23
刘焕章 1982年作 专注	55cm×21cm×30cm	1,380,000	中国嘉德	2021-11-29
刘建文 2018年作 金创玩米高（OhMyToy!系列）	183cm×62cm×60cm	431,025	佳士得	2021-12-02
名和晃平 2010年作 Pix-cell鹿第23号	高210cm×187cm×150cm	5,473,080	佳士得	2021-05-24
任哲 2019年作 定风波	115cm×63cm×105cm	446,116	香港苏富比	2021-04-19
松谷武判 1997年作 波动 97-2-1	162cm×130cm	974,938	佳士得	2021-12-02
土屋仁应 2020年作 独角兽	25.5cm×12cm×41cm	501,120	罗芙奥	2021-07-17
魏小明 2004年作 风	高130cm	448,500	北京华辰	2021-06-19
吴达新 2020年作 麒麟	195cm×90cm×44cm	402,500	十竹斋拍卖（北京）	2021-04-25
向京 2005 年作 处女系列——初潮的处女	164cm×46cm×42cm	667,000	中国嘉德	2021-11-28
小泉悟 2015年作 动物人・羚羊	23cm×26cm×102.5cm	835,200	罗芙奥	2021-07-18
熊秉明 2001年铸铜 小归途	50cm×95cm×42cm	708,120	保利香港	2021-04-21
盐田千春 2020年作 存在的状态(回忆)	80cm×45cm×45cm	1,490,400	中国嘉德	2021-10-12
尹积昌 1958年作 孙中山纪念像	50cm×30cm×100cm	1,150,000	华艺国际	2021-03-31
曾梵志 2010年作 无题	240cm×172cm×120cm	3,450,000	北京保利	2021-12-02
展望 1990 年作 坐着的女孩	125cm×50cm×119cm	2,070,000	中国嘉德	2021-11-28
张充仁 1990年作 吴湖帆胸像	50cm×32cm×50cm	1,012,000	广东崇正	2021-01-06
郑路 2011年作 张弓无箭 No.1	雕塑147cm×100cm×33cm；底座2.5cm×85cm×85cm	378,001	中国嘉德	2021-04-23

拍品名称	物品尺寸	成交价RMB	拍卖公司	拍卖日期
周春芽 2007年作 绿狗	410cm × 113cm × 181cm	1,035,000	永乐拍卖	2021-12-03
朱铭 1990年作 太极系列–单鞭下势	51.3cm × 62.6cm × 36.8cm	4,140,000	佳士得	2021-05-25
摄影				
郎静山 溥儒（镜心）	35.6cm × 23.5cm	368,000	中国嘉德	2021-11-30
王家卫 2021年作 花样年华 · 一刹那		3,547,152	香港苏富比	2021-10-09
当代艺术及其他艺术形式				
KAWS 2002年作 无题（US）	172.7cm × 121.9cm	9,642,645	保利香港	2021-11-29
MR. Doodle 2019年作 东京涂鸦	200.3cm × 182cm	4,152,420	香港苏富比	2021-10-10
MR. 2016年作 梦想成真的一天	280cm × 265cm	7,728,000	罗芙奥	2021-12-05
MR. 2019年作 梦——地球的呼吸	120cm × 121.3cm	3,310,272	保利香港	2021-11-30
阿雅 永恒的活火	240cm × 120cm	345,000	北京荣宝	2021-12-02
安尼施 · 卡普尔 2014年作 无题	138.5cm × 138.5cm × 28cm	4,140,000	永乐拍卖	2021-05-21
安奇帮 2020年作 西部之光	60cm × 80cm	632,500	北京荣宝	2021-06-19
巴布罗 · 毕加索 1954年作 抱膝女子	92.2cm × 73cm	158,695,308	香港苏富比	2021-10-09
班克斯 2015年作 蜂鸟	65cm×55cm×40cm	13,123,800	佳士得	2021-05-24
蔡国强 1985—1986年作 太古神话：夸父追日	180cm × 125cm	7,882,050	中国嘉德	2021-04-23
草间弥生 2010年作 南瓜	120cm × 120cm × 125cm	32,531,200	罗芙奥	2021-12-05
常玉 1950年代作 裸女与狗	84cm × 122cm	88,916,268	香港苏富比	2021-04-18
常玉 1920—1930年代作 阅读中的黄裙女士	50cm × 31.6cm	1,436,750	佳士得	2021-12-02
陈可 2008年作 HAPPY吗？	90.5cm × 90.5cm	1,012,000	华艺国际	2021-12-10
陈可 2007年作 和你在一起，永远不孤单	153cm × 89.5cm × 50cm	517,500	北京保利	2021-06-04
陈可之 2021年作 美好的一天	30cm × 75cm	598,000	北京荣宝	2021-06-19
陈平禄 1934年作 姐弟情	61cm × 45.5cm	2,052,500	佳士得	2021-12-02
陈文希 1961年作 晒网	91.5cm × 107cm	2,018,142	香港苏富比	2021-04-18
陈彧君 2014、2017年作 亚洲地图NO.140711	240cm × 120cm × 2	1,035,000	永乐拍卖	2021-05-21
陈彧君 亚洲地图NO.160812	85cm × 209cm × 13cm	460,000	十竹斋拍卖（北京）	2021-04-25
崔素荣 2012—2014年作 当我更上一层	45.5cm × 53cm	552,000	罗芙奥	2021-12-05
村上隆 2016年作 培根致敬：伊莎贝尔 · 罗斯与乔治 · 戴尔头像习作	整体100cm × 200cm × 5.08cm	7,057,872	香港苏富比	2021-10-09
达明安 · 赫斯特 2007年作 上帝的五个方面，蝴蝶万花筒 上帝的五个方面，蝴蝶三联画 上帝的五个方面，复活 上帝的五个方面，三位一体 上帝的五个方面，十字架	尺寸不一	21,850,000	永乐拍卖	2021-12-03
达明安 · 赫斯特 2017年作 Intervention	直径121.9cm	6,325,000	永乐拍卖	2021-05-21
丁方 2002—2003 年作 伟大的风景—悲风（三联画）	200cm × 180cm × 3	2,875,000	中国嘉德	2021-11-28
丁雄泉 1983年作 在家陪我	151cm × 181cm	3,335,000	十竹斋拍卖（北京）	2021-04-25
丁乙 2002年作 十示2002-12	140.5cm × 160cm	2,503,872	香港苏富比	2021-10-10
丁乙 1995年作 十示95-B45	48.5cm × 68.5cm	345,000	上海嘉禾	2021-07-23
段建宇 2002年作 施耐贝尔：庸俗的中国风景1	160cm × 180cm	1,840,000	永乐拍卖	2021-05-21
范光厚 约1930年代作 越南北部古佛塔	全屏 104cm × 183cm	6,777,720	香港苏富比	2021-04-18

拍品名称	物品尺寸	成交价RMB	拍卖公司	拍卖日期
方力钧 1993年作 1993–4号	180cm × 230cm	20,548,125	香港苏富比	2021-04-19
冯令刚 夏花	60cm × 40cm	320,000	北京荣宝	2021-12-02
高野绫 2000年作 马铃薯	194cm × 140cm	667,063	佳士得	2021-12-02
高野绫 2013年作 哈索尔女神	60.6cm × 50cm	386,400	罗芙奥	2021-12-04
高瑀 2010年作 布袋和尚	180cm × 200cm	1,150,000	西泠印社	2021-07-24
格哈德 · 里希特 1984年作 烛光	200.3cm × 179.7cm	83,717,370	保利香港	2021-11-30
关乃平 2011年作 奥地利碧澈多瑙河谷	36cm × 56cm	1,127,000	荣宝斋（南京）	2021-05-26
关音夫 2014年作 无题	366cm × 244cm × 10cm	529,000	北京翰海	2021-12-17
哈维尔 · 卡列哈 2017年作 无题（30件作品）	185cm × 730cm	9,940,668	保利香港	2021-11-30
郝量 2006年作 掠过（四联画）	188cm × 101cm × 4	2,503,872	香港苏富比	2021-10-10
何翔宇 2016年作 17个柠檬	100cm × 70cm	403,628	香港苏富比	2021-04-20
胡本七 2012年作 寂冬	60cm × 120cm	437,000	北京保利	2021-12-02
黄本蕊 2018年作 人群中自有引领风潮的你	尺寸不一	1,241,352	保利香港	2021-11-29
黄建南 2015年作 西域神韵	100cm × 75cm	10,580,000	北京荣宝	2021-06-19
黄建南 2018年作 浩瀚01	70cm × 70cm	8,280,000	北京荣宝	2021-06-19
黄锡周 阮进忠 1943年作 金鱼池塘	100.2cm × 33cm × 6	1,449,000	佳士得	2021-05-25
黄一山 2016年作 盘切	220cm × 170cm	598,000	永乐拍卖	2021-05-21
黄宇兴 2015年作 宝岛	163cm × 248.5cm	2,336,796	香港苏富比	2021-04-19
季大纯 2006年作 欧米茄	150cm × 150cm	437,000	北京华辰	2021-12-07
季大纯 2005年作 手包	200cm × 149cm	368,000	中贸圣佳	2021-05-20
加贺温 2020年5月作 即使月亮被云朵遮盖，我们依然在这里（在封锁期间）（继萨金特）	151cm × 121cm	1,913,751	保利香港	2021-11-29
贾蔼力 2018年作 模糊的音调	40.6cm × 30.5cm	1,241,352	保利香港	2021-11-29
江上越 2019年作 擦身而过的困惑	150.2cm × 150.2cm	331,027	保利香港	2021-11-29
金昌烈 1973年作 水滴	99.5cm × 99.5cm	672,399	保利香港	2021-11-29
康海涛 2009年作 树从	158cm × 99cm	1,012,000	北京华辰	2021-12-07
克劳德 · 莫奈 1883年作 瓷瓶中的罂粟花	100cm × 61cm	11,132,760	保利香港	2021-11-30
克里斯托弗 · 伍尔 1997年作 无题	198.7cm × 152.7cm	11,633,400	佳士得	2021-05-24
黎谱 约1955年作 春天	72.5cm × 49.5cm	1,656,000	佳士得	2021-05-25
李超士 1960年作 仙人山	65cm × 44cm	920,000	中国嘉德	2021-05-20
李华弌 2018年作 逸意宁远（一）	175.5cm × 369.7cm	9,327,795	香港苏富比	2021-04-18
李华弌 2017年作 漾清辉	后屏 238cm × 136.5cm；前屏 90.5cm × 176.5cm	4,549,860	香港苏富比	2021-10-09
李继开 2007年作 小世界 · 沉睡于飘浮	145cm × 200cm	379,500	北京翰海	2021-12-17
李骆公 1945年作 有花园的街道（哈尔滨街景之一）	33.7cm × 46cm	920,000	北京翰海	2021-12-17
李曼峰 1936年作 东西相遇，面具与女孩的雕像	70cm × 55cm	365,148	香港苏富比	2021-10-10
李向阳 2018年作 无题	120cm × 120cm	345,000	华艺国际	2021-06-05
李洋 画梦30年——梦网游 · R版		1,840,000	永乐拍卖	2021-05-23
李禹焕 1973年作 从线	84cm × 54cm	2,336,796	香港苏富比	2021-04-20
李玉双 2017年作 桃花三月	97.0cm × 197cm	575,000	中国嘉德	2021-11-29
林俊廷 2021年作 响		1,150,000	上海嘉禾	2021-07-23
林苒 一立方米的信任		356,500	永乐拍卖	2021-05-23
林寿宇 1964年作 绘画浮雕 1964年	117cm × 117cm	5,473,080	佳士得	2021-05-24
林寿宇 1968年作 致 Ann	101cm × 102cm	1,862,028	保利香港	2021-11-29

2021书画拍卖成交汇总(续表)

(成交价RMB：10万元以上)

拍品名称	物品尺寸	成交价RMB	拍卖公司	拍卖日期
林寿宇 1960年11月作 绘画浮雕方形、圆、铝条	91.5cm×101.5cm	1,564,920	香港苏富比	2021-10-09
刘刚 2019年作 440109102(一组两件)	143cm×74cm×2	368,000	中国嘉德	2021-11-29
刘国松 1972—1979年作 如来	94cm×392cm	7,287,735	香港苏富比	2021-04-18
刘建华 2001—2006年作 游戏	尺寸不一	509,846	香港苏富比	2021-04-20
刘炜 1998年作 你吸烟吗?	100cm×100cm	3,103,380	保利香港	2021-11-30
刘野 1997年作 旗舰 2 号	29cm×22cm	4,861,962	保利香港	2021-11-30
刘野 1998年作 窗	35cm×25cm	4,227,645	香港苏富比	2021-04-19
六角彩子 2007年作 无题 ARP 07-13	200cm×300cm	5,172,300	保利香港	2021-11-29
六角彩子 2008年作 女孩与小象	101cm×153cm	3,312,000	罗芙奥	2021-12-05
娄申义 2020年作 只有云知道	200cm×150cm	322,000	中贸圣佳	2021-09-26
罗伯特·马瑟韦尔 1966—1967年作 被黑色分割的红	208.3cm×289.5cm	12,167,460	香港苏富比	2021-10-09
罗伊·利希滕斯坦 1990年作 Reflections on Thud!	139.7cm×244cm	92,790,696	香港苏富比	2021-04-19
罗伊·利希滕斯坦 1989年作 反射系列：神秘的绘画	142.5cm×190.5cm	39,765,528	香港苏富比	2021-10-09
马克·布拉德福德2003年作 晴天雨	335.9cm×610.9cm	22,066,200	佳士得	2021-05-24
毛焰 2006年作 托马斯	79cm×99cm	879,291	保利香港	2021-11-29
梅忠恕 1976年作 日本百合花	46cm×55cm	2,921,184	香港苏富比	2021-10-10
梅忠恕 1944年作 池塘边	58cm×44.5cm	2,873,500	佳士得	2021-12-02
孟昌明 2018年作 莲语之五十八	68cm×138cm	586,500	荣宝斋(南京)	2021-05-26
奈良美智 2007年作 柏林 巴拉克，1号室	263cm×317cm ×279cm	101,160,000	保利香港	2021-04-21
奈良美智 1998年作 青蛙女孩	120cm×111cm	81,167,412	香港苏富比	2021-04-19
奈良美智 2012年作 朦胧天空之下	194.8cm×162cm	56,890,224	香港苏富比	2021-10-09
南方 2021年作 滑板		310,500	北京华辰	2021-12-07
尼古拉斯·帕蒂 2014年作 树	200cm×109.9cm	9,863,136	香港苏富比	2021-10-09
倪有鱼 2017年作 静穆的歌者	158cm×129cm	517,500	北京保利	2021-12-02
庞均 2008年作 春桃	91cm×116.5cm	607,200	罗芙奥	2021-12-05
朴栖甫 2005年作 描法No.050508	130cm×195cm	2,484,000	佳士得	2021-05-25
乔治·康多 2017年作 秘密渠道	190.5cm×228.6cm	16,468,005	香港苏富比	2021-04-19
乔治·康多 2014年作 多彩肖像	128.3cm×108cm	18,588,600	佳士得	2021-05-25
邱志杰 2021年作 填彩上元灯彩图(二十一联画)	200cm×100cm×21	3,220,000	北京保利	2021-12-02
全光荣 2009年作 集合 09-OC060 蓝与红	230cm×163cm	1,782,500	中国嘉德	2021-05-20
阮潘正 1930—1931年作 糕饼制作	64.5cm×50.5cm	3,899,750	佳士得	2021-12-02
尚·米榭·巴斯奇亚 1982年作 无题(红战士)	195.6cm×198cm	134,902,728	香港苏富比	2021-10-09
尚扬 2008年作 董其昌计划-12	360cm×290cm	11,615,000	北京保利	2021-12-02
石虎 2006年作 山风图	77cm×143.5cm	403,628	香港苏富比	2021-04-19
松山智一2018年作 不可思议的宽恕	直径153cm	1,669,248	香港苏富比	2021-10-10
宋琨 2014年作 自画像 No. 2	155cm×110cm	424,872	保利香港	2021-04-21
宋婷 2021年作 牡丹亭Rêve之标目蝶恋花——信息科技穿透了"我"		667,000	中国嘉德	2021-05-20
苏国伟 2021年作 故里	80cm×80cm	1,035,000	北京保利	2021-12-02
苏笑柏 2011年作 垂帘-3	160cm×160cm	690,000	中国嘉德	2021-11-29
谭平 2021年作 无题	150.2cm×120.2cm	886,788	香港苏富比	2021-10-10
涂鸦先生 2019年作 火	200cm×200cm	2,208,000	罗芙奥	2021-12-05
托印·奥吉赫·奥杜托拉 2016年作 东门	161cm×121cm	5,451,681	香港苏富比	2021-04-19
汪天亮 2020年作 喻系列之三	200cm×80cm	460,000	北京华辰	2021-12-07

拍品名称	物品尺寸	成交价RMB	拍卖公司	拍卖日期
王广义 1995—1998年作 VISA	149cm×149cm	465,507	保利香港	2021-11-29
王广义 1989年作 被工业快干漆覆盖的名画	24cm×18cm	460,000	永乐拍卖	2021-05-21
王怀庆 2012—2013年作 永字八法	150cm×420cm；60cm×420cm	71,875,000	永乐拍卖	2021-05-21
王怀庆 2010年作 官窑-2	150cm×210cm	3,450,000	永乐拍卖	2021-12-03
王家卫 1997年作 伤心探戈·黄皮衣		625,968	香港苏富比	2021-10-09
王家卫 2021年印刷及绘制《一横一直》直版海报(王家卫签名及手绘创作版)	186cm×110cm	438,178	香港苏富比	2021-10-10
王晋 2006年作 中国梦NO.1	170cm×130cm×40cm	310,500	北京翰海	2021-06-05
王俊杰 2017年作 远望	66cm×147.5cm	17,391,243	保利香港	2021-11-30
王馨曼 2020年作 生命与共存：天空系列·犀鸟(镜心)	80cm×90cm	460,000	北京保利	2021-12-04
王郁洋 2015年作 二合一	226cm×173cm	368,000	永乐拍卖	2021-05-21
韦嘉 2010年作 眼神	100cm×120cm	437,000	北京华辰	2021-12-07
邬建安 2015年作 青鱼案——手足俱全，得道近仙	245cm×195cm	977,500	中国嘉德	2021-05-20
吴大羽 蜡笔稿(三十六帧)	19cm×13cm×36	2,070,000	西泠印社	2021-07-24
吴冠中 1988年作 戒台寺	72cm×50.5cm	8,970,000	北京华辰	2021-12-07
五木田智央 2012年作 终极对决	181.8cm×227.3cm	2,068,920	保利香港	2021-11-30
萧勤 1998年作 飞越永久的花园15	110cm×250cm	1,982,232	香港苏富比	2021-10-09
谢景兰 1995年作 无题	234cm×151cm	2,761,668	香港苏富比	2021-04-18
徐冰 2007年作 死亡将不再主宰——迪伦·托马斯	整幅 79cm×438cm	1,840,000	永乐拍卖	2021-05-21
徐冰 2002年作 重游此地	105cm×175cm	1,691,058	中国嘉德	2021-04-23
徐震 2013年作 天下3611MQ0137	130cm×160cm×10cm	805,000	十竹斋拍卖(北京)	2021-04-25
徐震(没顶公司) 2015年作 天下—2232MT0153	130cm×180cm	465,507	保利香港	2021-11-29
禤善勤 2014年作 狗狗请进	160.2cm×200cm	1,034,460	保利香港	2021-11-29
薛松 2012年作 文字游戏	100cm×100cm×4	1,150,000	永乐拍卖	2021-05-21
薛松 2013年作 对话系列之3号(双联画)	140cm×160cm×2	955,962	香港苏富比	2021-04-20
亚历山大·考尔德 1958年作 空中的两片红色花瓣	101.6×137.2×50.8cm	17,093,220	保利香港	2021-11-30
闫冰 2018年作 白桦(一组五件)	油画 80cm×60cm×3	805,000	北京保利	2021-06-04
闫博 2019年作 无题	260cm×255cm ×15cm	402,500	中国嘉德	2021-11-29
盐田千春 2014年作 生存的状态(喇叭)	80cm×45cm×45cm	1,862,028	保利香港	2021-11-29
颜磊 2005年作 彩轮5-8号 E38-41	120cm×120cm×4	926,600	十竹斋拍卖(北京)	2021-04-25
游雯迪 2020年作 中国神兽系列·貔貅(一组六张)	30cm×180cm×6	862,500	上海嘉禾	2021-07-23
余友涵 1988年作 抽象 1988-8	87.5cm×98cm	1,344,798	保利香港	2021-11-29
元永定正 1975年作 犹如白光顿现	160cm×130cm	1,487,052	香港苏富比	2021-04-20
岳敏君 2003年作 天坛	100cm×80cm	1,034,460	保利香港	2021-11-29
曾梵志 2007年作 自画像	130.3cm×130.4cm	2,586,150	保利香港	2021-11-29
张泓 2015年作 无题	100cm×100cm	345,000	上海嘉禾	2021-07-23
张郎郎 2018年作 藤萝影自凉	150cm×100cm	1,552,500	中国嘉德	2021-05-20
张晓刚 1993年作 血缘：母与子1号	115.7cm×146cm	28,198,350	香港苏富比	2021-04-19

2021书画拍卖成交汇总（续表）

（成交价RMB：10万元以上）

拍品名称	物品尺寸	成交价RMB	拍卖公司	拍卖日期
张晓刚 2010年作（于2014年修改）天堂	88cm×215cm×162cm	3,220,000	中国嘉德	2021-05-20
张泽国 2020年作 旧物·蓝盒子	64cm×75cm	460,000	北京华辰	2021-12-07
赵无极 1964年作 20.3.64	88.8cm×115.8cm	18,086,630	保利香港	2021-11-30
郑相和 1979年作 无题79-3-23	73cm×60.7cm	573,804	香港苏富比	2021-10-10
钟泗宾 1974年作 蓝白黑	122cm×91cm	718,375	佳士得	2021-12-02
周春芽 2009年作 背靠背	325cm×95cm×240cm	1,725,000	北京翰海	2021-06-05
朱德群 1980年作 耀日成锦	35.5cm×50cm	845,529	中国嘉德	2021-04-23
朱昉 2015年作 暖阳	100cm×100cm	517,500	北京保利	2021-12-02
庄喆 1982年作 无题	173cm×246cm	782,460	香港苏富比	2021-10-10
朝戈 1989年作 凝思的人物	95cm×140.5cm	920,000	西泠印社	2021-07-24
冯法祀 1948年作 反饥饿反内战大游行	143cm×200cm	920,000	中贸圣佳	2021-05-20
葛鹏仁 1983年作 青稞	115cm×125cm	351,850	北京保利	2021-08-10
郭绍纲 恽圻苍 1971年作 毛主席带领我们在大风大浪中前进	163cm×329cm	23,000,000	华艺国际	2021-06-05
李贵君 2010年作 直觉	120cm×67cm	1,495,000	北京华辰	2021-12-07
默涵 2009年作 1945.8.29晨·雾都重庆	180cm×200cm	460,000	保利厦门	2021-11-04
沈光宇 2018年作 东方轶事	91cm×61cm	575,000	保利厦门	2021-11-05
王沂东 2018年作 帕劳祥云之一	50cm×40cm	817,200	北京保利	2021-01-15
王玉琦 2007年作 戈莱西亚拉	61cm×58cm	476,700	北京保利	2021-01-15
夏小万 1998年作 逃奔	120cm×100cm	1,380,000	北京保利	2021-12-02
徐青峰 2015年作 双鹤图	60cm×60cm	692,350	北京保利	2021-01-15
朱屺瞻 1983年作 秋岳云海	60cm×45cm	3,220,000	华艺国际	2021-03-31
苏笑柏 2007年作 赤玉	220cm×200cm	1,092,500	十竹斋拍卖（北京）	2021-04-25
张晓刚 1997年作 血缘：大家庭1号 1997	100cm×130cm	10,163,700	香港苏富比	2021-10-09
巴布罗·毕加索 1905年作 缝衣妇女	60.5cm×47.8cm	1,345,500	佳士得	2021-05-25
崔君沛 沈加蔚 1980年作《血染烽火台》连环画原稿（全）（一百六十六帧）（166选24）	18cm×24cm（封面）；15.5cm×23.5cm×166	253,000	西泠印社	2021-01-16
刘海粟 1915年作 曲水空亭	25.5cm×32cm	287,500	北京诚轩	2021-05-17
奈良美智 2011—2012年作 雕塑习作	51.7cm×35.7cm	417,312	中国嘉德	2021-10-12
孙滋溪 素描作品（一组八件）	尺寸不一	207,000	华艺国际	2021-09-17
藤田嗣治 1924年作 坐姿裸女	55.8cm×46.8cm	397,440	中国嘉德	2021-10-12
王沂东 2003年作 新娘	73cm×53cm	253,000	西泠印社	2021-07-24
徐悲鸿 1940年作 水岸	18cm×25cm	460,000	永乐拍卖	2021-05-21
安迪·沃霍尔 玛丽莲·梦露（一组十幅）	91cm×91cm×10	1,092,500	上海嘉禾	2021-07-23
冷军 2009年11月作 蒙娜丽莎——关于微笑的设计	125cm×45cm	253,000	北京华辰	2021-06-19
罗伊·利希滕斯坦 船侧女孩	66cm×49cm	460,000	上海嘉禾	2021-07-23
赵无极 1976年作《图像和诗意的荣耀》版画书（一组十五幅）	49cm×67cm×15	345,000	中国嘉德	2021-05-20
草间弥生 1980年作 自然	50.4cm×64.7cm	827,568	保利香港	2021-11-29
草间弥生 1979年作 夕阳下的阿尔卑斯山	24.1cm×27.1cm	701,500	保利厦门	2021-05-05
程丛林 徐朝新 1973年作 批林批孔	51cm×92cm	230,000	华艺国际	2021-03-31
程及 1981年作 流水飞鹤	71cm×1114cm	254,923	香港苏富比	2021-04-18
古元 1970年代作 春耕图	32cm×43.5cm	253,000	中国嘉德	2021-05-20
关广志 1940—1950年代 树影	22cm×31cm	287,500	中国嘉德	2021-05-20
侯一民 甲午海战雕塑设计稿	59cm×315cm	230,000	中贸圣佳	2021-05-20
黄荣禧 1982年作 捉迷藏	84cm×76cm	233,680	香港苏富比	2021-04-19

拍品名称	物品尺寸	成交价RMB	拍卖公司	拍卖日期
黎谱 俯瞰金鱼池的两位女子	69cm×53cm	5,043,669	香港苏富比	2021-04-18
黎谱 约1938年作 提篮少女	44.5cm×29.5cm	3,105,000	佳士得	2021-05-25
梅忠恕 1941年作 折扇	57.5cm×44cm	4,653,360	香港苏富比	2021-10-09
梅忠恕 1942年作 母与子	70cm×34.5cm	2,712,528	香港苏富比	2021-10-09
尼古拉斯·帕蒂 2015年作 肖像	150cm×140cm	4,227,645	香港苏富比	2021-04-19
藤田嗣治 捧花少女	35cm×23cm	1,322,500	西泠印社	2021-07-24
王角 中华人民共和国万岁	106cm×75cm	241,500	中贸圣佳	2021-05-20
吴冠中 1974年作 船	38cm×26cm	1,863,000	佳士得	2021-05-25
五木田智央 2015年作 通缉	164.5cm×130.5cm	2,070,000	永乐拍卖	2021-05-21
赵云龙 小径	99cm×148cm	207,000	中贸圣佳	2021-03-25
MADSAKI 2019年作 无题	141cm×200cm	1,128,875	佳士得	2021-12-01
阿凡迪 1962年作 巴利市场景象	98cm×134.5cm	1,274,616	香港苏富比	2021-04-19
阿莫奥克·博福 2018年作 贾斯汀·门迪	160cm×133cm	7,261,560	佳士得	2021-05-24
艾德里安·格尼 2016年作 自画像	44.2cm×34.2cm	7,659,000	佳士得	2021-05-24
艾轩 2021年作 空寂的原野	100cm×80cm	2,300,000	华艺国际	2021-06-05
艾轩 1993年作 沉寂的莽原	100cm×80cm	2,300,000	中国嘉德	2021-05-20
艾轩 1989年作 还是那个秋	80cm×99.5cm	1,094,214	中国嘉德	2021-04-23
艾轩 2007年作 二月	56cm×56cm	1,035,000	华艺国际	2021-03-31
艾轩 1993年作 少女	50cm×60cm	805,000	中国嘉德	2021-05-20
艾中信 1997年作 蝴蝶兰	40cm×50cm	276,000	朵云轩	2021-07-07
巴布罗·毕加索 1965年作 戴帽子的女人	58cm×49cm	23,575,000	中国嘉德	2021-11-28
巴布罗·毕加索 1964年12月11—18日作 戴帽男子	91.4cm×64.8cm	43,061,450	佳士得	2021-12-01
巴布罗·毕加索 1969年2月21日作 男子半身像	96.5cm×65cm	19,909,250	佳士得	2021-12-01
白羽平 2002年作 爷孙	200cm×114cm	230,000	北京翰海	2021-06-05
卜镝 2013年作 松风 2	80cm×200cm	218,500	中国嘉德	2021-05-20
蔡江白 1979年作 破雾前行	116cm×196.5cm	212,750	西泠印社	2021-07-24
蔡磊 2015年作 8.82平米	210cm×106cm	287,500	永乐拍卖	2021-05-21
蔡万霖 2020年作 无题	60cm×50cm	345,000	北京华辰	2021-06-19
蔡云姝 2011年作 岗巴	80cm×80cm	230,000	北京华辰	2021-06-19
曹力 2013年作 马到功成	90cm×140cm	632,500	中国嘉德	2021-05-20
草间弥生 2013年作 南瓜 [SKLO]	130.3cm×162cm	41,938,200	佳士得	2021-05-24
草间弥生 2006年作 无限の网（T.OWE）	162.6cm×162.6cm	17,098,200	佳士得	2021-05-24
常书鸿 1985年作 和煦秋华	45.5cm×53cm	298,422	中国嘉德	2021-04-23
常玉 1930年代作 白菊	73cm×50cm	46,906,200	佳士得	2021-05-24
陈承卫 2018年作 大民国系列·拈花的新娘	150cm×130cm	287,500	华艺国际	2021-09-17
陈丹青 1980年作 牧羊女	70cm×47cm	1,265,000	西泠印社	2021-07-24
陈飞 2010年作 明天见	120cm×75cm	805,000	永乐拍卖	2021-05-21
陈鸿志 2019年作 通天塔	200cm×250cm	230,000	北京华辰	2021-06-19
陈钧德 2005年作 茅盾故居	70cm×90cm	690,000	朵云轩	2021-07-07
陈可 2006年作 妈妈	100cm×100cm	1,380,000	永乐拍卖	2021-12-03
陈可 2010年作 爱	直径150cm	1,265,000	西泠印社	2021-07-24
陈可 2012—2013年作 静静的远山/一家·母亲 一家·年轻的父亲/抱玩偶的小弗里达 戴护脖的弗里达	30cm×40cm；27cm×19cm；50cm×40cm；60cm×40cm；40cm×50cm	1,150,000	永乐拍卖	2021-05-21
陈可 2007年作 夜明珠	130cm×150cm	1,207,500	永乐拍卖	2021-05-21
陈可之 2020年作 月映金山	46cm×46cm	575,000	永乐拍卖	2021-05-21
陈磊 昨夜星辰	200cm×150cm	207,000	中贸圣佳	2021-05-20
陈文建 2016年作 童年回忆——自画像	120cm×165cm	207,000	西泠印社	2021-07-24

2021书画拍卖成交汇总（续表）

（成交价RMB：10万元以上）

拍品名称	物品尺寸	成交价RMB	拍卖公司	拍卖日期
陈文希 附加房屋	53.5cm×76cm	849,744	香港苏富比	2021-04-19
陈逸飞 1985年作 苏州运河	76.7cm×107cm	4,370,000	永乐拍卖	2021-05-21
陈逸飞 1983年作 渔归	76cm×106.5cm	2,990,000	西泠印社	2021-07-24
陈逸飞 小提琴手（镜框）	56cm×71cm	1,960,000	上海联合	2021-06-27
陈彧君 2010年作 临时家庭——私家花园No.1	180cm×260cm	368,000	华艺国际	2021-06-05
程丛林 2009年作 女人体	60cm×80cm	253,000	上海嘉禾	2021-07-23
川岛秀明 2001年作 Go Ahead	91cm×116.8cm	283,325	纽约佳士得	2021-02-25
村上隆 维吉尔·阿伯拉赫 2018年作 Our Spot	100cm×100cm	1,035,000	永乐拍卖	2021-05-21
戴士和 2020年作 灯下的百合花	50cm×40cm	230,000	北京保利	2021-06-04
丁设 2020年作 10520200308	120cm×160cm	207,000	华艺国际	2021-06-05
丁天缺 1991年作 日本鸡冠花	65cm×84cm	299,000	上海嘉禾	2021-07-23
丁乙 2010年作 十示 2010-6	120cm×160cm	1,610,000	华艺国际	2021-06-05
董希文 1947年作 嘉峪关	27.5cm×36cm	287,500	华艺国际	2021-06-05
渡部满 由希子之春	91.5cm×37cm	218,843	中国嘉德	2021-04-23
方君璧 1962年作 雪景	45.8cm×60.8cm	287,500	北京诚轩	2021-05-17
高山 拉卜楞寺佛学院（镜框）	110cm×70cm	276,000	北京保利	2021-05-17
谷口玛丽亚 2011年作 面具 1	213cm×152cm	362,250	佳士得	2021-05-25
郭润文 1995年作 花季	91cm×72cm	747,500	朵云轩	2021-07-07
郭绍纲 2012年作 粉绣球	36cm×46cm	253,000	北京荣宝	2021-06-19
何多苓 2007年作 落叶	149.5cm×118.5cm	3,450,000	华艺国际	2021-06-05
何多苓 1992年作 沉思	72cm×90cm	1,610,000	华艺国际	2021-03-31
何多苓 2007年作 红袜子	150cm×120cm	1,380,000	永乐拍卖	2021-05-21
贺慕群 1968年作 小孩	91.5cm×59.5cm	874,000	北京诚轩	2021-05-17
洪凌 2012—2013年作 阳秋	130cm×160cm	1,224,960	罗芙奥	2021-07-18
胡博·华士 1913年作 清宫古器	102.5cm×79.5cm	298,422	中国嘉德	2021-04-23
黄建南 2013年作 童年的梦	72cm×105cm	7,820,000	荣宝斋(南京)	2021-05-26
黄建南 2018年作 星空	70cm×70cm	6,095,000	永乐拍卖	2021-05-21
黄宇兴 2015年作 河流	190cm×250cm	2,980,800	中国嘉德	2021-10-12
黄宇兴 2016年作 流沙	125cm×200cm	2,185,000	永乐拍卖	2021-05-21
黄宇兴 2017年作 在太阳的注视下出现在地平线上的一颗陨石	125cm×200.5cm	1,610,000	中国嘉德	2021-05-20
黄宇兴2016年作星夜下的河滨树丛	90cm×120.5cm	1,345,500	佳士得	2021-05-25
加贺温 2019年作 临惠斯勒作，九月，京都	53cm×41cm	331,200	佳士得	2021-05-25
贾蔼力 2014年作 无题	50cm×42cm	1,460,592	香港苏富比	2021-10-10
贾蔼力 2008年作 苍穹之下	20cm×100cm	672,000	十竹斋拍卖（北京）	2021-04-25
贾涤非 1999年作 共享空间·桑拿图（三联画）	132cm×409cm	230,000	中国嘉德	2021-05-20
金昌烈 水滴	61cm×122cm	1,265,000	十竹斋拍卖（北京）	2021-04-25
金焕基 1967年作 清晨	38cm×28cm	1,759,500	佳士得	2021-05-25
景柯文 2000年作 青年	185cm×110cm	253,000	北京翰海	2021-06-05
卡米耶·毕沙罗 1872年作 蓬图瓦兹通往鲁昂的路	42.2cm×55.5cm	12,843,900	纽约佳士得	2021-11-11
康海涛 2008年作 夜	100cm×220cm	713,000	华艺国际	2021-06-05
黎谱 约1975年作 宁静的夏午	115cm×148cm	2,691,000	佳士得	2021-05-25
黎谱 日梦	97cm×130cm	2,336,796	香港苏富比	2021-04-19
李青 互毁的同一像·梅兰芳	170cm×125cm; 51cm×45cm; 170cm×150cm; 51cm×31cm	345,000	南京经典	2021-07-18
李山 1998年作 亚胭脂	239.5cm×165.5cm	672,750	佳士得	2021-05-25
李圣子 1963年作 Sous l' é corce vive	92cm×73cm	1,552,500	佳士得	2021-05-25
李圣子 1962年作 1962年2月的城市	130cm×89cm	1,642,000	佳士得	2021-12-02
李圣子 1960年作 无题	64.5cm×80.5cm	1,138,500	佳士得	2021-05-25
李松松 2003年作 人长久（双联画）	每幅240cm×200cm，整体240cm×400cm	886,788	香港苏富比	2021-10-10
李禹焕 1996年作 对应	218cm×292cm	2,380,500	佳士得	2021-05-25
李兆顺 2019年作 碧荷满塘	92cm×60cm	1,150,000	荣宝斋（南京）	2021-05-26
李兆顺 2013年作 湛荷满塘	70cm×99cm	1,138,500	荣宝斋（南京）	2021-05-26
李宗津 1940年作 陈健教授肖像	55cm×75cm	287,500	华艺国际	2021-06-05
林风眠 湖边秋色	21.5cm×24.5cm	402,500	朵云轩	2021-07-07
刘锋植 2008年作 被抽象的现实	200cm×300cm	943,000	北京保利	2021-06-04
刘孔喜 2018年作 乌苏里晨曦	45cm×65cm	266,725	北京保利	2021-01-15
刘炜 2008年作 风景	170cm×170cm	7,590,000	永乐拍卖	2021-05-21
刘炜 2000年作 商人	199.5cm×149cm	2,691,000	佳士得	2021-05-25
刘炜 2006年作 风景	124.5cm×74.5cm	1,699,488	香港苏富比	2021-04-20
刘炜 2005年作 肖像	50cm×60cm	1,265,000	西泠印社	2021-07-24
刘韡 2013年作 真实维度之十	300cm×180cm	2,921,184	香港苏富比	2021-10-09
刘韡 2007年作 徘徊者-4	300cm×360cm	2,300,000	北京保利	2021-06-04
刘韡 2009年作 场域	180.3cm×442.2cm	2,225,520	保利香港	2021-04-21
刘小东 1994、1999年作 倒立	174.3cm×119cm	1,449,000	佳士得	2021-05-25
刘野 1995年作 蒙德里安的黄和蓝	45cm×45cm	6,271,920	保利香港	2021-04-21
刘野 2005年作 雪中安徒生	直径80cm	5,175,000	永乐拍卖	2021-05-21
刘野 2005年作 夏	30cm×20cm	4,657,500	佳士得	2021-05-25
刘野 2006年作 丢失的米菲	40cm×30cm	3,047,500	永乐拍卖	2021-05-21
六角彩子 2006年作 思考的女孩	162cm×130cm	1,691,058	中国嘉德	2021-04-23
龙家升 奥高古曼 联名合作 2019年作 Thorne（原作）	42cm×59.4cm	218,500	北京保利	2021-06-08
罗尔纯 1988—1990年作 坐姿	90cm×80cm	859,860	保利香港	2021-04-21
罗中立 1990年作 回望的女孩	63cm×80cm	1,380,000	中国嘉德	2021-05-20
罗中立 2003年作 灯下	80.3cm×64.5cm	1,035,000	北京保利	2021-06-04
罗中立 1990年作 故乡之乡间小路	52cm×71.8cm	977,500	中国嘉德	2021-05-20
罗中立 1983年作 冬麦	79cm×94cm	920,000	北京荣宝	2021-06-19
吕斯百 1963年作 青瓷瓶花	50cm×40cm	368,000	中国嘉德	2021-05-20
吕中元 当代 圆融	120cm×90cm	1,080,000	保利厦门	2021-09-29
马轲 2016年作 酒神	249cm×228cm	770,500	永乐拍卖	2021-05-21
毛旭辉 1988年作 私人空间·有蚊帐的女人体	90cm×120cm	2,300,000	中国嘉德	2021-05-20
毛旭辉2020年作昆明组画·滇池的风	180cm×150cm	828,000	永乐拍卖	2021-05-21
毛焰 2008年作 托马斯	110cm×75cm	977,500	西泠印社	2021-07-24
米巧铭 2020年作 马	80cm×60.5cm	920,000	中国嘉德	2021-05-20
奈良美智 2011年作 萌芽	135.5cm×82.5cm	16,607,100	中国嘉德	2021-04-23
倪军 2016年作 甜蜜蜜	100cm×80cm	241,500	西泠印社	2021-07-24
倪贻德 自画像	30.5cm×20.5cm	345,000	广东崇正	2021-07-18
欧阳春2007年作海市蜃楼（双联画）	180cm×250cm×2	1,840,000	中国嘉德	2021-11-28
欧阳春 2007年作 捕鲸船长	205cm×205cm	1,035,000	永乐拍卖	2021-05-21
欧阳春 2010年作 染缸	185.5cm×280.5cm	1,012,000	中国嘉德	2021-05-20
欧阳春 2011年作 萤火虫	170cm×170cm	977,500	北京保利	2021-06-04
潘德海 1989年作 掰开的苞米5号	130cm×160cm	299,000	永乐拍卖	2021-05-21
潘玉良 1944年作 静物 桃子	46cm×55cm	5,750,000	华艺国际	2021-06-05
潘玉良 风景写生	44cm×58.5cm	793,500	上海嘉禾	2021-07-23
庞均 2008年作 周庄双桥	180cm×226cm	1,391,040	中国嘉德	2021-10-12
庞均 2021年作 江山已是春	100cm×200cm	1,293,162	中国嘉德	2021-04-23
庞茂琨 2014年作 假日	180cm×272cm	1,150,000	华艺国际	2021-06-05
乔治·康多 2005年作 蓝色狂欢	65cm×152cm	12,027,650	佳士得	2021-12-02
乔治·康多2016年作红黑对角肖像	213cm×208.6cm	10,549,850	佳士得	2021-12-01

(成交价RMB：10万元以上)

拍品名称	物品尺寸	成交价RMB	拍卖公司	拍卖日期
秦琦 2015年作 厨师与白鹅No.1	120cm×120cm	874,368	中国嘉德	2021-10-12
邱志杰 2013年作 佛传·说法	180cm×180cm	287,500	华艺国际	2021-03-31
仇晓飞 2004年作 学习三号	50cm×70cm	632,500	中国嘉德	2021-05-20
沙耆 静物	45cm×60cm	690,000	西泠印社	2021-07-24
沙耆 1992年作 四美图	86cm×110cm	575,000	西泠印社	2021-07-24
尚扬 2008年作 E地风景	122.5cm×268cm	4,370,000	中国嘉德	2021-05-20
尚扬 2006年作 E 地风景-33	63cm×123cm	1,610,000	永乐拍卖	2021-05-21
尚扬 2000年作 M地	66cm×135cm	1,150,000	永乐拍卖	2021-05-21
尚扬 2014年作 H地-24	38cm×70.5cm	1,035,000	西泠印社	2021-07-24
申亮 2006年作 智取威虎山	200cm×230cm	207,000	北京翰海	2021-06-05
沈光宇 2010年作 花鸟与共	76cm×60cm	322,000	荣宝斋(南京)	2021-05-26
沈汉武 2013年作 海风	76cm×101.5cm	269,100	佳士得	2021-05-25
沈正麟 2019年作 无门岳诀 No.5	200cm×200cm	207,000	永乐拍卖	2021-05-21
施本铭 2011年作 夜曲	162cm×112cm	1,725,000	北京华辰	2021-12-07
石虎 龙行天下	98cm×179cm	212,750	西泠印社	2021-07-24
宋琨 2014年作 瑞兽园	140cm×180cm	1,949,875	佳士得	2021-12-01
宋琨 2015年作 泛灵净界·净土风景(双联画)	140cm×180cm×2	1,840,000	北京保利	2021-06-04
宋琨 2016年作 浪潮	110cm×145cm	690,000	中国嘉德	2021-05-20
宋易格 2010年作 桶子二	150cm×150cm	260,820	香港苏富比	2021-10-10
苏天赐 1985年作 映山红	54cm×26cm	1,840,000	北京保利	2021-06-04
苏天赐 1992年作 桃花源	65cm×55cm	1,380,000	中国嘉德	2021-05-20
苏天赐 1996年作 秋诗初雨	67cm×67cm	885,500	北京诚轩	2021-05-17
他们 赖圣予 杨晓钢 2008年作 梦想与中国梦	135cm×210cm	460,000	中贸圣佳	2021-09-26
谭平 2012年作 生命的起点	200cm×160cm	977,500	上海嘉禾	2021-07-23
谭雪生 1954年作 归帆	52cm×76.5cm	207,000	华艺国际	2021-09-17
屠宏涛2015年作 塞尚休息，我画画	150cm×250cm	1,092,500	中国嘉德	2021-05-20
汪亚尘 1929年作 瓶花·秀色	42cm×43cm	287,500	华艺国际	2021-06-05
王川 2006年作 心境	140cm×200cm	517,500	华艺国际	2021-06-05
王光乐 2011年作 寿漆 110706	146cm×146cm	2,530,000	中国嘉德	2021-05-20
王光乐 2003年作 光·影·手	88.5cm×124cm	1,495,000	永乐拍卖	2021-05-21
王光乐 2006年作 061213	114cm×116cm	1,265,000	北京保利	2021-06-04
王家增 2018年作 迹象26	100cm×150cm	230,000	华艺国际	2021-06-05
王俊杰 2017年作 隐居者	61cm×50.8cm	4,635,657	香港苏富比	2021-04-20
王克举 2014年作 春风得意樱桃园	160cm×180cm	287,500	十竹斋拍卖(北京)	2021-04-25
王兴伟 1991年作 自画像	65cm×80cm	1,725,000	中国嘉德	2021-05-20
王兴伟2011年作 峇里岛(巴厘岛)	80cm×80cm	931,500	佳士得	2021-05-25
王彦文 云过祖山(镜框)	59cm×89cm	230,000	北京保利	2021-05-17
王音 2011年作 加油站 No. 2	130cm×162cm	973,728	中国嘉德	2021-10-12
王源远2019年作 姑苏行(双联画)	220cm×180cm×2	253,000	北京保利	2021-06-04
韦嘉 2006年作 我们这个时代I	170cm×140cm	747,500	北京保利	2021-06-04
韦启美 2004年作 蝴蝶兰和猫	73cm×60cm	264,500	北京保利	2021-06-04
卫天霖 1972年作 白芍	45cm×53cm	4,715,000	中国嘉德	2021-11-28
卫天霖 1975年作 芍药	78cm×80cm	690,000	华艺国际	2021-06-05
闻立鹏 2003年作 清流	60cm×38cm	230,000	北京荣宝	2021-06-19
吴冠中 1980年作 清水江边	60cm×60cm	9,775,000	永乐拍卖	2021-05-21
吴冠中 1972年作 新居	36cm×28cm	7,099,272	中国嘉德	2021-10-12
吴冠中 1977年作 漓江竹林	56.5cm×41cm	7,287,735	香港苏富比	2021-04-18
吴冠中 1991年作 滨江城市富阳(江南小镇)	38cm×45.5cm	7,162,200	佳士得	2021-05-24
吴冠中 1973年作 桂林春晓	28cm×36cm	5,943,150	中国嘉德	2021-04-23
吴作人 1930年代末作 晨	20cm×26.5cm	238,350	北京保利	2021-08-10
谢郴安 2013年作 坐在角落的W小姐	100cm×75cm	201,250	北京华辰	2021-06-19

拍品名称	物品尺寸	成交价RMB	拍卖公司	拍卖日期
谢景兰 1965年作 穿林过	145.5cm×114cm	1,689,120	中国嘉德	2021-10-12
谢景兰 约1950年代作 抽象	145.5cm×113.5cm	2,898,000	佳士得	2021-05-24
熊宇 2002年作 天使	200cm×150cm	207,000	西泠印社	2021-07-24
徐里 2003年作 武夷山	50cm×60cm	244,025	北京保利	2021-08-10
徐小国 2014年作 影的肖像	135cm×200cm	207,000	华艺国际	2021-06-05
徐震 2013年作 天下3102CF0142	60cm×80cm×115cm	460,000	永乐拍卖	2021-05-21
许宏翔 2020年作 远处的一棵树No.3	200cm×150cm	287,500	北京保利	2021-06-04
禤善勤 2018年作 Muimui	200cm×240cm	1,138,500	佳士得	2021-05-24
禤善勤 2015年作 沿淡绿色的步道行走	160cm×200cm	1,062,180	香港苏富比	2021-04-20
闫冰 2012年作 家庭	88cm×80cm	287,500	华艺国际	2021-06-05
闫平 2020—2021年作 初夏花自开	120cm×140cm	1,092,500	北京华辰	2021-06-19
闫平 2009年作 百合花	140cm×160cm	920,000	华艺国际	2021-06-05
闫平 1995年作 母与子	140cm×120cm	713,000	永乐拍卖	2021-05-21
颜磊 2007年作 追光·狗年牛市	180cm×195cm	575,000	华艺国际	2021-06-05
颜文樑 北海公园	38cm×50cm	828,000	中贸圣佳	2021-05-20
杨飞云 1996年作 盛夏	115cm×90cm	1,380,000	永乐拍卖	2021-05-21
杨识宏 2012年作 蕴藏	112.3cm×162cm	576,949	中国嘉德	2021-04-23
杨勋 2011—2012年作 游园惊梦之紫夜明珠图	200cm×143cm	207,000	十竹斋拍卖(北京)	2021-04-25
殷雄 2019年作 阿尔及利亚姑娘	70cm×50cm	238,350	北京保利	2021-01-15
尹朝阳 2021年作 秋山	160cm×200cm	1,840,000	北京华辰	2021-12-07
由金 2018年作 异道之合	200cm×150cm	546,480	中国嘉德	2021-10-12
喻红 1990年作 蓝色昆虫	91cm×73cm	563,500	朵云轩	2021-07-07
袁远 2017—2018年作 海、陆、空	200cm×200cm	747,500	华艺国际	2021-06-05
岳敏君 2009年作 攻占总统府	230cm×320cm	2,070,000	北京保利	2021-06-04
岳敏君 2003年作 关系-2	139.1cm×107.5cm	1,863,000	佳士得	2021-05-25
曾传兴 2004年作 纸新娘·暮	136cm×105.5cm	278,527	中国嘉德	2021-04-23
曾梵志 2010年作 无题	单280cm×180cm; 总280cm×540cm	17,098,200	佳士得	2021-05-24
曾梵志 2000年作 面具系列	197cm×69cm	16,100,000	北京保利	2021-06-04
曾梵志 2007年作 太平有象	200cm×200cm	9,430,000	中国嘉德	2021-05-20
曾梵志 1994年作 面具系列18号	149.5cm×130cm	12,387,885	香港苏富比	2021-04-19
曾梵志1996年作面具系列1996第12号	100cm×80cm	11,270,000	永乐拍卖	2021-05-21
曾梵志 2010年作 福鹿	220cm×180cm	9,200,000	北京保利	2021-06-04
曾佑和 1996年作 优美的山谷	75cm×73cm	218,843	中国嘉德	2021-04-23
查国钧 2005年作 混沌系列V-橙红	135cm×70cm	230,000	上海嘉禾	2021-07-23
张恩利 2002年作 吸烟	150cm×170cm	5,373,720	佳士得	2021-05-24
张恩利 2013年作 缝隙	200cm×250cm	1,955,000	北京保利	2021-06-04
张恩利 2007年作 无题	197.7cm×248.7cm	1,805,706	香港苏富比	2021-04-19
张恩利 2007年作 容器	100cm×100cm	1,610,000	中国嘉德	2021-05-20
张飞 2020年作 手持石榴的女孩	100cm×60cm	253,000	中国嘉德	2021-05-20
张海君 2017—2020年作 一个人的四个灵魂	200cm×300cm	207,000	永乐拍卖	2021-05-21
张晓刚 1999年作 血缘-大家庭：同志20号及21号	130cm×110cm×2	5,671,800	佳士得	2021-05-25
张晓刚 1995年作 血缘-大家庭：同志5号；血缘-大家庭：同志8号	130cm×100cm×2	8,155,800	佳士得	2021-05-24
张英楠 2020年作 黄昏之歌	150cm×150cm	834,624	香港苏富比	2021-10-10
赵大钧 2017年作 作品1717	150cm×165cm	253,000	中国嘉德	2021-05-20
赵无极 1956年作 九皋	86cm×92cm	17,098,200	佳士得	2021-05-24
赵洋 2013年作 沉默者	200cm×150cm	241,500	华艺国际	2021-06-05
钟泗宾 1979年作 芒果商人	61cm×45cm	621,000	佳士得	2021-05-25
周春芽 2006年作 桃花风景系列·湖上艳色	200cm×250cm	12,026,880	罗芙奥	2021-07-18

2021书画拍卖成交汇总(续表)

(成交价RMB：10万元以上)

拍品名称	物品尺寸	成交价RMB	拍卖公司	拍卖日期
周春芽 2013年作 春风拂槛露华浓（双联画）	160cm×210cm×2	9,775,000	北京保利	2021-06-04
周春芽 2006年作 香桃花	200cm×250cm	5,955,804	香港苏富比	2021-10-10
周春芽 1993年作 石头与飞鸟	80cm×100cm	4,427,500	中国嘉德	2021-05-20
朱德群 1970年作 构图 NO.338	113.6cm×145.4cm	13,800,000	北京保利	2021-06-04
朱德群 2006年作 无垠苍穹	130cm×195cm	9,775,000	永乐拍卖	2021-05-21
朱德群 1958年作 破晓	130cm×96.5cm	8,970,000	中国嘉德	2021-05-20
朱新建 美人图	80cm×100cm	287,500	永乐拍卖	2021-05-21
朱曜奎 2016年作 秋色	60cm×50cm	2,185,000	荣宝斋(南京)	2021-05-26
KAWS 2013年作 同伴（栖息之地）	203cm×152cm×160cm	4,600,000	北京保利	2021-12-02
KAWS 2010年作 同伴（PASSING THROUGH）	118cm×63cm×63cm	2,712,528	香港苏富比	2021-10-10
KAWS 2020年作 HOLIDAY(2)	55cm×72cm×58cm	2,070,000	北京保利	2021-09-25
奥古斯特·罗丹 1884年构思，1946年铸造 永恒之春	85.5cm×43cm×62.7cm	3,338,496	香港苏富比	2021-10-09
草间弥生 1999年作 自我消融	23.7cm×18.2cm×15.2cm	4,347,000	佳士得	2021-05-25
陈可 2019年作 玩偶之家	104.5cm×82cm×76cm	230,000	中国嘉德	2021-05-20
段建宇 2003年作 艺术鸡（一组十件）	尺寸不一	230,000	中国嘉德	2021-05-20
何翔宇 2014—2016年作 柠檬的研究	尺寸不一	212,436	香港苏富比	2021-04-20
黎志文 2018年作 圆方	34cm×34cm×9cm	212,436	香港苏富比	2021-04-19
李真 2003年作 清凉山	118cm×57cm×46cm	2,486,850	中国嘉德	2021-04-23
李真 2006年作 灵思	94cm×36.5cm×32cm	1,759,500	佳士得	2021-05-25
梁慧圭 2010年作 和服寺	167cm×113cm×98cm	227,700	佳士得	2021-05-25
卢齐欧·封塔纳 约1960—1965年作 空间概念	22cm×43.5cm×20cm	1,380,000	永乐拍卖	2021-05-21
奈良美智 2007年作 失眠夜（坐姿）	15cm×17cm×28cm	606,960	保利香港	2021-04-21
逄伟 赵维明 苗青 2021年作 十二金袍兽神将	35—43cm不等	207,000	上海嘉禾	2021-07-23
青岛千穗 2010年作 莲花之子	40cm×49cm×49cm	218,592	中国嘉德	2021-10-12
向京 2005年作 警花	高71cm	218,500	北京保利	2021-06-04
严友人 共和 雕塑	高58cm；长61cm；宽42cm	230,000	朵云轩	2021-07-07
展望 2003—2008年作 赈灾石·假山石56号	77cm×96cm×53cm	575,000	中国嘉德	2021-05-20
周春芽 2008年作 一公一母	154cm×116cm×49cm	641,700	佳士得	2021-05-25
朱铭 1992年作 太极系列－转身蹬腿	45.3cm×34.1cm×55.3cm	1,380,834	香港苏富比	2021-04-19
KAWS 2018年作 纽约	243.8cm×243.8cm	4,137,840	保利香港	2021-11-30
KAWS 2008年作 KAWSBOB	50.8cm×40.6cm	2,761,668	香港苏富比	2021-04-20
MR. 2011年作 无题	145.5cm×112cm	3,062,400	罗芙奥	2021-07-18
MR. 2018年作 蓝秋天	130cm×50cm×45cm	2,503,872	香港苏富比	2021-10-10
Nikki 2021年作 右眼	120cm×120cm	417,600	罗芙奥	2021-07-17
埃德·鲁沙 1997—1999年作 Bee?	187.6cm×147.3cm	6,369,708	香港苏富比	2021-04-19
艾芙瑞·辛格 2018年作 无题（立方体）	101.6cm×114.3cm	5,655,687	香港苏富比	2021-04-19
班克斯 2004年作 Riot Cop	101cm×69.4cm	3,186,540	香港苏富比	2021-04-20
KAWS（布莱恩·唐纳利） 2018年作 SEEING座灯	玩偶 37cm×19cm×16cm；底座 20cm×10.5cm×18cm	414,000	保利厦门	2021-05-05
蔡国强 1995年作 日晷	总 302cm×401cm；单151cm×401cm	1,759,500	佳士得	2021-05-25

拍品名称	物品尺寸	成交价RMB	拍卖公司	拍卖日期
草间弥生 1980年作 花	27cm×24.2cm	377,568	中国嘉德	2021-10-12
草间弥生 2013年作 我继续与南瓜相伴生活	180cm×180cm×30cm	13,407,915	香港苏富比	2021-04-19
草间弥生 2015年作 黄金天网	112cm×145.5cm	7,797,750	香港苏富比	2021-04-19
陈陈陈 圆盘生物系列·纽约上空惊现飞碟大闸蟹		230,000	永乐拍卖	2021-05-23
陈可 2008年作 做点什么呢	106cm×169cm	460,000	中国嘉德	2021-05-20
崔素荣 2013年作 香港苏豪街	45.5cm×53cm	208,800	罗芙奥	2021-07-18
丁雄泉 1968年作 在你眼眸里九月份的雨点	176.7cm×236cm	1,669,248	香港苏富比	2021-10-09
丁雄泉 1973年作 万紫千红	180cm×242cm	890,880	罗芙奥	2021-07-18
丁乙 2007年作 十示2007-B3	56cm×75.5cm	218,500	西泠印社	2021-07-24
范光厚 金鱼	130cm×72cm	1,043,280	香港苏富比	2021-10-10
谷文达 2000年作 丝绸之路之一	340cm×190cm	207,000	中国嘉德	2021-05-20
黄建南 2018年作 生命之源	80cm×60cm	7,820,000	北京荣宝	2021-06-19
黄宇兴 2013年作 河流	175.2cm×230cm	2,086,560	香港苏富比	2021-10-09
加贺温 2020年作 我认为是一场噩梦	149.8cm×119.8cm	1,460,592	香港苏富比	2021-10-10
井上有一 1970年作 乃（镜心）	122.8cm×182.7cm	759,000	上海嘉禾	2021-07-23
拉法·马卡龙 2019年作 氟日常（双联画）	每件 226.2cm×145.9cm；整体 226.2cm×294cm	3,547,152	香港苏富比	2021-10-09
兰一 2011年作 裸花抽象1号	200cm×150cm	287,500	北京保利	2021-06-04
梁铨 2013年作 祖先的海	160cm×121cm	227,000	十竹斋拍卖（北京）	2021-04-25
刘国松 1975年作 燎原	57.4cm×93cm	902,853	香港苏富比	2021-04-19
刘炜 1995年作 无题	40cm×46cm	287,500	北京保利	2021-06-04
刘炜 2015年作 无题之3	71cm×134cm	278,208	中国嘉德	2021-10-12
六角彩子 2013年作 无题	105.5cm×153.5cm	3,129,840	香港苏富比	2021-10-10
六角彩子 2011年作 无题	140cm×100cm	2,394,240	罗芙奥	2021-07-18
洛伊·霍洛韦尔 2015年作 绿发女士肖像	121.9cm×91.4cm	6,657,120	香港苏富比	2021-10-09
奈良美智 2014年作 十颗星	180.5cm×160cm	30,748,425	香港苏富比	2021-04-19
奈良美智 2008年作 无常人生	169cm×254cm	16,468,005	香港苏富比	2021-04-19
奈良美智 2008年作 名古屋女孩－I	108.5cm×76.5cm	4,140,000	佳士得	2021-05-24
乔治·康多 2015年作 无题（艺术家与缪斯）	165.1cm×147.3cm	13,670,280	香港苏富比	2021-10-10
乔治·康多 2019年作 惠斯勒的父亲	193cm×188cm	10,664,640	香港苏富比	2021-10-09
苏笑柏 2010年作 符合	180cm×180cm	632,500	中贸圣佳	2021-07-06
汪建伟 2015年作 脏物 No.2	126cm×166cm×132cm	230,000	华艺国际	2021-06-05
王天德 2019年作 佘山渔隐图	35.5cm×188.5cm	230,000	中贸圣佳	2021-07-06
邬建安 2013年作 月食	96cm×78cm	230,000	西泠印社	2021-07-24
吴大羽 约1950年作 无题178	39.4cm×27.8cm	920,000	中国嘉德	2021-05-20
五木田智央 2018年作 彩排	194cm×162cm	1,356,264	香港苏富比	2021-10-10
萧勤 2007年作 蓝色之省思	90cm×120cm	690,417	香港苏富比	2021-04-19
薛松 2018年作 山水图	160cm×90cm	517,500	中贸圣佳	2021-07-06
亚历山大·考尔德 1974年作 峭壁上的白花与白金属片	199cm×202cm×187cm	13,407,915	香港苏富比	2021-04-19
盐田千春 2020年作 In the Hand	26cm×8cm×13cm	368,000	上海嘉禾	2021-07-23
余友涵 2013年作 2013.8.25	79.5cm×91cm	849,744	香港苏富比	2021-04-20
曾梵志 1998年作 面具系列习作	画作 16cm×16cm，纸张 29.8cm×20.7cm	312,984	香港苏富比	2021-10-10
张晓刚 2009年作 绿墙：睡房	150cm×200cm	743,526	香港苏富比	2021-04-20

（成交价RMB：10万元以上）

拍品名称	物品尺寸	成交价RMB	拍卖公司	拍卖日期
赵无极 1967年作 30.11.67	65cm×100cm	17,590,400	罗芙奥	2021-12-05
郑国谷 1999—2005年作 再锈两千年（十二件）	最高36cm；最低21cm	253,000	北京翰海	2021-06-05
钟泗宾 1970年作 灯笼工艺师	91.5cm×66cm	569,250	佳士得	2021-05-25
周春芽 徐累一 2009年作 桃花	180cm×125cm	632,500	中贸圣佳	2021-07-06
吴冠中 1990年作 少女	43cm×29cm	207,000	朵云轩	2021-12-31
周春芽 2020年作 桃花	31cm×21cm	230,000	朵云轩	2021-12-31
周春芽 2020年作 赏花人	31cm×21cm	218,500	朵云轩	2021-12-31
1980—1990年代作 鱼虫笑 四格漫画《八戒外传》原稿（1835选20）	17cm×22cm×1835	230,000	西泠印社	2021-01-16
EMILIO GARCIA Sponge Brain 系列 海绵宝宝（素描原作12张）	22cm×24cm×12	207,000	北京保利	2021-06-08
保罗·塞尚 男孩素描	28cm×17cm	172,500	北京荣宝	2021-12-02
蔡江白 黄妙林 2006年作 红军过雪山	114cm×200cm	161,000	上海嘉禾	2021-07-22
常玉 1920年代作 坐姿看书的女人	41cm×24.5cm	437,000	华艺国际	2021-12-10
常玉 1930年代作 恋人	39.8cm×20.6cm	218,500	中国嘉德	2021-11-28
常玉 1920年代作 女子的侧影	45cm×28cm	207,000	华艺国际	2021-12-10
常玉 1920—1930年代作 短裙女子像	45.5cm×28cm	417,312	中国嘉德	2021-10-12
常玉 1920—1930年代作 裸女	45cm×28.2cm	417,312	中国嘉德	2021-10-12
常玉 斜卧裸女	39.6cm×27.7cm	393,300	佳士得	2021-05-25
常玉 1930年代作 作画女子像	50cm×29.5cm	278,208	中国嘉德	2021-10-12
常玉 穿格子披肩的女子	28.5cm×44cm	248,400	中国嘉德	2021-10-12
常玉 坐下的仕女	45cm×27.8cm	175,950	佳士得	2021-05-25
常玉 1920—1930年代作 侧坐裸女像	49.5cm×29.5cm	168,912	中国嘉德	2021-10-12
常玉 1920—1930年代作 黑眸女子像	39.5cm×30cm	168,912	中国嘉德	2021-10-12
陈逸飞 蔡江白 凝寒大地·纪念周文雍 陈铁军烈士（附素描小稿）	200cm×152cm	184,000	上海嘉禾	2021-07-22
韩美林 速写册	36cm×52cm×161	184,000	西泠印社	2021-01-16
李桦 1959年作 征服黄河	28.6cm×40.5cm	253,000	中国嘉德	2021-11-29
刘海粟 1915年作 金陵乌龙潭	25.5cm×32.5cm	276,000	北京诚轩	2021-05-17
刘海粟 1915年作 虹桥野渡	25.5cm×32.2cm	253,000	北京诚轩	2021-05-17
刘海粟 1915年作 树石佳境	25cm×32.2cm	253,000	北京诚轩	2021-05-17
奈良美智 2003年作 寂寞Western	33.4cm×27cm	805,000	永乐拍卖	2021-12-03
奈良美智 2001—2002年作 无题（谁抢走了孩子）	29.8cm×21cm	575,000	永乐拍卖	2021-12-03
奈良美智 2002年作 在云上的小依Ⅰ	29.8cm×21cm	575,000	永乐拍卖	2021-12-03
奈良美智 2002年作 在云上的小依Ⅱ	21cm×29.8cm	575,000	永乐拍卖	2021-12-03
奈良美智 2002年作 在云上的小依Ⅲ	29.8cm×21cm	575,000	永乐拍卖	2021-12-03
奈良美智 2002年作 在云上的小依Ⅳ	29.8cm×21cm	575,000	永乐拍卖	2021-12-03
奈良美智 2002年作 在云上的小依Ⅴ	21cm×29.8cm	575,000	永乐拍卖	2021-12-03
奈良美智 2002年作 在云上的小依Ⅵ	29.8cm×21cm	575,000	永乐拍卖	2021-12-03
奈良美智 1989年作 无题（Last Right）	14.5cm×21cm	172,500	华艺国际	2021-12-10
尼古拉·费欣弗兰克·沃特斯肖像	38cm×30cm	287,500	北京荣宝	2021-06-19
让·卡米尔·柯罗 森林中的夫妇	28.5cm×17cm	172,500	北京荣宝	2021-06-19
藤田嗣治 1927年作 侧卧裸女	57.9cm×82.6cm	212,436	香港苏富比	2021-04-19
王沂东 2021年作 远方	56cm×76cm	172,500	北京保利	2021-12-02
王沂东 2006年作 回娘家	73cm×49cm	161,000	中国嘉德	2021-11-29
王沂东 2020年作 镜前的阿依古丽	76cm×56cm	230,000	北京保利	2021-06-04
卫天霖 1945—1951年作 人物画像（一组两件）	28.4cm×18.5cm；29.2cm×25.7cm	207,000	中国嘉德	2021-11-28
吴冠中 1970年代作 山城	24cm×18cm	253,000	中国嘉德	2021-11-29
吴冠中 2003年作 速写之一（一组六件）	25cm×18.6cm×6	230,000	中国嘉德	2021-11-29
吴冠中 2003年作 速写之二（一组六件）	25cm×18.6cm×6	149,500	中国嘉德	2021-11-29

拍品名称	物品尺寸	成交价RMB	拍卖公司	拍卖日期
徐悲鸿 1940年作 灵鹫－6 无题（双面画）	25cm×18cm	253,000	永乐拍卖	2021-12-03
徐悲鸿 1940年作 乐课－1	18cm×25cm	230,000	永乐拍卖	2021-12-03
徐悲鸿 1940年作 灵鹫-1（双面画）	A面18cm×25cm；B面18cm×25cm	414,000	永乐拍卖	2021-05-21
徐悲鸿 1940年作 乐课-1	18cm×25cm	322,000	永乐拍卖	2021-05-21
徐悲鸿 1940年作 大象（双面画）	A面18cm×25cm；B面18cm×25cm	172,500	永乐拍卖	2021-05-21
徐芒耀 2006年作 博奈伏先生	24cm×32cm	249,700	北京保利	2021-01-15
张晓刚 1987年作 生生息息之爱	25cm×35cm	151,740	保利香港	2021-04-21
招炽挺 王孝柏 向井冈山进军	160cm×230cm	172,500	中贸圣佳	2021-05-20
朱新建 1980年代作《永远的尹雪艳》连环画原稿（三十六帧）	16cm×17.5cm×36	287,500	西泠印社	2021-01-16
KAWS 2015年作（i）保持镇静；（ii）没人在家；（iii）安慰的事物 丝网版画	(i) 74.3cm×85.1cm；(ii) 90.8cm×76cm；(iii) 91.4cm×73.7cm	172,500	朵云轩	2021-12-31
Digiway 2019年作 The Chāo Dynasty	480cm×120cm	172,500	十竹斋拍卖（北京）	2021-04-25
KAWS 2014年作 卡伍斯 责备游戏（十件一组）	画心88.8cm×58.4cm；外框68cm×98cm	460,000	华艺国际	2021-12-10
KAWS（i）2016年作 隔离塔；（ii）2017年作 踝链	(i) 152.4cm×109.2cm；(ii) 147.3cm×147.3cm	413,784	保利香港	2021-11-29
KAWS 1999年作 无题	72cm×53cm	206,892	保利香港	2021-11-29
MADSAKI 2013—2014年作 无题（Alien）	366cm×60cm	552,000	华艺国际	2021-06-04
Mr Doodle 2019年作 黄色太阳花、蓝色机器人、橘色鱼、粉色鸟（一组四件）	35cm×35cm×4	179,053	中国嘉德	2021-04-23
阿尔贝特·卡雷拉 2014年作 系列：卡萨布兰卡的鱼6	111cm×77cm	172,500	十竹斋拍卖（北京）	2021-04-25
安迪·沃霍尔 1976年作 牛	115.6cm×74.9cm	252,000	佳士得	2021-04-07
安迪·沃霍尔 1975年作 米克·杰格	111cm×73cm	745,200	中国嘉德	2021-10-12
安迪·沃霍尔 1972年作 毛泽东	90.5cm×90.5cm	676,423	中国嘉德	2021-04-23
法国国家图书馆 彩绘圆明园长春园版画	96cm×61cm	322,000	北京荣宝	2021-12-02
百花齐放	26cm×32.5cm	149,500	华艺国际	2021-06-02
班克斯 我对抗过法律	图像66cm×66.1cm；纸张69.7cm×69.7cm	186,203	保利香港	2021-11-29
班克斯 2007年作 手推车	图像49.5cm×69cm 纸张56.5cm×76.1cm	403,628	香港苏富比	2021-04-20
班克斯 2017年作 销售结束（V.2）	纸张57cm×76.5cm	403,628	香港苏富比	2021-04-20
班克斯 2004年作 炸弹之爱	71cm×50cm	397,440	中国嘉德	2021-10-12
毕加索 1965年作 苦艾酒和水果盘	83.5cm×63cm	299,000	十竹斋拍卖（北京）	2021-04-25
草间弥生 1998年构思，2012年翻铸 南瓜	27cm×27cm×28cm	883,200	罗芙奥	2021-12-04
草间弥生 1993年作 跳舞南瓜	50.7cm×73.4cm	465,507	保利香港	2021-11-29

2021书画拍卖成交汇总(续表)

(成交价RMB：10万元以上)

拍品名称	物品尺寸	成交价RMB	拍卖公司	拍卖日期
草间弥生 2000年作 南瓜(I)	38cm×45.5cm(图)；50cm×65cm(纸)	427,800	罗芙奥	2021-12-04
草间弥生 2012年作 南瓜 TWOTEOL	45.5cm×53cm(图)；61.3cm×66.8cm(纸)	331,200	罗芙奥	2021-12-04
草间弥生 2015年作 七种颜色的富士山：我的生命永远闪耀，即使经过数十亿光年，这种人类的爱也不会消失	30cm×89cm	310,338	保利香港	2021-11-29
草间弥生 1999年作 水果篮(5)	45cm×54cm(图)；60cm×68cm(纸)	234,600	罗芙奥	2021-12-04
草间弥生 2004年作 跳舞的南瓜	画心 39.5cm×56.3cm；纸张 50cm×65.5cm	322,000	保利厦门	2021-05-05
草间弥生 1992年作 南瓜(白T)	83.5cm×70.5cm	320,160	罗芙奥	2021-07-18
草间弥生 1993年作 思考的南瓜	75.8cm×62.3cm	306,240	罗芙奥	2021-07-18
草间弥生 1999年作 花(2)	54cm×45cm(图)；70cm×59cm(纸)	278,527	中国嘉德	2021-04-23
草间弥生 2000年作 帽子II	38cm×45.5cm(图)；50cm×65cm(纸)	278,208	中国嘉德	2021-10-12
草间弥生 1999年作 町	47.8cm×59.6cm(图)；56.5cm×76cm(纸)	248,685	中国嘉德	2021-04-23
草间弥生 1989年作 蜥蜴	45cm×52.7cm(图)；53.5cm×61cm(纸)	248,400	中国嘉德	2021-10-12
草间弥生 1990年作 扬子江	画心 45cm×53.5cm；画纸 54cm×62.8cm	231,000	佳士得	2021-04-07
草间弥生 1985年作 百合花	画心 45.4cm×53cm；纸张 53.3cm×60.8cm	218,500	保利厦门	2021-05-05
草间弥生 1993年作 思考的南瓜	75.8cm×62.3cm	212,750	上海嘉禾	2021-07-23
草间弥生 1999年作 かぼちゃ MT	44.3cm×36.6cm	166,750	西泠印社	2021-07-24
草间弥生 2011年作 许愿和平的女人们	45.3cm×52.7cm(图)；60cm×69cm(纸)	139,104	中国嘉德	2021-10-12
陈庭诗 1981年作 昼与夜 #70	118.3cm×235cm	531,090	香港苏富比	2021-04-19
陈庭诗 1968年作 无题	60cm×120cm	218,843	中国嘉德	2021-04-23
陈庭诗 a. 1981年作 b. 1985年 c. 1985年作 d. 1969年作 a.昼与夜 #57 b.冰点之下 #4 c.昼与夜 #91 d.海韵 #3	a.93.5cm×93.5cm；b.90cm×90cm；c.90cm×90cm；d.90cm×90cm	169,949	香港苏富比	2021-04-19
陈庭诗 a.新生(2) b.无题 c.冰点之下 d.意志#23	a.89cm×88.8cm；b.88.5cm×89.5cm；c.90cm×90.4cm；d.90.5cm×90.5cm	148,705	香港苏富比	2021-04-19
村上隆 弗吉尔·阿伯拉赫 2018年作 勿忘你终要逝去：黑色、米白、荧光(一组三件)	37.5cm×29cm(每件)	179,400	罗芙奥	2021-12-05
戴维·霍克尼 1984年作 西莉亚戴绿帽	76cm×56cm	333,850	香港苏富比	2021-10-10
方力钧 2015年作 2013—20154/12版	244cm×366cm	632,500	北京翰海	2021-12-17
方力钧 1996年作 1996.18	260cm×121cm×3	552,000	中国嘉德	2021-11-29
方力钧 2000年作 无题(一组六件)	121cm×81cm×6	172,500	北京保利	2021-12-02
方力钧 2000—2002年作 2000.5.5、2000.5.10、2000.5.20、2000.6.15、2000.6.30、2000.6.25、2002.12.11、2002.11.11、2002.12.9、2002.11.9(一组十件)	81cm×122cm×10	920,000	中国嘉德	2021-05-20
方力钧 2015年作 2013—2015	244cm×122cm	287,500	华艺国际	2021-06-05
古元 赵朴初 春天、行书七言诗(镜框)	版画17cm×29cm；书法67cm×32.5cm	195,500	华艺国际	2021-06-04
凯斯·哈灵 POP SHOP(一套四件)	30cm×38cm×4	161,000	上海嘉禾	2021-07-23
林寿宇 1971年作 5月系列(5月1日；5月2日；5月3日；5月4日)	48cm×48cm×4	175,950	佳士得	2021-05-25
刘野 2010年作 谁害怕L夫人?	100cm×79.5cm(图)；112cm×90.5cm(纸)	167,040	罗芙奥	2021-07-17
梅尔·波切内尔 2020年作 废话，废话，废话(MB6105)	58.1cm×78.7cm	517,230	保利香港	2021-11-29
莫迪里阿尼 2019年作 莫迪里阿尼100年纪念版画	55cm×46cm×100	460,000	华艺国际	2021-12-10
奈良美智 1999年作 浪游浮世系列(一组十六张)	41.3cm×28.5cm	1,965,474	保利香港	2021-11-29
奈良美智 2010年作 走吧	42cm×29.5cm	469,200	罗芙奥	2021-12-05
奈良美智 2003年作 吉他女孩	50cm×40cm(图)；66cm×50.5cm(纸)	469,200	罗芙奥	2021-12-04
奈良美智 云端中	图 31cm×24cm；纸 42.5cm×32.7cm	434,473	保利香港	2021-11-29
奈良美智 2012年作 破碎的宝物	42cm×30cm	386,400	罗芙奥	2021-12-04
奈良美智 2012年作 向后向前	42cm×29.5cm	303,600	罗芙奥	2021-12-05
奈良美智 2013年、2015年作 梦想时间；只是一点点；搏斗(一组三件)	41.9cm×29.2cm；41.9cm×29.8cm；41.9cm×29.2cm	696,000	罗芙奥	2021-07-18
奈良美智 2010年作 不想哭	42cm×29.5cm	306,240	罗芙奥	2021-07-18
奈良美智 2015年作 告诉我为什么	41.5cm×29.2cm	250,560	罗芙奥	2021-07-17
奈良美智 2008年作 宇宙女孩：打开眼睛/闭上眼睛(共两件)	72cm×51.9cm×2	199,500	佳士得	2021-04-07
奈良美智 2008年作 宇宙女孩(睁/闭眼睛)(一组两件)	72cm×52cm×2	189,001	中国嘉德	2021-04-23
奈良美智 2008年作 宇宙女孩(睁眼及闭眼)(一组两件)	69cm×49cm×2	161,856	保利香港	2021-04-21
清乾隆《御制平定苗疆战图十六咏》版画(一套十六开)	51cm×87cm×16	1,610,000	北京保利	2021-12-05
涂鸦先生 Mr.Doodle 2019年作 黄色太阳花、蓝色机器人、橘色鱼、粉色鸟(一组四件)	35cm×35cm×4	149,500	中国嘉德	2021-11-29
吴冠中 1994年(A)及1995年(B)作 江南屋、苗圃(一组两件)	62cm×68cm(A)；68cm×79cm(B)	159,158	中国嘉德	2021-04-23
吴冠中 1990年(A)及2000年(B)作 鹦鹉天堂、建楼曲(一组两件)	66cm×66.5cm(A)；49cm×46cm(B)	158,976	中国嘉德	2021-10-12
徐冰 1991年作 天书	书 45.5cm×40cm；盒 49cm×33.6cm×9.5cm	718,375	佳士得	2021-12-02

拍品名称	物品尺寸	成交价RMB	拍卖公司	拍卖日期
徐冰(i)-(ii)，(iv)，(vi)-(viii)1987年作；(iii)，(v)，(ix)1988年作；(x)1988年作五个复数系列：(i)草垛的倒影；(ii)黑潭；(iii)枯潭；(iv)生命潭；(v)黑蝌蚪；(vi)田；(vii)一条大河；(viii)移云；(ix)庄稼地；(x)有山的地方	47.5cm×71.6cm	310,338	保利香港	2021-11-29
盐田千春 2020年作 关系；在天空中航行	65cm×50cm；79.2cm×59.6cm	151,800	罗芙奥	2021-12-05
圆明园西洋楼二十景图	60cm×95cm	287,500	华艺国际	2021-06-02
圆明园西洋楼铜版画(20选6)	29.2cm×49.5cm	184,000	华艺国际	2021-12-10
赵无极 1962年作 西方的诱惑(11件一组)	38.5cm×28.5cm×11	151,800	罗芙奥	2021-12-05
赵无极 1950年作 红日	48cm×34cm	254,923	香港苏富比	2021-04-19
赵无极 1950年作 巴黎诗歌(六件)	a.21cm×16.5cm；b.21cm×16.5cm；c.22cm×17.3cm；d.22cm×17.5cm；e.19.5cm×17.5cm；f.21cm×16.5cm	212,436	香港苏富比	2021-04-19
赵无极 1969年作 无题	57.7cm×37.5cm(图)；76cm×56cm(纸)	159,158	中国嘉德	2021-04-23
中村萌 2017年作 羊鬼鬼	21.5cm(L)×21.5cm(W)×69cm(H)	1,057,920	罗芙奥	2021-07-18
朱德群 2006—2007年作 途中的风景(一组6件版画及1件书法原作)	63cm×82cm×4；90cm×75cm×2；书法13cm×21cm	172,500	中国嘉德	2021-05-20
朱德群 1998年作 秋	67cm×100cm；76cm×117cm	149,211	中国嘉德	2021-04-23
刘炜 2007年作 人物 静物	195cm×195cm×2	414,000	上海明轩	2021-12-30
刘炜 2005年作 无题(一组三幅)	27.5cm×23cm×3	333,500	朵云轩	2021-12-31
刘炜 2007年作 风景(二)	19.5cm×19.5cm	161,000	上海明轩	2021-12-30
MR. 2020年作 First Time Hopping	25cm×34cm	149,500	上海嘉禾	2021-07-23
白发一雄 约1981年作 无题	28.3cm×37.8cm	231,000	佳士得	2021-04-07
贝尔纳·布菲 1960年作 黄色背景前的瓶花	66cm×50.8cm	672,399	保利香港	2021-11-29
贝尔特·莫里索 坐在草丛上的女人和孩子	16cm×21cm	287,500	北京荣宝	2021-12-02
彼得·麦当劳 2005年作 卷发夹	61cm×51cm	206,892	保利香港	2021-11-29
毕加索 1960年作 手稿涂鸦	19cm×28cm	164,575	北京保利	2021-01-15
草间弥生 1980年作 蝴蝶	24.2cm×27.2cm	576,949	中国嘉德	2021-04-23
常玉 1940—1950年代作 盆花	63cm×44cm	920,000	华艺国际	2021-12-10
常玉 1940—1950年代作 青花盆与菊	46cm×36.5cm	713,000	华艺国际	2021-12-10
常玉 1920—1930年代作 新年百福	14cm×17cm	356,500	华艺国际	2021-12-10
陈坚 雨中的崂山风景	76cm×103cm	149,500	中贸圣佳	2021-05-20
丁雄泉 1950年代作 水彩(一组十二幅)	18.5cm×29cm×12	276,000	中贸圣佳	2021-05-20
冯一鸣 时间就是金钱	75cm×105cm	184,000	中贸圣佳	2021-05-20
关广志 1940—1950年代作 城门	39cm×25cm	253,000	中国嘉德	2021-05-20
关广志 1940—1950年代作 大成殿	34cm×49cm	253,000	中国嘉德	2021-05-20
关广志 1940—1950年代作 箭楼风景	31.5cm×22.5cm	253,000	中国嘉德	2021-05-20
关广志 1940—1950年代作 角楼	33.5cm×24cm	218,500	中国嘉德	2021-05-20
关广志 1940—1950年代作 天坛	39cm×28cm	161,000	中国嘉德	2021-05-20
关广志 1940—1950年代作 煦日院景	32cm×22.5cm	161,000	中国嘉德	2021-05-20
关良 峨眉金顶	38.5cm×26.5cm	241,500	西泠印社	2021-07-24
哈定 螃蟹与陶罐	46.5cm×36.5cm	184,000	华艺国际	2021-06-05
哈维尔·卡勒加 2017年作 Two Faces(#51)；It Wasn't Me(#40)；Bound(#33)；Untitled；Who Would I Be, If I Could Be & It Can Only Be Me(6 Works)	5cm×10cm；14cm×13.5cm；5cm×20cm；5cm×7cm；7cm×7cm；11cm×8.5cm	3,899,750	佳士得	2021-12-02
哈维尔·卡勒加 2017年作 甘特男孩	14.6cm×19.2cm	218,500	中国嘉德	2021-11-29
金梅生 可爱的儿童	42cm×55cm	172,500	中贸圣佳	2021-05-20
克劳德·莫奈 普维尔的小径	21cm×31.7cm	2,052,500	佳士得	2021-12-02
蓝荫鼎 1965年作 庙前一景	49cm×57cm	207,000	罗芙奥	2021-12-05
黎谱 1930年作 靛蓝瓷碗	75cm×44.5cm	2,277,000	佳士得	2021-05-24
黎谱 摘水果	62cm×30cm	1,356,264	香港苏富比	2021-10-09
黎谱 约1938年作 女士	30.5cm×23cm	1,138,500	佳士得	2021-05-25
黎谱 河内的寺庙	35.5cm×26.5cm	531,090	香港苏富比	2021-04-19
黎谱 母与子	72.5cm×57cm	403,628	香港苏富比	2021-04-19
刘作贤 1976年作 工人大学	95.5cm×153.5cm	143,750	西泠印社	2021-01-16
梅忠恕 1956年作 桥	53.5cm×44.5cm	2,668,250	佳士得	2021-12-02
梅忠恕 1966年作 调戏	45.5cm×59.5cm	3,717,630	香港苏富比	2021-04-18
梅忠恕 1974年作 新曙光	94cm×36cm	3,312,000	佳士得	2021-05-25
梅忠恕 1954年作 静物	76.5cm×39.5cm	2,230,578	香港苏富比	2021-04-19
梅忠恕 约1938年作 梳妆少女	33.5cm×30cm	1,138,500	佳士得	2021-05-25
梅忠恕 1944年作 窗帘	34cm×25.5cm	1,035,000	佳士得	2021-05-25
梅忠恕 1972年作 花束	47cm×30cm	672,750	佳士得	2021-05-25
梅忠恕 1972年作 花坛	46.5cm×20.5cm	672,750	佳士得	2021-05-25
梅忠恕 1968年作 手挽秀发	19.5cm×10.9cm	227,700	佳士得	2021-05-25
尼古拉斯·帕蒂 2016年作 茶壶	79.5cm×59.5cm	1,564,920	香港苏富比	2021-10-10
尼古拉斯·帕蒂 2017年作 静物	154cm×134.2cm	14,112,990	保利香港	2021-11-30
萨尔瓦多·达利 约1966年作 阿拉伯人、雨伞树与野鸡	38.5cm×29.8cm	621,000	佳士得	2021-05-25
山姆·弗朗西斯 约1958年作 无题	64cm×47.5cm	625,968	香港苏富比	2021-10-10
汤小铭 1972年作 永不休战	77cm×53cm	184,000	西泠印社	2021-04-10
陶冷月 1922年作 江南水乡	40.3cm×65.5cm	368,000	中国嘉德	2021-05-20
藤田嗣治 1920年作 郁金香	39cm×30.3cm	747,500	中国嘉德	2021-05-20
藤田嗣治 约1952年作 母与子	23.2cm×18cm	637,308	香港苏富比	2021-04-19
藤田嗣治 1932年作 贵妇像	64cm×49cm	596,160	中国嘉德	2021-10-12
藤田嗣治约1952年作执花少女	20.6cm×14.6cm	477,981	香港苏富比	2021-04-19
田中敦子 1975年作 无题	78.5cm×109cm	796,635	香港苏富比	2021-04-20
万维生 1964年作 全世界无产者联合起来——马、恩、列、斯像	29cm×47cm	155,250	中国嘉德	2021-11-29
王肇民 孤挺花	63.5cm×44cm	253,000	中国嘉德	2021-05-20
魏瀛洲 打渔杀家(梅兰芳戏剧)	73cm×50cm	172,500	中贸圣佳	2021-05-20
吴冠中 1958年作 十大建筑就开工	26cm×37.5cm	920,000	中国嘉德	2021-05-20
吴冠中 1960年代作 春风	28.7cm×40.7cm	862,500	中国嘉德	2021-05-20
吴冠中 1960年代作 团城下	27.8cm×38cm	805,000	中国嘉德	2021-05-20
吴冠中 1961年作 眺望	41cm×31cm	747,500	中国嘉德	2021-05-20
希尔·安德鲁·普特南 爱之梦	45cm×69cm	207,000	北京荣宝	2021-06-19
席德进 1975年作 圣诞红/关渡平原(双面画)	58cm×77.2cm	317,952	中国嘉德	2021-10-12
席德进 1973年作 林间胜景	58cm×79cm	278,208	中国嘉德	2021-10-12
细川真希2011年作波弗蒂湾的日落	17.5cm×28.5cm	172,500	华艺国际	2021-11-12
细川真希 2011年作 我们去西雅图	17.5cm×28.5cm	172,500	华艺国际	2021-11-12
向门合同志学习	106cm×128cm	101,500	中贸圣佳	2021-05-20
颜文樑1920年代作 苏州瑞光塔之秋	36cm×56cm	322,000	永乐拍卖	2021-05-21
颜文樑 1920年代作 苏州荒郊野庙	36cm×56cm	322,000	永乐拍卖	2021-05-21
杨文仁 在平凡的工作岗位上(组画12幅)	44cm×38cm	172,500	中贸圣佳	2021-05-20

2021书画拍卖成交汇总（续表）

（成交价RMB：10万元以上）

拍品名称	物品尺寸	成交价RMB	拍卖公司	拍卖日期
佚名 淮海战役	55.5cm×148cm	172,500	中贸圣佳	2021-05-20
佚名 1960年代作 伟大的、光荣的、正确的中国共产党万岁	76cm×86cm	253,000	西泠印社	2021-01-16
佚名《伟大的、光荣的、正确的中国共产党万岁！》水粉画原稿（一幅）	76cm×86cm	368,000	中鸿信	2021-07-15
尹朝阳 2007年作 天安门	64cm×95cm	172,500	北京保利	2021-12-02
张恩利 2006年作 盒子	43.5cm×60cm	299,000	华艺国际	2021-12-10
张书旂 1944年作 牡丹蝴蝶	45.5cm×61cm	189,750	北京诚轩	2021-05-17
赵无极 1953—1954年作 无题	23cm×18cm	690,000	中国嘉德	2021-11-28
赵无极 1985年作 无题	29.6cm×25.6cm	672,399	保利香港	2021-11-29
赵无极 1961年作 无题	54.5cm×74.2cm	1,293,162	中国嘉德	2021-04-23
赵无极 1954年作 无题1954	12.5cm×33cm	1,193,688	中国嘉德	2021-04-23
赵无极 1967年作 抽象	40cm×56cm	1,092,960	中国嘉德	2021-10-12
赵无极 1987年作 无题	28.5cm×38cm	938,952	香港苏富比	2021-10-10
赵无极 1967年作 无题	33cm×49cm	745,200	中国嘉德	2021-10-12
赵无极 2005年作 无题	36cm×51cm	625,968	香港苏富比	2021-10-10
赵无极 1970年作 无题	25cm×19cm	521,640	香港苏富比	2021-10-10
赵云龙 园林	99cm×148cm	161,000	中贸圣佳	2021-05-20
周春芽 2018年作 太湖	44.7cm×63.5cm	331,027	保利香港	2021-11-29
周春芽 2018年作 风景	32.5cm×43.5cm	283,248	保利香港	2021-04-21
朱德群 1964年作 无题	38cm×56cm	1,725,000	华艺国际	2021-12-10
朱德群 1960年作 构图第25号	55.5cm×37cm	1,026,250	佳士得	2021-12-02
朱德群 1985年作 清早	65cm×50cm	769,688	佳士得	2021-12-02
朱德群 1963年作 第163号	53cm×37.7cm	315,000	佳士得	2021-04-07
陈钧德 1974年作 复兴公园	47.5cm×52cm	448,500	朵云轩	2021-12-31
陈钧德 1999年作 青岛教堂	59cm×49cm	287,500	朵云轩	2021-12-31
陈逸飞 1990年作 高原母子情	97cm×66cm	4,945,000	上海明轩	2021-12-30
崔洁 2010年作 工作室	100cm×150cm	299,000	上海明轩	2021-12-30
关良 1959年作 造船厂	55cm×67.5cm	2,415,000	上海明轩	2021-12-30
何红舟 2006年作 安妮	118cm×118cm	402,500	朵云轩	2021-12-31
黄渊青 无题	150cm×180cm	276,000	朵云轩	2021-12-31
井士剑 石榴	130cm×110cm	172,500	朵云轩	2021-12-31
刘炜 2005年作 肖像	49.5cm×59cm	1,046,500	上海明轩	2021-12-30
罗中立 浴女	55cm×44cm	299,000	朵云轩	2021-12-31
罗中立 1995年作 美国之行	36cm×52cm	172,500	朵云轩	2021-12-31
毛焰 2004年作 托马斯	74cm×59cm	1,437,500	上海明轩	2021-12-30
欧阳春 2005年作 能量棒	200cm×150cm	299,000	上海明轩	2021-12-30
尚扬 2006—2007年作 董其昌计划-8	128.5cm×249cm×2	9,315,000	上海明轩	2021-12-30
宋琨 2011年作 迷失在夜里的你	90cm×125cm	920,000	上海明轩	2021-12-30
苏天赐 1993年作 紫薇	55cm×56cm	3,473,000	上海明轩	2021-12-30
苏天赐 1990年作 小院春景	15cm×28cm	172,500	朵云轩	2021-12-31
谭平 2018年作 无题	100cm×80cm	230,000	朵云轩	2021-12-31
王劼音 2018年作 庭院叙事	140cm×50cm×4	1,552,500	朵云轩	2021-12-31
王劼音 2018年作 板桥流水	100cm×100cm	448,500	朵云轩	2021-12-31
王劼音 2009年作 云端	120cm×150cm	402,500	朵云轩	2021-12-31
王劼音 2014年作 空山	130cm×65cm	368,000	朵云轩	2021-12-31
王劼音 2018年作 云岩萧寺	100cm×100cm	322,000	朵云轩	2021-12-31
王劼音 2000年作 秋林	80cm×80cm	184,000	朵云轩	2021-12-31
王易罡 1982年作 少女肖像	96cm×76cm	345,000	朵云轩	2021-12-31
王玉平 2005年作 画大了画小了	150cm×120cm	155,250	朵云轩	2021-12-31
下田光2015年作这个星球上的孩子	41cm×31.8cm	264,500	上海明轩	2021-12-30
熊宇 2010年作 穿越城市的光	200cm×150cm	230,000	上海明轩	2021-12-30
颜文樑 1950年代作 复兴公园	21.5cm×29cm	920,000	朵云轩	2021-12-31
颜文樑 上海七宝老镇	42cm×57cm	575,000	朵云轩	2021-12-31

拍品名称	物品尺寸	成交价RMB	拍卖公司	拍卖日期
张恩利 2015年作 粗的和细的	180cm×200cm	1,955,000	上海明轩	2021-12-30
郑在东 2014年作 风景	200cm×200cm	322,000	上海明轩	2021-12-30
周碧初 1973年作 芍药花	61cm×49cm	828,000	上海明轩	2021-12-30
周春芽 2001年作 绿狗	200cm×250cm	10,925,000	上海明轩	2021-12-30
周春芽 1994年作 雅安	72.5cm×60.5cm	2,875,000	上海明轩	2021-12-30
周长江 2000年作 互补2000.12	160cm×300cm	920,000	朵云轩	2021-12-31
18世纪 星空夜景图玻璃画	84cm×54cm（连框）；74cm×45cm（画心）	253,000	华艺国际	2021-03-31
2020年作 Edgar Plans 小英雄	200cm×300cm	1,032,850	北京保利	2021-01-20
ABOUDIA 2016年作 无题	122cm×153cm	1,642,000	佳士得	2021-12-02
ABOUDIA 2014年作 无题	150cm×210cm	1,242,000	佳士得	2021-05-25
ANDREW SALGADO 2019年作 穿戴整齐，无处可去	182cm×150cm	172,500	永乐拍卖	2021-05-21
Aokizy 2018年作 Mimic	180cm×200cm	345,000	北京保利	2021-06-04
D Face 2005年作 无题	121cm×152cm	264,500	华艺国际	2021-06-04
EMILIO GARCIA Sponge Brain 系列 海绵宝宝（原作）	80cm×80cm	207,000	北京保利	2021-06-08
H. 鲍姆加特纳 湖光山色	67.5cm×95cm	207,000	北京荣宝	2021-12-02
JOSH SPERLING Strong Silent Type 系列（原作）	高100cm	333,500	北京保利	2021-06-08
KAWS 2001年作 无题（CHUM）包装画作系列	画心41cm×41cm；包装59.5cm×48.5cm	1,128,875	佳士得	2021-12-02
KAWS 2011年作 A Big Pill	直径182cm	3,795,000	永乐拍卖	2021-05-21
KAWS 2012年作 Don’t Sink	直径102cm	2,530,000	永乐拍卖	2021-05-21
KAWS 2011年作 UNTITLED（HTLB1）	直径50cm	1,725,000	北京保利	2021-09-25
MADSAKI 2017年作 Mountain Dew #11	218cm×290.5cm	1,128,875	佳士得	2021-12-02
MADSAKI 2018年作 自由领导人民（受欧仁·德拉克洛瓦启发）	260.5cm×325.2cm	3,415,500	佳士得	2021-05-24
MADSAKI 2019年作 无题	140cm×100cm	1,345,500	佳士得	2021-05-25
MADSAKI 2018年作 Harassed	直径120cm	393,300	佳士得	2021-05-25
MIKE LEE 2019年作 亲爱的神	152.4cm×91.4cm	431,025	佳士得	2021-12-02
Mr Doodle 2019年作 Doodle II	100cm×100.5cm×4.5cm	1,231,500	佳士得	2021-12-02
Mr Doodle 2018年作 心愿满屋	122cm×91.5cm	616,739	中国嘉德	2021-04-23
Mr Doodle 2019年作 DOODLE卡萝	150cm×100cm	696,318	中国嘉德	2021-04-23
Mr Doodle/Dr Scribble 2018年作 胜利者	101.6cm×76.2cm	516,672	中国嘉德	2021-10-12
Mr Doodle/Dr Scribble 2018年作 鱼骨头	30.5cm×91.5cm	377,568	中国嘉德	2021-10-12
Mr Doodle 2019年作 农家乐	60.5cm×60.5cm	318,317	中国嘉德	2021-04-23
Mr Doodle 2019年作 红色之路	51cm×51cm	179,053	中国嘉德	2021-04-23
MR. 2008年作 每天只可玩一个小时游戏	70cm×49cm	696,318	中国嘉德	2021-04-23
MR. 1998年作 星空下的早安	18cm×14cm	149,211	中国嘉德	2021-04-23
Mr.Doodle 2019年作 梦	80cm×130cm	529,000	永乐拍卖	2021-05-21
NUTTSH 2021年作 友谊	140cm×140cm	609,500	北京保利	2021-12-02
NUTTSH 2020年作 SELF-PORTRAIT 原作	100cm×100cm	230,000	北京保利	2021-06-08
ob 2012年作 第三个我	130.5cm×130.5cm×2.7cm	389,760	罗芙奥	2021-07-17
PRATUANG EMJAROEN 1974年作 无题	59cm×75cm	769,688	佳士得	2021-12-02
PRATUANG EMJAROEN 1989年作 无题	120cm×135cm	362,250	佳士得	2021-05-25

拍品名称	物品尺寸	成交价RMB	拍卖公司	拍卖日期
ROMULO OLAZO 1981年作 透色	86.5cm×64cm	248,400	佳士得	2021-05-25
TAWEE NANDAKWANG 1978年作 花园	97.5cm×71.5cm	672,750	佳士得	2021-05-25
TAWEE NANDAKWANG 树	62cm×118.5cm	621,000	佳士得	2021-05-25
阿布迪亚(科特迪瓦)2013年作 无题	124cm×199.5cm	1,380,000	华艺国际	2021-12-10
阿德里安·塔诺1903年作 女士肖像	74cm×61cm	207,000	北京荣宝	2021-12-02
阿德里安·塔诺 1903年作 优雅的女士	61cm×46cm	172,500	北京荣宝	2021-06-19
"赵无极、徐悲鸿的恩师、法国著名画家"阿尔伯特·贝纳尔(Paul Albert Besnard)秋景(附证书)	56cm×38cm	161,000	北京保利	2021-06-07
阿尔伯特·布伦德尔 1873年作 等待回家的末班船	55cm×72cm	287,500	北京荣宝	2021-12-02
阿尔弗雷德·西斯利约1885年作村景	38cm×55.7cm	2,873,500	佳士得	2021-12-02
阿凡迪 1969年作 库桑巴海滩	81cm×99cm	410,500	佳士得	2021-12-02
阿凡迪 1974年作 印度尼西亚国家石油公司钻机	100cm×130cm	1,062,180	香港苏富比	2021-04-19
阿凡迪 1985年作 海滩上的船	113cm×148cm	1,009,071	香港苏富比	2021-04-19
阿凡迪 1982年作 峇里(巴厘)岛渔民	110cm×130.5cm	828,000	佳士得	2021-05-25
阿凡迪 日常生活	110cm×135cm	625,968	香港苏富比	2021-10-10
阿凡迪 1980年作 南海滩	110cm×146cm	465,750	佳士得	2021-05-25
阿凡迪 1971年作 自画像	45cm×55cm	424,872	香港苏富比	2021-04-19
阿莫阿科·博阿佛2018年作格雷斯	100cm×104cm	1,168,398	香港苏富比	2021-04-20
阿莫阿科·博阿佛 2019年作 白帽子与白墨镜	186cm×183cm	4,352,796	香港苏富比	2021-10-09
阿莫奥克·博福2017年作红色沙发	100cm×140cm	2,668,250	佳士得	2021-12-02
阿莫索罗 1951年作 午餐	50cm×70cm	1,168,398	香港苏富比	2021-04-19
阿莫索罗 1938年作 阳光下的晚餐	56.5cm×71.5cm	931,500	佳士得	2021-05-25
阿莫索罗 1937年作 老妇女	44.5cm×33cm	569,250	佳士得	2021-05-25
阿莫索罗 1957年作 泉间沐浴	66cm×51cm	424,872	香港苏富比	2021-04-19
阿莫索罗 1937年作 洗衣妇	24.5cm×33cm	289,800	佳士得	2021-05-25
阿莫索罗 1927年作 持着帽子的男人	37cm×47cm	276,167	香港苏富比	2021-04-19
阿默·萨达里 1983年作 带金条的对角线	110cm×100cm	196,650	佳士得	2021-05-25
阿瑞·史密特 1995年作 芙蓉	115cm×75cm	730,296	香港苏富比	2021-10-10
埃得蒙·德·尚佩勒 1877年作 斯凯尔特河风光	36.5cm×65cm	172,500	华艺国际	2021-03-31
埃德加·普兰斯 2010年作 森林里的爱	54cm×54cm	521,640	香港苏富比	2021-10-10
埃德加·普兰斯 我是谁?(Who am I?)	35cm×27cm;含框 53cm×44cm	299,000	上海嘉禾	2021-07-23
埃莉诺·索迪 2018年作 去哪儿	91.4cm×116.5cm	637,308	香港苏富比	2021-04-20
埃斯利·埃尔赫林-埃西 2016年作 一切都被照亮(并在贬值)	165cm×130cm	164,200	佳士得	2021-12-02
艾迪·马丁内斯 2006年作 超音速植物	21.9cm×91.5cm	2,668,250	佳士得	2021-12-02
艾迪·马丁内斯2019年作夜间飞行II	82.9cm×274.3cm	1,334,125	佳士得	2021-12-02
艾迪·马丁内斯 2015年作 无题	183cm×275cm	4,657,500	佳士得	2021-05-25
艾迪·马丁内斯 2009年作 They Build You Up to Knock You Down	183cm×275cm	4,968,000	佳士得	2021-05-24
艾迪·马丁内斯 2020年作 无题	76.2cm×101.6cm	1,265,000	北京保利	2021-06-04

拍品名称	物品尺寸	成交价RMB	拍卖公司	拍卖日期
艾迪·马丁内斯 2008年作 桌子，桌布，桌子 #2	186cm×244cm	3,910,000	永乐拍卖	2021-12-03
艾迪·马丁内斯 2012年作 无题	183cm×153cm	2,875,000	永乐拍卖	2021-12-03
艾迪·马丁内斯 2012年作 无题	122cm×91cm	977,500	永乐拍卖	2021-12-03
艾迪·马丁内斯 2016年作 无题	77cm×102cm	1,150,000	永乐拍卖	2021-05-21
艾迪·马丁内斯 2012年作 无题	92cm×77cm	1,150,000	永乐拍卖	2021-05-21
艾蒂安·皮奥特 年轻女子肖像	46cm×38cm	172,500	北京荣宝	2021-12-02
艾芙瑞·辛格2017年作 无题(手)	102cm×77cm	2,691,000	佳士得	2021-05-25
艾莉森·祖克曼 2017年作 无题	109.2cm×274.3cm×2	1,026,250	佳士得	2021-12-02
艾米莉·梅·史密斯 2015年作 熵	35cm×27.5cm	461,813	佳士得	2021-12-02
艾米莉·梅·史密斯 2016年作 诚实间谍	122cm×86.4cm	2,336,796	香港苏富比	2021-04-19
艾瑞克·帕克 2017年作 Haole Horizon	97cm×137cm	569,250	佳士得	2021-05-25
艾瑞克·帕克 2008—2009年作 制造危机	132.5cm×107.2cm	307,875	佳士得	2021-12-02
艾轩 2012年作 寂寥的旷野	70cm×60cm	977,500	北京保利	2021-12-02
艾轩 1982年作 拉萨女孩	52cm×37cm	368,000	华艺国际	2021-12-10
艾轩 约1980年代作 丽人	52cm×47cm	287,500	北京保利	2021-12-02
艾轩 2008年作 若尔盖的深冬	55cm×55cm	552,000	中国嘉德	2021-05-20
艾轩 1999年作 高原情侣	60cm×70cm	529,000	永乐拍卖	2021-05-21
艾轩 1975年作 阿克苏牧人	37cm×54cm	230,000	北京保利	2021-09-25
艾学峰 2019～2020年作 同根同源系列21	120cm×90cm	230,000	北京华辰	2021-12-07
艾中信 1954年作 三峡情	44.5cm×58.5cm	230,000	华艺国际	2021-06-05
艾中信 1986年作 多瑙河的梦	43.5cm×59.5cm	218,843	中国嘉德	2021-04-23
克丽丝汀·嫒珠2012年作层层超越	70cm×110cm	2,018,142	香港苏富比	2021-04-20
安德里亚·马蒂努奇 2019年作 5092019	200cm×200cm×3.5cm	172,500	华艺国际	2021-11-12
安德烈·布拉吉利 2002年作 大卡玛尔格骑兵队	191cm×260cm	3,080,322	香港苏富比	2021-04-18
安德烈·布拉吉利 2015年作 夜骑	114cm×146cm	1,274,616	香港苏富比	2021-04-19
安德烈·布拉吉利 2020年作 伟大幻想曲	130.2cm×195.2cm	991,116	香港苏富比	2021-10-09
安德烈·布拉吉利 1966年作 马之嘉年华会	54cm×65cm	236,640	罗芙奥	2021-07-17
安德烈·布泽尔 2005年作 无题(姑娘27.4.05)	120cm×90cm	500,774	香港苏富比	2021-10-10
安德烈·德兰(法国)1946—1950年作 沐浴	14cm×28cm	184,000	华艺国际	2021-12-10
安德烈·克罗多 1927年作 北京之春	58cm×71cm	253,000	中国嘉德	2021-05-20
安德烈·布拉吉利 2015年作 卢佩涅的蓝色冬天	130cm×163cm	938,952	香港苏富比	2021-10-10
安德烈·布拉吉利 2014年作 塔德努瓦宁静之夜	73cm×116cm	625,968	香港苏富比	2021-10-10
安德烈·布拉吉利 2014年作 松下美人	130cm×89cm	521,640	香港苏富比	2021-10-10
安德烈·布拉吉利 2013年作 海边奔驰的马	130cm×161.8cm	776,250	佳士得	2021-05-25
安德烈·布拉吉利 2019年作 粉色天空下的骑兵	97cm×130cm	1,128,875	佳士得	2021-12-02
安迪·沃霍尔 1983年作 给孩子的画(闪电Sharivan机器人)	40.7cm×35.4cm	1,077,563	佳士得	2021-12-02
安格百迪 约1935年作 田里的东京女士	129.5cm×162cm	1,449,000	佳士得	2021-05-25

2021书画拍卖成交汇总(续表)

(成交价RMB:10万元以上)

拍品名称	物品尺寸	成交价RMB	拍卖公司	拍卖日期
安吉尔·奥特罗 2012年作 无题	106cm×84cm	246,300	佳士得	2021-12-02
安明阳 1964年作 炉火纯青	215cm×145.5cm	248,685	中国嘉德	2021-04-23
安妮·卡比格丁 2010年作 被破坏的油画(向培根致敬)	150cm×130.5cm	359,188	佳士得	2021-12-02
安奇帮 2021年作 丛林尽染	50cm×60cm	920,000	北京荣宝	2021-12-02
安奇帮 2020年作 渔村	60cm×80cm	690,000	永乐拍卖	2021-05-21
奥迪隆·雷东约1900—1905年作花束	67.4cm×52.1cm	17,828,100	纽约佳士得	2021-11-11
皮耶·奥古斯特·雷诺阿 1913年作 浣纱女	29cm×34cm	4,140,000	华艺国际	2021-12-10
奥古斯特·塞鲁尔 1873年作 猎人、女士和猎犬	86cm×60cm	287,500	北京荣宝	2021-12-02
奥利·埃普 2018年作 魔术师	130cm×180cm	828,000	佳士得	2021-05-25
巴尔杜·赫尔加森 2017年作 穿风衣的男人	122cm×91cm	509,846	香港苏富比	2021-04-20
白发一雄 1989年作 幼龙君	61cm×73cm	2,668,250	佳士得	2021-12-02
白发一雄 1961年作 T53	130cm×97.2cm	15,173,100	香港苏富比	2021-10-09
白发一雄 2003年作 妖幻	130cm×194cm	6,957,684	香港苏富比	2021-10-09
白发一雄 1988年作 妙乐	61cm×73cm	3,415,500	佳士得	2021-05-25
白发一雄 1983年作 飞天	60.5cm×72.8cm	2,018,142	香港苏富比	2021-04-20
白发一雄 1978年作 澄轮	72.8cm×60.5cm	1,380,834	香港苏富比	2021-04-20
白发一雄 村上三郎 吉田稔郎 元永定正 嶋本昭三 吉原治良 吉原通雄 1976年作 日本具体派艺术(一组七件)	37cm×26cm×7(方向不一)	460,000	中国嘉德	2021-05-20
薄云2010年作春江水暖(三联画)	160cm×225cm	172,500	中国嘉德	2021-11-29
保罗·塞尚 1866—1867年作 肖像	65.1cm×54cm	12,650,000	中国嘉德	2021-11-28
贝尔纳·布菲 1956年作 花瓶	64cm×48.6cm	828,000	佳士得	2021-05-25
贝尔纳·弗里茨 2005年作 水晶	240cm×310cm	1,642,000	佳士得	2021-12-02
贝尔纳·布菲 1996年作 小丑与咖啡杯	104cm×73.3cm	4,732,800	罗芙奥	2021-07-17
贝尔纳·布菲 1972年作 杜兰海边	89.5cm×130.5cm	2,561,280	罗芙奥	2021-07-18
贝尔纳·布菲 1953年作 克罗港岛	60cm×92cm	1,197,120	罗芙奥	2021-07-18
贝尔纳·布菲 1966年作 黄色背景前的小丑	130cm×81cm	4,926,000	佳士得	2021-12-02
贝尔纳·布菲 1963年作 斗牛士贝尔纳·戴维	130cm×97cm	5,655,240	香港苏富比	2021-10-09
贝尔纳·布菲 1999年作 小丑头像	116cm×81cm	3,933,000	佳士得	2021-05-24
贝尔纳·布菲1958年作西班牙盛世	195cm×100cm	3,398,976	香港苏富比	2021-04-18
贝尔纳·布菲 1972年作 潘波勒,港口拖船	89cm×130cm	2,295,216	香港苏富比	2021-10-09
贝尔纳·卡多兰 1998年作 红桌上的九重葛与秋海棠	150.5cm×150.5cm	296,960	罗芙奥	2021-07-17
贝尔纳·布菲 1954年作 两只龙虾	97cm×195cm	1,043,280	香港苏富比	2021-10-10
贝尔纳·布菲 1953年作 静物甜瓜	50cm×65cm	573,804	香港苏富比	2021-10-10
贝家骧 2015年作 芳馥	116cm×91cm	2,070,000	北京保利	2021-06-04
贝瑞·麦吉 2019年作 无题	116.5cm×101cm	338,663	佳士得	2021-12-02
本杰明·阿普尔 2016年作 将桌子置于角落29	165cm×130cm	218,500	华艺国际	2021-12-10
本杰明·阿普尔 2017年作 将桌子置于角落 63	130cm×110cm	195,500	北京华辰	2021-12-07
皮耶·奥古斯特·雷诺阿 1874年作 安丽欧夫人	41cm×33cm	21,662,100	纽约佳士得	2021-11-11
彼得·多伊格 1993年作 白色独木舟(版本)	20.4cm×25.4cm	4,002,375	佳士得	2021-12-01
卜镝 2013年作 松风 3	200cm×200cm	1,104,000	北京保利	2021-12-02

拍品名称	物品尺寸	成交价RMB	拍卖公司	拍卖日期
KAWS(布莱恩·唐纳利)2013年作 无题(双联画)	89cm×58.5cm×4cm	1,670,400	罗芙奥	2021-07-17
蔡国强 1987年作 姚期	25cm×25cm	322,000	华艺国际	2021-12-10
蔡云妹 2011年作 罗布村(镜框)	80cm×80cm	172,500	北京保利	2021-05-17
藏渊 2021年作 开心的呐喊	114cm×162cm	230,000	北京保利	2021-12-02
藏渊 2021年作 神话	162cm×130cm	230,000	北京翰海	2021-12-17
曹辉 2015年作 瑞现	60cm×60cm	207,000	中国嘉德	2021-11-29
曹力 2007年作 青春圆舞曲	59cm×99cm	322,000	华艺国际	2021-06-05
曹力 2015年作 笛声悠远	50cm×60cm	230,000	华艺国际	2021-06-05
草间弥生 1991年作 南瓜	72.7cm×60.6cm	21,879,650	佳士得	2021-12-02
草间弥生 2014年作 INFINITY-NETS [OTWHON]	144.8cm×144.8cm	15,968,450	佳士得	2021-12-01
草间弥生 1989年作 南瓜	38cm×45.5cm	9,269,090	佳士得	2021-12-02
草间弥生 1995年作 果物	15.5cm×22.5cm	4,823,375	佳士得	2021-12-02
草间弥生 2001年作 南瓜 AAY	16cm×22.7cm	3,181,375	佳士得	2021-12-02
草间弥生 1980年作 夕阳下的海	27.2cm×24.2cm	359,188	佳士得	2021-12-02
草间弥生 1983年作 山	45.5cm×53cm	5,373,720	佳士得	2021-05-25
草间弥生 1996年作 花	18cm×14cm	3,875,040	中国嘉德	2021-10-12
草间弥生 1996年作 果物	14cm×18cm	3,775,680	中国嘉德	2021-10-12
草间弥生1994年作南瓜(黄)(镜框)	14cm×18cm	3,220,000	上海嘉禾	2021-07-23
草间弥生 1990年作 南瓜	15.8cm×22.7cm	2,486,850	中国嘉德	2021-04-23
草间弥生 1996年作 南瓜	14cm×17.8cm	2,070,000	佳士得	2021-05-25
草间弥生 1988年作 初夏的花片	38cm×45.5cm	1,689,120	中国嘉德	2021-10-12
草间弥生 1990年作 新绿	15.8cm×22.7cm	974,845	中国嘉德	2021-04-23
草间弥生 1992年作 无限的点	22.7cm×15.8cm	931,500	佳士得	2021-05-25
常玉 1930年代作 瓶中粉红菊	81cm×54cm	17,938,850	佳士得	2021-12-01
常玉 1934年作 无题(粉红绣球花)	73.5cm×50.5cm	17,938,850	佳士得	2021-12-02
常玉 1930—1950年代作 红底瓶菊	33.5cm×23.5cm	4,025,000	华艺国际	2021-12-10
常玉 1930—1950年代作 盆中牡丹	42cm×25.5cm	2,530,000	华艺国际	2021-12-10
朝戈 2004年作 云	72cm×53cm	920,000	北京华辰	2021-12-07
陈抱一 1920年作 田园	28cm×39cm	172,500	中贸圣佳	2021-05-20
陈承卫 2020年作 生命之花35	140cm×120cm	287,500	北京保利	2021-12-02
陈承卫 2015年作 大民国	130cm×60cm	189,750	华艺国际	2021-11-12
陈城梅 1983年作 牛车水后巷二号	61.5cm×80.5cm	184,725	佳士得	2021-12-02
陈丹青 2011年作 穿高跟鞋的裸女	61cm×76.5cm	667,000	永乐拍卖	2021-12-03
陈丹青 1996年作 女鞋古今	50cm×60.5cm	576,949	中国嘉德	2021-04-23
陈飞 2006年作 还在画画?	110cm×110cm	1,265,000	华艺国际	2021-12-10
陈飞 2010年作 献给那些我爱的人——致丸尾末广	60cm×50cm	897,000	北京保利	2021-12-02
陈飞 2011年作 失踪	80cm×100cm	713,000	永乐拍卖	2021-05-21
陈飞 2010年作 低俗小说	20cm×40cm	244,025	北京保利	2021-08-10
陈飞 2010年作 科学怪人的新娘及趣味游戏(共两件)	30.4cm×20cm;40cm×30cm	182,088	保利香港	2021-04-21
陈钧德 1995年作 佛荷	100cm×100cm	368,000	中国嘉德	2021-11-29
陈钧德 1981年作 教堂夕阳	73.5cm×60.5cm	230,000	中国嘉德	2021-11-29
陈钧德 1980年作 古俑花果图	80cm×83cm	460,000	北京保利	2021-06-04
陈钧德 2005年作 爱庐	85cm×90cm	460,000	华艺国际	2021-03-31
陈钧德 2005年作 春生繁华	70cm×90cm	402,500	西泠印社	2021-07-24
陈钧德 2003年作 大山顶风景	88.5cm×68cm	378,001	中国嘉德	2021-04-23
陈钧德 1999年作 窗台静物	80cm×80cm	345,000	西泠印社	2021-07-24
陈钧德 1980年作 蟹之盛宴	58cm×80cm	298,422	中国嘉德	2021-04-23
陈钧德 1984年作 古俑和果盘	68cm×49cm	207,000	朵云轩	2021-07-07
陈钧德 1980年作 桂林山水	60cm×74cm	198,948	中国嘉德	2021-04-23
陈钧德 秋亭	26.5cm×28.5cm	195,500	西泠印社	2021-07-24
陈俊穆2012年作非洲舞蹈系列之3号	150cm×100cm	230,000	北京保利	2021-12-02

(成交价RMB：10万元以上)

拍品名称	物品尺寸	成交价RMB	拍卖公司	拍卖日期
陈可 2009年作 流星-彩球	150cm×150cm	1,128,875	佳士得	2021-12-02
陈可 2005年作 花火	50cm×50cm	747,500	永乐拍卖	2021-12-03
陈可 2003年作 完美生活之一	100cm×80cm	690,000	北京保利	2021-12-02
陈可 2007年作 梅花	50cm×50cm	598,000	北京保利	2021-12-02
陈可 2004年作 星座	54cm×64cm	253,000	中国嘉德	2021-11-29
陈可 2011年作 夕阳	直径150cm	1,138,500	佳士得	2021-05-25
陈可 2004年作 小A·头发	100cm×80cm	701,500	西泠印社	2021-07-24
陈可2012年作老年弗里达与迪耶戈	40cm×50cm	210,470	纽约佳士得	2021-02-25
陈可之 2009年作 红尘系列——思念的酒	40cm×60cm	690,000	北京荣宝	2021-12-02
陈淑霞 2000年作 三个梨	162cm×130cm	184,000	上海嘉禾	2021-07-23
陈树中 2001年作 野草滩的季节	170cm×180cm	230,000	中国嘉德	2021-11-29
陈树中 1997—1998年作 野草滩的迎亲	130cm×162cm	189,750	西泠印社	2021-07-24
陈庭诗 1991年作 落日熔金(91-23)	98.5cm×79cm	347,760	中国嘉德	2021-10-12
陈庭诗 1996年作 铁马冰河(96-4)	60.5cm×72.5cm	178,848	中国嘉德	2021-10-12
陈文希 河景	61cm×76.2cm	1,128,875	佳士得	2021-12-02
陈文希 约1960年代作 乡村风景	48cm×61cm	625,968	香港苏富比	2021-10-10
陈衍宁 2008年作 和弦	121cm×172cm	920,000	永乐拍卖	2021-12-03
陈衍宁 2003年作 双扇图	126cm×146cm	920,000	中国嘉德	2021-11-29
陈衍宁 牛郎织女	90cm×120cm	345,000	中国嘉德	2021-05-20
陈衍宁 1988年作 幻想未来	75cm×99cm	278,527	中国嘉德	2021-04-23
陈衍宁 女孩与牛	60cm×75cm	149,040	中国嘉德	2021-10-12
陈逸飞 2000年作 玄想	154cm×106cm	4,025,000	永乐拍卖	2021-12-03
陈逸飞 1986年作 拂晓出航	112cm×133cm	3,000,000	十竹斋拍卖(北京)	2021-04-25
陈逸飞 1990年作 威尼斯运河	74cm×110cm	1,955,000	北京华辰	2021-12-07
陈逸飞 2001年作 顾盼	140cm×100cm	1,380,000	中国嘉德	2021-11-29
陈逸飞 1988年作 黄昏船歌	61cm×86cm	1,150,000	北京保利	2021-12-02
陈逸飞 1984年作 船家	55cm×81cm	1,667,500	北京保利	2021-09-25
陈逸飞 2001年作 苏州春天	50.9cm×76.2cm	1,138,500	佳士得	2021-05-25
陈逸飞 回家(苏州)	51cm×66cm	879,750	佳士得	2021-05-25
陈逸飞 1998年作 西藏系列·纯真	65cm×55cm	655,500	朵云轩	2021-07-07
陈荫罴 1930年作 艺术家自画像	77cm×64cm	345,000	中国嘉德	2021-11-29
陈彧君 2008年作 亚洲地境10.4平方米(双联画)	260cm×200cm×2	552,000	中国嘉德	2021-11-28
陈彧君 2009年作 亚洲地境5.2平方米 NO.16	200cm×260cm	517,500	华艺国际	2021-11-12
陈彧君 2008年作 亚洲地境1.3平方米NO.9	130cm×100cm	253,000	永乐拍卖	2021-12-03
陈彧君 2014年作 错屋No.141107	150cm×150cm	207,000	永乐拍卖	2021-12-03
陈彧君 2011年作 亚洲地境6平方米 No.20110908	200cm×300cm	368,000	中国嘉德	2021-05-20
陈彧君 2011年作 亚洲地境—3.15平方米	150cm×210cm	345,000	华艺国际	2021-06-05
陈彧君 2012—2013年作 临时家庭No.12130311	200cm×300cm	298,422	中国嘉德	2021-04-23
程丛林 1991年作 1991NO.350	50.5cm×40.5cm	172,500	北京华辰	2021-12-07
崔洁 2014年作 网吧	150cm×110cm	552,000	华艺国际	2021-06-05
崔洁 2015年作 地面入侵图32号	40cm×50cm	297,410	香港苏富比	2021-04-20
崔洁 2015年作 无题	60.5cm×50.2cm	207,000	佳士得	2021-05-25
崔小冬 2004年作 初春时分	85.5cm×115.5cm	161,000	西泠印社	2021-07-24
村上隆 维吉尔·阿伯拉赫(日本、美国) 2018年作 FLOWER	57.8cm×46cm	977,500	华艺国际	2021-12-10
大卫·迪·诺特 厨娘	76cm×61.5cm	310,500	华艺国际	2021-03-31

拍品名称	物品尺寸	成交价RMB	拍卖公司	拍卖日期
戴娜·舒茨 2006年作 第一封心灵感应电子邮件	77.5cm×102.2cm	2,549,232	香港苏富比	2021-04-20
丹尼尔·利希特2011年作 邪恶之眼	200cm×300cm	4,347,000	佳士得	2021-05-25
单凡 2014年作 缓慢之作：彩竹	200cm×184cm	575,000	华艺国际	2021-12-10
单凡 2021年作 缓慢之作	200cm×200cm×2	862,500	华艺国际	2021-03-31
丁方 1985年作 城之时期系列·不死者之城	64cm×120cm	207,000	北京翰海	2021-12-17
丁设 2011年作 格子里的风景	120cm×90cm	149,500	西泠印社	2021-07-24
丁雄泉 1990年代作 无题	128cm×301cm	667,063	佳士得	2021-12-02
丁雄泉 1986年作 红磨坊女子	75cm×100cm	307,875	佳士得	2021-12-02
丁雄泉 1984年作 三美图	180cm×96.5cm	417,312	中国嘉德	2021-10-12
丁雄泉1986年作你喜欢我的橘猫吗?	40.6cm×50.8cm	283,325	纽约佳士得	2021-02-25
丁雄泉1990年代早期作花鸟鲜果图	72cm×108.5cm	248,400	中国嘉德	2021-10-12
丁雄泉1972年作人生就是一碗樱桃	122.8cm×180cm	226,660	纽约佳士得	2021-02-25
丁雄泉 2001年作 花瓶、肖像画、水果与游鱼	60.5cm×83cm	218,843	中国嘉德	2021-04-23
丁雄泉 1990年代早期作 两对鹦鹉	72.5cm×107.5cm	178,848	中国嘉德	2021-10-12
丁雄泉 1986年作 三鹦鹉	72cm×95.5cm	169,106	中国嘉德	2021-04-23
丁衍庸 静物 木板	45.5cm×52cm；信札(1)26cm×18.5cm；信札(2)27cm×19cm	616,032	中国嘉德	2021-10-13
丁乙 2006年作 十示 2006-6	200cm×140cm	1,725,000	华艺国际	2021-12-10
董小蕙2018年作岁月静好·蝴蝶兰	80cm×64.5cm	218,592	中国嘉德	2021-10-12
董小蕙 2013年作 绣球花	72.5cm×60.5cm	198,948	中国嘉德	2021-04-23
董小蕙 2020年作 王维诗意—斑彩茶花	91cm×72.5cm	179,053	中国嘉德	2021-04-23
杜仲 突尼斯港口	140cm×260cm	275,000	安徽十竹斋	2021-12-05
段建伟 2004年作 两个小孩	130cm×110cm	402,500	北京诚轩	2021-11-28
段建伟 2007年作 拿书	130cm×89cm	345,000	华艺国际	2021-12-10
段建伟 2003年作 月光少年	73cm×60cm	184,000	中国嘉德	2021-11-29
段建伟 2013年作 施无畏	150cm×120cm	345,000	北京保利	2021-06-04
段正渠 2010年作 风景	90cm×130cm	149,500	北京华辰	2021-12-07
恩里科·巴赫 2018年作 RSW	280cm×370cm	2,300,000	华艺国际	2021-12-10
恩里科·巴赫 2014年作 无题	300cm×240cm	805,000	中国嘉德	2021-11-28
恩里科·巴赫 2016年作 RGSI3	280cm×210cm	460,000	北京保利	2021-12-02
恩里科·巴赫 2016年作 SBB	195cm×155cm	299,000	北京华辰	2021-12-07
恩里科·巴赫 2015年作 RWS3	195cm×160cm	241,500	北京翰海	2021-12-17
恩里科·巴赫 2015年作 Rggok	195cm×160cm	333,500	华艺国际	2021-06-05
恩里科·巴赫 2015年作 RGG	195cm×159.5cm	253,000	中国嘉德	2021-05-20
恩里科·巴赫 2019年作 FUSR	195cm×155cm	230,000	西泠印社	2021 07 24
儿岛善三郎 1958—1960年作 蔷薇	41cm×32cm	461,813	佳士得	2021-12-02
儿岛善三郎 1953年作 蔷薇	53.5cm×45.5cm	724,500	佳士得	2021-05-25
儿岛善三郎1929年作绿色和红色背景	90cm×145.7cm	1,150,000	永乐拍卖	2021-12-03
法比奥·奇波拉 风情	54cm×74.5cm	253,000	华艺国际	2021-03-31
方君璧 1928年作 庐山黄龙潭	46cm×61cm	747,500	中国嘉德	2021-11-29
方君璧 1937年作 黄山	91.5cm×66cm	632,500	中国嘉德	2021-11-29
方力钧 2010年作 2010	270cm×120cm	1,610,000	永乐拍卖	2021-12-03
方力钧 2006年作 2006.10.10	70cm×100cm	920,000	华艺国际	2021-12-10
方力钧 无题之二	80cm×270cm	1,437,500	中贸圣佳	2021-05-20
方力钧 2017年作 6月15号	250cm×360cm	1,274,616	香港苏富比	2021-04-20
方力钧 2009年作 2009春	130cm×90cm	529,000	北京保利	2021 06 04
方力钧 2004年作 小天使	70cm×49cm	299,000	永乐拍卖	2021-05-21
菲利普·考尔伯特 2019年作 狩猎场景 II	145.5cm×200cm	328,400	佳士得	2021-12-02

2021书画拍卖成交汇总(续表)

(成交价RMB：10万元以上)

拍品名称	物品尺寸	成交价RMB	拍卖公司	拍卖日期
费迪南德·罗伊贝特 坐在椅子上的女士	73cm×59cm	333,500	北京荣宝	2021-06-19
费尔南多·阿莫索洛 1942年作 阿杜阿纳之乱	46.5cm×71.5cm	1,026,250	佳士得	2021-12-02
费尔南多·阿莫索洛 1960年作 收成	51cm×66cm	872,313	佳士得	2021-12-02
费尔南多·阿莫索洛 1965年作 农作	46cm×61cm	461,813	佳士得	2021-12-02
费尔南多·波特罗 2000年作 无题	133cm×94cm	3,717,630	香港苏富比	2021-04-20
费尔南多·索培尔 1959年作 伊索纳	81.5cm×100cm	3,952,044	香港苏富比	2021-10-09
费尔南多·索培尔 1959年作 无题(献给杰拉尔多·鲁达)	40cm×50cm	1,911,924	香港苏富比	2021-04-18
封治国 2013年作 极	200x150cm	276,000	华艺国际	2021-12-10
冯法祀 1998年作 国魂	45cm×95.5cm	172,500	华艺国际	2021-12-10
冯玉琪 2002年作 花	72cm×58cm	368,000	华艺国际	2021-03-31
俸正杰 1999年作 浪漫旅程No.25	150cm×190cm	253,000	中国嘉德	2021-11-28
俸正杰 2007年作 中国肖像系列	150cm×150cm	172,500	北京华辰	2021-12-07
弗兰斯·凡·德·米恩 女士肖像	88cm×69.5cm	690,000	北京荣宝	2021-12-02
弗朗切斯科·维内亚 1878年作 年轻的表演者	37.5cm×29cm	172,500	北京荣宝	2021-12-02
弗朗索瓦丝·吉洛 1977年作 生生不息的森林	130cm×80.7cm	8,086,850	佳士得	2021-12-01
弗雷德里克·卡尔·弗里塞克 约1910年作 鹦鹉	161.3cm×129.5cm	6,326,100	纽约佳士得	2021-11-11
弗雷德里克·苏拉克洛瓦 下午漫步	75cm×46cm	575,000	北京荣宝	2021-06-19
弗里德里希·冯·温特费尔特 1858年作 浪漫风景	41cm×69cm	230,000	北京荣宝	2021-06-19
弗洛拉·尤赫诺维奇 2018年作 研习	21cm×15cm	575,000	华艺国际	2021-11-12
付毅兵 2021年作 沁竹	200cm×260cm	161,000	十竹斋拍卖(北京)	2021-04-25
傅庆丰 2013年作 塞纳-马恩省河女孩	65cm×54cm	180,960	罗芙奥	2021-07-18
高露迪 2015年作 无题	120cm×150cm	253,000	永乐拍卖	2021-12-03
高野绫 2004年作 在古代的伊斯之上 迎接死亡吗	116.5cm×91cm	194,280	纽约佳士得	2021-02-25
高瑀 2004年作 达尔文	200cm×200cm	920,000	华艺国际	2021-12-10
高瑀 2017年作 不菇独	200cm×180cm	851,000	北京保利	2021-12-02
高瑀 2006年作 好滋味	200cm×200cm	747,500	中国嘉德	2021-11-28
高瑀 2003年作 抛头颅，洒热血	150cm×150cm	517,500	华艺国际	2021-12-10
高瑀 2003年作 把心掏给你	140cm×120cm	483,000	北京保利	2021-12-02
高瑀 2009年作 大国先生	100cm×100cm	368,000	北京保利	2021-12-02
高瑀 2005年作 愤怒的熊猫	190cm×190cm	287,500	华艺国际	2021-11-12
高瑀 2012年作 群氓与散仙·猪	240cm×370cm	276,000	中国嘉德	2021-11-28
高瑀 2008年作 老子，古龙，赖宁	115cm×70cm×3	253,000	永乐拍卖	2021-12-03
高瑀 2003年作 编织一个中国梦	140cm×119cm	253,000	中国嘉德	2021-11-29
高瑀 2012年作 群氓与散仙·兔	185cm×62cm	230,000	中国嘉德	2021-11-28
高瑀 2004年作 受精卵之二	120cm×140cm	207,000	华艺国际	2021-12-10
高瑀 2012年作 群氓与散仙·狼	95cm(上)；104cm(下)；102.5cm(左)；78.5cm(右)	172,500	中国嘉德	2021-11-28
高瑀 2012年作 群氓与散仙·蛇	161cm(上)；151cm(下)；40.5cm(左)；40.4cm(右)	161,000	中国嘉德	2021-11-28
高瑀 2011年作 最坚强的泡沫/惯看秋月春风(一组三件)	172.5cm×82.8cm×3	862,500	中国嘉德	2021-05-20
高瑀 2008年作 Pan &Dada	200cm×200cm	667,000	北京保利	2021-06-04
高瑀 2004年作 熊猫涂鸦油画——痕迹	150cm×150cm	471,500	永乐拍卖	2021-05-21
高瑀 2005年作 愤怒的熊猫	190cm×190cm	253,000	中国嘉德	2021-05-20
哥特哈特·库尔 读牌者	69cm×45cm	402,500	北京荣宝	2021-12-02
葛辉 天鹅人物	131cm×161cm	184,000	中贸圣佳	2021-05-20
葛鹏仁 维吾尔族少女	100cm×81cm	218,500	北京翰海	2021-12-17
古那弯 美丽山景	100cm×155cm	517,500	佳士得	2021-05-25
古斯塔夫·卢瓦索 1908年作 圣茹安省欧内斯廷小姐的旅馆(菲尼斯泰尔)或圣茹安省欧内斯廷小姐的果园	54.1cm×64cm	4,945,860	纽约佳士得	2021-11-11
古斯塔夫·卢瓦索 1906年作 弗雷埃尔海角的塔努埃斯石	61cm×74cm	4,153,500	纽约佳士得	2021-11-11
关良 1957年作 柏林博物馆	24cm×33cm	1,128,875	佳士得	2021-12-02
关良 约1940年代作 滇西景	30cm×28.2cm	923,625	佳士得	2021-12-02
关良 约1970年代作 上海苏州河	36cm×47cm	920,000	北京华辰	2021-06-19
郭利伟 2008年作 故城	180cm×90cm	414,000	北京保利	2021-12-02
郭利伟 2013年作 平山	80cm×200cm	402,500	中国嘉德	2021-11-29
郭利伟 2016年作 山行系列·无锋	150cm×300cm	483,000	广东崇正	2021-07-18
郭利伟 2011年作 方圆之间	200cm×160cm	368,000	西泠印社	2021-07-24
郭利伟 2010年作 无尽征程	180cm×160cm	322,000	永乐拍卖	2021-05-21
郭利伟 2020年作 游园·不辩	180cm×92cm	207,000	北京保利	2021-06-04
郭润文 1995 年作 生存问题	114cm×146cm	1,380,000	中国嘉德	2021-11-28
郭润文 1988年作 屏风	88cm×55cm	368,000	永乐拍卖	2021-05-21
郭润文 2005年作 女人体	54cm×50cm	172,500	西泠印社	2021-07-24
郭绍纲 1999年作 库尔敦河谷	26.5cm×41cm	195,500	北京荣宝	2021-06-19
郭伟 1993年作 空间	158cm×145.5cm	207,000	中国嘉德	2021-11-29
哈吉·维达雅 1987年作 森林兰花	140cm×155cm	424,872	香港苏富比	2021-04-19
哈利·汉弗莱·摩尔 抱查理士王小猎犬的女孩	82cm×64cm	460,000	北京荣宝	2021-06-19
哈洛德·安卡特 2016年作 无题	162.5cm×130.5cm	1,552,500	佳士得	2021-05-25
哈洛德·安卡特 2015年作 无题	130.5cm×177cm	1,035,000	佳士得	2021-05-25
哈维尔·卡勒加 2017年作 What I Mean	162cm×130cm	4,140,000	佳士得	2021-05-25
哈维尔·卡勒加 2018年作 Look Out	162cm×130cm	6,707,570	佳士得	2021-12-01
哈维尔·卡勒加 2018年作 有一点疯狂	195cm×162cm	6,124,800	罗芙奥	2021-07-17
韩惠民、阿不都·米吉提 朱德视察皮革厂	116cm×158cm	172,500	中贸圣佳	2021-05-20
韩永旭 2014年作 狗	55cm×73cm	194,988	佳士得	2021-12-02
汉迪威曼·沙普塔拉 2006年作 展览会系列6号	190cm×144cm	769,688	佳士得	2021-12-02
何多苓 2005年作 母女	150cm×120cm	1,552,500	永乐拍卖	2021-12-03
何多苓 2005年作 躺着的女孩NO.5	100cm×100cm	402,500	中国嘉德	2021-11-29
何多苓 2005年作 躺着的婴儿	100cm×80cm	253,000	西泠印社	2021-07-24
何多苓 2004年作 小吴的三联画II	59.5cm×50.5cm	253,000	西泠印社	2021-07-24
何杰 2005年作 雷锋和少先队员们	220cm×170cm；220cm×180cm	149,500	上海嘉禾	2021-07-22
荷安·陆纳·努威西欧 约1893—1894年作 挥手致意的收割者	159cm×167.5cm	5,623,850	佳士得	2021-12-01
贺慕群 2000—2003年作 花木系列15	116.3cm×88cm	920,000	中国嘉德	2021-11-28
贺慕群 2000年作 花木系列	100cm×72cm	575,000	中国嘉德	2021-05-20
赫尔曼·福格勒 1989年作 弹羽管键琴的女孩	78cm×54cm	184,000	北京荣宝	2021-12-02
赫尔文·安德森 2003年作 路(缅因西部)	162cm×269.7cm	14,983,250	佳士得	2021-12-01
亨德拉·古那弯 1975年作 鱼市	147cm×200cm	7,458,624	香港苏富比	2021-10-09

拍品名称	物品尺寸	成交价RMB	拍卖公司	拍卖日期
亨德拉·古那弯 身穿蜡染布的女人	135cm×92cm	2,124,360	香港苏富比	2021-04-18
亨德拉·古那弯 1970年作 大自然	89.5cm×197.5cm	564,438	佳士得	2021-12-02
亨利·纪尧姆·施莱辛格 1872年作 拿金丝雀的女孩	73cm×59cm	322,000	北京荣宝	2021-06-19
亨利·威格尔 斯蒂芬森夫人像	75cm×62cm	230,000	北京荣宝	2021-12-02
亨利·约瑟夫·哈比格尼 风景	57.5cm×48.5cm	172,500	北京荣宝	2021-12-02
洪救国 1999年作 烦恼者	61cm×30.5cm	359,188	佳士得	2021-12-02
洪救国 1980年作 公鸡	78cm×54cm	194,988	佳士得	2021-12-02
洪凌 1994年作 新雪	96.8cm×145cm	556,800	罗芙奥	2021-07-18
胡善余 紫杜鹃花	66cm×53cm	460,000	北京保利	2021-12-02
胡善余 云南印象	50cm×60cm	230,000	永乐拍卖	2021-12-03
胡善余 1960年代作 穿白衣的少女	67cm×56cm	552,000	华艺国际	2021-06-05
胡善余 1967年作 河边风景	31.5cm×43cm	207,000	西泠印社	2021-07-24
胡善余 1989年作 牡丹盛开时节	48.5cm×59.5cm	178,848	中国嘉德	2021-10-12
黄本蕊 2014年作 餐桌上的枯山水	76cm×102cm	218,592	中国嘉德	2021-10-12
黄本蕊 2017年作 生命之轻(一组四件)	61cm×61cm×4	179,053	中国嘉德	2021-04-23
黄建南 2016年作 天上人间	102cm×76cm	7,935,000	北京荣宝	2021-12-02
黄建南 2020年作 宇宙系列	68cm×82cm	5,175,000	北京荣宝	2021-12-02
黄建南 2020年作 锦绣前程	67cm×67cm	3,967,500	北京荣宝	2021-12-02
黄建南 2020年作 夜半梦境	66cm×66cm	3,910,000	北京荣宝	2021-12-02
黄建南 2020年作 青春之花022	48cm×48cm	2,530,000	北京荣宝	2021-12-02
黄建南 鸿运当头	66cm×66cm	6,325,000	中贸圣佳	2021-09-26
黄建南2020年作 庚子年 青春之花009	48cm×48cm	5,980,000	保利厦门	2021-05-06
黄建南 2020年作 庚子年 量子射爆	48cm×48cm	5,520,000	保利厦门	2021-05-06
黄建南 天上人间	48cm×48cm	3,680,000	中贸圣佳	2021-09-26
黄建南 2019年作 梦幻夜色	48cm×48cm	3,450,000	荣宝斋(南京)	2021-05-26
黄建南 2018年作 好花	48cm×48cm	2,530,000	荣宝斋(南京)	2021-05-26
黄建南 2016年作 抽象	44cm×50cm	2,530,000	永乐拍卖	2021-05-21
黄建南 2020年作 花卉	47cm×30cm	1,610,000	永乐拍卖	2021-05-21
黄建南 2020年作 星际	66cm×66cm	1,150,000	北京翰海	2021-06-05
黄守义 2017年作 概念7150	80cm×180cm	230,000	北京保利	2021-12-02
黄宇兴 2008年作 改变中的生命史	370cm×209cm	4,197,500	北京保利	2021-12-02
黄宇兴 2016年作 夜空	85cm×85cm	2,817,500	永乐拍卖	2021-12-03
黄宇兴 2013年作 河流	142cm×230cm	2,127,500	北京保利	2021-12-02
黄宇兴2014年作河流·白色的树丛	100cm×150cm	1,495,000	永乐拍卖	2021-12-03
黄宇兴2017年作 葛朗台和他的宝藏	90cm×120cm	1,231,500	佳士得	2021-12-02
黄宇兴 2013年作 河流	85cm×85cm	1,012,000	华艺国际	2021-12-10
黄宇兴 2010年作 肖像(CX之一)、读心术之一、读心术之二、栖息之地(夜)(一组四件)	60.5cm×50.5cm; 45cm×45cm; 45cm×45cm; 100cm×180cm	690,000	北京保利	2021-12-02
黄宇兴 2010年作 栖息地	230cm×170cm	575,000	北京诚轩	2021-11-28
黄宇兴 2019年作 舞蹈家	40cm×30cm	483,000	北京保利	2021-12-02
黄宇兴 2003年作 河殇 I	122cm×244cm	437,000	北京保利	2021-12-02
黄宇兴 2018年作 宝石	30cm×40cm	437,000	北京保利	2021-12-02
黄宇兴 2001年作 游戏的结束	90cm×60cm	368,000	华艺国际	2021-12-10
黄宇兴 2002年作 团城	160cm×120cm	345,000	永乐拍卖	2021-12-03
黄宇兴 2002年作 梦境	151cm×131cm	299,000	北京翰海	2021-12-17
黄宇兴 改变中的生命史	141.7cm×230cm	287,500	中国嘉德	2021-11-29
黄宇兴 2001年作 救命草	60cm×90cm	253,000	华艺国际	2021-12-10
黄宇兴 2002年作 静物	67cm×120cm	253,000	中国嘉德	2021-11-29
黄宇兴 2006年作 日志第二十八、日志第四十、日志第四十一、日志第四十六(一组四件)	30cm×13cm×2cm×4	195,500	北京保利	2021-12-02
黄宇兴 2006年作 充气女孩	106cm×120cm	172,500	永乐拍卖	2021-12-03
黄宇兴 2014年作 河流·漩涡	140cm×230cm	1,840,000	北京保利	2021-06-04
黄宇兴 2019年作 五棵松树	65cm×45cm	910,440	保利香港	2021-04-21
黄宇兴 2012年作 熔炉	170.2cm×230cm	809,280	保利香港	2021-04-21
黄宇兴 2003年作 改变中的生命史	208cm×370cm	690,000	中国嘉德	2021-05-20
黄宇兴 2014年作 蓝床	199.5cm×79cm×52cm	632,500	北京保利	2021-06-04
黄宇兴 2010年作 光芒	170cm×230cm	575,000	北京诚轩	2021-05-17
黄宇兴 2001年作 光之侵袭	160cm×120cm	483,000	中国嘉德	2021-05-20
黄宇兴 2016年作 寻欢者	25cm×25cm	253,000	永乐拍卖	2021-05-21
黄宇兴 2008年作 Who am I	150cm×160cm	230,000	中贸圣佳	2021-07-06
黄宇兴 2001年作 山的少年期之九	70cm×90cm	201,250	华艺国际	2021-06-05
霍刚 1971年作 天道酬勤	100cm×80cm	424,872	香港苏富比	2021-04-19
吉格·克鲁兹2021年作 夏天的故事	199.3cm×169.8cm	1,150,000	华艺国际	2021-11-12
季大纯 2004年作 蓝色螺旋形	150cm×110cm	172,500	北京诚轩	2021-11-28
季大纯 2002年作 雪花膏	110cm×110cm	161,000	南京经典	2021-07-18
加藤泉 2012年作 无题	193cm×130.3cm	3,591,875	佳士得	2021-12-01
加藤泉 2009年作 无题	80.3cm×60.6cm	1,539,375	佳士得	2021-12-02
加藤泉 2004年作 无题	65.2cm×100cm	1,128,875	佳士得	2021-12-02
加藤泉 2008年作 无题	112.2cm×162cm	2,921,184	香港苏富比	2021-10-10
加藤泉 2017年作 无题	149cm×45.5cm	1,011,600	保利香港	2021-04-21
加藤泉 2009年作 无题	53cm×45cm	730,296	香港苏富比	2021-10-10
加藤泉 2008年作 无题	53cm×45.5cm	501,120	罗芙奥	2021-07-17
加藤泉 2013年作 无题	28cm×22.5cm	278,400	罗芙奥	2021-07-17
加藤泉 无题	65.2cm×50cm	276,167	香港苏富比	2021-04-20
加藤泉 2007年作 无题	45.5cm×27.3cm	242,784	保利香港	2021-04-21
贾蔼力 2012年作 福岛	240cm×170cm	7,590,000	中国嘉德	2021-11-28
贾蔼力 2006—2009年作 微物之神	170cm×150cm	4,618,125	佳士得	2021-12-02
贾蔼力 2009年作 男孩	90cm×64cm	943,000	永乐拍卖	2021-12-03
贾黛·法多朱蒂米 2018年作 一步，两步	201.5cm×161.5cm	5,131,250	佳士得	2021-12-01
贾黛·法多朱蒂米 2017年作 不适	185cm×175cm	5,154,300	香港苏富比	2021-10-09
贾涤非 2005年作 步行图	160cm×175cm	207,000	中贸圣佳	2021-05-20
贾米安·朱利安诺·维拉尼 2014年作 女子	122cm×91.5cm	1,744,625	佳士得	2021-12-01
蒋志 2015年作 世界是你们的也是我们的系列	98cm×145cm	356,500	华艺国际	2021-12-10
杰拉德·特·博尔奇弹鲁特琴的女子	52cm×39.5cm	517,500	北京荣宝	2021-06-19
杰米·霍姆斯2020年作 第一个生日	121.6cm×152.1cm	1,242,000	佳士得	2021-05-25
杰米·霍姆斯 2019年作 少年士兵	122cm×61cm	434,700	佳士得	2021-05-25
杰西·莫克林2016年作 羞怯的情人	94cm×63.5cm	417,312	香港苏富比	2021-10-10
金昌烈 2011年作 再现 SH2013003	300cm×195cm	1,035,000	佳士得	2021-05-25
金昌烈 2011年作 SH2012020	72cm×61.5cm	440,000	十竹斋拍卖(北京)	2021-04-25
金勇日 2019年作 祖先围猎，收获归来	331cm×122cm	345,000	北京翰海	2021-06-05
金勇日 2015年作 春耕	176cm×117cm	172,500	荣宝斋(南京)	2021-05-26
金勇日 2016年作 炼钢炉一瞥	176cm×117cm	161,000	荣宝斋(南京)	2021-05-26
金勇日 2016年作 欢快的节日	176cm×117cm	149,500	荣宝斋(南京)	2021-05-26
金勇日 2014年作 老家门前的小河	176cm×117cm	149,500	荣宝斋(南京)	2021-05-26
金勇日 2018年作 金达莱双人舞	161cm×110cm	149,500	荣宝斋(南京)	2021-05-26
靳尚谊 2002年作 学生的肖像	55cm×45cm	690,000	中国嘉德	2021-11-29
井田幸昌 2017年作 眼泪	30cm×25cm	469,476	香港苏富比	2021-10-10
鹫见康夫 1993年作 作品	145cm×130cm	289,800	佳士得	2021-05-25
君特·福格 2006年作 无题	240cm×220.3cm	3,284,000	佳士得	2021-12-02
卡尔·艾伯特 1865年作 瓦尔德巴赫的夏天	76cm×63cm	287,500	北京荣宝	2021-06-19

2021书画拍卖成交汇总(续表)

(成交价RMB：10万元以上)

拍品名称	物品尺寸	成交价RMB	拍卖公司	拍卖日期
卡尔·奥斯特利布兰肯内泽的风光	38cm×60cm	143,750	北京荣宝	2021-06-19
卡尔·塞勒 1879年作 画室	41cm×33cm	161,000	北京荣宝	2021-06-19
卡雷尔·阿佩尔 1962年作 面貌	129cm×96cm	743,526	香港苏富比	2021-04-20
卡米耶·柯罗 阿夫雷的池塘	45.8cm×61.3cm	632,500	北京荣宝	2021-12-02
卡米耶·毕沙罗 1900年作 雾中的杜丽乐花园	54.2cm×65.3cm	4,618,125	佳士得	2021-12-02
康海涛 2009年作 山谷	100.6cm×199.9cm	1,539,375	佳士得	2021-12-02
康海涛 2012年作 彩色房子	92cm×201cm	1,495,000	永乐拍卖	2021-12-03
康海涛 2007年作 黄昏	98cm×220cm	828,000	华艺国际	2021-12-10
康海涛 2014年作 有限的光	69cm×243cm	667,000	西泠印社	2021-07-24
康海涛 树影	102cm×175cm	345,000	北京翰海	2021-06-05
康海涛 2012年作 某年某月的某一天 2012	75.5cm×159.5cm	322,000	北京诚轩	2021-05-17
克莱尔·特伯莱 2017年作 白日梦想家	180cm×130cm	3,591,875	佳士得	2021-12-01
克劳德·莫奈 约1912年作 睡莲(局部)	60.8cm×25.3cm	40,065,300	纽约佳士得	2021-11-11
克劳德·莫奈 1878年作 台阶	61.4cm×50.2cm	28,750,000	中国嘉德	2021-11-28
克劳德·莫奈 1920年作 睡莲	36.6cm×46cm	3,335,000	十竹斋拍卖(北京)	2021-04-25
克丽丝汀·嫒珠 2013年作 第二工作室	170cm×170cm	6,267,705	香港苏富比	2021-04-19
克丽丝汀·嫒珠 2010年作 阶梯	135cm×135cm	6,957,684	香港苏富比	2021-10-09
克丽丝汀·嫒珠 2012年作 当我建构一条回家之路 #03	60cm×79.5cm	2,463,000	佳士得	2021-12-02
克丽丝汀·嫒珠 2016年作 最高玩家02	170cm×200cm	4,310,250	佳士得	2021-12-01
肯尼·沙夫 2020年作 油烟卡车!	81.5cm×102cm	715,392	中国嘉德	2021-10-12
孔令楠 2014年作 海滩之一	200cm×400cm	161,000	华艺国际	2021-06-05
库扎奈·维奥莱特·瓦米 2017年作 斯凯·威尼汉达(i)	180cm×230cm	3,186,540	香港苏富比	2021-04-19
劳尔·杜菲 约1945年作 在佩皮尼昂工作室的茶聚	37.5cm×45.3cm	461,813	佳士得	2021-12-02
劳伦斯·阿尔玛·塔德马爵士 斜躺着的女子	45cm×55cm	690,000	北京荣宝	2021-06-19
勒迈耶 约1940年作 庙会派对	90cm×110cm	3,284,000	佳士得	2021-12-01
雷内·阿维戈 穿绿裙的年轻美女	64cm×53cm	172,500	北京荣宝	2021-06-19
冷军 2018年作 艺术生费德丽卡	70cm×50cm	1,380,000	北京华辰	2021-12-07
冷军 2001年作 剪刀	41.5cm×30.5cm	368,000	中国嘉德	2021-05-20
冷军 2001年作 匙	41cm×29.5cm	298,080	中国嘉德	2021-10-12
黎谱 约1975年作 花	90cm×116cm	1,334,125	佳士得	2021-12-02
黎谱 约1980年作 黄衣女子	74cm×92cm	1,334,125	佳士得	2021-12-02
黎谱 约1975年作 构图	115cm×80cm	1,231,500	佳士得	2021-12-02
黎谱 1978年作 少女与花卉	89cm×116cm	1,231,500	佳士得	2021-12-02
黎谱 约1970年作 构图	92.5cm×62.5cm	872,313	佳士得	2021-12-02
黎谱 1975年作 绣球花	98cm×131cm	2,295,216	香港苏富比	2021-10-10
黎谱 花园中的女子	88cm×115cm	1,593,270	香港苏富比	2021-04-19
黎谱 约1975年作 花展	89cm×116cm	1,242,000	佳士得	2021-05-25
黎谱 乡村花束	91.5cm×59.5cm	1,168,398	香港苏富比	2021-04-19
黎谱 母与子	72.5cm×49.5cm	1,168,398	香港苏富比	2021-04-19
黎谱 约1975年作 花	130.5cm×89cm	1,138,500	佳士得	2021-05-25
黎谱 花卉：花瓶里的鸢尾花、百合花、雏菊和各种鲜花	116.5cm×81.5cm	991,116	香港苏富比	2021-10-10
黎谱 乡村花束	61cm×38cm	886,788	香港苏富比	2021-10-10

拍品名称	物品尺寸	成交价RMB	拍卖公司	拍卖日期
黎谱 家庭	71cm×90cm	886,788	香港苏富比	2021-10-10
黎谱 花园中的母亲与小孩	66cm×81cm	879,750	佳士得	2021-05-25
黎谱 花朵之中	92cm×74cm	849,744	香港苏富比	2021-04-19
黎谱 东印度花瓶	58cm×90cm	834,624	香港苏富比	2021-10-10
黎谱 向日葵	80.5cm×60cm	834,624	香港苏富比	2021-10-10
黎谱 花卉	56cm×63cm	782,460	香港苏富比	2021-10-10
黎谱 黄色郁金香	54cm×73cm	782,460	香港苏富比	2021-10-10
黎谱 花圃中	81cm×100cm	743,526	香港苏富比	2021-04-19
黎谱 花束	73cm×60cm	690,417	香港苏富比	2021-04-19
黎谱 约1963年作 花卉	73cm×54cm	678,132	香港苏富比	2021-10-10
黎谱 花束	91cm×61cm	658,552	香港苏富比	2021-04-19
黎谱 构图	72cm×100cm	584,199	香港苏富比	2021-04-19
黎谱 女子、小孩与花卉	81cm×65.5cm	531,090	香港苏富比	2021-04-19
黎谱 花园中	34cm×23cm	438,178	香港苏富比	2021-10-10
黎谱 约1970年作 少女与鲜花	38cm×46cm	273,000	佳士得	2021-04-07
李贵君 1994年作 休憩	110cm×80cm	540,500	朵云轩	2021-07-07
李昊阳 独沉(镜心)	90cm×76cm	195,500	保利厦门	2021-11-05
李昊阳 诗墨(镜心)	90cm×76cm	195,500	保利厦门	2021-11-05
李继开 2008年作 大蘑菇	220cm×180cm	897,000	北京保利	2021-12-02
李继开 2006年作 破土而出No.1	180cm×150cm	333,500	华艺国际	2021-11-12
李继开 2005年作 折射反射No.4	150cm×100cm	276,000	华艺国际	2021-12-10
李继开 2005年作 飞行员	150cm×200cm	253,000	北京保利	2021-12-02
李继开 2006年作 江湖	50cm×180cm	172,500	永乐拍卖	2021-12-03
李继开 2014年作 风景	180cm×220cm	437,000	华艺国际	2021-06-05
李梁 2021年作 青蓝	120cm×100cm	172,500	北京华辰	2021-12-07
李梁 2021年作 执	130cm×97cm	149,500	北京华辰	2021-06-19
李骆公 1940年代作 冬日街景	37.5cm×46cm	598,000	中国嘉德	2021-11-28
李曼峰 1984年作 游玩	104cm×51cm	718,375	佳士得	2021-12-02
李曼峰 金鱼	91.5cm×152.4cm	615,750	佳士得	2021-12-02
李曼峰 1947年作 雄鸡与母鸡	122cm×60cm	796,635	香港苏富比	2021-04-19
李曼峰 织女	120cm×60cm	573,804	香港苏富比	2021-10-10
李曼峰 公鸡	122cm×60cm	269,100	佳士得	2021-05-25
李曼峰 1975年作 和谐鸽子	109cm×56.5cm	238,050	佳士得	2021-05-25
李曼峰 1979年作 金鱼	121cm×60.5cm	169,949	香港苏富比	2021-04-19
李曼峰 双鸽	101cm×49cm	159,158	中国嘉德	2021-04-22
李强 2014年作 玉兰2014 No.6	120cm×140cm	298,080	中国嘉德	2021-10-12
李青 2005年作 大家来找碴之十五	190cm×145cm×2	299,000	西泠印社	2021-07-24
李青 2013年作 我的夏威夷之旅	186cm×225cm	184,000	华艺国际	2021-06-05
李青萍 1992年作 艺海沉浮	108cm×90cm	460,000	永乐拍卖	2021-05-21
李青萍 抽象1205	100cm×54cm	218,500	西泠印社	2021-07-24
李山 1998年作 双星	83cm×167cm	437,000	中国嘉德	2021-05-20
李山 1992年作 乐园	65cm×80cm	230,000	上海嘉禾	2021-07-23
李山 2004年作 无题	60.7cm×84.5cm	146,059	香港苏富比	2021-10-10
李圣子 1959年作 构图	100cm×64cm	531,090	香港苏富比	2021-04-20
李士进 2003年作 牛仔服	100cm×80cm	172,500	中贸圣佳	2021-05-20
李伟广 2013年作 扁舟珍落画图间	80cm×200cm	402,500	华艺国际	2021 03 31
李醒韬 梁照堂 1977年作 昨天·今天·明天	248cm×57cm	437,000	华艺国际	2021-09-17
李尤松 2011年作 工业凯旋门	180cm×180cm	287,500	中国嘉德	2021-11-29
李兆顺 2016年作 荷波潋滟	61cm×92cm	1,138,500	荣宝斋(南京)	2021-05-26
李宗津 1963年作 金色季节	48.5cm×37.5cm	230,000	中国嘉德	2021-05-20
里克力·提拉瓦尼加 2016年作 无题 2016(免费咖喱)	226.7cm×186.1cm	513,125	佳士得	2021-12-02
廖国核 2008年作 无题	160cm×200cm	172,500	永乐拍卖	2021-12-03
林风眠 秋林	21.5cm×24.5cm	414,000	华艺国际	2021-12-10

（成交价RMB：10万元以上）

拍品名称	物品尺寸	成交价RMB	拍卖公司	拍卖日期
林风眠 向日葵	26cm×23cm	345,000	中贸圣佳	2021-03-25
林岗 1990年作 高原花	110cm×115cm	322,000	华艺国际	2021-12-10
林寿宇 1973年作 26695	102cm×127cm	1,744,625	佳士得	2021-12-01
林旭辉 2016年作 未知·第6房间	150cm×180cm	184,000	上海嘉禾	2021-07-23
林学大 新加坡河	63cm×89cm	287,350	佳士得	2021-12-02
林一凡 2011年作 霓裳羽衣	130cm×75cm	276,000	上海嘉禾	2021-11-14
铃木良治 2008年作 条纹短裤	227cm×181.5cm	345,000	永乐拍卖	2021-05-21
刘冰 2015年作 卫生间里的巴尔干聚会	200cm×150cm	172,500	中国嘉德	2021-11-29
刘锋植 1999年作 红白蓝	100cm×150cm	920,000	华艺国际	2021-12-10
刘锋植 1999年作 纸船	145cm×182cm	529,000	北京保利	2021-12-02
刘锋植 2001年作 蓝色	100cm×150cm	402,500	北京华辰	2021-12-07
刘锋植 1998年作 巨日	80cm×100cm	322,000	中国嘉德	2021-11-29
刘锋植 2001年作 乔伊斯与恐龙	182cm×100cm	575,000	中国嘉德	2021-05-20
刘国夫 2016年作 弥漫-13	180cm×150cm	625,968	香港苏富比	2021-10-10
刘国义 2021年作 倾听的小树	120cm×100cm	172,500	北京华辰	2021-06-19
刘海粟 平湖秋月	54cm×40cm	287,500	江苏汇中	2021-05-14
刘建文 2019年作 包装改变系列08·淘气	183.5cm×152cm	198,720	中国嘉德	2021-10-12
刘水石 2012年作 拍马溜须	125.8cm×155.6cm	526,175	纽约佳士得	2021-02-25
刘炜 1999年作 我是谁	259cm×148.5cm	3,386,625	佳士得	2021-12-02
刘炜 1999年作 狗No.2	80.2cm×60.2cm	1,725,000	中国嘉德	2021-11-29
刘炜 2000年作 商人系列	50cm×40cm	575,000	北京翰海	2021-12-17
刘炜 2004年作 粉百合	79.5cm×50cm	513,125	佳士得	2021-12-02
刘炜 1996年作 你喜欢我吗?	30cm×40cm	805,000	中国嘉德	2021-05-20
刘炜 2004年作 肖像	50.2cm×60.2cm	776,250	佳士得	2021-05-25
刘炜 1996年作 你喜欢我吗？系列22号	油画 30cm×40cm，油画及钉子 31.5cm×41cm	678,132	香港苏富比	2021-10-10
刘炜 1996年作 你喜欢我吗？系列10号	30cm×40cm	584,199	香港苏富比	2021-04-20
刘炜 2000年作 商人	54cm×40cm	517,500	北京保利	2021-06-04
刘韡 2007年作 紫气	150cm×240cm	2,530,000	华艺国际	2021-12-10
刘向东 2005年作 纸鹤	40cm×100cm	207,000	北京华辰	2021-06-19
刘小东 1995年作 走神儿	76.3cm×63.5cm	1,265,000	中国嘉德	2021-11-28
刘小东 2006年作 男男女女	150cm×500cm	1,127,000	北京保利	2021-12-02
刘小东 2014年作 小舅子娶媳妇	76cm×97cm	1,035,000	永乐拍卖	2021-12-03
刘小东 2005年作 旭子	96cm×76cm	805,000	永乐拍卖	2021-05-21
刘小东 1996年作 胖儿子	65cm×65cm	747,500	北京保利	2021-06-04
刘小东 2009年作 儿媳	100cm×90cm	477,981	香港苏富比	2021-04-20
刘野 2007年作 我是画家	59.5cm×45cm	6,116,450	佳士得	2021-12-02
刘野 2002年作 天使	40cm×30cm	5,623,850	佳士得	2021-12-02
六角彩子 2007年作 无题	100cm×90cm	1,949,875	佳士得	2021-12-02
六角彩子 2007年作 漫步云朵	94cm×60cm	1,495,000	华艺国际	2021-11-12
六角彩子 2018年作 无题（ARP18-005）	100.5cm×100cm	1,618,560	保利香港	2021-04-21
六角彩子 2017年作 无题	直径90cm	1,470,000	佳士得	2021-04-07
六角彩子 2013年作 飞向梦想的王宫	105.5cm×153.5cm×4.5cm	800,880	罗芙奥	2021-07-17
六角彩子 2008年作 红头发	104cm×32.5cm	505,800	保利香港	2021-04-21
六角彩子 2006年作 无题	57cm×46cm	354,060	保利香港	2021-04-21
龙家升 奥高古曼联名合作 2019年作 The Lights in thing（原作）	29.7cm×42cm	201,250	北京保利	2021-06-08
隆纳·卡林加尔 2011年作 艺术高潮	183cm×244cm	287,500	华艺国际	2021-11-12
娄申义 2019年作 春游	200cm×235cm	299,000	永乐拍卖	2021-12-03
娄申义 2019年作 春风	外框 80cm×70cm；内框 58cm×48cm	149,500	华艺国际	2021-06-05
娄申义 2018年作 热恋	150cm×100cm	149,500	华艺国际	2021-06-05
卢卡·格里马迪 2019年作 机场	300cm×280cm	207,000	华艺国际	2021-11-12
卢卡斯·阿鲁达2013—2014年作无题	30.5cm×37cm	1,539,375	佳士得	2021-12-02
卢卡斯·阿鲁达 2012年作 无题（出自《沙漠-模型》系列）	40.6cm×49.5cm	2,484,000	佳士得	2021-05-25
陆鹤龄 会战前夕	146cm×173cm	172,500	中贸圣佳	2021-05-20
罗伯·贡巴斯 1994年作 波斯传奇	261cm×208.5cm	1,169,280	罗芙奥	2021-07-17
罗伯特·纳瓦 2018年作 无题（小鸟情人）	124.5cm×83.4cm	1,966,500	佳士得	2021-05-25
罗尔纯 黄色百合花	60cm×60cm	598,000	北京华辰	2021-12-07
罗尔纯 2006年作 村道	72cm×60cm	310,500	北京保利	2021-12-02
罗尔纯 1996年作 巴黎大皇宫	61cm×72.5cm	253,000	北京保利	2021-12-02
罗尔纯 地上行	97cm×97cm	460,000	中国嘉德	2021-05-20
罗尔纯 海边街景	50cm×80cm	322,000	北京荣宝	2021-06-19
罗尔纯 乡村一景	62cm×57cm	230,000	北京翰海	2021-06-05
罗尔纯 坐姿	60cm×50cm	207,000	北京翰海	2021-06-05
罗尔纯 1998年作 红枕椅	78cm×65cm	207,000	华艺国际	2021-03-31
罗穆尔多·罗格泰利 约1930年代作 带管子的女士	100cm×91cm	208,656	香港苏富比	2021-10-10
罗穆洛·欧拉索 1981年作 明澈	87cm×64cm	287,350	佳士得	2021-12-02
罗讷德·文图拉 2010年作 五岁高昂二号	151.5cm×122cm	974,938	佳士得	2021-12-02
罗讷德·文图拉 2018年作 无题（旋转木马上的女孩）	182cm×121cm	991,116	香港苏富比	2021-10-10
罗讷德·文图拉 2018年作 漫画生活	整体 61cm×45.7cm	521,640	香港苏富比	2021-10-10
罗荃木 2012年作 工厂	210cm×130cm	195,500	华艺国际	2021-12-10
罗荃木 2001年作 影之二	150cm×150cm	149,500	中国嘉德	2021-05-20
罗中立 1999年作 收获	100cm×90cm	2,127,500	永乐拍卖	2021-12-03
罗中立 1994年作 过河系列二	87cm×130cm	1,955,000	北京华辰	2021-12-07
罗中立 1995年作 梳	93cm×118cm	1,725,000	北京保利	2021-12-02
罗中立 1984年作 妇女与牛	78.5cm×60.5cm	615,750	佳士得	2021-12-02
罗中立 欧-建筑	37cm×51cm	379,500	北京华辰	2021-12-07
罗中立 洗脚	39.8cm×54.8cm	322,000	北京翰海	2021-12-17
罗中立 地下室二人	39cm×54cm	253,000	华艺国际	2021-12-10
罗中立 佛罗伦萨	37.2cm×51.7cm	230,000	北京华辰	2021-12-07
罗中立 1983年作 雪夜	60cm×47cm	747,500	中国嘉德	2021-05-20
罗中立 过河	38cm×53cm	690,000	华艺国际	2021-03-31
罗中立 1990年作 老人与狗	52cm×69cm	690,000	中国嘉德	2021-05-20
罗中立 约1980—1990年代作 彝族少女	28cm×22.5cm	575,000	华艺国际	2021-03-31
罗中立 1988年作 肖像	48.5cm×40cm	414,000	中国嘉德	2021-05-20
罗中立 2000年作 雷雨	52cm×38cm	287,500	北京保利	2021-06-04
罗中立 2000年作 掌灯少女	57cm×42cm	287,500	北京保利	2021-09-25
罗中立 2002年作 过河	53cm×38cm	287,500	北京荣宝	2021-06-19
罗中立 威尼斯的阳光	37cm×50cm	207,000	上海嘉禾	2021-07-23
罗中立 浴女	55cm×38cm	184,000	西泠印社	2021-07-01
罗中立 1990年代作 喂牛	39cm×54cm	172,500	朵云轩	2021-07-07
洛伊·霍洛韦尔2014年作绿色女人	162.6cm×121.9cm	9,200,000	中国嘉德	2021-11-28
洛伊·霍洛韦尔 2016年作 赤红大地，黄金峡谷	71.1cm×53.3cm	3,622,500	佳士得	2021-05-24

2021书画拍卖成交汇总(续表)

(成交价RMB：10万元以上)

拍品名称	物品尺寸	成交价RMB	拍卖公司	拍卖日期
吕洪仁 1970年作 红灯记中的铁梅	34.5cm×24.5cm	345,000	上海嘉禾	2021-07-22
吕顺 幸福时光	150cm×120cm	172,500	上海嘉禾	2021-07-23
吕斯百 1964年作 盐场	39cm×49cm	345,000	永乐拍卖	2021-05-21
吕斯百 1960年代作 机场	33cm×46cm	345,000	中国嘉德	2021-05-20
吕松 2015年作 无题	140cm×210cm	184,000	北京保利	2021-12-02
吕松 2015年作 Swallow	140cm×210cm	149,500	华艺国际	2021-06-05
吕中元 当代 山风	100cm×80cm	985,000	保利厦门	2021-09-29
吕中元 当代 无念	120cm×90cm	920,000	保利厦门	2021-09-29
吕中元 当代 心印	60cm×120cm	915,000	保利厦门	2021-09-29
吕中元 当代 天风	120cm×100cm	880,000	保利厦门	2021-09-29
吕中元 当代 春愿	120cm×80cm	768,000	保利厦门	2021-09-29
吕中元 当代 青花	120cm×80cm	738,000	保利厦门	2021-09-29
吕中元 当代 冥想	120cm×90cm	685,000	保利厦门	2021-09-29
吕中元 当代 花雨	80cm×80cm	568,000	保利厦门	2021-09-29
吕中元 当代 境之静	60cm×50cm	260,000	保利厦门	2021-09-29
吕中元 当代 恋之静	60cm×50cm	208,000	保利厦门	2021-09-29
吕中元 当代 静	60cm×50cm	188,000	保利厦门	2021-09-29
吕中元 当代 魂之静	60cm×50cm	180,000	保利厦门	2021-09-29
马丁·沃森 2019年作 Hish Up	170cm×214cm	345,000	上海嘉禾	2021-07-23
马轲 2006年作 光	200cm×150cm	713,000	北京保利	2021-12-02
马轲 1997年作 无题	180cm×150cm	667,000	北京翰海	2021-12-17
马轲 2001年作 姿态	200cm×143cm	540,500	永乐拍卖	2021-12-03
马轲 2006年作 英雄时代5	153cm×138cm	402,500	永乐拍卖	2021-12-03
马轲 2000年作 非洲小镇风景	59cm×72cm	143,750	北京华辰	2021-12-07
马轲 2007年作 马 Horse	200cm×150cm	552,000	北京翰海	2021-06-05
马轲 2007年作 傍晚之二	150cm×200cm	517,500	北京保利	2021-06-04
马轲 2006年作 马上封侯	150cm×200cm	322,000	华艺国际	2021-06-05
马轲 2001年作 舍身饲虎图	80cm×65cm	287,500	中国嘉德	2021-05-20
马可·尤塞皮 2021年作 无题	214cm×300cm	230,000	华艺国际	2021-11-12
马可鲁 2006年作 纽约·布鲁克林·威廉斯堡·肯特大桥	160cm×180cm	230,000	华艺国际	2021-12-10
马克·夏加尔 约1980年作 马戏团里的恋人	100cm×80.8cm	23,850,050	佳士得	2021-12-01
马克·夏加尔 约1971—1974年作 蓝山羊与红公鸡	55.2cm×38.4cm	6,609,050	佳士得	2021-12-02
马琳 2019年作 石桥	40cm×30cm	158,900	北京保利	2021-01-15
马树青 红蓝	150cm×150cm	184,000	北京翰海	2021-06-05
玛尔塔·曼奇尼 2017年作 无题(六月)	200cm×160cm	149,500	华艺国际	2021-11-12
玛丽·科西 2015年作 无题(白、白、黄、斜面)	213.4cm×213.4cm×10.2cm	2,257,750	佳士得	2021-12-01
玛丽娜2019年作巴洛克风格的优雅	75cm×105cm	161,000	北京荣宝	2021-06-19
玛丽亚·法拉2018年作巧克力蛋糕	180cm×130cm	410,500	佳士得	2021-12-02
迈克·布歇特 2014年作 局部	199.5cm×199.5cm	172,500	华艺国际	2021-11-12
毛旭辉 1986 年作 私人空间——水泥房间里的人体	120cm×90cm	2,070,000	中国嘉德	2021-11-28
毛旭辉 1984年作 圭山组画：红土路之二	89.5cm×120cm	1,380,000	华艺国际	2021-12-10
毛旭辉2002年作四分之一蓝色剪刀	113cm×138cm	782,000	北京保利	2021-12-02
毛旭辉 1990年作 棕色拱门家长图	120.5cm×90.5cm	575,000	中国嘉德	2021-11-29
毛旭辉2008年作春天·打开的剪刀	192.5cm×283cm	437,000	中国嘉德	2021-11-29
毛旭辉 2004年作 四分之一把黑灰色剪刀	50cm×50cm	322,000	北京华辰	2021-12-07
毛旭辉 2005年作 靠背椅上的剪刀	180cm×145cm	207,000	中国嘉德	2021-11-29

拍品名称	物品尺寸	成交价RMB	拍卖公司	拍卖日期
毛旭辉 1982—1985年作 双面肖像(双面画)	43cm×33cm	149,500	中国嘉德	2021-11-29
毛旭辉 1988年作 自画像	76.5cm×52.5cm	447,120	中国嘉德	2021-10-12
毛焰 2005年作 托马斯肖像	106cm×76cm	402,500	中国嘉德	2021-11-29
毛焰 2005年作 托马斯肖像	36cm×28cm	287,500	中国嘉德	2021-11-29
毛焰 2002年作 托马斯No.1	110cm×79cm	253,000	中国嘉德	2021-11-29
毛焰 2011—2012年作 安迪	110cm×75cm	724,500	佳士得	2021-05-25
毛焰 2004年作 玉犬	74cm×58cm	667,000	西泠印社	2021-07-24
毛焰 2002年作 俯视的托马斯	106cm×76cm	448,500	中国嘉德	2021-05-20
米巧铭 2020年作 纸醉金迷	120cm×96cm	920,000	中国嘉德	2021-05-20
米亚·卡贝萨 2020年作 抽象风景	150cm×150cm	287,500	华艺国际	2021-12-10
米亚·卡贝萨 2019年作 猫儿路过于呼吸之间	200cm×200cm	529,000	华艺国际	2021-06-05
米亚·卡贝萨 2020年作 波塞冬	150cm×150cm	287,500	华艺国际	2021-03-31
莫斯·奇斯灵 1917年作 静物	54cm×65cm	362,250	佳士得	2021-05-25
纳堤·尤塔瑞 2006年作 旧浪漫主义的最后描述	60cm×50cm	194,988	佳士得	2021-12-02
纳堤·尤塔瑞 2007年作 大都会美术馆1号	240cm×200.5cm	1,642,000	佳士得	2021-12-01
纳堤·尤塔瑞 2008年作 贪婪的球与幻想 #1	180.5cm×160cm	1,274,616	香港苏富比	2021-04-20
纳堤·尤塔瑞 2005年作 旧浪漫主义的最后描述1号	160cm×120cm	931,500	佳士得	2021-05-25
纳堤·尤塔瑞2016年作天真的代价	70cm×120cm	496,800	佳士得	2021-05-25
纳堤·尤塔瑞 2003年作 荷兰郁金香的最后描述	200cm×150cm	782,460	香港苏富比	2021-10-10
纳堤·尤塔瑞 2008年作 贪婪的球与幻想	120cm×100cm	417,312	香港苏富比	2021-10-10
奈良美智 1993年作 灯花女孩	150.3cm×140cm	22,864,850	佳士得	2021-12-01
奈良美智 1995年作 Dog in Boy	59.8cm×44.6cm	5,131,250	佳士得	2021-12-02
奈良美智 1998年作 无题(头痛)	41.5cm×35.4cm	3,450,000	北京保利	2021-12-02
奈良美智 2004年作 Green Mountain	29cm×22cm	5,671,800	佳士得	2021-05-25
奈良美智 1991年作 无题	85cm×85cm	2,484,000	佳士得	2021-05-25
南方 2008年作 永远在一起	220cm×160cm	143,750	北京保利	2021-06-04
南宽 1976年作 旧形态	65cm×80.5cm	184,725	佳士得	2021-12-02
妮基德卡·阿昆以利·克罗斯比约2010年作 无题	91.4cm×122cm	8,553,240	佳士得	2021-05-24
妮娜·香奈儿·阿布尼2019年作无题	122cm×244cm	5,919,410	佳士得	2021-12-01
尼古拉斯·帕蒂 2013年作 静物与一只空瓶子	90cm×130cm	7,659,000	佳士得	2021-05-25
聂继军 2021年作 关系-2	160cm×200cm	172,500	北京保利	2021-12-02
聂跃华 2020年作 通天河	80cm×60cm	172,500	华艺国际	2021-03-31
欧阳春 2006年作 王冠	170cm×170cm	1,610,000	永乐拍卖	2021-12-03
欧阳春 2004年作 发光冻僵的虫子	180cm×250cm	1,150,000	华艺国际	2021-11-12
欧阳春 2004年作 画家狗	200cm×300cm	920,000	永乐拍卖	2021-12-03
欧阳春 2005年作 蓝妹妹	180cm×300cm	897,000	北京保利	2021-12-02
欧阳春 2006年作 钻石 二	105cm×160cm×2	897,000	华艺国际	2021-12-10
欧阳春 2006年作 捕鲸人	170cm×130cm	874,000	永乐拍卖	2021-12-03
欧阳春 2009年作 国王山之二(双联画)	110cm×130cm×2	862,500	北京保利	2021-12-02
欧阳春 2006年作 王者殉道	180cm×250cm	667,000	永乐拍卖	2021-12-03
欧阳春 2006年作 低等妓院	200cm×300cm	575,000	永乐拍卖	2021-12-03
欧阳春 2007年作 画家	140cm×195cm	460,000	华艺国际	2021-11-12
欧阳春 2005年作 海市蜃楼	96cm×96cm×2	460,000	华艺国际	2021-12-10
欧阳春 2004年作 灯蛾	230cm×180.5cm	437,000	中国嘉德	2021-11-29

(成交价RMB：10万元以上)

拍品名称	物品尺寸	成交价RMB	拍卖公司	拍卖日期
欧阳春 2005年作 巫婆与神汉(双联画)	146cm×114cm×2	368,000	中国嘉德	2021-11-28
欧阳春 2005年作 三个女郎	220cm×180cm	322,000	北京华辰	2021-12-07
欧阳春 2004年作 露天电影院 No.9	180cm×230cm	287,500	中国嘉德	2021-11-29
欧阳春 2006年作 魔鬼与仙女	180cm×240cm	287,500	中国嘉德	2021-11-29
欧阳春 2006年作 蓝精灵	150cm×200cm	241,500	北京保利	2021-12-02
欧阳春 2005年作 球	100cm×80cm	184,000	北京保利	2021-12-02
欧阳春 2005年作 王与后之一	160cm×105cm×2	977,500	华艺国际	2021-06-05
欧阳春 2006年作 王的末路	180cm×300cm	805,000	中国嘉德	2021-05-20
欧阳春 2006年作 彩色的陨石	180cm×300cm	621,000	西泠印社	2021-07-24
欧阳春 2007年作 两头鲸	170cm×170cm	322,000	中贸圣佳	2021-07-06
欧阳春 2005年作 旗手	180cm×240cm	207,000	中国嘉德	2021-05-20
欧阳春 2004年作左年	180cm×230cm	195,500	中国嘉德	2021-05-20
帕腾·恩姆贾恩 1979年作 大峡谷	182cm×241cm; 182cm×275cm; 总182cm×516cm	3,489,250	佳士得	2021-12-01
潘德海 2007年作 劳动者系列10 挤公车	170cm×200cm	287,500	永乐拍卖	2021-12-03
潘玉良 山间小屋	16cm×22cm	517,500	北京诚轩	2021-11-28
庞均 2013年作 高山	180cm×180cm	923,625	佳士得	2021-12-02
庞均 2009年作 百合与莲子	91cm×72.5cm	872,313	佳士得	2021-12-02
庞均 1980年作 仙岛(镜框)	86.6cm×67.5cm	492,600	佳士得	2021-11-30
庞均 2021年作 万里江山又一村	72.5cm×91cm	345,000	北京保利	2021-12-02
庞均 2011年作 幸运之叶	72.5cm×60.5cm	345,000	中国嘉德	2021-11-29
庞均 2011年作 紫色魅力	72.5cm×60.5cm	322,000	中国嘉德	2021-11-29
庞均 2011年作 永远的芳香	72.5cm×60.5cm	287,500	中国嘉德	2021-11-29
庞均 2021年作 漓江春桃	100cm×200cm	977,500	北京保利	2021-06-04
庞均 2021年作 宫墙早春	200cm×200cm	977,500	中国嘉德	2021-05-20
庞均 2016年作 江南春光依旧	73cm×91cm	945,003	中国嘉德	2021-04-23
庞均 2020年作 春到我家	150cm×150cm	915,161	中国嘉德	2021-04-23
庞均 1987年作 古塔积雪	60.5cm×70.5cm	477,475	中国嘉德	2021-04-23
庞均 2020年作 月夜荷田田	72.5cm×91.2cm	476,928	中国嘉德	2021-10-12
庞均 2018年作 水乡	60.7cm×72cm	460,000	中国嘉德	2021-05-20
庞均 2009年作 花、静物(红与黑)	72cm×90cm	437,000	十竹斋拍卖(北京)	2021-04-25
庞均 2009年作 白玫瑰	90cm×72cm	437,000	十竹斋拍卖(北京)	2021-04-25
庞均 2009年作 甲天下之最	72.7cm×91cm	437,000	十竹斋拍卖(北京)	2021-04-25
庞均 2012年作 阳光照在始信峰	72.7cm×91cm	425,600	十竹斋拍卖(北京)	2021-04-25
庞均 2010年作 康乃馨	72cm×60cm	402,500	中国嘉德	2021-05-20
庞均 2009年作 果	72.7cm×90cm	356,500	华艺国际	2021-06-05
庞均 2008年作 浅水湾	60cm×72cm	345,000	十竹斋拍卖(北京)	2021-04-25
庞均2013年作墙外行人墙里佳人笑	130.5cm×162cm	1,242,000	佳士得	2021-05-25
庞均2018年作茶房草色入帘青	97cm×130.5cm	743,526	香港苏富比	2021-04-19
庞均 2018年作 红蜻蜓	95cm×128.5cm	521,640	香港苏富比	2021-10-10
庞均 2009年作 向日葵的舞姿	91cm×116.8cm	517,500	佳士得	2021-05-25
庞均 2007年作 乌篷船	73cm×60.5cm	236,640	罗芙奥	2021-07-18
庞茂琨 2001年作 宁静的晌午	116cm×91cm	1,035,000	北京华辰	2021-12-07
庞茂琨 2005年作 游离者之三	185cm×130cm	897,000	华艺国际	2021-12-10
庞茂琨 1989年作 彝族老妇	90.7cm×72.3cm	517,500	北京保利	2021-06-04
庞茂琨2020年作武隆后坪写生之三	60cm×50cm	232,675	北京保利	2021-01-15
裴春派 1981年作 渔夫的巷	51.5cm×63.5cm	233,680	香港苏富比	2021-04-19
裴春派 风景Cát Bà 河	45cm×60cm	208,656	香港苏富比	2021-10-10
彭斯 2020年作 匿名的肖像十一	50cm×40cm	184,000	北京保利	2021-12-02
皮埃·波纳尔 约1925年作 蓝色瓶里的花束	58cm×49.2cm	7,476,300	纽约佳士得	2021-11-11
皮埃·波纳尔 约1910年作 花束与玻璃瓶	46cm×36.5cm	3,834,000	纽约佳士得	2021-11-11
皮耶·奥古斯特·雷诺阿 1905年作 沐浴的少女	35.3cm×27.2cm	6,471,711	香港苏富比	2021-04-18
皮耶·奥古斯特·雷诺阿 1910年作 卡涅芦荟采摘	26.4cm×44.5cm	3,186,540	香港苏富比	2021-04-18
平贺敬 1961年作 作品	80.5cm×100cm	149,211	中国嘉德	2021-04-23
平子雄一 2020年作 无题	93cm×75cm	417,600	罗芙奥	2021-07-18
祁志龙 2009年作 中国女孩	162cm×130cm	184,000	中国嘉德	2021-05-20
奇蒂·纳罗德 2021年作 群猫图	170cm×230cm	690,000	华艺国际	2021-11-12
奇蒂·纳罗德2020年作年轻的女生	90cm×180cm	287,500	永乐拍卖	2021-12-03
乔纳斯·博格特(德国) 2020年作 一瞥	240cm×360cm	2,070,000	华艺国际	2021-12-10
乔纳斯·博格特 2020年作 格鲁特希特	260cm×180cm	1,725,000	华艺国际	2021-11-12
乔纳斯·伍德 2003年作 无题	53cm×53cm	287,500	华艺国际	2021-11-12
乔纳斯·伍德 2009年作 无题(蓝带三角形)	81.4cm×81.4cm	2,608,200	香港苏富比	2021-10-10
乔晓光 1995年作 七月流火	150cm×150cm	287,500	华艺国际	2021-12-10
乔晓光 1994年作 大平原	106cm×150cm	241,500	北京华辰	2021-12-07
乔亚奇诺·帕格利尼 再等一会儿	77cm×57cm	345,000	北京荣宝	2021-06-19
乔治·德·基里科 1971年作 玩具的游戏	50cm×39.7cm	3,105,000	佳士得	2021-05-25
乔治·康多 2007年作 罗德里戈和他的缪斯	135cm×117cm	7,101,650	佳士得	2021-12-02
乔治·康多 2003年作 小舞者	127.3cm×101.6cm	6,665,400	佳士得	2021-05-25
乔治·马修 1978年作 利诺西里斯	90.5cm×71.7cm	1,567,980	保利香港	2021-04-21
乔治·德·基里科 1972年作 王子的玩具	55cm×35.5cm	2,155,125	佳士得	2021-12-02
乔治·康多(美国) 1994年作 无题	24.3cm×18.1cm	402,500	华艺国际	2021-12-10
乔治·马修 1988年作 宁静之寂	81cm×100cm	3,899,750	佳士得	2021-12-02
乔治·马修 1989年作 告别自负	97cm×130cm	2,873,500	佳士得	2021-12-01
乔治·马修 1988年作 荣耀之河	81cm×100cm	1,897,500	永乐拍卖	2021-12-03
乔治·马修 1976年作 BOBOLINK I	81cm×100.5cm	1,610,000	中国嘉德	2021-11-28
乔治·马修1988年作 逆境曙光	146cm×114.5cm	6,471,711	香港苏富比	2021-04-18
乔治·马修 1974年作 向华铎致敬	150cm×500cm	5,451,681	香港苏富比	2021-04-18
乔治·马修 1962年作 阿尔奇娜宫的花火	97cm×188cm	3,547,152	香港苏富比	2021-10-09
乔治·马修1989年作 翱翔之梦	89cm×116cm	3,129,840	香港苏富比	2021-10-09
乔治·马修 1990年作 Adversité Généreuse	146cm×114cm	3,105,000	佳士得	2021-05-24
乔治·马修 1979年作 宁静致远	97cm×162cm	1,887,840	中国嘉德	2021-10-12
乔治·马修 1991年作 闪耀	81.5cm×100cm	1,790,532	中国嘉德	2021-04-23
乔治·马修 1976年作 Bobolink I	81.2cm×100cm	1,593,270	香港苏富比	2021-04-19
乔治·马修 1990年作 扩张之路	97cm×130cm	1,391,040	中国嘉德	2021-10-12
乔治·马修 1976年作 Mission II	97cm×130cm	1,669,248	香港苏富比	2021-10-10
乔治·马修1989年作 无垠之月	89cm×116cm	1,669,248	香港苏富比	2021-10-10
乔治·马修 1976年作 Otryo II	60cm×180cm	678,132	香港苏富比	2021-10-10
秦琦 2013年作 大白鹅	170cm×220cm	977,500	北京保利	2021-12-02
秦琦 2011年作 奔马	180cm×330cm	632,500	华艺国际	2021-11-12
秦琦 2008年作 雨衣摩托	250cm×190cm	575,000	中国嘉德	2021-11-28
秦琦 2010年作 马西瓜	100.5cm×141cm	368,000	华艺国际	2021-12-10

2021书画拍卖成交汇总（续表）

（成交价RMB：10万元以上）

拍品名称	物品尺寸	成交价RMB	拍卖公司	拍卖日期
秦琦 2005年作 阿凡提	95cm×140.5cm	322,000	中国嘉德	2021-11-29
秦琦 2004年作 1985	75cm×100cm	253,000	华艺国际	2021-12-10
秦琦 2003年作 仿古鸡	181cm×100.5cm	230,000	中国嘉德	2021-11-29
秦琦 2010年作 漂亮的两只鸡	60cm×90 cm	172,500	北京华辰	2021-12-07
秦琦 2017年作 无题	80cm×80cm	172,500	永乐拍卖	2021-12-03
秦琦 2009年作 白管子	160cm×200cm	747,500	永乐拍卖	2021-05-21
秦琦 2009年作 书	100cm×150cm	632,500	西泠印社	2021-07-24
秦琦 2013年作 拉提琴的人	160cm×160.5cm	576,949	中国嘉德	2021-04-23
秦琦 2016年作 月亮之三	190cm×250cm	575,000	中国嘉德	2021-05-20
秦琦 2011—2013年作 赤晨	160cm×160cm	526,032	保利香港	2021-04-21
秦琦 2013年作 三个和尚	130cm×130cm	460,000	华艺国际	2021-06-05
秦琦 2010年作 小新疆	120cm×160cm	345,000	永乐拍卖	2021-05-21
秦琦 2018年作 晨	85cm×100cm	195,500	北京保利	2021-06-04
秦一峰 1993—1994年作 线场93	180cm×150cm	218,500	中国嘉德	2021-11-28
秦蓁 2011年作 玉兰花之二十五	100cm×80cm	690,000	北京保利	2021-12-02
邱光正 毛主席在农村	63cm×86cm	172,500	中贸圣佳	2021-05-20
邱瑞祥 2007—2008年作 红地板	120cm×100cm	195,500	中国嘉德	2021-11-29
邱世华 2013年作 无题	96cm×165cm	195,500	中国嘉德	2021-05-20
邱亚才 坐着的男子	99.8cm×80cm	218,500	十竹斋拍卖（北京）	2021-04-25
仇晓飞 2005年作 学习 2	90cm×120cm	632,500	北京保利	2021-12-02
仇晓飞 2005年作 静静的时光（一组两件）	直径40cm×2	437,000	北京保利	2021-06-04
仇晓飞 2005年作 划雪归来	140cm×100cm	437,000	华艺国际	2021-06-05
让·巴蒂斯特·卡米耶·柯罗（法国）约1870—1875年作 月光之意大利的记忆	25cm×33.5cm	1,035,000	华艺国际	2021-12-10
让·巴蒂斯特·卡米耶·柯罗 约19世纪作 茫特拉市外城镇	28cm×45cm	575,000	北京保利	2021-06-04
让·保罗·西尼巴尔迪 狂欢节	55cm×86cm	172,500	北京荣宝	2021-12-02
让·卡罗卢斯　古董店	80cm×100cm	287,500	北京荣宝	2021-06-19
让·理查德·古比 1882年作 骑手	32cm×41cm	253,000	北京荣宝	2021-12-02
让·理查德·古比1876年作春日郊游	67.5cm×99cm	517,500	北京荣宝	2021-06-19
让·苏弗尔皮1970年作背转身的浴女	82cm×65cm	1,035,000	北京保利	2021-06-04
让·苏弗尔皮1948年作小提琴静物	61cm×50cm	920,000	北京保利	2021-06-04
热尼维·菲吉斯 2014年作 树林里的绅士	49cm×59cm	298,080	中国嘉德	2021-10-12
瑞铎·塔帕亚2011年作森林的秘密	180cm×220cm	414,000	佳士得	2021-05-25
萨尔曼 · 图尔 2016年作 无题	84cm×79.4cm	849,744	香港苏富比	2021-04-20
萨尔曼·图尔 2019年作 三个男孩	76.1cm×50.8cm	4,737,660	香港苏富比	2021-04-19
萨尔曼·图尔 2015年作 负担	单101.6cm×76cm；总101.6cm×152cm	3,622,500	佳士得	2021-05-24
塞西丽·布朗 1998—1999年作 二千万甜心	193cm×248.9cm	7,101,650	佳士得	2021-12-01
塞西丽·布朗 2008—2011年作 狐狸和鹅	63.5cm×56cm	3,952,044	香港苏富比	2021-10-10
沙耆 1940年代作 玫瑰花	38.5cm×47cm	977,500	中国嘉德	2021-11-28
沙耆 1989年作 黄山风景	77cm×67.5cm	345,000	北京保利	2021-06-04
沙耆 1988年作 女神	117cm×77cm	345,000	中国嘉德	2021-05-20
沙耆 1994年作 静物	65cm×55cm	322,000	北京华辰	2021-06-19
沙耆 虎啸图	66.5cm×57.5cm	287,500	西泠印社	2021-07-24
沙耆 1992年作 虎视	66cm×46cm	230,000	永乐拍卖	2021-05-21
沙耆 1989年作 长白山风景	49cm×58.5cm	172,500	西泠印社	2021-07-24

拍品名称	物品尺寸	成交价RMB	拍卖公司	拍卖日期
沙耆 1939年作 静物	50cm×60cm	161,000	西泠印社	2021-07-24
莎宾娜·玛丽·格里布 2021年作 那么遥远	180cm×240cm	230,000	华艺国际	2021-11-12
莎拉·休斯 2010年作 我配不上这花束	121.9cm×121.9cm	3,933,000	佳士得	2021-05-25
莎拉·休斯 2017年作 这不是我的丛林，我仅仅栖息于此	172.7cm×152.4cm	8,086,850	佳士得	2021-12-01
莎拉·休斯 2015年作 那处芳草	122cm×101.6cm	4,105,000	佳士得	2021-12-02
莎拉·休斯 2016年作 粉红色的早晨	152.5cm×137cm	4,152,420	香港苏富比	2021-10-09
莎拉·休斯 2017年作 哭泣的垂柳	173cm×152cm	2,974,104	香港苏富比	2021-04-19
山本麻友香 2010年作 犀牛与男孩	97cm×145.5cm	515,040	罗芙奥	2021-07-18
山本麻友香 2009年作 兔子男孩	145cm×112cm	473,280	罗芙奥	2021-07-18
山本麻友香 2008年作 睡着的羊	97cm×130.5cm×25cm	264,480	罗芙奥	2021-07-17
山本麻友香 2016年作 蓝色小熊	65cm×53cm	236,640	罗芙奥	2021-07-18
山本麻友香2009年作小鸡男孩（蓝）	90.9cm×90.9cm	236,640	罗芙奥	2021-07-18
山口长男 1977年作 影B	91cm×61cm	974,938	佳士得	2021-12-02
山口长男 1967年作 接	51cm×126cm	1,115,289	香港苏富比	2021-04-20
山姆·弗朗西斯 1977年作 无题	75cm×104.1cm	724,500	佳士得	2021-05-25
尚·梅金杰 约1922年作 静物：果盘、水瓶及面包	130.5cm×89.3cm	2,052,500	佳士得	2021-12-02
尚·米榭·巴斯奇亚 1982年作 无题	76cm×56cm	7,559,640	佳士得	2021-05-25
尚扬 1990年作 小子	94cm×108cm	1,725,000	永乐拍卖	2021-12-03
尚扬 1986年作 不断掰开的玉米	90cm×88cm	1,495,000	华艺国际	2021-12-10
尚扬 2014年作 R地-12	30cm×53cm	632,500	北京华辰	2021-12-07
尚扬 2021年作 W地-9	29cm×53cm	575,000	北京保利	2021-12-02
尚扬 1990年作 小子	94cm×86cm	805,000	朵云轩	2021-07-07
申玲 2000年作 女人日记	100cm×100cm	172,500	北京保利	2021-06-04
沈晓彤 鱼水5	200cm×340cm	287,500	北京华辰	2021-12-07
石冲 2004年作 鱼	25cm×37.2cm	172,500	中国嘉德	2021-11-29
石冲 2015年作 表情	42cm×35cm	310,500	中贸圣佳	2021-07-06
石齐 2015年作 游春	50.5cm×40.3cm	184,000	中国嘉德	2021-11-29
石田彻也 2002年作 无题	59.4cm×42cm	4,968,000	佳士得	2021-05-24
斯里哈迪·苏达索诺 1960年作 木偶戏	86cm×121.5cm	724,500	佳士得	2021-05-25
斯里哈迪·苏达索诺 1997年作 黎弓舞之动态	101cm×130.5cm	667,063	佳士得	2021-12-02
斯里哈迪·苏达索诺 2002年作 吊坠舞	200cm×300cm	1,669,248	香港苏富比	2021-10-09
斯里哈迪·苏达索诺 1966年作 沙努尔海滩上的船只，巴利岛	100cm×70cm	730,296	香港苏富比	2021-10-10
斯里哈迪·苏达索诺 1998年作 婆罗浮屠之魂	130cm×180cm	690,417	香港苏富比	2021-04-19
斯里哈迪·苏达索诺 1994年作 冥想境界	100cm×147cm	625,968	香港苏富比	2021-10-10
斯里哈迪·苏达索诺 1993年作 携带供品的仕女	110cm×94cm	396,446	香港苏富比	2021-10-10
松山智一 2011年作 快乐星座	总182.5cm×366cm；单182.5cm×122cm	2,691,000	佳士得	2021-05-25
宋琨 2014年作 自画像No.1	160cm×110cm	805,000	北京保利	2021-12-02
宋琨 2013年作 海	180cm×235cm	747,500	中国嘉德	2021-11-28
宋琨 2004年作 X-mood痴迷	91cm×65cm	460,000	北京翰海	2021-12-17
宋琨 2014年作 松树下	44.5cm×59.5cm	437,000	北京保利	2021-12-02
宋琨 2005年作 X-Mood（三联画）	91cm×65cm×3	632,500	中国嘉德	2021-05-20

拍品名称	物品尺寸	成交价RMB	拍卖公司	拍卖日期
宋琨 2007—2008年作 旅行	50cm×65cm×10.8cm×10	621,000	佳士得	2021-05-25
宋琨 2012年作 云	230cm×180cm	517,500	永乐拍卖	2021-05-21
宋琨 2015年作 鹿园 No.6	直径90cm	368,000	华艺国际	2021-06-05
宋琨 2009年作 圣海潮	45cm×60cm	241,500	北京保利	2021-06-04
宋琨 2016年作 纯爱 2016	45cm×60cm	230,000	北京诚轩	2021-05-17
宋琨 2016年作 施甘露	30cm×40cm	172,500	北京翰海	2021-06-05
宋琨 2017年作 自画像·60%. DARK	27cm×35cm	149,500	北京翰海	2021-06-05
宋学智 2020年作 鸢尾	180cm×210cm	299,000	保利厦门	2021-11-05
宋易格 2011年作 游园惊梦	200cm×240cm	241,500	中国嘉德	2021-11-29
宋永红 1996年作 街边	100cm×80cm	230,000	中国嘉德	2021-11-29
苏冠人 2018年作 深情的大海	70cm×120cm	920,000	荣宝斋(南京)	2021-05-26
苏冠人 2015年作 深秋的水库	120cm×60cm	862,500	荣宝斋(南京)	2021-05-26
苏冠人 2020年作 广西风景	90cm×70cm	598,000	荣宝斋(南京)	2021-05-26
苏冠人 2013年作 防城港红沙湾	80cm×70cm	517,500	荣宝斋(南京)	2021-05-26
苏冠人 2021年作 傍晚的漓江	70cm×60cm	483,000	荣宝斋(南京)	2021-05-26
苏冠人 2015年作 公路旁的风景	70cm×60cm	414,000	荣宝斋(南京)	2021-05-26
苏冠人 2014年作 长城春雾	70cm×60cm	414,000	荣宝斋(南京)	2021-05-26
苏加那·克尔顿 1990年作 仪式骑马舞蹈	110cm×141.5cm	4,207,625	佳士得	2021-12-01
苏加那·克尔顿 1990年作 种稻	70cm×86cm	225,775	佳士得	2021-12-02
苏天赐 1982年作 吴地之歌·故里	105cm×87cm	1,667,500	北京保利	2021-12-02
苏天赐 1983年作 山溪淌过村头	53.5cm×53.5cm	690,000	西泠印社	2021-07-24
苏天赐 1977年作 海景写生	25cm×52.8cm	172,500	北京诚轩	2021-05-17
苏新平 对话	200cm×300cm	805,000	北京翰海	2021-12-17
孙策 2016年作 空白90号	203cm×169cm	207,000	北京翰海	2021-12-17
孙良 1998—1999年作 无题	82.5cm×99.5cm	149,500	中国嘉德	2021-05-20
孙逊 2014年作 无生源说之二	100cm×200cm	552,000	永乐拍卖	2021-12-03
孙逊 2014年作 时间公园-12	150cm×249.8cm	322,000	中国嘉德	2021-11-28
孙滋溪 1972、1973年作 人民邮递员（两件）	55cm×37cm；27cm×39cm	172,500	华艺国际	2021-09-17
孙宗慰 1940年代作 野花	45cm×34.5cm	977,500	中国嘉德	2021-11-29
孙宗慰 1943年作 灌县岷江风景	40cm×56cm	460,000	北京翰海	2021-12-17
索儿·费佩托2021年作 七龙珠毛团	150cm×150cm	139,200	罗芙奥	2021-07-17
塔玛拉·德·蓝碧嘉 约1952年作 花瓶里的玫瑰	51cm×41cm	2,463,000	佳士得	2021-12-02
泰菈·玛达妮 2018年作 烤箱入口	51cm×43.2cm	250,387	香港苏富比	2021-10-10
泰瑞·佛洛斯特 1970年作 绿与橙	152.5cm×122.5cm	690,417	香港苏富比	2021-04-18
谭平 1984年作 寺庙	50cm×55cm	943,000	华艺国际	2021-12-10
谭平 2008年作 无题	90.5cm×120.5cm	437,000	中国嘉德	2021-11-28
谭平 2006年作 无题	53cm×80cm	402,500	华艺国际	2021-12-10
谭平 2021年作 无题	120cm×100cm	333,500	北京华辰	2021-12-07
谭平 2011年作 无题	100cm×80cm	287,500	北京保利	2021-12-02
谭平 2014年作 无题	80cm×100cm	287,500	永乐拍卖	2021-12-03
谭平 2008年作 无题	150cm×180cm	782,000	华艺国际	2021-06-05
谭平 2016年作 无题	160cm×200cm	690,000	北京保利	2021-06-04
谭平 2008年作 无题	160cm×200cm	517,500	西泠印社	2021-07-24
谭雪生 1983年作 南郊秋野	41cm×55cm	207,000	华艺国际	2021-09-17
唐永祥 2013年作 钩子	50cm×60cm	195,500	华艺国际	2021-11-12
藤田嗣治 1958年作 少女与鸟	27.5cm×22.5cm	3,450,000	华艺国际	2021-12-10
藤田嗣治 1920年代作 郁金香	33.3cm×24.3cm	2,990,000	中国嘉德	2021-11-28
藤田嗣治 1924年作 顽童戏犬	112cm×145.5cm	6,156,180	香港苏富比	2021-10-09
藤田嗣治 1953年作 圣母子像	41cm×33cm	5,247,675	香港苏富比	2021-04-18
藤田嗣治 1924年作 少女半身像	65cm×46cm	5,058,000	保利香港	2021-04-21

拍品名称	物品尺寸	成交价RMB	拍卖公司	拍卖日期
藤田嗣治 1926年作 睡猫	22cm×26.8cm	3,277,500	华艺国际	2021-06-05
藤田嗣治 1952年作 艺术家工作室	46cm×38cm	3,105,000	佳士得	2021-05-25
藤田嗣治 1950年代作 圣母玛利亚与孩儿	41cm×33cm	2,484,000	佳士得	2021-05-25
藤田嗣治 1950年作 母子像	33cm×24cm	1,773,576	香港苏富比	2021-10-10
藤田嗣治 1952年作 女士肖像	24.5cm×19.5cm	1,552,500	佳士得	2021-05-25
藤田嗣治 1924年作 烟斗与洋娃娃	27cm×22cm	1,062,180	香港苏富比	2021-04-19
藤田嗣治 1952年作 巴黎街景	32.5cm×23.5cm	1,062,180	香港苏富比	2021-04-19
藤田嗣治 1947年作 沐浴	27cm×20cm	1,035,000	北京保利	2021-06-04
藤田嗣治 1951年作 风景	33.5cm×41cm	690,000	西泠印社	2021-07-24
藤田嗣治 约1917年作 巴黎蒙马特	34cm×25.5cm	497,370	中国嘉德	2021-04-23
天野健 2002年作 麦当娜	116cm×91cm	230,000	中国嘉德	2021-11-29
天野健 2018年作 维纳斯	145cm×97cm	184,000	保利厦门	2021-11-04
田名网敬一 2009年作 泪眼观音	145cm×97cm	331,200	佳士得	2021-05-25
童雁汝南 2020年作 赵志军	41cm×33cm×2	517,500	华艺国际	2021-12-10
凃克 1988年作 凤凰花开	59cm×68cm	276,000	华艺国际	2021-12-10
屠宏涛 2008年作 尚未实现的愿望	230cm×180cm	1,437,500	中国嘉德	2021-11-28
屠宏涛 2007年作 寂静林	180.5cm×230.5cm	1,092,500	中国嘉德	2021-11-28
屠宏涛 2004年作 梦幻剧场之七	131cm×180.5cm	287,500	中国嘉德	2021-11-29
屠宏涛 2007年作 寂静岭	100cm×130cm	230,000	北京保利	2021-12-02
屠宏涛 2004—2005年作 梦幻剧场之八	190cm×150cm	172,500	中国嘉德	2021-11-29
屠宏涛 2007年作 一棵红树	88cm×68cm	437,000	西泠印社	2021-07-24
屠宏涛 2007年作 寂静岭	100cm×130cm	261,050	十竹斋拍卖（北京）	2021-04-25
托马斯·庚斯博罗 约1770年作 乡间小路上的旅人	画心高32cm，宽36cm；画框高47.5cm，宽54.5cm	563,500	西泠印社	2021-01-17
瓦迪索夫·巴卡洛维奇 男爵夫人画像	73cm×50cm	517,500	北京荣宝	2021-06-19
汪建伟 2013年作 NO.25/事件导致了每一个无效的结果	200cm×300cm	632,500	华艺国际	2021-12-10
汪一 2018年作 红帐篷	150cm×200cm	172,500	中贸圣佳	2021-07-06
王川 2007年作 我的丛林之二	200cm×250cm	287,500	华艺国际	2021-12-10
王川 2007年作 破晓 我的山水之一	200cm×200cm	397,250	十竹斋拍卖（北京）	2021-04-25
王川 2006年作 心海之六 2006	90cm×120cm	253,000	北京诚轩	2021-05-17
王光乐 2003年作 水磨石 2002.12.7～2003.2.13	180cm×140cm	3,680,000	永乐拍卖	2021-12-03
王光乐 2012年作 120415	180cm×140cm	3,450,000	北京保利	2021-12-02
王光乐 2007年作 寿漆071021	115cm×115cm	2,357,500	永乐拍卖	2021-12-03
王光乐 2011年作 寿漆 110129	146cm×146cm	1,955,000	中国嘉德	2021-11-28
王光乐 2011年作 寿漆111127	100cm×100cm	1,437,500	永乐拍卖	2021-12-03
王光乐 2012年作 寿漆120919	80cm×80cm	1,265,000	永乐拍卖	2021-05-21
王广义 1990年作 批量生产的圣婴·绿色	150cm×120cm	1,911,924	香港苏富比	2021-04-20
王广义 1992年作 大批判系列：雪碧	149.5cm×120cm	1,265,000	永乐拍卖	2021-05-21
王广义 1995年作 VISA	120cm×150cm	517,500	西泠印社	2021-07-24
王广义 2003年作 大批判系列：可口可乐	150cm×119.4cm	500,774	香港苏富比	2021-10-10
王广义 2006年作 大批判系列：迷你库伯	300.2cm×199.8cm	421,500	保利香港	2021-04-21
王广义 2004年作 大批判系列——OMEGA	120cm×100cm	322,000	北京保利	2021-06-04
王海力 渔港	50cm×45cm	287,500	中贸圣佳	2021-05-20
王济远 约1950—1960年代作 持伞少女	76cm×63.5cm	287,500	华艺国际	2021-06-05

2021书画拍卖成交汇总(续表)

(成交价RMB:10万元以上)

拍品名称	物品尺寸	成交价RMB	拍卖公司	拍卖日期
王家琪 1998年作 草原·马	85cm×116cm	172,500	中国嘉德	2021-11-29
王健 2021年作 入迷系列——致敬镜子与猫III	140cm×140cm	230,000	永乐拍卖	2021-12-03
王劼音 2005年作 风景	101cm×135cm	437,000	中国嘉德	2021-11-29
王劼音 2014年作 林中小屋	80cm×60cm	172,500	中国嘉德	2021-11-29
王劼音 1998年作 原野	65cm×91cm	161,000	中国嘉德	2021-11-29
王劼音 2010年作 陌上闲云	120cm×150cm	431,300	十竹斋拍卖(北京)	2021-04-25
王劼音 2004年作 无题(双联画)	140cm×50cm×2	402,500	北京保利	2021-06-04
王劼音 2010年作 雄关	150cm×120cm	368,000	朵云轩	2021-07-07
王劼音 2005年作 花韵	100cm×100cm	333,500	永乐拍卖	2021-05-21
王劼音 1994年作 无题	78.5cm×98cm	287,500	西泠印社	2021-07-24
王劼音 1995年作 火烧云	60cm×71.5cm	230,000	中国嘉德	2021-05-20
王俊杰 2018年作 无题	42.5cm×35.2cm	3,284,000	佳士得	2021-12-02
王克举 2017年作 丰收的花朵之二	100cm×120cm	207,000	北京华辰	2021-06-19
王兴伟 2006年作 无题(划船)	120cm×160cm	1,847,250	佳士得	2021-12-02
王兴伟 2005年作 熊猫与企鹅	80cm×99.5cm	1,725,000	华艺国际	2021-12-10
王兴伟 2002年作 地宫	168.5cm×176.5cm	1,265,000	中国嘉德	2021-11-28
王兴伟 2011年作 无题(十渡)	150cm×200cm	974,938	佳士得	2021-12-02
王兴伟 1999年作 大沟水库旁的厂房	36cm×49cm	161,000	中贸圣佳	2021-07-06
王易罡 2021年作 抽象作品R28号	130cm×170cm	517,500	北京翰海	2021-12-17
王易罡 2001年作 崇师问道	145cm×175cm	172,500	朵云轩	2021-07-07
王音 2004年作 苏联人	53.5cm×36.5cm×3	1,092,500	华艺国际	2021-12-10
王音 2014年作 采薇NO.3	60cm×80cm	851,000	永乐拍卖	2021-12-03
王音 2001年作 花	90cm×110cm	713,000	永乐拍卖	2021-12-03
王音 2006年作(左)、2007年作(右)无题(一组两件)	54cm×36.5cm×2	437,000	中国嘉德	2021-11-29
王音 2013年作 无题(茶杯)	100cm×80cm	943,000	北京保利	2021-06-04
王音 2013年作 树影	60cm×45cm	862,500	北京保利	2021-06-04
王音 2014年作 风景	37cm×54cm	437,000	北京保利	2021-06-04
王音 花	36cm×53cm	149,500	中贸圣佳	2021-05-20
王音 花	36cm×53cm	149,500	中贸圣佳	2021-05-20
王玉平 1999年作 椅子	146cm×112cm	368,000	华艺国际	2021-12-10
王玉平 2002年作 鱼	50cm×180cm	253,000	华艺国际	2021-12-10
王玉平 1999年作 鱼	170cm×160cm	230,000	中国嘉德	2021-11-29
王玉平 2003年作 鱼	50cm×180cm	172,500	北京保利	2021-06-04
王玉琦 2007年作 青年画家大卫	61cm×58cm	431,300	北京保利	2021-01-15
威尔弗莱德·康斯特·波奎恩 1912年作 骑兵的冲锋	60cm×81cm	195,500	北京荣宝	2021-06-19
威廉·杜菲尔德 1852年作 水果篮静物	80cm×70cm	402,500	北京荣宝	2021-12-02
威廉·沙耶 路边	61cm×50cm	207,000	北京荣宝	2021-06-19
威廉·休斯 水果静物	76.5cm×63.5cm	161,000	北京荣宝	2021-06-19
韦尔申 2002年作 麦田守望	80cm×60.5cm	207,000	中国嘉德	2021-11-29
韦嘉 2011年作 幽明微岸Ⅰ	250cm×190cm	552,000	北京保利	2021-12-02
韦嘉 2006年作 无处可逃Ⅰ	250cm×170cm	575,000	中国嘉德	2021-05-20
韦嘉 2006年作 化妆	120cm×100cm	368,000	华艺国际	2021-06-05
韦嘉 2009年作 马上风光Ⅱ	190cm×140cm	345,000	中国嘉德	2021-05-20
韦嘉 2014年作 赞美诗	60cm×80cm	207,000	中国嘉德	2021-05-20
韦启美 1980年作 植物园的清晨	38cm×53cm	230,000	中国嘉德	2021-11-29
韦启美 1996年作 春雪	60cm×72cm	184,000	中国嘉德	2021-11-29
魏东 2009年作 猎鹿人1	30.5cm×61cm	172,500	永乐拍卖	2021-12-03
文亨泰 2018年作 冻结	53cm×45.5cm	287,500	华艺国际	2021-11-12
闻立鹏 1992年作 金秋的华彩乐段	116cm×116cm	287,500	北京翰海	2021-12-17

拍品名称	物品尺寸	成交价RMB	拍卖公司	拍卖日期
乌戈·罗迪尼 2016年作 vierundzwanzigsterjulizweitausendundsechzehn	272cm×180cm	1,150,000	永乐拍卖	2021-12-03
吴冠中 1987年作 桂林象鼻山	60cm×75cm	10,580,000	北京保利	2021-12-02
吴冠中 1976年作 龙须岛	46cm×61cm	7,820,000	永乐拍卖	2021-12-03
吴冠中 1972年作 喜鹊	36cm×28cm	6,900,000	永乐拍卖	2021-12-03
吴冠中 2008年作 寂寞桥头	50cm×60cm	4,370,000	永乐拍卖	2021-12-03
吴冠中 1979年作 蜀中水田	25.4cm×35.3cm	4,737,660	香港苏富比	2021-04-18
吴冠中 1989年作 春雨	37cm×44.5cm	3,450,000	永乐拍卖	2021-05-21
吴冠中 1970年代作 韶山	94cm×113cm	3,335,000	北京保利	2021-09-25
吴冠中 1982年作 源流	25cm×25cm	1,610,000	华艺国际	2021-06-05
吴冠中 乡音(镜框)	43cm×58cm	896,000	上海联合	2021-06-27
吴冠中 1950年作 巴黎街头	27cm×21cm	322,000	中贸圣佳	2021-05-20
吴海洲 2007年作 暗	200cm×160cm	161,000	华艺国际	2021-12-10
吴海洲 2007年作 对她说	160cm×137cm	149,500	北京翰海	2021-12-17
吴作人 1933年作 静物	77cm×66cm	8,050,000	中国嘉德	2021-11-28
吴作人 约1950年代作 草原云雨	17.5cm×24.5cm	207,000	华艺国际	2021-06-05
武高谈 1975年作 沉思	114.5cm×87cm	821,000	佳士得	2021-12-02
武高谈 1965年作 春天漫步	65cm×92cm	718,375	佳士得	2021-12-02
武高谈 1967年作 神	73.5cm×61cm	667,063	佳士得	2021-12-02
武高谈 1969年作 思想者	64.8cm×50cm	307,875	佳士得	2021-12-02
武高谈 1963年作 音乐家	92.5cm×79.5cm	584,199	香港苏富比	2021-04-19
武高谈 1965年作 构图	61cm×50.5cm	569,250	佳士得	2021-05-25
武高谈 1963年作 恋人	61cm×50cm	496,800	佳士得	2021-05-25
武高谈 1964年作 遐想	50.5cm×61.5cm	362,250	佳士得	2021-05-25
武高谈 1966年作 信心	46cm×38cm	339,990	纽约佳士得	2021-02-25
武艺 2005年作 穿睡衣的模特	60cm×50cm	299,000	北京保利	2021-12-02
西奥·梅耶 1960年作 咨里(巴厘)舞者	85cm×75cm	164,200	佳士得	2021-12-02
希波利特·卡米耶·德尔皮乡村景观	31.5cm×59.5cm	253,000	华艺国际	2021-03-31
希拉里·佩西斯 2018年作 金莲花	51cm×41cm	1,231,500	佳士得	2021-12-02
希拉里·佩西斯 2016年作 花园里的猫	101.6cm×76cm	1,449,000	佳士得	2021-05-25
席德进 1959年作 仕女像	64cm×90.5cm	595,225	佳士得	2021-12-02
夏俊娜 2002年作 小木偶	79.5cm×60cm	253,000	保利厦门	2021-11-04
夏俊娜 2000年作 蓝衣女人	130cm×100cm	241,500	中国嘉德	2021-11-29
夏俊娜 2005年作 花仙子	150cm×60cm	230,000	北京保利	2021-12-02
夏俊娜 2003年作 旋律	135cm×75cm	241,500	华艺国际	2021-06-05
夏俊娜 2008年作 岩边少女	98.5cm×78.5cm	172,500	华艺国际	2021-06-05
夏青 你瞅啥	100cm×80cm	172,500	中贸圣佳	2021-05-20
夏星 1987年作 多风的季节	81cm×65cm	161,000	华艺国际	2021-12-10
夏阳 2011年作 小鸟要细看……乌龟	135cm×86cm	222,552	保利香港	2021-04-21
夏禹 2014年作 中介带来好消息	120cm×200cm	172,500	华艺国际	2021-06-05
向庆华 2005年作 妄想集之一	145cm×200cm	172,500	北京翰海	2021-12-17
向庆华 2011年作 皮鞋(625-1)、聚会(625-2)	120cm×150cm;80cm×150cm	172,500	华艺国际	2021-06-05
肖芳凯 2016年作 景物·园林卷	100cm×200cm	299,000	华艺国际	2021-12-10
萧勤 1973年作 分割-9	55.5cm×80cm	322,000	永乐拍卖	2021-12-03
萧勤 2002年作 星云之诞生	130cm×159.5cm	318,317	中国嘉德	2021-04-23
萧勤 1993年作 大限外之61	100cm×150cm	289,800	佳士得	2021-05-25
萧勤 1959年作 抽象	77cm×60.5cm	161,856	保利香港	2021-04-21
萧勤 1986年作 宇宙漩涡-17	94cm×83cm	139,264	中国嘉德	2021-04-23
谢景兰 约1970年代作 无题	130cm×97cm	1,847,250	佳士得	2021-12-01
谢景兰 1970年作 构图	61cm×50cm	718,375	佳士得	2021-12-02
谢景兰 1972年作 群岛	81cm×60cm	902,853	香港苏富比	2021-04-19
谢景兰 1986年作 河畔	37.5cm×55cm	516,672	中国嘉德	2021-10-12

拍品名称	物品尺寸	成交价RMB	拍卖公司	拍卖日期
谢景兰 1980—1981年作 岛屿	33cm×55cm	496,800	中国嘉德	2021-10-12
谢南星 2020年作 foradacasa#3	140cm×250cm	1,795,938	佳士得	2021-12-01
谢南星 2012年作 无题 No. 4	185cm×265cm	718,375	佳士得	2021-12-02
谢南星 2010年作 教皇英诺森十世——委拉斯贵支	150cm×200cm	410,500	佳士得	2021-12-02
忻东旺 2012年作 白菜	60cm×50cm	460,000	中国嘉德	2021-05-20
忻东旺 2012年作 烈日清凉	60cm×50cm	448,500	北京华辰	2021-06-19
忻东旺 2004年作 宽心	160cm×80cm	402,500	中国嘉德	2021-05-20
忻东旺 2004年作 恍世	160cm×65cm	345,000	中国嘉德	2021-05-20
刑健健 人物（毛泽东）	100cm×80cm	198,000	安徽十竹斋	2021-12-05
熊秉明 横幅小画系列	91.8cm×207cm	485,568	保利香港	2021-04-21
熊宇 2009年作 万水千山	200cm×300cm	437,000	华艺国际	2021-12-10
熊宇 2008年作 冥想的翅膀	200cm×300cm	414,000	北京保利	2021-12-02
熊宇 2006年作 山神	180cm×150cm	230,000	北京保利	2021-12-02
熊宇 2010年作 黄昏的云彩	200cm×150cm	149,500	北京诚轩	2021-11-28
熊宇 2013年作 虽然存在我却不知道在哪里	120cm×150cm	184,000	中贸圣佳	2021-07-06
休·亨利·布瑞克瑞奇1906年作花园	62.9cm×75.6cm	1,597,500	纽约佳士得	2021-11-11
徐悲鸿 牛	16.1cm×12.8cm	920,000	广东崇正	2021-07-18
徐悲鸿 1939年作 黄培元肖像	67.3cm×60.4cm	834,624	香港苏富比	2021-10-10
徐晨阳 2019年作 影之十一	80cm×117cm	172,500	中国嘉德	2021-11-29
徐晨阳 2018年作 春水-星辰之五	162cm×112cm	161,000	中国嘉德	2021-11-29
徐晨阳 2019年作 影之十七	116.5cm×90.5cm	161,000	中国嘉德	2021-05-20
徐里 1998年作 吉祥雪域	78.5cm×98.5cm	345,000	保利厦门	2021-11-04
徐青巍 2021年作 晴春起舞	60cm×60cm	184,000	中国嘉德	2021-05-20
徐唯辛 2015年作 长城之二	80cm×100cm	345,000	广东崇正	2021-07-18
徐小国 2014年作 图腾	190cm×230cm	178,250	华艺国际	2021-11-12
徐小国 2014年作 经验的秩序	230cm×290cm	172,500	华艺国际	2021-12-10
徐震 2019年作 天下	50cm×70cm	287,500	保利厦门	2021-11-04
徐震 2013年作 光源·菲费尔	238cm×154cm	322,000	华艺国际	2021-03-31
许宏翔 2020年作 好风景NO.22	200cm×150cm	287,500	北京保利	2021-12-02
许宏翔 2018年作 倒影	200cm×260cm	218,500	北京翰海	2021-12-17
许宏翔 2017年作 平的风景	200cm×260cm	230,000	中国嘉德	2021-05-20
薛峰 2016年作 寂静的寂静的寂静的2016-7	200cm×160cm	299,000	华艺国际	2021-11-12
薛松 2002年作 时尚系列——收租院局部	198cm×128cm	184,000	北京保利	2021-12-02
亚伯拉罕·布隆梅特 约1605—1610年作 浪子回头	画心高42cm，宽55cm；画框高60cm，宽73cm	230,000	西泠印社	2021-07-23
艾德里安·格尼 2015年作 1945年的自画像	40cm×27.1cm	9,123,789	香港苏富比	2021-04-19
亚历克斯·卡茨 1966年作 白玫瑰	18.6cm×27.5cm	414,000	佳士得	2021-05-25
亚历桑德罗·吉安尼 2021年作 源于画像	250cm×200cm	172,500	华艺国际	2021-11-12
亚历山大·杨 1890年作 远眺	40cm×69cm	172,500	北京荣宝	2021-06-19
烟囱 2018年作 蛙鸣（双联画）	200cm×152cm×2	184,000	北京保利	2021-12-02
闫冰 2012年作 伤树	50cm×40cm	356,500	华艺国际	2021-12-10
闫博 2011年作 无题	121cm×41cm	207,000	北京翰海	2021-12-17
闫平 2010年作 母与子	130cm×160cm	1,035,000	北京华辰	2021-12-07
闫平 2021年作 小豹子一样的花朵	100cm×140cm	920,000	北京荣宝	2021-12-02
闫平 2006年作 阳光	160cm×140cm	747,500	中国嘉德	2021-11-29
闫平 1999年作 清晨的鸡冠花	160cm×140cm	747,500	中国嘉德	2021-11-29
闫平 2004年作 我有了新画室	160cm×140cm	632,500	中国嘉德	2021-11-29
闫平 2005年作 阵雨	60cm×80cm	207,000	北京华辰	2021-12-07

拍品名称	物品尺寸	成交价RMB	拍卖公司	拍卖日期
闫平 2008年作 秋天	140cm×160cm	690,000	中国嘉德	2021-05-20
闫平 2020年作 鱿鱼和蔷薇	80cm×65cm	575,000	北京保利	2021-06-04
闫平 2005年作 母与子	79cm×79cm	287,500	永乐拍卖	2021-05-21
闫平 2001年作 夏日偷闲	55cm×60cm	230,000	北京翰海	2021-06-05
闫平 2004年作 庄稼地里的鸟儿	65cm×80cm	207,000	北京华辰	2021-06-19
闫平 2001年作 自画像	65cm×54cm	172,500	中国嘉德	2021-05-20
严力 1982年作 沉思	84cm×54cm	161,000	南京经典	2021-07-18
严有宏 2009年作 晨之韵	60cm×90cm	345,000	荣宝斋(南京)	2021-05-26
颜磊 2006年作 上升空间-北京国际机场-马	149cm×199cm	172,500	中国嘉德	2021-11-29
颜磊 2002年作 上升空间2号	128.2cm×159cm	345,000	华艺国际	2021-06-05
颜文樑 1947年作 雪夜	38cm×50cm	1,380,000	华艺国际	2021-12-10
颜文樑 1960—1970年代作 中山公园	36cm×56cm	1,150,000	华艺国际	2021-12-10
颜文樑 冬日朝阳	62cm×82cm	575,000	北京华辰	2021-12-07
颜文樑 天坛	26cm×38cm	161,000	北京保利	2021-12-02
颜文樑 1950年代末作 乡间道	20cm×29cm	805,000	华艺国际	2021-06-05
颜文樑 月夜	40cm×61cm	690,000	朵云轩	2021-07-07
颜文樑 上海碧罗湖	直径40cm	460,000	中国嘉德	2021-05-20
颜文樑 日出	42.5cm×56.5cm	247,250	上海嘉禾	2021-07-23
杨飞云 1993年作 三椅图	118cm×120cm	483,000	北京保利	2021-12-02
杨飞云 静坐少女	130cm×89cm	460,000	北京保利	2021-12-02
杨飞云 1995年作 静物	60cm×50cm	345,000	北京华辰	2021-12-07
杨飞云 2001年作 少女	60cm×74cm	598,000	朵云轩	2021-07-07
杨黎明 2018年作 书写系列NO.1	150cm×120cm	207,000	北京保利	2021-12-02
杨少斌 1998年作 口红之四	144cm×75cm	195,500	永乐拍卖	2021-12-03
杨识宏 2007年作 时间与速度	170cm×218.4cm	556,380	保利香港	2021-04-21
杨识宏 2010年作 流畅	152.5cm×198cm	546,480	中国嘉德	2021-10-12
杨识宏 2011年作 往事	71cm×161cm	526,032	保利香港	2021-04-21
杨识宏 1988年作 磔刑图	249cm×198cm	417,600	罗芙奥	2021-07-18
杨识宏 1997年作 诗意的漂泊	170cm×221cm	393,300	佳士得	2021-05-25
杨识宏 2002年作 蓝色底流	162cm×112cm	167,040	罗芙奥	2021-07-18
叶凌瀚 2018年作 Lucy－S－003	200cm×150cm	690,000	永乐拍卖	2021-12-03
叶世强 2001年作 花包	53cm×33cm	161,856	保利香港	2021-04-21
叶子奇 2020—2021年作 艳紫荆	61.4cm×61cm	447,120	中国嘉德	2021-10-12
伊黛尔·阿德楠 2014年作 无题	35cm×27cm	584,199	香港苏富比	2021-04-20
伊西·伍德 2018年作 我，鼻外观整形手术，你的狗	140cm×100cm	1,026,250	佳士得	2021-12-02
佚名 革命代代如潮涌	104cm×176cm	172,500	中贸圣佳	2021-05-20
易卜拉欣·侯赛因 1976年作 无题	102cm×154cm	205,250	佳士得	2021-12-02
尹朝阳 2005年作 广场	180cm×250cm	1,380,000	中国嘉德	2021-11-28
尹朝阳 2005年作 王	220cm×180cm	1,150,000	华艺国际	2021-12-10
尹朝阳 2001年作 激	230cm×150cm	1,150,000	永乐拍卖	2021-12-03
尹朝阳2001年作神话·疲惫的巨人	150cm×130cm	1,058,000	北京保利	2021-12-02
尹朝阳 2006年作 王	180cm×150cm	1,035,000	北京翰海	2021-12-17
尹朝阳 1999年作 火树	200cm×150cm	977,500	中国嘉德	2021-11-29
尹朝阳 2010年作 神话	130cm×150cm	862,500	中国嘉德	2021-11-29
尹朝阳 2002年作 朋友	150cm×200cm	805,000	中国嘉德	2021-11-28
尹朝阳 2006年作 神话·金石	180cm×220cm	575,000	北京保利	2021-12-02
尹朝阳 2008年作 神话15	130cm×130cm	575,000	华艺国际	2021-12-10
尹朝阳 1995—2005年作 青春系列：影子	100cm×80cm	517,500	北京保利	2021-12-02
尹朝阳 2011年作 悬空寺	120cm×80cm	402,500	北京保利	2021-12-02
尹朝阳 2003年作 女孩	200cm×150cm	345,000	北京保利	2021-12-02
尹朝阳 2009年作 寺庙	71cm×71cm	207,000	北京华辰	2021-12-07
尹朝阳 2010年作 赵棒	60cm×50cm	172,500	华艺国际	2021-12-10

2021书画拍卖成交汇总(续表)

(成交价RMB：10万元以上)

拍品名称	物品尺寸	成交价RMB	拍卖公司	拍卖日期
尹朝阳 2004年作 广场	160cm×250cm	1,495,000	华艺国际	2021-06-05
尹朝阳 天安门	150cm×150cm	1,207,500	上海嘉禾	2021-07-23
尹朝阳 2005年作 乌托邦	179cm×248.5cm	1,150,000	中国嘉德	2021-05-20
尹朝阳 2009年作 拿骨头的男人	200cm×200cm	977,500	南京经典	2021-07-18
尹朝阳 1997年作 青春远去	95cm×112cm	920,000	中国嘉德	2021-05-20
尹朝阳 2002年作 吸烟的女孩	130cm×97cm	667,000	华艺国际	2021-06-05
尹朝阳 2014年作 秋山	80cm×100cm	529,000	中贸圣佳	2021-07-06
尹朝阳 2000年作 活着	200cm×100cm	517,500	中国嘉德	2021-05-20
尹朝阳 2007年作 图腾	250cm×250cm	437,000	北京保利	2021-06-04
由金 2015年作 不值得留恋的旧地	150cm×200cm	805,000	中国嘉德	2021-11-28
由金 2020年作 顿悟	200cm×150cm	690,000	北京华辰	2021-12-07
余本 1950年代作 向日葵	48cm×40cm	690,000	中国嘉德	2021-05-20
余本 1952年作 风景	51cm×60cm	460,000	北京保利	2021-06-04
余本 1930年代作 福寿天成	63cm×77cm	207,000	北京华辰	2021-06-19
余友涵 2019年作 2019-5-4	157cm×208cm	3,450,000	华艺国际	2021-12-10
余友涵 1998年作 啊! 我们系列 No.13 避邪	227cm×150cm	690,000	中国嘉德	2021-05-20
余友涵 伟人(无图)	179cm×99cm	322,000	中贸圣佳	2021-07-06
俞晓夫 2003年作 街景	60cm×80cm	172,500	北京荣宝	2021-06-19
喻红 2012年作 安检系列·寒梅	150cm×120cm	1,380,000	华艺国际	2021-12-10
袁远 2010年作 高度机密	180cm×135cm	690,000	华艺国际	2021-12-10
袁远 2008年作 胜利	120cm×160cm	368,000	华艺国际	2021-12-10
袁远 2010年作 流动之王	150cm×100cm	230,000	北京保利	2021-12-02
约翰·康斯太勃尔 约1815年作 成熟的麦田	画心高30cm；宽46cm；画框高53.5cm；宽69.5cm	966,000	西泠印社	2021-01-17
约翰·麦克林 2011年作 杂技	120cm×180cm	977,500	华艺国际	2021-06-05
约瑟夫·恩桂波提 稻田	80cm×100cm	796,635	香港苏富比	2021-04-19
约瑟夫·霍赛尔 1846年作 拉恩河风景	93cm×133cm	460,000	北京荣宝	2021-06-19
约瑟夫·兰维尔 1875年作 池塘边的女神	50cm×79cm	230,000	北京荣宝	2021-12-02
岳敏君 1994年作 无题(划船)	138cm×196cm	3,335,000	永乐拍卖	2021-12-03
岳敏君 2010年作 瘦秀透皱	200cm×200cm	2,875,000	北京华辰	2021-12-07
岳敏君 1996年作 99个偶像 No. 10、68、82及88	25.5cm×20.2cm×4	821,000	佳士得	2021-12-02
岳敏君 2005年作 微笑系列	100cm×80cm	747,500	中国嘉德	2021-11-29
岳敏君 2007年作 阿拉伯马	140cm×170cm	1,035,000	永乐拍卖	2021-05-21
岳敏君 1994年作 美丽女人	65cm×53.5cm	834,624	香港苏富比	2021-10-10
岳敏君 2004年作 处理-16	219.5cm×199cm	345,000	中贸圣佳	2021-07-06
曾梵志 1997年作 面具系列 1997 第3号	150cm×129.9cm	17,825,000	永乐拍卖	2021-12-03
曾梵志 2011年作 虎	200cm×200cm	11,155,000	北京保利	2021-12-02
曾梵志 2010年作 猿(双联画)	250cm×180cm×2	10,465,000	北京保利	2021-12-02
曾梵志 2008年作 火(双联画)	330cm×215cm×2	9,200,000	北京保利	2021-12-02
曾梵志 2011年作 无题11-4-4	200cm×200cm	8,165,000	北京保利	2021-12-02
曾梵志 2000年作 面具系列2000第14号	70cm×50cm	5,328,290	佳士得	2021-12-02
曾梵志 2005年作 人、竹子	200cm×150cm	4,600,000	北京保利	2021-12-02
曾梵志 1994 年作 飞	180cm×165cm	3,220,000	中国嘉德	2021-11-28
曾梵志 2006年作 风景之二	220cm×150cm	2,990,000	北京保利	2021-12-02
曾梵志 2007年作 无题07-01	200cm×200cm	2,873,500	佳士得	2021-12-02
曾梵志 2008年作 无题 08-5-13	200cm×200cm	8,817,780	香港苏富比	2021-04-19
曾梵志 2007年作 肖像	220cm×145cm	5,671,800	佳士得	2021-05-25
曾梵志 2006年作 天空	220cm×150cm	5,290,000	永乐拍卖	2021-05-21
曾梵志 1997年作 面具系列 1997 第0号	60cm×50cm	5,175,000	佳士得	2021-05-25
曾梵志 2003年作 巅峰	50cm×100cm	2,300,000	永乐拍卖	2021-05-21
曾梵志 2008年作 自画像 I	44cm×34cm	931,500	佳士得	2021-05-25
查尔斯·巴克斯特 1865年作 玫瑰女孩像	61cm×51cm	172,500	北京荣宝	2021-12-02
查尔斯·弗朗索瓦·杜比尼 1873年作 奥维尔风景	31cm×50cm	632,500	华艺国际	2021-03-31
詹建俊 1986年作 秋野	65cm×50cm	172,500	西泠印社	2021-07-24
张恩利 2006年作 大树	250cm×200cm	2,645,000	永乐拍卖	2021-12-03
张恩利 2014年作 水 2014 8号	300cm×250cm	2,257,750	佳士得	2021-12-01
张恩利 2009年作 管子 2	146cm×146cm	1,949,875	佳士得	2021-12-02
张恩利 2015年作 水	300cm×250cm	1,897,500	北京保利	2021-12-02
张恩利 2014年作 链接	150cm×150cm	1,782,500	永乐拍卖	2021-12-03
张恩利 2010年作 装饰墙面	238cm×140cm	1,380,000	北京保利	2021-12-02
张恩利 2006年作 树干	135cm×80cm	1,282,813	佳士得	2021-12-02
张恩利 2008年作 灯泡	175cm×120cm	920,000	北京保利	2021-12-02
张恩利 2005年作 头发	100cm×80cm	529,000	北京保利	2021-12-02
张恩利 2008年作 阅读	55cm×50cm	437,000	中国嘉德	2021-11-29
张恩利 2010年作 外立面	180cm×160cm	1,495,000	永乐拍卖	2021-05-21
张恩利 2009年作 抽斗柜	200cm×249.2cm	1,315,080	保利香港	2021-04-21
张恩利 2005年作 无题	199.6cm×179.6cm	1,213,920	保利香港	2021-04-21
张恩利 2012年作 两个很轻的球	180cm×260cm	1,168,398	香港苏富比	2021-04-20
张恩利 2015年作 杂物(2)	270cm×200cm	1,147,608	香港苏富比	2021-10-10
张恩利 2013年作 两个饰品	95cm×95cm	667,000	中国嘉德	2021-05-20
张恩利 2006年作 头	70cm×50cm	438,178	香港苏富比	2021-10-10
张飞 2020年作 青桃	125cm×60cm	253,000	中国嘉德	2021-11-29
张飞 2015年作 坐在椅子上的女孩	94cm×55.5cm	207,000	华艺国际	2021-11-12
张晖 2020年作 站立的女子之1、2(一组两件)	200cm×150cm×2	161,000	北京保利	2021-06-04
张慧 2011年作 围观 2	227.5cm×182cm	414,000	华艺国际	2021-12-10
张慧 2011年作 围观 5	160.5cm×190cm	287,500	华艺国际	2021-12-10
张慧 2012年作 浮雕(听2)	162cm×112cm	345,000	北京保利	2021-06-04
张郎郎 2012年作 银色月光照耀	66.5cm×99.5cm	287,500	华艺国际	2021-12-10
张礼军 平津战役	120cm×151cm	172,500	中贸圣佳	2021-05-20
张礼军 杜凤田	93.5cm×171cm	172,500	中贸圣佳	2021-05-20
张晓刚 2001年作 全家福	100cm×120cm	5,290,000	永乐拍卖	2021-12-03
张晓刚 2001年作 失忆与记忆7号	200cm×260cm	3,386,625	佳士得	2021-12-02
张晓刚 2012年作 女孩 2号	60cm×50cm	920,000	北京保利	2021-12-02
张晓刚 2012年作 男孩 2号	60cm×50cm	920,000	北京保利	2021-12-02
张晓刚 1987年作 梦	28cm×28cm	805,000	北京保利	2021-12-02
张晓刚 1982年作 夕歌	31cm×46cm	782,000	华艺国际	2021-12-10
张晓刚 1998年作 大家庭·血缘	190cm×150cm	4,600,000	中国嘉德	2021-05-20
张晓刚 2008年作 绿墙: 男孩与电视	200cm×160cm	2,712,528	香港苏富比	2021-10-10
张晓刚 2004年作 男孩	60cm×50cm	1,380,834	香港苏富比	2021-04-20
张晓刚 2004年作 男孩肖像	55cm×68cm	606,960	保利香港	2021-01-21
张晓刚 1985年作 桃花山NO.17	28.7cm×28.4cm	575,000	北京华辰	2021-06-19
张业兴 2018年作 战役	300cm×212cm	287,500	中国嘉德	2021-11-29
张业兴 2013年作 有光的画室	150cm×220cm	195,500	华艺国际	2021-12-10
张业兴 2015—2016年作 梦境狩猎-3	150cm×220cm	161,000	北京保利	2021-06-04
张义波 2020年作 春光	40cm×60cm	187,275	北京保利	2021-01-15
张义波 2020年作 沸腾的生活	40cm×60cm	181,600	北京保利	2021-01-15
张英楠 2008年作 沉浮的落差	150cm×200cm	460,000	永乐拍卖	2021-12-03
张钰 2018年作 别离	110cm×140cm	161,000	北京华辰	2021-12-07
张占占 2021年作 我想让你梦见我	150cm×120cm	253,000	永乐拍卖	2021-12-03
张占占 2021年作 Love Life	150cm×120cm	230,000	永乐拍卖	2021-12-03
张长江 2018年作 星愿系列	150cm×100cm	253,000	华艺国际	2021-11-12

（成交价RMB：10万元以上）

拍品名称	物品尺寸	成交价RMB	拍卖公司	拍卖日期
张子飘 2015年作 理发	121cm×95.5cm	310,500	永乐拍卖	2021-12-03
章犇 2018年作 巴别塔-1	120cm×130cm	161,000	华艺国际	2021-11-12
章剑 2008年作 摩天轮	200cm×250cm	207,000	中国嘉德	2021-11-29
章剑 1999年作 春天	160cm×110cm	184,000	北京保利	2021-12-02
章剑 2004年作 后海——3月7日	200cm×150cm	287,500	中国嘉德	2021-05-20
章剑 1991年作 午后	81cm×100.3cm	218,500	中国嘉德	2021-05-20
赵博 2017年作 冷酷仙境 2号	250cm×150cm×2	207,000	中国嘉德	2021-11-29
赵博 2017年作 冷酷仙境4号	150cm×230cm	184,000	永乐拍卖	2021-12-03
赵大钧 NO.1821	150cm×150cm	207,000	中贸圣佳	2021-05-20
赵刚 2009年作 齐心协力	150cm×180cm	161,000	北京翰海	2021-06-05
赵溶 挑灯夜战（镜框）	70cm×90cm	184,000	上海嘉禾	2021-07-22
赵无极 1952年作 无题（月满千帆）	105cm×120cm	44,539,250	佳士得	2021-12-01
赵无极 1955年作 花	55cm×46cm	15,968,450	佳士得	2021-12-01
赵无极 1955年作 中国城	54cm×65cm	13,800,000	中国嘉德	2021-11-28
赵无极 2001年作 25.5.2001	146.5cm×115cm	12,027,650	佳士得	2021-12-02
赵无极 1994年作 20.5.94	54cm×65cm	7,594,250	佳士得	2021-12-02
赵无极 1986年作 17.9.86	60cm×73cm	5,807,500	永乐拍卖	2021-12-03
赵无极 1994年作 30.11.94	54cm×65cm	5,520,000	中国嘉德	2021-11-28
赵无极 1973年作 21.7.73	55cm×46cm	3,450,000	中国嘉德	2021-11-28
赵无极 1951年作 无题（黄金城市）	88.7cm×115.7cm	62,763,879	香港苏富比	2021-04-18
赵无极 1968年作 24.10.68	114cm×161.5cm	59,800,000	永乐拍卖	2021-05-21
赵无极 1960年作 12.04.60	100cm×81cm	50,580,000	保利香港	2021-04-21
赵无极 1999年作 28.12.99	114cm×146cm	38,548,704	香港苏富比	2021-04-18
赵无极 1991年作 10.01.91	130cm×162cm	34,500,000	永乐拍卖	2021-05-21
赵无极 1968年作 22.01.68	73cm×92cm	23,188,140	香港苏富比	2021-10-09
赵无极 1982年作 17.12.82	81cm×65cm	13,918,680	佳士得	2021-05-25
赵无极 1960年作 09.02.60	73cm×92cm	13,407,915	香港苏富比	2021-04-18
赵无极 1952—1955年作 庄园 07.52–05.06.55	54cm×65cm	13,407,915	香港苏富比	2021-04-18
赵无极 2004年作 无题	60cm×72.8cm	10,143,000	佳士得	2021-05-25
赵无极 1976年作 21.01.76	73.5cm×92.5cm	9,947,400	中国嘉德	2021-04-23
赵无极 1993年作 5.10.93	81cm×65cm	9,775,000	华艺国际	2021-06-05
赵无极 1962年作 12.01.62	46cm×55.2cm	8,155,800	佳士得	2021-05-25
赵无极 1974年作 04.09.74	81cm×65cm	6,267,705	香港苏富比	2021-04-19
赵无极 1951年2月作 男子肖像	52.4cm×44.7cm	6,156,180	香港苏富比	2021-10-09
赵无极 1976年作 23.09.76（双联画）	50cm×84cm	5,671,800	中国嘉德	2021-10-12
赵无极 1952年作 无题	38cm×46cm	4,653,500	十竹斋拍卖（北京）	2021-04-25
赵无极 1973年作 21.03.73	55cm×46cm	4,653,360	香港苏富比	2021-10-10
赵无极 1977年作 22.04.77	54.2cm×65cm	4,140,000	佳士得	2021-05-25
赵小黎 纸蝴蝶	65cm×45cm	184,000	永乐拍卖	2021-12-03
赵洋 2012年作 土豆的诞生	150cm×120cm	149,500	华艺国际	2021-11-12
赵一浅 2014年作 一个看似熟悉的地方	180cm×135cm	172,500	华艺国际	2021-12-10
赵赵 2016年作 无题	220cm×200cm	667,000	华艺国际	2021-11-12
赵赵 2019年作 天空	200cm×200cm	598,000	北京保利	2021-12-02
赵赵 2016年作 天空系列	150cm×150cm	402,500	永乐拍卖	2021-12-03
赵赵 2016年作 无题	200cm×160cm	345,000	永乐拍卖	2021-12-03
赵赵 2009年作 无题	100.3cm×100.3cm	198,948	中国嘉德	2021-04-23
珍尼维·菲吉斯 2016年作 皇座	51cm×76cm	1,231,500	佳士得	2021-12-02
珍尼维·菲吉斯 2016年作 图书馆	95cm×80cm	1,128,875	佳士得	2021-12-02
珍尼维·菲吉斯 2019年作 晚宴	100cm×120cm	1,345,500	佳士得	2021-05-24
郑宏祥 2019年作 垂钓公园	200cm×180cm	172,500	永乐拍卖	2021-05-21
郑奎飞 2021年作 元宇宙人系列	100cm×80cm	1,207,500	保利厦门	2021-11-05
钟泗宾 1973年作 姐妹	115.5cm×73.5cm	667,063	佳士得	2021-12-02
钟泗宾 1965年作 农作	101.5cm×81cm	431,025	佳士得	2021-12-02
钟泗滨 1960年作 水边的房子	102cm×56cm	446,116	香港苏富比	2021-04-19
周碧初 1940年代作 天坛	53cm×65cm	437,000	永乐拍卖	2021-05-21
周碧初 雨后晚云（太湖）	36.5cm×53.5cm	207,000	华艺国际	2021-06-05
周补田 首渡黄河	90cm×157cm	172,500	上海嘉禾	2021-07-22
周春芽 2008年作 春天总会再回来	250cm×200cm	7,762,500	北京华辰	2021-12-07
周春芽 1998年作 红人	250cm×200cm	6,900,000	永乐拍卖	2021-12-03
周春芽 1999年作 梦幻	115cm×90.5cm	4,600,000	中国嘉德	2021-11-28
周春芽 1994年作 红石图	114.7cm×94.3cm	3,565,000	永乐拍卖	2021-12-03
周春芽 2008年作 桃花盛开的河流	120cm×150cm	3,565,000	中国嘉德	2021-11-29
周春芽 2008年作 枇杷树下	250cm×200cm	3,450,000	北京保利	2021-12-02
周春芽 2002年作 绿狗	248cm×199cm	2,530,000	中国嘉德	2021-11-29
周春芽 2010年作 桃花 2010	80cm×100cm	2,300,000	北京诚轩	2021-11-28
周春芽 2004年作 黑根	99cm×79.5cm	1,840,000	中国嘉德	2021-11-29
周春芽1998年作石头系列·黑色线条	100cm×80cm	1,610,000	永乐拍卖	2021-12-03
周春芽 2003年作 绿狗	68cm×61cm	1,495,000	永乐拍卖	2021-12-03
周春芽 1991年作 远忆	54cm×40cm	575,000	中国嘉德	2021-11-29
周春芽 1998年作 百合瓶花	72.5cm×60.5cm	575,000	中国嘉德	2021-11-29
周春芽 2018年作 瘦西湖春色	180cm×250cm	7,762,500	永乐拍卖	2021-05-21
周春芽 2006年作 花儿与少年	250cm×200cm	6,095,000	西泠印社	2021-07-24
周春芽 2007年作 回过头的TT	248cm×198.5cm	5,980,000	永乐拍卖	2021-05-21
周春芽 巴朗山石	71cm×60cm	4,347,000	中贸圣佳	2021-05-20
周春芽 2002年作 绿狗	149cm×120cm	4,048,000	中贸圣佳	2021-05-20
周春芽 2008年作 枇杷树下	250cm×200cm	3,852,500	中国嘉德	2021-05-20
周春芽 1995年作 黑根	198.5cm×149cm	3,808,000	十竹斋拍卖（北京）	2021-04-25
周春芽 2002年作 绿狗	250cm×200cm	3,737,500	中国嘉德	2021-05-20
周春芽 1994年作 褐色石头	100cm×80cm	3,565,000	中国嘉德	2021-05-20
周春芽 2000年作 绿狗	150cm×120cm	3,507,500	北京保利	2021-06-04
周春芽 2015年作 大明寺	120cm×150cm	3,450,000	华艺国际	2021-06-05
周春芽 2006年作 桃花	77cm×107cm	2,932,500	北京保利	2021-06-04
周春芽 1994年作 中国山水	72.5cm×60.6cm	2,731,320	保利香港	2021-04-21
周春芽 1999年作 巴朗山石	71.5cm×60cm	2,352,000	十竹斋拍卖（北京）	2021-04-25
周春芽 1994年作 红石	72cm×60cm	1,840,000	北京保利	2021-06-04
周春芽 1996年作 朋友No.2	72cm×60cm	1,725,000	西泠印社	2021-07-24
周春芽 2004年作 绿狗	79.5cm×99cm	1,719,720	保利香港	2021-04-21
周春芽 1996年作 裸女	60.5cm×72.5cm	1,334,000	北京诚轩	2021-05-17
周春芽 2002年作 绿狗 2002	107.8cm×76cm	862,500	北京诚轩	2021-05-17
周春芽 1997年作 菊花	55cm×47cm	805,000	华艺国际	2021-06-05
周春芽 1984年作 无题	52.8cm×37.5cm	424,872	香港苏富比	2021-04-20
周春芽 2017年作 大假山	33cm×44cm	402,500	北京保利	2021-06-04
周春芽 2018年作 豫园一景	29.5cm×40.5cm	379,500	华艺国际	2021-03-31
周春芽 1984年作 同学	53.5cm×38cm	368,000	北京保利	2021-06-04
周春芽 1982年作 藏族小男孩	38cm×26cm	368,000	朵云轩	2021-07-07
周春芽 2020年作 桃花	23.5cm×26.5cm	276,000	西泠印社	2021-07-24
周春芽 1979年作 重庆街景	18cm×26cm	230,000	华艺国际	2021-06-05
周文中 2015年作 笑脸	210cm×180cm	276,000	北京华辰	2021-12-07
周文中 2014年作 降临	150cm×150cm	241,500	北京翰海	2021-12-17
朱德群 1990年作 穿越	130cm×195cm	8,579,450	佳士得	2021-12-02
朱德群 1968年作 复兴的气韵	89cm×130cm	8,050,000	中国嘉德	2021-11-28
朱德群 2006年作 万象腾形	130cm×97cm	5,290,000	华艺国际	2021-12-10
朱德群 1999年作 双重喜悦	100cm×81cm	2,257,750	佳士得	2021-12-02
朱德群 2003年作 生命的绽放	80cm×100cm	1,840,000	中国嘉德	2021-11-28
朱德群 1984年作 欢乐时光	41.2cm×33.3cm	1,265,000	中国嘉德	2021-11-29

2021书画拍卖成交汇总（续表）

（成交价RMB：10万元以上）

拍品名称	物品尺寸	成交价RMB	拍卖公司	拍卖日期
朱德群 1968年作 无题	24cm×19cm	667,000	永乐拍卖	2021-12-03
朱德群 1985年作 一九八五年五月十五日	100cm×81cm	9,762,948	香港苏富比	2021-10-09
朱德群 1974年作 NO.532	130cm×89cm	9,296,000	十竹斋拍卖（北京）	2021-04-25
朱德群 2001年作 纷繁	130cm×195.5cm	8,307,765	香港苏富比	2021-04-19
朱德群 1990年作 发光体	116cm×89cm	8,103,759	香港苏富比	2021-04-19
朱德群 2007年作 和谐之音	130cm×190cm	7,162,200	佳士得	2021-05-24
朱德群 1989年作 冬眠	97cm×130cm	6,670,000	中国嘉德	2021-05-20
朱德群 1986年作 21.11.1986（雪景）	73cm×61cm	6,124,800	罗芙奥	2021-07-18
朱德群 1989年作 光之旋回	97cm×130cm	5,846,400	罗芙奥	2021-07-18
朱德群 2006年作 形变	80cm×100cm	4,600,000	华艺国际	2021-03-31
朱德群 2005年作 在地平线上	81cm×100cm	4,600,000	华艺国际	2021-06-05
朱德群 1987年作 深度的共鸣	80.6cm×100cm	4,552,200	保利香港	2021-04-21
朱德群 1961年作 第73号构图	116cm×73cm	4,227,645	香港苏富比	2021-04-19
朱德群 1989年作 第一道曙光	65cm×91cm	4,025,000	北京保利	2021-06-04
朱德群 1990年作 海屿	64.5cm×81cm	4,025,000	中国嘉德	2021-05-20
朱德群 1998年作 三联作 第4号	总41cm×99cm；单41cm×33cm	3,933,000	佳士得	2021-05-25
朱德群 1995—1996年作 多变的旋律	65cm×81cm	3,933,000	佳士得	2021-05-25
朱德群 1989年作 无题	65cm×92cm	3,450,000	华艺国际	2021-06-05
朱德群 2001年作 独思	162cm×130cm	3,338,496	香港苏富比	2021-10-10
朱德群 1962年作 第134号	53.4cm×80cm	3,312,000	佳士得	2021-05-25
朱德群 2006年作 渐渐逝去的日子	97cm×130cm	3,062,400	罗芙奥	2021-07-18
朱德群 1962年作 第133号构图	65cm×81cm	2,644,800	罗芙奥	2021-07-18
朱德群 2002年作 寻踪	54cm×65cm	2,530,000	西泠印社	2021-07-24
朱德群 1988年作 无形之美	65cm×92cm	2,503,872	香港苏富比	2021-10-10
朱德群 1976年作 夜	130.5cm×97cm	2,484,000	中国嘉德	2021-10-12
朱德群 1972年作 构图第467号	81cm×65cm	2,086,560	中国嘉德	2021-10-12
朱德群 1978年作 构图	90cm×64.5cm	1,989,480	中国嘉德	2021-04-23
朱德群 1997年作 香港No.24	57.3cm×76.5cm	1,540,080	中国嘉德	2021-10-12
朱德群 1976年作 无题	60cm×82cm	1,495,000	北京保利	2021-06-04
朱德群 1985年作 潭影空人心	56cm×76cm	1,392,636	中国嘉德	2021-04-23
朱德群 1969年作 火之歌	62.5cm×47.5cm	1,380,000	中国嘉德	2021-05-20
朱德群 1958年作 无题	35cm×27cm	895,266	中国嘉德	2021-04-23
朱尔斯·杜普 1870年作 出航	63.5cm×90.5cm	667,000	华艺国际	2021-03-31
朱尔斯-勒内·埃尔韦 约1935年作 芭蕾教室	画心高80cm，宽64cm；画框高107cm，宽91cm	207,000	西泠印社	2021-07-23
朱尔斯-约瑟夫·勒费弗尔 约1885年作 红披风	画心高57cm，宽46.5cm；画框高95cm，宽84.5cm	322,000	西泠印社	2021-01-17
朱金石 1985年作 绿的回声	100cm×75cm	483,000	华艺国际	2021-12-10
朱金石 1996年作 后海1996	100cm×150cm	552,000	中国嘉德	2021-05-20
朱金石 2006年作 彼岸	180cm×160cm	322,000	中国嘉德	2021-05-20
朱莉·柯蒂斯 2018年作 盛宴	45.7cm×61cm	1,026,250	佳士得	2021-12-02
朱莉·柯蒂斯 2019年作 三胞胎	152.2cm×122cm	1,966,500	佳士得	2021-05-24
朱乃正 1989年作 女人体	50cm×61cm	175,925	北京保利	2021-08-10
朱士杰 1964年作 拙政园红桥	25.5cm×34.5cm	151,740	保利香港	2021-04-21
朱新建 美人图	100cm×80cm	218,500	华艺国际	2021-12-10
朱新建 美人图	80cm×60cm	230,000	北京翰海	2021-06-05
朱曜奎 2002年作 春天小景	50cm×60cm	1,265,000	北京保利	2021-12-02
朱曜奎 2008年作 海景	50cm×60cm	345,000	华艺国际	2021-12-10
朱曜奎 2009年作 黄山飞瀑	50cm×40cm	322,000	中国嘉德	2021-11-29

拍品名称	物品尺寸	成交价RMB	拍卖公司	拍卖日期
朱曜奎 1979年作 千年古树——父子情	50cm×60cm	1,725,000	北京保利	2021-06-04
朱曜奎 2016年作 远涉重洋	50cm×60cm	1,725,000	荣宝斋（南京）	2021-05-26
朱曜奎 2014年作 渔船灯火	50cm×120cm	1,495,000	荣宝斋（南京）	2021-05-26
朱曜奎 2015年作 迎光之晓	48cm×48cm	920,000	荣宝斋（南京）	2021-05-26
朱曜奎 1965年作 凤凰树下	27.5cm×38cm	575,000	中国嘉德	2021-05-20
朱曜奎 2017年作 相依相伴	48cm×48cm	483,000	荣宝斋（南京）	2021-05-26
朱曜奎 2018年作 冬的印记	48cm×48cm	402,500	荣宝斋（南京）	2021-05-26
朱曜奎 2017年作 春萌	40cm×50cm	345,000	荣宝斋（南京）	2021-05-26
朱沅芷 1941—1942年作 瓶花与水果	55cm×42cm	894,240	中国嘉德	2021-10-12
朱沅芷 1930-1940年代作 扶手椅上的半身裸女	41cm×32.5cm	690,000	北京保利	2021-06-04
庄喆 1990年作 融汇	109.5cm×131.5cm	263,016	保利香港	2021-04-21
庄喆 1970年作 风景人物第二号	单88cm×120.5cm；总88cm×241cm	151,740	保利香港	2021-04-21
庄喆 1991年作 望春	152.5cm×127cm	445,050	佳士得	2021-05-25
庄喆 2001年作 雪舟破墨山水变奏03	203cm×126cm	278,400	罗芙奥	2021-07-18
庄喆 1988年作 无题 A7272 双联画	132cm×193cm	236,640	罗芙奥	2021-07-17
庄喆 1978年作 风景	121.5cm×121.5cm	218,843	中国嘉德	2021-04-23
邹世全 2020年作 浴影	100cm×80cm	195,500	中国嘉德	2021-05-20
李真 2010年作 天火	124cm×54cm×41cm	931,500	朵云轩	2021-12-31
2010年作 Bearbrick clot 水果（4个/套）1000%	高70cm	227,000	北京保利	2021-01-21
2020年作 LV×Nigo LV Made It's a Duck 鸭子雕塑	250cm×430cm	737,750	北京保利	2021-01-20
ART FOR THE MASSES 2008年作 Art Toys 岳敏君 × KAWS & 金钕 & 周铁海 & 周春芽 & 刘野摆件（一套五件）	a.10cm×12.5cm×30cm；b.17cm×35cm×30cm；c.28cm×19cm×21cm；d.19cm×14.5cm×30cm；e.14cm×15.5cm×30cm	345,000	北京保利	2021-06-08
BE@RBRICK 品牌联名系列-BABBI 1000%	高70cm	402,500	北京保利	2021-12-05
BE@RBRICK 积木熊 罕有特别限定50体 400%	高28cm	2,357,500	北京保利	2021-06-08
BE@RBRICK 积木熊 罕有特别限定50体 400%	高28cm	2,242,500	北京保利	2021-09-26
BE@RBRICK BE@RBRICK X DAFT PUNK X SILLY THING 1000%	高70cm	379,500	中鸿信	2021-07-15
BE@RBRICK 2019年作 Haroshi 联名 彩虹积木熊 初代 400%	高28cm	149,500	上海嘉禾	2021-07-23
BEARBRICK READYMADE A BATHING APE 2018年作 迷彩外套熊王 1000%	高70cm	149,500	北京保利	2021-06-08
HAROSHI KARIMOKU 2019年作 Haroshi 联名 彩虹 积木熊	27.5cm×13.5cm×9.5cm	161,000	华艺国际	2021-03-31
KAWS 2006年作 KAWS（ORIGINALFAKE）同伴	38.5cm×17cm×10.2cm	2,068,920	保利香港	2021-11-29
KAWS 2017年作 末日	216cm×165cm×165cm	460,000	北京保利	2021-12-02
KAWS 2007年作 同伴	125cm×50cm×33cm	667,000	永乐拍卖	2021-05-21
KAWS 2007年作 同伴	125cm×50cm×33cm	575,000	永乐拍卖	2021-05-21
KAWS 2007年作 同伴	125cm×50cm×33cm	575,000	永乐拍卖	2021-05-21
KAWS 2009年作 同伴	125cm×50cm×33cm	575,000	永乐拍卖	2021-05-21
KAWS空山基2009年作 特别联名没有未来的同伴雕塑（一套2件 黑/银色）	19cm×19cm×32cm	333,500	北京保利	2021-06-08

2021书画拍卖成交汇总(续表)

(成交价RMB：10万元以上)

拍品名称	物品尺寸	成交价RMB	拍卖公司	拍卖日期
KAWS(布莱恩·唐纳利)2009年作 同伴	35cm×57cm ×128.2cm	460,000	北京保利	2021-06-04
KXX 2014年作 资本主义表象下的诱骗原型——米奇	86cm×65cm ×65cm	172,500	保利厦门	2021-11-04
MEDICOM TOY KUBRICK THE BEATLES 2009年作 特别联名 "CAN' T BUY ME LOVE" 披头士(一套4只)1000%	高70cm	230,000	北京保利	2021-06-08
MR. 2015年作 快乐	人物 30.5cm×16.5cm ×15.5cm; 底座 17.6cm×18cm×3cm	359,188	佳士得	2021-12-02
MR. 2015年作 菲瑞·威廉斯	人物 33cm×16.5cm× 15.5cm; 底座 17.6cm×18cm×3cm	287,350	佳士得	2021-12-02
NYOMAN NUARTA 2021年作 马到成功二	106cm×247cm ×45cm	359,188	佳士得	2021-12-02
SUPER FUTURE KID 2018年作 Bavarian Bromeister	绘画 120cm×105cm; 雕塑 31.5cm×40cm ×25cm	205,250	佳士得	2021-12-02
安东尼·柯塞沃克 弗洛拉与泽非罗斯	高82cm，长28cm，宽40cm	253,000	西泠印社	2021-07-23
奥古斯特·罗丹 夏娃	高38cm	402,500	北京荣宝	2021-12-02
奥古斯特·罗丹 1905年作 悲伤	高31cm	224,250	北京荣宝	2021-06-19
奥古斯特·罗丹 吻(第四缩小版, 小型版本)	高25.3cm	2,070,000	佳士得	2021-05-25
巴尔塔萨·罗伯 1988年构思，共8个版本及4个艺术家试版；本铸版铸造于1995年 沉思者	67cm×137cm ×70cm	1,128,875	佳士得	2021-12-02
KAWS(布莱恩·唐纳利)2009年作 4英尺同伴解剖(棕色)	33cm×58cm ×127cm	668,160	罗芙奥	2021-07-17
草间弥生 2000年作 南瓜	高25cm×19cm ×14cm	3,591,875	佳士得	2021-12-02
草间弥生 1998年作 南瓜	28.5cm×26.2cm ×26cm	879,291	保利香港	2021-11-29
草间弥生 1998年作 蝴蝶	56cm×30cm ×30cm	1,291,680	中国嘉德	2021-10-12
草间弥生 1988年作 被俘玩偶	36cm×22cm ×28cm	547,107	中国嘉德	2021-04-23
草间弥生 1988年作，1994年铸南瓜2号	14.5cm×16.5cm ×16.5cm	347,760	中国嘉德	2021-10-12
草间弥生 1988年作，1993年铸南瓜1号	12.5cm×15.5cm ×15.5cm	347,760	中国嘉德	2021-10-12
草间弥生 2002年作 陶瓷南瓜(一组五件)	9cm×12cm ×12cm	310,500	保利厦门	2021-05-05
草间弥生 2004(A)及2002(B)年作 南瓜YB-A、陶瓷南瓜(一组两件)	A24cm×28.5cm (图像), 33cm×38.5cm (纸张); B0cm×12cm×11.5cm	258,632	中国嘉德	2021-04-23
草间弥牛 2002年作 陶瓷南瓜(一组五件)	7.3cm×7.3cm ×9cm×5	230,000	保利厦门	2021-05-05
段建宇 2003年作 艺术鸡(一组十件)	尺寸不一	287,500	中国嘉德	2021-11-29
法国 约1770年作 艾蒂安-莫里斯·法尔科内 浴女	高85cm，底部直径22cm	460,000	西泠印社	2021-01-17

拍品名称	物品尺寸	成交价RMB	拍卖公司	拍卖日期
路易·埃尔奈斯·巴里亚斯 约1899年作 自然在科学面前揭开面纱	高61cm，宽19cm，底部26cm	356,500	西泠印社	2021-01-17
克里斯托夫·加布里埃尔·阿尔戈让 约18世纪作 沐浴中的维纳斯	高60cm，底部直径18cm	333,500	西泠印社	2021-01-17
艾伯特·欧内斯特·卡里尔·贝勒斯 约19世纪作 爱书的人'LA LISEUSE'	高59cm，底部直径20cm	149,500	西泠印社	2021-01-17
奥古斯特·罗丹 约1910年作 永恒之春	长45cm，宽25cm，高36cm	287,500	西泠印社	2021-01-17
费尔南多·波特罗 1994年作 伊芙	88.8cm×26.1cm ×25.5cm	2,277,000	佳士得	2021-05-25
弗朗索瓦·沙维尔·莱兰 1997年作 小绵羊(来自新石羊系列)	53cm×63cm×20cm	3,284,000	佳士得	2021-12-01
弗朗索瓦·沙维尔·莱兰 1979年设计 1986年作 石羊	87cm×94cm×39cm	2,295,216	香港苏富比	2021-10-09
傅丹 2011年作 我们人民	206.5cm×304cm ×52cm	1,168,398	香港苏富比	2021-04-20
富永直树 1985年作 大将的椅子	205cm×28cm×59cm, 40cm(底座); 约24kg	172,500	华艺国际	2021-06-04
格林多·蒙兹尼 夏日寻花的小姑娘	高90cm，底座36cm×26cm	299,000	西泠印社	2021-07-23
哈维尔·卡勒加 2019年作 小莫瑞吉奥	23cm(长) ×21cm(宽) ×45cm(高)	306,240	罗芙奥	2021-07-17
汉斯·阿尔普 1957年构思，1961年铸造，共5版 人物(无题)	高48.1cm	1,026,250	佳士得	2021-12-02
荷布洛·布兰特利 3 the hard way	36cm×12cm×12cm	230,000	上海嘉禾	2021-07-23
亨利·摩尔 1966年构思及铸造 两个组件雕塑编号7：烟斗	长94cm	3,284,000	佳士得	2021-12-02
洪易 2014年作 猪柿如意	76cm×80cm×80cm	159,158	中国嘉德	2021-04-23
加藤泉 2014年作 无题	35cm×40cm×100cm	556,380	保利香港	2021-04-21
加藤泉 2018年作 无题	雕塑 82cm×25cm ×18cm; 支架 170cm×40cm ×40cm	517,500	佳士得	2021-05-25
康斯坦丁·布朗库西 波嘉尼小姐	高40cm	161,000	北京荣宝	2021-12-02
克洛德·莱兰 2010年作 银杏桌	73cm×155cm×155cm	3,080,322	香港苏富比	2021-04-20
空山基 2019年作 机械暴龙(金)	25cm×130cm×50cm	1,150,000	北京保利	2021-09-25
李遂 2005年作 荒谬的真实——蝶翅	25cm×38cm×65cm	184,000	华艺国际	2021-12-10
李真 1998年作 无忧国土	130cm×41cm×75cm	1,794,000	罗芙奥	2021-12-05
李真 1998年作 三觉者	55cm×90cm×135cm	1,150,000	永乐拍卖	2021-12-03
李真 2002年作 飞行乐土	49cm×265cm×355cm	1,034,460	保利香港	2021-11-29
李真 2015年作 墨-戏弄	36cm×133cm ×60cm	1,026,250	佳士得	2021-12-02
李真 2007年作 入世	35.5cm(长) ×36cm(宽) ×80.5cm(高)	1,531,200	罗芙奥	2021-07-18
李真 2002年作 观	76cm×29cm×24.5cm	1,490,400	中国嘉德	2021-10-12
李真 2007年作 天阙轻舟	23cm×30cm×68cm	1,393,524	香港苏富比	2021-10-10
李真 2010年作 拈花	95cm×35cm×43cm	1,322,500	中国嘉德	2021-05-20

2021书画拍卖成交汇总(续表)

(成交价RMB:10万元以上)

拍品名称	物品尺寸	成交价RMB	拍卖公司	拍卖日期
李真 2009年作 燃灯	165cm×41cm×405cm	1,193,688	中国嘉德	2021-04-23
李真 2002年作 无心海	75cm(长)×36cm(宽)×54cm(高)	1,057,920	罗芙奥	2021-07-18
李真 2013年作 根气	81cm×485cm×94cm	809,280	保利香港	2021-04-21
李真 2003年作 三生石	29cm×225cm×495cm	637,308	香港苏富比	2021-04-19
梁任宏 2018年作 转进论 9AL1028-16-17	165cm×128cm×210cm	377,568	中国嘉德	2021-10-12
刘焕章 1990年作 似锦年华	38cm×18cm×10cm	402,500	中国嘉德	2021-11-29
刘焕章 1978年作 袋鼠	31cm×10cm×12cm	253,000	中国嘉德	2021-11-29
六角彩子 2017年作 盒子#13	23.7cm×17.1cm×32cm	139,104	中国嘉德	2021-10-12
吕西安·帕列斯 梦	高100cm,底部直径30cm	184,000	西泠印社	2021-07-23
马蒂兰·莫罗 仙女抚琴	高94cm,底部35cm×35cm	322,000	西泠印社	2021-07-23
马库斯·吕佩尔茨 1993—1995年作 彼德拉桑塔铜像:男演员、玩具动作、男人和蓝色的球、女人和镜子、园丁、女婢(一组六件)	尺寸不一	4,140,000	华艺国际	2021-06-05
玛蒂奥·培利思 2010年作 日本武士	126cm×124cm×210cm	1,380,834	香港苏富比	2021-04-19
奈良美智 2007年作 失眠夜(坐姿)	15cm×25cm×25cm	517,500	华艺国际	2021-12-10
奈良美智 2002年作 小朝圣者(梦游娃娃)	27cm×18cm×16cm	477,475	中国嘉德	2021-04-23
奈良美智 2007年作 失眠夜(坐着)	28cm×17cm×15cm	476,928	中国嘉德	2021-10-12
奈良美智 2007年作 失眠夜	15cm×16cm×30cm	460,000	上海嘉禾	2021-07-23
奈良美智 1997年作 小冰熊	3.5cm×3.5cm×5cm	182,088	保利香港	2021-04-21
欧文·沃姆 2016年作 现代主义的酸黄瓜	104cm×50cm×15cm	434,473	保利香港	2021-11-29
平子 雄一 2017年作 男孩	高42cm	172,500	华艺国际	2021-11-12
任哲 2006年作 力拔山河	190cm×173cm×95cm	307,875	佳士得	2021-12-02
土屋仁応 2019年作 凤凰	40cm×10cm×35cm	386,400	罗芙奥	2021-12-05
土屋仁応 2016年作 兔	22cm(长)×10cm(宽)×21cm(高)	222,720	罗芙奥	2021-07-18
伍伟 2020年作 浮动的形	160cm×160cm	184,000	华艺国际	2021-11-12
西蒙·路易·布瓦佐 绝代艳后——玛丽·安托瓦内特	高85cm,长45cm,宽33cm	575,000	西泠印社	2021-07-23
习福德 2019年作 举头望明月、低头思故乡(一组两件)	95.5cm×60cm×60cm;83.9cm×60cm×60cm	139,264	中国嘉德	2021-04-23
席时斌 2016年作 威尼斯的雄狮	95cm×115cm×24cm	159,158	中国嘉德	2021-04-23
席时斌 2017年作 至高鸟	160cm×112cm×54cm	149,040	中国嘉德	2021-10-12
向京 2005年作 葡萄酒	120cm×130cm×80cm	690,000	永乐拍卖	2021-12-03
向京 2001年作 吸烟的女孩	高73cm	149,500	华艺国际	2021-12-10
向京 1996年作 华尔兹	高62cm	218,500	中贸圣佳	2021-07-06
向京 2002年作 空房间	69cm×50cm×44cm	172,500	中国嘉德	2021-05-20
向京 2004年作 打呵欠的女孩	91cm×20cm×195cm	172,500	中国嘉德	2021-05-20
小泉悟 2014年作 动物人·长颈鹿	33cm×33cm×109.5cm	662,400	罗芙奥	2021-12-05
小泉悟 2018年作 白熊	42cm×53.5cm×61.5cm	414,000	罗芙奥	2021-12-05
熊秉明 1959年作 飞鸟	81cm×31cm×78cm	368,000	中国嘉德	2021-11-28
熊秉明 1999年作 低首牛	23cm×48.5cm×20cm	576,949	中国嘉德	2021-04-23
熊秉明 1997—2001年作 田牛	25cm×56cm×20cm	496,800	中国嘉德	2021-10-12
盐田千春 存在的状态	60cm×30cm×30cm	1,128,875	佳士得	2021-12-02
卢卡·马德拉西 约19世纪作 伴侣	高85cm,底部40cm×31cm	322,000	西泠印社	2021-01-17
展望 2002年作 假山石	雕塑47cm×32cm×21.5cm,底座5.5cm×38cm×22cm	153,805	纽约佳士得	2021-02-25
张充仁 1946年作 齐白石胸像	30cm×18cm×37cm	460,000	广东崇正	2021-01-06
张充仁 1946年作 清溪	25cm×15cm×64cm	322,000	广东崇正	2021-01-06
章华 2016年作 芭蕾·芳华	39cm×18cm×90cm	195,500	永乐拍卖	2021-12-03
郑国谷 1999—2006年作 公元两千年·再锈两千年之2(一组十二件)	尺寸不一	253,000	中国嘉德	2021-11-29
周春芽 2011年作 绿狗	20cm×27cm×37cm	172,500	保利厦门	2021-11-04
周春芽 2010年作 绿狗	70cm×35cm×25cm	483,000	永乐拍卖	2021-05-21
周春芽 岳敏君 刘野 周铁海 金钕 KAWS(布莱恩·唐纳利) 2008年作 为大众的艺术——艺术玩具(绿狗、摩登骆驼、露齿大笑、美人鱼、美丽卡通)(一组五件)	尺寸不一	180,960	罗芙奥	2021-07-17
朱铭 2003年作 太极系列·单鞭下势	102cm×64cm×68cm	2,530,000	中国嘉德	2021-11-28
朱铭 1978年作 自在观音	75cm×40cm×61cm	1,610,000	保利厦门	2021-11-04
朱铭 1975年作 太极系列·单鞭下势	34.5cm×54cm×24.5cm	1,436,750	佳士得	2021-12-02
朱铭 1980年作 太极云手	71cm×53cm×52cm	667,000	北京华辰	2021-12-07
朱铭 1997年作 太极系列·单鞭下势	40cm×19cm×27cm	620,676	保利香港	2021-11-29
朱铭 1993年作 太极系列	44.3cm×29.2cm×55cm	607,200	罗芙奥	2021-12-05
朱铭 太极系列·单鞭下势	25cm×48cm×18cm	276,000	北京保利	2021-12-02
朱铭 1995年作 太极系列	35.3cm×30cm×47cm	206,892	保利香港	2021-11-29
朱铭 1992年作 太极系列·拱门	64.4cm(长)×24.7cm(宽)×35.1cm(高)	1,169,280	罗芙奥	2021-07-18
朱铭 1992年作 太极系列·推手	61cm×32cm×33cm	993,600	中国嘉德	2021-10-12
朱铭 太极系列	62.6cm×58cm×43.3cm	848,700	佳士得	2021-05-25
朱铭 1995年作 太极系列	46cm(长)×52cm(宽)×88cm(高)	779,520	罗芙奥	2021-07-18
朱铭 1988年作 太极系列·玉女穿梭	37cm×25cm×22cm	546,480	中国嘉德	2021-10-12
朱铭 1981年作 关公	46.6cm×29.5cm×31cm	497,370	中国嘉德	2021-04-23
朱铭 1998年作 太极踢	75.5cm×95cm×49cm	483,000	永乐拍卖	2021-05-21
朱铭 1978年作 水牛与牧童	22cm×83cm×29.1cm	377,568	中国嘉德	2021-10-12
朱铭 1981年作 达摩	64.5cm×56.5cm×41cm	347,760	中国嘉德	2021-10-12
朱铭 1990年作 太极系列·对打	22.6cm×16cm×17cm(左);22.3cm×20.5cm×24.2cm(右)	278,208	中国嘉德	2021-10-12
朱铭 十二生肖——牛	16cm×26.5cm×17cm	218,843	中国嘉德	2021-04-23
朱铭 1978年作 水牛	49cm×20cm×20.5cm	212,436	香港苏富比	2021-04-19
朱铭 2006年作 裙子的故事	45cm×35cm×90cm	207,000	永乐拍卖	2021-05-21
蔡斯民 艺术家签名影像:朱屺瞻、刘海粟、王己千、叶浅予、吴作人(一组五套)	42cm×30cm×30	149,500	中国嘉德	2021-11-29
耿建翌 2000年作 乳白	60cm×50cm	161,000	中国嘉德	2021-05-20
耿建翌 约1990年作 躯干	60.5cm×100.5cm	153,805	纽约佳士得	2021-02-25
马六明 1995年作 为无名山增高一米	120cm×160cm	287,500	中国嘉德	2021-11-29
马六明 1995年作 为无名山增高一米	119.5cm×177cm	194,280	纽约佳士得	2021-02-25

拍品名称	物品尺寸	成交价RMB	拍卖公司	拍卖日期
杨福东 2013年作 New Women(无图)	110cm×165cm	287,500	上海明轩	2021-12-30
Mr.Doodle 2019年作 彩虹	30cm×30cm	149,500	上海明轩	2021-12-30
丁乙 2014年作 十示2014-13	120cm×92cm	1,265,000	上海明轩	2021-12-30
高瑀 2016年作 鸡血疗法	220cm×250cm	1,322,500	上海明轩	2021-12-30
黄宇兴 2016年作 星夜下的河滨树丛	90cm×120.5cm	1,897,500	上海明轩	2021-12-30
井上有一 1964年作 国	113cm×130cm	586,500	上海明轩	2021-12-30
井上有一 圆	90cm×120cm	345,000	上海明轩	2021-12-30
吴大羽 觅食1-345、无题1-306	14.4cm×10.2cm; 14.7cm×10cm	345,000	上海明轩	2021-12-30
周春芽 2021年作 廿四桥边——扬州瘦西湖的桃花	42cm×59.5cm	1,023,500	上海明轩	2021-12-30
龙家升 奥高古曼联名合作 2019年作 Thorne(原作)	42cm×59.4cm	164,575	北京保利	2021-01-20
龙家升 奥高古曼联名合作 2019年作 The Lights in thing(原作)	29.7cm×42cm	164,575	北京保利	2021-01-20
KAWS × 坎帕纳工作室 2019年作 同伴:椅子	82cm×108cm×100cm	690,000	北京保利	2021-09-25
Damien Hirst 2016年作 米奇米妮	87.5cm×70cm×2	322,000	十竹斋拍卖(北京)	2021-04-25
Dr Scribble(Mr Doodle)2018年作 看着你	75cm×75cm	362,061	保利香港	2021-11-29
Dr. Scribble(Mr. Doodle)2018年作 可怕	91.5cm×91.5cm	417,312	香港苏富比	2021-10-10
Edu Carrillo 2020年作 DESERT FLOWER	160cm×130cm	143,750	永乐拍卖	2021-12-03
Erick Snowfro 克罗米曲线 #3371		460,000	永乐拍卖	2021-12-03
Futura 2018年作 Eclipse	100cm×100cm	282,500	十竹斋拍卖(北京)	2021-04-25
Hanson Robotics 2021年作 索非亚面对奇点	机器人 163cm×50cm ×50cm, 安装空间 163cm×156cm ×345cm	4,152,420	香港苏富比	2021-10-10
INVADER 2018年作 Rubik Bigger Splash	86cm×86cm×5.6cm	974,938	佳士得	2021-12-02
INVADER 2016年作 PA_1213	44.5cm×49.8cm	886,788	香港苏富比	2021-10-10
INVADER 2010年作 Alias MIA_12	47.9cm×48cm	743,526	香港苏富比	2021-04-20
Jason Ting 泡泡巴比 #157		172,500	永乐拍卖	2021-12-03
KAWS 2010年作 无题	直径150cm	2,689,596	保利香港	2021-11-29
KAWS 及坎帕纳工作室 2019年作 KAWS 同伴灰椅	91.4cm×132.1cm ×104.1cm	724,122	保利香港	2021-11-29
KAWS 2002年作 无题(ORIGINAL FAKE 系列)	包装 25.5cm×19cm; 画心 15cm×12.5cm	393,095	保利香港	2021-11-29
KAWS 2003年作 KAWS ASTRO BOY	48cm×30cm ×12cm	2,655,450	香港苏富比	2021-04-20
KAWS 2017年作 无题	直径40.6cm	886,788	香港苏富比	2021-10-10
KAWS 2015年作 没回复(一套十幅)	88.9cm×58.4cm ×10	678,132	香港苏富比	2021-10-10
KAWS 2009年作 解剖同伴(棕色)	127cm×55.9cm ×35.6cm	573,804	香港苏富比	2021-10-10
KAWS 2018年作 BFF Seeing 座灯(蓝)	高37cm(LED人偶);高20.3cm(底座)	230,000	十竹斋拍卖(北京)	2021-04-25
KAWS 2019年作及2019年发行 Plush BFF × Dior(黑、粉红)	45.7cm×25cm ×10cm; 55cm×30cm ×24cm	168,000	佳士得	2021-04-07
KAWS〈布莱恩·唐纳利〉1999年作 无题	41cm×41cm	552,000	罗芙奥	2021-12-05
KEA(蔡孟达)2010年作 淬炼的强悍·巨角鹿	161.5cm×130cm	139,200	罗芙奥	2021-07-18
Larva Labs Cryptopunk #6388		7,475,000	华艺国际	2021-11-12
Loot Loot Bag#2594		782,000	华艺国际	2021-11-12
LY 2021年作 LUV在街头	116.7cm×91cm	552,000	罗芙奥	2021-12-04
Mad Dog Jones 2018年作 一时迷失	100cm×125cm	517,230	保利香港	2021-11-29
MADSAKI 2016年作 向村上隆之花致敬 HK#C、向村上隆之花致敬 HK#D	45cm×45cm×2	982,737	保利香港	2021-11-29
MADSAKI 2019年作 颅骨 II(受安迪·霍尔启发)2号	120cm×150cm	517,230	保利香港	2021-11-29
MADSAKI 2017年作 在轨道错误的一侧醒来	40cm×40cm	268,960	保利香港	2021-11-29
MADSAKI 2017年作 在后院烧烤	40cm×40cm	227,581	保利香港	2021-11-29
MADSAKI 2015年作 美国哥特式2	75cm×63cm	1,058,000	永乐拍卖	2021-05-21
Marcus Brutus 马库斯·布鲁特斯 2020年作 潘诺尼卡	102cm×152.2cm	250,387	香港苏富比	2021-10-10
mbsjq Rainbow Haze		440,000	上海敬华	2021-05-29
Mr Doodle 2019年作 涂鸦的永恒	100cm×150cm	1,344,798	保利香港	2021-11-29
Mr Doodle 2019年作 垃圾食品区域	100cm×70cm	1,034,460	保利香港	2021-11-29
Mr Doodle 2015年作 疯狂旅行车:左侧第7号	211cm×90cm	359,188	佳士得	2021-12-02
Mr Doodle 2018年作 弹	101.6cm×127cm	955,962	香港苏富比	2021-04-20
Mr Doodle 2019年作 向日葵	198cm×120cm	796,635	香港苏富比	2021-04-20
Mr Doodle 2019年作 彩虹 #78、#81、#177、#179(四件作品)	30cm×30cm ×4.5cm×4	403,628	香港苏富比	2021-04-20
Mr Doodle 2019年作 蒙娜 DOODLE	180cm×120cm	2,921,184	香港苏富比	2021-10-09
Mr Doodle 2018年作 无题(两件)	89.5cm×119.5cm ×2	233,680	香港苏富比	2021-04-20
MR. 2008年作 zzzzz	70cm×49cm	1,344,798	保利香港	2021-11-29
MR. 2004年作 南瓜酒(卡洛斯·戈恩的童年)	91cm×72.7cm	434,473	保利香港	2021-11-29
MR. 2005年作 无题(一组15件)	14cm×13cm ×15cm×15	413,784	保利香港	2021-11-29
Nikki 2021年作 眨眼睛	101cm×81cm	276,000	罗芙奥	2021-12-04
Nikki 2021年作 闭眼	120cm×120cm	334,080	罗芙奥	2021-07-17
NumbersInMotion 水彩之梦#30		172,500	永乐拍卖	2021-12-03
Pak 莱奥纳多的愿景		7,245,000	华艺国际	2021-11-12
Stefano Contiero 芙拉门蒂 #231		241,500	永乐拍卖	2021-12-03
Takeru Amano 天野健 2020年作 "Venus with Stocks"	120cm×120cm	287,500	十竹斋拍卖(北京)	2021-04-25
Tran Minh Thi(Le Thy)约1940年代作 北越中部风光(双联画)	左板 120.5cm×61cm; 右板 120cm×63.5cm	417,312	香港苏富比	2021-10-10
阿布迪亚 2011年作 绿衣女孩	100cm×120cm	982,737	保利香港	2021-11-29
阿布迪亚 2012年作 无题	60cm×60cm	690,000	华艺国际	2021-11-12
阿布迪亚 2014年作 无题(街头儿童系列)	189.5cm×394cm	1,773,576	香港苏富比	2021-10-10
阿利克斯·埃梅 熟睡中的女孩	70cm×45cm	569,250	佳士得	2021-05-25
阿利克斯·埃梅 风景	50cm×75.7cm.	331,200	佳士得	2021-05-25

2021书画拍卖成交汇总(续表)

(成交价RMB：10万元以上)

拍品名称	物品尺寸	成交价RMB	拍卖公司	拍卖日期
阿利克斯·埃梅 约1930年作 龙坡邦儿童	31.5cm×24cm	165,600	佳士得	2021-05-25
阿曼尼·刘易斯 2020年作 特罗马克	159cm×127.4cm	531,090	香港苏富比	2021-04-20
阿莫阿科·博阿佛 2018年作 金色眼镜	100cm×70cm	2,482,704	保利香港	2021-11-29
埃德加·普连斯 2018年作 深紫色致敬	146.5cm×146.5cm	1,150,000	中国嘉德	2021-11-28
埃德加·普连斯 2020年作 外星人	162cm×130cm	2,068,920	保利香港	2021-11-29
埃德加·普连斯 2018年作 墙上艺术	69.8cm×49.6cm	1,034,460	保利香港	2021-11-29
艾德加·德加 约1877年作 踮起脚的舞者	17cm×21cm	12,460,500	纽约佳士得	2021-11-11
埃德加·普连斯 2018年作 小心艺术家从天而降	55cm×46cm	612,480	罗芙奥	2021-07-18
艾迪·马丁内斯 2007年作 遥不可及的植物	152.4cm×121.9cm	2,088,000	罗芙奥	2021-07-17
艾迪·马丁内斯 2010年作 纽约电力	121.9cm×152.4cm	1,948,800	罗芙奥	2021-07-17
艾迪·马丁内斯 2019年作 底特律的傻瓜	76cm×51cm	358,800	罗芙奥	2021-12-04
艾迪·马丁内斯 2018—2019年作 无题(盆花)	22.9cm×20.3cm	161,000	华艺国际	2021-06-04
艾迪·马丁内斯 2009年作 无题	152.4cm×182.8cm	1,241,352	保利香港	2021-11-29
艾迪·马丁内斯 2011年作 无题	152.4cm×122.3cm	982,737	保利香港	2021-11-29
艾迪·马丁内斯 2019年作 无题	183cm×213.5cm	3,186,540	香港苏富比	2021-04-19
艾迪·马丁内斯 2015年作 角斗士	182.9cm×274.3cm	2,295,216	香港苏富比	2021-10-09
艾迪·马丁内斯 2007年作 我的孩子们玩得很开心	182.9cm×213.4cm	1,911,924	香港苏富比	2021-04-20
艾迪·马丁内斯 2012年作 美国土著研究	22.5cm×30.2cm	201,814	香港苏富比	2021-04-20
艾迪·马丁内斯 2017年作 迷你人像#8	38.4cm×30.5cm	191,192	香港苏富比	2021-04-20
艾芙瑞·辛格 2018年作 无题	102.1cm×114.3cm	2,086,560	香港苏富比	2021-10-10
艾芙瑞·辛格 2016年作 无题	27.5cm×35.2cm	333,850	香港苏富比	2021-10-10
艾莉森·祖克曼 2020年作 大睡一觉	162.6cm×244.3cm	1,551,690	保利香港	2021-11-29
艾莉森·祖克曼 2018—2021年作 春天的沉思	207cm×156.2cm	938,952	香港苏富比	2021-10-10
艾伦·琼斯 2005年作 保卫者	154cm×38cm ×50cm	424,872	香港苏富比	2021-04-20
艾伦·琼斯 2005年作 侍者	145cm×45cm ×30cm	424,872	香港苏富比	2021-04-20
艾米莉·梅·史密斯 2017年作 一千个日子	96.5cm×68.6cm	3,620,610	保利香港	2021-11-29
艾轩 1977年作 欧罗	20.5cm×14.5cm	207,000	北京翰海	2021-12-17
克丽丝汀·嫒珠 2011年作 无题	135cm×135cm	1,168,398	香港苏富比	2021-04-20
安德烈·布拉吉利 1989年作 伊豆的回忆	90cm×130cm	620,676	保利香港	2021-11-29
安迪·沃霍尔 1983年作 警车	28cm×35.4cm	974,938	佳士得	2021-12-02
安卡特 2018年作 无题	216cm×175cm	2,295,216	香港苏富比	2021-10-10
安娜斯塔西娅·明日香 2017年作 彼得罗波利斯	183cm×122cm	1,168,398	香港苏富比	2021-04-20
安奇帮 2020年作 无题	60cm×80cm	598,000	北京荣宝	2021-06-19
奥蒂斯·夸梅·基·奎科 2020年2月作 狂野西部	76.2cm×61cm	1,448,244	保利香港	2021-11-29
奥拉维尔·埃利亚松 2015年作 你的轨道稳定器	104cm×104cm ×27cm	568,953	保利香港	2021-11-29
奥斯汀·李 2018年作 告密者	183cm×213.5cm	318,654	香港苏富比	2021-04-20

拍品名称	物品尺寸	成交价RMB	拍卖公司	拍卖日期
巴布罗·毕加索 1964年构思 戴着华丽大帽的女人	62.3cm×51.6cm	1,159,200	罗芙奥	2021-12-04
巴尔杜·赫尔加森 2018年作 等待的人的肖像	122cm×91.5cm	333,850	香港苏富比	2021-10-10
白发一雄 1967年作 快胜	41cm×32cm	568,953	保利香港	2021-11-29
班内蒂托·雷耶斯·卡布雷拉 方形与人士	59cm×56cm	339,898	香港苏富比	2021-04-19
贝尔纳·布菲 1961年作 斗牛士	100cm×81cm	3,864,000	罗芙奥	2021-12-04
贝尔纳·布菲 1973年作 锚泊的船只	89.5cm×130.5cm	2,484,000	罗芙奥	2021-12-05
贝尔纳·布菲 1964年作 蓝色大飞燕	81cm×54cm	1,104,000	罗芙奥	2021-12-04
彼得·莱兹伯斯 2015年作 高度怀疑	200cm×200cm	607,200	罗芙奥	2021-12-04
彼得·麦当劳 2010年作 缆车	140cm×114cm	625,968	香港苏富比	2021-10-09
布莱恩·加尔文 2018年作 午夜日出	76.5cm×76.5cm	371,763	香港苏富比	2021-04-20
布莱恩·加尔文 2007年作 天空	152.4cm×121.9cm	310,338	保利香港	2021-11-29
KAWS(布莱恩·唐纳利) 2009年作 4英尺同伴解剖(黑色)	31cm×54cm ×128cm	414,000	罗芙奥	2021-12-04
KAWS(布莱恩·唐纳利) 2007年作 4英尺同伴(黑色)	37cm×57cm ×127cm	386,400	罗芙奥	2021-12-04
KAWS(布莱恩·唐纳利) 2011年作 同伴(Karimoku版)	12.4cm×6.5cm ×27cm	220,800	罗芙奥	2021-12-04
蔡国强 1995年作 日晷——古代钟	100cm×80cm	345,000	上海嘉禾	2021-07-23
蔡国强 1992年作 为外星人作的计划第九号：胎动二	89cm×64cm	323,712	保利香港	2021-04-21
蔡国强 2006年作 舞台写意 二	98.1cm×125.6cm	310,500	佳士得	2021-05-25
蔡锦 2006年作 美人蕉 261	170cm×130cm	253,000	北京华辰	2021-12-07
蔡磊 模棱 7	250cm×155cm ×20cm	345,000	永乐拍卖	2021-12-03
仓俣史朗 1986年作 月亮有多高双人沙发	71cm×150cm×82cm	362,061	保利香港	2021-11-29
仓俣史朗 1976年作 玻璃椅子	89cm×90cm×60cm	248,270	保利香港	2021-11-29
苍鑫 2020年作 意识物化的推演模型	172cm×132cm	172,500	华艺国际	2021-09-17
草间弥生 2004年作 南瓜	27cm×32.5cm (图)；38cm×45.5cm (纸)	306,240	罗芙奥	2021-07-17
草间弥生 2000年作 帽子(I)	38cm×45.5cm (图)；50cm×65cm (纸)	139,200	罗芙奥	2021-07-17
草间弥生 2004年作 无限网(OPRT)	193cm×193cm	18,583,335	保利香港	2021-11-30
草间弥生 1998年作 复述(共120件)	38cm×256cm×15cm; 228cm×512cm×15cm	15,603,105	保利香港	2021-11-30
草间弥生 2013年作 无限的网[BAJO]	145.5cm×145.5cm	14,756,800	罗芙奥	2021-12-05
草间弥生 2007年作 夏日之星(QPTW)	194cm×194cm	8,947,258	保利香港	2021-11-29
草间弥生 1989年作 花	45.5cm×38cm	3,930,948	保利香港	2021-11-29
草间弥生 1988年作 真夏的波	45.5cm×38cm	2,622,000	罗芙奥	2021-12-05
草间弥生 1988年作 无限之网	45.5cm×38cm	1,965,474	保利香港	2021-11-29
草间弥生 1991年作 蝶	15.8cm×22.7cm	1,655,136	保利香港	2021-11-29
草间弥生 1978年作 幻象所藏之处	27cm×24cm	672,399	保利香港	2021-11-29
草间弥生 1998年作 南瓜	13.5cm×13cm×10cm	303,600	罗芙奥	2021-12-05
草间弥生 2002年作 南瓜(一组五件)	8cm×8cm×9cm ×5	220,800	罗芙奥	2021-12-05
草间弥生 1996年作 静物	14cm×18cm	4,152,420	香港苏富比	2021-10-10

（成交价RMB：10万元以上）

拍品名称	物品尺寸	成交价RMB	拍卖公司	拍卖日期
草间弥生 1987年作 晚霞，面对将至之逝	65.2cm × 53cm	3,129,840	香港苏富比	2021-10-10
草间弥生 1993年作 天堂的启示	65.2cm × 53cm	3,129,840	香港苏富比	2021-10-10
草间弥生 2005年作 南瓜[TWO]	15.8cm × 22.7cm	2,712,528	香港苏富比	2021-10-10
草间弥生 1980年作 鸟	65.7cm × 51cm	678,132	香港苏富比	2021-10-10
草间弥生 1978年作 飘扬的银色花粉	27.3cm × 24.3cm	678,132	香港苏富比	2021-10-10
草间弥生 1978年作 雨	27.3cm × 24.1cm	607,125	纽约佳士得	2021-02-25
草间弥生 1979年作 太平洋の雨	27cm × 24cm	607,125	纽约佳士得	2021-02-25
草间弥生 1980年作 银の海	27.5cm × 24.3cm	424,872	香港苏富比	2021-04-20
草间弥生 1981年作 木	65.7cm × 51.3cm	564,438	佳士得	2021-12-02
草间弥生 1979年作 洋梨	27.2cm × 24.2cm	494,500	保利厦门	2021-11-04
草间弥生 1979年作 蘑菇	24.3cm × 27.3cm	494,500	保利厦门	2021-11-04
陈春木 2014—2021年作 潮湿的空气，金山脚下	244cm × 122cm	230,000	永乐拍卖	2021-12-03
陈飞 2010年作（i）杀人者系列：切肤之爱；（ii）杀人者系列：歌剧魅影	（i）20cm × 30cm；（ii）25.2cm × 25.5cm	258,615	保利香港	2021-11-29
陈彧君 2014年作 摇摆的信仰 No.20140907	260cm × 160cm	517,500	华艺国际	2021-12-10
陈彧君 2018年作 摇摆的信仰 No.180316	180cm × 120cm	402,500	北京华辰	2021-12-07
程向君 2009年作 藏历年	61cm × 47cm	230,000	北京华辰	2021-12-07
崔素荣 2018年作 花店中的可可	73cm × 73cm × 5cm	164,200	佳士得	2021-12-02
村上隆 2015年作 圆相：在雾中	100cm × 100cm	1,965,474	保利香港	2021-11-29
村上隆 2010年作 君·金色	108cm×74cm×72cm	4,152,420	香港苏富比	2021-10-09
村上隆 2020年作 坐起来的哆啦A梦：哭哭笑笑	122.9cm×94cm ×4.8cm	3,717,630	香港苏富比	2021-04-19
戴维·霍克尼 1989年作 布里德灵顿的紫罗兰	35.6cm × 45.7cm	10,139,350	保利香港	2021-11-30
德里克·亚当斯 2018年作 城市图景中的人像 26号	121.9cm × 121.9cm	1,190,250	佳士得	2021-05-25
德温·香榭·纳木因巴 2021年作 联结者	200cm × 148cm	1,086,183	保利香港	2021-11-30
蒂莫西·柯蒂斯 2017年作 烟雾中的面孔（SCI 萨默塞特）	182.7cm × 122cm	477,981	香港苏富比	2021-04-20
丁雄泉 1974年作 她是塔莉雅，我是戴佛戴尔	56cm × 76.5cm	331,200	罗芙奥	2021-12-05
丁雄泉 1983年作 斜倚的裸女	60cm × 90cm	184,000	北京华辰	2021-12-07
丁雄泉 1969年作 甜蜜银河	76cm × 102cm	678,132	香港苏富比	2021-10-10
丁雄泉 1973年作 爱我爱我	69cm × 104cm	556,800	罗芙奥	2021-07-18
丁雄泉 1988年作 一起来品茶	99.8cm × 99.8cm	438,178	香港苏富比	2021-10-10
丁雄泉 1985年作 我爱你	61.3cm × 76.5cm	403,628	香港苏富比	2021-04-19
丁雄泉 双美·鹦鹉	179cm × 97cm	402,500	北京翰海	2021-06-05
丁雄泉 约1980年代作 三美图	179cm × 96cm	297,410	香港苏富比	2021-04-19
丁雄泉 猫	60.3cm × 80cm	276,167	香港苏富比	2021-04-19
丁雄泉 1973年作 吻，吻	55.5cm × 74.5cm	220,000	十竹斋拍卖（北京）	2021-04-25
丁乙 1999年作 十示99-B16 及 十示99-B26	143.5cm × 33.5cm；144cm × 34cm	389,975	佳士得	2021-12-02
丁乙 1996年作 十示系列96-B39	50cm × 65.5cm	253,000	北京保利	2021-12-02
丁乙 1994年作 十示94-B55	38cm × 52cm	149,500	中国嘉德	2021-11-28
丁乙 1996年作 十示96-10	140cm × 160cm	2,990,000	永乐拍卖	2021-12-03
丁乙 2008年作 十字的外观 2008-B1	108cm × 78cm	460,000	华艺国际	2021-12-10
丁乙 1995年作 十示 95-B65	50cm × 66cm	299,000	中国嘉德	2021-05-20

拍品名称	物品尺寸	成交价RMB	拍卖公司	拍卖日期
方力钧 2002年4月10日作 2002 年4月10日	130.4cm × 90.7cm	568,953	保利香港	2021-11-29
费纳多·坎帕纳 KAWS 阿贝托·坎帕纳 2019年作 同伴椅子（灰色）	91cm×132cm×104cm	690,000	永乐拍卖	2021-05-21
费尔南多·索培尔 杏树	80cm × 80cm	1,356,264	香港苏富比	2021-10-10
芬·祖尔 酋长椅	93cm×101cm×90cm	169,949	香港苏富比	2021-04-20
高行健 2004年作 影	104.5cm × 113cm	169,106	中国嘉德	2021-04-23
高野绫 2017年作 实验室里（果冻的诞生）	97cm × 130.3cm	362,061	保利香港	2021-11-30
高瑀 2013年作 黑猫白猫	150cm × 130cm × 2	828,000	北京翰海	2021-12-17
戈德温·香榭·纳木因巴 2020年作 革命的日子 1	139cm × 114.5cm	371,763	香港苏富比	2021-04-20
宫岛达男 2010年作 Dimond in You 18号	71.1cm × 68.6cm × 15.6cm	226,660	纽约佳士得	2021-02-25
谷口玛丽亚 2017年作 无题	274cm × 121cm	250,387	香港苏富比	2021-10-10
谷口玛丽亚 2017年作 无题	228cm × 111.6cm	169,949	香港苏富比	2021-04-20
顾福生 1994年作 有愿才相逢	89.5cm × 105cm	149,211	中国嘉德	2021-04-23
关根伸夫 1990年作 面壁	80cm × 100cm	299,000	中国嘉德	2021-05-20
关音夫 2016年作 201603#	150cm × 150cm	195,500	北京华辰	2021-12-07
哈吉·维达雅 1985年作 森林里的鸟	109cm × 270.5cm	886,788	香港苏富比	2021-10-10
哈维尔·卡勒加 2017年作 无聊而美好的一天	15cm × 20cm	334,080	罗芙奥	2021-07-17
哈维尔·卡勒加 2018年作 同样的老故事！	130cm × 116cm	4,853,736	香港苏富比	2021-10-10
哈维尔·卡勒加 2017年作 无题（四幅作品）	i. 16.2cm × 14.1cm，ii. 18.2cm × 13.3cm，iii. 14cm × 16.5cm，iv. 7.7cm × 8.7cm	1,982,232	香港苏富比	2021-10-10
哈维尔·卡勒加 2017年作 所有	40cm × 73.5cm	1,564,920	香港苏富比	2021-10-10
哈维尔·卡勒加 2017年作 我愿意	112cm × 75.5cm	1,009,071	香港苏富比	2021-04-20
哈维尔·卡列哈 2019年作 我俩	110cm × 116.5cm	5,768,346	保利香港	2021-11-30
哈维尔·卡列哈 2017年作 接受我	162cm × 130cm	4,137,840	保利香港	2021-11-29
哈维尔·卡列哈 2017年作 云头	55cm × 46cm	2,689,596	保利香港	2021-11-29
汉迪威曼·苏普塔拉 2006年作 塞里沙龙 3	190cm × 145cm	424,872	香港苏富比	2021-04-20
汉斯·哈同 1989年作 T1989-R31	142cm × 180cm	1,448,244	保利香港	2021-11-29
汉斯·哈同 1967年作 P1967-107	49.5cm × 64.8cm	509,846	香港苏富比	2021-04-19
汉斯·哈同 1970年作 P1970-A.17	71.1cm × 101.6cm	834,624	香港苏富比	2021-10-10
何翔宇 2007年作 海的幻梦	75cm × 200cm	172,500	华艺国际	2021-12-10
何翔宇 2017年作 9 个柠檬	50cm × 40cm	165,514	保利香港	2021-11-29
赫南·巴斯 2019年作 极简主义（解密）	152.6cm × 122cm	3,103,380	保利香港	2021-11-30
亨德拉·古那弯 Penjual Pisang 卖香蕉	137cm × 97cm	1,877,904	香港苏富比	2021-10-10
黄本蕊 2017年作 自在无为	60.5cm × 50.5cm	465,507	保利香港	2021-11-29
黄积铸 1950年作 奇尼高区	90cm × 46cm × 5	2,052,500	佳士得	2021-12-02
黄建南 2017年作 格调系列二	48cm × 48cm	2,875,000	北京荣宝	2021-06-19
黄建南 2019年作 浩瀚07	48cm × 48cm	2,530,000	北京荣宝	2021-06-19
黄一山 2015年作 碗柜	100cm × 80cm	391,000	北京保利	2021-12-02
黄一山 2019年作 云理论	120.5cm × 88cm	847,760	中国嘉德	2021-10-12
黄宇兴 2008年作 改变中的生命史	150cm × 250cm	747,500	华艺国际	2021-12-10
黄宇兴 2008年作 生理学家的肖像	直径103.5cm	184,000	中国嘉德	2021-05-20
黄宇兴 2014年作 浮沉的气泡	200cm × 299.5cm	2,275,812	保利香港	2021-11-30
黄宇兴 2016年作 日出	100cm × 150cm	1,241,352	保利香港	2021-11-29
黄宇兴 2017年作 藏有生命的陨石	20cm × 30cm	568,953	保利香港	2021-11-29
黄宇兴 2017年作 获奖者	80.2cm × 60.2cm	537,919	保利香港	2021-11-29

2021书画拍卖成交汇总(续表)

(成交价RMB：10万元以上)

拍品名称	物品尺寸	成交价RMB	拍卖公司	拍卖日期
黄宇兴 2014年作 漂泊的红岩	150cm×85cm	1,773,576	香港苏富比	2021-10-10
黄宇兴 2013年作 塞纳-马恩省河畔的一场夜雨	120cm×180cm	1,699,488	香港苏富比	2021-04-20
灰原爱 2013年作 掉入阴影的阴影	68cm×80cm×120cm	165,600	罗芙奥	2021-12-05
季大纯 2001年作 小李飞刀	110cm×110cm	184,000	中国嘉德	2021-11-29
季大纯 2001年作 刘德华	100cm×100cm	172,500	中国嘉德	2021-11-29
季大纯 1999年作 为什么游击队员新婚免于赴战场	140cm×108.5cm	287,500	中国嘉德	2021-05-20
季大纯 2001年作 成群结队	110cm×110cm	207,000	北京保利	2021-06-04
加藤泉 2008年作 无题(三联画)	红 227.3cm×162.1cm; 蓝 194cm×130.3cm; 绿 227.3cm×162.1cm	9,642,645	保利香港	2021-11-30
加藤泉 2008年作 无题	162cm×130.5cm	3,620,610	保利香港	2021-11-29
加藤泉 2014年作 无题	25.5cm×8.5cm×6cm	496,541	保利香港	2021-11-29
加藤泉 2003年作 无题	53cm×45.5cm	465,507	保利香港	2021-11-29
贾黛·法多朱蒂米 2017年作 足迹的探寻	100.4cm×145cm	3,930,948	保利香港	2021-11-30
贾米安·朱利安诺·维拉尼 2014年作 拉链人	122cm×101cm	931,014	保利香港	2021-11-29
贾米安·朱利安诺·维拉尼 2013年作 别碰我的番茄	86.2cm×91.2cm	724,122	保利香港	2021-11-29
贾米安·朱利安诺·维拉尼 2016年作 从你的日程中清除咳嗽	91.4cm×111.8cm	641,365	保利香港	2021-11-30
菅木志雄1995年作平面性的线状化	100cm×99.6cm	172,500	上海嘉禾	2021-07-23
键冈安妮·里古莱 2017年作 反射 K-50	80.2cm×116.6cm×6cm	365,148	香港苏富比	2021-10-10
杰夫·昆斯 2020年作 钻石(红)	31.8cm×39.3cm×32cm	193,200	罗芙奥	2021-12-04
杰夫·昆斯 2020年作 钻石(红)	31.8cm×39.3cm×32cm	236,640	罗芙奥	2021-07-18
金昌烈 2010年作 再现 SP201404	73cm×60.7cm	372,406	保利香港	2021-11-29
井上有一 1970年作 花	52cm×81cm	322,000	华艺国际	2021-12-10
井上有一 1960年作 龙	129cm×179cm	658,552	香港苏富比	2021-04-20
井上有一 1973年作 野	126.5cm×213cm	552,000	中贸圣佳	2021-05-20
井上有一 1970年作 花	123cm×182.5cm	529,000	中国嘉德	2021-05-20
井上有一 1976年作 鸟	120cm×205cm	517,500	中贸圣佳	2021-05-20
井上有一 郁	122cm×198.5cm	483,000	中贸圣佳	2021-05-20
井上有一 嘱	109cm×202cm	402,500	北京翰海	2021-06-05
井上有一 1977年作 圆	作品 183cm×141.5cm, 立轴192cm×188cm	292,118	香港苏富比	2021-10-10
井上有一 1981年作 鹰	94cm×136cm	287,500	中国嘉德	2021-05-20
井田幸昌 2019年作 头	45.5cm×45.5cm	620,676	保利香港	2021-11-29
卡西·纳莫达2018年作维吉里奥·奥伊托：在果阿那拥有土地的他	122cm×91.5cm	227,581	保利香港	2021-11-29
凯瑟琳·伯尔尼哈特 2015年作 锤头鲨+炸香蕉片+Coco Rico 汽水	152cm×121.9cm	465,507	保利香港	2021-11-29
凯瑟琳·伯尔尼哈特 2019年作 三倍威胁	122cm×152.4cm	1,617,084	香港苏富比	2021-10-10
凯斯·哈林 1988年作 无题(小凯斯)	61cm×61cm	2,761,668	香港苏富比	2021-04-20
康海涛 2005年作 黄昏树林	102cm×140cm	632,500	北京翰海	2021-12-17
克莱尔·特伯莱2015年作亡魂	65cm×50cm	620,676	保利香港	2021-11-29
克莱尔·特伯莱 2020年作 NATHAN(黄色)	75.5cm×56.5cm	208,656	香港苏富比	2021-10-10

拍品名称	物品尺寸	成交价RMB	拍卖公司	拍卖日期
克莱尔·特伯莱 2014年作 元媛舞会(黄绿调)	230cm×330cm	2,503,872	香港苏富比	2021-10-09
克丽丝汀·嫒珠 2007年作 欢迎独白 5 号	90cm×70cm	465,507	保利香港	2021-11-29
克丽丝汀·嫒珠 2007年作 三个有血的演员01与02	每幅 100cm×150cm, 整体 100cm×300cm	573,804	香港苏富比	2021-10-10
克丽丝汀·嫒珠 2008年作 围墙监狱	洋娃娃尺寸各异，最大娃 40cm×7cm×4cm, 整体69.7cm×296.5cm	208,656	香港苏富比	2021-10-10
克里斯蒂娜·夸尔斯 2015年作 但宝贝，这里一切安好	225.7cm×140cm	3,415,500	佳士得	2021-05-24
肯尼·沙夫 2019年作 Stunny	直径101.6cm	991,116	香港苏富比	2021-10-10
肯尼·沙夫 2019年作 Bluepz	直径100cm	955,962	香港苏富比	2021-04-20
肯尼·沙夫 1992年作 泡泡喷气机	整体 240cm×134cm	573,804	香港苏富比	2021-10-10
空山基 2000、2011、2012、2020年作 猫女1/4雕像模型GK、甜心战士1/4雕像模型GK、Sexy Robot 001 电镀版、Sexy Robot 001亚光版、Sexy Robot 002 Human Face、Sexy Robot Floating_1/4 scale	尺寸不一	172,500	十竹斋拍卖(北京)	2021-04-25
寇拉克里·阿让诺度才 2013年作 我的白庙之旅 3 号	222.3cm×142.2cm	237,926	保利香港	2021-11-29
拉希德·约翰逊 2013年作 宇宙黏液“比七月更炙热”	121.7cm×92.1cm	517,230	保利香港	2021-11-29
拉希德·约翰逊 2012年作 宇宙棕榈树	185.5cm×120cm	796,635	香港苏富比	2021-04-20
拉希德·约翰逊 2013年作 年龄	184cm×126cm	1,356,264	香港苏富比	2021-10-10
雷蒙德·帕提伯尔尼 1999年作 无题(压力使天性更暴烈)	69.5cm×45.4cm	3,206,826	保利香港	2021-11-30
冷广敏 2016年作 竹	150cm×120cm	195,500	华艺国际	2021-06-05
黎谱 1966年作 少女与牡丹花	72.8cm×49.9cm	569,250	佳士得	2021-05-25
李超士 1962年作 吊兰	56cm×38cm	2,990,000	中国嘉德	2021-11-28
李继开 2009年作 漂浮的男孩	120cm×180cm	287,500	北京华辰	2021-12-07
李继开 2007年作 卵石	50cm×200cm	230,000	北京诚轩	2021-11-28
李洋 塔罗牌计划 1		1,265,000	永乐拍卖	2021-05-23
李洋 梦码·为什么会梦见动物?		287,500	永乐拍卖	2021-05-23
李元佳 1957年作 无题	51.5cm×37cm	172,500	中国嘉德	2021-11-29
李上 2021年作 天心月圆	200cm×50cm×4	207,000	北京华辰	2021-12-07
理查德·佩蒂伯尔尼 1978年作 法兰克·史特拉 Saskatoon 1968	15.3cm×30.5cm	310,338	保利香港	2021-11-29
梁铨 1991年作 向传统致敬	59cm×44cm	172,500	中国嘉德	2021-05-20
梁铨 2013年作 无题	90cm×120cm	172,500	华艺国际	2021-12-10
林苒 人间草木1号		172,500	永乐拍卖	2021-05-23
林苒 人间草木6号		149,500	永乐拍卖	2021-05-23
林寿宇 1962年作 一九六二年三月	56cm×56cm	573,804	香港苏富比	2021-10-10
林寿宇 2008年作 无题	59cm×75cm	494,500	十竹斋拍卖(北京)	2021-04-25
刘刚 2020年作 47020202	137cm×73cm; 137cm×146cm	196,547	保利香港	2021-11-29
刘国松 1968年作 雪瀑图	直径45.5cm	159,327	香港苏富比	2021-04-19
刘可 2017年作 你好，竹先生之五	160cm×130cm	161,000	北京华辰	2021-12-07
刘懋廿 2018年作 广厦	100cm×80cm	149,500	北京翰海	2021-06-05

(成交价RMB：10万元以上)

拍品名称	物品尺寸	成交价RMB	拍卖公司	拍卖日期
刘炜 约2015年作 无题-12	70.2cm×134.6cm	299,000	永乐拍卖	2021-12-03
刘炜 无题-10	71cm×134cm	287,500	永乐拍卖	2021-12-03
刘炜1999年作禁止吸烟系列——我喜欢树	53cm×37cm	230,000	华艺国际	2021-12-10
刘炜 1993年作 无题——高跟鞋	43.5cm×40.5cm	253,000	西泠印社	2021-07-24
刘炜 2015年作 无题	77cm×134.5cm	229,522	香港苏富比	2021-10-10
刘炜 约2015年作 无题	70.2cm×134.6cm	276,167	香港苏富比	2021-04-20
刘炜 2003年作 无题第7号·花	25.5cm×455cm×3.5cm	923,625	佳士得	2021-12-02
刘韡 2012—2013年作 丛林 17号	左 195cm×23cm×24cm；右 175cm×140cm×25cm	310,338	保利香港	2021-11-29
刘野 1993年作 无题	24cm×24cm	3,103,380	保利香港	2021-11-30
刘易斯·弗拉蒂诺2017年作 特里斯坦跳舞中，金星	35.9cm×27.9cm	991,116	香港苏富比	2021-10-09
六角彩子 2007年作 无题	55cm×8cm×40cm	149,500	华艺国际	2021-03-31
六角彩子 2019年作 无题 ARP 19-009	145cm×75cm	2,482,704	保利香港	2021-11-29
六角彩子2018年作无题(ARLV18-02)	81cm×52cm×18cm	1,324,800	罗芙奥	2021-12-05
六角彩子2019年作无题(ARP19-039)	60cm×90cm	1,104,000	罗芙奥	2021-12-05
六角彩子 2017年作 无题 ARLV 17-03	43cm×67cm×22cm	827,568	保利香港	2021-11-29
六角彩子 2008年作 无题	130.5cm×190cm	2,227,200	罗芙奥	2021-07-18
六角彩子 2017年作 无题	145.2cm×75cm	1,274,616	香港苏富比	2021-04-20
六角彩子 2011年作 无题	109cm×62cm	779,520	罗芙奥	2021-07-18
六角彩子 2016年作 无题	45cm×60.5cm	339,898	香港苏富比	2021-04-20
卢卡斯·阿鲁达2013年作 无题(出自沙漠-模型系列)	50cm×50cm	3,103,380	保利香港	2021-11-30
鲁道夫·邦尼 1946年作 布吉人壁画习作	97.5cm×71cm	573,804	香港苏富比	2021-10-10
鲁迪·曼度凡尼 2005年作 玛卡·贾迪·伯萨拉 1	120cm×145cm	180,571	香港苏富比	2021-04-20
罗比·安托诺 2020年作 小魔女	100cm×150cm	690,000	罗芙奥	2021-12-04
罗比·迪·安东诺2013年作隐晦微妙之处	180cm×130cm	1,965,474	保利香港	2021-11-29
罗伯·贡巴斯 1986年作 无题	80cm×90cm	386,400	罗芙奥	2021-12-05
罗伯特·科司考特 1971年作 绿手套强奸犯	199cm×150cm	3,186,540	香港苏富比	2021-04-19
罗伯特·纳瓦 2020年作 鲨鱼天使	182.7cm×213.8cm	3,620,610	保利香港	2021-11-30
罗讷德·文图拉 2015年作 无题(动物人)	41cm×31cm	772,800	罗芙奥	2021-12-05
罗伊·利希滕斯坦 1992年作 睡莲与杨柳	137.2cm×264.cm	2,873,500	佳士得	2021-12-02
洛伊·霍洛韦尔 2017年作 堆栈的林伽(蓝、橘、肤色)	66cm×50.8cm	446,116	香港苏富比	2021-04-20
洛伊·霍洛韦尔 2015年作 舔舔：蓝色、绿色、红色	71.1cm×53.3cm	3,103,380	保利香港	2021-11-29
马克·格罗亚恩 2004年作 无题(彩色蝴蝶白色背景四翅膀)	76.2cm×55.9cm	1,274,616	香港苏富比	2021-04-20
马克·格罗亚恩 2013年作 无题(橙和绿的蝴蝶45.02)	114cm×88.6cm	2,921,184	香港苏富比	2021-10-10
马诺洛·华迪斯 2006年作 Lillie X	222cm×170cm	1,460,592	香港苏富比	2021-10-10
玛丽·科西 1998年作 无题(蓝色双拱)	137.2cm×167.6cm	2,691,000	佳士得	2021-05-24
玛丽·科西 2017年作 无题(白色内带斜面)	76.2cm×76.2cm	849,744	香港苏富比	2021-04-20
毛焰 2013年作 小托马斯肖像 1 号	36.5cm×28cm	331,027	保利香港	2021-11-29

拍品名称	物品尺寸	成交价RMB	拍卖公司	拍卖日期
梅忠恕 1974年作 池塘钓鱼之乐	39cm×55cm	1,334,125	佳士得	2021-12-02
梅忠恕 1937年作 顺化少女	55cm×43.5cm	461,813	佳士得	2021-12-02
梅忠恕 祷告	47cm×30cm	1,564,920	香港苏富比	2021-10-10
孟昌明 2019年作 公牛的形式五	68cm×138cm	575,000	荣宝斋(南京)	2021-05-26
米卡琳·托马斯2004年作 往上看(出自她为钱卖命海报女郎系列)	121.9cm×91.4cm	3,103,380	保利香港	2021-11-30
米洛·马修2020年作 墙上的字	91cm×121.9cm	331,027	保利香港	2021-11-29
米斯尼亚迪 2013年作 英雄与英雄	300cm×200cm	2,018,142	香港苏富比	2021-04-19
米歇尔·沙克汉2021年作 坠入爱河	182.9cm×121.9cm	620,676	保利香港	2021-11-29
名坂有子 1963年作 作品 GAY-35	30.4cm×30.4cm	153,805	纽约佳士得	2021-02-25
名和晃平 2014年作 Moment #34	89cm×141cm	287,500	华艺国际	2021-12-10
名和晃平 2012年作 方向 第34号	250cm×200cm	524,400	罗芙奥	2021-12-05
名和晃平 2012年作 Trans-Yujin (Dent)	171cm×58cm×35cm	403,628	香港苏富比	2021-04-20
缪晓春 2011年作 空	100cm×79cm	195,500	北京华辰	2021-06-19
那危 2019年作 潮震图NO.3	116cm×91cm	172,500	北京翰海	2021-12-17
纳提·尤塔瑞 2005年作 古老浪漫的最后描述	170cm×120cm	678,132	香港苏富比	2021-10-10
奈良美智 2002年作 无题	23cm×26cm	920,000	中国嘉德	2021-11-29
奈良美智 2007年作 失眠夜(坐姿)	28.7cm×10.4cm×15.2cm	620,676	保利香港	2021-11-29
奈良美智 2011—2012年作 你要隐藏你的爱	51cm×36cm	528,960	罗芙奥	2021-07-17
奈良美智 1990年作 潘多拉盒子	90cm×90cm	11,132,760	保利香港	2021-11-30
奈良美智 2007年作 失眠夜坐着	15cm×16cm×30cm(人物)；36cm×26cm×24cm(箱子)	717,600	罗芙奥	2021-12-05
奈良美智 2007年作 让我在这叮当响的早晨里跟随你	直径125.5cm	4,023,639	香港苏富比	2021-04-20
奈良美智 1999年作 黑眼圈少女	50cm×40cm	3,952,044	香港苏富比	2021-10-10
奈良美智 2001年作 草裙舞婴儿	直径54.5cm	3,717,630	香港苏富比	2021-04-20
奈良美智 2001年作 蓝色旗帜	51.2cm×36cm	3,398,976	香港苏富比	2021-04-20
奈良美智 2007年作 无题	42cm×29.5cm	2,644,800	罗芙奥	2021-07-18
奈良美智 2006年作 迷你泡芙(黄)	155m×155cm×72cm	2,505,600	罗芙奥	2021-07-18
奈良美智 2014年作 戴着骷髅胸针	47cm×44cm	2,295,216	香港苏富比	2021-10-10
奈良美智 2007年作 头上的烟囱	90cm×64cm×76.5cm	1,593,270	香港苏富比	2021-04-20
奈良美智 2016年作 无题	32.5cm×32.5cm	1,487,052	香港苏富比	2021-04-20
奈良美智 2003年作 无题	11.4cm×16.2cm	637,308	香港苏富比	2021-04-20
奈良美智 2007年作 失眠夜(坐着)	28cm×15cm×17cm	584,199	香港苏富比	2021-04-20
奈良美智 1997年作 来自卫星核心的讯息	29.6cm×21cm	531,090	香港苏富比	2021-04-20
奈良美智 1984年作 FUTUBA房子，抑郁的雨天	27.4cm×36.8cm	521,640	香港苏富比	2021-10-10
奈良美智 1997年作 给我钱	29.5cm×21cm	248,400	中国嘉德	2021-10-12
奈良美智 1997年作 夏日绘画	29.7cm×21cm	208,800	罗芙奥	2021-07-18
奈良美智 2012年作 Mori Girl	高30cm	172,500	十竹斋拍卖(北京)	2021-04-25
奈良美智 1997年作 1995 1996 1997	27.5cm×20.5cm	159,327	香港苏富比	2021-04-20
奈良美智 2001年作 建筑上的小狗	17.5cm×25.8cm	149,040	中国嘉德	2021-10-12
奈良美智 2005年作 Missing Mariana, Suni, Christina; Mariana; Suni & Christina	51.5cm×36cm; 69.7cm×37.5cm; 51.5cm×36cm; 51.5cm×36cm	9,072,050	佳士得	2021-12-02

2021书画拍卖成交汇总(续表)

(成交价RMB：10万元以上)

拍品名称	物品尺寸	成交价RMB	拍卖公司	拍卖日期
奈良美智 2006年作 You' re on Trial	42cm×30cm	4,105,000	佳士得	2021-12-02
奈良美智 1995年作 It' s Rain	64.8cm×49.6cm	2,898,000	佳士得	2021-05-25
奈良美智 2002年作 无题	27.6cm×21.7cm	1,242,000	佳士得	2021-05-25
奈良美智 2002年作 无题	24.6cm×21cm	931,500	佳士得	2021-05-25
奈良美智 2002年作 无题	17cm×24cm	569,250	佳士得	2021-05-25
奈良美智 1996年作 你知道吗？"不"就是"不"	29cm×21cm	505,800	保利香港	2021-04-21
妮娜·香奈儿·阿布尼 2015年作 无题(IXI 黑色)	132.1cm×132.1cm	2,482,704	保利香港	2021-11-30
尼古拉斯·帕蒂 2015年作 风景	200cm×120cm	18,924,050	佳士得	2021-12-01
尼古拉斯·帕蒂 2015年作 静物	129.5cm×139.7cm	18,431,450	佳士得	2021-12-02
尼古拉斯·帕蒂 2016年作 二十四只动物的晚餐(第三桌)	75.5cm×210cm ×91cm	333,850	香港苏富比	2021-10-10
倪有鱼 2017年作 尘埃(漩涡星云及相片)	111cm×160cm ×7cm	322,000	华艺国际	2021-11-12
欧阳春 2005年作 囚徒	65cm×55cm	175,858	保利香港	2021-11-29
帕特里克·休斯 2020年作 宝贵的宫殿	76.5cm×170cm ×26cm	389,760	罗芙奥	2021-07-18
佩妮苏娜 2019年作 长餐桌·无色海	240cm×105cm ×77cm	207,000	北京华辰	2021-12-07
皮耶·苏拉吉 2004年作 核桃木	92cm×75cm	2,503,872	香港苏富比	2021-10-10
平子雄一 2013年作 树屋 7	80cm×100cm	524,400	罗芙奥	2021-12-05
平子雄一 2016年作 Pattern of Grain 15	38cm×46cm	179,400	罗芙奥	2021-12-05
朴栖甫 2006年作 描法 060427 号	195cm×162cm	3,103,380	保利香港	2021-11-29
齐兴华 2021年作 守护天地间	180cm×120cm	207,000	北京翰海	2021-12-17
乔尔·梅斯勒 2019年作 无题(通宵玩乐)	178.1cm×127.3cm	1,241,352	保利香港	2021-11-30
乔尔·梅斯勒 2019年作 无题(希望与梦想)	177.8cm×127cm	2,503,872	香港苏富比	2021-10-09
乔尔·梅斯勒 2019年作 祝愿好运	178cm×127cm	1,274,616	香港苏富比	2021-04-19
乔尔·梅斯勒 2020年作 无题(拂叶的手)	16.8cm×193cm	1,744,625	佳士得	2021-12-02
乔纳森·查普林 2017年作 家庭景观	61.6cm×78.7cm	386,400	罗芙奥	2021-12-04
乔纳斯·伍德 2008年作 四大满贯	48cm×33cm×4	573,804	香港苏富比	2021-10-10
乔伊斯·佩扎罗 1995年作 无题(米奇)	152.4cm×137.1cm	724,122	保利香港	2021-11-29
乔治·巴塞利兹 2017年作 W.D.	139cm×88cm	2,896,488	保利香港	2021-11-29
乔治·康多 2020年作 共生恐惧	83cm×111cm	1,840,000	永乐拍卖	2021-12-03
乔治·康多 2008年作 梦想家	132.2cm×106.6cm	9,145,940	保利香港	2021-11-30
乔治·康多 2001年8月作 夜间肖像	152.7cm×121.7cm	5,669,005	保利香港	2021-11-29
乔治·康多 2011年作 被绑架的管家	41.3cm×33cm	3,310,272	保利香港	2021-11-29
乔治·康多 1992年作 玩具士兵	193cm×92cm	1,862,028	保利香港	2021-11-29
乔治·康多 2000年作 马戏团布景	73cm×52cm	568,953	保利香港	2021-11-29
乔治·康多 2010年作 无题(银行家)	76cm×56cm	1,062,180	香港苏富比	2021-04-20
乔治·康多 2014—2015年作 放空	133.3cm×110.5cm	17,938,850	佳士得	2021-12-01
乔治·马修 1980年作 无效的自我放逐	89.2cm×116cm	2,068,920	保利香港	2021-11-29
乔治·马修 1980年作 虎耳草	97.5cm×195cm	2,068,920	保利香港	2021-11-30
乔治·马修 1988-1989年作 迷恋虚空	114cm×146cm	1,380,000	罗芙奥	2021-12-04
乔治·马修 1985年作 痛苦之渊	100cm×81cm	1,293,075	保利香港	2021-11-29
仇德树 裂变	178cm×58cm	184,000	中国嘉德	2021-05-20
全光荣 1997年作 集合 97之24	66.5cm×100.5cm	207,000	中国嘉德	2021-05-20
全光荣 1999年作 聚合99-JU153	101cm×81cm	138,083	香港苏富比	2021-04-20
热尼维·菲吉斯 2016年作 蓝屋	40cm×60cm	312,984	香港苏富比	2021-10-10
阮嘉治 约1960年作 女士	60cm×80cm	225,775	佳士得	2021-12-02
阮进忠 约1942年作 园中女子	60.7cm×110.5cm	1,026,250	佳士得	2021-12-02
阮文悌 1943年作 黑河上迅速的乔波	99.5cm×32cm(各)；99.5cm×160cm(全屏)	4,737,660	香港苏富比	2021-04-19
撒尼尔·玛丽·奎因 2017年作 查德	35.3cm×28cm	1,274,616	香港苏富比	2021-04-20
萨尔曼·托尔 2018年作 纽约东村之 Iqbal Bano	61cm×61cm	3,724,056	保利香港	2021-11-30
塞·汤伯利 1971年作 无题(镜框)	68.6cm×68.6cm	2,070,000	上海嘉禾	2021-07-23
桑亚·康塔洛夫斯基 2013年作 双重人 I	120cm×89.5cm	1,847,250	佳士得	2021-12-02
森田子龙 1966年作 回光	96cm×117.4cm	782,460	香港苏富比	2021-10-10
莎芭拉拉·塞尔弗 2016年作 伴侣	91.2cm×76.3cm	1,168,398	香港苏富比	2021-04-20
莎芭拉拉·塞尔弗 2017年作 紧凑	172.8cm×127cm	2,691,000	佳士得	2021-05-24
莎拉·休斯 2012年作 魔幻岛	179cm×182cm	3,930,948	保利香港	2021-11-30
莎拉·休斯 2004年作 法定监护人	141.6cm×168.3cm	1,758,582	保利香港	2021-11-29
莎拉·休斯 2015年作 沼泽事物	142cm×121.8cm	2,921,184	香港苏富比	2021-10-10
山本麻友香 2020年作 小白狗	45.6cm×38cm	641,365	保利香港	2021-11-29
山本麻友香 2010年作 船漂流着	145.5cm×227.3cm	1,794,000	罗芙奥	2021-12-05
山本麻友香 2009年作 森林里的熊	162cm×130cm	552,000	罗芙奥	2021-12-05
山本麻友香 2008年作 红熊	227.5cm×162.5cm ×3.5cm	441,600	罗芙奥	2021-12-04
山本麻友香 2008年作 红羔羊	162cm×130.5cm	331,200	罗芙奥	2021-12-05
山口历 2018年作 RD 25	42cm×75.5cm×2cm	179,400	罗芙奥	2021-12-05
山姆·傅利曼 2018年作 无题	直径121.5cm	166,925	香港苏富比	2021-10-10
山姆·弗朗西斯 1974年作 无题	179.7cm×349.8cm	3,398,976	香港苏富比	2021-04-20
上前智佑 1973及1996年作 无题	104cm×84cm	153,938	佳士得	2021-12-02
上条晋 2018年作 建立关系	81cm×66cm	573,804	香港苏富比	2021-10-10
上条晋 2020年作 往太阳前进	152.4cm×122cm	1,758,582	保利香港	2021-11-30
上条晋 2018年作《日出》	127cm×96.8cm	848,257	保利香港	2021-11-29
尚·米榭·巴斯奇亚 1985年作 香港	76cm×57cm	3,591,875	佳士得	2021-12-02
尚·米榭·巴斯奇亚 1983年作 无题(空手道III)	55.9cm×76.2cm	1,877,904	香港苏富比	2021-10-10
尚·米榭·巴斯奇亚 1984年构思，2016年印刷 灵活	画作 152.4cm×115.8cm 镜框 162.2cm×124.9cm	521,640	香港苏富比	2021-10-10
尚塔尔·约菲 2000年作 无题	45.6cm×94cm	165,514	保利香港	2021-11-29
尚扬 2008年作 日记08-4	92cm×128cm	1,035,000	中国嘉德	2021-11-28
沈勤 2021年作 山	33.3cm×142cm	172,500	中贸圣佳	2021-07-06
石晋华 2008年作 走笔第五十一号	97cm×219cm；42cm×29.7cm	188,784	中国嘉德	2021-10-12
斯科特·卡恩 2002年作 卡德曼广场	157.5cm×193cm	6,165,710	保利香港	2021-11-30
斯里哈迪·苏达索诺 1962年作 纽约	69cm×89cm	834,624	香港苏富比	2021-10-10
松谷武判 2012年作 波动 12-1-B	41cm×33cm	276,167	香港苏富比	2021-04-20
松谷武判 1996年作 书体96-5-12	73cm×59.9cm	156,492	香港苏富比	2021-10-10
松山智一 2010年作 未来总是光明的 习作2	91.5cm×121.6cm	1,128,875	佳士得	2021-12-02
松山智一 2011年7月—2013年6月作 欧米茄夫人	直径182cm	879,291	保利香港	2021-11-29
松山智一 2012年4月作 圣尿	228.6cm×142.2cm	827,568	保利香港	2021-11-29
宋婷 Cyber Wonder Woman		550,000	上海敬华	2021-05-29
宋婷 RCT 女娲：Metaverse之母		418,000	永乐拍卖	2021-05-23
宋婷 幻觉坍塌：不存在的星		253,000	永乐拍卖	2021-05-23

(成交价RMB：10万元以上)

拍品名称	物品尺寸	成交价RMB	拍卖公司	拍卖日期
苏笑柏 2014年作 瓦全11	65cm×60cm	310,500	华艺国际	2021-06-05
孙逊 2015年作 毒火	150cm×250cm	169,949	香港苏富比	2021-04-20
孙逊 2015年作 第七封印	169cm×98cm	230,000	中国嘉德	2021-11-28
孙逊 2015年作 轮回之歌	169cm×98cm	230,000	中国嘉德	2021-11-28
索菲普·皮奇 2014年作 旧域名	243cm×123cm×8cm	269,100	佳士得	2021-05-25
塔妮亚·马莫列霍 2020年作 约会之二	129cm×129cm	317,400	罗芙奥	2021-12-04
泰瑞·库塔 2011年作 毕加索2011	91.5cm×61cm	199,500	佳士得	2021-04-07
谭平 2006年作 无题	80cm×100.5cm	531,090	香港苏富比	2021-04-19
藤田嗣治 1931年作 与猫的自画像	44.5cm×34.2cm	4,344,732	保利香港	2021-11-30
藤田嗣治 1917年作 雪下戴面纱的女人	35.5cm×27.5cm	517,230	保利香港	2021-11-29
藤田嗣治及法国古奥比森挂毯工作室 小牛奶商(挂毯画稿)	157cm×162cm	637,308	香港苏富比	2021-04-19
藤田嗣治 1931年作 侧卧裸女玛德莲	68.6cm×127.3cm	531,090	香港苏富比	2021-04-19
天野タケル 2016年作 维纳斯	134cm×134cm	220,800	罗芙奥	2021-12-04
田中敦子 1999年作 作品 99-A	55.5cm×31cm	389,760	罗芙奥	2021-07-17
通吉·阿德尼伊-琼斯 2019年作 蓝色祖宗	198.4cm×132.2cm	879,291	保利香港	2021-11-30
涂鸦先生 2019年作 Doodle World 骤雨	150cm×100cm	2,088,000	罗芙奥	2021-07-18
涂鸦先生 2019年作 睡莲 Doodles 1	100cm×100cm	1,159,200	罗芙奥	2021-12-05
涂鸦先生 2018年作 贪食蛇	51cm×51cm	276,000	罗芙奥	2021-12-05
涂鸦先生 2018年作 蜗牛派对	25.4cm×30.4cm	165,600	罗芙奥	2021-12-05
涂鸦先生 2018年作 兽医	50.8cm×20.32cm	151,800	罗芙奥	2021-12-05
涂鸦先生 2019年作 紫色的心 #3	50.5cm×50.5cm	334,080	罗芙奥	2021-07-18
涂鸦先生 2019年作 PULP 单椅	51cm×51cm×85cm	306,240	罗芙奥	2021-07-18
土屋仁応 2018年作 亥(山猪) II	19cm×7cm×12cm	151,800	罗芙奥	2021-12-05
托马斯·萨拉切诺 2016年作 gem Cep b/M+I	81cm×90cm×104cm	403,628	香港苏富比	2021-04-20
瓦西里·康定斯基 1928年作 静谧	32.1cm×50.9cm	3,450,000	中国嘉德	2021-11-28
王炳懿 2019年作 向日葵	120cm×160cm	149,500	北京华辰	2021-12-07
王功新 2013年作 静物NO.3		172,500	北京华辰	2021-06-19
王加加 2016年作 世纪结束将改变你我	100cm×146cm	166,750	华艺国际	2021-11-12
王家卫 1997—2021年作 四色春光		396,446	香港苏富比	2021-10-10
王家卫 2021年印刷《一横一直》横版海报	110cm×186cm	208,656	香港苏富比	2021-10-10
王家卫 2000年后印刷《花样年华》剧照组合	相片10cm×15cm (共8张)；相片25.3cm×20.2cm (共4张)；纸盒27cm×21.8cm×3cm	166,925	香港苏富比	2021-10-10
王家卫 1994年印刷《重庆森林》导演签名海报	156.5cm×116cm	166,925	香港苏富比	2021-10-10
王家卫 2013年印刷《一代宗师》剧照组合	相片10cm×29.5cm；木盒242cm×342cm×4cm	146,059	香港苏富比	2021-10-10
王俊杰 2017年作 大自然的教堂	91.4cm×61cm	7,556,184	保利香港	2021-11-30
王天德 封官加爵	113.5cm×200cm	172,500	北京翰海	2021-12-17
王兴伟 2006年作 无题(心形舞)	200cm×200cm	3,103,380	保利香港	2021-11-30
旺德·布勒·姆巴博 2020年作 无题	132.4cm×111.9cm	276,167	香港苏富比	2021-04-20
威廉·杰拉德·贺夫卡 1945年作 妮·林蒂特与狮	23.5cm×18cm	743,526	香港苏富比	2021-04-18
韦德·盖顿 2005年作 无题	80cm×50cm	2,549,232	香港苏富比	2021-04-20
韦嘉 2006年作 萌智(牙)	60cm×50cm	172,500	北京翰海	2021-12-17
翁纪军 集聚系列之2021-5	100cm×130cm	172,500	上海嘉禾	2021-07-23
邬建安 2012年作 精气之一	105cm×75cm	207,000	华艺国际	2021-11-12
邬建安 2012年作 赤兔，赤兔!	84.5cm×84.5cm×6cm	690,000	北京翰海	2021-12-17
邬建安 2013年作 精气·蓝绿	155cm×110cm	345,000	北京翰海	2021-06-05
五木田智央 2018年作 午夜蓝调	259cm×194cm	1,274,616	香港苏富比	2021-04-20
五木田智央 2013年作 伪婚	227.5cm×181.8cm	4,025,000	永乐拍卖	2021-12-03
五木田智央 2011年作 大步流星	100cm×65.2cm	437,000	永乐拍卖	2021-12-03
武高谈 1955年作 母爱	46cm×38cm	307,875	佳士得	2021-12-02
西瑞·菲兹 2021年作 阿特拉斯系列——紫气东来	200cm×160cm	207,000	罗芙奥	2021-12-04
希拉里·佩西斯 2017年作 比佛利	61.5cm×46cm	1,448,244	保利香港	2021-11-29
希拉里·佩西斯 2019年作 音乐台	76.2cm×106.9cm	1,773,576	香港苏富比	2021-10-10
希拉里·佩西斯 2018年作 无题(加州海岸)	50.8cm×40.6cm	991,116	香港苏富比	2021-10-10
习福德 2020年作 天蓝奇卡诺斯	150cm×150cm	192,204	保利香港	2021-04-21
习福德 2019年作 爆发	150cm×190cm	149,211	中国嘉德	2021-04-23
萧勤 1990—2013年作 Sami 23-B	100.5cm×140.3cm	521,640	香港苏富比	2021-10-10
萧勤 2012年作 能量源-1	200cm×200cm	264,480	罗芙奥	2021-07-18
小林麻衣子 2019年作 无题(对比)	42cm×32cm	248,400	罗芙奥	2021-12-04
小松美羽 2017年作 龙凤	60.5cm×72.5cm	579,600	罗芙奥	2021-12-05
谢景兰 1960年代作 无题	76cm×56.5cm	743,526	香港苏富比	2021-04-19
谢景兰 1990年代作 无题(R21)	147.5cm×117.5cm	547,107	中国嘉德	2021-04-23
辛格·桑松 2018年作 象牙 5 号	115cm×90cm	2,068,920	保利香港	2021-11-30
熊龙灯 2021年作 平行宇宙系列—1	147cm×97cm	161,000	北京华辰	2021-06-19
徐冰 新英文书法·王维诗《相思》	160cm×46cm	517,500	北京保利	2021-12-02
徐冰 新英文书法·艺术为人民服务	161cm×60cm	713,000	永乐拍卖	2021-05-21
徐渠 2014年作 (i) 货币战争·刚果(新)；(ii)货币战争·刚果(旧)	158cm×150cm	144,824	保利香港	2021-11-29
许宏翔 2016年作 风景	160cm×180cm	184,000	北京华辰	2021-12-07
栩善勤 2015年作 玩具鸭	45cm×60cm	289,649	保利香港	2021-11-29
栩善勤 2014年作 妹妹	18cm×25.5cm	165,514	保利香港	2021-11-29
薛松 2018年作 对话系列·花卉	150cm×180cm	862,500	永乐拍卖	2021-12-03
薛松 2018年作 对话系列·剪纸	200cm×125cm	747,500	中国嘉德	2021-11-29
薛松 2009年作 永恒的微笑	180cm×150cm	460,000	华艺国际	2021-12-10
薛松 1997年作 山水	179.7cm×149.8cm	437,000	中国嘉德	2021-11-29
薛松 2010年作 山水人家	100cm×80cm	179,400	罗芙奥	2021-12-05
薛松 2011年作 春湖荡舟图	180cm×85cm	322,000	北京保利	2021-06-04
薛松 2011年作 山村雪霁图	180cm×85cm	322,000	北京保利	2021-06-04
薛松 1996年作 骏马图	160cm×140cm	287,500	中国嘉德	2021-05-20
薛松 2003年作 解构书法(九幅作品)	每幅50×50cm，整体150×150cm	730,296	香港苏富比	2021-10-10
亚当·汉德勒 2021年作 银河女孩	112cm×147.5cm	151,800	罗芙奥	2021-12-04
亚历山大·考尔德 1973年作 红牛	98.4cm×79.4cm×37.5cm	3,517,164	保利香港	2021-11-29
闫博 2018年作 无题	122cm×244cm	287,500	永乐拍卖	2021-12-03
严力 1989年作 漫长而曲折的道路1989.6.5	61cm×51cm	192,204	保利香港	2021-04-21
盐田千春 2009年作 生存的状态 3 号	30cm×30cm×30cm	1,448,244	保利香港	2021-11-29
盐田千春 2017年作 无题	56.5cm×57.3cm×63cm	625,968	香港苏富比	2021-10-10

2021书画拍卖成交汇总(续表)

(成交价RMB：10万元以上)

拍品名称	物品尺寸	成交价RMB	拍卖公司	拍卖日期
盐田千春 2017年作 存在的状态(书)	45cm×45cm×80.5cm	1,380,000	罗芙奥	2021-12-05
盐田千春 2014年作 拍照	51cm×38cm	234,600	罗芙奥	2021-12-05
盐田千春 2014年作 红绳	40cm×30cm	179,400	罗芙奥	2021-12-05
盐田千春 2020年作 存在的状态(洋装)	45cm×45cm×80cm	1,113,600	罗芙奥	2021-07-18
盐田千春 存在的状态(报纸)	50cm×30cm×50cm	445,440	罗芙奥	2021-07-18
盐田千春 2019年作 存在的状态(书)	20cm×20cm×20cm	417,600	罗芙奥	2021-07-18
颜磊 2013年作 彩轮2013-A!	直径180cm	862,500	北京翰海	2021-12-17
杨诘苍 1994年作 千层墨	131cm×188cm	195,500	中国嘉德	2021-05-20
杨三郎 海景	50cm×61cm	179,400	罗芙奥	2021-12-05
一山 数码孩童IP系列		1,173,000	永乐拍卖	2021-12-03
伊德里斯·汗 2012年作 重复又重复	229.6cm×172.7cm	446,116	香港苏富比	2021-04-20
伊夫·克莱因 1962年构思，并于1992年铸造 继米开朗基罗之垂死的奴隶(S20)	60cm×22cm×15cm	434,473	保利香港	2021-11-29
伊夫·克莱因 1963年作 黄金桌	37.5cm×124.5cm×100cm	180,571	香港苏富比	2021-04-20
伊娃·尤斯凯维奇 2018年作 挪用	80cm×60cm	1,551,690	保利香港	2021-11-30
依比·可法·拉森 一对Elizabeth椅子	71cm×78cm×70cm	180,571	香港苏富比	2021-04-20
易卜拉欣·侯赛因 1967年作 对话	151cm×100cm	310,500	佳士得	2021-05-25
岳敏君 2003年作 现代兵马俑 5 号	188cm×91cm×44cm	413,784	保利香港	2021-11-29
曾梵志 2007年作 西瓜	60cm×60cm	620,676	保利香港	2021-11-29
张晓刚 2004年作 男孩肖像	54.7cm×67.8cm	517,230	保利香港	2021-11-29
张啸天 2018年作 2018.1	140cm×120cm	172,500	北京华辰	2021-06-19
张长江 2019年作 WE系列之三十八	120cm×150cm	172,500	中国嘉德	2021-11-29
张震宇 2015年作 报纸	115cm×150cm	172,500	永乐拍卖	2021-12-03
长井朋子 2011年作 雪国孩子	162cm×131cm	331,200	罗芙奥	2021-12-05
赵春 2017年作 记录	79cm×79cm	172,500	十竹斋拍卖(北京)	2021-04-25
赵春翔 生之乐	91cm×60cm	151,740	保利香港	2021-04-21
赵无极 1951年作 在灰色风景中的恋人	54cm×73cm	12,438,400	罗芙奥	2021-12-05
赵无极 约1952年作 无题(巴黎圣母院)	37cm×43cm	8,251,871	保利香港	2021-11-30
赵无极 1949年作 秋雾	64.5cm×53.8cm	3,930,948	保利香港	2021-11-30
赵赵 2013—2014年作 天空 2 号	100cm×100cm	310,338	保利香港	2021-11-29
珍尼维·菲吉斯 2017年作 化妆间	79.6cm×79.6cm	1,810,305	保利香港	2021-11-29
钟泗宾 两位女士	84.5cm×60.5cm	331,200	佳士得	2021-05-25
钟泗宾 1965年作 会合	52.5cm×67.5cm	196,650	佳士得	2021-05-25
钟泗宾 1973年作 音乐家	91.5cm×66cm	509,846	香港苏富比	2021-04-19
周春芽 2011年作 玉人似花枝	200cm×280cm	8,832,000	罗芙奥	2021-12-05
周春芽 2008年作 闻花香	200cm×250cm	5,669,005	保利香港	2021-11-30
周春芽 2007年作 绿狗系列：Titi 2 号	150cm×199.5cm	1,862,028	保利香港	2021-11-29
周春芽 1995年作 黑根	73cm×61cm	938,400	罗芙奥	2021-12-05
周春芽 2014年作 双桃花	30cm×40cm	368,000	永乐拍卖	2021-12-03
周春芽 2015年作 春色桃红	30cm×40cm	356,500	保利厦门	2021-11-04
朱德群 1963年作 红霞(No.163)	53cm×37.7cm	552,000	北京保利	2021-12-02
朱德群 1990年作 幻化的地平线	160cm×130cm	7,728,000	罗芙奥	2021-12-05
朱德群 1999年作 走向永恒	60.2cm×119.9cm	2,896,488	保利香港	2021-11-29
朱德群 1995年作 诗之融合	60.5cm×73cm	1,344,798	保利香港	2021-11-29
朱尔斯·德·巴林科特 2011年作 热舞革命	218.4cm×243.8cm	496,541	保利香港	2021-11-29
朱利安·许纳贝 2011年作 无题(湿婆)	335.3cm×233.7cm	153,938	佳士得	2021-12-02
朱利亚·达尔·奥利奥 2019年作 隐秘的反射	195cm×195cm	172,500	华艺国际	2021-11-12
朱莉·柯蒂斯 2018年作 横向拥抱II	76.2cm×76.2cm	1,448,244	保利香港	2021-11-29
朱莉·柯蒂斯 2018年作 蜗牛	45.7cm×35.6cm	1,189,629	保利香港	2021-11-30
庄喆 1983年作 鸿蒙	127cm×256.4cm	743,526	香港苏富比	2021-04-19
庄喆 1989年作 无题	154.7cm×127cm	637,308	香港苏富比	2021-04-19
庄喆 1967年作 绕山	122cm×86.5cm	297,410	香港苏富比	2021-04-19
庄喆 1984年作 作品 84-84	142cm×107.5cm	414,000	罗芙奥	2021-12-05
曾鹏 2021年作 玉罐头——牛肉	120cm×73cm	149,500	北京翰海	2021-12-17

拍卖年鉴

古董

官方微店

天猫旗舰店

ISBN 978-7-5356-9726-4

定　价：258.00元